哈佛燕京圖書館文獻叢刊第三種

參考消息

一九四四年·六月——一九四五年十一月

第二册

广西师范大学出版社
GUANGXI NORMAL UNIVERSITY PRESS

参考消息

一九四四年十月二十日至一九四五年二月十二日

參攷消息

（只供參考）
第六七二號
解放日報 新華社 編
今日出一大張
卅三年十月廿日
星期五

敵寇宣稱 美艦隊攻入菲島

【同盟社東京十九日電】敵美於九月十五日在彼勒留、摩洛泰兩島登陸後，繼之復出動強大的海上機動兵力，第五十八特種艦隊，攻擊菲島西南羣島以及台灣，企圖由此擊潰我航空基地。此間雖經我軍猛烈反攻，敵第五十八特種艦隊遭受重大打擊後潰走，其對日戰略前途甚而亦因此蒙受重大挫折，但依仗其優勢物力，堅決期待實現其太平洋戰略的美國，終於不顧一切，集結其未曾參加襲擊台灣的斯普魯斯第五艦隊，及麥克阿瑟所屬艦隊（第五十八特種艦隊除外）等太平洋上目前所有艦船的總兵力，編成一個龐大的機動部隊，攜帶新幾內亞方面運輸艦隊，逐步向菲島近海，而於十七日遣一有力部隊，侵入呂宋、民答那峨間的萊特灣。十八日午後以來，更繼續以艦上機及艦砲猛烈轟炸萊特島各地，企圖在該處登陸。此外敵復在摩洛泰島及帛琉島急速擴大橋頭堡壘地區，加強基地航空兵力，作為前進的根據地，以及出動在華美空軍，配合作戰，現在無可懷疑的，敵人正是出動所有兵力，再度侵略菲島來了。但敵人這種不遜的企圖，業已燃燒起該方面我陸海軍的熱烈鬥志，準備乘此神機，殲敵致勝。

【同盟社檳榔嶼十九日電】敵機動部隊於十七日至十八日來襲尼科巴爾羣島的卡尼科巴爾島。敵人使用大砲和飛機轟擊該島。我軍與其交戰，似乎予以相當的損失。

敵寇公佈 台灣戰果一覽

【同盟社東京十九日電】十二日夜炸沉航空母艦四艘，擊毀航空母艦一艘，艦類未詳十一艘。十三日夜炸沉航空母艦三艘，巡洋艦或驅逐艦一艘，擊毀航空母艦一艘，戰艦一艘，巡洋艦一艘，七處發生大火。十四日晝夜炸沉航空母艦三艘，戰艦二艘，巡洋艦三艘，五艘發生大火。十四日午間炸沉航空母艦一艘，擊毀航空母艦二艘，巡洋艦二艘，巡洋艦或驅逐艦一艘、艦類未詳二艘，擊毀航空母艦三艘，巡洋艦一艘。十六日午方逃走，但我空軍仍不分晝夜猛追潰走的敵艦，計白晝擊毀敵航空母艦二艘、巡洋艦二艘、巡洋艦或驅逐艦一艘、艦種不詳的敵艦二艘，夜間擊沉航空母艦三艘、戰艦三艘、巡洋艦三艘。此外在此期間美軍並不斷出動在華空軍助戰，至十五日雖不見敵艦上機的活動，但敵特種部隊的另一別動部隊，復出現菲島東方海面，午前並出動艦上機襲擊馬尼拉，藉以牽制該方面的我空軍，經我軍反復猛攻，擊沉敵航空母艦一艘，擊毀航空母艦三艘、巡洋艦一艘，擊落飛機三十架。是役我方亦損失若干飛機。十六日晨敵特種艦隊為救護另一別動部隊起見，復駛至台灣東方海面，經我機白晝迎頭痛擊，擊毀敵航空母艦戰艦各一艘。數日來猛烈戰鬥結果，敵第五十八特種艦隊損失大半。但此種光輝戰績僅不過菲島攻防戰的一頁，需知敵人決不會因此次的挫敗，終止其進攻菲島的企圖。

敵栗原海軍報導部長 呼籲日人要有必勝信心

【同盟社東京十九日電】大本營海軍報導部長栗原悅藏大佐，十九日就光輝的綜合戰果，發表如下感想：皇軍此次的戰果，是大東亞戰爭開始以來最大的戰果，同時這一戰果製造了轉變這次戰爭形勢的機會，這點值得我們重視。戰鬥的經過、戰果及我方損失，已如十九日所發表者。這一戰果是在前綫將士必勝信念之下，多年訓練的結晶。雖然很可遺憾的是從事作戰的飛機，是非常的不充分，並且冒着惡劣的天候，克服各種惡劣條件，並且要進行數日間想像不到的連續的苦戰，這一戰果就是這樣求得的。我在此對於前綫將士的感激簡直是無話可說。另一方面這一戰果亦是後方生產戰、運輸戰的戰果，亦是全國人民勤勞戰、制空戰的戰果。當這樣想的時候，我們對在不同職業崗位上勞動的每一人致以深厚感謝的話。很冷靜的回想戰果的由來，一方面是當然之事，但更是陛下恩威所賜。我曾聽說在塞班島全體將士犧牲的消息傳出後，在某工廠勞動的女工曾哭着說：『我們雖這樣拚命的勞動，為什麼塞班島的全體將士犧牲了呢？』這句話是她們大胆的而且從內心中發出的真摯的話，我對於這些人的勞動情形非常熟悉，所以聽到這話使我非常感動，這樣愛護國家勞動的人們，才會聽到此次戰果從內心發出歡喜。我想每一個人，現在已打破憂鬱的空氣，用極快樂的心情，在他們的崗位上精神飽滿的奉公。大東亞戰爭是一個非勝不可的戰爭，而且一定會得到勝利，但是過去亦有人不了解或隨便的說不能確立勝利，這樣抱懷疑態度的人，的確亦有一部分道理，但前綫將士已將勝利很清楚的帶到我們面前。這次才使全國國民體驗到我們必須勝利而且此次戰果就是勝利，我想這一信念已經確立在全國國民心中。在間沒有炸沉艦隻，擊毀航空母艦一艘，戰艦一艘。共計炸沉航空母艦十一艘，戰艦二艘、巡洋艦三艘、巡洋艦或驅逐艦一艘、擊毀航空母艦八艘、戰艦二艘、巡洋艦四艘、巡洋艦或驅逐艦一艘、艦類未詳十三艘，十二處發生大火。擊落敵機一一二架（不包括陸上擊落者）。我方損失飛機三百十二架，此次戰鬥定名為台灣海上空戰。

【同盟社東京十九日電】向台灣東方海面出擊的敵特種艦隊，經陸海空軍聯合猛攻，被殲大半，僅有一部份僥倖逃走，是役發生原因及戰鬥經過大致如下：從七月至九月奪佔了馬紹爾的尼米茲艦隊，嗣後更從新幾內尼島北進，月益暴露其要與麥克阿瑟所部配合進攻菲島的野心。首先從九月上旬至中旬以艦上機襲擊菲島，希望藉消耗我當地的空軍兵力，繼之為獲得進攻菲島的據點，在帛琉群島中的彼勒留島、安哥爾島、摩鹿加群島的摩洛泰島登陸，形成夾擊菲島南部的形勢。不消說敵人繼之而來的行動，便是攻擊菲島的供給路。我西南群島及台灣，是我國本土至菲島的交通要衝，敵在進攻菲島前先襲擊此等要衝，自屬敵人當然的經略。同時還應該看到敵特種艦隊的襲擊我西南群島及台灣，決非出自急焦與無知，而是進攻菲島的前哨戰。敵第五十八特種艦隊乃於十日以四百架的艦上飛機，從七時至十五時三十分；前後四次襲擊我西南群島的沖繩島、宮古島、奄美大島，經我空軍截擊，雖擊落敵機廿六架，但我方陸上及船舶亦有若干損失。我聯合艦隊各部隊接上述敵機出擊的報告後，便迅速完成殲敵準備，監視敵此後的行動，敵特種艦隊於襲擊我西南群島稍事隱蔽之後，於十一日十四時以數十架飛機襲擊菲島東南部，十二日七時以三百架飛機襲擊台灣，連續轟炸至十五時三十分，預料敵機將大規模來襲，在待機中的我空軍部隊乃立即騰空迎戰，在陸上砲火協助下，一氣擊落敵機一百一十架，繼之從十九時至廿一時三十分，夜襲敵機動部隊，結果擊沉敵航空母艦四艘，擊毀航空母艦一艘，艦種不詳軍艦一艘，我方亦有若干損失。翌日晨（十三日）敵艦上機復來襲，而我空軍部隊亦繼續攻擊敵特種艦隊，從十八時三十分交戰至十九時三十分，結果炸沉敵航空母艦三艘、巡洋艦或驅逐艦一艘，擊毀航空母艦一艘，戰艦一艘，巡洋艦一。十四日敵復出動四百架艦上飛機，襲擊台灣各地，我機亦起而迎戰。十二日以來在台灣上空已擊落敵機一百六十餘架。午前十一時左右敵特種艦隊[illegible]發生潰敗，[illegible]落水人員，[illegible]

這一信念之下，只要勤勞工作的話，勝利就是我們的。敵人美國對大東亞堤防的一角——菲律濱，以尼米茲的艦隊為右手，麥克阿瑟的艦隊為左手，向我進攻。現在成為敵人右手的敵機動部隊已受到一大打擊，並將它擊掉。預料敵人的左手不久即向菲律濱進攻，這一時候我們全國必須再把敵人的左手打掉，全國人民如能一致起來致力於戰爭的話，敵人的這一隻手一定能夠打掉。現在戰爭已進入決戰階段，我們應回答這一戰果，確信勝利以求全力效忠國家。

同盟社口中的海爾賽與密轍爾的生平

【同盟社東京十八日電】此次來襲西南太平洋各島與台灣的美國第三艦隊，終於受到痛烈打擊，該艦隊司令長官海爾賽，是在本年六月十五日免除太平洋反軸心國艦隊司令長官職務而就任現在的職務，他與第五艦隊司令長官斯普魯恩斯共同從事於中太平洋方面的對日攻勢。卑鄙至極的海爾賽，當他有一次談及日本的時候，曾說：「所謂日本人這個人種，還是早日死去為妙，他們並不是什麼超人的存在，僅不過是與低級猿猴相匹敵的動物而已，所以敢這樣說，因為日本兵只有像猿的本能」（去年一月在紐西蘭的奧克蘭接見記者團時說的話）。當日美開戰時，乘航空母艦「企業」號的海爾賽說道：「日本話除非在地獄，決不讓它通用」。當他就任南太平洋艦隊司令長官，出現於瓜達康納爾島的時候，向海軍士兵訓話：「要在此次戰爭中獲得勝利，就要殺日本人，更多的殺日本人。」今年一月七日在美國接見記者團時，他說：「當美國軍隊佔領東京時，東京將已變為廢墟」。他正是對日本實力毫無所知的蒙昧的洋鬼子的代表人物。他在本月末日正是六十二歲。十八歲入海軍士官學校，四十五年間的生活是在海軍中渡過，其中佔大半的二十五年是在驅逐艦工作。隨着我軍在西南太平洋進攻的激烈，於一九四二年十月任南太平洋艦隊司令官，十一月在布肯維爾島港外海戰中，被我海軍打得慘敗，甚至傳說海爾賽陣亡。但其後他又曾進攻梅金、吉爾貝特群島及馬紹爾群島，攻擊我外圍防綫。此次又出現於台灣方面，××××他的憎恨日本是有名的，據說他還討厭十三日的星期五，四十年前他在亞那波里海軍學校畢業後，最初即配置於戰艦「密蘇利」號，但到「密蘇利」不久後，該艦砲塔即發生爆炸不幸的爆炸事件，立刻死去士兵三十三人，這就是五月十三日的星期五事

[illegible]褒』，從這個時候起，只要聽到『十二月的星期五』，即像小蟲似的皺起眉頭全身抖索。他所指揮的部隊於來襲台灣的第二日，卻也是這樣一個日子。

海爾賽指揮的第五十八機動部隊司令官密契爾中將，他的名字和塞班的名字的一齊銘記在一億國民的心裏，並把他作爲一個仇敵。在進攻塞班的時候，他屬於第五艦隊司令長官（爲斯普魯恩斯上將）——他是進行鬼畜活動的犯人。他在亞那波里海軍士官學校畢業後，一九一六年（三十歲）入海軍航空隊，並且是杜立特等空襲東京的犯人，他也參加過中途島作戰。他在此次作戰後，被任命爲所羅門戰區航空部隊司令官，極力獲得越島作戰的制空權，他的才能爲人們所公認，於是提拔爲太平洋艦隊『虎子』的第五十八機動艦隊司令官，向塞班及其他地方出擊。此次被我軍殲滅後的該部隊最後的模樣，只可從海底中看到。

法境西班牙愛國者
建立『西班牙全國聯合會』

【海通社柏林十三日電】紐約訊：『美聯社』星期四報導稱，西班牙在法國之僑民（包括卡塔蘭人及巴斯克人之國僑在內），一羣西班牙知識份子及紅色西班牙青年組織，已於土魯斯建立了『西班牙全國聯合會』。它的目的是『自佛朗哥元首統治下解放西班牙』。

【海通社馬德里十五日電】西班牙週刊『西班牙』在一篇很明顯的授意的文章中關於西班牙與法國之關係寫道：『戴高樂政府正面臨着在他自己領土上的外國份子的壓力與騷亂，有使和平相處的國際關係陷於嚴重騷亂的危險。西班牙不欲干涉法國的嚴重內政問題，但西班牙指出此嚴重情勢易於使內部的騷亂越過邊境，因而障礙並擾亂法國與西班牙之間應有的正常關係。西班牙不但希望合作重建法國，而且希望參加重建歐洲，而且希望要求互相間的關係建築在原則上，在引向歐洲大陸人民之間的和平調協的行動狀態上』。此星期週刊之論文開始在緒論中說某些事情的發生，證實法國與西班牙之間的正常關係，已不存在。特別是大批西班牙赤色份子，衝入在法國的西班牙領事館一事。戴高樂將軍命令歸還領事館署與建築物，但命令毫未實行。法國南部發生了更嚴重的事件，在法國南部『恐怖團體及西班牙戰爭罪魁違反了國際公法最基本的原則』。西班牙政府決不怕這些事件之發展，因爲他的軍隊隨時可以粉碎任何在邊境上發生的企圖。但最合適是將事件弄清楚，因爲這些事件障礙彼此間的關係。

民主黨之康納利氏領導全力支持發聯盟之集團。渠堅認美國人民應分擔參加世界合作，則必將付出一筆有相當犧牲之代價。渠承認該項組織之工作可能不十全十美，但此乃美人必須參加之新世界機構。據目前觀察家認爲，所謂保留派人士僉信係由共和黨保守人士勃里奇領導，渠堅認美國不應匆促參加新國際組織，聯合國家首腦（缺了一百字）且認爲如安全理事會提議於吾人正常區域外採取行動，美國人民如未見國會根據憲法所採取之共同行動，則將不表示同意。根據此間傳聞，康納利參議員及外委會委員奧斯丁計劃將來日辯論分爲二部份或更多之部份。彼等要求參院批准美國參加新國聯之條約，繼之提出一單獨法案，以解決美國代表參加國聯內所有權力之問題。後項議案僅需大多數之通過，批准條約則需三分之二之票決。同時，赫爾國務卿亦盼於大選後與國會領袖就頓巴敦橡樹林會議計劃進行會商。一般人士均不信目前之計劃綱要將毫無更改送國會討論，通常會議案均經辯論然後票決之手續，此乃美國之傳統。此間若干有經驗之觀察家僉信由上次大戰以來，美人思想業已進步。國會參加新世界聯盟之展望較之一九二〇年光明。然於該日到臨前，整個計劃將遭受無數猛烈攻擊，彼公開反對此項計劃者亦不能不認美國於不可避免之新任務中將遭遇一最大之危險。美國新聞週刊預料參院將於明年接受聯盟憲章，反對派將不能於批准美國參加新國聯之條約內附註限制使用美國武力之保留條件。該刊相信眞正鬥爭將於美國考慮下列數問題後展開，即：（一）美國代表票決以陸海空軍武力供應國聯，而不會經國會認可，美國對此可能同意乎？（二）美國代表票決涉及使用武力之問題前，國會於每一爭辯中是否應當決定其可否乎？據該刊稱：美國民意主張國會對一般協議加以認可，准許美國代表無須獲得國會之特殊同意而有票決之權利。

英每日快訊報記者說
巴黎美軍虐待英軍

【海通社柏林十五日電】『每日快訊』載摩爾赫德巴黎來訊稱：『勝利就在眼前，入侵的熱情消逝，冷靜的理解代之而起。英國記者寫道：行動的自由與出入巴黎城的可能性大受妨礙。美軍在巴黎徵用了七百個旅館。一切均編制作軍事上的用途。由英軍使用的只有少數城市察館。整排整排的房屋都被軍事當局佔去，幾乎所有設備完善的房間都住宿美國軍官。巴黎居民當中成長着反感。糧食已漸稀少，煤氣的供給薄弱，地下鐵道負担過重。摩爾赫德宣稱：街道大爲不安。突襲事件經常發

【同盟社馬德里十二日電】小島報導：反軸心軍開始進攻歐陸以來，舊赤色政府軍殘黨在西、法邊境暴動，與守備邊境的西班牙正規軍發生衝突，出現不穩的事情。西班牙政府於十一日晨，就上述事件發表如下：盤踞南法地方的舊西班牙赤色政府軍殘黨與在法國的西班牙不穩份子，狂暴之極，侵入西法邊境地方，但每次都被西班牙守備隊擊退。目下邊境地方，正由西班牙政府維持，政府因發生此次不良事件，將使法國國民瀕於危殆，因此決定爲了掃蕩上述叛軍的根據地，予戴高樂政權以一切便利，使其不喪失法國的國威。

對於頓巴敦建議案
美國各方反映

【中央社華盛頓十六日電】頓巴敦橡樹林會議中美英蘇四大國家所擬議各國際組織建議案，於美總統大選後之國會中，當引起有關美國外交政策之最大激辯。週前會議結果發表後，新國際聯盟之綱要於全美各地獲有普遍一致之推崇。迄今任何官方人士亦未表示異見。美總統大選後，華府方面於美國接受最後計劃前，將見國會對此展開之長期激辯。赫爾國務卿已提出警告稱：吾人未來之道路悠長，有時且多險境。國會及其他聯合國家均知：戰後國家如無美國之積極參加及支持，則無成功之望。國會如抨擊頓巴敦橡樹林會議代表所擬之一般目的及綱領，新世界組織計劃將一如舊時之國際聯盟，同歸失敗。迄今羅斯福總統及杜威州長已斷然表示贊同，並支持聯合國之建議。羅斯福總統已確切主張，不僅於最後解決前，且於戰事結束前，即時組織新國際聯盟。即馳名之孤立派人士費休亦公開讚譽四國之協商。民主共和兩黨迄今仍全力從事競選，暫置新國聯組織建議於不顧。兩黨人士對頓巴敦橡樹林會議之目的，僅於口頭之贊同。目前觀察美國人民對聯合國建議觀感之趨向，爲時猶早。此間人士今日最關切者，乃國內之競選運動及美國艦隊之出戰台灣海面。國會方面亦無參衆兩院議員對新世界安全機構問題採取一致意見之跡象。根據此間測驗美國民意之初步報告，大部份人士所關切者乃新安全理事會所責成會員國家立即供應所撥派給之陸海空軍武力以消滅對和平所加之威力及破壞之權力。一般輿論現提出下列問題：美國出席安全理事會之代表如與他國代表共同表決參加軍事行動，是否可能。擁護憲法之人士警告新國際聯盟設計稱：美國國會具有宣戰之最後權力。若干觀察家相信，這將決定於大選進行後及官方開始對美國參加新國際聯盟工作事進行辯論時國會所取之態度。參院外委會主席及

生，如警察所說城內街道上每天有三人斃命。戴高樂臨時政府委員會沒有祕書，沒有紙夾來開始他們的工作。他們在等待從阿爾及爾與倫敦來的官員與紙夾，該英國記者最後稱：整個地說來，法國並不支持戴高樂；他是被以某種天眞而接受的，因爲他們沒有其他領袖。

納爾遜說中美戰後經濟牽涉頗多
兩國應以一切努力求取解決

【合衆社紐約十八日電】納爾遜頃對中美工商協會理事會發表演說稱：中美兩國間之戰後經濟牽涉有種種問題。然而兩國在此一方面之機會均極大，值得以一切努力求取解決，納氏稱：該會在奠定中美商務關係基礎之活動，已證明能使工商業之問題列入政府之談判範圍。彼等以相當時間考慮美國工商界派遣代表團前往中國與中國諸領袖會商，並加強政府談判之問題。納氏又稱：中國需要增產；並向該會理事建議，立即採取步驟，使中國之原料能有更多成果，製造成品以應付戰爭及復興之需要（下有二十餘字不能譯）

【中央社紐約十八日專電】孔副院長昨日向在波士頓舉行會議之美國製造商及商界人士保證，我國乃是美國物品之理想市場。我國工業化之後，當能代替明日之日本，以廉價物品供應南洋。我國將自對南洋之出口貿易中獲得資金，償付一部戰後由美輸華之大批物品。戰後我國之經濟政策，將以提高人民生活水準，俾能購買更多之外國物品爲目的。孔副院長鑒於我國需要美國物品之大量輸入，故促請美國人士允許長期貸款，俾我國在工業上佔更要之地位。由最近舉行之美國全國對外貿易大會觀之，美國商界人士最關心者，厥爲在擬定任何計劃前，中美即簽訂新商業。美國商界人士刻正俟渠等在我國商法中之地位判明後，始肯擔負確切約束。故在中美通商條約簽定前，中美貿易僅能成立試探性計劃，聞初稿已完成，惟我國之條件尚未獲悉。稽延不決之情形，頗令美國商界人士煩惱，而具體設計工作，亦被迫延遲。同時美國商界若干重要人士希望我國政府將我國商法譯爲英文出版，俾美國商界人士明瞭渠等在新法下之法律地位，此舉將使美商產生更大之信心，因而積極負責促進中美貿易關係。

參攷消息

（只供參考）
第六七三號
解放日報 新華社 編
今日出一大張
卅三年十月廿一日
星期六

敵稱美軍攻入萊特島

【同盟社東京十九日電】十月十九日十七時三十分大本營公佈：（一）帶有運輸艦隊的敵艦隊，於十月十七日侵入菲島萊特灣，十八日午後便以艦砲轟擊該灣沿岸。（二）該方面的我陸海軍，現正在共同堵擊中。

【同盟社馬尼拉十九日電】襲擊菲律賓的敵機，經我空軍部隊猛烈截擊，擊落四十三架，擊毀六架。

【同盟社馬尼拉廿日電】敵機終於襲擊到菲士來了，不管羅斯福、麥克阿瑟如何冒險，當此敵入從大宮島向彼勒留伸張，從新幾內亞向摩洛泰島進展之際，菲島上的我士兵與在住僑民共同完成了截擊的體制。敵人會準備以一星期的時間拿下帛琉島、哈爾馬黑拉，在這上面建築航空基地，但經摩洛泰及彼勒留我守備部隊勇敢截擊，敵人遂未能直接進攻菲島，在此兩島勇士們血戰之際，業已完成截擊體制的菲島要塞，復得有機會施以更完善的佈置。急躁的敵人，終於在九月下旬，把大機動部隊開近菲島週圍，襲擊我西南羣島、台灣等要地，藉以準備進攻菲島。此間雖經我軍勇敢反攻，給以戰史上未曾有的損失敗走，但敵人對於太平洋上日美決戰的前哨戰——進攻菲島遭受到此種程度的損失，當已有所覺悟，故我住在菲島的同胞，亦在以戰鬥的姿態，迎接敵人的追近，無論男女老幼都一律參加軍務，協助我陸海軍，與一千八百萬的菲島國民，共同準備擊潰侵入的美英。

同盟社報導 蘇報指責非島作戰困難

【同盟社莫斯科十二日電】蘇聯海軍機關報紅色艦隊報十二日登載軍事專家愛爾納西約夫以『非島作戰』為題的論文，評論將來非島作戰美軍的重大困難，及日軍堅強的防衛態勢稱：美軍的在彼勒留登陸，以及壓制帛琉島，說明美軍在企圖獲得進攻非島的跳台，然而需得指出美軍在非島作戰，面前尚橫着重大的困難。蓋美軍

敵報驚呼 國土將成焦土

【同盟社東京十九日電】（讀賣報知新聞）——現在十七歲以上的青少年，已決定作為在鄉軍人編入軍籍。戰爭是青年獲得光榮的最大機會。編入軍籍的年齡，最好再降低一些。（朝日新聞）——軍事評論家伊藤正德提出戰略、戰術、生產、統帥四點，是近代決戰的四大要素，說明本屆海相能使此四大要素密切連繫，故能獲得如此成功的戰果。小磯首相於戰果公佈之日，曾發表談話。其中特別指出陸海相協力一致英勇奮鬥，並希望軍需生產者，更加向增產之途邁進。此次的大戰果發表後，國內一般的空氣是：決不為戰果所迷惑，而更加振作精神，以備將來的戰鬥。現在到處都充滿凜然的決勝氣魄。（每日新聞）若無若干的犧牲，是不能得到赫赫的大戰果的，由於敵機對那霸市無差別的轟炸，使全市化為廢墟。計燒毀房屋七千八百二十餘間，倒塌房屋六百四十餘間（譯者按：十八日參考消息所譯此處有誤，讓請注意），傷亡亦不在少，內田外相於滿洲事變時，曾在議會上說：『縱使把國家變成焦土……』這話容有問題？但現在部份國土變成焦土，已成為不可避免的事實。因此決不可將毫疏忽，即不管戰禍何時降臨，都認為是戰場的常事。』

傳波蘭問題仍未解決

【海通社柏林十八日電】『曼徹斯特導報』宣稱：據由莫斯科傳到倫敦波蘭人士的情報，倫敦波蘭流亡政府總理米科拉茲柯在莫斯科之商談仍未有進展。主要困難是劃界問題，而蘇聯要求立即規定此事，該報認為米科拉茲柯顯然不能承認蘇聯之提議。倫敦波蘭人士相信他將不定條約而歸。

出席國際通商會議 中國代表團抵美

【合衆社紐約十七日電】中國出席國際通商會議代表團一行，由陳光甫率領，自渝乘美航運大隊飛機來美，業於本日飛抵此間。該團代表三人及顧問四人，將出席下月十日在此開幕之國際通商會議。陳光甫氏語記者稱：中國人民切盼戰後中國與美國及其他國家間之貿易之增加。永利化學工廠創辦人及總理范旭東、民生公司總經理盧作孚同來，其他代表二人業早來此。中國駐紐約總領事余焌吉及其他華僑十餘人蒞機場歡迎。

軍委會一週戰況

【中央社重慶廿日電】據軍委會廿日發表一週戰況稱：在湘桂路綫之大溶江，自上週末迄本週間，我英勇守軍連日分別擊破一再增援不斷向我陣地猛犯之頑敵，

距本國基地及澳洲非常遼遠，因而美軍準備在帛琉羣島建設一個大補給據點。日軍不僅在非島及荷印配備有雄厚的兵力，並且還進行貯存龐大的軍需資材，故美軍在非島作戰的困難，遠非過去各戰役所能比擬，日軍除本國尚有力量完成各種軍需品的增產外，還貯有大量兵力及戰略原料資源。因而日本海軍依然據有可以發揮武力的形勢。

同盟社評論說 歐洲決戰要拖到冬天以後

「同盟社里斯本十七日電」一般觀察決定性的戰爭要拖到冬天以後。安亨之役失敗後，邱吉爾在其演說中承認失敗，而敵國言論界大概亦有同樣的見解。觀察家報巴黎電訊報導艾森豪威爾以下幕僚的作戰會議稱：會議碰到了這樣的問題，即對德戰爭能否在今秋結束？不然，反軸心國的作戰計劃要作何必要的變更？十二日艾森豪威爾接見記者團時發表的「再度開始總攻擊有待於運輸、供應的改善」的聲明，就是答案。但是如像諸曼第的戰事進入集積資材的戰爭時，德軍又建設了防禦綫，這對敵人說來，確是意外的，因爲敵人相信德軍再也不能恢復元氣，安亨失敗的根本原因，就是敵人相信德軍處在崩滅的狀態，而進行冒險的作戰。敵人都驚奇地承認由諸曼第退卻的德軍士氣非常旺盛，現在敵人愼重的準備進行總攻擊，如果不能突破現有的防禦綫，那末戰爭就不會有決定性的進展。德國如有相當於敵人的兵力，就會發生野戰，但是因爲兵力相差很大（據蘇聯推測兵力是五與一之比），因此德方計劃堅守防綫，到了冬天不能作戰的時機，貽充實兵器，特別是航空兵器，以便敵人開始總攻擊時，立即消滅之。敵人如果不在冬季以前突破新防綫，那末敵人是很不利的。它不能進行戰爭，其理由是第一綫開始總攻擊需要相當的時間集中供應的資材。一九一八年聯軍在比現在更狹小的戰綫，使用法國六大港口和鐵道。今日盟軍佔領的法國港口都被破壞了，卸貨能力很低，諸曼第海岸的諸曼第港離戰綫很遠，而且今後的荒天是無法對抗的。同時法國的鐵道和橋樑都被敵人自己破壞不能使用，美軍建設道路的力量和空運的力量也彌補不上。第二由於天氣的關係，今後作戰的時期很短，按過去的經驗，眞正冬季的到來要在十二月，作戰的時期要在十一月初以前結束，專家預料今冬必定是嚴寒，十一月以後，因爲有雨雪霜雲霧，所以空中活動和地上活動都是很困難的。空運部隊和裝甲部隊的活動都受到很大的妨礙。冬天就是這樣過去的，[illegible]

曾予敵軍以相當之創傷。我另部於十七日將迂迴犯大溶江以西約十公里松江口之敵擊退，刻戰鬥仍繼續在大溶江以[illegible]東南約廿公里之高田圩地區進行中。粵桂邊境，我敵連日在平南西北及以西十五至廿公里地區內往復衝擊，互有得失。桂平方面我仍與敵在城南及西南約十五公里處繼續激戰中。至於桂平城內，我英勇守軍與四倍於我之敵拚死肉搏，其壯烈犧牲之精神，誠可歌可泣。關於湘粵桂邊境戰事，據敵寇華南前綫十六日廣播『進擊廣西邱陵地區之艱險阻礙尤爲困難，吾人以身親歷此境，苟不愼敵火器（十七字不能譯）致於不可能之狀態。』並謂『我將兵因「敵機」活躍，夜不能眠，衆之補給困難，鞋襪皆破碎，現以草鞋代替軍鞋，行動頗感困難。』似敵軍自承在桂境遭遇堅强抵抗，已陷入苦戰。湘西方面，我向寶慶以西之敵攻擊，於十六、十八兩日攻克岩口舖、長陽舖兩處據點。又醴陵、茶陵、安仁、耒陽、常寧各方面，我敵均仍在對戰中。滇西方面，我軍連日續攻龍陵西南陣地及攻芒市以東及西南約十六里各地區敵，均獲相當進展。

敵稱重慶樂觀論 銷聲匿跡

「同盟社廣東十八日專電」日軍的巨大攻勢暴露了重慶內在的弱點，而其內部的情勢非常緊迫。圍繞在此次敗戰的問題上，美英認爲這是重慶抗戰力量的脆弱，而重慶反駁說：「這是因爲援蔣物資的不足」。這樣，在反軸心國陣營內發生了敗戰的責任問題。這招致反軸心國在大陸共同戰綫發生裂痕。十八日合衆社駐重慶特派員指出這一點，報導敗戰重慶的內幕稱：本年四月展開的，而現在擴大到華中華南的日軍巨大攻勢將重慶內在的各種弱點暴露無遺，重慶面向着未曾有的危險局面。除了沒有機會正確認識重慶實情的美英民衆以外，對於此次暴露出來的重慶的弱點，沒有任何驚動和僩動的理由，而認爲這是當然的結果。美國軍事首腦部已估計到日軍的新攻勢引起的事態。陳納德相信其空軍很容易妨礙日軍使用其龐大的兵力打通的陸上道路。但是日軍一開始進行攻勢，就暴露了重慶的弱點，而重慶的樂觀論調立即消聲匿跡，反之，中美合作的論爭極度尖銳化。這種問題亦提交赫爾利、納爾遜與重慶當局舉行的軍事、政治會議上討論。重慶方面爲了迴避責任，並把敗戰的大責任歸諸供應物資的不足，反復强調珍珠港事件以來決定的歐洲第一的戰略應該負責任。

朝日新聞社論 「啼笑皆非的重慶」

「同盟社東京廿日電」朝日新聞頃揭載社論題爲「啼笑皆非的重慶」內稱：目前我方仍在擴大戰果中

。發表說定任務大勝。大本營發表的一大錯誤。這次勝利，使大東亞各國家、各民族更容易鞏固團結，走向必勝之途。同時使敵國陣營內更加彼此不信任和相尅，重慶的態度即其先兆，十六日重慶各報大大地報導我大本營發表的戰報，引起極大的衝動。重慶指導輿論時，採取此種措置，應了解為重慶政權負責人士對於太平洋戰爭歸趨的估計根本不對。美英報紙駐重慶特派員要應重慶當局負責人士觀察今後太平洋方面將發生極大的轉變。路透社及其他通訊社訪員數度喚起本國政府的注意這一事實即可證明此點。重慶亦知道日本擁有實力，有效地一舉擊碎美英的反攻。對於戰爭的毫無結果的希望……。宣傳戰勝和武力的這種威脅是最好的思想戰。今後將有效地推行我軍在大陸的作戰（有最大的說服力量）。這樣，重慶因為受到嚴重的軍事打擊。不得不覺悟到繼續進行無益的抗戰，只有自取民族的滅亡。重慶在此決戰之前，已有這種徵象，此即邱吉爾首相在下院痛罵重慶，而重慶當然認為這是取笑重慶，因而非常憤慨。路透社特派員報導，由蔣介石在其雙十節演說中未提及反軸心國的戰果及其援助這一點看來，重慶對於美英的幻想逐漸消逝。此次美海軍的大敗，使這種傾向更加確定。甚至林語堂在其『啼笑皆非』一書中道破：『不論戰後成立何種組織，決不會予中國以平等，因為中國處在亞細亞的山溝裏』。只要重慶繼續抗戰，那末它不論何時都是啼笑皆非。只有當重慶恢復了東亞的自覺，參加保衛東亞的解放戰爭以後，才能轉哭為笑。

上海敵陸軍報導部長叫囂
已粉碎美軍在中國開闢戰場的計劃

【同盟社上海十九日電】上海陸軍部出淵報導部長，十八日下午與中國記者團作定期接見，論及此次台灣海面空戰的重要性，指出此次的大勝利，粉碎了尼米茲所吹噓的新登陸作戰，亦粉碎了在中國開闢第二戰場或羅斯福爭取四屆總統選舉威望的政策。該談話要點如下：大陸日軍的作戰，已經席捲湖南前綫，更進一步活動於廣西省，現正迫近桂林、柳州。我陸軍部隊又與海軍取得密切聯絡下佔領福州，現正擴大戰果中。尼米茲曾主張『在中國大陸登陸的時候，首先在福州開始。』『我軍的行動已先舉控制敵人，粉碎了敵人的企圖。現在的一般人士認為大陸戰綫是大東亞戰爭的決戰場，如重慶……（掉）……，則擊潰日軍將行困難。遂向美英特別是向美國要求加強對重慶的

德拜與德方×其有（錢）因此彼等在旅途中友誼不佳，到西安後，感情決裂。德力應到庭作證人。審訊完畢，辯護律師向庭上請求：（一）副長官部派鑑定人到庭；（二）向警察局外事股調驗被告護照；（三）調查被告曾否聲請發給槍照。至十時半庭長宣告調證完畢，退庭。

大後方獻糧獻金議決不定
各省市縣組青年從軍委會

【中央社渝十九日電】改善士兵待遇，發動獻糧獻金，財糧兩部會擬辦法草案，業經國參會駐會委會續密研討，於十七日修正通過。聞該兩部即將根據此項修正案，呈行政院轉呈國防最高委會核准公佈，定期開始辦理。據悉國參會駐委會討論此案時，頗為慎重。十六日財政經濟××審查時，曾開會達五小時之久。十七日在臨時會議通過此案時，復經三小時以上之商討，所有出席之參政員幾無不發言者，總期此項辦法，使全國人民負担公平，辦理時手續簡單便民。其新獻納標準，會再三斟酌。至於×採用外匯辦法，各參政員在兩次會議及一次審查會時，亦紛紛向財政部代表詢問，並提供意見。為期辦法完密計，決定財部再擬切實辦法，再提出下次駐委會討論。

【中央社重慶十九日電】南川縣田賦管理處副處長楊鈞×，貪污××，經財部派員查實有據，當即電飭川省八區專署李專員，就近緝獲歸案，經送軍法執行總監部訊辦。又萬縣田賦管理處副處長薛迪鎖，自到職年餘以來，貪污舞弊，不下千餘萬元。近為萬縣經檢大隊檢舉，並查獲該薛迪鎖偽刻圖章八百零三顆，偽造冊據七十餘份，已由該縣府將該薛迪鎖監視。此案正請示當局核辦中。

【中央社蘭州十八日電】中央銀行蘭州分行國庫課助理員陳福良，侵佔稅款百廿萬，潛匿成都，已於上月緝獲，刻已押解來蘭，交由保安司令部偵訊。

【中央社重慶十九日電】知識青年從軍運動發動（十餘字譯不出），從軍指導委員會業已成立，並召開第一次會議，商討發動知識青年從軍運動各項決議。至於各省市，應各設省市知識青年志願從軍徵集委員會，設委員十一至十五人，由省市政府之教育廳長、民政廳長、省市黨部、支團部（或直屬軍團部）、軍管區司令部、省參議會、民衆團體、地方士紳、專科以上學校校長各推委員一至二人組織之。由省政府主席或市長任主任委員，又五推副主任委員二人。縣（市）徵集委員會設委員九人至十一人，由縣（市）政府

援助。美軍曾企圖在中國沿岸登陸，因台灣海面我軍的大勝利，所謂建立東亞第二戰場已經失敗。更加以羅斯福四屆選舉即將到來，為了粉飾戰敗就盲目的橫衝直撞進行了此次大海戰，但大勝利為日軍所掌握，並確立了必勝的基礎。敵人美國如果進行新的登陸作戰，只要在日軍已經確立的必勝不敗的態勢下，敵人的失敗是很清楚的。我們應該注意大陸作戰及與此相配合的太平洋戰線的勝利，會給重慶以多大的影響。

西安審訊瑞典人蘇德邦收藏軍機文書案

蘇德邦收藏軍機文書上訴案，陝西高等法院開庭調證

【中央社西安十八日電】瑞典人蘇德邦收藏軍機文書上訴案，業經陝西高等法院開庭調證，並已於本月十二日公開辯論。現高院為求該案勿枉勿縱，審慎周詳，對於被告有利不利之證據，重加考量，特於十八日上午八時重開調證庭，由主辦詢案之推事高勳出庭審理，檢查官蒞庭執行職務。被告蘇德邦及辯護律師劉之謀、翟錢均按時到庭，除法院原有通譯外，並邀約通曉國語之外國人任賚清白及斯巢禾到庭旁聽會同翻譯。開始審理後，推事首宣示重開調證庭及定期公開辯論後，對被告到西安目的，持有地圖經過及在延安與朱德、周恩來會見情形，均依次進行詢問。關於來西安目的，據蘇德邦供稱：在北平無事可作，前年九月經法人夏神父、貝大夫介紹，與法人德力結件，去年四月離平擬去重慶尋覓工作，（缺數字）並非西安。關於地圖，據供綏遠至迪化之大張地圖，係依據一九三五年倫敦皇家地理學會印行之地圖而製作，與一九三〇年印行司文赫定所著書內之地圖相同。所附報告書，記載由綏至迪沿途里程、井水甜鹹等，一九三五年有美國新聞記者（現已忘其姓名）乘駱駝赴迪化，特製作該項報告交彼應用。去年離去時，又抄一份北平附近地圖，係依據北平印行之旅行地圖製作。由北平至黃河岸之地圖，係根據普通地圖製作。關於其過去經歷，據供十九年八月到迪化，十一月受金樹人委任為迪化至歸綏長途汽車公路專員，二十年一月返抵天津，二十四年在綏遠經商，買賣皮毛等出口品，並代理福特汽車公司分售處。關於在延安情形，據供由北平出發，係與八路軍駐平秘密工作人員接洽妥當，到延安時晤見朱德，接洽旅費及去重慶問題。朱交周恩來處理，周約彼等會見一次，每人借給五千元，出具收據，到渝後歸還。周夫人曾託其帶兩個包件，到渝交龐小姐（譯音），因不能去渝，已交廣仁醫院舒院長焚燒（按舒院長現已休假回英）。關於氣壓表，據供稱係德力交彼沿途測量地勢高低，以備德力著作書籍之用。又蘇

、縣（市）黨部、分團部（或區團部），×地兵役×、中學校長、縣（市）參議會、民衆團體、地方士紳各推委員一至二人組織之，設主任委員一人，副主任委員二人。

【中央社重慶十九日電】中央文運委會張主委道藩，十八日召集有關各方商議救濟湘桂撤退文化界人士辦法。該會已由賑委會領到五十萬元，此款已決定作為由桂至渝之旅費。至抵渝後之招待及適當時期之生活補助，則由市黨部負責辦理。據悉市黨部已請賑委會撥款卅萬元。旅費補助辦法已決定如下：一、在貴陽請文化界人士會同市府、社會處、賑委會駐筑辦事處負責人組織委會，辦理救濟事宜，請該委會特派專人赴獨山會同當地專員公署及縣政府從事救濟。二、聞已決定由獨山至筑者每一文化界人士家屬連本人以四人計，可各領旅費五千元。由筑至渝者，可照此項再領一次，並聞將有戰時文化界救濟委員會之組織，專辦文化界人士之救濟事宜。

【中央社內鄉廿日電】省府會議頃通過裁併各縣駢枝機構，前方縣份除國營及通訊機關外，其他各機關一律停發經費，職員停薪留職，所有業務統由縣府辦理，至後方各縣，除少數不必要之機關裁併外，其餘大部保留。

重慶苦於壯丁徵募

【同盟社湖南前線十七日電】重慶統治下的中國民衆，已為長期戰爭疲勞不堪，各方躲避被強制徵募為抗戰軍。最近在衡陽週圍，繳獲敵人材料一份，此材料是前年十月為湖南省民政廳製定的，名為「湖南省各縣、市、鄉、鎮、保甲、分區壯丁登記表」，該表除長沙市、衡陽市外，並按第一區至第十區各行政區，分門別類地登記，總人口為二千八百四十八萬六千二百零九名，其中壯丁為四百四十四萬二百七十四名，約佔總人口的百分之十五。雖擁有百分之十五這樣龐大的壯丁數目，但實際上被徵募壯丁的數目是非常少的。現在來看一看第七區（零陵週圍地區）實際徵募的壯丁數，該區總壯丁數為四十七萬六千三百三十六名，而實際徵募的僅為一萬五千九百三十二名，即僅佔百分之三．三強。這些都如實說明在無名義的抗戰中，湖南民衆的新姿態與重慶軍是如何苦於徵募壯丁。

鮑文樾見小磯

【同盟社東京十九日電】鮑國民政府軍事委員會總參謀長，十八日下午二時，赴首相官邸訪問小磯首相，致以來日之詞。

【同盟社東京十九日電】特克期圖駐蒙古駐日代表，十一日下午三時半，赴首相官邸，訪問小磯首相，致賀此次日軍所獲戰果。

參攷消息

（只供參考）
第六七四號
解放日報 新華社 編
今日出一大張
卅三年十月廿二日
星期日

敵寇評菲島戰事 揭開了太平洋決戰序幕

〔同盟社東京廿一日電〕敵人美國在台灣海面航空戰中，以第五十八特種艦隊為主力的對日反攻的戰鬥力，遭受了我軍猛烈打擊，但敵人並不為這一重大消耗所屈服，重整旗鼓直向菲島進攻，決定太平洋命運的決戰戰雲已洶湧而來，正如從來敵人所吹噓的：敵人對日的基本戰略是奪取菲島，把它作為進行對日作戰的最大據點，切斷日本本土與南方資源地帶的聯系，從戰爭資源上枯死日本。同時以菲島為立足點到達中國大陸，等待培養大陸戰場對日作戰的戰力後，即從大陸海洋兩方面强攻壓迫我國。因此敵人達到控制馬里亞納底野心後，它的主攻目標即指向菲島。九月中旬在彼勒留、摩洛泰島等圍繞着菲島的各島嶼登陸，獲得了進攻菲島的跳板。另一方面來襲連結我本土與菲島的路綫——西南島嶼、台灣，阻止擾亂我軍向菲島集中，並削弱上述地區我軍我空軍力量，企圖在本土與菲島間建立邀擊兵力的疏散圈。我軍對敵人的動向已有所準備，因此敵人吃了太平洋戰爭最大的失敗。敵人盲目地相信它優勢的物質力量，並不放棄進攻菲島的野心，頑强地堅持當初的作戰計劃，除第五十八特種艦隊外，用太平洋艦隊的全部兵力來襲菲島。打開了奪回菲島作戰的缺口。敵人敢於盲目進行此次作戰的另一方面，是十一月七日的四屆總統選舉已經在眼前。我們不難推測羅斯福的政略企圖，是用到達菲島的新事實，掩飾台灣海面航空戰的慘敗。羅斯福更考慮到台灣海面航空戰慘敗所給予重慶及大東亞各國的明暗的深刻的政治影響，遂迅速開始奪取菲島作戰。菲島方面我陸海精銳部隊，迎接强大的敵人，充滿殲滅敵人的必勝信心。我們期望站在決戰戰場的勇士的武運長久。並在我們自己的崗位上前進吧。

敵曾稱必須即刻彌補創傷 準備再來一個台灣之戰

〔同盟社東京廿日電〕敵人憑藉數量，不管台灣海面的慘敗，源源不絕地派遣機動部隊，窺視我要線。回憶三十八年前日本海海戰時，亦有與今日同樣的時機。當時優秀的海員海軍中將小笠原子爵，曾充任大本營參謀，參與重要作戰的籌劃，現他回憶「這一勝利的時機」，談述如下：那時，若我軍舉其全力與波羅的海艦隊決戰，將敵全部消滅，則縱使我方有若干損失也無不可，但在「黃海海戰」中，縱使全部消滅敵艦隊，敵仍有波羅的海艦隊。我方若受創，則不能進行最後決戰。想東鄉長官從日本海海戰到黃海海戰，曾煞費苦心。在黃海海戰中，我軍獲得了巨大勝利，但我軍的損失亦復不少。三笠旗艦，有九十五處受傷，此外八雲艦亦被敵彈所創，並喪失淺間、千還、高砂等十餘艦，這時敵波羅的海艦隊，已有通過地中海的消息。我海軍必須迅速修理受傷艦艇，以便與波羅的海艦隊作戰。而我有主力艦四艘，波羅的海艦隊有主力艦八艘，多我一倍。由於此種情形，從一個國民不担心的。而那時掃除瀰漫國內的不安空氣的，是東鄉大將毅然決然的態度。正在這種時候，發生了日本海海戰。黃海海戰恰可與現在台灣海面的海戰相媲美。第五十八機動部隊已遭慘敗，但敵人尚有有力的艦隊與機動部隊。故必須即刻整頓體制，使第二、第三、第四次的「主要作戰」對我有利。台灣海面的大戰果，是美國客人送給豐田長官的禮物，這禮物恰好中了豐田長官的心思。下一次的決戰時機將選擇於何處，我們是不能測知的，但在太平洋的最後決戰中擊滅敵人以前，必將反覆進行多次的「黃海海戰」。

希魔正式宣告 成立人民衛鋒軍

〔海通社柏林十八日電〕元首星期三日頒發命令，宣佈成立「人民衛鋒軍」，一切德國人，從十六歲到六十歲，能扛起武器的，統為了防衛德國國土的目的，組織在黨衛軍總司令亨利·希姆萊之下。這一命令張貼在佈告處並經無綫電與報紙予以宣佈。阿道夫·希特勒關於建立「人民衛鋒軍」的宣告開始稱：「在最嚴重的五年戰爭之後，由於幾乎我們全部歐洲同盟的失敗，敵人在某些前綫已接近了或者已在德國的邊界。」宣告稱：在綜觀戰爭之最初幾年，大規模使用德國人力得以解決極重要的軍事問

【同盟社東京二十一日電】强敵終於在菲島的一角登陸。此即殘存於中太平洋及南太平洋的敵艦隊主力，與集結於新幾內亞方面的有力運輸船團相配合，十七日在菲島東方海面出擊，有力戰鬥部隊已進入呂宋島，民答那峨島中間的萊特灣。十八日下午以來，以艦載機及艦砲向沿岸一帶我防衛陣地猛烈轟擊。十九日正午敵人在砲火掩護下，乘多數船隻企圖在萊特島的首府塔克洛班登陸，被我軍重砲火擊退。敵人並不畏懼這一損失，二十日上午十一時許，再以二百艘登陸舟艇所組成的密集船團，在塔克洛班附近登陸，我軍再度猛烈反擊，大半被我擊落於海中。敵人的一部其後即在海岸一角，拚命建立橋頭堡壘，我軍猛烈反擊，使敵人遭受潰滅的打擊，敵人的奪回菲島作戰已遇到嚴重挫折。敵人更採取另一戰法，加强英國艦隊，來襲尼科巴羣島，同時與在中國的美空軍配合，以便動員太平洋殘存的全部兵力向菲島進攻。敵人的這一盲目的突進正是我軍殲滅敵人的好機會，我國在菲島的登陸海軍，將堅鬪一體，加强擊滅敵人的野心。

掃蕩報、大公報 對菲島登陸寄予極大希望

【合衆社重慶廿一日電】中國各報紙對美軍在菲島的登陸寄以極大希望。中國陸軍機關報掃蕩報稱：「我們極感興奮。菲律濱島與我國東南海岸相隔僅五百哩。如果美國能在菲島登陸並於該處粉碎日軍，則美軍同樣能在我國海岸登陸並於我沿海地帶粉碎日軍。除了美人和菲人外，中國人獲悉麥克阿瑟將軍回菲律濱的好消息後，亦極感快樂。中國總反攻之日已在不遠。菲島不久即將全部解放。讓我們慶祝我們的美國及菲律濱的戰友」。掃蕩報稱：恢復菲島爲美國之久已宣佈的軍事計劃。據稱登陸日期可能爲兩月前在夏威夷會議上決定，並最後於魁北克會議上通過。據稱此表示菲島之登陸爲美國一切軍事領袖所贊同並爲英國軍事領袖所同意。影響重大的自由主義報紙大公報稱：菲島登陸是××的一次。太平洋强大美軍與中國大陸間是更近了。該報稱：「但是，菲律濱或台灣的佔領，並不表示對日進攻的結束。通到東京的道路是很多的，但最理想的道路是經過中國大陸。我們希望尼米茲在中國海岸登陸的計劃將儘早實現，以便於中國摧毀日軍主力。」大公報[illegible]麥克阿瑟稱：日軍在菲島駐有十五萬至廿萬人，此成爲美軍完全佔領菲島的主要障礙。該報要求麥克阿瑟將軍於菲島展開轟炸海空一切部隊，以粉碎該處的强大日本空軍。

題之戰爭的最初幾年之後，敵人現在相信能够舉行最後的打擊。「我們決定實行進一步的使用我們的人民。我們必須並將再度得以擊退敵人並把敵人抵擋或驅出帝國去如此之久，直至足以使德國及其同盟的將來，因而使歐洲的將來達於安全的地方鞏固起來爲止」。一切適於扛槍的德國人在元首宣告下，被召集參加戰鬥，作爲德國武裝部隊活動部隊之援軍，特別是爲了支持在敵人想踏進德國國土的地方之戰鬥的目的。宣告逐後稱：德國「人民衛鋒軍」由適合扛槍的年在十六至六十歲的一切德國人組成。人民衛鋒軍將保衛德國國土，使用迄今顯得適用這一任務的一切武器與方法。我任命黨衛軍參謀長謝普曼爲步槍訓練總監，國社黨摩托兵團領袖卞斯爲德國「人民衛鋒軍」摩托機械訓練總監，德國「人民衛鋒軍」的人員當他們服役時期，在徵兵法的意義上是兵士。在德國「人民衛鋒軍」中的服役先於任何其他組織的服役。黨衛軍帝國領袖作爲後備軍司令，負責德國「人民衛鋒軍」之軍事組織受訓練者之武器與裝備。德國「人民衛鋒軍」之服役戰鬥根據經過黨衛軍帝國領袖所發佈的我的命令實行。

【海通社柏林十八日電】希姆萊在「人民衛鋒軍」組成時稱：德國兩個敵人的軍隊將證實並將必然了悟，深入德國將使侵入者受到極大犧牲，這種犧牲對於他是意味着民族自殺。因而奉命召集的人們之任務是在受威脅的地方幫助武裝部隊，以便將能够再度武裝，展開自己的進攻。外表上與內部我們正爲此義務準備自己。如像我們的祖先在五代以前，參加普魯士「祖國衛鋒軍」，一切德國省份之志願軍團，著名的蒂羅林尼步槍俱樂部，我們將具體表現在任何時候都實用的保證勝利的美德，黨衛軍帝國領袖在結語中宣稱：我們知道正如新武器的第一個之被使用，其次的及以後繼之而來的新武器將在適當的時刻隨之而來，用於反對我們的敵人。正如是我們知道這些武器，如果與德帝國最强大奇蹟的武器：充滿勇敢與狂熱被召集的德國人合作時，始克成功。「人民衛鋒軍」的戰士在任何地方，任何時候永遠不會投降。而如果在某些地方負責的領導者對於情況無望，相信戰鬥必須放棄時，我勇敢海軍中流行的習慣，即是他必須將指揮權及一切權力交於臨陣戰鬥的他的部下——縱或他是最年青的，這種習慣對於「人民衛鋒軍」戰士亦

實用。東普魯士『人民衝鋒隊』的青年戰士已組成第一營，當你們站在我們面前時，數日與數週之內全國各地將組成許多部隊，內外準備起來，爲神聖的信心所鼓舞，並且充滿不惜自己和別人的血之狂熱願望。當國家的福利要求時各營將拿起武器，機槍、手擲彈與反坦克砲，隨時準備從事元首與國家要求於他們的任務。他們將是德國最大的理想者的軍隊。我們以沉靜與信心注視於將來。將來會有數週數月的殘酷考驗，我們將克服這樣考驗如過去數年之負担一樣。』

德又高唱『蘇維埃危險』

【海通社柏林十八日電】帝國副新聞部長孫德曼在人民觀察報上著文稱：如果德國堡壘不能屹然鞏固無動時，則從烏拉爾至直布羅陀之蘇維埃歐洲將是不可避免的政治事實。孫德曼繼稱：由於現在的事變，在歐洲各部，甚至最天真的英美政治家亦不再抱着這樣的觀念，即是在德國消滅之後，英蘇能有在大陸上的分界綫之類。意大利與法國已將於短期間內導向布爾塞維克壓迫的途中。在南部法國，西班牙移民在目前的命令下集合起來，再一次編排起來去征服伊伯利安半島。保加利亞、羅馬尼亞、芬蘭已進入蘇聯之直接的勢力範圍。而匈牙利的猶太人員勒。康已整備行裝重新進入布達佩斯——（雖然未成功）。或者是蘇維埃歐洲或者是德國勝利，是大陸各族人民的生死問題。

海通社傳雅典內戰 西國封鎖法西邊境

【海通社開羅廿日電】希臘流亡政府遷回雅典以前，國家主義者集團與共產主義游擊隊會在希臘首都大街上發生激戰。國家主義者（他們徵發了雅典主要的×××）建立障礙物，向企圖迫近障礙物的一切反對集團開火。共產黨游擊隊舉行的遊行，引起共產黨人與國家主義者間的嚴重衝突，他們用步槍、手槍與手榴彈互相襲擊。至少有卅人被擊斃，很多人負傷。一羣共產黨游擊隊襲擊嚴加警戒的潘加洛斯將軍的房子，但衛隊開火斃大量游擊隊。當總理裴邦德里歐在城裏某處發表演說時，發生反對君主政治的遊行示威。示威者高呼：『放棄××××步驟，那是我們最需要的。我們不需要任何東西。』

【海通社里斯本廿日電】星期五晨土魯斯無綫電稱：鑒於西班牙共產黨與法國共產黨在西班牙比里牛斯邊境引起的日益增長的『騷動』，西班牙政府已下令封鎖法西邊境。越過國際橋樑亨達耶的通路被封鎖。

【同盟社里斯本十九日電】紐約來電：美國大總統選舉將於兩旬後到來，選舉戰現已進入最後的熾烈階段。據十九日發表的星期週報的調查，說明幾乎在過去一切調查中羅斯福均佔優勢，但此次的調查，羅斯福的地位已經惡化，說明形勢已對杜威稍微有利。即是說有二十五個州支持羅斯福，選舉人的票數爲二百三十票，而十九個州支持杜威，選舉他的票數爲二百三十二票，剩下的四州，則兩人的勢力不差上下。賓西法尼亞等四州都是很重要的州，因此選舉的結果，大概將決定於該四州的動向如何。

于斌說美國批評包含誤解與成見 梁寒操希對智識青年從軍不要懷疑

【中央社渝廿一日電】中宣部廿日下午三時在該部大禮堂舉行廿四次記者招待會，請于斌主教出席報告旅美觀感。由梁部長主席。于斌主教首言美國動員情形，知識青年，中年教授從軍之熱烈（略）。繼言至於美國對吾國之態度，可分爲三個時期，首期爲抗戰初起，美國人士因敵人之宣傳與孤立派之主張，多表示冷漠。第二時期，爲珍珠港事件以後，美人於創深痛鉅之餘，始憬然敵之野蠻，廿與人類和平爲敵，益證吾國挺身單獨應戰之偉大，由同情進而崇敬。迨去歲本人出國迄今，可稱爲第三時期，亦即批評時期。美國輿論之批評，其不符眞象者，原因不外一、誤解，二、不瞭解，三、成見。但其動機則余敢謂百分之九十係出於善意。美國記者有詢余謂如能多瞭解，多透澈認識，必能獲得眞相。至如故意偏執與責，則殊非對盟友之道。又如執一實例以概括全部，在邏輯上必蹈錯誤結論，固無待言，亦絕難使被批評者心服。然吾國（缺十五字）態度，果如所評爲確實，則宜有則改之，無則嘉勉可也（下略）。于主教詞畢，繼由梁部長闡中央發動知識青年從軍運動之意義，希望輿論界四點：其一，對於知識青年從軍如有督促政府妥愼籌劃之任何建議，政府當樂予採納，但任何言論應勿妨礙此項運動之推行。其二政府對號召十萬知識青年從軍，現正籌劃供應問題，青年要勵心忍性以應政府之號召，輿論界以此勗勉青年。其三，復員評員證調以前，辦理欠周詳，故青年雖免不滿意，此次則待遇已提高，復員後學業工作均有保障規定，但望輿論界援助，勗勉青年恪守軍紀。其四，中央號召黨團員從軍，係欲黨團員爲民衆倡導，領軍名詞，在北伐完成以後，即不存在，軍隊中已無黨代表之制度，軍隊政治工作則由政治部負責，其組織與職權均不相同，可爲明證。況中國國民黨從建民國以來，爲政治最高理

蘇經濟學家著文
主張消滅德國壟斷

【路透社莫斯科十九日電】卡塞爾·希弗爾於「紅星報」作一重要文章警告稱：戰後除非毀滅德國的壟斷，德國會再站在國際卡迭爾前頭。作者對支持維持德國壟斷以便建立卡迭爾與避免傾銷的危險，這種思想的人建議：維持和平的較好的辦法爲毀滅德國壟斷與長時間的控制德國經濟生活，卡迭爾亦爲蘇聯著名經濟學家瓦爾加所著文章的題目。他看到巨大的工業公司的成長而犧牲較小的商行，勢必擴大一方面是工人與雇主，另方面是富裕的中等階級之間的裂口，他預示：戰後的第一個結果將是卡迭爾體系的加緊，接着是比任何時候都猛烈的競爭。此二文章均引起莫斯科極大注意。

海通社傳
英人對頓巴敦會議失望

【海通社柏林十八日電】倫敦訊，頓巴敦橡樹林會議的結果，英國許多人都認爲是相當失望的。「新政治家」同意此等懷疑，即頓巴敦橡樹林會議結果似頗不能令人滿意，但勸告他們等待若干時再作判斷。目前即對集體安全制度的優缺點進行理論上的討論是沒有用處的。當判斷頓巴敦橡樹林會議的結果時，現存形勢的各方事實應估計進去。這些事實同樣是頗不能令人滿意的，判斷在任何情形下都應稍待，直至邱吉爾自莫斯科歸來。如果邱吉爾在莫斯科與斯大林成立協議，則新集體安全制度較第一次世界大戰後建立起來之第一次國際聯盟更爲有效的希望，尚不需要放棄。

杜威外交政策演說

【合衆社紐約十八日電】杜威在此發表主要外交政策演說，攻擊羅斯福以私人祕密外交方式處理外交事務，使美國人民不知事實眞象。羅斯福與蘇聯就波蘭未來問題進行祕密協商，與羅馬尼亞簽訂議和條件，美國係由蘇聯方面代表簽字，此乃羅斯福堅持以私人祕密外交方式處理外交事務之數例。結果無人得知。我們在對波蘭、法國、德國、羅馬尼亞歐洲其他國家、南美各國及中國所持之政策如何，此次大戰必須爲最後之戰爭，我們與所有愛好和平國家於此次大戰中倖免於難，美國必須領導建立世界機構，以阻止未來戰爭。杜威演說係應紐約前鋒論壇報論壇會之請。羅斯福總統拒絕該會邀請發表。

想，並決定於抗戰結束後一年以內實施憲政，則對建軍之動機，更不應有何疑意。至於一部份逾齡之中委及政府首長簽名從軍，係爲青年作示範，在軍隊中任激勵宣導青年之職務，亦不無裨益，但此絕非僅宣傳而已。

【中央社昆明廿日電】昆當局爲動員地方武力保衛鄉土，特組織國民兵團，首批於廿日下午征召編隊。全市十八歲以上，卅五歲以下壯丁，除按照規定編訓者外，於接奉征召通知後，一律報到，無一規避，情形良好。應召壯丁經編隊後，將施兩個月訓練，期滿後分派擔任市區治安輔助勤務。

【中央社重慶廿一日電】據美新聞處紐約廿日電，中國出席聯合國救濟善後總署首席代表蔣廷黻氏今日稱：戰後中國在救濟善後方面之需要，目前大部可預知，而從事計劃，糧食與衣服之不足相等，除衣食二項外，最大之困難爲運輸。各城市間因戰爭而中止之運輸，設不迅速恢復，救濟品勢將堆積於中國之一隅，而無益於人民，故運輸爲最重要者。中國在戰爭期中營養常不良，大批難民流離失所，故除非有衛生服務，則疾病與時疫之流行，勢所不免，衛生服務或佔重要地位。中國荒蕪之地，多在沿海之區，設不善防止，往往汎濫成災。在作戰期間，若干堤防已經破壞，而一部分則年久失修，汎濫區域之善後與堤防之修理，將有益於中國人民之自助。中國政府希望發動大計劃及公共之救濟工作，其基本原則爲一切有能力之人，皆需給以工作，而直接救濟。

【中央社貴陽廿一日電】黔南企業公司與衡陽力報合辦黔南力報，定十一月一日在獨山發行。

【中央社貴陽廿日電】監察院巡桂第一巡察團用到黔後數日，檢舉不法案兩百餘件。

參攷消息

（只供參考）

第六七五號

解放日報 新華社 編

今日出一大張

卅三年十月廿三日

星期一

張平羣警告美國
中國戰場不應輕視

【合衆社重慶十八日電】政府發言人張平羣，在招待記者會上發出警告請中國戰場不應輕視，『因爲究竟還有一百萬日軍陷在中國。』他說儘管目前的挫折，中國仍然還有光明之點：第一，知識青年入伍運動改善中國士兵待遇的新的措施，『此即將給中國以新的軍隊並無疑將加强其戰鬥力』。第二爲與盟國的合作日增。『真的，中國今日爲軍事上軟弱。如是則更需盟國幫助她××。至於增加合作，我盟國應和我們自己有同樣急切的期望』。第三，緬北及滇西的勝利戰事『將幫助重開中印陸上路綫』。張平羣把菲律濱及台灣空襲增加一點也列入爲其光明之點。『最後特別要記取，我國領袖及我國人民不可動搖的最後勝利的信心以及我們作戰到最後勝利的決心。』

中央社稱
桂南國民黨軍隊全綫出擊

【中央社桂南前綫某地廿一日電】我軍今晨在空軍巧妙之配合下，向敵作大規模之全綫出擊，由平南方面前進之我軍，當將頑抗之敵擊潰，攻克思旺圩。

【中央社桂南前綫某地廿二日電】我軍於二十一日晚攻入蒙圩，與敵發生激烈巷戰，殘敵退據旺圩北之高地頑抗，我正猛攻中。

【中央社桂南前綫某地廿二日電】我奇襲部隊一部，於廿二日突進平南西北之竹兒根，當將該地點克復，現正向敵猛攻中。

【中央社渝廿二日電】據軍委會二十二日發表戰訊：湘桂邊境方面，湘桂路綫狀況今無變化。粵桂邊境方面，（一）我軍於二十日晨分路向蒙圩（桂平西南約二十六里）實施攻擊，至晚突破敵之陣地，攻入市內，現正與敵展開巷戰。（二）平南以西據盤石頭抗敵已被我軍擊潰，我乘勢攻擊前進，至二十一日晚，續將思旺圩（平南西約二十里）攻克。我另一部隊於同日向平南以北之敵攻擊，已先後攻克十字塱（平南北約二十七里）、木棉（平南北約

軍地區，轉返大後方美空軍基地。他們臨行時，發表如下的觀感：『（A）在接近日本本土的中國海岸，有如此廣大的解放區，使他們以後在執行轟炸日本的任務時，增加了無限的勇氣，這些解放區，使他們的安全有了很大的保障。（B）共產黨新四軍，在敵人後面能收復這樣大的土地，使幾千萬人過着自由生活，是非親見者難於想像的。（C）新四軍的組織力與戰鬥力是堅强的，如果能有充分的武器裝備、一定能發揮更大作用。（D）他們親受敵後新四軍軍民之週密保護與優厚招待，充分表示敵後軍民對美國之友誼態度，他們深爲感動。

國民黨當局公佈
兵役新辦法

【本報訊】據掃蕩報八月十七、十八、廿二日載，國民黨軍政部最近在役政機構方面有以下新措施：實行徵補訓合一，實施團營連徵補訓區，擴大軍管區的職權和責任。辦法要點：（一）每個師管區成立三個團徵補訓區，每個團徵補訓區，又分成三個營徵補訓區，每營徵補訓區又分成四個或五個連徵補訓區。（二）師管區負責該區補充兵和國民兵的訓練，並監督考核所屬各團執行業務；每團徵補訓區，視爲同兵種的學校，每營區視爲同兵種學校之分校，連區視同兵種學校的一班，各負該區內補充兵及國民兵之訓練。（三）每師區以補充隸屬三師之一個軍爲原則，一團區以補充一個師爲原則，並補充軍之直屬部隊；補充兵有逃亡時，由配屬部隊通知配屬師管區，督同原徵補訓區緝捕或補行徵召。

又，據雲南日報九月一日訊，國民黨當局在該地以保甲來組織『防「奸」防盜網』。

中央社報導
蘇發行仇日郵票

【中央社莫斯科十九日電】蘇聯現發行列有拉索之像的卅戈比綠色郵票一種，拉索一九二〇年主持海參威之秘密活動，被日方捕去，迭遭苦刑，並被日方置於機身爐內燒烤以死，拉索於被捕前夕曾稱：『日本帝國主義予我以威脅，然吾人仍以勝利者自居，堂皇勇敢與其對立』。一九二二年革命軍將日軍逐出遠東。

【海通社上海十六日電】海通社訪員報導：目前在蘇聯行政方面發生一有趣的發展情勢，縮小現有的州區，建立新州。自今年初以來已建立了下列十二個新州，烏里雅諾夫州（列寧的眞名），亞斯特拉欽州，康爾甘州，克梅羅沃州，龍哥羅德州，伊拉魯加州，伊爾潘斯克州，托梅州，科茨羅馬州，烏拉第梅爾州，特朱南州與維里克加·魯克州。這一發展與集中政府權力的

十六里）、竹兒根（平南西北約十二里）等據點，現仍續行向敵猛攻中。（湖南方面），寧鄉敵於十九日向城南?區進犯，經我軍迎擊，戰鬥至廿日晨，將敵擊斃一部，殘敵不支，向寧?回竄。

滇緬路大戰的展開

【路透社重慶廿二日電】消息靈通人士相信，由於雨季的即將結束，重開滇緬路之大戰現可於任何一日開始。薩爾溫戰綫美軍司令部稱：中國軍隊佔領了曼什南五哩的日軍強固據點××。中國軍隊對曼什的進攻是企圖孤立龍陵（譯音）。同時美機亦繼續打擊日軍陣地及沿滇緬路的設備，轟炸龍陵至臘戍緬甸邊境的橋樑。

【中央社紐約廿一日電】加總理金氏昨日曾接見我國駐加大使劉師舜討論關於中加關係之若干重要事項。按前此關於中加官方討論之消息，乃本年初金氏宣佈加政府已以移民條約草案，送交劉大使，允許兩國商人醫生及其他經認可者之進入對方國土，若此草約獲得中國政府批准，且由加政府制定法律，則將成為新條約，以代替一九二三年之中加移民條約。按舊約規定，中國僅有外交人員學生及過境者得進入加拿大。

何應欽說美軍在菲島登陸後 中國勝利亦已在望

【中央社重慶廿二日電】美軍在菲登陸成功後，中央社記者特走訪何參謀總長，詢其對於南太平洋方面新發展之觀感。據答稱：美軍在菲島登岸，實予敵寇以致命之打擊，美軍佔領菲島後，敵寇南洋之交通綫，將全部斷絕，其在中南半島及荷屬南洋之數十萬敵寇，均將陷入絕境，故美軍入菲，不但菲人獲得解放，即中國人士亦莫不歡快異常。蓋美軍現已直搗敵人之心臟部份，且日益接近中國海岸，今後盟軍與其共同敵人決戰之期，已日益接近，而敵寇最近虛稱勝利之無恥宣傳，不攻自破，吾人最近勝利，亦已在望矣。

被救五位美飛機師 離蘇北返大後方基地

【新華社華中廿二日電】美超級空中堡壘B二九式機師蘇伏依中校，阿布爾上尉，?特瑪赫中尉，魯茨中尉及格倫得濟軍曹五人，於八月廿日轟炸日本九州返回中國根據地時，因機械受損，降落我蘇北解放區之鹽城附近，當被我新四軍部隊救起。該機師等當受到蘇北新四軍、蘇北解放區政府和各階層人民之熱烈歡迎，他們很快到某地，成為新四軍軍部的貴賓，已於月初取道淮南津浦路根據地西去安

總趨勢很符合。州愈小，它對莫斯科中央政府的依賴性便愈大。

豫省又發生旱災蝗災

【中央社內鄉廿一日電】豫省本年秋間，又遭旱蝗災，截至目前止，遊擊區及後方縣份，向省府報災請賑者先後達四二縣。

【中央社昆明廿二日電】保山訊，經三一年五三、五四兩次大轟炸破壞殆盡之保山城，現已隨滇西軍事進展與中印公路保（山）密（芝那）段修築而復甦。又中印公路滇段工程處長沈來蓀，日前赴騰衝督促施工，自滇緬國軍會師後，中印公路之打通當可較預期猶早。舊滇緬路修築工作，自松山克復，惠通橋通車後，亦已積極進行。滇緬路工程處長李時清，已隨軍進抵龍陵城郊，率同築路員工，冒敵方砲火，不分晝夜趕修，以應需用。

【中央社重慶廿二日電】人生哲學研究會，廿一日在中宣部禮堂舉行成立大會，到會員及來賓劉峙、陳立夫、谷正綱百餘人，由于斌領導行禮，致開會詞，闡明該會創立經過。次由郭鴻群報告組織緣起，穆超報告籌備經過，社會部教育部代表及方治主委致詞，通過會章，並選出理事于斌、太虛、梁寒操等廿一人，監事孔德成、劉炳藜、齊耀榮等七人。

小磯為美軍菲島登陸激動 無可奈何破口大罵

【同盟社東京廿日電】小磯首相於本日國民大會上發表下列演講稱：諸君！國民待望的決戰，已經到來了。而決定皇國命運的戰鬥，也已開始。三四天的短時間內所獲得的光輝戰果，實為古來戰事所罕見。不消說，即以物資力量相誇耀的美英，對於這次的損失，也是深感苦痛。反之，我大東亞諸國家諸民族，由於這次的光輝戰績。則將自覺今後日本的必勝和大東亞建議的必然性。然而，我們同胞須要知道，此次勝利僅是決戰中的最初成就。正規的決戰，還在今後。只有我們反復進行像這樣的激戰，不，甚而超過於這樣的激戰，一直繼續到打倒敵人為止，才能掌握戰爭的主動性。敵人焦慮東亞的復興日趨鞏固，乃傾其全力以便迅速打倒皇國並不顧正義與人道，不擇手段，敢於採取殘暴行為，進行殺戮以圖抹煞東亞。非律濱由於敵人此種暴虐行為，已向敵人宣戰了。美國國民是我們這樣的敵人，他們把皇軍戰死者的頭蓋骨當少女玩物，把骨頭削為裁紙刀用，在負傷士兵身上推滾子，藉以取樂，追擊在海上漂流着的非戰員，舉行殺人的比賽，殺戮在廣場上天真地遊戲着的小孩子，不顧數十次的抗議，依然是轟炸傷兵船。

對於這種兇惡的野獸，我們只有貫徹戰爭，徹底消滅他們。暴露了海賊本性的這批盎格魯薩克遜人，盜用他的交戰國——皇國——的太陽旗標識，侵入我方防綫的這種卑劣的戰術，對他們說來是不足為奇。但他們這種蠻橫、貪婪是不會長久容許其存在的，神靈將會給以嚴厲的懲罰。只有把他們從東亞、從全世界趕出去，世界才能得到和平。

最近後方的國民，逐漸明朗起來了，生產熱情日益昂揚，隨着他們日益感到行將到來的決戰的嚴重性，他們對生產的認眞與努力，不斷表現在軍需生產的增强。只要有後方國民的這種情緒與努力，便可飛躍地增强飛機與其他兵器的生產，而其結果必定收到殲滅敵人的大戰果。

單從物質的數量上來比較，敵人的力量雖然比我們多數倍，然而數量並不能決定勝負。以寡勝衆的這種用兵作戰之妙，是我皇軍的特長。只要有此一着，仍可以數量的劣勢，求得很多致勝之道。加之不斷有新的我日本式的技術上的創造，所以在數量上決用不着悲觀。現在敵人已殺到我國土的最後防綫，但敵人愈接近我們堅固的堡壘，我國愈是佔有可以出動很多機動基地的飛機，從各方面包圍敵人，予以各個擊破的有利地位。反之，敵人則只有加深為廣大海岸與遼遠供給綫所阻的痛苦。但須知這一有利的戰略形勢，也要有在數量質量上充實飛機及其他兵器到必要的程度，才能得到充分的效果。

現在，正是我們發揚不顧生死，保護國體的氣魄，提高先輩忍受苦難的戰鬥精神，一億人民在各自的崗位上服務的時候。批評和嘆息是戰爭結束後的事情。我們鑒於此次決戰初期的戰果，應忘記一切，只有向着『追擊的增多』的途上邁進，只有這樣，才是報答為東亞復興而殉國的勇士和撫慰國民的唯一辦法。

敵酋本間展望菲島之戰

【同盟社東京廿二日電】繼續進行決戰的敵人企圖侵入菲島之際，現在請前任菲島方面最高指揮官本間正晴陸軍中將就戰鬥的菲島與國內的覺悟發表其見解。本間中將談稱：菲律濱是一個很大的地方，它有七千八百多個島嶼，大的島嶼就有兩千個，因此不可能不使一個敵兵在任何島嶼的任何地方登陸。我軍早已預料到這種情況，因此平時就鞏固防務，敵人縱使能夠登陸，也不必担心，敵人登陸的島嶼，其在戰略上的價值如何，要由其與敵作戰基地的聯絡以及設置機場的可能程度來決定。麥克阿瑟會向菲島人說守備菲島的不可能。但美菲軍不可能的事情，在日軍看來，並非不可能。島嶼

合菲島方面的作戰，則日趨活躍。十四日以一百架的B29式機襲擊台灣，十七日有敵機B29式機廿五架襲擊高雄附近，十五、十六、十七三日並連續轟炸廣州、香港地區。（帛琉方面）彼勒琉島中央高地一帶，仍在繼續激戰，十五日更有一部份敵軍侵入水府山及東山西方地區，我軍則猛烈反攻，現仍在反攻中。由於我守備部隊的勇敢戰鬥，戰局漸趨膠着狀態。數日來敵又在該島北部二三個小島登陸，積極使戰局進展。此外似已有五十架戰鬥機、數架運輸機，在彼勒留敵機場着陸。（中太平洋方面）密轄爾隆下的敵第五十八特種艦隊，竟深入我防衛綫內部，進攻台灣沿岸各地。經我陸海空軍從十二日至十七日五日間的激烈攻擊，擊沈或擊毀敵航空母艦、戰艦、巡洋、驅艦逐艦等五十七艘，敵不支潰逃。但從敵人在太平洋舉行全面反攻看來，此不過是其一翼而已。把空軍基地，推進至新幾內亞沿岸，企圖進攻菲島之敵，終於十八日下午，以有力的艦隊與運輸艦隊，侵入萊特灣。但麥克阿瑟的進攻，亦是全面進攻中的另一翼，此外猛烈轟炸婆羅洲、西里伯斯、安蒲恩、錫拉姆、哈爾馬黑拉群島，以及英國機動部隊在印度洋的活動，均有關連。又美國航空母艦，最近已在西加羅林群島開始行動。我軍乃在各地猛然向敵反攻，擊潰進攻之敵，特別是航空戰隊司令有馬正文海軍少將於十五日在菲島方面的戰鬥中，親自指揮所部猛攻敵機動部隊，直衝敵制式航空母艦，將其炸沉，以身作則，示範全軍。（印度洋方面）為配合美軍進攻菲島，印度洋方面之敵，似亦在積極舉行攻勢，十七、十八、十九三日英艦隊接近卡爾、尼科巴島並轟擊該島，經我空陸部隊猛烈反攻，擊毀擊沉敵戰艦、航空母艦等四艘。

敵駐越南大使易人

【同盟社東京廿一日電】帝國駐越南大使芳澤謙吉因為私事曾經表示辭意。外相詮衡繼任人物的結果，決定起用外務次官松本聰一為駐越南大使。二十一日上午十時在宮中舉行親任式。外務次官由駐緬甸大使澤田廉三（前外次）繼任。他補助重光外相推行戰時外交。今日內閣發表命令如下：外務次官（一等）從三位勳一等澤田廉三特別予以親任官的待遇。外務次官從四位勳三等松本聰一任駐越南特命全權大使。

【同盟社東京廿一日電】新任帝國駐越南大使松本聰一現年四十八歲，他就任大使是提拔齋藤博為駐美大使以來的第一次。他辦事能力和觀察國際情勢的正確是有定評的。他就任駐越南大使是新人的生氣注入大東亞外交陣綫，因此獲得好評。松本大使於大正十年由大藏省轉至外務省，被派往比利時

愈多則其海岸綫亦愈長，正如上面所說的，不可能不使一個敵人登陸。這和菲島防務是另外的問題。我認爲縱使有若干島嶼落入敵人手中。只要有皇軍的守護和有力的空軍，絕對不能任敵人蹂躪。台灣近海的空戰再度確認保有陸上有力基地的優勢的空軍對於海上部隊可以發揮壓倒的威力這個原則。今日敵人並不能很容易地實行登陸作戰，正如塞班、關島的登陸作戰所證明者。但是敵人由哈爾馬黑拉、摩洛泰方面進攻民答那峨，比薩雅斯群島東端，可以窺見敵人的動向，所以今後要加以警戒，敵人不顧台灣一役所遭受的打擊，立即攻擊菲島的事實就可以作爲充分的資料懷疑敵人戰意及其兵力。跟下層團結的緊要莫過於今日。

敵寇報導
菲島之戰經過

【同盟社東京廿二日電】敵軍於十七日侵入菲島萊特灣，廿日敵軍一部在萊特島塔克洛班附近登陸，我軍截擊之，目下正在交戰中。自十七日到現在的戰況大約如下：十七日拂曉敵有力艦隊侵入萊特灣，是日該方面有強烈的風雨，敵艦的行動很困難，因此敵人登陸的企圖被阻止。我方亦不能展開迎擊的兵力。十八日天氣轉晴，敵艦的飛機大砲開始轟擊萊特灣沿岸地區。大砲的轟擊一直繼續到晚上。十九日敵飛機大砲轟炸後，企圖在塔克洛班附近數處登陸，我方予以重大損失，並將其擊退。嗣後敵人執拗地在該方面進行登陸作戰，有敵兵七十名好容易地在塔克洛班南方巴洛附近登陸，但我方進行夜襲，將其擊退。嗣後灣內的敵軍正如廿一日大本營所公佈者，到廿日十一時止，陸續使用舟艇二百艘在塔克洛班附近登陸，一部份兵力已經到達海岸，我軍立即迎擊之，目下正在激戰中。同日六時我機攻擊萊特灣的敵軍，擊傷敵驅逐艦一艘，此外還予敵人重大損失。以後敵軍逐漸在登陸地點增強兵力，雙方反復進行激戰。

【同盟社東京廿二日電】大本營於廿二日十六時發表我航空部隊於十九、廿兩日攻擊企圖侵入萊特灣的敵船隊及護衛部隊，獲得下列戰果：擊沉大型運輸船一艘，驅逐艦一艘，擊傷運輸船一艘，航空母艦二艘，戰艦二艘。

同盟社
一週戰況

【同盟社東京廿二日電】（北部方面）從十三日至十六日，有敵B29式機共廿六架襲擊北千島。（中國方面）陸上作戰：桂柳地區之敵，配置有九個軍廿個師左右的兵力，企圖堅守該地區，我部隊仍繼續向興安、灌陽、永明、江安，及平南地區推進。空中作戰：在華美空軍在大陸上的活動，雖較前沉寂，但爲配

工作。曾在法國、瑞士及其他歐洲各國工作。昭和十五年三月任中華民國大使館參事官，同年九月調回外務省任條約局長，大東亞省成立時，在谷正之外相下，任外務次官直至今日爲止。松本對於法國有深刻的了解，因此他就任駐越南大使是很適當的。

上月敵國發行公債卅億元

【同盟社東京廿日電】據日本銀行周報，九月底日本銀行發行紙幣的總額達一百三十七億二千七百萬圓，貸款達五十×億九百萬圓。國債和公債爲九十五億二千九百萬圓，（漏掉一段無法譯）國債和公債減少一億五千四百萬圓，日本銀行主要帳目的變化，表示了九月底金融的繁忙。九月是上半期末，因此市民銀行很快的推銷公債，推銷公債和軍需貸款的進展，金融市場繁忙。不管九月份新發行公債三十億圓，但是日本銀行的公債和國債卻減少了。由此可知推銷公債是很快的。另一方面，由東京銀行貸款帳中貸款數目的膨脹亦可知道軍需貸款很多。即根據該帳目，九月十五日到現在的貸款爲二百三十二億三千五百萬圓，比前月末增加十三億三百萬圓，還超過前月同期間的增加額（十一億五千九百萬圓），九月份政府散發的資金超過十七億六千萬圓（前年同年爲四億二千萬圓），金融情況由於上述的事情，始終是很好的。而日本銀行的放出的資金和發行的紙幣還要增加。十月政府散發的資金，超過額將爲十八億左右（前年同月爲六億六千萬圓），這樣多少可以緩和金融情勢，但由大勢看來，金融的繁忙是不可避免的。

路透社記者報導
歐戰將延至明年

【路透社倫敦二十二日電】路透社特派員顯烈德曼報導，德國決未失敗，而對抵抗軍隊之悠長多季鬥爭計劃尙在面前，或者歐洲一切戰役中最兇猛的戰鬥將持續數月。德國人民毫無放棄戰鬥的心情，而德國國內到處沒有內部崩潰的景象。這些結論是我在訪問法國、比利時、芬蘭等戰綫時，所能作的觀察中得來的。我曾與指揮解放區軍事與行政事務之主要官員會談過，他們亦認爲除非德國內部發生反希特勒運動，戰事將繼續至一九四五年。沿全綫的戰事依然限於局部的目標，而冷雨與寒風使在數週前似乎有利的盟軍戰事之迅速結束，已漸遠了。

參攷消息

（只供參考）

第六七六號

解放日報 新華社 編

今日出一大張

卅三年十月廿四日 星期二

蔣介石呼號『知識青年快從軍』否則『亡國慘禍無可幸免』

【中央社重慶廿三日電】蔣委員長傾發表告知識青年從軍書，全文如下：

全國知識青年們：

我們中國過去知識份子向以溫文爾雅自命，重文輕武，好逸惡勞，養成今日文弱頹靡的風氣，因而造成了國家的衰弱，遭受了『東亞病夫』的譏評，召致了如此空前的外侮，這實在是我們國家民族莫大的恥辱。現在我們經過了七年的艱苦抗戰，而目前已到了決定勝利的最後關頭，今後的一年將是我們爭取最後勝利的一年，也是決定我們民族盛衰國家存亡的一年，這正是我們知識青年報効國家千載一時最難得的時機，倘若我全國知識青年，皆能振臂而起，踴躍從軍，發揚蹈厲，挺身衛國，就可以澈底改造我們社會的頹風，洗雪我們民族的奇恥大辱，不僅可以完成抗戰的勝利，並且足以奠立建國永久的基礎；否則如果我們知識青年至今還有漠視國家的安危，漠視將士的浴血犧牲，而不痛改其本身已往苟且偷安貪生怕死的惡習，仍以社會上的特殊份子自居，則亡國的慘禍無可幸免，而中華民族世世子孫勢將萬劫不復了。中正深感我國興亡，民族盛衰的前途，完全寄托在我們全國知識青年的肩上，乃由中央發起知識青年從軍運動，號召我有志節有血性的知識青年一致奮起，志願從軍，共同集合在一個集團之內，在我親自統率之下，來做我的部下，凡是立志革命決心報國，願與我同患難共榮辱來做我部下的青年，我必與之同生死共甘苦，視之如子弟，愛之如手足，竭我心力，盡我職責，來領導你們，完成革命抗戰，實現三民主義的大業。今當這個運動開始之際，特剴切要義，以告我全國的知識青年。

回溯我國五十年來的革命歷史，最初國父倡導革命，號召救國，我海內外青年志士，紛紛犧牲學業，捨棄家庭，在國父領導之下，提義兵、舉義旗、

，你們要充實自身，鍛鍊自身，實現其平生的抱負，創造其偉大的事業，而成爲一個非常的人才，那就一定要在戰鬥生活中來鍛鍊、來學習。戰場是我們創造事業基礎唯一的學校，在砲火中，可以增進我們許多的知能、膽魄和體力，在生和死的鬥爭中，才可眞正了解人生的意義。惟有在戰場上與我們同生死的戰友和民衆，才可以給我們許多珍貴的知識和實際的學問，而這些學業與知能，都不是在任何普通學校裏所能學得到的。我自己在少年的時候，便立志從軍，一向都認從軍爲人生最快樂的生活，亦爲革命中最高尚的事業，我現在所有的經驗和學識，以及精神與人格的修養，都是從過去的軍人生活中鍛鍊和體驗得來的。你們入伍以後，我必和你們在戰鬥中共同學習，教育你們，指揮你們，所以你們絕不要顧慮到拋棄現在的學業爲可惜，而躊躇不前。要知從軍以後，你們就會在戰場上得到更廣博更實貴的知識和教育，古今中外有許多偉大的事業和高尚的人格，實在都是從槍林彈雨的戰士生活中磨練出來的。我們要充實自己，要鍛鍊自己，創造革命建國的偉大事業，非從軍不可。

第二，青年非從軍無以湔雪國家積弱的恥辱。我要提示我全國知識青年的，就是世界各國現代的國民，無不以視當兵爲他們神聖光榮的義務，在這次世界大戰中，同盟各國都澈底實行全民總動員，全國人民無分職業的種類和知識的高下，對於兵役無不踴躍應徵，其未被徵調的，且以未能親臨前線執戈衛國爲憾，不僅男子服兵役，婦女也應徵服務，因爲動員的澈底，所以他們作戰勝利便有切實的把握，反觀我國知識青年，却還是視從軍爲畏途，逡巡却顧，觀望不前，迄今我們在前線作戰的士兵受過中等教育的可說是佔絕對的少數，這樣不但我們部隊的素質無法提高，而外國人士對我國家的觀察，認爲現在還有這種特殊偏頗的現象，無不表示訝異和輕蔑，我們國家的地位和榮譽，也因此而受到最惡劣的影響，這實在是我全國知識青年的恥辱。我以爲知識青年如果要挽救國家洗雪恥辱，如果要轉移風氣復興民族，就一定要爭先入伍，自動從軍，方能無愧於你們慷慨許國知恥自強的志願和抱負。須知現在全國軍民，都在注視我們知識青年的從軍，能否實行和從軍是否踴躍，來斷定我們知識青年是否眞正愛國，是否克盡國民義務，抑或只望他人赴前線赴湯蹈火，而自己却在後方苟且偷安；我知識青年誠能以國家爲重，抱定爲國犧牲的決心，相率入伍，實行從軍，則風聲所播，不但我前線官兵聞風歡躍，增加他們作戰的勇氣，社會各界也必觀感一新，互勵互勉，以親

擲頭顱、洒熱血，前仆後繼，為國犧牲。迄辛亥之役，終於推翻滿清專制，建立中華民國。及至民國十三年，國父創立黃埔軍校，全國各地有志青年，間關跋涉，冒險參加，接受革命軍事的訓練，造成了國民革命軍的基本力量。經過東征北伐，三年間的奮鬥，終於肅清軍閥勢力，統一全國，這兩次偉大的成就，可說都是以知識青年從軍為其契機，這固然是表現了知識青年赴難爭先報國恐後的精神，也可以說明知識青年從軍對革命建國貢獻的偉大和關係的重要。

自從七七抗戰發動以來，雖有一部份知識青年參加軍事或與軍事有關的工作，也有不少青年學生或入軍校受訓，或應徵調服務，而最近一年更有不少在學青年與公教人員，自動請求入伍，但是事實上，知識青年從軍還沒有普遍到全國各地，各部門知識青年們，因為兵役法上有緩徵緩召的規定，因而自動請纓的也不够熱烈，現在抗戰局勢已臨到決戰的階段，一切須為軍事，一切須為勝利，當前形勢的緊急和重要，遠過於辛亥革命和北伐的前夕，我知識青年要對得起過去為革命而犧牲的先烈，對得起七年餘為抗戰而殉難的軍民，就要認識現在正是你們効忠報國的唯一時機。踴躍入伍以身許國，發揮我革命青年的一貫精神，克盡其為民前鋒的責任。

中央為使知識青年們得有効忠報國的機會，已經決定第一次號召知識青年十萬人從軍，凡年齡在十八歲以上，卅五歲以下，曾受中等教育或有相當知識程度的青年，只要體格健康，不論依法是否緩徵緩召，均得志願報名參加。中央現已設置全國知識青年從軍指導委員會，各省市縣各地方各機關以及各專科以上學校，皆將設置知識青年從軍徵集委員會，分別籌劃辦理徵集有關事宜。中央並已選拔優秀的幹部，從事領導，務使這次從軍的知識青年們，獲得實益，蔚成勁旅，而過去一般軍隊編練中的缺點，亦已詳加檢討，切實改革，務使過去一切徵集訓練的弊端，徹底的掃除。至於軍中待遇，則參照駐印軍及遠征軍的辦法，將來編練成軍以後，我必將這個部隊使用於發揮最大戰鬥效能的方面，其他實施辦法，均在積極進行之中。而我對於這件事，必親自負責督導，盡其心力，來作極週到的準備，使知識青年們從軍以後得為國家作最大的貢獻。茲為使大家明瞭此舉意義的重要，特為我知識青年說明下列的幾點：

第一，青年非從軍無以創造人生偉大的志業。我要提示我全國知識青年的

臨前綫殺敵為無上的光榮，以規避戰時國民義務為最大之恥辱，必須如此，然後乃能改革過去頹風惡習的舊社會，樹立舉國一致為國效命的新風氣，確保我國家獨立、自由的地位，洗雪「東亞病夫」的恥辱。過去我曾指出「軍事第一」的重要，現在我更提出「軍人第一」的口號，作為全國人民的基本認識。就是說我們國民的地位，要以軍人的地位為最崇高，國民的職務亦要以服兵役的職務為最光榮，全國同胞都應以軍人為楷模，適齡者固應踴躍從軍，未及齡與超齡的，更要尊敬軍人，愛護軍人，隨時隨地要為前綫的軍人服務，要為軍人的家屬服務，造成全國普遍具有「軍人第一」的觀念。而我們知識青年，尤應具備軍人的人格，軍人的修養，軍人的精神，踴躍投効來作一個最高尚最光榮最受國民尊敬的模範軍人。

第三，青年非從軍無以獲得抗戰最後的勝利。我要提示全國知識青年的，七年以還，由於我前綫數百萬將士的浴血苦戰，後方無數同胞的出錢出力，艱辛奮鬥，已立奠了最後勝利的基礎，今當戰爭已發展至最後關頭，百年來的奇恥大辱，能否湔雪，七年來全國軍民所犧牲奮鬥而獲得的光榮，能否保持，皆視此一年之中最後決戰能否勝利來決定。在這個敵我決戰開始的時候，我們必須知道現代的戰爭需要現代化的軍隊，更需要現代化的軍人，而在我們爭取最後勝利，執行反攻的積極準備期間，尤其需要有高度知識和技術的士兵所組成的部隊。我們現在一般的部隊，論犧牲的精神，論愛國的情緒，論刻苦耐勞的習性，實在都不落人後，今日我們一般部隊所最需要，還是在於知識和技術，所以我們這一次發動知識青年，不是只要知識青年來充當長官或是只在軍隊中服官佐的業務，而是要我們知識青年充當戰鬥的列兵，直接來担任衝鋒陷陣眞正為民先鋒的任務，必須我知識青年能踴躍從軍，大量入伍，方才可以提高我們軍隊的知識水準，使精良武器的使用、新式戰術的訓練，能够發揮最大的效能。而且知識青年都有相當的知識修養，有獨立判斷敵情與應戰的能力，不僅加入特種兵部隊易於訓練，就是在一般部隊中，能使受過中等以上教育的士兵增加一個師，就無異於增加普通十個師的力量。我們國家要能眞正得到自由平等的地位，首先就要我們軍隊知識程度能與人家平等，尤其要我們士兵的知識水準、能與人家平等。中央這一次號召我們知識青年從軍以後，將來還要繼續徵集編練，從根本上來改造我部隊的素質，知識青年必須明瞭你們這次的志願從軍，不僅是獻身報國最們難得的機會，而且也是我們中國建立現代化軍隊最切實的張本。所以你們要重視此舉的意義，要認識自身對於國家可能貢獻的重大，而一致起來響應我這一個號召。

最後，我更要告勉我親愛的全國知識青年們，勝利和光榮是不能坐待而至的，必須以熱血頭顱換取，自由與獨立不是依賴或僥倖所能獲得的，必須以自立與自強來爭取，你們有熱烈眞摯的情感，你們有彌漫充沛的活力，你們更有高尚遠大的抱負與理想，現在國家需要你們參加實際戰鬥，你們就應該自勵奮起，來報効國家。從軍救國，就是你們發抒熱情表現活力實現你們高尚理想和遠大抱負的唯一途徑，希望你們效班超的投筆，學終軍的請纓，走上前綫，以軍人的戰鬥精神，在槍林彈雨之中，開拓你們前途壯闊的人生，更以軍人的戰鬥行動，於狂濤駭浪之中，創造你們絢爛輝煌的事業。尤盼我全國同胞，互相督促，父諭其子，兄勉其弟，妻勸其夫，朋友相規，師生相勉，競以志願從軍爲光榮，以規避兵役爲恥辱，恢復我們民族尙武的德性，改造我們社會頹靡的風氣，整我軍旅，滅彼倭寇。更望我全國士紳和教育界以及社會上負有領導責任的各位賢達，首先倡導，努力勸勉，使全國各地風起雲湧，一致響應我這個從軍救國的號召，獲取抗戰最後的勝利，完成我們這個神聖的共同使命。

國民黨所謂『改良官兵待遇』 每個士兵月得五十元

【雲南日報九月廿五日訊】委員長關懷軍職人員生活艱苦，特飭由軍委會重新調整官兵待遇，另行制定『陸軍暫行給予規則』，通令全國軍事機關部隊學校，自本年十月一日起一律遵照實施，茲將軍委會政財需字第七〇〇八號訓令頒佈各項辦法分誌於後：

（一）戰時薪給：上將一萬六千元、中將一萬一千五百元、少將八千元、上校六千六百元、中校五千一百元、少校四千四百元、上尉二千八百元、中尉二千二百五十元、少尉一千六百五十元、准尉一千三百五十元，又、譯員一級六千六百元、二級五千一百元、三級四千四百元、四級二千八百元、五級二千五百元。又緬泰越語譯員一級五千元、二級四千元、三級三千元、四級二千五百元、五級二千元。

（二）戰時餉項：上士一百元、中士九十元、下士八十元、上等兵六十元、一等兵五十五元、二等兵五十元，又技工一級三百元、二級二百八十元、

兵二百元。患病者官佐一百元，士兵五十元。

（十二）臨時費：長官部三十萬元，集團軍部十萬元，師部一百萬元至三十萬元，獨立旅部十五萬元，獨立團部十萬元，獨立營部三萬元，師管部二十萬至五萬元。

（十三）特支費：長官部三十萬元，邊區指揮部二十萬元，集團軍部五萬元，軍部三萬元，師部二萬五千至二萬元，旅部一萬元，團部七千至五千元，營部三千至二千元，連部一千五百至一千元，獨立排五百至三百元，軍管部三萬元，師管部二萬元。

（十四）開辦費：長官部六萬元，集團軍部三萬元，軍部六萬至三萬元，師部三萬至二萬元，旅部一萬至六千元，團部七千至四千元，營部四千至二千四百元，連部四千四百至四千元，無綫電排、班二千四百至一千六百元，醫院一萬元，衛生隊四千元，修械所四千四百元、軍管部四萬至三萬元、師管部三萬元、團導部八千元、訓練處三萬元、模範隊四千四百元、各幹訓班一萬元。

（十五）諜報費：長官部三萬元，集團軍部一萬八千元，軍部一萬二千元，師部九千元，旅部六千至四千八百元。

（十六）武器洗擦費：每月每門（挺）三百至一百元，每月每支五至三元。

（十七）車輛保養費：每月每輛一千二百至二元。

（十八）戰時副食馬乾費：官兵每人每月發食油一市斤，豆類二市斤，燃料三十市斤，每馬騾每日發料豆麩皮各二市斤半，馬草一〇市斤。又副食馬乾代金：每官兵月支一百九十元，菜費四十五元，每馬騾月支一千二百元。

重慶逼迫外國記者 不高興檢查就『滾蛋』

【海通社上海廿二日電】據合衆社消息，重慶若干英美記者，因爲「記者們的敵意」而未被允准訪問華北中國共產黨首都延安。該消息又稱，重慶方面認爲『如果記者們不願意新聞檢查的加緊和行動的限制的話，他們儘可以滾蛋。』

海通社報導 英蘇對波流亡政府的評論

【海通社柏林廿一日電】莫斯科訊：蘇聯軍事報紙「紅星報」報導：盧布林波蘭人舉行新的羣衆示威遊行，反對倫敦流亡政府及其領袖米科拉茲柯。該報稱：在這些羣衆大會上，米科拉茲柯於與盧布林波蘭委員會繼續談判之前發表關於波蘭恐怖

三級二百六十元、四級二百四十元、五級二百二十元、六級二百元、藝徒一百廿元。

（三）特種加倍：分一二三四級、中將六百至三百元、少將五百至二百元、上校四百至一百五十元、中校三百五十至一百元、少校三百至八十元，上尉二百五十至七十元，中尉二百至六十元，少尉一百五十至五十元，准尉一百至四十元，軍士三百至二十元。列兵二百至十元。

（四）特別辦公費：上將二千至一千二百元，中將八百至五百元，少將四百至二百元，上校二百至一百二十元，獨立團長一百二十至六十元。

（五）被服：官佐自備或貸與，學員生及士兵夫，每年給與或貸與布軍帽衣褲綁腿襯衣鞋襪各兩件。雨笠一頂，每二至五年給與或貸與棉衣背心大衣皮帶包袱軍毯棉被雨衣乾糧袋水壺各一件。

（六）馬乾：豆麩及草料甲種一千二百元，乙種一千元，丙種八百五十元，丁種七百五十元，戊種六百五十元，己種五百五十元，（六、七、八等月放青減半發給）。

（七）辦公費：長官部三十萬元，邊區指揮部十五萬元，集團軍部五萬元，遠征軍部九萬元，軍部八萬至六萬元，師部二萬元，旅部八千元，團部六千元，營部二千元，連部一千五百元。獨立師旅團營連排部二萬五千至八百元。輜重營（除排班）一千八百至六百元，軍樂隊八百元，防毒（譯電）組五百元，無綫電一千五百至一千元，醫院及醫務所四千五百至八百元，衛生隊三千六百元，獸醫處所一千五百至一千元，倉庫三千元，修械所一千六百元，軍管部四萬六千至二萬四千元，師管部二千元。團管部一千元，訓練處三萬二千至二萬五千元，模範軍官隊二千至一千八百元。

（八）黨務輔助費；長官部二千二百五十至一千三百五十元，集團軍部三千六百至四百五十元，軍部三千六百至四百五十元，師部二千二百五十至一千三百五十元，旅部九百至四百五十元。團部四百五十至二百五十元。

（九）旅費：日支膳宿及駐留費上將九百元，中少將八百一十元，上校七百二十元，中少校五百四十元，尉官四百五十元，士兵一百八十元。

（十）埋葬費：中少將一萬五千元、校官一萬元，尉官六千元，士兵三千元，義勇游擊官佐六千元，士兵三千元。

（十一）委員長犒勞費負傷者將官二千元，校官一千元，尉官六百元，士

活動的聲明，被描述爲不能讓步的先決問題。關此，『紅星報』摘引『眞理報』星期五所作的斷言：波蘭內恐怖行動，倫敦波蘭流亡政府是知道且是經它許可才施行的。

『海通社柏林廿二日電』星期日『眞理報』於綜合評論莫斯科會議時稱：蘇聯希望『我們的波蘭鄰國成立自由、强盛與民主的波蘭，而最終放棄對於烏克蘭與白俄羅斯的一切侵略要求』。該報着重指出：只有以民主原則管理的波蘭，才能把波蘭人民從封建地主奴役下解放出來，與滿意波蘭人民對於土地的渴望』。此種波蘭也才是穩定和平的支柱，而不會是不安與蘇聯西面邊界軍事危險的來源。一九四三年莫斯科會談，德黑蘭會議與剛結束的莫斯科會議的經驗表明了：盟國之間的困難是沒有不能克服的。鑒於波蘭地位的巨大重要性，蘇聯人民對將來波蘭的組成自然有極大的興趣。

『海通社柏林二十一日電』倫敦訊：倫敦波蘭流亡政府總理米科拉茲柯被盧布林波蘭委員會責以應分担波蘭國內騷動的責任。關於此事，路透社星期五日午時發表下述消息：盧布林的政治組織通過決議，堅持米科拉茲柯關於波蘭境內的恐怖主義發表聲明，，繼稱他也要對那裏的恐怖行爲負責。決議稱：米科拉茲柯發表這種聲明，是波蘭民族解放委員會對米科拉茲柯在開始談判之前所提出的首要的與重要的條件。據莫斯科訊：主要是『關於實行土地改革的恐怖行爲』之情形。指出這些恐怖行爲如無倫敦流亡政府的知悉是不會實行的。

『海通社柏林廿日電』據星期六午路透社外交訪員報導：倫敦波蘭流亡政府或將於下週初開會以便討論米科拉茲柯總理在莫斯科會議上的報告。據稱：米科拉茲柯帶來他擬就的和解所謂波蘭問題的計劃。該計劃之內容倫敦波蘭人士尚未知悉，因爲該計劃不是用電報發出的。然而，希望此計劃是『廣博的』並允許波蘭流亡政府與盧布林委員會以及蘇聯建立關係。外交訪員最後稱：然而，倫敦至今尚無機會研究該計劃，故不可能對莫斯科會議有所評論。

『路透社倫敦廿二日電』據波電訊社悉，波流亡政府總理米科拉茲柯廿一日夜已由莫斯科返抵倫敦，波外長羅姍及波民族議會長葛拉布斯基及其他出使莫斯科之波代表團員，則係於本夜抵此。

參攷消息

（只供參考）
第六七七號
解放日報
新華社 編
今日出一大張
卅三年十月廿五日
星期三

昆明組織國民兵團

【同盟社廣州二十三日電】重慶軍當局已因我軍在西南方面進行的攻勢，遭受重大打擊。十四日仍使軍事委員會副參謀總長白崇禧，發表「告廣西民衆書」，武裝一切壯丁。據重慶來電悉，一向平靜的昆明，現亦爲重慶軍事力量的脆弱與我軍迅速的進擊所威脅，遂決定將組織國民兵團，以便防衛昆明作爲其第一步。二十日已發出召集十八歲到四十五歲壯丁的命令，於施以兩個月的訓練後，將配置於市內各處。

【同盟社廣州二十二日電】第七戰區余漢謀的根據地韶關，由於我軍南北呼應的包圍下，現已完全陷入窒息狀態。最近在該地出版的建國日報，曾描述其動搖情形如下：過去在韶關有市政府與曲江縣政府，但自十月一日起已停止市政，把一切業務完全移交縣政府處理，同時過去在縣政府內特設之韶曲自衛委員會，現則改名爲粵北八縣民衆自衛委員會，担任指揮民衆武裝。另方面並新設義勇警察，大肆擴充防空組織。如上所述，當局正在努力講求防衛施策中。雖然如此，一般市民却完全處於絕望狀態，例如說：縱使把一切老弱男女武裝起來，亦絕對不能阻止强大日軍的猛攻。

敵在河南繼續掃蕩國民黨軍隊

【同盟社鄭州二十二日電】我現地軍在河南山野，不休停地繼續膺正討伐，其九月份的綜合戰果如下：交戰次數：七十六次，敵兵力約二萬五千八，我方收容敵屍一千四百八十七具。俘敵四百三十八名，擊落敵機：P40式三架，其他鹵獲品與毀滅敵設施無算。

雷法章任內政部次長

【中央社重慶廿四日電】政院六七六次會議，通過任免事項決議案：（一）任命農林部長盛世才兼該部墾務總局長。（二）內部常務次長王德溥，專任該部禁烟委會主任委員，應予免去常務次長本職，遺缺任命雷法章

向滅敵增產邁進的時候」。更爲了報答前線的勇敢作戰，適應國民的希望，要求國家棟樑的官吏應率先示範，二十三日特發表內閣訓話。又此次對官吏的內閣訓話，是繼八月二十三日激勵地方長官訓話的第二次。內閣訓話要點：在陛下皇威與神靈護衛下，陸海軍部隊密切協力下，在西南太平洋海面阻擊敵人，獲得三千年曠古的大戰果，殲滅了敵人的一個機動部隊，向下期作戰進行準備。現在事態極爲重大，我前線將士堅持必勝信念，透徹獻身盡忠的大義，發揮卓越的精神力至最高限度，並能夠壓倒敵人的物質力量。當我們看到此種跡象時，一億國民以及一億國民的心，就成爲國家機能中樞，被任命爲國民骨幹的官吏，應深知國家負托之重，勿忘陛下對官吏的訓誡，以知貧、慮不足、廉潔自持的精神，使無恥之徒愧死。凡與國民接觸的最下層吏僚及地方官吏，特別需要此種修養。官吏服務應有法律條例的憑據，但亦不應爲法律的末節所拘，或被老習慣束縛遷延事務的處理。現在處於戰時緊急之際，必須徹底爲戰時服務，不應因往來不緊急文書或介紹人員等事情浪費大好光景，廢除桌上書類堆積，厲行窗外或口頭辦公，努力勝利完成自己的事務。在戰時服務中應小心翼翼，切勿失過機會，用積極進取心進行我們的事務、官民一致結合成爲奉公的一體，以求大和一致，此點不唯今日而且過去亦是如此。官吏的行動應成爲國民的儀表，民衆亦將起而追隨於後，如能這樣，一億國民即可渾然一體，發揮皇國傳統的美俗，提高戰鬥意識，增强戰力，從一死中決定勝利，從而與優秀無比的將士共同打開難關，以安陛下之心，爭取完全勝利。

日寇經台灣一戰的教訓 大喊改進飛機質量

【同盟社東京廿三日電】（新的決戰階段）台灣海面的航空戰，是決戰的序幕，因而戰局日益要求民族流血、捍鬥與有信心。今後在菲島周圍，將不斷展開激烈的決戰，此一決戰獲勝之日便將是期待很久的攻勢轉移到來之時，我們應正視這個冷酷的實事，不消說爲迎接這個新的決戰階段，更加要求小磯內閣的決戰施策特別有力與迅速。作爲增强國家當前急務的軍需生產的前提要件，政府曾在目前的臨時議會上，聲言要實施統一定貨，一元的管理生產，新設綜合計劃機關。這些施策實也可以說是應付此一決戰階段的對策。但如以此對處當前時局，政府應深知其效果已無甚裨益。乘此台灣海面空戰獲得偉大戰績的機會，尚切望政府堅決的迅速的有力的施策。（飛機增產的量、質與速度）此次台灣海上面的空戰，我方損失飛機三百十二架，經過此次的偉大戰果，益加增大

繼任。（三）廣西省府委員兼民廳長朱朝森，應免兼職，委員呂競存、曾其新另有任用，均應免職。任命該省府委員陳良佐兼民政廳長，陳壽民、尹承綱爲委員。（四）任命周毓瑄爲內部參事，並免去該員原任總務司長職務。

陝西三四七八區黨工會議
提高黨權，積極反共

【本報訊】據西京日報記載陝省於九月廿七到卅日舉行第三、四、七、八區黨工會議，其討論內容爲『健全』國民黨組織提高『黨（CC）』權及『應付非常』之動員。省黨部主委開幕詞稱：『本省環境特殊；它目前隔河有敵人對峙着，……陝北各縣又在特殊勢力範圍之下，這各方面時時都有患生肘腋的危險。所以本省可說年年都在外患內憂的夾攻之下。到今天情形益嚴重了。第三四七八區各縣不是面對着兇暴無比的暴敵，便是面對着藏心叵測的份子。我們全部顧慮和舉動，如果不能戰勝這種環境，無以對總裁對本省殷殷的期望』，在閉幕詞中，谷正鼎又說：『本省在目前形勢中，可能發生非常事變。』『我們……要使「正義」能夠伸張，「反動」完全滅跡。』其最後一日討論的主題則是『肅清奸究，安定地方。』

小磯呼號
大家求神保佑勝利

【同盟社東京廿三日電】小磯首相特於本日靖國神社祭月發表談話，呼籲全國國民當此重大時機，應一齊在神前祈禱勝利，前綫後方一致奮起攘外，同時參拜所在各地的神社，祈禱前綫士兵的武運，進而純潔地更加堅定勝利決心。談話要旨如下：不勝恐惶者，天皇陛下除傳令嘉獎台灣作戰的陸海軍將士外，並特別嘉勉了南方派遣軍總司令，聯合艦隊司令，以及台灣軍司令，此外於十月十七日新穀祭日，親自祭皇靈，陛下的關懷，實至爲深切。此次台灣海戰，敵雖大敗，但背後仍擁有強大的艦隊與兵員，有着物資數量佔優勢的必勝感。因而不難想像到敵人仍將集結大軍，突破我要綫。戰局實已至爲重大，沒有比今日再需要後方國民總努力的了。當此空前的國難期間，我深知我全國國民，能不分老弱在神前祈禱勝利，上下一致不問前綫與後方，奮起攘外。但當此靖國神社秋季祭日，我仍望國民諸君，一齊參拜所在各地的神社，祈禱前綫士兵的武運，同時在神前消除一切邪念，以純潔熱烈的心情，更加堅定決戰的覺悟。

【同盟社東京二十三日電】由於台灣海面航空戰的光輝戰果，一億國民所待望的決戰，已經踏出第一步，小磯首相爲了報答這一戰果，強調追擊增產爲爭取勝利的時機。『決戰已經開始了，一億國民現在決不爲戰勝所迷惑，

了補給戰與生產戰的重大性。而我全國生產飛機的戰士們，亦由此獲得了明確的努力目標。同時也暴露了努力不夠的地方，爲在質、量、速度各方面貫徹飛機的增產，確保決戰的供給而動員起來。自然確保新式飛機的質量，並不是件容易的事情，特別在此決戰情況下，原因更多，例如工人不足、原料素質低落、資材加工、零件的××，由於作戰上的要求，不斷變更設計，大量生產的緣故，縮短了生產時間，以及新式飛機的特有質量等。因而解決此等問題，就要求原料、原料加工處、零件製造廠各部門間，取得密切的聯系，與不斷的努力，有了零件的精密分工，才可以保證大量生產與技術的提高，因而整備道具、測定器，檢查器，便成爲首要條件。（產業報國會的重整旗鼓）在內閣顧問鈴木中將新會長，果原新理事長領導下的產業報國會，決定以新陣容，展開新運動的方針下，重新行動起來。新運動的方針是經營、技術、勤勞三位一體地加強生產，此一目的如能達到，產業報國運動便打了基礎，而得眞實的鞏固的發展。

敵寇宣稱太平洋戰局
美日攻守之勢已變

【同盟社東京二十四日電】台灣海面的大戰果可與珍珠港的戰果相媲美，其內容亦有許多類似的地方，一九四一年敵人以戰艦爲進攻主力的時候，日本一舉即消滅其百分之五十以上，一九四四年敵人以航空母艦爲進攻主力時，日本又在台灣海面殲滅其一半。這兩次戰鬥的痛烈打擊了敵人的中心勢力，它的價值是相等的。但必須注意此次的條件如與珍珠灣當時比較起來。就有顯著的不同。不用詳細的說，其根本不同的地方是在攻守的位置變了。從戰略大局來看，美國最初是採取進攻，但在戰術上則處於被動的保衛地位，因此珍珠港以後，至敵人開始反攻需要有一長時間的準備。但今天敵人在戰術上已採取進攻態勢，集中進攻用的資材，推進進攻基地，正因爲如此，敵人遂不顧台灣海面的慘敗，即可很迅速的開始進攻菲島。敵人進攻勢力的中心——航空母艦力甚，則在台灣海面大敗後尚剩三分之二，而珍珠港敵損失百分之五十，除了剩一得克薩斯級舊式軍艦以外的，主力和日本的比率，已變爲六對十，今日與當時相比，實不可同日而語。如果把航空母艦作爲進攻的左手，那末相當於右手的戰艦勢力當比我海軍佔優勢或保持同等地位。具有此種力量的敵人，心裏計算日軍恢復戰鬥力的速度，斷定急於開始進攻是有利的，將殘餘的海上兵力與已經在準備中的各種戰鬥力……，日本如處在相反的立場，一定進行攻勢。日本對於敵人

的繼續進行是望之不從的，但立國與之周旋，很明顯的是一過度的希望。爲了戰局劃一新階段，預先鞏固戰爭勝利的基礎，此次我們能夠有獲得第二次海戰勝利的機會是非常歡迎的。敵人美國所懸念的地方，是在繼續作戰中如果再一次受到『台灣海戰』的損失，他一戰力將×××。因此日本將傾其全力在敵人開始進行菲島進攻戰的時候擊潰敵人，實現第二個『台灣海面的勝利』。我國生產陣綫的總追擊，將使作戰能迅速地順利進行。敵人的連續作戰，對日本來說，是一個絕好的機會，我軍乘台灣海面大勝之勢，在菲島阻擊敵人，現在已突入獲得第二個台灣海面大戰果與澈底消滅敵人的階段。

敵寇宣佈萊特戰況

【同盟社馬尼拉廿四日電】美國軍隊在萊特島塔克洛班南方地區登陸，逐漸增强兵力，構築橋頭堡壘，該方面我軍繼續猛攻之。我陸海軍部隊抓住天氣轉晴的良好機會，又於二十四日早晨大舉出動，猛攻萊特灣內的敵艦船羣及某方面海上的敵機動部隊，下午仍繼續攻擊敵人，正在擴大戰果中。

【同盟社東京廿四日電】我軍以菲島爲中心在西南太平洋的作戰佈置，爲了捕捉强敵，現已全面的開始活動。各地的戰況約如下列：（萊特島）敵人又在塔克洛班南北地區登陸，二十一日在塔克洛班南方約三十公里的杜拉吉登陸，其後敵人逐漸增强兵力。我所在部隊立即阻擊敵人，予敵極大損害，粉碎敵人擴大橋頭堡壘的意圖。我航空部隊連日出動，攻擊萊特灣附近的敵人艦船，敵損害甚重。（摩羅泰島）敵人登陸以來已經一個半月，我所在部隊連日採取楔入、衝鋒等戰術作戰，妨礙敵人修理飛機場與使用飛機場。（彼勒留島）我軍確保水釜山，觀測山等中央高地及瓦德布士島的陣地。敵人雖以優勢兵力進攻，我軍毫不退讓，現仍繼續激戰中。

敵國公佈台灣損失情形

【同盟社東京廿四日電】本月十二日至十四日敵機空襲台灣所引起的損失，截至今日所判明者大約如下：非戰鬥員：炸死三百八十一名，負傷三百四十八名，被焚或被破壞的民家達一千九百四十九戶，其他工場等被破壞者若干家，軍事設施、船舶、鐵路等亦受到損失。此次空襲與空襲沖繩的場合一樣，第一次的目標是飛機，船舶、港灣等重要設施，第二次的目標是主要的生產設備。第三次是企圖無差別的轟炸，殺戮一般市民。但是現在軍官民成爲一體，努力防備的結果，使損失停留在最少限度。特別是十二日以來公佈我陸海軍精銳部隊攻擊敵機動部隊收到大戰果後，全島官民的士氣更加提高，目下着着進行恢復工作。

大稱的失敗、德軍海上活動的衰弱而產生的』。

【同盟社廣州廿三日電】東南亞洲反軸心軍司令官蒙特巴頓指揮的緬甸作戰，迄今仍遲遲未有任何進展；雖然自他就任以來，已經一年半。加以對英印軍將士的待遇，還不如遣赴歐洲戰場的將士。現在英印軍內部對英國當局非常不滿，因英國當局總始採取『歐洲第一主義』，絲毫不重視東亞戰綫這種不滿情緒，正逐漸瀰漫全軍，甚至對目前的作戰，招致嚴重的影響。據十日路透社倫敦電悉，英當局的代辯人天普爾摩，十八日在上院就上述問題，發表擁護政府的言論，而這一問題甚至不得不提交國會，不消說這事充分說明，英國當局爲英印軍最近的動向所狼狽不堪，因而焦慮解決這問題。天普爾摩的演說要旨如下：最近曾有各種的風言風語，但英國當局對印度與太平洋戰場上部隊的待遇，絕不是不關心的。由於歐洲戰爭規模的宏大以及在最近距離內作戰，因而我們往往容易忽視世界戰爭一環而正在作戰的東亞戰局，而特別應當注意的是：我東亞戰綫的將士認爲自己是被忘却的軍隊，認爲東亞戰爭是處於從屬的地位。但邱吉爾首相對於東亞戰綫與從軍該戰綫的將士，並不是不關心的。他從未忘記强調東亞戰綫的重要及其規模的宏大。英國當局是非常之關心這些事情，對正在奮勇作戰的英印軍部隊目前的困難，正在努力予以解除之。

路透社訪員稱 德寇爭取時間製造新武器

【路透社倫敦廿三日電】路透社特派訪員佛利德曼自西綫歸來之報告：德國能推延其軍事失敗，直至其新武器（包括噴氣推進轟炸機、火箭砲彈、無人飛機）能集中至充分程度以投入全力戰爭（而爲此戰爭，德國的敵人現正結集力量）嗎？這是現在使盟國軍事領袖費心思索的問題之一，而我在訪問各戰區中所得的印象使我相信：新科學工具戰（德國現正主要的在深邃的地下工廠中製造）的攻擊是眞實的。時間是重要的因素，盟軍將緊張奮鬥，不使德國獲得寶貴的幾週或幾小時，而這些時間是德國所需要以使其最新式武器達於完善並生產此等武器至够用的程度者。德國人知道他們不能取得戰爭的勝利──希特勒在其最近公告中承認了這點，他在公告中談及『確保德國未來的和平』，但如果他們能延遲不可免的命運，他們將希望從盟國方面得到較有利的和平。德國統帥部希望用以延遲失敗的新武器中有新式打飛機的火箭及噴氣推進砲。倫敦及英格蘭南部已經歷過飛彈的火燄與爆炸聲。今日最高統帥部承認，德軍正於美第一軍戰綫大量使用它們──此爲首次宣佈德軍發出此等飛彈以直接援助其自己的軍隊。德國科學家現正力圖增加這些火

海通社評
美軍進攻萊特島意義

【海通社東京廿二日電】據東京所收到的消息，美軍進攻菲律賓中之萊特島，似很□使日守軍感覺突然。但美軍選擇此時間與地點也並不是完全容易了解的。或者已經可以這樣假定：美軍在未致正面進攻菲島之前，將全國疲困供應重心——台灣。在此情形下，如同今年一切戰鬥一樣，美國大選的因素必須記住，因為太平洋的勝利可望使羅斯福重新獲選。羅斯福在任何情形下都需要在十一月七日以前獲得軍事勝利。美國統帥部亦歡迎勝利消息，因而獲得使台灣嚴重損失更加容易為美國輿論所容忍的機會，美國輿論一貫要求符合於事實的軍事消息。為什麼美國最高統帥部選擇萊特島登陸呢？似乎是美國人究竟沒有勇氣進攻民答那峨的首府，而選擇更北面的地點。萊特灣可能為自新幾內亞東部及彼勒留、摩洛泰島上各機場起飛之美國轟炸機所能達到的最北面一點。新幾內亞西岸附近的蘆登萊島距萊特島大致約一千五百公里，而彼勒留與萊特島間之距離（和摩洛泰與萊特島間之距離大致相等）約一千一百公里。美軍若無自陸上起飛轟炸機的支援，很難敢於正面進攻菲島。今天已不是一個島子堡壘、以十艘或廿艘航空母艦即可在其上暫時獲得制空權的情形了，在這樣強固設防的萊島上（並附有許多堅強守衛的基地）進行登陸，已不能只由航艦起飛的飛機所掩護了。因此，菲島中部或可視為美國陸地起飛轟炸機活動的北方極限了。此點部份地可由下列事實證實，即參加空襲馬尼拉的飛機大多是來自敵人的航空母艦。最後，萊特灣非常淺，因此予登陸艇以良好的可能條件，同時使守者不能集中艦隊於該處。萊特島為菲島中第八大島，戰前有居民八十萬人。該島以土地肥沃著稱。主要產物為大蔴、煙草、大米及穀類。

同盟社評論
英艦隊調赴遠東

【同盟社斯托哥爾姆廿二日電】英國機動部隊，來襲尼科巴附近，已遭受我軍痛擊而逃退，消息靈通人士會就上述出擊的戰略意義，論述如下：『上述出擊是為了策應美國海面的進擊台灣與琉球，以便把日軍的海空勢力誘至印度洋上，使美軍能夠有利地展開進攻菲島的決戰。但日軍的反擊非常猛烈。英國知道若欲與美國在太平洋的擴大勢力相競爭，則必須付以艱苦的努力，英國海相亞歷山大亦與此相關聯，二十一日曾力說英艦隊迅速向東亞海面增強的必要，他說：『由於太平洋戰局的發展，要求我們須廣泛地進行對日作戰。特別是必須再建英國遠東艦隊，以便能夠和日軍艦隊作戰，與美國太平洋艦隊一樣，我們也必須獲得制海權。為達到此目的，英遠東艦隊已由地中海艦隊的餘力而增強，這一餘力是由於意

箭投射器的距離、準確性及速度。德國噴氣推進飛機現亦同樣日益增多出現於西綫上空。由於提高速度至每小時六百哩，它們較推進器發動且速度較慢的飛機更不易擊中，德國現正使用它們作為戰鬥機及轟炸機。而更重要者，這些飛機正被用作偵察機——而在這方面由於盟國普通戰鬥機的絕對優勢，至今尚為德國統帥部最薄弱的一環。由於噴氣推進飛機的出現，全世界正處於目前全部空戰觀念革命的邊緣，此種空戰觀念可能在數月即行改變。當盟軍正為不給德國充分利用新武器之時間而戰時、英美軍事科學家現正努力工作，計劃使德國噴氣飛機與火箭飛機以及德國火箭砲彈無效的方法，關於後者不久或可較迄今所露佈者知道更多的東西。

海通社傳
英報對斯邱會談失望

【海通社斯托哥爾姆廿二日電】英國對於莫斯科會談否定結局的失望已如此巨大，以致沒有一個人企圖掩蓋他的憂鬱。更重要的是：正是莊重的報紙最大聲地發洩其感情。例如自由主義報紙『曼徹斯特導報』稱，所有期望的一切絕未達到。『泰晤士』認為必須忠告各政黨來徹底檢查不能令人滿意的形勢，並從而依照形勢行動。波蘭問題自然是評論的中心。半官方報紙『每日電訊』報稱之為最薄弱的一點。談判此下一階段將決定於米科拉茲柯與倫敦流亡政府。他們是否可達到協議，似極可懷疑。倫敦權威人士態度的特點為保守黨『約克廈郵報』的評斷，該報由於它和外交部的密切關係，一般認為對於莫斯科會談的進展具有特別良好的情報。該報稱，波蘭政府商議的結果令人以不安的心情展望將來，因為波蘭被視為盟國的××基石。盟國是否能為將來歐洲的安全而合作即取決於波蘭問題的解決。一半的解決將不僅使人失望而且嚴重地危害盟國間的團結，沒有這種團結，頓巴敦橡樹林的計劃或其他國際合作計劃均不能實現。然而，英國的失望並不是完全由於波蘭談判的失敗而引起的，總的說來，所期望者均未實現。例如『達根斯』報自倫敦報導稱，英國對於蘇波將來處置德國的聲明的期待亦成徒然。關於此點的唯一評論為駐莫斯科『泰晤士』報訪員所提出的，他說：對於這些問題說得太多不能認為是謹慎的。但倫敦對於巴爾幹會談的結果表示了最大的失望，雖然關於此點，完全一致亦並未達到。據『達根斯』報稱，英國與蘇聯間的利益區至今僅確定希臘分給英國，保加利亞與羅馬尼亞分給蘇聯。另一方面，南斯拉夫形勢仍未顯著明朗化。瑞典的訪員稱，現在很清楚的，鐵托與南斯拉夫流亡政府間的『和諧』僅是外表的，並且是邱吉爾所強迫的：意見的分歧實際上繼續存在，此點最清楚地反映在公報的形式上。因此，同樣是很可能的，各大國將再行干涉南斯拉夫的政策，雖然莫斯科公報曾說到南斯拉夫人民的自決權。若以鐵托與流亡政府間的真正團結可以想像而言，它或者產生於僅僅現在再度舉行談判中。

参攷消息

（只供參考）

第六七八號

解放日報
新華社 編

今日出一大張

卅三年十月

廿六日

星期四

英國每日快報抨擊國民黨反動

【路透社倫敦二十四日電】英國戰時內閣閣員卑維布魯克勳爵所擁有的、英國讀者甚衆的每日快報，今日評論稱中國××「四大列强」之一。該報斷言蔣介石對中國的××部份有其有效的控制。這一報紙雖然銷路甚廣，及其著名的所有主，而一般說不被認爲是負責的情報機關。每日快報在其長篇的社論中提出這種斷言，這一長篇社論似乎主要是由從美國記者及旅行者的記述中所蒐集的謠傳、閒談及個人的故事之集合所構成。值得注意的是這一報紙在任何英國機關報中，以前對遠東戰爭及現在對中國內部的政治發展及中國戰綫的每日消息，是很少感到興趣的。然而這一報紙最近已派巴爾巴拉·懷廷曼女士——前馬來亞居民，不爲中國及遠東所知悉——爲遠東特派訪員。並且宣佈其對太平洋戰爭的注意。該報在今日社論中稱：「宋氏家庭已不再與蔣介石將軍和睦」，而被視爲「反民主、反英、反美、反蘇的二陳兄弟上台了。」並稱：「××××蔣介石當其最好的軍隊——五十萬人的第一軍，不用於抗日而用於監視共產黨時，已具有同樣的××」。這些論點該報認爲是事實，該報認爲這便是「何以日軍如此衆多的部隊束縛於太平洋羣島上，而仍能在中國舉行勝利攻勢」的理由。該報認爲日軍在這一攻勢中已進行了經七千呎高山構築公路的「驚人任務」，但是這一任務能够完成。如果這一公路完成，盟軍的困難，特別是在緬甸的困難將急劇增加。必須承認蔣介石統一中國於其個人領導下的野心並未成功。因此，每日快報結語稱：「蔣介石的劣勢確是太嚴重。當日寇驅出時，中國將如何？這一問題已爲三大盟國領袖所操心了。可能成立一聯合政府，在這一聯合政府之下，蔣介石將有其榮譽的地位。但是誠然對於一個獨夫的政府中國是太大了，其問題亦太多了」。

十大青年廣播講座，請兵役部長鹿鍾麟播講知識青年從軍問題。

張發奎說桂林可守一年（？）

【合衆社重慶廿四日電】官方消息：廣西戰區司令長官卓越的中國「鐵軍人」張發奎將軍宣佈：如果桂林城被完全包圍，華軍「能守該城一年」。當華萊士副總統七月間訪問桂林時，張告華氏謂，他能堅守桂林三個月。現在進一步加强的桂林防禦及爲桂林守軍積屯的糧食，使張發奎能够把他的桂林之戰由三個月延長到一年。張在最近對守城將士之談話中表示此項信念。前綫最後電訊稱，日軍已在桂林東北廿五哩之鐵路綫上被阻止，而過去四週未能作進一步前進。

【合衆社重慶廿四日電】據可靠消息，大部分由學生（內有若干女子）組成的中國「第一青年軍」幫助保衛廣西省會桂林。日軍現正企圖由東北與東南猛攻該城。據稱第一青年軍的士兵均係廣西省當地學生志願投効者，甚至在蔣介石號召全國青年參加「知識青年軍」以前即已組成。桂林的第一青年軍負責每日早晨在俯瞰桂林的最高山頂上升起中國的國旗。他們維持無綫電台接受外面的廣播，並發送桂林的唯一報紙「陣中日報」給守城將士。他們跑到無綫電台，不斷將關於城防的直接消息送去。第一青年軍的每個士兵都是投彈能手（這是他們的主要裝備）。手提機槍則爲他們熟悉的另一裝備。

桂平敵軍攻克官村塱

【同盟社華南前綫二十四日電】我軍於桂平、平南方面，迎擊敵第九十五師，予以潰滅性的打擊，將其擊退至西北方，並繼續進行追擊戰。我軍於二十三日，在平南西北約十二公里處之官村塱附近構築陣地，以山砲迫擊砲數門猛擊頑强抵抗的第九十五師第二百八十四、第二百八十五兩個團，終於該日下午佔領官村塱，又同日上午，我佔領×字塱之另一有力部隊，已進抵該地東方三公里處之高良地區。

【同盟社華南前綫二十五日電】我華南軍精銳，正繼續一舉衝入廣西省心臟部的態勢，二十日捕捉第九戰區約一個師之敵，該敵自湖南省向廣西省敗退，對於華南軍說來，是首次與湖南中央軍展開激戰。即是說，屬於第九戰區第三十七軍的第九十五師於衡陽攻略戰時，即不堪我華中派遣軍的猛攻而向廣西省內潰退，現該師自桂林東南方八十公里處之荔浦附近，企圖奪還平

張平羣死不要臉
說湘桂敗戰中工廠損失不大

【中央社重慶廿五日電】外籍記者招待會二十五日下午三時舉行。吳次長國楨、張參事平羣出席主持。某記者詢以因湘桂戰事所遭經濟損失若何？張參事答：經濟方面因湘桂戰爭，中國所遭損失並不若一般想像之嚴重，本年六月初日寇在湘發動攻勢時，我政府即已竭力將所有湘桂境內公私營工礦事業之重要機件原料及產品內移，湘戰失利，湘潭、醴陵、邵陽及零陵之公私營煤礦，因隨之淪陷，但湘桂境內其他礦業，如錫礦、鋅礦雖暫時停工，仍屬我方。此兩省內之公營工廠，如電料廠、電氣廠以及民營之機械化學紡織電料等工廠，均已遷出，正擬在後方復業。記者詢以美國前派來華之納爾遜氏離渝時，曾謂擬有中國工業建設計劃，其內容性質何時可宣佈？張參事答稱：此項計劃之實施方案，正在擬議中，約可在下月間可望有所公佈。

【中央社重慶廿五日電】宜山民團出師殺敵運動民衆大會，二十五日晨於細雨迷濛中舉行，到會民衆數逾兩千，白副總長崇禧亦親蒞致訓。

【中央社重慶二十五日電】國府二十五日令：（一）農林部政務次長雷法章，呈請辭職，雷法章准免本職此令。（二）任命彭吉元為農林部政務次長，此令。（三）農林部政務次長彭吉元未到任以前派郭大鳴代理此令。（四）駐祕魯國特命全權大使李駿，另有任用，李駿應免本職此令。（五）特任保君建為中華民國駐祕魯國特命全權大使此令。

國民黨當局
將舉辦特種訓練

【本報訊】據華西日報九月二十九日載神州社訊：「國民黨中央訓練委員會之黨政訓練班、高級訓練班及各地所有專門性或臨時性訓練班之設置，現抗戰已至最後階段，為適應當前情勢，決將各種訓練，一律停辦，並擬在最近於渝、蓉、昆各地，另辦特種訓練」。國民黨此舉，頗堪注意。

【中央社重慶廿五日電】青年團中央團部，為響應蔣委員長號召知識青年踴躍從軍，特定於二十七日下午八時起舉行知識青年從軍廣播講演，大會主講人及題目如次：（一）張伯苓『如何實現文武合一的教育』。（二）邵力子『從歷史上看知識青年如何盡其時代的任務』。（三）蔣夢麟『抗戰建國的現階段，對知識青年的急切需要。』（四）王世杰『英美知識青年對這次大戰的貢獻』。（五）羅卓英『軍人榮』。又二十六日晚八時一刻，該團將

南，漸次南下出現於我華南軍的面前，二十一日晨，已與前衛部隊接觸，但被我軍巧妙地捕捉，僅戰鬥數小時即追敵潰亂，現我軍對潰退之敵，正進行猛烈的追擊戰中。這樣由於我軍在廣西省北部繼續迅速進擊，使桂林旦夕可下，敵人被華中軍與自中國南部的夾擊所壓縮，現在已完全陷於潰亂狀態。

【同盟社湖南前錢二十四日電】湖南省南部的道縣於皇軍入城後，不久便遭到美機的連續轟炸，變成敵人砲火的犧牲品，化成廢墟。現已於十月九日，召開道縣治安維持會籌備委員會。白超庚任維持會會長，白氏在安徽省當過縣長。

湘桂難民紛逃四川
重慶人口超過百萬

【同盟社里斯本廿四日電】由於重慶軍在華南敗戰的結果，在過去四個月中，數萬難民流入重慶，使重慶當局感到無法應付。重慶中央社報導：在最近的人口調查中，重慶的人口已超過一百萬人，但據救濟難民機關計算，從湖南、江西、廣西、廣東四省前來重慶的難民，已不下二十萬人。

麥克阿瑟在菲登陸
為對杜威一大打擊

【同盟社里斯本廿三日電】紐約來電：華爾街方面已承認此次的菲島作戰，在求得對於選舉戰的效果。由於菲島作戰的發展如何，將對羅斯福的進行選舉戰以有利的影響，很多人認為羅斯福有連任四屆總統的可能。再看一看共和黨進行選舉戰的情形：他們特別着重國內問題，彈劾華盛頓政府政治上的失策，但不太涉及外交、軍事問題。杜威在軍事方面攻擊現政權的，亦僅有下列一點，如說對麥克阿瑟的供應不充分，忽視麥克阿瑟攻勢的重要性。如果菲島作戰能夠進展，則此種非難自然將失掉其根據，無論如何，紐約財界人士認為：利用菲島作戰，以便有利地展開選舉戰，這是杜威不如羅斯福的地方。

【美新聞處匹茲堡城廿二日電】杜威今日在賓夕法尼亞州匹茲堡城發表競選播講演詞，以抨擊羅斯福總統之對內政策為主。杜氏斥現政府為『獨夫政府』，並認『政府之改組可以加速實現公正與永久之和平。』據稱：『我們對海外敵人作戰，將獲得順利之勝利，我們將倡導建立永久和平之世界機構。』杜氏抨擊『新政』道：新政執政過久，已失其光彩，新政利用勞工權利求取政權，新政為一腐敗機構，過去固有成績，但今日已為無建樹。

日寇搜括人力
徵老漢老婦服役

【同盟社東京廿四日電】第卅屆國家總動員會議於廿一日下午二時在首相官邸開會，會議劈頭由小磯首相致詞後，即開

發勞議：新決定實施關於推進□□經濟警察系統等措施。政府接著發表其綱要內容，概如下：（一）修改工資統制令：規定有最高工資的勞務者中，由主管大臣指定的特定者以超過其最高工資數量的工資即黑市工資被僱主僱用的場合要被處罰，使招收勞務者的統制與調劑定量相平行，以圖節減工資。（二）修改勞務調劑令：從來在僱入十四歲以上未滿四十歲的男子或十四歲以上未滿廿五歲的女子中的技能者以及不是國民學校畢業者的場合，需要勤員署的介紹或認可，或且厚生大臣的認可。將男子的規定年齡更擴大廿年，女子擴大十五年。修改的直接目的是阻止四十歲以上的短工認爲是規定範圍以外，而逃避服務的人。（三）修改『國民勤勞報國協力令』：從來由於勤勞奬勵令，使其協助勤勞報國者爲十四歲以上、未滿五十歲的男子及十四歲以上未滿廿五歲的女子，但是鑒於有相當數量的高齡男子挺身於生產戰綫的現狀，政府將爲了適應這種熱情，遂將男子的規定年齡擴大至未滿六十歲，女子擴大至未滿四十歲。（四）『艦員勤員令』案的綱要：擴大徵用船員的範圍，並且圖謀加强。徵用的力量。從來受到『國民徵用』者，不能徵用爲船員，現在受『國民徵用』者中有資格者亦可徵用爲船員。從來把接收者即船舶所有者爲對象而徵用之，甲的接收者移至乙的接收者，一旦解除徵用，而改換徵用。遞輸通信大臣徵用者只要變更徵用，即可由甲移轉給乙，又改善徵用船員的待遇，又規定表彰制度，給予全功章、精勵章。（五）會社經理特別措置勅令案：保護因爲戰時災害或政府的戰時經濟諸政策等不由會社負責的事由，而發生損失的會社，以圖維持分紅和防止股票價格跌落。接收該會社全部的營業或合併該會社的會社亦成爲對象。

傳法境西共黨員佔有西國領事職位

「海通社日內瓦廿一日電」據『日內瓦論壇』法國訊，整個法國境內的西班牙領事館，在西班牙共產黨強迫以他們自己的人充任後，實際上已告解散。里昂爲西班牙領事館仍在工作的唯一城市。西班牙共產黨要求戴高樂承認他們的官員爲領事，該報認爲，此等事件爲共產黨對西班牙領土有所行動的先聲。

「同盟社里斯本廿一日電」巴黎來電，傳英國政府與戴高樂政權及反軸心軍最高司令部間，二十一日已締結關於移交法國軍政地區於戴高樂政權的協定。根據上述協定，移交於戴高樂政權的地區，是由北部布倫東南，經凡爾登，南錫西部，沿勞務河到達地中海沿岸的馬賽。相當於法國全國的三分之二乃至五分之四。國際消息靈通人士認爲：反軸心國的上述措置是正式承認

中：本地[illegible]已，無權利，[illegible]已發的著名[illegible]：告訴以一切均正常，吸收法國內地軍兵士到正規軍隊現正順利進行着，但所有的法內地軍，並不是一夜晚就能集合一處的。

蘇聯勞動報斥責伊朗政府的反動

「路透社莫斯科廿二日電」蘇聯職工會報紙勞動報今日稱：「塞德辭職問題已爲伊朗許多報紙及各界所提出，它們認識到塞德政策之繼續對於伊朗人民的最大利益是有害的」。勞動報斥責塞德內閣企圖解散伊朗民主的與工人的團體，而對親法西斯份子則不加過問，對企圖不良的份子則不加懲處，後者不管伊朗作爲蘇聯運入供應品孔道的重要性而破壞交通，該報稱：「同時，伊朗當局正迫害那些力圖忠實執行其職責的伊朗官員，而此等職責則是伊朗與蘇英間的條約所規定的。」

「路透社德黑蘭廿一日電」此間本日宣佈：伊朗政府已暫時停止批准外國公司獲得任何新石油讓予權，並且決定關於此項問題之磋商，延至戰後舉行。

美援華委員會主席重慶訪問記

「美國新聞處紐約十九日電」援華委員會主席康涅蒂格州密德爾敦城之威斯來茵大學校長瑪康納基博士在旅華六週之後於本週返回稱：中國對於太平洋戰爭直至結束，將是一個巨大援助。瑪康納基博士在重慶時，適値國民參政會開會時期。他說：「中國大後方在九月份比以前任何時候更爲民主」。繼稱：「每一重要官員都赴參政會報告，國民參政會是今日中國可能有的代表普通人民之『公平團體』。自那時起採取之改革措施包括成立一兵役部，致力於建立較小戰鬥的軍隊，同時招募其他部隊進行勞動」。繼稱：「蔣介石停止重慶區徵兵的命令是這一計劃的一部份，即充分利用現有的軍事部隊。中國今日偉人之一的孫科公開與大胆的講出中國的錯誤這一事實，表示傾聽批評。這也是爲什麼絕大多數中國人尊他爲他們的最有益的領袖之一」。中國生活費用由緩『稍事抑平』的原因有三：（一）打破紀錄的豐年，足夠兩年之用。（二）太平洋美國海空軍的勝利。（三）滇緬路之重開將增加中印貨物輸入的希望。在華美空軍經極端危險的山峯路綫運輸許多供應品至中國的「巨大成績」，功績甚偉。又稱六年來中國鋼鐵工廠、軍火工廠之發展，殊屬驚人。在訪問昆明時，瑪康納基會遇到幾個研究浸蝕作用及其他農業問題的土壤專家稱：他們已幫助推廣種植洋芋，作爲民衆有利的收穫。

戴高樂政權的前提。

『路透社倫敦廿四日電』西班牙駐英大使館今日（星期二）稱：西班牙政府嚴重否認德軍一萬五千名自法國進入西班牙之說。德人總共僅一千二百名（包括平民及文官在內）進入西班牙，且已全部××（電碼不明）

意基督教民主黨 傳已發生分裂

『海通社米蘭廿三日電』基督教民主黨——盟軍佔領區的天主教黨——更形左傾。在該黨羅馬大會上決定奉行『集中一切進步份子的政策』，並且為此目的為早日與基督教左翼黨，與所謂基督教共產黨的合併而工作。採取這一決定，似乎在黨內並非沒有進行艱苦的鬥爭。無論如何基督教民主黨左翼領袖布隆尼（Bruni）已被驅逐出黨，而該黨便處於基督教民主職工會領袖戴加斯帕里領導之下。戴加斯帕里與意大利共產黨領袖托格里亞蒂一道工作，並在某些時候以前與共產黨員及社會黨員一道建立意大利聯合職工會，這一職工會是絕對的在馬克思主義影響之下。海港教堂區對於這一發展頗為憂慮。為了對抗馬克思主義對於基督教工人的影響，目前已成立了基督教工人俱樂部。他們與意大利聯合職工會無關，目前專心於他們的宗教活動及教育事情。雖然具有這樣的綱領，建立基督教工人俱樂部為意大利聯合職工會人士所強烈不贊成。梵蒂岡機關報『羅馬觀察報』對新建立的基督教工人俱樂部所表示的同情是一顯著的對照。

比國左翼政黨 謀組新政府

『路透社布魯塞爾廿四日電』比利時總理哈伯爾特·比爾洛特今日（星期二）駁斥共產黨指責其內閣未實踐其諾言的備忘錄，並在緊急內閣會議上告政府委員謂：他不準備公開討論左翼極端份子之要求。此間今夜流行之消息稱，左翼自由黨員與社會黨員正與強大的共產黨及工人集團××商談合作的條件，以便組織新內閣。

『路透社倫敦廿四日電』布魯塞爾電台稱：比利時糧食部長今日（星期二）告比利時內閣稱：布魯塞爾糧食形勢一般說來更可樂觀。

法國新聞處 否認鎮壓國內軍

『路透社巴黎二十三日電』法國內政部新聞處今日明白否認在洛林之勒克勒克部隊被調回來處理法內地軍所引起的不安。官方情報說：『政府並沒有設想到此類行動，而法國任何一部份也不須要此類措置。』荒謬的謠言在巴黎不停的散佈，那些造謠的人是從小鎮上來的旅客。他們在社會上的地位，使得他們的天性習慣於此。他們注意聽『遠在五十公里以外』所進行的未證實的傳說。兩星期以前，傳說里昂已在法國內地軍之手

海通社報導 羅國政局

『海通社斯托哥爾姆廿日電』據莫斯科廣播，羅馬尼亞國內政治上的分歧表明了現在歐薇納共產黨專政的威脅，此種分歧已引起了五個部長的辭職。據稱：國家加拉尼斯特黨及自由主義者代表的資產階級與民主陣綫，及愛國聯盟所代表的共產黨及左派過激份子之間，有着強大的分歧。莫斯科廣播引布加勒斯特『丁普爾』報稱：最近傳稱國家加拉尼斯特黨加入民主陣綫之說，但此事並未發生，因為民主陣綫委員會宣稱：國家加拉尼斯特黨與自由黨甚至未答覆加入民主陣綫的提議。鑒於此種情況，民主陣綫召集會議，會議中××××具體建議成立民主聯盟的新政府。莫科斯廣播×××稱：×××，民主陣綫代表團星期六下午為米琪爾國王所接見。此時，代表團團員告國王稱：若上述二資產階級政黨繼續拒絕與民主陣綫合作時，後者將負起政府管理的唯一責任。熟悉羅馬尼亞內部政治機構的斯托哥爾姆人士，認為此聲明為共產黨鑒於在國內佔實際多數而公然以專政威脅之表示。國家加拉尼斯特黨及自由主義的伊烏留馬尼烏以及康斯坦丁·布拉錫安奴亦向國王控訴政府中的左派極端主義者。由於蘇軍佔領羅國及共產黨的活動，一般並不預料米琪爾國王會決定袒護資產階級政黨而反對共產黨。

里賓特洛甫的發言人 評莫斯科會談公報

『海通社柏林廿一日電』里賓特洛甫的發言人認為：莫斯科會議結束的公報關於政治發展是毫無所得的。波蘭主要政治問題並未解決。威廉街發言人認為：公報證實了德國這樣的預料：斯大林對各主要點不會讓步，斯大林要把赤化東歐與東南歐貫徹到底，因此，在波蘭問題方面不會達到一致意見。此外，該公報又證實了：英國人以再也沒有任何英波問題的說法來避開波蘭問題。德方認為：公報原則的措詞當中略去不同意的問題，結果是不管希臘、芬蘭、挪威或土耳其問題都沒有在公報裏提到。發言人不相信：公報裏沒有提到的那些問題已經依斯大林意見解決了。他說：在土耳其問題上，邱吉爾無疑是堅決反對，然而，在總的方面，他不能不在莫斯科起讓步的作用。發言人亦注意關於南斯拉夫的特殊詞句。公報宣稱：將履行共同政策以驅逐德軍出南斯拉夫。發言人諷刺地說：『邱吉爾到莫斯科正是幹此事』。公報亦宣稱：有關雙方將解決南斯拉夫政治問題，即國王與鐵托之關係，然而，已經證明他們像爭吵的波蘭人一樣不能這樣做。『以前我們不是讀過鐵托與蘇巴西區政府所簽訂的協定嗎？』發言人稱：公報否認此協定，現在則解釋說：『此種一致已首先達到。』

參攷消息

（只供參考）
第六七九號
解放日報社 新華社 編
今日出一大張
卅三年十月
廿七日
星期五

日寇說

英美「蔑視」蔣介石

【同盟社斯括哥爾摩廿四日電】過去數月來，美英國內關於再認識重慶的議論極其有力地抬頭。英國戰時內閣閣員卑維布魯克的報紙『每日快報』在廿四日的報上提倡再認識重慶，用盎格魯薩克遜一流的手法非常不客氣地蔑視蔣介石的權力而欲傾覆之。其要旨如下：重慶政權只是擬裝為反軸心的四大强國之一，如在羅斯福的合衆國、斯大林元帥的蘇聯及邱吉爾的英帝國，蔣介石仍然被看作中國的代表。但是蔣介石只不過支配半個中國。甚至在重慶政權內部不斷地進行抗爭，宋家一族與蔣介石早已沒有圓滿的關係。又蔣介石企圖以嫡系軍五十萬包圍實際上處於獨立地位的共產軍，而重慶延安間的對立依然是深刻的。無論怎樣，中國由『個人政府』來支配是太大，因此需要那種形式的聯邦制度。無論如何，我們必需承認蔣介石欲在個人指導下統一中國的雄圖沒有成功。

雲南國民黨軍隊企圖反攻

【同盟社緬甸前綫基地廿五日電】敵雲南遠征軍主力已接近龍陵的我軍陣地，一部敵人則由龍陵東南下，集結於芒市東北之上衙附近，向皇軍挑戰。但由於我軍的堅强數陣與適合時宜的先制攻擊，敵每次都消耗龐大的兵力　現在完全處於停頓狀態。但敵之意圖依然激烈非長，似將策應守備密芝那的英印軍與駐印重慶軍，另方面等待陸空供應路的完成（雷多——密芝那公路最近即將竣工，加强胡康地區之敵機場），將計劃龍陵與密芝那方面互相配合的一大反攻。現在對正蠢動於上衙附近，以迫擊砲集中攻擊龍陵的我軍第一綫，顯然在連日進行帶有武裝偵察性質的反攻，隨着乾燥期的到來，該方面的戰況將達到極堪注目的階段。

敵寇宣佈菲島海戰戰果

【同盟社東京廿五日電】十月廿五日十六時大本營公佈：自廿四日晨以來，我艦隊在海空軍配合下在菲島東方海面，猛攻敵機動部隊與運輸船隊，現仍在激戰中。唯據目前已判明的戰果，計擊沉航空母艦四艘（包括進取型）、巡洋艦二艘、驅逐艦一艘、運輸船四艘以上，擊毀航空母艦二艘、戰艦一艘、巡洋艦二艘。我方損失巡洋艦二艘、驅逐艦一艘。

【同盟社東京廿六日電】我航空部隊在菲島東方海面，在二十四日的攻擊中所獲戰果與海上部隊在二十五日的攻擊中所獲戰果，已見之於大本營公報。我航空部隊復於二十四日夜與二十五日白晝，反覆攻擊菲島東方海面敵機動部隊，截至現在為止，已經判明的戰果如下：二十四日夜，擊沉航空母艦一艘，擊毀航空母艦一艘，二十五日擊沉航空母艦一艘，燃燒航空母艦二艘，炸沉巡洋艦一艘，破壞戰艦一艘。又於二十五日大本營發表後，我航空部隊復於二十四日白晝的攻擊中，擊毀瓦普爾型航空母艦一艘。

【同盟社東京廿六日電】大本營發表（十月廿六日十七時）：敵我在菲島東方海面的海空戰鬥，仍在繼續中，截至現在為止，業已判明的追加戰果如下：擊沉航空母艦二艘、巡洋艦一艘，擊毀航空母艦四艘。

【同盟社東京廿五日電】十九、二十、廿一日，我航空部隊，轟炸侵入萊特灣的敵艦船，敵人繼續遭到損失，如將廿五日大本營發表的菲島海面海空一體的大戰果合計，則綜合戰果如下：擊沉擊傷敵艦船七十六艘，其中航空母艦擊沉十六艘，擊傷十五艘，戰艦擊沉二艘，擊傷五艘，巡洋艦擊沉五艘，擊傷六艘，驅逐艦擊沉二艘、擊傷三艘，巡洋艦或驅逐艦擊沉一艘，擊傷一艘、運輸船擊沉五艘以上，擊傷二艘，艦種未詳擊傷十三艘，共計擊沉三十一艘，擊傷四十五艘。

【同盟社東京二十六日電】大本營發表（十月二十六日十六時）：（一）萊特島我陸上部隊，自十月二十日以後在塔克洛班南方與杜拉吉附近，迎擊約三個師團之敵，現正在奮戰中。（二）我航空部隊於十月十九日以後，連續攻擊萊特灣內敵運輸船團與護航隊，我艦隊亦於二十五日未明，衝入該灣內，予以强襲。截至現在為止，在萊特灣內業已確認的綜合戰果如下（未包括自炸未歸還飛機所獲戰果）：運輸船：擊沉五艘、燃燒十一艘、擱淺四艘、擊毀二艘。航空母艦：擊毀二艘。戰艦：擱淺一艘、擊毀三艘。巡洋艦：

敵大本營公佈
菲島東方海面戰鬥經過

【同盟社東京廿六日電】敵有力機動部隊，企圖進攻菲島，擁有大航空母艦羣，出現於菲島東方海面，但自二十四日以來，由於我艦隊海空兩方面的猛擊，已遭受潰滅性的損失。敵航空母艦羣至二十五日下午，已四散逃竄。現正在繼續戰鬥中。敵人強韌的進攻企圖，到處被粉碎中。二十六日大本營發表，說明共擊沉航空母艦二艘、巡洋艦一艘、擊毀航空母艦四艘，這些戰果是二十四、五兩日的戰鬥中判明的戰果。這樣，兩天的綜合戰果共擊沉航空母艦六艘、戰艦一艘、巡洋艦三艘、驅逐艦一艘、運輸艦四艘以上，擊毀航空母艦六艘、戰艦一艘、巡洋艦二艘。戰鬥經過如下：二十四日上午十時半前後，我航空部隊在菲島東方海面捕捉敵機動部隊，展開果敢的雷擊戰，敵航空母艦一艘遭我痛擊，命中魚雷，冒出白煙而被毀。二十四日下午三時半，我航空部隊在菲島東方海面，發現以航空母艦三艘為主的敵機動部隊，當即予以轟炸，敵黃蜂號型大型航空母艦一艘中彈，二十四日夜，我航空部隊在菲島東方海面，强襲敵機動部隊，敵航空母艦一艘因遭我攻擊而燃燒，旋即沉沒海底。二十五日白晝，我航空部隊在蘇利加峨島（譯音）東方海面，攻擊新式航空母艦一艘，使其燃燒起火，不能行駛。二十五日正午，我航空部隊於蘇利加峨島東方海面，猛擊敵航空母艦羣，擊沉敵中型航空母艦一艘，擊毀航空母艦一艘，此外並炸沉大型巡洋艦一艘。

【同盟社東京廿五日電】我艦隊，曾於本日出動海空部隊，在菲島東方海面捕捉敵機動部隊，結果給敵以重大打擊。其戰鬥經過如下：我艦隊於廿五日六時五十三分，在菲島東方海面發現敵機動部隊，旋即向該部敵進攻，敵企圖掉頭逃走，我艦隊乃立即於七時十八分開始射擊，二分鐘後擊沉敵巡洋艦一艘，取得此次海戰的血祭。七時半敵更向東南方逃走，經我艦追擊，復於七時三十六分擊沉敵巡洋艦二艘（就中一艘是進取型）。至八時三十分，我艦隊以全力追擊，此時敵旗艦乃急忙拍出明碼電報，哭訴在二萬米達處受日本艦隊追擊，請求迅速來援。但我方並不鬆馳追擊，繼續猛攻。八時廿五分擊沉敵巨型艦航空母艦二艘，八時三十分擊沉巨型巡洋艦二艘，驅逐艦一艘。至此敵艦列已潰不成形，乃擲大煙幕，藉以掩護。又我空軍部隊亦曾於廿四日在此處猛襲敵機動部隊，結果敵航空母艦一艘中彈起火，另一艘負重傷，擊毀戰艦一艘，巨型巡洋艦二艘，另外我潛水艦部隊與此相配合不斷襲擊菲島東方海面的敵運輸艦隊。數日來擊沉敵運輸艦四艘。擊沉二艘、擊毀三艘。驅逐艦：擊沉一艘、擊毀三艘。大型登陸用舟艇：擊沉十七艘、擊毀燃燒二艘。我方損失：沉沒船與破壞艦船各一艘，此外並有若干自炸與未歸還的飛機。

【同盟社東京二十六日電】菲島東方海面綜合戰果一覽表：類別：運輸船：擊沉五艘、焚毀擱淺十七艘，合計二十二艘。航空母艦：擊沉二艘、焚毀擱淺六艘，合計八艘。戰艦：焚毀擱淺三艘。巡洋艦：擊毀三艘、焚毀擱淺三艘，合計六艘。驅逐艦：擊沉一艘、焚毀擱淺三艘，合計四艘。大型舟艇：擊沉十六艘、焚毀擱淺二艘，合計十九艘，共擊沉二十八艘，焚毀擱淺三十四艘，總計六十二艘。

同盟社評論
菲島作戰的性質

【同盟社東京廿五日電】美國進攻非島作戰，從開始後已經一個星期，麥克阿瑟曾發表「麥囘菲島宣言」，羅斯福亦說過：「此次菲島作戰是動用了有史以來的最大兵力」。美國人民及反軸心國的人民，他們的正當的判斷力已被羅斯福的五光十色的舞台裝置所奪去了。發出歡呼的美國及反軸心國人民，已開始注意他們喊聲的空洞的反響。現在已是他們用恐怖的眼光開始認識進攻菲島作戰實際情形的時候了。被美軍侵佔的萊特島，與諸曼第半島地形有大的不同，只要比較一下，不大了解的西歐人士亦可想像到。萊特島沒有土瀝青舖的道路，亦沒有一英寸的鐵道，主要道路的兩側又有繁茂的森林，與新幾內亞的作戰相同。在歐洲登陸的軍隊，進攻目標是巴黎，而此次在菲島登陸，進攻目標可能就是馬尼拉。從塔克洛班到馬尼拉的直接距離為六百公里，其間橫着的海和山阻止了侵略軍的前進，但最大的障礙並不是許多島上的森林及灣曲的海岸，而是日軍有到處設防的山河並待機進備着。麥克阿瑟襲菲島獲得成功，並且在萊特島盤踞了一個星期，但對他說來是怎樣危險的一件事。而且日軍尚未開始反擊，這對侵略軍又是一種不吉利的像兆。總之，菲島侵略作戰已暴露了它的深刻危機的一方面。菲島作戰是血和汗的鬥爭，美國青年每年每日均喪失了生命，這一鬥爭已繼續了好久，此點我們想美國人民已覺悟到，此次的戰爭，是開始以來最悽慘最流血的大戰爭。這一鬥爭現在已經開始，如果稍微能預見菲島作戰的性質，更給予能夠預見的知識，那麼美國人民聽到「菲島侵略戰開始」的號音時，將底下頭來向上帝祈禱，不論敵人付出多大的流血犧牲，但是否能達到目的是另一個問題。菲島的鬥爭可以預料到有三種形式：第一從一個島到一個島，從一個海區到一個海區，流血的鬥爭毫不間斷地在繼續着。最一鬥爭者係[illegible]，而且[illegible]在三個月、半年、一年之後決定誰是勝利的微笑者。第二是向着登陸軍，將敵人背後的海上勢力一舉殲滅。第三是將第一第二相並用，儘可能令侵略軍與供應部隊付出大的代價，然後採取一定的時間與敵決戰。在這三種形式中，日本軍將斷然掌握主動性，此點美國亦不能否認。日軍要在最喜歡的時間與最喜歡的地點作戰，戰機不論什麼時候，均爲日軍所掌握，這是菲島作戰中的特徵之一。總之龐大的消耗戰，包括了消耗美國人的血，此種無氣味的消耗戰是在日軍主動性之下進行的。這就是菲島作戰的性質，當現在菲島侵略戰已經一星期，麥克阿瑟將很快的在具有這一深刻性質的戰爭面前發抖。

敵寇無恥宣佈
麥克阿瑟[illegible]立無援

【同盟社東京二十六日電】美軍在萊特島的登陸進攻，和它的美妙宣傳一齊開始。根據麥克阿瑟的發表：美國艦隊響蓋着海面，在菲島登陸，登陸軍隊像燎原之火似的向前進攻。但其後麥克阿瑟已爲日軍的濃厚的沉默累倒，而被圍困在萊特島一隅。麥克阿瑟知道要得到回答，並不需要數天工夫，眞的沒有多長時間，我海空軍精銳，突然出現在漂浮於海上的美國艦隊的正面與上空，不斷的予以猛攻，這一海空戰的結果，使海爾賽第三艦隊在台灣海面損失掉，美國第五十八特種艦隊的大半兵力，再度受到第二個『台灣海面作戰』的打擊。覆蓋萊特島東方海空的我軍的大力量，更進一步向敵人進攻，該方面海上海爾賽的悲劇，將在巴掌塊大的萊特島演出，這對麥克阿瑟軍究竟表示了什麼，是很明瞭的。二十五日早晨以來，麥克阿瑟已與背後的海面完全斷絕，在我軍戰略要點內、陷入孤立無援地步，登陸的命運是吃了巴坦、柯里基多敗戰的麥克阿瑟所熟知的。

英美報紙
對莫斯科會談反映不熱烈

【海通社柏林廿三日電】威廉街發言人今日認爲：英美報紙對莫斯科公報的首批評論已表示很不熱烈。他說，後來評論在見到莫斯科公報中的更多否定方面後，甚至更加顯著地悲觀。里賓特維甫發言人自聲明中得出結論說：×××認識到邱吉爾的努力未能實現帝國政策的主要各點，因爲邱吉爾未能從斯大林方面得到任何讓步。而且相反地——斯大林較德黑蘭時遠更嚴厲地闡明蘇聯的領土要求。全世界沒有一個人（包括英美的新聞記者在內）相信：公報中宣稱解決波蘭問題的道路業已找出之語句不是僅僅一句空話。里賓特維甫發言

室事業。當時，張氏之意見實際上與[illegible]，但[illegible]議之多面准許商用飛機享有降落權一節刻尚未知。據權威方面消息，蘇聯將隨同美國反對加拿大、澳大利亞及英國所主持之嚴格管制戰後商用航空之意見。張氏在赴芝加哥以前將來華府會商數日。

謝南光說
台灣革命聯盟將配合盟軍登陸

【合衆社重慶廿三日電】台灣革命聯盟領袖謝南光許諾，盟軍在台灣登陸時將發現有組織的祕密團體隨時可與之合作。謝氏說，聯盟的三百名祕密工作者及一千餘名自願的助手現在正在內地的土人中進行工作，爲盟軍最後登陸準備道路。謝說聯盟是台灣人自己組織起來的，盟員至少有一萬人，積極合作者有十萬人，此外土人中有許多同情者，他們都盼望着推翻日本人的覊絆。聯盟與中國軍事當局及國民黨爲解放台灣的台灣（黨）本部合作。

危地馬拉爆發革命

【同盟社里斯本廿一日電】據危地馬拉來電，由於加納第政府彈壓教授學生事件，市內騷呈不隱現像，二十一日終於在青年將校、學生及一部份士兵領導下，暴發革命。革命軍出動戰車、襲擊國軍司令哥德利科・科拉德將軍，將其殺死。與應戰的國軍激戰十一小時後，終於把總統趕走。目前該市在雅科保・阿爾本大尉、阿洛納少佐、及約爾哥特里羅三人操持中。

【海通社柏林廿三日電】紐約訊：據危地馬拉無綫電稱：危地馬拉革命的三人委員會與前任總統阿維斯羅已簽訂協定，根據該協定邦斯（他在美國大使館作×××以後）將出國。現梵蒂岡，英國，巴西，哥倫比亞，墨西哥，智利，厄加拉瓜，巴拿馬，哥斯達黎加爲委內瑞拉的外交代表們都承認這一協定與新政權的合法。

下關至門司
第二隧道年底可開通

【同盟社東京廿日電】今年秋天，關（下關）門（門司）第二隧道已經完成，由此九州與本土間的鐵道運輸突然加强。與此相平行的連結九州本土的國道——關門海底隧道改革工事，亦不斷進行工作，現僅剩四百公尺未完成，今年年底可望完全開通，一但開通後，『第一』『第二』關門鐵道一方面可用列車運輸，一方面人的物的連絡亦將獲得極大成果。

敵酋結城抵北平

【同盟社北平二十二日電】視察華中的內閣顧問結城豐太郎，二十二日下午乘機到達北平

人指出倫敦波蘭流亡政府廣播台『斯維特』對蘇聯『戰爭與工人階級』雜誌所載一文的激烈回答，該刊大意謂波蘭糾紛是蘇聯的內政問題。據『斯維特』電台稱：波蘭問題必須以完全不同的方式解決。發言人指出最近兩個報紙的評論，即『巴塞爾新聞』倫敦訪員的評論與『紐約時報』上的評論，因為該二評論都使人得到一個結論，即蘇聯已擴張其野心至斯堪的那維亞。據『巴塞爾新聞』訪員稱：現在必須注意是否如某些倫敦人士所暗示者，邱吉爾已放棄了斯堪的那維亞的作為希臘的代價。紐約時報提及一種協定，根據此協定顯然只有西班牙、法國、荷蘭、比利時及丹麥未包括在蘇聯的勢力範圍之內。該報至少只提到這些。據里賓特維甫發言人稱：根據這些，可以認為德國的論點是對的，即斯大林堅決地決心使歐洲絕大部份布爾塞維克化，無論邱吉爾或其他人採取什麼政治手段都改變不了這點。發言人指出：只有手執武器的頑強抵抗，才能阻止斯大林的野心。

【同盟社里斯本二十四日電】華盛頓來電：美國副國務卿斯退丁紐斯，二十四日接見新聞記者團，言明如下：敦巴頓橡樹林會議關於保障戰後安全機關，美英蘇三國之意見終未完全一致，若可能時，美國政府希望於明年一月，再度舉行會談，以便最後完成反軸心聯盟案。但這一會談，是否將成為羅斯福、邱吉與斯大林的會談，則不得知。

土報評莫斯科會議的結果

【海通社伊斯丹堡廿三日電】土耳其半官方的『烏魯西』報對莫斯科會議的結果未加闡明，而土耳其某些報紙根據至今所獲的消息已有所評論。例如『亞克山』報認為：關於在會議日程上的某些問題，已獲得觀點上的一致，而其他的問題並未解決。盟國主要任務之一仍即是對於盟國重要任務獲得了解。『烏基特』報寫道：莫斯科會議的結果在公報中並未很明白的摘要寫出來。會議的範圍可能比官方所公佈的更廣泛。

英國主張嚴格管理戰後民航
傳蘇美表示反對

【合衆社華盛頓廿三日電】對美國務院所建議之戰後航空政策表示完全同意之中國前任交通部長張嘉璈，將率領中國代表團出席十一月一日在芝加哥舉行之國際航空會議。據中國大使館方面消息，該代表團另一代表為毛邦初，張毛兩氏數月前曾與助理國務卿柏爾數度長談，嗣後張氏向合衆社記者表示，他個人贊同戰後各洲間航空綫之自由過境與技術降落權。中國歡迎各友邦協助建立航

，在六國飯店稍事休息後，即參拜北平神社及英靈奉安殿表示感謝之意。該氏預定在北平逗留數日與各要人懇談，並視察華北經濟狀況。

波電台攻擊
蘇『戰爭與工人階級』雜誌

【海通社柏林廿一日電】倫敦訊：星期六晨波蘭斯威特無綫電台猛烈抨擊『戰爭與工人階級』雜誌上一文章。該廣播聲言：蘇聯雜誌試圖向英國證實英國無權干涉波蘇關係。蘇波衝突最好由二國自行解決。斯威特電台指出：這將意味着衝突將成為蘇聯的國內事件。』此事決不允許發生。斯威特電台希望英美的態度不僅將影響『戰爭與工人階級』所期望的那個問題，且將影響其他問題的解決。然而，解決此問題的先決條件是：波蘭人民對蘇聯保持『堅強與不屈服』的立場。

【海通社赫爾辛基廿一日電】日丹諾夫準上將接見芬蘭新蘇維埃團體主席。巴錫基維舉行演講並宣佈此團體之目的。日丹諾夫對該團體擬為與蘇聯監察委員會同樣的目的而工作表示欣喜。日丹諾夫宣稱：他擬贈送該團體一套蘇聯宣傳影片。

參攷消息
（只供參考）
第六八〇號
解放日報
新華社 編
今日出一大張
卅三年十月廿八日
星期六

國民黨造謠

誣蔑我軍攻擊閻錫山部隊

【路透社重慶二十七日電】日軍在中國西南部的進攻已有被停止的一切徵兆，今日中國公報稱：桂林以北情況無變化，桂林以南中國軍隊正繼續進攻桂平、平南區域的日軍陣地。有許多理由可以相信，日軍或放棄對桂林的進攻，日軍對桂林的進攻已在距桂林城二十五哩的地點被抵擋住。美軍在菲律賓登陸或已影響日軍在中國不進行任何更主要行動的決定。據官方宣佈：共產黨軍隊十四個團刻在進攻閻錫山所部。

【路透社重慶廿六日電】中國官方公告，共產黨軍隊十四個團現在正在××省進攻閻錫山將軍所屬部隊，×××××。此事極關重大。它表示政府與共產黨間關係積極解決的希望已日見衰微。

【同盟社廣州二十七日電】國共關係已從談判的停頓狀態，進而瀕於會談決裂的危機，據重慶來電，重慶政權終於二十六日發表延安政權攻擊山西省的閻錫山軍，現已發生武裝衝突稱：「延安軍兵力十四個團，現正進攻山西省的閻錫山軍，並威脅該司令部，這件事情具有極重大意義，國共問題的政治解決，希望已經很少」。又傳關於這一事件，重慶代言人張平群同日亦以談話的形式，發表長篇的聲明書。

國民黨當局日益反動
馮玉祥等被迫否認在會上講話

【本報訊】九月廿七日中央日報載：參加憲政座談會的幾個國民黨員，紛紛發出否認對當時會議的情形，不如新華日報廿五日所登載的那樣。

移達到很大的數量。拆毀大部份牆壁，設置掩蔽的術堡，有蓋的槍座似乎用石頭及水門汀製造的。據傳市街東側的中正橋及南西兩門已禁止通行。這樣，在皇軍進攻面前化為要塞的桂林，不管其居民為飢餓和流亡所苦，但是仍然拚命進行抗戰的準備工作，完全現出恐怖的城市的樣相。

敵吹噓擊落B二九式機廿四架

【同盟社東京廿七日電】廿五日美國第廿航空隊B二九式機約百架，來襲九州與濟州島，我制空部隊將其擊傷廿四架，殘餘的敵機立即敗走。廿六日夜我在華航空部隊空襲成都，是乘這些敗走的敵機集結成都後的瞬間進行的。廿五日擊傷的廿四架如果加上此次的戰果，那末廿五日來襲的敵機幾乎受到潰滅的打擊。我機此次攻擊成都基地是繼九月八日、廿六日及十月七日之後第四次的轟炸。

【同盟社東京二十六日急電】大本營發表（十月二十六日十二時）：敵B二九式機於二十五日，來襲九州與濟州島，我軍予以迎擊，所獲戰果如下：擊落五架，擊毀十九架，合計二十四架。

【同盟社東京廿六日電】駐華美空軍B29式機百餘，為了配合菲島作戰，於廿五日來襲九州及濟州島。我空軍立即猛烈迎擊，獲得擊落敵機五架、擊傷敵機十九架的戰果，此已由大本營發表，共計擊落擊傷敵機廿四架，佔來襲之敵機的四分之一。敵機在八月廿日、廿一日同樣的以百架左右的編隊，來襲九州北部，當時敵機五十多架受損失，其中受創的敵機十九架，確實冒出黑烟，是否能飛回成都基地尚不明瞭。其中在中途被擊落與被迫降落之敵機亦有相當的數目，中彈受傷之敵機亦甚多。此次敵機的來襲並未達到它的目的，而且變成我制空陣地的禮物。

【同盟社東京廿七日電】大本營發表（十月廿七日十四時三十分）：中國方面的我航空部隊，廿六日夜間，飛襲成都基地，獲得下列戰果，全機安返。計燃燒B29式機十五架，擊毀四十二架，並擊毀小型機三架，共計六十架。

國民黨兵役部組織法

【中央社渝廿七日電】國府廿五日公佈之「兵役部組織法」全文如次：第一條，兵役部直隸於行政院，並受軍事委員會之指揮監督，掌理全國兵役行政事宜。第二條，兵役部對於各地方最高級行政長官執行本部主管事務，有指導監督之責。第三條，兵役部就主管事務，對於各地方最高級行政長官之命孔庚：「余二十日應憲政座談會諸先生之招，赴遷川工廠參加會談，本無意發言。嗣因見壁上貼有本日講題一曰如何提早實現民主政治。一曰實現民主政治之具體辦法。偶有所感，故略抒所見。……不過就國情上着想，憲政非可一蹴而幾。……不過施行憲政不是政府一方面之事，也非幾個政黨包攬政權之事，是要國民自己起來行使政權……否則政權非落於少數政客之手，必臨民初之覆轍。……言畢，會衆紛起發言，中有主張開「國是會議」組織「各黨聯合政府」者，余當場聞之驚奇，……國民黨領導抗戰，豈能說國民黨是不民主。更何能懷疑國民黨戰後不還政於民呢。」

覃振：「……所以現在如果還有人懷疑國民黨不主張民主，這是錯誤的。談話大意如此，並無其他主張。至於主張開「國是會議」或組織「聯合政府」等語，本人因先離開會場，並未聽人提出。」

馮玉祥：會就改善役政……一般問題發表意見。後即首先退席，至其他問題，則不得而知云。

廿八日中央日報又載稱：於散會前，為籌設民主憲政機構事，被推之籌備人鍾天心、周一志、司徒德等，開已致函原召集人，對我該日會場情形及手續不合，有所申述云。」

編者按：九月廿四日重慶各階層各黨派人士五百餘人集會，要求改組政府及統帥部後，國民黨當局即極力壓迫，甚至在會中發言之馮玉祥等亦受蔣介石的「警告」，因此他們被迫作如上否認。由此可見國民黨當局日益反動之情形。

敵稱國民黨實行焦土戰術
桂林全市化為要塞

【同盟社廣西前綫廿七日電】據敵方情報稱，重慶軍當局已電命以前由軍委會直管區派至廣西的第九十三軍延緩日軍向桂林的進攻。同時出動中央軍官學校桂林分校的學生構築陣地，使其配置於戰綫。敵人又焚燒民家，徵發糧秣、採取所謂堅壁清野的焦土戰術。據新近由桂林地區逃至我方地區的一個居民談稱：害怕日軍進攻的桂林市於八月中旬及九月中旬兩次實行強制的疏散，使市民逃避至附近山中及柳州方面，桂林防守司令於疏散市民時，禁止各人攜帶糧食，同時指示週圍各村莊供出牛一頭及衣類若干，這成為居民埋怨的標的。重慶方面認為桂林的存亡有關對美國的體面，因此決心死守之。九月底以來，廣泛地擴充和加強桂林城內外既設的陣地。因此民家的破壞和各種設施的建

令或處分，認為有違背法令或逾越權限者，得提交行政院會議議決後，停止或撤銷之。第四條，兵役部設置左列各司處，役政司、徵補司、國民兵司、總務處、人事處、經理處、軍醫處、督察處。第五條，役政司掌左列事項：（一）關於兵役管區之規劃設置事項。（二）關於兵役法規之審訂解釋事項。（三）關於兵役行政之考核事項。（四）關於兵役幹部之訓練事項。（五）關於兵役宣傳事項。（六）關於出征軍人家屬優待事項。（七）其他有關兵役行政事項。第六條，征補司掌左列事項：（一）關於現役及齡壯丁之調查、檢查、抽籤、徵集事項。（二）關於募兵之特准及募兵區域之核定事項。（三）關於兵員之補充規劃調用事項。（四）關於補充部隊檢驗事項。（五）關於現役士兵之退伍歸休事項。（六）關於現役士兵兵籍之調製事項。（七）其他有關兵員徵補事項。第七條，國民兵司掌左列事項：（一）關於國民兵之調查登記組織管理及召集服役事項。（二）關於預備軍官佐預備軍士之調查登記管理及召集服役事項。（三）關於在鄉軍人之調查登記管理及召集服役事項。（四）關於國民兵校閱事項。（五）其他有關國民事項。第八條，總務處掌左列事項：（一）關於公文書類之收發分配保管事項。（二）關於印信典守事項。（三）關於本部組織編制事項。（四）關於兵役行政統計及報告事項。（五）關於本部經費之出納造報事項。（六）關於本部公產公物之保管事項。（七）關於庶務及其他不屬於各司處事項。第九條，人事處掌左列事項：（一）關於本部及所屬機關部隊軍官佐屬之任免、明績、獎懲事項。（二）關於本部及所屬機關部隊軍官佐屬之任官服役撫卹事項。（三）關於會受訓練之兵役幹部分發事項。（四）關於人事之調查統計事項。（五）其他有關人事事項。第十條，經理處掌左列事項：（一）關於兵役經費之出納總核及編製表報事項。（二）關於新兵之糧秣經理檢驗調查事項。（三）關於新兵之被服裝具陣營具及一切軍需物品之經理檢驗調查事項。（四）關於新兵營舍之規劃建築管理事項。（五）關於軍械之領發保管事項。（六）關於補充兵員行軍途中之食宿供應事項。（七）其他有關兵役經理事項。第十一條，軍醫處掌左列事項：（一）關於新兵之衛生醫療防疫救護事項。（二）關於兵役管區衛生機關之籌劃設置及考核事項。（三）關於補充部隊軍醫之派遣及考核事項。（四）關於新兵之體格檢查事項。（五）關於新兵死亡撫卹證明事項。（六）關於新兵疾病死亡之調查統計事項。（七）其他有關兵役機關部隊之醫務事項。第十二條，監察處掌左列事項：

（一）關於兵役業務之視察督導事項。（二）關於各地方推行兵役法令利弊得失之檢討建議事項。（三）關於兵役弊端及違法事件之糾査檢舉事項。（四）其他有關兵役之調査督察事項。第十三條，兵役部設部長一人，特任綜理部務，指揮監督所屬職員及機關部隊。第十四條，兵役部設政務次長常務次長各一人，輔助部隊處理部務。第十五條，兵役部設參事三人至五人，撰擬審核本部法案命令。第十六條，兵役部設秘書四人至七人，辦理機要文件及長官交辦事項。第十七條，兵役部設司長三人、處長五人，分掌各主管事務，各司處之編制另定之。第十八條，兵役部設會計室，掌本部及所屬機關部隊經費之年度概算、計算、編製、審核事項，其編制另定之。第十九條，兵役部於必要時，得呈准設置各種委員會。第廿條，兵役部次長以下上校以上軍官佐屬各職員簡任，中少校軍官佐屬各職員荐任，上中少尉軍官佐屬各職員委任。第廿一條，兵役部處務規程，以部令定之。第廿二條本法自公佈日施行。

【中央社渝廿七日電】中央祕書處祕書張霆西對於知識青年從軍運動遵照總裁訓示第二項，凡超過規定年歲之黨員至少要介紹子弟或親屬一人登記從軍之規定，遣其適齡之長次二子儘先登記聽候徵調以爲倡導，按張氏長子莊，乃國立音院教授，次子蒂，爲公路總局局員。

【中央社渝廿七日電】國府廿六日令，特命鹿鍾麟爲兵役部長此令。

日寇大本營公佈
菲島海面及萊特灣海戰戰果

【同盟社東京廿七日電】繼台灣海面航空戰之後，廿四日以來，又在東方海面展開殲滅敵機動部隊的戰鬥。此由屢次的大本營發表即可看到，我方獲得了決定的大勝利。差不多在同一期間，我海上部隊突入萊特灣內，便敵人進攻菲島的企圖受到挫折。廿七日的大本營發表我航空部隊、海上部隊、潛水艇在菲島海面廿四、廿五、廿六三天戰果的綜合。這一決戰像風似的在菲島海面捲起，並且極爲悽慘壯烈。計擊沉與擊沉航空母艦八艘，巡洋艦三艘，驅逐艦二艘，運輸船四艘。擊傷航空母艦七艘，戰艦一艘，巡洋艦二艘，擊落飛機約五百架，這一戰鬥獲得了光輝的勝利。特別把它稱爲「菲律濱海面的海戰」。另一方面我方的損失，計沉沒航空母艦一艘，巡洋艦二艘，驅逐艦二艘。有一艘航空母艦受傷，飛機有一百廿六架未返回。除上述外。廿六日在萊特灣的戰鬥中，我戰艦一艘沉沒，一艘受傷。總計我方損失的艦隊護衛下接近菲島海面，十七日從艦隊突然侵入中部菲島的萊特島，七八日下午以後，砲擊該灣沿岸，敵運輸船隊陸續到達萊特灣內。我航空部隊於二十日，在菲島南方海面捕捉敵機動部隊，擊毀中型航空母艦一艘、小型航空母艦一艘，並攻擊萊特灣內之敵運輸船隊。繼之我航空部隊二十四日在菲島東方海面，猛襲敵機動部隊，同日上午擊毀大型航空母艦二艘、擊毀巡洋艦二艘。另一航空部隊，則於同日上午十時半前後，擊毀大型航空母艦一艘，上午三時半，擊毀大型航空母艦（黄蜂號型）一艘，下午五時半前後，又擊沉航空母艦一艘。我潛水艇亦與此配合，從二十四日夜到二十五日，在菲島東方海面，捕捉與猛擊敵運輸船隊。二十五日，我海上部隊復在中部菲島三馬島以東百餘浬的洋上，捕捉突然出現的敵機動部隊（內有航空母艦數艘），當以砲擊擊沉敵航空母艦四艘（內有愛塔普萊茲型一艘），並擊沉大型巡洋艦二艘與驅逐艦一艘。對於另外的航空母艦一艘或二艘，亦中以砲彈，敵人在煙幕中逃遁，故未確認此戰果。正午前後敵機動部隊遭受潰滅性的打擊而逃逝。我部隊一度集結，離開戰場。是日我航空部隊於正午前後，攻擊蘇利高東方海面敵機動部隊，擊沉敵航空母艦一艘，巡洋艦一艘，並擊毀航空母艦二艘，另一航空部隊則於下午一時前後，在蘇魯安島東北海面，擊毀敵艦一艘；又我潛水艇於二十五日夜，在菲島東方海面捕捉敵航空母艦羣，擊沉大型航空母艦一艘，驅逐艦一艘。二十六日的我航空部隊復在三馬島東方海面，發見行動中的敵機動部隊，遂予以猛擊，擊沉敵航空母艦一艘，擊毀一艘。二十七日，我航空部隊，仍在無間斷地猛攻菲島萊特灣內敵艦船與特萊島塔克洛班杜拉吉附近敵橋頭堡壘，捷報不斷傳來，使美軍的損失益趨擴大與深刻。即是說在二十五日的夜間攻擊與二十六日的白晝攻擊中，我航空部隊所獲戰果中，僅已查明者即達三十五艘之多（沉毀、燃燒與擱淺敵艦合計），此外並有二十九艘艦船，正不斷被燃燒中。又於二十五日前的戰鬥中，敵母艦被我擊沉與擊毀而不能歸還。敵艦戰機七十餘架，被迫降落於塔克洛班、杜拉吉兩橋頭堡壘尚未修完的飛機場，幾乎被我消滅殆盡。自十九日我機開始攻擊以來，累計戰果共達一百零八艘之多。這樣，一百公里見方的菱形決戰場——萊特灣，已被我航空部隊控制。敵殘存艦船，現正在燃燒擱淺的敵艦遺骸中尋找活路逃遁中。我航空部隊正在執拗地追擊該敵，活躍非常，以期以一架飛機擊沉敵一艦一船，全部消滅該艦船。並在期待戰果的擴大。另方面我地上部隊，則反覆攻擊塔克洛班、杜拉吉敵陣如與敵方比較是非常輕微，僅航空母艦戰艦以下八艘沉沒或受創。對今後的作戰可以說毫無影響。實是寶貴的犧牲，這些艦艇的將士，有着猛烈的作戰意志，不能不令我們佩服。

【同盟社東京廿七日電】我軍連日猛攻十七日侵入菲律濱萊特島萊特灣內的敵運輸船隊及護航的艦艇，展開猛烈的擊滅戰。截至廿六日判明的萊特灣內的綜合戰果如下：運輸船：未沉六艘、擊傷、燃燒及擱淺者共五十二艘、共計五十八艘。航空母艦：擊沉二艘。戰艦：擊傷、燃燒及擱淺者三艘。巡洋艦：擊沉三艘，擊傷、燃燒及擱淺者四艘共計七艘。巡洋艦或驅逐艦：擊沉十艘。驅逐艦：擊沉一艘，擊傷、燃燒及擱淺者四艘共計五艘。油船：擊傷一艘。艦種不詳的軍艦：擊傷燃燒及擱淺者三艘。大型舟艇：擊沉十七艘、擊傷、燃燒及擱淺者二艘，共計十九艘。總數：擊沉卅七艘，擊傷，燃燒及擱淺者七十一艘共計一百零八艘。

【同盟社東京廿七日電】台灣海面航空戰及菲島海面海戰中，予敵艦之損失計擊沉擊傷七十二艘，內分：轟沉與擊沉航空母艦十九艘，擊傷十五艘。轟沉與擊沉戰艦兩艘、擊傷三艘，轟沉與擊沉巡洋艦六艘，擊傷六艘，轟沉與擊沉巡洋艦或驅逐艦一艘、擊傷一艘。轟沉與擊沉驅逐艦二艘，轟沉與擊沉運輸船四艘以上。轟沉與擊沉艦種不詳的船艦十三艘，共擊沉三十四艘以上，擊傷三十八艘，共計七十二艘。（註）除上述外，尚予敵人以相當損失，並有十二處發生大火。

【同盟社東京二十七日電】大本營發表（十月二十七日十五時）：我航空部隊，繼續攻擊萊特灣內的敵艦船以及在萊特島登陸的敵部隊，二十五日夜及二十六日晝間，所獲得之戰果中，直至現已經判明者如下：擊沉運輸船一艘、燃燒六艘，擊傷十一艘，此外尚有二十六艘在燃燒中。擊沉巡洋艦一艘，擊傷一艘，驅逐艦擊傷一艘，擊沉巡洋艦或驅逐艦十艘，擊傷運油船一艘、擊傷艦種不明的船隻三艘，擊落敵機二架，敵機七十架受重創，登陸地點十七處發生火災（其中四處不確）。

菲島海面及萊特灣內
美日海空戰經過詳情

【同盟社東京廿七日電】美軍以第五十八機動部隊與部份艦艇增援部隊的大艦隊，企圖突破我核心國防圈，但在台灣海面的空戰中，由於我軍的反擊已遭慘敗。另方面為了挽回中太平洋上的失敗，在我尋進攻菲島的機會。於是麥克阿瑟率領的大運輸艦隊，在有力頭堡壘，時時在擴大有利的態勢。與此相反，敵登陸部隊已迅速失掉戰意，因敵命運所繫的後續艦船不斷被我機強襲與擊毀，使敵呈現殘燈似的慘淡光景。現在菲島決戰已達最高潮，無論在空中、海上、陸上，均在我壓倒的戰力下。

【同盟社東京二十七日電】我海軍部隊強襲萊特灣，是在狹隘的水域內進行，敵我戰艦互相接觸，是戰史上罕有的激戰。我艦隊於二十五日三時許，以戰艦在先，後面配以水雷艦隊，利用夜間月光，由蘇利高海峽侵入萊特灣。灣內的敵艦隊力量，計有戰艦四艘、巡洋艦八艘、其外尚有包括其他艦艇的運輸船隻數十艘，敵人已經知悉我軍襲擊，準備了交戰的態勢。上午四時許，通過蘇利高海峽的我艦隊一齊向敵艦列發砲，敵我戰艦猛烈相互砲擊，我艦隊挺身牽制敵人時，水雷艦隊立即深入灣內，與敵運輸船隻交戰，使灣內敵艦潰亂，我方亦損失戰艦一艘。在塔克洛班登陸的敵軍，看到灣內艦船的潰亂，遂發出緊急電報，聲稱：『日本艦隊已逼近至最近距離』。突入灣內的我艦隊，予敵運輸船及其他艦船以潰滅的打擊，所獲戰果已如二十六日十六時五十分所發表者。我艦隊在完成進攻目標後，在天將拂曉時離開該區。

敵在鄉大將集議
小磯接見各團體首腦

【同盟社東京廿六日電】在鄉陸海軍大將於廿五日下午三時在霞浦陸軍集會所開會。大井、奈良、財部、岡田大將等廿六人出席會議，進行懇談，並決議今後在鄉陸海軍大將團結一致，支援政府共同向擊滅英美的途上邁進。

【同盟社東京二十六日電】小磯首相二十五日下午六時，在官邸招待各團體首腦，有產業報國會會長鈴木貞一、『農報』會長石黑忠篤、『商報』會長鶴見左秀雄、『勞報』會長松野鶴平，『日婦』理事長川西實三、『海報』團長小野猛、大日本青少年團副團長朝比奈策太郎、翼贊會事務總長安藤狂四郎等人出席。政府方面有小磯首相、島田農商省大臣、藤原軍需省大臣、前田運輸通信省大臣作陪，席間小磯首相聲明稱：今天已進入決戰階段，各團體應開展活潑的活動，完成本來的使命，希望各團體更加努力，以提高士氣與進行勤勞動員。

守家成無力的。」作者對那種坐待勝利的投機思想表示譴責：他說，「取勝利在望了……但勝利是要用力量爭取的，誰出的力量大，勝利就是屬於他的，如果你只出了五分的力量，你就只有五分的勝利……勝利要用自己的力量來爭取，否則將來看見別人在大勝利，自己卻落空勝利」。又說：「明天到天堂是一回事，但最要緊而必須解決的是今天的事情，當一個人還「朝難不」的時候，我想他不會去想明天如何上天堂，他唯一的思想如何救命，免致自難，渡過難關了。」

參攷消息

（只供參考）
第六八一號
解放日報
新華社 編
今日出一大張
卅三年十月廿九日
星期日

中央日報說
軍令政令「統一」的決定
非任何批評所可動搖

「本報訊」中央日報九月廿八日發表社論「面大局、策遠圖」一文，文內申言軍令政令的「統一」決定，非任何批評所可動搖。其中說「今日中國國內的戰事，以部分而論，是到了危險的局勢。但我們以爲今日只有「面大局」和「堅忍以策根本之計」才是救時的良策。……所謂「堅忍以策根本之計」，是說我們要接受半年來失敗的教訓，我們首先要做到將委員長決定的三件事：第一是求軍令政令的統一，第二是提高部隊官兵待遇，第三是發動知識青年從軍。……我們說到「以理智爲基礎的英勇決定，非任何批評所可動搖。這並不是說古今名將不顧社會的輿論。但是在戰事危險局勢裏面，浮動的人心會造成一種浮動的批評，這種批評對於軍事決策毫無益處。」

「本報訊」掃蕩報九月卅日社論：「自力與外援」，反駁英國認爲美國援助國民黨是「過份」，是「浪費」。該文說：「援助未完而責難紛來，平心而論，這實在是失之不公。……甚至竟說美國對我們的援助是「過份」，是「浪費」，這不能不令人感到深切的遺憾。……當太平洋戰爭初期，盟軍失香港敗馬來，退出緬甸，以及其他地方的敗訊我們也會替人家着過急時，問題只在着急之後，能不能急人之急，當香港危急時，我們會出兵九龍，緬甸危急，我們會遣軍遠征。現在德軍行將潰倒，日本正在向我們全力進攻，想的大軍應該轉一個方向，來分担我們肩頭的重負了。但是盟國的要人，最近來盟國卻說：「自世界之一面，將力量移至世界之另一方面，在速度方面，不應過於樂觀。」」

大公報要求革新政局
兩黨談判應互信互諒

「本報訊」大公報九月廿三日發表「在大艱難中作大努力」社論一篇，文中對目前時局的意見：在戰時召開國民大

國民黨當局製定各種辦法
引誘知識青年從軍

「中央社重慶廿八日電」教育部爲鼓勵全國中等以上學校在校學生踴躍從軍，業經訂定從軍學生學業優待辦法，令飭施行。同時並令飭各專科以上學校，將主要必修科目，提前於本學期內集中講授，辦法如次：（一）中等以上學校學生，從軍期間一律保留原有學籍。上項學生如學期考試開始前，從軍期滿後由主管教育行政機關追認其學籍。（二）從軍學生退伍時，得依本人志願，仍回原校，並特許參加升級考試。中等學校學生，因畢業時，並准免試升學。（三）中等學校從軍學生，已修滿最後一學年第一學期課程者，復學後經過短期補習，准免除會考，給予畢業證書，並准免試升學。（四）大學先修班從軍學生退伍時，得免試升學。（五）專科以上學校從軍學生退伍復學時，此肄業時期得減少一學期，其入伍時已修滿最後一學年第一學期課程者，其入伍時准由原校發給畢業證書。（六）從軍學生如係公費生，免費生及領有獎學金者，復學時一律繼續予以公費、免費及給予獎學金之待遇。（七）從軍學生參加留學考試，得予以優先錄取之權。（八）從軍學生志願參加國內外軍事學校以及出國研究國防科學者，得由政府擇優保送之。

「中央社重慶廿八日電」中央幹校高級研究班第三期及台灣幹部講習班，於廿八日上午舉行開學典禮，蔣主席親臨主持，並發表訓示。

「中央社宜山廿八日電」桂新任民廳長陳良佐，省委尹承綱，陳壽冰，廿八日下午宣誓就職。

敵偽大肆轉播國民黨當局
誣衊我攻擊閻錫山部隊消息

「同盟社東京二十八日電」重慶政權於二十六日發表聲明，指出過去所對峙的重慶延安兩軍，已在山西省的一角發生戰禍，兩政權和解的交涉，已經完全陷於絕望狀態。二十六日重慶政權發言人張平羣，就重慶軍延安軍的

會，政府的機構與人事應及時調整一新。認爲兩黨談判軍隊編制的數字是次要的，只要在政治民主，國家統一的基礎上得到互信互諒，尊重國家至上，這問題極易解決。原文稱：

「軍事失利，尚未到最後之境；政效低落，尚未到腐爛的程度；財政枯竭，尚未到崩潰之時；人心疲憊，尚未成爲死灰……我們以國民立場，考慮國家利益，最好能於戰時召開國民大會，除了一些技術上的困難外，在戰時召開國民大會有極大的政治利益。因爲在抗戰時期，國民政府的威信最高，國人的歧見紛歧較少，到戰後便不免枝節紛紛了。……至於十師十六師的討價還價，像似最實際，而在國民的觀點上，實在存其次要。國家的最大最急的需要，是把一切力量拿到戰場上去打擊敵人，尤其不要自己對消力量。這一前提，誰都承認，只要在政治民主國家統一的基礎上得到互信互諒，尊重國家至上，這問題極易解決。……政府的機構與人事應該及時調整一新。長期大戰，人困馬乏，政府人事也應該及時調整，以發揚新人才。……」

「本報訊」大公報九月廿五日會列出有關於廿四日五百人集會的消息二則，一則是本報訊，一則是中央社訊。本報訊：「到會者紛紛就走上民主途徑發言，並鑒於座談已久，少補實際，擬即成立機構，以事促進。最後擬就原有各方面發起人外，加推周一志，鍾天心，司徒德，于振瀛，劉文島等參加，定期舉行籌備會，研討常設機構之成立。」中央社訊「……人數之衆爲前六次所未見，由張瀾，左舜生主席……」

大公報（九月廿四日）又發表訪問于院長通訊一則，據于氏稱：「我已經幾個月不做事了，實在是不好說什麼的。……談起兵役，他相信鹿鍾麟，張之江能把兵役辦好，假如他們做的話。談在黨派團結，于院長沉重地說：要大家和衷共濟啊——如果不然的，不只勝利有問題，就是到了和會還也是問題。據稱的于院長還沒有和銀髮的林主席先生碰頭，他的客人多，而尚未動身的參政員，有老鄉，有僚屬。他正要找的人也多，有馮玉祥，有柳亞子……。」

楊杰批評挨打戰略：

「本報訊」據九月二十二日至二十四日華西日報及華西晚報所載楊杰討論現時戰局稱：「千萬年來海水所以沒有臭，是因爲海裏有波浪，而波浪又在不斷的起伏波動的緣故」，「軍隊老擺在一處不隨時使他動，就會腐

交戰詳細報告，向記者團發表下列聲明：第二戰區司令長官閻錫山，最近曾接見訪問西北區的中外記者團，發表他對共產黨問題的意見，共產黨也受到延安發行的「解放日報」及太岳軍區司令薄一波、薄施亭等、共產軍軍官等的百般誹謗。薄一波於八月下旬在臨汾縣東方約三十公里的塔山，公然進攻第六十一軍，但被擊退，九月上旬共產黨再度進攻第六十一軍，另有共產軍的機動部隊，沿同蒲線各從平遙，臨汾等處，進行攻擊。又在陝西省的共產軍，於九月逼近閻錫山的司令部採取進攻的態勢。

同盟社報導重慶對菲島戰況沉默

「同盟社東京十七日電」中國人民對菲島方面的日美決戰，以極認眞的態度注視戰況的發展。重慶政權對於十九日美軍在萊特灣登陸至今日這方面的戰況，保持沉默態度，僅報導尼米茲司令部的戰況公報。重慶不管戰況如何，凡是震動世界的大戰果，均加以粉飾，並吹噓對自己有利，此種令人發嘔的宣傳已引起反軸心國陣營的嘲笑，關於此次萊特灣的戰況，重慶未發一言，從此亦可以看到它所受震動的程度。重慶對此戰局如何觀察以及如何批評，是頗值令人回味的。

同盟社傳稱菲島登陸美軍達二十五萬

「同盟社東京二十七日電」決定兩週後即行到來的美國總統選舉，並不是紐因州，而是萊特島的戰鬥。羅斯福爲太平洋的反攻作戰，非常周到地準備十一月七日的選舉，因而開始萊特島的登陸作戰。紐約先驅論壇報曾反覆加以論述稱：「以如此衆多的兵力，如此多的兵器，進行如此長距離的登陸作戰，在戰史上尚未見過。」並舉出具體的數目字，登陸的兵員共二十五萬人，裝備一百五十萬噸，其中包含三十二萬五千噸，裝甲車、吉普車、卡車等五十二萬五千噸。此外並有美聯社、合衆社及其他通訊社的五十個新聞人員登陸。它的作用自然是期待這些新聞人員，把美軍佔領萊特島、切斷大東亞共榮圈的消息報告美國，以便使羅斯福確保四選的勝利。羅斯福於二十五日下午五時十八分，突然集合記者團，恬不知恥的發表快報說：「根據海爾賽提督的報告，菲島海面的日本艦隊已被該方面的美國艦隊擊潰，遭受巨創而潰退，完全是一探求選舉戰戲劇效果的優伶。記者團曾質問所謂勝利的詳情，但羅斯福避而不談，說不知其詳。根據這件事實，即可說明羅斯福的「公報」完全是胡說八道。但美國的新聞人員由於日本大本營的公報，將逐漸得知菲島海空戰的詳情，在萊特島登陸的美軍，退路已斷，處於孤立

無視的境地。另方面日軍更在發揮攻略珍珠港作戰之妙，包圍繼續選擇戰的犧牲物——十萬美軍，這事是無可懷疑的。

故這一戰鬥將決定太平洋戰爭的勝負。

海通社軍事記者 論遠東空戰形勢

【海通社柏林廿四日電】海通社空軍軍事訪員報導：美軍進攻菲律賓的結果，將決定於該戰區天氣情況變化程度的大小，這是德國空軍專家們的意見。他們極細心地注視着東亞的空戰，因為美國空軍在太平洋海面的戰鬥不能仍對其他前綫無影響，美國空軍在歐洲戰場的使用一定必須受到限制。進攻菲律賓的美軍從空中或同時從航空母艦得到供應，這是美軍的弱點，因為日本星期三的消息談到美國又有六艘航空母艦失去戰鬥力，而另一方面，日本能使用在菲國地面上的一切空軍設備，且能使用從日本本土上起飛的飛機。顯然地菲律賓的戰事與美軍統帥部原來的計劃，即得到在華美第十四航空隊的援助，是很不同的。當美國在華空軍若干時候前將其機場移向東去，並迅速建築空軍港時，日本便認識到這是空襲日本本土的總佈署。這種認識當今年夏天美軍用最新式的B二九式轟炸機對滿洲國、九州與台灣進行若干遠距離的襲擊時便得到證實。無論如何這是很顯然的事；這種襲擊大都是從中國西部進行的，因此認為中國東部的很多機場將作其他目的之用。今天，美軍進攻菲律賓以後，這事便很明了，美國在華空軍以中國東部為基地，意味着這空軍在太平洋戰爭中也起有作用。日本於一定時期認識到美國在華空軍基地的兩重威脅，因此今年夏天便對重慶軍發動進攻。在這戰役中，他們得以佔領美國空軍在中國東部的七十個機場中的大多數機場，迫使美第十四航空隊退到昆明去，因此它從該地參加太平洋的戰鬥便幾乎不可能了。可是美軍以昆明為基地的空軍與以中國西部為基地的空軍配合作戰，仍有可能對日本本土進行有限規模的空戰。德國認為這是很重要的事實：在西太平洋的日軍已沒有遭到從中國大陸起飛空襲其後方之憂。在台灣的大空戰中已證明這個因素如何重要，美國協同作戰的海空軍在該處與日本機隊陸軍航空隊作戰，而以中國為基地的美國空軍却不能參戰。在仍在進行着的菲律賓戰鬥中，日軍後方的保護也許起有決定性的重要意義。無論如何它證實了，日本在華的進攻僅僅從把美國在華的基地移後了看來，便可說明它已獲得戰果。

敵報空喊「勝利」 毫無具體內容

【同盟社東京廿七日電】昨日讀賣新聞揭載題為「傳來帝國艦隊出擊的捷報」的社論，內稱：忽然傳來一億國民待望於損

敵栗原評論 陸上飛機的效能

【同盟社東京廿八日電】栗原海軍報導部長，廿七日會見外國記者團，言及航空母艦航空部隊與基地航空部隊的關係時，指出：美國海軍所主張的「航空母艦最有力量」的原則，已被事實所粉碎。其大要如下：在艦隊作戰上，常是要艦佔優勢，歷史上已證明這一道理。在現代作戰中，不論從海上或從陸上，是用飛機代替大砲，在這種場合，從陸上基地起飛的飛機與艦載機的比較，毫無問題的是陸上起飛的飛機佔優勢，力量，而且行動半徑亦長，攻擊力亦大。陸上基地與航空母艦比較亦是陸上方面基地有利。因此敵人從海上用航空母艦等向我們進攻，是沒有希望的，因為我們有完備的大要塞與大航空基地，像日本本土、台灣、菲島。此次敵人損失了很多的航空母艦，亦是當然的。今後敵人亦許創造許多的航空母艦，不管敵人製造多少亦好，我方是要將敵人所製造的完全送到海底；此點已由栗原大佐用很明顯的事實指出：這就是此次作戰中，陸軍飛機與海軍飛機共同出動，積極的參加海上進攻，栗原大佐更聲明：「陸軍飛機的在海上出擊，不論在台灣方面，菲島海面及印度洋方面均不斷進行。」

敵內閣顧問制度擴大 不僅參預經濟而且參預政務

【同盟社東京二十七日電】政府在此決戰階段的責任愈加重大，因此決定參備輔助首相的機構，現在廢除臨時設置內閣顧問的制度，重新奏請陛下製定內閣顧問制度，二十七日上奏天皇陛下，蒙其批准後，於二十八日官報上公佈，即日施行之。今日情報局發表如下：設置內閣顧問案：戰局愈益緊迫，而國政的運營愈加微妙複雜時，為了更加整備輔佐內閣總理大臣的機構，乃廢除從來的內閣顧問制度（內閣總理大臣關於運營戰時經濟的顧問），奏請製定內閣顧問制度，選出練達有專長技術的重要人才，在物質精神兩方面不僅在經濟有關方面）參劃內閣總理大臣的政務。內閣顧問制度的要領如下：（一）在內閣設置內閣顧問若干名，以便在大東亞戰爭時期，參加運營內閣總理大臣的政務，內閣顧問由練達的有專長技術的人物中勅任之。（二）內閣顧問受親任官的待遇。（三）廢除昭和十八年勅令第一百卅四號規定的臨時設置內閣顧問制度。

路透社評論 動盪中的比國政局

【路透社倫敦二十六日電】西綫繼夏日橫掃法比前進之後，大規模軍事發展中的悠長的停歇，現在逐漸將注意力轉

報，帝國艦隊已經出動了。帝國海軍在長久不利的戰況下，繼續進行苦鬥。現在到了表示其實力與戰鬥精神的時候。現在已到了轉變的時機。如果知道豐田長官及艦隊的全體將士在此戰中符合國民期待的欣快心情，那末國民胸中湧出一種熱情，要報應其奮戰，以符護國英靈和全體將士的期待。敵人豪語美國艦隊可以在日本大門口任何地方及其所高興的地方進行作戰。我們的答覆是你們可以前來所高興的地方，而我們可以在高興的地方擊滅你們。我們不輕蔑敵人也不害怕敵人，一定擊滅侵犯神洲的番夷，以慰叡慮。

【同盟社東京廿七日電】昨日每日新聞『我艦隊大勝』爲題，揭載社論稱：我艦隊終於出動了，而且獲得了輝煌的戰果。但是今後還要擴大戰果。我陸軍部隊亦將於同時猛攻敵人。現在我們只有讚美這種偉業，而我們的感激和感謝是無限的。不管敵人的物資多麼豐富，亦不容易彌補台灣海戰後的損失，如果無法掩飾這種情況時，那末敵國人民將要灰心。但是全般的情勢不許我們沉迷於眼前的捷報，我亦付出寶貴的犧牲，戰爭的前途仍極遼遠今後敵人必定用各種段手向我們挑戰，這是不會錯的。現在敵機大舉來襲九州，如果我們稍爲休息，那末良好的機會將不再來，我們只有一心向前進進。

美海長警告人民 勿對非島之戰過份樂觀

「海通社柏林廿七日電」華盛頓訊：美海長福爾斯特爾於星期四廣播中向美國人民提出警告，反對他們對非島海面海戰結果過分高興。他說：除其他軍情外，『受傷的日本艦船仍可用於海上。根據我們自己的經驗，我們知道受傷的艦隻能駛回港內修復並重新投入戰鬥。』關於美國損失，福爾斯特爾未宣佈任何數字，僅稱：『我們在此次戰爭中並不是沒有損失的，我們同樣地損失了若干艦船並另有若干艦船受傷。』

【同盟社里斯本二十七日電】洛杉磯來電、美國海軍部次長巴德，於二十七日海軍日，在洛杉磯發表大要如下的演說：關於太平洋作戰的前途，日本的軍事經濟形勢，並未削弱到我們所想像希望的程度，用亞洲大陸、東印度各島豐富資源培養起來的日本戰力，仍然是非常強大，這是事實。美國不應僅滿足於擊潰日本帝國主義，而且要除去日本在將來幾世代能夠再進行作戰的一切方法。

【同盟社里斯本廿六日電】據紐特來電：菲律濱美登陸軍隨軍廣播記者哥頓·莫哥爾，二十六日在前綫廣播稱：二十四日早晨以來，日美兩軍在菲律濱東方海面上，發生激烈的空戰，美國太平洋艦隊似全部參加「這個戰鬥，

移至面臨解放各國確實困難的政治問題上了。在意大利、法國、希臘，已在一種更急劇或更微小的形勢中可以見到可稱的徵兆：在這些國家內政治的大動盪顯然是繼續和潛在着。在比利時的事件上，問題本身在此時表現的最清楚，該處基本上表現在這樣的形式：整個德軍佔領時期內任在倫敦的比埃洛流亡政府，於聲言在德軍佔領時期內在比利時國內運動中分擔大部份代表的共產黨之間的鬥爭。像在其他的情形中一樣，還有其他的實質，即盟軍缺乏港口與航運加上武器的迫切需要。各種物品的嚴重短缺，已影響比利時人民至如此程度，以致有些人甚至提出他們在德寇壓迫下時還要好些。關於此點，人民的批評逐漸集中於作爲全國明顯負責的權力之比埃洛政府的身上了，雖它自然無力使改善軍最高指揮部基於軍事需要的基礎所確立的重要供給的優先權。盟國當局很想援助政府解決這一問題的努力，但是爲此目的獲得運輸的困難問題，意味着比利時人直到戰爭結束、或至少戰爭越過比利時邊界之前，不能預期返回豐裕的生活。雖然比埃洛政府在很久以前購買了許多糧食供應品，準備在解放之後散發，實際上沒有一艘糧船到達本國。這種災難與艱苦據今日消息，現在已由於德軍對比利時盟軍後方區域開始飛彈攻勢而加劇，這種飛彈攻勢不可避免的對比利時民衆有所損害，這種災難與艱苦便自然的釀成共產黨在國民經濟廣泛領域內具體攻擊政府的根據或支持。「更好的糧食分配」是共產黨對政府要求作爲基礎的口號之一，而且是在營養不足的人民中間，特別當布魯塞爾黑市似乎未完全消滅時，隨時可以得到響應的口號。上週比政府凍結德軍佔領時期內發行的一切通貨之劇烈行動，似乎會解決解放的一個主要問題——消滅黑市，懲辦由於德寇佔領大發戰爭財的人們。但是現在，甚至在這種大胆的措施中，只能造成那些「可能在某種情形下合法地」獲得現款或銀行存款，因而由於凍結處於財政困難的人們中間之憤怒，而亦未平息那些決定以戰區內可避免的發生的艱苦爲資本，以達到他們政治目的的極端左傾份子。然而政府無論其如何善意是不滿的自然目標，雖然政府在返回布魯塞爾時曾容納兩位共產黨員加入政府，這政府似乎在現在的形式下亦不能苟存下去，長久支持由反對派在政治上領導人民解到艱苦所產出的分裂力量。顯然的，這種技術可以用於任何依然作爲人民軍事活動場所的解放區，否不得不將其一部主權屈服於擊敗敵人之共同事業的解放區。關於這一點，比利時的發展，將成盟國在亞洲如像在歐洲戰場所遇到的許多問題的標本。比利時危機的澎湃增漲，與以前政治的與抵抗團體——特別是共產黨——對重建正常經濟生活企圖的反應，在此構正以密切的興趣了以往（觀）。

参攷消息

（只供參考）
第六八一號
解放日報
新華社 編
今日出一大張
卅三年十月卅日
星期一

大後方各報對目前時局評論

中央日報社論：革命抗戰的責任與信心（十月四日）本文拒絕改組國民政府，改組統帥部，並譏諷地說這不過是社會心理浮動的表徵，其結果徒使中國的政權落在少數政客軍閥之手。「……可是社會上卻有少數人正在以政治主張的形式提出一兩句動聳觀聽的口號。我們不願以政治的立場，纏繞於詭辯之內。我們本於社會的觀點，認為這些口號不過是社會心理浮動的表徵。這種表徵，只有對於社會心理增加其浮動的效果，除此以外，更沒有其他的效果。……國民政府如果諉卸責任於中途，就是革命的失敗，也就是抗戰的夭折。……我們可以率直的說：中國的民主革命和民主政治的建設是有計劃有步驟的。如果我們不依此一定的計劃和步驟，不務民主政治之實，徒務民主政治之名，其結果不過使中國的政權落在少數政客軍閥之手。社會心理一旦復歸安定，則任何誇大危機聳動聽聞的政治主張和口號都必歸於消滅……」

大公報社論：論增進中蘇邦交（十月二日）這篇文章闡明對蘇的基本態度應報之以德，並需要在內政上努力，以免陷自己於孤立的地位。「我們對中蘇邦交的基本態度，應如國語所云：「厚其外交，而勉之以報其德」。蘇聯待我甚厚，在中國抗戰初期，惠我種種援助，自然應該厚報其德。……「外交的基礎在內政」。從這句至理名言去瞭解，就有許多問題尚待我們不斷努力。弱國不可無外交，我國而已躋於強國之林，更不可以光榮的孤立。我們一方面要在內政方面努力，同時更要銳意增進盟邦的友誼。……祝望中蘇緊密攜手，打倒納粹夥伴的日本帝國主義！」

時事新報社論：中共問題解決瞻望（九月十七日），本文認為要防止革命勢力的潛滋暗長，只有使分化的團結起來，解決國共兩黨問題，應注重事實

舟艇數艘。在塔克洛班飛機場擊落飛機十四架（就中有七架不確實）、擊毀三架、擊毀一架，燃料彈藥屯所四處發火、跑路被炸毀、德拉哥飛機場十次中彈起火。

【同盟社馬尼拉廿八日電】萊特戰場上的敵我攻防戰，日趨激烈。敵為奪取制空權，除開入萊特灣內數十艘運輸船，加強後方供給外，並積極使用已佔領的塔克洛班與杜拉吉兩飛機場。我方雖毀傷敵機七十架以上，但敵方仍努力確保機場，大量降落飛機，以加強空中運輸。又敵方為佔領飛機場，以戰車為先導，向薩伯羅機場南方的布拉溫兩機場猛攻，故敵我兩軍現正在該機場附近展開激戰。該島西方高地，依然在我守備軍手中，並連夜襲擊塔克洛班南方敵後方陣地。該島戰局中心，目前在逐漸向杜拉吉及該市南方轉移。

【同盟社馬尼拉廿[illegible]日電】廿七日我航空部隊大舉出動至萊特島方面，不分晝夜，繼續猛攻灣內殘存的艦船，登陸用舟艇以及落於敵軍手中的飛機場。自廿六日夜至廿七日正午判明戰果如下：（一）艦船：擊傷運輸船一艘、驅逐艦五艘，燃燒運輸船一艘。（二）擊落飛機二架。

敵寇報導萊特島戰況

【同盟社菲島前線廿四日電】萊特海岸至萊特灣一帶的砲聲與轟炸的聲音不絕於耳，我陸海軍冒着惡劣的氣候猛攻企圖奪回菲島的美軍。廿三日早晨，乘機觀察該島戰況的某特校談論該島戰況略謂：敵艦的大砲猛烈轟擊萊特島東岸的杜拉吉海岸至塔克洛班一帶，以圖用物質的數量壓倒之。因此在頃刻之間發生大火。敵人在大砲掩護下，企圖擴大橋頭堡壘，我們決不能忽視之。又萊特灣內的敵艦受我臨海空部隊的猛攻，遭受相當的損失。灣內敵艦隊及油船十餘艘中彈起火，敵機羣與我不斷進行大規模的空戰。我基地航空部隊很容易對付敵人的航空母艦和航空部隊，因此敵人進行猛烈的反攻，萊特灣與萊特島一帶的激戰是菲島攻防戰的關鍵。雙方進行着生死的激戰，我很慚愧不能從空中很清楚地看到地上戰鬥的情形。

【同盟社斯托哥爾摩廿一日電】美國宣傳機關開始大大地宣傳此次麥克阿瑟指揮的美軍在萊特島的登陸作戰。美國通訊社的特派員報導的戰況和從軍記，如洪水般地湧至此間，美軍登陸後，他們立即利用廣播及無線電以最誇大的言詞向美國和全世界報導美軍物量和兵力的龐大。但是嗣後由新幾內亞基地到達此間的消息，說明美方的各種電訊是虛偽的，而其真實性是很成問

。「我國自有革命以來，每值革命勢力分化時期，革命事業必然衰退，革命勢力團結則反是。……但社會是有機體，當分化衰退時期，自有新革命勢力潛滋暗長。要防止新革命勢力的潛滋暗長，惟有使已分化的團結起來，已衰退的振作起來。中國共產黨也自有它的貢獻。它在學理上原有國際性，但在實際工作中，事勢推移，尤其在抗戰開始以後，至少在理論上已處處以國家民族的福利為前提。……我們誠然認為相差幾個軍幾個師，釋放這個人那個人是小事，不過，解決的途徑，我們希望就能在這些小事上。因為一件一件個別的小事的解決，合起來便是整個大問題的解決。注重事實是解決問題的開端。」

時事新報社評：沉痛的回憶中之興奮（九月十八日）本文提出，國家以內不容再有一個國家存在。「……而目前十三十四兩次會議中，公開了關於中共問題商談經過，這不啻向全世界宣示了國民政府正以最大努力來加強統一。在國家至上民族至上的大義之下，國家以內不容再有一個國家存在。」

商務日報社論：國民參政會閉幕（九月十九日），本文希望我黨服從軍令政令的統一。「我們謹望中共能體念參政會的善良用意及全國人民的希望，而能注意民族至上國家至上的原則，幫助政府統一軍令政令，更希望參政會延安考察團能早日出發，一面考察延安的情形，一面將全國人民的希望轉達給中共當局」。

新民報社評：國共問題之前瞻（九月十七日）本文對國共談判經過的認識，認為並無原則分歧，只是實行的程度上或程序上有問題。「國民黨所要求的軍令所在之統一，與共產黨所強調的民主問題……雙方都並沒有異議，只是在實行的程度上或程序上尚有問題，所以才形成一種政爭。……那嗎，妨礙軍政令統一的，不能不逐步走上統一之路，對民主不努力不澈底的也自然會急起直追的了。」

美艦繼續增援萊特灣
敵寇驚呼戰局不容樂觀

【同盟社東京廿九日電】不顧慘敗之敵，仍拼命向萊特灣繼續增加援軍。至廿八日午後，萊特灣內已增加運輸船四十艘左右，戰艦或巡洋艦九艘。敵以萊特島為中心的菲島戰局日益接近日美決戰的規模。自敵人登陸以來，經我陸上部隊連日奮戰，陸上敵軍已遭受重大損失，雖屬實事，但關於詳細情況尚不明了。從廿七日午後至廿八日夕刻，我航空部隊數次猛襲的結果，獲得下列戰績：（萊特灣）擊沉巨型運輸船四艘、擊毀一艘、擊毀驅逐艦一艘、巨型登陸用

題的，據該消息稱：新幾內亞的西南太平洋盟軍總部擴大新聞通訊社的特派員一百名，他們在盟軍總部指導下，撰就「萊特島登陸戰記」，交給電報局後，赴前線從軍，當美軍開始進行登陸作戰時，立即拍發「萊特島登陸戰記」，因此可以看出美軍司令部宣傳的意圖和誇張事實。即敵人的企圖是大大地宣傳此次菲島作戰，以掩飾台灣海面空戰的失敗，同時，選舉總統的時機已迫在眼前，因此這種宣傳亦是出諸以此為目的的對內政策。此外還想在菲島民衆中獲得宣傳的效果。雖然他們所使用的物資數量要大大地打折扣，可是中立國方面卻警戒此點。

傳法艦參加菲島之戰
敵朝日新聞焦慮戰局

【同盟社里斯本廿八日電】在菲島近海遭受我艦隊重大打擊的艦隊，其主力自然是美國艦隊。但據傳也有一部份澳洲艦與法國艦隊。根據巴黎來電，戴高樂政府海軍當局雖一方面不承認此事，但同時還聲言不應忘記法當局過去的發表，即已希留號戰艦，經修理完畢後，已開赴遠東作戰。

【同盟社東京廿七日電】昨日朝日新聞揭載題為「海上主力對戰」的社論，內稱：在台灣空中受到痛擊，以致步調混亂的敵人，立即聚某殘存的兵力編成一大機動部隊，堅決進行奪回菲島的作戰。這表示敵人的戰意是怎麼強猛，以台灣空戰為序幕的菲島東方海面艦隊主力的決戰，如能成為太平洋主力決戰，如能在決戰中殲滅敵人，那末戰局就要轉變，我方將轉為攻勢。如果失去有利的戰勢，敵人必然地可能實現其戰略目的，即封鎖南方航線和進襲日本本土。現在我們已面臨決定皇國興亡的嚴重時期。

敵同盟社叫囂
轉換戰勢時機已到

【同盟社東京廿六日電】大本營又於廿五日發表菲島東方海面的大戰果，我們對於十九日公佈的台灣東方海面大戰果的感激尚未消逝，而不到十天又接到這個捷報，這是多麼感激，多麼歡喜的；我們在皇土的皇國臣民對此非常感激，我們一億國民只有靜靜地哀悼在遙遠的海洋上進行決戰而殉國的將士。十二日台灣東方海上的空戰揭開了我們一億國民等待的決戰的序幕。但是我們收到那樣的大戰果。美國進攻部隊依靠其數量的優勢，預先奪取太平洋島嶼的要衝，慢慢地整備戰略體制後，現在踏上了對日總反攻的第一步，而台灣海面的戰鬥防止了敵人這種行動，所謂掌握決戰主動權就是指這件事情說的。此次菲島海面戰鬥是繼台灣海上空戰，菲島附近的戰鬥，攻擊萊特灣登陸敵軍的作戰及卡爾•

國海戰之後發生的。這次大戰鬥是發生在十二日台灣海面海戰後中，由這次戰鬥的激烈可以知道敵人是在多麼大規模和執拗的計劃[下]進行此種作戰。敵人在十二日至廿五日的戰鬥中，除了英艦隊在卡爾·巴島海戰所受的損失外，已損失軍艦七十六艘，其中包括擊沉和炸沉航[空母艦]十六艘，這在政治上軍事上有絕大的意義。即敵人雖在台灣海上的空戰中所受的大損失，但是還未喪失戰意，盲然地進行反擊，使救援部隊來臭，同時出現於菲島附近，大胆地進入萊特灣，使陸上部隊登陸，以圖殲滅我地上基地。它在太平洋進行全面的對日總反攻的日程毫無變更的模樣。……這次作戰是決戰開始以來我國初次出動海上部隊進行的正面攻擊。遭我艦隊打擊的敵人在這次作戰以後要進行怎樣的作戰？這次作戰的意義可以說就是在這一點上。傲慢的敵人豪語在太平洋殺敵，把日本艦隊從其逃避所中引出來。但它得到這次的結果，它是否還能夠不斷地推進？它不斷的慘敗當使敵陣營又將其視線轉至再批評其戰法。而其結果，如能變更對日作戰，那麼，這對着十一月大選的政治意義極大。此次強硬作戰的結果在政治上亦有極大的影響。戰局是決定一切的鑰匙。『採取決死必勝的重要方策，投入飛機千架擊滅驕傲的敵人』——豐田聯合艦隊司令長官這種充分的自信心到了今天已經實現了。現在國民待望的戰爭主動權將入我們手中，我們將在內線防禦中，抓住神機擊滅敵人，從這裏可看出我戰爭指導的大方針轉換戰勢的時機可以說是來了。一億國民，不，東亞十億民衆應繼皇軍之後，不失去這個時機，以期粉碎敵人再進攻東亞的野心。

紅星報論菲島戰事

【中央社莫斯科廿七日專電】本日蘇聯紅星報社論，以「菲島戰事」爲題論稱：太平洋上過去所有之戰事，均顯示盟軍擬在菲島登陸，故日軍司令部不能認爲盟軍登陸係屬意外。盟軍之佔領帛琉、摩洛泰及轟炸民答那峨，使日方受創，日本司令部以爲盟軍將在民答那峨登陸，各島嶼之散處使盟軍更有效利用其海軍及空軍，並加重日方增援及供應各島守軍之困難。目前之戰事，不僅可自日方奪還菲島，並可收復南洋之土地，此等土地富於軍事上所需之原料，與日本有重大關係。在菲島建立海軍及空軍基地，將使盟方空軍得以切斷日本與南洋間之海路，再則可使盟軍更接近亞洲大陸，並尚可與在中國之軍隊會師之方向前進。目前雖難推斷未來發展之性質，惟自菲島附近盟方獲勝之海戰斷之，此項海軍活動在太平洋戰爭中有決定性之意義。

敵機敵艦的猛烈的戰鬥精神，連日連夜攻擊灣內的敵艦船羣，收到很大戰果。敵人的戰意旺盛乃未衰退，因此不容樂觀。（六）中太平洋方面：對米勒、烏特潔、雅魯特、雅浦方面的襲擊已暫時停止，但自本週起敵機來襲又趨頻繁，尤其是連日執拗地繼續襲擊雅浦島。（七）西南太平洋方面：本週未見到敵機大規模的襲擊，但敵機對安普恩、布拉、凱馬那、巴保、梅那多方面進行小規模的、執拗的襲擊，特別是二十六日白晝敵B24式飛機二架飛[襲]婆羅洲西岸米厘，大型飛機若干架飛來西里伯斯南部肯達利及內窮德方面，乃證明敵人正在推進和整備基地，此事殊堪的注意。

對匈停戰協定問題
傳美蘇意見分歧

【同盟社里斯本二十五日電】匈牙利政府，在箭十字黨的指導下，正向舉國抗戰之途邁進，在新體制確立之前，一少部份敗戰分子，曾企圖與美英蘇三國政府進行停戰交涉，引起美國與蘇聯的衝突，此在二十五日已由美國國務院發表。最近美國國務院爲什麼暴露此種內容，現尚不明瞭。但爭論的嚴重程度從下列合衆社關於上述事件的報導即可證明，蘇聯所主張的對匈牙利的停戰條件，是用四億美元的現物賠償，並在四年內償還的。但與芬蘭、羅馬尼亞兩國的停戰條件，賠償金是三億元，而且匈牙利國內經濟情形比芬蘭、羅馬尼亞尚爲惡劣。在戰爭前匈牙利一年間的輸出額尚不足一億美元，亦就是說不夠蘇聯所要求的一年間的賠償金額，因此美國政府反對這一主張，美蘇兩國已經展開激烈爭論。

西班牙已進入混亂狀態
海通社稱

【海通社柏林廿七日電】KC報報導：在歐洲任何國家內，盟國迄今的進軍均爲共產主義緊跟於後面。現在似乎是，西班牙將成爲此規律的一個例外，因爲看起來似乎是共產主義將不在盟國進軍下建立起來。若干日來國際報紙即已表示，根據華盛頓、倫敦、莫斯科間事先擬定的計劃，佛朗哥將軍顯然將被推翻，以導出西班牙內戰前所存在的情況。現在要明白察出計劃及背景尚嫌過早。這點必須留待今後。今天我將引證西班牙以外的一些報導並加上西班牙的某些評論。據合衆社稱，目前有武裝西班牙人二萬名待命於法國南部。他們每天夜裏成羣地越過比利牛斯山並與西班牙共產黨會合。邊境警察亦無辦法，不可能守衛越過崎嶇山嶺的一切小道。交通電訊社在同日登載西班牙『上校』巴茲的會見記：據巴茲稱，法國境內的西班牙人組織健全，一年餘來即與西班牙境內有極佳的聯系。法國境內的秘密會議加強了這些聯系。合衆社另一消息稱：自

日寇西南太平洋
供應斷絕困難重重

【同盟社拉布爾廿九日電】在台灣海戰之後，敵人即急於進攻非島，敵人進攻非島愈急，則其敗退亦愈快，而使戰事拖至數個月之後或爲數年以後。我南海的人兵團正團結一致，準備進行一大追擊戰。現在由新幾內亞中西部至拉布爾的南海第一綫將成爲將來進行大追擊戰的一大前進據點。拉布爾、新愛爾蘭、布肯維爾方面共有軍人、船員、工人等××萬人。他們雖然缺乏藥品，但是身體均健康，他們不可缺少的衛生材料可由當地供給者已有四十種，最高指揮官以下都減少每日需用的米量，另一方面大量生產芋類，以圖自明年起，就是沒有供給一粒米亦能自給。此外還有豐富的蔬菜和水果，使勇士有充分的營養。布肯維爾已於今夏停止吃大米，以芋頭爲主要的粮食。準備了相當豐富的被服，同時確保最少限度的香烟、酒、書籍等。我們的兵營和旅舍等大部份是岩上的窰洞，重要的兵器、燃料等都存放在窰洞內，病人全部收容在窰洞內的病室，這個窰洞長三百米達，今後將延長兩倍。這樣敵機的轟炸將完全無效，這樣的大窰洞內有生產兵器的工廠，它主要是製造奇襲的兵器以及一部份不足的原料，該工廠繼續生產火焰放射器，利用爆炸彈的地雷，對付坦克的「爆炸地雷」，而炸彈投擲器亦已製造成功，每月還生產硫酸××噸，計劃生產××藥的代用品××噸。這樣我南海第一綫兵團在忍受困苦中，確立自給自足的制體，不久將湧出烈火般的鬥志擊滅强敵。

同盟社一週戰況

【同盟社東京廿九日電】一週戰況：（一）本土西部方面：廿五日敵B廿九式機約一百架來襲九州各地及濟洲，以圖切斷日本至菲島方面的供應綫。我制空部隊擊落、擊傷敵機廿四架，在華航空部隊亦追至成都，擊傷與燃燒敵機五十七架。毀來襲敵機的大部份。（二）中國方面：我軍仍然很順利地對桂林柳州進行作戰。（三）緬甸方面：本月中旬以後，敵機在緬甸全境的活動日益熾烈，十八日以後仰光地區截擊戰的戰果如下：擊落十七架（其中六架不確實），擊傷十四架，印度洋方面英軍配合菲島方面的作戰，其活動有日益猛烈的徵象。（四）帛琉方面：彼勒留島我軍仍然確保中央高山地帶，繼續肉搏戰，在安高爾島，我軍確保西北角，繼續奮戰中。在摩洛泰島，我軍繼續進行肉搏戰，獲得很大的戰果，並妨礙敵人使用和建設機場。（五）我地上部隊迎擊菲島方面萊特島塔克洛班登陸的敵軍約一個師及杜拉吉登陸的敵軍約二個師，連日連夜進行極其猛烈的地上作戰。我航空部隊亦燃燒着消滅

內戰結束後即流亡墨西哥的前西班牙總統巴利奧已返抵法國，他計劃使他自己成爲臨時政府委員會的主席，而此委員曾將統治一切西班牙僑民。前西班牙政治領袖奈格林與佛尼羅亦計劃一旦有機會時即前往巴黎（他們二人現住在倫敦）。瑞士「自由」報論及此形勢時稱：「對弗朗哥政權的進攻已組織就緒。西班牙人已集中在法國境內只等着突擊隊放射揭幕的大砲。這些組義者計劃的目的當然是在西班牙展開內戰」。法國南部電台「土魯斯——比利牛斯」數週來即呼籲西班牙人民起來反對弗朗哥。論及這些消息時，西班牙著名報紙「阿卡薩爾」發表一文，激烈反對莫斯科，宣稱：「若干北歐國家的讒言性報紙在莫斯科鼓舞與指示下，企圖使全世界相信：內戰正橫行於西班牙。由於西班牙政府是西班牙的和基督教的，反對階級鬥爭與唯物主義，因此莫斯科正對西班牙使用其最强大的武器即是說：謊言。西班牙決心不動搖其正直的態度，並將自此次考驗中勝利的屹立起來。

傳蘇聯不許英美
擠入波羅的海等地

【同盟社斯托哥爾姆二十六日電】二十六日的莫斯科廣播稱：紅軍現已光復愛、拉、立波羅的海三國，上述三國將確立蘇維埃制度，當然應包括於大蘇維埃聯邦中。因此，蘇聯絕不容許帝國主義者及其他干涉勢力滲入這三個共和國。蘇聯政府已堅決拒絕美英兩國資本家代表，擠入紅軍佔領下的羅馬尼亞普洛業什特油田地帶。預料今後圍繞着紅軍佔領地的利權，美、英、蘇三國間，將更加發生困難的問題。

【海通社柏林廿四日電】倫敦訊：據路透社消息，蘇聯駐美大使葛羅米柯與國會民主黨議員塞勒（Celler）之間關於前羅馬尼亞王卡羅爾問題引起公開爭論。蘇大使向路透訪員稱：塞勒曾致書譴責蘇政府支持前王卡羅爾。蘇大使答稱，蘇聯政府及報界與駐羅馬尼亞的盟國監察委員會的態度均不能作爲此種揣測的根據。葛羅米柯力稱該國與前卡羅爾王絕無任何關係。

杜威攻擊羅斯福

【合衆社盛阿波利斯廿四日電】美共和黨總統候選人杜威頃在此間發表外交政策演講，答覆羅斯福總統發表之演說。杜氏攻擊羅總統謂共「准許」廢鐵及汽油運日直至珍珠港事件前四月始止，並減少一九三九年陸軍撥款至五億五千二百萬元。杜氏引述廿日羅斯福總統所稱美國「本可與日本妥協出賣中國人民」一語，並稱：「我們可對羅氏之所爲，加以審查，他除准許廢鐵運日外，並會准許汽油運日，每月達三百萬桶，用以攻擊中國，並使日本得以儲藏攻擊。美國汽油繼續運日直至一九四一年七月始止。」杜氏宣稱外交政策中之最大之爭點，即世界和平機構中美方代表之權限問題，應須由國會決定。

参攷消息

（只供參考）
第六八三號
解放日報
新華社 編
今日出一大張
卅三年十月卅一日
星期二

同盟社稱
美國對重慶冷淡

【同盟社東京卅日電】中印緬美軍總司令史迪威被更迭並不給予那樣唐突的感覺，因爲史迪威和蒙特巴頓、史迪威與蔣介石之間關係不好，是不可掩飾的事實，何況他還被同爲美軍伙伴的陳納德（在華美空軍司令），比瑟爾（在印美空軍司令）嫌若蛇蝎。這個更迭雖然是當然的事情，但其動機是應該注意的。如外國電訊所傳，罷免史迪威的動機是他與蔣介石的關係極端不好的結果，這是不會錯的。他跟蔣介石對立的主要點是確立美軍對重慶軍的指揮權問題，這件事情不能不說是很嚴重的。史迪威在亞洲大陸的使命是加强重慶，將重慶軍加以美式化並且利用它，以此作爲對日總反攻計劃的一翼。他過去花了一年的時間從事打通花經費而且流血的雷多公路，作爲其前提條件。隨着緬北作戰的進展，很容易地想像得到史迪威對重慶軍要求其軍權，開始採取强迫人做的態度。重慶軍深喜其不被美式化。因此蔣介石爲了自己的面子和實利，亦不忍將自己最有力的支柱——軍隊供美軍驅使。但是史迪威像拖馬車的馬一樣，使重慶軍美式化時，華盛頓的形勢一變。在河南、湖南、廣東、廣西皇軍一連串的大攻勢面前，重慶軍內心也覺得慚愧，同時美國國內亦發出重慶軍不可靠的呼聲，對華政策開始發生大變化。即（一）將重慶軍加以美式化只是龐大的浪費，重慶軍不是足以担負對日戰爭之一翼的戰士。（二）美國太過支援重慶的結果，逐漸明白跟延安關係惡化的重慶政權不過是與延安對立的中國兩個政權之一。（三）美國考慮到對蘇關係的現狀及其將來前途，美國重視延安這個想法已經有力化。這種事情使美國對重慶的『愛情』很冷淡。美國對重慶政策不知何時改變到更硬心的、現實的軌道。史迪威盲目地向自己的軌道突進，已與蔣介石的『意志』發生衝突。反覩自己的軌道根本被拆除，就覺悟到美國對重

國民黨又造謠誣衊
我軍攻擊閻錫山部隊

【中央社重慶廿五日電】（英文廣播）：在星期三午後的新聞記者招待會上，有記者詢問關於據說政府軍隊與共產黨軍隊發生衝突的事件，行政院參事張平群博士代表政府發表下列聲明：

第二戰區司令長官閻錫山將軍，向最近到西北旅行的中外記者團發表關於共產黨問題的見解後，他即刻成爲共產黨的傳聲筒延安的所謂『解放日報』及薄一波、續範亭等共產黨軍官惡意攻擊的目標，誣稱閻將軍和日本人及其傀儡眉來眼去及合作。到八月底，共產黨的太岳軍區司令員薄一波與另一個叫作保定國的，率部在臨汾以東約三十公里的浮山公開進攻第六十一軍。當時共產黨軍隊被打退了。九月初，共產黨在沁水及安澤周圍集中了第二一一旅、第二一二旅、第二一三旅、第三八五旅、第三八六旅的十四個團以上的兵力，在九月八日晚十時又向前開動並進攻第六十一軍。同浦路上的其他共產黨機動部隊，從平遙、介休、臨汾、襄陵等地進攻浮山以北的第七十二師，該師寡不敵衆，被迫退到浮山西南鄂水河方向。同時據悉陝西省易秋坪（譯音）周圍共產黨軍隊於九月十一日進攻秋林，於九月廿一日進攻康平襄（譯音），有向克難坡（極接近閻錫山將軍居住之處）前進之勢。

戈培爾自供
納粹『深深的煩惱與焦慮』

【海通社柏林二十八日電】戈培爾博士與他在三月前的廣播演講聯系起來宣稱：在這一相當短的時期內，在政治與軍事領域發生了許多具有決定意義的事情，基本上改變了這次戰爭的主要特質。但部份的亦是對德國有利。指出：『過去我們所必須經過的數週，不是舒服的日子。但主要的事情是我們敵人的大話並未實現。我們在敵人軍事的與宣傳的集中進攻之下，並未垮台。進入帝國國境，據敵人虛榮預言未能實現。德國人民仍屹然站着，並且將提供對自由與生活不可摧毀的意志與新的令人信服的表現，我軍東、西、南各戰綫依然將經得起巨大的重担，但是到處我軍戰綫將迅速再度穩固起來。簡括言之，我們將一次對我們自己並對全世界證明了這一句話：『打不死他就加强了他』……我們從不懷疑敵人强加諸我們的戰爭，是關於我們生存與命運的鬥爭。我們主要是從這一觀點衡量它的事變。這些事變雖有時會是痛苦的、殘酷的，他們任何東西不能動搖我們揮動武器，繼續戰鬥的決心，直至

度的政策走上新的軌道。盲目的拖馬車的馬——史迪威就是這樣被罷免的。

〔同盟社里斯本卅日電〕據重慶來電，重慶軍當局對於東南亞盟軍副統帥兼中印緬美軍司令史迪威被召回華盛頓一節未發表正式的公報，只公佈蔣介石任命魏特梅耶少將為中國戰區的參謀長，蘇爾頓中將為以印度為基地的重慶軍所有部隊的指揮官。

史迪威去職因他與蔣介石不和

〔合衆社紐約卅日電〕紐約先驅論壇社論：「蔣介石與史迪威」（摘錄）稱：「很不幸的，這兩位亞洲最能幹的人物不能再在一起工作，而且從他們在不可忍受的緊張狀態下工作和他們的性格看來，這或許是不足為奇的，因為舉世皆知，蔣介石頗有皮氣，而史迪威的綽號『多怒的約瑟夫』也是很恰當的。幸運的是，他們的對立尚無影響中美關係的象徵——而且事實上，一般希望關係將有所改進。最好的解決辦法似為將在戰爭中辛苦的史迪威接返國內作為我國優良的與忠實的僕役，同時並向蔣保證，我們將盡最大力量和他合作，以加速亞洲勝利時日的到來」。

〔海通社斯托哥爾姆卅日電〕據『斯托哥爾姆潮』報紐約訪員稱：陸軍部現承認，史迪威將軍是根據蔣介石的要求而召回的。若干時來史迪威與蔣介石之間即已存在着嚴重意見分歧。史迪威要求一切華軍均置於其指揮之下。據史迪威意見，重慶軍隊遭受挫敗的原因是由於重慶軍隊缺點重重的機構以及重慶與中共間的鬥爭。另一方面，蔣介石則宣稱：挫敗的原因是由於美國答應的物資沒有運來。蔣介石與史迪威將軍間的關係最近弄得極度緊張。史迪威有時須等待幾個禮拜才能為蔣介石接見。史迪威似不能了解，中國人民已不能以廿五年前的方法對待。不僅如此，史迪威似不能與英國相處。他指斥英國只關心於鎮壓印度的騷亂，因此不願騰出軍隊作戰以支持重慶。

華盛頓傳史迪威將指揮在華登陸

〔路透社華盛頓廿八日電〕史迪威將軍被召回的公告發出後，今日此間登時議論紛紜；盛傳卸任的印緬華美軍統帥是否將受任新職，指揮負有最後在中國登陸任務的軍隊。

（昨日發表之駐華美軍司令魏特梅耶少將，現年五十八歲，過去任職參謀本部，一九四三年十月調任為東南亞盟軍總部代參謀長。印緬區美軍司令蘇爾頓現年五十八歲，一九四三年十一月由第八軍司令調任為史迪威之副司令。——編者）

保證我國人民生活權力，民族獨立，與生存基礎的擴展為止。僅僅這樣才證明我們在這次戰爭時期內已經作的及依然須遭受的浩大犧牲是值得的。宣稱：認真地處理敵人一再要求德國應放下武器投降的話，是有傷他的尊嚴的。指出在德國沒有一個人，不論是工人、農民、知識份子、婦女或母親想着敵人這種要求（按：此處可能掉一句不肯投降的）。戈培爾。

關於歐洲許多國家在布爾塞維主義威脅面前的崩潰，宣稱：這些事情本身是那些國家的領導者缺點的標本模範的證明，他們是如此輭弱和倦於生活，他們全然畏懼死亡，而進行自殺。誰也不能對他們同情，因為在這次為生活艱苦險惡的鬥爭中，不能對他自己或別人哭訴，由於他缺乏政治勇氣而遭遇的命運。戈培爾引證各戰綫的目前情勢宣稱：德國一九四〇年在西綫所獲得的成果之最大部份已不得不放棄了。「我不拒絕承認這個曾經是而現在依然是引起我們深深的煩惱與焦慮。造成這種挫敗的許多理由，將在以後一些時候予以討論。總之，我們一般的必須撤至一九三九年所扼守的防綫，在這一防綫上，優勢的戰略，兵士的堅定，最重要的是德國民衆——萊因與魯爾兩省的男女老幼的態度，得以再度建成鞏固的防綫。自從在安享勝利以來，敵人不再輕易地提向柏林進軍了。他們已不能再把十月當作他們不成熟宣佈的德國崩潰的日期了。誠然他們將選擇將來另一個日期，但是我們將使其這一日期與前一預見一樣都不能實現」。戈培爾對於大西洋與海峽海岸許多據點的德衛戍軍『幾乎是史詩般英勇的鬥爭』表示最大的敬意。他們堅守在顯然已不可守的陣地，驕傲的拒絕了投降的要求，這樣一來，他們不讓盟軍獲得在德軍鞏固防綫重建之前，對帝國勝利繼續攻勢所迫切需要的許多港口。關於東綫情況指出：蘇軍竭盡全力，在前綫各地實行集中的進攻，準備在冬季降臨前，達到他們所迫切需要的戰爭決定。「布爾塞維克怪物已在這裏或那裏進至我們的邊界，或甚至已越過邊界，這就增加了對帝國及整個歐洲的危險。誠然，其餘的世界不喜歡聽德國是今日秩序的力量，是使歐洲不被布爾塞維克化的最後的與唯一的保護，但是翻開地圖一瞧加上其他容易受欺騙的人民，關於克里姆林宮及其欺騙政策的最近過去的經驗，足以證明這是事實。我們從不懷疑此點，所以我們不會感染布爾什維克毒，這種布爾什維克毒卻逐漸地但確實地滲入其他各國。我們的兵士盡力在東綫建立鞏固的防綫，固然小雞未孵出來終不能先算數。蘇聯的人力雖然顯得是不可耗竭的，而在將來總會耗盡的。如果這事發生了，便對我們展開了繼續戰爭的局面。紅軍的損失莫斯科也承認是很大的。蘇聯的潛在力也有一限度，甚至我認的布爾什維克恐怖也不能擴展它。雖然在東方我們必須準備最嚴酷的考驗，然而有理由使我們相信，我們將能戰勝從那裏發生的對帝國的一切威脅，特別是如敵在東方亦如西綫一樣，感受綿長供應綫的易於遭攻擊，在過去數年內我們也曾有這樣的焦慮」。

戈培爾后來宣稱：「敵人的空戰引起了我們最大的焦慮。我們大家都甚瞭然敵人的目的。敵人依然希望藉空襲德本土可以擊破我們的戰爭士氣」，這樣可以接近敵人越過前綫所不能接近的帝國。很久以來敵人利用每一有利天氣時期在我國各城市投落炸彈與燒夷彈，以此引起德國民衆的巨大災難。很久以來我們即放棄了描寫這些卑鄙方法的道德特點。僅順便提及正是那些發起這種殘無人道的恐怖的人們，現在企圖沾汚德國領袖們爲戰爭罪犯，企圖把他們拖至歷史的法庭面前。人們時常懷疑和輕蔑伴着這種戰爭的殘忍或與此種戰爭並行的虛僞。無須强調我們始終如一的努力，粉碎敵人的恐怖。新的最新式的具有最大效力的戰鬥機與戰鬥轟炸機隊已在建築中，預料他們將有效地對付敵人，我們過去曾是，將來亦能克服敵人對我經濟潛在力空襲的效力，數十萬被炸的同胞，不僅應得到我們的同情，而且應得到我們的援助。他們將在此環境許可範圍內盡量得到援助。他們爲於德國的先鋒，他們在一切情形下損失甚少或實際上沒有損失，在一切情況下要繼續戰鬥直至獲得勝利」。戈培爾就將來的前途宣稱：過去的日子德國的敵人可以誇耀輕易的與便易的勝利。德國人民已從一切震驚——主要的是由於西綫的敗挫而來的震驚中，清醒過來。雖然敵人不間斷的空襲，德國生產仍在上長，武器與彈藥的生產在逐漸增加。「在我們的工廠裏與礦場上，我們的勞工每日在挫敗敵人的希望。他們出產了良好耐用的武器，此外出產了新奇的武器，我們在這些武器對最近與將來寄予最大的希望。技術發展與此並進，將產生多種多樣的變化。但是這一發展，迅將給予我們許多機會」。

明知日寇海戰失敗 反强作誇言自慰

【海通社柏林二十八日電】（戈培爾演講的補遺）：戈培爾博士在他戰爭情況檢討的結論中，以最大的讚揚的話提及日本盟邦。他說：在最近台灣與菲律濱附近的空軍與海軍戰鬥中，日軍已給予美國艦隊以最嚴重的打擊，因而在美國引起最大的震驚。日軍表現了在對太平洋美帝國主義戰鬥中不能擊破的抵抗勇氣與意志。日軍最近的值得驕傲的勝利，已在德國人民中間引起最大的歡欣與眞誠的羨慕。我們很驕傲地知道，這

拉、克拉克地區，我機立即迎擊，將其擊落三十七架。此役我機若干架未返防。地上殆無損失。這樣，萊特島的決戰日益猛烈，日美兩國在萊特島、萊特灣的空軍決戰是一個巨大的消耗戰。我航空兵力的供應如何，足以決定這個作戰的形勢。

【同盟社馬尼拉三十日電】菲島海面的海空戰後，使敵人航空母艦的勢力陷入潰滅狀態，在萊特灣及萊特島的登陸地點上空，敵人空軍勢力已見削弱，該方面上空已爲我空軍制壓，陷於窮境的敵人，不得不急忙向後方基地求援，特種設備的航空母艦，從新幾內亞載着許多的飛機向菲島運輸，在萊特島的航空基地降落，企圖高度的利用基地航空兵力。敵人從二十五日下午，開始使用塔克洛班、杜拉吉爾機場，拚命地加强空軍活動，二十六日飛機場的飛機約有七十架。當被我航空部隊將其全部粉碎。其後敵人仍將飛機與軍需資材向降落場輸送。儘管我方連續的先發制人進行攻擊，但據偵察機的報告，杜拉吉飛機場有敵機數十架，上空有飛機巡迴警戒。又據二十九日上午九時偵察機的報告，地上飛機共十架，空中僅有飛機一架担任警戒，如與前日相較已經激劇地減少，這是二十八日我空軍夜間襲擊徹底打擊的結果。敵人除塔克洛班、杜拉吉飛機場外，更利用聖勃布朗飛機場，極力修理該飛機場，經我方連日連夜的猛攻後，敵人的飛機場已不能充分活躍。

美時代週報稱日軍在華進攻 嚴重影響美軍在太平洋作戰

【同盟社斯托哥爾姆廿八日專電】中國南北大陸的作戰與福州作戰，已獲巨大成功。更由於台灣東方海面、菲島東方海面與萊特灣方面我海空軍勇猛果敢的攻擊，使美軍的太平洋戰爭面臨危機。最近一期的美國時代週報（斯堪的那維亞版）曾指出日軍在中國大陸的攻勢，將予美軍的太平洋作戰以嚴重的影響稱：「最近自重慶軍在中國戰場敗退以來，美國國民已開始憂慮對日反攻作戰的前途。美軍當進行到達中國沿岸的作戰時，期待蕭史迪威在華美軍與陳納德的在華美空軍之處頗多。但由於最近日軍在中國大陸的作戰，使美軍不但喪失了中國沿岸，而且完全喪失了距中國沿岸六百五十公里以內的美空軍基地。美國軍事當局認爲：若麥克阿瑟攻克菲律濱，將能到達呂宋島對岸的中國沿岸各港、香港與汕頭，以便進入中國。然而日軍的封鎖中國沿岸，現在比之開戰當時更爲鞏固，使美軍的作戰遭受困難。若美軍想於中國沿岸登陸，將需七十個師的兵力及其二倍的預備軍。美軍在對太平

，勇敢的民族，正作爲我們的盟邦——援助我們爲命運而進行的共同戰鬥。

【海通社柏林二十八日電】（戈培爾演講第二個補遺）：戈培爾在他的講演中，亦曾提及東南歐某些國家對共同事業的叛離。提及匈牙利情況時稱：匈牙利在最後一刻依然找到正確的道路。繼稱：匈牙利在推翻不堅定的失敗主義者集團之後，在良好組織的全國領導之下，現在動員全民族的力量，而失敗主義集團，數年來曾竭力阻撓這一行動。匈牙利人民應該感激新的國家領導機關，他們出於勇敢的態度，粉碎了最後會使國家引導至總的破產的發展。

【路透社倫敦廿七日電】德國宣傳部長戈培爾本夜廣播稱：德國將再度發揮保護自由，及繼續作戰之不可毀滅之堅決意志。整個戰局已於此三個月中改觀，吾人將繼續作戰。西綫戰事，國人曾爲之一震，但此種不安，現已無存。我們於西綫不得不以我們一九四〇年中所佔領土之一大部份讓予敵方，此固引起我方之深切思慮，及極大不安，我最近訪問萊茵及科隆，我對萊茵人民之行爲極具信心，我們的口號乃『更多士兵更多武器』，我曾於希特勒總部與元首會晤，他的堅定有如狂潮中之岩石，他告我稱：『我今日對勝利之信心，較以往任何時期堅定』；我愛和平之深切，亦與諸君相似。我憧憬和平，但所期待者乃一良好持久而榮譽之和平。戈培爾演說結束時，即奏軍樂，旋樂未終，即被空襲警報所擾，廣播人員稱：『敵高速轟炸機，正飛襲德國西部，及西南部上空。』

美軍源源增援萊特
日寇哀鳴前途不容樂觀

【同盟社東京卅日電】彼我在萊特島的地上戰鬥始終是猛烈的決戰，因此前途不容樂觀。二十八日萊特灣內的運輸船比前日增加，現在約有五十艘，巡洋艦驅逐艦共十餘艘。二十六日運輸飛機至塔克洛班、杜拉吉兩機場，並開始使用飛機掩護陸上部隊的作戰。爾後敵人似乎運來陸軍飛機，二十七日使地上部隊一個師，在塔克洛班南方登陸，現在該處已有敵軍兩個師。如加上杜拉吉的兩個師，則敵人兵力增強至四個師。敵人進行猛烈的抵抗。我地上部隊與此優勢的敵軍進行英勇的作戰，阻止和妨礙敵人前進。我航空部隊日夜襲擊敵機場，粉碎敵人使用機場的企圖。即二十八日夜晚我機夜襲杜拉吉機場，二處中彈起火，跑道被炸毀，另一批飛機襲擊塔克洛班機場，燃燒四處。二十四二十五兩日敵機襲擊菲島的次數激減，但是二十七日來襲的次數大增，二十八日空襲的次數減少。二十九日又有航艦飛機共二百五十架至二百六十架分三批來襲馬尼

洋日軍佔領下島嶼的作戰中，已能利用海空軍，使日本軍不能增强，但日軍在其內防綫內，仍易增强。像呂宋島那樣的大島與中國沿岸，日軍將不顧最初的損失，而能拖延戰爭，有利地改變情勢。守衛太平洋羣島的日軍本極頑强，而守衛菲律濱、台灣、中國沿岸與日本本土的日軍，是更爲頑强的軍隊。因此，顯然美軍太平洋作戰的前途，是非常困難的。」

羅資產階級政黨
與左翼集團分歧

【海通社日內瓦廿八日電】日內瓦日報布加勒斯特訪員報導：由於資產階級各政黨與左翼各集團間之意見分歧，布加勒斯特的形勢仍極混亂。該訪員報導，在共產黨員與社會黨員脫離政府後，反對政府的示威遊行便發生了。左翼報紙堅持要政府辭職。布加勒斯特政界人士預料加拉尼斯特民族黨領袖曼紐將於星期日發表聲明，此聲明將使形勢獲得某種程度的澄清。

【海通社柏林廿八日電】巴黎訊，官方星期六宣佈：戴高樂政府的陸軍部長安德烈・德霍爾姆並被委任爲法國財政總監。德霍爾姆在德國佔領法國南部以前曾在維希政府中担任這一職務。

劉維章在掃蕩報著文稱
遠東戰事明年在日本本土結束

【合衆社重慶三十日電】著名的中國軍事戰略家軍委會作戰部副部長劉維章將軍今日在中國陸軍機關報掃蕩報著文，預言遠東戰爭將於明年在日本本土結束。軍事評論家的劉維章將軍，基於日本艦隊在菲律濱海外的失敗，美軍在菲律濱登陸及美空軍轟炸台灣的觀察稱：在三個月內美軍將按下述方式改變整個的太平洋形勢：（一）美軍擴展其從塞班與萊特島至呂宋、馬尼拉的基地，這樣使香港、廈門、台灣、西貢、海南島、婆羅洲、新加坡處於最近的轟炸半徑內。而美國海軍將活動於中國南海，完全切斷東亞日軍的海上交通。（二）由於美國空軍與海軍統治了中國南海，日本空軍將陷於不能與美軍進行空戰的地步。（三）日海軍約有三分之二或一半爲美軍摧毀，日本海軍殘部被迫撤至日本領海與小笠原羣島以北。在美軍主動之下，遠東戰爭將按上述方式進行中。亞洲的戰爭非常可能於明年在日本本土結束。

參攷消息

（只供參考）
第六八四號
解放日報 新華社 編
今日出一大張
卅三年十一月一日
星期三

愛金生在美撰文稱 蔣介石代表反民主政權

【路透社紐約卅一日電】紐約時報今日於首頁刊載最近返美之布發克・愛金生所撰一文稱：史迪威將軍之召回是羅斯福在蔣介石要求之下而同意的。該文稱：「在中國內部，它代表瀕於死亡的反民主政權的政治勢力，該反民主政權所最關切者爲政治統治之維持，而非驅逐日寇。」該文繼稱：蔣介石曾反對羅斯福總統關於委任史迪威將軍爲華軍全權司令的提議，反而要求租借物資的控制權應放在他的手裏。蔣介石稱：他不能爲美國人强迫與共產黨妥協來團結中國；愛金生寫道：蔣介石與史迪威將軍間的基本分歧是：後者急於在中國毫不遲延地對日作戰，而蔣介石則希望他不須對日作戰。今日來自華盛頓的美聯社消息稱，史迪威將軍的召回，顯然表示抗日前綫分裂爲英、中、美三個戰區。該消息繼稱：「預料英國終久將企圖參加美方作戰，但在此間高級海軍人士中可以率直的說，任何此種行動將遇到强有力的反對」。「今後將盡一切努力以保持此業已發生的分裂」。此種態度的原因有二：第一，在目前美國領導下，盟軍在作戰中取得輝煌的勝利，此種領導的任何基本改變將產生壞的結果。第二，對日戰爭特殊地說是美國的戰爭，華盛頓各領袖希望，作爲對未來和平的貢獻，可以明白向日人宣示：既擊潰日本人的，乃是美國的武裝力量。「此間並不知道羅斯福意旨的高級軍官相信，留待史迪威的重要任命將是統率美國陸軍自海上在日本佔領下的中國登陸。」

敵距桂林八公里

【同盟社廣西前綫卅日電】二十九日晨突入臨田街的我快速部隊，繼續猛烈進擊，二十九日夜已逼抵桂林東北方八公里的楊安塘及北方十公里的杜山，猛攻依據東方高地頑强抵抗的敵人，三十日終於將敵人擊潰，確保俯瞰桂林盆地的態

何應欽用「裝備與待遇優異」引誘知識青年從軍

【中央社重慶卅日電】參謀總長何應欽氏近於蔣委員長發表「告全國知識青年從軍書」後，向中央社記者發表談話如下：知識青年從軍運動在蔣委員長誠摯親切周詳偉大之號召下，刻正風起雲湧，向前邁進，余深信十萬遠征軍之建立，於最短期內必可獲得成功。此項遠征軍任務重大，其裝備與待遇自亦較爲優異，堪稱爲抗戰中之新銳力量。而此新銳力量，將於抗戰最後勝利階段與政府提高軍人地位和待遇的時期中迅速長成。其任務不僅在改進國軍素質，確立建軍基礎及轉移國民樂服兵役心理，激發民氣士氣，且在增强與盟軍比肩作戰之反攻力量。吾人爲保衛祖國復興民族，爲維護世界人類之正義和平，而有此澎湃之知識青年從軍運動，實可謂劃時代之青年救國運動也。此項新建部隊之編制與裝備，擬完全與我國駐印軍相同。其武器、交通、通信、觀測等器材，亦依照駐印軍標準××。至於待遇給予，從軍青年除依法享有國家各項優待外，××××之設備與供應，在國家財政可能範圍內，當盡力設法，切實改善，以爲改良國軍待遇之標準。其餘如訓練、徵集、運輸有關事項，亦均有縝密之籌劃。至將來使用於國內或國外，當視戰事情況而定。總之政府在財政困難之今日，爲爭取最後勝利，達成建軍建國之使命，對於此種新軍之建立決以最大努力期其迅速成功，亦望全國有志青年在蔣委員長偉大號召之下，自動自覺，踴躍應徵，發揚革命精神，爲國家、爲民族、爲世界人類永久之和平與幸福努力奮鬥，完成我們神聖莊嚴之使命。

又中央社十月二十九日社論：「改善士兵待遇問題」。該文首先提出改善士兵待遇中「最急需解決的第一是獻糧獻金的問題」。「獻糧獻金問題如不解決，提高士兵待遇，等於通貨膨脹」。該文繼稱：過去各種戰時的徵借和捐稅，都不能達到有糧出糧，有錢出錢的這一目標，如果戰時的各種徵借和捐稅能收到大戶多出糧、富人多出錢的效果，「則在今天就決沒有再求大戶獻糧、富人獻金的理由。」過去大糧戶和有錢人所以能不出糧出錢，「一半固然是由於大糧戶和有錢人之巧於逃避，善於轉嫁；另一半由於執行者的懦怯或貪污。」現在改善士兵生活的專款既非急籌不可，那麼就一定要大戶富人獻糧獻金。該文提出的第二個問題是要「刷新經理行政」。這個問題如不能解決，那麼「士兵所應提高待遇的實惠，將較國庫支出的數額爲少」。

【中央社榆林廿九日電】榆林黨政軍團各機關合組陝北青年從軍徵集委員

勢。

「同盟社華南前綫卅日電」佔領平南、桂平的華南精銳部隊，向西、南、北三方面猛烈進擊。西江北方地區，逐一奪取敵人據點後，二十七日猛攻依據新墟西北方地區約十公里之山岳地帶的第一百三十五師。在西江南岸地區的進擊部隊，已經渡過鬱江，向西、南、北作扇形進攻，予敵第六十四軍及第四十六軍一部以極大打擊。

敵襲成都等機場 謂毀我機八十架

「同盟社東京三十一日電」我在華航空部隊，於十月二十日到二十七日止，連襲成都基地與各飛機場，共擊落敵機八架、燃燒七十二架。上述被燃燒的七十二架中，包括五十七架B二九式機。

「同盟社大陸前綫基地三十一日電」我夜間轟炸機隊，三十日夜冒惡劣天候，空襲柳州，穿過敵人的砲火，反復轟炸敵飛機場集中地址，敵有三處燃燒，因視綫不良，戰果不能詳加確認。此次攻擊中××伍長，在歸還途中，終於在××附近爆炸，當爆炸時曾發出電訊報告「歸還無能」，最後值發出「××機自炸，祝各位健康」。最後並喊「天皇陛下萬歲」，遂壯烈犧牲。

大公報反對根本改組國民政府

「本報訊」十月三日，大公報社評「向人民申說！向世界控訴！」中除以後半篇幅強烈抨擊了邱吉爾謂美國對華「過份援助」的下院報告（見前載中央社同日廣播）外，其前面三分之二的篇幅反對「推翻」國民政府這個「中心」，說道「無論作何理論，取何形式，都只有增加國家的不安，使政局更陷於紛擾，自亂了步驟」。該社評一面頌揚國民黨道：「三民主義的理想是民主的，國民黨當然不是反民主的，國民政府最終的任務在於結束訓政，實現憲政。國民政府領導國家抗戰逾七八年之久，是國家的中心組織」。另一面曲誣我黨及革命的民主派道：「必不可僅從黨派利益出發，而不忠誠考慮國家的命運。標語口號的時代過去了，國家存亡榮辱的命運應重於黨派的利益，更重於意氣的宣傳。」該社評強調聲言：「當前的內政，需要『變』，但不需要『亂』」；主張「行民主，施憲政，須循正路而行。由國民政府提前結束訓政，實施憲政，這是正路。至於為了當前的需要，將政府機構加以調整，人事加以刷新，……卻是極為需要的。我們所謂『[illegible]變，穩[illegible]』，是循此正路之變。」

會，渠已開始工作。又伊盟保安副總處長陳玉甲，二十六日由榆林北上入蒙，返伊盟扎薩克旗。陳行前談稱：蒙旗同胞愛國向不後人，渠此次返抵伊盟，即發動蒙旗知識青年志願從軍運動云。

黨軍日報寫社論 壓迫民主運動

「本報訊」成都黨軍日報在張瀾等返蓉談話後，其社論「由統一到民主」（十月二日）誣衊我黨「過去究竟是誰破壞統一、阻礙民主，翻起來是一篇傷心賬，行行是血，字字是淚」。另方面藉口「目前困難日增」，武斷的說「唯一出路只有集中一切力量，……齊一號令……」，並把民主比之於「宋人議論未定，而兵已渡河」的「悲劇」，還是要「統一第一，民主第二。」在成都五大學國事座談會後，復作社論「目前時局的清涼劑」（九日）云：「國人的心理反應與事實表現，可歸於四種類型：第一種人，態度是嚴肅的，內心是坦白的，思想是進步的，……大聲疾呼，要統一，要民主，……第二種人，態度是狂暴的，內心是陰險的，思想是邪惡的；借勢要挾，爭權逐利，口頭喊民主，行動如割據，暗中推波助瀾，妨害抗戰進行，以遂其私人企圖；第三種人，態度是遊移的，內心是麻木的，思想是落伍的，……人云亦云，信口所之……；第四種人，是根本無感覺，更無思想，忘去現實，沉湎酒肉聲色，在國難中攫得了非法財富。……」說要「尊重第一種人的意見，拆穿第二種人的陰謀，糾正第三種人的錯誤，消滅第四種人的妄行；辨明忠奸是非，對症下藥。」該報竟說：「雖不彈『普天下之，莫非王土；率土之濱，莫非王臣』的老調，至少要有這種尊重中央政權的傳統精神。」

士兵生活改善後 每月薪水夠買一個饅

「海通社柏林卅日電」紐約訊，紐約時報重慶訪員稱：重慶士兵約每月薪水現為五十元（重慶元）。據稱：士兵以此薪水可以四十四元買到一個饅，或以四十元乘一次汽車，或積蓄其薪水幾及三個月，以一百三十元買一包二十支的中國香烟。

吳鐵城等設立 戰後建設協進會

「中央社渝卅日電」中國戰後建設協進會廿九日舉行首次理監事聯席會議，由吳鐵城主席。推選吳鐵城為理事長，王曉籟、潘公展、吳開先、俞松筠為常務理事，姜豪為總幹事。俞鴻鈞，章以[illegible]、[illegible]為常務監事。並決議（一）戰後建設問題以救濟、復員及建設為程序

。由全體會員先行共同研究救濟及復興問題。（二）推委懷素等擬具工商服務所進行辦法。（三）推隨人士（？）等擬與基金籌募辦法。（四）繼續徵求會員。

參政會駐委會討論 借用人民外匯資產辦法

【中央社重慶卅日電】借用人民外匯資產辦法草案，將於本星期五參政會駐會委員會第二次臨時會議再作討論。該會財政經濟組卅日下午復開會加以審查。財次俞鴻鈞亦列席說明。各參政員會作三小時之集議，對於動用方式，償還期限，將來動用後用途之支配，違抗不報之處罰等，均作縝密研討，總期外匯之應用與獻金獻糧兩項辦法，在當前國家爲完成勝利之迫切需要中，人民固應踴躍輸將，而政府對於辦法之規定亦能公平合理，故各參政員無不熱烈發言提供意見。

小磯高呼利用時間增產 安要國民忍受飢寒

【同盟社大阪二十九日電】小磯首相於二十九日下午五時，接見記者發表下列激勵國民的談話：最近生產崗位上的生產戰士，士氣極爲高漲。他們的此種努力情形，我們看到之後是非常愉快的，但是從成績來看，許多要求的地方沒有達到，因此政府在最高戰爭指導會議以及內閣決定用能夠轉化爲戰力的一切國力，勇敢的進行作戰，給予敵人以最大打擊，最低限度亦要使敵人在目前不能進行總反攻。政府與國民即利用爭取來的時間，將從來生產陣營中所能改善的地方加以改善，這樣進行決戰才能獲得勝利。我們在充裕的時間內，應提高生產水平，戰局即使變爲長期，皇國日本仍計劃向完成戰爭的目的前進。此次的光輝戰果我們決不能自滿，而應用這一戰果提高我們的意識，進一步提高生產，以期實行大增產，這是我們應該深刻銘記的。今天官吏與國民應自省自察，糾正應當改革的地方，向應該努力的地方傾自己的全部力量，此種必要我們應當認識它。目下所希望於全體國民者，就是掌握皇國日本的本質，協助天皇，此點最希望於國民諸君。關於忍耐窮困生活問題，正當國家賭自己命運進行存亡鬥爭的時期，國民生活窮困是很難避免的，一億國民要達到國家的目的，必須從精神上物質上發揮自己最大的力量，我國國民即使生活程度更行降低，應堅決的忍耐，保持必勝的信念和向前邁進的勇氣。

惜已刻不容緩了，只有我們目前的努力，才能使當前的決戰獲勝，才能永遠地保護我皇國的國體。

特別是這次大東亞戰爭具有這樣的性質，即勝利或死亡的戰爭，決定皇國生存與滅亡的戰爭，而且不允許中途有任何妥協。如在將來的決戰中失敗，這就是葬送了皇國的國體，同時也意味着日本民族的滅亡，設若有人認爲可以在中途策動糊塗的妥協，那麼這不過是癡人之夢。我們當能憶起敵人在開羅會談、魁北克會談以及頓巴敦橡樹林會談中決定的對日德兩國的要求，除無條件投降抹煞其國家外，別無他物。敵人在戰後處理日本的辦法，是把日本全部交國際管理，禁止一切軍備，不消說更不會允許有任何工業存在。這樣使日本無法復興。爲此目的，敵人要撑握一切的警察權，向日本人民發號施令，消滅一切的國民意識。我們必須取得勝利。沒有皇國的國體，還怎能有日本民族的存在呢？想藉中途妥協、避免國民死滅的想法，只會在敵人的永遠的壓迫與榨取的鞭子下，把國民的一切光榮、生活擲到泥坑裏，而在苛刻的重稅與悲慘的飢餓中，甘受着奴隸般的生活。我們只有戰鬥，只有勝利，才能粉碎敵人這種不遜的意志，永遠保護皇國的國體。現在空論敵人的非分之望，背德行爲都是無用的。只有在勝利之後，才能向敵人要求正義與人道，也只有戰鬥到底，取得勝利，才能向世界宣揚皇國的道義，才能期待東亞强有力的眞正復興。

敵外相重光 大談大東亞團結

【同盟社東京卅日電】重光大東亞大臣於三十日下午九時三十分，發表日華同盟條約締結一週年的紀念演說，題名「日華同盟條約締結一週年」，强調同盟條約的意義，並披瀝日華兩國將在緊密一致、同生共死的關係下堅決貫徹此次大戰的決心。其演說要旨如下：日華兩國的關係，實是不可分離的唇齒關係，是善鄰友好的關係，這是它本來的姿態，那麼在過去爲何兩國間有很多誤會、不睦與鬥爭？我承認過去的日華關係，有很多不能令人滿意之處，但絕對不能認爲：一切責任都應由中國方面負担。過去日華間的不幸事件，未必是日華兩國間的責任，顯然很多地方是由於第三國的策動。英美把亞洲當作殖民地，侵略與搾取之，因此東亞恰好成爲列强的角逐場，他們的政策是永遠阻止東洋民族的覺醒，因此使日華兩國間反覆扮演很多不幸的歷史。他們以東洋人壓制東亞人，終是想把中日兩國引到紛爭的

小磯狂呼作戰到底
斥責中途妥協的想法

【同盟社大阪三十日電】政府、翼贊會及翼政會主持的一億國民奮起擊滅美英的國民大會，在小磯首相、緒方國務大臣出席指導下，於本日下午一時在此間中央公會堂舉行，小磯首相表明勝利的決心，大會極爲熱烈，至三時始散會。小磯首相演講要旨如下：

我深謀遠慮的陸海軍，雖在賭其國運的大決戰的前哨戰即台灣海戰中獲得大勝，但預料敵人仍將會重整陣容，集結大兵捲土重來。故我方便積極準備，嚴陣以待。十月廿日以後，一方面迎擊在塔克洛班海岸登陸之敵，另一方面在萊特灣毀傷敵艦船九十四艘、登陸用舟艇廿一艘及多數飛機。接着，爲殲滅登陸的敵部隊，逐日果敢地出擊，截至現在還在擴大戰果中。另外更於十月廿四日到現在，從海空兩方面進攻菲島東方海面上的敵機動部隊，除擊沉或擊毀敵航空母艦、戰艦、巡洋艦、驅逐艦、運輸船等廿七艘外，並擊落敵機五百架。皇軍這一光輝的偉大勝利，實爲我陸海軍在皇威照耀下，密切配合作戰，及第一綫將士勇戰奮鬥的結果。而我後方國民對於皇軍這種悍鬥精神，實應衷心地表示敬意與感謝。這樣，攻勢決戰的幕，已被我皇軍的大勝利揭開了。現在戰爭以菲島及其周圍爲主要戰場，已經開始眞正的決戰。關於尚未有完全武裝起來的菲島的安全，是不能只靠菲島國民的奮起，抵擋美國的進攻得到保障的；所以，只有乞求於精強無比，善謀勇戰的我皇軍的勝利。又這一光輝的勝利，還可幫助歐洲的——盟邦德國，今後轉入有利的局勢，同時對於大東亞各國家各民族在團結一致建設大東亞共榮圈上，當也有偉大的貢獻。

然而，我們痛感到的事情是只有以必要的飛機及其他武器給與我精強無比的皇軍將士，才能眞的無敵於天下。以寡勝衆，是我皇軍歷來作戰的特徵，而這一次的光榮戰績，更加證實我皇軍雖然在量的劣勢情況下，仍有許多戰勝大敵之道的。但是假如不能供給最少限度的必要數量的兵器與彈藥，那麼不管我皇軍如何精強，亦是難以取勝。馬紹爾、馬里亞納羣島的同胞，與皇軍一同殉國的這一事實，應該喚起我後方國民在供給飛機及其他兵器彈藥上的責任感，並爲此而奮起。其實，也沒必要在物質方面要有與敵人同等的數量。但是，國民至少限度亦需供給以足能發揮皇軍戰鬥力量的兵器彈藥。這件事情決不是不可能的。就皇國的現狀看來，只要一億國民盡其最大的努力[illegible]來，供給足以擊敗敵人所必需的飛機及其他軍需品決無不能之理。但

漩渦中，過去他們想永遠維持他們的霸權，可惜得很，日華兩國會爲其術策所騙。日華兩國國民都曾被美英人爲世界移民政策而建立的國際機構所迷惑，長時間不能走出此迷路。

然而三年前爆發了大東亞戰爭，在東亞敲起警鐘，敵人不在內部，而在外部，覺悟到「兄弟鬩於牆外禦其侮」的事實，保衛東亞共對外敵，是東亞各國的共同責任。而帝國作爲東亞的先驅，更感到責任的重大，美國認爲有強大的日本在妨礙其野心的遂行，因而對日本製定「封存資金令」，開始經濟戰爭。經濟戰爭亦是互相廝殺的戰爭，若向其屈服，則將自取滅亡，如此則不僅日本，而東亞亦將永久變成他們侵略與榨取的對象。這就是說，爲什麼不僅日本而且全東亞都挺身參加此自存自衛的戰爭。

因此，大東亞戰爭對於東亞各民族，實是對內對外的「自覺」戰爭。不僅如此，並且還是對於東亞的世界的自覺戰爭。我們已經清楚地認識到：東洋應歸東洋，東亞應獲解放與復興。中國已由同甘共苦的方針進而採取同生共死的政策，終於站在共同戰綫上，共同進行大東亞戰。日華兩國互相提攜，向着共同敵人作戰。這是日華兩國對於外敵的眞正姿態，不，並且是大東亞一切民族的眞姿態。帝國所希望的，是粉碎獨占與制霸世界的野心，去掉一切偏見，誰人也不容許分獨，誰人都得協力，以是來實現各民族各得其所的世界和平，這種精神，是帝國對外政策的基調，也就是帝國的戰爭目的。我們對此正義的戰爭目的，有牢固不動的信念，堅信正義的戰爭必獲最後的勝利。

最近由於美國政府的邀請，美蘇英與重慶代表，相繼舉行懇談，在該會議上，美英方面會提議成立反軸心國聯盟案，他們想用英美蘇三國支配世界，永遠的征服軸心國、完成制霸世界的野心。小國的利害他們毫不照管，過去美英把重慶與美英蘇相並列，但今天知道重慶的無力遂痛加罵辱。在中國成爲他們對象的就是重慶和延安，他們隱利用的便進行利用，更加強對中國在軍事政治經濟上的把握。他們爲了實現制霸世界的野心，遂進行以破壞爲目的的征服，我們則是以建設爲目的，求得互相協助，我們知道只有東亞人才能拯救東亞。

参攷消息

（只供參考）
第六八五號
解放日報 新華社 編
今日出一大張
卅三年十一月二日
星期四

敵向桂林城突進 陷靈川富川大墟

【同盟社廣西前綫一日電】我快速部隊以疾風掃落葉的姿勢攻略靈田街後，於二十九日晨進出於東側高地，由該處可以俯瞰桂林盆地。自二十九日至三十日晨，在桂林東方捕捉殘敵，目下正展開殲滅戰。二十九日晨，進迫靈川東方四公里的另一精銳部隊，擊潰依據東西數綫的縱深陣地，利用迫擊砲及其他重火器，進行頑強抵抗的敵九十三師主力，終於是日夜半佔領靈川，繼續追擊敗退的敵軍。在此之先，向桂林機場方向進擊中的另一部隊，於二十九日上午十時突入桂林——陽朔路上的要地大墟（桂林東南十五公里），嚴重威脅直接保衛桂林的敵軍及盤踞平樂、陽朔方面的敵第廿七集團軍的後方。

【同盟社廣西前綫基地卅一日電】進出於永明方面的我軍，於二十六日黃昏在深街（富川北方十六公里）附近擊潰敵軍約三百人。二十七日上午克服敵軍頑強的抵抗，攻略賀江河畔的要衝富川。

【同盟社廣西前綫卅一日電】力武報導班員（隨寶）發。在廣西前綫奮勇作戰的我精銳部隊，擊潰依靠險峻山地繼續頑抗的敵人，現仍繼續進擊。××部隊從廿八日以來，猛攻敵第九十三軍與第七十九軍的混成部隊，廿九日晨已挺進至敵第九十三軍的防地靈川北方四公里附近。另一方面，廿八日我×一部隊，猛攻敵新編第十九師、第四十四師，並一舉向桂林平原壓迫，該敵曾依靠桂林東北三十公里的長岡村、廟腳陣地進行頑抗。廿九日朝，突入第四十四師據點靈田街（桂林東方十八公里）。

【同盟社華南最前綫卅一日電】在象江左岸繼續猛進中的我軍，從桂平北方三十公里處的新墟到該地西方十五公里三江墟的丘陵地帶構築陣地，自正面攻擊敵第四戰區直屬的獨立第二團約二千人。該敵企圖阻止我軍的進

的作用抱着反對情緒的故事。保守的畫刊『地球』週刊本期全頁刊載親法派記者佛迪南·托希（他以前從未論述過遠東問題）所撰一文，其中主要論點是響應每日快報最近的社論，聲稱中國無權認爲它自己是聯合國中四強之一。托希稱：中國的出席頓巴敦橡樹林使我『充滿着不平的感覺』，並稱它是由於美國堅持主張而被邀請的。繼稱：『據共和黨參議員陳德勒稱，邱吉爾曾向他說，他不能了解中國在它現在的狀態下，何以應被承認爲四強之一。英國必然有很多人希望邱吉爾真正這麼說過——而這對中國人並無一點蔑視之忘恩或不重視之意：這不是他們沒有受過過分的阿諛』。托希的基本論點是贊成以法國代替中國參加聯合國的核心委員會，爲了支持這點，他引證美國理論家根室謂：中國不是一個國家的聲明及美國外交政策協會的論辯即中國軍隊脆弱的根源是可以找出的，這並不是由於美國的援助的缺乏，而是由於對軍隊虐待、將領中政治意見的分歧、對徵兵辦法的不滿、許多軍事領袖的腐化以及重慶未能充分使用現有機器從事軍事生產之故。作者宣稱：蔣介石政權絲毫沒有民主的氣味。並謂重慶政府鼓勵通貨膨脹，『結果此通貨膨脹現在已至不可收拾之境，並流佈空前未聞的痛苦』。托希追問道：『承認這樣的政權處於最高的地位是聰明的嗎？這是對中國人的仁愛嗎？他們英勇抵抗東方納粹，歷史將會告訴我們。西方願見他們成爲遠東的××也是確定不移的。但是，當中國處在極不團結的情況下，而我們之中沒有一個人能夠說它明天將變成什麼之時，說中國已有資格可與英、蘇、美平等投票，又有什麼用處呢？該文企圖在美國商務部最近刊印的報告中找出這些問題的答案，說：『四萬萬五千萬的中國人需要一切東西』，並暗示美國之亟於捧中國是由於想在『最不正當地前所未聞的爭奪市場中』追求利益，而該文作者預料戰後將有此爭奪市場。但托希結語稱：『讓我們弄明白爲什麼此現在悲慘的中國被推到前面來，成爲第一等的、具有一切權威的、這樣難進去的世界委員會之一員；我沒有見到蔣介石對此提升表示過絲毫的感謝，後者在其最近中國國慶日的演說中一點沒有提到盟國。』

日寇吹噓萊特戰果

【同盟社馬尼拉三十一日電】敵人在萊特島登陸後，敵我均竭一切力量，連日繼續激烈的航空決戰。從十九日至三十日，在萊特島方面進攻敵人的戰果中，如綜合現地軍發表的我陸軍航空隊的戰績，計擊沉巡洋艦一艘，巡洋艦或巨型驅逐艦十艘，驅逐艦一艘，運輸船六艘，登陸用舟艇小五艘。擊傷航空母

攻。廿八晨起，即展開激戰。另一有力部隊則迂迴到敵之側背，把敵人的退路完全切斷，兩個部隊正在互相配合猛攻中。當面的敵人是張發奎部隊，有山砲、迫擊砲、機關砲與無線電指南針等優秀裝備。該部隊似由美國軍官指揮，但我軍士氣旺盛，正在繼續猛攻中。截至三十日為止，戰果中的較大者如下：敵遺屍約三百具（包括參謀與營長），鹵獲迫擊砲一門、機關砲六門，重機槍六挺、輕機槍六挺，其他兵器等甚多。

高斯辭職

【同盟社里斯本一日電】史迪威免職的原因是在於美國對重慶的關係，而這種關係包括政治、外交問題。因此跟史迪威一道，與蔣介石進行外交交涉的美國駐重慶大使高斯的動靜殊堪注目。據紐約合衆社電訊稱：高斯於史迪威調回美國後，即提出辭呈。同時該報稱：史迪威上將的免職，使美國在重慶的地位大為削弱。

【海通社斯托哥爾摩一日電】史迪威之自駐中國美軍總司令職務上被台回，根據一切現象看，實等於他的被貶至軍事問題的幕後。另一方面，自然還有一種說法，即他將被用以準備登陸計劃。但斯文斯卡日報紐約訪員相信他是被召回的，因為華盛頓不滿意他的戰略觀點。據稱：史迪威認為，中國軍隊若加以充分改組與裝備，並歸他指揮時，可以在中國擊敗日軍。為此，他要求重開滇緬路。因此，他感覺他自己與蒙特巴頓相反，後者主張水陸作戰。同時，華盛頓已得出此結論，即光是重慶不能勝任此事。很有趣的，史迪威將軍的繼任者魏特梅耶將軍也是贊成水陸兩棲戰略的。

【路透社溫哥華卅一日電】加拿大駐中國大使維克多．奧德倫少將今日（星期二）關於史迪威之召回發表下述聲明說：「此事無疑將便利於遠東情勢。」大使又說：史迪威「是頭等的軍人，但與人相處的氣量則不如艾森豪威爾及麥克阿瑟等人。」

英報評中國局勢

【路透社倫敦三十一日電】史迪威的被召回及對此行動意義的繼續推測，使此間最近日益增長的下列兩種傾向趨於成熟，即一方面對以前被忽視的中國戰爭形勢表示吃驚的關心，另一方面則公開批評——常常是根據顯然的不了解——中國目前的軍事及政治領導。在目前此等傾向中，由於來自美國——特別是前美國各駐重慶訪員——的大量報導而更形得勢，但是，許多以前中國的批評家以及[illegible]而對[illegible]興趣的某些人，均正同樣地附和邱吉爾最近演說中的論[illegible]的對敵大打擊[illegible]努力[illegible]

艦一艘，戰艦或巡洋艦三艘，巡洋艦一艘，驅逐艦十艘，運輸船十二艘，登陸用舟艇數艘，艦種未詳一艘。擊落敵機數目，已經確實者為十一架，不確實者為十架，擊傷七十七架。登陸地點已有九處燃燒，飛機設備有二十五處燃燒，擊毀探照燈陣地二處、高射砲陣地二處。

【同盟社菲島基地一日電】十月三十一日正午前後，根據我航空部隊在萊特灣方面的偵察報告，約六十艘的敵運輸船隊（內有戰艦數艘，巡洋艦、驅逐艦十餘艘），連日來由於神風特別攻擊隊與我航空部隊的猛攻，確認大部敵艦已傾斜與沉沒。

【同盟社馬尼拉三十一日電】我航空部隊於廿九日午前繼續進行夜襲，在德拉哥機場焚毀敵機二架，塔克洛班及拉拉哥爾機場均被炸毀。

【同盟社馬尼拉一日電】一日早晨我航空部隊攻擊萊特灣內的敵艦艇，擊沉敵巡洋艦一艘。

日軍在彼勒留逆襲登陸

【同盟社東京一日電】十一月一日十六時，大本營公佈：我魚雷挺進隊，於十月二十八日拂曉在彼勒留東方海面上，猛攻敵運輸船隊，結果擊沉四艘，擊毀兩艘。另外，我敢死突擊隊則與此相呼應，在該島北岸奇襲登陸成功。

【同盟社東京一日電】美國於九月十五日在彼勒留島實行登陸作戰，使該島成為空襲菲島的基地，但是我守備隊猛烈反擊之，我軍士氣旺盛，死守該島，使敵人當初的企圖受到挫折。該時我魚雷挺進隊及突擊隊，一方面奇襲移至該島東方海面的運輸艦隊，另一方面突擊隊實行登陸作戰，與敵展開激戰。今後該突擊隊將致怎樣的戰果是不能預測的。在此次攻擊中，魚雷挺進隊將其主力放在敵運輸船隊上面，這件事情是值得注意的。台灣空戰以來，由於菲島方面連續的海空戰，美國艦隊的大部份航空母艦受到決定性的打擊。今日擊滅運輸船就是粉碎敵人的登陸作戰。這樣，正規地展開運輸船擊滅戰之日，就是美國出擊部隊在太平洋叢林地帶和珊瑚焦遭難的時候。

【同盟社東京一日電】帛琉群島彼勒留島的我軍，於九月十五日敵軍登陸以來，連日連夜使用突擊隊襲擊敵軍，使敵膽寒。帛琉島我陸海軍亦不斷協助友軍在彼勒留島作戰，敵人的運輸船約十八艘運輸兵隊，即於廿八日開始作為菲島作戰的一環，帛琉我海軍部隊探知此事後，即偵「魚雷挺進隊」及「突擊隊」，配合「神風特別攻擊隊」實行突擊。魚雷挺進隊在彼勒留東方海面擊沉敵運輸船四艘，擊傷敵運輸船二艘。突擊隊在彼勒留島北岸登陸成功，目下正展開激戰中。其壯烈的戰鬥經過如下：（魚雷艇進隊）：由帛琉出發的××魚雷艇進隊附平井明海軍大尉指揮的魚雷艇約十艘組成的『魚雷艇進隊』裝備魚雷後，於廿八日上午三時左右乘着大雨的黑夜，大膽的襲擊彼勒留島東方海面的敵運輸艦隊，命中正在進行登陸工作的敵艦一艘，立即將其擊沉。此次大膽的襲擊，使停泊該處的敵運輸艦隊非常混亂，我挺進隊乘敵混亂的時候，不斷地進行猛攻，又將其擊沉一艘，另有一艘命中魚雷二枚後傾斜五十度。一艘命中魚雷一枚，傾斜廿度。這兩艘於天明後即不見船影，確已沉沒。又有一艘命中魚雷一枚，發生大爆炸。另有一艘遭我魚雷攻擊後，冒着白烟。我方在此次突擊戰中亦有魚雷艇一艘被敵擊中起火，該艇未返防。另一艘於返防中觸礁。（突擊隊）：遠藤谷司指揮的突擊隊配合『魚雷艇隊』的出擊，進行不斷的決戰後，在彼勒留島北岸登陸成功，目下正展開激戰中。

敵朝日新聞 呼號整頓航空兵力

【同盟社東京一日電】敵人的戰術，一如其在萊特島作戰中所表現的，儘管遭受到那樣嚴重程度的打擊，仍然是不顧犧牲，極為頑強與猛烈，敵人所以這樣的做是我們早已預料到的。美國為了自己的威信，不得不供給在萊特島登陸的陸上部隊，在很短的兩個禮拜，即損失了如此衆多的艦船，現在如再將如此多的大部隊坐視不顧，那將是羅斯福政權選擇了一條自殺之路，因此無論如何，不得不橫衝猛進。敵人的意圖是在增強島內的地上兵力，擴大飛機場，首先使艦載機登陸，掌握該地區的制空權後，使基地的陸上機前進，以便建設制空威力圈。我們如不實行強攻，則我們就沒有辦法捕捉麥克阿瑟攻勢的弱點。我陸海前線部隊，以繼承盡忠無比的日本××（譯不出）的神風特別攻擊隊為首，日夜予敵人以嚴厲的攻擊，相繼增加新的戰果，敵人亦傾其全力進行頑強的補給戰，戰鬥已日益擴大激烈。這一決戰如從太平洋作戰全面的看來，意義頗為重大，如果將制空權委給敵人，則即使我們有台灣海面、菲島海面的光輝大戰果，亦不可能保證我們不陷於憂愁之日。為了要在決戰中取得勝利，最重要的就是重新整備基地航空兵力，正因為在大的戰鬥之後，格外需要迅速調整，而且要使漫長的供應綫不致被切斷，戰爭的轉換只有依靠此點才可有望。

紐約時報評 邱吉爾演說

【美國新聞處紐約二十八日電】紐約時報二十八日稱：邱吉爾與其說是一個擅長理論的人，毋寧說是具有實際策略的人。他顯然不好戰後的烏托邦。對於勝利的唯一威脅，亦是敵人唯一的希望，乃是盟國中間的某些裂

行委員會委員之職。星期日工黨領袖會議決議要求他們辭職。在此會議後發表的聲明稱：『工黨政策的各個方面及政治問題均會予以討論。在即將到來的年會上可能提出討論的問題以及在戰爭允許組織選舉時必須予以決定之問題，均予以檢討。』此間政界人士對於星期日工黨領袖會議[illegible]為工黨今後的態度問題會在此次會上討論。工黨領袖最近宣佈，工黨在未來總選中，將作為獨立政黨提出獨立政黨綱領而出現。一般預料，工黨今後態度問題星期二當邱吉爾發表其下次聲明時，亦將在下院加以討論。

【路透社倫敦二十八日電】工黨議員達貝將於星期二詢問首相：『關於蘇聯政府派駐印代表，是否已採取某一步驟？有何進展？並且如果英政府及印度政府皆未採取此種步驟，是否即刻着手進行？』

阿根廷突要求 召開泛美大會

【合衆社華盛頓廿八日電】昨日阿根廷突然要求召開泛美大會，討論『若干姊妹共和國對其採取敵對態度問題』。此間外交界對於阿根廷提出此項要求之動機何在，深感迷惑。美國國務院對於此項要求拒絕評論；惟此項要求適提出於副國務卿斯退丁紐斯宣佈美國不準備拒絕另一美洲共和國協商之要求之後，意義甚大。阿根廷之要求，係經由泛美協會提出。此間觀察家希望此項要求得以使阿根廷與其他美洲國家間長久之意見糾紛，獲得滿意解決。

偽印臨時政府公佈戰時委員會名單

【同盟社仰光二十九日電】自由印度臨時政府，前此會於政府內部設置戰時委員會，作為最高戰爭指導機關，以期協助作戰。二十六日已任命十一名委員，已於十八日公佈。戰時委員如下：國民軍參謀長K・鉢斯利上校、××團長以・卓特・卡尼上校、××師團長阿機茲・阿梅德中校、副參謀長拉哈安中校、國民動員部部長卡[illegible]財政部長拉加凡、宣傳部長愛雅、供應部次長巴拉馬南茲、解放區行[illegible]查塔茲上校，××聯隊長格爾薩拉中校、運輸官埃拉巴。

英人尼科爾斯 污衊國民大會與甘地

【路透社倫敦廿七日電】『對印度的判詞』作者尼科爾斯，今日在倫敦的宴會上演講『印度的國民大會黨在目的上、成份上、及思想上完全是一個法西斯組織』。他說：納粹自命為超人，把他們的鐵蹄踏在猶太人頭上；印度教信徒自命為上帝，把他們的腳踏在『卑賤不可觸的人』的頭上。他說：希特勒和甘地是一樣的。希特勒自命為領袖，甘地亦如此。當希特勒受了挫折時，他就神經錯亂起來，當甘地受了挫折時，他就去絕食。『甘地的絕食不是別的，而是政治的要挾。』

際將損毀我們會議的合諧一致。繼稱：我確信三個領袖將於年底以前舉行會議。英蘇雙方關於波蘭問題已具諒解，希望創建一忠於盟國與其解放者蘇聯隣邦保持友誼的強大的、自由的、獨立的、主權的波蘭。這一討論，如果他表示了一些什麽，則是表示蘇聯已承認英美對解決波蘭問題的關切，並且願意盡力滿足英美的意見，最後，邱吉爾闡述盟國對戴高樂政府的政策，最近反對完全承認該政府的爭論是英美不願從外面強加諸該國。據一切得到的消息：戴高樂將軍爲法國人的絕大多數所歡迎。

合衆社評論 對保休戰條件寬大

【合衆社華盛頓廿九日電】相當寬大之對保議和條件已於本日宣佈，內稱：保國已撤退希臘及南斯拉夫境內之保軍，同意於與德議和條約簽署以前，聽任盟國管制委員會之監督。該委員會將由代表盟軍的蘇聯人員主持，並包括英美兩國之代表。委員會將受蘇聯統帥部之指示。議和條件並未提及賠償類之特定貨物數額，但保國同意對聯合國家之損失照價賠款，其詳細辦法待以後決定。保國並同意供給前經保國佔領之希臘及南斯拉夫各區內人民以給養，此項給養爲賠款之一部。華盛頓、倫敦及莫斯科三地同時發表此項議和條件，以此與對羅對芬之議和條件相較，自屬寬大。因羅芬兩國均損失土地，並同意付出值價三萬萬美元之實物，以充賠款。保國邊界未有提及，足證保國仍將保留戰前領土。

前西國總統抵法

【海通社柏林二十九日電】紐約訊，據巴黎息：前西班牙共和國總統埃各•馬丁涅茲•巴里奧已抵法國領土。合衆社息：巴里奧自西班牙內戰結束以來即亡居墨西哥，現在企圖爭取臨時委員會的領導，而住居法國的西班牙僑民皆將組織在臨時委員會內。

【路透社馬德里廿九日電】新外次加斯蒂洛被外長勒克利卡當啓程的外次索拉魯斯（他已擢升爲大使）面前，委任他職位。

【路透社安哥拉卅日電】土總統伊諾奴於土國成立廿一週年紀念發表文告稱：我們之主要目的即欲使土耳其成爲全體國民正義之模範；並使土耳其之進展有利全體人類。吾人必須準備施行可能加諸吾人之工作，此項工作即有關建立世界新秩序並使各國獲得安全。

英工黨領袖會議 要求貝文等辭去執委

【海通社柏林卅日電】倫敦訊：英戰時內閣三工黨閣員阿特里、貝文與摩利遜星期日辭去工黨全國執

蘇伊石油問題仍未解決

【路透社莫斯科廿九日電】蘇聯副外交人民委員長加夫塔拉茲在招待記者會席上說：「目前伊朗與蘇聯間關係仍屬友好，但索德總理所採取的對蘇不忠誠態度妨礙了和他進一步的合作。」講到索德政府希望從戰後給蘇聯石油租借權中獲得較好的條款的理論，加夫塔拉茲質問道：「但索德政府能夠作出何種論據以支持這種期望呢？我個人深信在戰爭年頭中曾經如此愉快相處的伊蘇友誼是不可動搖的。」副外長又表示相信，攔路的困難和障礙可以祛除，蘇伊關係將以允准石油租借權而進一步加強。

【路透社倫敦廿九日電】莫斯科廣播蘇副外委長加夫塔拉茲之聲明稱：伊朗政府決定在戰爭結束以前暫不考慮蘇聯政府關於伊朗全部石油讓與之要求一事，已在蘇方造成極不良之印象。伊方此種態度，實與兩國關係有礙，伊政府從事此項決定並未提供任何理由。

蘇聯拒絕參加民航會議 傳引起美方驚奇

【同盟社里斯本卅日電】包括各反軸心國及中立國的國際航空會議，於十一月一日在芝加哥舉行。蘇聯政府拒絕美國政府的請柬，三十日蘇聯通告不出席該會議。關於此事，美國副國務卿斯退丁紐斯於三十日公佈如下：「蘇聯政府不出席航空會議是非常遺憾的。蘇聯指出對蘇聯不友好的葡萄牙、西班牙、瑞士三個中立國出席會議一點，作爲它不出席會議的理由。今後美國政府欲舉行美蘇兩國會談，協議將來民間航空問題。似乎有人因爲蘇聯此次的行動而担心敦巴頓橡樹林會議決定的反軸心國聯盟案的前途。但是反軸心國聯盟案未提示給葡萄牙、西班牙、瑞士三國，因此蘇聯亦不會反對舉行關於國際機構問題的反軸心國會議」。另一方面，蘇聯不參加航空會議的通告似乎使華盛頓政界受到極大的刺激。蘇聯收到美國的請柬時，當已知道美國邀請西班牙、葡萄牙、瑞士三國參加航空會議，但是蘇聯爲什麽在開會前的瞬間拒絕出席？這是不可捉摸的。蘇聯指出西班牙是非友誼的國家還可以諒解的，但是把葡萄牙、瑞士跟西班牙一樣處理表示驚奇。

瑞典資助反蘇活動

【新華社延安一日電】據塔斯社訊：斯托哥爾姆的瑞典今日新聞報導：前波羅的海的政府人員在瑞典進行活動，他們得到美國人、瑞典商人及企業家等的資助，瑞典當局亦無限制的供給他們以汽油，他們用這些汽油來開駛摩托船，從愛沙尼亞、芬蘭偷載一些「政治家」、僧侶等至瑞典。

參攷消息

（只供參考）
第六八六號
解放日報 新華社 編
今日出一大張
卅三年十一月三日
星期五

敵從三面猛攻桂林

【同盟社廣西前綫一日電】我軍於佔領興安、永明、桂平，確保從北、東、南三方面大攻勢後，曾略事調整，復於廿九一日齊開始新的進攻，向美國在華南的空軍根據地——桂林外圍猛撲，並有一路業已進入桂林城內一角。

【同盟社廣西前綫二日電】我精銳部隊已於桂林西南方，予敵新編第八師以殲滅性的打擊，至二日上午三時，完全佔領桂林南方二十四公里處的蘇墟，配合另一有力部隊，準備一舉衝入桂林南門。

【同盟社廣西前綫一日電】讀賣新聞特派記者酒見報導稱：殺到桂林盆地我各精銳部隊，給頑強抵抗之敵第十六集團軍骨幹——三十一軍以重大打擊後，該部隊迅速退入桂林縣城，企圖進行最後抵抗。現我方各部隊有的渡過灕川殺到桂林北門，有的佔領桂林東方六公里處高地，有的進至距桂林東北三公里的地點，遙相呼應向桂林城猛攻。其他一部則從東南方向大埔鎮推進，切斷敵方的退路。現我軍正在逐步縮小包圍圈中。敵軍依據稠密的竹林，仍企圖以機砲，迫擊砲等進行抵抗。敵軍可能憑藉新近築成的杜齊卡、鐵絲網等作最後的頑強掙扎。但在我軍猛攻下，桂林的陷落，僅係時間問題而已。

【同盟社廣西前綫一日電】橫山、中尾兩記者報導稱：向桂林側背猛攻我快速部隊，三十日晨以來，與在大興鎮附近死守桂江渡口的敵新編第八師的一個團及新編第十九師發生激戰，結果我軍已從三處渡過該河，並繼續追擊潰敵。至一日晨八時，我軍分數股進至桂林南十二公里的三塘及十六公里處的良豐，將桂林公路分切數段，並繼續向前猛攻，目前正在三塘西方五公里馮畝橋附近與敵展開激戰中。

敵稱桂林防禦強固

【同盟社貴西前綫二日電】我精銳各部隊苦待戰機成熟，開始總攻擊桂林。我軍

【海通社日內瓦一日電】評論史迪威與蔣介石間的糾紛時，美國新聞記者艾德格爾·安塞姆·毛勒爾寫道：史迪威將軍會向蔣介石提出最後通牒，這一通牒雖然是對的，但是不得策。史迪威曾說，除非他做重慶中國境內一切部隊的總司令時，將停止××。蔣介石拒絕了這一最後通牒，因而羅斯福不得不召回史迪威以避免嚴重的衝突。

大公報論目前中國局勢
要求盟國作有力的配合

【本報訊】大公報社論：究論目前中國的局勢（九月廿六日）本文承認目前中國戰場軍事的失敗，會影響太平洋作戰，但這個責任卻歸咎於全中國人民，歸咎於盟國不執行開羅會談中諾言，最後要求盟國作有力的戰略之配合。「……大勢極好，只是自己的力量弱了，所以令人感覺着急。……中國戰場若出入太大了，那不但要加重中國軍民的痛苦，也可能相對的延長太平洋戰爭，使主要的聯合國家都要多付代價。……不但羅斯福總統不滿意，我們中國人更不滿意。我們不但對軍事不滿意，對政治經濟財政等一切事務都不滿意。老實說，就連我們的政府，它自己也不滿意。……我們中國人都應該挺胸承認，中國應負百分之百的責任。……但是，目前中國局勢的演成，中國以外的聯合國是否也有幾分的責任呢？老實說，這局勢也是盟軍的『歐洲第一』的戰略所造成！……但中國畢竟得到了租借法案的百分之幾，想盟友知道更清楚，不必列舉。……我們希望盟友作分內的反省。……但開羅會議既有蔣委員長參加，想來一定談到東方的軍事。若果談到，羅斯福總統或邱吉爾首相是否會有什麼諾言？若果有，那諾言會否履行？我們這樣推敲，並非毫無根據。……我們現在就鄭重向盟邦要求趕快在戰略上與中國配合作戰……中國局勢正大有可爲……同時也希望盟友少作消極的責望，並要求盟友積極的與中國配合作戰，提早擊潰日寇！」

德發言人稱
英方同意瓜分希臘

【海通社柏林二十九日電】威廉街發言人宣稱：希臘冠松綫正形成中。他認爲英國將同意瓜分希臘，稱：邱吉爾在其演說中顯然未說到希臘邊界問題。但「經濟學家」同時宣稱，爲希臘、保加利亞及塞爾維亞所瓜分的馬其頓仍爲經濟糾紛的泉源。威廉街認爲此表示英國將同意莫斯科、鐵托所××的計劃，××馬其頓國的馬其頓委員會，在巴爾幹聯邦之內。發言人稱：因此英國將破壞它對希臘所作的保證，一如破壞對波蘭的保證一樣。英美蘇對××——波蘭的可能保證（如邱吉爾在其

立即攻陷由靈川至東南龍虎關的敵半圓形的第一道防綫。卅日我前鋒部隊已由南面進迫桂林市，突入敵人作最後抵抗綫的主要陣地地帶，目下正在激戰中。張發奎豪語可以防守一年的桂林防衛體制，由於我軍由南北兩端楔入重要陣地，將發生全面的崩潰。八月初旬，因衡陽的失陷暴出非常狼狽的蔣介石，知道我軍進攻廣西時，即命令張發奎防衛廣西以及把桂林變成要塞。歸後三個月中，美蔣軍拚命報導防衛桂林的進行情形。上月九日，重慶外國通訊社報導重慶利用石岩，窰洞構築要塞的情形如下：「這個窰洞可以儲存數月用的食糧，它經得起五千磅炸彈的轟炸，配置反坦克砲，不使日軍坦克車接近。守軍如不投降，日軍就不能進迫桂林市」。敵人直接防衛桂林的有第卅一軍兩個師，由第六戰區調來的第七十軍及第一百八十八軍的一部，其外側配置十個師，由桂林市西北的北沖，經桂江北側市外的東橋，至南側的象鼻山一構築主要陣地，潛重配置大砲陣地。另一方面，利用市外西方石岩高地的無數防空壕及水門汀製造的瞭望台，急速造成陣地綫，配置數道的鐵絲網陣地及配有大砲一百數十門的砲兵陣地。白崇禧直接指揮桂林防衛戰。只要等待戰機成熟的我軍一齊轉爲猛攻時，不論中國西南的據點如何牢固，都是沒有辦法抵禦的。

美國要求何應欽下台

【海通社柏林一日電】紐約訊，合衆社訪員自華盛頓報導稱：美國某些政府人士率直要求重慶中國陸軍部長兼參謀長何應欽的辭職爲解決美國與重慶中國間糾紛的先決條件。訪員繼稱：但這並不是說，何陸長是恢復兩國間和諧的唯一障礙。訪員謂：美國的要求係由於下列事實所引起，即何應欽爲共產黨所痛恨，他們指責何應欽於一九四一年消滅共產黨新四軍。繼稱，何應欽爲蔣介石與中國共產黨成立聯合政府的最大敵對者。

【同盟社里斯本一日電】羅斯福與其調回史迪威上將相關聯，要求重慶內部的排外份子退位。華盛頓合衆社電訊於一日反映白宮的意向，提出重慶軍政部長何應欽的名字，並說如果他不下台，那末美國與重慶政權的和解是沒有希望的。美國這樣指出同盟國有力人士的名字，要求罷免其職務，是在推行共同戰爭的名義下，把重慶看做屬國的證據。合衆社電訊的要旨如下：美國政府方面的見解認爲蔣介石如不能免何應欽，那末就不能解決關於中國推行戰爭的糾紛。在何應欽的身上具體表現出不用新人的重慶政權的缺陷，而且是國共合作的主要障礙。

演說中所暗示者），被稱爲毫無價值。發言人認爲，波人在他們將放棄其以前一半領土與蘇聯（雖然有英國的保證）之後，他們已知道英國新保證的價值究竟多大。

【海通社斯托哥爾姆二十九日電】「每日鏡報」稱：英下院不久將研究英政府與佛朗哥的關係。該報指出，一方面莫斯科指導反對佛朗哥的猛烈的攻擊，另一方面邱吉爾若干時前，則曾暗示對佛朗哥的某種同情。因此，據測英國與蘇聯間在此問題上亦存在分歧的意見，國會人士表示希望更明朗的看出××。

【海通社柏林二十九日電】紐約訊：「基督教科學箴言報」撰文稱，斯大林計劃以一九三九年的德蘇協定，獲取時間以完成進攻德國的準備。這一事實，今在在回顧歷史時特別明顯。斯大林爲了掩蔽他的意圖，佯裝與德國友好。開始不僅此策略的蘇聯人民在黨的秘密會議上，被指示此事件的意義。

日寇掩飾敗績
強稱已予美軍致命打擊

【同盟社東京卅一日電】美國對日反攻的基本戰略思想，顯然是以「龐大物量的縱深陣地，突破日本在太平洋上的防波堤」。爲了達到此戰略目的，亦預料到將付相當重大的犧牲，然而台灣海面與非島東方海面海空戰的結果，敵艦與飛機所受的損失已達相當大的數目，即沉毀敵艦一百十四艘以上，擊落敵機六百一十二架以上。不管敵人如何強辯，但是這一巨大的損失與消耗，確實已予敵人的太平洋反攻戰略基礎以致命的打擊。我們可以舉出下面的一件事實，作爲最有力的具體證據。即當美機於九月廿一、廿二兩日第一次空襲非島時，共動員一千餘架飛機，嗣後只以五百架以上的飛機，連日繼續空襲，十月十日空襲冲繩島與西南各島時，共出動八百架飛機，十月十二、十三、十四三天空襲台灣時，第一日爲一千一百架，第二日爲一千四百架，第三日在三小時之內，出動四百五十架。但此優勢的航空兵力，在台灣、非島兩海空戰以後，一天僅出動一百數十架，機數頓見減少，廿六、七兩日，只起飛約近三百架飛機，廿八日一百八十架，廿九日二百架，空襲的機數都已稍微減少，現在對於美軍來說，其對非島的侵略戰爭，現已處於非常嚴重的階段，這是自不待言的，爲了安定與確保登陸侵略軍的地位，敵人將輸送第二、第三個侵略軍兵團，可能時想以美空軍的兩翼，遮遍非島的天空。在此嚴重的階段中，上述事實將說明什麼？敵人填補這個戰略上重大間隙的唯一手段就是目下正急於把基地航空兵力移往菲島的橋頭堡壘，但我航空部隊，連日痛擊這些飛機場。由於時時刻刻在增强與擴充中的我航空兵力，敵人將更加陷於窘境是很顯然的。

敵國增設綜合計劃局

【同盟社東京卅一日電】政府在目前嚴重決戰的階段，已於以前設置最高戰爭指導會，釐定決戰高戰爭指導方針，確立了調整政戰兩略使其吻合的强有力的基礎。隨着戰局的進展，痛感到企劃重要國務有必要在物質精神兩方面精細、正確地把握國務各方面的各種情勢，站在綜合的立場處理之。於是在組閣以來即擬就計劃、第八十五屆臨時議會亦强烈地希望設置『綜合國策機關』。因此內閣三長官草擬具體方案，現已獲得成案，遂於九月廿九日定例閣議上提出綜合企劃局的勅令案綱要，閣議決定後，諮詢樞密院，樞密院審查委員會審查後，於十月廿五日提交樞密院大會慎重審查的結果，全體一致通過之。於是政府要求樞密院下設諮詢案，並在廿七日的定例閣議上正式加以決定，經天皇陛下批准後，於卅一日情報局公佈之。該計劃局的任務如下：（一）企劃軍政及外政以外的重要國策。（二）調整和統一各廳事務。（三）綜合的考查各廳事務，在物質精神的兩方面詳細考慮各種國務的情勢後，站在綜合的立場企劃應付激烈的決戰時期的『必勝國策』。新機構的決戰的性格是一元地實施各廳事務，注意迅速實施有效的政策，不使其受到障礙。該局的機構很簡單，欲避免其作爲內閣機構的一個外局君臨各省的外觀，使其作爲內閣總理大臣的輔助機關，担任首相運營國政的智能的角色。綜合計劃局根據上述的宗旨，設置長官（勅任官）一人，部長（勅任官）三人，券任的參事官十五人（其中一人爲勅任官），書記官一人，理事官三人，技師三人，處理實際的事務。這個機構的參事官由高等試驗委員銓衡和任用之。任命民間的參預十五人以內及若干的副參預。由此可以看出樹立綜合計劃時，特別考慮到不使政策受拘束。

敵閣任命植場鐵三爲計劃局長官

【同盟社東京一日電】政府決定在首相管轄下，設置綜合計劃局，作爲首相的直屬輔助機關。特於三十日公佈該機關的組織綱要：根據綱要，並任命下列諸人爲該機關的負責人員，至於其他未任命的職員，則由上述負責人選任之。任命植場鐵三爲綜合計劃局長官（一等），大藏省總務局長松田令助爲綜合計劃局第一部長（一等），櫪木縣長安藏一等），大使館參事官西村熊雄、陸軍施政長官永淵三郎、沖繩縣知事非泉守紀，陸任高等官（一等），清水高等商船學校校長松永次郎，依願免去本官。

【同盟社東京一日電】海軍省公佈（十一月一日十七時）：海軍中將岡新補大阪警備府司令長官，又前任司令長官大野一郎，補軍司令『出仕』。

【同盟社東京一日電】陸軍施政長官關外餘男，任內務省調査官，在大臣官房工作。海軍施政官横大路聰一任內務省書記官，在大臣官房工作，××部長渡邊端美，任陸軍施政長官。

【同盟社東京一日電】農商省於日本馬事會會長松平來壽伯爵逝世後，關於其後任人選，決定由陸軍大將南次郎担任，三十一日已予任命。

敵大東亞省人事移動

【同盟社東京一日電】大東亞省於更換南方事務局局長與高橋文書課長調赴綜合計劃局後，一日就省內與在外高級官吏的調動發令如下：大使館參事官（駐在廣州）中野勝次兼任漢口總領事（三等），結城司郎次任駐泰大使館一等書記官（三等），大使官房人事課長山中德二任大臣官房文書課長，總務局考察課課長賞田多喜夫任大臣官房電信課課長。

【同盟社東京一日電】重光葵就任大東亞大臣以來，即圖謀加强現地外交陣容。以前任命外務次官西本爲滿洲國大使，而此次起用大東亞省南方事務局長水野績太郎爲駐泰國特命全權公使，輔佐山本大使，並任命任巴達維亞總領事即現在外務省戰時調査室的石澤豐爲南方事務局長。前年在越南輔助芳澤大使加强日越關係的田代重德公使此次被任爲駐廣東公使。這是以谷正之大使爲中心，加强華北、華中、華南一體化的外交陣容。今日大東亞省發表命令如下：總領事石澤豐任大東亞省南方事務局長（一等），大東亞省南方事務局長永野績太郎任駐泰國特命全權公使（一等），特命全權公使田代重德駐紮中華民國，免去駐越南公使的職務。

【同盟社東京一日電】水野公使略歷：福岡縣人，四十九歲，大正九年於東大法科畢業後，入外務省工作。昭和十年任調査部第二課長，十五年任通商局長，十七年任南洋局局長，大東亞省成立後，調任大東亞省南方事務局局長。

（石澤南方事務局局長）——奈良縣人，四十九歲，大正十一年於東大政治科畢業後，入外務省工作。昭和十一年任巴達維亞總領事，十二年任歐亞得也爲綜合計劃局第二部長（二等），軍需省部長管波稱爲綜合計劃局第三部長，江口親蕊爲綜合計劃局參事官（一等），外務省調查官法華津孝太爲綜合計劃局參事官（二等），大東亞書記官兼南洋廳事務官高橋進太郎爲綜合計劃局參事官（三等），森省三爲綜合計劃局理事官兼內閣理事官。

【同盟社東京一日電】植場略歷：大阪府人，五十一歲。大正十年於京大經濟學部畢業後，調赴拓務省工作，歷任祕書官長、官吏局長、畜產局長，大正十六年辭職，十七年在井野拓相之下，就任次官，十七年成立大東亞省後，廢除拓務省，一直到退官爲止，始終致力於海外拓務事業，終於提出向滿洲移民，使政府採納爲國策，因此功績特大。十八年三月，任華中振興株式會社副總裁，以至今日。（松田氏略歷）：山口縣人，四十五歲，大正十二年於東大法科畢業後，即入大藏省工作。曾任各地方的稅務所長，昭和七年七月入滿洲國政府工作。歷任國務院總務廳主計處長與企劃處長等職，同十六年八月，任企劃院第五部長，十七年十一月，任資金局長，十八年十一月任總務局長，直到現在。（安積氏略歷）：東京都人——現年四十五歲，大正十三年於東大法科畢業後，入內務省工作。歷任社會局勞務課長、勞動局指導課長等職，昭和十四年任愛知縣經濟部長，同十七年任東京都經濟部長，十八年四月任櫪木城知事。（管波略歷）：福島縣人，四十三歲，大正十五年東大法科畢業，歷任大阪府省工課長、興亞院經濟部第二課長、興亞院華北運絡部第二局長，昭和十七年十一月，任北京大使館經濟部長，今年六月十日，調任軍需省燃料局石炭部部長，直到現在。

【同盟社東京一日電】大藏省命令：大藏省銀行保險局長山際正道任大藏省總務局長（二等），前內閣參事官狹水久常任大藏省銀行保險局長（二等）。

敵政府任命小野猛爲船舶運營會總裁

【同盟社東京一日電】船舶運營會總裁寺井久信曾因私事提出辭呈，因此運輸通信省決定現任海運總局長官小野猛兼任船舶運營會總裁。三十一日發表命令如下：「任命運輸通信省海運總局長官小野猛爲船舶運營會總裁，寺井久信依願免去船舶運營會總裁的職務」。此次小野猛長官兼任船舶運營會總裁是爲了使政府與運營會的關係更加密切。期待運營會可因此更加發揮其本來的性格即海上運輸的負責機關的實效。

【同盟社東京一日電】任命海軍中將若林清作爲清水高等商船學校校長（

局第三課課長，十五年再任日荷談判時的巴達維亞總領事，一直到大東亞戰爭爆發止。

敵內閣顧問略歷

【同盟社東京廿九日電】內閣顧問（按：敵國於日前擴大內閣顧問權力）履歷：

尾野實信大將，福岡縣人，現年八十歲，陸軍大將，歷任伊勢艦長，關東軍司令官，軍事參議官等職。

末次信正大將：山口縣人，現年六十五歲，海軍大將，歷任聯合艦隊司令長官，軍事參議官，昭和十二年任第一次近衛內閣的內相。

豐田貞次郎大將：和歌山市人，現年六十歲，海軍大將，第二次近衛內閣時任商相，第三次近衛內閣任外相兼拓相，其後就任「日鐵」社長，鐵鋼統制會會長，昭和十八年三月任內閣顧問。

有田八郎：新潟縣人，六十一歲，歷任近衛、平沼、米內各內閣的外相。

結成豐太郎：山形縣人，六十八歲，昭和十二年二月就任林內閣的藏相兼拓相，同年五月就任企劃院總裁，並被敕選爲貴族院議員，同年七月任「日銀」總裁，昭和十八年三月任內閣顧問，本年三月辭去「日銀」總裁，現任大藏省、大東亞省顧問。

小泉又次郎：神奈川縣人，現年八十歲，明治四十一年以來當選爲議員十一次，曾任濱口內閣、第二次若槻內閣的遞相，是翼政會成立以來的唯一顧問。

山下龜三郎：愛知縣人，七十八歲，現在任「山下汽船」等很多會社的董事，是海運界的元老，昭和十八年三月任內閣顧問直至現在。這一期間內致力於打開海陸運輸隘路的工作。

鮎川義介：山口縣人，現年六十五歲，由「日產」社長起，至昭和十二年任「滿洲重工業」首屆總裁，十七年底退任，十八年一月敕選爲議員，十一月任內閣顧問。

安藤廣太郎：兵庫縣人，七十四歲，農學博士，帝國學士院會員，歷任中央農事試驗所長，產業試驗所長，園藝試驗所長，昭和十七年任南方農業研究委員會委員長，農業界的權威人士。

吉田聰之助：京都府人，五十九歲，「住友合資」理事長，如果說安藤廣太郎長於農業科學，則他的就任顧問是以採鑛冶金著名。

小泉信三：東京府人，五十七歲，任慶應大學校長，藤原工業大學校長，昭和九年任經濟學博士，一貫是一與政界無關係的代表人物。

勝力松太郎：富山縣人，六十歲，讀賣報知新聞社社長，昭和十九年五月任貴族院議員，他代表言論界就任顧問，頗爲一般人所注目。

參考消息

（只供參考）
第六八七號
解放日報
新華社 編
今日出一大張
卅三年十一月
四日
星期六

敵向西進完全包圍桂林

【同盟社廣西前綫二日電】我軍一日黃昏以如怒濤般逼近桂林城，逼貫市街西北的岩山、南將軍橋、桂江右岸的半圓形，在約三公里的最近距離內包圍桂林城，拚命壓縮包圍圈。另方面我有力部隊自河口（桂林北方三十公里）前進至岩山墟（義寧東北十公里，桂林西北二十三公里處），另一部隊則擊潰敵三十八軍，逼近恭城（桂林東南七十公里）西北，進至二十六軍司令部所在地的平樂（桂林東南八十公里）東方十八公里的二塘墟。這樣，死守桂林的三十一軍一百三十一師，一百七十師與七十九軍一部，亦將成為甕中之鱉，等待着我軍最後的打擊。

【同盟社里斯本三日電】重慶合衆社特派記者二日報導桂林方面的戰況稱：現日軍正急襲桂林市西北郊外，在火車站附近與重慶軍展開激烈戰鬥，日軍已進行四次猛攻。另外一支日軍，更於到達桂林南方十公里處後轉向西進，企圖切斷守防桂林重慶軍的退路。為完全包圍桂林市，桂林南方十九公里處的日軍轉而西攻，現已與重慶軍展開激戰。日軍別動隊已攻入桂林火車站，重慶軍正在猛烈抵抗中。另外從桂林東北進攻的日軍，已包圍距桂林南方八十四公里的交通要道平樂，由此日軍可進而威脅柳州。從桂林南方三十五公里富川向南進攻的日軍，企圖與××戰線的友軍取得聯系。

同盟社說 美聯社等宣佈美蔣談判內幕

【同盟社里斯本三十一日電】與駐華美軍總司令史迪威的辭職相關聯，美國政府終於三十一日通過美聯社與合衆社，大肆報導，完全不顧蔣介石的面子。美聯社首先以駐新德里訪員的署名報導如下：『史迪威被召回，是戰略與外交的聯合產物。事情的發生在兩月之前赫爾利與納爾遜到達重慶時，即已甚囂

同盟社宣傳 史迪威的大陸攻勢戰略被否決

【同盟社斯托哥爾姆二日電】由於史迪威的被召回，遂引起反軸心軍可能變更其印緬華戰區戰略的揣測。二日瑞典日報紐約電對此報導稱：史迪威堅持這一觀點，即如能充分援助重慶，那麼重慶是可能有助於自己的，因而他便認為打開緬甸公路，供給重慶以大量物資，極屬必要；衆所週知者，史迪威是主張從陸上向緬甸舉行攻勢的，但蒙特巴頓則主張水路兩棲戰略，因而二人間常不斷發生爭執，由此觀之，史迪威的主張是被否決了。

英報評中國政局

【合衆社重慶二日電】據日郵報關於史迪威的召回及蔣介石更關心於中國共產黨一節，發表長篇社論稱：此×××震驚美國人民的事情在我國亦將引起失望。中國列身於聯合國四強之林……。但是很清楚的，它對世界的野心只要它自己為聯合國之一員時，必須予以放棄。黨派問題可能影響中國內部對抗日戰爭的努力。盟國最高統帥部較一般輿論界具有更多的消息，已減低中國的援助至某種程度。倫敦××稱：（缺）與蔣介石××分歧，不論可能有什麼失敗，但史迪威的軍事活動，或卓越能力是沒有問題的，他以其能力指揮小部華軍經選拔而向印度前進，以便在中國某地與空運會合，把他改變成為一無敵的戰鬥力量。雖然遭受嚴重損失，但在最艱苦的戰爭中獲得了傳奇的成績。

【路透社倫敦二日電】（缺頭）×××報（歷來以對中國的友誼態度著稱）今日於長篇社論中評論中國形勢稱：這些斥責中的大部份據我們看來都是無根據的。如果中國目前的領導者實際上是法西斯，他們可能要變成日本和平派，但無一領袖有絲毫贊成此種方針之徵象。約克夏郵報稱：若干時來我們（缺）。』另一方面，該報覺得政府的對立並無影響軍事行動方針的徵象，並堅稱供應問題仍為中國進行戰爭中的××政府因素。『美國通過中國南部供應品已達到相當大的程度，但空戰所需要的物資必須有優先權，而中國部戰場的要求又必須與參加緬甸華軍的要求比較緩急。我們必須承認，只要中國一日完全依靠於空運供應品而日本能從海上運送供應品時，敵人即將繼續享受物質上的壓倒優勢。這一有利條件必然在戰爭過程中反映出來』。關於共產黨問題，約克夏郵報指出，雖然糾紛無疑的是仍存在着，但政府已表現其誠懇態度，此點表現在談判的繼續，共產黨駐重慶代表團的保持及

線上。美軍統帥部要求重慶政府給以肯定的諾言，即在迅速與全面地重整反攻東亞的戰略方針下，付予兩人以廣泛的權限。重慶軍與日軍作戰時，要加強協助美軍。根據美聯社報導：美國政府曾威嚇蔣介石將放棄對重慶政權的支持，據云蔣介石已接受上述公約。但到談判的最後一週，美國的態度稍見緩和，作爲懷柔的方策，給蔣介石留個面子，同意自重慶撤回史迪威。美國政府要求以國共合作，使重慶與延安軍配合抵抗日軍。赫爾利與納爾遜曾指出：重慶政權不能與延安政權和解，使美國政府大失所望。美國政府的要求爲目是：（一）蔣介石須改組重慶國民政府，罷免排外分子，（二）不僅緬甸戰場，並且在其他戰場，關於對日軍的重要作戰，皆須任命美軍將領爲重慶軍的司令。以上的條款被『强有力』地提交蔣介石，當時並有羅斯福總統的親筆信。在談判過程中，經常是在『暴風雨的場面』下進行的。蔣介石僅承認華中主要戰場的部份重慶軍司令官或爲無能，對其他條件雖表同意，但一如預料那樣，拒絕了改組重慶政權的要求』。又合衆社則散發柏利幹的記事，他於大東亞戰爭之初，一同與史迪威由緬甸戰場敗走，其後曾駐重慶，最近才返抵紐約總社。他說：『史迪威的被召回，是這樣的一種表現，即關於推行反攻東亞作戰，華盛頓方面與蔣介石之間的深刻裂痕，已達頂點。八月赫爾利與納爾遜會見蔣介石時，曾述羅斯福總統很關心中國的戰局。此外並向蔣介石提出下列三項要求：（一）爲有效地分配輸入中國戰區的一切武器及供給品，任命史迪威爲中國戰區反軸心軍最高司令。（二）除洗刷重慶軍統帥部外，並需徹底刷新重慶軍隊，以便改編成有效的戰鬥單位。（三）加强與共產軍的協同作戰，以便共同努力進行戰爭。二人並特別强調只有任命外人爲司令，才能使共產軍與重慶軍合作。蔣介石曾同意上述見解，並於九月下旬致電羅斯福聲言完全相信史迪威。但當史迪威開始實行自己的計劃時，蔣介石突然於十月十五日前後致電羅斯福舉出下列兩點理由，要求罷免史迪威；第一，我曾俟反軸心軍艦隊侵入緬甸南部時，始在緬甸北部舉行攻勢，但爾後竟不顧我的意見，擅自開始緬甸北部的作戰。第二，中國內地空軍基地的喪失，完全由於史迪威未能將重武器運來。羅斯福乃根據上述電報把史迪威召回，並覆電稱：召回史迪威後，不能對此人有任何非難，同時史迪威所遺留的各計劃，今後由你（蔣介石）負責實施。

新華日報在重慶的出版。此外，『這也是件事實，即相當大量的軍隊爲政府保持於共產黨區域附近，這些軍隊完成重要的軍事任務，保護重慶最易爲日軍進攻的道路』。該報於結束語中稱：『中國英勇的堅苦抗戰，支了許多年來的最殘酷艱難困苦，他們值得我們予以最大的支持。當我們將更多更多的力量放在遠東時，他們將從我們方面得到日益增長的强大援助。我國及美國的批評必須不要讓失望變成懷疑的源泉，即使我們有很多失望也不要如此。』同樣地，好投人時好的與帝國主義的每日郵報（前以對中國採不取友好態度著名）今日雖發表其紐約訪員拍來的關於美國意見的動人報導，但同時刊登出人意料的溫和社論，該社論結論說：『於相信美國許多批評之時，顯然的，訓練與裝備優良的且爲中國人民擁護的中國軍隊底存在，對於西方民主國家的「擊敗日本」將有很大的幫助。史迪威指揮的華軍當適當掌握於手中時，將證明像任何處的戰士一樣，是良好的戰士。蔣介石元帥在盟國幫助下，建立此種軍隊以便保持中國的榮譽與威信，並在時機到來打敗日本，爲時尚非過晚。』每日郵報復稱：美國的斷言『將在我國引起混亂，而我國對於英勇與忍耐的中國人民於長期戰鬥，曾備致贊佩。我們希望，中國在戰爭的熔爐中最後將鍛鍊成爲××。但是黨派鬥爭仍然妨礙完全的團結，甚至在日軍可怕威脅下也未團結起來……。中國是四强之一——擁有的廣大、人口的衆多及潛在的力量使它有此資格。但是，很清楚的，中國對世界領導的野心，只要它一日仍爲聯合國的一員時，必須予以放棄。蔣介石元帥以有治國才能自居，現在中國的朋友們都在期望他來證明。他必須盡最大的力量來彌縫悲劇式的分裂，此分裂分散了較任何盟國都担負更久的戰爭重担的人民。

夏晉麟恐嚇美國說 要注意武裝中共的後果

【路透社紐約三日電】中國宣傳部在美國分社中國新聞社主任夏晉麟博士，今日評論史迪威之被召回。他說：羅斯福總統做了環境可能的唯一正確的事情。美國報紙所出現的報導當中包含三個××的問題：其一爲史迪威的問題。第二是中國共產黨問題。第三爲要求改組中國政府。夏博士說：『許多作家把所有三個問題混淆起來，似乎是史迪威將軍持有解決中國一切政治、經濟與軍事問題的魔術鑰匙。結果使社會人士受惶惑，並造成了不公平的事情』。他說：『倘使史迪威將軍與蔣委員長之間的衝突係因委任史迪威將軍爲中國陸空軍統帥的問題而達其頂點，這對於此間中國人民是很可理解的」。「即使中國政府在原則上同意委任美國人為統帥，似乎有理由認為中國政府對於此外國統帥的一切行動都要為國家負責，而除非此外國統帥與中國主席完全一致，政府將無力指揮他。」夏氏說：關於第二個問題——中共問題——重慶政府正作一切努力解決之，倘使史迪威要求充分武裝中共是真的，那麼他也許不了解此舉的可能後果。但是，重慶負責的政府，在中國共產黨與國民黨取得某些基本諒解之前，必須充分認識到此問題今後的糾紛。中國政府首腦要有懷疑的機會——他們知道他們在做什麼。關於第三個問題——改組政府——夏氏宣傳：中國政府正在作不間斷的努力「並歡迎誠意的商議」，但是他警告：倘若此種改組作為戰時合作的條件「那就等於威脅或最後通諜，這自然為任何自尊的政府所憤慨與反對的」。

杜威又攻擊羅斯福

【合衆社紐約二日電】羅斯福總統定今晚發表其第六次之主要競選演說。現競選已進入「最後推測」階段。新聞週刊頃宣佈其關於選舉之調查結果稱：據一一八位政論家之意見，羅斯福與杜威競選相差之距離甚近，現值賓夕法尼亞州卅五個選舉人所投之票，可以決定選舉之最後結果。據民主黨全國委員會主席漢尼根根據最近黨務人員之估計預測，杜威甚至不能獲得一九四〇年威爾基所獲之八十二選舉人投票。杜威昨晚在波士頓演說，指摘羅斯福將新政出賣於彼企圖攫取控制政府權力之共產黨人。

【美新聞處訊布法羅三十一日電】共和黨總統候選人紐約州長杜威本日發表廣播，又抨擊羅斯福在國內政治上之行政成績稱：「我建議我們秉大公之忠誠，團結一起，擁護一國際組織而建立之公正及永久之和平，以避免未來之戰爭」。杜威提出關於國內政治之八項改革建議，包括徵稅與政府法規。他稱現行法規阻礙商務總統及國會間之更密切合作及加強社會立法。他建議修正憲法，以限制總統之任期為兩期，每期四年。

同盟社傳 英美支持伊朗政府

【同盟社東京二日電】蘇聯政府非難伊朗政府妨礙美國貸予蘇聯的物資經過伊朗。上月卅日蘇聯政府要求伊朗北部地區的石油利權讓予蘇聯，直至戰爭結束為止。它很強硬地提出下列提案：（一）伊朗必需的石油製品在有利的條件下提供給伊朗政府。（二）歸還利權的條件是滿期後將一切的企業讓給伊朗政府。伊朗總理塞德通知蘇聯政府

許多新的「人民近衛軍」師團正在前線作戰，在戰鬥中有戰爭經驗的軍官、下士官及戰士正與這些在總力戰總的辦法下自願參加前線作戰的人們並肩行動。使用這些人至前線大大地幫助了形勢的穩定及德國抵抗的加強。這些師團裝備特別優良，攜有最新式的快速發射砲及反坦克武器。許多新的「人民近衛軍」師團正由後備軍司令及黨衛軍領袖希姆萊連續不斷建立起來和開往前線。雖有迄今所採取的各種措施，德國人民後備的力量決未枯竭。新辦法的計劃正繼續中。同時現正努力減輕人民負担，公平分配工作及將政府機構大大合理化。戈培爾最後稱：「今後數週中將繼續檢查並加強迄今所採取的辦法。更多的師團將被開往前線，我們在國內的工作者將給他們製造更多的武器。總力戰努力將繼續進行，直至達到最後勝利而後止。」

德寇組織委員會 捏造蘇聯「暴行」

【海通社柏林一日電】調查蘇聯在東普魯士暴行的國際委員會業已建立起來。委員會由下列人士組成：愛沙尼亞大學教授馬其博士、西班牙牧師羅佐、荷蘭的亨德里區、意大利的阿凡希尼、瑞典的加萊斯、塞爾維亞的那吉登諾維格及拉脫維亞的斯特拉德曼斯小姐。委員會於星期二第一次聽取證人報告。在聽取證明人報告中證實：蘇軍暴行不僅限於少數居民點，而是在所有蘇軍佔領的居民點都是一樣。所有平民，不論其性別年齡如何，均被殺掉。平民在村莊被佔領及戰爭完了後均被於近距離內殺掉。青年婦女幾無例外的被姦淫。人民均為只有蘇軍軍官及政治委員所攜帶的小武器所殺。委員會於星期二聽取報告後聲稱：蘇軍行動表示破壞國際戰爭法。

同盟社口中的 盟國如何宣傳菲島之戰

【同盟社東京卅一日電】此次敵人的宣傳攻勢是非常龐大，而且是有計劃有組織的，首先感到的就是在宣傳戰上亦以「量」壓服對方。僅在萊特灣登陸戰中，就有新聞通訊社、廣播台、電影等特派員約一百人進行活動。傳播這種新聞的通訊社，在軸心國方面有同盟社和德意志通訊社，而在反軸心國方面則有合衆、路透、蘇聯塔斯等通訊社，其短波廣播的波長及廣播設備的數量比我們多數倍。第二是此次的宣傳是有計劃地進行；使特派員百名從軍就是一個表現。他們預先就進行宣傳，從各個角度使人相信萊特灣的遠征軍在物質數量及

，不可能答應該提案。而蘇聯當局認爲這是非友誼的態度，而且發言今後不能得到伊朗總理塞德的幫助。因此蘇伊關係忽趨嚴重。又訊：德黑蘭市的親蘇份子舉行示威運動，要求塞德總理辭職。但政府出動軍隊鎮壓之。隨着事態的日益險惡，英國政府通過英國駐德黑蘭公使布拉德通知塞德總理說，英國政府對於伊朗政府的決定毫無異議。一日開始通過路透社報導支援伊朗的消息，它所欲說的就是：「塞德總理受到伊朗國內大多數人民的支持，只要這種支持繼續存在，就不能停止法律上的任務。」「伊朗國內新聞界的一部份人士攻擊現政府，但其餘的仍然支持現政府」。英國採取了支援伊朗政府的態度。另一方面美國政府亦於一日通過美國駐德黑蘭公使摩利斯通知伊朗政府說：「伊朗政府決定將分配石油的談判延期到戰爭結束後，美國對此沒有異議」。這樣，英美與蘇聯在亞洲西部圍繞於伊朗問題的外交上的摩擦將要更趨嚴重。

傳法國政府解除國內軍武裝

【路透社巴黎卅一日電】無綫電廣播：今日巴黎報紙廣泛評論政府解除愛國民軍之武裝的命令。抵抗報紙「輕步兵」報稱：「政府犯了嚴重的辦法上的錯誤。他們僅僅在施行打擊之後，才與民族抵抗委員會商談。同志之誼與國家的利益有賴於預先的談判」。右翼奧雜利報稱：「只有政府與抵抗運動的合作才能保衛新秩序。政府並沒有要求解散抵抗軍。而只是要求紀律。它要他們在需要他們的地方服役」。與比報稱：當國家的一切力量都用諸於爭取勝利時，武裝部隊掌握在某種運動與黨派手中，這是不能容許的。

芬共活躍

【海通社斯托哥爾姆二日電】赫爾辛基共產黨的宣傳日益加强。新近組織之共產的民衆示威遊行將於星期三在陳列館舉行。「阿福頓」赫爾辛基訊：屆時將公佈該黨將來工作的條例。同時，芬——蘇團體正發展更積極的活動。刻已有四十個省城開設了支部。赫爾辛基已建立各種地方××。據「阿福頓」報稱：蘇芬將於最近將來交換科學家與藝術家。

戈培爾報告「人民近衛軍」情況

【海通社柏林三日電】帝國部長戈培爾博士關於德國迄今所獲得的總力戰結果，向報界發表一詳細報告。部長强調關於更多士兵及更多武器的要求過去三月中已完成巨大的程度。繼稱，今天

兵力方面都是很大的。在這一次作戰中總動員一切宣傳機關，有組織地利用之。他們把前綫的灌音廣播容運至基地後，立即廣播之，由軍艦上拍發從軍記者的電稿，甚至由艦上廣播戰鬥的實況。第四是宣傳非常具體而且有澳及力，很生動地描寫戰鬥的經過。第五是連續報導每天的戰況使人民感覺到他們跟前綫一起作戰。第六是很巧妙地掩蔽自己的損失，很詳細地公佈一部份的損失，使人認爲是真實的。同時誇大地發表別的戰果，使世界的注意力集中於這方面。第七是不斷地進行側面的報導，證實司令部發表的公報，使人民更相信其真實性，他們演這個把戲是很有本領的。他們發表戰果時，一定同時報導足以證明此種戰果的實戰記，同時使邱吉爾拍發「慶祝萊特灣的戰勝」這樣意思的電報給羅斯福，以便使人認爲戰勝是真實的。

蔣廷黻返渝談中國所需救濟善後之費用

【中央社渝二日電】中央社記者一日晚往訪甫行抵渝之我國出席聯合國救濟善後會議首席代表蔣廷黻，暢談關於我國所需救濟善後之費用。在本人前往出席大會前，曾開會縝密研討，當時估定數字有三十萬萬美元，爾根據政府指示及總署之協助，將救濟款項分爲二部份，一係總署所予物資之協助，一係我國政府及人民之自籌。最後我方提出一計劃，希望總署協助九萬四千五百萬美元之物資，此數佔我全部需要百分之三十七，按當時所估物資價格，全係依照公司之物價。後來各項必需物資價格大爲跌落，是故在實際上只七萬萬美元即足敷用。倘將來協助我之物資例如卡車等若爲半新半舊者，則所需數字更可減少。蔣氏闡告稱：此計劃業已送達總署，總署認爲我國計劃甚爲完善週密。總署近來決定派一代表團來中國工作。由凱濟爾先生爲主任，全體代表約二十餘人，本年底可到達重慶。該組織之性質，係代表總署在中國工作，完全處於協助地位。凱氏爲研究遠東問題專家，對中國素表同情。蔣氏繼發表本人即謁蔣主席覆命，並將建議政府設立一救濟善後之主管機構。記者叩以遠東區委員會之組織情形。蔣氏答稱：遠東區委員會主任委員由本人担任，經常會址設於中國，定明年二月在澳洲舉行一次大會，就（缺十字五）告記者稱：我方在總署副代表爲劉鍇公使，本人不在總署時，由副代表參加工作。吾國並有四專門委員：醫藥專門委員劉瑞恆，農業專門委員謝家聲，工賑專門委員陳良猷，難民與福利專門委員張鴻鈞。

參攷消息

（只供參考）
第六八八號
解放日報社 新華社 編
今日出一大張
卅三年十一月五日
星期一

敵每日新聞著文稱 延安準備反攻

【新華社晉察冀廿七日電】敵八月九日的每日新聞，有「延安的動向」一文，譯後摘要如下：

「待機反攻」延安中共對於總反攻時間和辦法，似乎尚未有明確指令，然而很明顯的可以看到他們具有狹馬拉弓之勢，反攻只不過是時間的問題。據說六月一日延安高級軍事會議決定：（一）國共談判合作之際，國民黨仍有可能對我進行襲擊，我黨政軍民應予以高度警惕，團結內部，愛護羣衆，並盡可能爭取與國民黨合作抗戰建國。（二）延安應準備一切力量，粉碎日寇進攻西北的企圖。（三）積極準備「千團大戰」，消滅日軍勢力。（四）爲適應粉碎日寇西進，消耗日軍勢力，應作下列各項工作：（甲）破壞交通、通訊，橋樑等。（乙）動員武裝，攻擊後方日軍據點。（丙）抓緊日軍空隙，隨時隨地給以殲滅。雖然以上決定並未提出總反攻問題，不過在國際形勢絕對有利於反軸心國家時，他們的反攻是一定會開始的。最近延安軍小規模反攻，在華北各地已可看見。然而帶有決定性之總反攻，將以國際形勢爲背景有所展開。目前由於延安軍內外條件尚不成熟之故，仍可說是準備時期。據六月下旬晉察冀軍區命令稱：「決戰尚在將來，反攻之困難仍多。」在河南作戰中，皇軍進攻胡宗南部時，六月十四日解放日報曾指出西北的危機，號召民主主義的統一戰線，促進延安重慶之合作，並稱：「我軍總反攻時期尚未到來，尚不能進攻大城市。」

「努力增加生產」如果說現在是準備時期的話，我們必須了解延安所採取之步驟，也就是延安的動向。根據各方面情報綜合起來看，從二月十六日晉月一日至六月末，爲反攻時期，襲擊縣城和據點。「我們可以清楚地看到，敵大對新政權下部組織的地下工作，仍然很活躍。在此意義上說，很是值得我們深深注意的。從今年初已開始發動擴大正規軍運動，這些都是延安的總反攻準備工作。對此我們不應有些微的忽視，對目前時局之緊迫，和延安的蠢動，應施以萬全的對策，以保持華北兵站基地。」

敵對桂林緊縮包圍圈
桂東敵渡鬱江西犯

【同盟社廣西前線三日電】對桂林的攻防戰，現正達頂點，我軍巧妙的包圍態勢，完全控制了半徑二十公里的桂林盆地，加上迂迴部隊與此相呼應的快速進擊，使美蔣軍作爲最後依靠的西南中國戰略體制，將被完全粉碎。即是說，我各個部隊不斷壓縮對桂林市的包圍圈，並自桂林市的北方，對敵第七十九軍予以最後的猛攻。另一精銳部隊，則於二日晨完全佔領桂（林）、柳（州）公路上的蘇橋圩，完全切斷該公路，把敵第九十三軍、第十六軍第十師各個敗殘部隊，壓縮於桂林盆地南端的隘路地帶。又另一部隊自三十一日黃昏起，正於桂林南方良豐圩、桔桂莊附近，猛攻新編第十九師。這樣，桂林盆地已完全被我軍控制。又一精銳快速部隊正配合這一包圍進擊，沿都龐嶺山脈猛烈進擊，一日深夜攻克桂林南方八十公里處的平樂，完全控制桂江東側地區。因此，荔浦（平樂西南二十五公里）方面的敵第二十六軍、第三十七軍與第二十軍殘部，早已潰亂不定，在不斷潰退中。

【同盟社廣西前線三日電】我快速精銳部隊，爲了配合進攻桂林的作戰，該部隊突破都龐嶺山險更向西前進，本月一日黃昏，進攻桂林南方要地平樂，該地是敵第三十七軍的所在地，排除敵人猛烈抵抗，經激烈夜襲後，該日午十一時將平樂完全佔領。

【同盟社華南前線三日電】中村報導班員（朝日）發。我西江南岸進擊部隊與桂平前綫的友軍相配合，於上月廿七日開始行動，二十八、廿九兩日強行渡過鬱江，楔入對岸的敵人正面陣地，急追敗殘敵人，一日佔領六魚山，石龍圩（均在桂平南方）。另一部挺進於敵人極力防守的山岳據點——操思山北方，另一部隊三十一日已將操思山佔領。

【同盟社廣西前綫三日電】中村報導班員（朝日）發。我有力迂迴部隊的主力，一日佔領桂平南方的要鎮石龍圩後，三日拂曉利用月光向西方猛追敵人，上午九時像怒濤似的進入寺石圩。

【同盟社大陸基地三日電】包報導班員（同盟）發，活躍於廣西前綫的我綏察邊區在阜平所召開之經濟聯合會議關於赤色邊區軍政民總動員的決定，可以看出延安奮鬥目標之縮影。

「專心增強民兵」延安中共自實行精兵簡政以來，無論在增產、武裝、增加生產方面，都取得了相當成績，特別是訓練出來的這批不脫離生產的民兵對軍隊的應援，是值得誇耀宣揚的。今年上半年各軍區尚不斷地發佈民兵的指令，同時整頓民兵，準備迎接總反攻，要求食糧增產，並組織勞動力。陝甘寧邊區，則要求日用品也要自給。同時在和民兵發展相結合着的火藥工廠方面，也獲得相當成績。生產運動中以組織勞動力爲中心，爲此會發動宣傳勞動英雄，表揚民兵模範（如晉察冀爆炸英雄李勇等），極力宣傳民兵戰鬥的勝利。就上前情況看來，民兵對敵軍協助的力量，是不可忽視的。民兵工作的成功表明着軍區制度的鞏固。最近以相當大數量的兵力，向我軍進行強烈反攻的敵人，不單單是軍分區之正規軍，赤色邊區的地方軍和動員起來的武裝民兵，都同樣地和軍分區的正規軍密切的結合着。最近來襲的敵人，我們可以看到是以軍中各半的力量來進行的，雖然這些民兵至今仍只不過是裝備一兩個手榴彈。

「伸展於淪陷地之河南」延安之工作已利用我之空隙，伸展於第一戰區的着地。據稱從冀魯豫潛入不少的工作人員，這是我們值得注意的。延安常在舊重慶軍失陷地區進行活動，從這裏可以看到延安與重慶間關係的特殊現象，首先就是在落入延安手中的地區，實行保護中農富農的政策。昭和十八年春夏，作戰中重慶軍所失掉的舊冀察戰區也逐漸現出起色。特別是此次隨着皇軍河南作戰，迅速伸展到處女地的河南的延安黨軍，已取得了基本的成功，這應引起我們十二萬分的警惕。

「最近的動向」延安最近對我軍實施反攻的傾向和重點，可做爲研究將來必然發現到來的總反攻的材料。以六月前後的情形看來（山西的例子），我方分局發動了政治攻勢和偽軍偽組織工作，破壞我重要礦業和實業工廠，從工廠中奪取我物資，破壞水田，破壞交通鐵道等企圖，搗毀我後方戰時設備，減弱我之戰鬥力，並強調對民衆的宣傳工作，而襲擊重點是新政權（按即偽政權）。這說明他們把新政權的治安軍也計算在反攻陣容之內了。最近盤據在晉北地區之延安集團，不斷演習，呼籲「進佔敵佔區，內外策應，一齊呼應，一舉而擊退日軍」。五月卅日，彭德懷在華北某地軍事會議席上說：「從六

偵察轟炸機隊，三十一日晨冒惡劣天候出動，排除敵機的擾亂，無視不斷，進攻集結中的敵人五百名，將該敵殲滅。一日晨天候仍極惡劣，但仍以超低飛行，在桂平西南方約三十公里的鬱江上，發現滿載兵員、器材的舟艇十艘，旋即投以巨彈，全部沉沒。同時轟炸駐紮在附近村莊的敵人，敵人蒙受相當損失。我機全部歸還。

史迪威召返事件種種

宋子文對美記者談話

否則史氏返美之種種揣測

「中央社重慶四日電」關於史迪威將軍奉召返美，外交部宋部長特對美國記者之談話：「史將軍之奉召返美，我政府以爲純屬軍事方面之人事問題，故無須加以辨釋。近來外間對於此事頗多揣測之辭，傳說紛紜，多無根據，尤以美國爲甚。當此作戰之時，吾人殊不願一一詳爲申辯，深信經過相當時間，事實自能證明觀感之錯誤。赫爾利將軍及納爾遜先生奉羅斯福總統之命來華，與我政府討論更密切之合作，關於軍事、政治、經濟之政策，中美兩國意見完全一致，是以史迪威將軍奉召回國之事，與中美兩國政策絕對無關，不過個人問題而已。赫爾利將軍及納爾遜先生皆能發表公開聲明，亦必同意此言也。中美兩國非但不獨毫無裂痕，且本人深信此後兩國之關係，將較以往更臻瞭解，更趨密切，更有效果。此言雖爲預想未來，但今後事態之發展，自足證明其爲實，本人完全表示樂觀。」

史氏召回事
哄動全英

「路透社倫敦一日電」由於英國駐美訪員的消息如雪片飛來，史迪威的召回今日達到了哄動的程度。來電均冠以下列標題：「蔣與史迪威爭執或衝突，史迪威被迫去職，召回在美國掀起波瀾，中國被責以假冒抗戰」。泰晤士報懷疑蔣是否能安定國內。迄今英國特將[illegible]爲發表社論的唯一報紙。泰晤士報駐華盛頓訪員稱：關於中國在日本戰爭中將來作用的熱烈討論，已因史迪威的召回而掀起。訪員稱：雖然重慶與美國都有嚴格的新聞檢查，但一般咸信，史迪威的召回，是美國與中國意見分歧的結果。訪員並引用紐約之紐約時報駐渝訪員愛金生所撰的長文，其中宣稱：「史迪威的召回表示，蔣委員長的決定把中國在對日攻勢的作用打了折扣；而在內部，則爲垂死的反民主政權的勝利。該政權更關心於保持政治統治而少關心於驅逐日寇」。泰晤士報訪員稱：這些話廣泛地震動了美國輿論界。因爲美國對

[illegible]（[illegible]不是否在的），同時也是民主國。每日電訊報詳細報導羅斯福在招待記者會上對此問題的論述，其中總調此事實，即史迪威的召回是蔣委員長與史迪威間個人意見分歧的結果，但與重慶與華盛頓間政治上分歧、或戰略問題或中國的政策無關。該訪員引×××的說法稱：史迪威向蔣介石提出最後通牒說：「讓我做中國一切軍隊的司令，不然對中國的軍事援助即將停止」。但蔣介石拒絕此點，因此，問題便取決於羅斯福，或者支持史迪威並停止援助中國，或者撤回史迪威。每日郵報、每日先驅報、新聞紀事報、每日快報等報紙駐華盛頓訪員一般均一致報導羅斯福的招待記者會議，並繼稱，高斯大使的退休與史迪威無關，中國共產黨的影響也不是原因。其他報紙，包括歐洲戰場美軍機關報花旗報在內，均刊載美聯社的華盛頓消息。但所有消息均强調所傳美國專家的觀察，即中國的士兵是勇敢、堅强而忠實的，但上層領導許多地方都是「無能的，且不聽外界的建議。因此，史迪威的召回結束了美國迄今未成功的完成×××的努力。（缺）稱：史迪威的召回，給美國報界以直言無隱的機會。（下缺兩大段不能譯）

華盛頓郵報說 史氏去職引起失望

【美國新聞處一日電】華盛頓郵報卅日社論稱，在美國人民心目中看來，史迪威是堅决抗日的象徵。（缺）因此，史迪威的解除中、緬、印戰場美軍司令職務及蔣委員長參謀長職務，在我國引起失望。沒有問題的，這一軍事决定是有充分理由的。很幸運的，美國兩位幹練的將軍將担負起史迪威所×，×的共同抗日戰爭。華盛頓××熟悉蘇爾登中將的活動，他被委爲緬、印戰場的司令。魏特梅耶被任爲駐華美軍司令（缺）但中國解放的最大希望，在於爲中國大量軍隊運去的供應品，是否能很快自空中及海道運中國，而我們現正肅清此海道上的日本海軍障礙。

史迪威致蔣最後通牒事 羅斯福謂係「耳語運動」

【路透社華盛頓三日電】羅斯福總統今日（星期五）於招待記者會議上抨擊他所謂的「耳語運動」。他告各訪員說：關於史迪威曾向蔣介石提出最後通牒並被拒絕的消息，即是來自此種技倆。他表示，×××將辭職之說亦屬於此類。

【海通社日內瓦四日電】美參院外委會主席康納利稱：四强儘管有一切紛亂，重慶中國在戰爭結束之前將仍然是交戰國。繼稱：美國意圖從中國甚

批評。但英國最近極欲說服美國，使其相信英國極思在對日作戰中佔有一重要之地位，敵若干觀察家咸信其爲和協計，將改組統帥部。

美權威人士稱納爾遜來華 表示美給蔣以對日進攻的機會

【合衆社華盛頓三日電】權威政府人士預料，以納爾遜爲首的美國專家七人到達中國並在該處建立中國軍火生產局之後，中國軍火生產在六個月內將大大增加。派納爾遜前往中國的决定，一般認爲是表示美國準備予蔣介石以一切機會以顯示中國能對日本發動有效的攻勢。由於史迪威及高斯的退出重慶以及增長的供應品，蔣介石將具有他宣稱爲停止日軍進攻所需要的金錢及物資援助。預料納爾遜將×××自華盛頓啓程，在重慶勾留短期即行××××負責指導彼國的活動。

曼徹斯特衛報稱 中國尚須革命

【海通社柏林三日電】倫敦訊，英美對蔣介石政府的不斷攻擊，爲曼徹斯特衛報所嚴厲抨擊。該報寫道：沒有疑問的，目前重慶政府尚不能勝任其任務，但這並不能爲打擊它的理由。必須記取，中國以居民、自然資源、它的形勢及歷史而論，是一個大國。中國有權在國際舞台中佔據領導的地位，即使它在具有一爲人民全力支持的中央政府以前，倘非强大國家。自十九世紀太平天國暴動以來，情形已經不同了。中國讀者尚須革命，給予農民以土地，並產生一新的統治階級。

大公報評桂林戰局 呼籲盟國給予援助

【海通社柏林二日電】重慶訊，大公報於評論桂林形勢時寫道：日軍未受美軍在菲律賓攻勢的影響，繼續進攻中國南部。據指出，日軍在中國南部的戰事，目的在於驅逐美國空軍離開該區，而不是要擊敗中國。因此，爲了同盟國的利益，他們應予中國以他們所能給的一切東西。盟國曾自願地與重慶結成同盟，現在必須遵守它。不僅如此，重慶中國於七年戰爭後，業因戰爭而感到疲憊。

敵報冀東戰況

【同盟社北京二日電】本年七月七日，在河北省東部的冀東道，對冀東軍區司令李運昌指揮的延安系匪團展開一大殲滅戰。由於皇軍卓絕的武力，獲得光輝戰果，至十月二十日爲止，僅已確明者，即收容敵遺屍一千三百三十一具，俘敵二千三百五十七人，特別是李運昌被我急追後爲狼狽，遂從十月十六在揚家峪附近召集黨政幹部協議。我有力部隊探悉此種消息後，遂於十七日急襲該敵，除集

地進攻日本。剛訪問中國歸來的共和黨議員朱特於接見記者時關於中美衝突的原因聲稱：史迪威以其「羅斯福代表」之資格，曾致蔣介石以聞名的哀的美敦書。史迪威因此觸犯了赫爾利將軍，因赫爾利正要準備和蔣訂立協定。朱特着重指出：要任何一個政府首腦接受像史迪威這樣的哀的美敦書是不可能的。假若蔣介石接受了，他就會被中國人民趕掉。

英「經濟學家」說 中國已不是一個大強國

「路透社倫敦四日電」史迪威將軍之召回，使此間自由派週刊「經濟學家」提出問題，說保留中國在新的安全理事會常駐理事一席是否聰明之舉。經濟學家稱：「史迪威將軍之召回，此事本身即甚重要，因爲它標誌了中國政策的新階段。許多月來，史迪威將軍即認爲中國可能較它現在所作盡更多的力，並可能對其所收到的即令非常缺乏的供應品作更有效的利用，此點已成公開的秘密了。他曾促請容納共產黨作爲達到同一目的的方法，但美國的壓力只能造成目前爆發的結果。較之局部的軍事後果更爲遠大的意義乃是美國目前所產生的反應。消息靈通美方人士久已認清，中國的眞相幾乎完全與民主進步、强大而聯合抵抗日本的一個國家直接相反。現在，洪水的閘門已經打開了。迄今所透露的乃是非常苦惱的情景，但面對眞實總不會有什麼損失的。在應面對的眞實中，有一點是中國現在，且似乎早已不是一個大强國。眞的，現在甚至已不可能確定，是否將有一個爲其他一切列强所承認的明白地合法的中國政府。在這種環境下，仍舊保留中國在新的安全理事會中常駐理事一席，不是最不聰明之舉嗎？我們如何能夠確定說美國和蘇聯會同意一個當然的佔有者呢？」

史氏與蒙特巴頓意見相左 蒙將出任最高統帥

「合衆社倫敦二日電」據悉史迪威與蒙特巴頓對於遠東之戰略意見，頗爲相左。當蔣委員長堅持美國召回史氏時，蒙史兩氏互不交言。與此事巧合者，即英國在遠東之統帥部有調動人事之跡象日增。至於蒙特巴頓是否仍任最高統帥，現有待於最高當局之最後決定。……蒙特巴頓最近曾與此間高級人士會談其出任要職之可能性，有謂其或將爲東南亞之統帥者。據消息靈通之人士稱，如有任何人事上之調動，則蒙特巴頓必將出任最高統帥，但仍將担任未來對日作戰之各方面工作，例如其素所精通之兩棲戰術，即其一也。據當美國若干報紙主張此項工作應由一美國人担任時，英國對於蒙特巴頓之任命，頗有辯護之

東軍區司令李運昌，第十三軍分區政治主任李中權外，其他行政幹部全部陣亡。該軍區連絡部長分劉傑，亦爲我軍俘獲，他於昭和十七年秋，由延安中央派出，作爲特別情報總部長。在此次掃蕩戰鬥中，由於行政系統的首腦部被我殲滅，冀熱遼區分署的行政力遂行削弱，延安的以冀東爲重心的政治攻勢，特別是在政治行政方面，已呈現出崩潰狀態。

法共政治局 抗議解散國內軍

「海通社柏林三日電」巴黎訊：法國共產黨政治局現已實際上對法臨時政府宣戰。法共政治局發表聲明抗議，譴責法臨時政府解散在祖國土地上爲民族解放而鬥爭的愛國團體的命令乃是政府對人民敵對態度的無可置辯的證據。法共政治局稱，此種命令可能引起的後果，法臨時政府應負充分責任，政治局又譴責法臨時政府希望挑起紛亂，藉以能夠拋開民主而有利於個人權力的思想。共產黨無論如何不能爲此種意欲解除人民武裝的決定一致。除此法共政治局抗議外，又有抵抗委員會委員愛麥爾埃．達西埃氏向法共號召，達氏表示期望無論在何處的所有共產黨人將依照政治局指示行動。

「海通社柏林四日電」據威廉街方面獲悉：邱吉爾與艾登將於十一月十一日到達巴黎。柏林人士咸信，此舉意味着支持戴高樂反對法國共產黨。威廉街發言人宣稱：德方已獲確實情報謂，共產黨民軍之解除武裝與解散可能起源於艾森豪威爾將軍的直接要求，該要求係由英國政府提交戴高樂。艾森豪威爾曾拍桌要求政治家們設法停止不間斷進攻在法美軍的事件。艾森豪威爾提到下列事件，如像俘虜小股美兵，脫掉他們的服裝，剝奪他們的制服與武器，經常搶劫美軍供應及軍火庫。威廉街人士稱：法國共產黨政治局的聲明是法國的發展將發生風波的預兆。共產黨在法國像在西班牙一樣力圖在左派激進集團的協助下獲得權力，這是很明白的了。英美力圖以支持戴高樂來對付此事，但威廉街人士堅信邱吉爾與艾登已向克里姆林提出保證，說這種行動不是針對蘇聯，對此威廉街人士深信法國、希臘及伊朗所發生的衝突對於英美蘇聯盟不會發生決定意義的影響。柏林特指出，法國共產黨之宣佈與戴高樂戰爭，與邱吉爾及艾登在××××的聲明同時發生。

國民黨在豫西設「游擊區」

「本報訊」據九月三十日大公報訊，國民黨當局設豫西游擊區，轄嵩縣、宜陽、洛寧、陝州、靈寶等五縣，由某集團軍副總司令劉昌會兼司令。據該戰地報紙。

參攷消息

（只供參考）
第六八九號
解放日報 新華社 編
今日出一大張
卅三年十一月六日
星期二

敵軍突入桂林飛機場

【同盟社里斯本四日電】重慶來電，重慶軍當局三日發表桂林方面的戰況如下：日軍的兩個部隊，採取鉗擊行動，分別直攻桂林的北車站與北門外國及桂林的南車站與南門外側，此外另以兩個部隊向東門進攻。日軍一方面整備決戰陣勢，同時向桂林施以强壓。市街仍在重慶軍手中，桂林周圍的高地要塞亦在重慶軍手中。但日軍向東門之高地强烈進攻，另一部隊則向南車站南方十一公里處進攻中。在廣西省東南方的西江地區，由平南前進的日軍，向柳州東南方八十八公里的武宣西進。

又路透社駐重慶特派員就桂林戰況報導如下：重慶軍當局在三日接見記者時，曾聲明重慶軍可以死守一個時期，但日軍的南方部隊，企圖完全包圍桂林，刻向西方移動，桂林東南方的日本軍，繼續南下進攻，與沿西江西進的部隊取得聯絡。

美軍方面之報導：日軍一部隊進抵桂林東方三公里之處，已到達美空軍飛機場。

【同盟社華南前綫四日電】我軍於控制丹竹、平南兩平原地帶後，嚴密監視敵人行動，×日突然開始進攻，追擊敵人，在柳江左岸地區展開極爲壯烈的大追擊戰。

【同盟社大陸基地四日電】敵根據地桂林在我軍猛攻下，已瀕於潰滅狀態，但敵頗有決心進行頑强抵抗。據我偵察機報告，在桂林東北山岳地帶，有很多掩蔽壕，前面並佈置有複雜的戰車壕，藉以阻止我機械化部隊的進攻，他們的防衛設備，日益增强。

【同盟社華南前綫四日電】三谷報導班員四日電，我先頭精銳部隊，向柳江流域的敵陣地繼續施以壓迫攻擊，並已迅速的逼近駐華美空軍最重要據點柳州方面的武宣。

傳中國農民協會 責斥征兵機關腐化

【海通社柏林五日電】重慶訊，中國農民於此間第六屆年會上激烈抗議對由民徵出的中國士兵和對受過教育階級的不同待遇。在向蔣介石提出的決議案中，中國農民協會（重慶農民組織）要求立即設法糾正此種狀態，負責徵兵及軍隊供給的政府機關應徹底清洗，因爲他們現在是腐化的。決議復要求在徵稅問題上的平等待遇，因爲現在下層階級正爲保衛國家而犧牲最後一分錢。據宣稱，商人政客把錢存在美國銀行裏，對於保衛中國毫無貢獻。結語稱：中國農民要求在一切政府機關及國民參政會會中均有充分代表參加。雖然中國人民中百分之九十是農民，但此國體中沒有一個人代表他們參加。

國參會駐會委會通過獻糧獻金辦法 及徵借人民外匯資產辦法草案

【中央社重慶三日電】國參會駐會委會三日上午九時舉行臨時會議，通過該會財政經濟組對借用人民外匯資產辦法草案審查報告，並請政府撤消收回中國實業、中國通商、四明三銀行官股。在會議進行中，各參政員對於士兵待遇極爲關心，並就目前所獲知之事實有所決定。今日會議出席者計主席團張伯苓、莫德惠、王世杰；參政員王普涵、許德珩、李永新、冷遹、黃炎培、陳博生、許孝炎、孔庚、王雲五、陳啓天、杭立武、錢公來、董必武、胡健中、江一平、左舜生、郭仲隗、胡霖、李中襄；秘書長邵力子、副秘書長雷震等，由莫德惠主席。報告事項：秘書處報告財政、糧食兩部函，爲改善士兵待遇獻糧獻金辦法草案，業經依照貴會駐會委會決議修正各點重行修正，除呈行政院鑒核外，復請查照。各參政員以本案過去討論數次，所提出之意見，均包括在內，將來實施後，人民雖不免增加負担，但此次所規定之辦法，對於人民當前負担能力曾經一再愼重考慮，咸認爲在此爭取勝利之最後階段，爲適應國家迫切之需要計，不得不出此，深信人民必能體察環境，樂於接受。該委員會對於負担公平之原則，亦曾再三研究，始完成該草案，務期各種職業之人民，皆有合理之負担，其愼重之態度，爲參政會成立以來所僅見。故此項草案遂經全體一致通過。討論事項：（一）財政經濟組審查徵借人民外匯資產辦法草案報告，由召集人冷參政員遹說明審查經過，各參政員以本案對於借用方式與數量，較前所提原案已大有改進。而借徵並用，亦能與獻金獻糧辦法採取同樣辦法。其歸還期，現經縮短，且依捐獻人之意見，以法幣或外匯歸還，故對於外匯持有人之利益，亦多所顧到，當經決議照審查意見通過。（二）軍事與內政及教

美英報界評中國政局

「合衆社紐約四日電」合衆社特寫時論家馬吉斯・却爾茲評史迪威之召回稱：「在這一個事變裏，像在閃電的閃光裏一般透露出中國的深淵以及前面漫長的曲折的道路」。他看到被叫做「可笑的美國的極端」的危險說，過去報章雜誌上所發表的東西，會使我們把中國人理想化了，樹立了「一個高尚的、任勞任怨的人之虛假的圖畫」；而現在我們可能走另一個極端了，那就是譭謗中國，一直鄙棄中國爲「無望的衰敗的獨裁主義」爲止。而這將如××與第一個歪曲一樣愚蠢的。軍事領袖們的觀點較接近於現實，他們說，我們應該盡一切努力在未來的大戰鬥中利用中國的人力，不管中國政治思想或蔣介石的個人生活如何。這就是史迪威曾試圖做的事情。時論家陶樂綏。湯普生寫道：美國人的心對任何我們同盟國沒有比對於中國更熱烈的了。我們也不能對蔣政權的行爲作何批評。可是湯氏指出，我們希望由於歐洲的勝利，蘇聯可能和我們共同對日作戰，此點已爲公開的秘密了。蘇聯爲什麼會這樣做，是有不得不然的理由的。但可以確定，他們不會和我們共同去鞏固中國內部對他們極爲敵視的政權的。在那裏也如在歐洲一樣，蘇聯將考慮到他們將來的安全。如果蔣能在民主的基礎上與中國其他各派妥協的話，他就會被蘇聯所接受。如果他要用强力作他所想到的解決的話，他將不可能被接受。

「路透社倫敦五日電」權威的中國戰事解釋者格林（O.M.Green）氏今日於「觀察家報」星期版發表對美報批評蔣介石將軍的答覆。格林氏將國民黨形容爲萬花筒，其中由自由派一直到十足的極權主義者不一而足。繼稱：某些美作家之劇烈攻擊蔣介石將軍爲反動頭子，實可謂異乎尋常。或者在其與史迪威不睦事上他並非完全無過的。他是專制的而且一定是因爲其担負的重荷而非常疲倦。但他是一位至上的政治家與愛國者。他與共產黨經數月的談判後，最近產生了委員長含有妥協希望的提案。他實現了放鬆的檢查制度及放鬆輿論至某些程度。委員長所有的朋友均熱望着他將投身使自己受到目前政治上從未有如此覺悟起來欲衝破「老的集團」的廣大的騷動羣衆的支持。但美新聞界的猛擊，顯然已使其處境極大困難。因其任何讓步將被誤解對外國指令的低頭。

育文化組審查報告，大會決議交本委會擬請出本會發動各地民衆團體及各界人士，組織新兵服務社案，經一再討論後，決議以各地已有新兵服務組織，本會只須隨時協助進行，應再設立新機構。（三）錢參政員公來等六人提議，爲財政部處理中國實業、中國通商、四明三銀行退還官股案，國庫損失甚鉅。特建議糾正，並說明在中財部對其詢問此案之答覆甚爲含糊，經討論後決議請政府撤銷收回三銀行官股之原決定。最後陳參政員博生等五人對各地新兵補充團有待遇問題、舞弊情事提出詢問，決議根據所舉事實送軍政部請迅速查明答覆。十時四十分散會。

傳赫爾利促請羅斯福和平解決國共糾紛

「海通社柏林四日電」倫敦訊，「每日郵報」紐約訪員對該報發表通訊稱，華盛頓斥責蔣介石保持其軍隊以便將來打共產黨×××。羅斯福接獲赫爾利少將的定期報告，促請和平解決蔣介石與中國共產黨之間的糾紛。下一步驟必須爲兩黨的妥協。赫爾利解釋稱，最好的辦法是允許共產黨自治。如此將解放共產黨軍隊用以抗日。

關於史迪威召回事約克厦郵報替蔣辯護

「路透社倫敦四日電」宋子文外長關於史迪威將軍召回的談話，倫敦僅有兩家報紙予以刊載，其中只有一家報紙——約克厦郵報——發表社論評論。約克厦郵報稱，宋子文的外交政策觀點博得×××的贊同，它的談話明白顯示：史迪威的召回是史迪威與蔣委員長間氣質沖突的結果。他們互相不喜歡，因此他們之間的有效合作是不可能的。高斯的辭職僅僅是由於在戰時中國長期服務的過於疲勞，與史迪威的問題無關。此兩件事情均無任何政治上不協調之類的問題；雖然史迪威可能多少着重提出其對於軍事問題方面的意見。約克厦郵報繼稱，蔣委員長與共產黨間的利害矛盾已在美國引起似乎是過分的驚奇。除宋氏所强調之事實即此分歧已爲美國認爲完全是中國的事情外，還有若干象徵表示，蔣委員長與共產黨的關係較諸某些批評家所推測者爲佳」。該報繼即引證若干蔣委員長寬大政策的例子，如戰爭停止後允許一切政黨處於平等地位，擴大國民參政會的權力等。約克厦郵報稱：「這裏並無同情法西斯的象徵。郵報最後稱，中國最近戰爭中的挫敗不能歸咎於政治上的分歧或國民黨不願以最大力量進行戰爭，而應歸之於供應困難，此種困難如果同盟國能通力合作，將得到最好的解決。」

羅斯福致蔣壽電 較去年大爲冷淡

「合衆社華盛頓四日電」外交觀察家認爲，羅斯福此次與上次祝賀蔣介石生辰電報間的差別，可能有政治的意義。羅斯福於十月三十一日——蔣委員長的生日——證實史迪威召回之說。羅總統去年頌揚蔣的「英明能幹領導」及中國的「英勇抵抗侵略」，電文共三百二十字，今年電報僅三十二字，「在你生辰紀念之際，我感覺很高興的能向你祝賀你的身體健康及中國人民的幸福」。（字數是以英文計算——譯註）

紅艦隊報 評菲島戰事

「合衆社紐約四日電」戰時情報局發表蘇聯海軍機關報『紅色艦隊』上所載一文稱：雖然日本艦隊在最近菲島的後追戰爭後可能再次出戰，但此種辦法亦不可能挽救日本在菲律濱的形勢。可以說，日本統帥部遲疑過久，最後投入主力作戰爲時已晚。據稱一戰爭證明，美國艦隊如此優於日本艦隊，以致美國艦隊可以擊敗日本艦隊的進攻，並於接近日本基地之處予以嚴重損失。」

「海通社柏林廿九日電」倫敦訊，消息靈通觀察家稱菲律濱之戰役，美國××××將竭力企圖幫助中國瀕危的情勢。合衆社記者自紐約向新聞紀事報報導稱：此點也許將以在中國海岸或在台灣廣大地區登陸進行之。

「海通社柏林廿九日電」倫敦訊，消息靈通觀察家稱菲律濱之戰役，美國××××將竭力企圖幫助中國瀕危的情勢。合衆社記者自紐約向新聞紀事報報導稱：此點也許將以在中國海岸或在台灣廣大地區登陸進行之。

布達佩斯爭奪戰 已入決定階段

「同盟社蘇黎世二日電」隨着東普魯士戰事的沉寂，東部戰綫的戰事重心已轉至匈牙利南部戰綫。紅軍對布達佩斯進行的攻勢已進入決定性的階段。據反軸心方面報導，强有力的紅軍坦克部隊使德匈軍防綫後退之後，横渡多腦河平原前進，現在進迫距布達佩斯四十公里處。另一方面，馬林諾夫斯基元帥麾下的紅軍突入多腦、的薩兩河間的平原地帶，到達布達佩斯南方七十公里的索爾特。在尼累給哈薩地區，馬林諾夫斯基元帥麾下的其他幾個部隊開始進攻托凱市，該市乃的薩河上流的要衝，有力的德國黨衛軍防守該市，現在展開激烈的坦克戰。德匈軍數度進行反攻，馬林諾夫斯基元帥對於各種消息給人認爲在距離上說，紅軍已接近布達佩斯，因此該城將要失陷的印象，提出警告，他強調：攻略布達佩斯需要相當的時間，因爲紅軍對於大都市，常是不採取正面進攻，而此次要採取包圍作戰。

斯密茨——康納利法律禁止職工會捐助最後的選舉運動，但不禁止捐助預選，在這種法律之下政治行動委員會便把錢直接用於它容易得勝的預選運動。迄今爲止，它已花了三十萬美元（大部用於薪金與印刷費），這一數目僅是滄海之一粟。因爲在其財庫內，還存有産業工會聯合會所捐助的另一批四十萬美元。

政治行動委員會通過決議，希望每一産業工會聯合會會員至少捐助一元美元，其口號是：「爲羅斯福捐助一元」。這一批錢的大部將用於佛蘭克林·羅斯福的重選，因爲政治行動委員會的主要力量將投入第四屆競選的努力中。

這些便是悉尼·希爾曼所以成爲本週芝加哥最重要人物之一的一些理由。這位溫和的、患慢性病的勞工領袖不是民主黨大會的代表；他甚至不是一位登記的民主黨員。但是在幕後，他的權力卻是很大的。

政治行動委員會係於一九四三年七月産業工會聯合會執行委員會上成立的。當時斯密茨——康納利法案剛剛通過；反勞工的國會議員正在趾高氣揚。有組織的勞工，其聲名又爲路易斯（礦工聯合會主席）的四次戰時罷工所沾污，遭到了各方的抨擊。由於戰時勞工局停止了提高工資的每一運動，因此那時的勞工對佛蘭克林·羅斯福亦甚憤懣。

急躁的青年主張成立第三黨，並且攻擊共和黨與佛蘭克林·羅斯福。産業工會聯合會主席菲爾·莫萊提出許多冷靜的見解，他說：第三黨是不實際的。而悉尼·希爾曼則警告：『不要進行二十五年以後或能實現或不能實現而又不實際的組織』。

莫萊與希爾曼都深知第三黨在美國是怎樣的失敗了：人民黨、社會黨、海武德的國際工人世界，甚至老波布·拉法賴特（old Bob Lafo lette）一九二四年的進步黨都告失敗了，其最成功者在全國範圍內亦不够强大到足以制使兩黨度發生裂痕。

因此菲爾·莫萊建議一個在兩黨制度以內能够增進勞工利益的組織，但是這一組織應有其自己的綱領與黨的工作人員。選擇悉尼·希爾曼任政治行動委員會主席是很顯然的——他很久即是勞工的精明的、最有實際效力的與白宮有聯系的政治家。

希爾曼第一次露頭角是在一九一〇年著名的芝加哥縫衣工人罷工。在那時以前希爾曼曾是每週工資八元美元的褲子裁縫。希爾曼生於立陶宛，一位虔

美國贊成戰後再談石油讓予

【路透社華盛頓二日電】美國副國務卿斯退丁紐斯今宣稱：美國贊成將所有關於石油讓予之問題，延至戰後再說。美英蘇三國之石油會談仍在繼續中，但三國石油會議之日期尚未確定。

美國一支新的力量

（譯自一九四四年七月廿四日『時代』週刊）

本週在芝加哥召開的民主黨大會上，最重要的政治家很可能是一位勞工領袖。

這位勞工領袖是悉尼・希爾曼，現年五十七歲，卅年來曾任富而有力的混合縫衣工人協會的主席。希爾曼之所以重要是導源於美國政治上最大的新事件：他是產業工會聯合會政治行動委員會的主席。

政治行動委員會的宗旨與目的在它出版的『一切美國人的政治入門』（這一書已分發二百萬冊）之第一句話裏可以很明顯地看出來。該書說：『政治是誰與怎樣得到什麼，並在什麼時候與爲什麼得到的一種科學』。

該書繼稱：『在普通的美國人看來，政治家都是騙子……事實是政治家並不比選舉他們的人們更爲腐化，而是人民使政治家腐化了。……讓我們放棄對政治家的責備，而對着完全的公民責任……讓我們自己都成爲政治家。』

政治行動委員會企圖使產業工會聯合會五百萬會員中至少一部份成爲政治家，這在美國勞工運動與美國歷史中是頗爲罕見的。這是勞工第一次的參與政治，也是過去一切勞工政治運動所沒有的事情。政治行動委員會，雖然還在萌芽時期，但還不是一個美國的第三黨，它並不企圖在預期的將來，指定它自己的人員去從事官職，也不試圖（參加）競選，但是它卻是由勞工所籌謀的最不可侮的一個有力集團，它有着金錢、智力同一枝自願的工人大軍爲其後盾。它曾經獲得美國勞工聯合會（雖然該會主席格林藐視它）以及鐵路工會的幫助。在上週它建立了一個包括過激份子、電影明星，作家以及各式各樣自由主義者的公民政治行動委員會，進一步擴展了它的範圍（見本報十月六日第三版）。這一措施，一方面在克服斯密夫——康納利法案；一方面也是精明的悉尼、希爾曼想獲得一個較勞工聯合會更寬廣的基礎——恰如英國的工黨逐漸容包了從諾埃爾——波克斯頓夫人（Noel-Boxton）到維治武德（Wedgewood）勳爵的一些貴族與書寫人。

他是混合縫衣工人協會的主席，在他領導下這個組織一直保持着一個作爲獨立的職工會，直至一九三三年加入美國勞工聯合會，三年以後又轉入產業工會聯合會。混合縫衣工人協會從四萬人增至三十萬人，舉辦了自己的銀行，發展工人住房事業，失業保險制度。在其大部業務中都遵循着希爾曼的方針：合理公道。希爾曼說：如果你摧毀僱主，便摧毀了你的工作。

主的兒子。，一位拉比（猶太教牧師——譯者註）的孫子，他曾學過俄文，吸收了許多革命的學說，於一九〇七年廿歲的時候，遷至美國。

今年四屆大選的夏天，悉尼・希爾曼在曼哈坦政治行動委員會全國總部，一間俯瞰東河的大的邊角的辦公室內工作。在那裏，他在政治行動委員會副主席卡爾文・本海姆鮑爾溫援助之下，指導由五十九名幹部組成的政治行動委員會總部的工作及其十四個州辦公處的工作。

政治行動委員會的工作，如一切現實的政治家常做的一樣，是從底下開始的。它的第一步工作便是登記投票人，在許多城市內，它把登記搞一直搞到工廠裏，並且登記百分之百的工人去投票。政治行動委員會深知道勞工在現在與將來的主要事務首先是與政府打交道，不管職工會當他們須與僱主打交道的日常中可以渴望多少。政治行動委員會一九四四年的綱領亦是肯在確保『新政』將不撤回它十一年來向勞工伸出的慷慨的手。

政治行動委員會的青年思想家——汽車工人協會會員華爾特・路特、產業工會聯合會祕書基姆・卡勒、經濟學家雷・華爾士——已懷疑私人企業在戰爭之後供給充分職業的能力。他們議論：如果沒有政府的主動性，美國不能有效地動員和平；他們正準備接受——甚至渴望——一個經濟主動性屬於政府的世界。政治行動委員會一九四四年的綱領是要求聯邦管理的（包括給予落後國家大量借款以提高其生活水準到免費供給兒童學校一切事情之計劃經濟。（杜宏譯）

國民黨完成康青公路

【同盟社廣州廿九日電】躲藏在中國西部內地的重慶政權，爲打開戰時交通的困難，乃積極建設公路。據西康省康定來電，在建築中的康青公路，業已完成。

參攷消息

（只供參考）
第六〇九號
解放日報 新華社 編
今日出一大張
卅三年十一月七日
星期三

敵軍距柳州五十四公里

【同盟社里斯本六日電】路透社駐重慶訪員報導日軍正進逼柳州，稱：迂迴桂林的日軍別動隊，復向柳州南下進擊，其先鋒部隊已距柳州約五十四公里。

【同盟社華南前綫五日電】我精銳部隊於四日上午八時，攻克敵第六集團軍司令部所在地的武宣縣城。

【同盟社廣西前綫五日電】我精銳部隊猛追敗敵，向西進擊，擊潰敵新編第二十師與自衛團的頑強抵抗，三日上午九時，攻克平（樂）、柳（州）公路上的要衝荔浦（桂林南方八十公里），復猛追向西北方敗退之敵。另一部隊在桂林南方六、七十公里附近，擊潰敵第二十軍，二日攻克恭城（桂林東南方六十五公里）。又另一有力部隊，則於三日佔領桂（林）、平（樂）公路上的要衝陽朔（桂林南方六十五公里），切斷敵人的退路。

敵稱桂林守軍頑強抵抗

【同盟社廣西前綫五日電】酒見報導班員發：我廣西作戰部隊繼續收縮包圍桂林的鐵圈，舉行攻擊，現已在桂林城南方×公里處肉搏。其他有力各部隊，已進抵經桂林市由東向南流的桂江二公里的地點，敵人的據點已在我指顧之間。敵些死守桂林的第三十一軍的抵抗，極爲頑強，並依靠凸凹的山險反復反擊。敵人在圍繞桂林城二百米達以上的絕對不能攀登的峻險，綠樹像蜂窩似的洞穴，構築野砲、迫擊砲陣地，不間斷的發砲射擊。對此我軍實行激烈的夜間攻擊，不斷的奪取敵人的堡壘，其勇敢作戰的情形實冠絕今古。現在試一看桂林城內的情形，南北約三公里半，東南約二公里的桂林城內，除內城外，皆不斷的被火燃燒。城內中央夾在從北到南的中北路與中

民一二、七二八，三七四人。各縣人口統計：省會七、七六七戶、三一、四二五人。（二）賀蘭縣一〇、五〇七戶，六七、三〇六人。（三）永寧縣一三、六三二戶，七八、八三四人。（四）寧朔縣九、四二八戶，五七、六五四人。（五）平羅縣一〇、三四四戶，五八、七六四人。（六）惠農縣九、九二三戶，六三、七九七人。（七）金積縣八、二四四戶，四八、一八〇人。（八）靈武縣三、〇二八戶，八〇、七三〇人。（九）中衛縣一五、九九七戶，八八、六〇一人。（十）中寧縣一三、二二九戶，七五、〇一七人。（十一）鹽池縣一、一三七戶，八、三二二人。（十二）同心縣七、〇八五戶，四一、〇九五人。（十三）澄口縣三、二〇七戶，一六、〇五六人。（十四）陶樂縣六八一戶，三、六六六人。（十五）定遠營一、八二三戶，七、八九七人。

【中央社恩施六日電】鄂省府近來銳意整飭吏治，茲有一批縣長因故已分別予以撤免：計光化縣長自（電文不清）橫暴殃民，均予撤職查辦。×縣長黃彝熀，不順輿情，沔陽縣長蕭轔成，久未到差，亦均予以免職。

同盟社稱納爾遜之行 是有逼迫重慶決定態度

【同盟社東京六日電】美國政府已發表再度派前戰時生產局長納爾遜赴重慶，這是美國政府繼召還史迪威之後向重慶打出的『第二手』。納爾遜爲什麼去重慶？從此次美國與重慶的關係中所表現的嚴重危機即可看出，這一嚴重危機首先發生於兩個半月以前，納爾遜與赫爾利少將共同訪問重慶時向蔣介石提出下列三點要求，作爲美國繼續援蔣的代價。（一）爲了使到達中國戰場的一切武器與供應品作最有效的分配，應任命史迪威爲中國戰場的最高司令官。（二）清除重慶軍統帥部內的頹落老朽份子，澈底的刷新軍政。（三）與共產軍成立聯合戰綫，統一對作戰的努力。其後發展成爲蔣介石與史迪威的正面衝突。羅斯福爲了維持蔣介石的面子遂召回史迪威，同時致電蔣介石：『根據你的希望決定將史迪威召回，由史迪威進行大改組重慶的責任，此次必須你來担負』。美國的通訊社亦按照政府的意旨，指出：『爲了改組重慶軍，所謂必須排除的頹落老朽排外份子，就是何應欽，陳立夫陳果夫兄弟，閻錫山』。直呼其名的要求蔣介石在自己的責任上應罷免這些人物。當美國與重慶的危機到此種地步時，美國政府迅速派遣納爾遜赴重慶，以對付沒有到達美國要求改組的重慶。納爾遜此次出動，就是向蔣介石表示：如能按照美國所規定的進行改組，尚可設立生產局，加强美國的援助』，使蔣介石有斷然的

南路之間的中山紀念學校及政府建築差不多全部被燬毀，直至現在尚餘燼未熄。

廣西省府局部改組

【中央社重慶六日電】國府六日令：（一）廣西省政府民政廳長朱朝森，免去兼職此令。（二）廣西省政府委員呂競存、曾其新，另有任用，均免本兼各職此令。（三）任命陳良佐兼廣西省民政廳長此令。（四）任命陳壽民、尹承綱為廣西省政府委員此令。（五）福建省保安處處長黃珍吾，另有任用，應免本兼各職此令。（六）任命嚴澤元為福建省保安處處長此令。（七）派喩根爲新疆省第二區行政督察專員此令。（八）派喩根兼新疆省第二區保安司令此令。

【中央社重慶六日電】中樞紀念週，六日晨在國府禮堂舉行，蔣主席領導行禮後，由中央圖書雜誌審查委員會主任委員潘公展作工作報告，略謂：本會自廿七年成立迄今，六年統計出版圖書雜誌數量年有增加，分類比率，以文藝爲高，科學與論著爲最少。推其原因，或因科學書籍需要特殊印刷設備，加之專門書籍銷路不暢，故著作人與印刷界均不願問津。又在重慶出版之雜誌數量，約佔全國總數三分之一。關於戲劇電影，年來藝術水準遙見提高，多數作家且以主義革命史實總裁言論新生活運動國民精神總動員等意識爲劇本主題，惟電影方面原料來路不易，故除中央攝影場暨中國製版廠外，其餘各廠攝製工作，幾均停頓。吾人本諸經驗，檢討工作，深感：一、大多數出版界著作人均能自動守法，惟尚有不少人數不能自動守法，觸及禁載標準。二、審查工作素稱任重，雖竭盡智能，猶感未能圓滿達成任務。三、禁載標準雖備綱目，有人故意避免禁載標準，而作有害社會著述。最後附帶述及目前出版界之困難，約有下列諸端：一、書刊郵遞寄送困難，且寄費高昂。二、出版品成本高，售價雖照戰前原價增加五十倍，然仍感維持爲難。三、話劇演出成本高，致劇作者多注重生意眼，迎合一般觀衆趣味。四、書店營業稅與話劇演出捐稅苛，若以渝市論，售票收入二分之一均爲捐稅。

【中央社蘭州六日電】四省戶政督導會議，六日晨閉幕，大會通過提案七件。關於戶政業務經費，原則上已決定由國庫撥給五成，地方自籌五成，此外並請中央迅速頒佈修正戶籍法，以期如限完成。內長周鍾嶽在蘭三日，事畢，定七日乘機返渝。

【中央社寧夏六日電】寧夏全省人口，業經民廳覆查完竣，計全省共有居

決心。無論如何，納爾遜一到重慶，問題將更以緊迫的形式展開。今天已經很明顯的可以看出，重慶是成爲能夠與美國對抗的獨立國家？還是墮落爲美國的附庸國？決定的時期已經到來了。

英國報紙表示
英國決支持美國抨擊蔣介石

【海通社柏林二日電】倫敦訊，英某報評論華盛頓與重慶之間的齟齬，英國決心在任何方面支持華盛頓當無絲毫疑義。某些英國報紙已經暗示重慶或將脫出戰爭的可能性，這至少是一個嚴重的因素。英國有一家報紙實際上已把重慶抹掉同盟國之列，這就是倫敦每日郵報，該報所提出對蔣介石的譴責頗似美國報紙。可以記起美國報紙曾確信蔣介石把美國物資用作對中國共產黨作戰而不用作對日作戰。又譴責蔣介石實際上採取類似米科拉茲柯政府所用的方法。某些美國報紙稱，蔣介石對保持自己實力的興趣，甚於對日作戰。

【海通社上海五日電】海通社訪員陳××報導：華盛頓意圖盡量擴大它在重慶與中國的勢力，這無疑就是聯絡史迪威將台的論題。雙方均詳細提出他們的情形。華盛頓譴責重慶的不可靠與缺乏誠意，而重慶則說白宮干與中國內政與忽視重慶眞正的利益。然而，此二聲明甚至即使是與事實一致也沒有包含全部眞象。記者與若干消息靈通人士周密討論之後，相信能提供下列事以求明瞭：美國在中國的巨大利益及其四萬萬顧客使得羅斯福用盡一切辦法，以便在政治上，經濟上與軍事上擴展美國在中國的地位，使得不會被任何東西動搖。羅斯福的計劃已因戰爭而擴展，因爲中國市場的競爭者即英蘇，已佔領其他地方。委任美國的史迪威將軍爲中國最有勢力（僅次於蔣介石）的一個人，顯然首先是適合了羅斯福的意圖。然而，不久即看出……與其意圖相反，儘管他有能力，但史迪威將軍並不是一個能夠應付他在重慶所遇到的標本東方環境的人。他是一個明確、果斷說話坦率的人，他討厭[illegible]周圍的那種不可信任與腐敗。經過不久，蔣介石所有軍事領袖都反對他。此外，最後是重慶軍隊軍事上的無能。顯然，史迪威是把這一切現象都詳細通知羅斯福。他必是爲羅斯福今年八月的建議準備了基礎，該建議是史迪威應改組中國軍隊，同時幫助調和重慶政權與中國共產黨。蔣介石接受了他所允諾的一切幫助。但一到史迪威要求觸動他的獨裁統治的時候，他便成爲史迪威因而也是羅斯福的死對頭。例如：只要蔣介石在中國的地位未受損害，他就不

會議料到會被排斥成多次討論的所謂『四巨頭』。其政權的這一特徵使蔣介石首先為維持其統治而戰。任何外來的危險威脅着此種統治，重慶立即對付之。史迪威的事件表明：在此事情上重慶不惜犧牲其外交關係。無疑地，一旦華盛頓承認此條件並決定一致行動，華盛頓與重慶之間目前的危機就可以解決了。然而，兩國家經此大緊張之後，兩國今後的合作似乎很難於像以前那樣真誠。重慶深知華盛頓給予的一切援助都有其一定目的，決不是出於如像華盛頓所經常力言的純粹友誼。華盛頓在它對日作戰中需要中國以鞏立它自己在太平洋上的霸權。蔣介石部屬聰明豈有不知此事之理，但正因為這一原因，他將試圖利用美國，只要他們還幫助他施行他的計劃。

『海通社柏林四日電』在史迪威將軍召回後，德意志世界日報星期六寫道：『從前有一次，美國因為政治原因，終然修正其對一個國家的感覺。在一九三九年，芬人在他們看來是『為民生而英勇鬥爭』，『斯大林是第三個獨裁者』。但在一九四一年，美國報紙即已放棄芬蘭，而在一九四一年六月二十二日後，芬蘭爭取自由的鬥爭被斥為擾亂和平，而斯大林則像佛蘭克林一樣的民主主義者。蔣介石是否為民主國家四強之一的問題，將視他現在服從於美國的程度而定。

蔣介石宴魏特梅耶

『中央社渝六日電』蔣主席六日晚八時，在官邸設席歡宴魏特梅耶將軍，並邀請高斯大使、赫爾利特軍、赫恩將軍、艾其森參事、宋外長子文，何部長應欽暨各軍事外交長官等作陪。

『美國新聞處六日電』紐約五日訊，蔣介石關於史迪威被召返美事，已發表首次公開聲明，致電美聯社行政經理肯特·古柏，以答覆古柏十一月一日發出的要求。蔣原電如下：『十一月一日來電於三日收到。謝謝你關心此形勢的表示。據此處所收到的報紙消息，羅斯福總統對史迪威將軍的調動已作充分的解釋，我無其他可以補充。中美政治上經濟上有效而親密合作的前途現在極為良好。蔣介石（簽字）』

傳塞德將辭職

『路透社德黑蘭四日電』風傳伊朗總理塞德因蘇聯不願與之談判的事實而被迫辭職之謠言，今日流行於德黑蘭國會每日舉行會議二次。塞德對於蘇聯申請租借伊朗北部油田尚繼續反對，但國家因之所遭遇的緊張政局將盡可能早日獲得解決。政府是否欲在國會上通過租借油田的申請尚屬可疑。蘇副外交人民委員長加夫塔拉茲好像已決意逗留於德黑蘭，直至問題獲得解決。

應蘇聯租借物資方面服務。

同盟社一週戰況

『同盟社東京五日電』本土：十一月一日下午一時許，敵四引擎少數飛機侵入帝都上空，一般估計其目的似在進行偵察，並未投彈即行飛去，其基地似在馬里亞納方面。北方：來襲之數廿八次，共四十一架飛機。中國：（一）地上作戰：在桂林方面準備作戰中的我部隊，廿九日向桂林開始總攻勢，十一月一日迅速攻入該市北火車站。從南方前進的部隊，正切斷敵人退路，緊縮包圍桂林的鐵圈。在南方平南，江口墟，桂平一帶，正準備下期攻勢。（二）空戰：中國方面的我航空部隊，連日進攻敵基地，粉碎敵航空兵力並配合地上作戰。緬甸：雨季過去後，在空戰中及地上作戰中，敵人的反攻逐漸熾烈。特別是敵空軍在仰光地區擾亂後方補給以及錫蘭島方面的敵艦船的動向，需要特別警戒。在地上，緬甸北部及孟道方面敵人的活動已見活躍。菲島：隨着來特島、三馬島的攻防戰的激烈，台灣海面的航空戰，菲島海面的海戰，前後數日神風特別攻擊隊的出擊，上述給予敵航空兵力的打擊，竟達到何種程度？現已逐日明顯。此即最近配合菲島作戰的敵航空兵力已逐漸稀少，其艦載機已再亦看不到蹤影，僅是從新幾內亞起飛的陸上機耳，配合地上作戰，敵人的航空作戰已陷於重大危機地步。但以杜拉吉、塔克洛班為中心，敵人已將五個師的兵力投入來特島。敵人決不會採取消極作戰，將從後方以一切手段、整備陸上基地，或集中殘存的艦船。另一方面我精銳陸上部隊又向敵猛烈反擊，因而該方面的戰鬥逐漸激烈，局部的制空戰，陸上作戰的結果是極為重要的。中部太平洋：隨着菲島作戰的展開，彼勒留，摩羅泰兩島遂成為由後方走向前線的中間基地，因而極為重要。我空軍配合地上部隊，從十月十六日夜襲摩羅泰飛機場，三十一日更實行奇襲，敵飛機場設備全部被毀。在帛琉島附近，我魚雷挺進隊擾亂敵人的補給船隻，遠藤中佐指揮的肉搏敢死隊、在彼勒留島北岸登陸成功，該島北部現仍繼續激戰中。敵人一方面強行在菲島進行作戰，又利用菲律濱各根據地，準備擾亂我本土的航空兵力，我航空部隊於三日拂曉急襲塞班、狄寧兩島的飛機場，使敵受到挫折。南太平洋：敵人巨型機對該方面的襲擊已較前減少。印度洋：敵機部隊在尼科巴島附近出現後，直至現在無多大變化。

杜威抨擊羅斯福
要負歐戰延長之責

『路透社紐約四日電』美共和黨總統候選人紐約州長杜威，頃於其最後一次之大規模競選演說中宣稱：歐洲戰爭已因羅斯福總統之『無能』而延長，杜氏於競選運動中首論及戰爭之進行，要

【路透社倫敦五日電】蘇聯通訊社德黑蘭電訊稱：據某些報紙報導，塞德政府已決定派遣代表團赴莫斯科，調整已發生的誤會。該代表團包括干德將軍與副外長何梅安。查，大概將於下週前往莫斯科。

【路透社德黑蘭四日電】應召返國之伊朗駐英土蘇各國大使會在德黑蘭舉行會議，駐英大使今已回倫敦。

【路透社德黑蘭四日電】印度伊朗間商業關係已有所進展。印駐伊商務代表將設立。此間推測現在此間英使館供職之赫斯少校將出任斯職。

羅新政府組成

【路透社倫敦四日電】據羅廣播稱：羅王已下令宣佈組織新政府。

【中央社重慶五日電】據柏林五日廣播伊斯坦堡訊：據布加勒斯特消息，羅馬尼亞新政府經數日之困難磋商之後，已由史泰諾尼斯哥將軍組成。史氏並兼陸長、內長兩職，外長爲前駐荷蘭公使穀索加努，爲與蘇聯在莫斯科簽訂停戰協定之羅代表團團員之一，副總理爲葛洛查自由派之布拉蒂安奴出任戰時生產部長。

蘇聯報紙提出 美軍駐伊朗並非根據條約

【合衆社莫斯科五日電】蘇聯官方報紙以美國牽入蘇聯對伊朗之爭辯中謂：伊朗反對石油讓予權，認爲威脅伊朗之主權與獨立，這是毫無根據。因美軍之在伊朗，固未與伊朗訂結若何協定。消息報刊載長文攻擊伊朗政府及其總理塞德，遂使此仇怨已深之爭議發生完全新因素。美軍在伊朗之被牽涉於糾紛之中，尚爲首次。消息報之攻擊集中於塞德之部下若干人斥之爲「代表外國之狡黠之政客」，惟所謂外國暗示其爲德國，但未說明，因彼等會在其所辯之報紙中發表新聞，謂美國駐伊大使曾致書塞德謂：伊政府決定在戰爭結束前不予任何讓步，未使美國引起若干失望或遺憾。因伊朗爲一主權國。但當伊朗北部之石油讓予蘇聯問題提出時，並無人顧妨礙伊朗之獨立。若干報紙對於下列問題默不作聲，即：另一無同盟協定之盟邦以其軍隊駐紮於領土上，則其主權與獨立又當如何。蓋伊朗領土上除駐有同盟關係之英蘇軍隊外，亦駐有美國軍隊，而美國軍隊之駐紮並未與伊朗政府訂立任何協定。美國政府關於石油讓予權承認伊朗地位之消息，在蘇聯公佈尚屬首次，英國已獲得南部之讓予權，何獨拒絕蘇聯，何況此事於伊朗有利。吾人行見伊朗政府準備以此項讓予權給予美國之公司。按華府官員對此特指出：美軍駐伊乃在對供

求美國人民應獲悉本年九月以迄艾森豪威爾將軍所作德國將於一九四四年戰敗之預言未驗時所發生之事端，杜氏猛烈抨擊美財長摩根索主張化德國爲農業國之計劃說，這將使德國意志益堅，使德軍鬥志重振。羅斯福總統於四日決定告訴吾人戰爭尚需長久時日，艾森豪威爾將軍之預言何以於兩個月中即告取消。羅斯福總統未告吾人以全部事實，惟其中一部吾人已知之矣。羅邸會在魁北克舉行會議，美國務卿陸長未出席，而羅斯福總統借以俱行者則爲彼軍事專家，而財政部長亦攜有其戰後處置德國人民之私人計劃，該計劃感遭異常，致羅斯福總統本人最後亦將其放棄，惟損害已造成矣。公佈此項計劃而將餘者保持緘密，適乃納粹所需要者，其效力尤如十師生力軍，此項計劃使德國之抵抗意志益趨頑強，德軍幾乎立刻停止退卻，他們堅守陣地瘋狂作戰，此事之意義爲何，其意義即我戰鬥人員正爲未經熟慮之干預而流血也。此種未經熟慮之干預，乃羅斯福政府中不可分之一部，杜威宣稱未來政府定將停止此種使美國人犧牲生命，且使最後勝利延遲之政府無能。

敵稱麥克阿瑟被炸傷 萊特美軍損失四千餘

【同盟社里斯本三日電】由於日軍不斷的猛襲，菲島戰線美軍制空權的破綻已經無法掩飾。據塔克洛班前線來電，日機襲擊該方面時，機關砲彈一枚貫穿反軸心軍司令官麥克阿瑟辦公室的窗子，穿入離他十二英寸的牆壁，麥克阿瑟負了瀕死的重傷。

【同盟社東京四日急電】大本營公報（十一月四日十五時）：（一）萊特島我地上部隊，現正於杜拉吉與塔克洛班西方高地附近與敵激戰中，自敵登陸以來到十月三十日止，我地上部隊所獲戰果中業已查明者主要如下：殺傷敵人四千五百名以上，敵人坦克不能行駛者十一輛，地上砲火予敵艦損失，計擊毀巡洋艦一艘、沉毀驅逐艦各一艘、沉毀登陸用舟艇一百一十五艘、燃燒或破壞敵機二十架。（二）我航空部隊連日攻擊萊特島附近一帶之敵，給以巨大打擊。特別是十一月二日到三日拂曉止，反覆猛攻塔克洛班與聖法羅飛機場及杜拉吉港內敵艦，獲得下列戰果：燃燒或擊毀敵機一百十一架以上，燃燒飛機場設施約二十處，燃燒運輸船一艘，而我方亦損失五架飛機。

【海通社東京卅一日電】據同盟社星期一消息，根據日本偵察機星期日晨報告，美空軍各種飛機的大量援軍到達了萊特島。報告繼稱，萊特島上的美軍正盡最大力量企圖使塔克洛班機場修好可用，至今駐紮於拜阿克島的部份美空軍業已到達塔克洛班機場。同盟社稱：美軍統帥部顯然力圖在菲律賓陣線增加其陸地起飛的飛機數目，此點一方面可得出美國航空母艦艦隊損失的結論，另一方面證實爭奪菲律賓之戰絕未過去，且將繼續。

參考消息

（只供參考）
第六一九一號
新華社 解放日報 編
今日出一大張
卅三年十一月 八日 星期三

敵突入柳州平原

【同盟社華南前綫基地六日電】於四日晨佔領武宣的我部隊，突然於五日黎明改變進攻方面，强渡柳江，到達該江右岸一帶，猛然向柳州平原進攻，準備一舉突入廣西心臟部份。

【同盟社華南前綫七日電】沿柳江西岸猛進中的我軍精銳部隊，於六日下午二時佔領柳州東南四十公里的柳江水路的要衝——象縣，並繼續渡過柳江，急追潰敗的敵軍。這樣，如怒濤般地向柳州平原進擊的我軍迫近柳州，因此士氣更加旺盛。

【同盟社廣西前綫七日電】沿柳桂公路猛追潰敵第九十三軍新編第八師、第九師及第四十九軍第十九師主力的我快速部隊，到處粉碎敵方的頑强抵抗，於六日正午佔領桂林柳州間的中間據點黃冕，現仍在繼續進行猛烈的追擊。

【同盟社廣西前綫基地六日電】十月三十日夜晚由桂江東岸的柳家村附近開始行動，配合進攻桂林城的我軍有力部隊，一舉渡過灕江，擊潰盤踞其附近的敗敵，繼續西進，於十一月一日首先佔領桂林城南六公里的第二飛機場，接着佔領桂林城東南十公里的第三飛機場（東南飛機場）。另一部隊橫斷湘桂公路西進，衝至桂林機場羣的主要基地——第一飛機場（桂林西南十五公里），克服留在該處監視較重器材的敵軍的反攻，至四日拂曉完全制壓之。至此駐華美空軍所誇耀的「桂林空中要塞」已消失。

【同盟社桂林城外六日電】包圍桂林的我軍繼續粉碎桂林外圍陣地，緊縮包圍圈。五日黃昏我有力部隊的一部奇襲盤踞江東村（桂林西北約六公里）田家村間的岩山繼續頑抗的敵軍陣地，俘敵營長以下的敵兵多名，並繳獲重機槍及其他兵器彈藥甚多。

其五十六壽辰，蔣介石在其回電中說到史迪威被召回問題。他說：據重慶收到的消息，羅斯福總統已充分說明史迪威上將轉任的問題。因此我沒有什麼附言。重慶與美國在軍事、政治、經濟上友好合作關係的前途是很好的。」關於上述美方的報導，重慶路透社於三日報導如下：「重慶消息靈通人士評論：羅斯福總統在去年蔣介石五十五壽辰發出的賀電長達三百廿五字，而今年縮短爲『祝其健康』等廿五字，這種事實表現了現在重慶華盛頓的緊張關係。」

【海通社南京六日電】南京政府發言人黃柏生（譯音）評論重慶最近發生的事件時稱：美史迪威將軍的召回，美駐華大使高斯的辭職，不僅顯示重慶與美國之間的困難日增，而且說明重慶方面決心以後更多地走它自己的道路。發言人續稱：這事更說明年青的重慶軍士兵們再不願爲了滿足華盛頓的帝國主義野心而犧牲他們自己的性命。史迪威在軍事領域內實行的政策，高斯企圖在外交領域內來完成它。可是蔣介石反對這種干預，蔣氏[illegible]時[illegible]：希望史迪威與高斯的繼任者將受到重慶方面的同等待遇。

【同盟社東京六日電】朝日新聞頭號標題爲「中國願□當奴隸？」的社論內稱：□者□非難：「□□□×□×殺抑消費援蔣物資，但重慶仍然敗北」。而重慶反駁道：自珍珠港事件以來僅收到足以裝備英美軍兩個師團的物資。羅斯福自己亦證明在本年六月底以前贊予重慶的物資價值一億五千萬美元，此外，經過史迪威交給重慶的物資價值二億二千萬美元。最近引起調回史迪威事件的理由之一，就是史迪威不將其□應給重慶軍的軍需品交給重慶。這不過是表面的理由，而其根本的原因還是更加深奧，除了供給軍需品以外，當緬甸作戰時，史迪威不服從蔣的命令亦是一個證據。史迪威是中印緬美軍總司令和東南亞盟軍副統帥，同時又係任重慶軍的參謀長，蔣的參謀，不服從最高統帥的指揮上就沒有辦法統制重慶軍。站在自主獨立的立場以及保全東亞的蔣介石將產生上面這種想法。□前華萊士□及國共合作問題，而赫爾利總愿開發內地，企圖支配全中國的經濟，這是美英不能令人了解的地方。史迪威企圖掌握統帥權不僅限於軍權，他們還主張改組重慶軍，盟軍指揮的統一及中共重慶戰爭努力的一致，他們似乎是從加强對日作戰的純粹軍事的角度來考慮問題。中國人很明白其（指美□——譯註）野心的深處包含着什麼東西。介入軍事權不過是要干涉內政。而要干涉內政就要永久支配獨佔的經濟，脫離軸心的歐洲各國怨嗟被他們奴役，這只要看印度的現狀即可瞭然，他們除了自己以外，都要奴役所有的人民，其戰爭目的是使中國的民□民

重慶迪化慶祝蘇聯國慶

【中央社重慶七日電】中蘇文化協會七日下午二時假青年館舉行慶祝蘇聯建國廿七週年紀念大會，該會會長孫科、副會長邵力子引導蘇聯大使代辦司高諾及大使館人員，于院長、何總長、陳部長、梁部長、孫夫人、郭沫若等蒞場。由孫院長領導開會，報告慶祝意義，謂吾人慶祝蘇聯國慶，眼見其建國精神，必須堅楓奮發，以嚴肅態度根據三民主義來努力。次由蘇聯大使館代辦司高諾致詞，表示熱烈感謝。後相繼由于院長、何總長、郭沫若、邵力子演說，並由邵力子歸納各發言人意見奉行國父遺教，效法蘇聯鞭策自己，爭取國家民族的解放。會畢並放映蘇聯電影「虹」至六時始散。

【路透社莫斯科七日電】蘇聯主席加里寧已接獲蔣主席致賀蘇聯國慶之電文。

【中央社渝七日電】七日爲蘇聯十月革命廿七週年國慶紀念日，蘇聯大使館代辦司高諾，於上午十一時至下午一時在大使館舉行茶會，招待中外各界，以資慶祝。蔣委員長特派魏文官長懷代表致賀，各官長前往致賀者計有：周至柔、甘乃光、董顯光、吳國楨、俞鴻鈞、莫德惠、王世杰、邵力子、賀耀組、劉峙、方治，及各國駐華大使館，文化界人士數百人，場中友情洋溢，互相舉杯道賀，直至下午一時歡散。

【中央社迪化七日電】七日爲蘇聯十月革命廿七週年紀念日，朱紹良、吳忠信、吳澤湘於晨九時半至蘇領館致賀。午蘇領館設宴招待，朱紹良及各機關首長，英美領事等四十餘人，席間會爲澈底擊潰侵略者聯合國勝利，中蘇永久友誼，以及世界永久和平乾杯多次。

中國指揮官學校成立

【本報訊】據時事新報九月廿八日載華盛頓訊美陸軍部宣佈：中國指揮官及參謀人員學校已在中國成立，專門訓練中國遠征軍高級軍官。現有軍官七十二人，其中將官十三人，中國遠征軍司令衛立煌任校長，美國野戰砲隊之上校馬丁任總教官，其他教官都是美籍。第一期已於八月份內完成了八個訓練，但中國政府要求延長十週，並予續辦直至無此需要時爲止。課程和美國堪薩州黎文渥斯堡的參謀學校相似，此校多年來曾訓練出美國高級軍官很多。

同盟社說美蔣關係緊張
僞寧讚揚重慶決定走「自己的路」

【同盟社里斯本七日電】蔣介石對於史廸威被召回問題，保持緘默態度。據紐約來電，美聯社總經理古柏於一日致電蔣介石賀祝

脂涸竭，使其進行戰爭破壞東亞，並使亞細亞成爲他們的附庸。東亞各國應該很清楚地看到這個很顯然的現實。我們決不能過分評價美蔣間的葛藤，恐怕還要繼續進行妥協的工作。據傳納爾遜又被派至重慶。當由迷夢中清醒時，即可覺悟到其所犯的錯誤，這裏應該銘記的就是保全東亞的大義最終要成爲東洋平坦大道的日子很快要到來，使美國海軍非常狼狽的美國，現在只有拚命利用重慶，眼前的勞作不久將暴露出沒有效果。

小磯深懼其附庸背離
空言「大東亞戰爭必勝」

【同盟社東京六日電】值此大東亞共同宣言週年紀念，小磯首相特於六日下午七時廿分，向大東亞各地發表廣播演講，闡明大東亞各國與帝國在大東亞宣言下結成同盟，進行共同的戰爭時光榮的最後的勝利必爲我大東亞所有。廣播要旨如下：其境遇與立場跟帝國一樣的東亞各國向世界各國宣佈其共同的戰爭目的以來，至今已滿一週年，在此期間，東西兩戰場的局勢日趨激烈，現在顯然已進入決戰階段。這次戰爭起因於美英兩國想否認帝國存在的非分之望，他們行使其經濟的實力，封鎖與壓迫殺害日本國民。終於發生武力衝突。致使帝國不得不顧一切犧牲，抗拒美英這種想剝奪我天賦之命，及應有的和平發展的謀略。本來帝國的衷心希望，是排除世界的政治專制、經濟獨佔，在遵重民族的意志，與國家諸主權的條件下，實現互助互惠的國際關係。但如某些國家自認優於其他國家，強以自己的文化，壓制其他國家的文化，企圖獨佔資源與市場，排除經濟通商自由等的態勢決不能永遠維持世界的和平。故帝國準備分担起再建世界的這一光榮任務，而大東亞共同宣言是體現其在東亞的具體原則。在東亞諸國從共有關的地域驅逐美英的軍治勢力後，立即更進一步與帝國結成合作的同盟關係，站到對付美英的共同戰列，這些國家確信只有排除美英的壓迫與侵略，才是獲得自由，取得解放的道路。因而這次戰爭，並不是對於殖民地支配者的局部反抗，而是死守國家主權，民族獨立的神聖戰爭。這是[illegible]帝國[illegible]自存[illegible]爲出發點，[illegible]這次戰爭的本質，更發展到全東亞各民族共同[illegible]衛這一[illegible]的[illegible]，不消說，帝國就是東亞各國，不僅是爲了擁護各[illegible]的[illegible]與獨立而進[illegible]戰爭，並且要形成和維持出於他們相互[illegible]主權與獨立，[illegible]對付共同敵人美[illegible]的共同[illegible]，這樣，國家的獨立，以及因爲獨立而有權威的國家間協同及助道[illegible]理念，將是東亞各國在這次戰鬥的試鍊中所得到的寶貴成果，而帝[illegible]深信這才[illegible]確立真正世界和平的前提。但美英兩國，在今日依然想在世界上確立自己的霸權，

戰時片面增變疆界秩序，還有延長過去幾世紀以來對其他民族的侵略與掠奪，藉此應付戰後的世界。美英所請疑於世界的物量與物力，無非是表明他們想藉此強制實行其非分的野心。故從帝國及東亞各國的立場來看，這次戰爭是為了自己的生存，東亞的復興，以及確立世界和平的神聖防衛戰。因而只要美英固執其奴隸東亞民族，榨取東亞各國的戰爭目的，帝國決要永遠地與其作戰到底，這同時就是與帝國有共同的歷史命運的東亞各國與帝國一道堅持的牢固信念，我們都確信人類的正義，世界的私利在神靈的庇護下，定能得到最終的審判。因此深信不疑在這次生死鬥爭中定能分沾光榮的最後勝利。

【同盟社東京六日電】十一月六日為發表大東亞共同宣言一週年紀念日。小磯首相向汪中華民國主席，巴茂緬甸國家代表，羅列爾菲律賓國總統、張滿洲國總理、阿拜泰國總理發表下列賀電；當此發表大東亞共同宣言一週年紀念日，向閣下及貴國人民致深厚的慶祝之意乃本氏最欣快的事情。回憶在去歲戰雲密佈時舉行的大東亞會議上採納的、並向中外宣揚的本宣言實是歷史上曠古的一大憲章，表示大東亞十億民衆正視其盛衰的歷史，由其心底湧出共同的決心和信念。現在戰事日益激烈，敵人的魔手將其鐵火擴入至友邦時，帝國以其陸海軍的精銳進行搏鬥斷然擊滅強敵。大東亞戰爭實是決定大東亞各國千年命運的聖戰，大東亞解放和興隆的光榮事業可說是附加在我們身上的崇高的職責，決不可將禍根留給後代。帝國在必守的信念下，愈益緊固與貴國的結盟，以大東亞共同宣言闡明的共同理想作為建設大東亞新秩序的巨火，同心戮力，至相提攜，以期向着大東亞戰爭的完全勝利邁進。

僞中央社駐柏林記者 評法國局勢

【海通社柏林五日電】中央社柏林特派記者K．C吳報導：當戴高樂政府僅在兩週前為英美承認為「法國臨時政府」，我即會宣稱，這個企圖給戴高樂的「面子」，從而使他能更好處理法國日益增長的困難。同時可以發現形式上承認是不夠的。因此對法國所採取的政策現正為邱吉爾及艾登十一月十一日巴黎之行所追求。倫敦宣稱，這些討論由於上兩週的發展而成為必要。另一方面，巴黎公開承認，戴高樂現在急需援助以反對法國共產黨的壓迫，人們如果估計英首相計劃中之行與共產黨組織日益增長的勢力及加強的地下活動有關，當不會差得太遠。自從戴高樂為了滿足法國下令解散與解除法國共產黨民團武裝以來，許多共產黨的團體及細胞即大受激動。根據現有一切消息，法國共產黨決定不服從戴高樂的

師團至蘇聯戰場時，他答稱：「西班牙志願軍的出征並無征服他國或憤慨他國之意，而完全是為「反共產主義的目的。我們可以看到：主要國家均在觀念上完全相反的制度下共同合作，但是，未來和平最危險的敵人是干涉其他國家的內政」。他又稱：西班牙及其他中立國家必須參加和平條約的談判。

美國航空綫計劃 未包括蘇聯地區

【中央社芝加哥四日專電】美國在國際民用航空會議中地位顯已增強。澳洲紐西蘭所提管理戰後國際民用航空之主張，較倫敦白皮書計劃尤為嚴格。英國之地位已因此減弱。加拿大採取超然立場，並贊成美國計劃中之若干要點，此舉亦足減損大英帝國在會議中之團結。實際之論爭尚未開始，然各小國本日上午在小組委員會之探討會議中，已對美國所提航空公約之草案提出若干反對意見，尤以未來國際航空大會理事會中之代表權為然，因此舉將使小國完全無發言權。美荷兩國代表團本日宣佈彼等所建議之國際航空綫，美方計劃有二千條主要路綫，其中有一條係遵從舊日之泛美航空綫，由舊金山經檀香山、威克島、關島、馬尼拉與香港或廣州至上海，中途由威克島分出一支經東京至上海。美方並提出一條北方路綫，由芝加哥經加拿大與阿拉斯加至東京及上海。荷蘭之計劃有三十五綫，有一條由荷印經新加坡、西貢、河內至重慶、上海、北平。英方未擬發表其擬議中之路綫。官辦之英國海外航空公司董事長諾爾斯子爵在與中央社記者私人會見時不願討論任何戰後民用航空計劃。可注意者為美國之建議路綫並未涉及蘇聯或蘇聯控制之土地，荷蘭建議中則有一綫由阿姆斯特丹經柏林與華沙至莫斯科。據本日所得消息，美蘇兩國在倫敦之會議中關於管理歐洲大陸運輸一事意見不合，此或為蘇聯突然拒絕參加芝加哥會議之原因。倫敦會議開始於十月十日，蘇方於會議中反對美方所提建議，即設立「泛美運輸部」，由美英蘇共同主持。芝加哥會議中之活動表示：美國代表團深望能確立航空綫，俾美國商務飛機於戰爭結束之前即能開始飛行。美方希望立即成立若干雙邊協定，俾其商務飛機目前即能飛行，而將多邊協定留待以後討論。英方堅持會議中必先決定原則，然後始能簽訂公約，蓋航空綫必須根據會中一致通過之原則而確定。

英國成立 英蘇友誼協定

【海通社柏林五日電】倫敦訊：此間舉行英蘇友誼合作大會閉會時，決定成立英蘇友誼協會。協會將以為促進兩國友誼關係的中心。為在英國非共產黨人士中也進行替蘇聯宣傳起見，已決定予協會以非黨的性質。

命令。議稱，共產黨民團爲了法國的復興尚須完成具體的任務。共產黨與戴高樂間在此發展上的公開裂痕是不難看到的，這一裂痕，使邱吉爾得以棘手，因爲他如果企圖改善此事，他得被迫違反莫斯科的利益行動。非常可能的，莫斯科將憎惡這種干涉。同時當法國共產黨向戴高樂宣戰時，紅色西班牙大會則於士魯斯閉幕，他們目的在於將內戰再度帶至西班牙。這點不是沒有興趣的，即解散與解除法國共產黨民團武裝的要求是艾森豪威爾親自向戴高樂提出的。艾森豪威爾稱，必須結束大部來自抵抗運動人士的對法境美國佔領軍的不斷擾亂。此等擾亂中有搶刼美國供應運輸車、武器與糧食庫，以及逮捕小部美軍然後搶奪其制服及武器而去。即使盟國陣營中這些不斷的意外事件及衝突尚說不上廣泛的騷亂，但消息靈通人士指出這些衝突仍爲這裏人士目前情緒的標誌。如果繼續注意這些發展將是很有興趣的事情，這些發展有發生很多驚人事件的可能。

【海通社斯托哥爾姆六日電】在英國領導下的西歐集團的成立顯已遇到障礙。這由下述事實可以表明：關於在倫敦舉行的西歐列強會議現在毫未提及，而邱吉爾卻要赴巴黎與自意大利歸來的艾登在該處相會，兩人將與法國政府舉行會議。據「哥特堡斯約法爾時斯提德」報倫敦訪員稱：裝備法軍、法國參加對德作戰以及戰後時期的政治問題將在巴黎會談中起最重要的作用。然而該處的會議尚未超出準備階段。瑞典報紙訪員強調英國亦應考慮其他事情。瑞典報紙訪員稱：邱吉爾與艾登已決定不採取危及對莫斯科關係的任何事情。美國亦須予以考慮，雖然華盛頓可能以其政策使法國與英國的接近容易，而不會使其接近困難。最後必須提及期望組成西歐集團的各國僅比利時表現準備隨時參加。巴黎保持緘默，要等待今後數星期的發展，始宣佈其決定。

佛朗哥倉忙洗刷說自己不是法西斯

【合衆社馬德里四日電】佛朗哥於特別接見合衆社記者時強調宣稱，西班牙絕不是法西斯或納粹，且絕未用其他辦法祕密地與軸心國聯盟。據稱：西班牙絕不能聯合德國或任何其他不是由天主教原則指導之國家。西班牙國內政權與主要盟國（包括蘇聯在內）合作並無什麼障礙，但相互間必須不自外面干涉其他國家的內政。佛朗哥引證法國投降使西班牙可能佔領法國領土時，西班牙對法國所採取的友好態度。他否認所謂對軸心國家的義務。「我國政權八年來即宣佈其理想——上帝的正義國家！一的基本原則，一切人均應受天主教原則的支配。」在答覆西班牙有無色彩

【海通社柏林五日電】倫敦訊：在車爾姆斯福德主教亨•利威爾遜博士主持下的「擁護對蘇友誼與合作全國大會」四日於倫敦開幕。英國各處代表及蘇聯人士組成的大代表團（包括古賽夫大使在內）均參加大會。大會將歷時數日始畢。古賽夫將於五日演說。車爾姆斯福德主教於開幕詞中，表示滿意蘇聯——美國的友誼，此友誼由德黑蘭與莫斯科會議來即在增長中，威爾遜稱，蘇聯的出現於歐洲政治舞台爲現代史上最重要事件之一。

敵佐世保鎮守府司令長官易人

【同盟社東京六日電】海軍當局此次更迭佐世保鎮守府司令長官、海南警備府司令長官及兵學校校長等。兵學校校長大河內傳七中將轉任某要職後，佐世保鎮守府司令長官小松輝久中將繼任兵學校校長。船政本部長杉山六藏繼任佐世保鎮守府司令長官，海南警備府司令長官松木益吉中將調任軍令部「出仕」後，遺缺由伍賀啓次郎中將繼任。而艦政本部長由井上次官兼任。今日十五時海軍省公佈如下：（一）海軍中將杉山六藏補佐世保鎮守府司令長官海軍中將伍賀啓次補海南警備總司令長官。（二）海軍中將井上成美兼補海軍艦政本部長，海軍中將小松輝久補海軍兵學校校長。前海南警備府司令長官海軍中將松木益吉調任軍令部「出仕」，前海軍兵學校校長海軍中將大河內傳七補某要職。

杉山中將係鳥取縣人，明治四十三年在海軍兵學校畢業，昭和十一年升任少將，中國事變時作爲艦隊參謀長進行活動，嗣後歷任艦隊司令官，學校校長等職，十五年晉級中將，並被任爲華北方面海軍最高指揮官，此次開戰（指日美戰爭——譯註）後轉任前綫某要職，十七年十二月返國任軍令部「出仕」，十八年四月十五日被任爲艦政本部長直至今日爲止。小松中將於明治四十三年成爲北白川宮的親戚，賜予小松的家名，被列爲北白川宮的家族並賜予侯爵的爵位，明治四十二年在兵學校畢業，昭和十五年晉級中將並任旅順要港部司令官、又任華中方面海軍最高指揮官、大東亞戰爭時，就任前綫某要職，獲得赫赫武勳後返國，十八年六月繼南雲忠一之後就任佐世保鎮守府司令長官直至今日爲止。伍賀中將：他父親是岡山縣人，明治四十三年在兵學校畢業，昭和十七年五月晉級中將，在此期間曾歷任第三艦隊參謀、軍令部副官、海軍大學教官、軍令部專任參謀、及前綫某要職，十八年九月任軍令部「出仕」，同年十二月任軍需省關東軍需管理部長，十九年十一月免職直至今日。

參攷消息

（只供參考）
第六九二號
解放日報 新華社 編
今日出一大張
卅三年十一月九日
星期四

趙敏恒氣憤的說

國民黨如果走向反動

外國批評要負很大責任（？）

「路透社重慶七日電」趙敏恒報導：重慶對於史迪威的爭論，保持完全沉默，嚴禁由重慶發出解釋和評論。中國政府在史迪威離開前、華盛頓宣佈後，以及在外國報紙的推測與評論後，均採取此態度。（缺）政府領袖雖在招待記者會上被一再詢問，均拒絕評論。唯一官方的評論為宋外長的聲明，他於接見美國記者時稱：「當史迪威被召回時，我政府不欲發表任何解釋，因為這純粹是軍事問題，然而關於此發展的原因引起了許多推測，尤其在美國為然，其中許多是沒有根據的。我們現無意來討論它們，因為現在是在戰爭中，而且一般感覺，錯誤的印象將及時的為事變所矯正。史迪威之召回完全是個性問題，與中美間政策的分歧毫無關係。相反的，當赫爾利及納爾遜前來與我國政府討論更親密的軍事、政治及經濟合作時，我們之間達到了完全的協議。我不知道赫爾利及納爾遜是否能發表公開聲明，但如果他們發表公開聲明時，我相信他們將同意此聲明。中國與美國間不但談不上有任何誤際，而且我相信自今以後，兩國間的關係將較前更為諒解、更為親密、更有成果。自然，這一聲明並不涉及預言。因為未來的事變將或者證明它是對的，或者證明他是不對的。但對我個人說來，我感覺完全樂觀」。由於報紙的禁令不准提及特殊的分歧或此事件，現尚找不出適當的方法來回答外國報紙上閣下的錯誤×××××，日本人××，我們曾經提醒你，日本人就在那裏」。幾個流行的週刊暴露了同樣的傾向，如新政治家的社論宣稱：「國民黨懼怕共產黨，而國民黨的羽翼是由銀行家與商人階級、仇恨改革的古老官僚、一切貪污腐化者及擁護莫斯科、贊成法西斯主義而不贊成民主的民族復興路綫的中國青年國家主義份子們所支持……。如果蔣介石想要重振中國人民的民氣的話，則似乎難於避免這樣的結論，即他無需要防範所謂的共產黨。任何此種行動，都會遭到委員長周圍的反動份子之極力反對。這可能是對他的政治家品質的最大考驗，因為他需要拒聽勸他在南京方面找尋同盟而不在各邊區找尋同盟的固執意見，而他如果真正要在共產黨方面覓求同盟，那他務須克服控制了國民黨機構的陳氏弟兄的強烈反對」。新政治家並相信內部的困難——飢饉、屯積居奇，貪污腐化——自失掉緬甸以來，「即日益增長地反對那萌芽的中國民主與中國的西方朋友們如此公正稱讚的新發現的中國團結」。該報宣稱委員長聽取少數人的意見而極可能不聽參政會的意見」，關此特別提到孔祥熙、何應欽與陳立夫。宋氏家族中最能幹的宋子文不能再在財政與外交政策問題上表示其自由主義的觀點（此等在財政與外交問題上的自由主義觀點曾如此多的向西方各國重新保證過）。而自由主義者如孫科，郭泰祺與王世杰等「今天看來似乎是個人式的而非政治的」。強調遠東任何戰場×××與××中國的權利是屬於四強的，因為「沒有中國的合作是不能擊敗日本的，而她如不××××，遠東××也不能得到持久的解決」。新政治家評述史迪威之召回為是美國企圖「輸入重慶某些效能，重慶軍隊七年來首次××××反抗日軍的攻勢」（缺）。

「美國新聞處舊金山五日電」紀事報專欄評論家布萊厄稱：（缺一）它不會減弱我們與中國人民的友誼，與我們要援助他們使其免受外國統治的決心。的確，解放中國國土是一個艱巨的任務……需要毀滅日本武裝力量，把他們驅到他們居住的島嶼……。

偽中央社駐柏林記者
盛讚蔣介石對美的「回答」

「海通社柏林二日電」中央社（偽中央社）駐柏林特派記者K•C•吳報導：重慶中國與美國間協和一致的基本困難，在全世界報紙中得到廣泛的反響，此種基本困難由於美國的突然罷免史迪威將軍已全盤為全世界所知道。美國帝國會議希望隨心所欲的統治重慶中國，但最後已被給以適當的回答。中國有史以來從未有如史迪

所提出的××各點。一般的背景或者有助於了解形勢。沒有一個人可以否認，蔣的思想與行動指導着最高的政策——對日勝利進行戰爭及使中國成爲世界強國。蔣對美國的感情總是最友好的——而且會被人稱爲過於友好，毫無疑問的，蔣總是準備而且願意與美國合作。此點可由下列事實證明：他將中國在緬甸的軍隊交給史迪威指揮，中國軍官、中國政府及地方當局均予一切可能的方便以幫助駐華美軍，如建築機場、居住、糧食與諜報。（缺數句）日本在進攻中國之先，雖對蔣施以强烈的壓力。蔣雖然認識嚴重的形勢及中國××的態度缺點，但絕未動搖。他寧願進行表面似乎無望的戰爭而不願接受外國的統治。在漢口與重慶？日本均一再地提出諂媚的和平條件，蔣從未動搖過。和它是沒有妥協可言的——或者完全獨立，完全恢復中國的領土，或者是什麼也沒有。許多批評是針對着蔣對共產黨問題的態度。蔣已極爲明白地表明其態度。中國必須只有一個政府與一個軍隊。他不能同意任何分離的獨立的政權或軍隊。沒有一個自尊政府的領袖能同意任何其他的東西。中國所憎恨的是：外國評論家以某些東西强迫中國，而這些東西他們在他們自己國內也是忍受不了的。這些評論家們不去要求共產黨服從政府命令，反而由於攻擊重慶使形勢更爲惡化，因爲這種批評上能鼓勵共產黨在談判中拒絕妥協。政府在大部份人民是文官和國家大部份爲侵略軍隊佔領時，如何能一夜作這樣重的改變呢？蔣已經宣佈在戰爭結束後立即組織立憲政府。雖然×××，但外國不友好的批評不僅對問題無補，而且只有傷害中國的感情。如果說中國正走向反動的指責裏面有任何眞理的話，外國的批評必須負大部份的責任。中國並不常常走極端，如果他們還樣做時，那麼它傷害自己較它傷害別人爲尤多。因此，宋子文這麼說是很對的，即中國與美國的關係如果形勢被以友好的方法機警地處理的話，將變得更好些。

英左翼報紙 抨擊蔣介石反動

【路透社倫敦五日電】當英國報紙與輿論於史迪威召回後，對美國關於中國的「揭露」一般繼續持溫和與非難斯的里的觀點時，倫大左翼階層卻提及其對中國共產黨立場與信念之支持，即阻礙有效進行抗日戰爭的「國民黨反動份子」是處心積慮於反共問題。標準晚報著名左翼諷刺畫家婁氏的新作「中國的將領們（其中一個標名爲何應欽氏）在剿共」，同時委員長則無惑地站在旁邊，而一美國士兵指着相反的方向說：「對

威這樣的外國軍官對重慶提出這樣要求的例子。他干涉重慶內政及提議重慶與共產黨和解之類的企圖，無疑地已被予以適當的回答。美大使高斯亦告辭職的事實似乎表示：他與史迪威之間有密切的合作。德國對史迪威事件的態度，「人民觀察報」闡明如下：「華盛頓企圖將重慶軍隊失敗的責任完全歸咎於重慶軍事統帥部，換句話說，歸咎於蔣委員長。華盛頓×××缺乏任何有効的援助。尤其是未能運來軍武器一點迫使蔣介石及其軍隊較前更甚的進入防衛。重慶似無緘默的理由。邱吉爾聲明謂：「雖有美國的豐富援助，中國仍遭受嚴重挫敗」一語引起了很大的驚異。問題被提出來了：這種豐富的援助究竟是什麼。美國軍事物資的授與，即是說軍武器的授與從未到達過，其他裝備亦完全爲美國飛行員用掉。中國憤怒的回答隱藏着他們對下列事實日益增長的認識，中國並不是具有同等權力的同盟者，僅是在抗日戰爭中的展開地區及殖民地化的目標。華盛頓一點也不急於援助，因爲它不希望中國有個强大的軍事代理人，而只希望有這樣一個政權，這個政權僅僅具有需要防止日軍自由抽回以反對美國的那麼大能力。

敵稱桂林岩洞戰展開 飛機場破壞很澈底

【同盟社桂林郊外八日電】菅原報導班員（朝日）發，桂林攻擊戰的一個特徵，正如過去所報導的，就是要在重重聳立的岩山中作戰。敵人依靠圍繞桂林的岩山，利用凸出的岩石作爲堡壘。頑强進行抵抗，我某部隊在不停歇的雨中前進，一步踏錯、即有致命的險危。攀上巖石，從戰友的屍體上掠過、驅逐敵人，四五兩日急襲敵陣地的兩個大洞穴的出入口，獲得俘虜敵人二百四十餘名，及繳獲武器彈藥的大戰果。在洞穴內儲藏有兩個月的糧食與彈藥。最近數日來繼續落雨的廣西前線，天候已更加寒冷，從四周向被黑烟籠罩的桂林進行攻擊，我各部隊將士、甚至被雨打濕的衣服亦沒有時間去換。刻正擊潰依據岩山的敵人、向桂林城進擊。

【同盟社廣西前線七日電】當此世界視聽都集中在菲島·萊特灣一角的時候，在中國大陸不斷打敗仗的美軍，終於又失掉了桂林的航空要塞。依次序說來，這是美軍在中國大陸第七次的喪失飛機場。這一航空要塞，是以中國大陸爲基地進攻日本本土的美第十四航空隊進行戰略轟炸的重鎭，所以單從建築費超過一萬萬美元等等，是不能完全說明它的重要性的。由於這一基地的失陷，計劃把基地逐漸從中國西南部轉向沿海地帶，對日本進行二十四

小時大規模轟炸的戰略，完全宣告破產，所以敵人剩下來的唯一權宜辦法，只有進行開欵的空襲。從美軍在撤退之前，進行了轉進衡陽、零陵時更加澈底破壞這一事實，可以想像敵人在這一重大失敗之前，是如何地留戀與急慌。如根據痕跡，描述失陷後的情況：該機場位於桂林西南十三公里，第一機場是主要基地，號稱航空要塞，東西寬二千四百米，南北長五百米，有長達二千米，寬一百六十米的滑走路。此外還在山側築有副滑走路，備有掩體的飛機製造工場、飛機修理場，並利用山洞築有格納庫、器材庫、汽油庫，可以起落包括巨型的各種飛機。第二飛機場東西二千五百米，南北四百米，有長二千米寬八十米的滑走路。又第三飛機場除有長二千米寬一百米的滑走路外，尚有其他附屬設備，均可起落巨型飛機。敵人看到我空軍的威脅迫近，已無法防衛，便立即採取焦土戰術，着手澈底破壞，哪怕有一部份設備，還有在十月二十九日我軍突入桂林前，被敵人使用的痕跡，但各機場及建築物等設備，均化為灰燼，已破壞到不能使用的程度。

國民黨會大吹大擂之「志願從軍」，原來只有二千多人

【中央社重慶八日電】外記者招待會，於八日下午三時舉行，梁部長寒操、吳次長國楨，張參事平羣出席主持。某記者詢以去年年終各報盛傳之學生志願從軍運動，其經過及成績如何？張參事答稱，抗戰以來，學生激於愛國熱誠，而自動從軍者，頗不乏人，但均屬單獨行動，故未引起國際間之注視。去歲蔣委員長曾有『青年在戰時必立於前綫』之啓示，全國學生遂紛起響應，自去年十一月起，截至本年十月止，自動申請入伍者，共三萬七千二百五十八人，內有女生二、一四二八、經體格檢驗合格者共二〇一八人，其中五一七人為女生，均已予以編訓後，依軍事需要分發在駐印部隊，我國空軍及國內部隊服役。其撥在國內部隊者，以充任戰車兵及砲兵為多，現在政府為配合當前軍事需要，爭取最後勝利計，決定擴大此一運動，號召十萬知識青年從軍，預料兩三月內，必可完成無疑。又關於目前物價狀況問題，張參事答稱，最近兩月物價大體尚屬穩定，十月份重慶物價零售指數，計較戰前增四百五十倍，衡以九月底所得指數四百四十一倍，則約增加百分之二。卅一年度及卅二年每年物價約各漲二倍又半。本年度政府管制物價，使全年不致漲過二倍又半，依目前趨勢，可望能達此目的。某記者詢以旅印華人之印幣存款，是否凍結？張參事答，一九四十年夏，印政府佈告

聯[illegible]能獲得她在[illegible]領土上所要求的東西，而英國的廣大左翼階層自覺地接受蘇聯對其政策的辯護。同時，『更為現實主義的』階層同樣不會反對此種行動——而可能在遠東也不反對他們——根據純粹實際的理由。英國必須保持對蘇聯的友誼，而這一目的使任何行動方針（甚至招致長遠的犧牲，此等犧牲如無大的破裂大概是不可避免的）成為合理　而反德的聯合陣綫，可能同樣地××為反日的聯合陣綫。（下缺數句）

德國評斯大林演說

【海通社柏林七日電】威廉街僅以數語評論斯大林的長篇演說，而德國報紙則全然未加理睬。威廉街發言人稱，該演說中毫無足奇之處，且整個說來是空洞的，儘管有一切聰明宣傳辭藻。威廉街該演說為蘇聯志在毀滅德國的表示。柏林方面認為斯大林企圖以數段來援助羅斯福的競選運動——例如對敦巴頓橡樹林會議的稱讚，而實際上斯大林的人（代表之意——編者）與對日本的聲明，怠工破壞了（阻滯）這一會議。

法比荷意等解放區經濟情況困窮

【海通社柏林六日電】倫敦訊：英國廣播公司評論員麥維稱：目前，巴黎流動的貨幣達一九三九年的五倍，一雙普通皮鞋七十元。雖然法國政府試圖以嚴密的措施來解決問題，而某些地方的農民則拒絕賣出穀物換錢，因為他們害怕貨幣跌。失業人數正日益增加，僅僅在巴黎須要賑濟物品的即有三十萬人。黑市滋長着，軍事上的大部份汽油供給有很多竟流到私人汽車的油桶裏，評論員繼稱：今天巴黎的××氣氛正像慕尼黑協定時那樣。麥維認為：法國內部的緊張今冬會增長。麥維繼稱：在比利時，貨幣已經垮台，政治危機迫在眉睫。荷蘭西部盟軍佔領的情況毫無希望，荷蘭政府預期十一月較大城市將發生飢荒。麥維結語稱：法國、比利時、荷蘭，儘管他們做了一切，但並未被徵求意見。據息：這些國家的代表拒絕接收保留給大國家的公正的判斷能力與一切智識。

【海通社柏林六日電】紐約訊：美國救濟意大利協會主席菲斯（他同時代表美國務院）訪問被佔領的意大利後，宣稱：意大利完全陷於貧窮和飢荒中。意大利人民完全陷於孤獨無援。意大利急迫需要糧食、布和藥材。他更以事實證明意大利人民生活陷於『枯竭』。他說：意工人工資每天平均數在五十與七十里拉之間。在羅馬，雞蛋每個價值三十五里拉，一公斤糖價值四百

所有未住在印境之中國人士及商號之存款，除屬於中國政府，中國國家銀行或匯豐麥加利銀行者外，概予凍結，是以旅印華人之印幣存款，並未凍結。

雲南省府設置行署 修整公私車輛及尋會公路

【本報訊】十月四日雲南日報載，為「適應戰局需要」，滇省府九一七次會議上：主席龍雲「提議依法設置本府行署及整理交通工具案，（決議）：（一）現在時局嚴重，本省已接近戰區，應由民廳……議擬設置行署區域駐在地點呈核；（二）令建廳及公路管理局對省府所屬各機關，及分公有私有車輛及一切運輸工具應飭從速分別修理完善，並由建廳統計數目呈核，一面督屬認真整理路面橋樑，對於尋會（尋甸至會澤，通川南）路尤應特別注意。」

英國各報評斯大林演說

【路透社倫敦七日電】斯大林元帥十月革命週年的演說中指斥日本與德國同為侵略者的那一部份，英方人士予以尖銳注視，毫未感到蘇聯在遠東的潛在勢力範圍會妨礙他們重建英帝國統治計劃的英方人士，急盼蘇聯儘早地參加對日作戰，以便迅速達到勝利並緩和其業已被戰爭弄得枯竭的資源。大多數報紙今天都登載着這樣的標題：「斯大林抨擊日本」與「斯大林斥日本為侵略國」，而毫無疑問的，蘇聯領袖演辭中稱敵人初期太平洋戰爭勝利係由於侵略意圖而非由於自然優勢的那一段，英方人士一般認為是全部演辭中最有趣與最有意義的一段。報紙社論很少評論這一點，雖然每日快報今日稱：「他之提及日本將給予天皇的顧問們以另一頭痛」。英美兩國人民於這一目標的一致中能夠分享蘇聯的狂歡。然而私人方面，斯大林的聲明在此間許多人心目中卻與最近顯然可能是經過莫斯科官方出版的蘇聯書籍（該書說講到旅順口為蘇聯之領土）聯系起來——該要求在英國被廣泛評論，但該要求似乎並未予英國以足夠的衝擊力以抵消其欲獲得蘇聯對擊敗日本之儘早的援助之長時的願望。據悉，對蘇聯遠東政策的興趣正在增長中，但英國一般顯然缺乏足夠的了解與興趣之休會，這種要求對一般戰後形勢之意義。如果蘇聯保證對日作戰與戰爭因此而縮短，則目前人只在與論上對它的急燥，似乎不可能是蘇聯怎樣重視的問題，如果此間所涉及的只是人們所不確知的與對英國無危險的。關於伊朗稍為類似之形勢業已顯然，蘇聯在該處關於石油特權的要求幾乎不問是非地未被予以考慮。一般推測蘇

里拉，一公斤奶油價值三百五十里拉，一磅蜂蜜價值四十五里拉。因此，他謂：意大利民氣已到如此低落地步。

【海通社伯爾尼五日電】瑞士電台星期六日夜間宣稱：代表波諾米政府駐此的全部使館人員已被召返羅馬。公使館與領事館人員約二百人不日將離開瑞士。猶憶意駐伯爾尼公使馬吉斯特拉梯伯爵早於數週前即被召回。該時即已任定代辦。

印奸博斯抵日活動

【同盟社東京七日電】博斯自由印度臨時主席博斯，於六日參加國民大會後，關於午後三時在迎賓館接見記者，承記者詢問，發表下列談話：（記者問）：這次訪問日本的目的是什麼？（博斯答）全係與總理與新內閣各大臣，進行個人的接洽，與政府局部代表，商討關於將來的政治上軍事上相互協助的各問題，藉以推進我們對美英的共同作戰。（記者問）印度臨時政府今後的方針如何？（博斯答）過去的十六個月，印度人都在努力推行我交給他們的總動員計劃，頗著成效，但今後尤需作很大的努力，因而自由印度臨時政府又設立戰爭協議會，其目的無非設法從各方面協助推行總動員計劃。我們決不在作戰努力與犧牲上，落後於其他國家。（記者問）對於今後的印度作戰有何估計？（博斯答）印緬國境及印度內部的軍事行動，已在敵我兵力強弱問題上，收得了寶貴的經驗，當我們採取攻勢時，敵人只有到處吃敗仗。不過最近由於軍事上的理由，及天氣的關係，我們有部份的後退，但根據此間的經驗，更增加了我們對最後勝利的信心。在印度作戰中，恐怕要在印度的東部國境及其附近展開最大的決戰，這是因為他們在這裏築構了馬奇諾防綫。解放印度的這一戰爭，不管其如何長期與如何困難，但對於最後的勝利，是用不着任何懷疑的。（記者問）最近的印度國內局勢怎樣？（博斯答）自甘地金納會談決裂以來，印度內部沒有發生什麼值得注意的事件。我曾根據下列諸理由反對這個會談：第一是這個會談傾向於對英國政府的妥協；第二是以金納為首的回教徒聯盟的政策，有親英的色彩；第三回教徒聯盟並不代表印度回教的全體；第四依據回教徒聯盟的提案，印度要分裂為數個國家，這一會談的決裂，倒使印度政情明朗起來了，故為絕大多數的印度國民所歡迎，印度國民將堅決支持一九四二年八月印度國民大會派通過的。英人退出印度的這一決議案。

參考消息

（只供參考）
第六九三號
解放日報 新華社 編
今日出一大張
卅三年十二月十日
星期五

敵軍猛犯桂林市區

【同盟社桂林城外九日電】我攻擊桂林的部隊，與城內的敵軍對峙了八天，我軍為了很有勁地進行攻擊，連日連夜強襲四周的岩山陣地，終於八日黃昏完成了圍攻桂林的態勢。九日拂曉在空軍及坦克部隊協助下，開始進行待望的總攻擊。據俘虜說，桂林城內外有第三十一軍（廣西軍）三個師、第二十六軍一個師及第七十九軍二個團（以上都是嫡系軍）計四個師二個團二萬餘人的守備軍，城內準備有足供二個月食用的糧秣。我軍以破竹之勢，猛撲敵軍陣地，以圖一舉粉碎之。

【同盟社廣西前線八日電】我攻略桂林城的部隊，愈益壓縮包圍網。六日夜晚攻陷北冲（桂林北方三公里）七日猛攻橋頭堡壘（桂林西北二公里）的敵軍陣地，南下部隊的一部殺到桂林西北三公里的青龍山，掃蕩高山上的一個營。由桂江東岸前進的精銳部隊的一部擊潰張家冲（桂林東方二公里）石山上的敵軍，進抵風洞山附近的桂江東岸。另一部隊完全攻略拔海三百米達的七星岩（桂林東方一公里）的敵軍陣地，猛攻月牙山的敵軍陣地，七星岩的攻擊戰實是激戰死鬥的連續。敵人從可以收容二萬人的大窖洞陣地上用步槍、迫擊砲、機關槍、手榴彈反復進行反擊，我方進行夜襲和肉搏戰粉碎敵人的堅固堡壘。進出於東方的有力部隊以一部份先遣隊進出於將軍橋（桂林南方二公里），另一部隊攻略道口西北的岩山陣地，其第一綫部隊進攻汗塘村（桂林西方六公里）及其北側高地，這樣，敵人作為防衛桂林的最後抵抗經已潰滅大半，桂林只待我軍最後的攻擊。

【同盟社桂林城外九日電】自桂林北方進攻中之我軍，九日拂曉開始總攻擊，一部我軍已漸次佔領桂林城北方的敵岩山陣地，並繼續前進。另一部則佔領北停車場，並突破桂林新市街北方的紡織工場，突入新市街。另一隊則隨着坦克一同突入新市街，截至九日下午一時止，已逼近桂林城牆北門前面二百米達處。

不知吾人準備運用何裝備及何種武力，以打擊德日。麥克阿瑟將軍所部在菲律賓順利登陸，已對於本戰區之戰事，完成重要貢獻，一旦萊特及三馬區諸機場佈置妥當，並獲得其供應綫，則麥克阿瑟將軍即可運用空軍，余認為兩週或一月內，此事即可實現。一旦開始以後，日方航運上之困難，必將增加。此外盟國對日本尚有其他打擊，余深信盟國將利用太平洋戰爭之動力至最大限度，對日戰爭必將毫無鬆懈之處。吾人之局部形勢，此刻似很不利，吾人正審擬計劃，完成佈置，以穩定局勢。吾人實現希望之決心，不應動搖，余深信諸君咸知，困難之工作須待余完成，不求宣傳，惟余希望諸君不分國籍，充分報吾本戰區美飛行員及英勇之中國軍隊之戰績，此等中國軍隊，正以其所有之些微裝備，盡力作戰。蘇爾頓將軍麾下之戰區，相當於一交通，渠負責使供應品源源不絕運入中國，並使其日益增加，俾此間之軍隊及大砲，均獲食糧云。記者問：關於兩戰區之協同作戰，有否任何計劃正在擬訂之中，或已擬訂否？魏氏答，吾人將決定一種方法，以訓練更多之中國軍官，並予中國軍隊以基本訓練，吾人刻正進行作戰，同時並訓練裝備人員以作戰。在政策及規則上，將無重大之改變，余之第一項目標，為獲得中美及盟國軍隊之友好及有效合作，此乃最重要者，不論吾人之政治觀感如何，吾人應停止互相批評，余對此間之政治毫無興趣，余之任務，為殺日寇，政黨畛域應當泯除，吾人均應共荷艱鉅。問，中國戰場包括泰國否？答，不包括泰國，惟包括越南。問，閣下將在重慶度過大部時間否？答，余覺不然。問，閣下已與蔣委員長舉行任何會議否？答，余幾乎每日均與蔣委員長與其之中國官員舉行軍事會議。問，閣下相信中國之合作及供應品之源源運入，將使中國軍隊對於盟國作戰努力完成更大之貢獻否？答，時間因素或為作戰計劃中之最重要者，余非中國問題之權威，余不知中國人之能力如何，余不知需時若干時日，始能訓練裝備中國軍隊，俾能作更大之貢獻，余以為一月後余可告汝，余意空運乃解決交通困難之方法。

成都華西日報主張 澈底改組政府實行民主

【本報訊】華西日報十一月十日二社論「論當前的政治改革」稱：「聯合政府的組織，假使根據民主的原則產生，當然可以達到改革之目的。若徒約集少數政黨領袖或一部份負有盛名的士紳參加政府組織，而不能以民主的作風貫澈到行政的各階層，那麼聯合政權即使實現，也不能挽救當前的危機。」該報繼謂：「今天中國需要『變』，而不需要『亂』，我們也認定是如此。但是如何『變』呢？我們的

【同盟社廣西前綫八日電】我快速部隊連日冒着大雨和泥濘的道路追擊向桂林西南地區敗走的敵新編第八師及第十九師的主力，七日下午一時佔領鹿寨墟。

【同盟社廣西前綫九日電】我航空部隊於八日黃昏及九日拂曉，猛炸桂林城，以便協助地上部隊攻略桂林城。城內的彈藥庫及重要設施發生大爆炸。黑烟沖入空際，現在桂林城呈現臨死的樣子。

敵侵陷雒容 距柳州八公里

【同盟社廣西前綫九日電】我精銳部隊，於八日晨佔領雒容，九日晨擊潰高嶺塘（柳州東北八公里）及三門江（柳州東北十公里）附近防衛柳州的第六十二軍及野砲部隊，對柳州東北地區的敵外圍陣地展開攻略戰。另一部隊進迫柳州北方十五公里的長塘墟，到正壓縮柳州的包圍網。

【同盟社大陸基地九日電】我軍對敵空軍據點——柳州的攻擊急速進展，據我偵察機報告，柳州機場已無敵踪，在華美空軍似已撤退柳州機場。

同盟社大肆宣傳 國共和解談判更加困難

【同盟社里斯本八日電】美國要求重慶解決和延安政權間的糾紛，這事拿史迪威問題來看，已甚很顯然的。據重慶來電悉，宣傳部長梁寒操與行政院參事張平羣在八日接見記者團時，曾言明如下，國共談判，迄無進展，現在比數月前開始談判時是更加困難，這已是公開的祕密。國民參政會派遣的調查團，擬於最近將來前赴延安。

魏特梅耶將軍 在渝招待記者

【中央社重慶九日電】中國戰場美軍總司令兼中國戰區統帥之參謀長魏特梅耶將軍，今日招待中外記者發表談話稱：余正來此爲中國服務，盡吾人所有之力量，使盟國資源獲得最有效之運用，以打擊此一戰區之日軍。吾人計劃極應保持祕密，當余與諸君談話時，余深信諸君必助余使所有情報不致爲日人獲得。余已來此一週，余視察局部之形勢後，並未使余悲觀，余之態度所以如此，余對於全球戰略之知識亦爲一部分之原因，盟軍在世界各戰場上均獲得戰略上之主動，吾人可調動吾人之軍隊，並可自由選擇時間與地點，運用吾人之軍隊，對於一軍人此乃一種極幸運之形勢。兩年前之形勢，今已轉變，今日德日兩國均不知吾人準備於何時何地進攻，亦

答覆是要從性質上變，不是變更政府組織的形式所能濟事，不是變更幾個政治上的負責人所能濟事，而是要把不民主的性質變成民主的」。該報謂：「變絕不會亂！反之，不變一定會亂，變得不澈底，不從政府的性質上去變，雖不欲亂，而亂卻必然要來。」

陝西棉花歉收

【本報訊】十月五日西京平報社論稱：「今春春雨愆期，棉花根本就未種好……及到麥收以後，棉花正在開花結實之際，雨又愆期，所結小桃，多被旱落……秋後又甚亢旱，棉雖開花，多未結實。……據本報記者沿途所見，旱地包穀，高二三尺，棉花高僅尺許；每樹平均結桃一二枚，中秋已過，尚不見棉田有花。……第二、棉田最近多患農家所謂紅稈病，其病狀爲棉稈發紅，棉葉萎縮……」而『花紗布管制局』收購棉花的官價則甚低微。九月九日新蜀報載陝籍參政員談稱：陝棉每市担（百市斤）最低成本需一萬五千五百元，但官價只給六千元。經過參政員呼籲後，自十月一日起的新棉價僅改爲每担一萬零二百元到一萬一千元，並計劃收購陝棉六十萬担。

【本報訊】十月十九日秦風、工商合報載：近來陝西各地牛、騾、猪、鷄瘟流行，其中損失最大影響農事最大者爲牛瘟。

蔣介石增加警察薪餉 維持警察統治機構

【中央社渝八日電】蔣兼院長，對全國警察生活甚爲軫念，曾指示警察待遇應予提高。行政院特邀集內政部及有關機關，商訂提高辦法如下：（一）內部警察總隊，及重慶市警察局警長警士薪餉，仍分別依照修正警長警士薪餉表甲種規定，支給公糧，每名每月食米六市斗。發給生活補助費，照重慶區公務員生活補助費基本數十分之六發給。此外各種名稱之給予，概行取消。（二）各省省級警長警士薪餉，依照修正警長警士薪餉表甲種或乙種之規定，發給食糧，每名每月給米甲種六斗，乙種五斗，發麥省份照糧食部規定折合率折發。並由各省在核定經費及公糧預算內，認定一種發給，並按各該地區公務員生活補助費基本數十分之六發給生活補助費。此外各省所有名稱不同之津貼，概行取消。（三）以上兩項，均自三十三年十月份起施行，其適用範圍，以正規警察爲限，所需經費由院按各省查報實有長警人數，及規定標準核算數額，先行緊急支付，彙辦追加。（四）縣（市）警長警士待遇，准由各該縣（市）政府視各該縣（市）財政情形，斟酌各該縣（市）公務員及省級警長警士待遇規（支給

【中央社渝八日電】兵役部次長人選，業經確定。茲悉，本月七日，行政院會議決議，任命秦德純為兵役部政務次長，徐思平為常務次長，楊良為人事處長。

同盟社評論 斯大林演說

【同盟社東京九日電】日本朝野對斯大林委員長的革命紀念日演說極為關心，但政府方面避免表示一切意見與解釋，各報雖將全文刊載亦未多加評論。斯大林委員長親自把日本稱為『侵略國』一語，的確是一個新的要素，恐怕還是演說中最尖銳的部份。因此蘇聯的對日態度如何，當然要成為問題。直至今天日蘇的關係表現得非常正常，日蘇之間雖有很多的懸案，但由於兩國相互讓步，所以能夠極為順利地解決，日蘇間每日的外交交涉，完全不存在異常的現象。原來蘇聯這一國家，是現實主義的國家，對於外國的外交政策並不是根據定義進行，而正相反，是按照實現右左它的政策，這是我們可以想到的。因此一般國民的牢固的希望亦是：日本亦應用現實政策不斷的對抗蘇聯的現實政策。日本國民對於斯大林委員長稱日本為『侵略國』一事，感到非常出人意料之外，並且使人不可理解。日本進行大東亞戰爭的目的，是要從英美集權的帝國主義統治下，解放大東亞諸民族，並為這一目的實行各種政策，不斷的獲得成績，並且向着與各民族協力的目的、將政策加以修正或加以擴充。蓋解放與侵略是兩個相反的概念，不允許將它混同起來。第二斯大林委員長的演說，絲毫沒有提及重慶政權，此點值得我們極端注意。斯大林委員長的演說，如果按照他提到日本一事來推測，一句話說就是要干涉東亞的形勢，但是否支持重慶政權，或與重慶調解則毫未提及。斯大林雖一方面詳細論述戰後機構問題，但僅提出美英蘇三國，這就成為國際上的一個謎，這是很自然的。蘇聯在頓巴敦橡樹林乾脆拒絕與重慶政權共同出席會議後，蘇聯的態度已更加強硬，這是可以斷言的。英美方面的報紙，反映出蘇聯在東亞有領土的要求，這樣互相對照看來，蘇聯與重慶政權的關係是相當微妙的。斯大林委員長的演說不但對重慶政權是尖銳的，而且對英美來說亦未失去尖銳性。斯大林警告蘇聯的盟邦稱：『現在如不採取必要的方法，將再度被陷入戰爭的危險』，並要求三國合作，但微諸在德國問題、西非石油、國境問題上美英蘇三國間的動向，就必須用最含蓄的語句來評論，波蘭問題是考驗美英蘇三國關係的一個試金石，而斯大林委員長卻毫不提及。

困難，向敵人展開殲滅戰。今天正是一億國民更加努力，向掌握戰爭勝[illegible]進的時候。

敵朝日新聞叫囂 趕緊利用時間加強戰力

【同盟社東京七日電】（四日朝日新聞社論）最近的大戰果，如小磯首相已在大阪公會堂確切的加以概括說明的。它是一個極令人滿意的記錄，好似點綴着決定大東亞戰爭前途的大決戰的序幕。反觀歐洲戰況，由於德國的善戰，戰局呈現膠着狀態。盟邦德國正贏得一切時間。不待言這一時間是與空間、兵力成為進行戰爭的重要問題。原來所謂『贏得時間』這一句話，是前次大戰時英法方面所說出的。這就是要能夠等待到一九一七年參戰的美軍大舉來援的時候。但今天德國說這句話，則是有其他的期待。我們所能想像到的例如等待兵力兵器的充實，或者是完成新銳兵器的必要數量。前者要依靠某種程度的外力，後者則要完全自主的依靠自己的力量。為了要迅速擴充這些東西，就要充分利用時間。此即單純獲得時間上的充裕尚不能充分獲得勝利，而必須知道要高度的利用時間。盟方德國既在地理的空間上，以不少代價獲得了時間上的充裕，因此應該說這個時間是頗為珍貴的。在所被給予的時間內，敵人亦知道要利用時間，不僅如此，即使敵人方面的軍需品生產能力很強，兵員充足的時間還是如此。我們不能在戰爭中期望僥倖，戰爭的勝敗均有許多原因，一切要盡我們的力量。只有盡了力量之後，才能談到神助。一九四〇年六月法國即將崩潰的時候，當時法國總統曾說：『拯救國民已經成為一種奇蹟』，這就是說法國已經失敗了。因此我國已能夠很好地認識到充分利用時間的重要性。特別是生產崗位上的人們，要在爭取到的很少時間內，更加努力與改善。小磯首相在上次演說中曾這樣說：『一億國民應在決戰所爭取到的時間內，使生產的曲線繼續上昇，戰爭即使變為長期，皇國日本亦可綽綽有餘地向完成戰爭的目的邁進』。所謂『一刻千金』就是指着今天。

同盟社傳 緬境盟軍準備反攻

【同盟社緬甸前線基地七日電】確保怒江的緬甸戰場，隨着雨季的過去，現已開始航空的決戰，地上部隊亦在策應美軍的進攻作戰，在整個戰域活躍起來，使敵人所叫囂的總反攻，更加呈顯正規的樣相。即是說雲南遠征軍司令部，企圖奪回要衝芒市，打通雷多公路，於是把第十一集團軍的主力四個師，集結於芒市東側，在龍陵北方，則配備兩個師的兵力，已於十一月一日，採取攻勢、我精銳部隊已在運結龍陵、芒市的滇緬公路

小磯呼籲死鬥到底

【同盟社東京八日電】本日爲第卅五次大詔奉戴日，小磯首相特於午前六時半發表廣播演講，熱烈呼籲全國國民更奮起加强保護國體的決心，增產爲進行決戰所必需的船舶及飛機。首相演講要旨如下：今日來紀念第三十五次大詔奉戴日，有很大的意義，特別值得我們歡喜的，是目前在台灣、非島兩海空作戰中，我們獲得了那麼大的戰果，那麼大的勝利，然而我們需知道，這些戰果全是我前綫將士以捨身取義、忠烈無比的日本精神，以及拚命的訓練換來的。特別是像神風特別攻擊隊的勇士們，雖常感到自己的劣勢，但仍不顧生還地出擊敵軍。我們對於將士們這種不顧生死、保護皇國、勇於赴義的偉大精神，實只有以感激之淚，歌頌偉大的日本精神。今天在知識份子們中間，說不定還有一部份人只看到敵我物力的對比，因而對戰爭前途抱悲觀的，但屢次看到那麼偉大的戰果，當能明白勝敗並不取決於物力的這個道理。要知道只有有了保護國體的氣魄，才能產生打開局面的實踐的力量。敵方滑到最近的戰局，便輕率地相信聯合國家的勝利，並妄自尊大地提出戰後處置日本的議案。據聞其內容有（一）剝奪日本一切領土，將其合併於美國；（二）使日本喪失獨立自主的能力；（三）破壞和變更作爲日本人精神與信仰基礎的國體。這是夢想的無體的口實！世界各國各民族，相互尊重彼此的歷史與國民性，各安其所，萬邦共榮，共同獻身於世界進步的事業。在世界上實現神的意旨。然而他們爲了實現侵略的野心，對自己不合式的都彼抹煞，所以我們的生路，只有鬥爭到底，爭取最後勝利。也只有勝利，才能保護皇國的國體，促進敵人的反省在海空戰中，我皇軍雖然建樹了偉大戰果，但這還不是決定性的打擊，敵人依然還在眼前，要堅決消滅之，不能使此仇恨遺留千載。現在敵我的勢力正不相上下，打破這種均衡狀態，只有多增加兵員，多生產飛機。

【同盟社東京八日電】小磯首相八日接見內閣記者團，發表下列談話：正如我們同胞過去所預料的，從十月中旬以來，在台灣海面及非島周圍展開的決戰；由於陛下的神威，神靈的佑護，加以忠勇的皇軍的奮鬥，使我們獲得美妙的大勝利。敵人美英以擁有優良裝備的強大軍隊，一齊向萊特島前進，在塔克洛班以南的海岸地區實行登陸。其兵力約有五個師團，與過去在這一方面担任守備的我兵團展開激戰，現在該方面的戰鬥已達到頂點。這是同胞所熟知的。想到菲島周圍的戰鬥，可以說是『天目山』的決戰，是左右敵我戰局勝敗的最重要的決戰。我們確信從事作戰的皇軍必能勝利，同時要求國內同胞爲了獲致勝利作最善的努力。很可慶幸的是現地的將士們，衛破一切

上敷設陣地，展開活潑的迎擊戰，以期澈底粉碎敵之企圖。另方面緬北密芝那地區的美蔣聯軍，亦與滇緬公路上的攻防戰相呼應，已於十月下旬開始行動。新編三十師自密芝那向八莫進擊，三十八師則自密芝那、八莫公路東側的中緬邊境山岳地帶南下進擊，現已到達德其米約茲（譯音、八莫東北方五十公里處）附近。我軍於該地週圍地區捕捉敵人，予敵痛擊。又英軍第三十六師，已進抵密芝那、曼德勒鐵路上的莫爾方面，策應雲南遠征軍與美蔣聯軍，採取攻勢。我軍已轉移陣地，配備完畢，正全力阻止敵之進擊中。另方面在整理戰綫的中部印緬邊境方面，我軍正憑藉傑涅德皮克（或爲傑布）的堅固陣地，阻止前進中的英軍第五師。雅薩基方面，正與遠東軍十一師交戰中。又在阿恰布方面，則迎擊進抵卡拉丹之敵，以激烈的奇襲急襲戰法，猛攻敵人，完全掌握主動權。

【同盟社斯托哥爾姆五日電】倫敦路透社報導最近東南亞盟軍局部更迭英軍司令官，是雨季後新攻勢的前提條件，略謂：三國任命季西爲東南亞盟軍司令部麾下的第十一集團軍司令，與最近任命福萊塞爲英國遠東艦隊司令及李馬羅利空軍上將就任東南亞空軍司令有關連。倫敦一連串地更迭將領，意味着最近將來反軸心軍進行對日攻勢，尤其是意味着接近了緬甸戰場在雨季後的攻勢。

【同盟社斯托哥爾姆五日電】達根斯日報於本月二日登載合衆社康提的專電如下：東南亞盟軍總部似乎即將改組，此次改組時，蒙特巴頓當對去統帥的職務，但當今後繼續攻勢時，蒙特巴頓將要担負某方面的責任。新任英國遠東艦隊司令福萊塞將在改組後的東南亞盟軍總部中担任重要的職務。

英圖組西歐集團

【海通社斯托哥爾姆七日電】六日於倫敦開始之比利時外長斯巴克與艾登之間的會談，一般解釋爲：英國向着組織西歐集團走了一步。然而，這並不容易進行。據『達根斯報』倫敦訪員稱：英國視爲夥伴的各個國家都要提出異議。目前，流亡倫敦的挪威政府根本沒有參加。關於會談情形，法國臨時政府雖已獲其駐倫敦大使馬西格里的通知，然只有邱吉爾、艾登抵達巴黎後才能闡明其立場。倫敦方面咸信：法國臨時外長皮杜爾極讚同盟國與蘇聯聯盟。

【海通社巴黎七日電】六日法國財政部長勃柏爾克廣播的題目爲法國危急的財政形勢。……使法郎穩定……表現出通貨膨脹的傾向，縮減紙幣的流通……（電碼不明）

【海通社柏林七日電】巴黎訊：法國空軍副少將濟薩爾德被此間法庭判處終身服義務勞動。他被控爲國事犯，因他曾組織法國反布爾塞維克軍團。他小九歲的兒子也被捕。

參攷消息

（只供參考）
第六九四號
解放日報 新華社 編
今日出一大張
卅三年十一月十一日
星期六

敵稱完全侵佔桂林

一同盟社廣西前綫十日急電一突入桂林城內的我軍於十日正午，完全佔領桂林市。敵第三十一軍全面投降。

一同盟社桂林城外九日電一在桂林東側桂江對岸待機中的我某部隊，在太砲掩護下強渡桂江，於九日午前×時×分，完成第一批渡河，突入桂林城東門與×波山中間。又從北方進攻中的我某某部隊，已佔領北車站，迫近西南高地，其他一隊佔據新市街北部紡織工場，向桂林北門猛攻。由於我砲兵的猛烈射擊，市內濃煙沖天。

一同盟社桂林城外十日電一渡過桂江突入桂林城東北的我部隊，於十日晨佔領位於城中心的廣西省政府。

一同盟社桂林城外十一日電一菅原報導班員發，從桂林北方進攻的我部隊，在總攻擊開始後的第二日——十日上午二十分，終於從北面攻入桂林市，衝入城內，現正繼續展開市內的掃蕩戰。此即十日晨以來，某部隊突破依據北火車站西南高地的敵人陣地，佔領火車站，更向桂林西北郊外前進，佔領了地區極大的第四十三兵工廠，逼近市街的西北方。另一部隊深入北方的新市街，粉碎依靠北門北方的敵陣地，佔領鐵工廠高地。又攜有坦克的一部隊逼近北門，並將其攻克，突入城內。該日晨佔領城內省政府，與從東面進攻部隊配合，從北向南掃蕩殘敵。

一同盟廣西前綫十日電一酒見報導班員發，在九日早晨開始總進攻桂林之前，我作戰隊於八日黃昏因此次作戰已達最高峯，遂向城內敵軍散發停戰傳單。此即此次作戰的目的，是在粉碎敵人英美的進攻企圖，中國民衆原來就不願與英美合作，就是重慶軍隊亦應了解皇軍的道義精神，迅速停戰，日華相互合作以粉碎美英的野心。對敵陣營的精神的影響極大。

證明美國人民已將羅斯福的全世界干涉政策收拾起來了。」於是美國人民覺成一個目的在剝削全世界的新美國政策，美國人民在這一新政策下能夠繼續過他們靠本國勞動成果所得不到的奢侈生活。選舉再一次證實美國對於一切要按照自己方式、不受外人侵擾自己生活的國家，已成為威脅。

一海通社柏林八日電一中央社（偽中央社）駐柏林特派記者吳KC訊：據最後的選舉報告，羅斯福連任競選已似乎確定。這表示又一次（第四次）為白宮的主人，已達到最高點的美國大選狂熱，數月來引起的最罕有的過分「愛國運動」可能於數日內減低下來，為美國更加冷靜地判定其將來政策而開路。威廉街發言人評羅斯福之第四次獲選稱：現在至少各人均知道自己的在位，此原對歐局的評語對六東亞也有同樣的意義。羅斯福保存其總統職，地保存其在任期間所徵募來的大批官員，顯然可知其未來政策將是其舊政策的繼續。今羅斯福再四年的權力已穩如泰山，無疑將表現比前更加堅強。羅斯福在最近數週來尤其在對外政策場合中之顯著謹慎，可能將很快的拋得精光，並將顯示他自己是第一流的帝國主義。在最近的將來，這種發展無疑將不出意料之外的。

一海通社里斯本十日電一「西古羅報」星期四評論羅斯福再度當選稱：「美國民主黨對於國家的對外政策已有顯著的影響。民主黨施政的美國總是有一個帝國主義的目的。從法國那裏獲得路易斯安那的是民主黨。況且，佛羅里達是向西班牙買來的，而特克薩斯是歸併的，如利福尼亞也是民主黨統治期間獲得的。最後，威爾遜也是民主黨人，他曾經極力為使美國成為世界的保護者但終告失敗。

山下奉文出任菲島日軍司令

一同盟社東京八日電一十一月八日陸軍省公佈：茲任命山下奉文大將為菲島方面軍最高指揮官。富永恭次中將為該方面陸軍空軍指揮官。又一九三七年率領日軍在上海從事登陸戰之大河內傳七中將，現任菲律濱區之日本海軍總司令，在同一區內以陸地為基地之空軍，則由福留繁及大西瀧治郎兩中將聯合指揮，此項調動已由海軍省宣佈。山下大將係高知縣人，陸軍大學畢業，歷任步兵聯隊長、步兵旅團長、華北日軍部隊長、華北日軍參謀長、在滿兵團長、航空總監兼航空本部長，嗣後赴德國，昭和十六年六月任軍事參議官，大東亞戰爭爆發時任馬來方面陸軍最高指揮官，嗣後歷任現地某要職，十八年二月晉級陸軍大將。

敵侵陷柳城來賓 佔據柳州飛機場

【同盟社柳州飛機場十日電】渡過柳江向柳州平原猛攻的我部隊，於九日午後二十分突入柳州敵機場東部，五時完全將該機場佔領。

【同盟社華南前綫九日電】片島（同盟）道谷（讀賣）兩報導班員發，我精銳部隊急追潰敗敵人，在柳江左岸山岳地帶，展開壯烈的追擊戰，相繼掃蕩防衛柳州的主要據點——武宣、象縣、來賓。六日下午以來，在柳江及牙江進行敵前渡河，並獲得成功。九日晨以來各部隊一齊向柳州平原展開大進擊，進攻柳州的軍隊現已達最高峯，此即六日穿過象縣的挺進部隊，強行渡過柳江。向西北進擊中，現已從渡河點前進了××公里。另一方面佔領武宣的各部隊，九日上午突入柳州西南約七十公里的來賓，繼續渡過牙江，該地一帶已完全爲我確保，控制了敵人的退路。來賓是防衛柳州的最後據點，有寬約七米達的平坦公路直通柳州。北進的各部隊九日正午已迅速進抵××之綫，柳州的陷落已在指顧之間。

【同盟社廣西前綫十日電】進攻敵第四戰區根據地柳城（柳州北卅公里）的我軍，於九日午前十一時廿分攻入城內，至正午完全佔領該城。柳城與柳州、桂林同爲廣西的主要基地，富有軍事價值，據聞在最近該城曾駐有一部份美國空軍。

【同盟社里斯本九日電】重慶美聯社特派員報導：「日軍在福州方面開始新行動」，該報導如下：重慶當局發表日軍在其佔領的中國東南海岸福州一帶，開始了新的行動，日軍更進一步擴大其佔領區。從福州向西方進攻的日軍部隊，到達距該市十二公里之處，現正展開戰鬥，在長樂西南方的進攻亦前進約十二公里。

德國法西斯匪幫 評羅斯福競選勝利

【海通社柏林十日電】威廉街發言人認爲：由於羅斯福再度當選，蘇聯對各佔領國家的政策有着很大的改變。據發言人稱：蘇聯當局因害怕美國×××產生的反響，不能不避免採取某些措施。發言人指出，羅斯福再度當選之後，蘇聯副外交人民委員長維辛斯基立即到達布加勒斯特。據英國與瑞典報紙莫斯科來訊稱，由於羅斯福的勝利，美國與蘇聯緊張關係已經鬆緩，另方面，斯大林必須費力避免給羅斯福招致種種困難。同時，發言人提及斯大林對於日本的引除，這保證了羅斯福在紐約佔多數。

【海通社東京九日電】日本時報星期五社論中宣稱：「羅斯福獲得連選，

富永中將係長崎縣人，陸軍大學畢業後，歷任參謀本部課長，關東軍參謀、近衛第二聯隊長、在滿部隊長、人事局長、陸軍功績調查部長，昭和十八年三月任陸軍次官，任職一年餘，十九年八月辭職，最近補現職。大河內傳七中將：佐賀縣人，明治四十二年，畢業於海軍兵學校。昭和五年晉級大佐，歷任木曾、淺間等艦艦長，上海海軍特別陸戰隊司令官。昭和十一年晉級少將，任海軍砲術學校校長，中國方面艦隊參謀長，於昭和十四年晉級中將，其後曾任海上某要職，昭和十八年任舞鶴鎮守府長官，十九年任海軍兵學校校長，直到現在。

福留繁中將：鳥取縣人，明治四十五年，畢業於海軍兵學校，昭和八年晉級大佐。曾任聯合艦隊參謀，軍令部課長，中國方面艦隊副參謀長，長門艦艦長等職，於昭和十四年晉級少將，任聯合艦隊參謀長，十六年任軍令部部長，十七年晉級中將。十九年六月，任非律濱方面海軍基地航空部隊司令官。

大西瀧治郎中將：兵庫縣人，明治四十五年畢業於海軍兵學校，昭和八年晉級大佐，曾任橫須賀航空隊副長官，京都航空本部教育部部長，航空隊司令官，於昭和十四年晉級少將，其後曾任航空隊司令官，艦隊參謀長等職，昭和十七年，任航空本部總務部部長，十八年晉級中將，嗣任軍需省航空兵器總局總務局局長，今年十月任現職。

日寇同盟社評論 非島敵酋調動

【同盟社東京八日電】非島戰爭以來特島爲中心，日夜展開決戰時，開戰後一舉攻陷英國侵略東亞的據點新加坡的猛將山下奉文大將被任爲非島方面陸軍最高指揮官，而前任陸軍次官富永恭次陸軍中將就任陸軍航空隊指揮官。今日陸軍省已予公佈。至此面臨非島決戰（太平洋命運的分水嶺）的陸軍最高陣容已經明顯了。有頭腦和膽量的猛將山下奉文大將已是世界的武將。我國人民對於山下大將的信仰很高。此次山下大將揭開布幕，在非島陣頭出現其雄姿，國民衷心信賴之，使貫徹這次決戰的士氣更加昂揚，由他直接指揮的非島戰綫的將士都充滿着『在這個勇將指揮下，我們要進行作戰』這樣的士氣。富永中將是具有熱烈的鬥志和戰略眼光的典型的武將。以一架飛機消滅一隻軍艦爲信條的航空隊獲得富永中將這樣的指揮官，已努力進行攻擊。

【同盟社東京九日電】非島方面陸軍最高指揮官山下奉文，八日首次接見記者團，談述如下：繼最近台灣海面、非律濱東方海面的偉大戰果之後，來特灣、塞班東方、塞班、摩羅泰方面我陸海軍航空部隊與海軍又獲得戰果。這使我非常欣慰。而且這一戰果，僅是以少數的兵力與[illegible]戰力獲得的。這主要是關於我國傳統的勇猛精神。這個事情說明：日本人素都以冲撞格鬥的精神共赴國難，則勝利的時機自將到來。我軍將士在像太平洋上的軍艦一般大的海島上，遭受大批敵艦的砲擊與空中的轟炸，長時期處於孤立無援，但仍能殺傷大批敵人，而後全員戰死，我對此寄以衷心的同情與致以敬意。這些戰友們在非常困難的戰爭中犧牲，它恰像在軍艦的甲板上作戰，然而現在的情形已經不同。現在已能自由地運動，爲所欲爲地發揮最大限度的戰鬥力。菲島在很長的期間被外國人蹂躪，曾數次發生革命，計劃獨立，但始終未達到目的，實在令人痛惜，不管走到菲島任何地方，都有利薩爾的銅像（西班牙統治時代的菲島愛國志士、詩人、人道主義者，生於一八六一年，一八九六爲西班牙民殖地政府槍斃）。我非常敬佩利薩爾，因爲他是一優秀的愛國青年，現在菲島有更多像利薩爾那樣的青年，這是令年非常欣慰的。現在菲島獨立不過一年，我願望立即育成菲島。但美國强蠻不講理，不斷非島獨立，以大批戰艦、航空母艦和巡洋艦，妨礙菲島的獨立。必須予打擊者以打擊，我們決心、竭盡微力，保衛菲島，我認爲菲島的任務是使菲島能够走上世界的舞台。

敵傳美國改組太平洋陸軍航空隊

【同盟社星斯本六日電】九月一日出版的紐約時報就改組太平洋地域的美陸軍航空隊事報導如下：米拉德·哈門中將已被任爲新設的太平洋地域航空隊司令，由於這一次的措置，太平洋地域的陸軍航空隊由單一的司令部統轄之。太平洋陸軍航空隊的作戰區域與尼米茲總部管轄的範圍一樣，包括菲島東北至日本本土的太平洋全部地域，但不包括阿留申地域。現在哈門司令部只包括第七航空隊，其中包括重轟炸機隊、中型轟炸機隊、戰鬥機隊以及空運和廣泛的供應活動。但是前綫地域陸軍及海防隊的基地航空隊的戰鬥機和作戰仍由赫爾少將直接指揮之。

關於石油問題 伊羅同時發生糾紛

【海通社柏林八日電】紐約訊：合衆社報導：伊朗的矛盾將是西方盟國與蘇聯將來能否合作的考驗。不發表姓名的華府官方人士告合衆社記者稱：『英美可能在滿意的解決方法下妥協，但英國將不會放棄其在伊朗的地位』。合衆社記者又稱：華府人士對伊朗危機正增加注意。

【海通社柏林八日電】新聞記者繼續自伊朗發出關於遊行示威、羅德舉行會議及政府危機繼趨不安的消息。德黑蘭已宣佈戒嚴。莫斯科××軍備企業

革命節的演說中頌揚美總統的對外政策而有利於羅斯福的當選。美國民衆對斯大林的宣言大表歡迎，因其中指出日本是侵略者，並將日本的態度與德國相比較。該記者繼謂：甚至可望蘇聯將放棄其東亞的中立。且將有一天參加太平洋戰爭。

傳波流亡政府 有條件的接受寇松綫

【路透社倫敦七日電】每日電訊報外交訪員消悉：波蘭政府在上週末已一致決定接受寇松綫，他們期望的代價是『從各强國方面獲得較口頭保證更重要的東西』。據該訪員悉：波蘭政府已決定將寇松綫以東的波蘭一部讓與蘇聯；同意將奧德河以東的德國領土併入新疆界以內；他們要求對在歐洲劃出的新領土內，在國內與外交雙方政策中，獲得完全的無可爭辯的統治地位；他們要求對重建波蘭國家予以某些保證。該訪員稱：波蘭政府感覺：他們的犧牲，只有在這些保證具有『更鞏固的性質』，新波蘭的建設在解決歐洲問題總的機構內進行時，始能在他們的同胞眼中特別證明爲正當』。

蔣介石仍想迷惑小黨派

一、蔣對張瀾邵從恩：據邵從恩返蓉後談話，蔣介石曾單獨接見參政員，首先就是張瀾邵從恩。當時邵曾向蔣建議『立即開放政權，予人民以三大自由』，蔣表示『設國人均如老先生，當無任何問題。』邵復解釋道：『假如顧慮政權開放後，有不肖份子藉獲得之自由作越軌行爲，此點實可不必，因以誠相看者，必得以誠相應，縱或有吧，不僅政府要予以責斥，全國人民也不致聽其越軌，國際與論之壓力，亦必予以嚴厲誅伐；何況政權開放後，各黨各派均可在此時設法調和。』邵說到此。蔣即表示：『決定照此作。』（十月一日華西日報。）

在十月七日成都國事座談會上，張瀾發言中有一段說：『我們的蔣主席是很賢明的，這次個人出席參政會，我私人見過他兩次，中國今天須要實行民主，他也是明白的，但這中間却是很複雜，就等於說你的東西要送給別人，你的太太又不願意呢？』（十月八日華西日報。）

二、張邵李對國共問題的態度：邵從恩在談話中說：『想不到他們竟把黨的地位看得比國還要高，兩黨之談判，幾乎成了國與國之間的外交問題。這種看法，就是董必武也承認過：「比辦外交還難」。當國事危如壘卵的時

與坦克××。德黑蘭城內交通要點均有士兵守崗。

【海通社柏林八日電】倫敦訊：據『泰晤士報星期刊』特派記者訊：蘇聯對羅油田表示爽直的强大興趣。該記者稱：顯然蘇聯力圖獲得羅國的廣大油田一如其在伊朗的行動所表示，並對波蘭之要求加里西亞油區毫無讓步之趨向。關於羅國油區，據說蘇聯會申請接收英美及其他國家在該處的權益。『泰晤士報星期刊』謂：此申請目前已遭謝絕，但此事件之最後結局並未見發表。

【海通社里斯本七日電】『泰晤士報星期刊』關於蘇聯攫取羅油田一文中報導：蘇聯之申請接收在羅的英美油權，被英方認爲危及英國之油產甚大。英方人士指出英國在羅油業的投資實多於美國及歐洲其他國家。在戰前最後一年，羅國油產約三分之一係在英資的控制下，如果煉油廠的投資也計算在內，英資的權益則更大。僅屬於荷蘭殼牌公司的最大羅油康采倫某一家，於一九三九年則出產羅油總產量的百分之二十二點五。羅美公司——第三最大公司，是美資權益的集中地，所產油量，達羅油總產額的百分之二十，羅國第二最大油公司，屬於比國資本，僅較之略大一點。嚴格的說，羅資控制的企業僅產百分之三十五的油。關於蘇聯對於羅國油產的野心，英報界極力强調蘇聯之反對波蘭對加里西亞油田的爭權。

【路透社倫敦八日電】某工黨議員將於十五日之下院會議中，詢問外相艾登是否爲避免與蘇聯磨擦起見，考慮採取主動，會商英美蘇間成立關於伊朗石油未來讓與權協定之問題。

傳美方認爲蘇將對日宣戰

【中央社華盛頓八日專電】此次大選斷定美國政府及政策均將不致變更之後，華府方面局勢已開始平靜，斯大林六日演說稱日本爲侵略國一事，已引起好評，且有猜測德國失敗之後，蘇聯可能參加對日作戰。副國務卿斯退丁紐斯及其他官員對於此事雖無公開批評，然此間外交界及軍界人士均信斯大林並無從事兩面作戰之意圖。然此等消息靈通人士指出：斯大林故意提及日本，表示他已不懼開罪日本，且有人猜測斯大林或已開始準備對日作戰，藉此間人士均信蘇聯願參加太平洋問題之最後清算。（編者按：日寇同盟社轉播斯大林演說的電文中，亦摘錄關於日本侵略國一段。）

【海通社馬德里八日電】阿里巴報訪員自紐約來電：最後的有決定意義的大選演講並非由羅斯福或杜威所作，而是斯大林所作。斯大林在布爾塞維克

候，同一個陣綫裏還要在一師人兩師人這些地方爭執，還要派人由重慶到西安，又由延安派人到重慶，談判三四個月，還始終得不到要領；而在這三四個月中，我們却失去了河南、湖南、廣西三省的許多地方！結果還得由參政員動步到延安考察，假如考察往返又花上半年時間，恐怕不僅殘存之幾省要遭受塗炭，亡國滅種亦爲期不遠，那時何以對我全國國民？因此已經向政府、向林董兩人，向往延安的參政員，均曾表示：非得立地解決不可。如果早解決，國家得救是毫無問題的，遲解決徒增多人民的痛苦而已。』（十月一日華西日報）

張瀾的看法是：『中共問題一直是一個政治問題，如果只在一師人兩師人這樣討價還價，始終不能算是接觸到問題的中心。比如說：一邊要求的是政治的民主，一邊却非常認眞的注意着軍令政令的統一，不過好在蔣主席也已認爲中共問題需要政治解決，所以現在國共雙方面距離還很遠，但相信終於是會走攏聯在一起的。』（九月卅日華西日報）張在七日會上發言中則謂：『只要現在彼此以主權在民的民主國家爲目的，軍隊就是國家的了。今天國家要達到眞正的統一，必須先要團結，要團結就只有民主。根本問題不解決，枝枝節節去爭取，你們（指會上聽衆）又要問其故何在了。』（十月八日華西日報）

李璜主張謂：『國共關係之調整，……以青年黨人一向之主張，必須在野黨派先得合法地位，同時政治實現眞正民主，然後軍隊一律編爲國防軍，不屬於任何黨派，如是始有軍令政令眞正統一之可言。』（九月卅日華西日報）

三、李璜不主開國事會議云：『今日即召開國民大會，既有困難，而國際的需要希望，國內的需要，均不能不立即實施民主政治，故團結全國之戰時各黨各派與無黨無派的聯立政權，呼聲甚高也。』（九月卅日華西日報）

大公報賀羅斯福當選

【合衆社重慶九日電】有勢力的自由主義報紙大公報發賀羅斯福再度當選說：『四屆當選是一件非常的事件……羅斯福是一個非常的人。過去四年中，羅斯福領導着全世界對軸心侵略進行偉大的討伐，爲民主國家的勝利奠定了基礎。他不僅對他自己的國家有莫大貢獻，而且對世界有莫大的貢獻。現在他已再度當選，今後將領導聯合國家縮短戰爭期間與建立持久的世界和平。世界與人類等待着此非常人物完成其更偉大的非常事業』。

參考消息

（只供參考）
第六九五號
解放日報新華社編
今日出一大張
卅三年十一月十二日
星期日

敵大本營正式宣佈侵佔桂林柳州

【同盟社東京十一日電】大本營發表（十一月十一日十六時三十分）：（一）我軍於五月下旬，在華北方面開始作戰，繼於六月下旬，在華南方面開始作戰，現於十一月十日十時與十二時，相繼安全攻克柳州與桂林，殲滅該方面的美空軍基地羣，獲得在中國大陸優越的戰略地位。（二）該方面作戰的陸軍部隊最高指揮官，為派遣軍大將岡村寧次，海軍部隊最高指揮官為海軍大將近藤信竹，華中方面的陸軍部隊指揮官為陸軍中將橫山勇，華南方面的陸軍部隊指揮官為陸軍中將田中久一，海軍部隊指揮官為海軍中將副島大助，（缺）中將下山琢磨。

【同盟社廣西前綫十一日電】據此次桂林攻略戰為我軍俘獲的敵第十三師機關槍隊少尉陳某稱，敵第一百三十一師師長，業已戰死。

【同盟社廣西前綫十日電】酒見報導班員發：進攻桂林城的我北方部隊，十日於攻佔桂林郊外西北地區的第四十三兵工廠後，更相繼佔領附近的敵工廠及其他設備。特別是美航空員寄宿舍及美國人俱樂部極為豪華，這些工廠及各種設備的佔領，對敵人的打擊極大。

【同盟社東京十一日電】我軍佔領桂林時，大政翼賛會總裁小磯，於十一日向中國方面派遣軍總司令官畑俊六發出下列電報致謝。電文如下：敵人由大陸進行的反攻已表現於以前空襲皇土，而現在以菲律賓為中心繼續進行拚死的戰鬥。它與太平洋方面的敵軍相呼應，繼續蠢動，這是不容輕視的，皇軍的勇戰奮鬥終於佔領和殲滅敵人在大陸的航空據點，獲得赫赫的戰果，這際於今後的決戰有極大的意義，國內人民對此不勝感激之至，我們要拚命增對必勝的武器。現在特向前綫將士的武勳表示深愼的謝意。

【同盟社東京十一日電】大本營於十一月十一日十七時卅分發表：本日大

傳白崇禧、張發奎退向昆明

【同盟社廣西前綫十日電】橫山、中尾兩報導班員發，由於皇軍怒濤般的進攻，現在廣西省的兩大據點——桂林已經失守，柳州已在我控制下，據俘報稱：蔣介石命令出動雲南省的兵力擔任防衞桂林的白崇禧及防衞柳州的張發奎，已撇皇軍包圍下的部下不顧，向昆明方面逃去。

【同盟社廣西前綫十日電】中國東南部美國航空基地羣司令魏伯特准將，曾親赴廣西省最後的美空軍基地——柳州督戰。當他知道日軍猛烈向柳州進攻後，突然狼狽不堪，據確實消息，他在七日下午八時許，連夜向貴陽方面逃去。

敵寇同盟社口中的「重慶因桂林失陷而引起的危機」

【同盟社廣西前綫原口報導班員十一日電】由於此次我雄渾的作戰，重慶相繼喪失河南、湖南、廣西等重要的戰略資源地帶，它的苦惱日益深刻，不消說它在軍事、政治、經濟各方面陷入進退困難的危機，重慶政權由此招致的政治危機及抗戰力量全面的崩潰，於是企圖依據大陸戰綫繼續依賴的美國，必然要從政略戰略兩方面更加壓迫重慶。即華中華南廣大地面的抗戰的戰略據點及戰力的重大損耗及龐大人力要素的損失，使華中華南戰區的民衆為我道義戰所覺醒，還對於蔣政權抗戰政治力的衰弱有極大的影響，而且不得不使重慶政權地區的民衆更懷疑抗戰。重慶與大陸沿岸地區的聯絡完全被隔絕，而且被縮至四川省。這樣狹小的內陸。它損失擁有豐富的地下資源的湖南、廣西，又損失了通至四川的重要交通血脈的大部份，真正陷入經濟的孤立地位，這要更加促進惡性的通貨膨脹，它剩下的輸血路——雷多公路，不管英蔣拚命進行其再建工作，亦被我緬甸方面強有力的軍隊所控制，其工事遲遲不能進展。重慶抗戰經濟的唯一生路只有西北地區。這樣，以桂林的損失為契機，更加促進重慶軍事、政治、經濟的破綻，加之由於桂林的失陷而露現的重慶抗戰力量的界限亦可說是給予聯合戰綫的英美勢力壓迫重慶的綫索。特別是急於對日反攻的美國，將更加緊迫蔣介石，以前美國可說是按照蔣介石的要求，把史迪威召回去了，但當今天羅斯福第四次當選為總統時，不難想像到他將乘勢再壓迫蔣介石。美國強制地要求調停國共關係及改革重慶軍政將不能不促進重慶政權成為傀儡。重慶政權元帥陛下召見大本營兩位幕僚長，以下列勅語賜予中國派遣軍總司令官及中國方面艦隊司令長官：「爾中華南作戰的我軍將士在半年中實行至難的機動戰，冒着炎熱，忍受艱苦，到處擊碎在華美空軍的根據地，達成作戰的目的，備此努力奮鬪的作戰，朕對此深爲嘉獎。」

【同盟社東京十一日電】海軍部隊指揮官略歷：近藤中國方面艦隊司令長官係大阪府人，大正八年在海軍大學畢業，歷任聯合艦隊參謀長，軍令部第一部長，華南方面海軍最高指揮官，軍令部次長，軍事參議官，昭和十八年十二月任中國方面艦隊司令長官直至今日。華南方面艦隊司令長官副島係東京都人，大正十二年海軍大學畢業，歷任多摩、八雲艦長，橫須賀海兵團長，橫須賀鎮守府參謀長，水路部長，昭和十八年六月任華南方面艦隊司令長官以至於今日。

國民黨軍委會宣稱
湘桂戰場敵軍有十五個師團

【中央社渝十一日電】據軍委會十一日發表戰訊：（一）廣西方面，敵寇由湘粵侵至廣西所使用之兵力，至爲龐大，計由湘省沿湘桂路及其兩側進犯者爲第三、一三、二七、三四、三七、四〇、五八、六四、六八、七一、一一六等師團及第四獨立旅團。由粵省沿西江進犯及由雷州半島北犯者爲第二二、一〇四等師團及第一三、一九、二三等獨立旅團，合計十五個師團。此外尚有各特種部隊如戰車部隊、獨立砲兵聯隊等等，合共約兵力卅五萬餘人。我迎戰之師，裝備均遜於敵，但士氣激昂，於逐地逐次之戰役，對敵人員與裝備均予以極大之損傷。目前已進入戰鬥之區域，均在繼續血戰中。九日拂曉，敵開始向我桂林城區主要陣地猛犯。午後一時，東面敵續有强大部隊渡過桂江至西岸，突入市內，巷戰於焉開始。十日後，北面敵以戰車掩護，複突入北門以內市街，於是東環路、東華路、臨行街、桂東路及北區市街等各處，均與我軍發生激烈巷戰。我官兵喋血奮鬥情況慘烈空前；雙方傷亡均甚重大。現仍繼續與敵慘烈作戰中。（二）：侵至三門江、大七各附近敵，九日續向柳州進撲，我軍勇猛迎擊，已在城郊展開激戰，迄至十日晚，柳州城仍屹立無恙。（三）：柳城於九日晚陷落。十日，該敵續由城北强渡融江西犯，爲我阻敵於江畔頭排圩（柳城北約十里），正戰鬥中。四、侵至正隆圩附近及向來賓進犯敵（均紅水河北岸），現仍爲我阻止於各該城附近，惟戰鬥進行正殷。其由牛木圩向遷江（紅水河南岸）進犯敵，則被我擋止於城東南約廿餘里之[illegible]，戰鬥進行激烈。

損失抗戰力量而仍然高喊自主抗戰，其苦惱可說是國民黨創始以來的危機。

敵中國派遣軍發表
無恥聲明挑撥中美關係

【同盟社南京十一日電】中國派遣軍於完全攻克美國勢力殘存於中國西南部的根據地桂林與柳州之日，特發表下列聲明：我派遣軍於五月間在河南方面發動新攻勢以來，迄今已半載有餘，在大陸南北，到處展開活潑的作戰，現在已將美空軍以桂林與柳州爲中心的主要基地，完全予以覆滅，此次大陸作戰的目的，一如屢次所闡明者，在於徹底粉碎大陸的美軍勢力。若重慶政權繼續把美軍勢力導入大陸，則相信將來要繼續不可避免的犧牲。若不殲滅可憎美軍的制霸世界的野心，就無東亞的解放，亦無東亞的生存。東亞受美英帝國主義勢力的侵略，業已百年，但現在仍然企圖導入美英勢力，甘心受其支配，不辭充當其奴隸，這倒底是重慶政權的眞意抑中國四萬萬民衆的民意？中國應以冷靜的達觀態度，正視大東亞的本來面目。解放大東亞的，絕不在於[illegible]力，而實在於大東亞民族本身的力量。開拓中國命運的，亦實是在於中國本身。即是說，中國四萬萬民衆的壯盛與否，是繫於今日是否從多年的[illegible]梏與戰禍中解放出來，在於是否迅速地沿着自主繁榮的道路前進。在於中國四萬萬民衆對自主的動向如何。帝國基於貫徹大東亞聖戰的本義，絕然不欲大東亞發生內亂，而要迅速地從戰禍中解放中國，以便日華相攜，實現東亞的交流。例如當過去日清戰爭狀態結束後，即確認完全撤兵的原則。但現在重慶政權把美軍勢力引至中國大陸，因而我派遣軍亦無可奈何，不得不把中國大陸變成對美軍的決戰場，此次湘桂粵方面的作戰地域，便又成爲一個焦點。對於苦於戰禍的民衆與爲無結果的抗戰所欺騙的重慶軍將士，自然令人悲痛不忍。特別是對於中國民衆，他們做了美軍侵略的犧牲品，備嘗戰禍，變成慘忍無道的美空軍轟炸的犧牲品。不禁令人有惻隱之情。但雖如此，只要美軍勢力殘存於大陸，我派遣軍即作戰百年，亦決然不能停止干戈。

拉斯基論新中國
必須有政治與經濟上的民主

【大公報十月八日發表星期論文：對於中國勝利展望的一些感想一篇。】

這篇文章是英國教授拉斯基氏寫的，一開頭就直率地說道，抗戰勝利並不等於中國人民的解放，假使又處在另一個新的橫暴下，那是很可怕的。人民的勝利，必須有充分的保障，人民能夠成爲他們自己命運的主宰。

「我總覺得這些年來，中國眞正稱得起英勇的是誰，還不是一般首領們的一套和協議，也不是經濟上救濟的貸款大擴張，而是一級普通老百姓們的不得不變的歸路。……可是不管日本怎樣的一敗塗地，這失敗的本身還不能算是中國人民的勝利。……當中國人民還在他們的奮鬥打敗了日本的枷鎖以後，假使又被迫處在另一種新的枷鎖之下，它雖然帶了解中國的面孔，而其幾路性並不稍減，這種事態的出現，是很可怕的。中國人民既然在戰時作了這般的犧牲，他們所應該得到的代價就是自由；自由的意義，不僅是叫他們從在本國的地主和資本家那裏得到一個工作的機會，而只拿到這得挨餓的工資；也不僅是叫他們替外國的資本家去獲盈利。……中國在勝利之後，他的第一個需要，就是充分保障其人民能夠做他們自己命運的主宰。……中國現在所應當決定的，就是現代政治上的基本問題——中國國家在得到自由之後而加以運用的時候，是應該爲了那一種人？從那一種意義上講，這種抉擇實際就是決定是不是要中國的人民大衆做奴隸，是不是讓他們享受生活所應該得着的享受了。」

繼又說爲中國非建築在經濟民主制度基礎之上，否則勝利不能保持永久，而經濟民主制度的內容是廢除銀行、土地、交通、礦山的私有，外國投資家應加以限制，發展生產人民的合作，總之，舊的資本主義以及由此而產生的民主制度時代，在中國已成爲過去了。

「戰後的中國，除非建立在經濟的民主制度的基礎上，牠的勝利是不能持久的。……我的意思並不是要把中國資本家的財產全部沒收，也不是要對外國投資家的協助一律加以摒絕。我的意思是對於經濟生活的某某重要部門，要法定禁止中國資本家染指，而對外國的投資家，卻應該加以限制，使他們的地位等於一個現代式的公司裏的債券保有人一般。就前者來說，凡是銀行，土地，交通的便利（包括民用航空在內）採和金屬等的原料，國防工業以及水電的供給等經濟活動的領域，對於保持中國的自由成爲必需的條件，卻應該公有和公營……至於容許外國投資家協助開發中國的經濟……它的資本的利用，是爲了中國的一般福利着想，但投資條件，並沒有賦予他的干涉中國內部生活的權力。……中國這個國家，大部分是農民組成的，而且又依賴那許多小工業，所以尤其需要把組的機能這樣的組織起來，使他們不但能成爲生產的機構，而且可以成爲公民的訓練所，我們要達到這種目的所用的方法，就是發展

來的結果，但以現在的情形看來，羅斯福的被選連任總統，已屬確實。按四年前選舉羅斯福三屆總統時，已是『美國歷史上空前的事情』，但四選的結果，羅斯福又作爲大總統，允許其支配美國的期間，將順當當地延續十六年。因此，與其說他是大總統，不如說他是一個獨裁者，倒更恰當些。在此次選舉中值得特別注目的，是與大總統同時進行的參衆兩院議員選舉中，民主黨亦佔絕對的優勢。按現在的情勢估計，民主黨在各州知事的選舉中，無疑亦能獲得絕對的勝利。此次選舉的結果，說明絕大多數的美國國民都支持羅斯福，支援其黨羽，堅決擁護羅斯福們的指導政治推行戰爭的方針。羅斯福是戰爭挑撥者與遂行者，但美國國民卻瘋狂地支持他。這無非是把強烈的國民意志宣示全世界，即遂行羅斯福制霸世界的野心。我們從此次羅斯福的當選，更加認清美國國民的野獸面目。將更加奮激，以便擊滅美英。

傳法國大赦政治犯
土承認意政府

「海通社柏林七日電」巴黎訊，星期二法國政府發佈法令稱，最近大赦法將適用於共產黨議員摩利斯・多列士。此舉將使多列士參加國民議會的會議。

「海通社斯托哥爾姆九日電」莫斯科無綫電，蘇聯副外交人民委員長兼盟國地中海委員會蘇方代表維辛斯基於星期三黃昏抵布加勒斯特。

「海通社安哥拉八日電」據官方消息：土政府已決定承認波諾米政府。土駐倫敦前任公使賽爲・奴斯魯被任命爲駐羅馬大使。

「海通社米蘭八日電」依照星期三日公佈法令，意大利報紙的篇幅今後僅准四版。

路透社估計
法國各政黨的實力對比

「路透社倫敦六日電」此間所預期將在明天（七日）開幕的法國諮詢議會會議上，或有興趣的結果之一，是法國政治生活中，或可結成更清楚分明的集團的傾向，許多政治觀察家相信：經過兩個半月在各報紙無綫電廣播及各派團體的會議來自由地表達其政見之後，新結合的形態已漸得出來了。六個法國戰前的政黨已在全國抵抗議會中均有代表，並將在諮詢議會中獲得議席。這些議席不僅包括過去的國會議員，而且是以抵抗集團的資格獲得議席。上述政黨是共產黨、社會黨、基督教民主黨、急進黨、中央黨與右翼集團——「民主同盟」，「共和聯邦」等。然而，這些政黨中，僅有三個黨曾表現積極的組織活動與對非黨抵抗運動觀念行使值得注意的影響。從他們的巴黎日報『曙光報』的言論看來，一般的說，似乎

生產人的合作。……

一個資本主義的中國，是不能希望成爲一個民主的中國的。資本主義能存在民主制度機構裏的時代，現在已成過去。這就是這次世界戰爭的眞正意義所在。」

教育的內容應該「建立在工業技術和人文主義的結合上面。」最後拉氏抱滿腔熱情向蔣介石呼籲，希望他成爲一位東方民族解放者，無負人民的意志，尊敬人民的生活，繼承孫中山先生的遺訓，作爲國家生存中心的原則；同時，他又警告蔣介石，如不這樣，則會迅速奔赴滅亡的道路。

「而且我敢鼓着一腔勇氣，向中國人民的蔣委員長呼籲一聲，請他認明現前歷史呈獻在他面前的時機，是如何的至高無上。只要他願意，他可以在古老的東方，成爲一位民族解放者，在現代的西方藻景上，只有列寧的偉大，可以和他比美。——蔣委員長假使要拿孫中山先生的遺訓作成中國有組織的生活的完整一部份，那麼他就應該使大衆的意志，和那位偉大的夢想家的理想共鳴起來，而使中國的勝利能以維持永久，成爲一個偉大的與有創造性的勝利。他應該拿尊敬人民的生活，作爲國家生存的中心原則。他應該表現出和平年間與戰時同樣的需要動作。假使他作這一種選擇，那麼我相信他一定將進行一條很艱苦的行程；但是就在這一條艱苦的行程上，他將使正義戰勝了武力，唯有這樣，『永生的城市』方才能夠修築成。他將要遇到一條艱苦的道路，但是在這條道路上，中國的一切優秀份子都將作他的友伴。他們知道尊敬人民的生活，就是文明的中心原則。凡是否認這樣原則的，將無異選擇了一條奔赴滅亡的道路。」

同盟社傳 華萊士將出任駐中國大使

「同盟社里斯本九日電」副總統華萊士將隨着新副總統杜魯門於明年一月的就任，辭去他的副總統的職務。在華盛頓政界，華萊士的出任駐中國大使傳說極爲有力。此即高斯辭去駐中國大使後，現大使一職尚成空席。另一方面華萊士在此次競選運動中，亦支持羅斯福總統盡了一大力量，而羅斯福總統亦允許華萊士在離開副總統職位後，給予他以重要地位，因此華萊士的出任駐中國大使極爲可能。

日寇對羅斯福當選充滿驚懼

「同盟社東京十日電」美國的大總統選舉揭曉雖

已成爲保守份子，而且該黨正設法從那些在抵抗運動中比較不大積極的而現在最關切恢復秩序的農民階層中取得擁護。這些「保守的」急進黨、與右翼各政黨代表一道，將在咨詢議會中從法國國內獲得四十五票（其中三分之二是國會票，三分之一是抵抗運動票）。此外自然他們還有一些海外的票。

基督教民主黨，該黨主張在強大的國家機關之下，實行社會經濟改革綱領，該黨屬於最接近戴高樂將軍的政黨。他們的國會票與抵抗運動票，及基督教職工會的國會票與抵抗運動票，一共約有十五票。我們相信那些政治背景顯有的抵抗運動行動家在大多數問題上會和他們採取一致的態度。按照「戴高樂派」一字更狹窄的意義說來，「戴高樂派」的票總共從法國母國可能獲得四十五票。

同時，大批海外社會黨人似乎成了那些不耐政府清洗與經濟改革進行速度的抵抗份子之擁護者。但這些社會黨人卻同意政府恢復秩序。社會黨代表將超過二十名以上，這一數字可以加上職工會的一半票數，及最強大抵抗運動、民族解放運動以及許多小集團的大部份的票。這可以估計「民主社會黨」從法國母國可以得到六十五票。

共產黨除了黨的十四票外，還可得到附屬於他們的「民族陣綫」抵抗運動的大部、職工會的一半票數及來自婦女青年組織的許多票。共產黨控制的票數，共可不滿四十票。

而兩個「右派」集團據估計將控制母國票的絕大多數，但他們可能是諮詢議會全部二五〇票的少數。

必須着重指出，上述數字不是代表現存的固定的集團，而是對可能結成的集團之「嘗試的估計」。

「路透社巴黎十日電」無綫電台今日報導：根據法國財政部訓令法國正式銀行利率已從百分之三減低至百分之二・五。

傳蘇將派使駐印

「海通社柏林九日電」倫敦訊，倫敦「世界評論」報報導蘇聯與印度間，即將建立外交關係。前蘇聯駐英大使邁斯基最可能受任爲蘇聯首屆駐印度外交代表。

傳德將更動駐西代辦

「海通社柏林十日電」海通社自權威方面獲悉，德國駐馬德里代辦職務不久即將更動。德國駐西班牙大使狄霍夫博士目前似將仍居柏林，他是若干時前奉召回來報告的。但在里斯本，如前所報導者，新公使將領導德國外交使團。但他的名字德國權威人士尚未予以宣佈。外國報紙關於此點提及前駐土大使巴本，但似與事實不符。

參攷消息

（只供參考）

第六九六號

解放日報
新華社 編

今日出一大張

卅三年十一月十三日

星期一

國民黨五十週年 蔣介石演講全文

【中央社重慶十一日電】蔣總裁於卅三年國父誕辰紀念日及本黨五十週年紀念日，發表「中國國民黨五十年紀念詞」，原文如下：

今年是我們國父的誕辰，國父在民國紀元前十八年創立興中會，開始革命救國運動，到今年恰滿五十年。我們今天舉行這一個悠久偉大的五十年革命紀念會典禮，實在感到無限的光榮和興奮。國父的誕生，是中華民族的救星，是全人類的福音。就我們中國來說，國父組黨的開始，是我們中國新生命的誕生，而三民主義的創制，乃是重鑄了我們中國的國魂，從此一般國人相率覺醒，革命志士一致奮鬥，終於推翻帝制，建立民國，使我們民族獲得了整個的解放。就世界人類來說，大家都知道我們中國是擁有四萬萬五千萬人口的大國，關係着世界的安危，如果當時沒有國父起而領導革命，喚起了我們中華民族的自信，鼓舞了我們中國復興的希望，啓示了我們中國國民在現代世界中力求進步的覺悟，那麼我們中國的遭遇，固然不堪想像，而亞洲和世界的情形，又將如何演變。所以國父所倡導的國民革命，眞是中國復興的樞紐，也是人類禍福的基礎。這眞如國父所說的：「前不及見後不再來的神聖事業」。對於這一個偉大的神聖事業，我相信我們中華民國每一個愛國的國民，都必感奮興起而矢志繼承。尤其我們中國國民黨的黨員，更應該十分儆惕，自覺責任未盡，而積極努力，以求革命建國大業的完成。而此莊嚴紀念之辰，溯往策來，特闡其意義，爲我全國同胞、全黨同志申述之。

其一、中國國民黨的創立與使命。興中會成立，是中國國民黨組黨的開始，也是國民革命的發軔，此後五十年來，革命的宗旨和使命，一貫相承，始終無間。國父倡導國民革命，其目的在求中國之自由平等，其動機乃是要救亡圖存。國父昭示我們『三民主義是救國主義』。溯本黨革命的初期文獻

……

興中會以至於今日的中國國民黨，革命的組織，經過六次的變遷，每一度的變遷，無不是順着時勢的要求，而進一步擴大了熱心熱國革命志士的集合。由於國父偉大精神和三民主義的感召，由於國民許身報國不惜犧牲的責任心所驅使，全國的革命志士，陸續加入本黨，共爲實行三民主義而奮鬥。其間冒險犯難爲努力革命而捐軀成仁者，不可以數計。這五十年來，中華民族所以能由垂亡而漸趨復興，中國國勢所以能由××而日漸於光明，無不是革命先烈熱血苦心所培育而成。現在革命的形勢益見開展，革命的任務更見重大，我們更要期待全國的愛國同胞參加革命，成爲同生死共榮辱的同志，以求革命抗戰大業的完成。

其四、革命黨員紀念革命光榮的歷史，更應認識革命的責任。我們國父的組黨革命，是出發於『救國救民』的責任心與義務觀念。國父指示我們說：「國家之內，一物不得其所，就是我們的責任」。國父又告訴我們說：「因爲革命沒有成功，所以眞正的民國無從建設，民國一天沒有建設好，本黨就要奮鬥一天」。這就是指示我們黨員對於責任和義務所在，絕不可以放棄，絕不可以規避。我們身爲國父的信徒，就要知道我們革命絕不是爭取權利和地位，而是要担負義務和責任。我們在國家民族的最高利益之前，絕沒有任何得失利害可言。我們所應該堅忍奮鬥，萬死不辭的，就是這個革命的義務和責任。我們須知本黨的歷史，完全是先烈的血淚所寫成的。在此五十年中，捐糜頂踵、捨身成仁的先烈，還是有形的犧牲；而其所遭受的毀謗誣衊，無所不至，爲了達成革命目的，含詬忍辱，無限痛苦，乃是國父以來每一個同志所備嘗的經歷。就以國父自身所遭遇的而言，在中國革命史中就說：「革命雖有爲國民利害着想，獻身以謀革命者，國民不惟不知助之，且從而非笑與漠視之」。其實這幾句沉痛的話，還不能形容國父與當時先烈所受痛苦於萬一。我們今日追念國父，追念先烈，如要爲革命的信徒，更要以堅貞強毅赴湯蹈火的精神，耐得任何的煎熬，經得起任何的鍛鍊。必須知道前人之澤，後人所繼，前人遺留的志業，即後人努力的目標。我們今天紀念國民革命五十年，不只是紀念革命先烈，更要紀念在五十年革命事業中所犧牲的無數同胞。我們絕不能絲毫放棄我們爲國家、爲先烈、爲主義、爲革命的責任。本黨黨員必須認識這個責任，才無愧爲國父的信徒，才能安慰我們五十年來爲革命，爲抗戰而犧牲的先烈在天之靈。

其五、全國同胞應全力爭取抗戰勝利，完成國民革命的使命，以紀念爲國

，如興中會宣言中所謂『拯斯民於水火，扶大廈之將傾』。同盟會宣言中所說：『前代爲英雄革命，今日爲國民革命，所謂國民革命者，一國之人皆負革命之責任』。這都是說明了革命的目的，在於救國救民。革命的基礎，在於全國的國民。所以國父革命的一貫精神，是有國而後有黨，組黨乃爲了救國，離開了國家與人民的利益，就沒有所謂黨的利益。黨與國家的關係，就在於革命未成之始，以黨的奮鬥來救國救民。民國成立以後，更要以黨的努力，來保障民國。黨員和民衆的關係，就在於黨員要冒死犯難，爲民前鋒，要喚起民衆，相與戮力。黨員只有特殊的義務，沒有特殊的權利。我們五十年來所以能號召多數志士，共同致力者，就在於我們革命黨員只有國家，沒有個人，只有犧牲，不計酬報的純粹聖潔的精神。這一種精神，是我們全體同胞亦應該認識，青年國民所應該效法，更是本黨黨員所應該特別珍重而努力保持的。

其二、三民主義的涵義與要旨。我們國民革命，最終目的在於實行三民主義。三民主義的涵意，見之於同盟會的政綱，所謂恢復中華，建立民國，平均地權，就是三民主義的發端，及至民國十三年第一次代表大會宣言，與國父的歷次訓示，××而更有詳細的闡明。這是我們五十年來革命歷史一貫相承的傳統，也是無數先烈熱血頭顱所鑄成的結晶。三民主義的內容，就第一次代表大會宣言而舉其概要，則是：民族主義的內容，在中華民族自求解放，在國內各民族一律平等。民權主義的內容在於間接民權之外，復行直接民權。民生主義的內容，在於平均地權與節制資本，並由國家力量以謀人民生活的保育和調節。我們今天更就其目的具體言之，那就是：民族主義是要救中國的危亡，求中國的獨立。民權主義是要建立眞正主權獨立的中華民國。民生主義是要杜絕資本的壟斷，防止階級的鬥爭，以謀生活的均衡。這包括民族、民權、民生三方面的三民主義，涵蓋一切，而無偏頗，適合國情，而無流弊。所以我們國民革命以三民主義爲中華民國立國的最高原則，就因爲三民主義完全合乎國家與人民的需要，應乎世界與時代的趨向。我全國國民所要排除障礙以求其實現者在此。我們共同奮鬥的目標，也在於此。

其三、國民革命的意義與成就。國父認定國民革命是全國國民共同的事業，國民革命的成敗，乃是整個國家的存亡問題，所以一本天下爲公的精神××全國的愛國志士來參加本黨，共負革命的責任。國父在中國革命史上說：『求天下之仁人志士以共同致力，於是有本黨。』我們回溯本黨的歷史，自

犧牲的革命先烈。我們今天舉行國民革命五十年紀念，我們全國同胞必須萬衆一心，加緊努力於正在劇烈進行中的抗戰。要知道這是剷除建國障礙，完成五十年來國民革命所必經的過程，也是我們獻身救國最後成功所必須的努力。我們革命建國最大的敵人，就是日寇，這是國父所早已預見的，在實業計劃的結論中間，國父早已預測到『日本的軍國政策要獨力併吞中國』。也早就預測到『日本即欲實行其侵略政策，中國人亦必出而拒絕之。不論何時，亦斷非日本所能統制有利』；尤其國父當時所預言的『爲戰爭而結合』，就是指黷武主義的法西斯侵略同盟。而其所預言的『爲和平而結合』，就是指我們爲保障正義和平而戰的反侵略盟邦。現在我們苦戰七年有餘，且與盟邦合作，共同從事於『公理與强權之戰』，此戰勝利以後，我們相信國際和平與安全必能獲得有效的保障。中外經濟的互助合作，也已經開啓了坦蕩的途徑。但是我們今天敵騎深入，河山淪陷，同胞痛苦，敵寇的垂死掙扎正極瘋狂，而我們在獲得最後勝利以前現在正是全體國民所應一心一德，誓死報國，與敵人作最後猛烈的戰鬥的時期，必須知道我們唯一的敵人，就是日寇，如果日寇不驅逐，則我們過去的革命事業，就要中斷。我們民族、民權與民生都將無所寄託。國家民族的生存不能保持，更無論乎任何個人或局部的權利與希望。須知革命是最坦白的犧牲，奮鬥救國要徹底的剷除自私。我們生此時代，臨此艱鉅，必須毫無保留的貢獻我們的一切，也必須無條件的共同致力於革命抗戰的事業。我們回溯革命先烈的追隨國父犧牲奮鬥，無不是攘臂而起，義無反顧，既無有所躊躇，更無有所要求。我們只知道革命救國是我們國民的天職，是我們共同的責任，所以我們今天唯一的急務，在於驅逐敵寇，復興民族，求得國家的獨立自由，其他一切都非所計。因之凡是我們中華民族黃帝的子孫和忠實革命的信徒，必須集中意志，集中力量，在同一目標之下，共同努力，爭取抗戰的最後勝利，克服我們革命建國的最大障礙，必須如此，才能無負於國父在五十年前倡導革命，挽救中國危亡的初衷。才無愧於我們後死者的責任。

我們紀念國父倡導革命五十年的意義，略如上述，我們深深感覺我們中國何幸而有崇高偉大的國父應時誕生，爲我們國家指出革命復興的要道，倡導革命建國的大業，使我們中國在坎坷崎嶇的國運中，能夠挽救國家，復興民族。我們中國有此哲人，有此偉業，我們眞覺得無限的光榮。同時我們大家要一致認識革命建國大勢已定，完成可期，但是最後的成功，繫於最後五分

鐘的努力，我們萬不可掉以輕心，在這個國家民族的存亡成敗千鈞一髮的關頭，忽略了我們誓死奮鬥的責任。必須知道抗戰勝利，方是建國工作的順利開始。在這個重要時期來紀念五十年前偉大革命的國父，我覺得我同胞，爲我黨員莊嚴鄭重念一段國父在民國紀元前所發佈的宣言，在那一篇宣言裏，國父指示我們說：「深信我國民必須堅忍，共成大業，新入人各發其精神，同爲軒轅子孫，應相視如伯叔兄弟諸姑姊妹，休戚與共，患難相救，同心同德，以衛國保種自任，戰士不愛其命，閭閻不惜其力，則革命可成。」全國同胞們，全黨同志們，這一段訓示，恰如爲我們今天而發，願我們深切體會，敬謹接受，以共同努力於國民革命抗戰建國的完成。

國民黨五十週年紀念會開幕

「中央社重慶十二日電」中樞於十二日上午九時在國民政府禮堂隆重舉行中國國民黨成立五十週年暨國父誕辰紀念會。中央執監委員，國民政府委員暨各院部會首長全體參加。國民政府花園內黨國旗鮮豔飄揚，標語「精忠報國踴躍從軍」「實施憲政鞏固統一」切合時宜。慶祝典禮由蔣主席領導並致詞闡述紀念意義：（一）中國國民黨的創立與使命；（二）三民主義的涵義與要旨；（三）國民革命的意義與成就；（四）革命黨員紀念革命光榮的歷史都應認識革命的責任；（五）全國同胞應各力爭取抗戰勝利完成革命的使命以紀念爲國犧牲的革命先烈。最後諄諄告誡大家，要一致認識革命建國大勢已完成，但是最後的成功繫於最後五分鐘的努力。（全詞已見昨稿）詞畢全體熱烈鼓掌，旋即禮成。蔣主席今日戎裝佩勳章及長劍，其他與會者均着禮服。孫院長襟上插鮮花以紀念國父誕辰。會場情景暨蔣主席詞經攝影灌音，用作永久紀念。又中央黨部於晚間舉行慶祝大會。

「中央社重慶十二日電」陪都各界爲慶祝國父誕辰及中國國民黨成立五十週年紀念，十二日舉行慶祝大會。會後並作青年從軍宣傳大遊行。全市各主要通衢均高紮彩坊，商號住戶遍懸國旗，而遊行行列通過之處，鞭炮之聲不絕於耳。紀念大會於晨九時在×場口廣場舉行。參加各界代表超過一萬人以上。由市黨部方主任委員治致詞，說明慶祝會舉行之意義及國父一生獻身革命之偉大精神，希望青年爭先從軍，發揚中華民族之精神，以爭取正義謀世界永久和平。嗣劉峙、賀耀組、李俊龍、任覺吾等分別演說。均勗勉青年應立刻上前綫殺敵以促勝利之早臨，並盼各界人士亦應「一切爲勝利一切爲前綫」，凡事均能作到「軍事第一，軍人第一」。最後通過向總裁致敬電，致全國各地知識青年請一致踴躍從軍電，及向前綫將士致敬電。至十時許禮成，隨即開始出發遊行。由警察局長徐中齊任總指揮，在前導引。行列最前爲

德寇對羅斯福新政策的預測

「海通社柏林九日電」華盛頓訊，據消息靈通人士稱，羅斯福在選舉後（選舉最後結果尚未決定）立即回返華府，乃是計劃於此後數日內進行一連串討論及會議的前奏。一般臆測這些討論將決定將來美國內外政策。非俟這些會議結束，政界人士僅能根據臆斷以試圖預測將來，但一般的信念似以爲新的羅斯福政府不僅在對外問題上而且也在對內問題上均將採取更激烈的方針。至於內政政策，據臆斷總統在工會投票及以希爾曼爲首代表工人的執行委員會（即指政治行動委員會）的壓力下，將回到恰如十二年前他第一次當選總統時的情緒。換句話說，就是一般預計將回到「新政」，而最近數年來他已經愈益離開「新政」了。在對外政策方面，也可預計到更激烈的政策，特別是南美問題上，無疑的美國將努力使美國的主張較過去更加着重些。又關於阿根廷問題的解決，最近數週來僅因競選運動只得延緩處理，現在無疑地亦將迫使不聽命於美國的利益。又羅斯福對歐洲的政策，過去因鑒於選舉及不僅美國選民中反共產主義集團而且在他的選民中有許多外國血統的人民而會須作某些考慮，現在也已多餘了。與白宮接近的消息靈通人士相信，現在在奉行公然的帝國主義對外政策保護羅斯福所認爲的美國的利益上，已不再有任何障礙了。因此也可預測，羅斯福不久即將赴巴黎，此行已計劃甚久，且繼之或將即與邱吉爾和斯大林舉行會議。與這些事態發展相聯系的，消息靈通人士又預計羅斯福政府內廣泛的人事上更動：採取此種方針的第一個步驟即爲星期四內長伊克斯的公告辭職。內長這次辭職或由於石油談判所致，伊克斯在石油談判中强調他自己的利益而似經常與白宮利益不相一致。伊克斯的繼任人，羅斯福或將任命總統周圍屬於左派的人物。據同一方面稱，勞工部長伯金斯女士亦將注定辭職，並將同樣地由急進勞工聯盟代表希爾曼接替，希氏已被指爲可能的繼任者。羅斯福競選運動經理人漢尼根或將受到郵政部長之職以酬勞他的工作，同時商業部長瓊斯極可能找一個新政人物接替他。而羅斯福政府中最重要的更動，據消息靈通人士預計則爲國務院之更動，因爲赫爾國務卿由於健康不佳及年齡已高，一般已不再相信能適於處理愈益增加的政務。斯退丁紐斯被指爲赫爾的可能繼任者，同時，前傳華萊士將就此職，現已最可能將受駐外大使職務。值得指出的是，現正指出華萊士副總統首屆外交職務可能爲赴重慶云。

「海通社柏林二日電」紐約訊：調查非美國活動的戴斯委員會頒佈一詳細的報告，其中包括一些文件證明共和黨力言羅斯福與共產黨合作確有實據。

軍樂隊、黨國旗、總理遺像、總裁肖像，依次爲從軍志願代表隊，教導團代表隊，及各界代表隊共十五單位。大隊至中央黨部門首，教導團代表隊高呼「蔣主席萬歲」。中央黨部燃放大批鞭炮，秘書處工作同志亦自窗前向各從軍致掌歡呼，狀甚熱烈。大隊至國民政府後始分別各自返回。

敵稱桂柳失陷後 大陸作戰告一段落

【同盟社上海十一日電】中國西南部的最大根據地桂林與柳州，終於陷落我的手。回憶此次的我軍攻勢，是於本年四月開始於大黃河之戰，僅半年時間，即席捲大陸的中原地帶，獲得戰爭史上都無先例的大戰果，現在似已暫時告一段落。決戰階段中的此次攻勢，對於政略、戰略兩方面的意義與作用是非常重大的。就戰略上說，它擊底粉碎了河南、湖南、廣西與重慶抗戰的中樞戰區軍及其培養兵力的源泉，把中國分爲東西兩段，喪失了策應美國反攻太平洋的力量，還對於重慶來說，是一慘痛的打擊。而且由於重慶軍的慘敗，在華美空軍已退往內地，這對於美將來說，將是一粉碎的打擊。美國對日決戰的反攻計劃，是企圖配合太平洋反攻的速度，戰略性的轟炸日本本土與撞入大陸，但這樣一來，至少已不得不暫時陷入破壞與停頓的深淵。這樣，美軍在大陸向我挑戰的意圖，由於我軍的先制攻擊，遭受慘痛的打擊。另方面，從美國反攻太平洋的現狀（始終欲奪回菲律賓）看來，敵人除了以B二九式超級空中堡壘窺視滿洲與日本本土外，目下似已不敢出動（此句置碼欠清）。我大陸攻勢的銳鋒，已能縱橫伸張，更加加重對敵陣營的威脅。這些軍事的打擊，並將成爲威脅重慶政權生命的、政治上的致命傷。同時必將使美國與延安迅速加强壓迫重慶。

敵在桂林俘獲極多，

【同盟社廣西前線十一日電】敵第四戰區根據地桂林，在我軍猛攻下，遂於十一月十日正午，全爲我軍佔領。自開始進攻桂林城以來，雖僅二晝夜半，但其戰績則實爲光輝，現城牆上到處樹立着日本旗。防衛桂林敵軍，因經受不了我軍的猛攻，均無條件地向我軍投降，城內到處懸有白旗。投降敵軍中有上校三名，少校數十名，截至現在已判明者，獲大砲及其他武器爲數極多。此外敵一百三十一師師長戰死，該師參謀長被俘。

【同盟社桂林城外十日電】防衛桂林主力第三十一軍第一百三十一師的一個團，企圖向桂林市西方老君道逃走，我軍正在縮小對該部包圍圈，展開激烈殲滅中。

該報告稱，共產黨正使用一切辦法以獲得權力，其主要工具之一爲產業工會聯合會政治行動委員會，此委員會同時也是羅斯福競選的主要組織者。政治家宣稱：該委員會的惡弊，迭次被羅斯福政府掩蔽。

【海通社斯托哥爾姆十月廿八日電】現有大批芬蘭共產黨人抵斯托哥爾姆，舉行演講爭取他們政治計劃的擁護者。宋茲特羅姆到斯托哥爾姆已經數日。新成立的共產黨領導人之一莫利·李奧馬埃將於星期六或星期日抵此出席公共會議發表演說。

敵報「朝日新聞」論美國大選

【同盟社東京十日電】朝日新聞頃據社論題爲「揭發美國總統的野心」的社論，內稱：在政略上和命運上都與菲律濱決戰有關係的總統選舉已經確定羅斯福當選了。反對派杜威欲乘國會內反羅斯福的潮流，把羅斯福從過去十餘年的王座上拉下來，然而他只能指斥羅斯福獨裁行政的混亂和內政的失敗，杜威在軍事上推行戰爭及外交的綱領上吃不開，所以不能得到人民的支持，這可以說是理所當然的。美國能夠承繼羅斯福的方式，整備其實務戰爭的勢態，第四次當選爲總統的羅斯福是最有能力執行霸道主義的人物，構成其推行戰爭方式的主要原則，首先是指導美國作戰的準備工作，第二是推進干涉世界的外交，第三是美國制霸世界的實現。足以代表羅斯福第一期工作的新政政策，由恢復初期國內景氣的政策發展到擴充軍備運動。在戰爭中求得×××是與此次戰爭的爆發相關連的歷史事實。他一方面指導進行戰爭的準備工作，另一方面忽然進行其干涉他國的外交政策。修正中立條約，採取反軸心的政策，同時採取援助英法的方針。他對東亞的日本實行最露骨，最執拗的干涉政策。現在羅斯福在此次大戰的結果中求得他就任第三屆總統期間全部施策的成果。這是從前世紀末急速生長的金元資本的命令，完成美國支配世界的目的。現在他大聲倡導的國際合作主義，可以說是包括可怕的異己份子蘇聯，並且帶着英國和重慶等君臨世界。這是美國支配世界的另一詞句。他在國內進行獨自的經濟統制，對國外，則建設巨大的陸海空軍。他確是美國最優越的指導者，但他是眞正的戰爭挑撥者，古舊而平安的秩序的維持者，世界霸道的執行者，特別是奴役東亞的進攻者。他欲奪取人類的希望和理想，他就是世界歷史上的唐吉訶德，日德兩國要使他變成這樣的人。

參考消息

（只供參考）

第六九七號

解放日報 新華社 編

今日出一大張

卅三年十一月十四日

星期二

敵稱在桂林 斃俘國軍一萬八千

【同盟社東京十三日急電】大本營於十一月十三日十六時發表：十一日正午以前判明的攻略桂林市的綜合戰果如下：我方收埋屍體五千六百六十五具，俘敵一萬三千一百五十一人，繳獲各種大砲一百六十門，重機關槍約三千二百挺，火車頭五輛，車輛三十五輛，砲彈三萬發以上，步槍子彈一百萬發以上，飛機零件及其他兵器、糧秣等多數。

【同盟社東京十三日電】在華美空軍的根據地桂林，十日已落我手。截至十一日正午爲止，關於桂林市街攻略戰的戰果，已由大本營發表。我進攻桂林的部隊，自十月二十七日以來，以滲入戰術，巧妙地逼近桂林外圍，形成包圍圈，本月九日晨起，開始猛烈的總攻擊。蔣介石曾嚴命十六集團軍副司令韋雲淞指揮下的防衛軍死守桂林，但該軍在我軍的總攻擊前，僅抗戰三十五小時，即爲我收容遺屍五千六百六十五具、俘敵一萬三千一百五十一名，敵軍共遭受約二萬名的毀滅打擊。值得注目的是，在戰果中俘虜的數目比露敵的數目爲多，而且鹵獲的兵器（砲、機關車、卡車、飛機零件等）、軍需資材非常多，這是因爲我軍的包圍陣非常完備，以及我軍的總攻擊迅速而激烈，是由於敵防衛軍迅速地失掉戰意，以至無暇拿走重兵器與軍需資材。但十三日發表的戰果，僅是十一日正午以前的戰果，估計我軍的戰果更在擴大中。

敵稱遷江陷落

【同盟社柳州機場十二日電】在華美空軍的據點柳州機場，於本月九日被我快速挺進部隊完全佔領。據現在判明的該部隊主要戰果如下：敵遺屍二百具，俘虜一百人，繳獲B二四式機二架，P四〇式機二架，汽車九輛，高射砲一門，機關砲一門，機關槍一挺，彈藥、燃料及其他多數。

【同盟社大陸基地十一日電】敵空軍在中國西南部最後的反攻據點，終於

算的攻日步驟，是從菲島向中國進攻、再進攻日本。緬甸方面的反攻，在雨季過後業已行動起來，準備打開雷多公路，從陸上及空中，加強在華美空軍，及挽救瀕於死境的重慶。尼米茲看到桂林的危機，更於十月九日向記者談稱：日軍在華南的新攻勢，一定會給時局以嚴重影響，設不能阻止日軍的進攻，將使美軍在該方面遇到很大的困難，但爲使美軍能夠進行對日本的強大轟炸，一定要在中國有塊跳板。

故今日桂林失守，美國已遇到很大的困難，現日本已獲得了有利的戰略形勢，堅決幹下去，一定可以擊潰敵人。另外萊特島的戰鬥，正在引起全世界人士的注意，敵人登陸作戰的辦法，是先進行轟炸後方，歐洲登陸作戰時如此；而今日的塞班、彼勒留、摩洛泰等地亦是如此，故敵人在萊特灣登陸前便於九月下旬襲擊呂宋。十月上旬至中旬轟炸台灣與呂宋，企圖切斷菲島的後方交通，此間敵出動大陸的巨型機，配合作戰，但經台灣等戰役，敵方此一企圖全告失敗，今桂林失守，敵方更難實現上述企圖，故此時正是我全國奮起，一舉擊潰敵人的好時機。

方先覺談重慶危機

【同盟社桂林十一日電】桂林失守後，抗戰中國就失去廣西。在軍事、政治、經濟上看來都是重慶的重大打擊。前第十軍長方先覺稱：桂林的失守，不久將引導重慶政權走向崩潰。他指出下列各點爲其理由：（一）中國東南部的第三、四、七、九各戰區與重慶的聯系被切斷。（二）抗戰地區的兵站倉庫—湖南、江西、廣西各省的物資供給已經杜絕。（三）廣西省及日軍佔領區內，有許多重慶的緬甸遠征軍以及各方面重慶軍部隊的家屬，而其結果對重慶軍的士氣有極大的影響。（四）重慶政權的指導者階層很腐敗，加之最近美國軍官與中國人在感情上的對立急遽增加，蔣介石苦於解決這個問題。

英『旁觀者』稱美援華物資未能用作對日作戰

【路透社倫敦十二日電】雖然英國報紙在史迪威召回及美國緊接的談論之後，對於中國評論的潮流現主要地已沉靜下來，但兩個流行的週刊繼續分析中國現在的形勢。中庸而保守的『旁觀者』週刊特刊載一特派記者所撰的一文，其中謂美國現在的批評發源於美國一部份社會人士幻想的清醒及繼之而來的惱恨之情。此等社會人士把中國看成爲一等的強國。該文斷言，英國對於中國總是採取較少的浪漫態度，並將此點解釋爲英國報紙在目前批評運動中語調更爲溫和的原因。該文繼謂：『美國的突然清醒，對於中國人是有點不公平

在九日午後被我軍攻克。該機場根據敵人的反攻計劃，曾於去年大肆擴充，但現在長二千二百米，寬八十米，主滑走路係由舊滑走路改造而成，副滑走路長一千米，寬五十米。此外在周圍尙附設若干縱橫的遊動路，及掩體，儼然一龐大的基地。工事自去年九月開始，到現在才完成。當我軍迫近永豐時，敵機即全部逃走。在破壞桂林機場後，便將航空要塞的各能力移至，把它做爲最後的反攻根據地。此後經我夜間轟炸隊連續轟炸的結果，已頻於潰滅狀態，今完全被我陸軍佔領。敵空軍在中國西南部的基地，至今全被粉碎。

【同盟社柳州城外十二日電】橫山、中尾報導班員發。繼攻佔柳州之後，我快速部隊於十一日在柳江進行敵前渡河，與從東南方迂迴部隊配合，進攻依據柳州南部巴山一帶山險進行抵抗的敵人，經猛攻後，將敵潰滅。該日黃昏，快速部隊的先遣隊與渡河部隊匯合，掃蕩柳州附近殘敵的作戰已經結束。

【同盟社華南前綫十三日電】進攻貴縣平地的我軍，於十一日未明，克服敵軍的抵抗，在遷江東方強行渡過武江支流，突入遷江縣城（武宣西方七十公里），將其完全攻佔。並繼續急追敗退的敵人。

美機退南寧出擊減少

【同盟社大陸基地十三日電】敵人由於桂林柳州基地羣的完全崩潰，損失了中國西南方面的反攻據點，使其主力退避至內地。現在敵人只依靠廣西省留下的唯一的機動基地——南寧，主要使用戰鬥機繼續進行小規模的反攻。但是由於距離的關係，沒有像從前在戰綫上的攻擊那樣撤拗，只實行簡單的攻擊。由出擊的次數看來，以前多的時候，一日達十餘次，現在已經顯著地減少，一天不過三、四次。

敵報導部長松村論『桂林與萊特』

【同盟社東京十三日電】大本營陸軍報導部長松村少將，於本日午後七時廿分，發表題爲『桂林與萊特』的廣播演講：美軍事評論家喬塞夫、哈秀，對於桂林作戰評論稱：佔領菲島，雖對喪失桂林有若干補償，但仍延長對日作戰的結束，現在美國準備從菲島與緬甸兩路進攻日本，設若一路遇阻，便需另尋新的進攻道路——中國，然而設若喪失桂林，則進攻日本更要受到多的阻礙。又羅斯福於巡視夏威夷之後，曾聲言非常贊成麥克阿瑟奪回菲島，因而將盡可能給以援助。在奪回菲島後，並需把戰爭經中國大陸一直推進日本本土。而尼米茲亦不斷聲言要從海上擊潰日本，是很困難的，還需要從大陸用大空軍攻擊日本。由此可見他們心內所盤

的。雖然中國也應該負一部分責任，因爲後者實行了這樣嚴格的新聞檢查。』作者說他具有在戰時中國的親身經驗後，斷言現在所稱的困難很久以來即爲曾至該國訪問的一切人所熟知。這些困難會給作者『一種憂鬱的感覺，而我只有爲中國人自己異乎當人的樂觀，從此抑鬱中鼓舞起來』。他宣稱：我完全能想像到，在七年窮困與痛苦之後，要中國人對其期望甚多的盟國，保持愉快的態度，不是一件很容易的事。』該文指出，首先是盟國在太平洋戰爭早期的失敗，其次是先擊敗希特勒的決定，這些使中國處境困難。該文力言中國的抵抗對盟國的重要性，說假若中國投降，德日可能得以在中東會師。此外『中國是東方與西方的橋樑，及拒抗日本人關於亞洲人的亞洲的宣傳運動的屏障』。職是之故，中美之間雖有不同意見，美國仍將繼續以供應品輸往中國。作者討論到戰局時認承，以飛機輸往中國的供應品是不充分的，但作者說有許多供應品沒有到達預定的目的地，並謂：『美國人乃更急於獲得充分的支配權，以保證這些物資能到達正當的目的地，但他們越力爭支配權，中國當局越發不悅。長久以來中國即很少集中力量對付日本，史迪威因爲堅持要求中國必須改組軍隊以及現在就與外國的敵人作戰，而失了歡心』。此外作者非難中國參謀部照顧兵士生活很不够，反期望裝備不良給養不足的軍隊能打仗。作者談到政治形勢時，贊成這樣的說法：共產黨政權沒有重慶那樣腐化，同時得到許多中國青年學生的擁護。該文並贊同國民參政會對孔祥熙及何應欽的批評，但說：『中國的出路不在於堅持每一個人都要變爲民主。假若蔣介石過去不是一個無情的獨裁者，他在統一中國這方面就不會像他所達成的那麼多。』

極右派的『眞理』週刊社論亦以同樣的精神評論此事。該週刊稱：非難像重慶那樣的一個遠東政權効能低和腐化，『幾乎和非難黑人的皮膚是黑的一樣合乎情理』。但『眞理』週刊另一方面攻擊共產黨，該週刊指出，蔣介石數月來『以一貫不變的耐心』與共產黨協議。『眞理』週刊謂，共產黨的策略首先在於支持蘇聯政治上的優勢，蘇聯能够完全解決中國的問題，其方法是命令延安軍隊解散，並在非政治的基礎上置於國民黨××下。同時『眞理』週刊問美國的批評者，假如在戰爭期間，加里弗尼亞州率有共產黨軍隊，他們作何想法。

汪逆死後 敵稱『日華提攜毫不動搖』

【同盟社東京十三日電】中華民國國民政府主席汪精衛，已於十日逝世，令人不勝哀悼，

之至。這不僅中國民衆感到悲痛，就是我朝野人士亦痛惜之。今日日華兩國的關係，正如汪主席數度道破的那樣，是處在同生共死的關係。東亞二大國家——日華兩國過去很不幸地因爲誤解發生磨擦進行鬥爭，這不是日華兩國的責任，而是由第三國的策動而引起的。這在今天看來是很明瞭的。英美用東洋人制御東洋人的辦法，永久維持其覇權，日華兩國中此計謀，不斷發生糾紛，終於昭和十二年發生中國事變，引起兄弟鬩於牆的慘事。不久日華兩國在這個相尅的體驗中，深刻的反省到必須改悔，終於看出兩國原來的姿態。中國最初的最偉大的先覺者實是汪精衛。汪精衛同時是行動的人物，汪氏確信日華和平的方案及東亞興隆時，即拋棄以往的一套，率先挺身實踐，於是於昭和十三年三月三十日成立新生的國民政府。汪氏作爲廣東一個商人的兒子，經過許多的波浪終於成爲國民政府主席，將其一生貢獻於日華提攜和東亞興隆的事業，不顧別的事情，終於中道崩殂，實非常惋惜。這一偉大事實可垂諸青史。新生中國的最高指導者汪氏從此喪失了。汪氏在孫文死去後，即繼承他的遺志，與許多英俊終於完成了偉大事業，在汪氏薰陶下所培養的許多志士，一定能體會它的遺志。爲了復興保衛東亞，矢志於同盟，向完成大東亞的道路邁進。我們對以陳公博，周佛海等氏爲骨幹的團結一致的南京政府，實抱極深的期待。帝國對華政策，亦如十二日帝國政府聲明所指出的，決不因汪主席的逝世而稍微變更，我們應按照日華同盟條約的精神，逐漸協力以求對華新政策的實現。

敵報導在山東、蒙古與我軍作戰

【同盟社青島十日電】我討伐隊從十月中旬以後，向諸城、膠縣縣境及即墨平度縣城一帶的匪團展開『掃蕩』戰，徹底摧毀敵據點，使其機能完全喪失，獲得如下戰果，摧毀敵兵器廠一所，印刷廠一所，敵遺棄屍體九十六具，俘虜五十四人。

【同盟社張家口十二日電】在蒙古的現地軍，蒙古軍與警察隊等，十月份所獲綜合戰果如下：俘虜敵一百零一名，收容敵遺屍二百二十八具，以及其他鹵獲品甚多。

敵在中牟、開封修新黃河堤

【同盟社開封九日電】本年六月，在河南省政府建設廳指導下開始建築新黃河的堤壩，此項工事已於十月底完成。此項堤壩由中牟縣來方案至開封縣小孟廠，全長一百六十公里。進行此項工事所需的經費爲一百五十三萬元，總共使用二百萬個工。興工時正遇雨季和農忙的時期。

是德國問題，對德國邱吉爾已預言新的大規模攻勢。上述報紙竟見：波羅的海區域的東方與西方×××。該報結語：羅斯福、邱吉爾、斯大林三巨頭新的會議主要是軍事問題，這已很顯然。

英法首次會談結果滿意

傳吉羅德在瑞士準備法國政變

【海通社柏林十二日電】巴黎訊：官方發表關於戴高樂與邱吉爾艾登星期六下午兩小時會談的公報稱：會談充滿着『熱誠的空氣』，並準備了『廣泛的交換意見』的機會。

【海通社柏林十一日電】巴黎訊：星期六日英國元首訪問巴黎，經過許多歡迎儀式後，下午英法雙方政治家開始進入會議。法方要提出的最迫切問題，將是法國人民食物衣服，與戴高樂軍隊軍火的供應問題。鑑於目前戰局的發展，許多待以解決的軍政問題將繼續討論。

【海通社柏林十一日電】巴黎訊：法國諮詢議會星期五日已決定成立四個國會委員會，即是（一）青年委員會，（二）戰爭俘虜與被流放的人民的委員會，（三）監督執行清洗的委員會，（四）『亞爾薩斯、洛林』委員會。

【海通社柏林十一日電】海通社主編喬治·實發德爾訊：我自可靠瑞士人士方面獲悉：吉羅德將軍目前在瑞士。此神秘的寄寓適發生於邱吉爾與艾登抵巴黎時，因此關於吉羅德訪問瑞士的謠言便據有特別意義。洞悉法國問題人士，暗示吉羅德前赴瑞士在與革命的反戴高樂份子發生接觸。自其他與法國接壤的國家也獲得情報謂：吉羅德目前正忙於建立某種關係，據說他計劃以空軍部隊來推翻戴高樂，而受到那些政治經濟地位爲戴高樂左翼份子所威脅的人們之支持。因此吉羅德份子與華府之間的×××，對吉羅德本人無疑是孤立的。此與來自瑞士的情報謂吉羅德等候羅斯福抵歐後方開始政治行動的消息是吻合的。圍繞吉羅德的曖昧情形，目前已由流傳於瑞士的其他謠言所顯出，這些謠言謂戴高樂之自居要職，以便排開吉羅德，請派他爲駐瑞士的大使。若干謠言謂吉羅德之遲遲未獲正式任命，乃因瑞士方面尚在考慮適當人員以代表瑞士與巴黎的關係。

法國要求英美給予大批軍火

【海通社斯托哥爾姆十一日電】關於邱吉爾將訪法京一事，美國報紙自巴黎報導：戴高樂自然是同意英國關於西歐安全集團的計劃。該報續稱：巴黎有資格人士謂，戴高樂認爲戰後歐洲安全制度之能實現，必須包括蘇聯在內。戴氏對邱吉爾將有三點建議：第一，法國立刻參與歐現在無許縣已確保棉田收穫棉花××千擔，農民很高與地進行增產。

斯邱羅會談地點 以地中海沿岸最可能

【海通社柏林十一日電】倫敦訊：據『每日電訊報』外交訪員稱：倫敦及莫斯科已開始首先考慮羅、斯、邱下次會議的地點。該訪員稱：會議可能於最近將來舉行。但該訪員承認，現尚不能確定是否斯大林準備離開蘇聯以便參加盟國間的會議。『新聞紀事報』華盛頓訪員稱：羅斯福可能將計劃中之會談與巴黎、倫敦之行聯系起來，後者可能至在地中海區域的國家及近東。

【德國通訊社日內瓦十二日電】『每日先驅』報記者稱：英政府將於下週發白皮書，其中將指出英國如何不顧忌爲推翻德國而犧牲其一切財富。該報繼稱：白皮書內的數字已示知目前正與華盛頓進行關於租借條款祕密談判的基納斯勳爵，他的目的在求得英國得以輸出這些供應品的一部份。記者結語稱：從該數字看來，英國實已破產。

海通社傳 斯邱羅會談中心爲軍事問題

【海通社馬德里十一日電】邱吉爾强調的羅斯福、斯大林與他本人的三巨頭會議，在西班牙社會方面，以及政界與外交界視爲值得注意的世界事件。在斯大林拒絕參加政治家所舉行的第一次會談之後，後來參加在美國大選前夕所舉行的會談，這次會談對於美國總統極爲重要，馬德里方面認爲，倫敦與華盛頓視三巨頭會議的前途現時更爲有利。斯大林關於日本的話×××已表現在邱吉爾的講演中。三大盟國利益的分歧爲了至少達到一個共同的戰鬥目的顯然已經可能壓制。邱吉爾告英國政治界與報界：英國從未干涉美國政治事務，並且賴於美國兩大黨使軍事聯盟與持續戰爭，超乎政治概念，這是極有意義的徵兆。馬德里方面認爲行將到來的三强會議將建立這一基礎，從邱吉爾的話證明盟國關於許多問題絕未達到清楚的決定，邱吉爾會說：『至於上次，我不能說：「對於歐洲大陸將有一個安適的將來」』。這些話已由『阿里巴』報當作問題。邱吉爾關於三强會議之急迫的强調，該報未加以評論，只是隆重地引證首相的話。僅『ABC』刊載評論，並在評論中提出問題：行將到來的三强會議的題目將是什麼？該報意見：巴爾幹問題亦不再成爲討論題目，因爲這一區域已讓與莫斯科。波蘭問題尚未解決。日本問題由於斯大林的講演，將提出討論——莫斯科放棄滿洲是不可能的。最重要的可能洲顧問委員會，並與英美蘇享同等權利；第二，英美應運輸大量軍火以裝備新法國軍隊；第三，法國參與軍事佔領德國。

【海通社柏林十日電】巴黎訊：蘇聯革命二十七週年紀念之日，此間蘇聯大使館舉行宴會，請有法臨時政府大部份人員及諮詢議會之許多代表。戴高樂由其祕書長巴留斯基代表戴氏參加。許多法國團體與政府共同慶祝蘇聯此屆週年紀念。社會黨並致電斯大林。

【海通社柏林十一日電】巴黎訊：法國社會黨代表大會於星期五在此間開幕。代表大會在討論之初決定設立清洗委員會，審查一百十五位社會黨員的態度，他們被懷疑曾贊成貝當將軍，且被控以曾與德國人合作。

中央社報導：羅斯福政府動態

【中央社華盛頓十日電】四度當選之羅斯福總統本日返回華府，並遭遇內政與外交上之問題必須在最近時期予以應付。其中最重要之一項問題，係改組其現行內閣。據過去之慣例，所有閣員在明年一月廿日羅斯福就職之前，均須提出辭呈。此間盛傳（然無官方證實）赫爾國務卿將因年高多病而將辭職，其繼任人選爲誰，一般人士尚未論及。勞工部長柏金斯女士預料亦將去職，然陸軍海軍兩部部長則未有人預料將更迭。預料羅斯福總統亦將任命數人担任聯邦職務以及駐華大使高斯之繼任人選，一般雖猜測赫爾利將軍將出任斯職，然尙無絲毫暗示可以證實。羅氏遭遇之另一重要問題，乃盛傳之三巨頭會議，羅氏本日雖云彼與邱斯會晤尚未確定日期與地點，然觀察家相信羅氏在明年初或盟軍進入柏林之前，不致出國開會。羅氏所遇之另一具有國際意義之問題，乃世界安全機構之問題，國會中之民主黨議員雖已增加，然觀察家相信羅氏在未來一二年間，關於美國參加頓巴敦計劃中所規定之戰後和平機構以及參加之程度等問題，將遭極多反對與責難。羅氏與國會已就內政外交問題有多次嚴重衝突。觀察家深信羅氏四任政府之成敗，將繫於未來數年間他與國會領袖之相處。羅氏在當選後之首次招待記者會上，神彩奕奕，毫無倦容。他稱赫爾病況尚佳，不久大概可以銷假視事。關於邱吉爾最近所稱目前與三巨頭會晤之時機一事，羅氏堅稱：他確希望再會晤，然時間與日期尚未確定。招待會上之其餘時間，大都用以談論關於選舉之笑話。其記者詢羅氏一九四八年是否再度競選，全場哄然大笑。總統未予答覆。

參攷消息

（只供參考）

第六九八號

解放日報
新華社 編

今日出一大張

卅三年十一月十五日

星期三

空軍基地逐一喪失 陳納德表示關切

【海通社柏林十三日電】重慶訊，美國駐華空軍司令陳納德，於約見「掃蕩報」記者時表示，極為關心中國空軍基地的逐漸喪失。據宣稱，盟國在亞洲及太平洋的勝利，有賴於打斷日本海上交通綫及停止日本開闢經中國至南洋的陸上道路。陳納德強調稱，美國切斷日本向南前進的勝利企圖，如果重慶軍隊不能停止日本在廣西的進展時，將或多或少是沒有意義的。陳納德最後稱，一旦日軍能佔領廣西，反攻將困難百倍。

【同盟社柳州飛機場十三日電】攻克柳州飛機場的我軍戰果，一部份已經發表，根據其後的調查，截至現在為止的綜合戰果如下：斃敵三百名、俘敵一百名，鹵獲品：P40式二架、P51式六架、P24式三架、B25式四架，共計十五架，高射砲二門，機關砲十六門、輕機槍三挺、照明燈十個，各種炸彈六百個、各種砲彈二十一萬發以上，手榴彈一千四百個，炸藥六百公斤，機關車九輛、貨車一百五十四輛、汽車及其他各種車輛十四輛、一百八十公斤的汽油二百桶、一百八十斤的汽油一百桶、飛機零件一倉庫、發動機用零件七車、火車零件三車、汽車零件一車。

國民黨生產局 即將成立

【中央社重慶十四日電】據悉戰時生產局業奉命籌備組織，即日正式成立，將由經濟部翁文灝兼任局長，彭學沛担任副局長。該局直轄行政院，主要任務在指揮監督並聯系全國之公私生產機構，並注意原料與運輸之配合，以期增進戰時工業生產。此次納爾遜氏再度來華，同行者有各項專家多人，內包括鋼鐵及酒精專家均將於日內到重慶，協助我方推進生產工作。該局內設祕書，優先材料製造、兵工、運輸、採辦及財務等處，另設審議委員會，外交、財政、軍政、經濟及交通各部部長任委員，以該局局長為主席。

前福建大學校長陳文達 在英國為蔣介石辯護

【路透社倫敦十四日電】美以美會主教，前福建大學校長陳文達（譯音）新自美國抵此，作為英國援華基金委員會的客人，今日下午在倫敦援華基金委員會總部的會議上，給予英國報界以中國目前情勢的坦率積極的說明。而同時對訪問者由於英國各報上轉載的最近的美國批評所提出的問題，給予清楚的回答。陳主教根據一年以前在中國的經驗，及以後對美國態度的觀察，稱：他深信例如中共問題對於外國人民較諸中國人民更為生動，顯得更為重要。與共產黨的基本分歧是實行民主的程序的爭論。關於這一爭論，共產黨總是表示他們自己為純然的請命者。關於此點，他深信國民政府與共產黨能夠達到妥協。主教宣稱：「中國是×××」，而對××無須驚異。胡宗南的部隊確係用於抗日，通重慶的門戶潼關即為胡宗南部所保護。此部隊於戰爭過程內曾遭日寇進攻三十五次。於回答這是否胡宗南的軍隊確係用來抗日的證據的問題時，陳主教引證蔣介石曾派其次子至這一前綫的事實，宣稱：蔣介石不是將他兒子派至沒有對敵積極作戰的陣綫的人。關於會上討論的中國情勢，包括通貨膨脹問題，陳主教指出：由於長期封鎖中國×××，甚至這樣，在頭兩年半時期內，政府曾避免通貨膨脹，以後更採取進一步的措施加以制止，××無論如何靠薪水過活的人為通貨膨脹所打擊……。×××重慶官吏的腐化……時稱：雖在種種困難下，清朝與民國初年×××××。他繼續稱：其他國家也有腐化現象，其政府似乎寬赦了。為了實行嚴格的措施制止它，中國政府無疑地已對犯罪的官吏施以嚴重懲罰。在軍事上，中國的困難，主要是基於數年來在對優越武器的敵人進行退却戰爭中，仍須保持戰鬥士氣，經常被迫撤出地區，並且在艱難貧困的條件下重新組織新防禦。這一日軍進攻的事實是其他困難的根源，然而一旦勝利到來這些困難即會消失。同時中國已作戰七年，如果需要時，會再戰七年，直至盟軍前來援助。在勝利以前及以後，中國將起××充分的作用。×××說：中國準備犧牲「我們所有的生命及我們所有的一切」。據悉：陳主教訪問英國的目的——陳主教訪英之行，由於×××召其返回重慶，似將為時甚短。是與教會當局商討戰後中國政府機關及當地救濟團體與教會企業特別是在衛生與教育方面的合作問題。援華基金委員會亦擬定計劃，藉使陳主教盡可能訪問英國許多主要城市，並發表講演。

國民黨「青年從軍運動」一月來報名者僅萬餘人

【本報訊】據十月十日至十一月十日中央社報導，國民黨「十萬知識青年從軍運動」已先後在重慶市及四川、雲南、貴州、江西、廣東、湖南、湖北、陝西、浙江、甘肅、福建、廣西，新疆、山西、寧夏、安徽等十六個省區展開。各省知識青年從軍運動指導委員會也在十月底或十一月初相繼成立。國民政府各部局及其所屬團體機關，各省政府及各省區黨部與青年團部都先後舉行過「擴大動員會」，「簽名運動大會」，「擴大宣傳週」以及黨團員奉令「率先倡導」等等措施，然而一個月來的成績僅僅是：報名簽名的一二〇〇九人，在此期間入伍的一五九五人，合計一三六〇四人，其中被國民黨明白宣佈是黨員或團員的共三七五一人，沒有被證明有黨或團籍的公教人員共二〇一八人，青年七七七七人共，中女僅佔一〇〇六人。這些黨員團員除中央警校和政校報名的二千人外，都是中央委員，國民黨參政員，國民黨及青年團各級黨團部書記長、幹事、祕書、組長、股長，以及中等學校軍訓教官等等，至於公教人員也多半是中央以下各級政府機關祕書主任、廳長、縣長、專員、局長以及不少學校的校長，訓導主任等等。在逾齡的報名人中，有九十四歲的方鑑武（在渝報名），有八十二歲的同盟會員（在福建報名），有所謂「趙老太太」，還有七十七歲的西南聯大訓育員吳志青等（國民黨也知道這些人是裝點門面，不頂事，因此在十一月四日全國知青從指會二次會議上決定：「知識青年應以適齡者為標準，逾齡者不應在十萬數目之內」。）此外還有不少不足齡的十七歲上下的初中學生或小學生。即就七千多個所謂「青年」來說，其中將及兩千名是國立第九中學等全體報名，自然不是出於學生自願，而且，照張平群所說第一期報名者三萬餘及格者僅兩千的比例，這些人究竟能有多少及格應征，還是疑問。

還有一個值得注意的現象是：在這些省區中，除重慶市、四川、江西、陝西、雲南等省報名的人數較多，浙江、湖南、福建、廣西、山西等戰區或接近戰區的數字極微，浙江報名的只有五人，其中包括一個省黨部委員和他的兩個兒子，廣西報名的五個人中有一個×戰區政治部副主任，一個政治部科員，兩個×戰區政治部主任的兒子，一個中央委員的胞弟。山西報名的三個人中，四個省黨部職員，一個文書股長。

國民黨忙得滿頭大汗為青年從軍運動，一個月來的成績原來如此可憐！

陳逆公博表明「領導中國的決心」

【同盟社南京十三日電】陳代理主席（按汪死後，由陳逆公博以行政院院長資格代理主席）於十二日緊急中央政治會議後，立即以國民政府佈告，向全國民衆公佈國民政府於汪主席逝世後的態度。十三日更以新領導者的資格向國民政府軍政黨各機關，及全國各共公團體，傳達上述決議，對此全中國省市長及軍政黨代表等，均致電擁護。又陳代理主席，在汪主席舉行國葬前，還將召開全國代表會議，除報告汪主席客死前的情況外，並表明領導中國的決心。

【同盟社南京十二日電】國民政府關於汪主席的逝世，為了使國民不虛妄動，與戰時下的增產體制不受影響，於十二日發表國民政府佈告如下：國民政府主席汪精衛，於本月十日逝世，實不勝感激。我們軍官民全體，必須奉行故主席的遺教，努力克服困難，當此時機，如有散佈謠言，迷惑國民之人，由各地方軍警機關，嚴行處罰。

【合衆社紐約十四日電】先驅論壇報於社論中稱：「汪精衛——學者與詩人，雖然是中國的有知識人士，但許多年來均在長期被刺中渡過。許多愛國志士企圖刺死他。現在汪是死了，不是死於行刺者或行刑者之手，而是由於糖尿病死於日本醫院中。他此種逝世的方式並不能使力圖去除此惡人的愛國者感覺滿意，但至少已使日本喪失南京傀儡政府的主席。中國如同其他為軸心國所侵佔的國家一樣，有這樣臭名昭著的賣國賊。當汪精衛於一九三九年無恥投日時，挽救中國的最後希望似已消逝。中國所有主要的資源已被敵人佔領，而每個素質較好的軍隊均被擊散。除了對於願為徒勞無益事業而死之人外，似已到了叛賣的時機——而汪精衛便把他自己出賣了。由於此種行動，他的名子將遺臭於萬世。即使粗野的匪棍尚可被認為英雄，但雖有才能而無偉大人堅物定性的汪精衛將無人悼念他。」

德寇追弔汪逆

【海通社柏林十三日電】德國報紙顯著地追悼已故汪精衛主席。「人民觀察」報登載蔣介石的政敵的照片，並稱：「汪精衛之死，不僅對於國民政府和中國是一個巨大的損失。此中國創造人孫中山的偉大友伴，自一九三八年十二月來，即以其全部精力擁護與日本的合理妥協。因此他和蔣介石發生了對立。此後迫使重慶日益依靠英美的發展，清楚地證明兩大黨對之中，誰是執行更適合於中國的政策，汪精衛並不是於一九三八年年底第一次和蔣介石分離的，但這次是永遠的分離。一九四〇年春，他在南京宣佈成立新政府並任政府主席，此政府在與日本合作下開始重建國家。在孫中山兩位最出色的繼承者蔣介石與汪精衛之間，在關係緊張與分離的困難時代之後，曾一再獲得妥協。遠在汪精衛飛離重慶前數月，他被公認為蔣介石的副總裁。蔣介石元帥不斷企圖控制此對頭，後者是中國最著名的演說家及最卓越的組織者之一。但是在決定性的政治問題上，二人間的對立隨着中日戰爭的逐年演進而日益明顯。汪精衛在其政策上能××於中國民族英雄孫中山，後者曾說過：『不論從什麼觀點上看，人們可以判斷此形勢的：為了中國及日本的未來，兩國需要合作。中國和日本是東亞民族獨立運動的主要力量。』

德傳英法會談內容

『海通社斯托哥爾姆十三日電』『哥德堡郵報』倫敦訪員稱：關於西歐集團的討論業已展期。據此消息，在巴黎討論的二個主要事件為對德作戰與法國在加速戰爭之結束當中要起的作用，以及戰後盟國對待德國人的問題。倫敦方面認為：關於巴黎會談就現在所能判斷的而論，英國已作了遠大的允諾，援助法國迅速重整軍備，並供應法國以法國修復所需的一切貨運。今後數週將表明這些諾言遂行到什麼程度。

『海通社巴黎十三日電』英國廣播公司稱：星期日戴高樂將軍接見英國參謀總長布魯克，與英駐華軍事顧問伊斯邁。朱因將軍參加會談，該會談進行半小時餘。

日寇強辯 他不是侵略國

『同盟社東京十日電』井國情報局第三部長，於本日接見外人記者會上，特就斯大林在十月革命第廿七週年紀念日的演說中提及日本是侵略者一事，發表下列聲明，斯大林元帥雖在革命紀念日的演說中稱日本是『侵略國』，但在該演說中，還看不到蘇聯對日政策有何變化。凡熟悉日美開戰以前日美談判實情者，恐怕都不會認為日本是侵略國，而帝國政府在過去實已不斷發表聲明與宣言，向中外闡明這一事實。日本因受到美英的強大壓力，迫不得已才進行戰爭。繼後允許緬甸、菲律賓獨立，更能證明帝國要解放東亞的這一和平意圖。即在敵國方面，也承認日本並非侵略國的這一事實，例如英國生產部長里特爾頓在其六月廿日演講中，即指出所謂美國被捲入戰爭，那是非常奇妙的說法，其實由於美國刺激了日本，日本才不得已進攻美國。』今日被解放了的東亞各國及各國民，逐漸獲得主權與獨立，並相互提攜求得共同的福利和繁榮。而美英則欲重新恢復對緬甸、菲島的帝國主義支配

的聲明稱，希特勒健康如常。路透社按：此聲明係由於許多流言而來的，該等流言發源於希特勒上星期三夜未能在酒窖發表演說，及昨夜由他署名的書面公告之出現。

『路透社倫敦十三日電』今天德國各官方通訊社都說希特勒的講演『今柏林報紙已以花邊標題刊載並附以照片表明德國全體人民如何參加元首關於人民衝鋒隊發表宣言與宣佈就職。××報登載此消息時把慕尼黑的宣言放在前頭，並以元首這樣的話作標題：『我們將勝利地度過考驗的時期』。路透社無線電台稱：關於希特勒的任何照片則未提到。

戈培爾妄談 德國民族堅定性

『海通社柏林十一日電』戰爭造成了明顯的形勢。戰爭之後，人民和國家將知道如何認識彼此。戰爭恢復很多的社會成見。它將形成將來人民國家的重建並將加強它。對於許多國家說來，戰爭是一個考驗時期。戰爭是一個坩堝，人們當中的精華將從此坩堝中煉出來。上面還幾句話是帝國部長戈培爾博士在最近一期『帝國週刊』所撰文章中的指導原則。部長宣稱，『今天我們在新的眼光下看見各個民族與國家，沒有一個人再能蒙蔽我們的眼睛。在面對死亡之下，他們把他們的真象暴露出來了，而不是露出他們願意我們見他們的或他們願意表現的。欺騙的假面具已被脫下。人民和國家都不被粉飾的擺在我們的面前。他們已再不能欺騙我們了』。精華的形成過程是符合於艱苦及無情的法則的。戈培爾繼稱，不應當有一個人相信在戰爭結束後，他有補償在戰爭中所失去東西的機會。論及德國時，戈培爾指出：『在空前未有的最艱苦考驗下，德國人民證明具有這一世紀的必要成熟性。在這方面，它極可佩地和其他民族不同，這些民族缺乏這種成熟性並且由於這個原因逐漸地陷入前途黑暗的深淵。但是，德國堅定的美德不僅是我們更堅毅的民族性格的結果，而且也是更合理的及在社會上我們國家及社會生活更有意義的機構的結果。』

德寇故弄玄虛 大談『V－二』祕密武器

『海通社柏林十三日電』海通社主任訪員賽斯維德報導：使用此祕密武器的大戰的第二階段（此大戰開始於六月十五日）於一九四四年十月以神祕的姿態開始。德國有資格軍界人士對於『祕密武器』問題從未有像今日這樣的沉默。但人們可以確信，一如『V－一』的情形一樣，關於『V－二』祕密武器的技術方面將不會有什麼情報發表出來，德國警察注意，即使敵人的奸細也不能發現此祕

。這一事實亦足以充分表明帝國與美英之中誰是侵略國。

美官方暗示 蘇聯將參加對日作戰

【合衆社華盛頓十一日電】美官方頃首次暗示蘇聯或將參加太平洋戰爭，斯大林於最近講詞中稱：日本為侵略國。已使此間遠東問題專家，對於蘇聯將參加向東京最後進軍久已懷具之信心加強，白宮之態度，係美戰時動員處長貝爾納斯所透露者，貝氏於本日第一次世界大戰休戰紀念日宣稱：蘇聯如參加對日作戰，一如其參加對德作戰之程度，必將減少吾人之工作及吾人之作戰死傷。惟即使英美蘇在歐洲建立之合作，亦實現於太平洋戰爭中，吾人仍有鉅大之工作須待完成。

意戰場冬季 暫停主要活動

【海通社米蘭十三日電】羅馬無線電台星期一廣播消息：英亞歷山大將軍命令意大利北部之游擊隊，於冬季期間暫時停止其主要作戰活動。亞歷山大感到了冬季的艱苦，對游擊隊將戰爭拖延過冬季感到失望，所以勸告他們要持下去，並節省軍火。軍隊只準備舉行小的破壞，及進行冒險不大的襲擊。對軍隊另外的號召，亞歷山大解釋盟軍因德軍抵抗的力量，而遲緩前進。他說五月十一日以後，三十個德國師團抵抗着英美，他描寫盟國的勝利說在意大利前綫有許多德國師團被牽制着了。呼衛稱：『平均每日前進兩公里，並不十分動人。但人們一定要估計到意大利二十幾個德國師團，其中有許多質量很好。』

意共要求 政府明確消除法西斯殘餘

【海通社柏林十二日電】意大利共產黨發表聲明書，內載共產黨支持波諾米政府的先決條件。該聲明書稱：黨準備援助波諾米政府的條件是對內閣的決定有較大的影響。共產黨的目的在於集中國內的一切反法西斯勢力，共產黨積極地參加之，這已被證明是意政策的僅有的可能方針。該黨要求確然消除一切法西斯主義的殘餘，並使整個政治生活迅速民主化。無論如何，共產黨欲爭得有批評與提出自己的意見的權利，以便幫助政府的活動更加有效與澈底。

【德國通訊社馬德里十二日電】智利工人要求釋放目前尚在巴西獄中的共產黨領袖伯勒斯泰斯。據悉：最近訪問智利的巴西空軍部長答稱：伯勒斯泰斯並非因政治活動而入獄。他所被判徒刑，係因誘拐年輕女郎而後暗殺她。

德篩稱希魔健康如常

【路透社倫敦十三日電】德國海外通訊社今日發表德國有資格人士

資。在德國的敵人於公衆中宣佈使用『V—二』武器後，德國各地自然於星期三討論此事。但是值得注意的是，沒有一個人知道任何細節，因為一切工程師及被雇建造與大量製造『V—二』的男女工人均保持最嚴格的沉默。只有一個重要的軍事事實明白地擺在全世界的眼前：英國廣大人士與顯然地英國政府的希望謂在佔領海峽沿岸後，對倫敦及英國南部遠距離的火力即將停止一節，業已成為一種欺騙。德軍使用『V—一』的轟炸亦未停止，因為在九月，『V—一』火力繼續了十三晝夜，而在十月，此火力連續進行了廿天。但這也一××不僅加強了德國前綫的抵抗。與『V—一』排砲的火力一起，具有更大爆炸的『V—二』又射往倫敦。此點說明，德國統帥部尚準備有另外的祕密武器，而關於遠距離戰爭技術上的革命過程尚未停止。一切問題如：『V—二』的發射基地距目標有多遠？『V—二』是『V—一』技術上的改造嗎？或是根據另外的原理製造的嗎？軍界有資格人士均拒絕發表任何情報。他們僅指出，英方報導已一再強調它的綜合特點，即此新武器與『V—一』相反，在其非常可怕的爆炸之前，一點也看不到，而『V—一』的來到是可以聽到與看到的。我國有資格軍界人士稱，雖然英政府命令關於『V—二』效果的事實應嚴守祕密，但我國高級統帥部全知道它每次使用『V—二』時的效果。在許多關於『V—二』效果的報導中會提及『不可解釋的爆炸及特別強烈的空氣壓力。』英國採取各種步驟以防止關於德國新爆炸武器的效果到達外界，但中立國首都仍收到報導，其中簡單稱，具有巨大效果的新爆炸彈降落於倫敦。

希臘共產黨 反對解除愛國武裝

【路透社雅典九日電】雅典於過去廿四小時內發生某種不安，起因為巴邦德里歐總理宣告解散民族抵抗運動的武裝直屬隊。共產黨領袖及EAM（民族抵抗運動）報紙表示他們絕不掩飾的反對態度，並要求不僅在埃及所組成的軍事部隊，並且其他一切民族主義團體也均應解除武裝。

【路透社雅典七日電】希臘總理巴邦德里歐昨夜宣佈：自十二月十日起，希臘二愛國軍ELAS（即人民解放陣綫的武裝部隊，包括共產黨員及自由主義者）與EDES（『人民』與『民主』）將予復員。

日駐莫斯科公使返任

【同盟社莫斯科十三日電】守島公使與外務省接洽公事後，已於九日上午返抵莫斯科。

參攷消息
（只供參考）
第六九九號
解放日報 新華社 編
今日出一大張
卅三年十一月十六日
星期五

梁寒操說國共之間諒解唯一取決於延安

【海通社柏林十五日電】重慶訊，據重慶中國情報部長梁寒操稱：重慶與中國共產黨間的諒解是否可能，現唯一取決於延安。蔣介石首都一切其他人士，對於蔣介石與中共間存在幾達廿年之分歧的解決可能性，均僅極爲謹慎地評論。中共三大領袖之一周恩來的返回重慶，中國人士中解釋爲最後諒解之門仍然開着的象徵。據稱周恩來將於重慶恢復數週前中斷的談判。周恩來的返回重慶，還係出人意料的；因爲僅在數日前，政府發言人曾向外國記者宣稱，重慶與共產黨間須待解決的困難，今日較半年前談判開始時爲與多。觀察家咸信，最近桂林及柳州的失守，前美國生產局長納爾遜的返回重慶及羅斯福的一再宣佈希望重慶與共產黨間取得諒解，給了共產黨以更大的鼓勵。因此他們認爲，蔣介石可能屈服。

日寇續向柳州西南竄犯

【同盟社華南前綫基地十五日電】柳州陷落後，敵人在該地東北方地區，已失掉指揮系統，陷於混亂狀態。我軍已壓縮包圍網，節追擊向柳州西南方竄逃的第六十四軍與第四十六軍一部，十三日已進抵柳州西方約四十公里的流山墟、里高墟一線。

【同盟社里斯本十四日電】美聯社駐重慶訪員，十四日就廣西省戰況報導如下：重慶軍司令部已承認重慶軍於十一日放棄桂林，同日柳州南寧公路上的遷江亦落日軍之手。又據公報稱：日軍正攻擊宜山東方二十九公里處的重慶軍各個陣地，另一部隊則自柳城向西北方進擊，攻擊距該市六十四公里處之羅城。上述日軍在柳州西方的攻擊，將開始進擊廣西省抑是只企圖建立一道南的掩護據點，保護友軍的右翼，迄今尚不得知。另方面，失掉柳州南寧公路上的遷江，說明日軍自廣東進擊廣西以來，最低已突破敵陣地四百公里

提出辭呈。高斯與史迪威的辭職，相互沒有關係，高斯在獨自的立場決心辭職。

重慶成立戰時生產局

【中央社重慶十五日電】戰時生產局定十六日正式成立。中央社記者特訪該局翁局長文灝，就詢成立之意義及今後之使命。承翁氏暢談如次：吾國自抗戰以來，即已認眞努力戰時生產。茲爲更加推進起見，仿照美國戰時制度，新設戰時生產局，以期更爲集中辦理。生產局工作特重戰時軍事急需各種材料之生產及其適當分配，並對重要工業之製造方法，認眞改進，以期提高效率、增多產量，改善品質。對於基本工業之建設基礎及初步工作，亦兼爲推進。爲達到上述目標起見，對於工業製造之程序，材料之分配以及產品之訂購與應用，均須通盤籌劃，集中規定，增高聯系之程序，庶能實現工作之功效。因此當設法奠定優先制度，依緩急，分先後，庶用力較專，而事功加速。此次承美國政府特派前任美國戰時生產局局長納爾遜先生偕同富有經驗之專家多人專程來華，協助中國，中國戰時生產局同人，自極竭誠合作，互相商榷，共策進行。尤盼各機關及各事業人員，共同努力，向加强實力，建設國家之途徑前進。又悉該局之審議委員會，除以該局局長爲當然委員兼主席及由外交、財政、經濟、軍政、交通五部部長爲當然委員外，其他委員尚有錢昌照、俞大維、龔學遂三氏。各處負責人選亦經大致決定，計總務處處長由吳景超充任，優先處處長由該局彭副局長學沛兼任，材料處處長由張麥眠充任，製造處處長由包可永充任，×價工處處長由楊××充任，採辦處處長由龔家塗充任，運輸處、財務處及會計室負責人選，則尚在考慮中。

【中央社重慶十五日電】外國記者招待會十五日下午三時舉行，梁寒操、吳國楨、張平群出席主持。某記者詢對於斯大林氏指明日本爲侵略者之觀感。吳氏答稱：英美觀察家對於斯氏表示之讚頌，余極表欣賞。某記者詢以中國目前最大稅源爲何？所得稅在國家總預算中佔何位置？張氏答稱：中國國庫目前最大稅源爲一、鹽稅，二、土地稅（包括田賦、契稅、地價稅、土地增值稅），三、直接稅（包括所得稅、過分利得稅、營業稅），四、鹽、糖、火柴、煙等專賣收入。其詳細數字，例不公佈。上列各項稅收，約佔全國總收入百分之四十至五十。至所得稅收入，比較言之，爲數不大。記者詢以蔣委員長爲盟國統帥，其轄區爲何？張氏答稱：蔣委員長爲中國、越南及泰

同盟社評
中國戰局

【同盟社東京十四日電】這次中國作戰，是中國事變以來最大的作戰。從四月十八日強渡黃河及新黃河開始河南作戰至現在爲止，已七個月。在此期間，皇軍征戰所及到之處，從鄭州經漢口至衡陽，桂林以至廣州，長達一千六百公里。決心要把在華美空軍重要據點桂林攻完的我皇軍，於四月下旬開始華北方面的作戰，五月下旬開始華中方面的進攻，六月下旬開始華南方面的行動，至九月中旬更着手準備進攻東安、永明地區，及丹竹、平南、桂平地區。十月廿九日，我皇軍在桂林外圍地區一齊開始行動，立即將桂林包圍。十一月九日開始總攻擊桂林，十日正午完全佔領該城。又從華南方面進攻的我部隊，於十一月二日開始行動。另外從桂林東方地區進攻的我軍，於十一月二日切斷湘桂鐵道，切斷了桂林的退路。十日攻陷柳州。至此柳桂的空中要塞，全綫攻破。對此重慶軍聯合國阻止我軍前進，根據過去一切經驗構築堅強的防衛工事，期待進攻菲島的美軍，能在中國南部海岸登陸成功，同時調動怒江方面的重慶軍，增援桂林地區，準備進行三個月的持久戰。另外強制疏散婦女，組織抗敵工作軍，武裝三民主義青年團，調任中國民族最排外的、身爲重慶軍副參謀總長、廣西派巨頭白崇禧指揮該方面作戰，配備以第四戰區司令長官張發奎，九個軍廿三個師。但我軍於九月上旬從衡陽方面開始新攻勢後，九月六日夜佔領零陵飛機場，七日攻克零陵城，及至攻入廣西省境，重慶軍雖急調第九戰區司令薛岳的殘存部隊及第七戰區余漢謀軍增援，出動四川省內的美式裝備中央嫡系軍第九十三、七十九軍增援，及第一戰區的湯恩伯軍。爲阻止我軍的包圍攻擊，更在平樂附近及西江方面的武義附近，佈置工事。但在我軍猛烈攻勢前，敵軍迅速潰敗。又由於攻陷桂林，（一）迫使在華美空軍後退；（二）打通粵漢鐵路；（三）美軍直接在中國舉行反攻的計劃，受到挫折；（四）削弱重慶軍的作戰力量。

同盟社傳
高斯辭職原因

【同盟社里斯本十四日電】紐約時報駐重慶特派員指出高斯大使辭職的原因之一，是美國與重慶的重要外交問題，都是派遣總統特使來進行談判，因此高斯的地位不關輕重。該特派員報導稱：高斯初次來中國是在一九〇七年。他與在職三十年的蔣介石一道在重慶的泥濘、酷熱、濃霧中生活三年，這妨礙他的健康。同時，最近美國的外交逐漸進入由坐飛機來往的總統特使來處理的時代，居里、拉鐵摩爾、威爾基、華萊士、納爾遜、赫爾利，及其他人物相繼訪問重慶，在非常混亂的情況中，開展美國的政策。而高斯的地位逐漸不重要。高斯在惹起史迪威辭職的危機以前，即在十月就

國戰區盟軍之最高統帥。

慕尼黑納粹暴動日
希魔發表文告

【海通社慕尼黑十二月十日電】元首今年關於一九二三年十一月九日之紀念節宣言由親衛隊長希姆萊在慕尼黑納粹黨人面前宣讀。元首在宣言中說：目前行營的工作甚至不允許他離開幾天的時間。但此外他又認爲他今天的任務是少說話多謀劃，並實施爲最後和勝利的洞察這次鬥爭所必要的各種措施。元首宣言首先講到敵人在第一次世界大戰及目前戰鬥中殲滅德國的計劃，這兩個計劃的目標是同樣的。布爾塞維克主義在民主國支持下起初試圖以國內恐怖方法殲滅納粹運動，現在，布爾塞維克主義在民主國支持下正試圖毀滅帝國並消滅德國人民。布爾塞維克主義勝利後，民主國將立即找到他們的墳墓，而此點並未改變他們目前行動程序的現實。這種秩序的不能始終如一（不然就無法解釋了），一如人們知道，人類愚蠢和脆弱的後面，缺乏道德標準的後面以及無能的後面經常有猶太人在，就極易瞭解了。猶太人之爲民主主義的牽綫人，正如支持布爾塞維克世界野獸的力量和創立者之爲民主主義牽綫人一樣。納粹主義運動戰鬥和德意志帝國反對布爾塞維克主義的戰鬥以及此種戰鬥對歐洲的意義便是希特勒宣言的核心。希特勒宣稱：許多外國政治家、國會人員、政黨人士、及經濟專家們今天都認清了從布爾塞維克危險中拯救歐洲的必要性。但是，只有一個強大的歐洲國家得以組織和勝利地進行全體歐羅巴人不顧一切理論上的障礙而爲他們的生存作聯合戰鬥，這種認識才可能得到實際的成果。只有納粹主義的帝國才能如願完成這個歐羅巴的使命。希特勒講到歐羅巴均勢的理論時解釋道：歐洲各國中的大鬥爭確實有其有利的條件，這種有利性乃是從每一個國家發揮最大效率和極大力量的競賽中產生的，但在現在全體歐羅巴人爲他們本身生存而作的大戰鬥時期，欲對付東方威脅性的猛攻，則歐洲大陸的分裂就存在着很大的危險。儘管這種潛伏的危險，均勢的理論[illegible]機也常常可以在狹隘心理的西方看到，他們爲了鏟除某一個或別個對大東方競逐的不孚衆望的競爭者，竟允許和這種威脅歐洲的危險相聯合——這是與歐羅巴團結的法則相反的。正如在掌握政權前苦惱的日子中脫離運動的儘少的渣徒一般，一切不合標準的和卑怯的從而不適於生存的人們，現在也正在脫離一切時代中最偉大的世界戰鬥。某些人希望皇朝，誤解了他們的地位，那在今天只能認作僅爲有史以前的東西，這些人失去了勇氣並成爲叛逆了。無論什麼地方發生或者考慮過或者今天還在考慮這種投降的話，那末，結局將不是輕易脫出具有全世界重要性的危機，而是這些國家不可避免的消滅，因而也是它們負責

人物不可避免的消滅。布爾塞維克暴徒，在這些國家內的內戰將成為第一個結局。其次將開始交出所謂戰爭罪犯，而且這一切將以走向西伯利亞草原的路上的人們之無窮盡的行列而告結束，他們將作他們國家領袖的脆弱性的犧牲品而留在那裏。希特勒宣言中講到日本在目前鬥爭中所盡的職責，宣稱德國的大盟國日本，從頭一天起就認識了戰爭是什麼的問題；這是為了生存的最後鬥爭。從那時以來日本一直是為了生存而奮鬥的。從那時以來日本是以一個真正英雄的國家的勇敢而戰鬥着的。宣言的第二部分講到目前的軍事形勢。在敵人以為帝國會迅速崩潰的希望沒有實現（儘管德國遭受一切的挫敗）以後，他們現在還有一個希望，那就是在德國內地進行決定性的最大進攻。流氓的品性——封建的僭越、資產階級的無效率性和過去國會腐敗的混合物——結合起來，希望能從這個不忠信的行動中收獲直接的報酬，是決不能擊破德國抵抗的深根的，有一件事情他們已無疑地認清了，那就是：德意志只要還活着，它就決不分嘗為布爾塞維主義所泛濫的歐洲各國的命運。只要希特勒一息尚存，他的軀體和靈魂將服役於唯一的思想，即使他的人民在保衛戰中強大，並進攻威脅性的布爾塞維克危險。德國一切犧牲之邏輯的結局乃是德意志人民國家的加強。如果有反對此點的陳腐因素存在的話，人們對此就無法可想了。因為這個人民的國家將對此棄置不顧。如果德國國內過去的政黨、階級或其他微末部分的個別卑劣份子相信現在他們搗亂的時間已經到了的話，他們只會經受完全消滅的時間。宣言檢討七月廿日事變時宣稱，「我曾經深受感動和充滿着最大的感謝的快樂，認清了陸軍、海軍和空軍全體——沒有他們，也許已確證外表上成為過去了（此句不明）——已經貫注着納粹主義的精神到如此的程度，以致為了要使黨、人民國家和武裝部隊的意見和決心達到完全一致起見，除了從黨、國家、武裝部隊中把那些無價值的人排除出去之外實際上已別無他法。可是今天的後果已成為一種痛苦的後果了。」宣言繼稱，德國的敵人充滿着希望振作心神相信他們現在就可能侵掠德國了。他們不能這樣做乃是由於我武裝部隊的勇於善戰，但首先也就由於德國國內最值得讚揚的勇敢態度。響應擴展帝國防禦以及加入『人民衝鋒軍』的號召乃是德國人民團結一致的惟一象徵，這一點在這担負德意志民族將來命運的大鬥爭中已愈益信而有徵了。希特勒描寫德國人民國家的建立乃是他的歷史使命。他繼稱，挫敗的時間將決不能使德國屈服。德國戰鬥的目標乃是從災難和危險中拯救德國人民，使德意志兒女以及後代的子子孫孫的生

借貸以購買凡此配備乃屬必需。渠並強調稱：美國已見及基於合作基礎對華投資之可能性，唯此須美國投資能受公平待遇始可。中國政府之商業及工業界在戰後建設復興計劃方面之目標，必須統一一致，藉以吸收美國對華信用貸款及投資。會議議程包括主要八部，即：研究各國間貨幣關係、新地區之工業化、各國商務政策、原料及食糧、運輸及交通、投資之鼓勵與保護、卡迭爾、私人企業。

美公佈准許國外經商地區

【海通社柏林十一日電】國務院星期六宣佈：美軍參謀總長已決定：凡欲出國的美國商人從今起可赴歐洲與地中海的九個國家。可赴經商的地區如下：法國內部地帶、摩洛哥、阿爾及爾、突尼斯、利比亞、敘利亞、黎巴嫩、土耳其、與塞浦洛斯島。凡申請發給護照者，必須證明其前赴該地區或者將對盟國的作戰努力有貢獻，或者是為了恢復商業關係。

【海通社柏林十一日電】芝加哥訊：芝加哥城郊電車路線的罷工尚未解決，整個交通自星期五起即陷於停頓。據估計離開工作的工人與職員約達七萬五千人。受罷工所影響的電車路線有芝加哥北濱至米爾凡基一線及芝加哥至艾陵一線。

國民黨代表團在國航會議上闡明其對過境權等主張

【中央社紐約十一日專電】我國出席國際民運航空會議代表團，本日就我國對於過境、技術降落、及商務進入等權利之立場，向大會提出聲明如次：戰前我國因顧慮日本侵入我國，故採取限內性政策。任何外國航空線向我國境內擴張實際上均被拒絕。惟我國政府對於國際合作，發展民運航空之重要性，甚為明瞭。在國家安全及主權不受影響之限制下，我國熱烈歡迎多量與有效之外國航空飛機擴張至我國境內。中國代表團建議在若干適合之條款下，予外國航空企業家以過境、技術降落及商務進入等權利。此等條款包括若干對於國家利益不可或缺之規定，即：第一，過境權應以雙方對於商務進入權獲致互相滿意之諒解為條件；（二）定期過境飛行應按照連結入境地點及開放了的技術降落之機場之路線飛行，入境地點及機場均須由飛經其領土之國家指定，在未獲該國正式許可前，不能另闢新航線或改變既定航線。（三）不定期過境之商務或私人飛行，應循指定之路線飛行，並僅使用指定之機場。此項路線及機場係飛往或降落之國家應有關方面之申請而指定者。（四）為准許

命直到遙遠的將來能夠保全。在德國的庇護下，歐洲在前進着，他們感到，今日正將決定的不僅僅是德國的命運，而且也是所有那些自己算是歐洲的人和自覺地輕蔑布爾塞維克野蠻性的人們的將來。希特勒宣言結語稱，德意志鬥爭的目標不是別的，而只是納粹主義於一九二三年會需爲之而戰鬥的目標，納粹運動第一次十六個先烈爲之而死的目標。

納粹辯釋 希魔仍健在

【海通社柏林十三日電】星期一午，德國有資格人士於答覆盟國傳佈元首生病的謠言時稱：元首很健康。希特勒沒有親自給德國人民宣讀宣言這一事實決不能證明他身體不好。希特勒從來沒有親自宣讀過宣言，而總是由部長宣讀。當帝國元首派內政部長希姆萊宣讀元首告德國人民書時，也是這麼一種情形。當時元首爲什麼不能親自演講，可見之於宣言中。該宣言謂：統帥部的工作連一天也不允許元首中斷其活動。況且，德國人士相信：希特勒將於適當時期予各種謠言的製造者以決然的軍事回答。今年十一月九日希特勒還是沉默，這種傳說是不確實的。他已於宣言中直接呼籲德國人民，當時，這已成爲各地方所周知的事。在這宣言當中，希特勒詳細評論當天一切事件；並用自己特別有力的語言發出新命令。星期日整個德國有無數的羣眾示威遊行；十一月九日舉行慶祝均是證明：德國人民怎樣的深切瞭解元首。同時人民衝鋒隊員均宣誓就職。在這些示威遊行中，德國人民表示了堅強戰鬥的決心，因而直接擊斥了盟國的一切謠言。

國防通商會議中 蘇聯僅派人旁聽

【中央社紐約十日專電】國際通商會議本日於紐約市郊舉行會議，來自五十二國之商界代表三百五十餘人聚於一堂，交換意見，研究促進戰後國際貿易之問題及方法。發起此次會議之四團體特設宴歡迎各國代表，席間會宣讀羅斯福致大會之電文。蘇聯未派代表團出席會議，僅由蘇聯出口貿易機構駐美代表厄爾塞夫列席旁聽。

【中央社紐約九日專電】國際通商會議將於十日於紐約近郊舉行，我代表團由陳光甫氏率領，團員有范旭東、盧作孚、李銘及專家祕書多人。該團將於此非正式會議中提出中國商業利益之觀點。中國代表團最近宴請美國四大商務機構之領袖，席間與美國對外貿易委員會之湯姆斯、全國製造業協會之蓋德、國際商會美國分會之高茨華及美國商會會長約翰斯敦交換非正式意見。約翰斯敦稱：美國亟願協助彼能自助之國家。對於開發國家發展工業之長期借貸，亦美國本身之利。中國工業化計劃將需要美國之機械及設備，長期

過境而指定之路綫如有變更，應有適當之事前通知。（五）緊急過境（勿須認可）或未能循特定路綫飛行時，過境飛機應於發生意外之國家之最近機場迅速降落，飛機在未被指定作技術降落之機場緊急降落後，必須停於機場上，待檢查及批准後，再繼續飛行。（六）在商務進入之情形下，任何國際航空公司在一國所用之路綫及機場應經該國指定。（七）國際航空公司使用指定機場上設備及沿指定路綫飛行之航空設備，應獲與其本國相同或最惠國之待遇。（八）外國飛行員及航空企業家進入一國時應服從該國之法令規章。（九）一國爲應國家安全之需要，得不暫時停止外國飛機之過境及商務進入權，惟事前應予通知。根據上文建議之措施，商用飛機之定期過境及技術降落不必每次均事前獲得政府之特殊許可，然非定期之商務及私人飛行在若干時間內仍須獲得此種許可。此外並應保證以合理與寬大之條件，准許商務進入。綜以上各項建議中有若干項係基於我國之安全而提出，並無造成阻礙合理發展國際空運之意圖。中國代表團希望：隨世界安全措置之發展，現時將認爲必要之若干規定將來或可逐漸弛緩，以利空中自由之擴張。

【合眾社芝加哥十一日電】中國出席國際民航會議代表張嘉璈告報界稱，中國可能就外人投資於其航空綫一事，制定新法律。然不論這一法律爲何，對於外國之技術協助永遠歡迎。關於外人投資一事，他未詳加論列。然與彼一同參加記者招待會之柏爾重又聲明：美國之政策係鼓勵各國人民自行經營其國內航空綫。張氏描述中國航空綫之大規模發展，使成爲全中國之航空網，並提出數字，以示中國之空中旅客已由一九三九年之二二○人增至一九四一年之二一二九二人。張氏稱：中國是否將在外國經營一條以上之航空綫須視其運輸量大小而定。按中國現有兩家航空公司，一爲與汎美航力公司合辦之中國航空公司，一爲中央航空運輸公司，其中之德國資本已在對德宣戰後被沒收。中國預料與馬來亞及荷印將有大量運輸關係，然尚不及與印度之運輸關係。張氏聲明：中國僅將對於會與談判商務權利之國家始予以飛機過境之權利。

瑞報稱羅馬尼亞 轉入蘇聯勢力範圍

【海通社洛桑十一日電】「洛桑日報」特派記者訊：倫敦已供認：「羅馬尼亞已自英國主要勢力範圍內劃出，並轉入到蘇聯的勢力範圍內。此中立國的觀察家，就羅國的形勢撰文稱：「左翼的優勢已明瞭。農民與自由黨的首領擠上後台，爲此兩國歷史悠久的黨派之左翼代表勝出地盤。維辛斯基之抵羅京，可說爲了視察羅國宮方及學校如何慶祝蘇聯的革命節。」

參攷消息

（只供參考）第七〇〇號

解放日報 新華社 編

今日出一大張

卅三年十一月十七日 星期五

大後方時論

新蜀報社論：我們緊急動議（十月九日）本文對於目前時局危機，提出以下緊急動議六條，而其中有一條要求各黨派暫時實行政治休戰。『第一、立刻停止陪都以及後方各大城市一切與戰爭無關的公私建築。並調整交通，注意地方治安。第二，實行挪借國人在外國的大宗存款，並實行大戶獻糧，供應軍費戰費。第三，立刻調整川滇黔桂陝的民衆，實行有計劃的武裝自衛，並政治的軍事化。第四，立刻調整非軍事機關的人員，實行戰鬥準備，除自願投軍者外，一律都作有計劃的安排。第五：各黨派人士首先應該武裝報國，暫時實行政治休戰，因爲『盡忠報國』是中國老百姓傳統地評價人物及至集團良否的標尺。而這標尺是對的。第六，全國同胞，以國民立場，對盟邦呼籲開闢東亞的第二戰場』。時事新報社論：發動自力扭轉戰局（十月十一日）本文對於要求開闢第二戰場有所異論，而着重於自力的發揮。『要求修正「歐洲第一主義」的戰略，要求開闢第二戰場。從全局來看，這都是正大而迫切的呼聲。……今天我們當前的問題是如何保衛桂柳，扭轉戰局，全盤戰略的修正，第二戰場的開闢，均緩不濟急。所以，問題的解答：只有充分發揮自力。』

新聞週報：胡霖對記者訪問的談話。（十月六日）

民主政治的標準『民主政治的標準很難說，如英國很早實施憲政，也是民主政治，但我在英國時一位大學教授拉斯基對我說，他不滿意英國這樣的民主政治。』

改組國民政府問題：『黨，要有力量，要真正能够代表一部份人民，否則光安插幾個人進去，還是沒有多大意思。再說政府混合組織，以我國情形，就改組行政院，但我國不是內閣制，行政院的地位很低，算起來已經是第三級，至於部的地位那就更低了。如果要牽涉到黨治的根本上去，是否再會引起革命，就很難說。大公報對於這個主張很淡視，因爲我們向來不願把沒

內地交通亦僅是細長線機。該報稱，不僅如此，日本還具有大量軍用資源及物質資源的敵人。日本最近在中國的勝利充分說明：在它交通綫鞏固的地方，它仍具有施予猛烈打擊的力量。

××格拉斯哥××報之社論稱：『我們來改正對中國作爲第四強國在和平會議上之地位的太樂觀看法，將是愚蠢的』。

敵追擊退向貴州之國民黨軍隊
黃旭初推卸責任非難美空軍

『同盟社廣西前綫十五日電』十日佔領柳州的我快速部隊，將敵包圍，現追擊全國向貴州省方面逃走的敵人，在宜山周圍的山岳地帶，正展開激戰。

『同盟社華南前綫基地十五日電』在柳州西北地區，我軍急追敗殘敵人，十四日黃昏，挺進於柳州西方六十公里的南灣，完全切斷敵人歸路。另一方面，從柳州西方地區南下的一部，與渡過武江的北上部隊，已於十四日夜在柳州西南方約四十公里的白見村包圍敵第四十六軍及第六十四軍的大部隊。

『同盟社南京十六日電』自此次華南華中開始作戰以來，中國派遣軍總司令畑元帥，曾親自在前綫指揮作戰。對此，派遣軍當局於十六日發表下列聲明稱：中國派遣軍總司令畑元帥，於此次華中華南作戰之初，便進駐××地，指導全軍作戰，至十一月十二日，更前進××地會同岡村寧次大將，指導此後之作戰。

『同盟社上海十六日電』重慶軍內部以桂林柳州的失陷爲契機，似已瀰漫了憎惡在華美空軍的念頭。廣西省主席黃旭初亦對美軍當局痛加非難，稱：『桂林、柳州於最短期間內失陷的最大原因，是在華美空軍對地上部隊未予以絲毫積極的援助，却早就逃往內地。尤其不能忘記：重慶軍於事前曾請求陳納德予以有效的援助。現在在重慶軍內部，對在華美空軍的失望，已變成反感與憎惡，瀰滿全軍的是：在華美空軍應負全責。』

敵稱美在華增加飛機
加緊對日『滿』進行空襲

『同盟社廣東十四日電』由於桂林、柳州的被攻克，我航空部隊控制了敵人的前進據點，我空軍的偉大力量將伸向四川、雲南，由殲滅敵殘存基地作戰走向殲滅駐華美空軍主力。駐華美空軍司令陳納德，現在在芷江有戰鬥機轟炸機五十架，在南寧有三十架，並有六百架飛機配置於以昆明、桂林爲中心的基

有辦法地主張拿出去。』

中央日報傳斯年談話。（十月十五日）

對於主張召開國事會議，持反對態度。

『近有人主張發動各種政治社會等等勢力，共商國計。其結果將造成克倫斯基式的政府，而陷中國於大混亂之危局。吾人在中外歷史上，追溯此項混亂局勢，必危國本，有何民主之可言。』

新華日報：民主世界中的民主中國。（十月十日）

作者孫科，認為建立國內民主必須具備下列四條：『一、人民基本自由法律保障；二、民間政治團體的合作存在；三、軍隊武力的絕對國家化；四、國家行政的完整無缺。』

英國各界 關心中國軍事形勢

【路透社倫敦十日電】毫無疑問的，英國各界由於美國在廣西空軍基地的失守，對中國的軍事形勢極為關心。當美國朋友遇到中國人時，他們所詢問的問題一律為：日軍在中國西南部已向南推進多遠。當驚慌失措者深恐中國形勢已『實際上無望』時，現實主義者則認為中國軍隊在沒有飛機裝備的下面，已經盡了和正在盡最大的力量，以阻止具有裝備優勢之更强大敵人。英國的關切表現在今晨愛倫於下院中提出的問題，他問道：除於盟國戰爭努力，經蔣介石委員長而由中國抗日戰爭中所得到的總利益，外相是否能發表聲明。國務大臣勞氏於答覆中稱：他認為現在詳細說明中國戰場的形勢，對於任何方面俱無什麼好處。勞氏稱：『最近廣西前綫的形勢，必須與遠東總的戰略形式及中國七年抗日戰爭的背景對照來看，因此形勢已使日軍在廣闊戰場陷於××。蘇格蘭兩家報紙及倫敦一家報紙，以他們自己的觀點評論中國形勢。『蘇格蘭人』報解釋日本迅速推進的原因，為××××以及中國內部的不×。該報懷疑即使滇緬路重開後，是否能運輸充分的供應品足資在中國進行大規模的戰事。該報相信從滿洲至馬來亞××××之建立，將使盟國向太平洋在中國海岸登陸極為困難。但蘇格蘭人報稱：斯大林稱日本為侵略國一點，在東京聽來將是不祥之兆，因為蘇聯的干涉滿洲，將改變整個形勢。另一方面，每日電訊報××××中國的問題與運輸問題。編者聲稱，從陸上或空中運輸供應品至重慶，本身即不足裝備中國一個軍。蔣介石委員長或許犯了一些錯誤，（缺）。×××因為中國內部的××、訓練與組織問題仍然存在，而甚至在中日戰爭之前，中國的

地羣，並從印度陸續運輸飛機。此次以西南作戰中被我擊潰的戰鬥機羣為中心，更增加許多飛機，以謀再建美空軍，現已着手建設以貴陽、南寧為中心的航空要塞，並在該基地附近建設許多秘密基地。因此次西南作戰中戰鬥機的效能不高，遂補充會出現於印緬戰綫的P47，及其他的重戰鬥機。另一方面以西安、漢中為中心的西北基地羣，特別是B24轟炸機隊的積極活動，特別顯著，由於西南基地的喪失，從西北基地的中心主義來看，敵B29轟炸機的對日對滿空襲亦將頻繁，總之駐華美空軍，企圖以貴陽、西安、成都、昆明為中心進行反攻，並為了牽制菲島作戰，進行出擊，因此大陸的決戰形勢，較所想像的更為巨大。

大公報透露 廣西混亂情景

【本報訊】十月十五日大公報載『烽火中的廣西』報導稱：桂林疏散，省府即遷至宜山，必要時還※遷至某地。九月二十五日，黃旭初主席在紀念週報告時說：今後廣西施政中心有四：一、加强徵兵，增加原徵兵數的一半左右，以為增多了的陸軍的補充；二、加緊徵糧，三十二年的尚未用完，三十三年的又在開徵，暫時可應付，唯桂北各縣及大河一帶產糧區業告淪敵，大受影響；三、整飭治安，桂柳疏散後，各處時有小搶案發生，柳宜公路上大塘附近，兩天內即有四輛汽車被劫；四、加强自衛，規定每縣成立自衛隊一大隊，綏署發槍九千枝，不足數徵用民槍。九月二十一日，白崇禧由渝飛柳後，聽說國民黨中央政府已准廣西成立兩個游擊縱隊，恐將以各專署保安隊及綏署特務團的部分人馬作基礎，餉械重慶供給。此外，省府通過了『規定廣西省府戰時工作準則』及『省府戰時授權專署、縣府處理事務辦法』，規定除省府直接辦理事項外，均由專署縣府辦理。同時省府原有一千多職員，僅留四百，餘則下派加强專署縣府。該報導又稱：省府秘書長蘇希洵對記者說：『廣西以往的好處，在於窮幹苦幹，……這幾年來，大家把自己最可貴的東西丟棄了，所以反而事事落後了。』

【本報訊】十月廿七日秦風、工商合報所載昆明通訊報導『大西南的片段』如下：曾經組織動員起來的桂林青年們，在桂林疏散前就被解散了。文化界組織的（僅有五十八）前綫慰勞團，到全縣亦被解散了，雖然李濟深老先生趕到，也終歸無效。無數的難民流向獨山、貴陽、昆明，以血和淚、飢餓和疾病、流浪和死亡，織成了一幅一幅的難民流亡圖，展開在祖國的土地上。他們被警察用棒子趕，賣一點東西拍賣，得不到買半碗麵的錢。燒餅賣了

十幾倍。防守司令告訴記者說：『對於未來的作戰，老百姓是有害的。』向來靠吃別人的血肉以自肥的人，環境又給他們造成了好機會，柳州郵政儲金局的活動，不過一個例子。人們心裏共同記起了這樣的話『司馬懿的大兵來得好快呀！』中國的『蟻民』們還在路上繼續的爬，向着貴陽昆明，希望到了後可以得救，免去災難，可是敵人的箭頭又指向了昆明貴陽，東京的廣播立刻傳遍了西南，有錢的高等華人已作了準備。至於人民呢，正像桂林市長所說的『七年抗戰，大後方的人民都麻木（？）了』。該報導說道：但願他們麻木，倒像鎮靜，以免再被別人因爲其不麻木不鎮靜而把軍事失敗的罪過，推在他們身上。

蘇聯要求伊朗建立對蘇友好政府

【海通社柏林十四日電】據合衆社自莫斯科報導：蘇聯半官方發言人強調謂：莫斯科建議被免職的伊朗政府應以能允予蘇聯租借油田的『友好』政府來代替。

【海通社柏林十五日電】華盛頓訊：華盛頓郵報稱：蘇聯加諸壓力於伊朗，使薩德總理和內閣辭職，乃蘇聯近東政策批評之根源。該報指出：莫斯科對伊朗的態度與美國官方對阿根廷的態度，在表面看來似乎一致，但仍有重要的不同。假如即或薩德政府被迫辭職一事實易於被誇大的話，那麼也留下不妙的印象。不管公正與否，事實會使得許多小國家對他們將來與列強的關係發生猜疑。該報結語稱：這是世界安全組織的問題，英美蘇必須很快予以能使人相信的答覆。

意比政局混亂

【海通社馬德里十五日電】『阿爾加查』報羅馬訪員來訊稱：共產黨的宣傳使意大利的政治形勢日益混亂。基督教民主黨埋怨對波諾米政府的信任太少，因而，在政府裏有代表的黨派當中的真誠合作已受到破壞。社會黨與共產黨報紙警言民衆不服從，並企圖以強迫手段實行其主張，以此動搖了意大利目前整個政權。波諾米於其致不管部部長的信中悲慘地怨訴缺乏紀律。該函稱：共產黨報紙甚至號召逃跑與呼籲士兵勿服從國王或其代表。波諾米於其失望中警告意大利人說，假使公共秩序不能恢復，盟國將實行武力干涉。波諾米的信結語稱：然而，此步驟將粉碎政府的一切努力。

【海通社斯托哥爾姆十五日電】『新聞紀事報』布魯塞爾訪員稱：布魯塞爾政治上的緊張幾乎是不能忍受的。涉及『哥德堡郵報』倫敦訪員星期二的新聞報導時稱：比利時一般認爲比埃洛再也不是一個能够控制形勢的人，他使馬西格里、外交部常務次長杜門席士、法外交部政治主任諾威格。……（下缺）

【海通社布魯塞爾十四日電】根據星期一晚政府所發表的法令，命令比利時抵抗運動人員將其所有的武器都交給政府。法令簽名者爲國防部長德福茨。該法令規定十一月十八日爲交武器的最後一天。

瑞士社會民主黨要求取締對共產黨禁令

【海通社伯爾尼十三日電】瑞士的政黨對於因聯邦議長比勒特的辭職而引起的瑞士政治危機表示態度。社會民主黨在公報中對比勒特之鑑於其政治活動的失敗而採取此唯一可能的步驟表示滿意，該公報繼謂：然而這應該說，其失敗不應單獨歸因於政治部主任本人，而是由於其共事者顯然不能勝任其所擔負的職務所致。社會民主黨委員會認爲需要根本改變其對外政治活動，最後從新進行××外交與××××議員斯梯格爾終於被任命爲比勒特的繼承者。斯梯格爾被認爲政治名譽掃地，因此不能委他指導瑞士的對外政策。公報於結論中要求聯邦議會的第二把交椅應留給社會民主黨員，並謂聯邦代表大會應立即決策使局勢明朗化，立即召集聯邦代表大會與取消對瑞士共產黨的禁令。『工黨』也決議採取相似的方針，社會民主黨已發表聲明謂：補充此空缺的對外政治席位對國家有舉足輕重之意義。

關於國際通商會議

中央社十一月十一日社論

近日國際通商會議在紐約近郊開會，參加者有五十二國之工商代表，其討論之議題共有八項，即各國商業政策、國際貨幣關係、國際投資之保護與獎勵新地區之工業化、運輸原料及食物之流通、加迭爾及私人企業等經濟問題。這些縱不是國際不安之唯一因素，至少是主要因素。戰後國際貿易之合作，將爲永久和平奠定其基礎。此一會議爲各國民間代表之集會，各國政治家之良好決議如無民間之支持，亦難有積極之效果。所以工商界領袖對國際貿易交換意見，竭誠合作，實在是世界和平最堅固之保障，所以我們對這一會議非常重視。

在這會議之前，美國方面曾就各個問題草成建議案，雜列各種意見，供大家參考。這幾項問題可說涉及戰後經濟問題之全部。不過，關於國際貨幣已有國際貨幣會議決定設立國際貨幣基金，關於航空有國際航空會議確定航空自由之原則，這一原則自亦包涵海洋自用原則在內。所以此處我們只想就戰後國際經濟一般原則以及吾國國際貿易政策問題略述所見。

顯然是企圖平衡兩個極端，而結果却爲普遍的不滿。共產黨已公開譴責高級軍官協同右派祕密準備大政變。據說：前比利時參謀總長與維爾斯特拉特（列與波德王的親友）將是該運動的領袖。根據共產黨的意見是：該派要奪取政權，並意圖以武力解散游擊隊。

「海通社柏林十三日電」倫敦訊，泰晤士發表自布魯塞爾來訊稱：比共政治局決定繼續與比埃洛政府合作。此決定係於再考慮共產黨主席與比總理之會談後作出的。會談中比共主席曾因外長斯巴克訪問倫敦而警告比埃洛勿投身於單方面的同盟。

傳巴錫基維將任芬新總理

「海通社斯托哥爾姆十一日電」赫爾辛基「晨報」星期六消息：芬蘭政府將辭職。據稱：星期五已設立國會各種政黨派別之混合委員會，討論關於如何改組政府。從長期討論政府危機中（此討論繼續數星期之久）所得普遍印象，巴錫基維最有希望爲總理候選人。至今尚未從赫爾辛基得到關於新內閣辭職或新任命的政府首領之消息。

「海通社赫爾辛基十日電」芬蘭社會民主黨在「蘇沃米社會民主黨」報紙上發載其政綱，此政綱將提交該黨之代表大會核准。第一件事將爲實行其休戰條件，並與聯合國內一切力量與一切鄰國及盟國建立友好關係。對蘇聯的態度必須改變。以前的意見一定要取消。政綱認爲民主政府必須建立。

「海通社赫爾辛基十一日電」據芬蘭廣播，芬蘭國會選舉可能於二月最初舉行。廣播稱：準備工作及法律措施需要時間很多，因此不能更早的舉行。選舉將於各省舉行，但拉普蘭德省除外。同時，該省現在議員將仍留於國會中。

英報懷疑英美友誼

「海通社柏林十三日電」倫敦訊，「英美兩國的友誼能持久嗎？」觀察家報星期刊載長篇的社論中討論此問題時，以比較懷疑的筆調寫道：「美國目前仍是友好的國家，但我們已不能再假定美國認爲在任何情況下支持英國，更不會以支持英帝國作爲其基本利益！英美間的友誼已不以家族的感情關係爲依據。而將須根據比過去那樣一給一紊更加明確的協定上。美國的好意我們是如此高度珍重的，但是我們將不能以帶着有如此危險含意的貿易合作政策的代價來換取得之。

「海通社柏林十三日電」倫敦訊：據英半官方通訊社稱：英外長艾登星期日與法臨時政府外長皮杜爾進行數小時的會談。與會者有英大使古柏、法大

一般的說，我們深信爲謀戰後各國經濟之發達，應有三大原則，這就是自由、平等和博愛。新時代的民主思想即是要將政治上的自由平等博愛由政治擴張到經濟。自由云者，就一國而言，充分生產、充分就業；就國際而言，一切國際交換之障礙必須排除。平等云者，就一國而言，必須保證社會安全，亦即免於匱乏之自由；就國際而言，必須促進各國經濟之平衡發達。所謂博愛，意即合作，在一國以內，全體人民應爲發展生產而共同努力；而在國際間一切運輸、金融、資本、技術都應爲提高全人類生活水準而合作。我們中國的立國政策一貫贊助國際合作的措施，因爲我們了解，一個經濟落後的國家，唯有在國際合作制度下，才能迅速提高其生產力，而一個經濟先進國因保有技術之優勢，毋庸憂慮落後國的競爭。今日因技術之進步，世界是日益縮小了。國際經濟之孤立，必引起世界經濟之危機。而另一方面，亦因技術之進步，使人類生產力提高到一種空前高度。只要和平合作，人類決無匱乏之虞。舊日的經濟壟斷是不可能而且也不必要了。

關於戰後中國貿易政策，我們願意重申我們一貫的兩個論點：第一，我們必以工業化爲目標，發展國際進出口，我們有潛在的富源……（缺十餘字）人民已深切了解，要提高生活水準，提高政治效率和文化程度，根本問題就是要工業化，必需輸入機器以及必要製成品。據翁部長的估計，中國戰後最初五年內所需建設資金，約爲一百萬萬美金。這還只是一個最低的估計，這大部份自須仰給於外資，然而，同時亦必須增加出口才能平衡，這又必須積極發展農礦的生產。第二，爲了完成這一目的，我們的政策是計劃的也是自由的。爲了迅速的發展生產力，政府必有一個全盤計劃。在這計劃之下，國營、民營和外資都有自由發展之餘地。以中國之大，國營、民營及外資都是需要的。不過要有一個全盤計劃，避免浮費和防止壟斷而已。吾國在戰時之管制，乃由於經濟中心之轉移和平衡支出，防止資敵之必要；在抗戰結束以後，經濟建設必免（缺數字）易之，國營亦必縮小到相當限度，這是我們可以預料的。

然毫無疑義，國際經濟之協調是和國際政治之合作並行的，只有國際安全之確保，各國友誼之增進，才能促進經濟之合作，在這意義上，我們相信在國際安全組織建議案通過以後，在一貫爲永久和平而努力的羅斯福總統四度連任以後，對爲國際貿易之合作是莫大的鼓勵。我們以無限的樂觀預期國際通商會議之成功。

參攷消息

（只供參考）

第七〇一號

解放日報
新華社 編

今日出一大張

卅三年十一月十八日

星期六

敵公佈侵陷宜山

【同盟社桂林十六日電】我皇軍於佔領桂林、柳州後，未稍休息，又沿黔桂公路開始新的行動，十五日佔領宜山，設我軍沿黔桂公路猛攻，越過廣西省境山險，侵入貴州省，則危脅來自印度的輸血路，從側面扼着重慶的頸項。宜山位於柳江南岸，廣西平原與貴州山險交界處，距柳州西方一百公里，實為貴州省的門戶。由於我軍佔領宜山，因困在中國西南角的重慶的最後據點——高拔海面三千尺的貴陽城，受到很大危脅。貴州省會貴陽，為黔貴公路的終點，該公路起於柳州，全長六百公里北連湘黔綫，南接湘桂綫，沿公路上有龍里、獨山、荔波、思恩、宜山等重要都市，礦產有石炭、鐵、銅、水銀、石油、鹽、鋅等資源，農產物方面出產有米、麥、麻等，故貴陽為政治、交通、工業、商業的中心地。戰前人口十萬多，最近由於移來廣西的大批難民，人口倍加。

敵宣傳桂林陷落前混亂情況

【同盟社桂林十五日電】報導班員發，據俘虜所言證明了敵人在脫圍前後的內幕情形。此即根據被俘的一團長留稱：直至九日黃昏，桂林守備軍分為兩派，一派主張放棄抵抗，從桂林逃走，另一派主張抵抗死守桂林，在此軟硬兩種主張之下，第十六集團軍副總司令兼防守桂林司令韋雲淞，最後下令退出桂林，指定從九日深夜至十日未明向城外脫圍，規定在桂林西北方約六公里的義寧集合。但九日夜就是我軍開始總攻的第一日，敵司令部發生大混亂，命令只下達給軍長、師長、團長、而營長以下就未收到。因此城內外的守備軍尚在抵抗之中，而軍司令部即率一部從桂林向義寧方面敗走，其直屬砲兵隊隊長多人為我俘獲。又桂林守備一部——第七十九軍本部，有美國軍官二人担任軍事顧問，專門

侵略國時斯大林元帥表示了一切聯合國的情緒。吳氏說：他完全同意華盛頓與倫敦方面的聲明：斯大林元帥的演說將形成盟國在獲得遠東戰爭的勝利中及在建立敦巴頓會議的和平中與蘇聯更親密的合作。

敵稱林語堂對美國批評反唇相譏

【同盟社里斯本十六日電】史迪威事件發生後，美國報導機關齊聲非難重慶，備加恐嚇。據紐約來電悉，逗留美國的林語堂會寄書先驅論壇報。反駁如下：「重慶所需要的並不是政治的勸告，而是武器。美國報導機關說重慶政權貯藏着軍火租借物資，這種不負責任的攻擊，全屬虛構。雖然史迪威司令部，交給重慶一些軍火，但對華軍火租借物資，完全掌握在史迪威手裏，此種非難是出於美國人之口，但美國却不能自行證明這一非難的根據。

鹿鍾麟招待記者

【中央社重慶十七日電】中宣部第廿六次記者招待會，十七日舉行，許副部長孝炎主持，請由兵役部長鹿鍾麟報告要點如次：在戰局已進反攻階段，中央決定成立兵役部，其意義在充實兵源，完成勝利。使命重大，責任艱鉅，欲使新戰士源源而來，必有賴於中央與地方政府與人民通力合作，積極實行動員工作，以號召並組織新兵入伍。具體的方法，即第一，根據三民主義之精神，貫徹三平原則，以動員工作為征募新兵之基本手段。第二，本民生主義之經濟制度之精神，勵行優待征屬之政策，安定征屬生活，提高征屬榮譽，鼓勵士氣。第三，竭盡全力，改善新兵生活，要做到不挨餓、不受凍、不露宿，病有醫藥，行有工作。此外，如退役制度亦須確立，逐漸求有步驟之實現。以上專就政策實施而言，至欲保證此種政策之順利進行，則不僅要求政治經濟軍事社會各部門之共同責任，分工互助，尤注重使兵役機構與行政機構密切配合，有效聯系，以避免相互脫節與不協助之弊。在人事方面，兵役工作其政治性質與軍事性質相伯仲，今後將以較高之標準，採用甄別遴選訓練方法，兩種幹部兼重，調整任用，以提高工作效率。對於懲治貪污革除弊陋，尤當認真辦理，設法根絕，以盡職責云。嗣各記者提詢問題，經鹿氏分別答覆後散會。

同盟社說重慶知識份子不願從軍

【同盟社廣州十七日電】最近重慶的廣播及各報紙，均連日大肆宣傳學生知識份子從軍，除蔣介石等

任作戰指導，一當桂林危險的時候即逃往內地。

魏特梅耶接見記者稱 日軍戰略中心轉向大陸

「同盟社里斯本十六日電」重慶電：中國戰場美軍總司令魏特梅耶，在會見美聯社記者時指出日軍正在中國大陸準備進行決戰，在華美軍亦將與之迎戰，以便擊潰日軍，稱：日軍計劃在中國大陸，進行此次戰爭的最後決戰，日軍在華南的兵力，已大見加強與獲得增援，日軍現已將戰略中心轉向大陸，日本陸軍幾乎仍未受創，有着優良的條件，充分的訓練與完好的裝備，因此，不能予以過低估計。本人的任務在於幫助重慶，使其恢復歷史上最重要的地位，使重慶提供的一切資源，集中在『殺日軍』上。對日戰爭於歐戰結束後，約將繼續一年。但是一般人都認爲：歐戰將繼續到明年初夏，亦未可知。魏特梅耶拒絕估計華南日軍的兵力，承認該方面的日軍是非常令人恐懼的兵團，說『日軍正在不斷增強中』。但他對於今後日軍的進攻方向，則避免預測。

敵稱納爾遜返渝使命

「同盟社里斯本十六日電」羅斯福特使納爾遜偕專家十三人，於十六日飛抵重慶，他們將援助重慶，建設落後的重工業。此種措置，對於需要高越喜馬拉雅山的運輸問題，可能減少若干困難。另外十五日新任命的戰時生產局長翁文灝，並於十六日發表聲明：聲言該戰時生產局將與納爾遜一行，保持密切聯系。

孔祥熙見羅斯福

「合衆社華盛頓十六日電」中國行政院孔副院長，本日訪問白宮，慶祝羅斯福總統之四度當選。記者有詢以關於羅斯福總統與蔣主席會晤可能者。渠答稱，俟時機成熟，需要彼等會商時，彼等即將聚會。但何日集會及會議地點何處，余不知也。渠繼稱，渠信美國對加速擊敗日本之最大貢獻，並以大量供應物資增援中國。記者詢以吾人應如何接濟中國。孔氏答曰，君等如何接濟英蘇乎？

「中央社重慶十五日電」羅斯福私人代表納爾遜，十七日上午九時偕專家十三人，前往戰時生產局訪晤翁局長文灝。翁氏及各專家與全體工作人員相見，至十時辭去。茲悉，納氏擬明日晉謁蔣主席。

吳國楨談斯大林演講

「中央社重慶十五日電」外交部政務次長吳國楨，在招待外國記者席上評論斯大林元帥的演講（他在演講中指責日本爲侵略國）時說：日本侵略國與納粹德國的主要伙伴，完全值得斯大林元帥的責備。吳氏繼稱：在指責日本爲

要人大叫抗戰危機，煽動青年外，並動員各地軍政機關，開始強制徵募。雖然如此，但仍未收到任何實際成績。就中由於韶關一帶青年反對，國民兵團當局遂迅速製定關於免除徵募各機關團體公務人員辦法。最近中山日報揭載社論，要求公務員首先從軍，略謂：我們的危機拿身體做譬喻，並不是患皮膚病而是患鼻子腐爛這樣惡性的疾病，當然在危機的時候動員學生是很好的方案，但是這正像半死半活的病人貼皮膚病的藥，而不予以注射。公務員亦不能坐視青年被拉去，他們對於軍隊的看法沒有改變，今天讀書的青年對於軍隊絲毫都不感到興趣。

大後方民主運動繼續展開中 當局愈益採取禁壓

「本報訊」在成都方面自十月七日五大學聯合舉行「國事座談會」後，民主運動繼續展開，進而組織各職業民主團體。但是當局之制壓也與日俱增。十月八日成都民主憲政促進會召開第五次座談會，到會的除正副主席邵從恩、張瀾、李璜及會員常燕生、王白與、陳筑山、張志餘、楊叔明、蔡君時、謝澄平等百餘人外，會議進行中又陸續增加很多聽衆。主席邵從恩在報告四川參政員此次赴渝參加參政會經過時，首稱：「此次赴渝，同人等先曾有一度商議，確定以爭取三大自由爲主要任務，」繼謂：「今春去渝參加『憲政實施協進會』時，曾向蔣稱述必須澈底改革政治，給人民以自由，允許各黨各派合法存在，以團結國力，進行反攻準備；曾被採納，『但這次赴渝所見所聞，依然如故，而各種不良現象，甚且變本加厲，因此更感政治之改革，單靠政府力量從上而下之施予，決不可能。』李璜就民主憲政方面提出意見謂：「第一，所有主張民主的朝野各方都認爲立即實行三大自由，爲當前的急務，此種主張已瀰漫於重慶輿論界，即如政府之機關報時事新報、商務日報等，均屢著論主張。」至於爲什麼在政府已明令『保障人身自由』與『言論自由』之後，大家還在要求呢？李氏認爲：「拿言論自由說，政府只是所謂『放寬尺度』，要知道尺度放寬與眞正自由完全是兩回事，況且尺度也有各人看法的不同……。其次人身自由也已法令公佈，而現在還存在有許多特務機關任意捕人。至於集會自由雖也經過一些討論，但迄今無正式法令頒佈……。」李氏繼稱：「現有的各級民意機構，國民黨自佔百分之九十以上，不足以代表民意。」至於國民黨十一中全會所宣佈的「戰後一年實行憲政」，他說：「目前國際輿論，以及所有到過我國的外人，尤其對此決定表示不相信，美大使高斯也曾作如是表示。」張瀾則謂：「我們現在爲了革新政

治，挽救危局，確非立即召開國事會議，成立聯合政權不可，這個主張決不是任何一方面的主張，我們民主同盟以及國民黨內不少有力人士，均同樣主張，只不過提案由共產黨提出，大家來響應，所以這主張可說是三方面一致的要求。」又說：『重慶國民黨人對主張民主者有兩種批評，一說是地方軍閥與無聊政客，想造反，想做官，一說以俄國克倫斯基政府為例，實行民主以後，只是為對政治野心者造機會』，對於這種污蔑，張氏認為『實在說，我們的主張，只是為救國家，挽危機，是幫助國民黨及政府……只是有些「死硬派」不願意。』

該會的決議標誌了成都民主運動的新發展。在會議上王白與等四會員提議：（一）立即發動各種職業團體的民主組織。（二）立刻用本會名義在雙十節發表響應召開國是會議、組織聯合政權的主張。（三）要求政府明確表示予人民以真正的三大自由。（四）我們不應再在枝節上爭取，要用組織發動全民的民主運動。邵從恩最後做結論：決定立即草擬發起各業民主團體組織辦法，並擴大民主憲政促進會組織。

十月十二日成都光華大學十個學會，也發起舉行『國事座談會』，據新中國日報十月九日載，當時到會的有李璜等四個參政員，蓉市新聞記者及其他大中學學生共二千餘人，參加的學生在會前均曾交換意見，向參政員提出書面問題要求答覆。正當這種挽救危局運動熱烈開展之際，據華西日報十月十二日及黨軍日報十月八日透露，四川省教育廳却以近有少數學生或作違反新生活之行動」的罪名，除將請省會警局轉飭所屬，於巡邏時間，遇此種違禁之學生，應即予勸告，並派令該生習業之學校外，又嚴令市內一中等學校教務訓導兩處及時督同校內教職各員，切實訓導以正學風」！十月十三日華西日報短評中，披露有人建議解散前曾發起『國事座談會』的五大學十二個學會。十月十七日，該報又載：成都五大學在十四日召開了緊急訓導會議，決定：凡各大學學生團體集會，今後應於本校事先呈請備案，俟批准後，始能成立，對各大學聯合性質之集會等，一律不准組織。此外，該市亦如其他各城市一樣，非法逮捕非法檢查之事，「時時露諸報端」：在學校中則橫行着那種『不帶書本而攜手槍』的『學生』，而除此種『學生』外的學生，則『成天在手槍林中提心吊膽的活着』。（十月廿日華西日報社論及短評。）

朝日新聞評萊特島戰局

「同盟社東京十七日電」朝日新聞頃撰社論，題爲「孤注一擲的萊特島攻防戰」的社論，內稱：圍繞着菲島的日美決戰日趨激烈，而其中心是（一）爭奪制空權，（二）兵站供應及切斷供應，（三）地上戰鬥。第一，制空權的爭奪戰：敵人拚命修理和擴充其佔領的機場和建設機場，現已使用塔克洛班、布朗、聖巴布洛、杜拉吉島的機場，逐漸由新幾內亞方面推進以P38式爲主的飛機。二日在塔克洛班島集結戰鬥機轟炸機約二百架，由被我機的猛烈襲擊，被焚一百架以上。因此敵人急速從後方增援飛機，敵陸上飛機以摩洛泰島爲中繼地，由新幾內亞西岸地區出動B24型等大型轟炸機，使殘存的機動部隊在菲島方面遊弋，使用航艦飛機協助陸上飛機，敵人使用航艦飛機，對菲島北部進行戰略的轟炸，並出動基地空軍轟炸中南部，敵基地空軍的力量有二百架左右，如十三、十四兩日有航艦飛機協助襲擊菲島時，敵機即達四五百架，敵航艦飛機進行斷續的轟炸，我機反復猛攻塔克洛班、杜拉吉、聖巴布洛島的機場。我機衝入敵機動部隊，將其擊沉或擊毀，更進一步襲擊摩洛泰島，內格羅島，拜阿克島、新幾內亞某機場，這樣，彼我空軍正在進行激戰。第二，切斷供應線和後方聯絡：十三日已公佈麥克阿瑟部於萊特灣登陸以來的三星期中，登陸的兵員已達三萬人，並卸下供應品。雙方都專心增援兵力和增強軍需資材，因爲這是決定戰局的主要因素，此次來襲菲島東方海面的敵機動部隊，派出航艦飛機襲擊馬尼拉附近，妨礙我方增援萊特島，敵人獲得制空權是爲了要切斷我方供應線。而我特別攻擊隊的活動使敵機動部隊及運輸船受到嚴重損失，十二日以來，敵軍兩個師團登陸，萊特灣內又停泊運輸船五六十艘，戰艦或巡洋艦十艘左右，驅逐艦數艘，卸下軍需資材，這是不可輕視的。（三）地上戰鬥：敵地上兵力約有七個師團，自二十日登陸以來，逐漸擴大地盤，並進行反攻，一部份進出於三馬島。我軍確保布郎來、艾羅、卡里加拉西方高地企圖進行反擊，我軍一部在卡托門山，仍在敵人包圍下繼續進行戰鬥。我軍切斷進出於馬那加斯那斯附近的敵第二十四師主力的退路，並且圍攻之。但是敵人保有坦克、重砲等優秀的裝備，並增援兵力和資材，此事不容樂觀。如上面所說的，敵人拚命進行戰爭，戰局日趨嚴重，如果敵人在萊特島建成大空軍基地，那末敵空軍時要有利地進行空襲，其基地空軍的威力不僅到達菲島，而且B24型等大型轟炸機，在重慶方面：自十月一日各黨派各階層愛國人士追悼鄒韜奮同志大會後，同月十一日警察局召集渝市各團體及公共場所負責人，重新宣佈了『結社須得社會局許可』，『舉行時事討論或含有政治目的之集會須事先呈報當地警察機關，領取許可證後方得舉行』，否則『警察局得隨時禁止或解散之』一項禁壓法令；該局長徐某並向各團體發出：否則『本局職責所在，自必嚴加取締』，及借給開會地址的，如果『出了問題要由各團體自己負責』之威嚇式警告。因而渝各界籌備中的對被遇害的杜重遠先生之追悼會，一般預料『將因找不到會址而流產』。（時事新報十月十三日．十八日，新華日報十月十五日。）十月十六日重慶衛戍總部頒佈了所謂『保障人身自由實施辦法』的『捕人權責』，規定凡被加以所謂『軍事及治安之現行犯』的罪名者，『無論軍民，皆得逮捕之』等赤裸裸的摧殘人身自由之條文。

這一高壓政策，引起了各方面的反應。在成都方面，鄧錫侯氏為主任的川康綏署公佈了嚴禁非法逮捕及檢查，否則拿獲嚴辦的決定。

萊特島上激戰
美一副師長負傷

【同盟社里斯本十六日電】舊金山來電、萊特島的麥克阿瑟司令部，十六日發表：美陸軍第九十六師團副師長伊茲萊准將，於十五日夜在前綫戰鬥中負傷。

【同盟社上海十七日電】據此間所獲情報，美國海軍在菲島海面及萊特灣的損失極大，而主力艦和制式航空艦所受的打擊尤為嚴重，現在判明其勢力減少一半，即被我方擊沉的有戰艦五艘、制式航艦八艘以及航艦一艘，被擊沉的敵艦計華盛頓型戰艦一艘、加里福尼亞型戰艦一艘、柯羅萊多型戰艦一艘、南達哥塔型戰艦一艘、達哥他型戰艦二艘，被我擊沉的制式航空母艦計有勒辛頓型三艘、瓦普斯式三艘、企業型二艘、特設的平台型十一艘，巡洋艦被擊沉二艘，徽斯特型巡洋艦一艘，波特蘭式驅逐艦一艘及潛艇三艘被擊沉，被擊沉的運輸艦有八千噸至二千五百噸級十五艘，此外被我擊毀和擊傷的艦艇多數。

【同盟社十六日電】華盛頓電，美國陸軍部十六日公佈；自六月六日攻歐作戰開始以來，美國陸軍在西部戰綫的兵員損失截至十一月一日止共損失二十萬零三百四十九名（包括在法國南部登陸的第七軍的損失）。計陣亡二萬五千八百八十四名，負傷十四萬五千七百八十八名，失蹤一萬八千六百七十七名，合計二十萬零三百四十九名。

將威脅日本本土，及南方資源圈。另一方面如能殲滅萊特島的敵地上部隊，那末敵人將受到嚴重的打擊，因為麥克阿瑟的主力，都集結在這裏。敵人在菲島的作戰已受到挫折，這對於國內外的政戰兩略，將有直接或間接的重大影響。

傳德寇將求和

【合衆社伯爾尼十五日電】此間各國外交界人士所得最可靠消息，目前德國之目的係在聖誕節以前不顧一切求取和平。希特勒消聲匿跡必係德方企圖在提出和議時不令希特勒氏露面，而非外間所猜測之患病或已為希姆萊取代。該消息稱：希姆萊之現行工作乃維持國內秩序，俾在提出和議時德國可以其人民團結一致於其領袖領導下之地位，與盟方談判。據悉，此一方面之最初步驟不久即可在里斯本出現。

【路透社蘇黎世十六日電】此間報紙今日發表駐意瑞邊境齊亞索訪員來電稱：據自德國到達米蘭的新法西斯外交人員稱，德國正準備一次聖誕節外交戰』，以圖談判光榮的和平。他們力稱，希特勒現故意隱藏於幕後，以圖造成更好的談判空氣。據繼稱，國防軍與納粹黨間的鬥爭已由納粹黨以下列一事允諸各將領而被制止，即如果國防軍能在西、東、南三方面抵住盟軍，並從而造成談判的有利條件時，和平將可儘速的予以締結。據同一消息稱，德國人目前正企圖與倫敦及華盛頓取得聯系。據稱：里斯本已被選為談判地點。

【合衆社倫敦十六日電】馬德里外交界人士認為：希特勒已赴日本。研究希特勒之生活凡廿年之奧地利作家佛里休耶函每日前鋒報稱：希特勒已乘飛機或潛艇赴日與日皇會商。

德人民衛鋒軍宣誓

【路透社倫敦十六日電】德國海通社稱：德國成百萬人民衛鋒軍今日（星期日）在德國各地向希特勒宣誓。戈培爾於柏林參加檢閱，希特勒則出現於慕尼黑，而衛鋒隊參謀長斯契普曼則在但澤。戈培爾在向柏林『人民衛鋒軍』演說中稱，『幾乎全世界均在共謀消滅德國並將德國人民再次分割為以前小而無力的國家及奴隸。我們絕不會放下武器來相信敵人，他們不知道什麼叫做惻隱之心。在今後三個月中，我們將派出無數裝備與訓練俱優的師團至國外和國內戰場。如果我能訓練與裝備柏林人民衛鋒軍至如此優良的程度，以致今後數月中假使某戰綫發生危機時，我們能夠立即投入三團或五團或廿團的柏林人民衛鋒軍，將是我值得驕傲的一件事情』。

參攷消息

（只供參考）

第二〇七號

解放日報
新華社 編

今日出一大張

卅三年十一月十九日

星期日

日寇傳西綫盟軍
即將展開全面攻勢

【同盟社里斯本十七日電】據倫敦來電，美第一、第九兩軍，在西部戰綫北翼發動新攻勢後，接着反軸心軍於十六日，以重轟炸機、戰鬥機三千架以上之大編隊，轟炸德國西部，企圖開闢地上部隊的進攻路綫。艾森豪威爾似將向西格弗里防綫舉行大規模攻勢。由於北部地區，美國兩個軍團的開始攻勢，配置於三百五十英里的西部戰綫上的反軸心軍六個軍團，將全部展開進攻。本月八日在魯萊奈戰綫，美第三軍到達後，六個軍即在很短的一個週內相繼開始攻勢。

美批評家評論
蘇日關係繫於今後五個月

【合衆社華盛頓十七日電】研究蘇聯最近對日本批評的外交觀察家指出，今後五個月內將爲一九四一年四月簽訂的蘇日中立條約的『生死存亡時期』。該條約第三條規定：『在締結雙方任何一方未於滿期前一年通知廢棄本約時，本約即被認爲自動延長五年。』如果蘇聯要廢棄此約，它必須於明年四月以前通知日本。該條約本身僅爲對雙方領土××不可侵犯的承認。如果這一方牽入戰爭漩渦時，另一方『須遵守中立』。但此間無任何官員能具體猜測蘇聯對日本的實際計劃。

英國史密斯准將
泛論太平洋戰爭

【中央社倫敦十六日電】英國史密斯准將昨夜對此間盟方人士演講稱：他在開始時，對中國方面極英勇之戰鬥未能充分研究。但繼稱：很奇怪的，在抗擊武裝上佔優勢的敵人七年之後，中國終於仍在作戰。用英國軍事俚語來說，這是一個『驚人的行爲』。講演者同時讚揚他在緬甸退卻中遇見過的蔣委員長，稱他是『我所見過的最卓越人物之一，並爲一著名的軍事名角』。另一方面史密斯認爲此間尚未充分地認識到，幫助中國並不是僅僅把武器運到中國，然後希望中國人對日本人發動攻勢。緬

的規章。羅斯福與邱吉爾在卡薩布蘭加會議上所擬定的規章規定：戴高樂將軍與吉羅德在戰爭結束以前共同管理法國人民的事務。據悉：吉羅德將軍要求戴高樂復職與釋放在他被戴氏刷掉後而被撤職與遭逮捕的一切軍官與官員。爲了他的政治計劃，吉羅德估計會得到職業軍官們及那些政界中的朋友們的援助，這些人曾被投入監牢或逃跑，現在他們正受法庭的審問，例如貝魯東，貝爾格勒，諾格斯將軍，卡特爾與波亞松總督。若干高級軍官與將軍們（他們的名字從未洩露過）現仍關在監牢裏。這些人同時也是美國的朋友，他們不顧英國的反對實行魏剛與穆非的協定及達爾朗、克拉爾克的協議。因爲嚴重的經濟形勢，吉羅德期望共產黨的騷動迅速爆發。他認爲在這種事件中，戴高樂便不能控制形勢。因此，據巴黎來訊稱：吉羅德現特別在法國南部集合一切民族抵抗力量，並贊成支持在他的軍官朋友們所指揮下的所謂馬基游擊隊。吉羅德是君主主義者並擁護法國行動報經理馬拉斯所主張的思想（馬拉斯已被戴高樂逮捕）。

蘇加林上校
提出六項外交原則

【同盟社里斯本十七日電】華盛頓電：在蘇聯大使館出版的十一月號的情報月報上，加林上校曾提出蘇聯外交的六項原則：（一）不問其政體如何，與一切國家維持和平關係。（二）在平等、獨立、共存的基礎上，與一切國家做政治上的合作。（三）爲了防止侵略，願與一切國家締結同盟。（四）排擊犧牲他國的帝國主義的擴張勢力。（五）不干涉其他國家的內政。（六）加強愛好自由國家的聯合，用以對付法西斯侵略國家。

英國組織西歐集團
對抗『蘇聯威脅』

【同盟社蘇黎世十五日電】邱吉爾訪問巴黎，逗留十日，爲最近重大事件之一。美英已使法國加入歐洲委員會，這表示現在的法國已和美英一樣都是大國。過去美英認爲戰後世界將受美、英、蘇、重慶四國支配，會反復提到法國永久結束其作爲大國的作用。但是目前情況大變，重慶將被排出戰後四大國之列，而由法國代替。無疑地，這種轉變主要是英國的主意。英國認爲在戰後歐洲，採用傳統的均衡政策是可能的。對戰後英國說來，作爲唯一的大陸國家，足以威脅英國的，就是蘇聯。英國計劃組織『西歐集團』以便對抗蘇聯的威脅。這個集團包括比利時、法國、荷蘭、盧森堡、挪威。根據這個計劃，『西歐集團』只是戰前的同盟國。泰晤士報牽涉此事時寫道：從這次戰爭中，可得出兩個結論：第一

甸的中國軍隊已經顯示，只要給他們以適當的訓練與裝備，他們是優於日軍的，但要訓練及裝備眞正大規模的中國軍隊到這種程度是需要很長的時間的。此外我們對於雷多公路的可能性××不樂觀，因爲該公路的大部分時常浸在水中。今年緬甸戰爭的主要目的，是幫助美國使航空綫能暢行無阻──從××看來，中國人對此目的作了最大的貢獻。談及年來太平洋戰事時，他說關於這點蘇聯在德國被打敗之後的態度最爲重要，而斯大林最近責駡日本是很有意義的，雖然史密斯承認，除非以及直到蘇聯人在西伯利亞的濱海省集中了很强大的軍隊，他們從海參威作戰是有很大的困難的。史密斯的結語說：『日本的失敗是確定了的。我們在遠東的軍隊決心要把戰爭打到底。其後就輪到政治家去避免戰爭不再發生』。

法軍佔領安道爾
希游擊隊指揮任政府軍軍職

【海通社柏林十六日電】巴黎訊：法外交部星期三下午稱：法憲兵星期二日佔領比里牛斯山的安道爾共和國。約百名憲兵在柏爾比干那地方長官指揮下進入此山岳地帶小國家的首都。法國發言人解釋戴高樂將軍之下令佔領該國乃『保證法國冬季治安的預防措置』。法政府元首據說將作爲安道爾的共同攝政者。最近傳出關於法邊境之西班牙紅色游擊隊之消息時，曾提到該共和國。據說此不安靜已傳播至此小共和國之領土。

【海通社柏林十六日電】雅典訊：共產黨游擊隊組織『艾拉斯』的總指揮薩卡菲斯將軍，被任命爲希臘國民軍副參謀長。希政府數日前已下令於十二月十日解散游擊隊組織『艾拉斯』。

【海通社柏林十八日電】威廉街發言人對芬蘭新聞的評論爲『大踏步向左轉』。星期六中午發言人諷刺地指出：『可以充滿着興趣等待芬蘭下屆內閣之出現』。發言人對如次事實提起注意，即芬蘭新內閣七位閣員均屬於促進芬蘇關係更密切的團體。

吉羅德任
法國右派首領

【海通社柏林十五日電】吉羅德將軍出任法國反對派右派政黨的領袖。邱吉爾的訪巴黎×××法國政變的危險。這是由於特別機會從巴黎傳到此間的消息的要點。吉羅德由於美國當局的援助允許他到法國，他便立即利用這機會開始進行反對戴高樂的政策。當他在法國的短期逗留中──吉羅德現住在瑞士──他經過他的朋友們要求立即將共產黨人從政府中驅逐。在巴黎吉羅德一定估計到將遭逮捕，因爲他想實行去年六月八日

、英國在歐洲所負的責任要比一般想像的更廣泛，而且更自動。第二、這沒有例外地適用於全西歐各國。明確的條約已不充分，如果不具備共同的手段，武力和基地的某種的共同軍事組織，就難於保障戰後的安全。英國將進行蘇聯已在西歐進行的同樣工作。我們時常注意蘇聯是否反對這種企圖。這種担心明顯地表示出英國企圖依靠歐洲集團，創造均衡勢力，對抗蘇聯。中立國的觀察家認爲，邱吉爾在巴黎要達到相當的目的。

海通社造謠說
蘇聯將干涉他國內政

【海通社蘇黎世十八日電】巴塞爾新聞社論把蘇聯情報局駐華盛頓辦事處發表的聲明（說蘇聯願與一切國家不管它們政治制度如何保持和平關係），與愛倫堡在莫斯科勞動報上所寫的文章（其中宣稱：我們立誓不放過一個法西斯並且不讓世界上任何地方有法西斯主義）對照起來說，蘇聯的聲明確非傳播什麽與一切國家不管政治制度如何保持和平關係，而寧可說是一種布爾塞維克十字軍的說教。愛倫堡是半官方的人物，因爲在民主的莫斯科──與『親法西斯』的瑞士相反──沒有一個政治的作家不受寫作上嚴格一律的限制。當他證實了莫斯科在任何時間均可爲那完全無理的干涉他國內政一點作解釋：非布爾塞維克即等於法西斯時，他的話更加有威脅性了。

德稱紅軍死亡三千二百萬

【同盟社柏林十三日電】十三日德軍當局公佈：在過去三年五個月中共犧牲紅軍三千二百六十萬。

日寇記者江尻報導
德軍攻勢的時期已迫近

【同盟社柏林十四日電】江尻同盟社特派員報導：在過去兩年中，德軍不斷地後退，現在批判起來，自然是由於德軍作戰的不合理，引起的必然結果。德國想以八千萬的人口保衛從北冰洋到北非三千公里、從大西洋岸到高加索三千公里的廣大地域，亦即因爲自然的障礙，交通聯絡受妨礙的地域。因之所謂歐洲要塞的思想，是相當不合理的。現在德國人亦公開承認，其一半的原因，即由於戰爭初期的勝利而過低估計敵人的戰力，由於佔領地域的縮小，使敵我戰力的差別已大加縮小，同時已更加加强國民總力戰體制，在阻止敵人的前進上有了潛伏的力量，這是不幸中的大幸。第一，現在與在國外作戰時是不同的。後退要喪失祖國的土地，因此在死守到底的戰意與精神上，發生莫大的不同。又不管怎樣繼續轟炸，供應不成問題。全國國民都直接簡接地作爲軍事人員，發揮

其作用。又一年來急速增加的地下工場，已逐漸眞正地發揮其機能，一年前專門家認爲絕對不可能的人造石油的地下生產，現在業已成功，幾乎不必懼怕因轟炸而降低軍需生產。如最近發表的飛彈與敵方報導的火箭式快速戰鬥機等的出現，可以證明這一點。再看一看在軍事動員方面，僅二十歲前後的精銳分子重新組織起來的國民擲彈兵團，即有平時動員的數倍。已經組織起來的國民突擊隊，僅柏林市自發的自願者，已達十三萬人之多，因之全國能編制數百萬的預備部隊。此外，動員六十歲以下十六歲以上的一切男女，在東西國境迅速建設中的要塞線，正在一天天地加强中。這種情勢，立刻反映到戰局方面。在東部戰綫，戰事幾乎停留在東普魯士——華沙——喀爾巴阡山脈，紅軍在匈牙利平原前進的速度逐漸緩慢，在西南方面反軸心軍由亞琛地區進行强襲，欲突入萊茵地區，由於德軍死守陣地，已歸失敗，現已停止攻擊，致日來反軸心軍由麥次正面的羅特林根開始了相當規模的攻擊，正如善於作戰的舒利亨將軍曾經指出的，由羅特林根攻略德國自是困難的。因此軍事消息靈通人士一致觀察，不會由該方面進行決定性的反攻。反軸心軍在預防德軍反攻的意義上說，正向各方面進行反攻以圖尋找德軍的弱點。最近將轉爲決戰的攻擊是不容易的。因此可以推測在明年以前西部戰綫不能開始進行大攻勢。美英蘇三國在今年不能實行決戰，這不僅可以使德方加强戰力，而且隨着時間的消逝，必定具備使美英蘇三國間政治對立深刻化的條件，造成德軍於明年以後反而可以轉爲攻勢的事態。走上確保戰勝的第一步。

敵寇金融財政評論
「決戰財政政策的焦點」

【同盟社東京十七日電】決戰財政政策的中心課題，是合理地籌劃戰費。籌集戰費的源泉有三：即國民儲蓄、國內財產與外國財源。在上次大戰時，各國多依靠國內財產來籌劃戰費，各國戰費總額的百分之四十，都是以這種方式來籌劃的。按國家來說，德國爲百分之五十一、英國爲百分之六十一、法國爲百分之三十六、意大利爲百分之十九、美國爲百分之三十六（包括借給歐洲各國的戰債）、帝俄百分之三十六。在此次大戰中，各國都多少消耗了財產的老本，但現在不能以數字來推算。其次是外國財源的動員，敵國以軍火租借法的租借或反租借的形式，實行這一政策。這樣雖然便利，但很多的地方受債權國的掣肘，美國成爲敵國在此次大戰中的指導力量，就是因爲這個原因。我國把從南方借來的借款當濟臨時軍事費的財源，具有很大的重要性。例如第

員長。因立法院院長陳公博就任行政院院長，遺缺由梁鴻志担任。並發令如下：任命行政院副員長兼財政部部長周佛海爲軍事委員會副委員長，任命監察院院長梁鴻志爲立法院院長，監察院副院長顧忠琛爲監察院院長、文官長徐蘇中任監察院副院長、行政院祕書長周隆庠任文官長、（略歷）——顧忠琛江蘇省人，六十二歲，爲響應汪精衛氏的和平聲明，在香港參加和平運動，國府還都後，任國民黨中央監察委員與監察院副院長，徐蘇中是江西省人，五十九歲。曾留學日本，畢業於法政大學，國府還都後任文官長，直到現在。

【同盟社南京十八日電】今日在陳公博代理主席領導下舉行汪主席去世後的第一次最高國防會議，通過建設部長傅式說任全國經濟委員會委員和指定常務委員以及其他案件。

【同盟社南京十八日電】國民政府行政院副院長周佛海痛惜汪主席逝世，而於十七日由南京中央廣播電台發表擴播演說稱：我在民國十三年春初次見到汪先生，當時加入國民黨當祕書的毛澤東的介紹在上海認識汪先生，嗣後敬仰十四年，我要告訴同胞們的就是汪主席是國父忠實的信徒，他遵循三民主義，而和平運動的基礎亦是三民主義，國父的主義是思想、信仰和力量。離開重慶的少數人依存於和平運動這個信仰，過去指導、鼓舞和激勵我們的汪主席已不在世，我們如能遵照汪主席的意思和遺訓，有信心地推進和平運動，就必定能達中國的統一。我們承認汪主席未完成的工作，堅決完成中國的統一，以慰主席在天之靈。

廣西作戰中
湘桂公路毫未破壞

【同盟社桂林前綫十八日電】原報導班員發，此次在桂林攻略戰中，我軍進攻作戰的規模是大陸戰史上空前所無有的，是一果敢的急襲作戰。從衡陽到全縣約有二百公里，但十數日即行打通，進攻桂林僅三十六個小時即獲得成功，這一至妙的作戰是值得我們大書特書的。『快速進擊』亦正如這一名字所表示的，首先從衡陽失陷後中國西南部的防衛態勢已四分五裂，陷於崩潰，指揮命令極不統一，引起了以戰區司令張發奎、桂林行營主任李濟琛爲中心的西南實力派與白崇禧之間深刻對立，因而亦加深了敵部下官兵對抗戰的懷疑與士氣的沮喪。另一方面，由於我軍在台灣海面非島海面的大戰果，全國將士的士氣亦極高漲，特別是從作

八十五屆臨時議會上通過的臨時軍事費的二百五十億元中，即有一百八十億是借款。這就是現地籌劃戰費。這也說明共榮圈經濟的發展。將來我國戰時財政的成敗，大半是看這方面如何而決定。但是戰費的中心財源是每年的國民所得，戰時財政政策就是動員國民所得。而動員國民所得的方策的中心，在於國債和租稅。國內未用的生產力多時，則希望採取以公債增加通貨的政策。完全達到就業狀態後，需要採取租稅政策，這是戰時財政論的常識，現在來看一下各國租稅及公債與國民所得的百分比。在我國，昭和十八年度租稅爲百分之十九，公債爲百分之四十一，十九年度租稅爲百分之廿三，國債爲百分之四十七。去年度英國租稅爲百分之卅一，公債爲百分的卅，去年度美國租稅爲百分之廿，公債爲百分之卅五，我國租稅與國民所得的百分比如以上述數字爲基礎，則今後可以加强增稅政策，決戰財政政策的焦點在於加强租稅政策，只有依靠加强租稅政策，才能達到防止通貨膨脹，節省國民消費的合理化及合理分担戰費的目的。

敵在下月份開始
『決戰儲蓄四百一十億元』運動

【同盟社東京十五日電】本年度國民儲蓄增加實績，經過頗爲順利。在上半期（從四月到九月）的儲蓄已達二百一十四億七千四百萬元，即按照既定的目標額四百一十億元亦收到百分之五十二的好成績。大藏省爲了强力的增加儲蓄，並將資金移動最激烈的十二月定爲『强調決戰儲蓄四百十億元的期間』，展開全國的增加儲蓄運動。在此期間內，中心爲對儲蓄進一步的認識，使手中現金轉入儲蓄。使決戰儲蓄生活更加澈底。因此大藏省動員戰時財政研究委員、儲蓄制度運營委員、婦人團體在全國實行活潑的啓發宣傳。關於手中現金的儲蓄化問題，在各都道府縣，總在十二月中擇適當的日期定爲『加强手中現金轉入儲蓄日』、『手中現金應召日』，使手持現金能順利地轉入儲蓄。又關於決戰儲蓄生活的促進問題，是要防止消費部內的浪費：通過勞動確立簡素剛健的生活。

大公報稱
中蘇貿易恢復

【合衆社重慶十四日電】大公報載稱：停頓二年的中蘇貿易，已開始恢復，蘇聯首批藥品，已於週末運抵重慶一商家。此發品爲蘇聯國內分泌研究院製造，可以醫治神經錯亂。

僞寧人事調動

【同盟社南京十八日電】國民政府在十八日的中央政治會議上，任命周佛海爲軍事委員會常委

戰的各種條件來看，可以舉出：（一）因爲道路未加破壞，我軍作戰的機動力可充分發揮。（二）由於駐華美空軍的後退，敵人與地上作戰的配合恣不活躍。（三）由於河川的漲水，兵站運輸較前圓滑。此次作戰中，敵人對我軍作戰估計錯誤，遂計劃破壞道路。開始作戰後，由於我軍窮追，沒有時間破壞道路。因此我軍以毫無損壞的湘桂公路爲中心發揮其武力。在華美空軍知道桂林空軍基地的危機後，立即退至雲南、四川，於是不能常常協助地上部隊作戰。反之，我方由於空軍基地的前進，紛碎敵機出擊的企圖，促使作戰進展。作戰開始後，由於不斷下雨，妨礙敵機的活動，另一方面由於河川的增加水量，可以順利地進行供應工作。這對於進展有極大的作用。

國際零訊

【海通社柏林十一日電】據訊：法境內的西班牙革命份子之再三侵犯西班牙比里紐斯山區，已引起佛朗哥向戴高樂政府提出抗議。結果，下週巴黎將舉行會議討論如何保證西法邊境的和平與安全。

【海通社斯托哥爾姆十一日電】芬蘭共產黨準備於星期二在赫爾辛基舉行會議以討論居住問題。『阿福頓』報自赫爾辛基報導稱，共產黨關於分配赫爾辛基現有屋宇以解決居住問題，將提出相當激烈的要求。

【海通社柏林十一日電】倫敦訊：伊美當（Jiwi Jei）訪員星期五晨自安哥拉報導：在一九四四年五月被解職的土耳其外交部長梅尼門茹格魯今又被委任爲駐法戴高樂政府的大使。梅氏年四十一歲，曾在外交上担任過某些職務，如駐過布加勒斯特、布達佩斯及貝盧特。

【海通社柏林十日電】據直布羅陀軍界揣悉：英國政府要求直布羅陀總督馬可法蘭報告關於蘇聯秘密團體——『親蘇之地中海人』之活動。盟國地中海委員會主席馬可法蘭可能對此事給以特別有益的情報。據阿利巴報說領導秘密團體者爲蘇駐巴黎大使諾維科夫。其他人爲鐵托元帥、法共領袖馬爾梯、西班牙女共產黨員巴西拉及意大利共產黨領袖愛爾科里。

【海通社柏林十三日電】德駐葡萄牙公使馮．赫門．豪寧根不久將要易人。新任公使之姓名尚未宣佈。本星期三威廉街發言人稱豪寧根已返柏林報告。其他德國外交職位之變化尚未預知。關於同時被召回柏林之德駐西班牙大使狄克霍夫，尚未正式提到他何時方能重返其西班牙之職位。

參考消息

（只供參考）

第七〇三號

解放日報新華社編

今日出一大張

卅三年十一月廿日

星期一

日寇侵佔忻城縣

【同盟社廣西前綫十八日電】窮追潰敵中的我華南軍，於十七日午前十一時四十分，完全佔領柳州西方一百二十公里的忻城縣。此役我方收到下列戰果，敵遺棄屍體一百具，俘擄一百名，獲迫擊砲六門，步槍二百支，機關槍八挺，其他武器彈藥無數。

海通社稱 美建築印度至中國油管

【海通社柏林十九日電】重慶訊：日本方面數月前所傳的自印度經緬甸建築油管至中國一節，星期日爲美國陸軍方面所證實。美國有資格人士希望在油管築成後，每日可流石油數百噸至中國。關於建築工作進展情形，迄無所聞。該油管起於加爾各答沿布拉斯馬皮特拉流域，至阿薩密橫斷巴特卡特山脈，經密芝那，龍陵而達中國。消息靈通人士推測，雷多與密芝那間一段目前正建築中。

中央社社論 要求美空軍助戰

【中央社重慶十七日電】空軍在戰爭中佔着極重要的位置，優勢的空軍不僅能於陸海軍所在地協助陸海軍作戰，並且可以從空中去破壞敵人後方的軍需生產和軍隊的運輸，從空中去破壞敵人後方的交通要塞，從空中打擊敵人的士氣，使敵人的軍需生產化爲灰燼，使敵人的交通運輸因而阻滯，使敵人的要塞失去可以固守作用，使敵人的士氣沮喪失去堅強的戰鬥意志。這只要看在華美國空軍從去年三月到目前爲止的成就，便會明白。因爲從去年三月美國第十四航空隊逐漸加強其陣容以來，倭寇便漸由空中的優勢轉到了空中的劣勢，從前橫行無忌的倭空軍，現在已只能出動於夜間。不僅使前綫作戰的倭兵得不到它空軍有力的協助；就是後方的生產和運輸，也已經都受到美空軍嚴重的打擊。這很足說明空中優勢在戰爭中究竟是有多大的作用。

同盟社稱 重慶與我不斷發生武力衝突

【同盟社北京十七日電】據到達此間的各種情報：延安政權趁着桂林失陷的機會，在攻擊重慶的宣傳戰上更加活躍起來。即一方面在第一戰區轄下的蘇豫皖邊境地區，新四軍第十九團、第二十一團企圖進攻宿縣南部，與蔣系段海洲所部，最近曾發生衝突。延安軍曾一度進竄，但其後增援騎兵部隊七百人，轉入反擊，雙方死傷很多。又在陝西省北部榆林、府谷的長城綫一帶，賀龍指揮下的晉綏陝冀熱聯防軍，與第八戰區朱紹良指揮下的第二十二軍發生小的衝突，此外新四軍並與安徽江蘇方面的蔣系顧祝同所部，圍繞宿（缺）不斷發生衝突。

汪精衛埋在南京梅花山

【同盟社南京十八日電】中央政治委員會會議十四日決定把汪主席遺骸安葬於南京中山陵旁的梅花山上，一俟全國和平統一完成後，再度舉行國葬，埋葬於廣東的白雲山山麓。

敵同盟社 一週戰況

【同盟社東京十九日電】（北方方面）十一月上旬敵機來襲情形，共約十一次，共出動飛機五十七架，我方阻擊之戰果擊落一架，擊傷七架。（本土方面）十一日在華美空軍B29式八十架，來襲九洲西部及濟州島，在雲層上盲目濫炸後遁走。十三日B29式機一架來伊世灣西岸偵察，十七日又有一架偵察西部九洲。（中國方面）本月十日佔領桂林，柳州的我部隊，在柳州西北地方追擊殘敵，十四日黃昏進抵柳州西北六十公里的南丹，切斷敵人退路，同時另一部隊佔領宜山飛機場，其後即佔領了第四戰區長官部所在地——宜山。（非島方面）空戰——由於台灣海面航空戰之後，接着又發生非島海面海戰，萊特島內擊滅艦船作戰，陸海軍特別攻擊隊的必死攻擊，因而使誇耀物力的敵人遭受大損害。本月五六日敵機動部隊來襲非島東方海域後，現尚看不到活潑的動向，戰局的重心仍然在萊特島，敵人爲了向萊特島供給一切物資以便展開陸上戰鬥，企圖用航空勢力的優勢控制該戰區，但因（一）艦載機的勢力有顯著的衰退（二）塔克洛班，布勒恩（譯音）的敵基地，僅有若干戰鬥機活動（三）從新幾內亞沿岸起飛的敵空軍的援助，受到距離的限制。逼使敵人非常焦躁，現在敵人更積極擴充基地空軍，其中間連結基地——彼勒留，摩羅泰等島亦將加強。十四十五兩日以B24，P38等式機約六十架來襲達佛，十三十四十五三日間，B24、P38十架乃至三十架來襲宿在華作戰美空軍已從劣勢轉爲優勢的經過，是極引起世界人興趣的一件事。去年三月八日，陳納德將軍曾這樣說：『美國第十四航空隊雖在若干方面稍嫌陳舊，供應又有限制，而敵機數量又多，但仍能造成優越的成績』。由此可知從一九四二年三月到一九四三年三月的一年，在華美空軍實在處於以弱敵強，以寡敵衆的狀態中。去年三月以後，在華美空軍固不斷加強其陣容，爭取空中的優勢，但其機數現在還不夠多，然其採取攻勢已歷年餘，其戰績的輝煌則尤足令人驚異。據估計從一九四三年三月十日至本年九月二十七日止，可能擊毀或重創倭船一百〇八萬三千八百八十噸，就中以在台灣附近擊毀者爲多。又從本年一月到九月爲止的九個月裏面，除却擊沉倭船二百三十三艘近五十萬噸之外，還擊斃敵寇三千九百二十四名，馬一千六百五十九匹，四輛車頭，四十二座橋樑，砲×十五座，而用以換得這代價者却只是炸彈槍彈一百五十萬枚。第十四航空隊數量並不大，爲什麼能有這成績呢，一言蔽之，是美空軍部隊的素質還較×空路××的緣故。雖其美空軍部隊素質較別的××，所以能造成幾乎不可置信的一比十一（第一軍）和一比十四（第二軍）的紀錄。除了第十四航空隊之外，還有今年才成立的第廿戰略轟炸機隊，即超級空中堡壘，也發揮了最大的效能。這一轟炸隊轟炸日本和東北倭寇的鋼鐵工業及飛機製造工業，轟炸了台灣和西南太平洋倭寇日艦，同時還轟炸了上海南京及津沽等處，給了倭寇重大的打擊，迫令倭寇因此而疏散各大都市的人口，並消耗不少人力於防空。

更有一點，中美混合空軍大隊對於戰事的貢獻也很大，它從去年十月到今年九月的十一個月中間，曾出擊五千餘次，毀傷敵機四百二十架，擊沉敵船一千三百〇五艘，斃敵五千七百餘名，軍馬七千三百十七匹，卡車八十四輛，這混合大隊中華人數關係四對一，B25轟炸機由我空軍人員駕駛，將[illegible]式戰炸機隊則由美人駕駛，而我空軍人員又正如美人斯威尼所言：『中國飛行隊員編隊之佳，爲他所僅見。敵混合大隊的飛行編隊，可使任何其他轟炸機隊驚而生愧。』但美國空軍所予密切合作的友誼却是鼓勵他們努力創造驚人紀錄的主要因素。

現在我們中國戰場正得失互見，美空軍若能作進一步的努力，則一方必可擴大滇西勝利的戰果，另一方必可遏阻湘桂敵軍之再行深入，整個戰局也就益可樂觀了。

務，巴俄朗第（譯音）。另一方面摩羅泰在十三日又有敵機三百七十架降落說明了該島已成爲具有B24、B25、P38等式的中間連接基地。對此我航空部隊，連日進攻摩羅泰，新幾內亞、馬爾得米拉爾次（譯音）羣島，萊特島，塔克洛班、杜拉吉、布勒恩等敵人基地，並在菲島東方海面襲擊敵運輸船、阻礙了敵人的供應。陸地作戰：另一方面在萊特島，敵人從十二日又增加了兩個師團，總計已有七個兵團的兵力，在塔克洛班，布勒恩，安普魯的飛機場已被使用，敵人陸上機二百架乃至二百五十架（包括巨型機在內）已向這些飛機場推進。我地上部隊在布勒恩、雅洛、卡利加拉西方高地戰線上與敵對峙，繼續激戰，我軍的攻擊敵二十四師主力，漸次獲得進展，我攻擊部隊已突破伯南坡南方山隘，更加加強對二十四師的攻擊。另一增援部隊亦漸次抵達戰綫。（帛琉羣島方面）：我軍其後自觀測山附近，漸次整理戰綫，目下正確保該島中央的大山高地，繼續勇戰奮鬥中。安高爾島我軍，亦在繼續奮鬥中。（馬里亞納方面）：敵人正在加強整備塞班島加姆島的航空基地，急於擴充B二九式機。（西南太平洋方面）：敵機的來襲馬加薩，曾一度消聲斂跡，最近又以B二四式機二十架至三十架的編隊，來襲塔拉干、馬加薩等地。（緬甸方面）：緬北與中部國境方面，敵人的行動轉趨活躍。我軍亦加強配備，以便迎擊敵人。孟加拉灣方面英國艦隊的活動，已打破長時期的沉默，漸次活躍起來。

重慶公佈「改善士兵生活、獻糧獻金辦法」

【本報訊】自九月十七日國民黨當局向國參會宣佈由大戶獻糧二千萬到三千萬石以「改善士兵生活」後，十月十三日會發佈「獻糧獻金辦法草案」，規定獻糧一千五百萬石，獻金二百萬萬元，經過了十月十七日、廿七日及十一月三日國參會常駐會討論之修正，近於十一月十六日正式公佈了「改善士兵生活獻糧獻金辦法」二十四條，茲摘要點如下：（一）獻糧一千五百萬石，對象爲地主；獻金二百萬萬元，對象爲工商業及薪俸工資收益外之一切其他收益。（二）「捐獻」辦法：由國府向各省復由省向各縣市攤派，除自動捐獻的外，即由縣市府指名按下列標準勸獻之。全年收益一萬市石或二千萬元以上者，要捐百分之四十；五千至一萬市石，或一千萬至二千萬元者捐百分之三十五；三千至五千市石，或六百萬到一千萬元者捐百分之三十；一千至三千萬石或二百萬至六百萬元者捐百分之二十五；五百至一千市石或一百萬至二百萬元者捐百分之二十三百至五百石或六十萬至一百萬元者捐百分之十五；一百至三百石或二十萬至六十萬元者捐百分之十，此數以下不捐。獻糧亦得按市價繳代金。

（三）獎賞（沒有責罰）之規定：獻糧十市石或獻金二萬元以上，直至獻糧五千市石或獻金一千萬元以上者，分別由縣市府給獎狀，給一匾額；省府給獎狀、給匾額；國府給獎狀、給獎章、給獎章及匾額、給勳章、給匾額及勳章；其以下者也由縣市府『傳令嘉獎』。隱匿不報或不實報者僅規定覆核照獻（對揭發者無賞，對被揭發者無罰。）（四）執行之權力屬誰之規定：在省，省府為主辦機關；省黨部、省團部、省臨參會、省動委會、及國參會經濟會各地辦事處為協助機關，各派代表一人組織會議負審議監察之責。在縣（市），縣（市）府為主辦機關；縣黨部、團部，縣參會、縣動委會為協助機關，各派代表一人，再由縣（市）府聘『公正士紳』若干，組織會議，審議監督。（按這一節是其他各節特別是第二節能否實行的關鍵！）（五）限年底前籌備好，明年一月開捐，三月捐畢。

（附註：十月十四日，即辦法草案剛公佈時，估全大後方獻捐額四分之一的四川，省府已決定以催收欠賦及積穀兩項約千萬石，移作獻糧獻金。）

紐約時報記者描述
納粹正準備最後堡壘

【路透社倫敦十五日電】紐約時報專電：紐約時報倫敦訪員報導：一位同伴記者一天對我說：『我願對你賭五鎊輸贏，對德戰爭在一九四五年五月一日以前必定結束。』『我自己也有一點賭興。』我答道：『但是即令我不同意我也不接受打賭，因為我不願和你爭論。』我的同行問道：『我們為什麼要爭論？』『因為關於歐戰結束日期的一切打賭都是蠢事。而只能引起無止境的無希望的爭論。』『誰來決定那一個日期是正確的呢？』不會像上次一樣，在休戰條約由代表德國政府的負責代表團與最高統率部簽字之後，戰爭於一九一八年十一月十一日正式結束。這次戰爭實際上也許在你提到的一天結束。柏林、漢堡、科隆、斯泰丁加特、慕尼黑、維也納也許都落入盟軍手中。但是在希特勒『歐洲堡壘』的最後一角上，約二十萬德寇與吉斯林獨黨衛軍聲舉行圍攻的盟軍之間，戰爭會再打一年或一年以上。你是不是叫這是戰爭？遂後我把我的朋友帶到一張大的中歐地圖之前，說明我以對似將成為歐戰最後戰場的區域良好

實際的戰爭結果絕不會受這個××所影響的。將及德國與意大利全部及奧地利大部將鞏固地握在盟軍手中，並且××不必要通過在阿爾卑斯山所進行的一切，能夠實行其在德國與歐洲的政治經濟計劃。而戰爭在正式的或事實上都不會結束。希特勒（或者希姆萊）所能進行的[illegible]××戰鬥將不會較心理的與政治的障礙更多些。但是我們愈快的××觀念[illegible]歐洲戰爭似乎完結的情形，世界全體人民將為××感到困惑，而他們的政治家及將軍們將愈快的開始××實際××的條件中，他們將得以解脫它。（原文不清）

比國內戰謠傳甚熾
盟方迫令國內軍解除武裝

【海通社柏林十八日電】據英國由布魯塞爾所得消息稱：廣大內戰謠言在布魯塞爾傳播著，武裝警察在街頭巡哨。消息靈通人士相信：政府與共產黨員之間的衝突，現將達成熟之時，且不安徇要延續多時。

【海通社柏林十九日電】倫敦訊：據最初的英方消息稱，比利時抵抗運動各團體將向盟國軍事指揮官的壓力讓步，該指揮官以軍事干涉及勒令交出武器相威脅。星期日路透社發表在比利時的盟國遠征軍指揮官的公報稱，比利時抵抗運動的各領袖已於星期六決定放下武器，並請求軍事當局採取必要步驟以接收武器。比利時抵抗運動各團體要求：軍事當局須立即採取必要措施。

【海通社柏林十九日電】比利時內閣於星期六日的會議上，決定允許抵抗運動所計劃的星期日的示威遊行。示威遊行一定不要帶着武裝，布魯塞爾之『中立地區』，包括國會，及各部必須予以尊重。

【海通社布魯塞爾十七日電】自星期四午開起，比利時共產黨已能使用一切宣傳工具。過去廿四小時他們在群衆示威遊行時，在大會上與無線電廣播中均要求比埃洛內閣辭職。因而使醞釀數週的比利時國內政治危機達於頂點，甚至贊同比埃洛政府的盟軍最高統帥部，至今亦不能防止形勢日益緊張。共產黨及其跟從者完全無視於比埃洛禁止抵抗運動活動的命令以及政府其他法令，抵抗運動不顧禁止命令於星期日黃昏在布魯塞爾皇家廣場舉行群衆大會，已辭職的共產黨部長狄斯巴上台演說。

【海通社布魯塞爾十七日電】比利時政府廢除禁止共產黨員當政府官吏的法律。

希政局混亂

【路透社雅典十六日電】紐約時報特派員報導：政府提出請求，謂各政黨應理解以後一切均將

的個人知識為基礎的預言。希特勒的（更正確些說是希姆萊的）堡壘最後一角事實上包括很小的一塊德國本國領土。這一領土將起自康斯坦薩湖東端迄士的里亞之格拉茲入口處。這一塊地區包括從瑞士向東方的整個阿爾卑斯山的山岳區域。它將包括：第一、奧地利的伏拉爾堡省。第二、北部泰洛爾至部。第三、上巴伐利亞的大部。第四、根據聖•奧爾門條約讓與意大利的奧地利南部。第五、意大利特倫的諸及貝爾（此字原文不清）兩省的北部。第六、奧地利薩爾茲堡上奧地利各省的南部。第七、奧地利的克倫亞省的全部。第八、奧地利的斯提里亞省的大部份。這一地區長度將及一百八十哩，寬達一百哩。它包括許多中等的城市如像音斯布魯克、貝茲加登、斯泰伊、克拉福特、貝魯諾、特倫特、波辛與米蘭。這一地區將包括許多肥沃的流域，但卻不能自足自給，特別是假若約二十萬德軍及數千納粹黨斯塔波及其家屬，包括來自一切解放區的吉斯林黨渣滓如賴伐爾、第格累爾、尼狄區、哈查、慕塞特、巴維里區、墨索里尼都要靠這一地來養活，這裏便是他們逃脫本國被育然的最後避難地。德國將以約廿師團或者甚至更少的兵力防衛這一地區很長時間。看到佛日前線×××的嚴重障礙，對巴頓將軍第三軍，他能夠衛是中部與東部阿爾卑斯山不可輕侮的巨大寬闊的鐘鎖將是怎樣。意大利盟軍總指揮亞歷山大將軍在最近的記者會上說：『德國如此缺乏人力，而且在意大利前線保持這樣多的師團，對他實在是不可思議。我大胆地解釋一下：卡塞林已接到命令盡可能的獲得更多時間，以避免盟軍到達意大利北部的幾無防禦的××，以致德軍×××到達阿爾卑斯山南坡人造防線的入口。當南部泰洛爾及特倫的諸省屬於奧地利時，這些已存在×××。意大利人從未嚴重企圖打通加爾瑪湖北端的××及至阿第吉奧流域雞菲勒托及特倫的諸的道路。他們也不企圖從菲爾特及貝倫諾向更東方突入多洛米特，或者更東方經塔爾菲斯關突入克倫第亞。這是作不到的。他們僅企圖迂迴更東方的伊索佐的整個障礙，在伊索佐山不十分高，他們在八次不同的大規模與死傷慘重的攻勢中失敗了。然而我們必須假定，納粹刻已在阿爾卑斯四邊形之內的地下倉庫內開始儲存武器、彈藥、油類、食品及纖維等後備。他們能夠在現在各前線上節省的東西或者更多的東西將在今冬與明春的時期內集聚在那裏。他們得以支持到一九四五年秋天，戰事便會再度停頓而至一九四六年春天。冬天時期在這一區域任何真實戰爭的不可能，現在已在蒙•布蘭克至里維累的法意邊界上表現出來，在這一地區德軍扼守山地關隘，並且擁有佔據將及三百哩前線的數千人。（譯文不清）這是我所承認的頗不愉快的前進。但是

受到同情的注意，而勿作進一步的示威行動。此項請求的結果已造成共產黨人及站在他們一邊的人們在雅典各牆上張貼政黨口號的增加以及街角上用播音器更加熱烈宣傳他們的政治學說。其他的政黨則比較地無所表示並保持緘默，隱蔽他們對極左派分子所取方法的顯著的憤慨。極左派份子常被譴責趁國家分裂狀態的有利條件以進行其進一步的目的。ＥＡＬＳ（人民解放軍）正式反對政府的綱領，即一切抵抗團結應於十二月十日前解除武裝，這一事實已使情勢大為嚴重。ＥＬＡＳ的態度是這樣的：當國民軍及官方警察隊仍保有武裝之時，要解除他們的武裝是不公平的。目前的跡象是ＥＡＬＳ在這個影響所有公民個人安全的生死問題上決心不屈服。雅典區以外，ＥＡＬＳ本身的警察隊伍——『坡里多菲拉甚』——同時仍繼續享有充分的權力，保持逮捕他們所要逮捕的任何控以合作罪名的人的權利，而此種罪案極少能有確證的。據似乎很有根據的消息說，尼高拉斯•普拉斯梯拉斯將軍（該將軍曾於一九二二年小亞細亞覆亡後憑着個人的人格竭力恢復秩序者）現已將抵雅典。只要他到了這裏就可使目前情勢趨於澄清，在目前情勢中有一個少數集團大部份用恐怖主義方法的力量掌握獨裁的政權云。

敵國強迫人民獻機 所得僅為二百餘架

【同盟社東京十五日電】陸軍省主持的愛國兵器命名式在官民多數列席下於十五日上午十時在東京京橋區歌舞伎座（劇場名稱——譯者註）舉行。由陸軍大臣命名的愛國兵器有戰鬥機二百廿七架，重轟炸機八架，輕轟炸機一架，偵察機二架，聯絡機五架，練習機一架，高射砲四百零一門，高射機關槍砲一門，空中聽音器十三架，共計六百五十九件。其中有全國人民獻出的高射砲三百九十三門，以及個人、會社、組合等一百五十一單位獻出的兵器，這反映了全國人民決戰的決心。這些兵器中有花岡萬舟畫家的個人畫展出售名畫所得的全部收入交與陸軍省購買的飛機二架。

敵報拾零

【同盟社東京十一日電】朝日新聞稱：羅斯福最近即與邱吉爾、斯大林委員長召開三頭會議，已經確定了此種會談的反復舉行，表現了三國的利害衝突更加明顯，從利害相反之中求得最大的公約數，而是用世界和平政策的外衣出現。東京新聞稱：今天要求論政事者中；希望將提高國民士氣的責任歸於言論宣傳，但只有頭腦而沒有身體，則亦不有言論宣傳。偉大的政策必須以信念去實踐，若不如此則不能指導戰爭。應以盡忠報國精神，與國民一致達到戰爭的目的，這就是要指個。我們不希望不可能的事情，亦不希望與神風隊一樣的去做，而應作為一導議論政事者，作為一個官吏，做目前應做的事情。

參攷消息

（只供參考）
第七〇四號
解放日報 新華社 編
今日出一大張
卅三年十一月廿一日
星期二

國民黨政府內部調動

【中央社渝廿日電】國府廿日令：（一）內政部長周鍾嶽，另有任用，周應免本職此令。（二）特任張厲生爲內政部部長此令。（三）兼財長孔祥熙，呈請辭職照准。（四）特任俞鴻鈞爲財政部部長此令。（五）兼軍政部部長何應欽呈請辭職，何准免兼職此令。（六）特任陳誠爲軍政部部長此令。（七）教部部長陳立夫呈請辭職，陳准免本職此令。（八）特任朱家驊爲教育部部長此令。

【中央社重慶廿日電】中樞爲加強政治效率，增進抗戰力量，推行今後應興應革之計劃起見，特就中央黨政軍機關人事加以調整，廿日上午召開中央臨時常會及國防最高委會常會，當經分別決議，（一）選任宋子文周鍾嶽爲國民政府委員。（二）選任周鍾嶽爲考試院副院長。（三）陳立夫任組織部部長。王世杰任宣傳部部長，梁寒操任海外部部長。（四）張厲生爲內政部部長。（五）陳誠爲軍政部部長。（六）俞鴻鈞爲財政部部長。（七）朱家驊爲教育部部長。

【合衆社重慶廿日電】有資格政治觀察家就今晨國民黨中央常務委員會決定重慶政府徹底改組（見前2〇一一〇電及其後各電）中得出下述結論：第一，此次改組標誌出最老兩個部長的去職，即軍政部長何應欽（一九三〇年起即爲軍政部長）及財政部長孔祥熙（一九三三年起即爲財政部長）。第二，何與孔會受國內外嚴厲的批評，何在兵役工作上未能符委員長的期望。國民參政會實際上在過去整個七年戰爭中，會始終不斷批評孔祥熙。第三，中國共產黨不喜歡何應欽與孔祥熙。據一再傳說，何對政府軍與共

十公里的清鎮建築飛機場。此外在廣西省的南寧，該省西部的百色，湖南省的芷江等地，最近已變爲機動基地，顯示了極大活躍。敵沿岸地區的第一線基地江西省遂州、贛州等處，其後方供應線雖被我完全切斷，但敵人仍利用空中供應以保持餘命，敵機的活動尚可看到，敵人的反攻企圖並未衰退。對此我軍正採取澈底撲滅美空軍的萬全態勢。

敵切斷黔桂鐵路交通

【同盟社大陸基地十九日電】由於我陸上部隊的迅速推進，潰退之敵乃忙於從桂林向貴陽方面退卻，致使黔桂鐵路上的運輸，陷於極端混亂狀態。我偵察轟炸機隊，忽然發現敵滿載兵士火車數十輛，乃於十七、十八兩日猛烈加以轟炸。除炸毀七列外，並在金城附近，切斷該鐵路的交通。從空中看來，堆集於該地的物資，數量極爲龐大，故與車輛同樣陷於無法運輸狀態中。潰敵與此等物資的命運，均已逃不出我軍之手。

桂林守將賀維珍自殺

【同盟社桂林十九日電】管原報導班員發。在佔領桂林作戰中，敵人遺棄屍體五千六百餘具，俘虜爲一萬三千一百零四名，其後根據俘虜調查的結果，防衛桂林的第三十一軍軍長自殺，第一百三十一師師長陣亡。俘虜之中包括有副師長、旅長、團長等幹部甚多。桂林的防衛軍至此已完全被殲滅。儘管蔣介石嚴令死守桂林。但在十日總攻擊開始後，桂林的防軍即在我軍猛烈進攻下潰滅。該日晨企圖從城內逃走的第三十一軍軍長等一部主力，被我軍捕捉殲滅。第三十一軍軍長賀維珍中將，由於桂林的放棄已不可避免的遭受槍斃，遂於同日在城外西南方山中自殺。第一百三十一師師長闞治繼及第四集團軍總司令部高級參謀陳濟健中將，均於九日在城內陣亡。在俘虜之中有第四十六軍第一百七十師副師長巢儀少將及上校三名，中校七名，少校八名。從敵人的遺棄屍體及俘虜的數目來看，桂林防衛軍已被我殲滅。

敵寇深懼B二九式機

【同盟社大陸基地十八日電】如對虎視眈眈一意想轟炸我國本土的B29式機的機體及其轟炸戰術加以解剖，首先可以看到B29式機，分爲轟炸機與掩護機兩種。掩護機不攜帶炸彈，只加強武裝，發揮掩護戰鬥機的代理作用。普通裝有廿糎機關砲一門，一二．七糎機關槍十二挺（或十挺），如作爲掩護機使用時，則備有五十五糎或七十五糎砲二門，廿糎機關槍八挺，一二．七糎機關槍二十四挺。如七十五糎砲其效能幾能與野砲相比，時常以三十四

產黨由武裝衝突應負責任（純係共產黨觀點）。共產黨也嚴厲地批評孔祥熙的財政機關。

第四，撤換政府中昏庸無能的部長（原文不清楚——譯者註）及××統帥部，並刷新國民政府各主要部門。

第五，任命年青的上將陳誠繼何應欽為軍政部長，並使美方訓練的裝備優良的（缺掉大半句）。任命俞鴻鈞為財政部長。上項任命可被認為在政府機構中注入新的血液。陳誠於一九三五至三六年曾任軍政部次長，後去職，俞為現任財次。

第六，改組標誌出過去一年在京城傳聞已久的政府，要求撤除何應欽、孔祥熙，現已正式實現。

【海通社柏林廿日電】重慶訊，中共數月來所要求的重慶政府的改組現已成為事實。星期一宣佈了八個新部長之任命。據迄今所知者，去職部長為自一九三〇年來即任陸軍部長及參謀總長的何應欽將軍及財長孔祥熙，前者為陳誠將軍繼任，後者為財次俞鴻鈞繼任。政府的進一步改組不久即將宣佈。共產黨要求辭職的部長中尚有教育部長陳立夫及經濟部長翁文灝。

海通社估計 國民黨將遷都西康

【海通社柏林廿日電】倫敦訊，據『交換電訊社』於自重慶報導羅斯福特使納爾遜活動情形的消息中指出，日軍在中國西南部的迅速推進，迫使蔣介石必需考慮自目前重慶遷都的問題。據消息稱，納爾遜自到達以來，已數度與蔣介石商討中國的危急軍事形勢。重慶消息靈通人士復指出，正是此軍事形勢的發展引起了史迪威的召回。據『交換電訊社』稱：疏散重慶的廣泛計劃將被立即執行，但剩餘各大城市中那一個將被選為首都，仍待今後證明。四川省省會成都及甘肅省省會蘭州或將符合此需要。但是，如果蔣介石遷至蘭州，他將極為逼近蘇聯勢力圈，因此，預料他將更徙西遷——建都於西康。

美空軍以昆明為中心進行反攻

【同盟社大陸基地十八日電】包報導班員發，從桂林基地撤退，逃至內地的美空軍，從其後的狀況來看，主力是在後方供應基地——昆明附近，並充分利用華中、華南的殘存飛機場，有準備反攻模樣。此即昆明基地群由數個大飛機場組成，現在集中有戰鬥機、轟炸機三四百架。又在敵前進基地的假設修補地——貴陽附近，在貴陽與該市西南方二

門此種砲與我戰鬥機搏鬥。又加強裝備了的B24或B25轟機，亦常充當掩護機。第一次轟炸九洲時，即是以B25式從事掩護。第二是以高空飛行，逃避敵方的截擊。機內裝有氣密室。氣密室則分機手與電波探知器室、機關砲手室、××各室，從三引擎的內發動機取得動力，從高約三千米達左右，自動地開始活動，向氣密室壓縮，注入空氣。內部壓力為七千米達左右，五百八十粍至六百八十粍，一萬二千米達為四百三十粍。氣密室未曾裝甲，若被子彈破壞時，立即××。因為有這樣的設備，B29式機的上升限度為一萬二千二百米達至一萬四千米達，但這只是理論上的事情，但實際上只能上昇一萬七百米達。但空襲北九洲與滿洲時，高度最多是三千米達至六千米達，因飛達一萬米達以上時，轟炸不確實，因而採取低空飛行。但最近由於我戰鬥機高度的增高，敵人已提高其飛行高度。（缺二句）

英大使曾赴蓉

【中央社成都廿日電】英大使薛穆、邱吉爾首相私人代表魏亞特將軍，在蓉公畢，二十日晨飛返渝。

【中央社渝廿日電】中常會為加強湘省黨務，會決議加派張炯、張中寧、姚雪懷、劉修如、仇碩夫、楊景、鄒天健七人為省黨委，組織湘黨部湘西辦事處，以張炯為主委。

【中央社沅陵十九日電】新任湘省黨委兼湘省黨部湘西辦事處主任張炯，自渝來沅，今日抵此。據談，中央對湘省難民關懷備至，已撥款三千萬元辦理緊急救濟。湘省黨部湘西辦事處之使命，在綜理湘西各縣黨務，本人承其事，深盼各界多予協助云。

【中央社寧夏廿日電】寧平、寧蘭兩公路綫已復勘竣事，省府近派馬如龍為兩路工程處長，日內即開工。

紅軍將進入瑞士

【海通社伯爾尼十九日電】瑞士共產黨員尼哥爾對『工人呼聲』報發表談話謂：蘇軍可能進軍瑞士。他宣稱：蘇軍之進軍僅為對已在瑞士國土上建立基礎的侵略者政府驅逐出去。蘇軍指望能得到瑞士工人階級的支持，因為他們也是『反法西斯』的。繼謂：蘇軍於『解放歐洲』後即回返其工廠與田莊中去。尼哥爾於談話中要求瑞士應舉行新大選。重新承認『不合法』的政黨與報紙與言論自由，及廢除對蘇蘇影片的檢查。他的結語謂：蘇聯會予瑞士種種經濟援助，但必須要求以重要諸領導國家的地位作保證。

斯羅邱將討論政治問題

美芬關係短期可望恢復

【海通社柏林廿日電】威廉街認爲羅、邱、斯另一次會議不久即將舉行。德外交部接近情報稱：羅斯福正在外交上逼迫斯大林接受所擬定的會談。威廉街發言人相信，保持英美蘇同盟的政治問題（而不是軍事問題）將爲即將召開的會議的主要理由。敵人同盟中的一切成員均強調他們的團結及同盟必須予以加強的事實。雖然如此，每個專家都恐懼同盟或將破裂並力圖在此種情形下確保它自己。發言人回憶羅斯福的聲明，即美國在戰後必須有強大的軍隊——發言人問道，如果照美國人相信的德國被戰敗，那麼戰後這樣的大軍有什麼必要呢？發言人同時提及邱吉爾西歐集團的計劃，而蘇聯報紙則批評此計劃有反蘇傾向。

【海通社斯托哥爾姆十九日電】美國與芬蘭之政治關係很可能於短期內恢復。斯托哥爾姆新聞自可靠方面獲悉，美國欲仿照英國恢復外交關係。

英人要求討論政治

【海通社馬德里二十日電】「雅報」倫敦訪員阿西阿五日致電本報稱：邱吉爾要英國人民一直等到德國被消滅始實行政治討論的呼籲，沒有獲得成功。繼稱：選舉問題已佔據了英國人的心，爭論的喧囂淹沒了武器的聲音。范西塔特關於開始新政治運動當未成熟的宣言爲伊里奧特在泰晤士報上予以駁斥，他說：禁止國內任何政治的討論，是對英國民主的打擊。國內政治論戰不僅論及三個主要改革，保護社會治安，對病鬥爭等，而且論及將來對德國的待遇，和平組織，及英國經濟復興。討論宣露了個別政黨的志願，自然這些政黨企圖在獲得他們各方面的選舉權。這一企圖在工黨選舉運動中可以最明顯的看出來。阿西阿關於此點強調指出工黨對邱吉爾的態度是非常有興趣的。第一次被提到邱吉爾不僅是首相，而且是保守黨首領，顯然工黨現在企圖誣蔑邱吉爾爲獨裁的朋友，並且使他在英國人民中間喪失威信。阿西阿結語稱：工黨可在行將到來的選舉中獲勝似乎已是可能，這是在三個月前被視爲絕對荒謬的事實。

瑞典共產黨將參加政府工作

【海通社斯托哥爾姆二十日電】哥德堡市在上次一九四四年九月選舉瑞典國會議員時，共產黨因選票大大增加之後，共產黨員將第一次參加哥德堡城市管理機關。據阿富頓日報刊載，市政府任命計劃委員會與市政府許多資產階級的委員將讓位給共產黨員。

【海通社斯托哥爾姆十二日電】瑞典「赫爾星堡日報」警告國人不要因德

【海通社日內瓦十九日電】倫敦廣播不加以評論僅宣稱：星期六日布魯塞爾警察總監辭職後，比利時比埃洛政府的地位繼續較不穩定。據此間所獲莫斯科廣播的報導稱：比埃洛政府與人民間的裂痕繼續增長着，在比利時引起不滿的原因不僅由於內政，且也由於對外政治。「日內瓦論壇」報認爲目前比利時的危機，乃一切被佔領國家將會發生更大危機的前奏。其原因乃流亡政府與內地抵抗運動的分歧及糧食供應之缺乏所致。只要傀儡與武裝匪徒統治着佔領區的話，安靜與秩序不會降臨的。

【海通社柏林廿日電】倫敦路透社訊，約八九千穿制服的抵抗集團的團員，參加布魯塞爾的遊行示威。遊行示威遵宣比埃洛政府的要求，不攜帶武器。但政府爲了安全起見，不僅驚動軍警，而且有大隊英國郊外警察以防發生衝突。可是，這些部隊全都沒動武器。

同盟社評蘇英法關係

謂法國將變成第二西班牙

【同盟社斯托哥爾姆十八日電】邱吉爾、艾登訪問巴黎的使命顯然在於挽回由於英蘇的進擊而被威脅的英國在歐洲的勢力。綜合各種情報，以法國爲中心的反軸心國陣營內的相對情形如下：首先，戴高樂政權要求：（一）承認法國與美英蘇同等強國的地位，法國代表參加解決戰後問題的歐洲委員會。（二）要求獲得領土，即法國由德國取得薩爾，由意大利取得利維爾及窩爾的黎波里的一部份。（三）除了戰略上必要者以外，撤退駐紮於法國領土如敘利亞、黎巴嫩等的英軍。（四）宣火租借法適用於法國，以便裝備新編的法軍廿萬人。英國認爲此種要求將由所謂「三大強國」即美英蘇三國會談決定之。最近蘇聯進行猛烈的活動，與戴高樂政權及西歐各國加深諒解，並予以積極的支持，以備在這些國家扶植自己的政治勢力，而英國企圖結成「西歐集團」，正確的說，就是藉此阻止欲席捲西歐的赤色勢力。戴高樂利用英蘇的間隙堅決要求同等的地位。締結恆久的法蘇英同盟關係，反而企圖以法國爲平衡器，掌握指導權。不待言，蘇聯與戴高樂的接近是很便利的，但戴高樂在再建法屬西殖民地帝國上能得到何種程度的支持，是一個疑問。現在在法國國內，以顚覆政府爲目的的共產黨勢力日益活躍，就證明了蘇聯對戴高樂的支持有了明確的界限，如此法國的將來，將要變爲第二個西班牙，此種論調甚爲有力。

海通社評論

吉羅德的幕後活動

【海通社柏林十八日電】前海通社駐巴黎記者斯微米德報導：吉羅德將軍自瑞士提前返回巴黎一節，與黎斯國在波羅的海進行封鎖，惡化了德瑞關係。這種願望在德國方面並不存在幾已確定。瑞典必須大膽地處理事情。在我們能夠維持中立直至第六個冬季之後我們必須不放棄中立。

英共中央工人日報批評英軍干涉比內政

「海通社柏林十九日電」倫敦訊：比利時盟軍當局公告於維持法律及秩序必要時，將援助比政府，已受到工人日報尖銳的抨擊。該報描述：「盟軍統帥部此項公告爲盟軍在歐洲登陸以來最驚人的政治上發展」。工人日報猛烈攻擊「不民主」的比埃洛政府，力稱隱藏在所謂軍事必要性後面的政治上反動，會在北非和意大利造成足够的損害了。比利時與英國極爲接近，致不能允許這種錯誤的重複。比埃洛政府受到反動派的支持，即可能危害英國在歐洲的聲譽並造成不信任，而此點以後在英，將需付出極大代價的。

「海通社柏林十八日電」據路透社訊，比利時政府發言人星期五於布魯塞爾宣稱：如果在解除抵抗運動武裝中發生騷亂時，艾森豪威爾將軍將掌管比利時行政以代替比利時政府。發言人繼稱：現約有當局不知道的四萬人執有武器。各省警察已由政府授以特權，可以侵入住宅並搜查嫌疑份子，以查出武器及軍事裝備。比利時內部政治危機的嚴重加強，爲抵抗運動負責人對布魯塞爾合衆社記者的談話顯示出來。據稱：訪[illegible]應告訴英國，比利時人不欲交上英國飛行員們所擲下或繳來的武器。「如果憲兵們向我們開槍，我們知道如何答覆」。

「海通社柏林十八日電」布魯塞爾訊，比埃洛總理宣佈，內長雷那密將暫代業已辭職的衛生部長阿特與之職。其他辭職之二閣員即共產黨員一人與抵抗運動代表一人，目前將暫不由人代替。

「海通社柏林十九日電」倫敦訊：布魯塞爾無線電廣播：「抵抗運動」之總司令部號召抵抗運動之人員將武器解除交給抵抗運動之「領袖」，這些人被描寫爲「可靠份子」，他們將負責把那些武器移交給盟國軍事當局。繼內閣會議之後，比埃洛宣佈他願意自己來領導「抵抗運動」。社會黨公佈說，社會黨部長不應放棄其在內閣中的責任。同時，社會黨領袖向抵抗運動建議，肅洗在盟軍佔領後才加入抵抗運動的許多人員。此舉之意思或爲排除抵抗運動中之共產黨發言人。

願計劃訪問法國有關。我自瑞士消息靈通人士方面獲悉此聯系：即吉羅德將和與美國有密切關係的法國主要工業家及財政家會晤，以奠定行動計劃，並爭取羅斯福的支持。我自消息靈通人士方面獲悉：吉羅德將軍在日內瓦會會見某批人員，他們前些時當吉羅德正與北非異議派（指戴高樂派）進行初步談判時，在瑞士爲勒賈格•杜布雷爾企業家所訪問；而後他們經常給吉羅德通消息。形勢有利於增強吉羅德將軍的右翼反對派的迅速發展，因爲現在那些親戴高樂與傾向倫敦的法企業家與銀行家也由於新法蘭西計劃的結果而變成了臨時政府的反對派，該新計劃係將整個法國的資源歸於政府所有，而吉羅德經常被認爲係代表美國利益者。對法銀行家協會主席乘××協會主任哈里•亞丁的通緝令，對屬於傾向於美國的實業與金融集團份子如著名的法企業家與銀行家里巴•伯羅亞沃斯特，巴爾瑞德•鮑多恩等人的剷除與迫害，以及公認爲戴高樂信徒的舒埃德與克雷佐特，也被加以令人厭煩的審問，與對雷諾露骨政治謀殺並將其工廠充歸國有等步驟，已使法國陷於劇烈的內政危機中。鑑於比利時所產生的形勢，財政界與企業界人士今也脈迫吉羅德將軍來防止共產黨進一步利用政府的措置，來對付企業界與財政界。

路透社稱阿刺伯政團要求驅逐猶太人

「路透社開羅十九日電」四個阿刺伯政治團體於今日在開羅集會後電羅斯福，要求撤消他在選舉前所發表的聲明，那個聲明會贊成猶太人居留於巴勒斯坦。該電抨擊阿刺伯回教徒的政策，即不惜金錢與生命對猶太民族主義鬥爭。

「同盟社里斯本十九日電」據開羅來電：羅斯福總統言明美國支援猶太人移往巴勒斯坦地方，這使中東各國的阿刺伯民族受到極大的刺激。開羅來電，今日阿拉伯民族四個政治團體在開羅舉行聯合會議，致電羅斯福總統稱：你既然四度當選爲總統，就要收回選舉前關於支援猶太人移居的聲明。阿刺伯民族在生死的鬥爭中將不惜付出金錢與生命。

補正

「昨天參考消息第一面下首倒數第六行『徵金對象爲工商業及』，及字下應加上一『除』字。

一三三

參考消息

（只供參考）第七〇五號
解放日報 新華社 編
今日出一大張
卅三年十一月廿二日
星期三

美官方人士評國民政府改組 希望不是緩和批評的手段

【合眾社華盛頓廿一日電】此間對中國友好方面人士表示，希望蔣介石能表現其內閣改組，不至於是一種緩和批評的形式，而能及早採取團結中國全國對日的行動。說：『何應欽的去職、陳誠的任命，以及周恩來的回到重慶，這些事實使蔣政府與共產黨間，關於共產黨參加中央政府，及消除對華北共產黨地區的封鎖等問題，作某些妥協的前途，現已較之許多年來為佳。

路透社稱 何應欽被委以重要軍職

【路透社重慶廿日電】軍政部長何應欽的撤職，雖出人意料，但他仍為蔣介石之參謀長，並悉已被委以重要軍職，此職務目前尚不能宣佈。

英報評 國民政府改組

【路透社倫敦二十一日電】外交訪員尼爾報導：中國政府的變動，被視為蔣介石政治才能機敏的特點。新政府的成份在趨勢方面較其前政府更為××。兩個主要的部長，軍政部長何應欽將軍及財長孔祥熙，受到中外一致的批評。圍繞最近史迪威將軍辭職的一些事件，都說明這一點。兩位部長××××國民黨最反動的一派。陳誠將軍是一位戰功卓著，頗孚眾望的人物。新財長是前上海市長。他首先企圖獲得許多英美朋友的支持。新政府對於這一顯然問題——國共的接近無須提出答覆的，陳誠在一九二八至一九四〇年任軍委會政治部部長，而現在重慶的中共代表周恩來將軍是其副部長。

【路透社倫敦廿一日電】昨日宣佈的中國政府之改組在倫敦受到廣泛的歡迎，一般並將此也解釋為蔣介石委員長願引用更年青、更有能力者參加政府之長期希望的實現。除二三報紙外，實際上英國全國性及各省的一切報紙均刊載中國政府改組的消息以及適當的批評。大多數報紙特別歡迎陳誠被委力的軍人。聰明的判斷須待看發展的結果，但新政府是較存自由主義的色彩與進步的氣氛的；而改組是可證明蔣介石將軍是頗想取悅盟國及繼續以更大的力量對日作戰。如果此次改組後接着即與共產黨成立協定，則事情確將可為。

同盟社挑撥稱重慶向美國屈膝 仍重用國粹派加強其統治

【同盟社東京廿一日電】這次以更動何應欽、孔祥熙、陳立夫等人為主的重慶政權改組，可以說是大東亞戰爭爆發以來最大一次的變動。作為要求罷免史迪威的代價，才這樣對內政大加解放。自建設民國以來，因他國要求而進行的改組政府，這恐怕還是首次。換言之，這是一種賣國行為自稱以民族主義，自主獨立為信念的蔣介石，為什麼甘於接受美國的干涉內政呢？這不外由於蔣介石在目前十分需要美國的力量，由於要加強依賴美國，重慶對美國的隸屬關係，將要違背他們的意志，而日益深刻。此次由於罷免史迪威而引起的美國干涉重慶內政，即是這相關關係之一的表現，今後只要蔣介石希望抗戰，一定還會有第二第三次的干涉內政。根據美國要求統一對日反攻戰力，預料第二次的干涉，很明顯地將使重慶、延安間的合作問題，此時設蔣介石不作讓步，則合作談判將無法進展，不管蔣介石如何歪曲其在『中國之命運』著作中所闡述的對中共基本方針——不允許在國內有武力割據。而蔣介石只有日趨苦悶。此次改組雖如上述，係屈膝於美國的要求，但此次改組的內容，並未全面地屈服於美國，何應欽留任參謀總長即是明證之一，因而殊堪注目。繼何應欽後新任軍政部長的陳誠，是重慶軍內部第一個有實力的人，極得蔣介石的親任，同時也是國粹派的領袖，絕不會甘受美國任意支配。反共派頭子陳立夫，雖然也退出頭陣，但依然身為國民黨中央黨部組織部長，兼CC團領袖，可以繼續展開其國粹與反共的活動，不會受任何限制。又從國內一向反對孔祥熙來看，此次更動孔祥熙決不會削弱重慶政權的力量。此外新任內政部長張厲生，是過去華北藍衣社的領導人，係任國民黨中央黨部組織部長是國民黨屈指可數的鬥士，所以這次改組，可以說是重用國粹派，藉以加強政府。但無論如何，這次改組表誌着重慶在美國要求下，向干涉內政的美國屈膝了。

中央日報吹噓 內部調動為『政治大改革』

【合眾社重慶二十一日電】此間政府喉舌中央日報稱，昨天所宣佈的政府改爲陸長及王世杰重新被委爲宣傳部長。雖然某些報紙認爲中國政府的改組是史迪威召回後美國壓力的結果，但更有權威的報紙如倫敦泰晤士報及每日先驅報均承認此事實，即蔣介石很久以來即想遵照中國輿論界的意見改組政府。倫敦泰晤士報稱：『中國政府的改組表明蔣介石主席希望利用展開在他面前的廣泛選擇可能，吸收更年青的血液以擴大其領導基礎。似乎可以明白看到，此次改組由於吸收了代表廣泛自由主義觀點的份子，將加強蔣介石的政權』。泰晤士報認爲陳誠是中國最能幹的將領，具有卓越的戰功及偉大的××，並與英美戰友和諧地工作。在訪英國之行中在英國留下深刻印象的王世杰被描述爲具有非常能力的人，是中國與西方盟邦間更好諒解的媒介。宋子文之留任外交部長及朱家驊的被委爲教育部長亦受此間歡迎，因爲宋『很久以來即受盟國外交人員及其國人的尊敬』，而朱家驊（在他指導下××學院會獲得許多國家學者的尊敬）現在已被予以影響中國知識界生活的更大機會。××××的格拉斯哥先驅報稱，中國政府之改組將改進中國軍事及財政的形勢，並將加強抗日戰爭。每日先驅報稱：此次改組似並不是史迪威事件的直接結果，因爲根據所知這種改變是在××之先（缺）（電碼所錯落甚多，編譯或有誤漏之處——譯者註）

美報駐重慶訪員說
要求罷免何應欽的總參謀長職務

【同盟社里斯本二十日電】駐重慶的芝加哥每日新聞報特派員聲稱：此次重慶的改組並不能令人滿足，特別指出何應欽的仍留總參謀長一職應予徹底肅清。該報導如下：此次的改組是中國事變爆發以來最大的政治的轉換，決不是政爭、從範圍上來看，更換將要涉及的很廣泛，雖然是從數個要人手中奪取了權力，但他們的權能並未完全剝奪，被更換的要人仍然佔據重要的地位，例如何應欽的總參謀長地位，究竟應怎樣辦？此點極爲重要。現在已不應再加以許多批評，重慶已向我們歡迎的方向前進了，這一結果對中國的一個根本問題——國共糾紛的解決必有貢獻，這在數週後就可以看到的。

【路透社倫敦廿一日電】曼徹斯特衛報發表關於中國政府改組的社論稱：『何應欽將軍軍政部長之職已由陳誠將軍繼任，但仍保留其參謀總長之職是有意義的』。這可能爲『保全其面子』計，但將不會使中國與各國的××爲看到是徹底的改革。然而陳誠將軍是以容納新的『××美國』思想著稱的有

組是『蔣介石改進在過去三個月已實行的行政之決心的表示』。中央日報指出：蔣委員長在政府改組以前過去三月內所實行的行政改進，即是兵役法、部隊待遇的改善，人民志願向國家獻金獻糧措施之重新調整，十萬知識青年從軍運動，嚴格執行保護人民身體自由之法令，賦予法庭審理特別戰爭罪犯權力，『這一切改進給予中國公共事務以重大效果，政府的改組僅是沿着同一方向進行的』。中央日報稱：新軍政部長陳誠是恰當的人選，何應欽作爲一參謀長，從現在起能夠集中力量計劃作戰行動，而陳誠則能集中全力整訓舊軍隊，建立新軍隊，過去三月爲適應目前緊急情況所實行的一系列的徹底改進措施將貫徹到底，我們希望一切新人物不負委員長期望，我們相信必能克服危機』。

【合衆社重慶二十一日電】權威的獨立大公報關於政府改組，在昨天宣稱是一『改進的發端』。大公報建議進一步在政府內部設立非國民黨人員的不管部閣員，稱：政府的調整包括在政府機構內設立不管部閣員，以非國民黨人員充任，組成政府本身，並實行民主的××』。『我們並不僅對政府改組，同時我們把這一改組看成是改進的發端，並希望繼續改進。』

國民黨修通青藏公路

【中央社渝廿一日電】西寧至玉樹之青藏公路交通部公路總局派員協助青省府組織工程處興修，經該路員工努力，於冰天雪地中，已全路通車。據悉通車情形，十月廿六日交部西北路局派卡車四輛，裝載試車人員警衛糧料等，自西寧出發，卅日抵黃河沿，因氣候嚴寒，溫度降至零下廿度，就擱十日，於十一月十日繼續行進，十三日抵玉樹，全長八百卅七公里，實際行程九日，行車時間共四十八小時半，平均每小時行十七公里强。行抵玉樹附近百餘里，蒙藏同胞夾道歡迎，西藏方面亦派代表到玉觀光，極一時之盛。

【中央社渝廿一日電】戰時生產局，於廿一日下午舉行第一次業務會議，出席者翁局長文灝，彭副局長學沛，業務委員外交部宋部長子文（吳次長國楨代），財部俞部長鴻鈞，軍政部長（俞署長大維代），交部曾部長養甫，資源委員會錢副主任委員昌照等，納爾遜氏及其特別助理等四人，亦被邀列席。由翁局長主席，對於該局設立經過作扼要之報告，並請納爾遜及孔萊兩氏分別致詞，彭副局長繼對該局組織法加以說明，旋由吳次長及俞署長致詞後散會。

【中央社渝廿一日電】新任內政部長張厲生，廿一日對記者談，渠將來施

政方針，一本建國大綱，對於地方自治，規定建立基層機構，現有關內政法規已粗具規模，今後××其不充實處，加以補充。張氏以爲內政主要工作，爲訓練人民政治知識，實現民主政治，惟××工作，須加强中央與地方之聯系，期根據×內政方針，以執行地方自治工作。張氏並表示將來履職後，內政部人事決不更動，現任兩次長亦將蟬聯。又國家總動員會議祕書長職務，仍由張氏兼任。

海通社說河南戰役以來 國民黨軍隊已喪失軍長五人

【海通社東京十八日電】在桂林爲日軍所俘的華軍俘虜稱：當重慶第卅一軍軍長於十一月十九日了解到形勢已完全絕望時，他即自殺。重慶軍第一三一師師長業已陣亡，俘虜中包括師長、旅長、團長及其他軍官。自河南戰役以來，重慶軍損失軍長迄今共五人。

敵稱我破壞南寧機場

【同盟社大陸基地廿日電】桂林、柳州基地羣爲我軍佔領後，敵空軍僅有的華南據點南寧，由於我軍日益迫近，敵已將該機場的滑走路及其他設備破壞，一處並正在燃燒中。由此敵在華南的基地羣，除芷江外，已全面後撤，至此我空軍戰略日趨固牢。

【同盟社里斯本廿日電】重慶來電，重慶軍司令部在廿日夜之公報中發表稱：從南北兩面進攻中的日軍，終於取得聯絡，切斷中國大陸。該發表如下：從南北兩路突入廣西省的日軍，在柳州西方匯合，完成了從香港到滿洲的縱斷中國大陸的直接聯絡，並在柳州西南方包圍重慶軍。

麥克魯少將 任中國戰區美陸軍副參謀長

【中央社重慶廿一日電】中國戰區美國陸軍司令部廿日宣布，麥克魯少將已被派充中國戰區美國陸軍副參謀長。麥氏現年四十八歲，生於加利福尼亞州巴羅亞爾多，定最近就職。麥氏原任西南太平洋某戰區美軍某師之師長，該師即以前在布肯維爾島登陸美海軍陸戰隊。又美婦女軍團之軍官二人，亦被派至總部担任書記工作。

【中央社重慶廿一日電】中國戰區美軍司令部廿一日宣佈（y）作戰參謀隊、八作戰參謀隊，與在中國軍中服務之美軍聯絡人員、醫藥信號及訓練組織，業已併入中國戰區。中國軍隊訓練及作戰司令部前『y』隊作戰參謀部司令陶恩，業已被任爲中國軍隊之訓練與作戰部司令。

羅斯福與邱吉爾 傳將討論伊朗石油問題

【海通社紐約二十一日電】美聯社自華盛頓國會人士方面得知，伊朗問題將爲羅斯福、邱吉爾會談的首要問題。國會及政府之注視蘇聯伊朗關係，主要因爲三同盟國在過去三年中，在伊朗的石油問題上有過競爭。英美與蘇聯利益的『特殊糾葛』，將是三同盟國如何處理他們間分歧的基本。據美聯社稱：華盛頓方面相信蘇聯將不得已而退出，因她不會被邀請參與談判英美石油協定。另外，伊朗政府，趁英美德黑蘭會議結束之時，蘇聯代表團到達伊朗談判割讓伊朗北部之先，已決定將割讓油田給外國人一事，延長至戰後去談判。

【海通社柏林廿日電】紐約訊：『美國勞工聯合會』主席威廉•格林氏宣稱：勞工聯合會又一次拒絕參加明年一月在倫敦召開的國際職工會大會。『紐約時報』的評論洩露其主要原因乃由於另一個大的美職工會組織——『產業工人聯合會』也接到英職工會總書記西特林的請帖。據美國勞工聯合會稱：其拒絕出席的另一些原因乃一些非眞正的職工會組織，如加拿大的天主教聯合會及某些南美的協會與蘇聯的職工會也在被邀請之列。

法國注視比政局

【海通社日內瓦廿日電】在星期日共產黨於布魯塞爾示威後，比利時的發展在法國首都正被以焦急的心情注意中。據巴黎消息稱，該地深恐激動的亂民在布魯塞爾所開創的先例，將鼓勵巴黎的抵抗運動會員。法國軍隊集中，機動崗哨業已加强。瑞士亦以極大興趣注視布魯塞爾的發展。洛桑日報稱：比利時的示威（紅旗佔優勢）不僅是盟國指揮部要求解除抵抗運動武裝的結果（缺）。

【海通社阿姆斯特丹廿一日電】布魯塞爾無綫電公告：布魯塞爾最美麗的一個廣場，將被稱爲『斯大林元帥廣場』。此點可解釋爲政府對共產黨的讓步。

海通社報導 法希游擊隊處理問題

【海通社柏林十六日電】海通社前駐巴黎記者卡爾、盧威格訊：法國國民軍軍官協會所傳閱的祕密信件，已傳閱於貝利爾山的吉羅德系的法正規軍軍官之間，其內容乃抄摘法陸軍部的會議記錄，顯示一九三九年戰爭爆發時所公佈關於防止共產黨在法軍隊中建立細胞的法令，今仍生效。根據此經過瑞士護自可靠人物的傳閱文件：法參謀部同意陸軍部關於『義勇軍與游擊隊』人員與共產黨的『愛國民軍』人員必須改編入陸軍，只要他們能示出其正確的身份證及證明他們有安份的履歷。在會議中，曾有人示出證據證明共產黨曾指示其在各種抵抗組織中

英國報紙强調轟炸日本

【同盟社蘇黎世十七日電】日軍在華南作戰的進展，特別是在華美空軍基地的相繼喪失，不管是在反軸心陣營投下了巨大的黑影。十七日倫敦泰晤士報，對於上述戰況的不利加以解釋，說明廣西省的美國空軍基地雖被日軍佔領。該報稱：反軸心國空軍在五個月間，數次出擊北部——滿洲的鞍山、南——新加坡、東部——九洲、八幡等要地，儘管中國東南部的戰況不利，但在不遠的將來，這一轟炸將在更廣泛的範圍內加強。這一轟炸是從印度基地出發，中途着落一次後即可轟炸日本。現在飛機的防禦裝備與砲火已更加改善。如果更能從菲律濱、塞班或塞班的基地起飛，轟炸將更有利。

陳逆公博表示向日寇效忠
再度向重慶政府招降

【同盟社南京廿日電】汪主席逝世後，中國的最高領導者陳公博氏，就任代理主席，行政院院長兼軍事委員會委員長。二十日上午十時起，在國府立法院會議室，隆重舉行就任典禮。陳代理主席當即披瀝決心，鼓舞與激勵軍官民，今後更加協力日本與大東亞民族，爭取最後勝利，擊潰美英帝國主義。指出國民政府還都的目的是：國民政府自當初起，即對重慶未懷敵意，重慶統治下的民衆，亦爲國府的人民，重慶的同志，亦被視爲我們的同志，我們很久以來，即盼望及早實現和平與統一國內。

敵酋小磯演說
萊特之戰決定國運

【同盟社東京廿一日電】商業報國會中央本部於廿一日下午一時半起，在大政翼贊會舉行「商業報國會成立四週年紀念全國大會」席上，小磯首相兼大政翼贊會總裁演說約四十分鐘，稱：我們將到達這樣的階段，即本年內將傾舉一切國力，堅決進行目前的戰爭。台灣與菲島海面的海空戰，獲得了光輝的大勝利，這一勝利在戰爭史上尚無先例。萊特島週圍作戰的規模非常激烈，而只有把握住這一勝利，才能把決戰導入我們所預期的有利情況。今日萊特島的戰鬥，是站在決定我國國運興亡與否的分水嶺上。自然，皇軍的素質是精銳的，絕對不容許世界各國趕上，只有以後方人民的努力全面支持皇軍的活動，才能掌握戰爭的勝利。因此使我們痛感後方民衆責任的重大。

的黨員設法參加陸軍。此祕密傳閱文件抄下會議記錄之一段，指出這是暫時性的決定：爲了國家的利益，嚴格檢查被徵人員的履歷是必要的，且陸軍人員必須不參加政治黨派的活動。該傳閱文件繼例舉一些共產黨散發於士兵中的偽裝傳單，散發此傳閱於軍官中信件者之傾向由下列事實可以看得出來，即其摘錄由官方公報宣稱委任十名猶太將軍一段消息標以「達雷富斯生活」字樣。

【海通社柏林十八日電】雅典訊希臘總理斐邦德里歐於與其內閣各左翼部長會談後聲稱，關於解散共產黨游擊隊組織ELAS一點，已達到完全一致的意見。後者將被予以保持。左翼各部長保證：EAM將絕不採取任何行動反對解散ELAS組織。希軍總司令 阿森塞斯將軍及參謀總長肯的里奇將任原職。

意失業問題嚴重
羅馬十五萬人沒有工作

【海通社馬德里十九日電】馬德里「雅報」訪員自意大利盟國佔領區報導，失業問題乃是意大利最大困難之一。社會民主黨議員萊薩梯稱：單只在羅馬就有十五萬人沒有工作，除此數目以外，還應加上同樣數目的各種職業的失業者。智力勞動者狼狽不堪，據調查一百人中，十人偶爾有工作，八人靠黑市買賣賺錢，十八人靠工資生活，他們的孩子則替別人擦鞋油，賣香煙賺一點錢。十人充當家庭僕役，四人求乞，剩下的四十人宣稱他們不知如何生活。他們在期待發生奇跡，政府甚至不能不每日付給失業者一百個里拉作爲救濟。

【海通社馬德里十九日電】ABC報羅馬訪員稱：意大利社會黨在公報中責備盟軍在其佔領的意大利地區中引起混亂的情況。如果農業部長需要三輛摩托貨車運馬鈴薯至羅馬，或其他部長要十萬塊瓦蓋房子，權威軍事當局便進行三小時的討論。因此，社會民主黨稱：必須首先要求廢除盟國休戰條約。盟國監察委員再繼續干涉意大利平民的事情，是不行的。

【海通社巴塞爾十八日電】美國對於意大利商業及工業的極大興趣，從意大利經濟及財政代表團團長奎特利與羅斯福的約定會晤中可顯然看出來。「巴塞爾新聞」齊亞索訪員稱，奎特利將邀請美國工業幫助意大利的重建工作，後者爲著名的銀行家及前任財政部長，最近始抵華盛頓。戰後里拉的穩定現被計劃以它與美元保持比例而達到。最後，奎特利博士××美國市場對意大利產品的興趣。

參攷消息

（只供參考）

第七〇六號

解放日報 新華社 編

今日出一大張

卅三年十一月廿三日

星期四

敵方評重慶人員調動

【海通社東京廿二日電】重慶政權中要職的更變引起日方甚大注意。主要的興趣焦點在於陳誠將軍繼任何應欽將軍任軍政部長職。但使此間最注目的是此新軍政部長，當他在雲南指揮中國部隊時是頭一個與美國的史迪威發生不睦，並因此抗議應去史氏之職。『朝日新聞』認為蔣之任命新人員無異擴大羅斯福與重慶間的鴻溝。該報稱：『蔣介石在重要基本問題上是一個從未對外國屈服過的人。如果美國認為重慶是為了美國的利益才與美國從事軍事合作，或者美國帶着把中國當着第二個印度這樣來利用的目的，美國人一定大犯錯誤的。』

敵朝日新聞評重慶政府改組

【同盟社東京廿二日電】朝日新聞在二十二日的社論中，提及重慶改組問題，大要如下：重慶政權的改組，是重慶最近的一件大事情（中略）。羅斯福於召還史迪威後，即要求罷免何應欽，孔祥熙，他們將重慶的缺陷完全具體表現出來，被人認為是妨礙作戰努力的人物，由於此次的改組、羅斯福從無知的美國民衆之間又可獲得些名氣、在此種意義上來講，對羅斯福來說是很有意義的。何應欽前後十六年間任軍政部長，並兼任總參謀長，掌握着重慶軍政統帥權，何應欽的總參謀長一職是否更換，現在尚無詳細情報，十六年間何應欽在軍界所扶植的勢力極大，他的罷免所發生的影響決不會少。問題是陳誠繼承他的後任，正如衆所週知者，陳誠是自主抗戰派的領袖，相信獨立主張抗戰，他於今年年初，所以辭去雲南遠征軍司令官一職，就是為了中國獨立而主張自主抗戰，與史迪威發生衝突的原故。從這一件事來推測，重慶此次的改組，在自主上就毫不會變質，因而與美國所希望的方向正是相反，蔣介石說他錯用了手段，就是因為他主張堅持自主抗戰（中略）。但是美國把中國當做美國的印度，實行大規模的榨取

納爾遜在渝招待記者

【中央社渝廿二日電】中宣部廿二日下午四時在該部大禮堂，舉行中外記者招待會，請羅斯福總統私人代表納爾遜及戰時生產局翁局長文灝報告。梁部長寒操出席主持，先由梁氏介紹納爾遜、翁局長及孔萊諸氏與記者相見，略稱，羅斯福私人代表納爾遜氏此次再度來華，係協助中國調整戰時生產，然納氏及各專家之使命，不僅對於戰時生產關係至鉅，即對於戰後建設及世界和平，亦將極有貢獻。繼由翁納兩氏先後報告（翁氏報告詞另發）。繼翁氏之後，納氏另稱，渠深信中國戰時生產局成立所依據之基礎，實甚堅固而實際。並稱，該局之組織計劃與美國生產局大致相同，且充分利用吾人在華盛頓之戰時生產計劃之經驗。中國戰時生產局將與有關各部密切合作，蓋其他各部會不斷努力工作；現在彼等可能獲得更佳之結果也。中國之工業生產規模雖小，但對中國之戰爭努力關係至鉅，故應以任何可能之方法，促其增加，昨日余應翁部長之邀，出席該部審議委員會之首次會議，該會委員由數部部長及中國政府高級官吏所組成，余深信翁局長必願獲得彼等之密切合作，同時彼等亦將協助翁（缺數字），使戰時生產計劃獲得真正成功。又隨納氏出席者，尚有孔萊氏，渠將輔助納氏以協助中國之戰時生產事宜。納孔二氏曾與翁局長及中國政府其他人員合作甚爲密切，同時與其同來之美國生產專家，正有系統的考察中國各製造工廠。納氏復稱，彼等之首次報告，表示彼等對中國工業界人士之努力以及對於有限設備之利用，所獲印象甚深。在此種戰時生產機構指導之下，渠深信中美兩國工業生產人員之聯合努力，對於中國主要戰爭物資之生產，必能獲得提早與實際之增加。最後中外記者提出問題甚多，均經翁納兩氏詳爲解答。某記者問，戰時生產局與國家總動員會議業務如何劃分，翁氏答稱，前者係推動戰時生產，後者係管制戰時必需品之物價。某記者問，今後中國將如何利用美租借法案所供給之物資，納氏答稱，中國將充分利用。某記者問，留在外國之中國技術人員，是否將召致回國，翁氏答稱，如遇必要，將隨時由政府召回歸國服務。

【中央社重慶廿二日電】前人和鋼鐵公司係民營廠中著名之產鐵企業，經商請資源委員會接收全部資產，改設爲資×鐵廠，加以整理補充，於本月十二日正式開爐出鐵，其高矽鐵含矽成分可至百分之十一，硫可仰百分之〇·〇一三五，燐百分之〇·一九，其他普通翻砂生鐵，柏色麥生鐵、鹼性生鐵均可製煉，品質甚佳，每月產量在數百噸以上。

，它希望重慶協助進行戰爭能够令人滿意，然而這種希望必然會落空的。由這種意義說來，我們可以說此次改組是重慶近來發生的大事件。英國干涉重慶的國內問題，以挽回受其同盟者侮辱的維斯爾的面子。何應欽、孔祥熙的免職並不意味着美蔣糾紛的解決，却是開了新鬥爭的道路。

德報評重慶改組

【海通社柏林二十一日電】「人民觀察報」星期三日晨發表關於重慶局勢的評論稱：汪精衛之死對蔣介石的嚴重軍政危機並無補益。該報宣稱：要預測蔣介石是否能或將如何對付此長期的公開的危機是枉然的。「然而我們不能否認自一九三八年以來，他是從未遭遇到如此嚴重與大威脅性的危機，其一九三七年七月的抗日決定會產生致命的結果，從未有如今天這麼明顯過。該報論及重慶關於軍備供應的不可靠形勢宣稱：重慶從納爾遜二次訪問重慶中所能得出的結論是，儘管華南的危險軍事發展，華盛頓不願也不能立即救中國。評及政治問題方面，「人民觀察報」的結語是：「無疑的，共產黨今天又成爲極嚴重的問題」。蔣介石×××的遠大改組，僅是美國與延安共產黨聯合壓力頭一個結果。該報繼謂：「然而，華北共產黨必定不會認爲改組政府便是完成了他們的要求」。

敵侵佔金城江

【同盟社廣西前綫廿二日電】我快速部隊不斷擊潰敗退的敵軍，繼續西進，並強行突破黔桂鐵路左側的山岳地帶。廿一日下午二時，佔領宜山西方七十公里的金城江，切斷懷遠附近活動的敵軍退路。

【同盟社東京二十二日電】中緬國境芒市正面之敵雲南遠征軍，十九日起傾其全力前來攻擊，芒市正面我軍，予以猛烈反擊，同時自該日夜間起開始轉移。

敵酋岡村任中國派遣軍總司令

【同盟社東京廿二日電】陸軍省發表（十一月廿二日）：此次發佈命令如下：畑俊六陸軍大將（元帥）補教育總監。陸軍大將岡村寧次，補任中國派遣軍總司令官，陸軍中將下村定補任華北方面陸軍最高指揮官。陸軍中將橫山勇，補任西部軍司令官。陸軍少將吉岡善四郎，補任工兵監。陸軍中將石川浩三郎補任通信兵監。陸軍少將中村始補輜重兵監。陸軍少將岡田元治補陸軍工兵學校校長。陸軍少將志甫勤一郎，補陸軍通信學校校長。陸軍大佐橫山伊三郎，補陸軍輜重兵學校校長。陸軍少將石田乙五郎補憲兵司令部本部長。木下榮市補陸軍憲兵學校校長。

翁文灝報告戰時生產局的組織及任務

【中央社重慶廿二日電】戰時生產局翁局長文灝，廿二日出席中宣部記者招待會，報告戰時生產局之組織及任務。其原詞云：戰時生產局，於本月十六日正式成立，今天藉這個機會，把生產局的組織及任務向各位報告，並請指教。中國在抗戰之前，後方工業十分落後，抗戰開始，政府就把沿海各省工廠設備拆遷至後方，其總量超過十五萬噸；同時又利用後方自造機器及外來器材原料，建立工業基礎，設備更爲增多，其生產數量亦逐年增高，但是各廠分散在若干機關，沒有集中指揮，所以不免發生供求不能相應的現象。有的產品爲數實在不多，而尚有過剩，有的產品爲作戰所必要，後方則不能供應，有的生產，近時不能前進，且多減少，故戰時生產實有××加強努力、集中指揮之必要。上次納爾遜先生到中國來，就和委員長商談加強我國戰時生產工作，並決定中國設立戰時生產局，旋即積極籌備，恰巧在納爾遜先生和他的隨員第二次來華的那天，就是十一月十六日，中國戰時生產局正式成立了。納爾遜先生是美國前任的戰時生產局局長，在他的賢明領導和美國政府其他部門及工商界的誠懇合作之下，美國戰時生產在很短的時間，大量的增加，最近盟國在歐洲和太平洋戰場的勝利，美國戰時生產局實在盡了它最大的貢獻，現在美國戰時生產局的任務，差不多可說已經順利完成，就在此時，美國政府派納爾遜先生和頭等專家來華協助中國組織戰時生產局，實在可以表示美國對於中國抗擊的合作精神。納爾遜先生和隨來的專家們，對於促進美國戰時生產均有豐富寶貴的經驗，他們把這種寶貴的經驗，來幫助中國，同時中國自身亦認真努力，深信對於戰時生產必可獲得成效，而對擊潰敵人，亦可有所貢獻。納爾遜先生等二次來華以後，這幾日連日詳細會談，商討中國戰時生產局的工作、進行步驟。目前組織法，已經擬訂完成，並奉主席核准先行實施，即日開始推動具體工作。上面說過，美國戰時生產局的成功，是由於政府各機關和社會各界的誠切合作，並賴實際生產之各事業真誠負責，認真實行，中國戰時生產局，自然也是一樣，因爲政府賦予戰時生產局的任務，極爲寬廣，必須各方面協助指導，始能迅速推動，克獲成果。戰時生產局的職掌，顧名思義，自然是增加戰時生產，所以生產局的任務，是督飭各生產機構，對戰時必需的物資發揮最大生產能力，因此組織法第二條規定，戰時生產局對公私戰時生產機構，負指揮監督及聯繫之責，同時器材之運輸、工業人員之支配、金融財政等等，都必須與戰時生產密切配合。戰時生產局自身並不直接辦理上列各項工作，但是凡與戰時生產有關的事項，戰時生產局的決定，對各有關機關有拘束的效力。組織法第三條規定，軍用及主要民用物資之生產，國內外主要器材之購辦，器材及工業人員之支配，器材之國內和國際運輸之優先次序生產技術之改進，生產所用器材之節約或限制使用，原料成品之購儲徵用，以及生產及增置工業器材設備所需資金之決定，都在戰時生產局權限範圍之內。譬如像主要國外器材的購辦，政府原有×辦機關，此項工作，自然仍由原機關辦理，但是何者應先，何者應緩，則需根據戰時生產局的決定。對於國內戰時生產物資的運輸亦然，如此其優先次序，運輸機關須依照戰時生產局的意見辦理，其他如原料成品的購儲，也是由原有機關辦理，但是須由戰時生產局決定其應否購儲和購儲的數量，以上生產購辦或建置工業器材設備所需的資金，由戰時生產局決定後，各有關財政金融機關，即應按照撥款。為謀各機關之密切合作起見，戰時生產局組織法第五條規定，由與戰時生產關係特多的機關長官，參加戰時生產局的審議委員會為委員，外交財政軍政經濟交通各部的部長，都為當然委員，將來並將請其他機關長官參加，俾可獲得必需之聯繫。此外為謀中美兩國戰時生產之密切合作起見，戰時生產局組織法第六條規定，得設立中美聯合生產委員會，由中美兩方人員參加為委員。組織法第七條規定，為獲得有關戰時生產技術問題之妥善起見，並可設立技術委員會，以中外技術專家組成；同時為集思廣益，得到各方面協助起見，組織法並規定得延聘政府人員及公私工業生產機構人員，組織各種顧問委員會。在戰時生產的資金籌劃方面，有一個戰時生產財務委員會，由財政部及有關政府銀行代表及本局局長副局長其他有關處長為委員，並由局長担任主席。主席對會議有會後決定之權，來決定戰時生產所需的資金。關於戰時生產局的內部組織，也可藉此作一簡單的報告，戰時生產局共分八處：一、秘書處，處理機要會議及其他不屬各處事項。二、優先處，處理各項優先次序之決定，以及物資×給及×整個事項。為辦理優先次序，組織優先委員會，以各有關機關如軍政，交通、經濟、財政等部代表及局內各有關處長為委員。三、材料處，處理有關鋼鐵、煤焦、電力、液體燃料等項。四、製造處，處理機器、電機、交通、運輸器材、紡織等項。五、軍用器材處，處理兵工航空及其他軍用器材事項。六、運輸處，處理有關戰時生產之水運鐵公路運輸事項。七、採辦處，處理調節供需決定採辦物資事項。並約集有關機關人員組織採辦委員會。八、財務處，處理有

日報載，中央社訊：昆明組織了國民兵團，目的是為了動員地方武力，保衛鄉土，第一批（十月）廿日徵召編隊，全市十八歲以上、廿五歲以下壯丁，除按照規定組訓的外，在接到通知後，一律報到，無一規避，情形良好；應召壯丁經編隊後，施訓兩個月，期滿後分別担任市區治安，輔助勤務。

廣西河南設行署

【本報訊】中央社廿一日訊，豫省府「為推動戰地行政工作」，在豫南豫北設立第一第二行署。又訊：廿一日行政院通過廣西省政府行署組織規程，並通過浙江省府浙東行署編表。關於人事更動者，同日行政院通過有：（一）特任錢泰為駐國臨時政府大使；（二）特任徐謨為駐土耳其國大使；（三）任命丁惑蒙藏委員會總務處長；（四）財政部花紗布局總務處處長游彌堅免職；（五）財政部參事樊×免職，以尹文敬繼任；（六）簡派河南省府委員張軫兼該省府新蔡行署主任；（七）派梁幹喬為陝西省第二區行政督察專員兼區保安司令；（八）甘肅省第六區行政督察專員兼區保安司令何昌榮免職，以王維墉繼任。

希境英軍司令
強令解除國內軍武裝

【海通社柏林廿一日電】倫敦訊：•路透社報導：駐希臘英軍總司令唐納斯哥比少將命令英軍強行解除希臘抵抗運動組織的武器。武裝之解除須於十二月十日完成。在雅典周圍諸城鎮中，英軍哨兵已在解除較小希軍的武裝。

【海通社柏林廿一日電】倫敦訊：「交換電訊社」自雅典報導：希臘×××部隊已由盟軍統帥部指揮。根據英軍司令斯哥比將軍命令：僅有兩個組織準予攜帶武器與彈藥，游擊隊之解除武裝積極進行中。

【海通社柏林廿二日電】法國失業人數估計為六十萬人。

【海通社柏林廿一日電】倫敦訊：倫敦波軍統帥部宣稱：前波軍總司令索森科夫斯基請假離此，他離英是為赴加拿大省親。

傳史佛卓
將繼波諾米任總理

【海通社倫敦廿二日電】「每日電報」自羅馬報導：新任意大利駐美大使史佛卓，仍有繼任波諾米為內閣總理之說。史佛卓尚未接任新職一事，被此間解釋為可能繼任內閣總理。另外，基督教民主黨領袖加斯比萊，亦被提及可能作總理候選人，按他是現任不管部閣員。不管怎樣，數日後波諾米內閣定將改組。

【海通社柏林廿一日電】羅馬訊：據消息靈通人士稱：意大利盟國監察委員會主席麥米蘭大使離此赴倫敦，以便討論波諾米政府與英美間的新外交關係條例。

關戰時生產之財務事項。根據以上概括的說明，可以看出戰時生產局的梗概，其任務要領，組在集中推動及聯繫進行，以提高生產效率，貢獻於抗戰之實力。局內用人，並不甚多，而負責特爲重大，自當竭智盡能，認眞前進，並望各方面以國家利益及抗戰早得勝利爲前提，同德一心，共同努力。並望輿論界多多指教，庶幾這樣繁重工作，才有成功的希望。納爾遜先生因爲尚有其他重要任務，不久即將離華，在他離華的時間，孔萊先生代他負責留華，和其他各位美國專家協助我們工作。

何應欽在後方經理會議上
對改善待遇及軍火補給的說明

【本報訊】十月二十一日渝中央日報所登何應欽在後方經理會議閉幕詞中，對於請再增加餉項、醫藥費、教育費、草鞋費等，說道：『若照諸位所擬，僅餉項一項，每月即須再增加十三億元，實非目下國庫所能負担』，『比如此次整軍會議所決定自十一月一日增加的給予（見十月二十四日參考消息——編者），每月需要約十七億元，一年就是二百億元。還有副食馬乾的差價，全年也須二百億之巨。此項巨款，現尚在設法籌補。』關於美國援助軍火的分配情形，何應欽說：『各位或有誤會，怎麼你們的部隊，沒有得着美械補充的。美助我軍火，因由空運關係，運入國內的數量不多，而運入國內的東西，又大多補充滇省境內國軍，……例如在此次長沙會戰（五日）前，滇省以外部隊所得的軍火不過山砲六十門、戰車防禦槍五十挺、步槍彈三千萬發而已。所以各戰場的武器彈藥，大部份還是賴我國兵工廠自造供給。』

雲南設立自衛隊及國民兵團

【本報訊】自西南戰局着着失利後，雲南即採取一連串措施，以建立它的地方武裝。（一）準備幹部。八月十三日雲南日報：滇黔綏署命令登記賦閑的少校以下的軍官，以便調整各縣保衛團隊中的各級幹部；同報九月八日載，錄取的五十名賦閑軍官，原定第二期受訓，龍雲令提前入第一期訓練；又『省訓團』調訓的第十二期軍事組國幹班二百餘名已報到受訓，省警所新招第×期新生×百名，據十月一日同報載已考試完畢。（二）國民兵團之組織。同報八月十六日報導：滇省府通令恢復各縣保衛隊原有編制並擴充名額，調訓各級官長案。九月七日載：該省民政廳令各縣整頓『民衆臨時自衛大隊』。此項自衛隊的組織，是以縣爲單位，編入全縣壯丁，抽暇訓練，平時生產，有警召集。又十月廿二日新華

【海通社柏林廿一日電】紐約訊，『美聯社』羅馬訊：過去一些時候，西西里分離派黨羽與波諾米軍隊迭次發生流血衝突。該通訊社並報導分離派運動的增長，其最低要求爲自治。但大部份分離派主張完全與意大利斷絕關係。

【海通社斯托哥爾姆廿一日電】莫斯科無綫電稱：在意大利社會黨部長與副部長的會上，社會黨的領袖們皆被批准參與『民族解放委員會』。莫斯科無綫電宣稱：所有反法西斯份子與進步份子，皆團結在委員會周圍。又稱：『他們是意大利僅有的能夠領導國家的人』。

【海通社柏林廿一日電】羅馬訊：意大利職工會祕書維托利奧在意大利共產黨『安斯拉』報上要求立即關閉意大利佔領區的一切盟國勞動局。他說：盟國勞動局至今沒用處。它們對於執行若干復興的計劃，至今尚一無所爲。維托利奧要求意大利工人不執行這些盟國勞動局的指示。維托利奧提到職工會的綱領（該綱領要求對富人的財產×××）時說：各界與各省的勞動者應用從這×××來的經費與國家委員會的津貼，他們自已來進行意大利的復興工作。

巴錫基維宣佈新政綱

【海通社赫爾辛基廿一日電】芬總理巴錫基維告芬蘭通訊社代表稱：盡可能與蘇聯建立最好的關係以使兩國互相了解，是新芬蘭政府政綱的一部份。繼謂：『我們必須自覺的完成和平協定的條款，共產黨將如同其他現有的政黨一樣，依照現有的法律從事工作。』

【海通社柏林廿一日電】芝加哥訊：在此間召開的巴勒斯坦民族會議，星期一日提出要求如下：一、宣佈英國一九三八年的白皮書無效，二、不限制猶太人之移居巴勒斯坦，三、承認猶太人在巴勒斯坦的居住區域，四、要求上述國家幫助猶太人移民。該決議其餘數點爲要求猶太人有購置地產與從商的同等權利，允給充份的船位以運載猶太人赴巴勒斯坦，及募集三千萬元以濟助巴勒斯坦猶太人之用。

【海通社斯托哥爾姆廿一日電】熟習芬蘭內情的瑞典人士意見謂：新芬蘭巴錫基維內閣僅是臨時政府一點，星期二已爲瑞典半官方自赫爾辛基的報導所更加證明。該報導稱：『芬蘭民主團體』宣稱，如果芬蘭『民主發展』的要求不能達到，它在政府中的各部長即將退出。民主團體爲一切社會民主黨人士（除唐納集團外）及芬蘭共產黨所組成，首領爲孫茲特羅姆。據該團體宣稱，新政府不符該團體之望。

【海通社東京二十二日電】據朝日新聞稱：日駐芬公使已乘機離赫爾辛基，路經莫斯科。

參考消息

（只供參考）
第七〇七號
解放日報
新華社 編
今日出一大張
卅三年十一月廿四日
星期五

英『新政治家』與『民族』週刊說：
重慶需要真正革命

【路透社倫敦廿三日電】『新政治家』與『民族』，於評論中國政府的更動時稱：『中國通貨膨脹部長孔祥熙，及其大家庭的長期滯留於美洲大陸，會使中國許多心懷善意的人們希望：重慶的改組已迫在眉睫。孔氏之離開財長職位，的確代表正確方向的一步，而陳誠將軍代替何應欽將軍之意義亦復如是，後者會以國民黨中最反動將領之一著稱。一般希望，宋子文之被委爲國府委員表示他已恢復寵信：此在改進重慶與西方國家的關係上將的確是個重要的步驟。史迪威將軍離去後的一切更動，均足令人鼓舞。但是這些更動還不足以成爲重慶觀點的革命，而爲了建立具有旺强戰鬥力的中國軍隊及醫治此刻如此可悲地削弱中國抵抗力量，並造成重慶與其西方盟邦間困難的內部裂痕，這種革命是必要的。必須記取，中國政府的改變只有在其反映國民黨中的改變時，才是重要的。』

【美新聞處二十日電】（上缺）如果中美間的裂痕不迅速予以彌補，則中美兩國均將不利。對於中國，損失將是很大的，對於美國，這將是很危險的。如果蔣介石被迫在延安的條件下與延安合作，或迫被解除對共產黨地區的封鎖，則共產黨的中國不久即將代替重慶。而且不像重慶，共產黨中國將作爲國際合作者（連向其四萬萬五千萬人民）投向蘇聯（二萬萬人民）的懷抱，而不傾向美國（一萬萬三千萬人民）。（完）請勿用。（這句話是原文，意思是說只供參考，不是作爲發表之用。——譯者註）

延安視察團五團員
談國共問題

【本報訊】重慶新聞週報十月六日載有該報專訪五團員之談話。大意是：胡霖返重認爲視察團不外到延安看看當地情形，

通商古道。該古道係由印度北邊的克米什爾，經略喇崛爺山荒原及中亞細亞，越喜馬拉雅山北麓達新疆南部的和闐。古道業於上月開放，首批係戰運美物資。

【本報訊】國民黨費時年餘建築的一條新的交通綫青藏公路，西寧（青海省城）到玉樹（毗連西康）段，已經大體完成，並在雙十節由西北公路局試行通車。該路的建築及沿途情形，在重慶中央日報十月二十日所載西北特派員通訊中，記述甚詳。該路由東北而西南斜貫於青海東部，比西蘭公路還長些，共達八百二十公里，從西寧起經湟源，折而西南行，通過大河壩、哀也京、黃河沿、竹節寺地到達玉樹，全路工程設計按乙等路標準，山嶺區路的最大半徑僅十五尺，路基寬度山嶺六公尺到七公尺半（普通爲七公尺半到九公尺），由於全綫差不多都在空氣稀薄，拔海四千公尺以上的荒寒高原，氣壓低，行車效率必降，所以坡度採用了甲等路的標準，最大坡度不超過百分之七。沿途橋樑共長三百公尺，涵管五百道。沿途僅西寧到共和一段間有耕地及居民，餘皆極目荒涼曠無人烟的高原草地，一切糧食和木料石頭等均須由西寧運去，故其工程比西蘭路尤難。青藏路工程處是於去年六月十四日在西寧成立的，該路在其後七月中即開工。去年冰雪前築成一半，至黃河沿，餘則爲今年冰融後所築。所費人力，除一部分士兵外，大部份是遊牧爲生的番民族，他們被徵的數目近一萬，帶着全家，篷帳及牛羊前去築路，除工頭外，各縣長亦親到督工，由於他們是以放牧打獵爲生的，要他們拿鋤鍬比要歐美人拿筷子還難，他們大多是用手指頭去挖掘的，雖然指頭破了，殷紅的血滲入黑色的泥土。

國民黨稱擊斃敵師團長

【中央社渝廿三日電】據軍委會發表敵廿七師團長竹下義晴，於本年六月末旬，在長沙被我機炸斃後，由落合甚久郎繼任。九月廿八日，落合甚久郎率其隨員及士兵等，由攸縣前往衡陽，途經成功橋附近，又被我某部突擊隊襲擊，將其擊斃，隨員之士兵等十九員亦爲我殲滅，並於落合之屍身上，檢獲該酋及任官任職各一紙，落合私章一顆，軍事郵便儲金私人通帳一本，其軍帽內並繡有『落合』二字。

【中央社韶關廿三日電】敵寇此次沿江西竄，經醴陵縣蜆雨鄉時，鄉人鳴鑼集衆，奮勇殺敵，卒擊斃敵十三名，奪回戰利品甚多，並生擒敵僞特務部長孫福護等三名，敵願以國幣三百萬元機槍六挺贖俘，鄉人拒絕，敵現不敢犯。余長官據報，除傳命嘉獎及飭屬從優給獎外，並予表揚。

度後向政府提出關於加強全國統一團結的建議。他個人以爲『要使談判的距離接近，而使問題得到解決』，雙方都要拿出誠意。他所說快刀斬亂麻的意思，即雙方不應該斤斤於一師二師人的爭執，像買蔬菜似的一兩二兩的討價還價，如把幾個根本問題解決，枝節問題也就沒有了。記者問他中共對民主政治會否提出『標準主張』？答：『民主政治的標準很難說；英國很早實行憲政，也是民主政治，但我在英國時，一位大學教授拉斯基對我說，他不滿意英國這樣的民主政治。對各黨各派合組政府的問題他認爲『黨要有力量，要眞正能代表一部分人民，否則光安插幾個人進去，還是沒有多大意思。再說政府混合組織，以我國情形，就是改組行政院，但我國不是內閣制，行政院的地位很低，算起來已經是第三級，至於部的地位就更低了。如果牽涉到黨治的根本上去，是否再會引起革命就很難說。大公報對於這個主張很淡漠，因爲我們向來不願意把沒有辦法的主張拿出去。』王雲五不肯多發表意見，只說：『這不是宣傳的事情，我沒有什麼意見。我的意見在參政會上，已經發表過了。』冷遹對記者說：『延安視察團的使命很難說，不過也沒有什麼特別，過去參政會曾組織過很多視察團到各地去視察，這次也是一樣。』記者問他對國共問題及政治上的見解，他搖搖頭說：『沒有什麼見解，在目前國共彼此間似乎還有一點距離，但我相信，一個國家內是絕對不會有解決不了的事。環境雖不無困難，但並不是說一切道路都已經斷絕，我們正在盡力找出曲折但是可通的路來走，我們希望大家努力。』傅斯年不願發表意見，希望五國員中有一個發言人，發表消息，大家意見一致。關於行期，則說：『總在最近幾天，不過不去則已，去則多留幾天，看清楚一點。』陶孟和答覆詢問『極坦率』，但再三『愼重聲明』不要發表。對於民主問題，他認爲：走上民主，應從實際着手，保障人民身體，不得任意逮捕，開放言論，檢查應限於軍事祕密，這樣，比頒佈一部好的憲法，要實際有用得多。

陝省府實行疏散

【中央社西安廿二日電】陝省府頃已訂定辦法，各廳處即將實行合署辦公，各機關人員至少將有百分之卅，將予疏散，派赴縣鄉工作。

國民黨重開中印通商古道

【本報訊】據十月廿一日商務日報訊，自滇緬路阻塞後，國民黨當局力向西北開闢新的國際交通綫，除現有的甘新公路通蘇聯外，並改善中印

敵稱桂林攻陷後國民黨將校廿一人投降

【同盟社桂林廿三日電】在此次桂林攻略戰中，投降我軍的敵軍幹部，僅將校幹部即達二十一名之多。這些投降將校中主要的是：第四十六軍第一百七十師副師長巢威，第三十一軍第一百三十一師副師長羅安，第一百三十一師作戰參謀主任蕭蔚天上校，第一百三十一師所屬團長賴衛上校等高級幹部七名。

納爾遜訪俞鴻鈞

【中央社渝廿日電】羅斯福總統私人代表納爾遜，廿三日下午訪晤財政部俞部長鴻鈞，商討戰時生產及有關財政諸問題，歷一小時半辭去。

【中央社渝廿三日電】綦江鐵路，已完成路基四〇公里，爲全數里程之半。如進行順利，可於明春敷軌後通車。

【中央社渝廿三日電】監察院副院長劉尚清，前赴美就醫，最近曾有電致該院謂，在美醫治經過情形良好，惟尚須稍作修養，短期內不克返國。

【中央社渝廿三日電】國家總動員會議，爲加強西北各省動員業務之聯系，日前已派該會議副祕書長端木愷，飛抵蘭州，轉赴西北各地視察。

【中央社渝廿三日電】中國國聯同志會年會，廿三日下午假中央圖書館舉行。到該會正副會長朱家驊、王世杰及會員三百人，由朱家驊主席，首先討論修改會章，議決由理事會辦理。次改選理監事，結果選出于斌、王正廷、王世杰、朱家驊、李惟果、杭立武、周鯁生、周炳琳、胡適、胡世澤、梁敬錞、陳立夫、郭泰祺、張君勱、傅斯年、張忠紱、彭學沛、程天放、張道藩、郭斌佳、董顯光、楊公達、劉額×、樓兌來、樓桐蓀、蔣廷黻、錢端升、蔣復驄、羅家倫、顧維鈞、顧毓琇卅一人爲理事，王寵惠、孫科、張伯苓、宋子文、邵力子、顧孟餘、蔣夢麟、吳鐵城、胡霖等九人爲監事。

國民黨在湖南各縣設抗敵自衛隊

【中央社宜章廿三日電】戰區當局爲加強湘省自衛能力，組織全省國民抗敵自衛隊，凡居戰區之各縣縣政府，即籌設抗衛隊司令部，由縣長兼司令。每鄉編組一中隊，以十縣四大隊之自衛武力，成立區指揮部，全省現成立七區，以機動使用，協力作戰，保衛地方，打擊敵寇爲最大任務。

【中央社成都廿三日電】蓉九大學當局聯席會議，二十二日決議，對現行大學教育，向政府建議三點：（一）將四年課程於三年內授完，每學年分三學

期，不必要課程一律停止。（二）學生修畢三年課程後，依其性別及身心健康情形，分別編入：（甲）男生入伍，（乙）男生政工建設。及（丙）女生看護文書三組。（三）將目前之大學課程，自三年級起一律改為抗建教育，合格男生全行入伍，合格女生受看護或文書訓練，不合格者男受政工建設訓練，女受社會福利訓練，均以兩年為期，期滿作為大學畢業。九大學當局現為適應需要，擬即取消不必要課程，而代以抗戰有關之科目，並擬興辦九大學戰時員生服務團。

同盟社誇大九州空戰戰果
共擊毀B二九式機六十三架

【同盟社東京廿二日電】美空軍第廿航空部隊B二九式機，廿一日來襲九州西部，當即被我戰鬥機迎擊，獲得莫大戰果。繼廿一日下午的大本營發表與廿二日正午的追加發表，戰果如下：在九州上空的迎擊戰果：擊落十五架，擊毀（未證實）十一架，擊傷敵機七架，中彈十七架。在中國大陸的追擊戰果：擊落三架，擊落未證實者一架，擊傷敵機九架，共計擊落十八架，擊落未證實者十二架，擊傷三十三架。即是說，總計毀落敵機六十三架，飛返成都基地的，只有十餘架。敵機損失率的高，建立了空戰的世界新紀錄。表示在帝國制空陣的面前，美國憑藉物量的戰略轟炸，已全面地陷入××狀態。

【同盟社東京廿二日電】大本營發表（十一月二十二日十二時）：（一）中國方面的我航空部隊，於十一月二十一日，在安徽與河南兩省上空，捕捉來襲九州西部的敵機三十架，擊落敵機四架（內未證實者一架），九架受創，我機二架迄今尚未飛返。（二）十一月二十一日，在九州上空迎擊B29式機的戰果中追加如下：擊落一架，命中十七架。

【同盟社東京廿一日電】襲擊九州西部的B29式機，據統計在九州上空及中國大陸，擊落三十架，擊毀三十三架，現在集結在成都的不過十數架。由此自六月十六日第一次襲九州以來，集結在成都的B29式機，已損失一百廿架。如就乘員而論，一架以十五人計，擊落六十五架，則為九百七十五人，加上因被擊毀而損失的乘員，則為一千五百人。B29式機為特種長距離轟炸機，駕駛員與通訊員均為美國第一流的人物，今損失如此之多，實一重大損失。

後歷任部隊長，關東軍幕僚，參謀本部長，陸軍大學校長，兵團長等職，本年三月任西部軍司令。橫山西部軍司令官：東京人，陸軍大學畢業後，歷任參謀部員，部隊長，兵團幕僚，企劃院部長，兵團長，此次中國作戰，任華中方面軍最高司令官。吉岡工兵長官：仙台人，歷任部隊長，工兵學校教官，工兵學校長，部隊長等職，嗣後復任工兵學校長，直至現在。

偽江蘇省人事任命

【同盟社南京廿一日電】行政院會議，決定如下：江蘇省省長任援道兼該省保安司令、高鶴鄉任江蘇清鄉事務局長，關×斌任淮海財政廳長，方×如任建廳長，張江財任教育廳長，周毓英任上海特別市社會福利局長。

【同盟社東京廿二日電】陸軍施政長官遠藤三郎任陸軍施政長官，陸軍施政長官伊丹政吉，依願免本職。

蘇國防人民委員部
伏羅希洛夫辭職

【海通社柏林廿二日電】倫敦訊：路透社星期三自莫斯科報導，蘇聯國防委員會內部的巨大變更：一九三五年以來即是國防委員會委員及一九四〇年至一九四一年為國防委員會主席的伏羅希洛夫元帥已辭職，其職位由數日前被任命為代理國防人民委員長的尼哥萊．布爾加寧所代替。伏羅希洛夫辭職原因未悉。

【海通社伯爾尼廿二日電】據瑞士通訊社稱：羅馬官方宣佈，蘇聯政府已同意意駐蘇公使瓜羅尼擢陞為大使。羅馬指出：此決定係於英外交部宣佈不同意波諾米政府駐倫敦代表被陞為大使銜二十四小時之後。

英共執委名單

【海通社柏林廿三日電】倫敦訊：新近選出的英國共產黨執行委員會成分如下：主席為下院議員．W加拉赫，副主席為R．P．杜特，書記哈利．波立特。新近指定的政治委員會委員為：特儒，布拉姆萊，愛彌兒．布姆斯，J．R．坎培爾，瑗恩．高倫，彼得．克里干及威廉．魯斯特。

南保建立聯盟
意國困境嚴重

【海通社柏林廿二日電】紐約訊：合衆社宣稱自有資格人士方面獲悉：在貝爾格萊德舉行的討論，產生了保南聯盟。關於此問題

美金一元換法幣六百元

【同盟社里斯本十九日電】據重慶來電，過去十個月美金對法幣的黑市價格維持了一與二百元的比率，而二星期以前就開始跌落。隨着柳州的失守，就開始暴跌。由美金一元兌換二百五十元變爲美金一元換法幣三百元。過去五日急遽地跌價，終於跌到美金一元換法幣六百元。

敵機襲遂川、贛州、老河口

【同盟社大陸基地二十三日電】我在華轟炸機隊，於二十一日夜，飛襲遂川、贛州兩飛機場，冒着敵人的對空砲火，予以果敢的轟炸，在遂川共燃燒大型機一架，小型機二架，機種未明一架，擊傷大型機一架，小型機四架，機種未明四架，共計十三架。在贛州燃燒三處（其中有一處有飛機三架），另一隊則於同夜急襲老河口飛機場，但因大霧瀰漫，不能確認戰果，我各個攻擊隊都無損失，全機從容飛返。

敵報道B29式機空襲上海

【同盟社上海廿二日電】B29式美機，於二十一日晨，企圖轟炸西九州地區，但爲惡劣天候所阻，其中數架飛機不敢轟炸日本，七零八落自途中侵入上海地區。但遭我制空部隊的迎擊。敵機於投擲炸彈後，逃往內地。於此，上海陸軍報導部於二十一日下午二時，發表共同聲明稱：在華美空軍B29式機數架於今晨八時左右，侵入上海地區，自高空向該市郊外投擲炸彈，僅中國民房遭受損失。其他地方俱無巨大損失，由於我制空部隊的活躍，敵機自下午二時左右，已向西方逃竄。

敵稱美艦隊砲擊千島羣島

【同盟社北平基地廿三日電】廿二日夕刻，有若干敵艦，襲擊北千島松輪島方面，向海岸砲擊達廿分鐘，我軍乃立即還擊，旋被擊退，我方損失輕微。

敵陸軍調動人員略歷

【同盟社東京二十二日電】畑教育總監：陸軍大學畢業後，任參謀本部員，駐德國，爾後歷任參謀部長，參謀本部長，兵團長，航空本部長，台灣軍司令官，軍事參議官，教育總監，侍從武官長，陸相等職。昭和十六年二月，任中國派遣軍總司令，本年二月升任元帥。岡村中國派遣軍總司令官：東京府人，陸軍大學畢業後，歷任參謀本部員，部隊長，參謀本部科長，上海派遣軍幕僚，關東軍幕僚，參謀本部長，兵團長，軍事參議官等職，昭和十六年七月任華北方面軍陸軍最高指揮官，本年九月任駐中華南軍最高司令官。下村華中軍最高指揮官：高知縣人，陸軍大學畢業後，任參謀部員駐法國，爾

，貝爾格萊德通訊社記者宣稱：這種聯盟的計劃如下：在經常接觸中要達到貨幣與關稅聯盟，商工業的配合與外交政策的配合。據鐵托對報界代表的聲稱，南斯拉夫將包括六個聯邦國家，即：斯洛伐克、斯洛伐尼亞、馬其頓、赫塞哥維那、波斯尼亞及門的內哥維（缺一個）。這些聯邦國家各自有其政府。南斯拉夫的新憲法應由國民會議來擬定。

【海通社巴塞爾廿二日電】『巴塞爾晚報』特派記者星期二日報導：意大利盟軍佔領的廣大地區的生活狀況繼續極端困難。僅在因爭奪意京而被荒蕪的羅馬城南附近地帶，即有三十餘萬人陷於飢寒交迫中。羅馬城內的糧食狀況仍然困難。

英報不滿民航會議

埋怨蘇聯拒絕參加

責難英國對美妥協

【路透社倫敦廿二日電】每日先驅報稱：在芝加哥召開的國際民航會議『可能足以強調各主要國家的政府未能認識他們的責任和隨機應變。會議表明，美國的代表力爭美國在民航中的「統治權」，蘇聯冷淡的站在一邊，英國則起着可憐的調和作用，企圖使各國同意有很多缺陷的國際合作計劃，此計劃即使被接受，亦無一處滿足了實際需要』。該報警告英國稱：『現在是它看見芝加哥不幸地閃耀出來的紅燈（危險的信號）的時候了，該報稱，會議未能抓緊人類和平賴其勝利解決的問題。該報於批評蘇聯不參加會議的決定時稱：『民航問題是個迫切的問題。蘇聯在會議上的堅強領導——蘇聯要求民航應不受私人企業的操縱並超脫國家主義的競爭——將在事實上更爲增加西班牙與葡萄牙被壓迫工人對蘇聯的尊敬，並加強他們獲得權力的決心，從而使他們在現正形成的新世界中起其充分的民主作用。但是蘇聯却遠遠地站在一邊』。據每日先驅報稱，會議的教訓是很明顯的。『還就是英國今後必須以原則的擁護者參加國際會談而不是作爲妥協的發起人。英國的政策這次又是感情的，企圖兼顧現在與將來的福利——放棄領導以贊成便宜處理。英國在爭取和平中起其應有的作用或取得各國的尊敬是不能用這個方法的』。每日電訊報指出，『我們正處於絕對集中於軍用飛機及民用航空事計劃的重新發展之間的過渡時期，芝加哥討論是探討的與臨時的性質，其計劃草案必須認爲是暫時的處理。安全是最高的需要。世界民用航空經一致同意與廣泛計劃的發展對於人類安全將有極大的貢獻。在爭論與敵視航空競爭中浪費精力，將不能求得和平，芝加哥會議有使前途陷於混亂的危險。此使再行召開國際會議而不加拖延，變成緊急的任務。』

參考消息

（只供參考）

第七〇八號

解放日報
新華社　編

今日出一大張

卅三年十一月廿五日

星期六

南寧、賓陽、河池淪陷

【同盟社廣西前綫廿四日電】敵第四戰區司令長官張發奎，不斷敗退，和湖南敗退的薛岳逃入宜山西方約一百公里的河池，在該方面集結第十六集團軍以下各部隊，阻止進攻山岳地帶的要衝，我快速部隊於廿日下午佔領懷遠鎮，廿二日西進佔領德勝，廿三日晨佔領思恩，另一部隊突破黔桂鐵路左側的山岳地帶，廿一日下午二時佔領敵兵站基地金城江，切斷敵軍退路，並繳獲滿載軍需品的車輛一百卅輛及龐大的軍需品。另一部隊進迫河池，目下正在該地周圍激戰中。

【同盟社廣西前綫二十四日電】報導班員發，柳州佔領後，我精銳部隊繼續沿黔桂公路追擊敵人，二十二日上午七時在河池南方四十公里的地點，急襲第十六集團軍司令部，另一有力部隊於二十三日佔領第四戰區司令長官張發奎的所在地——河池。又廿日佔領天河的我部隊，更於二十二日十二時，佔領天河西方五公里的招峒，向敵第九十三軍的主力展開殲滅戰。

【同盟社太原基地二十三日電】包報導班員（同盟）發，廣西正面的敵軍，現在因我軍的直追，沿黔桂鐵路向貴州方面逃竄。據我偵察機二十一日的偵察，在該鐵道及沿鐵路的公路上，堆積着許多的列車和汽車。金城江附近（宜山西北八十公里）有一處着火燃燒，該地西北約十公里的六墟附近，敵人有許多汽油不能運走，為了避免落入我手，遂行焚燒。

【同盟社廣西前綫二十四日電】二十四日拂曉，在南寧東北方三唐附近活動的我軍，當日上午九時突入南寧市街，另一部殺至市外西郊的飛機場，作為重慶在廣西省的軍事據點，又是中國西南部美軍最後基地的南寧，已完全被我軍佔領。

【同盟社華南前綫基地二十四日電】我華南精銳部隊，於十九日開始行動

如何。魏氏答稱，越南方面敵軍僅為一個潛在力，而非即刻之威脅。魏氏表示，敵軍向××河走廊到達廣大作戰區域，但其必將遭受陳納德將軍空軍之嚴重打擊。某記者問，××××戰時生產局有具體合作之計劃否，魏氏答稱，軍事必須與經濟合作，××××加强生產力，與目前軍事形勢影響甚微。某記者詢問以B二九轟炸日本，在火力人力方面，有否××。魏氏答稱，將來可自另一方面集中轟炸日本。某記者詢以大陸上作戰是否×××日本之最重要步驟。魏氏稱，越島進攻戰，總不足使日本完全潰敗，吾人在大陸上業已獲得擊潰日本之把握。某記者詢以美軍用於中國戰××事會否加以記×，魏氏答稱，目前盟軍之勝利攻擊，已使日軍受擺及其戰略上遭受重大困難，余正在計劃使用種種物資及自各方面打擊日軍。某記者詢以盟軍在華登陸時，是否將由魏將軍統一指揮，魏氏稱是。

美英報紙評魏特梅耶聲明

【合衆社紐約廿四日電】時報社論稱：「五日前，魏特梅耶少將宣佈，關於中國軍隊的部署他已提出一『簡單而且我希望是正確的』計劃，以迎接並擊敗日軍的萬一進攻，並將他們逐出大陸。現在他又宣佈『計劃已被接受。這在迅速上說是很可稱讚的。與中國統帥部最近的改組聯系起來看，令人不禁發生此種希望，即中國在反對共同敵人的戰爭中將重新担任重要的作用。對於魏特梅耶的計劃是否是正確的及陳誠是否是更能幹將領的判斷，必須等待今後事實的證明。但是，由史迪威召回及高斯辭職而引起的一場大風波，至少似乎撤動了所謂重慶官方的××對日戰爭尚未獲勝。但裝備與供應更為改進的（今後數月內即將如此）中國軍隊底復活的戰鬥，將有助於使戰爭較我們現在所能預見者，更早地勝利結束。」

【路透社倫敦廿四日電】重要地方報紙之一北明翰郵報，今日於社論中歡迎魏特梅耶將軍的聲明，稱之為今後遠東戰爭的××象徵。××社論「中國的好消息」稱，倫敦人士認為魏特梅耶的聲明，為蔣介石主席最近完成的中國政府改組的第一個××。泰晤士報稱，關於更密切配合抗日戰爭所急需之中國及盟國資源的步驟業已採行。北明翰郵報於××××中，指出魏特梅耶聲明中非常重要的一點，即是立即整頓中國軍隊以應付緊急的威脅。北明翰郵報於指出日本在中國的進展，定將減輕盟國在太平洋其他地方勝利的意義後稱：日本的大舉××正在中國發展中，現在的××問題是××中國的人力以××日本在中國內地的推進。倫敦泰晤士報稱，魏特梅耶的結論謂逐島進

，目標是在佔領中國西南部美空軍的最後據點南寧，僅在三日間猛進了八十公里，二十一日十二時三十分，突入南寧東北方七十公里的要鎮賓陽。賓陽是保衛南寧的最大據點，它的陷落使敵人保衛西南成為不可能。又賓陽曾於昭和十五年十一月一度被皇軍佔領。

【同盟社華南前線二十四日電】我華南軍精銳部隊自柳州桂林切斷敵人的退路，進抵忻城附近，並把銳鋒轉向西南，向南寧開始進擊。我軍主力於二十二日已進抵青水江一線，又先遣隊於二十三日正午，於攻克賓陽西北三十公里處的上林縣城後，進抵突破大明山峻險的武鳴平原，又我有力部隊自賓縣東南前進，二十一日衝入賓陽，各部隊接踵而來，向着南寧前進。

國民黨軍委會一週戰況

【中央社重慶廿四日電】據軍委會發表十一月十八日至廿四日一週戰況稱，敵自侵據桂柳後，而太平洋上一再挫敗，美澳軍菲島登陸，敵海上交通線之危殆，仍無挽救方法。本週來，廣西戰況無何變化，敵僅以少數部隊在懷遠以北及西南地區作擾亂性之小戰鬥而已。湘省方面，由重慶以西楓林舖犯岩口舖，及由石馬江犯灘頭等敵，均經我分別擊潰，並於追擊敗敵中，斬獲頗多，滇西我先後攻克芒市及三台山後，已進至遮放西北八里之據點。緬北我駐印軍攻入八莫，此均為敵寇重要之軍略據點，我環形兩路大會師之期，日益接近，而於緬路交通線之闢道，當更為有利。

魏特梅耶在渝發表談話

【中央社渝廿三日電】魏特梅耶將軍，二十三日上午十時半招待中外記者。某記者問：畑俊六調為教育總監及岡村寧次繼任為中國派遣軍總司令的觀感。魏氏答稱，此種更動，在日軍戰略戰術上並無何影響，不過人事洗刷，希望作戰力加强而已。岡村寧次素稱為中國通，『特別對於華北情形尤為熟悉。』魏氏繼稱，畑俊六為一能幹軍官，其被召回，目的欲在維持內部情形。某記者詢以魏將軍對中國軍隊重行佈置打擊敵人之建議如何，魏氏答謂，原則上業承蔣委員長採納，一切正在計劃中。某記者詢以曾否與陳誠部長會談，陳氏新職對於盟軍軍事影響如何。魏氏答謂，余曾與陳部長兩度會談，結果極佳。陳氏為英勇有為之將官，肩任重要軍職，而與盟軍合作，對於將來勝利之貢獻必大。某記者問，日軍在廣西方面進展情形如何，魏氏答稱，日軍在過去一週內，並無何進展，並且敵軍亦無集中繼續西犯模樣。魏氏加以說明謂，敵軍全部攻勢，發展至相當程度，就要加以整理，及維護[illegible]

攻政策本身不足以擊敗日本一節，必為中國人所特別歡迎。繼稱，關於聯合國必須在中國獲得立足點的承認，（缺）北明翰郵報稱，盟國逐島進攻的勝利雖然是輝煌的，但是仍然不够。（缺一段）兩報紙共同强調的另一點是希望中國政府與共產黨軍隊更親密合作。泰晤士報稱，『這對於集中中國及共盟國的一切資源是必要的。一般咸認，重慶與延安間的行動協定不久即將保證調整中國一切資源，以反對共同的敵人』。北明翰郵報稱，『中國的軍事努力相當高度的依賴於中國的政治團結，而且這是公開的秘密，即中國最近有些不團結，而鑒於中國過去的犧牲及目前的窮困，這是不足為奇的。蔣委員長本人這樣害怕共產黨以致保持兵力以注視他們（此等兵力可有用地用在他處）一點，可能是真的，可能不是真的。整個說來，證據否決了上面的觀點。最近中國大後方對於國民黨右翼所操縱的×××傾向，表示不滿（不管對與否）』。因此，北明翰郵報說，魏特梅耶聲明發表於中國政府最近改組之際，殊為重要。整個說來，政府之改組應有助於中國內部團結的加强並改進與西方盟國的關係。

國民黨要西安市民『宣誓』

【中央社西安廿四日電】西安市公民宣誓登記，經籌備就緒，今開始分區依次舉行。

【中央社成都廿四日電】川臨參會四次大會，定十二月一日開幕，會期兩週，廿九日起開始報到。此次會議中心，聞以明年度省預算、糧政、役政及經濟建設等問題為主。

【中央社重慶廿四日電】戰時生產局，廿四日約集有關機關開會，於各機關所需急要器材之生產供應問題，曾加以縝密之研討。聞該局目前第一步工作，在於建立優先制度，一切生產將視其對戰爭關係之深淺，定其緩急先後。至於實施方面，則仍由原有機關負責執行。關於外傳經濟部工礦調整處歸併該局一節，據聞並無其事。又該局運輸處長人選，已決定由王炳南充任，秘書處長吳景超，刻尚留美，職務暫由吳兆洪代理。

【本報訊】十月廿八日華西日報『西康鱗爪』中謂：『陸軍二十四軍八一二、八一五、八一六各團奉命修築康青公路。官兵晝夜趕修，業已完竣。』

國民黨完全控制援華捐款

【中央社重慶廿三日電】戰時國際團體及個人常捐贈[illegible]

收監理委員會，由行政院、外交、內政、軍政、社會、財政、交通、農林、經濟、教育、審計等部及衛生署、軍委會、新運總會、中國紅十字總會各有關機關代表組成。廿三日上午，舉行第一次委員會，商討工作進行。

成都川康綏署決定
嚴禁非法逮捕

「本報訊」成都川康綏靖公署，以自所謂保障人身自由以來，該市「尚發現非法逮捕情事」，於十月十八日公佈了如下的決定：『嚴禁非法逮捕。今後無論任何機關捕人或施行檢查，均須依據合法手續，並必須會同鄉保甲人員辦理，否則一經查獲，決予嚴懲不貸。』同時『嚴禁各級學生攜帶手槍，不遵者拿獲嚴辦。』（該日華西日報）華西日報於評論這一決定時，說道：政府當局所謂保障人身自由，『自令保障，自行破壞，誤國罔民，莫此為甚！』

同盟社傳
西北少數民族反對重慶的壓迫

「同盟社北京廿三日電」重慶政權，在軍政兩方面對西北進行中央化工作，如對甘肅省主席谷正倫，新疆省主席吳忠信進行政治工作以及朱紹良部進駐迪化等。此間獲得情報說明，西北少數民族對重慶強壓的政策表示反感，重慶開發西北，就要根據八中全會的決議，尊重西北少數民族的自主性，警戒民族感情的離反，此次日軍進攻中國西南以來，更依靠西北，因此採取融和的政策，但是這種中央化工作還不能令人滿足。前新疆主席盛世才的更迭，是為了剝奪新疆省半獨立的特殊性，但是西北五省以回族為中心的各民族認為重慶進出於西北五省直接地使他們受到生活的壓迫，間接地害怕漢族奴役少數民族，加之延安政權（它妨礙重慶在西北進行中央化工作）進行巧妙的宣傳煽動工作，所以他們反蔣反漢的空氣更加濃厚，特別是新疆邊境的纏回族進行示威行動，反對漢族的支配。

中國新聞學會發表聲明
響應新聞自由運動

「中央社渝廿一日電」中國新聞學會第三屆年會，為響應新聞自由運動，經於廿日大會決議發表聲明稱：值茲自由戰爭將獲全勝，世界和平亟待重建之時，我盟邦美國本其自由平等進取之精神，起而作新聞自由之倡導，謀以國際協定，打破一切不合理之限制、壟斷與歧視，求取新聞來源之開放，電訊交通之通暢，新聞壁壘之撤除，以實現採訪自由，傳遞自由，接受及發展自由之三大要求，本會聆悉此訊，深佩遠見，當經全體會員之一致決議，鄭重聲明，對上述新聞自由之原則，完全贊同，並贊成以國際協定保證其實施。蓋本會堅信惟有達到新聞

分居民。據悉，該法案是在比埃洛發表下列談話後通過的，比埃洛着重指出，儘管與抵抗運動及支持該運動的激進黨發生衝突後可能發生何結果，但政府不擬辭職。

戈培爾說德國失敗
是不可理解的（？）

「海通社柏林廿三日電」戈培爾於其「帝國週刊」上，論及「完成日常職責」問題時問道：「我們德國人對戰爭怎麼想的？如果力言當此大戰的第六年頭，任何人還能在戰爭中享受快樂的話，那是愚蠢的。戰爭吞噬了太多人類的生命，而且德國人從未認為戰爭是值得喜愛的。」「我們在此次戰爭的第六年中，久已放棄此種思想，我們隨着事變而波動的情緒是戰爭的決定因素。」戈培爾於答覆德國人對戰爭如何看法的問題時稱：「不管我們的心情是沉重的或是輕鬆的，我們要盡我們的責任」。「我們在任何情況下均有向祖國盡此職責的義務。如果戰爭中的打擊能頹喪我們精神的話，那麼它或許早就發生了」。戈培爾宣稱，德國人以不怕苦主義保衛他們自己，即使個別人遭受悲慘的個人厄運，但他決不放棄完成自己的日常的職責，並以很高的情緒來執行戰鬥的命令。只有硬骨頭的德國人民才能忍受它。如果德國人民的犧牲，最後不能獲得勝利，那麼不僅是對德國人而且對整個文明世界都是完全不可理解的。歷史是不能這樣不公平的。

中央社倫敦電報導
德國明年二月可望崩潰

「中央社倫敦廿三日電」英首長邱吉爾最近雖曾以審慎之態度預測歐戰將延至明夏方可結束，但現有種種跡象，表示德國似有於明年二月崩潰之可能。此係僑居倫敦深諳德國內幕了反納粹德國人士今日告中央社記者。據云德國刻正遭遇納粹黨秉政以來最大之軍事及政治危機，德國領袖感到今日最嚴重之危機，一則為後備力之缺乏，一則為國內之不穩定。但目前殊難斷定軍事崩潰先於政治之分裂，抑或後者先於前者。然上週兩項危險業已影響德國之民氣，在盟方此次以空軍之兵力沿荷蘭至瑞士邊境之五百哩前綫發動冬季攻勢以前，記者曾聞德軍在西綫之防禦力量共計五十六師，其中幾乎不能作戰者凡廿師，且因盟統帥部使德方統帥部未能斷定盟軍在此漫長之戰綫上究竟擬於何處使用大量之裝甲部隊，以突破德方之戰綫，故德方後備兵之質與量將為決定之因素。據此間親盟國之德國人士稱，希姆萊雖極力誇稱德國國民軍之素有準備，然其實力實屬微末。柏林方面訊，德國國民軍之實力約計四百萬，惟據此間所獲情報，德國國民軍並無充分之武器，當其訓練之際輪流使用彼有限之

採訪之完全自由，始足以保證新聞本身之正確性。惟有達到新聞傳遞之完全自由，始足以加强新聞流通之速率。惟有達到接受與發表之完全自由，始足以促進國際間之瞭解，防止自私者及野心家之偏見欺騙，以及其他之虛僞宣傳。凡此一切，因爲消弭戰禍於無形，維持和平於久遠之所必需者。惟欲求世界新聞之真正自由，須先謀各同業新聞者之真正健全，與夫各國新聞界彼此間之真誠諒解合作與互助。而彼此間並應有共相互諮商，相互砥礪，相互監督之機會。爲達成此要求，本會主張由首倡新聞自由運動者之美國，於可能之最近期間，召開一世界性之新聞會議，制定一新聞自由憲章，共矢信守，並由此會議產生一常設之世界新聞機構，俾對未來一切可能發生之問題，作經常最善之處理。並推廣此項運動於全球，達到永保和平之目的。

敵寇證實 天津附近我軍積極保衛秋收

【同盟社天津廿二日電】我軍反復討伐在津渤地區保衛秋收的延安系軍隊，獲得赫赫戰果。現在仍在作戰中，目下津渤地區敵匪寥寥無幾。

海通社傳 伏羅希洛夫赴遠東

【海通社柏林廿三日電】威廉街發言人今日以某種保留提起對斯大林元帥××××××的斷言的注意。發言人認爲：如果斯大林把伏羅希洛夫那樣重要人物派到遠東的話，則該處必將有重要的發展。關於伏羅希洛夫的調動是否也許有意作爲斯大林在其最近一次演說中提到日本的話的一個註解的問題，發言人給了否定的回答。威廉街稱，伏羅希洛夫出現於遠東一事，似與蘇聯與重慶中國之間的關係有關，而無關於蘇日關係。關於此點，發言人注意到近來美國報界討論中國問題時持保留態度。據威廉街方面的意見，重慶中國似將實施新的方針，此點不久或將在美國報界反映。

巴黎羣衆大會 抗議比政府措施

【海通社柏林廿三日電】巴黎訊：「布魯塞爾的方法」爲法國共產黨所組織的二萬五千人巴黎羣衆大會所斥責。共產黨機關報『人道報』於評論時稱：「布魯塞爾的方法妨礙人民與政府間精神上與政治上的團結，有害於國家的真正獨立自主。」

【海通社布魯塞爾廿三日電】比下院已同意比埃洛政府的要求，予國防部以特別權力。因此，今後一切示威遊行需政府的特別允許，新聞及郵件檢查亦更加嚴格，至於軍事行動，只要認爲需要時，政府有權[illegible]部

武器。推原其故，蓋以納粹缺乏信心，不敢遽以槍械付予彼忠實性尚屬可疑之份子。據此類德國人士稱：現德國唯一真正有效之後備兵力，厥爲新編之裝甲集團軍，其中包括十二至十五師之軍隊，此係由布萊克將軍所指揮者，僉信目前發動冬季攻勢之盟軍中，任何一軍之實力均足以構成一重大之威脅，故德國西牆之命運將視布萊克如×××其判斷力與能力在適當之時地使用後備兵力時，將有一事或可造成德國之惡運者，乃希特勒自七月以後即銷寂無聲，故納粹黨復至感不安。此間反納粹之德國人士不信外間所傳希特勒已逃出德國之說。據云希特勒確係重病，病狀乃喉部腫瘍或腦部癰腫症，德國最著名之腦部外科醫生賀斯特尼維也納之喉科專家杜克之所以奉召會診，即可證明希特勒原患喉病，嗣乃影響腦部，此種病疾頗有致命之虞，縱不致命，希特勒之工作能力亦將大受妨礙，而希姆萊可能在作戰期間成爲納粹黨真正之領袖。德國多數人民原似信任希特勒，今則希特勒之勢力漸形衰退，起握政權納粹爲××恐怖之工具。一旦軍事形勢惡化，希姆萊對於人民喪失控制力量以後，則整個政權必將崩潰矣。

美首腦部 强調太平洋作戰困難

【同盟社里斯本二十日電】紐約來電，當募集第六屆戰時公債時，美國政府首腦部一致勸員，極力提高美國國民的戰鬥意識，他們用太平洋戰爭的困難來刺激美國國民。如聯合艦隊司令金氏說：現在的戰局概括的說，較去年的情形較爲順暢，歐洲戰爭即使結束，太平洋作戰仍然是一困難的長期戰。美軍隨着作戰速度的增加，軍需生產上發生了新的問題。例如攻擊用的船舶及運輸船的建造不能及時完成，魯凱特砲既感不够，海岸設備的彈藥亦感不足。此種彈藥在明年將比現在需要多加百分之五十。此種不足如不能解決，則太平洋美軍的作戰計劃，將不得不遲延。海兵隊司令官萬特格里夫說：美軍已逐漸接近日本本土，因而與日本的陸上作戰亦形迫近，這一陸上的戰鬥將更困難。繼歐洲戰爭之後，太平洋上的供應綫極爲困難，例如在太平洋運輸需用的費用，較歐洲戰場備估四分之一。另一方面，在這個戰區作戰的機動部隊，其運輸綫較歐洲戰區長一倍。太平洋作戰較歐洲登陸作戰需要更多的水陸兩用坦克，航空母艦、補給用船舶、石油、汽油等。

參考消息
（只供參考）
第七〇九號
解放日報 新華社 編
今日出一大張
卅三年十一月廿六日
星期日

敵向南丹進犯 距黔境五十公里

【同盟社廣西前綫二十五日電】我精銳部隊沿黔桂鐵路，將第四戰區的敗殘主力向廣西省西方驅逐，與佔領懷遠、河池。二十五日晨進抵距南丹二十公里之綫，現仍繼續進行激烈戰鬥。先遣部隊已進抵距貴州省境五十公里的地點活動。另一有力部隊，於二十三日晨，在思恩東北及西北山嶽地帶（思恩已爲我佔領），與敵人展開激戰，我軍士氣極爲健旺，突破貴州省境已迫在目前。

【同盟社廣西前綫二十五日電】中尾、横山報導班員發，二十三日佔領河池的我快速部隊一部，繼續在河池西北方三公里隘路處，與企圖進行抵抗的敵人交戰，擊潰第九十七軍及第一百六十六師。二十四日上午八時，進抵河池西方二十公里的八儞墟活動。又另一部隊，二十三日正午以來，在南丹南方十五公里山險處建立堅固陣地，與敵人第七十六軍及第一百九十六師遭遇，激戰先後三日，如此敵人的頑強抵抗陣地，已暴露於我軍正面。貴州省的這一危機使重慶中央部更加苦惱。第七十六軍、第九十六師，是胡宗南指揮下的最精銳部隊，在貴州省西北直接保衛重慶。

【同盟社河池廿四日電】廿三日，我快速部隊完全佔領河池，敵集中殘部向我挑戰。但是敵第四戰區司令長官張發奎終於放棄河池，逃往貴州方面。敵在城內遺棄汽車、重機槍、子彈及其他軍需器材頗多。這說明敵人是多麼狼狽。據俘虜說，重慶軍事委員會參謀總長何應欽曾來該地督戰。

敵在西南獲得制空權 揚言即將擊滅美空軍

【同盟社大陸基地二十四日電】由於桂林、柳州兩飛機場的失陷與南寧飛機場的放棄，使美國第十四航空部隊的基地佈陣不得不全面地後退。但上述三個飛機場落於我手，可發

。由此威脅產生之危險，亦可因此消除。魏特梅耶將軍明白說明聯合國家之於目前戰局中所將負担之任務，實可代表遠東戰局之轉捩點。北明翰郵報認魏特梅耶將軍聲明中有一緊迫重要性之點，此即重整中國軍隊應付迫切之日軍進攻威脅。日軍在中國之勝利，自即將影響盟軍於太平洋其他戰區之勝利。但日軍大量的部隊，既被牽制於中國大陸，目前之緊急問題，乃利用中國人力制止日軍於中國境內之進展，此乃兩報對魏特梅耶將軍聲明之不同觀點。但意見亦有相同之處，而爲兩報所特別強調者。兩報對魏特梅耶將軍所作聯合國家必須在中國建立陣地之聲明，均表歡迎。泰晤士報稱：魏特梅耶將軍所謂越島進攻不足擊敗日本，中國方面對之當尤感滿意。北明翰郵報稱，盟方越島攻勢成績雖屬輝煌，但仍感不足。魏特梅耶將軍最近所作聯合國家必須在中國建立陣地之聲明，乃聯合國家對華直接援助之諾言。因此中國乃能繼續作戰到底也。

重慶街頭張貼號外 僞稱美軍在福建登陸

【合衆社重慶廿四日電】警察總局正忙於偵查星期三重慶街衢大路所張貼的「號外」之來源，該「號外」宣告美軍已在福建及浙江沿岸登陸。一般懷疑係投機商人張貼這些「號外」，以便以低利買進囤積的貨物並使美聯合金券獲利，但此種「號外」在重慶引起很大的波瀾。

柏林評蘇南會談

【海通社柏林廿四日電】柏林方面認爲：規定鐵托正式掌管南斯拉夫政府因而蘇巴西區只起協政作用的蘇南協定並沒有和其他盟國討論。威廉街發言人稱：倫敦的消息表明，南國形勢發展使英國爲之驚異。威廉街方面指出，有意義的是：倫敦的南斯拉夫流亡政府的職能，將與抵抗運動的職能混合起來。因而鐵托不僅將控制國內政治機構，且將控制南斯拉夫流亡政府外交事宜以及黃金的貯藏。發言人認爲斯大林已有了儘管是小然而是新的工具，供其使用，因爲鐵托顯然不外是遵從莫斯科的命令而已。

【海通社布達佩斯廿五日電】據自由南斯拉夫無綫電台公佈：鐵托以哀的美敦書方式要求英國政府於十二月十五日，將原爲南斯拉夫船舶保險公司的四隻郵船交南解委會使用。（前此這四隻郵船是由盟國護航隊使用）。這些船隻合計二萬噸。

擊滅美空軍的機能，因此敵每個後方基地，都將屈服於我軍壓力下。現在將自以上三個基地畫一二百五十公里的圓周，即廣西省西南的百色包括在南寧的圓周裏；貴州省的獨山包括在柳州的圓周裏；湖南省的芷江，包括在桂林的圓周裏。現在這些地點對於敵人來說，都當着無可替換的前衛基地，在努力加強警備中。但是這個二百五十公里的行動半徑，當然在我方完全控制之下，因此容易防止敵機的活動。三個圓周互相交錯着，因此我制空部隊與既存的基地的制空權形成大體空中的強固陣地。我方利用這個廣泛基地，展開擊滅美空軍的作戰日子已不在遠。

海通社稱各方均認 重慶人士更調只具形式

【海通社上海廿四日電】重慶內閣所進行的更動，除非今後有進一步的改變與完全改組行政機構，則如今是毫無意義的。這就是重慶以及上海對於最近內閣更動的總的意見。此種觀點已為官方中央社進一步證實：該通訊社謂，內閣更動決不等於政府政策的改變。左翼激進派報紙『大公報』着重指出：內閣的改變是不夠的，還只是走向正確政策途中的第一步驟，蔣介石所實行的變動，決不能引起共產黨以更友誼的態度對待重慶政府。更有趣的是：被視為蔣介石最可靠的人之一的新任軍政部長陳誠將軍，他於一九三四年和蔣介石密切合作，把中國共產黨驅出江西省，並跟蹤追擊共產黨長征歷時數月之久，越過中國西部，共產黨被終逼至中國北方的陝西省延安縣附近。中國主要銀行家與最大富翁之一的外長宋子文為什麼沒有被選為其姐夫孔祥熙的繼任人作為財政部長，這問題的答案似乎是宋氏家庭的勢力已大為衰退。鑒於蔣介石與宋子文之間意見有很大分歧，會預料宋子文之辭職。然而他仍然留任原職，這顯然因為蔣介石太重視他與華盛頓的關係。鑒於共產黨認為重慶政府的改變不夠，重慶沒有人估計到與共產黨關係的改善，至少暫時是不會有所改善。

倫敦各報 評魏特梅耶聲明

【中央社倫敦廿四日電】英國最具權威之倫敦泰晤士報，及最具重要性之地方報紙北之明翰郵報，本日社論對魏特梅耶將軍之聲明均表歡迎，認係未來遠東戰事之可喜跡象。倫敦泰晤士報社論題為『中國好消息』內稱：魏特梅耶將軍聲明，蔣主席最×××一結果盟方已採取步驟，使中國及其盟邦之資源取得密切協調。此乃目前對日作戰所迫切需要者。盟方現將採取極具協調之對策以答覆日軍於中國大陸建立陣地封鎖中國之威脅

莫斯科廣播 抨擊英國西歐集團計劃

【海通社柏林廿一日電】莫斯科訊：蘇方評論員在莫斯科無線電台反對英國西歐集團的計劃。評論員對『新政治家與民族』雜誌一文提起注意，該文宣稱此種步驟將促使歐洲成為兩個集團。

【海通社柏林廿一日電】莫斯科訊，莫斯科無線電經常使蘇聯人民獲悉其他各國內共產黨活動情形。例如最近美國內共產黨宣傳活動的加緊，星期一莫斯科無線電廣播中即有充分的記錄。廣播在共綜論美國最近的共產黨宣傳會議時，特別提及美蘇軍人友誼促進委員會在紐約所召開的會議。廣播也說明美國猶太人代表大會中共產黨的趨向，表現得很強烈，而且據廣播公告，停刊三年的期刊『美蘇評論』現已復刊。

英將被迫放棄西歐集團 傳意波諾米已改組新閣

【海通社柏林廿四日電】威廉街發言人稱：英國將被迫放棄其成立『西方集團』的希望，並指出英國目前不可能防備蘇聯的態度。發言人繼稱：斯大林已授權波蘭、捷克斯拉夫、南斯拉夫與西方國家締結條約，但發言人說：任何此種肯定都需經莫斯科認可。

【海通社柏林廿四日電】倫敦訊：意大利總理波諾米已組成新閣。所有黨派合作的新計劃也已作出。新閣閣員名單尚未獲悉。

【海通社柏林廿四日電】紐約訊：『合衆社』於評論伊朗新政府時說：巴雅特總理領導下的伊朗新內閣的機構表明：英美可能期望伊朗在石油問題方面有更多的反蘇態度。巴雅特為衆所周知的很親英美的人，所以蘇聯像攻擊前任總理塞德一樣大事攻擊他。

【海通社赫爾辛基廿三日電】根據蘇芬和平協定第十三條條款，芬內閣星期四頒佈法令解散芬蘭的婦女組織『洛塔：斯沃恩』及其所有的外圍組織。

傳柯寧可望出使蘇聯 法外委會成立英法關係小組

【海通社馬德里廿三日電】此間外交界人士謂：共產黨政治家格倫尼爾與柯寧將軍被認為是法駐蘇大使的候補人。賈德魯將軍故意拒絕接受該職，因他自己從蘇聯大使館人士方面獲悉，他被認為屬於『法西斯派』。柯寧將軍雖然並不被認為是確切的左傾者，但將受到莫斯科的歡迎，因為他曾一度為抵抗運動的領首。曾被戴高樂從職位上去掉的格倫尼爾，克里姆林宮不大歡迎，因為克里姆林宮對於自甘被踢開的人，即令他是真正的共產黨員

，是不予尊重的。

【海通社巴黎廿四日電】法國國會外交委員會，星期五成立增進法英關的小組委員會。

【海通社斯托哥爾姆廿五日電】新任瑞典駐巴黎公使波赫曼已抵倫敦並將赴巴黎呈遞國書。波赫曼暫時不擬駐節巴黎，而將留在斯托哥爾姆。因為他還沒有解除他外交的職務。據報稱，波赫曼將在逗留倫敦期間討論該國與西方列強間商業關係問題。

德國準備與瑞典談判

【海通社柏林廿日電】德國政府準備與瑞典政府討論瑞典在波羅的海的合法利益如何能被保護。此為鮑爾·斯契米特全權公使於星期一外國記者招待會上的聲明之主旨。斯契米特宣佈，在瑞典政府敦促德國政府注意此事實，即由於宣佈波羅的海某些地區為戰區，將危及瑞典合法權益一節，德方已加以研究。後者宣佈，德國政府不欲破壞瑞典的合法權益。波羅的海某些地區被宣佈為戰區的措施目的在於防止德國、瑞典間的萬一意外事件。因此，瑞典關於誰應負責此種萬一意外事件責任的觀點，必須予以拒絕。然而德國準備研究瑞典有那些具體利益將被涉及，並準備與瑞典政府交換關於此種合法利益如何及以何種方式能被考慮的意見」。他說，發言人未進一步聲明，以便不對『實際問題』存在偏見。因此，瑞典政府是否接受德國政府交換意見的提議，迄今尚無所悉。

傳英艦隊將在太平洋作戰

【同盟社里斯本二十二日電】英國遠東艦隊司令福萊塞，前此曾返倫敦，與英國政府與反軸心軍首腦部，就反攻東亞作戰進行協議。最近返抵錫蘭島基地，與該島提督的行蹤相關聯。路透社電報於二十二日曾報導稱：最近在倫敦曾舉行重要協議，討論英國在遠東海戰中所起的重大作用。福萊塞上將被任命為遠東艦隊司令後，不滿兩個月即返回倫敦參加會議。根據上述會議的決定，可以期待在印度洋方面的海軍作戰上，會有重大的發展。並據云在美、英兩國間，規定強有力的英國艦隊，將在太平洋協助尼米茲的美國艦隊。

敵稱東京上空之戰 毀落B二九式機十四架

【同盟社東京二十五日電】大本營發表（十一月二十五日十一時五十分）：十一月二十

，由艾森豪威爾再三向本國國民切實呼籲，已可看出美國今日的處境。蓋在間軍事消息靈通人士，一致認為美軍的重大犧牲，今後將愈演愈烈。

大公報稱小磯內閣將辭職

【合衆社重慶廿五日電】威權之大公報於評論轟炸東京時稱，十四航空隊在華若干空軍基地如衡陽、桂林、柳州的失守，將因超級堡壘之自馬里亞納開始轟炸東京而得到補償。日本對於佔領我國桂林及柳州大機場曾大肆宣傳，謂此等機場對日本的威脅業已消失。日本現在可以認識到，桂林及柳州大機場已移至太平洋的馬里亞納群島。塞班、狄寧及關島機場甚至大於桂林及柳州，而自塞班襲擊東京之機隊較能自桂林起飛者更大，而且已出現於東京上空」。大公報××，對東京之轟炸從整個說來展開了太平洋戰爭的新階段，並預料小磯可能不久要求辭職，謂：『這是對小磯內閣的直接打擊，因此小磯內閣非常危險。』

敵軍令部次官易人

【同盟社東京十日電】此次發佈補職命令如下：海軍中將小澤次三郎補軍令部次長兼海軍大學校長，海軍中將澁谷隆太郎補海軍艦政本部長。又前任軍令部次長兼海軍大學校長海軍中將伊藤整一，補任軍令部『出仕』，海軍艦政本部長海軍中將井上成美免除兼職。小澤軍令部次長略歷：宮澤縣人，明治四十二年於兵學校畢業後，曾任海大教官、摩耶艦艦長、榛名艦艦長等職，昭和十一年昇任少將，十二年二月任聯合艦隊參謀長，同年十一月任戰隊司令官，十三年十一月任海軍水雷學校校長，其後任戰隊司令官，十五年十一月昇任中將，十六年九月任海軍大學校校長，十七年一月起，調赴前綫任施政長官，以至今日。澁谷艦政本部長略歷——福井縣人，明治四十三年四月於機關學校畢業後，曾任海軍機關學校教官、艦政本部（缺）部員、海軍大學教官，橫須賀海軍工廠造機部部長等職，昭和十一年晉級少將，十二年任海軍技術研究所部長，十三年任吳港工廠部長，十五年任廣島工廠部長，同年十二月晉升中將，十六年十二月任吳港工廠長，十八年十月任艦政本部航空本部『出仕』，嗣後任軍需省軍需官，十九年九月任航空本部『出仕』，以至今日。

同盟社報導 印緬戰區盟國實力

【同盟社昭南廿二日電】配合美軍在太平洋方面進攻菲島，印度洋方面之敵亦逐漸活躍。十月十七日英機動部隊襲擊印度洋卡爾尼科巴島後，十一月五日敵機又首次襲昭南、以及襲此不斷四日敵機空襲東京附近時，根據其後判明的戰果如下：擊落敵機五架（包括二十四日發表的戰果），其中一架是以機體撞毀的，我方自炸與失踪七架。

【同盟社東京廿五日電】廿四日敵B二九式機約七十架由馬里亞納附近的基地起飛，來襲東京附近，我方將其擊落五架，擊傷九架。是日我機知道敵機來襲時，用一部份飛機担任東京上空的防衛任務，主力出擊伊逗半島，房總半島（該半島形成千葉縣的大部份——譯者註）方面，在敵機侵入東京的途上截擊之，並且拖着敵機的歸路，展開激烈的空戰。參加此次空戰的石部伍長確認我機一架衝撞敵B二九式機一架，該機落入海中，敵機十四架均在伊逗半島、房總半島的空戰中被擊落和擊傷，我機爆炸和未返防者共七架，由此可以想像得到，此次空戰是多麼激烈。今後敵人必定使用B二九式機擴物地空襲東京。敵人必須覺悟到我機用衝撞的辦法不斷地消耗敵機。

德寇論太平洋形勢

【海通社柏林廿三日電】德軍統帥部發言人，對柏林外籍記者宣佈綜論太平洋形勢時稱，盟國在太平洋戰爭中，大戰略思想——即從印度支那佔有地起，以鉗擊遮斷切斷日本——已被日本海軍所完全摧毀了。日本在目前太平洋鬥爭中，奮力作戰，可與現在德軍在西戰場戰鬥媲美。講到鉗擊戰事，其結局確非如盟軍統帥部原先所計劃，此種鉗擊戰事即爲英國海軍從西面推進至印度支那，同時美國六艘主力艦則突入台灣海峽，並在台灣和中國大陸建立橋頭堡壘。德方發言人說明，如果他們成功了，則太平洋形勢將完全爲之一變。日軍已完全阻止了盟方這些計劃。最後，德方發言人嘲笑美方以萊特島實際上有颱風作爲藉口，作爲美軍進展遲緩的託詞。德方發言人宣稱，盟軍此着的失敗，完全係日軍英勇所致。

敵稱美軍作戰日益困難

【同盟社柏林廿二日電】由於菲島、台灣兩海戰的慘敗，即美軍當局最近亦承認對日作戰的困難。此間軍事消息靈通人士，因而非常關懷美軍如何克服這一困難。據華盛頓報導，正任命大西洋艦隊司令長官爲美國聯合艦隊代理司令長官，由此足以證明菲島美軍作戰上的困難。太平洋方面的戰事，至菲島作戰，已進入陸上消耗階段。因而這一遼遠的運輸路綫能否確保，會很大的影響到美軍作戰的成敗。另外美軍最近曾不斷增强大西洋方面的艦隊勢力，今由於大西洋護航艦隊——第四艦隊，已失去其作用，該艦隊將於最近調至太平洋。如今美國在東方有菲島作戰，在西方，而對着大消耗戰

地空襲昭南伯南地區，敵潛水艇在印度東部海上的猛烈活動，故印度洋方面的戰雲，日益濃厚，根據最近敵方情報，印度洋方面敵陸空勢力如下：空軍在加爾各答以東，及印緬國境，東部印度等地，其勢力除運輸機以外，約有戰鬥機千架左右，此外在西隆島約有飛機五百架至六百架，故綜合計算在印度洋方面約有一千五百架至六百架，尋機待動，就中轟炸機戰鬥機佔三分之一，以B24式爲主，敵所稱道的B29式機，亦有五百架至六百架左右，其大半集結在加爾各答周圍，以加爾各答爲中心，在齊打根，考克斯巴薩，伊姆法爾，伯萊爾、福康等地，有二百五十個以上的根據地，現在在印度東部地，集結了很多的飛機，故今後需要充分注意。關於陸上勢力，大半在印度東部，約有五十個師，就中十五個師至十二個師，集結於印緬國境，此外集結於西林島的陸上兵力，除特種兵外約有五個師，這些兵力大體都要用在印緬國境方面的作戰，所以在這一方面的動向，在今後也需要注意，以上是敵人在印度洋方面的勢力，而急於作戰的敵人，仍在不斷增加兵力中。

日寇將與自由印度傀儡樹立日印外交關係

【同盟社東京廿五日電】自由印度臨時政府主席博斯，於十一月一日抵東京時，情報局公佈博斯主席訪日的目的是與帝國政府和日軍首腦部進行懇談。嗣後開誠佈公地進行懇談的結果，兩國政府關於貫徹大東亞戰爭及完成印度獨立的各種具體方案，似已獲得一致的意見。印度的地位與我方作戰有直接的關係，如果大東亞戰爭未能獲勝，那末，印度民族永遠沒有解放的機會。此時博斯主席來東京與帝國政府協議政略戰略的問題確有重大的意義。去年十月廿一日自由印度臨時政府成立以來，即與帝國政府及日軍合作，協助我國貫徹大東亞戰爭。此次與日本政府討論增强印度國民軍以及協助日軍進攻印度東部邊境的各種方策。在政治方面，此次決定派遣公使至自由印度臨時政府駐在地，以便加强日印兩國的關係，此事確有深刻的意義。以博斯爲首的自由印度臨時政府成立時，帝國政府立即承認之，去年十一月六日更在大東亞會議席上向中外聲明將安達曼羣島及尼科巴羣島歸與自由印度臨時政府，嗣後因爲動員了大東亞各地三百萬印度人，所以該政府的基礎更加强固，該政府具備了跟他國樹立名符其實的外交關係的內容，這實在值得慶賀的。由於帝國派遣外交代表，今後當然更加支援印度完成獨立的目的。這樣，自由印度臨時政府將更加提高其國際地位。

参攷消息

（只供參考）
第七一〇號
解放日報
新華社
編
今日出一大張
卅五年十一月
廿七日
星期一

比政局空前嚴重 布魯塞爾發生武裝衝突

【海通社柏林廿五日電】倫敦訊，據路透特派員馬丁報導：布魯塞爾政府機關所在地所謂『中立地帶』，有廣大羣衆高呼『絞死比埃洛』口號，舉行示威運動。警察出動干涉，阻止示威者接近政府機關所在地。發生多次流血衝突，其間示威者並使用手榴彈。且有多處互相射擊。街道上傷者甚多。馬丁又稱，示威運動的組織者爲比利時最强大的抵抗團體所謂『獨立陣綫』。

【海通社柏林二十六日電】倫敦訊：布魯塞爾星期六下午遊行示威時期發生槍殺事件，死亡示威者五人，警察三人。開槍射擊事件是發生在總理比埃洛辦公處之前。關於政府區域工人遊行示威流血慘案的消息，是由紐約無綫電於星期六晚予以傳播。然而路透特派訪員馬丁提到示威者傷三十一人，警察傷三人。這是犧牲者的官方數字。警察於示威行列走到已劃爲中立地帶的政府區域時，開槍射擊。在財政部的街衢上，機槍亦加入戰鬥。載着機關槍的坦克驅至示威者羣中，並將示威者驅散。據說：英國兵士亦受傷，許多警察駐紮在政府區域樓房的屋頂上，向人羣開槍射擊。比利時警察宣稱：示威者向警察投擲手榴彈，激起警察開槍射擊。然而示威者發言人對美聯社記者宣稱：示威者係赤手空拳。英國訪員馬丁在結束其報導中稱：布魯塞爾觀察家相信布魯塞爾事件僅係進一步風潮的先聲。埃爾斯金將軍所說將使用盟軍部隊以恢復其秩序的威脅，很可能實現。這一事件已增加了布魯塞爾的騷動。

【海通社柏林廿六日電】倫敦訊：比利時總理比埃洛公開威脅道：如果比利時的粮食情況不能迅速有很大的改進，他便要辭職。比埃洛接見『泰晤士報星期刊』訪員布蘭登時說：在這種情況中，比利時沒有一個政府能繼續存

，內閣亦決定提出辭呈。同時據悉，政府之辭職係由於前各黨聯盟的決議之故，其中要求政府的政策應適應於個別政黨的特殊計劃。

【海通社柏林廿六日電】那不勒斯訊，那不勒斯電台稱，西西里的分離主義政府領袖二百人於墨西那舉行會議。在會議過程中，決定要求『西西里獨立共和國』代表應參加和平會議。

【海通社羅馬廿六日電】據無綫電息：意大利共產主義運動新黨旗已由意大利共產黨予以宣佈，新黨旗紅底，左角係一金色意大利星，中央是鐵錘鐮刀布爾塞維克徽記，下面則有『P．C．I．』（意大利共產黨）等字母。旗上有一飄帶爲意大利國旗綠白紅三色。黨的訓令說：在懸掛黨旗時一切共產黨組織必須同時懸掛黨旗與意大利國旗。在共產黨示威遊行時，兩種旗幟、行在前頭。

希臘國內軍領袖與英軍司令談判破裂

【海通社柏林廿五日電】紐約訊：合衆社報導，希臘英軍統帥斯科比將軍，與希臘兩個游擊隊（EDES國民民主軍及ELAS人民解放軍）司令之間的談判中發生新的困難。談判於星期五及星期六，由斯科比、EDE軍司令塞爾卡斯將軍及ELAS司令薩拉非斯將軍之間進行。薩拉非斯代表共產黨，EL提出在解散ELAS前，應履行的某些條件。此外紐約無綫電台據悉，薩拉非斯拒絕雙邦德里歐政府與××××間成立協定。ELAS人員很大一部分不同意解散命令。

伊朗新閣名單

【海通社德黑蘭二十六日電】伊朗第三次新閣已由總理摩泰薩．蓋利克汗．巴雅特星期六在大理石宮呈交國王。據德黑蘭無綫電息：其他閣員如下：商業部長卡塔爾．海達雅特，財政部長阿馬．羅拉．阿格拉姆，教育部長伊薩．薩第格博士，司法部長莫斯塔法．阿德爾曼窩．薩爾塔，交通部長那斯路拉．埃特薩姆，外交部長麥寬斯．奧遜勒斯，陸軍部長亞伯拉罕．頓德，保健部長塞德．馬列克博士，內政部長穆罕默德．蘇蘇里，郵政部長納德．阿拉斯蒂，不管部閣員阿哈里爾，薩什米，阿里，阿克巴爾，西阿西博士，農業部長以後任命。

關於伏羅希洛夫調職與曼斯基闢謠

【路透社墨西哥廿四日電】關於伏羅希洛夫事，此間蘇聯大使奧曼斯基否認謠傳蘇聯內部發生分裂運動。他說：『這個謠言純係

在。由於軍事上的需要，盟國允諾從海外運輸糧食給比利時的噸數，已減到幾乎沒有了。在目前情況中，幾乎沒任何可能性，在很短時間內有糧食運到比利時。這種情況將引起嚴重的政治糾紛。布蘭登又說：他也與盟國當局說過這問題，結果他獲得這樣的印象：現在調整航運至比利時的計劃，在最近兩個月內很難有改變。現一切船隻，海港與鐵路幾乎全部供盟軍之用了。

【海通社柏林廿六日電】布魯塞爾訊：關於布魯塞爾星期天的流血的示威遊行，內閣於星期日舉行會議討論情勢。

【海通社柏林廿六日電】倫敦訊，比利時總理比埃洛於星期日下午匆匆離其別墅前往布魯塞爾，以調查星期六騷亂的原因，據一般預料：比內閣將於星期一召開特別會議以討論目前形勢。抵抗運動領袖之一德蒙尼於星期六稱：×××使比埃洛政府與抵抗運動最後分裂。

波流亡政府新總理 是一貫反蘇的人物

【海通社柏林廿六日電】倫敦訊：倫敦波蘭流亡政府總理米科拉茲柯的辭職，引起倫敦各報很大不滿，同時副總理葛平斯基（社會黨員）已受命組織新閣。各報害怕由於這種發展情勢使蘇、波關係更加惡化。『觀察家』週刊指出：米科拉茲柯的辭職使他的同僚們也感到很驚奇。他的辭職發生在他與葛平斯基衝突以後，葛平斯基責備他對蘇聯太讓步了。葛氏認爲：如果對克里姆林宮方面讓步，退過波蘭戰前的邊境，對流亡政府說來便是自殺。據『觀察家』稱：葛平斯基在過去四十年的整個鬥爭中，都是反對蘇聯的，他這種敵對會使他根據其前任者的方針與蘇聯繼續談判感到頗爲困難。『泰唔士報星期刊』着重指出，一旦波蘭農民黨也擁護新內閣，而米科拉茲柯也參加葛平斯基內閣，新波蘭流亡政府與蘇聯之間和解的希望並不是完全沒有的。如果不是這樣，農民黨仍不入閣，波蘭與蘇聯諒解的機會便大大減少了。這篇文章是在不知道農民黨拒絕參加葛平斯基政府以前寫的。

意內閣全部辭職 意共製定新黨旗

【海通社羅馬廿六日電】盟軍佔領的意大利總理波諾米已辭職。他的辭職是因參加他政府的反法西斯聯盟中發生分歧而引起的。這些分歧使形勢嚴重到這種程度，竟粉碎了他獲得有效合作底可能性的希望。

【海通社柏林廿六日電】羅馬訊：在波諾米總理告其閣員以辭職的決定後

惡意，完全錯誤，這全是第五縱隊惡意陰謀的標記，帶有柏林氣味。蘇聯現在是，並繼續是充滿革命精神的共和國聯盟，只有敵人才願意將謠言當爲眞事。」

【海通社柏林廿三日電】華盛頓訊，蘇駐美大使葛羅米科於星期三與美副國務卿斯退丁紐斯會議。會談延續半小時，會後大使告記者稱，他曾討論過大小問題。但詳情則拒予宣佈。

【海通社開羅十八日電】希臘內閣總理斐邦德理歐現正接待蘇聯在希臘之官員。

史汀生憂慮中國戰局 謂日寇可能攻取貴陽

【同盟社里斯本廿三日電】華盛頓電：美國陸長史汀生於廿三日接見記者團時說：根據過去兩週中來特島的戰局加以判斷，日軍似欲傾注全力，確保菲律濱羣島，但就對於我們來說，却是再好沒有。美軍不管在菲律濱或任何戰場，都將擊潰日軍。但中國大陸的戰局，益趨嚴重。我們必需經常關心日軍的行動。日軍或將南下進擊，與印度支那取得連絡，或將佔領貴陽，以便重開滇緬公路。爲了防備今後日軍的威脅，我們應該率直承認日軍在華南的勝利

『戰爭與工人階級』論 盟軍在菲登陸和太平洋戰略形勢的變化

【中央社重慶十八日電】據塔斯社訊：蘇聯『戰爭與工人階級雜誌』，廿一期載有朱可夫作『論盟軍在菲律濱登陸和太平洋戰略形勢的變化』一文中說：

英美海軍、空軍和陸軍正給予日軍以緊積的打擊，證明日本在太平洋戰略地位勢必更趨於嚴重。盟軍在菲律濱的登陸，是『大東亞共榮圈』脆弱性的活生生的證明。日本揚言『大東亞共榮圈』，作爲她的擴張詭計的一種假面具。

菲律濱一向在日本計劃中佔着顯著地位，日本充分敏感到這個國度具有巨大的經濟重要性，以及頭等的戰略重要性，因爲菲島是這麼便於接近東南亞細亞。

菲律濱人民對於解放與獨立的自然願望遭過長期的×××，美國參院在一九三四年通過法案，規定一九四六年以獨立自主權賦予菲律濱人民。儘管這樣，久已就把貪婪的眼睛望着這羣島的日本人，認眞地懷抱着一種希望，想

利用菲律濱人中間的反美情緒，在太平洋戰爭快要爆發的那幾年中，特別顯示出日本向菲律濱的移民增加了。

在太平洋戰爭的最初幾個星期中，在一九四二年初，日本就把菲律濱羣島大部份佔領了，在這個國度的有些地方，戰鬥持續了五個月，只是日軍在人員和軍備方面，佔有決定性的優勢，戰鬥才在日軍勝利中結束了。一九四三年十月十四日，日軍以『獨立』賦予菲律濱人。但實際上日本的統治，彰明昭著地顯示出侵略者的諾言，什麼也不値，日軍的佔領，使菲律濱主要出口貨所依賴的那些部門（如沙糖、煙草、椰子和大麻），都衰落了。菲律濱人開始體驗到嚴重的經濟困難，日本人所保證的工業發展，都是很有限的，而且不能夠挽回一般不利的局勢。日本人和他們的特務，作幼稚的種族仇恨的宣傳，說黃種人的國家的利益是一致的，這種宣傳自然不能夠打動或說服具有很高度的文化與民主傳統的菲律濱人。麥克阿瑟將軍在菲律濱的登陸，毫無疑問具有很大的政治上和軍事上的重要性。這一役也具有象徵的意味。菲律濱在首先被包括到日本擴張的『大東亞共榮圈』裏去的國家，如今這個國家正變成英美盟軍反攻的基地。因爲在菲律濱的登陸，使盟方武裝力量更接近中國被佔領區，印度支那半島，婆羅洲和台灣了。台灣不僅是日本殖民地之中最老的殖民地，而且也是在南方作戰的日本武裝力量的主要基地。英美盟軍在菲律濱的登陸，把日本和南洋被佔領各國間的聯絡切斷，把本來就已脆弱的日本整個防禦體系拆毀，把屏障着從朝鮮到新加坡的東亞極長的海岸綫，那連續不斷的島嶼的鏈子打斷。

因此，已經大大削弱了日本海軍和空軍，這麼異常活躍的拚命想阻撓盟軍的登陸戰，在台灣和菲律濱外邊的大規模海戰，證明日軍統帥部正以增大的頑強性，努力阻止盟軍的進攻。然而海戰的結果，對日本極不利，日本受了重大的損失，盟軍已經順利確固着並且擴大着他們在菲律濱的立足地。日本海軍和空軍斷然無疑的削弱，勢必影響到太平洋戰爭的大陸戰爭。美國報紙指出，軍事行動必然的將向着亞洲大陸開展，目的就是要加速把日軍逐出中國對菲律濱及鄰近島嶼的控制。毫無疑問將使盟軍能夠實行在中國海岸上的順利登陸，這便是日本如今顯然不能無視的一種威脅。

日本比英美脆弱，如今已是顯而易見的事實。就連直言無隱的侵略政策路綫的擁護者之一，前日本駐羅馬大使白鳥也不敢否認。白鳥最近，『承認』日本所缺乏的『惟一』的東西，只是物資。會不會就因爲這類小事而可能敗事實表明了，在太平洋戰爭正對日本越過越不利的展開着。

敵竄抵黎明關附近

【同盟社廣西前綫廿六日電】我進攻部隊於二十四日晨在廣西、貴州省境要地黎明關東西十公里部指附近，從背後包圍敵第二十軍，現正在激戰中，我部隊有於二十五日晨迅速侵入貴州省模樣。

赫爾利駐華 向蔣介石提出

【合衆社重慶廿五日電】據今日可靠方面稱、赫爾利少將之名業向蔣委員長提出作爲美國駐華新大使。赫爾利爲羅斯福總統駐華的私人代表，此後將繼高斯之後爲駐華大使，後者在史迪威將軍被召回後辭職。

中央社不滿英國對華援助

【中央社倫敦廿五日專電】分析英方今年發表自一九四三年七月至一九四四年六月期間聯合國對於共同作戰努力互助情況之報告，發現三種頗有興趣之事實：（一）英國雖因作戰五年本身之需要，但其供給歐洲盟國武器之貢獻之大，在此期間英國對盟方之供給達一、〇七九、六四八、〇〇〇磅。（二）縱然在軍事上、實業上及潛力上極大之國如蘇聯及美國之類，在大舉進攻時，亦需自其盟國獲得相當之援助。英國全部援助中之百分之五十六即六億磅，皆予美國。而蘇聯亦得其百分之二十五即二億六千九百萬磅。（三）中國在作戰第八年中，以其需要之急，而且相形之下其所得自盟邦之物資互助方面，惟有冷靜之數字可資證明。在此期間。英國對我援助之總數所佔不及百分之一，即九百零五萬磅。自比例上言，在作戰之聯合國中，我國所得之數字最低，捷克所得二倍於中國，而波蘭所得則二十三倍於中國。在其他受援助之國家中，法國所得達一千三百餘萬磅，希臘一千二百萬磅，葡萄牙一千一百萬磅。英國對美之援助中，計有飛機二一〇四架，飛機引擎五七〇架，油箱一百七十三萬七千，供應美國軍用之汽油價值五千八百萬磅，坦克及車輛二百萬磅，大砲及軍需價值七百萬磅。除軍用而外，尚供給美國空軍飛機場一三三處。在同一年中，由英國船隻輸送之美國軍隊達八十六萬五百人，在此一年之中。輸送至蘇聯之供應品中包括坦克一〇四一輛，各種口徑之海軍砲一九五門，電綫之長達六一三五哩。

鹿鍾麟視察兵役

【中央社重慶廿六日電】本月廿四日上午十一時，兵役部鹿部長輕車減從，自渝北？他一面表示懷疑，一面又慷慨的聲明：日本並不是要『完全消滅敵人』，更加上一句說：『我們所要的只是要使敵人明白他的計劃』，都是事實上辦不到的。當我們說明了那一點的時候，我們就勝利了。這一種性質的言論，指示出日本根據大名鼎鼎的田中奏摺的精神，擬定的最低的征服方案，正遞瀰退到落後去了。

日本第八十五屆臨時議會宣佈了太平洋戰爭，不是攻勢而是守勢，這個口號提了出來，是爲了便於日軍統帥部比較容易的利用本國的物力和人力以及其他資源。另外，這個口號也是對日本人民而發的，希望日本人民爲了國家而忍受新的負担。由於日寇軍事上的失利，帶來了尖銳的內部政治危機，因而產生小磯內閣，然而在它存在以來的幾個月中，並沒有做出什麼事情。這表明它和以前的政治路綫沒有什麼兩樣。

由於盟軍在菲律濱的登陸，日本所吃的一連串的新敗仗，勢必影響到日本內部政局。小磯內閣不得不繼續下去加緊『非常措置』，那更增加廣大民衆的痛苦，這些措置凡是由小磯的前任首相東條制定的，但是沒有產生預期的效果。

日本已無可挽救地喪失了制空權和制海權，決沒有一個新的混合內閣能夠挽回過來。日本陷於絕望的、落後的機器生產工業，絕不能夠和盟邦的工業競爭。政府採取嚴峻的手段，以加速軍火工業中的勞動，卻往往產生完全相反的結果。例如『每日新聞』的社論說：『敵人正穩固的着着移動着，然而形勢體會這麼緊張，我們卻只以裝備不完全的飛機送到前方去，有許多飛機變成了缺陷』。

在戰爭開始時，日軍搏得的而且他們依然保持着的領土上的收穫，事實上更增加了運輸方面的困難。報紙以驚奇的筆調報導石油的缺乏，以及米和別的糧食的缺乏，日本在南洋的海運已陷於麻痺了。

英美盟軍在菲律濱區域的攻勢戰鬥，伴隨着盟邦空軍向日本工業設備的緊張空襲，日本本島越過越成爲盟邦空軍空襲的目標了。戰爭正接近日本本部的各島，從這一方面看來，日本首相小磯的公開演說是意味深長的。他說當戰爭接近日本海岸的時候，日本很明顯地就要取得『優勢』，揚言這會使日本海軍處境容易些，因爲那時就能夠利用很多的便利的基地了。他所以這樣說，是想藉命安慰他的群衆，這事有些使人回想起納粹大名鼎鼎的關於『縮短前綫』有利論了。

到達壁山。因縣長赴渝未歸，乃與縣府秘書及參議會議長、黨團負責人、當地駐軍鄒師長等晤談，聽取彼等對於兵役弊端之陳述及改進之意見，獲得實際資料甚多。之後乃觀察永榮師管區某連接受之新兵生活情形，一一詢問其入伍經過，飲食如何，又檢查其舖草被褥，並對一病號兵親加慰問，檢視喝藥，且予以醫藥費四百元。又看廚房設備。此後乃赴大操場與×××師××團全國官兵講話，一再說明愛護老百姓之重要，官兵感動。講畢偕鄒師長參觀其野戰醫院，慰問病員，並由軍醫處長郝子華一一察看病例，詢問一切。鹿部長且對病員六十名每位予小菜錢各二百元，共發一萬二千元。病兵感激之餘，均盼日早病愈，爲國効力。事畢於下午四時始行返渝。

國民黨『改善』役政的一些辦法

【本報訊】國民黨最近爲挽救其兵源枯竭，在『改善』兵役、『改善』士兵生活『優待』抗屬等問題上，頒佈了一些枝節的籠絡兵心人心的辦法，除重申『嚴禁剋扣軍餉』、『虐待士兵』、『嚴禁各部隊任意收容逃兵，私自頂補』等命令外，在上月十七日由軍政部召開了卅三年度後方經理會議，各部隊主管長官及很多軍需政工人員都參加，何應欽在這個會議上要求大家『革除積弊』又說明現在待遇雖不够，但再也不能增加。又明令各縣市區、區鄉鎮普遍成立由它的黨政軍『民』代表，亦即軍閥官僚地主們組成的各級征兵委員會，以協助當局辦理征兵事宜。其中規定縣市征委會由縣市長兼主任和征兵官，縣市國民兵團團長，參議會議長，若干參議員，縣市黨部書記長，三青團幹事長及『公正』士紳，法團代表任委員共同組織之；區鄉鎮征委會由區鄉鎮長，兼征兵官和主任，中心小學校長、聲望素著之士紳任委員組織之，他們都受師管區司令部的指導和監督。規定的職權是：關於征兵的調查、檢查、征募、協助事項；關於征兵中之免緩征召的審查事項；征兵之宣傳和優待，兵員及征兵工作之考核等（華西日報十月二十五日）。此外又規定了『優待』抗屬（原來國民黨早就規定『優待』抗屬辦法，但惠而實不至。）的改進辦法共六項，其中有：各縣市優待抗屬委員會，及各鄉鎮（區）分會必須於本年十二月底成立；抗屬經常的優待必須以實物計算或折價；出征軍人家屬之父母、妻子、子女若係赤貧者以四人爲限，能自給者以一人爲限，每人每年發黃谷二市石，或小麥一市石，小康以上征屬只贈紀念物品；優待征屬的各物，不能移作他用，否則由保管人加倍賠償，並依法治罪等（華西日報十月三十日）。

參攷消息

（只供參考）第一一七號

解放日報 新華社 編

今日出一大張

卅三年十一月廿八日 星期二

敵大本營發表向貴州省內進犯
桂柳戰役國民黨軍隊損失六萬

【同盟社東京二十七日電】（一）佔領賓陽的我軍，繼續追擊敵人，十一月二十四日佔領廣西省美軍的最後一個空軍據點南寧。另一部隊向日突破貴州省的南門——黎明關，現向貴州省內進擊。（二）中國方面我部隊於九月上旬開始向桂林柳州進攻以來，至十月中旬佔領該地區附近，其綜合戰果如下：予敵之損失，我方收容屍體三萬九千具，俘虜一萬八千二百八。地上火器擊落敵機七十七架（其中二十三架不確實），繳獲砲四百十一門，輕重機槍一千二百四十五挺，步槍一萬七千支，飛機十八架，火車頭一百零八輛，客貨車廂九百一十六輛，卡車及坦克六十二輛，其外並繳獲武器彈藥，糧食，飛機，物品等甚多。我方陣亡約四千五百名。

【同盟社東京廿七日電】我在華作戰軍於九月十四日完全攻克全縣後，復在湖南與廣西方面展開作戰，繼之又佔領桂林、柳州與南寧等敵重要據點，而戰果並在擴大中。攻克全縣後到十一月二十四日止的戰果如下：其最顯著的特點，是斃敵一萬二千五百名，俘敵一萬六千一百名。八月八日攻克衡陽後到佔領全縣止，共斃敵一萬一千三百名，俘敵一千五百名，而此次的戰果與此比較，則俘敵數目增加十倍以上。這一事實正是最明顯地說明敗戰重慶軍戰意之低下。鹵獲品：各種砲二百九十三門，輕重機槍八百三十四挺、步槍五千九百四十四支、飛機一架、坦克一輛、汽車四十一輛、機關車八十四輛、客車六百二十九輛。

敵侵陷南寧經過

【同盟社華南前綫二十七日電】美蔣聯軍在中國西南部的有力基地南寧，二十四日已為我華南軍精銳部隊攻克。自十九日進攻南寧作戰開始以來，僅五天時間，

不是低估目前英勇美軍在越島進攻的偉大意義，美軍的越島戰爭，是大陸作戰的必要前提，是建設美軍在中國登陸的橋樑，魏特梅耶將軍表示盟軍即將在中國登陸，屆時亦將由他統一指揮，以他軍事經驗與天才，對此偉大任務，必能勝任愉快，而那時候也就是盟軍對日作決定打擊的時候。現在八莫即將收復，英國艦隊亦開始東調，一旦美軍登陸，擺×在中國大陸的寇軍即將受到四面包圍腰擊的殲滅，這戰爭無疑將極慘烈，然也必須敵人在大陸上兵員玉碎，才能算東亞禍根的消除，才算他大陸政策的結束，而敵人想對他的壽命盡量拖延的幻想，也就同歸於盡了。

這一必然趨勢，敵人也是非常了解的。正由於日寇了解這一點，所以本年以來，日寇在南北各地蠢動的目的，就是想儘力能阻隔中美兩國在中國的會師，以便於死守大陸，延長他死亡的時間，然敵人的這一企圖，必因中美官兵在海上在陸上空中的共同努力，而歸於粉碎。

日本軍國主義者由大陸政策興起，亦將因大陸政策而滅亡，這一次的大戰，由中國大陸開始，亦將在中國大陸終結，日寇在大陸上的掙扎，自將增加我們的負担，而日寇的崩潰，必將因此而更加澈底，我們毅然担負大陸作戰的責任，才能收穫完全的勝利。勝利愈加接近，戰爭亦必更加艱苦，戰爭愈加艱苦，戰果愈偉大，這是最後勝利的戰爭，也是一勞永逸的戰爭，我們必須增進政治効率，增加戰事生產，加強戰鬥力量，配合盟軍爭取大陸戰爭的勝利。

同盟社轉播
我對國民黨人事調動的批評

【同盟社上海二十五日電】延安對於此次重慶改組的態度，極爲各界所關心。延安官方通訊社新華社，二十二日發表延安當局的見解，猛烈的抨擊說：此次國民黨實行局部改組政府，說明了國民黨統治方面危機的擴大，國民黨並不能抹殺中國人民及盟邦各國對何應欽，陳立夫，孔祥熙的批評和攻擊，終於更換了這些人，但仍未作全面的改革，而且企圖保持一黨專政的寡頭政治，因此此次的改組不能不是表面的。何應欽，孔祥熙，陳立夫雖然從他們所佔據的交椅上引退，但仍佔着黨政軍的重要位置，從此次改組後的名單看來，完全是國民黨黨派的人物，不但不允許國民黨黨外人士參加，即國民黨內較有自由主義色彩的孫科，宋子文等亦沒有給予他較現在更重要的地位，根據上述理由，此次的改組僅不過是官職的變動而已。對於打開今天中國的危機不會有其他貢獻。

在貴縣、南寧間迅速進擊二百公里，無遺憾地發揮我軍機動力與作戰之妙。當我精銳部隊於十月十二日佔領桂平時，敵人以爲我軍的目標是在於攻略南寧，乃使桂林、柳州附近的廣西軍第四十六、第六十四、第三十一各軍迅速南下，加上貴縣附近的廣東軍第三十五集團軍一部三個師的兵力，共以十二個師。企圖奪還桂平、丹竹與平南。另方面並拚命妨礙我軍向南寧進攻。我軍則於桂平西南方山嶽地帶與桂平西方，擊滅敵人，以有力部隊衝入貴縣，切斷敵之退路，敵人的九個師無法防衛南寧，向宜山、都安、隆山方面撤退。窺覦進擊南寧的機會，在貴縣方面，我有力部隊在等候戰機的到來，制敵機先，開始進攻南寧，二十一日下午，佔領南寧前衛的賓陽，廣西保安隊約一千人，憑藉南寧東北部山嶽地帶從事抵抗，被我擊潰。廿四日拂曉，進抵三塘一綫，配合賓陽北方的另一有力部隊，同日上午九時，衝入南寧市街，於掃蕩該市街之後，殺至該市西方飛機場，並確保之。（下缺）

【同盟社廣西前綫二十六日電】上田（每日）中村（朝日）報導班員發。與我軍突入南寧同時，被佔領的南寧飛機場，在該市東北三公里地點。當南寧危險的時候，美國空軍從十九日開始撤退，破壞輔助跑道及附屬設備後遁走，主要跑道未遭破壞，現可立即使用，完好如初。

中央社社論說
目前敵寇勝利只是掙扎行動

【中央社廿六日社論（缺二百字）今年春天以來，敵人這一企圖，非常明白，而在塞班失守小磯米內組閣以後，這上××尤其明白。日人今後一定是要在大陸作最後掙扎，這原因是非常明白的。第一，敵人的根本政策，就是大陸政策，不能控制中國大陸，日本的任務（缺了一段），勝利的代價，和準備將來捲土重來之可能。畑俊六和岡村之調動，就是想加强這一戰略之執行。敵軍目下尚無集中繼續西犯××，誠如魏特梅耶將軍所指，然我們對於敵人一切可能的蠢動，自必都在考慮之內。而主持華北侵略四年之久的岡村，其企圖在華蠢動和掙扎，亦必在最高統帥部注意之下。魏特梅耶將軍指出，他對中國軍隊重新佈置打擊敵人之建議，已承蔣委員長採納，他並計劃使這種種物資，自各方面打擊日軍，又說由另一方面，集中轟炸日本之時期不遠，我們相信敵人一切可能的蠢動，只有增加他最後失敗的慘重性。

爲了打擊敵人的戰略，我們必須確認大陸作戰是擊潰日寇之必要步驟，魏特梅耶將軍說越島進攻，不足使日本完全潰敗，這就是說不將日寇駐在大陸的陸軍完全消滅，不能獲得對日之戰的完全勝利，這是完全正確的。但這自

紐約前鋒論壇報
贊揚陳誠當軍政部長

【合衆社紐約廿五日電】紐約前鋒論壇報某記者著文稱，吾在數月前，曾在鄂西某地遇見陳誠將軍，當時渠任該省主席及某戰區司令長官，其態度之良好，談吐之幽靜與坦率，暇渠記者皆有同感。一般相信，渠所統率之軍隊，在中國爲訓練最佳者，日軍在湖北被阻，不能復進，即爲最佳之例證。史迪威將軍對之推崇，凡曾與之接觸之美國軍官，皆獲有至深之印象，在此遠東戰事又受人注意之時，此次變動，不僅有意義，且受人歡迎。

【中央社昆明廿七日電】據作戰參謀人員訓練班訊，中國作戰人員九三人，其中有少將九人，於完成十星期之美國陸軍參謀訓練課程後，業於廿六日畢業。各學員皆領受中英文畢業文憑各一紙，成績優異之學員三人，並獲有特種獎品。學員在訓練中，每日除受課八小時外，夜間並在營房作重戰問題之商討與實習，渠等偶亦前往該地附近美空軍基地及美軍砲兵學校參觀，俾能熟悉有關軍事各部門之問題。

英評論家格林稱
國民黨人事更調
表明民主要求不能忽視

【路透社倫敦廿五日電】中國問題著名權威格林於星期六觀察家報上撰文稱，中國政府最近的更動已向中國反動派提出了明白的警告：民主的要求必須不要再予忽視。他說：『這些更動究竟能解決反動的陰謀，軍事上的無能及人所共知的國共爭端至如何程度，尚不能看出。去職各部長仍留任其他職位來保持他們的面子。中央執行委員會（而不是部長會議）仍然是最高的統治機關。但顯著的開端業已奠定，而且這樣說似乎也不是過分的，因此事已向反動派提出：人民的權利與民主的要求必須不可再予以蔑視。』

俞鴻鈞談財政措施
將循孔祥熙之成規

【中央社渝廿七日電】新任財政部長俞鴻鈞，廿七日就職，據談，今後財政金融之措施云，戰前數年，我國財政金融在孔兼部長主持之下，革新建樹甚多，已奠定現代化之基礎，抗戰以後，支出激增，財政與金融方面之重要興革，對於我國戰時財政之貢獻尤大，因之抗戰八年，供應無缺，際此勝利在望，本人受命綜管度支，深覺勝利愈逼近，責任愈艱鉅，才輕任重，時虞隕越，所幸一切財政金融設施，尚有成規可循，今後對於財政金融方面之重要興革，自當賡續推進，一面揆度當前及戰後之需要，力求改進。但戰時情況時變，財政與金融方面之措施，需要相體裁衣，善爲因應，目前世界戰局已達最後階段，財政上之任務，自

應以安定戰費，爭取軍事勝利第一要義。前方將士浴血殺敵，其需要之供應，尤不可缺，一方面促進戰時必需生產，一方面協助穩定物價，以期增強抗戰力量，及減輕一般人士之生計困難。年來因物價上漲，一般工商業多失正常，今後應切實整頓稅制，加強金融管制，以解除工商業之困難，並促進其正常發展，而同時因沾戰時暴利而產生之財富不均，亦應切實注意，自當於運用稅制之時，兼顧財富分配之改善。總之，當前財政問題，一方面須籌供戰費政費之需要，一方面須扶助戰時生產，以建設求自給，以培養稅源求增加收入，以改善分配求安定民生，在自力更生之原則下，與盟邦謀經濟合作。本人深信，我國財政已渡過過去八年之難關，此後仍當根據既定國策，秉承領袖指示，參照以往成規，適應時代需求，對於應興應革之事，悉力以赴，特別注意財務人員新風氣之樹立，行政效率之提高，相信必能按步推進，達到使命。本人深感責任艱鉅，尚希各界時予指導。

偽寧召開軍政長官會議

【同盟社南京廿四日電】陳公博代替汪主席，就任代理國府主席及軍事委員會委員長的職務。他繼承汪主席的遺志，更決心與日本一道戰鬥到底。其第一步工作就是於廿日在南京召開軍政長官會議，以便促進中央、地方軍政兩部門的緊密關係。出席會議者有軍事委員會首腦部，有保安司令資格的各省長及華北政務委員會有關的長官等。會議日期共三日，陳代理主席在會議席上強調中國的獨立不依賴他國，而是依賴自己實現之，並且跟日本一致合作，向着貫澈戰爭的途上邁進。最後希望軍政長官自覺其責任的重大，並要求其更加努力。

【同盟社南京二十六日電】國府全國軍政會議，自二十四日起至二十六日共三日間，在國府大禮堂召開，有陳公博委員長，周佛海副委員長，鮑總參謀長，葉蓬軍部長，全國各方面軍總司令，各綏靖主任等七十四人出席，第一日（廿四日），首由陳委員長就大東亞戰爭現階段中國府軍的新使命，加以詳細指示，其後就軍政一體化的具體方策，個別的進行懇談。第二日由各方面軍司令，各綏靖主任，說明地方軍政狀況，並有華北的治安建設推進狀況之報告。二十六日根據中央的指示事項，更個別的就軍政一體化進行懇談，獲得極大成果後閉會。

敵寇大本營公佈美機襲東京情況

【同盟社東京二十七日電】大本營發表（十一月二十七日十九時）十一月二十七日，B二九式美機四十架，於十三時由馬里亞納群島起飛，前後約一小時分散來襲關東、東海道、京畿地方，我方損失極微，軍需設備未受損失。

民主黨則尚未宣佈讚成或反對。郭寶斯基自己的社會黨於星期日午後與晚上集會，未達到任何決定，可能於星期一產生決定。郭寶斯基組閣的機會已減少。

意各政黨挽留波諾米

【海通社羅馬二十七日電】六個政黨領袖在星期日晚長時討論之後所發表的公報，表示他們決定繼續前此的合作。此前會談起由史佛卓伯爵組織新政府（排除右翼份子），這一為英國人所批評的計劃已予放棄，雖然社會黨領袖奈尼在星期日晨依然強烈支持它。

【海通社柏林二十六日電】據倫敦無綫電的意見：波諾米的辭職是由於共產黨所提出的不可實現的要求。共產黨特別要求以全部力量執行清洗法西斯份子的活動。基督教民主黨方面，則堅持對行政長官及警察的攻擊應立刻停止工作。波諾米並未成功的調解了這兩種不相合的要求，因此不可避免的辭職。

【海通社羅馬二十七日電】安伯托王子可能要求波諾米組織新閣。如羅馬電台報導：一般意見謂波諾米企圖以接受一切反法西斯黨參加內閣來擴大其內閣。只有在波諾米組閣失敗的情形下，安伯托王子始能要求其他人組織新閣，那時新內閣主要的將由許多專家組成之。

瑞士議員論戰爭危機

【海通社蘇黎世廿七日電】聯邦議員科伯特星期日於此間演講稱：「只要大陸上尚有武裝衝突，瑞士就仍然有着戰爭的危險，原先有着威脅我國獨立的危機，今日則有着侵犯我國中立的危機。沒有任何交戰國會懷疑；我們要完成我們中立的義務，並將自己抵禦任何侵犯。在戰爭過程中，瑞士的軍力已經增加一倍，其軍備已不斷改善，只有在我國邊境有足夠的軍隊，才是保護我國中立的唯一保證。」論及將來，科伯特稱：「戰後期間將有許多嚴重的考驗，並將把我國置於最困難的任務面前。不久前我們在外交方面的慘痛經驗表明：我們沒有理由懷抱太多的幻想，莫斯科對於我們力求諒解的答覆也許已經使許多瑞士人睜開眼睛。其他國家對於我國內政的任何干涉都是不能容忍的。我們希望；國家的價值不是依照其邊界及其力量來估計，而是依照其精神與文化成就來估計。科伯特很關心瑞士在商業上的積極困難，這些困難戰後是會克服的。戰後瑞士最重要的社會問題將是與失業作鬥爭。他結束稱：只要全體瑞士人仍然忠實於祖國，只要沒有一個人効勞外國對付他自己的國家，我們國內的和平是不會被外界壓力所終止的。」

哈立曼抵巴黎

瑞士將派駐法公使

【海通社柏林廿七日電】巴黎訊：美駐蘇大使哈立曼赴美途中於星期日抵巴黎。

【海通社柏林廿七日電】巴黎訊：星期

【同盟社東京二十七日電】京畿地方雖遭敵機侵入，但並未到達大阪，神戶等要地，而將炸彈盲目地投至海中與南部山地，毫無損失。侵入東海道地區的敵機一部，大胆在雲層的下面實行機槍掃射，損害極輕。對此我精銳部隊立即出動阻擊，但因天候不良，行動受到限制，因而得不到戰果，隨着馬里亞納——本土間的空戰激烈，敵人的轟炸亦將激烈。

【同盟社曼谷二十七日電】（現地軍二十七日發表）十一月二十七日十二時許，敵B二九約四十架來襲曼谷，在郊外盲目投彈，除居民有若干死傷外其他損失極輕。我方制空部隊擊落敵機一架。

傳美勞聯主席要求 英職工會疏遠蘇職工會

【路透社紐約廿五日電】紐約時報訊：美國勞工聯合會主席威廉·葛林於該會在新奧爾良舉行的大會上，向英國職工會代表大會發出最後一呼籲：即在英國職工會不可挽回地將其命運與蘇聯職工會及產業工會職工會的命運結合起來以前，應「停止、看、聽」。這呼籲是英國職工會代表約翰·布朗告訴大會爲甚麼英國職工會總委員會感到必須召開世界職工會大會以後發表的。葛林力勸英國職工會委員會，不要破壞將近七十五年來的兄弟般的關係。紐約時報稱：代表們發表這種談話，是反映英國職工會委員會邀請產業工會聯合會與蘇聯職工會參加大會。

英航空公司代表 抵達瑞典京城

【海通社斯托哥爾姆二十七日電】英國航空公司代表團將於十二月第一週抵瑞典。代表團將由四人組成，即是美洲司司長克里契勃，歐洲司司長威爾士空軍中將，他的助手惠靈吞勳爵，商業部部長布蘭克爾。英國代表團的訪問可能是美國空軍上將克蒂斯最近聘問瑞典的結果，據衆所週知克蒂斯已擬定紐約至斯托哥爾姆的航綫。英美之間貨運與郵遞的矛盾，在其他部門商業方面亦如在民航方面一樣的尖銳。

【海通社斯托哥爾姆二十七日電】瑞典總理漢遜星期日在哥德堡演講時，主張在戰爭期間繼續維持目前的政府聯盟。他說：迄今並無嚴重意見分歧足使此聯盟解散。但是，即使發生此事，對外交政治事件亦不會有影響。目前的外交政治方針亦將由黨與政府堅持，並將繼續爲瑞典人民所贊同。

波蘭內閣難產

【海通社柏林二十七日電】倫敦訊：路透社外交訪員稱：波蘭流亡政府副總理郭賓斯基受命組織新閣一節，星期六晚依然懷疑他能否繼續其工作。郭賓斯基的猶豫是由於波蘭農民黨拒絕與他合作。雖然基督教民主黨已有意支持郭賓斯基，而國民

日此間公佈：戴高樂前軍火供應專員莫尼特行將前往華盛頓，討論法美臨時商業協定的各問題。該協定期限八月。談判將涉及交換的貨物之主要種類，付款方式與運輸諸問題。

【海通社柏林廿七日電】巴黎訊：據法國官方星期報所發表命令：法國法庭高級官吏二十人（包括控訴院裁判長與檢察官）已被法國臨時政府撤職。

【海通社伯爾尼廿七日電】「日內瓦日報」稱：瑞士聯邦議員已請求法國臨時政府，同意瑞士派全權公使赴巴黎。其委任將包括瑞士在法律上承認法國戴高樂臨時政府。巴黎將派遣大使赴伯爾尼，該大使將代替代理公使維利。據稱：瑞士政府已選擇職業外交家，而不是政客，充當其駐巴黎公使。等獲得法國政府同意後，該公使之名字即將公佈。

比國獨立戰綫領袖 尖銳批評比埃洛政府

【海通社布魯塞爾廿七日電】抵抗集團「獨立戰綫」的領袖第曼尼在接見記者時尖銳抨擊比埃洛政府。第曼尼稱：「比埃洛政府在克服目前的困難中太脆弱了。我們需要新政府」。第曼尼特別攻擊比埃洛個人，因爲比埃洛不理比奸的問題。第曼尼宣稱：五萬四千餘名比奸被囚於俘營。然而比奸魁首仍逍遙法外。第曼尼說：我所要求的是逮捕大工業與金融界比奸，並作爲賣國賊交付法庭審訊。當德國佔領時期內，他們衷心與敵工作。現在他們逍遙法外，對工業進行損害工作。」「衝突已使當局與各個抵抗運動之間發生分裂。妥協是不會有的。直至昨天以前，還是一種不和，而現在已成殘忍的鬥爭。」

【合衆社布魯塞爾廿七日電】比埃洛總理毅然拒絕左翼要他辭職的要求，預料將於今日召集內閣會議，擬定防止反政府騷亂再行發生的緊急措施，此騷亂於星期六日已引起示威者四十五人於本市街道中受傷。比埃洛在強大的社會黨支持下宣稱：他絕不屈服於政敵方面的「威嚇」，並警告將採取最嚴厲的警察措施以強制維持法律與秩序。比次危機似由於左翼抵抗團體拒絕將武器交給政府所引起。成百示威者中有多人據稱揮舞鐮刀鐵錘徽號，聚集於議會之前，指斥政府。據稱，比埃洛的第一個正式對策將爲徹底調查××領袖（下缺）

【海通社柏林廿七日電】布魯塞爾訊：比總理比埃洛廣播稱：比政府將不屈服於布魯塞爾騷亂羣衆星期六所發出的威脅。政府一日獲有大多數民衆的支持，即將一日繼續履行其職責。政府將採取各種措施以壓迫手執武器而無許可證的人們，迫使他們屈服。社會黨於聽取史巴克部長的報告後，同意繼續擁護政府。

參攷消息

（只供參考）
第七一二號
解放日報 新華社 編
今日出一大張
卅三年十一月廿九日
星期三

敵寇竄進貴州省境十三公里

【同盟社貴州前綫廿八日電】我快速部隊，已於廿五日夜，突破廣西、貴州省境，向貴州省境內前進十三公里，突破凰嶺山脈，猛烈進擊中。

【海通社上海廿七日電】日軍之迅速進入中國西部貴州省，被重慶認爲是一種威脅。日軍先頭部隊，現距貴州省省城貴陽不及二百公里，而重慶距貴陽則僅爲直綫距離三百公里。日軍向西北及東南推進的驚人速度，在重慶造成了驚恐的情緒，此種情緒當中日戰爭之初，日軍突破中國軍隊在上海的防綫時，曾流行於南京。向西南前進的日軍距越南現不及一百五十公里。據日本官方消息，迄今重慶共有九個軍被消滅於桂林及柳州地區。當茲提及之白崇禧將軍據稱已在少量衛兵保護下逃入廣西西部無路的山岳中。雲南——緬甸邊境戰事的特點爲不斷增長的日軍反攻，過去數日中幾使盟國攻勢陷於停頓。日軍正集中力量抵抗自密芝那沿鐵路向曼德勒前進的英國第卅六師。日軍另一部則於八莫區打擊重慶部隊。重慶宣稱，滇緬路上的邊境村芒市已爲重慶軍奪回。芒市爲計劃中自印度至中國公路上的重要樞紐地點。

【同盟社里斯本廿七日電】美聯社駐重慶特派員報導廣西戰況如下：重慶軍的戰報暗示，日軍沿黔桂鐵路接近貴州，並證實日軍攻擊柳州西北一百五十二公里的河池，河池以北都是山岳地帶，日軍的進攻遇到相當的困難。重慶軍因爲裝備惡劣，有依據山岳地帶阻止日軍進擊的徵象。重慶各界預料如果日軍繼續進擊，那末雙方將在山岳地帶進行決戰，而這個決定對於重慶潰滅的攻勢的成敗，有重大關係。上星期當局發佈告示，勸告美國人和英國人撤出貴州和湖南未佔領地區，其理由是日軍由廣西省沿黔桂鐵路向貴陽北上，另一方面是因爲日軍有由寶慶開始攻擊的象徵。

萊特島約爲四千一百哩，據說，美軍士兵一名每月消費武器、彈藥、糧秣爲十六噸，如果這是事實，那末敵人每月需要一百五十萬噸左右的武器、彈藥和糧秣，（估計美軍一個師還不到一萬五千人。）目前，駛入塔克洛班、杜拉吉方面的敵大型船舶爲四千至五六千噸（重量噸）級的船舶，亦有小型船舶，如果使用大型船舶，就需要三百艘以上。每天要有卅艘左右的船舶入港。平時由悉尼至萊特需要十二三天，現在護航隊的戰時標準艦每小時的速力爲九浬至十三浬，平均爲十一浬。那末自悉尼至萊特需要十八日至廿日，更由於塔克洛班，杜拉吉等港灣不完備，卸貨需要很多的時間。因此，往返於澳州萊特間就需要四十天。由此可知以物資豐富及造船能力自豪的美國，是怎麼困難運輸供應品到萊特。這樣，欲消滅萊特島的敵軍，除了地上作戰外，還要破壞敵人的供應綫，我航空部隊逐日攻擊敵艦和運輸船亦是爲了破壞敵人的供應綫。

【同盟社東京廿八日電】萊特島上的陸上戰鬥，現在日趨激烈，我陸上部隊正冒大雨在險峻的山上，頑強作戰，與此相呼應，我航空部隊，亦連日連夜冒惡劣氣候出擊，攻擊敵飛機場，或截擊敵方的供給，自廿二日以來，加強攻擊萊特敵基地，摩洛泰敵航空母艦中繼基地，以及萊特灣內敵海上補給部隊。如廿六日大本營公佈：廿四廿五兩日對上述目標的攻擊，獲得了很大的戰果，給敵方以重大消耗。

日寇反擊三馬島登陸美軍

【同盟社非島前綫基地廿八日電】敵我在萊特島日夜繼續激戰。爲了響應日美決戰，敵人並以一部兵力，自塔克洛班附近在三馬島登陸，逐漸向西部海岸前進。待機中的我軍，自十二日以來，即猛烈反擊敵人。敵爲我軍的猛攻所狼狽。已撤退至卡爾比加附近。目前正在該地附近構築防衛陣地中。最近已無積極進攻的趨勢。敵方曾宣傳說：曾以巨大兵力在三馬島登陸，但其實際兵力，只不過騎兵第一師一個大隊，其裝備亦是僅有迫擊砲而已。

【同盟社南方前綫廿七日電】摩洛泰島我所在部隊，配合航空部隊的不斷襲擊，繼續進行夜襲與叢林戰。特別是達爾巴飛機場，由於我挺進隊的肉搏攻擊，使其完全不能使用。

【同盟社非島前綫基地廿八日電】我精銳部隊向萊特島——卡普——馬納加斯那斯之敵，展開攻擊，其後逐漸縮小包圍圈，至廿五日敵人用六十門大

黔東疏散

【中央社貴陽廿八日電】黔省府民廳長譚克敏等一行，為辦理難民配置事宜，昨首途赴獨山主持。關配置難民，以貧苦不能自力疏散者為對象。疏散地點則以公路兩旁丹江、八寨、三合、都江、平舟、大塘、榕江、永從、下江、荔波、關山、麻江、黃平等縣為原則。省府將於各該縣配置救濟費，並由各縣籌辦合作管理局，以利難民集體謀生。

【中央社渝廿八日電】自中美中英訂立新約，取銷在華特權以來，各盟國對我國司法情形極為注意。美國國務院頃特派法學專家海爾密克來華，收（缺十數字）在華時期預定三月，除參觀各地法院外，並擬對中國法律加以研究，尤其着重商法方面。

【中央社渝廿八日電】川省奉令選拔政工人員，專科以上畢業之適齡及合格人員，均踴躍參加。閱原定名額為卅人，現已增至四十二人，業於廿三日乘東來渝報到。

【中央社內鄉廿七日電】財部河南區專賣之機構，已於十五日正式成立。

【中央社紐約廿七日電】據舊金山訊：中國飛機製造公司，已於九月廿五日正式成立。按該公司完全為我國人所有，且係由國人管理之唯一軍需製造工廠。中國飛機製造公司資本五十萬美元，已與道格拉斯飛機製造工廠訂有合同，製造轟炸機一架，由前者製造機身部份。國民參政會參政員鄺炳舜氏任該公司總經理。渠盼該公司將協助本國訓練技術人才，以謀我國未來發展飛機製造工業之需。中國飛機製造公司目前僅裝置機身，但盼兩年後能與道格拉斯飛機製造廠合作，製造飛機。

【中央社西安廿七日電】陝省黃陵縣於十一月廿四日啓用國府新頒印信，並正式更名。又黃帝陵前新建享殿，亦同時完工。

【中央社內鄉廿七日電】困據盧氏寶寬山敵敵，近因遭我武裝民衆之不時奇襲，恐慌異常，稱當地民衆為『鐵人』、『半截人』，意為堅強神奇，並於逃竄時脫去上衣之謂。

菲島作戰美供應困難 日寇將積極破壞美運輸綫

【同盟社馬尼拉廿六日電】萊特島敵軍於我精銳部隊登陸後，急於增強兵力，現在敵軍兵力達七個師團，但仍有增援之勢。敵人鑒於供給綫的延長，遂努力設法增強兵力。敵供給綫由美國本部經夏威夷到澳洲，新幾內亞、阿德米拉爾特，假定供給綫以澳洲為起點，則悉尼至萊特島的直綫距離約為三千五百哩，墨爾鉢至

砲向卡普陣地攻擊，企圖挽回劣勢，對此我部隊利用吉愛爾高地的有利地形，以白刃戰進行反擊。在馬納加斯那斯西南方兩公里的地點，敵人企圖從右翼進攻，對此，我部隊一齊展開殲滅敵人作戰，目下正擴展戰果中。

敵陸軍特別攻擊隊 擊沉美艦船十艘

【同盟社東京廿九日電】二十七日白晝，我陸軍特別攻擊隊，又襲擊萊特灣的敵艦船，擊沉敵巨型船十艘，獲得極大戰果。此即我陸軍特別攻擊隊，在戰鬥機保護下，二十七日上午出擊萊特灣，其中七架分頭向敵艦船攻擊，擊沉巨型船一艘，運輸船四艘，重創燃燒敵巨型艦（戰艦或巨型巡洋艦）一艘，巨型運輸船一艘。其他三架繼續飛行，向其他剩餘的巨型巡洋艦三艘進行突擊，並將其擊沉。我熊坂、江崎兩軍曹所架駛的飛機，當攻擊時曾為雲所遮，當該軍曹所架的飛機一度走出雲外時，三艘巡洋艦已完全從海面上消失。

日機襲摩洛泰及萊特島

【同盟社東京廿八日電】大本營於今日十六時卅分發表：我航空部隊繼於十一月廿四、廿五兩夜攻擊摩洛泰島、萊特島的敵機場，及萊特灣內的敵艦船，獲得下列戰果：（一）摩落泰島中彈起火者達十二處以上，其中二處引起大火災。（二）萊特島塔克洛班、杜拉吉兩機場的跑道及設備被炸，各處被炸起火。（三）萊特灣運輸船三艘中彈起火，艦種不明的軍艦二艘被擊傷。我機六架迄未返防。

海通社傳 韃靼尼爾將歸蘇聯

【海通社柏林廿八日電】李林教授在『民族日報』上將韃靼尼爾『國家學』的計劃，描寫為典型的中間物。李林說：『國際管理的國家經常是一時之計，『薩爾但澤自由市，埠姆，特別是國際化的丹吉爾地帶都迅速消失，並成為由這種共同管理的實驗所產生的壞例子』。雖然關於建立新國家的計劃底詳情還不知道，（這新國家是英國期望從第三國即土耳其的口袋中送給他的同盟蘇聯的），但能說這種實驗將以共同管理並主要對之有利益關係的兩國之間的戰爭告結束，（作者預料韃靼尼爾國家會很快被蘇聯吞併。）

德寇評南英關係

【海通社柏林廿六日電】威廉街發言人指出：『自南斯拉夫』電台由於斯大林的指示，嚴厲指斥英國力圖描寫南斯拉夫西部現狀中英國現時的勢力似乎佔統治[illegible]作法。『自由南斯拉夫』電台宣稱：南斯拉夫解放運動與英國或美國並未訂立任何軍事援助協定，而對蘇聯則有協定。倫敦無綫電的消息，被『自由

南斯拉夫」電台强調的否認。其中有一條消息，堅稱英國的勢力已到達遠離馬提亞。威廉街發言人星期一對德國在南斯拉夫區域的政治活動保持緘默。德國官方及新聞界很久以來對米海洛維奇的論題保持完全緘默。德國派駐巴爾幹的特別外交人員紐巴窪爾現在維也納，塞爾維亞政府之尼伊區也居住該地。威廉街發言人並未提到紐巴窪爾的活動。

傳芬社會民主黨 內部分裂

「海通社斯托哥爾姆廿八日電」芬蘭社會黨，由於唐納部長決定不放棄其在黨內執行委員會的職位，似乎立即會引起分裂。前任社會黨部長與黨書記亞爾托寧，星期一稱：唐納表示願意辭職，但朋友們勸他不要這樣作。據『阿福頓』報赫爾辛基來訊稱，唐納的隨從者方面認爲，如果唐納暫時從黨執行委員會退休，會更好些。但大多數人堅決主張他仍任職。據說，該黨領袖沙列瓦拉將辭職，以便使黨能答應反對派的要求。

「海通社斯托哥爾姆二十七日電」芬蘭確實正準備大赦平民犯人。被定罪兩年以內者將可受到大赦的利益。截至現在，尚未宣佈何時方能公佈新的法令。

「海通社阿姆斯特丹二十七日電」由於食物供給的不良，一切工業的企業均抗議罷工（其中包括爲盟軍所佔領的荷蘭城市，愛因德荷文城的菲力普工廠）。因此荷蘭大衆極其注意西歐盟國的行政。

英碼頭工人罷工

「海通社柏林廿七日電」倫敦訊：星期一下午二千碼頭工人在倫敦進行罷工。罷工的理由並未披露，雙方爭論之點相差很小。

「海通社柏林廿七日電」德國學校有史以來，第一次以日文做爲必修課教授。

波流亡政府 內部危機增漲

「海通社斯托哥爾姆廿七日電」倫敦波蘭流亡政府危機的解決，現遇到極大的困難。「哥德堡商務日報」駐倫敦訪員稱，一般預料將有令人疲憊的政府危機，因爲組織政府的困難便是波蘭人士內部意見分歧的表示。希望對蘇取得諒解的波人與反對諒解的波人間分歧繼續增長中。一切象徵均說明此事實，即英國不願爲倫敦流亡波人而妨礙它對蘇聯的地位。『新聞紀事報』關於此點問道：新政府是否願與蘇聯合作？如果不願意的話，英政府應考慮它對波蘭政府的承認能維持多久？

日稱加拿大的政情緊迫

「同盟社里斯本廿七日電」加拿大總理金氏，最近以緊急命令佈告：

「在敵人入境之前，虛度歲月……漫不經待，敵來時則慌亂逃奔」，「共匪國誤民之罪過，眞是無法洗刷的。」該文發表後，成都黨軍日報（國民黨機關報之一）著論稱該文爲『過分悲觀，不識形勢』。西安稱桂林爲「蘇聯之斯大林格勒」。

但桂林不久便告失守，十月三十日華西日報又爲道：「官僚政治之逆流作用，在主觀上使抗戰本身腐爛變化，在客觀上無異給敵人以意外的幫助。」

青年黨李璜等 幫助國民黨騙人

「本報訊」據十月十三日新中國日報載：中國青年黨代表李璜、常燕生在成都光華大學十學會所組織的「國事座談會」中發言如下。

李璜說：「學生們要對國事有透澈的了解，不應籠統觀察」，他繼稱：「政府有幾樁極大的困難，必須使得人人都要着急」：首先「軍部的現狀極爲困難，……據何總長說，敵人進攻長沙已是十七萬九千人，我們的血肉雖然也曾抵抗七八年之久，但這回相當困難，全國上下，不能不因此而着急，但我們並不怕，因爲日本是全世界的敵人，……我們現在惟一的問題，只有刷新自己，充實自己，盡够我們的力量去支持，蔣主席曾特別的說：要撐持，無論撐持三個月三禮拜，甚至三天，都要撐持。」其次說：赫爾利對於何應欽所說『美國援助中國太少』，也『感覺抱歉』，『但他（指赫爾利）說，印度尚存有軍火二十幾萬噸，可以搬運進來。但是有困難：中國的軍官太不行。其次更覺得我們中國的知識份子，尚不從軍，前方打仗的都是苦力，他說：這些苦力，勇則勇矣，聰明不够，所以必須有科學頭腦的大學生和高中生來從軍，這次發動十萬知識份子從軍，就是這個道理，美國朋友自然對得着我們中國，軍火可以供給，軍官的訓練可以幫助，但不知道我們的知識份子是不是像美國大學生那樣願意去打仗，所以我們現在應該着急的是在這個地方。』再次『納爾遜先生一到中國就說：我來之後，才知道你們中國什麼都不能製造，實在連布匹都要仰給別人。……再說建設問題，要戰後沒有匱之的恐怖，奠定中國戰後的繁榮，覺得中國所擬的三十年五十年太慢了，他保證中國十五年廿年就可以成爲現代的國家。那時，中國的農民就可以像大學生一樣，穿着西裝綢襯衣，在大街上走來走去，雖不說每家人都有汽車，但至少有架自行車，美國工程師年來已在中國調查做計劃。』講至此，他舉例說明『人才』是個問題，要青年們『不能從軍，則必須準備參加將來的建設』。最後他說，要實現使中國現代化的計劃，就要有安定的環境，就要實行民主，蔣介石也有這個認識，中國的民主是不成問題的，大學生則要認繼續徵兵制將國內防衛軍一部派遣至海外戰區。上述措置在國內喚起極大的反響，即在自由黨中反對總理方針之人亦甚多，魁北克市民對這一問題的態度極為强硬，據路透通訊，該州的自由黨議員多人，二十四日召開緊急會議，至少亦有半數對政府的措置表示不滿。據路透社通訊，在魁北克二十四日夜有七百名的市民，手執「取消徵兵制」的標語，在市內遊行示威，表示了反對政府的態度，金氏內閣的危機日漸增大。

戴高樂抵德黑蘭

「海通社斯托哥爾姆廿八日電」法國臨時政府首腦戴高樂將軍，於赴莫斯科途中，星期一下午到達德黑蘭。他被伊朗王莫罕莫德·皮勒維所接見。與戴高樂將軍隨行者有外長比道爾，參謀總長朱安將軍，及蘇聯駐法大使鮑格莫洛夫。

希臘督拉斯梯納將軍返國

「路透社雅典廿八日電」希臘官方公告，希臘驅逐艦一艘，正駛往尼斯，載同一九二二年革命領袖普拉斯梯納將軍返希。

路透社傳比政府安全渡過政治風波

「新華社延安廿三日電」據路透社駐布魯塞爾特派記者馬丁說：今天可明顯看出，比埃洛政府已安全渡過其政治風波。目前下院討論是否同意給政府在國內政權上有完全權力法案，即標誌着保守黨、左派、自由黨、與社會黨已準備批准政府所頒佈的一切措置，只要政府仍然與國會保持最密切的聯系。

「海通社柏林廿一日電」倫敦訊：「約克夏郵報」巴黎訪員電：巴黎的解放氣氛已經被冷靜的現實驅散了。饑餓與日益增加的失業，衣食不足及政治上的騷動，使城市裏的笑聲消逝了。人們帶着蒼白而憂傷的面孔作事情。現在人們完全不理睬外國兵了。

英國不歡迎史佛卓任外長

「路透社羅馬二十八日電」英大使查理今日稱：史佛卓之被委為外長將不為英國所歡迎。據悉，史佛卓曾稱，他將不參加新政府。

黨軍日報厚顏無恥竟稱桂林為「斯大林格勒」

「本報訊」在敵圍攻桂柳前夜，華西日報社論主張「川、康、滇、黔……立即採取重大決策，……『把幾省近萬萬的民眾發動起來』，否則

識和學習過問政治，不能放棄權利。

常燕生說：「蔣主席曾說過：『批評政府，擁護政府，貢獻政府，協助政府』這十六個字就是這次參政會的成績。我們知道蔣主席是這次參政會的發起人，可是蔣主席早有實行民主的決心。」他繼舉例說明：「『一二八』事件，政府將還都洛陽，並主張召開國難會議，結果被邀請的大部一致認為共赴國難是當然的，但必須實行民主，蔣主席當然沒有什麼。可是那時的行政院長而今的漢奸汪精衛，他說：我們是以革命的方法取得了政權，我們決不輕易交出，假如大家不滿意，就請革命好了。因此延宕了下去，直到『七七』事變，蔣主席召集廬山會議，是為產生參政會的前身……。」

青年黨的機關報新中國日報十月十一日社論「論聯合政府的權責問題」中，認為「聯合政府的主張並非什麼新發明，在歐美是有先例的，並且就在中國抗戰以後，在國民參政會上，三八年開第一次大會時，也有人向蔣主席提建議，成立舉國一致的戰時政府」。該社論繼稱：青年黨參政員三九年就提出了該黨『廿年來認為救國必須如此的一貫主張』即『結束黨治實行民主』，就是說，要先把國民黨的一黨專政告了結束，然後用民主政治的方式，實現聯合執政的政府。「因為這中間有一個政府的權責問題，不能隨隨便便可以做得通的。英美政府的權限是憲法所付予，而其責任是向議會負責的。……但中國政府所依據的是黨治原則，其權限是有黨綱所付予（如建國大綱和訓政綱領），而其責任是向一黨負責的。……因之，這個『黨治』的系統不先行結束，這個聯合政府的權責是無法弄得清楚的。」繼又提該社四日社論，認為「權責不明，即使政府有此雅意，而在野各黨派亦未必與起去參加所謂聯合政權啊！」又說「中國民主同盟有個變通辦法，主張『憲法未公佈前付予國參會與各民主國家議會之主要職權』。……照民主同盟的看法，是以蔣主席為政治最高中心，不容動搖，而由蔣主席來提挈一個有權力的議會，以主持一切。不過這裏有一點很重要，就是這個有民主議會同等權力的國參會，必須全體參政員都是真正民選的，然後才能發生權力，否則雖有蔣主席用力提挈，他還是不能站得穩的。」對於蔣介石九月十八日在參政會中所假惺惺表示的「考慮早日結束訓政問題」，認為「賢明的蔣主席既已見到了這一點，我們認為為了團結全國以真正共赴國難起見，還是趕快結束訓政（即黨治），實行民主，然後實現聯合政府，則順理成章，便沒有什麼權責不明的問題了。」

參攷消息

（只供參考）第七一三號
解放日報 新華社 編
今日出一大張
卅三年十一月三十日 星期四

同盟社稱 重慶害怕敵人進犯昆明

【同盟社廣西卅八日電】攻陷桂林、柳州後的我精銳部隊，在柳州西方與西南方，將潰敵一舉掃蕩乾淨後，更侵入貴州省內，有窺伺貴陽之勢。因而帶給重慶不少的恐慌與動搖。重慶軍當局認爲皇軍向柳州西方推進，是在佔領桂柳地區周圍的小都市，藉以保持桂柳地區的安全，因而重慶軍便在貴州省境山嶽地帶，重整殘部，企圖進行頑强抵抗。但此佈署尚未完成，復爲我軍擊破，並侵入貴州省內。我軍此種迅速進攻的機動戰術，致使重慶的打算，完全落空，其狼狽情況可想而知。從最近一二日外人駐重慶記者的報導中，亦可看出此種軍事情勢，以及重慶的恐懼，並深恐日軍窺伺昆明，重慶的急燥情況，由此可知。

【同盟社貴州前綫廿八日電】蔣介石嚴命重慶軍，盡力阻止我軍沿黔桂鐵路及公路的進展，致敵軍突然於貴州省南部地區，企圖進行頑强抵抗，據廿七日正午判明的戰況，敵我正在省邊境要地黎明關北方及南丹北方，展開激烈戰鬥，我軍反復猛攻，正在擴大戰果中。

【同盟社貴州前綫二十八日電】柳州被我攻克後，重慶軍已認爲我軍結束這一進攻的矛頭，但事實却正相反，洶湧奔走的我前綫部隊，以破竹之勢，由黔桂鐵路兩側向西北進攻，立即突入貴州省。重慶會以嫡系部隊第九十三軍，加强廣西省的防衛，但終於支持不住，敵人第二、第二十八、第四十六、第九十三共四個軍，指揮系統已完全紊亂，由黔桂鐵道向獨山敗退。桂林柳州的軍需設備及居民已開始向貴陽方面撤退，至此由進攻陣地轉至快速進擊的我各部隊，已向昆明防衛圈內進攻。

【同盟社廣西前綫二十八日電】中尾（大陸）、横山（同盟）報導班員發：我快速部隊，在省境一帶，遭遇新來之敵胡宗南的第四十一師，並猛攻企圖頑抗的蔣嫡系軍第三十師及河池方面的敗殘部隊，二十八日進攻南丹東南方八公里之綫，並向前推進。

二十六日發表下列宣言：國父孫文先生在其遺囑中，會以『爭取中國之自由平等』與『廢除不平等條約』爲兩大目標，我國民黨同志爲了達到這一神聖的目的，在汪主席領導下努力不懈。去年一月，在盟邦日本的支援下，毅然決然地向英美宣戰。中國的一切不平等條約都已絕跡。日本亦已自動地廢除治外法權，交還租界，並答應和平實現後完全廢除。這樣，我們就可以回答國父的遺志。但完成和平建國的理想，前途尚很遙遠，我們同志必須克服一切障礙，努力建設新中國。國民黨因一時的意見不一致。致現在分離爲南京與重慶兩派，妨礙國內的統一，但兩者是信仰同一主義與有同一歷史的同志，我們很能了解重慶同志最近的艱難困苦，深表同情。我們自選都以來，我們即高舉反共的旗幟，即是重慶的同志們在這一點上，與我們當無分別。我們的共同敵人，實是共產黨。但是有一點不同，這就是我們與日本合作，驅逐美英帝國主義，努力解脫不平等條約的桎梏。與此相反，重慶的同志們爲美英所攏絡，中共貪而無饜的侵略之毒。他們勾結共產黨，干涉重慶的政內，隱藏在擁葬的美名下，表露其侵略的野心。重慶的同志們！黨的不可分離與國內的統一，是汪先生的遺志。我們爲了實現它，已奮鬥六年，你們應迅速地拋棄過去的一切成規，與我們協力一致，爲爭取獨立自由，驅逐共產黨，實現國內統一而邁進。

【同盟社南京廿八日電】中國國民黨繼承汪故主席的遺志，更加決心完成中國的自由獨立與和平統一，遂於廿八日發表告民衆書，促國民黨同志和中國民衆奮起。其要旨如下：今日的事情，是以精誠團結爲第一要義，依此貫澈戰爭，促進統一，根絕匪禍，是中國首要的任務。只有在團結之後，才可能獲得眞正的統一和消滅中國分裂的危機。只有在日華團結、東亞團結之後，才能外抗强敵，內謀共存，確立世界和平。官僚制度消磨革命精神，抗拒民衆力量的惡弊，××政治直接威脅民生，間接構成赤化的毒素，本黨必定竭盡全力肅清之，大東亞戰爭是保衛亞細亞的戰爭，同盟條約是日華和平的基礎，而共同宣言是東亞共榮的準則，本黨必定竭盡全力實踐之。東亞的獨立解放充滿着光明，我們只有同心同德，克服艱難，向前邁進，以報主席在天之靈。

比利時反抗政府運動擴大

【路透社倫敦二十八日電】比利時國會十一月二十一日第一次提出的特別權力法案，係論及司法的管理，財產的管理，社會治安

湘桂難胞顛沛流離

【同盟社廣西前綫廿八日電】皇軍開始進攻廣西時，重慶即將省內各重要設備移往內地，並命令長沙、衡陽的難民及全縣、桂林、柳州及其他主要都市的市民，實行集團疏散，因為重慶對日軍進行各種虛偽宣傳，而感到恐怖的居民，攜帶家財沿黔桂鐵路或黔桂公路逃往貴州方面。重慶軍及在華美空軍於難民通過之前，即炸毀鐵路和主要道路、橋樑等。同時害怕日軍利用難民列車和汽車，所以盲目地轟炸之。這些難民都把家財丟在軍用道路上，而逃入附近山中。逃脫的難民在路上遇到日軍的進攻而感到奇異。這些逃脫了的難民群衆及其家財，運糧食的汽車及其他馬車等擠在東江附近至南丹的廿餘里的軍用道路上，這說明了敵人狼狽的情形。

外籍記者兩次詢問國共談判 梁寒操答稱正在繼續進行

【中央社重慶廿九日電】外記者招待會廿九日下午三時舉行，梁部長寒操、吳次長國楨、張參事平群出席主持。某記者詢以戰事情形，梁部長答稱，敵軍陷柳州後，繼續西犯，戰局發展似較以前嚴重，惟歷史上每一大戰爭，於獲得最後勝利前，必須經過勝敗錯綜之階段。梁氏繼謂，我中國抗戰已七年餘，我們檢討我們所用之政略與戰略，均極正確，我們所吃虧者，是在戰術運用與武器不足方面。我們政府是革命的政府，我們將始終把持信心與精神，來爭取最後勝利。尤其目前戰爭乃係整個世界性的戰爭，最近友邦亦感覺到中國戰場關係世界戰爭極大，特別美國盟邦最近與我們在軍事上之密切合作及經濟上之協助，我們更有最後勝利之把握。某記者詢以中共問題如何？梁氏答稱，談判正繼續進行中。又某記者詢以對於美國赫爾國務卿辭職，有何評述。張參事答：吾人感覺赫爾國務卿實為一建設新世界之巨擘，具有崇高之理想，而復輔以實際之智慧，深堪欽佩。某記者詢以中樞人事尚有其他更迭否？張參事答，各機關事務人員之調動，自可隨時調整，至政府人事之重要更迭，向不預告。某記者詢問政府與中共之談判是否在繼續進行？張參事答，仍在繼續進行，政府正竭盡全力以圖解決。某記者詢問政府借用人民外匯存款辦法如何施行？張參事答，此事自國民參政會建議後，政府已擬有辦法草案，惟尚在研究中，並未決定。目前闡述該項詳細辦法，尚非其時。

南京國民黨召開全會 發表宣言向重慶招手

【同盟社南京二十八日電】純正國民黨，二十五日在南京召開第六屆中央執行委員會臨時全體會議，

措施，辭退省與區議會議員的權力，政府社會工作的計劃，恢復國內受戰爭損害的措施及糧食部的特別權力。國防部已獲得禁止群衆大會，檢查延遲與沒收通訊，驅出足以對軍事行動不利的任何鄰近的人，以及為避免有利敵人事業，或動搖人民士氣的報紙，小冊子，傳單，或標語等的散發或出賣等等權力。

【美新聞處布魯塞爾廿八日電】比總理比埃洛獲得國會允准、授予新的權力後，於今日連發數道命令以防止比利時國內的混亂。同時，抵抗運動方面已計劃定明日為『全國抗議日』作示威運動。同時布魯塞爾電稱，比利時電車於今日晨向比埃洛政府抗議罷工後又照常駛行，又布魯塞爾無綫電稱，比利時職工會於今晚發表宣言，否認共產黨工團有號召明日舉行總同盟罷工的權利，並促請一切罷工工人立即復工。布魯塞爾無綫電又說，政府已發佈新法令授權警察向各住宅及個人搜索。政府已下令交出的抵抗運動人員的武器。先是，比埃洛在國會演說中宣佈總數四萬九千件武器中，已有二萬七千件交給政府。比埃洛向國會公告，抵抗運動將創立以各抵抗團體出席代表為領袖的一個總委員會，並說明這種允准那些在被佔領期間對德鬥爭的人們以一個確定的地位，將部份地滿足抵抗部隊方面所提出的要求之一。

【路透社布魯塞爾廿八日電】衆院以一一六票對十二票通過授予比埃洛政權以特別權力。僅有議員六人拒絕投票。

【海通社柏林廿八日電】紐約訊，據美聯社布魯塞爾電稱，比埃洛星期二於國會演說時，英軍及坦克守衛着比利時國會。在英國士兵鋼盔之後，雜擠的示威群衆列隊遊行，同時每小時均因自國內其他地方到來的群衆而更形增加。抗議比埃洛政府的群衆大會已決定於星期三舉行。共產黨報紙『紅旗』稱，比利時各地均發生自動罷工，僅摩恩斯區軍火、煤礦及鐵路工人罷工之數字即達四萬人。危機正時時增長中。抵抗運動同時要求社會黨各部長辭職並參加共產黨戰綫。比埃洛已根據國會授予他的特權採取第一個步驟。共產黨報紙『紅旗』宣佈星期二夜在皇家跑馬場舉行的群衆示威已被禁止。不僅如此，比埃洛威脅稱：如果共產黨報紙繼續煽動反對政府，他將對它採取對策。

【海通社柏林廿八日電】倫敦訊：職工會聯合會已宣佈在布魯塞爾進行總罷工，已發佈傳單號請全體工人於本星期二早上十一點鐘停工。

【海通社柏林廿八日電】倫敦訊：英國報紙星期二日評比利時與希臘

內的不安與意政府的危機時，均指出這些國家內的政府是暫時性的。某報繼謂：然而這些事件絕不能如軍事戰鬥一樣來假定其比例。「泰晤士」報稱：一切事情必須服從於戰爭的需要，直至同盟國的任務完成為止。因此在這些國家內首先重要的是在獲得法律與秩序。據「泰晤士報」稱：這些國家內的政府之任務在於以最大的可能來代表人民的意志。這些政府必須勿過於自信已獲得權利來管理國事至無限年期，而應自己作為一個未來政府的暫時前導者行事，此未來政府將被選出來代替他們自己。

評斯退丁紐斯新職

「海通社斯托哥爾摩廿八日電」斯文斯卡日報駐紐約通訊員稱：斯退丁紐斯之被任命為國務卿引起甚多爭辯，反對此任命的主要論調，是斯退丁紐斯在外交上沒有很多的經驗，並且他完全沒有經驗來應付國會。據稱：國務院許久來即已暴露於猛烈的批評下，然而一部份是被抑壓下來，乃因考慮到赫爾之故，然而據消息靈通人士稱：斯退丁紐斯之被任命乃出諸赫爾的請求。赫爾很像將繼續在幕後對外政策上起一些作用，因羅斯福意欲將找他來充當重要問題的顧問。

「海通社柏林廿八日電」紐約訊：美新國務卿斯退丁紐斯，現年僅四十四歲，為實際上支配美國工業生命的極有勢力之組合的社員。羅斯福是看着斯退丁紐斯長大的，美新外長的父親（摩爾根銀行公司的合夥者，嗣後為陸軍部次長）居住海德公園羅斯福家園隔壁，當時小愛德華還是一個小孩子，幾乎每天都是羅斯福家裏的客人。作為美國之一最富有權力的人的兒子，青年斯退丁紐斯於一九二四年在『通用汽車』公司開始了他的生活。十年之後，他在這公司佔據一主要職位，一九三三年，羅斯福被選為總統後，斯退丁紐斯作為工業公司的代表到華盛頓去。不久，他在羅斯福××政策方面獲得了很大的影響，成為所謂羅斯福智囊的對手。斯退丁紐斯與戴勒（美國鋼鐵公司總裁，現任羅斯福駐梵蒂岡大使）二人為新政之主要反對者。一九三九年戴勒到梵蒂岡去後，他即讓斯退丁紐斯當鋼鐵公司的總裁。於是，斯退丁紐斯便於同一年被委為戰時資源局主席，其任務在於準備美國參戰。二年後，斯退丁紐斯為租借方案執行人。一九四三年九月，當時成為羅斯福私人顧問的斯退丁紐斯進入國務院，當威爾斯的繼任人。而當赫爾被認為不能指導國家事務時，斯退丁紐斯接任其職，目前的任務重新證實了他在美國外交政策中的首腦地位。

估計期間於倫敦繼續光榮地（如果僅是顧自己的話）維繫政府之當局、與總密隱藏於國內在佔領區內抵抗德國的武裝力量之間。此等衝突極尖銳地表現在一切為具有顯明左傾色彩所謂抵抗團體命運之國家中，此等團體與現正恢復戰前情況的前各流亡政府的保守政策，顯然不同。在所有情形下，此等動亂由於解放後人民所遭受的不可避免痛苦及仍在作戰中的盟軍俱有運輸上的優先權，而更為加強。比如黑市即由於缺之足夠分配的消費品而不能消滅。因此，左派遂據為理由說：這些發國難財富者未與敵人公開合作（缺數句之多）。同時，主要由英國支持的各政府以『法律與秩序』為藉口反對革命的改革，從而助長了這種狀態。另一方面，抵抗運動者的政治行動目前賴以獲得人民支持的某些經濟問題，並不是普通的政府所能解決以下譯不出。

「路透社羅馬廿七日電」關於改組意大利六黨政府的重大步驟業於今日（星期一）各黨領袖會上被採取。政府人士希望：盟國對於推舉史佛卓担任可能仍以波諾米為首之政府的外長一職，將不表示反對。據已發表的聲明稱：意政府與各盟國政府間的關係亦被討論。

同盟社評
歐洲形勢

「同盟社里斯本廿七日電」反軸心軍，在民主主義的藉口之下，以解放德國壓迫下的小國家，侵入歐洲本土及意大利、希臘。它的結果如何？所謂從「秩序」到「解放」已經陷入混亂與貧窮的深淵，此已為美英兩國報紙所承認，以下就是根據各報的報導，來看一下所謂『解放地』的外觀情形。（意大利）南意大利，在共產黨××之下，××政權總於不能維持，其後由於糧食不足，一般經濟的困難，在陷國內於混亂之襲。已經在薩勒諾・格納索特・布拉次[illegible]地，軍隊與民衆之間發生衝突。（法國）不久之前曾是戰場，因而交通機關遭受破壞：糧食燃料極為缺乏。『馬基』匪團的解除武裝問題，因衛兵而發生騷動。法國抵抗團體會議，反對戴高樂的解除『馬基』武裝，十一月八日路透社報導：『關於這一問題因共產黨的反對政府，使國內發生動搖』。關於法國國內的經濟缺乏，每日郵報稱：現在如不援救法國的生活，則國民將悉數投靠共產黨。法國通訊社亦稱：戴高樂並沒有救濟的能力，如果這樣下去，法國只有允許共產主義。（比利時）以共產黨為中心反對政府解除游擊隊的武裝，惹起混亂狀態。首都布魯塞爾市內，充滿了共產黨的傳單。據十六日的英國廣播公司廣播，關於這一問題，最近共產黨系的閣員及警察廳長將辭職，政府與抵抗團體的對立日益明顯，據二十六日的路透社電報：

【中央社華盛頓廿八日專電】美國務卿赫爾昨日雖辭職，預料美國外交政策將無變動，同時必將繼續維持對我國戰時及戰後外交政策。斯退丁紐斯繼任國務卿，亦證實美將繼續努力建立世界機構，因赫爾患病時實際上即負責指導此項工作。斯氏繼任國務卿，頗覺突如其來，因不少有勢力人士於赫爾將辭職時，曾公開報導以美戰時生產局長貝爾納斯為國務卿。赫爾辭職及斯退丁紐斯被推薦為繼任國務卿之人選後，美方迅即提出赫爾利為駐我國大使，僅係證實一般之推測，並逐漸消除上週所提之其他人選。國會議員對推薦斯氏及赫爾利繼任新職，均有良好評論。（缺）關於斯氏繼任國務卿一事，雖若干人士認其經驗不足，但一般人士皆表贊同。據消息靈通人士稱：斯氏升任國務卿，僅使一種業已存在之事實，變為正式而已，因十月間赫爾病後，斯氏即已代理國務卿。觀察家相信，羅斯福總統將較以前自行主持美國之對外關係與政策之程度更深，同時並請赫爾以先進政治家之資格充任顧問，觀察家相信羅斯福總統與赫爾將決定主要之政策，並由斯氏負責。預料斯氏雖不致離開赫爾所建立之一般外交方針，但渠獲得更多經驗後，將增加其建立外交政策之力量。羅斯福總統於特別記者招待會宣佈赫爾辭職，但他明白表示他將依赫爾之意見尤於建立世界機構維持和平等事宜。羅總統接受赫爾辭職，各記者皆認渠至為勉強，而僅因赫爾患病，使其有辭職必要。斯氏前已代理赫爾之職務，故於新國務卿視事時，可免去過渡時期之變動。赫爾雖將為總統之顧問，但此間人士均謂其辭職係一重大損失，渠任國務卿十二年，較以往任何國務卿在職為久，斯氏之經驗雖感不足，但渠甚孚眾望，與國會感情亦洽，此為世界安全機構成功之主要條件，因美國之參加，必得國會之通過，頓巴敦會議時，斯氏對我國代表團至為誠懇，渠對我國代表之禮遇及關顧亦甚好。斯氏未任政府職務前，關於我國之經驗至為缺乏，但渠於去年未供職國務院而任租借法案執行人時，成績至為可觀，且是項工作可助其瞭解中國問題。

路透社評歐洲形勢

【路透社倫敦廿七日電】星期六代表抵抗團體的示威者及當時英國承認的比派洛政府命令的警察之間，在衝突過程中所發生的布魯塞爾流血事件，加上意大利波諾米內閣的辭職與法國南部的暴行（其時至少有若國民黨卅名喪命），以及更惡化的波蘭形勢等，均於週末被此間認為是最顯著歐洲解放之途展開面臨極端困難的政治、經濟、社會問題及衝突。此等衝突說明存在於[illegible]家彼比埃洛內閣對維持政權感到困難。正如「新聞紀事報」所稱：如果在很遠一個時期，不能夠配給糧食與燃料，必須要招來嚴重的政治危機，在最初感謝英國解放的國民，認為還不如在德軍的佔領下幸福。

意內閣問題未解決

【海通社柏林二十八日電】羅馬訊：意內閣的危機尚未解決。據羅馬廣播稱：星期一日召開的各黨派代表大會由史佛卓伯爵當主席。太子安伯托繼續其在宮皇宮內的談判。波諾米未出席大會。共產黨的委員會強力否認應對此內閣危機負責。據稱：星期三日發表關於愛爾柯里與波諾米之往來信件，可謂是說明了共產黨與波諾米政府間的關係。

【海通社柏林二十八日電】倫敦訊：交換電訊社羅馬消息，意政府危機已達新階段。現在維多利奧・奧蘭多願在四個條件下組織新閣：一、盟國保證意大利此後被允許加入聯合國。二、保持一九一八年以前的國界，包括特倫托和的里雅斯特，不包括阜姆。三、暫時停止休戰條件。四、在盟方協助下改組警察隊及陸軍警察，求取安全、公共秩序及尊重法律。

【海通社齊亞索二十九日電】史佛卓伯爵宣佈退出政治舞台，據羅馬方面消息，此決定乃由於英國對其作為未來意大利君主政府外交部長所表示的態度而引起，同時，史佛卓——他不久前被任命為波諾米政府駐美國大使——並又放棄他作為六個政府黨的主席職務。『羅馬』報紙繼續討論內閣危機，並責備共產黨為危機之負責人，社會黨報紙『阿凡梯』報堅稱：內閣危機原因乃由於前陸軍參謀總長羅塔被逮捕，該報稱：此等事件將不是沒有結果的。

日寇公佈東京被炸情形

【同盟社東京廿八日電】廿七日午後，敵B29式機又侵入我帝都上空，敵投下一些炸彈與燃燒彈。以下是被害地區的情況：（一）山中方面，某處落下一個百公斤重的炸彈，兩處被毀。另外，居民住宅亦有某種程度的被害，有若干人遇難。敵機會集中轟炸某神社，幸炸彈多落在庭院內，僅有一角被毀。高跆方面，落炸彈很多，唯因多係盲目投彈。故僅有一小部份國民學校及住宅受害。茨城縣方面，敵機從高空盲目投下若干炸彈，多落在稻田內。靜岡方面，投下不少燃燒彈，受害甚微。

參考消息

（只供參考）

第七一四號

解放日報 新華社 編

今日出一大張

卅三年十二月一日

星期五

敵寇侵陷南丹

【同盟社南丹廿九日電】我軍廿三日攻陷河池後，擊滅所在的敵人，繼續進攻。廿八日上午十時，完全佔領貴西最後一個據點——南丹及該地機場，俘敵多數，並繳獲機關車、汽車及其他軍需資材甚多。我快速部隊更沿西南公路及黔桂鐵路猛攻向貴陽方面退卻的敵軍約五萬人，廿八日正午進抵南丹北方十八公里的某地附近，並繼續進擊。

【同盟社廣西前綫廿九日電】中尾（大陸）橫山（同盟）報導班員發，敵人爲了保衛南丹，在一個多月前，動員中央軍官學校獨山分校的教官學員，並强制民伕，構築十數里的縱深陣地，以胡宗南軍爲首的中央嫡系軍配置在該方面，與駐華美空軍配合，頑强進行抵抗，但終於支持不住我軍的强襲，最後潰走，至此胡宗南軍已暴露在我軍直接威脅之下。

王世杰等視事

【中央社重慶三十日電】新任中宣部長王世杰，海外部長梁寒操，軍政部長陳誠，內政部長張厲生，將於十二月一日，分別到部視事。

【中央社成都廿九日電】川臨參會二屆四次大會，定十二月一日開幕，該會駐會委員會，將於二十九日決議，再電請中央，增加川籍參政員名額爲二十九名。

【中央社重慶三十日電】財部自俞鴻鈞繼任後，人事更動已決定者，爲政次發佩璜，常次仍爲郭秉文。郭氏尚在國外，由李儻代。主任祕書李毓萬辭職照准，專任參事還職，由周雍能繼任。國庫署長由楊綿仲代。地方財政司長未定。總務司長邊定遠辭職，調任專門委員。

【中央社渝廿九日電】聯合國戰罪審查委員會遠東及太平洋分會，已於廿九日在重慶正式成立。我國代表王祕書長寵惠當選爲該分會主席，行政院張參事平群當選爲祕書長。

摩羅泰島日寇實行反登陸戰

【同盟社南方前綫基地二十九日電】敵人傾其全力於擴大摩羅泰島飛機場，把它作爲萊特島十萬敵兵的第一綫供應基地與航空基地，但由於我軍的奮戰與航空部隊的轟炸，致敵損失很大，然而敵仍以大型機爲主力，集結相當的航空兵力。我守備部隊自登陸以來，與後方完全斷絕連絡，僅以露水解渴，連夜藏於舢舨內，攻擊敵飛機場、物資堆集所，並炸毀之，獲得莫大戰果，我軍正在敵之側背，不斷準備反登陸。十五日夜趁着月色灰暗，森田部隊長以下分乘舟艇若干艘，逼近敵飛機場，監視敵艦。十六日拂曉，終於突破敵之警戒綫，奇襲登陸成功。

【同盟社南方前綫基地二十九日電】摩羅泰島我地上部隊，連夜襲擊敵軍陣地。特別是向塔爾瓦飛機場進攻的衝鋒班，除了十八日前的戰果（殺傷敵兵七十六名，毀帳蓬十七個），又殺傷敵兵五十五名（內高級將領四名），破壞兵舍一處。

【同盟社××基地二十八日電】我航空部隊精銳，繼二十二、二十三兩日的攻擊，二十四日夜又强襲摩羅泰飛機場，在敵基地上冒着敵人猛烈的對空砲兵，反復轟炸該機場一帶，予殘存地面的敵機以極大損失，敵基地發生大火，全機安然返回。

希臘政府與愛國團體會談仍繼續進行

【路透社三十日紐約時報專電】關於討論解除抵抗集團「私人軍隊」的方法的雅典會談，仍在繼續中，預料在二十四小時以內，會有某些解決辦法。刻佔領依比魯斯及某些愛奧尼島土的國民民主軍，（E.D.E.S）首領塞爾卡斯業已表示願意遵從政府要求，目前的徵兆是藍拉非斯代表人民解放軍（E.L.A.S）亦願遵從政府要求，但他卻遇到許多困難。迄今人民解放軍的態度是反對解除武裝，除非以「英雄連隊」著稱的各部隊亦解除其裝備。現在看來，似乎一切有關黨已逐漸遵從解除武裝的計劃。就已知的，十二月十日依舊是斯科比將軍所訂的一切武器必須交與政府當局的日期。同時右派報紙故意誇大被稱爲「恐怖統治」的一切，而同樣清楚的，左派報紙則使讀者不××××。無疑的，最近幾日內總理在左派中間的威信已增高，主要是因爲他任命人民解放軍隆里基尼斯將軍爲次長，當然這一選擇使不信任左派的人極爲憤慨。（缺一句）對於斐邦德里歐的評價，必須指出：由於目前的情況，他除了調整機構，採行左派方針外，如何能有其他辦法，很難看到。共產黨較任何其他政黨

【中央社雲南某地廿七日電】中國戰區美軍司令部陸軍作戰參謀部參謀長竇爾恩准將，廿七日晨接見中央社記者稱：彼深信滇西緬北中國遠征軍繼續不斷努力結果，可使中印公路於聖誕節前暢通，大量作戰物資即將源源輸入中國，中國即不再爲一被封鎖國家。至中印間空中運輸，屆時決不致因中印公路暢通而減少，蓋運入中國物資愈多愈妙也。竇爾恩准將於我遠征軍五月強渡怒江時，即在怒江前綫工作。記者詢以對怒江戰役觀感，據答：怒江戰役，簡單言之，成績極佳。此次戰役中遠征軍步兵表現極佳。彼等雖已獲得若干新裝備，但較之緬北則遜甚。

同盟社稱
重慶人士主張遷都

【同盟社廣東二十九日電】重慶對中國西南部的危機緊迫，發出悲痛的叫喊，皇軍正以充分的力量終於突破貴州省境，繼續進行攻擊。據到達此間的情報，由於桂林、柳州、南寧的陷落，予重慶各界以極大刺激，軍政當局極力進行苦痛的辯別，以對付滔滔的追問責任的呼聲。最近甚至由言論界提出遷都，他們說如不立即遷都到西康省的康定或甘肅省的蘭州，則重慶將在日軍的猛攻下潰滅，與此相共鳴的重慶文化界，亦強烈地要求當局遷都。

海通社稱
西北各省不安

【海通社上海廿六日電】中國西北各省邊界人民中不安日益增加。據重慶方面消息，蔣介石政府正密切注視此種發展，因爲作爲重慶政府最後避難所的西北諸省的重要性，隨着日軍在華南的進展而愈益增加。據所獲消息，目前的不安乃是重慶欲發展北方諸省並欲將其政權擅於重慶控制下等企圖的後果。中亞細亞新疆省特別受這種不安風雲的影響。儘管新任省主席吳忠信最近抵迪化後向少數民族代表作安撫的諾言，說重慶準備重視回族（新疆省最強大的民族集團），但新省各地仍有繼續不斷的示威運動消息。這種不安的主要理由：一、中國商人愈益浸入新省；二、生活費迅速增加；三、與重慶的政治與經濟的聯絡愈益密切。其他消息稱，中國共產黨以他們反蔣介石的宣傳煽動此種不安。由於此種發展，可以很有趣味的知道重慶與莫斯科之間的微妙關係。這種不安的風雲決不限於新疆而已。甘肅、寧夏及西康諸省也有類似發展的消息，原因相同，惟此外尚因重慶駐防軍的增加，糧食及商品的徵發及強迫徵調工人建築街道及工廠等而使不安愈益增大。

都組織的良好，縱然人們議論希臘政治氣氛與共產主義黨的方針大相逕庭。共產黨的附屬機關具有從中央組織獲得的權力，本身擁有武裝，並且他們已具備沒收財產，徵收賦稅，監督公民行動的權力，這一附屬機關至少在現在是處於發號施令的地位，直至國民政府能實行其全部職權時爲止。共產黨爲宣傳目的及公開運動所支付的金錢，在目前其他各地遍地貧困的時候，確是浩大的。這些基金來自何處依然是神祕的事情，某些負責的評論家甚至提出係來自保加利亞，他們的意思是說希臘的共產黨亦如其他地方的共產黨一樣是反對民族主義，所以共產黨統治的希臘不願對要求希臘領土惹的起物議的保加利亞作戰。一九三六、三七、三八、三九等四級的青年已行召集，作爲警察與保安部隊，用來恢復秩序，並且以此提高政府威信。許多省城，如著名的巴塔斯城，這一動員已受到歡迎。抵抗集團人員時常提及的議題之一是交出武器×××未提到清洗政府各部及一般社會上被控爲希奸的人。不屬於左翼集團的人們逐漸確信××許多著名的共產黨現在×××意軍與德軍的兵士。在今天所發表的宣告與雅典各報的消息相反，英軍兵士並未在薩羅尼加域對人民解放軍作戰，而在中東組成的希臘警察保安部隊亦未在該處登陸。

日寇參謀
談萊特島戰況

【同盟社某某基地二十九日電】某參謀於萊特島戰鬥的情況發表意見：（一）萊特作戰的特點之一，是敵人在過長的運輸路上作戰。加上他們最可依靠的飛機又不完全，但敵人想以物量補救這一弱點。我方是處在自己勢力範圍內的作戰，在接近後方的地方有基地飛機場。第二，敵人憑藉西南各島（指琉球群島——譯註）、台灣與菲律濱群島，東方海面機動部隊的優勢力量，欲壓倒我航空兵力，以便在萊特島登陸；由於此次的我航空決戰，致在敵之意圖上發生巨大的矛盾，不得不進行非常勉強的登陸作戰。與此相反，我方與新幾內亞、塞班等島的作戰是不同的，我軍最大的戰力，可出動到戰鬥正面去。

【同盟社東京廿九日電】大本營於十一月二十九日十六時三十分發表：（一）我航空部隊於十一月二十七日白晝強襲塞班及狄寧島的敵軍飛機場，實行低空轟炸，地上飛機及設備受到重大損失。此役我機九架未返防。（二）我航空部隊，於十一月二十九日未明，攻擊塞班島敵機場，四處中彈起火。

【同盟社東京二十九日電】我特別攻擊隊於十一月二十七日，以十架飛機攻擊萊特灣內敵艦，毀沉敵艦十艘。計炸沉×艦一艘，巡洋艦三艘，大型運機艦四艘，焚毀戰艦或大型巡洋艦一艘，大型運輸艦一艘，我掩護戰鬥機一架，尚未飛返。

在參政會招待茶會上 納爾遜發表演說

【中央社重慶廿九日電】羅斯福總統私人代表納爾遜氏，二十九日晨在國民參政會茶會席上致詞，演說全文如次：

今天承邀，本人到貴會說話，非常榮幸，尤其覺得快慰的是，可藉此機會，向諸位報告委員長最新近爲中國人民所創設的一個作戰性的强力機構——就是戰時生產局。我們都知道，中國和美國士兵如何的在戰場上密切合作，以打擊敵人，現在我們可以向全世界證明，我們兩國在另外一個方面，也同時密切合作，以增加戰時生產，來加速取得勝利。我認爲中國戰時生產局的成立，是向前邁進了一大步——是中國在經濟方面，在消滅我們共同敵人的過程中，前進的最大的一步。目前，中國的情勢在好幾方面都很像整個聯合國家在珍珠港事件發生的情形，請各位回想一下，一九四一年年底的世界軍事局面，那個時候敵人在幾乎一個戰場都向前推進，在歐洲、亞洲和非洲，敵人都深入了聯合國家的領土，德國在大西洋的潛水艇和日本在太平洋的潛水艇，使我們的船隻受到重大的損失，從戰事上看，那時情況是很黯淡的。可是聯合國的領袖們，很快的就制定了基本的作戰計劃，他們承認第一件應該做的事，就是阻遏敵人的前進，能在那裏抓住他們，就在那裏抓住他們，以等待美國及其他聯合國的偉大的生產力量，得以充分的用到作戰上面。聯合國家所獲到的第一個主要的勝仗，就是生產和供應的戰鬥。在美國，我們把每一分力量都放在生產在戰場上消滅敵人所需的一切物資和維持主要民用的物資上面。同時，我們規劃了克服各主要航綫所受敵人潛水艇威脅的方法，直到在生產及供應戰鬥方面獲得勝利以後，我們對敵人的戰鬥優勢方始確立。

我們不能希望中國在生產及供應戰鬥還沒有獲到勝利以前，軍事形勢可以大爲改善，必須在生產及供應獲到勝利以後，英勇的中美士兵和指揮作戰的將領，他們的素質才能在毀滅日軍上，充分發揚，正和珍珠港事件發生時，聯合國家的情勢相同。中國目前的問題，是在如何阻遏敵人之前進，和贏得生產和供應戰鬥的勝利。

這種生產和供應方面的戰鬥，必須獲得勝利，並且迅速獲得勝利。在前世紀的戰爭之中，一般人民往往和軍隊戰鬥隔離，有的甚至拖漠不相關的態度，然而在現在，後方和前方無法分開，二者實爲一體，並無區別，這是中

生產重新向上增加，一旦生產向上增加，許多其他中國經濟問題，都將比較容易解決。

當然，我們都知道中國戰時生產，即使在最優越的條件之下，所能達到之全部數量，較之美國的生產數量，還是很小。中國的生產能力，雖屬有限，但是仍舊十分重要，我想戰時生產局爲作戰目的而動員中國經濟，可以收到三種宏大的效果：第一種效果，將是加多輸送到前綫的急要軍火的數量。第二種效果，將是加强中國的國民經濟。在這些戰爭的艱辛歲月之中，國民經濟的破壞，造成嚴重的創傷。第三種效果，就是英勇耐勞之中國人民的民氣，將因中國生產之擴展而提高。

假定要我在美國（缺二十餘字），和工業界各方面合作之重要，假如沒有這種合作，那麽任何政府事業，像戰時生產局，都將變成紙上空談，合作猶如生命的靈魂，必須灌入這個新的組織之中，然後工作才能成功。

在美國戰時生產局，我們知道唯一可以使我們的優先制度能夠實行，使我們的生產定額能夠達到，使器材能夠確實不斷供應的方法，是政府機關、工業界及軍事方面人員的精誠合作，每一部門的人員，都表示願意放棄他們一部份的利益，以求國家更大的利益，每一部門的人員，都準備調整自己的計劃，我們得到這種結果，大部份是靠我們戰時生產局推行了委員會的制度，一方面我們對於每一類的戰時生產，由普通政府機關和××機關會同組織聯合委員會，同時我們設立工業顧問委員會，吸收各種工業裏才能卓越的領袖，來和戰時生產局的各部門人員共同工作，以後我們更進一步，設立勞資委員會，在幾千家戰時的工廠裏，勞方與資方共同坐在一起，來研究加緊工作，和達到更好效果的辦法。

在美國戰時生產合作精神的後面，有一個共同的認識，所有工業界工人和一般社會，大家公認美國戰時生產局所享有的戰時生產大權，是爲了一個目標而行使的——就是爲取得勝利。這些大權的行使，沒有一處是爲任何一部份人的利益打算，而犧牲另一部份人的利益。這些大權的行使，沒有一處是爲改變我們國家的基本民主制度的，所以凡是參加美國戰時生產的每一部份，都覺得可以放心的採取一種大公無私的立場，爲公共利益而讓步。每一個人，都承認戰時生產局是一個非常時期的機構，是以獲得勝利爲唯一目標的。

中國戰時生產局，爲要使他工作能夠成功，必須賦與大權，在行使大權的時候，主持的人必須有特別正確的判斷，切合實際的想法，和對於國家整個

國所深知的在近代的全面戰爭中，爲獲取勝利，一般人民實佔有極重要的地位，一般人民在生產方面的努力，以及民心的維持，實在足以左右前綫軍隊之勝敗。此點在蘇聯得到一個明證，當蘇聯遭遇軍事上最大危機的時候，當德軍深入蘇聯內地的時候，蘇聯軍隊從她在工廠及農場裏人民所發出的熱烈愛國情緒和拚命的工作精神，得到了新的力量和信心。在美國在其他任何國家，均爲不明之理，一般人民對於獲取戰爭勝利的意志，實是獲取戰場勝利的基石。

我們知道要想得到生產和供應戰鬥的勝利，中國需要拿出她的全部的勇敢和毅力，我們知道在經濟方面，你們正遭遇到極大的困難，你們最富庶的土地很多在敵人手裏，你們的海岸受到敵人嚴密的封鎖，長期抗戰對於你們的人民是一個沉重的負担，你們正在阻遏惡性通貨膨脹的危機，你們感到運輸的極端缺乏，只有不足六千輛的卡車，是要供應後方兩萬萬人民之用，你們缺少很多工業方面必需的機器和設備，但是擊敗敵人的工作，必須完成，整個後方，應該明瞭，現在在戰時生產局之下，全國的生產力量不論如何困難，是集中成了一個力量，並且對準了一個目標，這種力量的集中，是可以縮短戰爭，並且造福於全國國民的。

中國在增加戰時生產和改良供應的時候所遇到的問題，在許多方面，很像美國在初開始準備國防的時候所遇到的一樣。同你們一樣，我們要學習怎樣計劃戰時的經濟，我們要學習怎樣把複雜的個人經濟的各項因素組織起來，以達成整個國家的使命。我們要學習怎樣確實知道，所有生產的物資，都是可以幫助取得勝利。必需的物資並且所有的物資，都能在適當的時間，以適當的數量用到適當的地方，這實在是一件艱難的工作，可是雖然我們必需自已摸索，並且對於許多問題，自己要猜測解決的方案。我們結果把這工作及時做成功了，現在中國可以得到美國戰時生產的經驗，以節省時間和精力，希望並且相信，由於我們共同的努力，中國甚至可能比我們進展得更快，你們明年度的目標，對於自己工業生產爲中國軍隊所用的軍器，至少必需要達到增加兩倍，或最好三倍的數量。我相信得到各方面的眞正合作，和更好的聯繫，這個目標，是一定可以達到，並且必需達到的。

我自然並不認爲戰時生產局是一切中國經濟疾病的萬應靈藥，中國經濟自然不能在瞬息之間，改變她的形態，在這次艱辛的戰爭之中，中國經濟事業呈現了下降的傾向，我們首要的任務就是要改正這種傾向，我們必須使中國利益公正而健全的態度，因爲這個理由，我在從蔣委員長特派翁部長兼任戰時生產局局長之後，感覺非常愉快，我與翁局長長時間的商討，使我確信他實具備正確領導如此巨大事業應有之心智和精神。在我看來，他和生產局同人，確實具有生產此種在中國經濟方面所迫切需要的合作精神的資格，並足令人欽佩。

我不必向諸位提出，如果合作不能發揮，中國形勢或將變成十分惡劣，假如在此危急之秋，中國經濟組織中任何一部門對於全國之戰時努力，採取不合作的態度，其結果將損傷聯合國家之作戰計劃，並將使成千成萬的中英戰鬥員，喪失其生命。假使有這種現象發生，中國的地位不論在戰時或戰後，將受到嚴重的傷害。此點極爲明顯，精誠之合作，實爲戰時生產工作的第一要件。這種合作，不僅是戰時生產局工作開始時所切需，並須延續至戰事獲勝之日。

假如戰時生產能和得到充分的合作，我認爲中國的前途，將較此次戰爭內過去任何時期更爲光明。中國人民在戰時生產方面的辛勤工作，將使軍事勝利提早到臨，並將在戰時結束的時候，使中國得到額外的收穫，從戰時生產局中，中國可以學到怎樣從專平時生產，並將開始向偉大的工業化途徑前進。在將來世界裏面，沒有一個國家如果不是同時工業化和農業化，可以成爲一個大國。

如果中國能證明他在戰時可以獲到內部合作，並舉國一致向一建設性目標邁進，世界各國對中國的態度，自將得到良好的反映，從戰時生產局和他所代表的合作的事業，中國不僅爲戰時的勝利而奮鬥，並將建立使未來中國成爲一大強國所必需的工業中國，早日握有一偉大的時機。我深信，中國必能善用此時機，爲將來之輝煌命運，樹立其經濟的基礎。

邱吉爾修正關於戰爭時間的預言

【海通社柏林廿九日電】倫敦訊，邱吉爾於今日（星期二）下院開會時之講話中，修正他以前所作戰爭將於（明年）夏初結束的預言。他說：『如果我要對未來事變之久暫作任何改變的話，那就是『夏』字前面的『初』字去掉。會議開始時，英王喬治由寶座上宣讀照例之演說。他於此演說中稱，戰爭迄今已經繼續了五年多了。

參考消息
（只供參考）
第七一五號
新華社
解放日報社編
今日出一大張
卅三年十二月二日
星期六

黔境敵軍處至下司

【同盟社貴州前綫一日電】橫山、中尾兩報導班員報導：我軍攻陷河池、南丹後，繼續北上，卅日上午八時突破邊境的據點——六寨，突入貴州省。同日正午佔領獨山南方約六十公里的下司，現在繼續追擊敗退的敵軍。

【同盟社南丹一日電】橫山、中尾報導班員報導：廿八日失守的南丹，乃防衛廣西的最後據點，重慶將胡宗南部配置於該地山岳地帶，進行頑抗。我軍在三處切斷敵軍退路，展開果敢的殲滅戰，獲得下列戰果：敵遺屍一千八百廿二具，俘虜七百卅五人，繳獲野砲七門，山砲十九門，迫擊砲七門，反坦克砲九門，重機關槍卅四挺，輕機關槍四十六挺，擲彈筒廿四個，步槍四百零五支，汽車五輛，機關車十六輛，火車二百輛（滿載軍需品），防毒具一千八百副及其他武器彈藥頗多。

【同盟社大陸基地三十日電】我精銳轟炸機隊於二十九日黃昏，冒着惡劣天候，急襲貴州省黔桂鐵路上的要衝獨山附近，轟炸獨山北方八公里處的鐵橋，切斷潰退之敵的退路。又據該轟炸機的偵察，獨山正在燃燒中。

【同盟社東京一日電】當我軍於廿四日攻佔南寧時，另有一部隊亦於同時佔領貴州省南門——黎明關，突破貴州省境，勢如破竹，繼續向前猛攻。與此相呼應沿黔桂鐵路作戰中的我部隊，於十一月廿二日佔領金城江、河池，廿八日佔領南丹，目前仍在繼續猛攻中。另外我空軍爲配合陸上作戰，亦非常活躍，在佔領金城江之前，炸毀金城江西側的鐵橋，切斷敵方退路，頗著戰功，如一日大本營公佈，炸毀敵火車四百廿輛，機車及汽車一百廿一輛，其他大砲重火器無數。這一赫赫戰果，較炸鐵橋切斷敵方退路尤大。從廣西到貴州，有經黎明關和南丹兩條道路，加上黔桂鐵路，共同形成貴州省的三大動脈，今在我軍猛烈進攻下，這三個動脈幾乎全爲我軍控制，因而貴州省

寇軍犯黔、重慶焦急
渝掃蕩報大呼救命

【合衆社重慶一日電】今晨重慶許多家日報討論日軍從廣西向貴州省前進，反映了廣大人民對此的關心和焦慮。中國軍方機關報掃蕩報說：『無可否認情勢已緊迫之至！目前階段的緊急性不應忽視。』日軍現在在三個戰場上作戰，即菲律濱、中國、緬甸。敵軍在三個戰場上使用三種不同的策略，在菲島用反攻及增援；在中國戰場用正面突破，在緬甸用拚命防禦。又說日軍僅在中國一處雖已獲得主動權，而在菲律濱及緬甸敵軍即處於被動地位。日軍今天雖在中國獲得主動權，但爲『一種迫不得已的主動權』。又說鑒於盟軍進攻日軍右翼及左翼，敵已被迫使用滿洲的精粹部隊以與裝備不良的中國軍作戰。又說自從四月以來，日軍在中國的攻勢從河南平原席捲至湖南省湖泊地區，然後又至廣西及貴州，結果『中國戰場已成爲緊急情勢的中心，同時緊急情勢戰事重心的中心則在於廣西北部，那兒日軍正企圖進一步向中國西部內地突破中』。又說盟國緊急援救中國情勢的迫切之務，首先似應儘可能及早使盟軍在緬東會師，從而打開通印度的陸上道路。第二，迅速在太平洋作新的登陸，以呂宋、台灣及中國海岸爲目標，解救中國戰場的情勢，從而阻止日軍繼續向西的前進。該報又稱，日軍在中國攻勢及在萊特島上增援隊，其主力均調自滿洲。如果我們擊中日本的弱點且開闢新的北方戰場對日作戰的話，則嚴重情勢即可能於一夕之間改變之。如果我們能夠長時間這樣做的話，則戰鬥情況將縮短對日戰爭的時間並解放亞洲被壓迫人民。現在已經是行動的時候了。

重慶人心浮動

【同盟社里斯本二十九日電】合衆社駐重慶特派員報導，日軍進攻貴州使重慶受到很多的威脅，重慶爲了抑制這種恐慌的情形，遂於二十九日接見記者團時極力辯明。該特派員報導稱：政府代言人張平羣言明：政府認爲向貴州進攻的日軍不會直接威脅重慶，因此沒有發生恐慌的理由。這個聲明有下列的意圖：由於日本突入貴州，日軍首次接近重慶，於是重慶實業界及其他方面非常恐懼，因此重慶政權發表此項聲明，企圖使他們安心。日軍進攻的目標——貴陽到重慶的直綫距離爲三百三十五公里。但宣傳部長梁寒操聲稱：重慶政府承認現在的情況很困難，但是士氣毫不沮喪，仍然確信終極的結果。這個確信基於下列事實：首先是反軸心國逐漸關心中國戰區在世界戰略上的重要性。第二美國大大地干預中國的作戰。第三，美國約定準備更多的物資供給中國。第四

內的命脈，乃瀕於危態。敵國雖將司令部後退至河池，令白崇禧、張發奎嚴守，以及參謀總長何應欽親自至前線指導貴州的防衛戰，但在我軍猛攻下敵軍的防衛不久便告崩潰，何應欽等作戰指導者們，迅速放棄責任逃走。從南丹到貴陽二百公里，從貴陽到敵首都重慶三百五十公里。故我軍已進至進攻重慶最近一綫，而這一中國大陸，及聯接越南的大陸縱斷作戰，在軍事與政治上，給重慶以很大的影響。

【同盟社東京一日電】大本營發表（十二月一日十五時）：我軍沿着黔桂鐵路作戰中，十一月二十二日，攻克金城江與河池，二十八日攻克南丹，與另一部隊，共同繼續進擊中，該部隊已突破黎明關，進入貴州省。加上我航空部隊的切斷金城江附近鐵路，在該地與河池附近所獲鹵獲品如下：機關車十輛、卡車二十輛、坦克與汽車一百二十一輛、各種砲七十六門、步槍約千六百挺，其他兵器、彈藥及各種零件甚多。

敵吹噓攻佔南寧的意義

【同盟社南京二十八日電】此次我軍攻佔南寧，使我軍又獲得勝利。我軍攻佔桂林、柳州，使第四戰區陷於混亂狀態；我軍不予敵軍重整陣容的時間，又予以打擊，我軍佔領南寧不僅在大陸正面擊滅美蔣的作戰中有決定的意義，而且對於決戰時期的大東亞戰爭，有了完成攻勢戰略的意義。即是說我軍攻略南寧後，聯系我大陸戰略圈的南端與越南的桂越鐵道只剩下南寧至越南的一段（三百公里）未完成，其他地方完全被我控制。這意味着從昭南到滿洲國的大東亞縱貫鐵道在實際上已經完成。並在大陸正面與緬甸派遣軍相呼應，形成了對重慶政權（它被美英勢力蠶食了）的包圍形勢。同時意味着在台灣、菲島、××的大東亞內綫防衛據點背後形成大陸的縱深陣地。我軍攻略南寧（這使我軍能打通大東亞縱貫鐵路）使敵人由太平洋接近中國海岸的作戰完全失敗。同時發動戰略的攻擊，塞住重慶輸血路的日子愈益接近。南寧會於昭和十四年十一月廿四日被我華南派遣軍攻佔，完成了切斷中越路綫的重要目的，我軍進駐越南後，佔據南寧的意義就消失了，因此我軍於昭和十五年十月有秩序地退出南寧。我軍退出南寧之日，我軍將士向重慶呼籲：「恢復東亞的道義」。歸後經過四年三個月，重慶還未清醒，此次攻略南寧使我們想起四年前我軍與南寧市民道別的親切的情形。

加強美蔣軍事合作。

【同盟社里斯本三十日電】據重慶來電，在華美空軍司令魏特梅耶於三十日接見記者時，就華南戰況答覆如下：中國戰況依然對我方不利，但我方已在講求對策，挽回大勢。前途殊可樂觀。從廣西省向貴州省進攻之日軍，都是作戰能力很強的軍隊，它有這種攻勢的實力即無論向任何方向進攻，均能得到進展。南寧失陷有下列兩點意義，第一美軍又失掉了一個空軍基地。第二由此日軍打通了從東京經廣西省、越南至昭南的陸上交通，日軍現在的作戰暗示廣西貴州方面的日軍主力，或可於最近與從廣東進攻之部隊匯合。我每日都會晤蔣介石，事實上也每日會到新軍政部長陳誠，重慶正盡最大的力量協助美軍。

同盟社傳王世杰說
對中共的基本條件不變

【同盟社里斯本卅日電】據重慶來電，新任宣傳部長王世杰於三十日就任新職後，初次接見新聞記者團，說明重慶政權對於中共問題的見解如下：重慶解決中共問題的主要條件爲下列二點：第一，在戰爭期間，必須維持統帥與行政的統一。第二，在戰爭終了後，各黨派依據法律享有同等的特權，同時一切軍隊統一爲單一的國軍，此項說明顯然表示重慶在以往的和解交涉中所主張的二點毫無變更，這兩點就是共產軍置於重慶統帥之下以及重慶在戰時不可能接受中共要求，樹立聯合政府。

國民黨軍委會一週戰報

【中央社渝一日電】軍委會發表上週戰況，十一月二十五至十二月一日，軍委會發言人談，敵於太平洋諸島各戰役現已着着失敗，雖仍圖掩飾弱點，僞造戰果，我同盟國家燭其用心，將集中力量加緊反攻，敵人全面失敗之命運，絕難倖免。本週間廣西方面戰鬥，我刻在六寨附近地區阻擊敵人中。湘省方面，我軍數隊近分別襲擊長沙西之白箬舖，湘[illegible]西北牛頭山及寶慶城附近，將敵消滅頗衆。滇西我軍對遮放已完成合圍態勢。緬北八莫城，敵背伊洛瓦底江據險頑抗，我軍正緊縮包圍圈中。克復八莫，僅屬指顧間事

陳誠到部視事

【中央社渝一日電】新任軍政部長陳誠，偕政務次長林蔚，常務次長俞大維，於一日晨七時到部視事，由前任何部長應欽介紹與各高級官員相見，並召集全體官員訓話。

「中央社渝一日電」渝市知識青年從軍，自十一月十二日開始登記以來，迄今報名者已有男性五千七百九十人，女性三百六十三人，內任各處徵集所者共四百四十三人，本市以外集訓地點報名登記，將展至十二月底止，青年登記事宜，將設科辦理。

「中央社渝一日電」海外部長張道藩辭職後，中央遴選梁寒操繼任，梁氏決心在抗戰未結束前，從事軍中工作，經向總裁再三懇辭，由中央改派陳委員慶雲代理海外部長，陳代理部長，已於一日上午到部正式接事。

比利時繼續混亂

「路透社布魯塞爾廿九日電」比利時堅定地穩渡了過去三十六小時的大罷工危機之後，今晚在等待着緊張的國內戰鬥形勢的迫近與穩定的發展。比埃洛總理，由於關於特別權力重要問題的議案，在下院得到絕大多數的擁護，其行政已大爲增強。他行將擴大其內閣，使在持異議的左翼政治黨派中求得更大的支持。社會黨部長軍中：他們將留在政府裏。社會黨強有力的執委會已建議，政府要立即擴大。由權威方面探悉：比埃洛將繼續當總理。政府反對派尚未被完全擊敗。據今晚未證實消息稱：不久可能[illegible]有總罷工的號召。

「路透社紐約時報卅日專電」布魯塞爾自其解放以來，比利時人，在最××四天之後，於今天集合起來。這次紛擾是繼對抵抗部隊的激怒而來的罷工的爆發。政府得勢很少，但全國是更加緊固，並且對恢復作了某些進展。布魯塞爾電報局整日發報，情形繼續不正常，郵政員工亦都散在家中。此間與其他地方皆無值得提及的遊行示威，使當局驚異的是在全國任何部份，除了六個煤礦很久以來即行零散地停止工作外，沒有罷工。各方已在進行談判。最密切關係方面——政府，盟軍總部，政治家，勞工聯盟，抵抗集團——對於星期六規模之大，足以威脅比埃洛的罷工所施行的強暴手段應×××。郵政代表往訪盟國遠征軍總部及美、英、蘇大使館，詢問外人對罷工政策的意見。工團委員會的共產黨官員訪問埃爾斯金。埃爾斯金昨夜會與比埃洛進行長時的會談。斯巴克今晨離開總理官邸，共產黨的閣員馬爾丁已辭職。政府的命運繫於在最近××行將到來的社會黨支援。處於形成可靠意見的公正觀察家宣稱：反對派在現時非常強大。，共產黨對工人的號召×××××。諸傳關於英軍對政府與抵抗集團，及其他敵人鬥爭中軍事支援的規模。武裝人員繼隊從蒙斯，布魯塞爾前進，在昨天被英軍擊退的消息不確；比利時憲兵玩弄玄虛。昨夜由於英國裝甲車的出現，在政府附近×××居民（缺）本周

是包含着政治、經濟的制度與主權的問題的。自去年以來，形成國際問題的是國境問題，最近蘇聯政府要求把卡遜線以東的土地劃入蘇聯領土，而把東普魯士及西萊茲安割讓給波蘭。邱吉爾與斯大林會商結果，會將上述要求，傳達給米科拉茲柯，但波蘭政權對此並未有何回答（中缺）。羅斯福自然會知道莫斯科會談的內情，但他在上月十四日接見記者時說：雖然收到了關於會談內容的詳細通告，但邱吉爾並不是我的代表（中缺）。當美國在凡爾賽會議時，會不斷向波蘭表示無理的態度。一九三九年三月以後，忽然表示親切。要之，不過是供其利己的對德政策使用而已。原來眼中毫無國際信義的英國，會毫不躊躇地拋棄波蘭。至於侵略主義者的美國，爲了其自己的慾望，亦只有把欺騙世人的民主主義的國際憲章諸高閣，這已是勿庸爭辯的事實。波蘭邊境問題不僅是有關該國的存亡問題，實與歐洲的國際勢力情勢有深刻的關係。而且在今天願美英蘇關係最密切的羅斯福，對此難題自然沒有誠意辦法解決之。

波新總理 宣佈新閣方針

「路透社倫敦卅日電」路透社外交訪員報導：波蘭新總理阿齊塞夫斯基今夜（星期四）發表新閣政策，宣稱他所領導之政府的目的是——像其前任者諾科爾斯基將軍及米科拉茲柯一樣——與蘇聯獲得持久的諒解。阿齊塞夫斯基繼稱，「依照大西洋憲章所確定的原則，（缺）」。「大西洋憲章的原則——似爲有效的文件。憲章第二條原則規定，『凡與有關民族自由表示之意見不一致時，不得有領土變更。』運用在波蘭問題上，此表示寇松線非至爲波蘭全民投票所批准時不能接受，而此種全民投票是不能在戰爭結束前舉行的。作爲現實主義者，米科拉茲柯贊成與蘇聯立即求得解決，包括接受寇松線（附加若干可能的小修正）在內，附以在西方由德國領土中劃出的補償。此便是斯大林元帥及邱吉爾在莫斯科向他提出的建議。新波蘭政府以訴諸大西洋憲章的辦法，恢復其拖延政策。

芬蘭社會民主黨 大會閉幕

「海通社斯德哥爾摩三十日電」赫爾辛基訊：芬蘭社會民主黨大會已於星期三閉幕。雖然唐納及其黨羽的屈服使黨的分裂得以避免，但黨內能否團結合作尚屬問題。唐納的辭職並不等於他退出政治舞台。關於已被開除的六個黨員，因已收回開除令，如今是否再入黨，尚屬不知。他們中或有願單獨進行競選者。

第一次人民埋怨英國人，××在店鋪中，在電車上，通常是逐漸厭倦攻擊自己政府，在家庭婦女中間聽到許多不平之鳴。騷動將繼續下去，直至情況獲得解決。罷工將再度發生，民衆示威將不顧政府禁令再度舉行。總之，比利時依然是非常××。

「海通社柏林卅日電」倫敦訊：據此間由布魯塞爾所得消息，不久將可預望比利時政府在成份上有重大的變化。比利時內閣總理比埃洛企圖將他的政府置於較廣闊的基礎上，所以將與抵抗運動及左派政黨妥協，藉以引誘這些政黨參加政府。星期三比埃洛接待比利時社會黨執行委員會主席拉羅克。

波社黨人阿齊塞夫 組織流亡政府新閣

「路透社倫敦廿九日電」據消息靈通的波蘭人士說：湯姆斯．阿齊塞夫斯基實際上已組成了他的內閣。路透社外交訪員說：預閣他明天（星期四）將把內閣名單呈交總統。據說這個內閣將由社會黨人、國家民主黨人與基督教民主黨人的代表組成。農民黨仍拒絕入閣，正像他們拒絕郭賓斯基合作一樣。新總理也給農民黨留了三個不管部部長的職位以待農民黨改變他們的想法。前外長羅莫偽將被包括在新閣中。就這政府的外交於未接到更多消息以前看來，像阿齊塞夫斯基這樣的政府，似乎不會比郭賓斯基政府對於與蘇聯簽訂協定有更多的誘導力。

「路透社倫敦卅日電」路透社外交訪員報導：阿齊塞夫內閣已組成。其名單如下：總理湯姆斯．阿齊塞夫斯基（社會黨），外長亞丹娜．坦諾夫斯基（非黨人士，職業外交家），國防部長馬偉．庫基爾中將（非黨人士），內政部長吉曼特．貝勒佐夫斯基（國家民主黨），宣傳部長亞維姆．普拉金（社會黨人），司法部長布朗尼斯拉夫．庫斯門茲（基督教民主黨），行政計劃部長斯坦斯拉夫．索彼克基（基督教民主黨），籌備和平會議部長拉第斯拉夫．佛爾基爾斯基（國家民主黨）。財政部，社會福利部與教育部部長未指定。這些部長職位仍留給至今仍拒絕參加內閣的農民黨。現暫時由其他部長兼任。新外長係波蘭駐捷克的公使。他爲一職業外交家，現年五十歲。內政部長爲國家民主黨人與波蘭地下運動的領袖。他數月前才從波蘭到倫敦。教育部長爲一律師與波蘭問題作家。政府由三位社會黨人，兩位國家民主黨人，與兩位非黨人士組成。預期不久將發表關於政府政策的聲明。

敵朝日新聞 評波蘭新閣

「同盟社東京三十日電」朝日新聞社論：「煩惱的波蘭」稱：據說波蘭流亡政府總理米科拉茲柯會要求美國政府斡旋國境問題，波蘭問題實際

「海通社斯托哥爾姆二十八日電」芬蘭社會民主黨代表大會或將延長，因爲四天的開會時間不夠討論計劃。星期一全部用於辯論該黨過去政策的劇烈性質。贊成唐納的人與反對唐納的人對照起來很明顯，因此無一人認眞的企望對立的雙方能以諒解。新的黨中央委員會的選舉將留待代表大會後數日。該黨書記維爾突寧似乎可爲主席的第一個候選人。他是唐納的忠實贊助人。反對派非常可能無代表參加黨中央委員會。於長的演說中，唐納爲他的態度辯護，並非常有力的拒絕別人控訴他爲戰爭罪犯。他曾是財政部長，他辯護他作財長的政策。他沒有談到芬蘭對東卡累利亞的政策。唐納尖銳批評了瑞典報紙的態度。

傳戴高樂反對「西歐集團」案

「同盟社柏林廿九日電」英與蘇聯在戰後歐洲問題上，發生不同的意見，實毫不足怪。一般觀察家並相信這一意見的分歧，今後會因英國的「西歐集團」案，更加激烈起來。所謂「西歐集團」計劃的本質，無非是想把法國、荷蘭、比利時和斯堪的納維亞各國聯結在一起，在軍事上，政治上，經濟上，向東方築成一道防綫。因而英國這一提拔法國的態度，便引起了各方面的注意。另外值得特別注意的是法國的態度，法國外長會於日前發表極富有趣味的聲明，表明反對「西歐集團」案，並指出如不依據包括歐洲全體的組織，則很難維持戰後的世界和平。（以下缺）

「同盟社東京廿九日電」朝日新聞神風欄評稱：蘇聯所以反對英國再三計劃的「西歐集團」案，無非是因爲這個方案是想阻止蘇聯的勢力向西擴張。在這次世界大戰後，將要產生一個新的世界，在這個新世界裏頭，在西歐僅剩下英蘇兩大國家，和西半球的大國——美國共同掌握世界霸權。英國爲了保持大國的外觀，和其他兩大國家相抗衡，除與西歐諸小國密切團結在一起以外，是沒有其他好辦法的。但無論如何，今後的實事，只是蘇聯的勢力向西歐擴張，驅逐英國的勢力。

泰晤士報 評戴高樂訪蘇

「海通社柏林三十日電」倫敦泰晤士報社論，評戴高樂訪莫斯科事，指出「區域計劃」將在戰後歐洲重建中扮演重要角色。英蘇同盟和一般安全制度，以及西歐東歐之區域集團，將保證維持戰後歐洲之和平與秩序。敦巴頓橡樹林會議，會有助於消釋彼此間的誤會，而可能達到諒解。

参攷消息

（只供參考）

第七一六號

解放日報 新華社 編

今日出一大張

卅三年十二月三日 星期日

國參會駐委會開會提出對外交、運輸、借用外匯等意見

【中央社重慶一日電】國民參政會駐會委員會於一日上午九時舉行第四次會議，出席主席團張伯苓、莫德惠、王世杰、江庸，參政員錢公來、李永新、許德珩、孔庚、冷遹、陳啓天、杭立武、左舜生、張君勱、王雲五、許孝炎、陳博生、胡健中、江一平、李中襄、羅衡，秘書長邵力子、副秘書長雷震等，由莫德惠主席。報告事項：（一）秘書處報告：一、中國人民外交協會代電，為十二月八日美國參加戰爭三週年紀念日，特發起向美國人民致敬希響應電。二、准財部函為借用人民外匯資產辦法草案，已呈請行政院覈核由。三、國防最高委員會秘書廳公函國民參政會此次大會建議各案，業奉常務會議分別決議，抄同清單，函請轉陳由。四、國防最高委員會秘書廳公函國民參政會，對於政府施政報告及蔣兼院長在大會關於軍事外交等報告之決議，業奉常務會議分別決議，抄同清單，復請轉陳由。五、國防最高委員會秘書廳公函，國民參政會此次大會對於軍事報告之決議一案，准軍事委員會函復，已分電各有關機關切實注意，函請查照由。六、國防最高委員會秘書廳公函，國民參政會此次大會對於司法報告之決議一案，准行政院函復，已令司法行政部注意，並函司法院查照，函准轉陳由。七、國防最高委員會秘書廳公函，國民參政會此次大會對於蒙藏之決議一案，准行政院函復，已飭蒙藏委員會注意，函准轉陳由。八、國防最高委員會秘書廳公函國民參政會建議民國卅四年度國家施政方針之決議，業奉常務會議決議，交中央設計局迅速議復，函請轉陳由。九、國防最高委員會秘書廳公函國民參議會建議訓練東北四省所需之各級幹部案，准中央訓練委員會函，以此項訓練，正在計劃辦理，函請轉陳由。（二）外交部長官報告，由吳次長國楨出席報告我國與盟邦最近外交關係，及國

戰的迅速展進，使貴州省的首都貴陽，成為數十萬難民移訪的中心地。日軍的先鋒部隊沿着黔桂鐵路，已到達貴陽以南二百廿五公里處。人口二十萬的貴陽，立即超過三十八萬，因此，居住方面發生莫大的困難。因此，很多無家可歸的難民佔領了公園、街頭與公共汽車的停車場。另方面糧食的價格亦開始暴漲，幾乎漲了一倍，黑市的行情亦是無止境的漲，從貴陽到重慶的公共汽車票（下缺）。

千百員工趕築中印油管

【中央社滇中某地十一月廿四日電】曾經修築滇緬公路與鐵路之千百交通工程員工，刻正陸續自此間出發，趕築較中印公路更偉大之中國境內輸油管。此管之敷設全部工程，須越過綿延數百哩拔海三四千公尺之橫斷山脈，越過水流泌湧之瀾滄江與怒江，其設計與勘定路線，至為不易，然經中美工程師數月之努力，卒已完成。敷管工程茲已開始。數萬民工正按照計劃，一寸一節，向遠征軍新恢復之騰衝，龍陵築去，使油管展延至中緬國境線，使能與自印度經緬北野人山叢林東來之油管相銜接。此一油管接通後，大量汽油，機油將源源自印度輸入，其輸入量之大，將遠在超越喜馬拉雅山空中運輸量之上。我國近年來最寶貴之汽油，將不再處匱乏。

黃岡國民黨老前輩涂仲鳳到我邊區為民請命

【新華社湖北卅日電】鄂東國民黨元老涂仲鳳老先生，辛亥革命時即追隨孫中山先生參加同盟會，歷經革命風波，後以愈憾國民黨之專制黑暗，退休黃岡鄉里。抗戰爆發初期，動員群衆參戰，涂老先生曾竭力號召。武漢撤退後，對邊區人民抗日游擊戰爭的發動，民主政權建設事業之締造，涂老先生莫不盡力襄助，特別在鄂東幾次反共高潮中，涂老先生更是不顧艱險，到處奔走，呼籲團結。但他這樣的主持正義，擁護眞理，主張進步，贊助民主，却受到鄂東國民黨法西斯份子的嫉視，從過去程汝懷到現在的程樹芬，以及李品仙的部下，他們從未停止對我黃岡人民的姦掠燒殺，對人民抗日武裝的進攻襲擊，以及對涂老先生的陰謀迫害。最近這個時期，廣西軍與程樹芬，對黃岡人民的摧殘，更是變本加厲，窮凶極惡，把黃岡鬧得個不成樣子。黃岡人民眞是求生不得，入地無門，鄉裏父老紛請於涂老先生，求其為百萬桑梓到邊區請命，臨行前，他們在涂老先生跟前跪地哀求，痛哭流涕。涂老先生激於義憤，毅然就道，雖老邁年高，不辭長途跋涉，冒敵偽封鎖之險，親臨邊區，於日前到達邊區行署暨五師師部，分謁邊區黨政軍民各首長，把晤接談，甚為

際情勢，吳氏報告後，左參政員舜生，王主席世杰，冷參政員遹，陳參政員啓天，陳參政員博生，莫主席德惠，許參政員德珩等，對於促進與各盟邦之外交關係，分別有所詢問，或提供意見，而於中蘇邦交之加强，尤多所注意，均經吳次長即席答覆。討論審項：第一案，爲冷參政員遹等提爲中印公路即將通車，擬請政府迅與美軍合組運輸機構案，其建議之辦法：一、進口物資，將係美方租借中印公路運輸事宜，應與美軍合組機構，統籌辦理，惟我方應立於主動地位。二、由上項運輸機構，分配進口物資運輸數量，軍、工、商、生、儲等物資，應比例運輸，嚴禁商車自由營業。三、行駛該公路之各種車輛，均應受運輸機構之管制調度。四、力謀加强運輸工具，充實抗戰力量。五、樹立新規，矯正過去機構林立，營私舞弊之頹風共五項，經決議送請政府迅速切實辦理。第二案亦爲冷參政員遹等提，建議政府迅速統一運輸機構，集中調度車輛，適應目前軍事需要案，其建議之辦法：一、成立統一運輸機構；二、統籌分配汽車原料；三、裁減機構，簡化檢査；四、統籌物資運輸；五、減少無益消耗；六、增加出差人員旅費。（三）訓練司機和技工事項；本案曾經熱烈討論，各參政員咸認此係當務之急，而對於主持此項機構之人員，尤應妥加遴選，當將原案通過，送請政府迅速切實辦理。第三案教導團應行改進事項建議案。本案係根據駐會參政員於視察第三教導團後所提出報告而擬具之建議，對於該團之×人事、環境設備、副食、補給、運輸、餉項零發等五項，均提出改進意見。並以此次參政員視察雖僅數小時，而視察所得，足資其他此類機構改進者不少，擬請軍政部將渝地近郊各軍事教育機關，各駐軍各補訓處，各衛戍及勤務部隊之番號駐地，開列送會，以便隨時派代表分別視察，以資協進士兵生活之改善，本案經決議，連同原報告一併送請政府參考。最後冷參政員遹，並以財政部函會，已將徵借人民外匯資產辦法草案，呈請行政院鑒核，惟閱財部呈文中，附有兩項意見：一、主張將此款留待戰後使用；二、須經過外交手續後始能動用，此事如果屬實，顯與原意相反，經一致決議，函財政部詢問，並限期答覆。至十二時許散會。

貴陽難胞擁擠

【同盟社里斯本卅日電】合衆社重慶訪員廿九日報導：由於日軍作戰的進展，貴陽方面已因難民充積而呈現巨大的混亂。他說：根據返抵重慶的美籍機師談，由於日軍作

融洽。本月五日，行署暨五師師部聯合歡宴涂老先生，並舉行盛大歡迎會，在歡迎會上，涂老先生以不能抑制的憤慨，申訴着國民黨專制的腐敗無能，以及爲國民黨政府及統帥部所率領的鄂東官吏部隊，所施於黃岡的罪行。他說：『論國民黨的軍事，不對外專對內，軍令政令不制裁他的叛官降將貪官汚吏，專來對我忠勇抗戰的八路軍新四軍。論國民黨的教育，是復古教育，奴化教育，不知坑害了多少青年。論經濟政策是橫征暴斂，囤積居奇，增加個人財產，孔祥熙在美國做一趟布疋生意，就賺了一萬萬二千萬元。我們敵後部隊却無吃無穿，拚命殺敵。』他從國民黨這些錯誤政策所招致的惡果，正面戰場的敗績，說明國民黨這種政府，這種統帥部，希望他打走日寇，完成抗建大業，等於緣木求魚。『我們唯一的希望是寄託在共產黨和忠勇抗戰的八路軍新四軍身上。』接着他更從辛亥革命卅年以來中國的政治演變，說明眞民主一直未有實現。現在國民黨更是假民主。最後他說：我這次來到邊區，是代表黃岡一百廿萬人民的要求而來的。黃岡處於敵頑夾擊中。國民黨統帥部所領導的廣西軍，在黃岡燒殺姦搶，無所不爲，弄得民不聊生，怨聲載道。人民望我新四軍，如大旱之望雲霓，赤子之望父母。我來時，人民開大會跪地要求，痛哭流涕，要我來請命，派隊伍保護。爲民衆請命，義不容辭。我好比申包胥哭秦庭一樣，來痛哭『邊庭』。

敵加强國內防禦
河邊正三任中部軍司令

【同盟社東京一日電】陸軍省公佈（十二月一日）：此次發佈命令如下：任命陸軍中尉邦永宮殿下爲陸軍大尉。陸軍中將河邊正三補中部軍司令官，陸軍大佐柴田當松，陞任陸軍少將。

【同盟社東京一日電】緬甸方面陸軍最高指揮官河邊正三在緬甸指揮作戰一年餘，現在繼飯田中將之後，就任中部軍司令官担負防衛本土的重職。當今日敵機空襲我國時，此次河邊中將就任中部軍司令官，使防衛總司令東久邇宮殿下統率的本土防衛軍陣容更加强化。

【同盟社東京一日電】河邊正三中部軍司令官。戶山縣人，曾任參謀本部部員、陸大教官、現地部隊長、兵團幕僚、教育總監部本部長、教育總監代理、中國派遣軍幕僚長、緬甸陸軍最高指揮官等職，直到現在。（柴田少將）：福井縣人，昭和十九年五月以後曾任部隊長，六月二十九日戰死。

美海軍供給局長說
太平洋上新登陸不易

【同盟社里斯本二十九日電】芝加哥電：美國海軍供應局局長楊格，二十八日在芝加哥發表演說稱：不管對於南太平洋任何地點進行大規模的登陸作戰，需要對二十五萬登陸部隊供給一百五十萬人以上的裝備。而且爲了把此種兵力維持三十天的時間，以後亦必須供應三十萬噸的裝備。又此種數目的兵力和裝備，必須使用各種登陸用舟艇，並須在五千個地方登陸。但以上所述，只不過是此種登陸作戰中的供應問題之一部份而已。因在如此遼闊地帶的登陸作戰中，船舶本身亦須同時供應。海軍爲了克服這一供應的困難，甚至已把戰艦動員於供應方面。

【同盟社里斯本卅日電】美國戴着民主主義的假面具，祕密地企圖佔有太平洋各地域。芝加哥每日新聞於九月二日揭載題爲：「我們爲什麼在太平洋作戰的社論，採取非難美國戰爭目的不明顯的形式，藉口美國担負太平洋戰爭的幾乎全部的重担，頑強地主張美國領有反軸心國領土的權利。該報社論要旨如下：美國統治階級聲稱美國的願望只是奪回菲律濱，不想領有其他任何地域。如果是這樣，那末我們爲什麼在太平洋進行戰爭？美國是否爲了打倒日本，使西洋的帝國再度支配東洋？美國指導階層仍然以沉默來答復這個質問。如果詢問美國是否要在戰後獲取太平洋的陸海空軍基地，而其答覆是非常曖昧的。這種祕密主義影響國內的士氣，侮辱美國一般民衆，美國人民在戰爭中供給兵力，負担戰費，他們當有權利探討美國在太平洋的戰爭目的。

海通社稱
斯退丁紐斯更左傾

【海通社馬德里三十日電】據「阿當巴」報紙駐紐約訪員報導：赫爾被認爲多少有些反對共產主義，此間以爲斯退丁紐斯的繼任，其結果將增加左傾的傾向。他寫道：美國方面認爲新的國務卿是一個異常聰明的商人和談判家，但被認爲是一個典型的空想的民主黨員。

【海通社柏林卅日電】外交部發言人星期二宣稱：赫爾辭職，乃由於他錯誤估計日本之故。按赫爾因過低估計日本國力，以致在遠東採取錯誤政策。

（下缺）

加拿大國內形勢緊迫

【同盟社里斯本廿九日電】渥太華來電：加拿大下院於二十九日，根據總理金氏的提案，前後約六小時召開祕密會議，就徵兵案反復進行討論。由國防

大之折衷計劃。依加方計劃各航空線之業務，得依其中間權授運輸量予以擴充我擴充，但須由一國際權力機關決定其是否有此必要。此與美國的願望大相逕庭。

【路透社倫敦廿九日電】紐約訪員稱：芝加哥民航會議今日發表的委員會草案所建議之臨時國際航空組織，和建議永久組織的計劃實質上是一樣的。草案規定：臨時期間的國際組織本身，或「技術與諮詢」性臨時期間的國際組織（包括大會與理事會），將存在至恆久協約得到承認、但爲時不得超過臨時協定施行之後三年以上。每一國家在大會上均有一票，大會每年舉行一次。理事會由二十一個理事國組成，除非該國在會議結束以後六月內接受臨時協定，則不能成爲理事國。該草案繼稱：「凡聯合國家之一員，凡與聯合國聯絡，凡在目前戰爭中仍守中立而未簽署此協定的國家，可以通知美國政府而參加目前的協定。」

【同盟社里斯本廿八日電】據華盛頓來電：戰時情報局發表一九三九年九月至一九四三年末，反軸心國和各中立國喪失船舶的綜合數字（此項數字以英政府及美國戰時海運局的報告爲基礎）。其要點如下：（一）損失船舶五千七百五十八艘，共二千二百十六萬一千噸，每日平均損失十六艘。（二）損失的船舶佔戰前世界船舶總數百分之卅二。（三）其中美國損失的船舶爲七百五十三艘。

同盟社論
英美關係

【同盟社東京三十日電】最近美英的相尅相當厲害，其原因是美英各自擁護本國在戰後的立場和擴張勢力的野心，因此打算發生對立。美國堅持自由競爭的原則，使用實力支配世界市場。而英國則以國際條約壓制美國，藉以確保自己的地位。它們每在反軸心國會議上，暴露出矛盾是理所當然的。但是美英兩國關於推行戰爭一節，是團結一致地打倒軸心國。我們必須正確地認識敵國陣營有相尅、協調的兩面。美英兩國在推行戰爭方面是相當的合作。現可以海運統制作爲例子來說明。兩國海運界雖然發生了許多互相對立的問題，但是雙方都極力設法在對日德兩軍的戰爭中互相使用對方的船舶。在反軸心國航運史上，可以找到斷片的情報，說明美英相互讓出船位。這樣互相通融與美英保有船舶是兩個不同的問題。美國保有強大的造船能力，它決不會使航運界缺乏船舶，本年六七月以來，特別是菲島作戰以來，民間租船的停頓顯然表示他們有充足的船舶。這樣，美英船舶亦將出現於太平洋上。

大臣麥克納頓說明徵兵案的理由，在三十日的公開會議上，將表決對現任內閣的信任動議。現在野黨議員數名拒絕出席祕密會議，空氣極端惡劣。另一方面提拉斯（哥倫比亞州北）兵士的暴動現在尚未結束，攜有步槍，自動步槍的國防軍兵士，從英屬哥倫比亞州的各個地方，向州內的一個地點集中，將舉行示威運動以反對徵兵案。

航空會議上 傳英美意見決裂

【同盟社里斯本三十日電】芝加哥電：反軸心國航空會議的美國代表三十日發表聲明稱：英國代表拒絕了加拿大所提關於航空自由的妥協方案，因此，在此次會談中，已無締結國際航空協定的機會。參加會議的五十四國代表，曾於三十日夜召開全體委員會，決定根據各國的自由意志，來決定是否贊成事實上主張無限制航空自由的美國的提案。又英國認為美國在會議上的提案若得實現，則將來世界上的航空將受美國支配，英國懼怕這一點，因此堅決反對。加拿大會提議把美國的提案稍加修改，亦遭到英國代表的拒絕。這樣，由於美英兩國的正面衝突，使航空會議事實上已陷於決裂狀態，該會大概將於二日夜閉幕。

【合衆社芝加哥三十日電】美國出席國際民航會議代表團發言人稱：英國拒絕加方天空自由折衷方案後，大會完成新航空協約之希望已成泡影。五十四國組成之委員會本夜集會，以完成美國所提出的關於無限制天空自由的建議。俾贊同該建議的國家獲得該項自由之工作，並決定如何以該條款附加於民航協約，以為隨意遵從之條款。發言人稱：大會可望於明夜閉幕。

【路透社芝加哥三十日電】中國代表團表示懷疑英美關於航空自由的觀點能達到一致意見，並正式宣佈支持美國的天空自由計劃。中國贊成將「航空第五自由」的建議附加於新條約之上，作為選擇的議定書，此議定書將由贊成之國家簽字。

【合衆社芝加哥廿九日電】美國向民用航空會議提出無限制之空中自由後，英國亦以修正之計劃相對付，依該計劃，國際航空組織可以予任何國家在各長程航綫上所能經運之運輸量。英國極力重申其贊成一國際權力機關之願望（美國確係反對此點）。據云：「對於若干事項，雖可設計一標準之定式」。但世界航空之複雜情況所產生複雜問題，使我們必須自行置於國際機關之下。按英國之建設包括原來所規定的得許可每一國家載運其自本國領土以內起運之百分之十的客貨。美國與加拿大前已同意此點。該建議並接受官會

威爾斯主張由國際 仲裁法庭解決蘇波糾紛

【海通社紐約卅日電】紐約無綫電報導：前副國務卿威爾斯向賓州鋼鐵工廠工人演講，建議委託國際仲裁法庭處理波蘭與蘇聯問題。威爾斯稱：蘇聯或有權要求和平邊境，但如果波蘭沒有其他機會而只有退步的話，那麼其他小國對國際仲裁法庭還有什麼希望呢！而目前全世界人民正為此國際法庭而流血犧牲。此一理想大於蘇聯，大於波蘭，亦大於其他國家。如果，斯大林認識到蘇聯的態度，將使美國對戰後世界組織的信心減低到如何程度的話，他將會將波蘭問題交與國際法庭。

英國白皮書 揭載英戰時損失詳情

【同盟社斯托哥爾姆廿八日電】據倫敦來電：英格蘭銀行理事肯茲於九日赴華盛頓，與美方締結軍火租借協定。英政府為了援助肯茲的工作，遂於廿八日以白皮書的形式發表英國於歐戰開始以來所受的損失及傷亡的統計。英情報部長布拉肯於發表白皮書時，特別接見記者團發表談話稱：英國在此次戰爭中犧牲了國富的大半，在一九四四年八月以前，國內工廠五千五百餘家被德機炸燬，開戰當初美國供給的金錢都消耗了。最近聽到關於英國戰爭力量的批評，此次發表白皮書，反駁此種批評。白皮書揭載的數字如下：（一）英兵傷亡：陣亡十七萬六千人，負傷卅八萬七千人（截至一九四四年九月末日），市民死亡五萬七千二百九十八人，受傷七萬八千八百十八人（截至一九四四年八月末日）。（二）房屋的損壞：四百五十萬棟。全國的房屋為一千三百萬棟，因此數棟之中被破壞一棟。（三）資本的損失：對外收入為十億六千五百萬鎊，還是作為租借軍需品的資金交給英國。此外還負担外債廿三億鎊。輸出貿易額由一九三一年的四億七千一百萬鎊減為一九四三年的一億三千二百萬鎊。在此五年中，輸出額減少百分之七十。（四）戰爭努力：現在武裝的兵員有男子四百五十萬，女子五十萬。此外有男女各七百萬參加軍需工業或防護團，其中有男子一百七十五萬作為預備兵。（五）生產飛機十萬二千架，其中重轟炸機為一萬一千八百架，而其中有二千三百八十九架是一九四四年下半年生產的數字。現在每月生產戰鬥機九百四十架。製造坦克車二萬五千輛。（六）建造海軍艦艇的數字：大型軍艦七百廿二艘，其他艦艇五千零廿二艘。（七）商船：六百七十五萬噸（重量噸），一九四三年保有商船一千三百五十萬噸，比一九三九年減少百分之廿九。

參攷消息

（只供參考）

第七一七號

解放日報 新華社 編

今日出一大張

卅三年十二月四日

星期一

龍雲要求美國裝備滇軍

【本報訊】今年國慶日，龍雲在昆明省市各界代表慶祝會上致訓詞，首先說及該省處境極險惡，繼說道：『吾人倘無大規模軍事行動加諸敵人，敵未失敗，如何會好轉？』繼謂該省西面當可無慮，所慮的是南面。訓詞提出三點意見：一、今天所希望的，是盟友援助我們裝備所有雲南境內的部隊，不論遠征軍或其他部隊；二、我人民應不分武裝不武裝，一齊準備。人人均有作戰責任，將來即使無槍、刀、標、柴棒均為武器。不分外省人本省人，人人都要有決心，千萬不要慌亂。萬一時局緊急，各界人士皆應沉着，學校機關團體，應信任政府，當局決不會只顧個人，必決負責處理學校機關團體之安全。三、希望大家信任政府，勿輕信謠言，應沉着準備。

國民黨與雲南地方當局關係種種

【本報訊】自十月十二日掃蕩報斥雲南整備地方武裝準備抗敵為『部落主義』，雲南日報則於十四十五兩日著文加以公開的猛烈駁斥之後，昆明於十月卅一日開會『慶祝蔣主席五八壽辰』，主持人及講話者為黨部書記長趙公望、三青團中央團部視導室主任劉健羣，各廳長也參加，但龍雲氏未出席。同時雲南繼續整備地方武裝（十月二十日同報載，招集閑散軍官第一期已辦畢）又大批更動縣長（十一月二日載：新委十五縣局長向龍雲氏請訓，龍勉以『今後準備抗戰』）。國府中央所派公益儲蓄雲南配額三十萬萬元，滇方公開電請緩辦，後滇省勸儲委員會主任幹事陳廣雅奉龍雲命飛渝，於十月三十一日返昆，謂『會晤蔣主席，並列席行政院召開之聯席會議，蔣主席以本省災荒頻仍、供應紛繁，特准酌減儲額，仍限年底完成』。十一月一日滇臨參會決議致電重慶國參會請其建議政府，重新確定十二月二十五日為『國定護國紀念日』（即雲南蔡鍔等起義推翻袁世凱

質，訓練新軍以爲反攻的計劃之後，蔣主席發出了十萬黨員從軍的號召，以為智識青年從軍運動的中心。渝市四萬餘黨員除逾齡者外，要全部參加從軍抽簽，其中有二千人將中簽入伍；公務員亦要抽簽。自中央幹部學校教育長蔣經國從軍後，幹校師生應他號召，將全部入伍。中央政治學校三千餘員亦有全部從軍訊。……青年從軍分兩期，本年底前第一期，明年一到三月第二期，每期徵集五萬人。編制方面以籍貫為主，兵科為輔。待遇方面，聞士兵月得六七千元，並一次發給安家費數萬元。……領導方面，蔣主席原擬自兼此特殊軍事單位的首領，繼又作罷，現此職有由前遠征軍司令官羅卓英將軍補充說。……本來聽說政府對在國外留學者，亦飭返國服役。今後公自費留學生，亦將先服兵役，方准出國。但此議已打消。』

國民黨裁員緊縮明年預算

【本報訊】十一月三日華西日報『四川社重慶通訊』稱：『關於中央裁員問題的來源，或係出於當局鑒於明年預算過鉅，為避免膨脹計，嚴令必須厲為緊縮；凡不必需之行政單位，不必需之建設事業，及不必需之各項業務，均行合併裁減，共三個原則，以達到適合某項國家預算為目的。且自行政院通令機關人員首先響應從軍服役後，各機關公務人員勢必有五分之一（按：五人抽籤一人去）離開原服務機關，為行政業務計，因人而設之若干機關，亦殊有裁減合併之必要。』

傳國民黨將重劃中央與地方權責

【本報訊】十一月三日華西日報載四川社訊：『中央與省權劃分問題，日前蔣主席有指示，惟技術上如何詳細劃分，中樞與地方職權如何具體決定，行政院曾邀集各院、軍委會、中央設計局及各有關機關，將全國行政會議決議案（按：該會議舉行於今年六月）加以研究並整理，聞於最近便可提出院會通過。』

法共為諮詢會議中第二大黨

【海通社柏林一日電】華盛頓訊：合衆社××記者由巴黎報導稱：『法國共產黨的政治活動×××，毫無疑問的，共產黨人的目的是在第一總選後控制法國——此等共產黨人由於多列士之自莫斯科返國，而勇氣大增。訪員繼稱：法共是諮詢會議中的第二個強大政黨，而極力使抵抗運動各小黨站在它自己方面的努力顯然已相當成功。該黨機關報『人道報』在法國一切報紙中為流行最廣的報紙——每日銷售三十萬份。格利格同時指出共產黨與社會黨更親密合作（如共產黨所希望者）對法國未來軍事及政治發展的

帝制紀念日，幾年來國府令將它和『肇和兵艦舉義紀念日』合併舉行），該電文强烈攻擊袁氏稱帝專制之罪惡云：「彼袁氏只圖一人一家之私利，罔卹民國創業之艱難，帝制若成，則喪權辱國之禍將接踵而至，不僅共和政府自袁氏而中斷，中華民國亦可爲其斷送而有餘！」雲南日報加以評論道：「『沒有護國，便沒有現在的中華民國』這句話，是有它的現實意義的」，「按紀念日之意義，乃在追念往事，策勵來茲，檢討過去，規定將來，其作用在鑑往知來，重溫歷史事實，接受歷史教訓，價值在今而不在古。」

雲南整理
省級機關檔案

【本報訊】十月廿二日雲南日報訊：「龍（雲）主席鑒於各機關編管卷宗，甚爲重要，特提議上次省府會議議決設立『整理省級各機關卷宗委員會』，並指定李廳長（財廳長李培天）爲主任委員」。廿一日各省級機關負責人開了座談會，其中決定了民財建教四廳及祕書處、警務處、富滇新銀行各派一人參加組成整理卷宗委員會。

智識青年從軍
國民黨實行攤派辦法

【本報訊】據十月二十日雲南日報披露：國民黨全國智識青年從軍指導委員會，同月十六日在國民政府會議室舉行了第一次會議。其中決定了攤派給各省的配額：（一）二百人以上一千人以下者：青海、寧夏、西康；（二）一千到二千人者：甘肅、浙江、雲南、重慶（市）；（三）二千到三千人者：貴州、湖北、廣西、安徽、江西、廣東；（四）三千到四千人者：湖南、陝西、河南、福建；（五）四川一省最多，定額八千人。

又據華西日報披露：國民黨中央已規定黨團員抽簽入伍辦法，限在十一月一日前黨團員須一律登記完畢。

華西日報報導
重慶黨軍組織情形

【本報訊】十月廿八日華西日報所載的重慶通訊『勝利洪流中的漩渦』一文，報導了敵大量調拔怒江，有侵犯昆明模樣，但盟國要求我們要接應他們登陸的部隊，就需裝備沿海敵後游擊隊，在此觸到了問題的核心，即政治問題，國共談判五月，尚無結果；該文引述了十月初林老覆張王的信撤段但被刪甚多，並說五人赴延考察團『已一時不克成行』。

該文繼着報導了蔣介石黨軍的如下情況：「在接受了赫爾利將軍的提高素

意義。社會黨似正利用此觀點。社會黨領袖梅葉爾最近在社會黨大會上的聲明，共產黨認爲是明白的表示，該聲明謂，社會黨將絕不依附於極端的共產黨集團。

【路透社倫敦二日電】非官方觀察家相信：戴高樂這次訪蘇有兩個主要目的：第一，與蘇維埃國家各領袖建立友好的個人聯系，這點在蘇、英、美交涉中證明極爲重要；第二，探索在更親密基礎上恢復蘇聯與法國間傳統聯系的憑藉。倫敦有一切象徵表明，蘇聯政府將絕不使戴高樂的衷心期望——即法國在與國有關歐洲問題的決定中應有充分發言權——感覺失望。法國對佛朗哥西班牙的態度，據料也爲討論項目之一，但關於這點迄今尚無確切可靠的情報。一般雖不相信戴高樂『囊中』攜有什麼條約，但非官方觀察家認爲，在這次談判中，至少是法蘇軍事同盟及戰後合作（依照英蘇模型）條約的初步基礎，將被奠定。

希共拒絕解散游擊隊

【海通社柏林卅日電】雅典訊，關於希臘共產黨拒絕於指定日期解散希臘游擊隊的消息，總理裴邦德里歐對報界發表談話，表示這樣的希望，即共產黨不要迫使全國進入內戰。共產黨以前於同意民族解放陣綫旅的『神聖大隊』與×××陣綫的同樣部隊應×××以後，曾答應於十二月十日實行解散。裴邦德里歐强調稱，××計劃與日期在××中。政界人士相信政府於必要時有實行該計劃之決心。

【路透社雅典廿九日電】希臘一切抵抗部隊已根據官方命令予以解散。這一決定是獲得希臘國民政府內一切政黨的完全同意。

英共進行地下活動
傳摩利遜說英共過右

【海通社倫敦三日電】英內政部長摩利遜於星期六發表演說，論及共產黨的活動方法，摩利遜宣稱：他認爲人們對共產黨太注意了，以他個人來說，他並不怕共產黨在目前發展階段的地下活動。他甚至想批評共產黨非但不太左，而是太右了。共產黨的威望是不吉利的，但他改變旗幟的能力卻令人佩服。美國共產黨自動解散，他的精神顯然已與美國資本主義結合。在歐洲有些國家中，共產黨支持資本主義力量，並與他們合作。在這些條件下，共產黨政綱的改變實不足奇。英國共產黨——就其尚爲英國自己的政黨而言，任何時間均可改變其政綱，並再作流血的革命。總之，他知道該黨可能今日已在進行地下活動。工黨人士尚不確切知道怎樣對付。工黨落到共產黨陣綫後面，便藉口說已征略了英國最大職工會之一，並正在其他某些職工會中造成强有力的影響。如果是這樣情形的話，那末這個成功不是由直接轉變大多數獲得，而是以一種幕後策動，（共產黨在這方面頗爲專長）而達到的。這之所以可能，僅是因爲英國社會主義者在諸言和實際行動上均不够積極和活躍。這就是它想要做的一點。

海通社稱 英方不擁護波新閣

【海通社伯林一日電】倫敦訊，波流亡政府內閣中的幾個空缺，已於星期四傍晚被塡滿。商業財政部長之職，委給前建設部長郭賓斯基，建設部長之職則移交給斯坦利山斯·索比其，教育部則委給暫時尙將負責新的籌備和平會議部的烏拉第斯勞·穆爾基爾斯基。新政府的對外政治方針已由總理阿縈茲維斯基起草。他說：薛科爾斯基將軍所留下的原則，將來也會起決定作用。但米科拉茲柯政府所得的經驗也將被利用。總理繼謂：我的內閣除非達到成立波蘇間可能接受的，與符合於國際合作原則的協定後，是不會安靜下來的。關於這一點，新波蘭總理特別涉及大西洋憲章。一般的說，新波蘭政府並未得到英報界的擁護。例如：「每日電訊社」稱：「雖然對波蘭問題的不利評論被認爲極其可歎，但沒有辦法歡迎新政府認爲其很有希望。新政府不是一個民族團體的政府。吾人實不能否認波蘇間的諒解機會已趨惡劣，也不要空想英政府會出來幫助似乎已被惡評的固執的波蘭政府。從軍事觀點看來，暫時的結果是無關重要的，但其發展並非其未來的吉兆。」

【海通社柏林卅日電】威廉街發言人關於所謂德布勒森成立匈牙利親蘇政府（以潛逃之匈牙利梯克洛斯將軍爲首）問題，未發表答覆。發言人暗示，蘇方×××消息的眞實性是可以懷疑的。並指出，蘇方對許多將軍會大肆宣傳，例如對悉德里兹將軍即會進行宣傳。當倫敦焦急地詢問悉德里兹委員會是否有任何政治意義，蘇政府答稱，未與悉德里兹委員會有什麼政治討論。

芬蘭法西斯份子 圖謀暴動

【海通社斯托哥爾姆三日電】「阿福頓報」稱：芬蘭共產黨及其他蘇聯朋友，傳佈謠言：法西斯份子——意指芬蘭國民黨人士，正組織新的抵抗運動。並力言：刻已隱藏大批武器，而新成立的組織已計劃特代被解散的國內警衛軍。共產黨傳佈此謠言，其目的何在尙不清楚。他們大概是準備對國民黨方面另有所行動。

芬共要求審判唐納

【海通社斯托哥爾姆廿九日電】芬蘭共產黨現要求將芬蘭社會黨領袖唐納，當作

英陸長說 組織西歐集團是英國的責任

【海通社柏林二日電】倫敦訊：前英陸長獨立黨員貝利夏，星期四日在英下院贊同「西歐集團」派。他否認此次戰爭爲恢復歐洲國家的原狀而戰。他宣稱：如果這就是其目的，則戰爭應告結束。最近的經驗已證明要組織「西歐集團」其責任落在英國肩上。繼謂：××××提高西歐的經濟政治或戰略合作，將更加迫切。英國之欲組織其側翼國家的力量，實不如蘇聯之欲組織西歐國家那樣有挑撥性。

【海通社日內瓦二日電】國際聯盟監察委員會的卅個委員，將於數日內在倫敦會晤，以便決定國際聯盟之解散。一九三九年十二月間，佔國際聯盟代表大會所任命的委員會，在戰爭期間有充分權利來處理聯盟本身。監察委員會主席是前挪威國會主席哈姆伯。

中央社宣傳 美決加强援助國民黨政府

【中央社華盛頓三日專電】非官方而具有權威之海軍雜誌，今日稱：赫爾利將軍之被任駐華大使，足證美國決心「加强對中國政府之密切合作，以對日作戰」。該雜誌稱，目前日軍之進攻中國，雖至爲緊張，但亦只（下缺十幾個字）。

【中央社紐約二日專電】美重要報紙之一，使者日報社論，對納爾遜近在中國（缺十字）分析中國之困難，加以評論稱，×納氏於其協助中國之工作中，已獲得良好之開始矣。該報稱，若循美國一般對中國之看法，則美國所能貢獻於中國，非僅×××及技術而已，設中國願意合作，則世界之合作可能保證。

國民黨吹牛說豫東 還有十個完整縣

【本報訊】據中央社十一月九日潢川電稱：平漢路東之豫東南，國民黨還有十個完整縣（按十一月中，國民黨于新蔡設立行署，二十一日派張軫爲主任），面積七萬餘方公里，人口將近三百萬，吹牛說：「形成大別山脈（國民黨）游擊根據地的一大衛星，且亦係大別山之要塞。」人民生活狀況：本區今年遭受旱蝗重災，光山、潢川、羅山，固始等縣，赤地數百，草籽俱無，哀鴻遍野，農村荒涼。……惟各縣治安可望漸佳。」平漢路經敵人修理數月，業已於十一月十四日通車。

青康公路試車

【中央社重慶二日電】西寧十一月廿八日電（遲到），繼康青公路試車之後，國防大動脈之青康公路，亦於十一月十九日試車，由玉樹出發，越横斷山脈經長江黃河分水

戰爭罪犯加以審判。在赫爾辛基城郊瓦加爾德舉行的芬蘇協會通過一決議，要求控告維蒂、唐納及前駐柏林公使基維馬基爲戰爭罪魁。

斯、羅、邱會談 將由三國外長會議代替

「海通社斯托哥爾姆三日電」據「達根斯報」紐約訊：預料三主要盟國外長的會議將替代原先計劃的羅、斯、邱會談。三外長會議之日期尚未擇定，但咸信關於此事，聖誕節之前將有所決定。據該訪員稱，羅邱斯取消會談的理由，係斯大林傳出消息謂，由於軍事上的原因一時不能離開莫斯科。波蘇衝突，在華盛頓看來，也是任何干涉都無用的一種發展。有這樣的印象流行着：即伊朗的微妙問題，也以外交上慣例的途徑處理。留在爲羅、邱、斯會談所草擬的議事日程當中的一點爲：提及建立新的國際聯盟。瑞典訪員推側：現在此聯盟或將留諸外長會議。華盛頓消息靈通人士，對目前盟國間的關係不甚滿意。「瑞典日報」紐約訪員稱：波蘭問題對於新國務卿斯退了紐斯，應視是可厭的。加拿大的危機，正如比利時、希臘與意大利形勢一樣，也是被認爲是不幸的。

海通社傳 蘇英報紙評論歐局

「海通社柏林卅日電」莫斯科訊，政治評論員P·安德維夫斯基星期四於「眞理報」上發表一文，對英美在比利時的政策的明智，表示懷疑。安德維夫斯基宣稱，比利時及其他被佔領國家的形勢，值得嚴重注意。該文結語稱，對抵抗運動的鎮壓辦法，是否能增加比利時或荷蘭政府的權力，非常可以懷疑。這一政策是否能有助於反德戰爭便更可懷疑了。

「海通社巴塞爾卅日電」巴塞爾「國民日報」自該處報導：波蘭、比利時、希臘及意大利各國的危機引起倫敦日益增長的焦慮。該消息稱：艾登與米柯拉茲柯及羅姆的會議，被倫敦「泰晤士報」描寫爲英國作爲調解人以來最令人遺憾的會議，波蘭與蘇聯之間的緊張情形，是整個戰爭時期內英國外交最麻煩的問題。波蘭危機的引起興趣，是由於彌補盟國陣營中的分裂的需要而來。巴塞爾國民日報繼稱，比利時危機對於盟軍西綫戰役具有直接影響，因爲軍事的要求已爲比利時的騷動所影響。盟軍當局干涉比利時政治，引起倫敦左派人士深感焦慮。對意大利危機的評論，在倫敦方面被阻止，因爲意大利是三大強國所集中注意。該消息結語稱：倫敦方面感到關切，因爲希臘解放區與賣國賊的清算，可爲某些份子利用以開始階級鬥爭。

嶺及巴顏喀喇山，拔海達四千九百六十公尺，爲世界之最高公路，氣候嚴寒，最冷時攝氏零下三十六度，千餘里不見人烟，終日所行者，盡爲叢山峻嶺，廣大草原，全路工程浩大，地基建築極佳，現已暢通無阻。試車團業於十一月廿八日安抵西寧。

敵傳美國請求英國 出動印度洋艦隊

「同盟社南方某地一日專電」由於我陸海特別攻擊隊的[illegible]與地上攻擊部隊巧妙的包圍作戰，美軍在萊特島的作戰，現在已完全陷於苦境。據情報悉，急於挽回大勢的麥克阿瑟，曾不斷要求蒙特巴頓出動印度洋艦隊。出動印度洋艦隊是與羅邱會談決定的，事實上也曾一度向尼科巴島附近出擊，但遭到我航空隊的猛攻而逃竄。因之，其後麥克阿瑟須請求出動印度洋艦隊，如最近僅在三星期中，即有數次請求出動之事。我南方第一綫將士的士氣更加昂揚，知道敵自印度洋開始反攻，日益逼近。

「西歐集團」將流產 英美集團論又抬頭

「同盟社蘇黎世二十八日電」英國工黨的每日先驅報，與目下在芝加哥召開的國際民用航空會議相關聯，攻擊邱吉爾的外交政策。指出大國政府對將來的世界和平不負責任。特別是出席該會議的美國代表，除了保持美國的優越地位外，別無所欲；另方面，蘇聯則突然拒絕參加會議。在這樣的美蘇兩國間，英國只不過起勸告兩方面的可憐的作用。此種非難反映了美國朝野的這種觀感，即：英國在不安的空氣中，觀望最近將在莫斯科舉行的斯大林、戴高樂會談的結果。斯大林與戴高樂會談的成果如何，將予目前的歐洲戰局以決定的影響。若法、蘇兩國間成立軍事協定，則西歐集團案（邱吉爾所描繪的以英法爲核心，並包括比利時、荷蘭、斯堪的那維亞各國），將先流產。英國仍然堅持這一集團政策。及在注視今後英國的動向上是不容忽視的。現應將工黨對美政策與邱吉爾過火的親美政策的加以注視，因此，法、蘇的反對英國片面的西歐集團案，可能使英工黨的政界發生心理上的危機，因這是意味着英國內部倡着英國參加蘇英合作的一派和強調參加英美集團的另一派的對立。美國對於英國工黨及其他反邱吉爾勢力考慮親蘇政策一點是很神經質的。

芬共要求 清洗政府中反動派

「海通社斯托哥爾姆廿八日電」芬蘭共產黨的要求越來越劇烈。星期一晚間，共產黨在芬蘭京城舉行遊行示威，並有[illegible]個部長（黑洛及賴諾）於遊行示威中演講。通過決議案，要求從政府中及其他重要職位中取消一切法西斯份子。並且要求特別法庭來處理一切被認爲担當戰爭的責任者。

參考消息

（只供參考）
第一八七號
解放日報 新華社 編
今日出一大張
卅三年十二月五日
星期二

宋子文任行政院院長

【中央社重慶四日電】國府蔣主席兼行政院院長，以事務繁冗，不能兼顧院務。四日經提請國防最高委員會常會，以國民政府委員宋子文任行政院院長，仍兼外交部長。當經決議通過，並報告中央執行委員會。

【路透社重慶四日電】蔣介石委員長的妻舅、中國外交部長宋子文，受任為行政院副院長，接替現在美國的孔祥熙。孔氏財政部長一職已於十一月廿日由俞鴻鈞接任。

【路透社重慶四日電】前傳被委為行政院代副院長的中國外長宋子文，現被委為行政院長以代替蔣介石元帥，蔣氏將以全部時間致力於對日作戰。

獨山、三合兩城淪陷

【同盟社貴州前綫三日電】我快速部隊，突破廣西貴州邊境的黎明關後，與攻略南丹之友軍共同在各處捕捉敵廿七集團軍，展開殲滅戰。我先遣部隊猛追有力的敵軍，進迫黔桂公路上的要衝獨山，二日十二時卅八分佔領獨山。另一部隊與此相呼應，攻略三合，進抵獨山東北約五十公里的地點，使貴州受到極大的衝擊。

【同盟社里斯本二日電】重慶來電，由於日軍的快速進擊，受到嚴重威脅的貴州省政府，二日發出命令：凡政府公務人員，如未担任緊急要務之人，應立即從貴陽疏開。

敵酋岡村接任新職

【同盟社南京三日電】新舊中國派遣軍總司令官岡村大將及畑俊六元帥，於履新和離任時，發表談話。新總司令岡村大將談稱：我接任畑俊六元帥的職務，實感到無限的光榮，我將竭力統率全軍，承繼派遣軍必勝的傳統，進行訓練，並團結一致，殲滅美蔣，同時更於中國緊密地提攜，使日華官民團結一

有困難，而養路則尤為困難。該路以運輸稀少，半年收入僅三十八萬元，其中三月最少，不過一萬元，該路奉命趕工之康古段，最近已接通至玉樹（青海南接西康邊境）。

（五）川陝公路：工務局許行成報告謂，該局所轄路綫一、九三八公里，最困難的問題是渡口過多。今年上半年養路捐收入二千六百萬元，支出六千萬元。年來對路面已大加改善，四大名坡已改修其三，橋樑亦有三分之二經過修改。

（六）川滇東路：華祿代表報告謂，該路共長七二〇公里，養路捐今年預算共六千九百萬元，頭三季收入僅二千四百萬元，支出四千餘萬元。運輸量：本年一月到八月共一、四九五噸；七八兩月平均計算，每日行車卅三部，人力獸車廿三部。

（七）川滇西路：黃人韓報告謂，該路全長一、二六九公里，平均每公里約有一道班。過去東西段路面已改善，但今秋雨多，情況惡劣，橋樑亦以日久亟待改善。

（八）湘桂公路：（因已失，從略）

綜上述，重慶直轄公路現存不過七、二三一公里，其中西南國際交通、國內陸運綫，川滇東路每月運輸量不及一八七噸，川滇西路則「亟待修理」；另一方面國民黨雖竭力開拓西北交通，但從其遇呼困難中，可見川康青一路希望殊少；川陝一綫以其路捐收入不大也可看見，運量還是狹小得很的。在這裏，部分地說明了大後方交通危機的嚴重性。

希臘一萬七千人示威
英坦克助桀為虐屠殺羣衆

【海通社柏林三日電】倫敦訊，機關槍齊發、迫擊砲火及坦克砲彈戲劇性的宣告了：希臘國內政治團結已於星期日（三日）上午十一點鐘達到最危急的頂點。人民一萬七千人，大部分為EAM（民族解放陣綫），參加示威。據路透社訪員報導，希臘軍奉斐邦德里歐政府命令以機關槍開火。該消息說，當手無寸鐵的示威者行抵時，坦克即向示威者射擊。英方訪員講到卡車滿載死傷人員從出事場所運走。英通訊社消息又稱，EAM的羣衆從而又組織一次新的示威，又被子彈擊回，血濺希臘皇家廣場。示威者受到猛烈的射擊達半小時。傷亡確數尚絲毫未悉。但有一點可確定，即犧牲者中有許多婦女和兒童。駐希臘英軍統帥斯科比斯將軍於星期六（二日）發表聲明（此項聲明後來

致實瀝護戰員的，以報聖旨。

烟俊六元帥談話：此次拜受轉任他職的命令，於是跟多年共同在戰場上同甘共苦的派遣軍將士及親愛的日華軍官民告別，而且離開戰場上的英靈，回到祖國，實使我感慨無量。我在職三年九個月，所以能夠完成任務，都是大家保佑和全軍將士忠誠服務的結果。我對此表示衷心的謝意。在此期間日華各界予以極大的援助，我特在此表示謝意。世界的戰局愈益嚴重，日華兩國團結合作的緊急莫過於今日。我希望兩國各界人士應鞏固團結，各自發揮其全部能力向着實現大東亞戰爭的途上邁進。

〔同盟社東京四日電〕由中國派遣軍總司令轉任教育總監的烟俊六元帥，於四日下午五時乘機飛返東京，下榻海光舍。

大後方現有公路概況

〔本報訊〕據十月十一日交通部公路總局副局長趙祖康發表數字，抗戰後總共改善已成公路約七萬公里，新築者約一萬一千公里，現在全國共有十二萬七千公里，其中七萬四千公里在淪陷區（新近喪失的還不在內）。另悉，桂柳戰前，全國只有六千輛汽車可資行駛。國民黨當局於十月廿五日舉行了『養路檢討會議』，報告重慶直轄及輔助各省公路的收支如下：卅三年度支出約八九萬萬元，而直轄公路養路費收入僅五萬萬元，相差三四萬萬元，除原預算及追加預算國庫共輔助二萬萬四千萬元外，還有赤字。據說趙祖康提出增加養路費至原額的二倍。至於現有的主要公路情況，據中央社所發表的各公路局報告，摘要如下：

（一）西北公路：宋遴先報告謂，該局所轄路綫共四、二六九公里，公佈於陝甘寧青新綏省。將來若復修川甘綫及業務擴展，可通至豫川兩省。目前養路捐收入與支出約相抵，但道班生活仍難維持。

（二）西南公路：周賢鑄代表報告謂，該局所轄四綫共長二、九六二公里，運輸最繁忙的要地，廿公里內，每月往來之車輛達二千餘輛，擬將此段改成高級路面，以應需要。公路收入每月二千五百萬元（即全年三萬萬元），支出每月超過三千萬（即全年約四萬萬）元。

（三）滇緬公路：龔繼成報告謂：國際路綫中斷後該路已經縮短，現每月收入與支出不敷數達六百萬元。過去隨軍事上的需要，修設數段輕便路。已告完成。

（四）川康公路：工務局陳美倫報告謂，邊區公路趕工固有困難，改善更

由星期六黃昏唐寧街十號正式授命發表），鼓勵斐邦德里歐對EAM採取堅決立場。

〔路透社倫敦三日電〕唐寧街十號今晨發表聲明如下：『首相希望大家知道十二月一日斯科比斯將軍的告希臘人民書——強調團結的必要，並着重指出我們充分擁護目前的希臘政府，為英國政府所知曉與贊同』。斯科比斯——他是一個總指揮官，於其昨日的文告中稱：『我將保護你們和政府，制止政變或違背憲法的暴動』。

〔海通社柏林三日電〕倫敦訊：當下院某些議員正在反對英國偏袒比埃洛，干預比利時的時候，英國廣播電台雅典報導稱：希臘的英國高級指揮官，被迫擁護希臘政府解散希臘游擊隊。星期六，斯科比斯將軍將有數百萬份文告投落整個希臘，聲稱：希臘的英國高級指揮官支持現在的希臘政府，並將制止任何政變與任何非法行動。該訪員指出：文告是在解散一切游擊隊成為一主要問題的時候發表的。

比社會黨支持反動政府

盟軍代表說：『不能容忍比國革命』

〔海通社布魯塞爾二日電〕比社會黨決定接收：內閣總理比埃洛向他們所推薦的兩個部長職位。（由於兩個共產黨部長的辭職，該職位已成空額）社會黨以後又宣佈同時將允諾繼續支持政府，並將繼續實行救濟難民。最後該黨向國會提出提議案，贊成將比利時的工業歸國家管理。此間政界人士稱：盟國關於抗議使用盟軍支持比埃洛政府之事，答覆時宣稱：準備支持任何比利時政府，不論其為何政派，只要軍事行動不擾亂。消息靈通人士稱：在此宣言中表示出來盟國軍事當局，將承認比利時共產黨或比利時抵抗運動所組成的政府。

〔海通社紐約三日電〕比利時總理比埃洛在與美國合眾社布魯塞爾代表講話中，承認目前比政府與盟國有嚴重的分歧。分歧點是在船舶問題，比政府曾建議在海港重開之後，船隻應作供給比國食物之用。比埃洛稱：他不願順從共產黨之意提出辭呈，百分之九十五的比利時人民皆要求和平與工作，只有少數百分之五的人，才欲搗亂秩序，以暴力推翻政府。比埃洛繼謂：比國在戰爭結束前，將不致舉行選舉。

〔美新聞處二日電〕布魯塞爾一消息，盟國遠征軍總部駐比利時使團團長

急流，艾爾斯金少將說：『盟軍絕不是在這里充當比埃洛的工具的』。於評論在政府警察與反對政府的示威者之間發生衝突後，使用英軍以預防事變一節時，艾爾斯金說：『盟軍之來比純粹是爲了對德軍作戰。我們的一切行動都是爲了軍事原因——打通我們的軍事交通綫。如果街上發生騷亂，射擊和革命，那麼它便妨礙了戰爭努力，而這是不能忍受的』。艾爾斯金將軍發表下列事實及數字以說明比利時的恢復工作：第一難民現已由比政府照管，其中有德人一萬名，俄人六千名。第二，國內郵政已恢復工作，僅東部少數地區未恢復。第三，由於××規定，法人、荷蘭人及比利時人將能恢復捕魚。第四，全部發電廠現有百分之六十已開工。第五，英美火車現行駛於比利時各鐵路綫上，平民乘用的客車自十月底來已增加一倍。第六，鋪設路軌廿五公里，許多橋樑及棧道已被修復。第七，國內大部份水渠，及運河系統業已開放。運河上許多橋樑的××已接近於完成。第八，向比利時人民放映了影片八十二部——美國四十六部、蘇聯十部、英國廿六部——短片一百部及新聞片七百餘部。第九，由四方面組成的辦事處已建立起來以處理經濟恢復工作。參加者有英大使館、美大使館、比政府、遠征軍總部代表團。艾爾斯金將軍說，我們共同擬出我們所需要的東西，以執行計劃。比政府已派經濟使團至倫敦及華盛頓，以便獲得原料、脂肪、食物並籌劃運輸事宜。』

美第二十航空隊人物剪影

『同盟社東京四日電』對日空襲部隊（以B2式機爲主）的美第二十航空隊，直屬於總司令安諾德上將及副司令哈蒙中將之下，在華部隊由李梅少將指揮，馬里亞納的第二十一轟炸機隊，由韓塞爾上將指揮。這些首腦人物，都曾服務於駐在英美的空軍，是指揮轟炸柏林、漢堡等德國城市的指揮者，他們之出現於大東亞戰場，顯然是想把轟炸德國的經驗，用之於空襲日本本土之上。（哈蒙）：哈蒙曾當過西南太平洋陸軍空陸最高指揮官，在所羅門羣島的作戰中曾指揮過空軍，從一九四二年一月到六月止，與航空參謀長維斯特。波因，同是士官學校一九一二年度的畢業生，嗣後成爲一優秀的隨軍軍人，是航空方面的前輩。當潘興將軍遠征墨西哥時，他曾駕駛複葉機，自空中隨軍前往，在上次大戰時，他曾任機師，參加法國戰鬥機隊，其後在二十年的長時間，他在航空部隊方面歷任各種要職，在此次大戰初期，他曾作爲觀察家被遣赴英國。（韓塞爾）：他是前第二十航空隊的參謀長，當去年訂立B29式機計劃時，會被安諾德提拔編制全世界航空隊，並參加創訂對德戰略轟炸的初步形式（美機空襲德國的方式），並作爲在

持和承認少數幾十個的政治家的時候了。論壇報說波蘭人要被逐出政治舞臺殺。

『海通社柏林二日電』倫敦訊：路透社星期五報導：愛斯脫勳爵及夫人已決定不參加英國下屆選舉。不當共產黨而且工黨均已宣告他們將提出婦女候選人競選以補愛斯脫夫人一席。愛斯脫夫人所屬的保守黨尚未宣告其決定。愛斯脫夫人自一九一九年以來，即爲國會議員。愛斯脫勳爵及夫人爲普里茅斯市長及女市長直至最近，一個月以前他們才由一工黨黨員接任。

傳里賓特洛甫將被撤職

『路透社紐約四日電』紐約時報今日斯托哥爾姆訊，據斯托哥爾姆來源極好的私人情報說，里賓特洛甫即將被撤除德國外交部長一職。紐約時報說，一般相信前德國駐荷蘭專員殷嘉特博士將爲里賓特洛甫的繼任者。路透社按，據說殷嘉特於十月間曾可能爲德國駐丹麥專員貝斯特的繼任人。

『合衆社××四日電』（缺頭）德國國內正組織新的師團。但是這些師團都是由素質低劣的人員所組成的。他們的作戰素質是很可疑的。數量究有多少現在亦不知道。以下是對德國的包圍圈形勢的闡述：蘇軍可能在波蘭前綫發動攻勢。紅軍至柏林有三條可能的主要道路。第一經東普魯士與波羅的海沿平行而達柏林；第二，自匈牙利向西北經維也納而達柏林；第三，而且是最重要的，越過華沙與克拉科間的波蘭平原西進。在巴爾幹，德軍已被逐出保加利亞、希臘、羅馬尼亞及匈牙利的很大部份。德軍正撤出阿爾巴尼亞，但在南斯拉夫山岳中仍駐有大量軍隊。在意大利，德國仍控制北部各重要工業城市。美第五軍與英第八軍尚未越過山岳區。在東面，第八軍正沿自利米尼至波倫亞的大公路艱苦地推進。在西綫，自瑞士邊境至荷蘭東部，盟國六個軍正冒頑强的抵抗猛攻西格佛利防綫。只有在戰綫的南端有可觀的發展，此處德第十九軍吃了一個大敗仗。在挪威，蘇軍已將德軍逐出最北部，但最終可能佔領挪威的北部。但德軍仍表現據守斯堪的那維亞，直至被趕出而後止。

斯羅都不能離國

『海通社柏林三日電』倫敦訊，斯大林曾竭力强調他不能離國，現在羅斯福也已開始感到他在此後一時不能離國。每日電訊報即以這樣的句子回答爲什麼計劃已久的羅、邱、斯會議前途極少的問題。可是據英報的意見，斯退丁紐斯國務卿所計劃的聯合國會議要全靠羅、邱、斯會議決定之。同時，建立新國聯

充第八航空隊第一轟炸隊隊長，屢次指揮轟炸德國。當六月十五日轟炸九州的第一次B29式機作戰時，由華盛頓司令部那裏指揮。（李梅）：參謀長李維亦當過西南太平洋第五轟炸隊司令。曾補助成立第二十轟炸隊，代理過幾個月的司令官。（下缺一段）。

敵酋小磯狂呼 以最大努力增加生產

【同盟社東京四日電】小磯首相於三日午後在第四屆軍需管理會議上指示稱：為使菲島決戰斷然獲勝，對於增強物資的戰力，不僅要貫注以最大的努力，並且還要把這一努力繼續下去，並以便使次期作戰的供給，能夠得到滿意的增強。首相續稱：如能認眞的週到的檢討，實踐卓越的計劃，把國家的總力量，集中運用在物資力量方面，則自會××起來。生產供給的前途將是很樂觀的。

【同盟社東京四日電】把國民的戰意充分發揮到增強戰力上，那是堅強的政治力量。因此希望小磯內閣，迅速實行強有力的政策。在這種意義上說，十八日在閣議上成立的『主要施策綜合推進會議』的意義，是非常大的。小磯內閣於組閣後，已成立『最高戰爭指導會議』，本月十一日設置綜合計劃局。此次新成立的『重要施策綜合推進會議』，是要把最高戰爭指導會議與閣議的決定事項，特別是需要綜合推進的事項，將逐次在閣議上提出實行，從各方面加以研討，以期推進施策毫無遺憾。當在事前充分研討實施重要施策發生的效果與影響，尋找解決它的方策。例如決定增產石炭的最高方針。為了完成與推進這一方針，需要充實勞務與生產資材，確保勞務者日用資材與運輸力，例如在確保增炭、增送所需要的電線上，研究有何困難？在鐵路、汽船運輸上有何困難？都需事前充分研究對策，運營『推進會議』時，需與計劃局密切配合，該會議以植場計劃局長官為中心來實施對策，根據問題的性質，吸入有關各省局長，並動員民間地方來靈活地運營。因此推進會議的設置，可說是補全與加強綜合計劃局的機構，保證迅速實行增產施策的計劃。

英對波新閣表悲觀

【海通社柏林二日電】倫敦訊：倫敦報界關於倫敦波蘭流亡政府新內閣發表極端悲觀的評論。泰晤士報講到羅蘇斯基政策的破產。波蘭的恢復或將沒有倫敦集團的參加而進行。新聞紀事報認為現在已是英[illegible]該修正其態度、而不再支

的計劃似已有[illegible]台的危險，而這就是何以敦巴頓橡樹林計劃中的分歧和罅隙必須經由外交折衝而在聯合國會議中處理的原因。羅斯福及其顧問們愈益贊成×××為最適當的會議地點。

【同盟社里斯本三日電】據華盛頓來電，新國務卿斯退丁紐斯就職以來，即傳說要大規模地改革國務院的機構，三日國務院透露消息稱：以前改組戰時內閣時，辭去軍需生產局長官的克勒頓被任為助理國務卿，由於克氏被任為助理國務卿，國務院就要改革機構。總統的左右手霍浦金斯亦參預此項計劃，斯退丁紐斯與霍浦金斯一派將指導新的國務院。

【同盟社里斯本四日電】華盛頓來電，美國政府從今夏以來，為了擴大民需生產，將軍需生產的一部實行轉換，但太平洋、歐洲兩戰場，戰局的發展經過，並不是美軍所預料的那樣，最近陸軍海軍當局，又聲明軍需生產不足。四日戰時生產局發表：在全國一百零三個地區，今後九十天內將再轉入軍需生產。

波諾米駁艾登聲明

【路透社羅馬二日電】此間今晚廣播：波諾米對艾登提及史佛卓伯爵事，發表下列聲明稱：『此事件歸之於發報上的錯誤。人們讀到的大概是『巴多格里奧』政府而不是『波諾米』政府。我和史佛卓伯爵是老朋友，雖然在某些點上，我們可能意見不同，但我沒有理由相信，他已經失敗了。』

【海通社馬德里一日電】星期五日又一批紅色西班牙政權的重要人物被執刑於約菲多·阿斯突里亞，其中有名拉蒙、卡里奧、馬丁涅茲。

【海通社柏林三十日電】索菲亞訊，前財長托多羅夫，被委為保加利亞駐鐵托司令部的外交使節。托多羅夫於星期四起程赴貝爾格萊德。

傳蔣與宋美齡分離

【同盟社里斯本廿九日電】宋美齡曾自九月上旬以來在紐約養病，但每日快報報加爾哥答電，則說宋美齡的渡美，並不是單純地治病，並且是開始她與蔣介石的分居生活。該報稱：蔣介石已與宋美齡分居，宋美齡大致要在美國逗留一個時期，恐怕還要逗留得很久。對於這一報導，重慶中央社華盛頓電，報導滯留美國中的前財政部長孔祥熙的否認聲明稱：謂每日快報的報導，全無事實根據。

【海通社柏林卅日電】華盛頓訊，華盛頓中國大使館否認蔣介石與其妻分離，今後蔣介石夫人將居住佛羅里達州之消息。

參考消息
（只供參考）
第一九一七號
解放日報社 新華社編
今日出一大張
卅三年十二月六日
星期三

「戰爭與工人階級」批評重慶政權更動後更反動

【同盟社里斯本四日電】據莫斯科來電，戰爭與工人階級雜誌著文攻擊重慶稱：蔣介石的權力是獨裁性的，對於戰爭起指導作用的經濟問題，在重慶是混亂的；政治觀點是反民主的。重慶的政策不僅對中國本身有害，而且對同盟各國也有害。蔣之改組政府，給予了反動的、反國家的傾向以新的力量。重慶的失敗主義戰略，在對外問題上，使日寇殲滅了重慶軍一百個師，改善了日軍在大陸上的戰略形勢。對內說來，很明顯地增強了國民黨內部反動份子、地主、發國難財者、貪官污吏的勢力。

宋子文等就職時蔣介石語無倫次

【中央社重慶四日電】新任國府委員周鍾嶽、宋子文，考試院副院長周鍾嶽、內政部長張厲生、財政部長俞鴻鈞、教育部部長朱家驊、軍政部長陳誠、兵役部長鹿鍾麟，軍政部次長林蔚、余大維，兵役部次長秦德純、徐思平於四日在國府禮堂宣誓就職，中央派張委員繼監誓典禮，由蔣主席主持授印，張委員致詞謂：『今日諸同志就任新職，時際艱難困苦，亦即接近最後勝利階段，證諸本黨過去五十年革命歷史，每遇一次挫折，每遭一次危險，黨員同志必增一次自信，必加一次奮發，革命亦必前進一程，盼諸部長發揚本天下為公之義，選賢任能，明是非，信賞罰，達到任務，中央有厚望焉。』蔣主席訓詞謂：目前抗戰情勢艱難，接近最後勝利階段，同志必須堅定革命信心，努力奮鬥，今日前綫軍事發展，早在預料之中，敵人竄抵貴州境，先後吾人必予以嚴重打擊，澈底消滅。此為抗戰最後勝利開始之時，望同志同諸本革命主義與精神，依照我預定戰略前進，諸新任部長，今後尤應本天下為公之義，選賢任能，勿浪費一錢，勿濫用一人，盡忠職守，報效國家。頃播中央社二十四號渝電二二八字蔣主席訓詞謂，以下：『目

重慶間的陸上交通受到極大的阻害』。對戰局的嚴重性非常憂慮。貴陽距重慶距昆明約有三百二十公里的短距離。現在重慶所投入主力的滇緬公路，如與重慶聯絡，只有兩條道路，一條是由昆明經昭通、宜賓的川滇公路，另一條是由昆明經貴陽到重慶。川滇公路是很崎嶇的山嶽地帶，所以昆明至重慶間主要是經過貴陽。因此貴陽是內地交通的要鎮，被重慶稱之為新興的工業地帶，因而對重慶的威脅極大。

國民黨對成都學生運動的措施及各方反響

【本報訊】關於成都空前未有的學生運動發生後之各方反響，茲就收到的材料加以綜合，以供參考。

十月卅一日市中八百餘學生罷課之直接原因，除解放日報十二月一日發表華西日報十一月九日的說法外，新中國日報十一月六日社論有另一種說法：『學生行動不合校規，學校開除學生，激起「頑童」公憤，以致不免盲動』。十一月九日華西日報還說，關於事件真象，『傳說紛紜』。

市中學生罷課一開始：同日下午國民黨當局就派了『上千武裝警察』（十一月九日華西日報短評）入學校鎮壓，結果把學生打得頭破血流，昏厥過去（同上）；女生受傷尤重（新中國日報）。另有四十四人遭捕。

市中學生流血事件發生後，引起了全市學生的極大憤怒。另一方面地方上的家長們亦大憤怒。黨軍日報十一月八日社論裏透露：『有學生受傷了，家長便大興問罪之師，而學生更形羣情激昂，作不可收拾之勢……唯恐天下不亂的人（！）有的主張聯合各學校，擴大事態，有的主張全市罷課；更有栖栖皇皇大呼寃枉，呼籲救濟者』。據十一月九日華西日報發表：到八日止，成都各校學生前往慰問市中受傷同學者，連日有齊大、金大、燕大、川大、大光、黃埔中學、光華附中、民新中學、中華女中、省立成都中學、蜀華中學、華西協中、濟川中學、立達中學等。各校學生為此事件向各方奔走呼號。

這一來，國民黨當局有些着忙了。至八日為止的『善後處置』包括（一）指斥學校負責人處理無方，並邀請全校家長，說明經過，一面責令學校定期復課；省府明令撤銷該校校長康定夏，另委敎廳督學周維標繼任。此外又派省府秘書長李伯申及敎廳長郭有守會合查明經過，『具呈核辦』。市長余中英也為此事『引咎自請處分』。（二）先後釋放被捕學生，尚有女生四男生一在市立醫院治療，（一）女高二劉文慧年十六歲，左上眼有長四公分之擦傷，眼瞼下外部青腫；（二）女高二隆文芳十七歲，頭部右後側皮膚擦傷長

前抗戰』至文末一段刪去改發如下。今天政府新任各長官宣誓就職，當此抗戰進入艱難階段，而最後勝利已臨決定關頭之時，中樞升諸位以重寄，諸位所負責任特別重大，應共同一致忠心努力於本職，切實作到『不妄用一人，不浪費一錢』兩句誓言，激勵奮發，克服艱危，以副內外屬望。目前戰局發展誠極緊張，惟我國七年餘以來向以貧弱的生產與劣勢的裝備抗禦強寇，所恃者惟在吾人之志節與革命精神，故如何提高政治效率，使政治與軍事更能配合實為當前之急務。對於垂死掙扎之敵人，如果深入黔境，是其又犯一次戰略之錯誤，吾人已有周密之準備，確信必可粉碎其狂妄之企圖，且可提前我最後勝利之實現。此時惟賴吾人發揮革命信心，表率軍民，動員一切人力、物力，與之作最猛烈之戰鬥，以轉捩當前之戰局，使成為勝利之開始，所望政府同人益矢忠誠，共同一致奮鬥到底，以完成吾人神聖抗戰之使命。

同盟社稱
突破瘴癘蔓延的雲、貴高原

【同盟社獨山四日電】我軍以南丹攻略戰為中心。在該地週圍的大殲滅戰中，於擊潰五萬敵人後，不給敵人以好多空隙連二連三地進行追擊，終於佔領貴州省內頭一個重要據點獨山。我軍的英勇奮鬥，充分發揮野戰軍的本領。以下是這一追擊戰的情形。敵自退出桂林、柳州後，糾集第九十三軍、第七十九軍、第四十七軍，與新來的胡宗南部第四十二軍，總兵力共稱五萬。我軍毫不休停，突破雲（南）貴（州）高原的山岳，並迂迴到敵之側背，反覆向貴州攻擊，不予敵人以應戰的暇隙。我軍由於佔領了獨立，獲得對貴州全省最有力的橋頭堡壘，並毀滅在華美空軍供應基地之一。其對於美空軍的打擊與對重慶的威脅是不可測量的。

【同盟社廣東省四日電】在突入貴州的皇軍快速進攻下，貴陽陷入極端混亂。在貴陽的貴州省政府，傳已於二日開始疏散。據三日外國電訊，黔桂公路上擁擠着數十萬難民。重慶當局在此種緊急情況下，仍表示現在尚未直接威脅重慶，所以尚談不到畏懼，這僅是收攬動盪中底民心的一種騙術。但重慶各報與當局的此種意圖相反，對形勢的嚴重化極為狼狽。軍事委員會機關報——『掃蕩報』及中共機關報——新華日報均稱：日軍進攻貴陽的刀鋒將影響重慶，現在極應講求挽救危局的辦法。重慶路透社亦承認貴陽的威脅已日益進入嚴重階段，並稱：如果貴陽陷落則距重慶只三百二十公里。同時貴陽東方幾處空軍根據地的使用亦受到阻礙。而且滇緬公路的終點昆明與

二公分，傷口『未裂開』；（三）女高四王週瓊，頭部發痛，左額有銼傷；（四）譚靜蓉（女）十七歲，遍身疼痛，入院時有昏迷現象，背胸腹部有鈍銼傷；（五）男生吳欽承，被捕四十四學生之一，曾受傷，被捕後感寒受疾，轉送醫院。以上『善後處置』，目的在於緩和學生憤怒，『縮小事態』，這是一面，還有另一面就是『由市府及教育當局（對各校學生）竭力鎮壓』。（黨軍日報十一月八日社論）

十一月九日上午，當局召開了一次人數少得可憐的（只有十餘人到席）市臨參會，由市長余中英，警察局長方超作了報告，並『認錯』。此一御用會議通過了決議四項：（一）學校責任應繼續維護（！），過去雖有處理失當，應靜候上峯處理；（二）市府應令教廳，使事件縮小（！），勿使星星之火，造成燎原之勢；（三）各方謠言出入過大，與事實不符，應使平靜；（四）由市臨參會派人調查。（十一月十日黨軍日報。）

同日下午二時，市中學生家長代表六十八人於一個公園開茶話會，李竹賢為主席，代表會決議五項：（一）新校長到職後責成子女復學（又據華西日報九日發表，市中已於七日復課，有女高一、男初一、四、五，女初一、四、五共七班『復課』。）（這一決議表現學生家長反抗的開始猶豫，但以下各項是反抗性的）並要求今後入學之保障；（二）要求嚴懲燬事的主要負責人；（三）要求用書面將經過情形向各界報告真相，並請張（羣）主席嚴辦，此外，請律師提起公訴；（四）請市臨參會主張公道；（五）家長代表招待新聞界發表事件真相。

同日下午三時，成都各大中學代表赴省府請願，並提六項要求，（見十二月一日解放日報）省府置之不理。

十一月十一日下午三時爆發了一二、九（示威學生數千人）一二、一六（示威學生二萬餘人）之後最大的有一萬餘人參加的學生大示威遊行，向省府提出四項要求：『（一）立即向人民提供保證省府所屬機關絕不再有破壞政府法令之情事發生；（二）立即改善受傷同學的待遇予以完善的診治；同時並請求張主席即將大會請願書轉呈國民政府蔣主席，其中的要求有二：（一）請蔣主席下令徹查此次市中慘案的真相，辨明責任問題，對成都市長余中英警察局長方超嚴予究辦；（二）請蔣主席下令政府各級機關切實保障嚴格遵行，保障人身自由法令。其時因張主席不在（？）由李（伯申）祕書長代為接見，對學生請求，以電知張主席，反覆磋商三小時之久，主席答覆圓滿

，七時許各生始離省府返校』。（十一月十二日華西日報）是日學生遊行時，呼口號，貼標語。（成都『快報』載稱：學生行至該報館門前時，高呼要求該報主張公道，不要爲某某袒護。）而『盟國朋友』，（則）沿途攝影，對此事件作何理解，殊難想像』（黨軍日報十三日發表『百餘』反動教授『告學生書』）。

至此，由於省府表示『允諾』學生提出的懲兇、卹傷、保障人身等要求以圖結了事態，而結束了成都學生大發動之第一個段落。但事態顯然沒有結束。

十一月十三日黨軍日報發表：『風聞學生有擴大風潮之說』（反動教授十二日『告學生書』）；學生及家長繼續反抗，據華西日報十三日載，一方面是十二日上午八時省立成都中學學生由郊入城沿東大街，春熙路，總府街，華興街，東西御街，以迄少城祠堂街一帶，進行示威遊行。另一方面是，學生家長『以肇事人員應負之責任，省府已作行政處分，及報請中央懲戒，現爲提供當局執行處分時之參考，特正式具呈省府，列舉違法逞兇事實，請予依法嚴辦』，這表現家長方面的某種退協；但同時，他們又『一面分電省市兩參議會，請代表民意，予以聲援，至刑事部分，刻亦搜集人證物證，即將向法院提起控訴，並請律師劉漢升爲法律顧問。』

十三日以後材料還沒有收到，但事件頗在擴張，因爲到卅日，重慶方面對成都學生運動表現出壓迫、分辨兩種態度：『（中央社重慶卅日電）渝市警察局長徐中齊（按：自九月廿四日後他在重慶對抗戰民主運動執行了狂暴鎮壓）另有調任，經決定爲唐毅繼任，唐定十二月一日接事；又成都卅日電，川省省務會議審市長余中英、警察局長方超並請辭職，照准；遺職由陳離（他是川軍軍長，繼任市長）及徐中齊（繼任警察局長）分別繼任。』

以上爲學生、家長和國民黨當局三方面的動態，這裏，學生家長（地方人士）之積極廣泛的參加，是五四、一二九運動所未見的；以下摘述成都各報的反響。

新中國日報十一月六日社論『救救中學生』，一方面予以聲援道：『自抗戰以來各地中學生吃不飽，睡不暖，加之蚊蟲叮，臭蟲咬，弄得面黃肌瘦，……還有因爲學校建築，偷工減料，常時倒塌，……至今仍看見他們的血跡。……再於飢寒病弱之餘，命令軍警加以痛打流血，那眞是豈有此理！……回想北洋軍閥時代，北京各大學學生數萬人遊行示威，北京

發生衝突，是由於政府要求解散游擊隊而引起的。總理繼稱：EAM民族解放陣綫領袖們，原來同意無條件解散，但後來又製造困難，且反而要求也解散憲兵團。這要求被拒絕了，因爲憲兵團是恢復全國法律與秩序及進行掃蕩工作所必須的。政府雖再三讓步，但應堅持正規軍必須是全國唯一的武裝軍隊。下缺……

【同盟社里斯本二日電】希臘英軍司令斯科比，於一日前在廣播電台發表聲明，表示支持希臘政府解散游擊隊的命令，並將依靠其武力貫徹其命令。這使反對解除武裝的左翼份子受到極大的衝動。據雅典來電，左翼EAM團的閣員五名，抗議斯科比的聲明，而於三日向總理提出辭呈，因此希臘政府遭遇空前的危機。

希臘政府軍向愛國者開火
EAM發動總同盟罷工

【海通社柏林三日電】雅典訊，雅典情勢於星期日下午更趨緊張。射擊仍繼續中，且現已愈益明顯，希臘正規軍也在對EAM（民族解放陣綫）人員作戰。士官團也參加了戰鬥。盟軍尚未動手，但依照希政府的請求，英國戰鬥機及轟炸機幫助希臘政府出動表演，其目的在於恐嚇暴動者。雅典守軍司令頃已在無電綫上宣告，從下午七時至早晨六時戒嚴。夜間已無列車開抵雅典。

【海通社柏林三日電】倫敦訊，倫敦無綫電報導，希臘EAM（民族解放陣綫），宣告於星期一舉行總同盟罷工，希臘京城自星期日晨以來電力流通已斷。

【海通社柏林四日電】據威廉街發言人稱，希臘在革命過程中已有數百，不，數千人喪命。發言人繼稱，希臘全境由於星期一爆發的總罷工，已斷絕電源供給。早較歐洲任何國家更爲糟糕的糧食供給，由於交通的全部癱瘓，現完全陷於停頓狀態。發言人稱，希臘所發生的事件不簡單是個政治危機。當機槍與高射砲向成千屬於EAM的政治示威者及罷工者開火時，這是一個革命。發言人繼將希臘、比利時、意大利、法國所發生的災荒、失業、政治紊亂及叛亂，稱爲『英吉利病』。發言人稱，比利時形勢日益緊張。他同時追述德國如何關心希臘的糧食與電源。德國即在最困難情形下，也能維持希臘的秩序。發言人繼稱，現在，在所謂解放之後，希臘害上了『英吉利病』。

【海通社柏林四日電】雅典訊，大多數勞動人民均支持共產黨組織的EAM所宣佈的總罷工。據星期一消息，雅典碼頭區亦告停工。自輪船上爲雅典人民起卸食物的工作已告中斷。據供給部告雅典報界稱，食物只能支持數日之

政府不過（！）用執根警察加以包圍，不使其自由行動，章士釗老虎總長也不過用老媽子拖女學生，而未如今之以荷槍實彈之警察加威於中學男女生邊。」一方面則又站到學生的對面說道：學生『頑童』『不免盲動，理應加以勸導。使其理喻服從。……要知道，武裝對付青年，正易激起反感，武裝威嚇，又易使幼稚（！）心靈激動憤怒。……成都是今日……國際觀瞻所繫之中心地，是大中學生薈萃之區，如果對學生事件處理不善，即將貽笑萬邦，激怒多士。」

英駐希司令聲稱要強制解散人民武裝
希愛國者反對英國干涉內政

【合衆社雅典二日電】希臘的四個部長××，因英國斯科比將軍的警告而提出辭職。斯科比將軍警告說：盟軍準備強制實行政府關於復員與解除國內一切游擊隊武裝的命令。×部長宣佈，他們提出辭職以避免流血事件，並希望能恢復『真正的常態』。辭職部長是：財長亞歷山大．斯瓦洛斯，××次長×××，國民經濟部長梯莫科斯，及公共工程部長尼科拉。阿斯科梯斯。

【海通社柏林四日電】雅典訊：關於引起雅典血的星期日的事件，現獲悉在星期六晚希臘首都便處在極端不安中。共產黨與EAM民族解放陣綫委員會，均對他們的羣衆發出動員令，要求他們參加推翻斐邦德里歐政府的遊行示威。工人住宅區裏教堂的鐘響了，同時又發出警報。ELAS人民解放軍組織總部外面，豎有柵欄，挖有戰壕，並佈有鐵絲網。到處都看見要求反對解散人民解放軍的傳單。EAM民族解放陣綫與ELAS人民解放軍的羣衆，星期日清晨向首都前進。警察獲悉：ELAS人民解放軍，集中在雅典以北九十公里的熱貝斯附近。從星期日早晨起，雅典便沒電燈點了。電車與公共汽車因職員罷工也停止了。EAM民族解放陣綫代表團，星期日上午以極尖銳的詞句，向首都盟國代表們提出抗議。反對總理斐邦德里歐解散游擊隊，與反對雅典盟國軍事指揮官斯科比將軍幫助希臘政府來干涉內政。這一切發生以後，政府必須估計到內戰的爆發已迫在眉睫。星期日黃昏，雅典呈現平靜狀態，雙方都等着情勢的發展。獲悉：警察隊已由城中心撤走，而換以國家警衛隊。內政部長進行調查發生武裝衝突事件的原因。警察與EAM民族解放陣綫隊員，星期日在雅典發生流血衝突，是因總理斐邦德里歐星期日黃昏時，對希臘人民的廣播演說引起的。他對於希臘政治上的爭論底悲劇的發展，引以爲憾。他認爲這是破壞全國統一的。他囘顧政府與左派人士之間久、如果起卸工作不是立即恢復，將來有嚴重的困難。雅典盟軍司令斯科比將軍於街上張貼佈告，嚴厲斥責EAM及ELAS組織，企圖在希臘發動內戰。斯科比強調稱，某些少數份子爲自己的希望企圖犧牲希臘的××並煽動內亂。因此，希臘政府被迫在雅典及比里猶斯等地宣佈戒嚴令。斯科比強調稱，他作爲盟國的軍事統帥，將以所有力量堅決支持斐邦德里歐政府。

雅典發生巷戰
愛國者佔領警察所二十處

【路透社雅典五日電】由戒嚴令所產生的一切權力，將由雅典督軍卡佐塔斯上校根據昨日政府決定加以實行。爲了補充由左翼的辭職而空出的職務，不管部閣員喬治．卡爾塔里斯任國民經濟部長，及暫時的勞工部長，而不管部閣員．陸軍部次長林娜安尼第斯任農業部部長，雅典情勢由於敵對各派之間在許多居住區的嚴重巷戰，在昨夜顯得愈益嚴重。在城市中心，可以清晰聽到手擲彈與自動武裝的經常的響聲。泰西姆區域的爭奪戰似乎已[illegible]人民解放軍（民族解放陣綫的武器部隊）佔領戰略高地，並由從上向下射擊，將其王黨敵人驅出該區域，而告結束。昨夜據息：民族解放陣綫在解除政府警察的武裝之後，已將雅典十五處警察站佔領了九處，而強大的人民解放軍各部隊不顧盟軍總指揮斯科比所頒發的命令，從四面八方接近城市。昨夜雅典路透特派訪員最後來電息：希臘警察高級督察今夜稱：民族解放陣綫已佔領雅典二十五處警察站中二十處。現在爲爭奪另一警察站內的戰鬥正在繼續中，該警察站已爲左翼份子包圍。中央監獄今夜亦有戰爭。據悉人民解放軍，幾個師團在過去三十六小時內已分批滲入首都。政府對首都以外情勢的任何消息毫無所悉。

【海通社柏林五日電】倫敦訊，雅典形勢現正每小時更爲危急。解放陣綫部隊（共約一師人）少數部隊已衝入希臘首都，其他部隊正在途中。據路透社稱，竟夜巷戰未停，手榴彈聲，機關槍聲均甚猛烈。斐邦德里歐政府與外界斷絕一切交通。雅典廣播星期二晨仍未出來。幾乎一切政府機關均已停止工作，比里猶斯港亦無盟國供應品起卸上岸。雅典及比里猶斯卅五個警察所中，有廿個是在解放陣綫民兵手中。中央監獄及泰西姆區周圍戰爭特別激烈，解放陣綫部隊於此處佔領一戰略重要性的山頭。同時，斐邦德里歐改組政府的努力俱已失敗。由於解放陣綫各部長辭職而空出的職位，現暫由前二不管部長充任，亞的卡軍事總督卡佐塔斯上校已被委爲希軍司令，被授以一切權力以執行戒嚴。

【合衆社雅典四日電】希總理斐邦德里歐，及其他閣員多人，已由政府辦公處逃出，現避於某大旅社中，同時希民族解放運動派，並下令總罷工，使全城陷於停頓之狀態。

參考消息

（民供參考）
第七二〇號
解放日報 新華社 編
今日出一大張
卅三年十二月七日
星期四

合眾社駐渝特派員稱 重慶命運決定於今後兩月

【同盟社里斯本五日電】合眾社駐重慶特派員賴特爾，於報導日軍作戰的迅速進展，陷重慶於最大的危機，今後兩個月為決定命運歸宿的重大時期時稱：日軍進入獨山，到貴陽的直線距離為一百二十八公里，重慶面臨抗戰八年來最大的軍事與政治的威脅。消息靈通人士聲稱：重慶被擊潰與否，無疑地將在未來的六十天內決定。蔣介石接連地喪失統治地區×××（電文不明），【——】滇緬路未打通之前，重慶如不死守貴陽，則它將遭到全面的、決定性的敗北。

【海通社柏林六日電】紐約訊，合眾社重慶電，蔣介石首次將其仔細準備的精銳軍隊投到貴州南面邊境進行防禦戰。該消息着重指出：今後二月被視為重慶的決定關頭。另一批精銳軍隊正在赴昆明途中，以對付日軍可能向西前進，進攻雲南省會昆明。昆明喪失將消滅中國的美國空軍。該消息又強調：這些失敗已使中國共產黨的地位為之增強。

【海通社柏林六日電】華盛頓訊，美評論員契斯特·霍華德在評論重慶戰事發展中稱：中國西南部的演變正迅速走向新的危機中。霍華德略稱：當美國在中國西南部飛機場喪失的時候，盟軍的不利條件已經決定了。美國公眾驚異於日軍在相當大的勝利之後仍不停止。但是日軍也許受到下述事實的鼓勵，即麥克阿瑟在萊特島的戰事，已受日方拚死的阻截月餘，或者他們感到了中國抵抗的弱以至他們鼓勵對重慶政府以拚命打擊。羅斯福想在中國建立橋頭堡壘以備美國從海外進攻的計劃已經破碎了。美國現在必須在沒有有利的中國橋頭堡壘之下對日作戰。

王世杰招待外記者

【中央社渝六日電】外國記者招待會，六日下午三時舉行。王部長世杰

負責人的時候，他們會提出若干意見，宣傳部將盡力減少諸位的困難，我們將在合理的限度之內，予新聞的流動以一切便利。

日德評宋子文任新職

【同盟社里斯本四日電】重慶來電悉：蔣介石為了更進一步改組政府，決定任命外交部長宋子文為行政院院長。這樣，重慶最高首腦的職位，事實上已讓給宋子文，蔣介石作為重慶軍最高司令官，可以專力於軍事問題。

【同盟社里斯本四日電】路透社駐重慶特派員，就重慶外交部長宋子文就任行政院副院長一事，報導如下：外交部長宋子文，被任命為行政院副院長一事，在重慶極為歡迎，從此次的改組中可以看出：重慶將傾其全力應付日軍從南方來的威脅。蔣介石將致力於軍事問題，而將其他要務交給具有國際閱歷並有能力的宋子文。過去被人漠視的宋子文，現又返抵能動的地位，說明了重慶在嚴重的危機前面，希望強有力地加強蔣政權。

【海通社柏林四日電】重慶訊：在十一月廿日政府改組中，放棄其十二年來財政職位的孔祥熙，現又被奪去其第二個重要職務，即行政院副院長。此間星期×晚宣佈，外長宋子文現同時兼任行政院副院長，此職務等於一個副總理。蔣介石目前為該院正院長。另一種說法稱，現留居美國的孔祥熙自動地辭去其職位。

【新華社華中五日電】據十一月廿三日偽宣傳部機關報『民國日報』消息，偽政府發言人黃逆華生對國民黨政府人事更動發表談話，稱讚「蔣先生雖然發了一些脾氣，而不能不忍痛地略將人事稍加變動，可是變動的仍然是蔣先生所信賴的人物，根本沒有分別。我們深知重慶同志的人格，美國依然不能不失望的。這次在表面上重慶似乎有點遷就，實在仍是不買賬，仍是換湯不換藥。」偽逆中央機關報『中華日報』，則在社評中說：『重慶政府的改組，其為敷衍政策仍極顯然。』該報表示：『如果渝方改組，渝共妥協，就是抗日陣綫之強化。』『現在改組既不澈底，敵寇對於國民黨的誘和攻勢，遂更趨猛烈。黃逆公開提出『國民黨大團結』（指渝寧合流）的口號。陳逆公博則發表談話，表示『重慶之同志，亦爲吾人之同志。重慶決非吾人之敵人。』敵外務省支持之偽『新中國報』則希望以『渝方改組爲契機，發奮圖強，而期全國和平早日實現』（廿三日該報社評）。

中央社吹噓 美歡迎宋子文新職

【中央社華盛頓五日專電】宋子文被任行政院代理院長，已引起此間之相當重視。官方迄今對此雖無批評，但美國各地對宋氏之榮任新職，均一致表示歡迎，此間遠東觀察家均信宋

一九四

，吳次長國楨、張參事平羣出席主持。王部長發表談話後，某記者詢以宋外長出任行政院代院長之觀感。王部長答稱：宋外長被任爲行政院代院長，據余所悉，各方均極欣慰。蔣主席在軍政工作倥傯之際，此種措置，各方亦認爲極爲必要。某記者詢以赫爾利大使呈遞國書之日期。吳次長答稱：呈遞國書之時間，現尚未定。某記者詢以外僑麥克米蘭駕車肇事一案，法院何日審訊，是否公開。張參事答：一星期以內準可開庭（大約爲本月八日），許可旁聽。某記者詢以近聞重慶實驗地方法院有取銷之說，確否。張參事答：本市實驗地方法院現未取銷，該院成立雖經國防最高委會核准，但其組織法規尚未依立法程序經立法院審議，因有取銷之說。究否取銷尚待國防最高委會決定。茲誌王部長談話如下：今天下午，我和各位外報及外國通訊社的代表見面，很爲愉快。一星期前，我已與各位之中的有幾位見過，這幾位就是外記者俱樂部的負責人員。在我與他們談話的時候， 他們渴望與宣傳部能有更進一步的合作，使我得到很深的印象。我們工作將來自仍不免有困難發生，但我們從此既有密切合作的意願，我們一定能夠得到良好的結果。我必須感謝我的前任保持着這個每週舉行新聞會議的辦法，這是一個很有效的媒介，不僅對於各位是如此，對於中國也是如此。因爲各位固欲得到最大可能的機會，執行你們的報導工作，同時中國也希望得到最大可能的機會，使貴國的民衆能正確地瞭解中國。新聞會議應該可以幫助實現雙方的目的。關於新聞會議日後的計劃，我可以報告各位。吳次長與張參事將繼續與本人每星期出席會議。此外我當隨時請外交部長，軍政部長與蔣處長廷黻來代替本人主持新聞會議，這樣可以使各位能有機會聽取在各種特殊問題方面比我的了解更深者的報告。至於中國方面，戰局最近的發展，表示着在最近之未來將有最猛烈的戰鬥。不論七個月前日寇在發動攻勢的時候抱着怎樣的企圖，我最高統帥部常常假定着敵人採取冒險深入的步驟。現在敵人把狹窄的供應與交通綫延展得非常遙長，如果他眞有這種狂妄企圖，我敢向各位強調地說，我們將在我們所選的地點予敵人以最猛烈的打擊。至於詳情，我將讓軍事發言人隨時向各位報導。在最近數星期內，可能由軍政部陳部長來親自出席。陳部長將軍與魏特邁將軍間密切的合作，乃是中國戰場近來最令人興奮的發展之一。這兩位將軍在最高統帥指導下密切合作，對於戰事的前途必有良好的影響。最後我願就一談檢查問題，我上星期接見外記者俱樂部幾位

之新任命，乃中國趨向內部統一及成爲更有力之戰友目標之第一具體步驟，觀察家預料，宋氏出任新職，將使中國內部及中美兩國關係益密，合作愈[illegible]。華盛頓明星報社論批評宋氏新職稱，宋氏接任行政院代理院長職務，可使蔣委員長專心主持軍事。此舉似爲中國政府所作之最重要調動。

敵評西南空軍基地的喪失

【同盟社東京四日電】由於我大陸作戰的進展，敵西南空軍基地均被粉碎，大陸援後地點昆明、成都兩地的敵機動向如何，是值得注意的。敵第十四航空隊自今年四月B二九式機飛入中國以來，即担任下列三項任務：（一）第廿航空部隊的前衛行動。（二）破壞海上供應綫。（三）擾亂大陸的和平地區。它在大陸進行反攻的準備工作，配合敵人從太平洋西進的作戰。我軍在大陸進行的攻勢牽制敵人的企圖。而在華北、華中、華南展開大規模的作戰，完成絕對有利的戰略態勢，迫使敵前進基地進行全面的後退。敵第十四航空隊損失其存在的價值。而其結果，第廿轟炸機隊陷於孤立。敵人已知道在我制空權時，敵B二九式機由大陸飛襲我國本土有何價值。今後我方必然加強壓力，我軍壓迫敵大陸基地，使敵人受到嚴重的打擊。由於敵人損失了前進基地，敵人接近大陸的作戰計劃受到挫折，甚至要改變其作戰計劃，這對其全般的戰局有極大的影響。

同盟社公佈 敵一週戰況

【同盟社東京三日電】（一）本土方面，二十四、二十七、三十日，敵機三次由馬里亞納起飛，來襲帝都附近，進行盲目轟炸，我損失極爲輕微。馬里亞納航空基地，能收容B29式機二百架，現在有一百架左右活動。我方於二十七、二十九日亦向敵強襲，本土與塞班間的航空戰已日趨激烈。（二）中國方面：（地上作戰）我部隊於十一月二十四日攻克南寧，並突破貴州省南部的黎明關。另一方面沿黔桂鐵路進擊的部隊，二十二日攻佔金城江、河池，二十八日攻克南丹，三十日突破貴州省境的六寨墟，佔領獨山南方六十里的下司，現正快速進擊中。（航空作戰）我航空部隊密切與地上作戰配合，特別是在金城江、河池佔領前，會切斷敵人的後方歸路，獲得光輝戰果，活躍極爲顯著。菲島方面：（航空作戰）敵人美國機動部隊，於上月廿五日向呂宋島東南海面出擊，遭受我神風特別攻擊隊及潛水艇的攻擊，已從該海面逃走，本週內毫未見敵機動部隊的蹤影。敵人爲了彌補機動部隊的退

濟，遂加强摩羅泰方面的基地航空兵力。[illegible]，該島各[illegible]毀。使敵人使用飛機場陷於困難。十一月二十八日敵機來襲數目共三十七架。敵人更急於利用萊特島方面的敵機場，但因敵機動部隊勢力的減退及萊特地上作戰的影響，故正規的使用成爲不可能。又我航空部隊連日連夜攻擊敵飛機場，配合地上戰鬥。另一方面又以『特攻隊』强襲萊特灣上的敵運輸船，繼續進行冗闊的航空作戰。上月廿六日，神風特別攻擊隊用擊塔克洛班港外，攻擊敵運輸船隻。二十九日我航空部隊猛攻萊特灣內的敵船團，切斷敵人供應綫的作戰，在本週特別活潑，是一個極大的特點。敵人的海上勢力已從海上衰退，同時由於不斷的海空戰，雖不能說損失了正規使用航空母艦的能力，但敵人的殘存勢力只能在我航空部隊攻擊圈外實行再編制，敵人似在等待新的作戰機會。（陸上戰鬥）：萊特島我方的供給，不斷越過敵人嚴密的警戒網，得以充實加强。戰況日趨激烈，特別在卡里加拉西方馬達加斯加附近，我方雖不斷向敵方施以壓迫，但敵仍在繼續以舟艇登陸。在其他方面，我方依然扼守高地一帶，向敵軍猛擊，給以重大傷害。廿六日夜我空軍更在布蘭因，及德拉哥着陸，猛襲敵機場，現仍在激戰中。（四）摩洛泰方面——我空軍連日襲敵機場。同時我陸上部隊，亦猛攻敵陣地。十一月十六日，我森田部隊長更率部奇襲登陸，並繼續增强兵力，猛攻敵陣地，削弱空襲萊特島的敵空軍中繼地。士氣異常旺盛，現正在奮戰中。（五）彼勒留島上的我守備隊，自九月中旬敵軍登陸以來，經兩月的猛烈戰鬥，不斷有所傷亡，現仍扼守大山附近的重要陣地。戰局已接近最後階段，廿四日更把殘餘兵力組成敢死隊，向敵肉搏攻擊，現仍在繼續進行壯烈的襲擊戰。另外安格魯島上的我軍，依然在健鬥中。（六）西南太平洋方面——敵轟炸機對我西南諸基地的轟炸，已逐漸從戰略轟炸轉入戰術轟炸。因而轟炸日趨激烈，敵機對××等基地的襲擊，則較前爲弱。本週內敵機雖集中轟炸安汶、西里伯斯南部，哈爾馬黑拉等地區，但來襲的機數較前爲少。（七）緬甸方面——敵軍在更的宛河正面逐漸活躍，連日與我軍展開激戰（八）印度洋方面——尚未有大的活動，不過英機動部隊正在努力集中兵力，其動向極待警戒。

英軍解除
希解放陣綫八百人的武裝

【路透社雅典四日電】據斯科比將軍今日所發表的公報稱：英軍包圍並解除ＥＬＡＳ（希臘解放陣綫的民兵）一部約八百人的武裝，此部民兵於昨夜進入雅典——比里猶斯區。斯科比將軍已命令解放陣綫一切民兵部隊及××警察離開雅典

[illegible]二法案。據宣佈，『祕密軍』領袖說：『祕密軍的目的一貫是以與盟軍儘可能合作的辦法，對我國的解放盡最大的貢獻。在我國解放之前、之中及以後，祕密軍會遵循比政府及盟國統帥部的指示。祕密軍只有一個目的：救國。盟軍統帥部及比政府認爲：祕密軍已達到它的目的，它已根據命令復員。論及以艾爾斯金少將爲首的盟國使團所擬就的二法案時，布魯塞爾電台稱，二法案已得到一切被承認的抵抗運動代表的同意，二法案現正由比國防部研究中。法案中詳細規定那些人將被認爲是所承認的抵抗團體的隊員，幫助國家解放的人們應如何被對待（不能屬於那個抵抗運動），今後爾愛國團體應予以什麼地位等。

格魯任美國務院次長

【同盟社里斯本四日電】羅斯福於斯退丁紐斯升任國務卿後，四日任命前駐日大使格魯任國務院次長。新國務院次長格魯，在日美開戰之前，即駐在東京任美國駐日大使，一九四二年八月乘交換船返美，其後一直至現在任國務院東亞局長要職，專門參與對日作戰的重要籌劃。另一方面他曾數次用演說或著書强調日本戰力的强大，煽動美國人民的對日作戰情緒。

邱吉爾在下院發表演說
公開表示干涉希臘內政

【路透社倫敦五日電】邱吉爾在下院發表講演，他說：如果四年戰爭與敵人佔領的損失要加以賠償，如果希臘生活與經濟要加以重建，他們的內部穩定必須維持。在公平條件下的總選舉之前，立憲的希臘政府當局，必須接受，並實行於全國。武裝力量必須附屬於希臘政府。任何政府如其私人軍隊不與國家及民族聯合，而與思想的集團與政黨結盟，是不能確保其國家基礎的。大家都知道，左翼與共產黨的部長在此危險的時機辭職，而不去履行他們所已同意的辦法，即以正規的國民軍代替民族解放陣綫的警察與游擊隊，况且民族解放陣綫領袖們號召了總罷工，而總罷工在現在却妨礙了我們與美國供給的食品到達我們企圖供養的民衆的口中。希臘人民組成君主國抑或共和國，由他們自己決定；他們要組成右的政府或左的政府，也由他們決定，這完全是他們自己的事情。直至他們處於決定的地位以前，我們將毫不猶豫地使用烈在希臘的大量英軍以維持法律與秩序。我們相信，在這一過程中，英國政府已支持絕大多數的希臘人民。急待援助的希臘人，已獲得英國的救濟與謀生的條件。我們願意在這兩方面幫助他們，我們正在竭盡一切可能的方法繼續與財政及其他專家共同工作。但是，如果我們所供給用以反對德寇的手提機槍，

及比里猶斯開闊的廣大地區，包括馬拉斯松水閘在內。星期三午夜此區內若發現任何解放陣綫民兵部隊，均將被認爲「敵人」。（下缺）

「海通社柏林四日電」倫敦訊：雅典方面的不安時刻增加着。據倫敦無綫電稱：雅典星期一晚無綫電廣播。英軍指揮官斯科比少將對希臘部隊×××，要求他們在星期三九點鐘以前離開雅典與比里猶斯。過了這時間以後，在該地區發現的任何人民解放軍隊員，將被英軍看成敵人，並當敵人來處理。斯科比將軍同時命令人民解放軍部隊佔領的車站應立即撤退；否則，英軍將强迫人民解放軍隊員撤退。儘管已公佈將採取若干措施，但路透社稱：不安竟較前增加。

「路透社地中海戰區盟軍總部四日電」希臘境內盟軍司令部本夜發表公報稱，希臘民族解放運動派武裝部隊八百人昨夜自泰西斯區進入雅典比里猶斯區域，違反希臘政府及英軍司令斯科比將軍所頒佈禁止攜帶武器進入該區之命令，及戒嚴令，英軍乃予包圍，並解除其武裝，被解除武裝之人員，現被送返原處，雙方均未開槍。

斯科比說希解放陣綫打死英人

「路透社倫敦五日電」今晨皇家海軍公報稱：十二月三日當羣衆襲擊比里猶斯希臘皇家與英國皇家海軍總部時，三位英國水兵受傷，一位海軍軍官的翻譯被擊斃。公報繼稱：皇家海軍病房被民族解放陣綫隊員包圍，全部佔領駐希臘的英國軍事指揮官斯科比少將命令人民解放軍立刻由警察營房撤退，不然他們將被趕出去。他也命令一切人民解放軍部隊與警察離開雅典與比里猶斯週圍大地區。星期三午夜以後，在該地發現的任何人，將被認爲是『敵人』。據悉：左右翼份子與從前希臘陸軍官與軍校學生小團體之間，在雅典泰西姆區之戰鬥中，人民解放軍佔上風。英軍包圍並繳械了約八百名人民解放軍。他們夜間違犯息燈條例，與禁止攜帶武器的命令，進入雅典與比里猶斯區。雙方現停止射擊。有助於混亂的罷工已停止，現糧食已運到比里猶斯，估計雅典儲存的糧食只够幾天用。一萬五千人參加在星期日晨，被英軍擊斃的廿三人底葬儀。斯科比將軍發表佈告稱：他支持立憲政府，並盼他最大的力量來幫助這政府。

傳比『祕密軍』領袖重申願服從政府

「美新聞處三日電」紐約二日訊，布魯塞爾電台星期六稱，抵抗團體內部的『祕密軍』領袖已重申願意服從政府』

被共產黨的暴動所利用，企圖不讓人民表示他們的願望，而强行獨裁時，我們便不這樣作了。

工黨議員白蒂克•勞倫斯要求邱吉爾注意政府對希臘問題所採取的步驟，不要採取支持任何一派的方式。他認爲希臘的雙方都有錯誤，而發生星期日的流血案是希臘政府的錯誤。他要英國政府保證使希臘政府理解妥協政策的需要，不要以爲因爲他們得到英國軍隊的支持，他們能够採取他們所願意的任何行動。邱吉爾承認英國應負巨大的責任，以便保持法律與秩序。讓一切事情任意的敗壞成爲無政府或共產黨獨裁，對於英國是非常容易的事情。邱吉爾又說：『斐邦德里歐政府三天以前曾代表一切政黨，包括共產黨及民族陣綫在內。但當他們於推翻固定的政府的企圖已十分明顯的前夕突然離去。

工黨議員海頓•藍斯特詢問：由二百名赤手空拳的青年兒童及零星成年人所組成的示威遊行遭受射擊（他引自泰晤士報訪員報導），而且開槍射擊的行動，竟瘋狂野蠻地繼續一小時，以及有許多人覺得希臘合作主義者未被處理等等是否是事實？邱吉爾答：英國政府保留其對事件眞象的聲明。但邱吉爾描述對赤手空拳的兒童開槍射擊是令人駭異的，但是他又說：『我們也應認爲聚集或使大量赤手空拳的兒童留在政府所禁止的示威中心，是不妥當的。在城內，全副武裝的人隨時都易爆發衝突。』

查拉綏說：日匈兩民族有人種的聯繫

「同盟社布達佩斯十六日電」今日記者會見匈牙利總統查拉綏，詢問日匈關係的基礎——大匈牙利政策。查拉綏談稱：大歐洲新秩序圈以國民社會主義的原則爲決定性的要素。我們認爲大東亞共榮圈亦以大日本精神爲支配的理念。正如全歐洲的日耳曼民族以德國民族的進步發展自豪一樣，我們匈牙利一千八百萬人民以日本組織大東亞共榮圈的努力，作爲我們自己的光榮，只有確立東西兩個新秩序圈之後，匈牙利才能在經濟上，政治上，連結東西兩個新秩序圈。這是我國基本的國策。兩個新秩序圈的强固基礎就是日德意三國同盟。這不僅是爲了推行戰爭而締結的同盟條約，而且要發展爲戰後新秩序和平合作的具體的基礎。（中缺一段）上次大戰後，匈牙利進行大匈牙利運動。在歐洲，屬於大匈牙利族的有芬蘭、匈牙利、愛沙尼亞人，匈牙利人民亦相信大和民族和我們一樣，是屬於大匈牙利系，因此感到我們與日本有人種的聯系。

參考消息
（只供參考）
第七二一一號
解放日報社 新華社 編
今日出一大張
卅三年十二月八日
星期五

英共將示威遊行抗議政府暴行

一海通社柏林七日電一英國共產黨星期三通告於下星期日舉行羣衆示威遊行，支援希臘抵抗運動。在這些示威遊行中，將對使用英國軍隊幫助「反動」的斐邦德里歐政府發動最尖銳的抗議。倫敦消息靈通方面以爲在英國共產黨召開示威遊行的目的在對行將舉行的下院關於希臘的辯論施行壓力。路透社外交訪員尼爾息：英國官方星期三晚對希臘英軍總指揮斯科比將軍所發表之聲明謂：英國此刻不願重建ERAL黨領袖泰米斯托考師·索佛里斯之下的希臘政府，未加以評論。據尼爾指出：另一方面總理斐邦德里歐絕不喪失擴展其內閣基礎的最後可能性。這些方面進一步強調，就英國而論，斐邦德里歐不會被阻止改組其內閣，英國唯一的目的是恢復法律與秩序。

一海通社柏林七日電一倫敦訊：艾登星期三宣佈：鑒於情況緊迫，下院將於星期五開會討論希臘情勢。此外駐雅典的英國外交代表接獲內閣訓令，繼續通報希臘的發展。亦稱：邱吉爾鑒於最近的發展，迅將企圖關於希臘政治情勢發表另一聲明。

一海通社柏林七日電一紐約訊：美評論家昆西·霍爾在紐約無綫電台評論邱吉爾關於希臘的聲明，宣稱英國對建立地中海區各國友好政府一事感到極大興趣，而如無美國幫助則缺乏經濟方法以實現其政策。指出邱吉爾雖欲在希臘建立秩序然後實現自由選舉，但有許多希臘人深恐照邱吉爾的意向在秩序建立之後將沒有自由選舉。評論員認爲只有美國才具有在希臘建立秩序的必要前提條件。又稱如美國務院決定說服英國改變其地中海政策的話，美國即有力量這樣做。但又認爲蘇聯較英美更爲相信，歐洲已瀕於革命的邊緣。又稱，由於蘇聯有經驗應付這種革命的情況，似乎整個歐洲將處於蘇聯支配之下。

撤於入夜前，將他們肅清，英機向頑抗之希臘人民造成猛襲，機槍多架被其擊毀，四週建築物亦震搖欲墜，先是英軍即已開出，於保衛亞克羅波里斯之英軍被解自動步槍襲擊時，與其調防，希方叛徒並投以手榴彈，裝甲車輛、及坦克已參加作戰。戰爭現仍進行中，雅典其他區域亦有小規模衝突發生，英軍略有死傷，有士兵數名受傷。

一路透社雅典六日電一英國坦克與傘兵今日晨已進入對付希臘人民解放軍（民族解放陣綫）的戰鬥。英軍作戰係從阿爾杜斯特，與阿艾爾斯佛特進行的。放射火箭的戰鬥機，擊中格拉維第爾陣地，及埃金以東的人民解放軍據點觀察哨。英軍坦車及裝甲車的機槍對建築在樓房屋頂的人民解放軍的機槍巢開火射擊，人民解放軍從樓上向下投擲土造的炸彈。

越南敵軍侵入廣西省

一同盟社東京七日電一大本營發表（十二月七日十三時三十分）越南方面的我部隊，與從南寧方面南下的部隊配合，於十一月廿八日早晨，在諒山附近之思茅及同登附近突破國境，直入廣西省，現正消滅所在敵人，並繼續進擊中。

一同盟社河內七日電一由越南國境向廣西省進擊的我部隊，於五日黃昏佔領憑祥東方七十公里的思樂，並繼續進擊。

一同盟社河內七日電一上月二十八日未明，我軍開始由越南國境諒山地區北向廣西進擊，右翼部隊於同日黃昏佔領位於諒山北約三十公里之憑祥，繼即佔領東距憑祥三十公里之明江，現正擴大戰果中。

一同盟社憑祥七日電一我軍由鎮南關突破國境向西北進擊，於三月上午七時完全佔領廣西要衝龍州，現仍向前進擊中。

一同盟社河內七日電一我駐越南部隊於二十八日上午，開始由北部國境諒山地區，向廣西省內進擊，與佔領南寧的部隊相配合，繼續進擊。在華美空軍連日以來以B二四、B二五式機轟炸機編隊，向北部越南出擊，轟炸諒山、河內間的鐵路及其他設施，拚命破壞我後方運輸路。越南國境與南寧間之敵，已於徹底破壞公路與橋樑後逃竄。

一同盟社憑祥七日電一打通連結亞洲大陸南北的最後連絡路——南寧越南間的作戰，殲滅了駐華美空軍基地，擊潰了重慶軍的戰力，意義極爲重大。我軍佔領桂林、柳州、南寧後，美空軍已不能在廣西站穩脚步，只有在雲南找尋基地，並向越南零星出擊。又重慶軍爲了增援前綫：對付華中華南我軍的進攻廣西作戰，將越南國境的第三十一軍第一百八十八師送至桂林方面、

斐邦德里歐無恥演說
英軍是在幫助希臘

【路透社雅典七日電】希臘總理斐邦德里歐今日告報界說：『我們保衛自由以反抗暴力。現有各種象徵表明，左翼正企圖發動政變。英國的援助並不是干涉。（缺二段）。一方面的××武裝力量並不是民主主義，那是法西斯主義。我想同全世界的民主主義者及社會主義者，他們是否能接受此點：即在他們民主的國家內，軍隊與警察應屬於一個政黨，而代表全體人民的國家，則無武裝部隊可資使用。（下缺）我國反對暴力爭取自由之鬥爭，將再度在專制者與×××間進行選擇。排除專制』。斐邦德里歐於指斥左派企圖進行政變時稱：『極左派各部長的辭職是個起點』。星期日晚，EAM建立了中央委員會並決定違反政府命令在憲法廣場舉行群衆示威及於星期一組織總罷工。直至該時，ELAS均聽從政府及照軍總司令的指揮，但根據委員會的第三個決議，ELAS拒絕効忠於政府及斯科比將軍，變成了獨立的軍隊——國內之國。前部長塞夫戈斯於里塞斯巴斯第斯宣佈革命，政府禁止示威，因為它知道：這是革命的開端。事件的發展證明政府是對的。於爭奪雅典戰鬥後，斐邦德里歐感謝英軍幫助反抗政變。

英軍司令斯科比公報
人民解放軍進攻政府

【路透社雅典六日電】希臘英軍司令斯科比將軍本夜發表公報說：昨夜左翼希臘人民解放軍活躍已漸減弱，本日拂曉前希臘人民解放軍開始向在雅典境內已為英軍佔領之政府區推進，並發動攻擊，現仍進行中。清晨英軍出動援救其保衛亞克拉羅波里斯之派遣部隊，該隊乘卡車曾遭受機關槍及手榴彈之襲擊，英裝甲車及坦克車均曾出動，戰事仍繼續未斷。雅典城內局部戰事三處均獲進展，英軍略有死傷。希臘正規軍正從事肅清該城某區域內之希臘人民解放軍。比里猶斯區之戰極為寧靜，皮雷龐泥斯半島卡拉馬達之船塢工人六百名，雖曾宣稱參加作戰，但已重返工作，同時前發與國民軍之武器後經希人民解放軍奪去者，現已被繳還與該域之英當局。希臘其他各區戰事無主要進展，現有確定之跡象，證明希臘人民解放軍中混有若干德人。

【路透社雅典六日電】英跳傘部隊與希臘民族解放陣綫軍隊於雅典激戰竟日，叛亂黨徒企圖切斷距雅典中心區不及半英里之比里猶斯公路，英噴火式戰鬥機，亦於晚間參加作戰，掠過希總理斐邦德里歐三夜前遷入之布列塔尼飯店上空，向左翼希臘人民解放軍於朱比塔宮殿四週所建之壕溝俯衝襲擊前

遭受潰滅，後續的獨立第三團亦被我華南軍的震懾，徬徨於廣西山野，僅保安第一團配備於東興，保安第五團配置於龍州，他們的裝備非常惡劣，僅能用輕武器。在此次作戰中，敵人有充分可以守得住的險要地形，但當知道我軍進攻後，連應戰亦不應戰即行遁走，甚至連過去常用的阻礙我軍行動的手段（燒房子，破壞道路，割斷電綫）亦未去做，道路仍是以前所破壞的，沒有新挖掘的情形，電綫亦原封未動。與佔領憑祥同時，由國境至憑祥的電話聯絡立即可以通用，我越南部隊正向廣西省的平原接近。

【同盟社東京七日電】我華南精銳部隊，於十一月二十四日攻佔南寧後，正向越南國境加速追擊殘敵中。越南方面我陸軍部隊，為配合這一行動，自越南境內諒山出擊，於十一月二十八日經諒山兩側之思茅及同登附近同時奇襲國境綫。突破國境綫後，更向廣西省內推進，並擊破敵各地零星部隊。右翼部隊於三十日沿融江攻佔明江；隨後，左翼部隊則於十二月三日攻佔南寧與越南國境間最大要地龍州，從而全面地粉碎敵對越南之國境防禦體制，現正浩蕩地進擊中。與由南寧出動之華南軍會師，已在指顧之間。由於兩軍會師在即，故我經釜山、奉天、北京、漢口、長沙、衡陽，桂林、南寧、河內、曼谷而至昭南，長達五千公里且具有戰略性大動脈完成之日，已旦夕可待。

英泰晤士報駐渝訪員稱
蔣政權何處藏身

【同盟社里斯本五日電】倫敦泰晤士報駐重慶特派員，憂慮貴州戰事的急速進展，遂於五日評論中國戰局略謂：日軍到達獨山後，其進攻的目標無疑地是貴陽。據貴州前綫消息，日軍有足夠的兵力進行全面的攻勢。日軍日夜進行攻擊，表示要與重慶進行決戰。貴陽位於昆明與重慶之間，它是軍事政治的最大據點。如果貴陽失守，那末下一個目標就是昆明，如果日軍能夠攻陷昆明。那末日軍就破壞在華美空軍的主要基地。同時中印供應綫受妨礙甚至完全停止。在政治上說，假如日軍決心向貴陽北方三百廿公里的重慶進攻，使蔣政權不得不遷都，那末重慶更加危險，今日遷都比以前南京、漢口的遷都更形混亂，因為以前還有可走的地方，而且運輸便利，而今天卡車及其他運輸工具少得可憐，而且分散於各地，同時亦缺乏燃料。重慶可走的地方就是重慶西方三百廿公里的成都或更向西行的西藏高原地帶，在西北選擇的首都就是西藏高原與沙漠之間的地方。將這樣的地方作為首都是很不適當的。重慶表示在日軍進攻的面前，有信心保衛貴陽。但是無論誰都承認這種情勢很不容易應付。

『路透社馬德里七日電』馬德里『阿里巴報』紐約訪員非議西班哥。魯遜特報導：美國對蔣介石更增强的幫助，正在準備中，但重慶中國迅將不再存在了。美軍界稱：下月對於中國將是存亡有關的一月，或者在日軍打擊下完全崩潰，或者美國可以有時間進行幫助。遠東情勢的特點是下述事實！重慶對盟國消息的檢查制度，一度曾很嚴，今天則很冷淡，像奄奄待斃的人慢慢的接近死亡。

蔣派督戰團赴韶關

『同盟社廣州三日電』（遲到）敵第七戰區的中心據點韶關，處在我包圍圈中。最近由該地來人談稱，重慶在此次西南作戰中遭到全面的失敗後，計劃由唯一的據點攻擊日軍背後，作爲挽回大勢的最後方策。於是由重慶派遣高級參謀數人組成的督戰團，赴韶關督戰。

華西日報評成都學生被毆慘案

『本報訊』華西日報於成都市中流血事件後，十一月九日第一次發表消息、短評及社論，復於十二日即學生遊行後發表短評，十三日，發表社論『市中事件的重大教訓』，同情學生們的合理反抗，同時對省府接受學生要求，『快慰』爲『不幸中之幸』，指出如下的教訓：『第一，對於青年國民，非認眞愛護不可。……第二，對於民權自由非切實尊重不可。……中國自最初的約法到歷次的憲章，雖亦同樣把這（身體自由）列爲人民第一權利，但事實上因爲政治沒有實現眞正的民主，那些條文，照例是不發生效力的。人民的身體自由權被侵犯，簡直被官府視爲當然，專制時代奴視人民的舊習，絲毫未改，鄉鎭保甲都可以隨意逮捕人民，吊打人民。……習之既久，這種輕視人身自由，並不僅對一般老百姓，且逐漸擴展起來，使有權有勢者幾不復知有所謂人身不可侵犯之自由。只要在官府似乎以於侵犯人身自由都可以無所顧忌地幹，那怕是在政府一再明令保障人身自由的時候。……第三、教育政策非澈底改善不可。……在教育機關內部，依權勢的關係，如今日之黨化教育，造成教與學兩方面的特殊分子……使培養健全國民的神聖機關，變而爲阿諛卑鄙，恃勢凌人，威脅利誘，種種汚濁的鬥爭之所。……市中事件，追根究底不過是『非國家化』而是『黨化』的教育之弱點的總暴露。』該報結論道，要做到以上三點，『必須在政治上變官主爲民主。……要使市中不幸事件暫時得一解決，自然是只有容納學生的合理要求；若要永久而且普遍根絕這種現象，還是要在政治之民主的刷新上去求一總的解決。』又，十二日該報副刊欄啓事：『今日本刊有成都文化界慰

『海通社羅馬二日電』意大利社會黨及共產黨所以反對波諾米重組新政府的動機，現時已爲衆所週知，據共產黨領袖托格里亞蒂及社會黨領袖南尼稱：此方人士特別責備波諾米將其辭職書遞交攝政王子安伯托，而不交與六政黨反法西斯委員會。波諾米的態度被兩個左派政黨認爲顯然是出賣解放戰線。不顧左派政黨拒絕的態度，波諾米乃希望組新政府。他爲民主黨勞工部長布朗其所支持，布朗其强調說意大利勞動人民願意走波諾米政府的道路。

『路透社羅馬四日電』羅馬廣播評論員，今日關於艾登星期五（一日）在下院對意大利的聲明說明如下：『英外相的話不盡是甜美的，但是我們深爲感謝他的坦白。他那明確而爽直的聲明，將使意大利人終止遵循鴕鳥式的政策，即當危機在望時，仍把頭埋在沙堆裏。我們必須感謝艾登，他使許多意大利人的狂妄幻想落到地上，這些意大利人認爲：法西斯主義過去廿五年來的錯誤與罪惡，一下就可以掃除淨盡。我們必須感謝他提醒這點，即意大利是共同交戰國（此處與艾登演說原文不符——編者），共同交戰國的意思是我們肩並肩地作戰，而並肩作戰的各民族，必須具有許多共同的觀點與理想。每個意大利人當他每天早晨醒來時，應當問他自己說：「記着，你是戰敗了，起來工作吧。」艾登謝謝你』。

同盟社造謠 蘇聯要侵略印度

『同盟社昭南一日專電』長谷川特派員報導：印度各地農民害怕日軍進攻，屢次舉行起義；英印軍當局關於鎭壓他們的起義，感到棘手。最近比哈爾省又發生農民暴動，有四萬五千個農民參加。他們破壞鐵道，並以其他的手段，展開反英鬥爭。英國在戰前害怕和警戒蘇聯勢力侵入印度，現在印度國內的不安，更使英國害怕這一點。英國戰前在印度西北邊境配置約四十萬的英印軍，專門防備蘇聯南下。一九三五年後，極力彈壓印度共產黨，因此印度已沒有共產主義的色彩。蘇聯於去年根據斯大林憲法，承認宗教自由以來，操縱伊朗回教徒，並通過他們懷柔印度教徒，最近又乘歐洲戰事進展，及印度國內不安的機會，有侵入印度的徵象。即（一）六月以印度共產黨巨頭爲中心，結成『蘇聯之友會』，企圖團結印度親蘇份子。（二）英印政府爲了緩和印度國內的飢饉，於七月下旬以來，聘請蘇聯農業技術人員指導印度農民。但不能忽視這些蘇聯農業技術人員，對於印度農民的思想的影響。（三）據最近的情報傳說，蘇聯希望在印度設立公使館，並已與英國開始談判。英國雖然害怕蘇聯的要求而不答應，但是我

問市中同學書，安然先生之「調查」，唐致先生的「嗚呼，人身自由！」，「懲兇與善後」等四文曾經發表，特向作者致歉！」此外，十一月六日起的成都黃包車夫大罷工（按：洋車夫是成都數目最多的工人，據說人數有好幾萬），則該報未予報導。

成都黨軍日報，在狼狽失措之餘，對學生運動，加以反對（成都快報亦持同樣論調）及蓄情的造謠中傷。十一月八日發表社論「從本市兩件小事談起」，對學生、家長、及莫須有的所謂「唯恐天下不亂的人」（暗指學生中的積極愛國份子），斥罵爲「擴大事態」，並說道：「寇深國危，我們還有什麼閒情來張羅（？）自己的醜態？」十三日又發表社論，以更狼狽的焦急威嚇學生快快罷手，和轉回頭來「結成數千的隊伍從軍去」，否則就是被人「利用」的「準漢奸」，同日該報發表了反動教授的「告學生書」，一面說已接到敵人廣播，造成都學生的謠爲「學生反戰」，說是「貽敵寇以造謠之機會」，一面斥罵學生爲「有礙盟友觀瞻」。

羅馬保皇黨與共和黨發生衝突
波諾米辭職事各方紛紛傳說不一

【路透社羅馬三日電】本日羅馬街頭發生民衆暴動，警察揮棍驅逐。無數有木棍防身的共和黨及相當數目之保皇黨人，均爲警察逮捕。

【海通社柏林三日電】倫敦訊，在星期日羅馬保皇黨大會上，保皇黨與共和黨、共產黨發生衝突。衝突是在烏蒂諾戲院附近發生的。當保皇黨成羣離開會場時，即受共和黨人襲擊。許多共和黨人手持木棍的旗織，及其他原始武器。

【海通社倫敦四日電】觀察報自布魯塞爾報導：共產黨不喜歡西歐公約，在反對派談判共同綱領之中，在外交政策問題上發生了困難。因爲共產黨描寫西歐計劃是反蘇聯的。只有在不影響大國間之關係下，他們才僅僅會同意區域協定。

【海通社倫敦四日電】觀察報外交訪員報導：意大利與希臘之政府危機，引起南歐陷入複雜之外交問題。干涉內政問題發展到若何程度，將由軍事需要來決定。希臘之危機，乃由總理斐邦德里歐與游擊隊談判關於解除武裝問題引起的。在意大利方面，英國之反對史佛卓伯爵亦非主要原因，主要原因乃意大利倒底是君主政體，還是民主政體。波諾米政府的支持者是六大政黨，他們可以解決這個問題。但不管波諾米或其他任何人×××

們不難想像到蘇聯對印度的態度是多麼積極的。這樣蘇聯南下印度的行動，似在暗中進行。這些客觀形勢，　使英國不得不承認曾受鎮壓的印度共產黨的合法地位，而把它當做牽制國民大會黨獨立運動的工具。如果想到印度國內情勢，特別是社會組織容易共產化時，我們可以說印度的赤化，對英國說來，已成爲可怕的事實。

美國朗耶爾教授主張
建立東南歐平衡經濟單位

【美新聞處紐約二日電】前任駐巴爾幹訪員，現紐約大學職員伊米爾·朗耶爾，於自由世界雜誌十二月號上寫道：「在東南歐建立平衡的經濟單位（包括聯合國底和平機構所支持的農業集團與工業集團）對世界和平有很大幫助。朗耶爾說：在上次世界大戰以前，該區組成爲一經濟帝國，其組成的各國家只是名義上獨立。這種國家如塞爾維亞，幾乎它所需要的四分之三的入口貨都是從德國、與地利與匈牙利運來的；而它全部出口貨的三分之二都是供給這些國家的。戰後，整個地區都落在德國的控制下，商業後面跟着萬字旗，旗織後面又跟着蓋斯塔波。德國無情地留下來的商業習慣這樣堅固，是「很難破壞的」。只有建立在經濟生活上互相平等的集團國家，才能解決問題。這種集團國家不應專門是農業的，也不應純粹是工業的。農業集團應包括南斯拉夫、羅馬尼亞、保加利亞。希臘的利益是向海上而不是向陸上發展的，因此它不應屬於這集團。在偉大的海路上，希臘與英國的友誼使它得到好處。多山的國家像阿爾巴尼亞也可以這樣講。「工業集團將包括奧地利、捷克、匈牙利。這集團可稱爲多腦河聯邦或東南歐聯邦。聯合國的政治家們知道保存這地區的好辦法。對×××的生命保險與經濟安全。聯邦擁有比德國更多的人口。它在軍事×××上會更圓滿（缺兩句）。該地區不復成爲××誘惑物了。相反地，它會成爲和平×××最需要的地方經濟。」

美國下午報評
格魯任國務卿

【合衆社紐約五日電】此間下午報強烈反對羅斯福總統所任命國務院之一批新官吏——蓋彼等對於今日醞釀革命世界，及一般人民問題均無所知，下午報對於格魯之出任副國務卿，抨擊尤烈，因他相信日本天皇世界，政治組織，及神道宗教必須予以保留。阿根廷前駐香港及東京領事拉瓦爾亦在該報發表論文，指責美國首任駐日大使（即指格魯）之政策乃「姑息政策」。另一批評國務院改組事之共和黨前鋒論壇報，對改組事甚表贊可，該報稱：我們唯希望總統之人事安排，在實際工作上，與其所期望者符合一致。

參考消息

（只供參考）

第七二二號

解放日報
新華社 編

今日出一大張

卅三年十二月九日

星期六

雅典戰事暫趨沉寂 比里猶斯英軍登陸

【美新聞處雅典八日電】當希臘左派的抵抗在英國巡邏部隊冒連日陰雨由市中心向外擴張下已逐漸衰退之際，今日雅典的戰事，雖仍繼續中，但規模已大爲減小。當戰爭進入第三日時，據稱狙擊兵在某些居民區仍正予相當大的麻煩，子彈嘯聲仍不時掠過在憲法廣場中的前皇家宮殿，此處希臘警察仍據守着屋頂陣地。截至今晨爲止，解放陣綫武裝民兵約千人已投降英軍。張貼於『自由希臘』壁報上的解放軍首次公報稱：『解放陣綫英勇前綫戰士繼續作戰中。他們正肅清爲現政府當局所據的地區。解放陣綫部隊現正進攻中，確信首都的大部份在他們手中。解放陣綫已向若干盟國大使館對英軍的干涉，提出抗議』。希臘英軍司令斯科比將軍已發表第二個公報，其大意如下：在城郊及比里猶斯，叛軍已佔領有戰壕的陣地並以迫擊砲轟擊希臘正規軍所據守的兵營區。少量飛機被用以幫助希軍及英軍，低飛掃射沒有房屋的地區。英海軍公報稱：英驅逐艦一艘及汽艇二艘現泊於比里猶斯附近以保護英海軍及希臘皇家海軍所佔領的陣地，今日中午轟擊于斯特爾據點，據信其中有強大解放軍據守。一汽油庫可能着火。

【海通社柏林八日電】倫敦訊，據路透社報導，比里猶斯港英國驅逐艦向港內ELAS軍所據陣地射擊。同時據報斯科比將軍正使用降落傘部隊與雅典神殿上的ELAS狙擊兵作戰。斯科比總部公報稱：戰鬥正繼續中，ELAS軍部陣地在過去德軍所構築的陣地上舉行激烈抵抗。

【路透社雅典六日電】希臘山岳旅今晚於雅典市中心，包圍並佔領解放陣綫第一軍團的司令部。槍聲極爲稀少，且無流血事件。屋內解放軍五十名均被捕。英國坦克干涉解放軍××雅典，結果迫使解放陣綫武裝部隊退卻，後者同時被逐出附近的××學校。據稱，德國中尉一名在給解放陣綫部隊施放

美僑迄今仍無在希臘內戰中傷亡者，革命者方面對他們最爲禮貌，當美國人離開旅館通過街道的時候，他們就中止射擊。他估計在雅典及比里猶斯的ELAS實力爲五千至一萬人。ELAS方面迄今被俘者已有軍官約卅五名，兵士四百十一名。

美國人士反對干涉希臘內政

【海通社柏林七日電】『交換電訊社』星期四於指出『每日電訊』報及『每日先驅』報駐華盛頓訪員時宣稱，斯退丁紐斯的聲明，是美國不干涉歐洲各國內政原則的重新闡明。此聲明的確遠超過史佛卓事件。此聲明之發表，係爲了表示美政府對武力政策擴張的關切。兩訪員繼稱，美政府在發表聲明時，心目中亦針對蘇聯的態度，後者一再企圖對歐洲及歐洲以外各小國施以壓力。

【中央社華盛頓八日電】據美新聞處華盛頓七日電，美國務卿斯退丁紐斯頃於答覆記者詢問希臘之現狀時稱，本人甚願提及本月五日邱吉爾首相關於希臘局勢在下院發表之聲明中稱，『英國之立場甚爲明顯，希臘國民無論建立一君主國或共和國，左傾政府或右傾政府，皆由彼自行決斷，與英國無涉。』斯氏又稱，彼極同意此點。

【海通社柏林六日電】紐約訊：意大利美國工人協會主席勒庇·安東尼尼致函羅斯福總統，要求美國保證解放各國建立自己政府的權利。該函尖銳批評英國政府，並說：『最近的事變已顯示出：在某些大的聯合國方面，對於解放國家建立自己的政府與民主的能力與願望缺乏信心。』

【海通社柏林八日電】華盛頓訊：國務卿斯退丁紐斯在其星期四日記者招待會上，提出美國對希臘政策，宣稱：美國不願理希臘事件。希臘發生的危機是英國與希臘共同工作來解決的一個問題。

【路透社華盛頓七日電】民主黨參議員艾倫德頃在參院聲稱，英國武力強制解放後的意大利及希臘，造成同盟國間之不和。艾氏提議反對歐洲國家之組織軍事集團及區域聯盟，因其有害於國際和平及安全。

英政界說美國也曾干涉南美內政

【海通社斯德哥爾姆七日電】美國國務院關於英國干涉意大利的聲明，已引起英國的驚異與惶惑。『哥德堡商務日報』駐倫敦訪員報導：英國政界回憶美國曾參與南美各國的內政。據瑞典訪員息，如果斯退丁紐斯現在宣佈，美國不能容忍英國干涉盟軍佔領各國的內政，那末在倫敦便發生了一個問題：是否斯退丁紐斯，企圖對拉丁美洲各國，實行

追擊砲時被捕。英國坦克業將解放陣綫部隊逐出陸軍器械庫，希憲兵會於此打了一次敗仗。

〔合衆社雅典七日電〕英海軍發表公報稱：停泊比里猶斯區海外保護英軍所佔陣地之英驅逐艦一艘及摩托汽輪二艘，本日向卡斯特洛據點發砲轟擊，衆信希民族解放陣綫部隊於該區駐有重兵，英艦對該區轟擊歷時不久，敵軍倉庫可能被擊起火。

〔路透社雅典七日電〕希臘英駐軍司令斯科比將軍本夜發表公報稱，英軍希臘正規軍及叛黨本日仍於雅典與比里猶斯區域作戰，大部份區域內均獲進展。叛黨因佔有德軍建築小堡壘中多數據點及防禦堅強之住宅，故數度作頑強抵抗，在此情況下，英軍乃以坦克及大砲作戰，藉以驅逐敵軍，叛黨部隊於城效地區佔有防禦陣地，希臘正規軍亦佔有臼砲設防之區域，少數飛機會協助英希軍作戰，低飛掃射敵區。昨日比里猶斯區域叛黨據守建築物頑強作戰，皇家海軍陸戰隊一隊乃登陸，與步兵及坦克部隊協同肅清四週區域，叛黨方面現猶無遵守斯科比將軍所頒布於午夜前退出雅典四週區域命令之跡象，少數協同叛黨作戰之保加利亞人、意大利人及一羅馬尼亞人，均已被俘，官方現擬於肅清區域內，開辦若干飲食處賑濟難民。

〔路透社雅典七日電〕波式戰鬥機隊及若干噴火式機，本日盤旋亞克羅里利斯上空，以小鋼砲射擊左翼希臘人民解放軍。同時希臘人民解放軍中央委員會亦發表聲明，責斥總理斐邦德里歐違反黎巴嫩憲章，從事獨裁，其政府中並保持若干希奸之地位。聲明又籲請英軍司令斯科比將軍勿接受斐氏要求，與希臘大多數民衆爲敵，蓋此乃干涉希臘內政，是違反大西洋憲章與德黑蘭協定的。故要求斯氏在此衝突中保持中立。

〔合衆社雅典八日電〕雅典之戰已進入第六日，雖無休戰在望的象徵，但某些政府人士暗示，秩序明日或可恢復，屆時電源供給將被恢復，街道開放交通，熄燈令被取消。城內各地仍有零星戰事，英戰鬥機進行若干次掃射襲擊，大砲則轟擊堅守中之希臘追擊砲陣地。

〔路透社倫敦八日電〕路透社駐雅典特派訪員星期五報導，整夜下雨，使雅典的巷戰呈現第一次眞正的平靜狀態。今晨，雖然天亮後不久有一輛重坦克在街上通行，但城市較過去三天都更平靜。目前戰鬥已移出城中心，至今已俘人民解放軍ELAS隊員約一千人。

〔海通社柏林八日電〕紐約訊，美無綫電評論員瑞克爾於星期四稱，雅典

新的美國外交政策？是否美國干涉政策的時期已告結束。

〔海通社柏林七日電〕倫敦訊：外相艾登星期三在下院，回答保守黨議員波特所提出的英政府維持比埃洛政府執政的行動，是否唯一的由於軍事考慮所指示一問題時宣稱，盟軍在比利時所實行的任何行動，都是根據盟國遠征軍總司令所發訓令的基礎進行的。艾登繼稱，盟國遠征軍總司令須實行維持其交通綫經過的前綫近後方領土內的安寧與秩序，他又認爲當必須進行任何行動時，美國有獨斷專行之權。

比反動政府靠攏英國

〔合衆社布魯塞爾六日電〕比利時外長斯巴克本日在比利時下議院發表演說，概述戰後維持和平之三點：並力謂比利時將繼續與英國維持友好關係。在三事乃維持和平所必須者：即集體安全、歐洲聯盟與區域協商。軍事協定尚有未足，必須輔之以政治及經濟協定，吾人必須剝奪德國之一切作戰力量，懲處戰爭罪犯，比利時係與英國共同進入戰爭，故不僅將在對德作戰中聯合一致，且將共同對日作戰。

〔路透社布魯塞爾七日電〕比埃洛內閣今夜（星期四）爲比利時上院授以特別權力。

傳蘇法將簽訂公約
法共地位增強

〔海通社柏林八日電〕已據無綫電公告，蘇聯將派遣一位專使赴法。此爲高樂訪問莫斯科的第一個結果，公告中指述此爲簽訂法蘇聯盟公約的前奏。

〔海通社斯托哥爾姆八日電〕剛自法國歸來的「斯托哥爾姆日報」倫敦訪員，強調法國共產黨領袖多列士在法國所佔據的非常顯著的地位。他曾出席法國共產黨爲歡迎多列士自莫斯科歸來所召集的一次巨大示威遊行。多列士已大大改進了法國共產黨的前途。無論如何法國共產黨是在法國，特別是在工業區青年中間最有威信。

海通社傳蘇法已締結協定
戴高樂將借西共領袖返法

〔海通社柏林七日電〕威廉街發言人獲悉，斯大林與戴高樂於莫斯科已締結某種協定，且將於戴高樂返回巴黎後發表。發言人並稱，戴高樂已允許著名的西班牙共產黨領[illegible]家巴松納里雅去法國，以便使她更能接近西班牙邊境。發言人又稱，戴高樂將用其自乘飛機把巴松納里雅攜歸法國。

査拉綏逃到德國

【海通社柏林六日電】柏林發表匈牙利總理査拉綏訪問德國的正式公報：『十二月四日，元首接見訪問德國的匈牙利國家首腦査拉綏。元首與査拉綏作長時會談，討論德國與（在匈牙利運動底下團結起來的）匈牙利在政治、經濟、軍事上合作的一切問題。會議充滿着德匈人民以一切辦法並創造一切先決條件以繼續保衛戰的堅强決心，而這種決心現在又發生在兩民族老傳統，與受過考驗的親友之誼與友誼的精神中。外長里賓特洛甫、凱特爾與古德利安準上將以及匈牙利……甚米尼與賽綏德、比里弗準上將均參與元首會談。十二月四日晚，里賓特洛甫設宴招待匈牙利國家首腦，匈外長及其他嘉賓。査拉綏隨從包括：亨尼中尉、公使哈哥綏與科洛綏，梅査利斯上校，此外尙有外長與公使波維德。德駐匈全權公使維森梅雅與匈駐德公使米塞爾均在場。』

海通社傳
芬蘭士兵失業

【海通社斯托哥爾姆五日電】目前在斯托哥爾姆的前芬蘭社會部長法格荷姆，告『斯潮』報托哥爾姆訪員稱，芬軍復員至平時水準一點，現已依照休戰條件完成。他說與美國報導稱復員對芬蘭日常生活無特別影響之說相反，由於士兵解職，已發生一些失業，但一般希望這是暫時的。法格荷姆繼稱，由於洋芋的嚴重缺乏，糧食形勢業已惡化。

太平洋戰爭三週年
敵酋小磯發表廣播演說

【同盟社東京八日電】小磯首相爲迎接大詔奉戴日第三週年紀念日，於八日上午六時半捧讀詔書之後，發表廣播演講，廣播要旨如下：三年前的十二月八日，我機大舉空襲珍珠港，那天早晨接到這一消息，已拜授向美英宣戰的詔書。在那一瞬間，振奮一億同胞精神的話語，實是難以形容。那種動人的場面，至今仍深印於我們的腦海，深自感到貫徹聖戰的新決心。在這三年的歲月中，皇國所走的道路亦是光輝燦爛的。返觀大東亞戰爭無限廣大的意義，是不能不銘記在心的。皇軍×××而且廣泛地躍進到東亞各個角落。從北滿起，經過蒙古，到中國的中原地帶和緬甸、印度的山脈，從爲冰雪所掩蓋的北太平洋孤島到遍地森林的西南太平洋島嶼，都儼然飄揚着太陽旗。但是這面旗幟是把東亞民族帶到幸福之日的光輝，是使人奮發的旗幟。在菲律濱和緬甸，已打破美英壓迫與支配的枷鎖，高舉着獨立的旗幟。在印度各島，每人都在挺起胸膛，不久將享受獨立的榮譽，都在明朗而有力地向着明天充滿希望的道路前進。一向我們國內民衆只有與前綫將士拚死的戰鬥相呼應，不斷進行增產使前綫將士作戰自如，戰爭的勝利由國內生產戰和供應戰來決定。反觀歐洲戰局，今年八九月之間，敵國和歐洲中立國一部份人士認爲德國必定敗北，現在給予世人這樣的印象，即現在歐洲似乎要發生一大事變，德國在此困難的局面下，德國人民在希特勒總統統率下，更鞏固團結，在敵機轟炸下，仍圖謀增强生產，人民都武裝起來防備敵人侵入，現在在邊境對付敵大軍，使戰事陷於膠着狀態。另一方面，美英佔領的南意、法國、比利時等國的人民苦於窮困和飢餓，社會的、政治的不安日益增大，圍繞着波蘭、巴爾幹的國際形勢亦極複雜和混亂，今日美英亦不像最初那樣公開講話，而自供不能預言能否打敗德國。

最後我要提出最重要的提案，二年前的本月十二日，天皇陛下親自參拜伊勢的皇大神宮，祈禱要戰勝，這是龜山上皇以來的創舉，此事實令人驚異。戰爭已到了皇國興亡的關頭，今日即是一億同胞奮起的時候。一億同胞應體會陛下担心的心情，而於十二日抱着純潔的心境，一新保護國體的氣魄，作爲國體的一份子或個人，一人不剩地參拜神社，爲皇國的戰勝禱告，鞏固擊滅美英的誓約。

國民黨軍委會一週戰況

【中央社重慶八日電】據軍委會八日發表二日至八日一週戰況稱：黔桂戰事，至本週來，敵已處於極不利之形勢。蓋黔邊地形，山嶺重叠，敵素所恃之重武器及機械化，已爲無用，自孤軍深入冒險作戰，聯絡困難補給不易，正爲其自掘墳墓，犯戰略上之大錯誤。而我軍部署周密，將士用命，現已獲得主動地位，對深入險隘之敵寇，隨處可予以致命之打擊。連日來我軍克復獨山、八寨、三合縣城及荷板寨等，足證敵之頹勢矣。刻我對殘寇正乘勝跟踪追擊中。滇西緬北我與盟軍迭獲勝利，遮放克復，實中印公路暢通之先聲。

參政會駐會委員會上
陳誠報告軍事情況

【中央社渝八日電】國民參政會駐會委員會，八日舉行第五次會議時，由軍政部部長陳誠出席報告最近作戰情形及軍政設施。陳氏先就黔邊戰事、日軍企圖、我方配備與目前戰局狀況作一具體說明。據稱某某部隊抵達前綫後，開始反攻，一部克復三合，另一部克復獨山。據報告，敵人已遭遇運輸上之困難，其部隊因被服不足，已有凍斃者。吾人可爭取時間，以集中部隊予進犯之敵人以打擊。陳氏於論還是東的美英城市的上海與天津等租界，都已改變面貌，蔑視東洋人的治外法權已經取消，在偉大的歷史與傳統上，有着「中華民國」堅強的獨立自主的蹤跡。恢復東洋本來姿態的泰國，已完全拂除濃厚的美英色彩。因此，現在正在東亞建設新的道義的世界。崇高的東洋精神與文化，正在一天天地復興着。大東亞戰爭使我們知道我們的精神、財產甚至民族的獨立，被具有制霸東洋野心的美英奪去了。使東洋民族熟知眞正的敵人是誰？並以喚醒對抗這一命運的氣魄。因此現在正是東亞民族起來抵抗侵略者的時候。英美在過去三年間，花費了數千億美元的國幣，犧牲了數百萬人的生命，它擁有龐大的國幣與無窮的資源，依靠兩個大洋，保證國防上的安全。他們非戰不可的原因是什麼？對於這一疑問的回答是很簡單的，因爲他們除了支配世界的野心之外是再沒其他，他們爲了激發國民的敵愾心，指皇國爲『侵略者』或『挑撥者』、大東亞戰爭的爆發就是起因於他們的此種野心。這是很明顯的。他們爲了達到這一野心，敢於於用一切經濟的物質的力量挑戰，這使皇國陷入不起來應戰就只有自取滅亡的境地，爲了自存自衛不得不賭國家的興亡與敵人決一雌雄，皇國是不是他們所說的『侵略者』，只有靠神與理智的裁判才能明瞭。美國是世界第一等宣傳的國家、能『指鹿爲馬』的他們，說出天文學的數學宣傳給予日軍的損失。另一方面他們自已發表的損失，簡直距眞正損失相差太遠、如九牛之一毛。由於他們此種騙人的公報，被『戰略感』麻藥所蒙蔽的美國人民，並沒有感到羅斯福的野心，在犧牲他們的丈夫與親愛的兒子方面是付出多大的代價。美國驅使國民走向戰爭，急於短期決戰，最近更經常空襲我國，向帝都進行無差別的盲目轟炸，非人道的行爲達到極點。我們爲了捍衛國家，有戰到最後一人的決心，燃燒着必勝的信念，如果認爲日本人要懼轟炸，那種估計錯誤的。對於我們來說，一個一個的炸彈，更成爲加深不屈不撓決心的楔子，特別是這一無差別轟炸的結果，不僅奪去了無辜的人命，而且摧毀了神社、寶貴的歷史紀念物。而且亦許要摧毀我皇國國民最崇敬衷心所敬仰的地區。若是這樣，那末日本國民必須竭盡全力對美國人民進行毒辣的報復行爲。我堅固的制空陣綫決不許敵人侵犯，敵機每次來襲都受到重大損失。另一方面圍繞於萊特島的決戰場連日反復進行生死的戰鬥，我們一億人民信賴的子弟成爲特別攻擊隊隊員，他們代表日本精神，發會神的意志，衝入敵艦船或敵機場，陸續獲得令人驚嘆的大戰果。每當我們知道此種戰果時，都提高必勝的信念，萊特的決戰是決定太平洋決戰的前途，我們必須把敵人驅入海中。但是粉碎敵人奪回菲島的野心的戰機已經成熟，

及士兵待遇改善問題，認爲極端重要，過去對於士兵生活未改善，不但對不起士兵亦對不起全國父老。時至今日，士兵待遇之需要改善，已爲全國人士所注意。故此問題，亦必易解決。就目前言，軍委會對此已在開始辦理，現將前綫部隊之副食費，已提高至五百元，草鞋費亦增加一倍，惟談改善士兵待遇，增加薪餉，只是一種臨時辦法，最要者在供給實物。到軍政部與後方勤務部，已決定購備實物，運濟前方，主要在使士兵營養充足。最後陳氏並謂，明年度除由美方供應外，我方亦以自有武器，充實若干部隊，以爲反攻之用。並擬裁去不必要之機關，以節省經費，而減少人民負担與政府之大量支出。今日參政會駐會委員會係於上午九時開會，出席者計有主席團張伯苓、莫德惠、王世杰、江庸，參政員錢公來、左舜生、李永新、冷遹、胡健中、許德珩、羅衡、杭立武、王雲五、江一平、陳啓天、孔庚、李中襄、陳博生、許孝炎、胡霖、王啓江、張君勱、秘書長邵力子、副秘書長雷震等，由江庸主席，報告事項計有國防最高委員會秘書廳公函，關於參政會建議之執行情形十二件，及航空委員會函爲申述航空作戰人員數量、待遇、賞懲現況，請査照由一件。此外由軍政部陳誠部長報告外，未討論其他案件，至十時許即散會。

宋子文宴參政員

【中央社重慶八日電】新任行政院代理院長宋子文八日午間趁國民參政會駐會委員開會之期，就參政會所約請參政會主席團及全體駐會委員午餐，並聽取各參政員對於政治上之各項問題。即目前政治上最緊要者，爲何項工作，應用何種方法以達到其目的之意見。餐後參政員冷遹、王雲五、左舜生、孔庚、許德珩、錢公來等，均發表意見，希望政府在此嚴重時期，有澈底改革之××，並須放手做去，如有困難，參政會同人願盡力之所及，加以協助。至於具體問題，×××醫機關保障人民權利，使政府與人民通力合作。對財政與外交各方面，均提供意見。又關於駐會委會建議政府撤消財政部退出中國實業、中國通商、　四明三行官股之決定，希望宋院長迅予採納實施。宋氏表示，當前一切以軍事爲第一，舉凡措施，均在幫助軍隊驅除敵寇，至於行政院與參政會實形同一家，今以接任伊始，一切尙未盡明瞭，容後自當經常向貴會提出報告，尙望多所贊助，俾一致努力，爲驅逐敵人而努力。至二時許賓主盡歡而散。

【中央社渝八日電】代理行政院長宋子文，七日到院視事，並接見英大使薛穆等。

參考消息

（只供參考）第七二三號

解放日報 新華社 編

今日出一大張

卅三年十二月十日 星期日

英報抨擊政府外交政策

【路透社倫敦八日電】曼徹斯特衛報星期五晨：關於下院對希臘問題之辯論的社論說：「在過去幾天中，英國外交上的威信，已降到至慕尼黑以來的最低點了，這是令人不快的事情。現必須有所措施，並迅速地施行，以便將我們放在民主的世界中。此自由黨報紙：懇求邱吉爾將在雅典的英軍從困難中撤出來，即是暫時丟臉也無礙。但我們也要在美國建立英國的好名譽。我們可能對於斯退丁紐斯任國務卿時作為他的××而採取的奇怪的方法有強烈的感覺，他星期二的聲明大概意圖說明公司是在新人的管理下達爾朗、吉羅德、巴多格里奧輔助人被撤職了。他竟然這樣不客氣，以他的新衣服與我們有了污點的衣服來作無情的比較，藉以說明他的新衣服是乾淨潔白的。我國人民都具有與斯退丁紐斯對建立歐洲的××民主底同樣××的意見。我們很傷心地注視着我政府最近的錯誤，我們將不會寬恕這種錯誤。但斯退丁紐斯應認識到這個國家（我國）也很傷心地注視着美國在西班牙、法國與意大利的外交方針。英美人士將會驚奇，如果國務院忽然良心發現它為甚麼不用通常的外交方式來表示它自己的話。同盟之間友誼的勸告不比×××更好嗎？我們對於畢竟是禮貌的問題不要過於爭吵了。偉大的事情將向兩國人民保證：我兩國政府的政策在精神上是一致的，它們在實行這一政策中將親密地一道工作。德黑蘭會議最後的宣言似乎已被忘記了。現在是這些宣言重新被提醒與實行的時候了——我們仍在同一戰爭中作戰」。並說：邱吉爾比「政府一級」的大多數英人更特別知道「革命的泉源」，該報力勸「讓他不要支持這個或那個黨派。意大利人要不要史福卓，或者是否斐邦德里歐仍在希臘任職，這都不是我們的事情。我們的事情是幫助意大利人與希臘人建立自治政府與自尊心。如果他們在進程中不得不割掉幾個人的喉頭，讓那些被割掉的喉頭是他們的喉頭而不是我們的喉頭吧」。

正確的堅強信念，反映在他要求投信任票一點上。邱吉爾說：「如果我出錯了，我將很高興地接受罷免的處分，但如果我們未被罷免時，我們將堅持這一政策。肅清雅典及其周圍的一切反對希臘立憲當局份子」。由於英國政府不准許具有強大武裝的匪棍從希臘的山上下來，和以一切血腥恐怖及暴力使他們自己樹立地位，英國政府被斥為不是民主主義的朋友。邱吉爾說：「我已駁斥了這一揚言」。邱吉爾說，在戰爭中，盟國會必須武裝任何可以射擊德軍的人。但在這些國家獲得解放時，則獲得盟國武器的人們即應把武器交給合法當局。

【路透社倫敦九日電】路透政治訪員福萊塞‧魏頓報導：英國政府今日（星期五）在國會中獲得對其外交政策一致的信任票。但工黨大多數棄權，令人驚異。

【路透社倫敦七日電】此時獲悉：明天下院關於希臘的辯論會上，將討論反對政府政策的九個黨員羣衆所提出之國王演講的修正案。其後，下院將於辯論結束時，進行直接投票。修正案簽名者有：勞工黨員六人、自由黨、公安黨與獨立黨各一人。該修正案將由勞工黨關於外交問題的發言人科克提出。科克為勞工黨著名黨員，他經常攻擊政府的外交政策，該修正案的其他贊助人，包括獨立黨的戴維斯、公安黨的阿蘭德，與獨立黨的德里柏格，修正案敦請下院對國王在國會的開會詞，表示遺憾。因為演講沒有保證英軍不用來解除希臘及歐洲其他地方人民的武裝，因為今後歐洲友誼的合作，必須依賴於這些人民的勝利。

希解放軍向雅典進軍
英軍妄圖希解放軍「投降」失敗

【海通社柏林九日電】希臘英軍司令斯科比少將星期五（九日）晚發表關於希臘形勢惡化的公報。據稱：「解放軍抵抗的削弱尚不能看出，其他解放軍部隊正向首都開拔。」公報同時稱：「薩羅尼加暴發總罷工，但未說明任何詳情。」同時，斐邦德里歐政府星期五晚公告說：特別法庭已建立起來以懲辦「內戰罪魁」。公告繼稱，對某些被捕解放陣綫首領的首次審訊，業已舉行。

【海通社柏林八日電】芝加哥訊：芝加哥日報駐雅典訪員喬治‧華勒星期五電稱：希臘英軍總司令斯科比少將與民族解放陣綫領袖甄力山大‧斯沃洛斯間的談判已告失敗。據華勒的情報說，斯科比堅持主張無條件投降，而斯沃洛斯（不久以前尚為斐邦德里歐內閣的經濟部長）則明白的加以拒絕。華

『路透社倫敦七日電』緊接ELAS（左派游擊隊）部隊與雅典希軍間公開武裝衝突後，及環境所需要的英國以坦克、傘兵甚至飛機的武裝干涉後而嚴重惡化的希臘形勢，關於斯退丁紐斯『放手』（不干涉之意——記者）宣言所牽聯的特別複雜情勢，有在英國產生政治風暴的危險。希臘危機正被嚴重而焦急注意的事實，可由政府迅速決定明日在下院對此問題進行終日辯論一點見之，斯退丁紐斯的聲明雖爲英國某些報紙稱之爲『輕率』、『無理由』及『大錯誤』，但從某些國會議員及小部份英國報紙口聲中，可以明白看出，與論界還不是團結在邱吉爾政府『希臘政策』與『不公開外交』之後。據外交與政治觀察家稱：明日下院的辯論將爲最激烈的事件。據信，邱吉爾本人或艾登將發表聲明，其中不僅論及希臘危機而且將詳細說明英國對解放歐洲的態度。英官方迄今對美國聲明的沉默態度並不表示政府未爲近來的發展所驚擾。關於不公開答覆斯退丁紐斯的政策宣言的決定，據信係根據於此持重的理由，即兩大盟國間的公開爭吵，不僅將嚴重影響戰爭努力，而且將給敵人宣傳以絕好的材料。英國報紙昨日及今日以大量地位登載希臘危機一點，證明與論緊張地注意。英國人對政府政策的不滿集中於兩點，此兩點很可能爲工黨議員在下院辯論中提出，第一，政府被批評在反對史佛卓伯爵任意大利外長之前——未通知美國政府。第二，政府被嚴厲指斥謂『否決』希臘自由主義領袖柴福利斯組織新政府。

英下院發生質問戰
邱吉爾表示固執對希政策

『海通社柏林五日電』倫敦訊，星期三中午當公安黨領袖奧克蘭德・工黨議員斯特拉斯及獨立黨議員李普生質問艾登：英國爲何反對史佛卓任意大利外長時，下院發生了騷亂的場面。辯論中對艾登個人所提出的激度攻擊，特別着重於：英國是否事先會與美國及蘇聯取得聯系問題。艾登答稱，美國政府僅在否決已提出後，始被通知，那是眞的，但避免提到蘇聯。當這點被李普生指出時，艾登說：只有英——美監察委員會在意大利，而該委員會中各代表已被通知。艾登繼稱，這些都是此類事件的正常手續。關於××××，艾登予以否定答覆，並再次強調英國政府在此種情形下有向他國政府表示它意見之權。艾登繼稱，英政府並不反對史佛卓列身意大利政府，他曾任政府委員若干時，而只是反對他任外長。當工黨議員湯姆斯問：爲了英——美利益關係之故，是否承認錯誤更好些時，座中有人大叫曰『不』，艾登則默不作聲。

『路透社倫敦八日電』（上缺）辯論之議案並及邱吉爾對政府行動適當而勒說，斯科比將軍係根據收到英政府的指令行事。

『路透社雅典九日電』關於舉行停止希臘戰事的談判之謠傳，今爲已被此間證實。在本週中曾與斐邦德里歐總統舉行數次會談，但毫無結果。阿瑪斯科尼斯主教和解的企圖亦無結果。會舉行有前左翼各部長參加的會談，但這是這樣的一種會談，即在目的在於解決問題的討論開始以前，民族解放陣綫部隊必須全部撤出雅典。黨的領袖們今日再度集會，研究雙方間舉行會議的可能性。

同盟社報導
希臘內戰的實情

『同盟社東京八日電』希臘的鬥爭，現在已成爲歐洲反軸心軍佔領地區各地極嚴重的問題。關聯到解除游擊兵團的武裝，在英國勢力下的非佔領地區，關於如何處置從事『解放戰綫』的左翼武裝部隊，實日趨重大。左翼團體EAM，時與有武裝實力的民軍ELAS及EDES相結合，藉着蘇聯勢力向巴爾幹方面滲透之際，企圖擴大自己的力量。英國爲防止左翼勢力的擴大，乃要求希臘總理斐邦德里歐解除國內軍的武裝，但EAM希望把左翼游擊隊，編入國民軍，承認它的獨立存在，因而非常不滿意英軍的高壓措置，終於發展到左翼的六名閣員，驟然辭職。EAM及共產黨中央委員會，在三日於雅典市內舉行示威運動及大罷工，不幸更發生流血慘案。結果斐邦德里歐因事態擴大無法收拾，乃提出辭呈，但英軍明白表示不惜以武力彈壓EAM，堅決支持斐邦德里歐總理，因而事態更加嚴重。EAM繼續堅決反抗反動政權，和英國的干涉內政。關於這一糾紛，美國表明反對英軍干涉內政，故英國政界深怕這一英軍超出軍事需要的武力干涉內政，發展到外交問題，而極爲憂慮云。

海通社稱
廣西日寇向雲南推進

『海通社上海九日電』重慶方面消息，雖然日軍進攻貴州省城貴陽，但重慶消息靈通人士恐懼日軍會向雲南省省城昆明進攻。日軍從廣西向雲南邊界的進攻，在重慶中國的戰報中未予提及。日軍沿××河流域從南寧向西推進，已距雲南邊界一百公里。從邊界到省城直徑爲三百餘公里。

『路透社重慶九日電』路透社重慶特派訪員漢姆・班尼報導：每週軍事評論。貴州省會貴陽的緊張情勢已由於中國軍隊在星期五拂曉奪回獨山而暫時減退。位於黔桂鐵路上貴陽東南七十哩的獨山在四天以前爲日軍攻克。日軍現正向廣西邊界退卻。中國軍隊在貴州的反攻爲此間所熱烈歡迎，但此軍界強調情勢依然嚴重，而此間沒有極端樂觀的原因。正調軍增援貴州弧形前進部隊的中國軍隊還有數萬難民從悽慘地趕出來，正逃向內地，其中許多人現正逃入貴部。××西南，美國訓練的中國軍隊刻已到達距滇緬路上緬甸邊界的城市畹町八與十二哩的各地。軍事發言人今日說：×××進入了廣西省。

英報論中國戰局

【路透社倫敦八日電】當一部份英國報紙多少驚人的標出中國戰爭形勢嚴重性之際，若干報紙的社論在其口氣中均認識此點，即中國的困難歷部份歸罪於盟國援助的不足。新聞紀事報提及日軍佔領都勻的兩行標題寫道：『日軍佔領至重慶道上的又一個城市』。每日先驅報刊載飾以花邊的五行標題說：『滿洲至新加坡已爲鐵路聯結起來了』。另一方面，北明翰郵報於社論中估計盟國對中國的××援助。該報於歡迎魏特梅耶聲明謂美軍不撤出中國後稱：對於美國士兵與航空員而言，今日若離開中國，無論在暫時軍事意義及長期政治意義上說，其爲損害聯合國事業的事件將一如英國之於一九四一年未能派遣軍隊至希臘一樣。北明翰郵報強調說，然而『目前的問題並不在這，問題在於聯合國如何能更有効的援助中國』，雖然聯合國在最近將來援助的程度當取決於中國在目前短期內援助它自己的持續能力。北明翰郵報認爲日本揚言謂已打通滿州至新加坡的陸上交通爲東京吹牛的典型，但同時，它是日軍的重要進展，嚴重地威脅今日對中國甚至很微小的援助。人們見到，沒有什麼東西可立即××××，人們僅能希望中國將能經起這嚴重的考驗。（缺一大段）

同盟社稱 蔣介石拒絕我黨提案

【同盟社里斯本七日電】延安政權主張樹立國共兩黨的聯合政府作爲與重慶合作的條件，而重慶認爲這是企圖顛覆重慶政府，嚴厲地拒絕之。七日美聯社駐重慶特派員報導目前赴重慶直接與蔣介石進行談判的中共領袖周恩來的談話說蔣介石又拒絕中共的主張。

陳誠招待外籍記者 談貴州戰事及軍政部今後計劃

【中央社渝九日電】軍政部陳部長誠九日招待外籍記者發表談話，其要點如次：本人此次奉中央命令，担任軍政職務，深蒙各方關切，非常感謝。今天得與各位先生共聚一堂，想彼此都感愉快。本人在最近一週來，因爲正在接收軍政部，同時又値前方緊張之時，所以比較忙一點。我想各方面對於前方與對於軍政部都是同樣的關切。玆趁這難得的機會，把最近局勢及軍政部的情形，提出來向各位先生簡單說明一下。（甲）關於當前貴州的戰

，當經公推梁寒操、馬超俊、劉攻芸、呂雲章、陳心如等九人爲主席團。大會由梁寒操主席致開會詞，呼籲一切有心人士同來參加，以集思廣益的辦法，來籌劃今日衛國圖存的應做工作，以期轉敗爲勝、轉危爲安，把勝利經拿在我們手上。詞畢，旋請到會人士自由發言，均有切合實際之主張。益世報經理張維明並當場捐獻二萬元，用供慰勞將士，並說明天主教文化協會同人準備隨時參加戰時服務工作，貢獻人力。會場情緒之高漲，達於極點，充分表現後方民氣之激昂。最後經決定授權主席團，擬訂章程，並推定理監事，提交下次大會追認。理監事人選以收羅各方面有爲有錢之熱心人士爲原則。至該會任務，大致着重三點：（一）慰勞邊境部隊及前綫將士；（二）救濟難民；（三）振奮人心。

【中央社拉卜楞六日電】（一）拉卜楞百零八寺新任大襄佐阿莽蒼活佛曁拉卜楞藏文學校優秀喇嘛青年八十餘人繼之聲請，請加入三民主義青年團，經審核合格並訓練之後，已於十九日宣誓入團。（二）拉卜楞青年團籌備處成立藏文宣傳訓練材料編譯委員會。（三）此間知識青年志願從軍運動積極展開，征委會已成立，報名者達五十人，內蒙藏青年約佔五分之一。

【中央社蘭州六日電】起於蘭州黃河北岸止於寧夏白國子之蘭寧公路甘段全長二八五公里，自五月興工，歷時半年，刻已全部修竣，定月中試車。此一溝通甘寧綏三省交通之公路，爲臯蘭、榆中、靖遠三縣五千人民義務勞動之成果。至路面舖石，則決定明年度完成之。

僞中央社肆意挑撥 歐洲盟國關係

【海通社柏林二日電】：中央社（按僞中央社）特派記者K．C吳訊：目前歐陸政府發生危機者不下六個：即波蘭、比利時、希臘、意大利、芬蘭與南斯拉夫（指流亡政府）。所有這些危機的根源，乃由於莫斯科的意志。因事實上蘇聯已在歐洲事務上獲得××。最近倫敦方面，一再認爲波蘇間的問題實令英外交界在整個戰爭中感到最棘手者。如果人們記起：英政府對波蘭的保證，乃是第二次世界大戰的直接原因，記又起：顯然英國此項保證的完蛋便是波蘭的完蛋的話，則此點當不請自明了。莫斯科會明白表示倫敦波蘭流亡政府並不存在，意大利與南斯拉夫委員會談判，後者實際上是莫斯科的一個支部，比利時政府危機的來源是由失業問題所引起的，而失業問題則是盟軍入境後發生的。這首先不是別的，而只是××的事情。可是比利時急進派不久就認識到一個機會，並且趁着國家的困難

事，可分兩點來敍述：（一）敵人的兵力與企圖——根據各方所得的情報，敵人在黔桂的兵力約共六師一旅（湘桂、粵桂邊境敵軍不在內）。依我們判斷，敵人的企圖在打通越桂路，乃因爲我們在黔省部隊的空虛，遂引起敵人深入黔境。（二）我們的對策——要在戰略上爭取主動，必須使時間空間均握之在我，由我們自己選擇時間與空間，而給予敵人以最大的打擊。（乙）關於軍政部的本身，也可分爲兩點向各位報告：（一）這次的接受情形甚好，因爲軍政部原有的基礎已很穩固，所以並不因新舊交替，致使工作停頓。這很可告慰於關切本部的各位先生的。（二）軍政部今後的計劃，第一在充實部隊，其原則以戰鬥要求爲主，而予以充實。因爲如充實與戰鬥不相干的部隊，實無異於幫助敵人。第二在改善官兵生產，所謂改善，並非徒增加金錢所能解決，必須改發現品。第三希望做到與盟軍切實配合，共同作戰。現在在華的盟軍將領，彼此感情都已融洽，意見也很一致。尤其是他們那種誠懇，使我們欽佩。如魏特梅耶、陳納德諸位將軍以及各級官兵，均極熱心負責，尤其値得我們效法。本人此次來到中央，與魏特梅耶將軍接觸機會較多，益感彼此意見的相同。這種情形，正是我們共同勝利的基礎。今後本人與各位先生見面的機會甚多，今天因時間較爲匆促，不願多佔各位寶貴的時間。各位如尙有問題，不妨提出來大家共同討論。嗣由各外籍記者提出問題多起，陳部長均分別予以解答。

大公報要求
嚴辦桂柳失敗將領

【海通社桂林八日電】重慶訊，大公報於社論中猛烈批評中國政府。該報宣稱，在重慶中國，正如其他任何地方一樣，犯了許多的錯誤。但人民與政府應有勇氣承認這點並依照××行動，該報特別指出下列痛苦：不正確的戰爭報導，它破壞一般人對政府的信任。人民對士兵的不尊重，甚至不給士兵一杯水吃。許多領導軍官的沒有勇氣，他們在決定關頭時只想到他們自己的安全。關於此點，「大公報」要求嚴懲負責桂林及柳州失守的領導軍官。

重慶組織國民動員協進會
呼籲一切「有心人士」都來參加

【中央社重慶八日電】當前戰局有賴全民發揮革命信心、動員一切人力物力與敵作最猛烈之戰鬥，以轉變當前局面，奠定最後勝利。陪都各界、各業、各社團賢士紳名流、愛國人士，爰於七日下午會商組織國民動員協進會事宜。參加者極爲踴躍。經全體一致通過，即日舉行成立大會

——而使人民急進化。這個運動由於盟國軍事活動，摻雜政治鬥爭而進一步促進了，並使許多比利時人灑了血。意大利的情形多少有些不同。近一年來，盟軍駐在意大利，對於照顧人民一點做得極少。飢餓、失業、通貨膨脹以及罪犯流行，使國家進入多年所沒有的悲慘境地。意大利的事情，證明盟軍乃是莫斯科的引路者。芬蘭及南斯拉夫的政府危機多少與所描述的危機相同，對蘇聯要比過去更親密些，以及莫斯科影響的加強。可是，如果說懷疑也在增長的話，這是爲人民中很多人反對國家布爾塞維克化。這種抵抗不久即崩潰，因爲莫斯科較之那些今天成爲布爾塞維克攫取對象的小國家，要強大得多。

中央社評
美國務院改組

【中央社華盛頓四日專電】格魯之繼任美國副國務卿，乃遠東問題專家之首次於國務院中擔任此第二要職。克萊頓、羅克非勒及麥克利希三氏繼任助理國務卿，即亦示國務院業已改組更新，以年輕前進之士，擔任要職，應付複雜多端之戰後問題。格魯乃頗具資歷之外交家，渠之被任副國務卿，僉信係基於其過去四十年之豐富經驗及成就。格魯最近曾有太平洋之行，因而加強國務院與當地美國駐軍之聯絡與合作，僉認此行對與日作戰之非軍事方面極爲重要，渠對遠東問題之認識，亦可能爲其受任今職之一因，然一般人士並不信此乃渠被任副國務卿之主因，現遠東司長繼任人選猶未派定。國務院的保守成風，前任赫爾國務卿未能改絃易轍，多年來即爲各方所×病。斯退丁紐斯任國務卿後，各方預料渠將刷新國務院注射新血液之第一步驟，僉認克萊敦、麥克利希及羅基非萊極能勝任指定之職務，且可以其前進之觀點帶入國務院，克萊敦乃美國最大棉商，曾任政府商務部次長，及戰時剩餘財產管理長官，渠出任助理國務卿後，將處理對外經濟事務，並可能接管戰時對外經濟處之職務。此間人士認爲戰後世界經濟，乃戰後保持和平之基礎，故克萊敦之新職，國務院之主要職位，新任助理國務卿麥克利希乃一五十二歲之詩人，此次係自國會圖書館調來國務院主持與其他國家交換公共情報及促進文化關係事宜，此一工作和國務院之活動中日感重要，然渠將不負主管國務院與報界往來關係之責，新任助理國務卿羅基非萊年僅三十六歲，但在泛美事務聯絡處處長任內，政聲斐然，今後將主持加強國務院與拉丁美洲共和國家關係事宜，渠於拉丁美洲各國頗孚聲望，僉信渠出任今職，將使國務院往日隨意處理拉丁美洲事務之作風，爲之一新。

參攷消息

（只供參考）
第七二四號
解放日報
新華社　編
今日出一大張
卅三年十二月十一日
星期一

國民黨公報稱 竄黔敵軍退六寨

【中央社渝十日電】據軍委會正午十二時發表第一次戰訊：黔桂邊境方面，我軍由上司（缺）午攻克下司，殘敵續向六寨方面敗竄。下司距（缺）一百哩，距六寨約四十里，我軍於克復該地後，正向六寨攻進中。

敵報評重慶「自主抗戰論」

【同盟社東京五日電】讀賣新聞頃揭載社論稱：新駐重慶的美軍司令魏特梅耶於桂林、柳州陷落後，曾發表其意見稱：日軍或將南下進擊，以便與越南的日軍取得連絡，或將西進，於攻克貴陽後，再進攻重慶與成都。目前的情形已有很大的進展。戰局的迅速進展，不久便會給改組後的重慶政治以巨大影響，重慶政府改組後，重慶今後有着真自主抗戰之說，但改組的性質不是說明這樣一點，例如說自主抗戰主[illegible]者的陳誠任軍政部長後，並沒有進行所謂表示重慶自主性的人事移動。蓋此點一定會爲巨大的客觀情勢所左右，而這一客觀情勢，便是一定要把中國大陸基地化的美國，如何去領導重慶。這一實事的性質，將支配這一大的動向，例如××的大變動，並沒有改變整個性質的力量。一個獨立國家當進行戰爭時，當然應該自主地進行，可以說特別主張自主抗戰的，那正是沒有自主力的證據。蔣介石曾屢次三番地說過：重慶無那樣軍事的經濟的力量，能够單獨與日本作戰。毛澤東在『論持久戰』中，亦說到此事。中國事變以來，當最需外國援助時，自主抗戰論反而常常抬頭，因之重慶主張自主抗戰，反而沒有自主抗戰的力量，桂林、柳州失陷後，延安政權的機關報解放日報會批評重慶的態度，呼籲自主抗戰，說依靠美國的力量，是不能够進行作戰的，當改組時，重慶雖已採取帶有若干自主色彩的措置，但這一變更，在這大的動向前，還

隊。在華之某主要飛機站，此後充中印區阿薩密大隊之副隊長，指揮該大隊中國組之事宜。由十月六日臨時中國空運大隊成立，勒恩復任隊長。此後乃演變爲今日完備之中國大隊。一切準備實際上十一月一日即已成立，惟今日方正式宣佈。中國大隊之基地，將處理自印度運來日益增加之供應物資。八月時維斯福總統會稱，到達中國之物資數量，爲四千六百萬磅，而現在之數量，又已超過此數。事關軍事祕密，正確數目不能宣佈，惟汽油、炸彈、飛機零件、卡車、吉普車、彈藥以及各種作戰必須品，均日夜不停大量湧入。除中國軍隊所需之彈藥等輸入量有所加增外，第十四航空隊，及轟炸日本之第廿轟炸機總隊，所需之重裝備尤大量輸入。中國大隊之飛機，常川飛行國內各地時，或更以軍事特殊需要載運中國器具與貨物至其他各地，勒恩少校現年廿六歲，父母妻子均在美國，彼自一九四二年七月服務空軍，本年六月一日離美來華。

美塞德洛克上校 任滇緬路工兵隊指揮官

【中央社渝四日電】中國戰區美軍總部本日訊：美工兵隊塞德洛克上校，現任滇緬路工兵隊指揮官，現彼際致力完成聯接印度供應基地，直達中國公路之最後一段工程。塞德洛克上校原任本戰區助理工程師，今繼道遜上校担任此職。滇緬路工兵隊於過去三月內加強工作，工作人員增加百分之三百五十，經空運飛越喜馬拉雅山高峯載來大量新配備，並與中國修路工程師、工人及部隊密切合作，建造新路，建築橋樑，並擴大改修舊時公路。彼等修造中印公路所經各處，多爲曠野地區。若干處修路之土著工人，均靠飛機投擲之食糧果腹，各工作單位，每日以無綫電相互聯絡。醫藥設備甚佳，藉使工作人員以最高速度進行工作，不受疾病影響。整個造路工作，係由中國戰區美供應隊協助，滇緬路工兵亦隸屬該隊長官乃齊佛恩少將。

敵朝日新聞評述萊特戰況

【同盟社東京四日電】菲島戰況如下：自十月廿日敵在萊特島登陸以來，業已四十餘日，截至現在敵我在陸上戰鬥，供給戰、航空制霸戰各方面的戰鬥經過如下：（一）陸上戰鬥——十月中旬敵第一師、及第廿四師在塔克洛班附近陸登第九十六師及第七師在杜拉吉附近登陸，另有半個師在塔拉尼島南岸登陸。第一師有一個大隊向薩摩爾推進，其餘主力及第廿四師，則共同向卡利加拉方面推進，另外第九十六師及第七師，則向

沒表現出貫澈自己的力量。現在美、蔣與延安方面，對於重慶政府的改組已表示很大的不滿與攻擊。據云重慶政權為了處理此事，正在考慮使美國與延安代表參加，成立延安所主張的最高統帥部，成立各黨各派的聯合機關。魏特梅耶一方面雖說不在政治上干涉重慶，但又請求全面地考慮他所提議的重慶軍閥備問題，無自主抗戰力與今後仍繼續抗戰之所以不矛盾，是因有美國的援助，不，可說正是因為此種緣故，使重慶更加不得不繼續抗戰。

英援華委員會人員 替國民黨辯護

【路透社倫敦四日電】自中日戰爭爆發以來，即在英國進行援助中國抗戰的援華運動委員會，於其所發表的關於援華運動委員會的工作的聲明中說：『我們歡迎中國進步輿論所開始產生的軍事政治改革，因為我們確信這是順利進行戰爭及應付今後作為新世界（建立這樣的世界是我們共同的任務）領袖之一的強大、民主與團結的中國之不期等變所必需的』。該文說，中國的困難並不在於人力（人力是豐富的），而在於彈藥、軍事與醫藥供給的缺乏，運輸工具的不足及機構的不健全。該聲明並提醒英國公衆不要忘記由於中國在富庶的濱海地區為日寇侵略後，在中國西部之驚人的工業重建，及進行的抵抗。委員會的聲明作此解釋是由於最近對中國的批評爆發後×××××的結果。×××追述：『有這樣一種危險：反對與中國合作的人們，將利用最近的事變試圖使英國停止干與××其盟邦，而且還有這樣的危險：中國的友人們可能破滅對由於樂觀的宣傳所產生的××之幻想』。該委員會於陳述其所認為係『背後的事實』後，於×××××聲明中繼續說：魏特梅耶的到達及由蔣介石所認可的中國作戰的××計劃，使中美合作重新開始，並可能產生更有效的動員中國的抵抗力量（包括所有民族主義者與共產主義者的力量）。該聲明說：『中國政府的改組是同樣有意義的』。而最近國民參政會所開的會說明國民黨內外的自由主義人士都有在中國建立民主的積極決心。（下缺）

美在華成立中國空運大隊

【中央社重慶四日電】據美新聞處空運總隊在華某基地三日電，空運總隊中印區隊，在中國方面活動逐漸重要，可由官方宣佈中國現已成立一完備之空運大隊一事證明之。中國空運大隊為中印區隊中第三個完備之運輸隊，由勃恩少校統帥之。該隊主要任務有二：（一）戰區之飛機由印度基地經由駝峯飛來後，該隊負責卸貨後調其返印。（二）規定定期班次，及檢測班次，飛行中國各地。勃恩少校本年七月來華，負責主持新空運部總

布拉汶推進，登陸的當初，敵首先想佔領飛機場，奪取塔克洛班與杜拉吉兩飛機場，隨後則努力擴大佔領地，向布拉漢、達加米哈爾、卡利加拉一綫推進，萊特平原已大部份在他們控制之下。另外我守備部隊，寡兵奮戰，整理戰綫，確保各主要高地，以楔入奇襲戰術，阻擊敵人，又在萊特島西北部的卡利加拉正面，十二月末我軍增援後，則猛烈阻止敵軍進攻，在此期間，除敵第七師一部份，從阿布堯古向西岸有所進展外，各地展開了一進一退的激戰。十二日以後，敵續增援二個師，就中第三十二師配備在卡利加拉方面，第廿一師則待機後方，企圖打通從卡利加拉通滿加斯納斯海岸的道路，更沿奧馬克公路南下，敵人為了使地上部隊的活動更加容易，遂在哈維附近配置加農砲、擾亂奧馬克公路的我軍後方聯絡綫，並控制由拜拜方面北上的我軍後方，達加米戰綫的敵軍二個師壓制我守備隊，以圖保障萊特平原敵機場的安全。同時敵魚雷艇出沒於萊特灣，擾亂我兵員、軍需品的供應，如果說到各戰綫的現狀，那末在卡里加拉戰綫，我軍以奧馬克公路為中心進行作戰，上月初旬第廿四師侵入馬納加斯那斯，皮南波安，但遭我精銳部隊攻擊後，受到嚴重打擊。因此敵第卅二師的一部利用海路增援馬納加斯那斯，一部份敵軍從馬納加斯那斯我軍背後進抵里蒙，我軍包圍敵軍，立即將其擊潰，另一方面我軍自十七日以來開始猛攻敵彈藥糧秣基地庫拉森，同時我地上部隊的一部份切斷卡利加拉——庫拉森公路，切斷敵後方聯絡綫，目下戰事的進展對我有利，在達加米戰綫，我守備隊連日進攻敵軍，確保高地。在哈維戰綫，我軍於上月八、十二、十三三日突入敵軍陣地，廿三日炸毀敵加農砲三門，另有二門無法使用。在拜拜戰綫，由拜拜進抵德維爾（奧馬克東南十八公里）的敵先遣隊三百人被我痛打，上月廿七日的夜襲，突破左右兩翼，廿八日又攻擊敵主力陣地，終於奪取達姆爾北方海岸地點，現正縮小包圍圈，以期殲滅敵軍。

在三馬戰綫，敵沿三馬島西海岸進抵××××（電碼不明），遭我猛攻後，退至該地南方約十公里的卡國比河，敵師團的編制採取三個聯隊制，人員達一萬五千人，配有十五六噸的中型坦克及裝甲車約一百五十輛、口徑十生的與十五生的的榴彈砲百門。在卡利加拉戰綫即使用水陸兩用的坦克。

（二）切斷供應綫及後方聯絡綫：美國陸軍部次長說美軍在萊特島消耗龐大的軍需品及飛機，正如美陸次所說的那樣美軍在萊特島戰鬥中，在飛機方面有巨大的消耗，軍需資材每日都有很大的消耗。敵軍在萊特灣內，經常停泊着數百艘運輸艦。但我空軍特別攻擊隊，連日以衝撞戰術，不斷擊毀敵艦

。敵人並拚命阻止我軍赴萊特島的海上運輸，因此敵我雙方，不斷展開援敵供應的戰鬥。

（三）制空權爭奪戰！—敵人以航空母艦派出的艦載機、萊特島基地的陸上機，摩羅泰島派出的大型轟炸機，急於爭取制空權，艦載機企圖阻止我軍到萊特島的供應綫，以戰略轟炸爲主，基地空軍的任務是戰術轟炸，想切斷我軍在萊特島戰場與中南部菲島的供應，破壞軍事設施。航空母艦集團以十餘艘製式海上特別航空母艦，來襲菲島近海。但因遭我特別攻擊隊的攻擊，最近一週來來只襲一兩次，而艦載機的來襲，亦漸趨零星間斷，又敵艦隊空軍的編成，最近亦表示向戰鬥機轉換，專門加强自已的防禦力與攻擊力。萊特島之敵，目下在使用塔克洛班、布拉恩、聖巴曾羅、杜拉吉等飛機場與塔克洛班、杜拉吉中間的塔姆安海岸的小型飛機場，該方面的敵機共有二百五十架至三百架，我機連日急襲敵機場，燃燒地上敵機，炸毁跑道，獲得莫大戰果。摩羅泰島現在是對萊特島供應敵基地航空兵力的最大中繼基地。但該島我軍能奮戰不懈，使敵人現在只能使用該島南端的兩個飛機場。我機並連日長驅襲擊摩羅泰島敵機場，敵人自新幾內亞供應航空勢力，遭受嚴重威脅。另方面敵人以中國大陸爲基地的B二九式機，企圖擾亂我機向菲島的供應。敵我的航空勢力相持不下。如上所述，敵我航空權爭奪戰，地上戰鬥與供應戰，正在日夜展開激戰中。

敵稱美國通貨膨脹

【同盟社上海三日電】敵人美國，在萊特中心一帶，展開了戰史上無可比擬的消耗作戰，敵人敢於進行這一盲目的戰略，結果使戰爭陷於長期，削弱了本國的作戰力量這是必然的，敵人雖想破壞我國戰力，但這僅是一種毫無辦法的急躁而已。綜合最近到達此間的情報，此種急躁在最近的軍需生產方面亦可明瞭。美國陸軍軍需供給部長索巴比爾中將，在最近之談話中警告國民稱：『軍需生產關係勞動力的不足，實際上達數十萬人，此種軍需物資及勞動力的不足，如果想對現在的戰況則具有左右戰爭的重要性』。又上月二十八日陸軍部發表：『由艾森豪威爾部隊，由專門家及軍人二十七人組成的軍事使團，已到達美國，他們的任務是分爲五個組，訪問軍需工廠以促進生產』。又戰時生產委員長馬克納特亦大聲疾呼『要增强生產，應增加十萬勞動力是非常必要的』。美國的政治界當局必須極力促進生產，根本原因是龐大的軍事預算已使美國的經濟力無法支持，此即美國從開戰以來以迄今日，已放出約二千億元的軍需品，政府爲了確保糧食，在實行龐大的軍事預算下，關於

之若干部長堅持解散希臘正規軍隊、保留與其本身部隊之結果，而非出諸英國政府之勸告、或建議之結果。英戰時內閣完全支持希臘政府，英國政府於需要準備自身參加並歡迎其他盟國參加監察希臘未來選舉，是否眞正大公無私，而不受任何方面之操縱，希臘必須恢復秩序，選舉以後，吾人不擬過問：其政府採用何種形式，吾人所求者，乃安定之情況，俾以食物及供應物品，源源接濟希臘人民。

德寇歡迎邱吉爾下院演說

【海通社柏林九日電】德國發言人於評論邱吉爾下院演說，及××辯論時宣稱：邱吉爾的外交政策，顯正接近於災難。可以說，邱吉爾演說從未爲德國有資格人士以如同星期五那樣的譏蔑快慰閱讀過。德國人士指出邱吉爾目前對EAM的定義與過去意見的矛盾，是不足驚奇的。僅在數月前，EAM及軍事團體ELAS，在德國官方公告中被稱爲『匪徒、强盜及殺人兇犯』。那時邱吉爾則稱這些希臘共產黨團體爲『高尙的戰士』。現在他不僅用『叛逆、强盜、殺人犯及匪棍』這些字，而且進一步稱他們爲企圖以自動手槍勒逼民主的暴徒。以高興的口氣說，對邱吉爾演說感覺滿意的里賓特洛甫發言人指出，邱吉爾稱希臘布爾什維克爲罪犯，而莫斯科的布爾什維克們，在邱吉爾看來，則是愛國者。英首相認盧布林布爾什維克爲政治家，而在雅典的布爾什維克則是罪犯。邱吉爾對於羅馬尼亞及保加利亞的布爾什維克一字也不提，而比利時的布爾什維克××××。發言人繼問：使用同樣方法如搶掠、絞殺及屠戮的其他國家的布爾什維克，是否被邱吉爾也看作××××。威廉街意見是，英國政治家正發覺他們處在危急的形勢中，因爲英首相的演說透露出：英國已對波蘭、羅馬尼亞、保加利亞、塞爾維亞放棄自主的政策。不僅如此，他不得不承認比利時、希臘及意大利所存在的驚人情況，且已預兆荷蘭亦將遇到同樣情形，而不能拿出任何對付它的積極東西來。英美的『解放』托辭因此遂爲邱吉爾本人打破了。邱吉爾的演說同時表明：希臘問題絲毫也不能爲英國解決。希臘是東南歐的一部份，不能和它分開，但是邱吉爾不應奉行東南歐政策，因爲他已爲斯大林禁止這樣做。

德報評美英關係

【合衆社華盛頓八日電】英駐美大使哈里法克斯與美國務卿斯退丁紐斯舉行會商後，告記者稱：英美之間，關於盟國對解放區之政策問題，本有充分諒解，及盟國對各項論點諮商之制度，希臘之問題，乃希人究欲有秩序之選

農產品價格不加統制，採取放任政策，因此在生活的必要上必然要招來一般工資的高漲，已經在戰前每日三美元的工資，已從五元漲到七元，現在更要求增加到十三美元，在政府彈壓方針下，有發生罷工之勢。

而且不僅工人，即企業家亦因統制價格而抑制了利潤。從軍需產業向自由的民需產業移轉的傾向漸見增加。以前曾准許七十二種類的軍需生產。前生產局局長納爾遜，即因此政策而產生的限制生產軍需品，終於不得不引咎辭職。因此爲了增强軍需生產，需把和平產業轉爲戰爭產業。把一度轉換了的和平產業恢復爲戰爭產業，根據國民的習性，將發生很多派生的問題，難免不發生生產低下的反效果，結果可以想像得到，將承認增加軍需產業的利潤。總之，問題的根本所在，在於因軍事費的漸見增加，致通貨膨脹使國民生活不安，現在二千萬萬美元的軍事費，明年度必將增加一倍即四千萬萬美元，政府憂慮短期決戰的最大原因，可說是由此而產生的國內戰線的崩潰。甚至在現在，國內生活必需物資的不足，是在想像之餘。僅在芝加哥市上，即有九家飯館與一百家糧店，因不能營業而被封閉，牛乳的配給減少了百分之五十，酥油、蔬菜、牛乳、罐頭等都沒有，肉舖子都販賣豆類，堪薩斯州的棉花、加里福尼亞州的水菓，俱因價格的不調合與不能運輸，而陷於不能配給的慘狀。國民生活是處於非常不安的狀態。鑒於此，敵人乃以無希望的積極戰略，企圖强自進行短期決戰。

傳佛朗哥辭職

【路透社巴黎十日電】據慕拉稱，佛朗哥將軍於其四個部長最近辭職之後，試圖成立軍事政府，但各將領並不擁護他。因而，佛朗哥也提出辭職。

【路透社巴黎十日電】前西班牙共和政府部長慕拉，接見路透社記者稱：「今天，我接獲馬德里來訊，證實了佛朗哥辭職的消息。預料慕拉一經通知，即將前往西班牙邊境。他在那裏可以經常和他的朋友通電話。」

艾登說：歡迎盟國參加監察希臘未來的選舉

【合衆社倫敦八日電】艾登外相於下院辯論時，代表政府答覆稱：吾人爲希臘事件甚表遺憾，吾人之情緒，現縈迴於奉命出動應付事變我三軍將士之傍。希政府內共和黨人廿四人，均認此次事變爲「瘋狂之裝作」，並稱彼等爲反動黨羽，余訪問希臘時，共產黨人士會與余對政府之統一團結、及其政策均表滿意，對斐邦德里歐總理永矢忠誠，希望希臘事變後由於希臘民族解放陣綫舉，抑欲無政府狀態、或少數人之政變的問題。

【海通社柏林七日電】紐約訊，英國對希臘的政策，遭到美國報紙的猛烈抨擊。『紐約郵報』稱，美國國務院的態度恰可解釋爲對邱吉爾與艾登的斥責，英國的政策，須得美國的同意，而求得美國的支持與友誼，乃是英國外交政策的主要問題。英國的干涉政策，是不能得到美國的支持的。『紐約太陽報』稱，意大利與希臘的形勢：證明了蘇聯在整個歐洲不斷增長的影響，在倫敦與莫斯科間，造成了怎樣的新的分裂。

【合衆社華盛頓八日電】英駐美大使哈里法克斯稱：關於美國務院就希臘及意大利情況發表聲明事，英政府事先並無所悉，雙方對此雖無諮商，然衡諸情理，雙方應具相互諮商之誠意。

【海通社柏林七日電】威廉街發言人認爲，在艾登與斯退丁紐斯鬥爭的第一個會合中，這位剛剛上任的美國國務卿已經獲勝。發言人相信艾登在不久將來將不會在競技場中出現與國務卿交手了。斯退丁紐斯現在已經據有了赫爾的席位，赫爾不善於宣傳，是一位較使艾登安心的人物，而對於其繼任者就不能夠這樣說了，這位繼任者抓住第一個機會（艾登顯然沒有把英國反對史佛卓一點通知美國），向英國政府表示他不是與赫爾同樣的貨色。發言人並不相信這件事會發展成大規模的政治上角逐，他認爲英美兩國政府現在即將退兵。但又指出美國報界正繼續以攻擊性語調反對英國。英報如「曼徹斯特衛報」『泰晤士報』及『約克郡郵報』都表示，英國情報部大臣曾下令要提醒美國支持薩爾朗和吉羅德的事情。柏林方面認爲曼徹斯特衛報的意見是很有趣味的，該報認爲美國較其他一切國家更加害怕歐洲會交給共產主義。柏林方面認爲這樣就引起了一個問題：這是否暗示英國反對史佛卓的目的，是因爲反對史氏的對蘇政策。莫斯科在整個事件中保持完全的緘默。

比共譴責英軍干涉比內政

【海通社柏林十日電】倫敦訊，比利時共產黨對比埃洛政府的抵抗將繼續下去。據倫敦無綫電台廣播：布魯塞爾共產黨會議上已採取有效的決定，並通過決議譴責英軍指揮部干涉解放國家的內政。

【合衆社布魯塞爾八日電】比政府宣佈：任命自由黨之克隆琛克爲不管部閣員，閣員阿克斯任衛生部長。以上兩舉說明雙方妥協解決。

參攷消息

（只供參考）
第七二五號
解放日報 新華社 編
今日出一大張
卅三年十二月十二日
星期二

越南桂南敵軍合流

【同盟社東京十一日電】我軍於十一月廿八日突破越南國境，由鎮南關方面進入廣西，即日佔領憑祥，十二月三日佔領龍州，並繼續進擊中。另一方面廣西省的我在華作戰軍，十二月五日由隆安附近開始行動，由西洋江右岸前進，相繼佔領全陵墟、舊墟，更繼續進擊。南北兩軍已實行匯合。

【同盟社大陸基地十日電】我在華轟炸機隊，復於九日午夜，猛襲遂川飛機場，冒着敵人激烈的地上砲火，轟炸地上敵機與附屬設施，燃燒大型機二架，小型機一架，並炸毀軍事設施，我機安然飛返。

國民黨公報稱 收復六寨

【中央社重慶十一日電】據軍委會十一日發表第二次戰訊稱，我軍於十日下午五時，克復六寨。

【中央社重慶十一日電】軍委會十一日發表第三次戰訊，黔桂邊境方面：（一）我軍由下司續沿黔桂路綫向南追擊，於九日晚攻抵廣西邊境之六寨附近，敵企圖據六寨頑抗，阻止我軍前進，我向其續施猛攻，進行至十日下午五時，我軍將六寨完全克復，擊斃敵甚衆，殘敵倉惶向南丹逃竄，我正跟踪猛追中。（二）潰散於荔波附近地區零星之敵，我軍已於掃蕩，現荔波境內已無敵踪。（三）黔南邊境殘敵，我軍派隊縱橫掃蕩，截至十日晚止，業已內部肅清。緬甸方面：我軍卅八師，現以重砲向八莫轟擊，予敵重創。八莫區域我各方面部隊亦均略有進展。英軍第卅六師，於十日經那巴佔領影道，未遇敵人抵抗。

【中央社重慶十一日電】據軍委會十一日發表第一次戰訊稱，黔桂邊境我軍續沿黔桂路綫向南推進，現已越過麻尾，攻抵六寨附近，正向六寨之敵攻擊中。

美先鋒論壇報社論稱 國民黨封鎖邊區部隊在撤退中

【美新聞處紐約十日電】紐約先鋒論壇報社論稱：大部分中國的朋友都

於中國戰局的各種報導如下：通過了重慶的嚴密檢查到達美國的報導，指出『重慶是否潰滅？將在今後六十天內決定』，這一報導首先使美國人民認識了東亞大陸的實際情形，是如何的絕望。過去八年來對中國事變或多或少關心的美國人民，從未想到所謂四大強國之一的一個國家，在最近的將來會受到潰滅打擊。關於這件事情，紐約時報軍事記者鮑爾溫論稱：『最近日軍的作戰成功極為嚴重，重慶軍事政治經濟陷入混亂，因此重慶在太平洋作戰中的作用有再度檢討的必要。』

美反動報紙 為蔣介石封鎖邊區辯護

【同盟社里斯本十日電】據紐約來電，昨日鏡報揭載社論攻擊延安政權略謂：現在重慶政權遭遇軍事危機，是因為蔣介石必須將對日攻勢的必要的部隊應付延安軍。美國請求蔣介石使重慶延安和解，而沒有請求延安軍與蔣介石和解。因為我們不必重視削弱重慶甚至反軸心陣營的親蘇的部隊。

敵包報導班員稱 美將建設空軍基地

【同盟社大陸基地十一日電】包報導班員發表，大東亞第三年的大陸航空戰局中，特別重大的事態是以大陸為基地的敵空軍轟炸我本土及西南中國敵基地的覆滅兩件事。此即敵人企圖以駐華第十四航空隊轟炸日本本土，經我航空部隊制壓後，這一企圖不能達到，此時敵人遂在成都附近建築十幾個秘密基地群，今年四月令第二十航空隊向該地轉進，從此之後即大規模開始重轟炸。對此我軍即向貫穿華北華中華南的中國大陸展開攻勢，敵空軍基地逐一被我摧毀奪取，確立了有利的進攻體勢。我航空部隊更向縮伏於內地的敵人進擊，不斷整備展開殲滅美空軍的態勢。現在敵人第二十轟炸隊的中心基地成都，與第十四航空隊中心基地昆明的最後一條聯絡綫，由於地上部隊的進入貴州省，像腹中深深地插了一把刀子，同時在我航空部隊的制壓下，敵人的驚慌從最近充滿了畏懼的敵人報紙已如實地表現出來。另外我們亦不難想像：敵人為了配合菲島反攻，以馬里亞納、中國大陸為基地向日本本土的空襲日益激烈。敵人現在極力加強後方供應，整備瀕於崩潰的體勢，有準備相當大規模的反攻模樣，並向我沿岸佔領地區用艦載機轟擊，亦有建築新飛機場的企圖。從此種動態看來，敵人轟炸我國本土及接近大陸海岸的計劃，今後一定會積極進行，因此大陸航空戰，將要控制敵人必死的反攻，進入激烈的最後階段。

很高興聽到下邊的消息，說重慶政府的軍隊正從封鎖西北共產黨區域的任務中撤回，並正開赴對日作戰。這是一連串的跡象中又一表示國民黨與共產黨之間的緊張狀態正在減少中。共產黨與國民黨之間可怕的紛爭的代價，乃是使不勝其數的成千成萬中國男女及兒童流血、受刑訊至死。這經常是對日本帝國主義的有利條件。

巴爾的摩爾太陽報社論略稱：新聞檢查、中國政治的複雜性，以及西方與東方思想方法的隔離，使欲判斷最近重慶蔣介石政府的變更的意義頗為困難。最後消息乃是蔣的妻舅宋子文外長擢升為中國的總理。宋享有相當聲望，並且對強有力的共產黨採取溫和態度，此點使他過去與蔣一方面不能相容。

舊金山紀事報社論略稱：「中國的朋友懷着希望，注視宋子文博士的任命，認為這是走向更大的團結努力的首要步驟。中國人急欲打日本，但不幸有着意見的分歧把他們分開了。宋博士被認為是保守的，有着強烈的精神上的容忍心，而且是各黨各派兩極之間一個良好的平衡。他過去為外長，現正升為總理，此點可估計為要在戰時妥協某些分歧與傾軋。我們曾經不變地促請竭一切力量以必需品供給中國。但是我們也認識到，在計劃中的嚴重的複雜性，提供了理由說明我們有時較之相信能够做的要做得少。」

【美新聞處阿拉巴馬州伯明漢十一日電】時代先驅報稱：中國國內的政治情勢，似乎改進了，既然如此軍事情況必將迅速好轉。國內的協調一致應歸於中國戰鬥精神的改進，及中國一切力量之更好的運用。使政府安靜的另一步驟是選擇外長宋子文任行政院院長。現在蔣介石將能够集中於軍事問題。

海通社稱 蔣介石將封鎖邊區部隊南調

【海通社上海十一日電】據權威人士稱：上週軍政消息中的兩個主要事件是：日軍以在廣西與安南部隊之會師，打通了東京至新加坡的陸路交通，及蔣介石之決定將歷年來保持作為封鎖延安部隊用的精銳部隊——西北軍投入威脅貴州之保衛戰。此外，該界人士提及獲自重慶的消息謂，蔣介石大體上已準備讓共產黨插手政府之軍事指導。日方認為從此共產黨將能做到左右重慶的作戰指導。此間深信蔣介石對共產黨態度的改變，乃由於認識到需要共產黨軍隊助蔣作戰。關於這一點，無人會對蔣介石之顯然決定以孤注一擲來保衛貴州而感驚奇，因為貴州的喪失將等於重慶的終局。

美國評論重慶的危機

【同盟社斯托哥爾姆十日電】斯文斯卡日報駐紐約特派員，評論關

後方各地大修營房

【中央社重慶十一日電】頃據兵役部主管方面稱，新兵營房正積極修建中。截至目前為止，計有遂武、漢中等十五個師管區及昆綫之某地金昆綫之某地各軍民合作站，已動工興建，可容四十個團住宿之營房，本年底即可完成。接近戰區之各師管區如晉、鄂、湘等省，現亦已請款興建可容二十五個團之營房。此外成都、貴陽、昆明、重慶等集訓營之營房，亦正在修建中。至明年度興建營房計劃，在川、滇、陝、鄂等省八條主要行軍路綫上，已定按三十公里增修一個團之營房，以備補充兵行軍沿途宿營之處。此項新建或增修之營房，計可容一百六十三個團，預定明年四月底以前完成。關於興建辦法，除按照軍委會規定捐資與修及軍政部規定發動民衆征工征料等辦法外，並由該部酌發補助費，預計明年初新兵征集入營，即有簡單清潔之營房可住。至明年四月底，則新兵行軍時，亦得每隔三十八公里有一住所。

敵稱大陸鐵道即將實現

【同盟社東京九日電】「縱斷大陸作戰」的華南日軍與越南日軍最近即可匯合。縱斷大陸的鐵道即將到達實現的階段。去年八田鐵道向議會提出的計劃案，就計劃要打通縱斷大陸的鐵道。據爾後調查，可能於極短時間內實現。皇軍打通大陸交通時，即可迅速進行工事。縱貫大陸的鐵道幹綫由東京，釜山、奉天、北京，利用平漢路到達漢口，由漢口連接粵漢路經株州、衡陽到達柳州，然後由南寧經鎮南關入越南到達河內，然後經塔那普、曼谷到達昭南。第二個路綫由東京至長崎，然後利用水路到達上海，然後由上海經杭州、金華、南昌至株州與第一綫取得聯系。第一條路綫由東京至昭南的距離為一萬零八百七十公里，需要花費九天零十一小時。第二條路綫從上海到昭南一段的距離為五千五百公里需要四天廿三小時，而由東京經上海到昭南亦需六天二十三小時。大陸鐵道未完成的部份只是中國境內柳州鎮南關的六百四十公里和越南境內塔那普、塔喀甫間的二百公里即共八百四十公里。在中國境內，進行工事沒有什麼問題。越南雖有安南山脈，但是可以建設燧道，最晚亦可於一年內完成。完成之日，敵海上游擊戰術亦要失其威力。這樣日本本土與南洋的交通依靠鐵道，這對於貫徹大東亞戰爭有很大的作用。

傳佛朗哥垮台

【路透社巴黎九日電】路透社特派訪員金氏報導：雖然佛朗哥將軍辭職的消息，在巴黎尚未證實，但據解放報馬德里消息說：佛朗哥將軍昨日下午四時，向長槍黨議會提出辭去國家元首的辭呈。刻在巴黎的西班牙左翼領袖，前內政部長蓋爾，

茅拉昨日接見大批西班牙共和黨人員，他們允許支持他組織過渡政府，茅拉與美洲西班牙流亡者領袖保持接觸（按：美洲西班牙解放陣綫將於明年組織臨時政府）。解放報提出：茅拉或對長槍黨提出最後的呼籲，主張西班牙危機和平解決。

【路透社巴黎九日電】西班牙駐巴黎大使桑格羅尼茲頃告路透社記者稱，外傳佛朗哥已辭職一說，全非事實。

路透社訪員

論波蘭政局

「路透社倫敦九日專電」外交訪員尼爾著每週外交評論：阿齊塞夫斯基波蘭流亡政府自其十一月十三日成立以來，所悉甚少，各新部長主要的已確定，他們在政治棋盤上還未走一步。波蘭政府在過去一週僅有的社會表現，是阿齊塞夫斯基星期四夜晚對波蘭的廣播。新波蘭總理不能避免提及與蘇聯的關係，但他自己限於一般結論：「與蘇聯維持睦鄰與友好關係的願望，並相信爭論等題將在持久正義與光明正大的條件下獲得解決」。阿齊塞夫斯基並未提及邊界問題，亦未解釋根據他的意見蘇波問題能在何種條件下達到持久的解決。必須回憶到阿齊塞夫斯基在他就職時致總統函時，以大西洋憲章爲其對蘇的政策。這被解釋爲他在戰爭以前作領土的變更的意思。他亦主張一種意見，即寇松綫如果維爾諾與羅夫不屬波蘭方面將不予接受。阿齊塞夫斯基政府暫時在報紙標題上會未加以大事宣傳。另一方面，在盧布林波蘭人中間，倫敦波蘭政府的成立對波蘭民族解放委員會應迅速改變爲波蘭臨時政府的呼聲，是一刺激。這一運動，現在如果不是蘇聯政府官方機關報消息報，對這一運動若非特別加以幫助，至少是很好的提到它。消息報說：波蘭民族解放委員會提高至政府地位，爲「波蘭廣大羣衆與國外進步人士」所日益督促。消息報發表此文後，莫斯科無綫電台繼之宣佈，盧布林委員會代表團以主席摩拉夫斯基、國防部長齊默爾斯基將軍爲首抵達蘇京。代表團此行目的，甚似可以了解，如果波蘭民族解委會宣佈自己爲政府，這是否會有蘇聯政府的支持與承認。每日先驅報訪員在檢討這樣形成的情勢時，預示盧布林委員會作爲波蘭共和國臨時政府的正式承認，是「數日內」事情。根據現有情報衡量這種發展的前途，尚不可能。但是從莫斯科方面似乎容許，看出一個徵兆，表示莫斯科提出警告在等待根據米科拉茲柯上次聘蘇所提出的方針進行解決的忍耐力量有限度的。

盧森堡在將及八十年來，第一次決定在大公領土內實行徵兵制，並建立軍隊（將是很小的軍隊）。自一八六七年以來，盧森堡根據由列強保證盧森堡永久中立的倫敦條約的條款，會無軍隊，盧森堡政府希望對在德國的盟國佔

。馬班尼說：「希臘過去是我們的同盟，而現在還是。希臘的愛國者曾阻止了意軍的前進，會與德軍作戰，而今他們——同一的愛國者被邱吉爾稱爲盜匪」。馬班尼首先將希臘愛國者介紹一番後，繼即評論邱吉爾歷年來的政策謂：「邱吉爾的政治同[illegible]不能激起人家的信任」。「第一次大戰後，邱吉爾在其政治生活的初期，即在英政府派遣軍隊干涉俄國列寧的政府時起了積極的作用。在下院中會提及邱吉爾對墨索里尼的支持。不久之前，邱吉爾發表了駭人聽聞的關於同情佛朗哥將軍的聲明，這無論以唯心論或私人理論也無法解釋的。」馬班尼追述「今年初，於英第八軍並肩作戰的希臘軍竟在埃及被英軍解除了武裝」，許多將軍與軍官被俘，而希軍中除右翼份子外均被清洗出去」。自德軍撤離希臘後，希臘抵抗運動組織拒絕放下武器，因爲右翼份子並不放下武器。「當警察向和平的遊行隊伍射擊時，他們才以反擊來組成政府的改組。而在美國製造出來的英噴火式機、軍艦與坦克繼續使斐邦德里歐執政，整個事件不但激怒了許多美國人而且激怒了許多英國人，而好些觀察家已感覺到邱吉爾在戰爭中是必需的人物，但到和平時期將成爲危及英國的人物，如果英國尚願與歐洲人民保持友誼的話」。

英軍斯科比兩次公報

承認希解放軍作戰英勇

「路透社雅典十日電」斯科比將軍司令部今日（星期日）公報稱，「雅典及比里猶斯形勢仍無變化，但在肅清城東郊戰鬥中有若干進展。叛軍現於此區增加其攻勢活動。比里猶斯皇家海軍司令部受到迫擊砲火的襲擊，狙擊規模亦日益擴大。在雅典市中心附近，叛軍對憲兵營房的堅決進攻被××。希臘正規軍在坦克支持下，進入肅清東郊之戰，驅散叛軍的強大結集，擊毀與繳獲許多武器，其中有卅七糎的反坦克砲二門。在比里猶斯，肅清該港東岸方面復有進展，但遇到堅強的抵抗。在希臘其他各地，形勢未聞有變化，但薩羅尼加及巴特拉斯周圍，游擊隊有大肆活動之跡象。據聞正構築戰壕及工事中。」

「路透社雅典九日電」斯科比將軍今日（星期六）公報稱：「叛軍方面的敵對行動（包括故意破壞比里猶斯的重要橋樑在內）雖有增加，但我方仍有進展，另批叛軍正到達雅典城外。步兵在坦克及輕型海軍艦艇的協助下，昨日肅清列昂托斯港以南的更多地區，但爲叛軍在屋宇中及高地上的堅固陣地所阻，並使飛機的低飛掃射，成爲必要。在瑞典，担任巡邏的英軍，感覺他們的任務很困難，因爲叛軍的狙擊兵，大部份都穿着便衣。一狙擊兵窩藏於數堂中，並引起若干死傷。英救護車司機一名，於救護希臘受傷平民時被狙擊

領軍實施補訓的部隊。盧森堡的徵兵條件尚未獲悉，迄今僅有實行徵兵原則的命令已被簽字。在徵兵法實行以前，是否可能有充分的志願兵可以前來形成一個旅。戰爭期內，盧森堡志願兵曾作爲特別的砲兵部隊，在比利時軍隊中服務，其他的志願兵曾參加英軍及其他盟軍。盧森堡國會於星期三日開會。盧森堡首相彼爾•杜旁在倫敦方面預期將於很短期內向大公夫人報告。

傳希解放軍傷俘四千餘人
艾登宣談對希民主措施

【中央社重慶十日電】據柏林九日廣播雅典訊：希臘政府本日官方公報稱：希臘暴動中，迄今死傷已有一千五百人，希臘人民解放軍有二千五百人被俘，雙方本日議定休戰二小時，俾紅十字會得以救護傷者。

【路透社倫敦九日電】外相艾登總結下院關於希臘時局之辯論稱：吾人之目的，係使希臘人民得以表達其本身之意願，英政府深知開羅之希臘政府有一度不能完全代表民意，彼等乃召集各方領袖在黎巴嫩舉行會議，組成斐邦德里歐領導下之統一政府，斐氏原意在返希臘後，立即辭職，然以希臘民族解放陣綫有代表參加之故，其政府乃決定留任。

【海通社柏林十日電】倫敦訊：地中海盟國艦隊總司令肯寧漢海軍上將，及地中海區英空軍總司令斯萊塞空軍中將，否認希臘艦隊及空軍部隊已投降解放軍。

【合衆社倫敦十日電】瑞士廣播稱：希臘總理斐邦德里歐昨晚在某旅館中主持四小時之內閣會議。薩羅尼加之罷工業已停止，各公用事業照常工作，商店亦已復業。

【合衆社華盛頓八日電】英大使哈里法克斯勳爵今日稱：英美關於盟國對解放區政策問題，存在着眞正的諒解。在與國務卿斯退丁紐斯會談後，哈里法克斯稱：兩國還談不上誤解。會談中，英美對歐洲各復甦政府政策上的爭執，爲首要的主題。

美廣播公司記者抨擊邱吉爾演說

【海通社柏林十日電】紐約訊：美國廣播公司駐倫敦記者約翰•馬班尼於倫敦向美國的廣播中以『對目前危機進數言』爲題攻擊英首相邱吉爾。評論者僅簡短地提到比利時的危機謂：『該處發生令人難以置信之事，即英軍以一切代價支持比埃洛繼續執政的企圖』，又簡略的指出英對意政策『顯然缺乏與美蘇合作』。其主論點是關於希臘的局勢

受傷於街內。在雅典東郊，希臘正規軍昨日擊退叛軍在重機槍與追擊砲支持下的堅決進攻。在希臘其他各處，形勢仍無變化』。

【路透社倫敦九日電】英國廣播公司訪員今晚（星期六）自雅典播稱：『雅典城內的叛軍已增加活動，更多的叛軍正到達雅典城外。海軍輕型艦艇及坦克上的大砲，曾幫助步兵肅清比里猶斯列昂托斯港以南的更多地區，叛軍據守屋宇中及山頭上的堅强陣地，希臘山岳旅擊退了叛軍的堅決進攻，後者曾使用重機槍及追擊砲』。

【合衆社雅典八日電】皇家海軍軍艦與海軍陸戰隊，於今日參加反對希臘左翼叛軍之戰鬥。政府方面相信：秩序將於星期六恢復。警察當局估計：今日俘民族解放陣綫部隊官兵四四六人，使自星期一戰事開始以來，被俘人數達五千人。在××地區，已有三平方哩於星期四夜被肅清，但官方稱：民族解放陣綫部隊抵抗仍極頑强，他們據守房屋，並利用舊的德軍堡壘。雅典東部的戰鬥於今夜仍在繼續中，英軍使用發射二十五磅重砲彈的大砲，以射擊解放軍。英方官員稱，英海軍陸戰隊在比里猶斯登陸，以與狙擊兵周旋，皇家海軍砲擊比里猶斯民族解放陣綫部隊的陣地。英驅逐艦一艘、摩托艇兩艘，泊於比里猶斯附近，並向解放軍據點開砲，據信已使汽油庫着火。據悉，由希臘水兵駕駛的驅逐艦砲擊比里猶斯的警察所，力圖擊潰民族陣綫部隊。

【路透社雅典十日電】此間權威方面今晨稱，希境盟軍司令斯科比將軍並未接獲和平建議，而左翼民族解放陣綫EAM與ELAS（EAM之民兵）間之任何分裂亦毫無所聞。希總理斐邦德里歐今日稱：『如果極左派領袖們宣佈他們準備遵守他們關於解散與解除游擊隊武裝共同綱領的諾言，則內戰任何時候均可停止』。昨夜與今日清晨，英傘兵擊退解放軍自競走場所發動的强大進攻。解放軍狙擊兵於戰鬥中突至英軍某陣地周圍，戰鬥直至天明始止。競走場現仍爲解放軍在雅典城內主要結集區之一，此處叛軍約二百至三百在競技場下具有地道，今晨復爲噴火式機所襲擊。夜間，解放軍埋設更多地雷，並沿伊里索斯河（屏障北面入口處的小河）構築機槍陣地。昨夜解放軍的進攻，權威方面稱爲是叛軍所發動的最猛烈一次進攻。昨日，希臘山岳旅與據守森林中的强大解放軍之間，竟日於雅典東郊進行戰鬥。英國廿五磅砲、坦克及飛機支持希正規軍，予叛軍以重大死傷，擊毀七五糎砲一門，繳獲另一門。

參攷消息

（只供參考）第二七六號

解放日報 新華社 編

今日出一大張

卅三年十二月十三日 星期三

敵寇滅方覺先回渝 進行誘降活動

【中央社渝十二日電】堅守衡陽四十七之日第十軍軍長方先覺氏，及高級官長數人，先後脫險行抵陪都。該軍參謀長孫鳴玉，第三師師長周慶祥，係於十日下午經湘西由筑乘車到渝。方氏偕高級參謀彭克負、副官處長張廣寬、秘書梁建勳等一行係於十一日下午三時由湘西芷江經昆飛渝。方氏十二日午晉謁蔣委員長報告衡陽苦戰及脫險經過，聞委員長對方氏慰勉有加云。

【中央社貴陽十一日電】參謀總長何應欽氏，月初由渝來筑，中央社記者往謁，詢以黔南戰事情形。何氏謂敵在太平洋節節失敗，其補給運輸復大部被盟軍截斷，故企圖打通桂越交通，以為其陸上之退路。當時我黔桂邊境大軍集中未完，致敵乘虛竄入黔南，其後我大軍集中完畢，向敵反攻，敵即倉惶回竄。現在黔境內已無敵蹤，我軍防務極為鞏固，可以無慮。何氏並謂此次敵軍竄擾黔南，各地方自身發現不少缺點。經此次教訓，希望全省民眾及各縣黨政人員益加振奮，互相協助，並協助軍隊，共同努力於抗戰工作。目前最重要之事，為難民之安頓與救濟，各收復區難民希望迅速還家，暫時無家可歸者，希望各地方政府社會團體，設法救濟，使其逐漸恢復常態。又黔省素稱貧瘠，刻下大軍雲集，供應浩繁，惟此乃關係整個抗戰，希望全省民眾，共體時艱，盡力協助政府，尤以糧食之籌集，與伕馬之調派等事，需要特別協助。

國民黨宣稱敵退出南丹 掃蕩報吹牛說可能拿回柳州

【中央社重慶十二日電】據軍委會十二日上午西方時發表第一次戰訊：廣十一面

【同盟社河內十一日電】上月二十八日拂曉，集結於諒山地區的我軍，一齊突破國境，開始在廣西省活動，配合由南寧南下的南支軍，推進打通縱貫路的作戰。二十八日下午首先佔領××北方三十公里的憑祥，三十日夜席捲明江、寧明、三日佔領龍州，五日、九日相繼佔領憑祥東北七十五公里的思樂，與憑祥東北一百公里的太平。這一期間敵人的抵抗極為貧弱，美空軍的活動亦僅在作戰初期用重轟炸機編隊破壞我後方鐵道交通，其後因基地喪失，受到嚴重的損害。另一方面我工兵部隊，亦晝夜不分的修補道路橋樑，經常活躍在前線，並由明江、龍江進行水路運輸，並在緊密與南支軍取得聯絡。至此我南北五千公里的一大戰略交通已經完成。

【同盟社大陸基地十一日電】森田報導班員發。大陸戰線的我軍，終於完成了縱斷亞洲大陸東部的偉業。桂越鐵路上中國派遣軍與南方派遣軍握手一事，是在大東亞戰爭過程中，不僅確立了大陸決戰的不敗戰略態勢，而且是大陸戰線與南方戰線連結的強韌地帶，其在軍事、政治、經濟上的意義極為重大。在中國事變以來的大陸作戰上，開闢了決定的階段。現在我們觀察縱斷作戰完成後，我軍所獲得的新的戰略體勢。第一意味着南方各地區的防衛態勢，一舉轉入攻勢態勢的有力基礎。此即南方各地區的防衛體勢，直至今日與我國本土隔絕，戰力的供應及重要物資的運輸，只有靠長大的海洋運輸。由於大陸走廊的完成，建立了重厚雄大的攻勢防禦線，沿着這一條線，可自由自在地進行戰略機動的重點攻勢，因此皇軍內線作戰的有利條件高度的發揮起來，達到隨時隨地進行攻勢戰略的階段。第二確保內陸走廊，就是建築了連結大東亞南北強固的政治經濟連系帶，使共榮圈理念的實現更近了一步。此即確保內陸走廊，不僅開闢了以大東亞縱貫鐵路為主的陸上交通，而且可以很快的加強沿着這條路線的海上運輸路。同時解決了過去大東亞聯絡的唯一缺陷，使重要資源的運輸及圓活地進行圈內分配，在政治上經濟上加強了共榮圈各國的結盟關係。皇軍在大陸戰場所獲得的不敗態勢，不僅使尼米茲所吹噓的在中國登陸的希望變為泡影，而且雲南貴州兩省亦不斷的受到皇軍威力圈的威脅，重慶嚐到了中國事變以來最大的敗戰感覺。

四川雲南地方人士 主張武裝保衛家鄉

【本報重慶訊】正面戰場形勢的發展，極端嚴重，四川地方人士主張武裝保衛家鄉，雲南地方當局亦積極整頓地方武裝。十一月二十八日成都的華西晚報社論，對四川省參議員向省齋，我軍追擊向南丹敗竄之敵，已攻抵芒場附近，該地距六寨南約四十里，距南丹約四十里，現我軍正向南丹攻進中。

【中央社重慶十二日電】軍委會十二日下午六時發表第二次戰訊：廣西方面，十二日下午三時，我軍攻克芒場，繼向南丹攻擊前進。

【中央社重慶十二日電】據軍委會十二日下午十時發表第三次戰訊：廣西方面我軍攻克芒場後，復沿黔桂路綫追擊敗敵，於十一日午後八時，攻抵南丹城郊，敵憑據城垣掙扎，戰鬥至十二日午前二時，我軍完全克復南丹城，擊斃敵甚衆，殘敵狼狽向河池方向逃竄。

【合衆社重慶十二日電】東京廣播宣稱，攻佔柳州、南寧的日軍及自越南前來的佔領鎮南關與龍州的日軍，已於星期日在廣西南部邊界會師，因此，橫貫亞洲大陸的東京——新加坡的陸上鐵路綫已聯絡起來。東京廣播同時要想『東京與新加坡間的直達快車』，每日下午一時由東京及新加坡同時對開，以一百廿五小時到達彼此目的地。重慶官方機關報中央日報稱，散佈於亞洲南海的日軍，唯一退却的道路即是沿此橫貫中國的陸上交通綫。因此，毫無疑問的，中國東部海岸將爲盟軍實行新登陸的地區……。中國全國自然正注意盟軍何時在中國大陸登陸。我們可以說，『菲律濱及台灣戰爭的結束，即爲在中國大陸實行登陸戰的開始。但是，我們認爲比在中國海岸登陸更爲重要者，便是中國西南部與印度間陸上交通綫的打開。新的緬甸路及越過喜馬拉雅山駝峯的空運，是我們新戰鬥力量的來源』。中國陸軍機關報掃蕩報稱，日軍在廣西南部的會師及從而打通東京新加坡間的陸上交通，是『毫不足奇的』。敵人完全知道，它的海上航綫不久即將被切斷，因此它被迫爲在南海的敵軍準備一退却走廊。從戰略上說，日軍這一大陸交通綫是防禦性質，而不是進攻性質。不僅如此，我軍正追擊潰退的日軍退出貴州，可能奪回廣西省中部的柳州，從而切斷此新完成的日軍陸上交通綫……。尼米茲下一次的行動可能是在小笠原羣島或琉球羣島或台灣或中國海岸登陸。甚至日本人自己也懷疑他們能堅持多久了。

日寇大肆鼓吹
打通大陸交通意義

【同盟社東京十二日電】大本營於十二日十四時發表：由南寧越南方面進攻的我軍，於十二月十日，在南寧西南約七十有里的綏淥取得聯系，至此，完全打通了大陸交通綫，並且更加强大陸方面公利的戰略體制。

老先生的主張加以發揮。曾老先生的主張是：當此局勢危急的時候，應該針對敵人從黔桂路向西進攻的企圖，迅即武裝地方民衆，以保國保家。華西晚報的社論說：『曾先生的主張是正確的，切合時宜的。目前局勢非常明白，我軍在前綫上打得不好，雖然沒有到絕望的程度，但很是嚴重。在我們能夠眞正反敗爲勝以前，由於幾年來我們本身力量的弱化，和目前敵人進攻的決心，我們應該有更嚴重的打算，……河南、湖南、廣西的經驗應該教訓我們。曾先生的意見是對的，這一回四川省臨參會開會，應該面對現實，討論這個關係千百萬人民生命財產的問題，認眞地研究動員民衆武裝民衆的具體方案。但是動員民衆武裝民衆有個先決的政治條件，如果民衆沒有民主自由，是動員不起來的。要動員民衆武裝民衆，首先要給他們以民主的權利。』

又訊：雲南地方當局除於十月下旬組織地方國民兵團之外，又進行組織地方自衛隊。最近雲南全省縣長會議，分滇中、滇東、滇南、滇西四區，在昆明、曲靖、建水、福雲分別舉行，都已經在十二月一日開始，由省府民政（陸子安）、財政（李培天）、建設（楊鏡涵）、教育（龔自知）四廳廳長分區主持。據聞此次縣長會議，意義相當重大。由於最近黔桂戰局的緊張，雲南的環境亦隨之日益嚴重，因此在這次會議上，將商決關於組織民力和加强自衛的問題。

【中央社昆明十一日電】滇省臨參會二屆三次大會，十一日下午二時開幕。本屆會期共十七天，十二日至廿八日，聽取各機關施政報告，十九日至廿六日討論提案，廿七日閉幕。大會中心議題，爲如何發動滇省人力物力，加强抗戰力量，及訓練人民行使四權準備實施憲政等。

美國若干將領
不主張在中國登陸

【合衆社華盛頓十日電】記者最近在太平洋戰場作二萬五千英里旅行，所遇將領大都認爲太平洋戰爭之整個趨向，必須視菲律濱方面之作戰結局如何，日方已決心在該處作最堅强之努力，以防禦盟軍直接進攻其本土。日本在該處不惜犧牲人力，且準備犧牲其陸軍之極大一部份，以阻止麥克阿瑟之攻勢，並將美軍驅離菲島。日軍已有大量增援菲島之跡象。各將領深信日方必認爲如彼等能在菲島擊敗麥克阿瑟，即能防止盟軍進攻其本土。日方此項信心，似有極健全之理論根據，一般認爲美國爲進攻日本起見，必須先佔領菲律濱，蓋菲島乃惟一具有充分地面且相當接近日本之土地，足以容納從事此種偉大作戰所必需之大量地面部隊。中國在正常狀態之下，本爲進攻日本之理想基地，然登陸中國海岸，實爲一種極大之軍事冒險，登陸部隊不僅將受亞洲大陸上日方大軍之側擊，且在日方繼續控制菲律賓北部台灣、琉球等島之期間內，其海上交通線極爲多險。記者在太平洋上所聞之言論，均不主張在中國登陸。萊特島之戰事，仍極堅韌，將來進攻其他各島，將更爲艱苦，然美將領深信可在該處擊敗日軍。麥克阿瑟迄今僅出其一部地面部隊作戰，其陸上空軍亦尙未完全用出，此蓋由於颶風季節不一，其能用出攻勢空軍時，其地位即將大見改善。同時吾人尙需要更多之空軍基地以摧毀日本之作戰工業，目前塞班島實爲太平洋上的能對日本作晝夜出襲之惟一基地，吾人將佔領更接近日本之島嶼，俾在擊敗德國後可大量調用之解放式機與空中堡壘出襲日本。

美孤立派陳德勒替國民黨辯護

【中央社華盛頓十一日電】陳德勒今告中央社記者稱，英美未能以足够之物資供應中國，使中國在軍事上處於艱難之地位，英美應負責任。美軍在中國海岸登陸，依然可能，惟較之美國如能過去以較多供應品輸送至中國，充分認識供應中國之重要性。陳氏並謂：「余不知無武器何以能作戰，是以美國應盡力之所能援助中國，因美國實有維持一盟邦繼續抗戰責任。」

【路透社華盛頓十日電】參議員陳德勒（民主黨）及布魯斯特，（共和黨）今日（星期日）聯名聲[illegible]謂：除了奇蹟[illegible]，美國已注定要丟掉所有在中國的基地。去年曾週[illegible]世界（包括中國在內）的二參議員稱，亞洲大陸上的軍事形勢已經絕望，他們知道沒有什麼東西能阻止日軍佔領昆明（陳納德將軍所指揮的美國空軍即以此爲基地），及向重慶推進。陳德勒力稱美國在中國的努力，是「高價的失敗與鉅大的悲劇」，並預料當美軍在中國海岸登陸時，他們將須較原來預計者進行更長期的代價更高的戰爭。

【海通社柏林十日電】舊金山訊：舊金山廣播，於東亞戰爭爆發三週年之際，由美國著名評論員布朗對東亞戰爭形勢作若干値得注意的悲觀預料。布朗稱：「在中國，日軍正作多年來最順利的進展。他們現已打通從滿洲至新加坡的陸上交通。在重慶的魏特梅耶將軍宣稱，形勢仍然不利於盟國。無論美國或英國，均未能以大砲與坦克供給中國。目前運至重慶中國的供應品，不足以使那裏的軍隊變成不可侮的戰鬥軍隊。雷多路與緬甸公路，不能運輸

維持法律秩序之義務。英國人士對於希臘政潮之意見，約可分爲三派：第一派即政府意見，某一部份權威報紙如倫敦泰晤士報、曼徹斯特衛報等，亦贊同此意見，即對於政府之措置認爲合理，彼等責備反對黨派之行動及共產黨閣員之辭職，致發生此次意外，彼等認爲有支持希臘當局之必要，因無政府狀態及暴動，有礙或至少延緩盟邦之勝利。第二派多爲共產黨人及左翼份子，彼等責備英國政府支持希臘之「反動」分子，並認爲斯科比將軍警告希臘人民防意想中之共產黨人之政府行動致引起此次危機。介於此兩派之間者，認爲激烈行動以及示威宣佈罷工係屬錯誤，但政府當局之武力彈壓亦不合理，彼等承認反抗分子曾對解放希臘至有貢獻，但此等反抗分子尙未證明係有大多數人民支持。彼等謂：政府之缺點在斐邦德里歐於未取得人民委託前，即統治國家。但另一方面所有希臘游擊隊共產黨人左翼份子，如自認爲愛護國家，自有協助政府當局維持和平秩序之義務。

同盟社藉希臘問題大肆挑撥英美蘇關係

【同盟社蘇黎世十四日電】希臘的內亂，迄今仍不見沉靜的象徵，相反該方面的英軍司令官斯科比，出動了空軍部隊，和用砲鎮壓希軍，因此內亂益趨激化，隨之而來的糧食不足，更加引起社會不安，圍繞着這一問題美英蘇三國特別是美英之間，採取了不同的態度，換言之他們之間的勢力鬥爭，顯然是難於收拾局面的最大原因，蘇聯至今尙未正式發表意見，但不能否認他在ELAS與EAM團的背後，有着隱然的與密切的聯系，但値得注目的是：美英應共同對付蘇聯的勢力，但它們的步調是不一致的。美國對於邱吉爾在下院的聲明與基於這一聲明的實際武裝干涉，由國務卿斯退丁紐斯發表關於意大利問題的聲明，在暗中攻擊英國的干涉政策，由此兩方面的對立更趨表面化。在英國國內，有很多人非難邱吉爾的所爲，如工黨的派克說：「邱吉爾的政策，將使英國陷入孤立，說得壞一些，就是要把英蘇的葛藤引導到戰爭」。八日邱吉爾在下院以二百七十九票對三十票的絕對多數票確保議員的信任。由此可知邱吉爾未必是陷入無援的困境。反之，倫敦方面的主要見解是猛烈攻擊美國的反英態度說：「美國對於希臘和意大利問題是犧牲英國，博得兩國人民的同情，由此坐收漁人之利」。關於兩國的對立，合衆社華盛頓電訊報導美國外交界的意見如下：如果沒有羅斯福、邱吉爾直接進行談判，就不容易解決美英的矛盾」。據華盛頓消息，英駐美大使哈里法克斯言明他曾見國務卿斯退丁紐斯，美英兩國間對於這個問題已得到諒解。但是這將有什麼表現還是値得注意的。

足够的軍用品來加强中國軍隊。我們對這些道路雖大爲宣傳，但事實仍然是，我們不能從這些路上運輸足够的軍用品，以我們所需要的必要力量供給中國。英國的緬甸戰役同樣未得到解決，緬甸的解放還很遠、緬甸大戰尚未開始，蒙特巴頓在這方面亦未作任何巨大的努力。

雅典英軍 屢次阻撓解放軍攻勢

┃合衆社雅典十日電┃本日拂曉，希臘人民解放軍企圖攻入希臘政府及英軍總部所在之雅典城中心，他們先行猛攻雅典東部之憲兵營房，然遭英軍猛烈機槍與廿五、三十磅砲彈之砲擊退，同時數日來盤踞雅典附近之一部解放軍，進入東郊與希臘山嶽兵團發生激戰。解放軍自體育場區域向兵營進攻，戰事之猛，爲前所未見。解放軍並自該區首次以七十五糎口徑之大砲助戰，一部解放軍侵入舊皇宮之花園，然爲皇宮屋頂上之英砲兵擊退。官方宣佈，森林區解放軍力量甚强大，擁有七十五糎口徑之大砲多門以及平射砲一門或二門，英國飛機以鋼砲射擊該地，繼以坦克車與廿五磅砲彈之大砲加以轟擊，希臘步兵隨之前進。官方宣佈『使解放軍蒙受重大損害』是尚爲首次使用之强有力之辭句也。希臘山嶽兵團亦俘獲七十五糎口徑鋼砲一門，並擊毀其一門，英方認爲解放軍本日企圖在中午時佔領雅典城中心區，然現已遭擊退。英方頗能控制該城之局勢。

┃海通社柏林十一日電┃紐約訊：合衆社雅典息。雅典主教杜瑪斯金斯竭力想使內戰結束。星期五他往訪希臘政府委員，美國外交官，及人民解放軍（ELAS）代表。據說初步會談已有利地發展。

中央社口中的 英人對希事件反響

┃中央社倫敦五日電┃（遲到）希臘目前政局之動盪不定，至爲歐洲被解放國家所重視。此一問題之結局，可測定左翼份子在歐洲大陸上發生政治作用力量之强弱。由邱吉爾首相今日在下院發表之言論視之，可知英國方面對於斐邦德里歐所領導之希臘政府，與共產黨人控制下之民族解放陣綫衝突之結果，極爲關心。邱吉爾首相極不贊同左翼反抗政府解除其武裝所採取之行動。邱氏謂：『如圖原爲對抗德國之武器，在人民不能表示其意見時，即用以造成共產黨人之獨裁，則英國不能再從經濟方面幫助希臘。自立之軍隊須爲希臘政府所有，無論任何國家，如其軍隊屬於某一黨派或某一主義而不屬於國家或民族，則其基礎必不穩固。邱氏旋說明英國大多數人民，認爲希臘人民希望何種政府──君主抑共和左派抑右派──應由希臘人民自行決擇，但在其政權未確定之前，英國軍隊於必要時有

邱吉爾强辯干涉意希內政 以辭職要挾下院投信任票

┃合衆社倫敦八日電┃邱吉爾首相今日在下院，宣佈設下院不投票信任政府，渠寧願辭職。如英國在希臘及歐洲其他被解放國家之軍隊，被用於解除民主之武裝，則此政府殊不值得信任，首相又謂渠之民主觀念，正與一般爲國效命，余並投票之當人之觀念相同。吾人之立場乃以普遍選舉爲根基之自由行動，余對欺人之民主頗不贊同，彼等不擇手段，務使民主不僅成爲左傾，且使其成爲共產主義，民主非爲蕩婦，任何荷槍之徒可以在街頭舉行者，皆信任，勞工黨雖對邱相演說一再阻撓，但邱相仍稱：余幾在每一危殆之際，皆信任勞工黨。茲欲說明，余所指者爲人民，而非謂來自山間或鄉下，以爲可藉暴力推翻比埃洛政府之陰謀，英法當局之一羣棍徒。十一月間，比國會發現意欲推翻比埃洛政府之陰謀，當時英軍曾予干涉，介身於民主之××地推翻比國之無政府主義者之間，英軍之行，係遵照艾森豪威爾之命令而動，余認爲艾森豪威爾之命令，對正確者，吾人之軍隊，不僅遵守其命令，且衷心認爲此舉乃睿智合理者。爾涉及意大利時，邱首相否認曾否決史佛卓之出任首相或外相，謂此項權柄惟意人有之，吾人之所能言者，僅爲吾人不信任其爲人，或由其所控制之任何政府。英美於意大利會有聯合措置，如證明此項聯合措置業已分裂，甚感遺憾。邱相至此乃爲政府之反對史佛卓辯護，當意大利崩潰之時，史佛卓急促自美國歸意，吾人認爲史氏於是時歸意，並非好事。一九四三年九月，史佛卓曾致函巴多格里奧，其中復述渠××掩護驅逐意境德人之主張，在巴多格里奧爲意大利之解放而戰時，任何削弱巴多格里奧地位之行動，皆屬罪行，史佛卓至倫敦時，曾函呈邱吉爾首相，說明渠之信念，但其返意不久，即因各種陰謀，終於不得不去職。在魁北克會議時，余曾警告維斯福總統，謂希臘之民族解放陣綫、共產黨及極端主義者，或將騷擾而消滅本身以外之各種勢力，當時決定英軍進入雅典區，準備遠征之計劃，未通知希臘政府，英國之惟一目標，在協助希臘人士，在紛亂之中，回復康莊大道。希總理斐邦德里歐，雖有辭職之意，政府已令駐希大使竭力勸其留任，當茲雅典有市街戰之時，英政府認爲在解決政治政變以前，應先使雅典獲得和平寧靜。余如不應採取此項行動，余樂於辭職，如下院認余並無錯誤，則吾人願貫徹此項政策，肅清雅典及雅典區內一切反對希臘當局之叛徒，首相末稱：余不惜吾人在比利時、荷蘭、意大利及希臘所執行之政策之任何×××，任何居心公道之人，定不能責備吾人之政策謂爲反動，而妨害民族意志之自由表現。

參攷消息

（只供參考）
第七二七號
解放日報 新華社 編
今日出一大張
卅三年十二月十四日
星期四

重慶人士認為 日軍對渝威脅已消除

〔路透社重慶十三日電〕中國軍事形勢的突然變化，澄清了此間的空氣，此間人士咸信日軍早期對中國戰時首都重慶的威脅業已消除。從貴州省猛攻的日軍沿鐵路往南敗退，現退到廣西省內南丹附近。今晚（星期二）中國軍事公報稱：中國軍佔領南丹以北約十二哩的滿章（譯音）。美國軍用機當日軍出發時即轟炸他們，並襲擊貴州境內日軍佔領的鄉村。可是，難民繼續擁入重慶，當局成立特別救濟組織以便在難民們逃到大後方其他地方去的途中，給他們房屋住並予以幫助。中國戰場美軍總部公報稱：野馬式機昨日突襲華南廣州附近敵機場時，擊毀日戰鬥機與轟炸機九架。他們猛襲機場附近燈光明亮的日軍營房，前日中美小隊戰鬥機轟炸洞庭湖以南的長沙工廠區。

張平羣談戰局

〔中央社重慶十三日電〕外記者招待會，十三日下午三時舉行。翁文灝、吳國楨・張平羣出席主持。翁氏首先說明生產局之目的，次言及生產局爲一決定取得美國租借物資之管制機關，爲研究國內生產及國外輸入之物資生產，希望能與各方取得密切合作。中國政府對於戰時大規模與有效之生產，極爲注意，目的不僅在加強保衛自由中國，抑且要積極準備爲反攻及擊潰日本之生產工作。生產局工作伊始，其工作之開展，將以戰事發展及收復失地爲目標，將來各戰區之反攻戰事，不僅限於華北、華中及華南方面，在東北各省亦必發生戰事，故生產局將以全力增加物資生產。目前中國遭受暴敵侵襲及封鎖之壓迫，因之生產局之初步工作，乃在計劃生產及加強其他軍需之生產，關於加強各種生產不久即可與各廠訂定合同。爲求增加自由中國之液體燃料，刻下正研究如何改善方法，最近會由中美兩方面專家成立鋼鐵製造顧問委員會、及液體燃料顧問委員會，加強該兩項生產，此外並擬增加其他各項物資之生產。翁氏末謂，爲鼓勵軍需生產，生產局近曾向中國銀行及交通銀行訂立借款合同

生和知識份子。雖然經過一番轟轟烈烈的宣傳，但重慶的如意算盤還是落了空，所謂組織十萬知識青年的精銳部隊，目前僅僅只不過幾千人而已。被動員的對象——知識份子，對這一運動採取了猛烈反對的態度；同時，虎視眈眈伺機攻擊重慶的延安，就抓緊這一時機，掀起猛烈的反對運動，甚至發出警告，告訴青年不要參加國民黨的御用軍隊。因此，重慶煞費心血的學生從軍運動，就遭受到全盤的失敗。結果，就只有用過去的老辦法——鐵鍊和皮鞭，實行強制的招募，重又驅使人民走向恐怖。

同盟社傳 陳誠計劃明年裝備三十個現代化師

〔同盟社里斯本十二日電〕據重慶來電，報導稱，大公報就新軍政部長陳誠計劃於明年裝備三十個師以現代武器事，報導如下：新任軍政部長陳誠，對於改善軍政，盡着極大的努力。明年，在盟國的援助下，將以現代武器及重慶自造的步槍，裝備重慶軍三十個師團。另外，陳誠並獲得最高當局的保證：保衛貴州的戰費無須躭憂。

〔同盟社里斯本十日電〕據重慶來電，重慶政府預定撥出法幣一百億元，增加軍需生產。在美特使納爾遜指導下，開始活動的軍需生產局，自由處置此項資金。次款用作購入民間各工廠的設備，資材或向民間各工廠定製軍需品。

英報反責美蘇 干涉英對希政策

〔海通社柏林十日電〕倫敦訊：「經濟學家」以極大的憤怒，反駁美國與蘇聯抨擊英國政府對待希臘的政策。該報稱：一般地說，我們的報紙都有這樣的意見，即不同情某些國家對我國政府的譴責與侮辱。蘇聯抨擊英國干涉希臘誠然是不正確的，因爲這種抨擊是從波蘭盧布林委員會的父親那裏來的。「曼徹斯特衛報」於同樣的語調中稱：美國人民也許已忘記當達爾朗在阿爾及爾被委以職務時，他們所起的作用。英國的批評家能夠處理其本國政府的錯誤，但他們無需其他國家的人民來幫忙，因爲這些國家假若沒有犯了最大的錯誤，也犯了類似的錯誤。

〔海通社柏林八日電〕如衆所週知，首相邱吉爾在星期五下院辯論希臘的不安時，在辯論中插進去發表談話。反對派對英干演說的補充書已提交下院，該補充書不但涉及希臘問題，而且涉及歐洲其他部份的問題。首相宣稱，他亦將談及英國在歐洲實行干涉的全部問題。他說英政府所受到的責難是英政府派遣英軍解除希臘及歐洲其他部份的民主朋友的武裝，並壓迫那些地方

。關於黔桂戰局，張參事答稱：我軍在與盟軍密切合作之情形下，業使黔桂戰局大為好轉，我統帥部正專考量如何應付軍事上一切可能之演變，及如何竭力爭取主動，近日黔桂戰事之進展，加以盟軍在緬之勝利，空襲日本本土之强化，以及英國海軍於福萊塞上將指揮下，即將大量集合於太平洋等事，均足使日寇聞之沮喪。日寇此次悍然深入黔省，未遂妄圖，我國人民，尤其在黔桂兩省人民却因此役，而更對戰爭較前警覺，踴躍從軍，及參加慰勞團體者，數以千計。蔣委員長號召全國知識青年從軍，原定十萬人，預料本月底即可超過此額。例如渝市一地，原定名額五千，現報名登記者達七千人，由此可見我國人民力戰求勝之堅毅，一如往昔。某記者詢及法蘇協定感想如何。張參事答稱，凡足以增强反侵略國家間之合作者，自我方政府觀點言之，均所歡迎。

國民黨公報稱
黔桂邊敵續向河池撤退

【中央社重慶十三日電】據軍委會十三日上午十一時發表第一次戰訊：廣西方面，我軍克復南丹後，繼續向南追擊敗敵，現已攻抵車河（河池西北約四十公里）附近，並將沿途殘存之敵予以掃蕩。

黔南難胞疏散情況

【中央社貴陽十三日電】蔣主席關懷湘桂難胞，特派社會部長谷正綱赴黔南工作，近復派張委員道藩，劉委員健羣，黃參政員宇人，遄赴貴陽協助谷部長展開工作。

【中央社貴陽十三日電】據社會部統計，截至十二日止，來筑難胞，現在各招待所宿食者，已達萬餘人。並經決定，各地難民疏散方向以赤水合江及思南兩路線為主。

同盟社稱
重慶動員知識青年從軍運動失敗

【同盟社廣州十一日電】蔣介石親自出馬，站在前頭，發起學生和知識份子的從軍運動，企圖以這個運動，來掩蓋在大陸上的軍事敗績。但由於文化界主導的反對運動，以及中共的阻礙，它終於流了產。換句話說，重慶自從今夏以來，曾揚言：「將配合盟軍反攻，開始最後的總反攻」，鼓舞民衆，嗣後更動員它的宣傳機關，一齊鼓吹；想動員學

所發生的人民運動。邱吉爾承認，如果此種責難正確時，英政府必然要負了大家對它的信任。

邱吉爾繼謂：「但是問題是，什麼地方能尋找到民主的朋友？「民主」此二字如何解釋？」邱吉爾將希臘的抵抗運動團體描寫為一羣暴徒，這羣暴徒不能認為足以代表「民主」。他說抵抗政府强入各大城市，佔據警察局及政府重要地位，企圖建立集權制度。在其他歐洲被佔領國家，英國負起無人感謝的責任，而所得到的是侮辱和非難。他對這些國家的目的是很快的恢復正常情況下的總選舉。邱吉爾轉到十一月末比利時的政變，他將比埃洛政府描寫為所僅存的與過去有立憲連系的政府。英駐比軍事指揮艾斯金受到艾森豪威爾將軍的指示，下令英國軍隊干涉比利時。他認為艾森豪威爾的決定絕對正確。英國不但尊從這些決定，並且認為這些決定是合理而有意義的。英國當軍開放安特衛普港時，曾損失四萬到五萬人。當談到英國干與比利時事情時，也必得考慮此事件。邱吉爾對於意大利問題，不只一次的否認英國反對任命史佛卓伯爵為意大利總理或外交部長。英政府僅僅說：不信任史佛卓本人，而對其所領導的政府也無絲毫信任。假如由於以上的態度，而破壞了英國與美國的同一意見時，英國將非常抱歉的。但英國尚未如此去作。巴多格里奧元帥曾說他同意史佛卓返回意大利，但史佛卓剛回來，他便立刻開始對波諾米的辭職主使了許多陰謀。邱吉爾結尾又轉到希臘問題。人民解放軍的政變，希臘的進軍，以武力佔領城市，建立恐怖的統治等事情，全以取消「合作者」為藉口，都是曾經很好的組織了的。而希臘所須要的是安靜與和平，並不是改變政治行政。

同盟社評
蘇法協定

【同盟社東京十一日電】傳蘇法同盟及互助條約已在莫斯科簽字。戴高樂訪問莫斯科無疑的是因為美英軍佔領法國後，法國內部發生各種困難。第一是美英軍佔領法國後，在內政上，如何處理共產黨乃至左翼勢力的問題。即美英軍佔領區普遍的現象，就是左翼民衆勢力的抬頭，而法國亦不能例外。戴高樂政權是很苦惱的。關於這一點，獲得莫斯科的諒解是最有效的。關於第一個問題，蘇聯亦曾立即答應。同盟互助條約就是歐洲根據斯拉夫主義的大團結，置於蘇聯勢力之下。新蘇法條約亦是在這個意義上締結的。但這個同盟互助條約假定的對方就是美英。現在應考察蘇聯新訂的條約對美英的影

黎。斯末次提倡西歐聯合案以後，英國的對策就是西歐集團案。邱吉爾把法國當作一個代表國撫育之，使其成為運用歐洲勢力均衡政策的××（電碼缺）。如美國外交問題評論家立普曼更進一步說出美英在東歐不能有同盟國，不能在蘇聯或美英的勢力圈——西歐保有同盟國這個宗旨。以上所說的是美英對歐政策的基調。此次蘇法條約的出現，顯然與這個方向相反。總之，蘇聯勢力之侵入西歐，非邱吉爾首相和英國政治家的頭腦和手腕所能應付的。

德國報導 西法外交關係

【海通社馬德里十日電】巴斯蒂安博士報導：法國形勢的模糊不清，西歐協定問題，以及法國國家與政府臨時首腦戴高樂和斯大林在莫斯科的會談（該會談尚在祕幕中）均要求西班牙方面加強注意。西班牙則認為這些情形正像巴爾幹事件，尤其是希臘事件那樣影響歐洲。此間亦指出：關於干涉歐洲所謂解放國家的內政問題，英美之間存在着政治上的分歧，據美國新國務卿稱：美國決心不過問這些國家，而倫敦則贊同干涉，而且，甚至付諸實踐，例如在比利時與希臘。西班牙與法國之間外交關係的調整亦被認為與這些問題有關。權威方面最近明白地說：西班牙願與法國有良好的關係。早在一九四〇年法國投降的時候，馬德里已經表現了這一點，西班牙並沒有利用法國的衰弱。在阿爾及爾委員會時期，西班牙已經有一半官方代表在那裏，即森格羅湼茲，他現在巴黎已數週，要與法國政府詳談關於恢復外交關係。英法方面業已報導恢復此種關係，而馬德里官方則至今仍默不作聲。因此，馬德里與巴黎之間的恢復外交關係不能說是事實。然而，恢復此種關係的意圖是存在着的，因為還進行了法西經濟會談，此種會談是要引到簽訂西法商業協定。可是，莫斯科戴高樂會談的結果一日不澄清，料這一切計劃與討論就不會實現。將來法國政策的重要部份，無疑是戴高樂對待所謂抵抗軍隊（該軍亦包括國際份子，例如：不同政治色彩的西班牙僑民）的態度。此軍隊若組織在馬基當中，在西班牙邊界對西班牙施行軍事行動，很顯然的是：這些份子的活動到底至少是在法國土地上代表與保衛莫斯科，在莫斯科戴高樂將軍會談的議事日程上並非一不重要的項目。戴高樂及其外長比道爾旅蘇之前會發表聲明謂：法國將給予西班牙亡命者各種保護。此外，比道爾說要給與一種合法的地位。西班牙政界人士認為這是一種至少超過政治庇護權之常例的事件，特別是正當旅蘇日期業已擇定之時發表這樣談話。倘若西班牙由於其明顯的反共態度和在西方以及東歐與南歐所表現出來的布爾

表現政治的趨勢。斯拖哥爾姆的屠夫約三週來都在準備鬥爭，結果在瑞典首都買不到新鮮豬肉。他們在各省的同行人士正準備繼續請願。牛奶場工人的罷工一直進行到年底，但關於新選費的談判至今仍無結果。在經濟生活的其他部門，也發生騷動，看來似乎瑞典人民必須估計到在明年初將感到嚴重的困難。工人中對現在選費的不滿日益增長，必須認為是共產黨在最近國會選舉獲勝的結果。甚至那時便顯示出：工人階級不僅對工資而且對政府限價政策也是不滿。社會民主黨很了解這種警告。他們現在對於工資的原則，而提出的保證更謹慎了。有意義的事是：政府看着屠夫的罷工已四週了，而不採取劇烈的措施。顯然地社會民主黨不知道怎樣作。如果答應屠夫增加工資的要求，其他工業的工人會反對，這是一定的。工資與限價政策開始滑落以前，很好地制止着的通貨膨脹的危險，會很快到來。另一方面，如果政府不答應增加工資，它將成為共產黨進行宣傳的新材料。因此，不必驚奇，圍繞着工資政策的討論，又成為關於政府聯盟鞏固問題的前景了。社會民主黨有沒有聯盟都只能實行一個政策。關於工資的讓步，將遭資產階級特別是保守派人士的極大反對。或者會引起聯盟的危機。因此，屠夫罷工的發展形勢，很值得注視，因為不僅聖誕節的火腿，而且現政府的命運都以這發展形勢為轉移。

格魯辯護美國對日政策

【中央社華盛頓十二日電】格魯本日為珍珠港事件前美國以廢鐵及油料運往日本之政策，作強有力的辯護，其理由為禁運將遭致戰爭，美國當時還沒有作戰準備，他在參院外委會聽取各方支持格魯及其他五位新經推薦之人出任助理國務卿時說：他同意蔣主席一月一日聲明：自新的日本應決定他本國政府的形式。並說：對日本天皇命運之處置，應留到擊敗日本後決定，他否認外傳他主張保留天皇之說，他認為關於皇帝去留問題，應採取旁觀政策。國務卿斯退丁紐斯本日於參院外委會公開會議中首先發言：懇請外委會委員廿三人，迅速批准任命，以使國務院完成改組工作，進而執行『自由而有進步觀點』的美國外交政策。格魯在指陳禁運乃美國在珍珠港事件發生以前時期內，所不能採取的制裁手段，當時美國毫無作戰準備，且不願作戰。若干人士說此為姑息政策，但我則謂此為純常識政策，我主張如美國權益需要時，美軍應留駐東方。但他對美國在處於涉及合併，或永遠佔領亞洲及太平洋方面以前的英荷屬地此假定局勢時，應採取何種行動，

塞維克危險而採取了等待和不參與決議的政策，這是很自然與可理解的。

【海通社馬德里十日電】剛由法京歸來之外交家稱：從伊比利安半島經法國南部赴巴黎有着極大危險。到巴黎的最穩當道路是取道倫敦。馬基游擊隊控制阿維勒斯，不承認巴黎政府發出的護照為有效。戴高樂當局的實際權力，在羅亞爾河的一面才開始。

【海通社柏林十日電】巴黎訊：法國臨時政府組成之特別法庭，行將開堂審判法國國家首腦貝當元帥與前法國總理賴伐爾。同時，對貝當表示忠誠的許多居民與法屬殖民地總督，亦將受審判。

德寇評西綫戰局

【海通社馬德里九日電】新聞報軍事評論家於評論目前西綫的形勢時寫道：盟國的攻勢已停頓。這意味着德國高級統帥部的確定勝利。戰爭的一章將結束了，這一章是盟國訪員們以極英勇而熱情的樂觀主義的筆調，在九月開始寫的。××一貫相信到柏林去的大路，將成為一條死巷。評論家繼稱：現在來評判英美總參謀部在這階段底大規模攻勢，似乎太早了。無論如何艾森豪威爾的極大努力未獲得勝利，且這些努力是盟軍能作的最大努力，這是很清楚的。

美『世界電訊報』評盟國四個弱點

【同盟社里斯本八日電】紐約來電，『世界電訊』報於日美開戰三週年紀念日前夕，著文強調最後的勝利，另一方面而指出反軸心國存在的四個弱點：第一，是歐洲列強採取了帝國主義的外交政策，這就是在反軸心軍戰線後方的歐洲各國間，政治的不和睦日益增大，而且東亞各民族亦脫離反軸心陣營。第二，歐洲各國內部的崩潰及英國軍疲之的結果，影響到歐洲戰爭結束後的對日作戰。第三，最大的弱點是重慶政權，該政權目前最大的困難，是日軍在戰略上的成功，此外由於多年的戰鬥，重慶軍的疲之，重慶政權內政問題的無能，美軍供應路建設的失敗亦是很重要的原因。反軸心軍為了給日軍以最後的打擊，如不奪同中國基地、對日作戰日益延長。最後特別值得憂慮的弱點，是美國人對戰局的樂觀。美國人民的大多數認為我們已經勝利了，這一結果使軍需生產停滯，當反軸心軍的戰力主要依靠美國的時候，美國人民之對戰局樂觀所引起的軍需生產的低落是最憂慮的。

海通社報導瑞典罷工

【海通社斯托哥爾姆九日電】瑞典的罷工運動尚未鬆弛，且正開始

則會交國務卿討論，他繼辯護其處置日本之意見說：他主張使日本不能再度威脅和平。吾人必須使日本在外表及心理方面，保持有秩序及非軍事之狀態，並須於最短可能期內，達成此一目的，任何人不能預先料定在此方面，日本天皇為財產抑為債務，蓋日本於其近代歷史過程中，從未遭遇失敗，因此其對失敗之反應，乃不可知。參院外委會訂明日繼續聽取各方申述意見，根據美國憲法，被保薦担任政府高級職務之選，必須於任命生效前，獲得國會之批准，即總統親自保薦者亦須經此法定手續。本日參院外委會的公開集會，對國務院最近被推薦出任要職之六位人選之最重要檢定，參院及一般方面，將對格魯及其他五位助理國務卿，過去言發（行）加以不（按：不字可能是詳字）細之檢討，各方面於消除被自由傾向報紙，及領袖經常抨擊之孤立派，及保守人士之任何痕跡，已作各種努力。國會顯然深切關切本日外交政策，並決心獲致適當領袖於未來××年頭勝戰××歲望中執行其政策，若干被推薦人選，因太具自由傾向而受責，若干其他被推薦者，則因過於保守，而被攻擊，格魯未受任何攻擊。外會雖已一致通過其任命，但仍讓渠今日出席該委會之公開集會，參院外委會聽取各方意見之公開集會，可望於明日結束，會後保薦將於參院引起辯論，參院大多數票決後，即可批准任命，此乃最後之手續。此間消息靈通之觀察家稱：若干報紙雖強烈攻擊克萊敦及荷姆斯任助理國務卿，但六位被推薦者，新職可望獲得通過。華府方面雖盛傳格魯乃一度被認為係對日姑息者，惟他對中國以至對整個遠東之政策，現尚不知。格魯出任副國務卿後，所遺國務院遠東司司長一職之繼任人選，迄未任命。但范宣德現仍任該司中國科科長。

（前可能缺）美新聞處訊：巴爾的摩爾太陽報四日社評稱：美國務院改組時，人××最重要和最好的更動，×指並命格魯為副國務卿。是一個循資漸進的外交人員，自××年起，即在日本擬奪中國的東北以後，便任美國駐日大使，在職近十年，時間既久，復值多事秋，美國沒有第三個人知道日本那樣巨大侵略計劃長成的經過比他更清楚，他像任何人一樣，深知道我們在歐洲所××抵抗的勢力的性質。斯退丁紐斯任副國務卿時，能以其比較少壯的活力配着赫爾的智謀卓見，格魯此次出任副國務卿將其能治幹才大志，和由長期而複雜經驗所得來的智謀於一爐。

參考消息

（只供參考）第七二八號

解放日報 新華社 編

今日出一大張

卅三年十二月十五日 星期五

川臨參會通過組織人民自衛武力案

【中央社成都十四日電】川臨參會十九日上午舉行十五次會議，通過組織人民自衛武力案，參議員提案及政府交議案五九件，關於人民自衛武力以官民合辦為原則，省縣分組人民自衛團務委員會，省設團務委員廿五人，縣市設九人。下午繼續開會，通過川省經建案，十五日上午，選舉川籍參政員及駐會委員，下午舉行閉幕典禮。

【中央社重慶十四日電】南岸民眾慰勞會婦女慰勞總會，海關慰勞會代表，及中心學校之學生約數千人，於十四日午前及午後，在南岸某地慰勞過境國軍，分發慰勞品，醫治瘡疾，並代寫家信。

【中央社貴陽十二日電】谷部長正綱，為視導難民救濟工作，今赴遵義，明日下午可返筑。入黔難胞一部份，已過筑北遷，該地救濟工作至關重要，黔省府前已撥匯五百萬元，交遵義縣府設立救濟站。谷氏今已攜款前往，充實該地救濟費用。

【中央社重慶十二日電】重慶市正副區長正副保長千餘人宣誓就職典禮，十一日上午十時假陪都青年館隆重舉行。由賀市長主席，內政部長張厲生監誓，其他到會者尚有劉總司令峙等多人。賀市長於致詞時謂：（一）地方自治必須警保自治，但更要有密切之合作。（二）自治最要者為，訓練人民行使四權，不然民主將成空言。（三）自治必須法治，要養成市民法治觀念，定為風氣。（四）戰時政府委辦事項，區保應努力認真去辦，如國民兵組訓防護，軍隊補給，推行公債儲蓄，救濟難民，慰勞軍隊以及義務勞動等均須切實辦理云。

【中央社重慶十四日電】戰時生產局積極籌劃利用鋼鐵增製軍事器材，對

隊，而其主力則在鞏固滇西越南之陣線。該報又謂：吾人預料滇緬路及早開放後，接濟中國軍隊之軍火，可大為增加，因中國軍隊正如蘇聯屢次失敗後，已漸恢復實力，中國必須開始反攻，今即其時矣。

【合眾社紐約十四日電】中國駐美大使館參事陳之邁，今在市政廳發表演說，表示彼相信中國必能應付當前之軍事局勢。陳氏斥責一般悲觀者對華之種種悲觀預言。據稱：蔣主席對時局取樂觀立場，吾人應自信蔣主席之所言。陳氏認為中國最近之作戰失勢，乃其工業落後之所致。中國軍事上之主要問題，仍為軍事供應問題。稱欲作有效之抵抗，必需有武器，中國需要外來之援助，尤需美方之援助。

美時代週刊大捧宋子文

【中央社紐約十三日電】時代週刊，今日幾乎以三頁地位，以宋子文為中心敘述我國現況，並以宋氏照片刊於週刊封面，敘述宋氏之行事入微，其生活在中國現代史上頗富有戲劇性。至其目前之職位，可謂極大，實如中國之內閣總理，雖其於處理民政及外交方面，皆須獲得蔣主席極為關切之核准，但須於改進政府，增加生產，推行憲政、謀國團結方面，實須行政之折衷妥協及坦白等各種天才，庶能與事有濟。宋氏之受任新命，予中國及其友人的新希望，雖在危崖峻坡，通達勝利之道依然在望。宋氏得再度當權，令人獲得新信念，即中國必有一日能越過此危崖。時事週刊又稱中國已精疲力竭，盟方之援助直至此時仍嫌過少過晚，中國必須依賴其本身，中國國民政府因任命宋子文與陳誠之改革內政，而獲得力量。該週刊稱宋氏為中國最幹練之人。時報謂美國人民稱宋氏為中國與西方合作之象徵，在西丁與朝鮮之間，為最有事業頭腦之東方人。宋氏常感覺中美關係之重要性，經常努力於中美之加深合作。至於中國之戰事，至少已暫時渡過危難，雖通過嚴密之檢查，但仍能透露若干消息，暗示中國業已採取措置，加強中國之防軍，結束中國當前之危機。中國仍能獲勝，上述見解亦為最近之其他美國報紙評×所同具者，紐約時報稱來自中國之軍事新聞，皆為佳音。中國政府之新任命，預示中國在對日作戰方面將更統一。

日寇說蔣不要史迪威 表示他逐漸知道日本真意

【同盟社東京十三日電】田村幸作頃撰文稱：國民黨所以能僥倖地統一全中國，不僅是

各鋼鐵廠之冶煉、鑄鍛、軋鋼等項能力，已獲得適當之配合方法，並已召集各煉鋼廠主持人洽商定貨手續。至酒精生產，亦已與美方專家商洽規劃，並擬有對策。此外對生鐵煤焦及其他戰時物資，亦將於短期內積極改進。

【中央社渝十四日電】重慶市新兵服務社，決定卅四年度經費以一萬萬元之爲限度，組織各界、各行、各業征募隊勸募。

【中央社渝十四日電】財部貿易委會副主委一職，現由該部參事李毓萬兼任，並已視事。彭百川爲教育部蒙藏教育司司長。

【中央社莫斯科十一日專電】我駐蘇大使館參事劉澤榮，今夜離此取道阿拉木圖前往迪化，就任駐新疆省外交特派員新職。

【中央社昆明十四日電】滇明令公佈，今年八月全省戶籍普查結果，計實施普查縣份一百廿三縣（騰、龍等戰區未計入），全省一、二四九鎮，二六、七六〇保，一三〇、七六九甲，一、七二一、四一七戶，八八八二、一五八人，男四四六五、五〇六人，女四四一六、六五二人。

【中央社宜縣十三日電】記者十二日午後謁皖主席李品仙氏於其官邸，李氏因足傷臘×，仰臥床上與記者依床懇談出巡七百里之感想。

敵懼美軍登陸 侵佔欽縣

【同盟社華南前線基地十四日電】我軍攻略南寧後，嚴格監視敵軍的動向，然後用一部分兵力最後打擊南寧西北山岳地帶的敵軍，粉碎其奪回南寧的企圖。另一部隊一直向鬱水南岸西進，十日在綏淥與越南派遣軍取得聯系，完成了打通大陸交通綫的偉業。我軍另一有力部隊，繼續沿欽寧公路南進，到處克服敵人微弱的抵抗，十二日下午零時半，突入廣東省欽縣縣城，完全佔領之。欽縣是面臨雷州半島與越南間灣曲的北海灣的要衝，五年前在北海灣奇襲登陸的我軍，首先攻略該地，將其作爲橋頭堡壘，獲得賓陽會戰的大戰果。此次改變進攻的道路，由南寧南下，再度奪取該縣城。此次攻略欽縣，在鞏固我軍陣地，對付美國經菲島接近中國海岸這一點上有極大的意義。

紐約時報爲國民黨軍隊打氣

【中央社紐約十三日電】紐約時報社論稱讚中國軍隊將日軍由貴州境內擊退，認爲此係來自中國之好消息。惟提醒中國人民，勿認爲前進之日軍已遭敗績；因深入貴州之日軍或係企圖切斷滇緬路之襲擊部

因爲很多地方學習蘇聯的革命技術，而且由於蘇聯的政治顧問與軍事教官的指導，以及蘇聯在物資上的直接援助是非常大的。但是這些指導人物，一旦越過被賦予的權限，而想干涉中國的內政時，蔣介石便不客氣地把他們（如把鮑羅廷和布魯撤）驅逐出中國。蔣介石之所以排斥蘇聯的干涉，無非是一種不得已的措置，因中國人絕不是忘恩負義的國民，視蘇聯的援助爲一大德，但外國干涉中國內政，就是與中國革命的目的（恢復中國的主權）背道而馳。如果允許外國干涉中國內政，就是忘記中國革命的意義。因此蔣介石排斥蘇聯亦是不得已的措置。美國以中國的領土爲戰場，給中國人以武器，掌管軍事訓練，在中國振興軍事工業，而且企圖由美國人指揮中國軍隊，以便與日軍作戰。美國並想掃除其眼中釘的政治家與軍人（他們反對和阻礙美國這一目的的實現）。不僅如此，而且甚至企圖如它想像的那樣，改變中國的政治體制。 如果中國是不允許美國人當中國的主人翁， 不甘當美國的奴隸的話，它作爲一個獨立國， 是不能允許這樣無理地干涉內政的。 若加以容忍的話，只有使行將完成的中國的國民革命，變成一場惡夢。因爲美國的干涉內政，顯然將於戰後長期地繼續下去。過去蔣介石曾拒絕蘇聯干涉內政，驅逐鮑羅廷與布魯撤，現則要求美國召回史迪威，拒絕其干涉內政，這並不是不可思議的事情。還堅持過去的一套，而跟日本作戰的蔣介石，逐漸知道日本的眞意以及外國的野心更明顯後，當能知道日本眞正的朋友，而美國是眞正的敵人。允許美國干涉內政，忍受美國侵略中國的蔣介石，表示就是單獨抗戰亦不推辭，同時發表自主獨立的演說，亦是這個緣故。革命的指導者蔣介石採取恐怖手段，也不過是重慶過去的道路。國父孫中山在其遺囑中說：「余致力國民革命，凡四十年，其目的在求中國之自由平等。欲達到此目的，必須聯合世界上以平等待我之民族，共同奮鬥。現在革命尚未成功……」美英在上海公共租界經營的公園內掛着『狗與中國人不得進去』的牌子，還還是不久以前的事情。皮克斯當代表舊金山在國會上說明排斥中國人的理由，他在不久以前還公開說中國人是比上帝創造的任何人種更劣等的人，中國人是四千年罪惡的××。（電碼錯）中國有識之士，亦看破美英人對中民國根深蒂固的看法，並不因爲現在中國與美英站在共同戰線上，而立刻改變。林語堂嘆息：由戰時的經驗說來，戰後即使成立 際機構，亦不能予中國以平等的地位，其理由就是中國人是亞洲人。中國要像日本一樣，自己能

够製造坦克，大砲，軍艦，不然就不能獲得眞正平等的地位。不用人們的指摘，中國政治家亦深知中國作爲世界四大强國之一，參加敦巴頓橡樹林會議並不是現實的，而是一種姿勢。赫爾國務卿於三月二十一日公佈美國外交政策的內容十七條，第十五條指出不干涉內政的原則。不論國家的大小，都不能干涉他國的內政，這是美國於獨立以前就樹立的國際公法的大原則。廿世紀初的卅餘年來，美國用武力，財力及外交的辦法干涉加勒比海的各弱小家國的內政，但是都遭受失敗。它沒有資格强調不干涉他國內政。所謂善鄰政策，就是美國現在政府知道干涉內政的不對而採取這種窮餘的政策，以打開局面。赫爾再度倡導不干涉政策，乃是罪人認過的自白，其不干涉他國內政的墨跡未乾，又拼命干涉中國內政，沒有人能像東洋人這樣有資格和能力正確地識別盎格魯薩克遜國家的政治家聲明的眞僞，因爲東亞人是他們欺瞞的聲明的最大犧牲品。

同盟社稱
重慶陷於極度困難境地

【同盟社斯托哥爾姆十四日電】美英方面最近的報導無不一致承認重慶在日本攻勢下，現已陷入極度困難的境地。重慶合衆社報導稱：『重慶當前面對着的危機，可以說是中國事變以來最嚴重的一次，這一形勢完全是日本超人的頑强精神與非常卓越的戰術所造成的。』可以說極爲眞實地反映了敵方的急進情況。繼稱：『現在重慶不論在軍事或政治方面，都瀕於嚴重的危機，這一趨勢，勢將招來重大的結果。目前日軍已威脅貴陽，此間如沒有奇績式的變化，不久該市就將變爲戰場。重慶今後能否繼續抗戰，不僅取決於從西北方面調來的援軍，能否守着貴陽，同時戰後重慶的國際地位，亦將取決於貴陽的失守與否』。由此觀之，可知當蔣介石不能防止貴陽陷落時，美國準備把重慶放在極不利的地位。實際說來，假如重慶再把更多的地方讓給日軍，重慶便立即到了重大的最後關頭。誠若貴陽不保，日軍不僅掌握了重要交通中樞，同時還可進取昆明，北攻重慶。但無論如何，萬一如此，則蔣氏的運命將極爲悲慘。一致認爲重慶若再喪失昆明，其與外部的聯繫全被切斷，而所付出的重大犧牲，便毫無意義。另外，美方還報導重慶政府的命運，將決定於今後六十日內；一般反軸心國民莫不確認重慶已成敗局，而在美國戰爭指導者中間，由於預先斷定重慶已無法避免此敗局，故逐漸盛行『直接進攻日本』的論調。

路透社報導
希臘內戰醞釀和平解決

【路透社倫敦十三日電】當此希臘軍事及英國雙方均調集援軍，因而希臘戰事的激烈性及規模均已增長之際，政治領域中的四方面發展正悄悄地產生友好地解決希臘危機的希望。首先而且是最重要的便是美國對英國政策批評的逐漸消聲匿跡，與蘇聯政府及報界方面迄今的完全沉默。莫斯科的沉默，可解釋爲它允許英國自由解決希臘危機，雖然很明顯的，若以希臘國內政治而論，蘇聯思想上是抱着同情態度的。第二個有益的發展是英國輿論的大大溫和，而在數日前，它曾大肆批評政府的錯誤政策，同時邱吉爾在下院的聲明亦被認爲是不必要的猙獰英國國內政治風暴的平熄，應歸功於兩件事情：一是政府方面迅速的有建設性的決定，即派遣亞歷山大元帥與麥克米倫至雅典，以期獲得政治解決。二是工黨年會今日會議上所發生的事件，當時勞工大臣貝文（工黨）宣稱：對希臘所採取的步驟不是邱吉爾一個人的決定，而是英國內閣的決定，包括工黨各部長在內。其他兩方面發展的消息是來自雅典，它顯示出希臘政府與叛軍雙方均願終止敵對的行動。在危機發生前曾於斐邦德里歐內閣中任勞工部長的波非雜根尼斯，已與斯科比將軍會晤，代表解放陣綫（它是ELAS的政治組織）徵求英方的條件。經過和倫敦商討而擬就的英方條件有三，即：（一）解放軍退出阿提加，（二）停止抵抗與交出武器，（三）英國着手採取必要的措施結束目前騷亂並將和平及充分享受民主自由之權恢復給一切希臘人。此間感覺，第二個條件可能爲解放軍（估計約七萬人）所憎恨，但根據英政府的觀點，如果游擊隊仍據有武器時，雅典便說不上有鞏固和平的希望。（缺）而希臘總理斐邦德里歐亦急於重新建立秩序，平熄騷亂，且現正在求助於居間人。據倫敦收到巴黎消息稱：斐邦德里歐已邀請普拉斯的拉斯將軍前去雅典。普拉斯的拉斯現年六十歲，自一九三三年以來即僑居國外，人於一九三二任希臘總理。據信，他是可能成功的唯一調解人物。

英閣急於結束希臘內戰
斯科比與解放軍再次談判

【合衆社倫敦十二日電】地中海戰區盟軍總司令亞歷山大將軍稱：英戰時內閣駐地中海戰區代表麥克米倫，以雅典戰局急轉直下，已火速趕往希臘。外交界人士獲悉：英內閣曾畀於二官員以停止戰鬥所需之任何軍政步驟之『廣泛職權』。倫敦每日紀事報稱：英方官員已抵希臘，並曾邀請英方支持之希臘總

掃蕩報說敵大陸鐵道不能完成

【合衆社重慶十四日電】中國陸軍機關報掃蕩報於評論日本完成東京——新加坡橫貫大陸鐵道之可能性時稱，「我們必須認識：第一、我們不僅在貴州與廣西邊界作戰，而且在湖南、河南及中國戰場任一角落作戰。中美空軍每日均廣泛地襲擊日本佔領區。敵人的內陸走廊可隨時隨地很容易的切斷。第二、從工程觀點上看，東京——新加坡鐵路沒有完成。即使在和平時代，建築工作也需要相當的時間。在戰時，它需要時間便更長。我們深恐此建築工作將絕不可能完成。第三、敵人打通這一大走廊的目的有三：（一）增援南海的日守軍，（二）為在南海的軍隊準備退卻的道路，（三）更有效地分割中國。但是，目前太平洋的戰爭條件，總的說來是阻礙日本增援亞洲南部的守軍的。日軍非至被擊敗時將絕不退卻，但日軍一旦被擊敗時，他們將紊亂的退卻，同時還有正面的襲擊、攔擊及後面的追軍，因此，這一內陸走廊將等於日軍的墳墓。其次，中國絕不能被分割為二。我們中國西部的後方和中國被佔領的南、東、北部份，仍由便利的秘密交通線聯結着。因此一般幻想中國已切斷為二，實屬大錯。」

希臘英軍情況危急

【合衆社雅典十三日電】希臘人民解放軍約二萬五千人，現已圍困雅典城中心區之英軍，並將通往海上之增援路線牢固封鎖。解放軍佔優勢主動地位，英軍情況危急，為內戰發生以來所未有。一週之前，英軍深信可擊退解放軍最猛烈之攻擊，今日戰事已屆最緊急階段，解放軍十一日晝間發動攻勢，其猛烈程度較與德軍作戰時尤有過之。十日雅典城一度陽光普照，英國空軍得以針對目標投彈，然亦未能阻止解放軍滲入城區。過去二十四小時中，解放軍至少有五千援軍抵達雅典周圍各地。

「海通社柏林十三日電」倫敦廣播星期二宣佈：解放軍最高統帥部自希臘各處集結軍隊，以便在英國宣佈的援軍未到達之前，強行獲得戰爭的決定結果。除比里猶斯半島南部外，希臘全境均已在解放軍控制之下。美國一廣播評論員星期二下午自雅典報導說：「我不知道我還能廣播多久」。英廣播評論員尼克森稱：雅典戰爭的激烈性，正與時俱增。繼謂：解放軍現正使用新戰術，即炸毀英軍所盤據的大廈。斯科比將軍星期二在雅典中央陣線命令不得不喪失一些地方。

理斐郛德里歐及叛亂之左翼領袖與彼等會談；唯此訊未經證實。據稱：邱吉爾首相曾親自指示麥克米倫及亞歷山大兩氏：「在不損失希臘英軍據點之前提下，與希方成立任何可能協商」，以早日結束希境戰鬥。

【路透社倫敦十二日電】解放軍特使於今日（星期二）見斯科比將軍以討論停戰條件。斯科比將軍提出的條件是：（一）所有解放軍部隊須離開阿提加區（包括雅典及比里猶斯），（二）解放軍將交出一切武器。當這些條件被完全執行後，斯科比將告訴亞歷山大，誰將採取措施來結束希臘目前的紛爭及把一切民主自由恢復給一切希臘人。解放軍特使為希臘政府中的前共產黨勞工部長。他與斯科比的會見是由居間人要求的。英國廣播公司訪員稱：印有邱吉爾十二月五日關於希臘問題演說的傳單一百五十萬份，今日由英空軍散發於希臘東南部的廣大地區。

【海通社斯托哥爾姆十二日電】「阿福頓日報」倫敦訊：數日前抵達倫敦之英駐蘇大使卡爾，將向政府報告蘇聯對於希臘悲劇的觀點。莫斯科對於蘇聯與希臘民族解放運動之間的關係，雖然從未保持秘密，但蘇聯至今對希臘問題尚未正式評論過。倫敦方面希望莫斯科不要擴大希臘問題。

【路透社雅典十三日電】非官方消息：前斐郛德里歐政府的財長及解放陣線份子亞歷山大·斯沃維斯教授，致書共產黨總書記席安托，建議接受斯科比將軍的條件。這些條件已於昨日交與民族解放陣線的特使。希臘政府已向索非亞盟國休戰監察委員會抗議，所謂保加利亞人曾以武器供給馬其頓的解放軍。

海通社傳 意左翼政黨分裂

【海通社蘇黎世十日電】據瑞士報界紐馬訊，波諾米組織第二次內閣的努力已經結束。星期六波諾米將外相一職，授於基督教民主黨領袖——阿爾齊德．戴．卡斯卡里，他僅在關於其他重要部長職位達到協議的條件下，接受此職。在共產黨領袖托格里亞蒂（即愛爾科里——譯者註）破裂與社會黨的同盟，參加內閣的驚異決定之後，羅馬整個的政治面貌予以改觀。據「巴塞爾新聞」悉，民族解放委員會中六個政黨的聯盟已告×××。預期由社會黨、共產黨及基督教民主黨組成的所謂左派集團的分裂，在職工聯盟的領導中已有反應。然而社會黨依然保持在野黨的地位。共產黨與基督教民主黨之間的政治與思想的分歧日益明顯。雖然共產黨參加新政府，但這一內閣似乎是中派內閣。社會黨與行動黨（共和黨）依然是在野黨。瑞士報紙結語：君主制度的地位比過去兩個月中已大大加強。

參考消息

（只供參考）
第七二九號
解放日報
新華社 編
今日出一大張
卅三年十二月十六日
星期六

赫爾利在渝招待記者
對國共談判事拒絕發表意見

【中央社重慶十五日電】美國新任駐華大使赫爾利將軍，十五日上午十一時首次在官邸招待中外記者。赫氏與各記者一一握手接見時，狀至和藹。赫大使首先表示：本人今日與各位記者會面感覺非常愉快，余已正式奉命擔任美國大使館職務，各位可任意提出問題，余必盡力答覆。如有不能公開發表者，余必聲明。余之態度，固坦白直爽，但有關其他機關或他人責任之問題，恐不能答。赫氏作此簡單聲明後，各記者即紛紛提出詢問，某記者詢以何時呈遞國書。赫氏答稱，一俟國書到達，即可覲見蔣主席呈遞，惟本人已奉到政府命令，繼任大使，且已獲得中國政府之同意，現已執行職務矣。某記者詢及中國共產黨問題如何。赫氏答稱，凡對此有何問題時，可向中國政府或共產黨方面提出。余亦曾為此事赴延安一行，余不願作任何談話，因余知此事尚在中國政府與共產黨商談中。某記者問。赫氏對此事之個人感想如何。赫氏答道，余覺所有中國的力量以及美國的一切力量，均應集合以擊敗暴敵，余敢向諸位宣佈，蔣委員長魏特梅耶將軍及本使館正全力合作，其共同目標，即在擊敗共同之敵人。某記者詢以對最近中國政府人事之調動有何感想。赫氏答稱，余相信中國政府人事之調動，目的在增強合作及效率，此次調動[illegible]切，說明中國國民政府、美軍在華設施以及本使館實同屬於一體。某記者詢，據聞美國會提出設置中美聯合司令事，赫氏對此有何批評。赫大使答道，關於此點，兩國會有所談判，但本人不願置評，因惟蔣委員長才有權首先表示，余與蔣委員長討論中美兩國之關係時，態度直爽而誠摯，余等不僅已成為摯友，且已成為同志。吾等之間有一個目標，即打敗共同敵人云。

示（一）國民政府有決心領導國民，不問艱險，繼承汪主席的遺志，始終不變貫澈決定方針，（二）日華提攜日益密切，（三）對完成戰爭倍加協力，（四）對於日華同盟條約、大東亞宣言、排除萬難以至誠擁護，以期全部實現。

【同盟社東京十五日電】重光葵外相兼大東亞省大臣，為了招待來訪的國民政府行政院長陳公博，於十五日下午六時在外相官邸設宴，出席者有陳院長與其他的隨員，平沼騏一郎男爵，石渡藏相及朝野名士多人，進行交談，八時許散會。席間重光葵外相致詞，強調共同戰爭的完全勝利，致詞要點如下：今天我們繼承故汪主席的遺業，在帝都歡迎繼續新中國國政的同志，並向這位新中國的首領表示謝意，同時我們能有機會傾聽與我們共同戰鬥的中國的情形，非常感到幸福，不論中國的建國，亦不論東亞的復興，並不是一件很容易的事情。現在英美的侵略勢力深入，用全部力量向東亞進攻。決不會違反我們的希望，我們相信用今日在菲島奮戰的勇士底進攻精神，一定能獲得最後的勝利。日華關係已經確立，並在日華同盟條約中明白規定，中國的首領與人士應充分了解此次戰爭的意義，我們相信中國的建設一定會成功。

國民黨戰報稱
敵續向河池撤退中

【中央社重慶十五日電】據軍委會十五日午發表第二次戰訊，廣西方面，我軍於十四日晚克復河池西北約十六里之大山塘。

【中央社渝十五日電】據軍委會十五日上午十一時發表第一次戰訊稱：廣西方面我軍向河池攻擊前進，十四日已攻達長嶼圩，該地在河池以西約四十哩處，守該處之敵抵抗極為頑強，現正戰鬥中。我軍另一部向敵後迂迴，業已進至河池東南約六十里之保平圩，並將該處頑敵悉予驅逐。

【中央社渝十五日電】據軍委會十五日發表十二月九日至十五日一週戰況稱：本週來戰局我方情勢日益好轉。先就黔桂戰事而言，前以我大軍尚未集中，致敵乘虛竄入，及我軍集中完畢，向敵反攻，從上週以迄本週，迭克據點，黔境內已無敵蹤，現戰事伸入廣西南丹、及車河、大山塘等險要據點，均經先後相繼克復，殘敵向河池敗退，我正乘勝跟蹤追擊中。至於湘省方面：我軍襲擊衡陽以西之涑水灣，及衡陽以北殿門前，予敵相當之創傷。又我另一部隊，在長沙以北之湘江附近，擊沉敵船十三艘，擊斃敵一部。滇西我

同盟社稱 國共似已成立某種諒解

【同盟社上海十五日電】據重慶來電，從周恩來歸返延安看來，重慶延安間已成立某種諒解，包圍邊區的胡宗南軍，因而也調走一部，增援貴州前綫。據聞史迪威曾堅決要求蔣介石實現國共合作，撤退胡宗南軍隊，否則美軍將以獨立的立場，在華南沿海登陸，實施軍政。可見美國是很想利用中國進行對日作戰的。因而重慶延安間的合作問題，頗有得到解決的希望，而新任大使赫爾利更可能把上述要求，提交納爾遜。重慶延安間已有過數次談判，由於雙方在統一軍政內政問題上，有根本不同的主張，顯而易見地難以得到解決，但最近重慶方面又露骨地談起重慶延安間的諒解問題來了，因而給人以此種感覺——美國和重慶內部民主空氣向蔣介石氏壓迫的結果。然而重慶延安間的諒解，可以說是重慶自救的行為，所以這恐怕又是重慶以胡宗南部軍的一部份南下，進行新的宣傳，藉以給人以此印像——重慶是在努力調解國共關係。對於最近由於連續戰敗而引起的軍事危機，縱或蔣介石親自表示出抗戰到底的決心，但重慶愈倚賴美國，則愈將增大重慶在這一問題上的矛盾。

陳逆公博赴日

【同盟社東京十五日電】國民政府行政院長陳公博氏，於十五日抵日，下榻停當後，於下午一時半入宮覲見天皇。繼即至首相官邸往訪小磯首相。二時半至海軍省，拜訪米內海相與及川軍令部總長。三時至外務省官邸，與清水外相兼大東亞省大臣進行懇切的談話。

【同盟社東京十五日電】情報局發表（十五日正午），行政院院長陳公博，為答謝日本朝野對故汪主席在日療養與逝世的關懷，以及為新上任的會拜與晉謁帝國政府要人，於十五日乘飛機赴日。

【同盟社東京十五日電】國民政府行政院院長陳公博氏，於十五日正午搭機飛京（東京），一行的姓名如下：外交部長褚民誼，軍事參議院院長蕭叔萱，宣傳部長林柏生，行政院秘書長周隆庠，行政院合作事業委員會秘書長鐘任壽，上海特別市警察局總務署署長林基，行政院參事朱旭，軍事參議院將校副官劉偉章。

【同盟社南京十五日電】國府宣傳部，就陳行政院院長渡日事，十五日正午發表如下：國民政府陳行政院院長，此次的訪日，是對汪主席療養中日本政府國民的關懷，以及逝世後日本方面的哀悼表示謝意，而且向日本朝野表

軍，攻克龍川江西岸「五〇〇」高地，敵向臘町敗退。緬甸我已攻達唐略（距臘戍約一百零五公里），預計旦夕可下，東西兩面會師之期當不遠矣。

川臨參會 選出參政員等

【中央社成都十五日電】川臨參會二屆四次大會，十五日上午舉行十六次會議，選舉參政員，人民自衛團務委員會團務委員，及該會駐會委員等，迄下午三時始畢。閉幕典禮，定於十六日上午舉行。茲誌當選名單如次：（一）參政員十名，劉明陽，廖學章，傅常，曹叔實，陳銘德，但懋辛，余蘊甫，黃肅方，甘績鏞，朱之洪。（二）團務委員十八名，一區閻永澍，二區林雲根，三區陳紫輿，四區魏楚華，五區王剛，六區蔡賢公，七區李鐵夫，八區劉揚，九區邱翽雯，十區蕭靜軒，十一區趙巨旭，十二區李弭，十三區傅麟舟，十四區馬騰樵，十五區顏德基，十六區李四榮，成都市鍾體乾，自貢曾仲遠。（三）駐會委員十九名戴克誠，劉啓[illegible]，范萬梅，王仲輝，陳紫輿，余富庠，陳璐林，楊蘇堯，李四榮，胡鴻經，王樸山，董紹舒，鄧季惺，曾任遠。

【中央社蘭州十五日電】岷夏公路，十五日由建廳長張心一主持，在岷舉行試車典禮，省垣各機關均派員參加。該路東接甘川幹綫，西迄甘青邊域，跨洮河越疊山，長達二百五十餘公里，所經岷縣、臨潭、卓尼、夏河各縣局轄境，多屬藏胞遊牧地區，關係今後邊地文化之開發，藏區行政之改進至深且鉅。民國卅年勘擬施工計劃，本年先後奉准工款二千萬元，五月初興工，為時七月，全綫完竣。

【中央社貴陽十五日電】湘桂來筑難胞，截至十四日止，已達一萬二千餘人。惟近日來本市物價波動甚烈，來筑難胞生活愈形困苦，亟待各界設法救濟。

【中央社重慶十五日電】中央宣傳部，定十六日上午十時在該部大禮堂舉行第卅八次渝市記者招待會，請由軍政部陳部長出席報告。

孔祥熙被任為駐美特使 保留行政院副院長職

【同盟社里斯本十日電】在美國的孔祥熙被解除重慶財政部長的職務，但是他是否被免去行政院副院長的職務，還沒有很多的消息。五日紐約郵報的報導，證明孔祥熙保留行政院副院長的官銜，成為蔣介石任命的特使。該報載稱：蔣介石任命財政部長而現在仍是行政院副院長的孔祥熙，為蔣介石駐美特使，孔祥

總當有全權與美國政府接洽美蔣兩國有關的經濟、財政及其他各種問題。任命特使的正式通知經由新任美國駐重慶大使赫爾利轉達羅斯福。

敵新加坡市長內藤稱 東京到昭南鐵路一年後可通車

【同盟社昭南十二日電】華南派遣軍與越南駐軍，十日已在水綿兩方面會師，東京到昭南的鐵路，於此已被打通。內藤昭南特別市長接此快報後，談話如下：東京、昭南間的鐵路，現在已經取得連絡，這一鐵路不能通行的地方，也只剩下八百四十公里。據云這一工事，亦將於一年以內可以完成。東京、昭南間的電信與電話，亦將利用過去的路綫，因此可以說我國的戰力將能飛躍地增強，促進戰爭勝利之日的到來。另方面大陸縱貫鐵路的打通，密切了日本本土、滿洲國、中華民國、越南、泰國、緬甸、自由印度臨時政府、馬來間的連絡，使大東亞各地更加接近。「亞細亞是一整體」——這一日本的理念，行將具體實現。在這一意義上說，南方的中心——昭南所負的使命是益加重大。我們得此快報，不免想到我們的責任是如何重大，當以將士的意志爲意志，一直向完全勝利的道路邁進。

希政府抗議 保國以武器援助解放軍

【路透社雅典十三日電】據官方訊：前任斐邦德里歐政府財長及人民解放陣綫份子斯渥羅斯教授已致函共和黨書記長西安多，建議人民解放陣綫接受希境英駐軍司令斯科比將軍所提出之議程條件，英方條件已於×日通告人民解放軍代表，希臘政府已就保加利亞人以軍器供應馬其頓之希臘人民解放軍，向保國京城索非亞之盟方停戰控制委員會提出抗議。

【海通社柏林十四日電】威廉街發言人星期三稱：希臘人民解放軍從保加利亞方面得到武器，他沒有用「蘇聯」兩個字，但是說武器是從保加利亞來的，但不是從保加利亞人方面運來的。發言人說：大概英國政府也得出同樣的結論，不然當下院有人向艾登人民解放軍中有德國人或保加利亞人的問題時，艾登就不會感到很窘迫。英國報紙已不再用邱吉爾顯然是意圖誹謗人民解放軍而提出的論點，即人民解放軍裏有德國人。據此間獲悉：英國訪員們通知編輯們說：邱吉爾的說法是不眞實的。發言人又指出：蘇聯官方人士仍對希臘問題嚴持保留態度，但克里姆林宮方面，却經過兩條非官方的路綫：第一由游擊隊，第二由蘇聯駐英大使而起極大的影響，蘇大使通過中間人來

海通社報導 英國政局動盪

【海通社斯德哥爾摩十四日電】本週初，倫敦政界與外交界人士生動地討論英國政府危機的可能性。自從一九四〇年五月以來，聯合政府的首相的邱吉爾的地位至少可正當地指爲動搖，這還是第一次。然而，倘使聯合政府解散，而成立了保守政府，那時是否會再給邱吉爾當領袖是很可懷疑的。奇怪的是：邱吉爾和張伯倫在他們七十歲以後，都立即開始喪失其政治上的威望（張伯倫是在一九三九年三月才滿七十歲，當時他被稱爲慕尼黑的勝利者，名望達到了最高峯）。國際的發展自然亦將強烈地影響英國國內政治危機。斯退丁紐斯作了尖銳攻擊之後，美國又默不作聲。而英蘇的可能衝突助長了危機。有許多人很驚異的發現莫斯科終將不會容忍英國對待希臘共產黨所採取的措施。英國自然要其全力避免此問題成爲公開的衝突。這也部分說明了英國有資格人士爲何熱烈稱賀，歡迎法蘇協定爲歐洲安全體系的合意的補充，並斷言莫斯科反對英國西歐集團的計劃之說法是完全錯誤的。

【海通社柏林十一日電】中央社柏林特派訪員K．C，吳報導：歸根結底說來，希臘的戰鬥，不是英國能否參加重建歐洲的問題。等待決定的是另一問題？即誰將是希臘政府將來的領袖呢？無疑地，英國期望作希臘政府的主人，因爲只有友好的希臘支持它，英國才能希望仍然控制地中海東部。因此，當今天英國用坦克與炸彈對付希臘的抵抗運動時，是意圖排斥希臘人民中那些因其政治信念的原故，會經常反對英國統治的人士。今天人們都知道：希臘的抵抗運動，是莫斯科方面同情的。因此，英國與希臘抵抗運動作戰，不僅是與這運動作戰，而且首先是與支持並鼓勵這一運動的政權作戰，它現正利用這運動作爲進攻英國的前進衛隊。頗值得注意的是：莫斯科方面對這一戰鬥仍保持緘默。顯然這符合克里姆林目前的政策，即對這些事件暫時保持緘默，以便以後在適當的時機更容易提出要求來，這些要求跟過去一樣——仍是蘇聯在巴爾幹政策的目的。

美外委會辯論助理國務卿人選 被保存的克來頓曾以棉花輸日

【中央社華盛頓十三日專電】羅斯福總統最近保薦出任國務院助理國務卿（負責對外經濟事務）之克萊敦氏本日稱：他贊成美國協助中國發展工業及經濟復興，但協助僅能適及可能償還的限度。參院外委會昨

政使工黨反對邱吉爾對希臘的政策。

【路透社倫敦十四日電】大英新廣播公司駐雅典記者訊：雅典戰事僅有暫時之寧靜，子彈現已再度橫飛，機槍及坦克車之作戰聲清晰可聞。同時海軍無線電站，比拉克斯附近，復有戰事，任何平民在上午十二時前，下午四時後，於戶外被發現時，即被逮捕，如欲抵抗，則有被擊斃可能。

【路透社雅典十三日電】希臘人民解放陣綫方面人士本日沿街宣稱：人民解放軍寧願逐戶炸毀雅典，而不投降。過去廿四小時內，戰鬥趨烈，此似足證明人民解放軍已將取攻勢。雅典及比里猶斯區之卡利波里斯半島，戰鬥激烈，英方印度部隊已出動增援。業陷孤立之盟方海軍總司令部所在地之海軍大隊，希臘其他各地，現況安靜，僅薩羅尼加方面碼頭工人昨日又釀起工潮而已。政府已發出組織國民警衛隊之號召後，國人已紛紛響應。

同盟社稱

『英國的面貌完全戳破』

【同盟社蘇黎世十一日電】以斐邦德里歐政府下令解除武裝抗戰團體為發端的希臘內戰，已涉及到英國的威信，不但在英國，而且在反軸心國陣營中亦成為一個問題，它的發展趨勢殊應加以注意。佔領雅典的英軍司令官斯科比，三日在首都雅典宣佈戒嚴，採取武力彈壓辦法，直至七日事態仍未結束，全希臘已處於混亂狀態。根據合衆社通訊，截至六日已經死去一百四十三人，重傷二百五十人，獲得民衆支持的ELAS兵團（人民戰綫運動E．A．M的武裝團）及左翼份子的反抗運動日益擴大，據交換通訊社電訊：ELAS向雅典市增强其武裝兵力並獲得成功，從六日下午至晚間，巷戰已擴大到雅典全市，ELAS已佔領大部份的警察局、電訊電話局、廣播台等地，重要工廠仍實行總罷工。另一方面英國國內對政府態度的批評亦極猛烈，被希臘此種騷動而感到恐懼的英國報紙，亦攻擊駐在雅典的英政府機關。倫敦方面亦批評英美對歐洲政策的不統一。五日美國國務卿斯退丁紐斯攻擊英國政策說：英國的此種舉動，不是正常的外交措置，予英政界以極大衝動。美國務院新任職的赫列斯卻對英國表示了非友誼的言論，值得注意，英國政界對此點特別感到不愉快。美國報紙提到赫列斯的聲明，指出在意大利、希臘問題上英美政策不一致，紐約郵報用警告似的標題說：『英國應從意大利、希臘問題上放手』。

日於通過任命前，繼續聽取各方意見。克萊敦於會中稱，他主張美國由於輸出工業機械，即使日後引起與美國工業競爭之結果亦在所不顧。渠指陳渠於一九四〇年參加政府工作後即辭去棉花工廠原職，渠之公司如於一九四一年以棉花售與日本或輸往上海轉售日本，渠對此實毫無所悉，珍珠港事件後日本已被封鎖，故渠之公司再無以棉花售與日本之可能。羅斯福總統保薦之五位助理國務卿中，克萊敦乃國會及一般輿論攻擊之中心，蓋恐渠將同情加洛爾組織也，因此之故，各方以美國戰後對外經濟關係，對維護和平大有關係，因此對克萊敦接管商務部對外貿易事宜，及對外經濟處之可能性，均表關切，然國務卿斯退丁紐斯本日告參院議員稱：國務院不擬接管上述業務，亦不主持租借事宜，總統保薦之助理國務卿可望經參院批准，但參院會議時，對彼等仍將續有批評，參議院可能於十五日採取決定行動。

【中央社華盛頓十三日合衆電】克萊敦頃於參院外交委員會中稱，安德遜——克萊敦工廠（渠乃該廠主要股東之一），於前任國務卿赫爾要求對日施以『道義禁運』後，可能於一九四一年九月間，曾以棉花售於日本某公司之外國代理處，或於一九四二年，曾以該行棉花轉售德軍佔領之法國上海經理公司，或亦會以棉料售予日本，但渠本人對此轉讓事宜，均無所悉，上述各項，如屬事實，渠並不能對其負責，蓋余於一九四〇年參加政府工作後，即已與該廠執行部完全脫離關係。

【同盟社里斯本十三日電】據華盛頓來電，美參院外交委員會，目前正就新副國務卿格魯等五人任命問題，舉行公開辯論會。議員中反對威廉姆，克萊頓、及詹姆士·且與副國務卿的空氣，似極强烈，據聞議員拉·福萊特曾於十三日外委會上，引證祕密參考文件，暴露克萊頓通過其管理下的中南美（特別是祕魯）棉業公司，供給意大利大量棉花，此外更通過西班牙，把上述棉花輸至德國佔領下法屬地區的諸事實。另外詹姆士·且竟於十二日的公開辯論會上，聲言支持英國政府的對希臘政策，以致在議會中間，頗有人認為不能任命支持英國錯誤政策的人物為國務院首腦。

參攷消息
（只供參考）
第七三一號
解放日報 新華社 編
今日出一大張
卅三年十二月十八日
星期一

張伯苓等二十一人宣言 要美在中國加强軍事行動

【中央社重慶十七日電】實業、教育、銀行、文化界領袖張伯苓等二十一人（其中若干人現在國外），因鑒於盟邦對我之援助尙感不足，並以對亞洲大陸戰場有加强軍事行動之必要，頃特發表聯合宣言，促請美國人士之注意。其原文如次：茲因日本在中國戰場特加壓力，同人等認爲有請求同盟各國尤其美國人民對此嚴重局勢深切注意之必要。目前受日敵威脅之地區，爲全國教育及實業之所集中。抗戰初期，萬千之教授學生，千百之工廠與數十萬之技工，歷千辛萬苦，自沿海而深入內地，至今尙爲世人所記憶，然此種與國家進步有重大關係之教育家，現在遭受威脅。當英國受德人之威脅與蘇聯陷於極度危險之時，美國之適時與充分之援助，卒使局勢轉移。中國於盟邦決議先打倒希特勒之際，獨當亞歐戰場之×。中國以其重大之犧牲與長期之困難，對於歐洲之勝利亦有貢獻，今者亞洲戰場之緊急狀態較歐洲更大，同人等籲請盟邦人士注意，於盟方戰略有修正之必要，而對中國戰局尤加重視。設任中國爲日人所欲爲，則大陸戰場將爲日人所控制，結果將使戰事延至若干年，美英諸國與其他盟邦之青年犧牲，將必更大。中國人民在戰時爲忠實之盟友，在平時亦將爲有力之盟友。目前局勢嚴重，極盼聯合國人民尤其美國人民，督促其領袖，立取有效之軍事行動，在中國戰場上打擊敵人，不稍延誤。幸甚。

張伯苓、胡適、盧作孚、于斌、范銳、黃炎培、王雲五、林語堂、胡霖、蔣夢麟、莫德惠、宋漢章、吳貽芳、李國欽、周稷生、晏陽初、江庸、康心如、吳蘊初、錢端升、錢永銘同叩。

一本軍人天職，繼續奮鬥，完成應有之任務，在最高統帥指揮下，收復失地，以答諸父老之期望云。至七時許散會。

貴陽難胞逾兩萬人

【中央社貴陽十七日電】筑市現已成爲難胞集中與活動之中心，截至十六日止，抵筑難胞已逾兩萬人。據前方訊內稱：難胞仍扶老攜幼絡繹於途。故筑市難胞日內仍將增加。難胞招待總站設市郊圖雲關，到筑者先在彼處登記，然後整隊派員領導入城赴指定招待所。目前招待所已達廿處，除供給食宿外，並辦理××諮詢書信代寫及簡易委託事項。關於患病難胞，除由黔省衛生處，國際救濟協會，中國紅十字會，美國援華會分在各所免費治療外，並在貴陽醫學院及貴陽市黨部分設難民病院兩處，收治重病及產婦。此外並設有難胞詢問處及親屬尋訪處數處，以解決尋訪親友，旅居，就業各項困難問題。筑市各報亦於副著地位特闢難胞通訊欄，專載尋訪職業短簡。各部長每晚召集各所站處負責人員舉行會報，商討次日工作及解決各項困難問題。何總長應欽、吳主席鼎昌、俞部長飛鵬、張部長道藩、劉委員健羣、何市長輯五諸氏，亦常至各站所處視察指導。現階段難胞救濟之重心，即將轉移於安置方面，谷部長正綱與各方商討具體實施辦法，短期內當可逐步實施。如難胞安辦得法，則各方關切之難胞問題，即可望以期解決。

同盟社稱 重慶努力救濟難民

【同盟社廣州十一日電】提高補充的新兵的士氣和救濟因擴大戰綫而增加的難民，是不斷打敗仗的重慶政權最嚴重的社會問題。據重慶來電，軍委會政治部及社會部共同擔任救濟難民和昂揚士氣的工作，現已決定派遣工作人員三百人赴四川貴州二省。又據福建永安來電稱，該省賑災委員會，於二個月來收容由沿岸方面逃來的難民及學校教職員、學生的人數共達八千人。

憲政實施協進會 要求修改戰時出版品審查法

【中央社重慶十五日電】憲政實施協進會，頃決議向政府建議修正本年公佈之戰時出版品審查辦法，及禁載標準與戰時書刊審查規則。其具體建議共分六項：（一）戰時出版品審查辦法及禁載標準，既以軍事，國防外交爲範圍，則該辦法第六條（按原文凡圖書及不以論述軍事政治外交爲目的之雜誌，由

海通社稱國共雙方達到暫時軍事協定

【海通社上海十六日電】重慶政府發言人於招待記者會上宣稱，重慶政府與中國共產黨間仍有很多困難須待克服。上海消息靈通人士認爲，爭論最近將來即將結束。他們相信，至少在兩月前雙方已達到暫時的軍事協定。

美生活雜誌宣稱 日本在華獲得新進攻跳板

【海通社柏林十二日電】紐約訊：「生活」雜誌宣稱，正當整個美國都注視着太平洋戰爭的時候，日本在亞洲大陸獲得了極令人注目的大的軍事勝利，他們是從衡陽到柳州佔領了美國空軍基地來取得這樣的勝利。陳納德將軍被強迫毀滅歷經千辛萬苦由印度飛越高山帶來的重要貯藏。……況且，日軍已駛入重慶中國的走廊。他們於其夏季攻勢中，佔據最豐饒的省份之外，還毀滅了地理上的聯系，而重慶軍隊即想以此聯系最後和在沿岸登陸的美軍會師。日本以此方式堅固地踏實了他們自己爲大陸上的强國。他們已大大增强其堅持長期戰爭的能力，並獲得了新進攻的跳板，其目的在於切斷重慶中國。

【路透社倫敦十三日電】前路透社駐中國軍事訪員戈爾登．瓦特菲德，在此間印行的『曙光將至』一書中斷言：中國已擴大勸說西歐各國給予更多援助的鬥爭的範圍。瓦特菲德評述：『他們所已作的已是莊嚴可觀』。他說：國民黨日益成爲粉碎反對派的黨的機器。蘇聯迄今對中國共產黨的××表示很少興趣，但認爲在將來蘇聯決定援助他們。瓦特菲德警告說：重慶政府面前或將發生一困難的情勢。

旅渝湘人歡迎方先覺

【中央社渝十七日電】旅渝湘籍人士，以苦守衡陽四十七日之第十軍方軍長先覺、孫參謀長鳴玉、周師長慶祥及其他將士多人脫險抵渝，爲表示慰勞及敬意起見，於十七日下午三時舉行盛大歡迎會，到方軍長、周師長、孫參謀長及旅渝湘人覃振、賀耀組、何鍵、魯蕩平、成光耀等二百餘人，覃振主席，宣告開會，由湖南同鄉代表獻『南天一柱』錦旗，衡陽同鄉代表獻『功高衡嶽』錦旗各一面，婦女代表獻花後，覃代致歡迎詞，略謂：倭寇犯湘，衡陽並非草地，方軍長獨能苦守四十七日，其勞苦善戰，爲抗戰以來所不多見，最堪欽佩。有所×愛國不敢後人，素能協助作戰，以未能加以有效組織，致有今日無數流離轉徙之難民。倘每一城鎮有方軍長其人持久抗敵，一般民衆必能與鎮拚死，誰願做難民受痛苦。方軍長堅守衡陽四十七日，其勇敢善戰，犧牲奮鬥之精神，實爲勝利保證云。詞畢，方軍長起立致答，略謂：今後當

著作人或發行人自行審查）與戰時書刊審查規則第八條第一、二兩項（按第八條一二兩項原文爲：一、原稿送審查，凡以論述軍事政治及外交爲目的之雜誌及單篇文字，均應在出版前一律以原稿送所在地審查處審查，其未審者，不得印行。凡劇本及電影片，未經呈送中央審查委員會審查者，不得印行上演或公演。二、自願送審，凡圖書既不以論述軍事政治及外交爲目的之雜誌，得不以原稿送審，由發行人著作人依據戰時出版品審查辦法及禁載標準自行負責審查，但如發行人著作人自願先以原稿送所在地審查處審查者，審查處仍應接受審查）中之「政治」二字，應一律修改爲「國防」二字，以資限制，而免牽涉。（二）前項辦法第十條解釋事項，第二項解釋第四點，挑撥軍民感情者，語涉含混，應於感情二字之下，加「足以影響團結抗戰」八字。又第十一項解釋第五點，「未經實施完成之經濟交通等建設之計劃」，範圍亦廣，應修改爲「與國防有關之經濟交通等建設計劃，未曾實施完成者。」全條每項解釋各點，須以足能構成本項條文所規定之情形者爲限。至選用條文解釋時，並採取審愼態度，愼重處斷。（三）戰時書刊審查規則第八條第一項規定原稿送審之「以論述軍事國防及外交爲目的之雜誌」，其雜誌中與上開目的無關之文學，不以原稿送審，以資簡捷，而免影響整個雜誌出版時間。（四）過去政府執行審查業務人員，因水平太低，以致發生誤解，引起糾紛，今後對於此項人員，應設法提高其知識水準，並改善其待遇。（五）審查機關應與發行人及著作人經常取得聯系，以免隔膜。（六）開戰時新聞紙審查規則，已在中央審查中，其審查標準，係按照規定辦理，審查尺度亦已放寬，應請政府從速制定，以利實施。此項建議，係根據憲政實施協進會第四次全體會議交下之錢會員端升，周會員炳琳提「人民個別的及團體的表示意見之權利，應再予充實，以利憲政之實施案」，及張委員志讓提「建議修改戰時出版品禁載標準，以擴大言論自由案」兩案合併，由第五組委員會兩次集議所以擬就之意見，復於十二日晨第九次常務委員會議修正通過，建議政府辦理。

陳公博見小磯

【同盟社東京十七日電】陳行政院長一行，於今日上午十時廿分，先後正式參拜明治神宮及靖國神社，祈禱大東亞戰爭必勝，並衷心地感謝護國的英靈。下午二時至總理官邸，與小磯首相進行懇談。下午五時，至大藏大臣官邸，參加藏相的晚宴。

【同盟社東京十七日電】陳行政院長於十七日夜七時廿分，向日本國民

發表下列廣播演說：我們雖失掉了領袖（指汪）的指導，但汪主席的遺志我們一定要實現。此即汪先生所遺留的和平反共建國三大政策，奠定了中日兩國永遠合作的基礎。今年元旦他即指示要肅正思想，增加生產，確立治安，這就是確立了大東亞戰爭中的建設方針。今後我們根據這一指示，從與貴國同甘共苦的誓言裏，更進一步以同生共死的精神，逐一實行負担的職務，以期不背汪主席的遺志，同時要實現國父孫文先生的大亞細亞主義。今天想告訴諸位的幾件事情，第一完成大東亞戰爭是國民政府的決心，擊滅英美帝國主義是中國國民的志願，我們的參戰是基於正義人道及友誼，今後戰局不論如何的變化，一定根據人民的願望，孫先生的主義，汪主席的遺志向前邁進，毫不動搖，毫不後退。第二點想告訴諸位的是中日一定合作，確定大東亞的基礎。國府還都的目的，一方面是標榜中日和平，一方面是努力促進中國的全面和平，中國雖然力量不足，但願意分担大東亞的責任。現在重慶尚有一部份人不了解這一宗旨，國民政府正繼續進行努力。還有想告訴諸位的事情實在很多，總之中日兩國的利害與命運，已經到達不可分的時候，世界人類是不能平等？東亞各國能否從殖民地地位擺脫出來，中國與其他大東亞各民族能否獲得解放，就要依靠此次戰爭。中國的力量是有限的，自己的能力亦是有限的，願得到貴國的協助使中國盡力於大東亞戰爭，使我自己能够完成汪主席的遺志。

雅典英軍處境日危
希政府醞釀組織攝政團

「合衆社雅典十六日電」英軍現向希政府施用壓力，俾成立妥協，以解決兩週來之內戰。雅典城中部之劇烈巷戰，仍在繼續，而未見減。該處英軍逐漸被迫入不及一英里寬之袋形地帶，據傳英軍力謀停戰，此外英軍並勸告斐邦德里歐總理接受攝政委員會之任命，俾提出兩派的願意接受之新閣名單。

「路透社雅典十七日電」斯科比將軍今日公報稱：「比里猶斯方面復有進展，但總的說來，雅典形勢無變化。在城內陣綫，僅有局部性戰鬥發生，叛軍昨日竟日以大炮及追擊砲轟擊，且××亦有增加。希臘其他各處形勢無變化。帝國軍隊已自克利昂涅利勝利撤退。現已證實，社會黨及人民民主××已在薩羅尼加地區與解放陣綫分裂。兩黨的領袖已爲解放軍所逮捕」。

「路透社倫敦十七日電」紐約時報專電：希臘自由黨（可能爲希臘最大的政黨）領袖索福利斯已致電希王，要求他接受在此間成立攝政委員會的建議。據悉希王迄今均反對此辦法，理由是根據他個人從希臘獲得的情報，人民

「海通社柏林十七日電」倫敦訊：雅典未見和緩的徵兆，雖然大雨，英軍與希臘正規兵一方與叛逆的另一方之間的射擊匯援仍在繼續中，特別是在東郊。雙方使用大砲作戰逐漸增加，叛軍在與維薩廣場區域埋設地雷。比里猶斯區域，英軍獲得某些進展。據「泰晤士報」的電訊：叛軍從右翼方面逮捕大批人質。另一方面警察進行大批逮捕過激份子嫌疑犯，據泰晤士報訪員意：極端份子已得以把全國分爲兩個營壘，右派與左派。該訪員希望故獨裁者維尼基洛斯的合作者——特別是小亞細亞逃難者中間的追隨者——普拉提斯洛斯將軍能够對情勢有某種程度的影響。普拉提斯洛斯於十天前在政府邀請下從十二年的流亡處返國。

德國評蘇法協定
和美國關係

「海通社柏林十六日電」威康街方面認爲法蘇公約的簽訂，使美國有資格人士感到很大失望。據柏林所獲可靠消息稱，華盛頓方面在戴高樂將軍離開莫斯科以前不久，還通過特別的中間人作最後的企圖，使戴高樂不與蘇聯簽訂公約，並勸告他把法國內政政策轉到右面去。卡塔因（他戰前在急進社會黨中曾起積極作用，在美軍在北非登陸的那天便投到戴高樂派方面去了。）於十月與代表美國軍事參贊，與美國諜報處歐洲司司長索爾波爾茲上校，從里斯本到巴黎一行。卡塔因的使命是以上面的意思影響戴高樂。可是，這是美國在法國的暗中操縱的典型，即卡塔因同時也受命與吉羅德將軍談判。現在美國軍事當局與商界人士，對於法國政治所採取的方針，自然會感到大大失望了。艾森豪威爾將軍再三以最激烈的態度埋怨共產黨在法國的混亂狀況，這種混亂狀況大大阻礙了軍事行動。另一方面，美國商界人士，對於戰後在法國，特別是在北非的商業前途很焦慮，他們自一九四三年以來，即爲該地的商業前途打算。卡塔因是屬於與美國有商業協定的法國人集團的。卡塔因一九四三年應美國商界與工業界人士的邀請到美國去，他在美國參觀了各武備工廠，隨後便住在北非。據此間所獲消息稱：吉羅德將軍相信他的時間還未到來。這可能是由於羅斯福總統還未放出美國在法國開始行動的信號的原故。就外界人士看來，吉羅德仍與戴高樂交好，而吉羅德某次到外旅行時他自己對朋友也是這樣講，但他在法國却永遠被戴高樂的代理人監視着。然而，他們仍得到巴黎美國大使館與美國最高統帥部的有力保護。這使得雖然法國共產黨曾直率地責備吉羅德，使反馬奎運動在法國南部的迅速擴展，但戴高樂不能對他採取任何行動。可是吉羅德深信戴高樂終究不能堅持他的地位的，因爲他完全缺乏資產階級與中產階級的擁護，同

情緒既不贊成一人攝政，亦不贊成委員會攝政。斐邦德里歐當其政府在流亡期間，贊成由希臘大主教攝政，但他個人現在反對此計劃，不過他可能願意接受攝政委員（大主教將為此委員會人數委員之一）大主教宣稱，除非他能唯一負責攝政的政策時，他不願接受攝政的責任。根據他自己的意見，此種政策應不受一切政黨的干涉。據悉，斐邦德里歐一黨的其他人員均贊同大主教。似乎是，希臘極大多數人民均同意建立大主教攝政（如果沒有其他理由的話），他們相信，它將以中央的無成見的權力行動，因此取消了政治黨派的猜疑，而無論右派或左派，目前均在如此互相猜忌中。左派之所以贊同解放軍武力奪取政府，並不是因為他們贊成共產黨專政（解放軍領袖們無疑地是這樣希望），而是因為他們相信，只有××可能防止任何可能的蒂亞薩斯（不明）專政之重演。同時許多右派人物現亦贊同大主教專政，因為只有這樣的東西才能對付目前此種企圖，即將希臘全境置於他們認為是最黑暗的暴政之下。許多保皇黨亦準備接受建立攝政，雖然它可能表示是走向擯棄專制政體的確定步驟。總而言之，希臘目前既不是王國，亦不是共和國，且無任何穩固政權的有利條件，而此種政權的缺如，很可能是目前悲慘插曲的基本原因。

【路透社雅典十六日電】今夜（星期六）希境英軍司令斯科比將軍就前所報導他已收到的民族解放軍總司令薩拉菲斯少將的電報發表下列評論：「第一，所有武裝民衆（包括保皇黨份子在內）的解除武裝應不分職別地嚴格遵行。我們繼續把保安大隊的人員當作希臘國事犯。第二，由××招募的國民警衛軍，是遵政府法令武裝起來的。××是以前的政府所批准的。這些大隊的軍官們是由各部長（包括那些解放陣綫部長）批准的。第三，會向各省在我指揮下的一切部隊發出嚴格命令：盡力避免採取可以挑起與人民解放軍部隊發生意外事件的行動。我的軍隊會被禁止採取任何行動，但當他們被攻擊時，他們實行自衛。第四，會命令塞爾瓦斯將軍繼續嚴格實行自衛而不作任何可以引起其部隊與解放軍間戰事的進攻行動。第五，我曾在我的佈告中明白宣佈：我反對任何企圖篡奪合法承認的政府之行動，不論這行動是從那方面來的。第六，我關於（由薩拉菲斯將軍所同意）解放軍由阿提加完全撤退的命令從未被其執行，而武裝的解放軍部隊違反政府的決定，仍然在首都地區」。

時左派人士也不信任他。

日寇評法蘇同盟及對美英關係

【同盟社東京十六日電】東京讀賣新聞評稱：蘇聯與巴黎間，已簽定同盟及相互援助條約，對於該約的簽定，美英方面均表示歡迎，認為由此將更加促進美英法間的合作，但這種歡迎，縱或大部份出自希望，而其內心並不這麼單純，這一條約對法國，並沒太多的××，所以正如外長比道爾所說：此行一方面求理解蘇聯，一方面加強在地理上精神上接近英國的法國，對於東西歐洲的媒介作用，換言之，法國想利用英美蘇三國間的微妙關係，恢復其戰前的歐洲強國地位，這雖然是戴高樂一派的打算，可是這麼一來，會發生很大的影響，不僅證實了蘇聯的力量與鄰邦政策，還說明了英美的反動性。英國的指導者們，把法國看做歐戰初期的戰敗國，反對它列入一等強國之林，而美國則不願意法國恢復戰前的地位及其殖民地，（中缺一段）這一條約的簽定，也可以說給反蘇陣綫打進了一個楔子。

朝日新聞社論 動亂的歐洲與德國

【同盟社東京十七日電】朝日新聞社論：反軸心軍的對德作戰，日益分為蘇聯的戰爭與美英的戰爭兩個性質，在所謂英美解放了的國家裏，被飢餓、政治的無秩序、惡劣的生活條件，壓迫着，在反軸心國所引起的此種動亂裏面，不會產生歐洲的和平自由幸福。最近羅斯福送給國會的報告書中，指出：「在歐洲因戰禍而流離失所之人，已達二千萬，這樣下去，因飢餓與疾病數百萬人行將斃命。」（一段排錯不清約一百字）此次大戰在歐洲培植起來的東西，就是蘇聯的國際人民陣綫的體制，儘管蘇聯對西歐解放國家採取不干涉主義，但這些國家的人民陣綫運動，與蘇聯的歐洲政策，有牢固的精神聯系，這就是英國最怕的將來的敵人。在此種懷疑裏，英國知道他的對歐干涉政策，可以得到美國支持而且在期望着，因此德國所說的「在歐洲新秩序破壞後，還有政治的新秩序」一句話，完全證明了它的真實性。在今天歐洲新時代面前，要求對担負歐洲命運的德國底作用，有一新的認識，德國要說回這一作用，必然的要徹底進行這一戰爭，只有德國擊碎英美政治戰綫的時候，才能把握住進行戰爭的樞紐。

參攷消息
（只供參考）
第七三二二號
解放日報 新華社 編
今日出一大張
卅三年十二月十九日
星期二

黔邊戰事在金成江附近
緬北我圍攻瑞麗江流域

【中央社渝十八日電】據軍委會十八日上午十時發表第一次戰訊，廣西方面河池東南地區我軍於攻克五圩後繼續攻擊前進，十七日抵拒金成江約二十里之地區，敵於該處抵抗甚烈，我軍正加以猛擊。至河池城郊戰鬥，我軍已將敵擊斃一部，推戰鬥仍進行正殷。

【中央社渝十八日電】軍委會十八日下午四時發表第二次戰訊，滇邊方面，十四日晨我軍於曼坡（猛古街東）西南地區再度擊退向我陣地進犯之敵，並予敵重創。緬甸方面，我軍於十五日午完全克復八莫後，所鹵獲敵之裝備經初步查明者，計有山砲一門，野砲三門，高射砲四門，戰車七輛，卡車四輛，其他尚在繼續清查中。是役敵守備八莫之第二師團聯隊長原好三為我擊斃。

【中央社緬北十七日專電】國軍攻克八莫後，我第卅師向國界之進展，乃為各方注視之中心。緬北及怒江前綫兩路國軍，相隔約七十五英里，分頭向瑞麗江流域發動圍攻。按瑞麗江乃通往中國陸上交通綫開放前唯一僅存之障礙，日軍無意據守作戰，乃向鐵路走廊地帶之影道及喃坎推進。廖耀湘所率之第六軍，未遇若何抵抗，即進抵埃部之伊洛瓦底江天然防綫，向緬境作最深度之推進。日軍沿自八莫通往中國之公路一帶戰略要點猛烈抵抗。兩月前緬甸戰役再度發動以來，孫立人所率之新第一軍，已自密芝那推進一百五十五英里，距國界不及三英里，繞越下緬而攻擊八莫重要據點。該軍現於瑞麗江流域正則×師節節推進，準備最後進入國境。記者近隨孫立人將軍巡視第卅師前綫，得首先見及現在公路兩側四至五千英尺處作戰之該師所面臨之困難。國軍於進入瑞麗江流域前，仍須攻克四千碼之狹窄地帶，邊界附近高峯之一之第「五三三八」號山峯，矗立雲表。在緬甸園林轉戰經年之國軍，於此

陸續進抵馬場坪之後，一部份經配置沿公路附近平越、思南、黃平等較為富庶之縣份，一部份則已沿湘黔公路東行晃縣、芷江等地。其餘約三四萬人，已先後抵達筑市，或尚在來筑途中。筑各招待所收容期限定五日，以便稍息即繼續前進。貴陽刻尚為救濟中心，惟不久之後，此一中心或將推展至於遵義、桐梓。

【中央社貴陽十八日電】大夏大學、貴陽師範學院及醫學院，均決返筑授課。十四中則繼續遷渝，但在筑設分校另招新生。

敵稱竄犯我膠東渤海地區
乃企圖毀滅我『祕密』航空基地

【同盟社山東前綫十七日電】在華美空軍企圖以B二九式機轟炸我戰力源泉，並企圖建立護送戰鬥機的中繼基地，乃勾結延安政權妄圖在渤海、膠東兩軍分區祕密地建設航空基地。我山東駐軍已發覺，乃於十一月上旬展開『昭和十九年山東秋季作戰』，以期毀滅敵祕密飛機場及器材儲藏所。中國方面的武裝部隊也協助作戰，與我一齊開始行動。迄十二月上旬為止的期間，作為主要目標的渤海、膠東兩軍分區的軍事力量已被我摧毀。同時並毀滅敵祕密飛機場，以及諸軍事據點，予該兩軍分區的部隊以重大的打擊。現仍繼續作戰中。

『英國不要保護希臘法西斯主義』
倫敦數千羣眾舉行示威

【路透社倫敦十七日電】數千羣眾今日集合於特拉法加廣場，舉行『不干涉希臘』的示威。此示威為消防隊職工會所組織，並有工黨、公安黨及共產黨黨員出席演說。許多旗幟上書：『英國不要保護希臘法西斯主義』、『讓希臘人自己選擇』、『邱吉爾說EAM是叛軍，但是我們說，他們是英雄』。工黨國會議員格斯特博士說：『這是一個政治問題而不是軍事問題。沒有理由說明一切爭論之點為什麼不應在圓桌會議上解決，但是如果我們企圖以機關槍來解決爭論的話，則有一切理由可以想像，我們將顛覆聯合國世界的前途』。消防隊工會總書記荷勒爾說『絕不屈服的希臘人民現在正瞻望着英國，我們必須不要使他們失望。現服務於雅典的某英兵之妻安妮・雅茨說：『我們不願我們的丈夫被用於這種遺臭將來的可恥方式中。反對干涉抵抗運動』。斯特拉波吉爵士說：『納粹由盟國間的不睦而得意揚揚，此種不睦可能使正當的戰爭延長好多個月』。繼稱：如果這

可首次見及故國河山。瑞麗江流域自東北伸往西南，瑞麗江平分瑞麗流域中，形成中緬之天然分界綫。瑞麗流域乃以該江得名，土地肥沃，戰前乃緬甸及雲南省蔗米之主要地區，中緬農民乃相率遷此從事耕種。八莫公路沿流域南部於畹町以南十英里處之蒙予折入舊滇緬公路。我軍於我方控制之區域中，自畹町至勞文，建有平行公路。勞文曾爲越南被侵前之美飛虎隊基地，位於該省邊界以內。瑞麗流域內有四山環繞之縱橫小河，全部平原現仍在日軍控制中，並聞日軍於此流域內建有堅固之防禦工事。重開通華陸路之最後大戰，將於該區進行。未來若干月中，瑞麗流域可能展開緬甸戰役中空前未有之大戰。我發動鉗形攻勢之部隊，現正向該區合圍中。久不知名之南坎及蒙予等地，將於重開中國後方通路之大戰中，成爲重要之里程碑。

【中央社重慶十八日電】中國戰區美軍司令部十八日發表公報稱：美陸軍戰神特種混合部隊一小隊，十七日出擊臘戍西北七十英里東化西北之日軍堅强陣地，經激戰四小時之久，我完全肅清該陣地，斃日軍卅三人，美方傷亡極微。出擊前，我方曾以大砲轟擊。該砲隊乃第一次在緬作戰美軍之一部份，數月前始抵達印緬戰區，刻與其掩護之步兵，受叢林戰之特別訓練。

美空軍對在華日軍發動攻勢

【中央社美第十四航空隊戰鬥機隊司令部十八日電】官方宣佈，美轟炸機及戰鬥機今日對在華日軍發動空前未有之大攻勢，集中襲擊華中方面日方佔據之重要地區，旨在摧毀中國境內之日空軍暨其通往華南、馬來及南太平洋之陸上生命綫。十四航空隊戰鬥機隊蘭達爾准將所部之野馬式機隊，亦曾參加作戰。其結果容另發表。

黔桂難胞向湘西疏散

【中央社貴陽十八日電】黔南慰勞團一行一一人，由張道藩率領，十四日由筑出發，當晚宿貴定。十五日午抵馬場坪，即赴各難胞收容所慰問。並指示向鄰近各縣疏散，由政府協助解決食宿辦法。十六日赴都勻，當晚到達。十八日分兩組出發，一赴獨山、八寨；一赴荔波，約十日後返都勻彙齊，檢討工作。該團十七日在都勻時，撥款四百萬元辦理慰勞過境軍隊與救濟難胞及當地急振。上午並召集當地各界代表宣達中央及省當局關懷之至意。午後赴各難民站巡視，決定難民除有赴筑必要者外，餘均於上下司場乘船由清水河順流至湘西安插。此後來筑難胞必可大爲減少。難胞有水道可循，痛苦亦必大減。

【中央社貴陽十八日電】循黔桂綫西上之數十萬難胞，自安全越過獨山，

就是我們必須付給邱吉爾統治的代價，那麼代價是太高了」。

【路透社倫敦十七日電】邱吉爾首相關於戰爭形勢及英國在海外的困難，將在星期四下院閉會（聖誕節休會）之前，再行發表聲明。但對於聲明將沒有任何辯論。邱吉爾現正考慮的另一方面是他是否應作廣播講演。此事大部將決定於形勢的發展。總之，他可能既在下院演說又進行廣播演說。

斯科比妄圖解放軍撤退 雅典戰爭又激烈

【合衆社雅典十六日電】希臘人民解放軍中央委員會頃提出條件謂：在未來成立之統一政府解決整個軍事問題時，希臘政府軍如果撤退，人民解放軍則亦可自雅典及比里猶斯區域撤退，希臘英駐軍司令斯科比將軍立予答覆稱：人民解放軍如能同意繳出武器，及撤出阿蒂卡區域之條件，渠信其他條件亦可同意，內戰則可結束矣。

【路透社雅典十八日電】雅典城內徹夜激戰。城市已爲火光，機槍火力及繼續的砲轟所照明，而重飛機則隆隆頭上。拂曉時戰鬥緊張程度愈增。

【路透社雅典十八日電】（上缺四段）當英印軍於過去二十四小時中，在比里猶斯及伐勒昂區獲得頗大進展之際，所有印度守軍，及盟國在沃維斯的救濟團體，均接到叛軍的哀的美敦書。公報稱：「在比里猶斯及伐勒昂區當集的英軍及印度軍，過去廿四小時中進展頗大。結果伐勒昂——比里猶斯結海公路及伐勒昂，雅典公路幹綫之×××已被奪回，此等××叛軍曾以相沿鉅大力量據守。昨夜，叛軍在大砲掩護下，進攻希臘空軍總部。戰爭繼續中。薩羅尼加方面無事可報。（缺）

【海通社柏林十七日電】雅典訊：雅典大主教大馬斯金諾斯星期日宣佈，他願意接管希臘攝政政府。他從而強調結束雅典武裝政治起義的希望。

希臘美軍嚴守中立

【路透社雅典十七日電】負責美國在希臘救濟工作的薩德勒准將今日（星期日）稱：美國在希臘的人員是担負救濟與恢復工作的，不准許直接地或間接地參加戰爭。除遇非常情況時，他們奉命不准出現於街上。薩德勒准將說：「美國人員已奉命避免任何可能被解釋爲干涉希臘政治問題的行動」。

（合衆電）在希臘的美軍。麥克佛遜少校說：「我曾要求絕對中立。這對戰爭說，是必要的，因爲機場是在解放軍控制地區內，而我們的營房是在無人區」。麥克佛遜說，他所指揮的航空員所有的唯一保護是「對美國（國旗）的尊敬」。他說，空軍司令部，沒有正式空運人員受傷，雖然有隨駐司令

給的美國服務人員四名受了經[illegible]。（缺）

傳美國務卿 即將訪英

【同盟社斯托哥爾姆十七日電】每日郵報十五日紐約專電稱：美國務卿斯退丁紐斯將於最近訪英，與英國政府當局商討歐洲政策問題。總統私人顧問賀浦金斯，有可能與斯退丁紐斯同行。

【同盟社里斯本十六日電】英勞工大臣貝文，十三日在勞工黨大會上聲稱：『勞工黨出身的閣僚，全面的支持邱吉爾』，並聲明『在莫斯科會談時，英蘇兩國政府對希臘領土的「安定」，意見已經一致』。這一聲明予美國政界以極大不安。據華盛頓來電，共和黨參院議員布爾克斯，在十四日大會上發言：『英蘇兩國拚命爭奪巴爾幹地方的勢力，企圖分割歐洲，羅斯福總統對上述事態採取旁觀態度，不闡明美國政府的態度實非常遺憾』。又共和黨衆院議員列歐加賓亦聲稱：『美國對於邱吉爾及艾登，必須表示最嚴厲的態度。過去邱吉爾常說把武器給我們吧，不然事情就要完蛋的，但現在美國爲了戰爭勝利，不但提供了武器，而且提供了人力』。美聯社倫敦特派員報導稱：『關於希臘內亂，蘇聯與邱吉爾甚至斯大林委員長在內，調整歐洲政策的齟齬將是目前的急務』。

美國會形成反英集團

【海通社柏林十三日電】路透社華盛頓訪員稱：美國國會裏頭，已成立反英集團。成立此集團之原因有二。第一，……國會議員不滿頓巴敦橡樹林建議……。第二，這些人士反對繼續租借制度，並指出希臘事件。該訪員稱：這些人士認爲：『美國租借裝備與坦克是被英國帝國主義利用以利於其鎮壓聯合國家的自由』。該訪員着重指出：倘若這些議員與那些反對頓巴敦橡樹林協定與租借制度的人聯合起來，國會中的反英集團將成爲『可畏的』。

【海通社柏林十三日電】華盛頓訊：產業工會聯合會抗議羅斯福委任格魯，克萊頓，麥列斯，羅克弗勒，布里根與霍爾梅斯諸人爲副國務卿。慕萊主席已向參院與外交政治委員會各提出意見書，宣稱：這些人『不是一羣配合得當的人，不能在眼前的危急年代中執行我們的外交事務……。』

西西里發生流血衝突

【海通社柏林十六日電】『合衆社』訪員稱：意大利南部，西西里

爲美國的技術所迷惑，意義極爲深長。

萊特美軍士兵 每月每人需十六噸物資

【同盟社東京十七日電】每日新聞社論：萊特島戰局中所表現的特色之一。就是敵人美國在作戰上遭到極大困難，據敵人發表的材料，敵人每一個士兵每一月需要十六噸物資，如果有十萬登陸軍，則需要一百六十萬噸的物資。敵人雖依靠物力作戰，但這一龐大的物資對美國說來亦是一大負担。

英下院辯論波蘭問題

【路透社倫敦十五日電】邱吉爾發表關於波蘭的演說後，繼之舉行辯論，各發言人對邱氏的演說有各種各色的反映。工黨普萊斯感謝邱吉爾的坦白。他說，波蘭政府已迅速地喪失它對形勢的控制力。除非它與盧布林委員會成立某種妥協外，它將很快失去機會。保守黨萊克斯說，歐洲整個將來的和平，取決於波蘭與蘇聯間自由談判的協議。自由黨曼德爾稱，恢復波蘭舊邊界完全是行不通的解決辦法。保守黨波克薩恩認爲讓世界知道下面的事情，是英國政府的責任，即確定波蘭邊界的任何決定只要有一點不利於波蘭都未爲英國所贊助，英國並未參與利用盧布林委員會壓迫波蘭政府或波蘭人民的任何計劃。保守黨格拉哈稱：『波蘭政府得割讓其一半領土給蘇聯，並在剩下的領土上得接受蘇聯政體。米科拉茲柯及波蘭政府拒絕簽署等於使國家自殺的命令，難道有什麼奇怪嗎？』工黨湯姆斯說，邱吉爾首相的演說含有內戰的因素。如果戰爭的種子確定的×××（缺半句）

保守黨議員培特立克少校說，今天邱吉爾的演說台下幾乎沒有什麼歡呼聲，而呈現『一種惶恐的、醜惡的、殘虐的、冷酷的緘默』。他所說的是很有意義的。英國政府應該正視眞確的現實。爲什麼發生邊界紛糾？只有一個回答，因爲蘇聯想要那塊特定的領土。工黨議員巴克提到少數議員已成爲波工——反動派的可憐的工具，波蘭反動派並不能代表波蘭人民。他說蘇聯會表示過有許多人所不會認清的諒解和關懷。保守黨議員布斯培支持下述幾點，即東普魯士的德意志人民應該驅逐出去。他宣稱『這雖是冷酷的，但是，他們是罪有應得』。波蘭如無友誼的蘇聯即沒有希望存在於安全和獨立之中。工黨主要發言人貝西・羅命斯在辯論中說，他並不相信有任何解決之道可證明是爲了和平而作的，除非它握有×××的自由支持。更嚴重的事，乃是首相似已放棄一切藉談判解決的希望。羅命斯宣稱，當知道了他和外相曾如

半島東面略大尼亞省學生示威遊行，反對羅馬波諾米政府把二年齡級的人徵召入伍。警察向示威者開槍，打死學生一人，打傷三人。由於此事件，居民與學生攜手，一起焚毀徵募局及某些其他官方建築物。當警察企圖擊潰示威遊行時，他們受到手榴彈的襲擊。該訪員稱：在示威人羣當中，聽見歡呼墨索里尼的聲音。

【海通社柏林十七日電】紐約訊：××（電文不清）略大尼亞羣衆企圖××監獄，但被警察奪回。分離主義運動的擁護者，在西西里散發無數小冊子。略大尼亞市長禁止集會，並宣告戒嚴。波諾米政府當局譴責西西里的不安事件為企圖破壞戰爭。波諾米政府努力使西西里平息。波諾米政府所面對的困難被許多大地主所加重，這些大地主在西西里控制着許多地方當局，他們（大地主）未向國家分配局繳出他們的穀物，而將穀物售與黑市。

傳斯大林同意將萊茵河左岸讓與法國

【海通社斯托哥爾姆十四日電】『斯文斯加日報』紐約訪員稱：華盛頓人士說：據說戴高樂要求將萊茵河左岸讓與法國，斯大林業已同意。又說：斯大林已允諾在一旦盟國勝利時，法國在監督德國行政機關的委員會上，有作同等委員的權利。

【路透社倫敦十四日電】比京電台本夜廣播比利時新聞社的聲明說：外傳斯大林及戴高樂擬將萊茵區置於盟方控制之下一說，已引起比國方面之密切注視，比國對萊茵問題亦如法國之同樣重視。

英國成立太平洋艦隊有與美國爭霸權的意圖

【同盟社斯托哥爾姆十二日電】中立國海軍專家方面，認為目下在太平洋英美兩艦隊協力的可能性，實際上是不存在的。英國政府認為要護衛印度洋的通輪，只要有小規模的艦隊即可，令小規模的東印度艦隊担任，而以福萊賽赴太平洋指揮太平洋艦隊，正如把本國艦隊置於大西洋一樣。英國政府這樣的企圖，是要依靠（一）準備將來在太平洋上英美的對立乃至政治鬥爭的基礎，（二）用英國創設太平洋艦隊，使澳洲認識英國在太平洋戰爭中的作用已經加強，把在美國影響下的澳洲拉到英國方面。澳洲副總理福德已表示：歡迎英國設立太平洋艦隊，並以二千一百萬鎊的經費，供給英太平洋艦隊食糧。並稱：澳洲正以糧食及一億鎊的物資供給美國在太平洋的軍隊』，表示澳洲並不是百分之百的

何努力工作去達到此點時，這必然是一種嚴重的××和疑懼。那些運首相也主張的變更無疑的確係××的。他並不認為他有權提出任何特殊的細節，要於他的黨認為那是欠缺的建議和條款之解決之道，如果可以叫做解決的話。這不是使他們真正高興的解決。可能英國政府不可能阻止依照這些方針求得解決，但是它並不暫時覓取××的解決。羅倫斯問道，『××××，我們的地位正與斯大林針鋒相對，就是說，我們並沒有積極地去支持這個建議』。著名的但澤走廊情形之壞，致他認為有充分的權利去掉它。波蘭應有真實的根據，以求取海口。羅倫斯認為在德國人所會實行的人口轉移之後，他們已沒有任何權利可以埋怨了，就是說同盟國方面也強迫遷移了他們一些人民。但是這並不是說，同盟國對於那會為德國的並為成百萬德國人所佔有的領土；除冒很嚴重危險者外，玩弄這些領土。如果大部份有包德國人的德國歸併入波蘭或者德國人被逐出的話，那末同盟國將來將產生一種形勢，無論對波蘭或全世界均非覓取和平之道。英國將不鼓舞波蘭人期望此點，它也不迫使德國的領土給他們。政府在過去已做了鉅大工作，他請求政府嘗試求取解決。然後艾登答覆辯論。

四川糖商請願

【本報訊】據華西日報訊，佔全國糖產四分之一、四川產量二分之一的內江、資中、及同屬沱江區資陽、富源、威遠等六縣製糖業公會代表於上月初旬赴省（蓉）請願，並於九日招待參政員及省府要員、省參議員、各該縣同鄉會、糖業座談會代表等，報告請願經過、苦衷及希望。（但該報未能披露）

又據該報訊，四川省商聯會於上月十二日開第二次會員代表大會，通過：（一）請政府簡化徵稅名目機構，培養稅人品學；（二）糖類徵實，稅率過重、請政府酌予減輕，以裕生產；（三）請財政部飭令稅警部隊及犍為直接稅分局，一體查禁藉資敲詐之濫兵流氓，以利商運；（四）請政府培護四川茶葉；（五）工礦事業應免徵所得稅，以示提倡生產；（六）成都北站及新都檢查站，檢查北道商人海關稅，多方刁難，請取締；（七）請鹽務局配銷蓉市藝圃以巴鹽，原提案人陳繼康陳述該局已三個月未配鹽斤，致蓉市藝圃業呈停頓倒閉狀態，苦不堪言。

參考消息

（只供參考）
第七三三號
解放日報社
新華社 編
今日出一大張
卅三年十二月廿日
星期三

斯退丁紐斯說蘇法同盟與全世界安全組織計劃不矛盾

【海通社柏林十九日電】華盛頓訊：斯退丁紐斯在記者招待會上說：法蘇互助公約原文與美國世界安全組織的觀念，毫不矛盾。關於這種世界安全，在頓巴敦會議上，同意在這種雙方的條約中，一切與頓巴敦橡樹林精神抵觸的問題，必須參照盟國世界安全組織加以討論。

【合衆社華盛頓十八日電】斯退丁紐斯稱，彼第一次閱讀法蘇同盟互助協定後，覺其尚無與頓巴敦橡樹林會議的世界和平機構計劃相矛盾之處。

【海通社斯托哥爾姆十九日電】在歐洲的美國無綫電台，現在也謹慎地批評法、蘇同盟公約了。在星期一晚的廣播中稱：美國社會人士在接受互相同意，及單方面行動的思想時表示猶豫。美國人希望僅在戰爭獲勝後，才作在地圖上及在歐洲政治中的一切必要的改變。至今所簽訂的一切兩國公約，對於頓巴敦橡樹林會議所建議的國際組織更廣泛的結構不大適合。美國人感到這是前後顛倒了。美國人認為首先必須有國際組織，然後才有兩國公約。

英報對蘇法問題表示疑懼

【路透社倫敦十九日電】法蘇二十年同盟條約被視為××，主要是反對德國，在倫敦受到普遍的歡迎。然而此間對法蘇同盟條約的歡迎沾染着許多疑懼的表示，甚恐現在的趨向——締結雙方的協定，或影響敦巴頓橡樹林安全機構。而在美國則造成懷疑，美國會反對任何趨於勢力均衡政治傾向的再現。據可靠方面悉：巴黎期望與倫敦訂立同樣協定，以完成所謂和平的三國同盟。咸信這一問題在倫敦已加以謹慎的檢討。然而據消息靈通的觀察家認為，在協定達到之前，整個歐洲的情勢將由英美蘇加以探討。其次相信為防禦目的，包括西歐低地國家的西歐強國集團計劃不應被排除。倫敦方面認為法蘇條約是戴高樂的個人勝利，他對法國抵抗運動與左派協定裝作鎮靜，但承認對蘇法兩國是一重大問題。英美報紙此種鎮靜態度亦就表示了英美的態度。對英國來說，邱吉爾於十一月會訪問巴黎，極力要求法國參加歐洲集團，這就意味着對蘇聯的……（錯掉不清）。法國左翼勢力，特別是共產黨的活動，使法國有很大可能走向英國不高興的方面。又按美國來說……（錯掉不清）。以蘇法同盟為××的法國的獨立日益加強，同時蘇聯對歐洲的指導地位亦（錯掉），由於蘇法同盟的簽訂，戴高樂將從英美的壓迫下擺脫出來（大意）。

英工人十五萬抗議政府干涉希臘

【海通社柏林十八日電】倫敦訊，極西部有碼頭工人與產業工人約十五萬人，參加反對英政府在希臘的措施之抗議大會。二百多碼頭與工廠於示威時停工。大會通過決議，促請英政府與解放軍締結休戰協定。此項電報已拍給邱吉爾。

【同盟社里斯本十八日電】關於希臘內亂的情況，路透社於十八由雅典來電稱：英軍曾企圖奪取雅典市與比利猶斯港之間的公路，以及在人民解放軍佔據下的丘陵地帶。截至十八日正午，英軍已佔領三處丘陵、但仍未能攻佔人民解放軍所據守的最重要的丘陵。

傳西綫德寇大舉反攻

【海通社元首行營十八日電】德軍統帥部星期一午發表下列公報：強大德軍已於十二月十六日五點三十分，在西方壁壘外圍的寬廣戰綫上，於短暫而巨大的砲轟後，發動進攻，並已在首次攻擊中攻陷美軍在比沙文與盧森堡北部間陣綫的最先頭陣地。在強大戰鬥機掩護下的大進攻戰正繼續中。為了不給完全未料到的敵人以任何情報，詳情稍後即將發表。據現有報導，在與敵空軍於戰區上空之戰中，德戰鬥機隊擊落敵戰鬥轟炸機四十八架。德空軍高射砲隊復擊落敵機二十一架。夜間，強大轟炸機及攻擊機隊打擊敵人軍運及供應中心，結果良好。在西綫其他部份，戰鬥正在下列陣綫進行中：××爾根西及西南的薩爾勞敦堡壘地帶，比徹尼陣綫及在吉拉丁納特——阿爾薩斯邊境的西方壁壘處。（缺）在中意大利，敵人在法恩查以西的前進力量已形減少。在匈牙利，我軍在巴格那卡瓦洛爾側，加軍以最強大的部隊進攻，但昨日又告失敗。在巴拉東湖南擊退蘇軍的強大進攻。在斯塞森尼戰綫，紅軍目的在向東方的新突破企圖，此次亦告失敗。在反攻中，前綫缺口被封閉起來。在布克山與赫那德之間，我軍佔領新陣地，抗拒蘇方的猛攻。美恐怖政黨的地位將大大地加強。進一步認爲戴高樂懷着他久久等待世界承認他的臨時政府的痛苦記憶，在簽訂這一條約之後，關於法國在歐洲各大强國的地位在英美中國將具有有力的地位。據指出戴高樂會尋求並且勝利獲得他所懇望東方的防備德國的最强的支持。最後戴高樂願望擺脫『被保護的境況』至何種程度，咸信賴於將來倫敦、華盛頓與莫斯科對法國的待遇。當蘇聯在這一條約之下，獲得反對德國將來任何侵略的協同行動之最强大可能的雙方保證時（甚至在進行多邊保證協定的談判之前），兩締約國顯然的在『英美政策依然在懷疑時期時』，未採取任何嘗試。曼徹斯特衛報說：這一現實主義對於被德國威脅所困擾的兩簽字國，『在英美參加與不參加的情況下，在新國際組織的××內部與外部』尋求安全是可以了解的。因此簽字國的決定不爲了贊助將來一般的安全制度，而放棄條約。據所得出的以下的教訓：每日郵報指出，在這一雙方條約之後，今天的趨勢似乎表示利己的精神依然是各國的第一個××。曼徹斯特衛報警告：『只要沒有聯盟，即將有同盟。歐洲的改造太忽忙了，很少顧到美國的理想主義。該報進一步恐懼在美國會造成懷疑與憂懼，會復活酣睡的而不是死亡的孤立主義。新聞紀事報建議英國政策必須是以英國利益作爲歐洲强國與大西洋及世界强國的××完成爲基礎，因此任何影響一個强國，不正當地犧牲另一强國的發展，將擾亂世界和平的平衡。最後該報督促這一條約必須×××容納各國的國際和平的機構之內，以便增强盟國外交主要目的的頓巴敦橡樹林所計劃的世界安全之平衡力量。

據此間外交觀察家認爲這一條約的談判，暗示莫斯科悄悄地承認戴高樂臨時政府爲具有充分權力的立憲政府。另一觀察家相信，斯大林去會談時同戴高樂保證，盟國軍隊佔領德國時，莫斯科將堅持法國與盟國平等的基礎上對待法國。

敵評蘇法同盟與英美關係

【同盟社東京十八日電】蘇聯外交在歐洲投下的一個大叛亂，就是本月十日在莫斯科簽訂的蘇法同盟。關於條約內容現在尚未正式發表，據英國『每日電訊』報報導，該同盟條約包括下列數項：（一）對德作戰中在軍事上互相援助；（二）戰後阻止新的侵略；（三）德國如進攻法國，蘇聯予以軍事外交上的援助；法國支持蘇聯關於調整德蘇國境的政策；（四）協力保證歐洲的安全與繁榮；（五）蘇聯援助法國在戰後經濟上的獨立；（六）兩國均不參加對兩國中任何一國有危害的同盟。英美兩國輿論雖對這一

機隊日間於上西里西亞及德國南部各處投彈。夜間，英國在再次破壞瑞士中立後，對慕尼黑內城施行特別猛烈的襲擊。居民區、文化紀念碑及公共建築（包括幾個醫院在內）。損失頗大。其他機隊於烏爾姆投擲大量炸彈。萊茵——西代利亞亦爲××襲擊的目標。防空部隊擊落英美飛機卅六架，其中有四引擎飛機廿四架。

【路透社倫敦十八日電】據德國軍用電台今夜向參加反攻之德軍廣播稱，希特勒親自準備此西綫新反攻，直至最小的細節，這便是他最近沉默的原因。繼稱：『不要幻想我們明天將到達巴黎。』廣播員繼稱：德空軍正作××，××頭兩天中，有戰鬥機及戰鬥轟炸機二千架以上進入戰鬥。

路透社評 西綫德寇反攻

【路透社倫敦十八日電】路透社軍事評論員基姆區報導：自德國統帥部四月前企圖切斷巴頓在阿維倫契的生命綫以來，此爲它所發動的首次大反攻。目前的猛攻——與在諾曼第的拚死企圖不一樣，德寇具有仔細準備的一切證據。德空軍的掩護以巨大力量顯示出來，昨日出現的敵機五百架，可能僅係首次嘗試。德寇此次用了新式噴氣推進與火箭推進飛機，以閃擊轟炸盟國的機場。這種飛機能攜帶二個五百磅的炸彈作短程飛行。反攻的其他特點便是集中各種口徑的三百門至四百門機動大砲於相當小的目標上。德國人稱此點爲有效的和新的戰術。很明顯的，倫斯德特把大量的資本賭注在這一次反攻上。但是誰來試它呢？艾森豪威爾必然已經認識，諸如此類的東西遲早是會來到的。亞琛與盧森堡間前綫的沉寂，似乎倫斯德特是××的。這是令人迷惑的停止。艾森豪威爾或者希望寧願現在接受這一下，而不願在今後。雖然如此，這是美軍所面臨的一次最嚴重考驗。經仔細準備並以精銳部隊執行的反攻，必然會以純粹的衝擊力，攻破盟國的部份戰綫。但它的考驗在於它是否能使盟國的防綫失去平衡，以致需要總的整頓（此種整頓可能影響盟國在其他地方的計劃）。此點無疑是德軍的目標（缺）。

邱吉爾關於波蘭問題的演說

【路透社倫敦十五日電】（邱吉爾演說前缺七段）……盧布林波蘭民族解放委員會也許就不會產生出來，但在無數次討論後，完全未能獲得一致的意見。結果米科拉茲柯及其他波蘭各部長辭職了，波蘭政府重新改組，而在改組的形式上，某些方面我不能予以讚揚的。如果米科拉茲柯能照他所希望與預料的，迅速返回莫斯科的話，那麼波蘭在抗德國家的行列中，現在或許已經有它充分的地位了。在英國政府看來，米科拉茲柯和

他的朋友們仍然是在最近將來的波蘭的唯一曙光。但在遭其倫敦同僚的堅決反對下，他辭職了。自此以後，和解的前途，的確是更遠了。此事的後果由於蘇軍踄足於維斯杜拉河尚未顯示出來，但在他們向前推進（他們將必然如此）時，大塊新的波蘭地區將落於盧布林委員會政權之手，後者的力量將日益增長。前進蘇軍與波蘭地下運動間的誤解恐將採取最痛苦的形式。政府的更動並不影響外交關係。我們仍然承認波蘭政府（歡呼），但我不能接受這種觀點，即所提的邊界計劃是不牢靠與不是滿意的。如果波蘭把羅夫及名爲寇松綫的地區放棄給烏克蘭，那麼它將在北面獲得東普魯士全部，南面及西南至哥尼斯堡，包括優良的但澤港在內，與遭受威脅的人工走廊相反，波蘭將沿波羅的海展開二百哩。就蘇聯與英國而論，波蘭人可自由向西向德國擴張。我不想詳細說明這些，但它將受到英國及蘇聯的支持。這表示波蘭將獲得較在東方失去者更重要，更高度發展的領土。我們聽人說，波蘭領土三分之一均將被割去，但是遼闊而荒涼的博里普特沼澤地區只是增加畝數，而未增加財富。這大體上便是蘇聯人的建議，解放的主要負担，仍在後者的肩上。自然，這還須伴以數百萬人的遷移及將波蘭所獲得領土中的德國人遷走。驅逐德人將是最令人滿意與持久的方法。將來不應再有居民雜居以引起無窮的糾紛。『上次大戰後希臘與土耳其間居民的分解（開始好像是不可能的），在許多方面都是成功的，產生了兩國間此後的友誼關係』。德國已損失了死亡六百萬或七百萬人，且將被除去一千萬至一千二百萬的斯拉夫人。不僅如此，許多德國人將在春季及夏季戰爭中被打死，這一戰爭將含有此次大戰中的最激烈與規模最大的戰役。因此，德國沒有理由不去吸收東普魯士的德國居民。當這些問題在德黑蘭會議上發生時，英美軍隊尚未登上大陸，法國仍然是無力的，蘇軍離維斯杜拉河很遠，羅馬亦未被佔領。波蘭那時或者可以問：盟國是否能給以新的領土。『但是，形勢已大大改變了。最後勝利的遠景已變成堅實可靠的與廣闊的了。波蘭人民現在更可確信會得到補償』。各强國將一定同意此居民的遷移，雖然具有大量波人及在憲法上具有締結條約及外國協定之困難的美國，尚未精確的說明其對英國政府認爲最好的方法。『我們知道美國政府與人民正專心致志於世界機構以防止未來的戰爭，但是聯合國偉大同盟中三個最大强國任何一個間的爭執，均將致命地破壞這一機構』。羅斯福已不斷被告以詳情。『我所能够說的是：在這樣長的時間內，對於波蘭前途似正在其中形成的方法，我未接到正式的不同意』。當時機到來時，美國無疑的將對這些問題發表它自己的聲明，它知道這幾個

一發生時立即處理。紐約時報社論稱：的確關於戰前蘇波邊境沒有甚麼神聖或不可變的，這邊境大都是波蘭在上次世界大戰後蘇聯最弱的時候，用武力對付蘇聯而造成的結果。用現有的一切統計尺度來看，它包括着很多非波蘭人民。情勢的困難方面在於蘇聯不願意讓問題由一切聯合國的共同商議來處理。雖然對這種不願意表示遺憾，但我們仍必須同意邱吉爾的說法，即在主要列强中不能發生爭端。（缺）

【海通社柏林十日電】紐約訊：美國各大報在論及邱吉爾演說時，對三大同盟國的歐洲政策，予以嚴格的批評。被認爲是國務院喉舌的『華盛頓郵報』稱，『三强』關於其解放政策的原則，從來是不一致的。該報呼籲迅速解決業已明朗化的矛盾。『紐約郵報』關於此點，要求羅、邱、斯立即舉行會議。該報認爲三大領導國家間的團結已首次遭受嚴重的威脅。半官方的『陸軍及海軍新聞』於總結攻歐以來蘇聯及英國所奉行的政策時稱，兩國在佔領領土後，均太注意自已强權政策的觀點。陸軍及海軍新聞稱，『我們要告訴我們的盟國：我們希望它們不要干涉獲得解放的人民自已選擇的任何一種民主政府。』

【路透社倫敦十六日電】英國各報今日（星期六）對邱吉爾關於波蘭所提出的論點，表示嚴重的憂慮。自由黨的曼徹斯特衛報在社論中說：『這不是波蘭的危機，而是聯合國家的危機。』曼徹斯特衛報論及三大强國在德黑蘭所達到的決定『在戰爭會議上毫無諮詢各國人民或有時各有關政府的任何機會，而加以採用時』說：『這一切決定是由蘇聯要求，英國政府勉强同意，美國政府默然讚同的事實必須承認』。該報承認關於寇松綫及剝奪德國東普魯士的强烈主張，但繼稱：如果盟國同意爲了歐洲緣故，必須作這件事，那麼至少對於轉移德國民衆較諸邱吉爾在昨天頗爲兇暴的話語中所暗示的一些事情——須要更謹慎仔細地擬定計劃。瓜分德國，不須要像德國一樣的行動。曼徹斯特衛報繼稱：第三個決定——准許波蘭人犧牲德國，向西方擴展他的邊界——是難以辯解的，把作這件事的責任，放在波蘭身上，可能是因各大國感到恥辱或困惑的緣故。『誠然這是一可怕的難關，對於這一難關公正講來，不應責備邱吉爾，雖然他處理希臘危機之舉沒有使其稍爲鬆緩。一方面，我們與蘇聯由歐洲和平的共同利益聯系在一起，另一方面我們與美國由我們不願放棄的共同理想聯系在一起。（一句問話掉字太多）。曼徹斯特衛

大國如果不能在一起工作，對於建立世界政府將來機構的一切希望，將有多大的損害。癥結的問題是：為什麼不將一切領土變更問題留至戰後（歡呼）；但是避免大禍是對波蘭有利的。如果當蘇軍（可能在明年年初）穿過廣大波蘭地區時波蘭與蘇聯之間發生了戰爭，那就將產生本來可以避免的巨大痛苦，新的毒害創傷將被加於應為和好鄰人的國家身上。『英國的原則是，一切領土變動必須留待和平會議，但用大西洋憲章的話來說，「互相同意的變更」是例外的。我絕對相信，為了波蘭深刻未來的利益，他們應在蘇軍開始向波蘭主要平原進軍之前，對此爭論的邊境問題，與蘇方達到協議。我敢代表英政府說（並相信這點將為我們的繼任者所遵守）：我們將在和平會議上堅持這一原則，毫不遲疑地宣佈，蘇方要求沿寇松綫的邊境是正當的與正確的。艾登和我曾勞苦了好幾個月，冒着政治上的釘子與非難，以圖獲得波蘭和我們強大盟邦間的諒解。我們從未削弱我們的決心，即波蘭應為一個獨立的國家。除了法西斯政府外，可以選擇它所愛好的任何政府。作為蘇聯反對德侵略的屏障與友邦，波蘭將得到英蘇保證的援助，並且我也不能懷疑——雖然我們不能宣佈它，美國將經過我們決心建立起來，以使人類免遭一再重演的戰爭的恐怖的世界機構，來援助波蘭。再有一次大戰，尤其思想的戰爭，將表示文明的毀滅。根據我國各黨國民政府的最高判斷，我們所處誠避免者正是這樣的災禍。我講了許多前途暗淡的希望和失望的事情。但是，現在又有一個失望的事情。即會未能籌備三大國間的任何會議。我們會有根據相信，我們或許在聖誕節之前會晤。的確我會充滿信心的期望這樣作。但什麼事情都未得到解決。因此，對於許多重要政治、國際、軍事及經濟問題目前所需要的堅強而有權威的決定（即使是臨時的話），必須留待將來。至少三大強國應在可能最早的時期內舉行一次會議（歡呼）。艾登和我將在任何條件下隨時去任何地方以會晤我們兩大盟國的領袖。我們的確歡迎在這裏，在英國會談（歡呼），因為它從一開始就進行戰爭，冒着潰滅的危險，從未躲避過自由的事業。

【路透社倫敦十六日電】紐約先驅論壇報關於邱吉爾對波蘭的聲明發表社論稱：考慮到關於一開始便很明顯的問題，邱吉爾還不得不要求與斯大林與羅斯福會談，這是令人冷靜的思維。顯然地，需要美國的政策去進行這一會議，但首先需要建立一種機構以處理歐洲問題，在當問題未發展成危機以前報提出唯一的辦法是儘早召開三強會議，並繼之舉行連續的定期的會議，直至新的世界組織建立為止。泰晤士報關於所建議的波蘭與德國之間邊界的改變亦有懷疑，並問道：『×××這適合於被××為或者強大或者獨立的波蘭嗎？蘇聯在東歐尋求為其自己安全與其鄰邦的安全所必須的根據地，是很自然的。但是，從這種重要的戰略需要到牽涉數百萬男女老幼被迫離開家鄉的不確實的計劃是一很大距離。提高生活水平或避免歐洲新戰爭的種子。』泰晤士報贊同確定寇松綫為波蘭東部邊界的議論，並宣稱：『在這一問題亦如在其他問題上一樣，必須仍為英國歐洲政策的基礎。』

【海通社柏林十七日電】倫敦無綫電評論員勞斯評論邱吉爾關於波蘭問題的演說稱：『英蘇美的聯盟面遇着外交上的第一個大考驗。評論員說：『此危機將大大地加重美國政治家的負担。在這危機當中，盟國相互間的充份信任正處於千鈞一髮之際，而這些國家的政治家必須作將影響最大多數人民的決定。

【路透社倫敦十六日電】德國新聞通訊社今日稱引威廉街發言人的話說：邱吉爾的演說是『對德國戰爭努力底無價的貢獻』。他說：『德國人民感謝邱吉爾無情的坦白，他以這種坦白來公佈了他分裂與毀滅德國的計劃』。『邱吉爾似乎會被置於莫斯科方面的壓力下。這將說明為甚麼他以損害英國名譽的方式，來討論波蘭問題的理由』。

【路透社倫敦十五日電】艾登今日於下院答覆詢問時說：『三年以來，波蘭為最煩人的問題，吾人之參加作戰，乃自動履行對波蘭之保證，在戰爭進行之中，吾人對此英勇盟邦益增其欽佩之情。另一方面吾人與蘇聯締有二十年條約，吾人曾二次參加大戰，但結果仍中途分離，今如再度發生戰事，則歐洲和平的展望，將甚暗淡，故吾人不斷努力以解決波蘇糾紛，目前協議之展望，似甚微妙，但如有機會，吾人將努力以求因可能引起之齟齬，勢將影響吾人與蘇聯甚至與美國之關係，而此種努力在目前為不可少者、現似頗有失敗可能。則吾人將止乎其發展對於聯合國之團結並無裨益。嗣後外相又復述邱吉爾會晤斯大林及羅斯福之希望，又謂甚盼外交部首能定期會見，『余信如此必能解決甚多困難』。

參攷消息

（只供參考）
第七三四號
解放日報 新華社 編
今日出一大張
卅三年十二月廿一日
星期四

邱吉爾拒絕工黨要求 對希問題不願重作聲明

【路透社倫敦十九日電】邱吉爾今天在下院稱，他現不能對希臘問題作進一步的聲明。工黨領袖格林伍德關於社會人士的焦急，力勸邱吉爾在聖誕節以前在下院作進一步的聲明。邱吉爾在回答這問題時說：『發表聲明又會引起辯論，而現在沒有時間來進行辯論，除非進行不信任決議投票。格林伍德反駁說：這不是不信任決議投票的問題（歡呼），而是『對於惡劣形勢底說明的合理要求』。邱吉爾回答說：『我不認為形勢是惡劣的，我認為形勢已大大改進，但與其這樣快又進行另一次辯論，還不如等待更適宜的時機。邱吉爾在回答自由黨議員哈利斯爵士與工黨議員安紐林關於發表聲明的再次呼籲時說：意見的嚴重分歧，並不是辯論能緩和的。上週的意見分歧，並不完全代表下院議員們的意見，因為送出去的召集令是兩條綫（路透社按：召集擁護政府的人參加表決的召集令，卻是三條綫的）。共產黨議員加拉赫、公安黨議員亞克蘭德爵士及工黨議員辛威爾都質難邱吉爾在他上週關於希臘問題的演講中，提到布魯塞爾事件時，誇大了布魯塞爾的事件。邱吉爾回答說：『那裏發生開槍的事情，引起很令人遺憾的生命底損失，且艾森豪威爾親自訪問過布魯塞爾，遂發出關於保有交通綫底重要性的很斷然、精確及清楚的種種訓令。因此，除了一些細節而外，我不但不收回我說過的任何話，成熟的考慮使得我重複說明這事』。

【路透社倫敦廿日電】英下院議員本日質問邱吉爾：英美蘇三國間關於英國對希臘之政策，是否完全合作，或有協議。邱氏答稱：英國現負解決希臘問題之責任，然不久即可完成。國內之批評，使困難更形增加。三大強國對維繫我同盟關係之一般目標，意見完全一致，當此戰事危急關頭，吾人在在

此政府的政策與國民下層的實行，即可通過翼政會機構走向結實，舉全國由力量，配合繼續激戰的菲島戰線，確立忠勇不敗的體制。

海通社傳法將參加三國會談 戴高樂接見多列士

【海通社巴塞爾十九日電】「巴塞爾新聞」斯托哥爾姆訪員獲知：由於法國欲參與會談，計劃中的三同盟國領袖會議乃產生新的困難。這將變三人會議為四人會議，而在這個問題下，斯托哥爾姆方面相信，美國人在他們的某些觀點上可能與其他人不合。

【海通社巴黎十九日電】自法國共產黨人士方面獲知。法共領袖多列士希望所行將來到的改組政府中任內閣閣員。他相信他的願望不會遭到很多反對。據知：多列士有野心當勞工部長。多列士是當戴高樂自莫斯科回來後第一個被接見的人。

【海通社紐約十九日電】合衆社巴黎訪員報導：法蘇互助協定簽字後，法國外交部考慮到與英國進行同樣談判的問題。與英國之談判早在上月即已進行，即當邱吉爾訪巴黎之時。但法國拖延了結論，直至與蘇聯達到協議。據悉與英國締約之內容將視法蘇關係具體形式而定。

傳波駐美大使 對斯退丁紐斯的聲明表示滿意

【海通社斯托爾哥爾姆廿日電】斯退丁紐斯最近對波蘭問題的聲明底真正意義，現仍不清楚。據『達根斯尼赫特報』紐約訪員稱，華盛頓政界人士，企圖了解這聲明中的任何積極的東西，但告失敗。波蘭駐美大使西卡諾夫斯很滿意美國務卿的聲明。而另一方面，其他觀察家們曾自問，斯退丁紐斯心目中的美國對波蘭的保護，是何種保護呢？他說波蘭問題的解決對於總的戰爭有重大貢獻，這引起人們的特別注意。據該訪員稱，一般人推測蘇軍在波蘭前綫的不活動與波蘭衝突有關。（缺一句）極端孤立派參院議員惠勒在辯論關於新委任人員到國務院中時說，我不相信××××，我國外交政策將來採取甚麼方針，因為我相信它將以蘇聯的行動為轉移。蘇聯手中握有一切王牌。如果蘇聯要佔領芬蘭、波蘭、韃靼尼亞海峽，或建立××××，包括挪威，瑞典在內，我們沒有甚麼辦法。它也可能佔領××××與瑞典。它也可能佔領中國一大塊土地。我不相信總統能說出將來的外交政策會採取甚麼方針。這樣說是不虧總統的。

均須密切合作也。

同盟社評論
邱吉爾演說

【同盟社東京十九日電】每日新聞頃揭載社論稱：十五日邱吉爾首相在下院所作關於波蘭問題的陳述，無論在其表現內容和時期上來說，都是非常悲痛的陳述。在此陳述中，可以發現邱吉爾自身的苦惱，英國現在所處的困難情境是大英帝國的輓歌。他在其陳述中說，『我代表英國政府宣佈：蘇聯政府要求以寇松綫爲蘇波國境是正當的，而且是當然應有的權利。最近一期的『經濟學家』雜誌寫道：如果美英不能幫助波蘭，亦不能使其絕望，最少也應該說明莫斯科對波政策不正當和虛僞，應是倫敦和華盛頓的義務。這應該說是邱吉爾流淚說出的正義論。這裏不必特別加以非難。只要想起邱吉爾在歐洲問題上，需要解決的就是波蘭的保全問題。但是問題在於邱吉爾爲什麼在此時作出關於波蘭問題的陳述，這是出於兩個動機，一個是不要上遲了公共汽車，另一個是對蘇獻媚。新流亡政府比前任總理米科拉茲柯更強硬，因此蘇聯把盧布林的波蘭解放委員會昇爲波蘭臨時政府的意圖是很堅決的。戴高樂的法國，決定承認波蘭臨時政府，西歐集團業被粉碎而結成法蘇同盟後，法國更承認盧布林政權，這簡直使英國沒有立足的餘地，同時使英國處於不得不爲蘇聯進行外交鬥爭的場面。希臘事態的發展，完全揭露了英國的空虛，英國不僅在希臘，就是在意大利、法國、比利時的地位，也同樣是危險的。邱吉爾的煩惱，就是現在如果不跟蘇聯重新商議，那末歐洲大陸亦許要離開英國的實力範圍。因此他首先要壓迫波蘭，討好蘇聯。（下缺）

同盟社評
敵閣人事更動

【同盟社東京十九日電】吉田之出任軍需省大臣，正如他的閱歷所表現，對內閣人員的調和亦極適宜、而且過去他担任內閣調查局長官，對軍需生產的全盤過程積學頗豐，當今天軍需生產與動員人力的關係受到阻礙時，他是極爲適當的人物，他對地方行政的經驗甚高。當決戰愈益激烈之際，在確立必勝不敗的生產體制上，他的手腕極爲各方所期待。同時小磯首相鑑於運用決戰政治與迅速增强軍需生產，其重點就要加强內閣政治力，在政治上團結國民力量，是迎接勝利絕對不可缺之的要政，爲了通過我國唯一的政治團體——翼贊政治會，與翼政會更加密切，使官民政治力量合爲一體，遂邀請小林大將以翼政會總裁資格加入內閣。小林大將以及翼政會各機關，均有決心使他出任國務大臣，小林大將的入閣，不是以個人的資格加入內閣，而是以翼政會總裁的資格加入內閣，這裏就有了特殊的意義，

聯合國會議永久祕書處
傳將設在維也納

【中央社紐約十四日專電】紐約時代訊：據悉蘇聯贊成以聯合國和平機構會議中所提議組織之一永久祕書處，戰後設立於奧京維也納，頓巴敦橡樹會議雖對此尚未決定，甚至並未作正式之討論，但蘇聯堅定指明維也納不可能時，可以他地代替，但反對選定日內瓦，蘇聯贊成維也納之理由乃因其地適在世界紛擾中心之心臟，於此可能謀德國戰後之動向，同時此地距柏林甚近，故德國亦可能視其他國家對維持和平計劃之努力，維也納有必需之建築物及運輸工具，且因選定維也納，故盟國能予與地利以更多政治上及經濟上之支持，但此仍屬初步性質，最後問題之決定，尚有待於行將舉行之斯邱羅會議。

關於波蘭問題
敵人的造謠

【同盟社東京十八日電】波蘭問題可以說是反軸心陣營中的一個瘤，如大家所知道的，在這個問題上，英美蘇三國展開了激烈的戰鬥。然而波蘭的命運，終在逐漸明朗起來了。（中缺一句）這一問題與巴爾幹問題，會是十二月中旬，邱吉爾訪問蘇聯時，在莫斯科舉行英蘇談判中的主題，結局聽說邱吉爾將波蘭讓給了蘇聯，而把一部份希臘與南斯拉夫劃歸美英兩國，這從莫斯科會談後，英政府對倫敦波蘭流亡政府表示冷淡，以及對十一月卅日成立的新內閣表示好感等情形看來，便可窺知其中原因，所以瑞典時報等報紙，傳說英政府希望莫斯科能與新內閣妥協。（下缺）

同盟社所傳
美國海軍實力

【同盟社里斯本十七日電】華盛頓來電，美國眾院海軍委員會，十三日發表下列報告：（戰艦）一九四〇年七月一日，戰艦數十五艘，其中八艘在珍珠港遭受攻擊，其中六艘修理後又編入艦隊，此外有十艘就役，共三十九萬噸。航空母艦一九四〇年七月一日，航空母艦僅六艘，現在追加了一百二十三艘：共一百二十一萬三千七百噸，其中巨型航空母艦十三艘，三十九萬三千噸，小型航空母艦九艘，九萬九千噸，護航用航空母艦一百零一艘、七十七萬八千噸。（驅逐艦）一九四〇年七月一日二百二十五艘，現在又建造了三百艘。（潛水艇）一九四〇年七月一日爲一百艘，現在又追加了一百七十艘。

外記者問宋子文
日寇向重慶誘降有否其事

【中央社渝廿日電】外記者招待會二十日下午三時舉行，宋代院長子文。

吳次長國楨，張參事平羣出席主持。某記者詢以史迪威將軍召回，在美國輿論所發生影響如何。宋代院長答稱，最近一個月來，美國之批評日漸轉少，但對於中國情形之了解，愈有增加。某記者詢以滇緬路通車時，對於運輸將如何加以管制，宋代院長答稱，關於滇緬路運輸之管制，中國政府與美國軍事負責人已正在縝密研究中。某記者詢以最近日本會否有試探和平之事，宋代院長堅決表示，絕無此事。

【路透社重慶廿日電】中國代理行政院長宋子文，今日譏笑美軍會一度以撤退他們在中國的設備（包括十四航空隊在內）相威脅的消息。當詢以美國是否會要求由美國司令指揮華軍時，他避免直接回答，稱：關於所有這類問題，『我們均可親眼見到』。宋博士同時嘲笑日軍由於政治原因而退出貴州之說，並謂：日方並未伸出和平觸角。他對蔣介石夫人的未來計劃未有所聞，但可確定當她恢復健康時，她將返回中國。

【中央社渝十九日電】行政院於十九日開第六八〇次會議，決議各案擇載如下：（一）財部提擬將該部鹽政司與鹽務總局合併，改組爲鹽政局，擬具組織法草案請公決案，決議修正通過，送請國防最高委員會核交立法院審議。（二）河南省政府呈擬該省政府行署組織規程草案請核定案，決議修正通過。任免事項決議案：（一）新省府委兼財廳長彭吉元，另有任用，應免本兼各職。任命盧郁文爲新疆省委兼財廳長。（二）任命趙君邁爲湘省府委。（三）任命黃中廬，楊明炤爲桂省府委。（四）任命朱維敏爲司法部監獄司司長。（五）任命沈階升爲教部參事。（六）任命葉溯中爲國立編譯館副館長。（七）任命張森爲財部浙江稅務管理局長。

【中央社渝十八日電】中央爲辦理救濟善後，國防最高委員會十八日晨例會決議，設立救濟善後督辦總署，並特任蔣廷黻爲督辦。振濟委員會委員長孔祥熙辭職照准，特任許世英爲振濟委員會委員長。

【中央社渝十九日電】十九日又有大批國軍經過渝郊諸區，各界民衆及各學校機關團體熱烈歡送慰問，並分發慰勞物品，士兵每名牙刷一把，毛巾一條，香烟一盒，慰勞金五十元，廣柑二只。官長除發給上項物品外，另每人布鞋一雙，襪子二雙。

【中央社渝十九日電】湘桂難胞救濟委會所組之湘桂難胞救濟慰勞團，推定王正廷任團長，日內出發。又該會決定撥款五百萬元援助湘桂內遷文化人，推由冷禦秋、王雲五等負責主持。

【中央社渝十九日電】據悉財部金融與財政兩研究委會即將合併，其詳細

達到更大的程度？艾登答稱：凡盟國力所能及者均將盡力做到，此問題極大部份是一個運輸及使供應品運達中國的問題。

駐華美空軍 對敵發動廣泛攻勢

【中央社渝十九日電】中美空軍現已開始向敵國本土及其佔領區廣泛發動大攻勢。中央廣播電台每晚對淪陷區同胞放送特別廣播，勸告立即離開各項轟炸目標，以免玉石俱焚。廣播要點如下：（一）立即離開城市如桂林、柳州、廣州、香港、漢口，南京、上海、青島、濟南、鄭州、天津、北平、太原、旅順，大連、長春、台灣、廈門、福州、杭州等地，趕快疏散下鄉。（二）立即離開敵寇的軍事設施所在地，如敵人飛機場、兵營、倉庫、工廠、礦區、車站、碼頭、港口、橋樑、交通要點等場所。（三）莫坐敵寇控制下的火車、輪船、汽車和成批的帆船。（四）莫替敵寇行軍部隊帶路或挑運行李。

【路透社華西十八日電】據中國陸軍機關報掃蕩報載稱，陳誠將軍已在亟力執行其改組軍隊的計劃。他決定在盟國幫助下於明年改組卅個師。這些軍隊將裝備以最新式的武器。爲了改善戰鬥部隊的生活條件，他已增加士兵的菜食補助金五倍，薪金兩倍。

龍勝敵北竄

【中央社廣西前綫某地十九日電】龍勝敵一部圖向北竄犯，與我軍正戰鬥中。

【海通社上海廿日電】在日軍於華南迅速推進，表示將進一步進攻貴州及雲南之後，華西已突告沉寂。當此蔣介石政府重新遷移正於重慶議論紛紛之際，日軍突然停止了他們的進攻，一週餘以來均踏步不前。與此發展同時，重慶消息謂蔣介石已赴南綫，以親自指導中國戰事。（缺一句）東京與昭南的大陸交通業已建立起來，華南日軍似乎享有更大的運動自由，可於任何時候進攻任何地方。同時，日軍在緬北及緬中反對數量優勢敵人的××行動繼續中。據重慶消息稱，八莫城現已爲美國蘇爾頓中將指揮下的重慶軍所包圍，而英第卅六師則正沿密芝那——曼德勒鐵路緩緩地推進。

敵稱在緬北 痛擊重慶第三十師

【同盟社緬甸前綫基地十八日電】那米亞（那姆漢西北廿八公里）東方，我精銳部隊阻擊五三三八高地附近的重慶新編第卅師。該敵企圖奪取那姆漢，現已受我軍壓迫向北方逃竄。十三日夜，我軍更以一部巧妙地牽制那姆漢附近的敵主力，我主力部隊則迂迴敵人背後。十五日拂曉，一齊開始攻擊，逼使敵人陷入窮境，現正擴大戰果中。另一方面在八莫西南，在滇緬公路上我軍前進基地的前方，敵人準備進

辦法正商討中。

【中央社昆明十八日電】出席太平洋學會本屆大會我國代表團團長蔣夢麟，團員錢端升，定十五日晨離昆赴印轉美。團員張君勱、吳文藻、楊雲竹、寧恩承，邵毓麟五人，十六日午過昆赴印。

【中央社渝廿日電】中委兼國府委員王伯羣，以胃潰瘍疾不治，於廿日六時廿五分歿於陪都陸軍醫院，享年六十歲。歷年服務中樞，卓著勳勞。自民十七年始，即長大夏大學。

美參院議員說對日反攻 須在中國沿岸獲得港灣

【同盟社里斯本十六日電】華盛頓來電，美國參院議員馬德諸遜，十一日預測對日作戰的困難，論述如下：反軸心軍如對日實行總攻擊，不在中國沿岸獲得港灣，就無法實現。我所會晤的軍事首腦人員，差不多毫無例外的認為與日本作戰，一定要在中國或日本本土進行。要在中國進行對日決定性的作戰，需要龐大的物資，這一供應只靠雷多公路、滇緬公路，空運還是不够的，無論如何必需在中國獲得港灣。這一供應狀態如不改良，那麼對日作戰尚須繼續十年。

艾登對日軍退出 貴州表示很高興

【路透社倫敦廿日電】所有關心中國問題的人們，對艾登今晨在下院的聲明，均表示感謝。因為自日軍在華南發動進攻以來，此為英國政府負責發言人對中國戰爭形勢首次表示的官方反響。艾登的聲明係為了回答勞森氏（他是一九四三年英國國會赴華使團的團員）所提出的問題，此等問題涉及：（一）英國對中國的信心；（二）緬甸攻勢的進展；（三）英國援華政策。艾登首先談，最近日軍的進展變成為對中國盟邦的威脅。但是他深信，國會將願意表示它信任中國在戰爭第八年中所受的新考驗。艾登說：蔣介石委員長的公開宣言證明：日軍之排除已被以不屈不撓的精神予以回答。英國政府申言，英國政府對蔣委員長與其美國能幹合作者魏特梅耶將軍所正採取的步驟，表示休戚與共之感。艾登繼稱，他很高興的，中國形勢目前已較緩和，目前日軍至少已被逐出其所達到的最遠地點。「同時，中國境外的華軍由於佔領緬甸的八莫，已有了顯著的貢獻」。艾登說，完全擊敗日本及解放中國的事業，正因蒙特巴頓上將所指揮的部隊在緬甸及尼米玆上將與麥克阿瑟將軍所指揮的部隊在太平洋給予共同敵人的打擊而加速。在此聲明後，勞森問：是否已採取充分的步驟以裝備華軍，使他們比過去

攻，十一日以來，再度開始攻擊，我軍待敵人接近陣地時，痛烈還擊，將敵人擊退。

陳逆公博回寧

【同盟社南京二十日電】國府行政院院長陳公博氏，負着强化日華兩國關係的使命，於二十日下午二時五十分乘飛機到達南京飛機場。宣傳部為此，於二十日下午四時發表公報稱：陳行政院院長於上月十四日出國訪問日本，與日本政府當局就加强互助、貫徹戰爭等各種問題進行懇談後，於十九日由東京出發，二十日抵達首都南京。外交部長褚民誼氏則奉命為代表，去名古屋訪問慇懃地照料汪主席逝世的醫院，向盟邦官民的主席的主治醫生表示謝意，並參加將在該處舉行的追悼會。其他，蕭軍事參議院長、林宣傳部長則於今日隨同陳院長回國。

【同盟社東京二十日電】國民政府外交部長褚民誼及中國大使蔡培，於二十日下午四時，至首相官邸訪問小磯首相，會舉行重要的會談。

【同盟社東京二十日電】緬甸駐日大使蒂汶，於十九日下午三時赴外相官邸訪問重光葵外相，同日三時半國民政府外交部長亦訪問重光葵外相，並進行懇談。

吳鼎昌講黔省近情

【本報訊】據貴州日報載，吳鼎昌在十一月六日貴州省府擴大紀念週上講：本省最近因戰事關係，所處之地位已為後方之前方，一切自必須求軍事化，故全省政務自必做軍事上的準備。現本省東南路防守及作戰部隊，業經大量增加，並由中央統籌詳密部署，防務日極穩固。惟本省地方上的重要措施尚有數端：（一）軍糧。本省秋雨纏綿，影響稻穀，西北路有若干遲收縣份，轉成荒象，如水城、威寧等縣受害頗烈。所幸東路一帶收成較早，尚無大礙。而軍糧運輸，則因交通不便，頗感困難。至於物資運輸，係由中央管制，已電請中央派員來黔主持。關於機關部隊的補給問題，因原定款項甚少，購買補給，虧賠過甚，若攤派征購，則流弊叉多，亦電請中央設法解決，刻尚未奉復，正催辦中。（二）軍工。因修飛機場及其他防禦工程，所需軍工頗巨；本人出巡東南路，刻已可召集民工七八萬人。（三）地方武力。本省以往所有組織有欠健全。此次本人主持東西路冬防會議，特飭注意於國民兵團之組訓，並發動在鄉軍人幫同辦理。（四）地方治安。省境內，現除少數散『匪』外，所有股匪業已全部消滅。邊區要隘，亦已嚴密防守。

參考消息

（只供參考）
第七三五號
解放日報 新華社 編
今日出一大張
卅三年十二月廿二日
星期五

重慶市臨參會 質問全國慰勞總會貪污案

【中央社重慶廿一日電】重慶市臨參會二屆四次大會，廿號上午爲審查會，下午二時舉行第二次會議，由社會局長包華國報告社會局工作情形，其後參議員曹撐宇，臨時提出兩項問題，供各參議員討論：第一，報載全國慰勞總會貪污案，尙有數百萬元未能退回本會，應請政府如數退回，否則影響未來之慰勞工作。第二，七七獻金，共計五千餘萬元，於七月七八兩日全數收齊，但該項獻金，於八月十六日始交呈軍委會，轉交衡陽勞軍，慰勞何以如此遲緩，應請大會聯合有關方面，澈底追究，當經多數參議員贊同，並推派參議員三人，與慰勞總會負責人研究以後慰勞辦法，作成正式提案，便大會討論。

【中央社昆明十九日電】滇省臨參會二屆三次會，十九日下午舉行八次會議，選舉下屆滇省國民參政員八人，結果李培炎、范承樞、[illegible]錞、李鑑之、趙澍、陳庭雅、張邦珍（女）、伍純武等當選。其中李培炎、趙澍、張邦珍等三人係連任。

【中央社重慶廿一日電】國府廿日令：（一）福建省府委程星齡，呈請辭職，程准免本職。（二）任命朱代杰爲福建省府委。（三）任命張道行爲駐荷蘭大使館參事。（四）財部政次俞鴻鈞，另有任用，余應免本職。（五）代理財部常次職務顧翊羣，着無庸代理。（六）任命魯佩璋爲財部政次。（七）財部常次郭秉文，未回國以前，所有常次職務，派李儻代理。（八）教部常次顧毓琇，呈請辭職，顧准免本職。

【中央社貴陽廿日電】西南區電信管理局，短期內即可在筑成立，刻正忙於作，該局所籌備工轄區域，爲黔湘粵桂四省。

【中央社渝廿一日電】中央執 行委員軍政部前 次長張定璠氏靈柩，於廿

人民刻已陸續返城，惟目下食糧與鹽奇缺。

魏特梅耶參謀長 麥克魯首次接待記者

【中央社重慶二十一日電】魏特梅耶參謀長麥克魯，二十一日上午九時半，招待中外記者。麥氏首表示：第一，最近外界謠傳魏特梅耶將軍，將赴倫敦參加會議，此說完全不確。魏氏最近已去前線視察。第二，軍政部長陳誠，正致力於足量糧食供應前綫士兵之工作，魏氏及本人並努力協助解決此一重要問題。此項問題，極爲重要，蓋如軍隊進至前綫作戰，彼等必須獲得充足食物。須知兵士決不能果腹長期作戰，如彼等長期遭受飢餓，則根本不能作戰，職是之故，印緬之美國軍官，負責以食糧供應緬甸作戰之中國軍隊，且以各種方法保證糧食之適當供給與分配。緬甸中國軍隊之所以成就優良戰果，原因固多，然其中最主要之一項原因，厥係彼等獲得充分之食物是也。吾人對中國軍隊之食糧供應，與對緬北者在責任上則有不同，蓋此間各種供應問題，主要係中國當局之責任，吾人之責任不過盡力協助而已。吾人正以所有可能之物資，協助中國當局及人民，以適當之食物分配中國作戰士兵，就此任務而言，吾人深受陳部長之鼓勵與指導。第三，此次第廿轟炸機隊第十四航空隊及中美混合大隊之聯合轟炸漢口，乃今後共同努力出擊之先聲。吾人希望繼續此種轟炸，並集中吾人空軍力量，打擊日本在華之每一目標，吾人更將以可能出動之最大數目之飛機，以及最大噸數之炸彈，轟炸敵人在中國本土之每一供應港口。吾人在歐洲所採用最成功之準確轟炸技術，已被此間空軍所採用，但準確轟炸絕難達到百分之百之準確性，過去期間，吾人曾散發傳單，勸告中國淪陷區人民特別是日本供應中心軍隊集中地及飛機場附近之居民避開敵人之設施以外，吾人將繼續警告彼等，但爲軍事安全起見，吾人絕不能在每次轟炸以前，散發警告傳單，吾人所深切憂慮者，厥爲在敵人被逐出中國領土以前，中國無辜人民所遭受之不幸云。某記者以宋代院長表示關於滇緬路運輸之管制，中國政府曾與美國軍事負責人縝密研究一事相詢，麥氏答稱，詳情不悉。不過將來軍用物資之大量運輸，加強打擊敵人之力量，乃爲必然之事。爲實現此種重大目的，在運輸上求有效管制，亦爲必要之舉。某記者詢以美國最近援華之程度，麥氏答稱，美軍之作戰區域，距中國海岸不到一千哩，而美國距中國約在二萬五千哩以上，將來如果銜接起來，則彼時援助之程度，更爲强大。

日下午四時由美軍用機由北非卡港運柩抵渝郊白市驛。（按張係因病赴美醫治，半途而死——編者）

〔中央社迪化廿一日電〕新任外交部駐新特派員劉澤榮，廿日由蘭飛抵迪化，前任特派員吳澤湘廿日晨由迪飛渝。又新省郵政管理局長沈養義，奉命赴美考察，於廿日晨飛渝。

〔中央社重慶廿一日電〕渝市新聞記者公會，業已籌備成立，籌備會十九日開會議決，自本月廿一日起至廿七日止，為徵求會員期。

〔中央社渝廿一日電〕陸軍第一九六師軍械主任劉宛遠，先後盜賣輕機關槍四挺，七九步槍彈六十五箱（每箱五百發），得價五十餘萬元，經重慶衛戍總司令部發覺，解送軍法執行總監部訊明判處死刑，聞於十二月十八日執行槍決。

〔中央社南鄭廿日電〕入冬以來，陝南物價跳動甚烈，尤以柴炭與麥粉為甚。戰區長官部為安定人民生活，將組織陝南物價審議會，指導監督各縣、實施陝南物價全面管制，生產區以至消費市場一律議價。尤注意查緝公務員軍人假藉職權經商，制裁組長由戰區軍法監兼任。

桂陽難民逾十餘萬

〔中央社貴陽十八日電〕筑市近半月來，因戰事一度波及黔疆，由湘桂流離來此之人口達十餘萬衆，街上行人熙來攘往，致食用品、燃料及勞力價值較前高過一倍或數倍不等。難民所迫切需要解決者為棉衣棉被醫藥等。值此嚴冬，渠等因缺乏衣被，無以禦寒，因為患病者為數甚夥。其中若干年富力強之知識份子及專門技術人員，則均急待覓取工作。現難胞行列仍源源而來。

〔中央社貴陽廿一日電〕關於運抵筑市數萬難胞之安置問題，社會部谷部長現正與黔省府當局會商中，不日即可有確定辦法。又谷部長因鑒於滯留都（勻）筑途中之人民為數尙多，前會一度派員赴貴定、龍里一帶疏運，現又定廿二日再度派員隨帶大卡車五輛，前往都勻接運老弱婦孺。

〔中央社重慶廿一日電〕湘桂難胞救濟委員會工作，業經積極推動，即將修理陪都各收容所房屋，訂製寒衣五百套，即日派員前往分發。

〔中央社重慶廿一日電〕貴陽訊，國立貴州大學前一度奉令局部疏散，茲悉該校已決定移回貴陽花溪原址，約在明年初可復課。

〔中央社筑廿一日電〕黔南慰問團已於十八日由都勻抵達獨山。現獨山城區只見一片瓦礫。據縣政府調查，全城僅存房屋二百餘間，損失慘重。疏散

同盟社自承
大陸交通綫難於完成

〔同盟社東京十八日電〕從東京經由大陸到越南、泰國、緬句、馬來亞方面的陸上連絡路，在世界上亦是人烟稠密的有數地區。在物資的流動上亦是很活躍的。但到現在為止，還不能完成這一連貫東印度各國的縱貫鐵路，並不是奇怪的事。為何能有此奇怪的事情？這裏有三個重要原因。首先是由於亞洲的不能統一。亞洲在以前被一些非亞洲的勢力，分割為很多的勢力圈甚至於殖民地。第二是由於亞洲人民衆資本、民族技術非常不足之故。無論在資本上或技術上，只有日本有能力來自力建設此亞洲縱貫鐵路（為了繁榮亞洲民族）。第三是美、英、法，尤其是英國海運業獨佔東亞利益的野心，利用一切機會妨礙縱斷大陸的陸上運輸路的實現。如上所述，原因是多方面的，因此亞洲大陸縱斷鐵路本來當然能夠實現，却迄今不得實現。日本能夠堅決打破這一不自然的狀態。日本這一非常正確的認識，由於中國事變發展到大東亞戰爭，而產生了一個非常具體的『樣相』。從前當遇到以上的障礙時，日本不能以一國的力量來克服，但現在開始感到實現大陸縱貫鐵路，是皇軍在軍事上的成功與非常可能的事情。現在從東京到昭南未敷設鐵路的地區，僅有桂林、柳州間與西貢百靈弃間的八百卅公里。

德寇國內報紙
對西綫『反攻』前途悲觀

〔海通社柏林二十日電〕西綫德軍攻勢繼續成為星期三德國報紙討論的主題。此間可靠情報，德國正式戰爭公報稱：美第一軍前綫已被『擊破與分裂』。人民觀察報星期三社論指出：雖然德軍攻勢尚在初期，但它可以×××。宣稱：德軍攻勢已獲得勝利：使敵人受到突然的襲擊，敵人已完全失敗×××。德軍在擊破與分裂美第一軍前綫之後，現在面臨擴展××勝利的任務。這一任務無疑地是廣泛地××，因為敵人將必然竭盡其一切力量，以反擊挫敗德軍計劃。該報警告德國人民不要太樂觀，指出：艾森豪威爾可以調動大量師團，包括許多摩托化師團，這些師團無疑將投入戰鬥，以封閉被分裂的美第一軍前綫的缺口。其他德國報紙亦現實地觀察情勢。各報勸德國人民慢些高興，因為德軍面前依然有困難的任務，各報都提及邱吉爾上週在下院聲明中所列舉瓜分帝國的計劃，各報都表示堅固信心，德軍將勝利擊潰這些計劃。『德××』報稱。兵士將承担使敵人永遠沒有實行邱吉爾所列舉的殘忍的瓜分計劃之機會，邱吉爾無疑想以東普魯士與東部波蘭交換。

同盟社評
德寇西綫『反攻』

【同盟社東京廿日電】西綫德軍突然在亞琛以南約五十哩的戰綫上，向美英法聯軍猛撲，舉行大反攻。在此次反攻中，德軍把全力集中此一綫，頗有決戰模樣。在此猛烈攻勢前，同盟軍甚為狼狽，美方廣播且認為德軍此次反攻，很像一九四〇年德軍一舉擊潰法國，把英國趕至敦克爾刻時的突破作戰。自斯大林格勒，諾曼第以來，德軍都是在進行撤退作戰，並迅速退至德國門口。若再照樣退下來，德國就滅亡了。要挽救德國，只有動用全部力量，在此處突破的一條道路。在歐洲方面，德國所處的地位既如上述，那麼太平洋方面日本的處境如何呢？自瓜達康納爾以來，日本也是忍辱負重地向後退，雖然會給美軍以重大消耗，在過去一年內，傷亡美軍二十二萬六千人，然而戰局的整個形式，日本是被迫後退的。可是日軍的後退，也有它一定的限度，在正面太平洋便是菲島，因而無論如何要守着這個地方，（缺一句）所以與西部戰綫的德國，有同樣的意義。敵人在明多羅登陸，實是淺理的作戰。紐約時報軍事評論鮑爾溫會警告道：美軍已進入狹仄地帶，今後一定隨時都會感到日軍得意的奇襲的苦痛，而且說這是美國的新危機。不管美人如何看法，我們日本人一定要深切的認識到，菲島作戰的重大性。要認識這一戰，是決定生死的一戰。所以為了戰勝，只有進行出血戰，到處迫使敵人出血。過去一年我們傷亡美軍二十二萬六千人，今後一年將要殺死一百萬。現在，德日兩國東西遙相呼應，實已進入必勝的決戰。

同盟社談
微妙的紅軍動向

【同盟社斯托哥爾姆十七日電】倫斯德特在西綫的攻勢，莫斯科似也大為震動。德軍當局嚴密的『消息封鎖』，使莫斯科苦於揣測這次攻勢的規模以及倫斯特德將軍的意圖。因而直到現在仍保持着『靜觀趨勢』的態度，避免加以評論。莫斯科軍事消息靈通人士的興趣現集中在兩個問題上。

（一）德軍抽調了多少戰術後備軍開往西綫？東綫的德軍防綫是否因此而有了空隙？

（二）紅軍如何出動？

東綫紅軍，對在西綫遭德軍攻擊的盟軍，採取袖手旁觀抑或發動大攻勢以援救盟軍，這是一個問題。如果紅軍為了有效地牽限西綫德軍而出動，那末它的方向無疑地將不出目前存在的三個戰場，不從匈牙利或東普魯士戰綫，就一定是由國境渡越維斯杜拉河的戰綫。

與大主教大馬斯金諾斯為希臘攝政。

傳羅馬尼亞副總理遇刺

【中央社渝廿一日電】據柏林廣播，布加勒斯特訊，羅馬尼亞副總理葛洛查，昨夜於布加勒斯特大酒店遇狙擊，險遭不測。葛氏乃羅馬尼亞共產黨人，現該酒店之嫌疑人犯，均經逮捕。並將帶至軍事法庭審訊，詳情尚待披露。

【海通社布加勒斯特十日電】布加勒斯特無綫電宣佈以拉得斯哥將軍為首的羅馬尼亞新閣全體名單如下：總理兼內政部長拉得斯哥將軍。副總理彼特·格羅查，外交部長維索查奴，陸軍部長尼古勒斯庫將軍，戰時生產部長，布拉西奴，財政部長拉明卡奴，司法部長巴特拉斯卡奴，經濟部長呂庫西亞，農業部長第摩，勞工部長拉杜西亞奴，交通部長喬治·德，社會保險部長尼可勞教授，社會服務部部長索維摩，職業團體部部長費梯羅教授，少數民族部長拉可維卡，衛生部長窩波路，教育部長沃塔。

日寇報紙說
要在華北擴大種洋芋

【同盟社東京十七日電】（讀賣報、知新聞短評）：根據高田博士著『人口與食糧的政策』一書，日本的主要食物如果不由米、粮食等主要食粮，改為甘薯、馬鈴薯，那末將來人口增殖時，就無法應付。華北蒙古方面，都在積極栽培日本輸入的甘薯、乾燥的河沙性土壤，是很合適種薯類食物的，不僅中國農民很高興地忙於增產，就是連中國共產黨那夥子人，也想把日本洋芋，偷偷地尋找到手，不管重慶或者中共，只要他們有了粮食，他們便可能穩穩地站着腳。但是東西也流到與日本合作的中國人方面。很多中共系的匪賊出沒於華北交通公司經營的鐵路沿綫，他們來尋找甘薯種籽時，就很平靜，當日本派遣的園藝慰問團赴當地時，他們決不毆打，跟日本合作或反抗的人都是中國人，他們所尋找的就是芋類的食粮以及參觀園藝的精神食粮。從事耕作的勞苦人如果不平靜地與華人商議，確立對華政策的基礎，那也許是百年的苛政。

日寇每日新聞
辯釋敵寇非侵略國

【同盟社東京十九日電】每日新聞論文：英美最近宣傳日本為侵略國，這一宣傳與昭和十八年秋天所謂『在香港虐待俘虜事件』，是同樣的一個欺騙宣傳，實能令人笑死。殺人強盜的英美，不顧正義人道，此種不可思議的道德，實使我們大吃一驚。美國

「同盟社里斯本二十日電」德軍在西部戰綫劃時期的巨大攻勢，進入第五日，現在似乎正在發揮猛威。德美兩軍都在實行對戰況的統制報導，因此詳細的情形不得而知。雖然如此，艾森豪威爾司令部的路透社記者斯蒂因，在二十日已指出反軸心軍情况的不利，已是昭然若揭的事實。由此點看來，倫斯特德攻勢已被阻止的報告是完全沒有的事情。他說：「德軍坦克與步兵大部隊，在過去五十二小時內，深深楔入戰略上的最大要衝列日、盧森堡，似已形成圍攻佛勒茲的形勢。反軸心軍首腦部爲了改善事態，正在拚命工作中，但因天候惡劣之故，幾未獲得效果。

雅典英軍處境不妙 空軍司令部一處被佔

「路透社雅典廿日電」星期三路透特派員報導：官方公告皇家空軍指揮部一處，已爲游擊隊佔領，戰鬥延續星期一竟日，並一直到晚上。該指揮部在雅典東北十哩基非西亞療養地山麓。英裝甲縱隊載回若干皇家空軍及陸軍人員返雅典，其中有皇家空軍參謀官若干人。（摘一句）空中活動仍繼續中，未受進攻的影響。

「海通社柏林十九日電」據悉：在雅典——比里猶斯公路一綫，英軍遭受另一挫敗，解放軍以迫擊砲與機槍火力迫使英軍放棄控制體育場之高地（此地係英軍於數日前佔領者）。據星期二斯科比將軍總部公報稱：保衛阿佛農監獄的英軍被迫撤退，他們帶走政治犯約七百名，內有前總理爾哈里斯與潘加羅斯將軍。監獄本身已遭砲擊，並起火完全焚燬。

「合衆社雅典廿一日電」自雅典戰事開始以來，英軍得以首次大規模散發食物及其他救濟品。由於英軍在雅典市心中「孤島」的擴張，英美救濟機關已開始給肅清地區的七萬五千居民散發六千噸的罐頭肉，平均每人約得卅六盎斯。（關於英軍是否對解放軍大砲陣地發動全力攻勢一點，現尚弄不清楚，此攻勢原定於下午九時以「野砲、海軍砲、掃射火箭及炸彈」開始。）最後消息稱，解放軍已被逐出雅典市中心及西部的新地區，其中二處在阿克羅波里斯的東北，另一處在雅典——法里昂公路的西北。

「路透社雅典廿日電」斯科比將軍今夜（星期三）發表下列公報：「雅典與比里猶斯無新發展，此處我軍在肅清雅典——法里昂公路上叛軍抵抗中心方面，仍在進展中。援助空軍司令部的戰事繼續中。駐守於沃羅斯的空軍已安全退出薩羅尼加與巴特拉斯，形勢仍無變化。」

「路透社雅典十九日電」希總理斐邦德里歐於今日致電希王，建議任命雅

要建立國家擴張領土，遂侵略英國而毫不慚愧。英國的建國，是開始於盎格魯撒克遜民族侵略英格蘭的凱爾特族，他們就是這樣教育本國的國民學校兒童。東印度公司以來，英國在印度、非洲、澳洲的行動，就表示了侵略的典型，特別值得注意的，就是現在反軸心國——蘇聯、重慶亦有受英國侵略的經驗。美國從一七七六年脫離英國以來，即向西向南蹂躪同種的現地居民、擴張他的領土。美人福萊查在研究美國與俄國心理時斷言稱：美國的宗族表現如果實行，那麼應叫爲「强奪土地的種族」。我國在日清戰爭後曾獲得台灣、日俄戰爭後獲得南庫頁島、前次世界大戰獲得南方群島、明治四十三年又合併了朝鮮。但台灣原來並不屬於中國，台灣居民是接近大和民族的高砂族，而且日本人與中國人均向該地移民，由於我鎖國的結果，移民增加終於歸我國。庫頁島原來是日本的領土，亦可以說是一種收復失地。談到朝鮮，「日鮮同體」、「日鮮古來親父」的事實，或「日鮮民族的近似性」。遠非中國人所可及。我國經過了日清、日俄兩戰役，使國家的命運達到獨立，接受朝鮮的希望合法加以解決。關於滿洲國，它和日本完全一樣是一個獨立繁榮的國家，這一事實是很清楚的，這一歷史事實爲什麼却說是侵略國家。如果把進攻珍珠港說爲侵略行爲，那末美國的對日經濟絕交，A、B、C、D的對日包圍又是爲了什麼？正如萊栖大使所說：「總合國力小的國家，敢於侵略大國而且是兩個國家的大國，這是常識上能說通嗎。」因此英國生產部大臣說：「由於美國壓迫日本太甚，所以使日本終於對美英宣戰」，這一說法決不是失言。昭和十八年十一月五日決定的「大東亞宣言」，更把我國的眞義最具體地表現出來，這一原則已由我國逐漸推廣到大東亞各地，特別是緬甸與菲律濱的獨立，就是光輝的結實。又在中國大陸，對國民政府實行了交還租界撤廢治外法權，現在的我軍作戰亦是在於粉碎美英的侵略制霸企圖。此種光明正大的言論和行動，使敵人英美的侵略主義完全破產。在日本此種光明戰爭目標之下，美英並沒有忘記依靠大砲即可容易的獵選戰利品，他們希望擴大領土，使弱小國家半殖民地化，獲得利權，確保運路線等等。美國已公然提出領有太平洋的全部島嶼，對澳洲、東印度群島、亞洲西部的野心，已非常明顯，特別是美國的資本家們，代替了英國奪取印度的資源，並對中國蘇聯（特別是蘇聯），依靠向這些國家賣出戰後復興資材，以維持本國資本家的繁榮，此種同床異夢的結果，在他們之間正議論第三次世界大戰問題，此種議論之中，究竟誰是侵略國？這一假定是非常有趣的。

參攷消息

（只供參考）
第七三六號
解放日報 新華社 編
今日出一大張
卅三年十二月廿三日
星期六

掃蕩報促美軍速在中國登陸

「合衆社重慶十九日電」中國軍機關報掃蕩報，促請美軍於完全佔領菲律濱之前而非其後在中國海岸登陸。理由是『日軍正忙於加强海岸的防禦。以後美軍登陸將遇到較强大的日軍扼守的據點，較强大的日軍扼守的海岸陣地，美軍去擊毀它們時將更加困難。如果我們認為這一登陸在由中國大陸擊毀日本的戰略中是必要的話，那末我們必須及時趕速行動。』掃蕩報繼稱，日本在中國於突破貫通大陸的走廊後，正對將來美軍在中國海岸登陸覓取對策。謂日軍已自廣西南部的南寧向海邊推進，抵雷州半島以西×××灣附近之××縣。在廣東、福建、××日軍均忙於加强該處的工事。美軍一旦在中國海岸登陸，便將遇到中國東南部華軍之歡迎與合作。日軍雖滲入湖南與廣西，『並未牽制中國東南部華軍一兵一卒。這些部隊大部份是久經鍛鍊與富於經驗的戰鬥部隊。××××運至中國越快，日本失敗就越早，中美生命犧牲的就越少。在這種場合下，美軍立即在中國海岸登陸乃是普遍的要求。』掃蕩報促請蒙特巴頓立即向馬來亞發動進攻，『由日本在菲律濱××的生死鬥爭看來，用最小的努力可獲得最大的結果。這是我們的看法，不知蒙特巴頓的看法是否與我們相同』。

大公報社評 國民黨人事調動

「大公報」社評：論中央人事調整（十一月二十一日），主張延納少數黨外人士為不管部的國務員，組織戰時內閣，專討論政策。『我們理想的機構調整，宜以少數主要部長為中心，另延納少數黨外政治家為不管部的國務員，組織戰時內閣（或小內閣），專討論政策。如此，在政治意義上有民主團結之風，在實際國

視聽。……但若這個集體，只以孟子所謂『左右』為限，或以有求有賴於我者為限，是很容易上當的。若寄耳目於大衆，則可視聽於千里之外。』第二、『集體思想。……只要有真正發揮反面意見的自由，雖中才也可以得到超越的智慧。』第三、『不失時機』。第四、『不省氣力……割牛若用雞刀，不知一割需要幾年？』『杯水車薪』一個比喻，差可形容無效的改革』。關於操縱現實，要『（一）主動的而非被動的……要主動必先有主見。（二）發揮的而非防範的。……大凡一個政權，在其初建立時，防範有其用處，長久之後，力量全在發揮的政治效能中得來。防範是無益乃至有害的。（三）大韜略而非小術數。（四）進取而非保守。』作者最末論到現實之敵，認為亦有四個：感情主義，官僚主義，面子主義，能為主義。作者結論道：『內政的最大實現，是徹底實行三民主義，尤其是民生主義，這樣，政治的大發電機開動了。外交的現實，是强化一切大國的友誼。』

外部在迪化歡宴蘇領事

「中央社迪化廿一日電」外部亞西司長卞道明，廿一日晚在南辛園歡宴蘇聯駐迪外交官員，並歡迎新任外交特派員劉澤榮。席間卞氏與蘇駐迪代總領事葉福進先後致詞，均稱道中蘇邦交之悠久，一致表示增進友誼，加强合作之願望。一再舉杯祝兩國領袖健康，友誼增進。

重慶本年稅收六億元 其中一半是酒稅

「中央社渝廿二日電」重慶市稅務分局本年度原定稅收額為三億一千萬元，目前收入已超出原額之一倍約六億元。其中以酒稅為最大宗，約佔三億元。

「中央社渝廿二日電」卅一年同盟勝利公債截至本年二月底，各省市解庫數共計一萬萬餘元，經公債籌募委會加緊催解後，現達七萬萬元。卅二年同盟勝利公債開始籌募之時，適值河南、湖南兩省相繼發生戰事，鄰近各省因受軍事影響，推動困難，該會除已視戰事進展情形，將河南、湖南、廣西、貴州等省籌募期限分別酌予展延外，其他各省市經派員督導加緊籌募後，據報甘肅省配額七千萬元，新疆省配額五千萬元，已如期募足。重慶市及浙江、江西、陝西等省均已超過半數。四川省年內可募起三萬五千萬元。其他各省正積極催繳中。截至目前止，統計各省市所募卅二年盟債債款已達七萬萬

務上可不爲行政事務所糾纏。我們這樣說，不一定是對中央這番人事調整感覺不滿足，我們以爲能變就好，能改革就是好的，同樣我們也認爲這是改革的初步，還能繼續變好。」

『新蜀報』社論：萬事以阻敵爲先（十一月二十一日），國民黨政府之改組，如只調換人事而不改革政策，則在阻敵深入上並無實際意義。『這種調整究竟够與不够，那全視各人的看法而異，我們不願多所評論，現在只想提供一個原則，就是：『萬事以阻敵爲先』。合乎這個原則的，我們便說它是好的……反之，若是只改變形式而不更動內容，或只調換人事而不改革政策，則在阻敵深入上既無若何實際利益，我們便認爲它是無足採取。」

二十二日社論：行政上的人事與作風，續論國民黨政府改組，認爲新舊任的政治措施，變更不會太多；如只換人物而不改政治作風，則於事很少補益。『不過我們曉得，這次變更了的幾位新人，實際上都還是舊人，都還是被大家所熟悉的人物，因此我們可以推斷新舊任的措施，其變更之處，不會太多。我們本於已往客觀事實，覺得人事上的問題是一件事，是革新政治的一個主要條件，而同時，政治上的作風也是一個革新政治的主要條件。假使全盤的政治作風不變，而只寄托一些新希望於幾個新人身上，或者，這幾個新人的作風又不變，如此，則人事的變動，只是官事的改換，於行政效率，抗建大業，强國興革，人民福利諸大端，仍恐在實際上很少補益，我們更直率點來說，舊作風下產生不出新人物。」

新民報社論：視中樞行政改組（十一月二十一日），認爲主要應改變辦法與作風，否則無濟於事。『現在各部首長，儘管職務略有更動，但沒有一個是陌生人物。他們將如何來轉移風氣，振奮人心這需要有大魄力，有大決心，而決不是一成不變的『蕭規曹隨』所能濟事的。國事到了現在，要想挽救危亡，振奮人心，轉移風氣，人事調整固然關係甚大，而最主要的還是在辦法與作風。」

傅斯年論『現實政治』

【本報訊】傅斯年在十一月十九日的大公報上發表『現實政治』一文。說：『現實政治是政治的方法論』，沒有這個方法的民主，『就是亂民主……若只有現實而無主義，必成所謂機會主義』。關於把握現實，他說就是『要如何覷定它（現實）上面，而不爲它所壓倒』：要有：第一、『集體

元，預計至本年底可募起十萬萬元。

四川兵役犯數起

【中央社渝廿一日電】渝郊某地所駐新兵，均爲出國部隊，政府對該地新兵主食、副食、服裝、經理均特予優待。兵役部爲明瞭實際情形，日前特組成臨時點驗組前往點驗，發現該處四十五補訓處第二團竟有人數不符，尅扣薪餉、草鞋費及吃空、虐待等情，並在該地一營二連連長辦公室搜出賭具。點驗組將各情形報告後，鹿部長極爲震怒，廿日當召集該地部隊官兵嚴加訓誡。該處第二團種種不法舞弊情事，經鹿氏考査屬實，當將該團長李東等數員帶回兵役部訊辦。

【中央社渝十九日電】前兵役署駐達梁師管區視察周煥文，及該員所派視察組長龐錦輝、組員張信等，近經達梁師管區周司令及渠縣臨時參議會呈控該員等違法貪汚，龐錦輝、張信二員貪汚納賄，販賣槍枝烟土有據。兵役部據報，已電飭將該人犯贓物證件一併押送軍法執行總監部依法訊辦。又現駐白市驛之成苗師管區壯丁第一大隊第四中隊隊長劉文彬，因侵蝕壯丁存款，私買武器。兵役部據報，當經派員徹查屬實，已飭將該員撤職拘送軍法執行總監部訊辦。又四川灌縣縣長孫實先，因辦理役政因循敷衍，業經主管方面商准四川省政府予以撤職，用爲漠視役政者戒。

雲南護國紀念 昆明單獨舉行

【中央社昆明廿二日電】雲南護國起義紀念，最近經中執會核准恢復單獨紀念後，滇各界決擴大舉行，全市將於是日開會，暨舉行提燈遊行會，並准市民燃放爆竹。

【中央社重慶廿二日電】中央公教人員食鹽每月配發實物一事，辦理以來，頗多不便，聞已經當局決定由明年一月起停發。

【中央社重慶廿二日電】戰時運輸管理局定明年元旦正式成立，該局直隸於軍委會，由俞飛鵬、龔學遂分任正副局長。將來成立後，所有政府各部門之陸空運輸機構或歸該局管理，或由該局直接指揮，期戰時運輸管理臻於一元化。

【中央社渝廿二日電】據悉湘災籌備會頃接旅筑湘籍人士警告，湘省難胞本月到達貴陽者近萬人，刻仍陸續湧到，皆奔走數月，衣物無存，面目黃黑，值茲嚴寒時節，慘不忍睹。現時由谷部長主持臨時收容，但尙非根本之策

，僉認遷徙赴湘墾殖或經商，較長途跋涉來渝及流離外鄉較爲允當。該會接電後，經理事長程潛與各常務商定，於廿二日由湘省行匯款二百萬元至筑，交由筑同鄉會分發救濟，並分電谷部長、賑委會駐筑辦事處及湘省黨政當局迅撥巨款，籌商分批接送回湘辦法。對沿途安全及交通便利，尤盼妥善籌劃。

【中央社沅陵廿一日電】湘省立農工商三專科學校，自南岳陷敵後，輾轉播遷東安、新寧，備歷艱難。三校師生近始陸續分抵武岡、安江、辰谿，頃擬在沅設臨時辦事處，並籌備覓址復課。

海通社驚呼
紅軍冬季攻勢開始

【海通社柏林廿二日電】蘇軍冬季攻勢以約二十五個師團對考爾蘭德（立陶宛）德軍陣地的第三次進攻而開始了。前綫其他地點，諸如東普魯士及沉寂數週的加里西亞等地的戰鬥，預期在最近將來即會展開。東普魯士境內，蘇軍過去二十四小時內在三個地點以營至團的實力實行局部的進攻。現在考爾蘭德第三個防禦戰，二十四小時以前在黎巴瓦以東九十哩的弗雷恩堡西南及以南三十五公里前綫上展開。一小時半的時間，蘇軍千門大砲猛轟德軍防綫，他們至少發砲十五萬發。同時蘇聯空軍積極準備集中進攻。蘇聯損失飛機五十六架，激戰仍在繼續中。匈牙利境內的焦點，星期二日激戰亦形發展。斯圖爾維遜堡與多腦河之間，維爾頓茲西邊，蘇軍攻擊部隊獲得某些進展之後，遭遇德軍坦克的進攻，並且停止下來。德軍部隊此次毀敵坦克三十三輛。斯洛伐克南部邊界，格蘭河中游以東繼之發生激戰，格蘭河從北流向南方，在格蘭城（埃菲特爾哥姆）附近與多腦河會合。星期四，蘇軍機動部隊在那裏經過的北方的狹窄的前綫缺口獲得進展。巴拉薩——某河爾瑪特以東十五公里斯朵斯邏尼附近，密斯科爾茲以北上撤約地方，蘇軍重新突破的企圖已告失敗，坦克支持蘇軍進攻，蘇軍已被德匈部隊擊退，只在凱車夫以南打開許多小缺口。德軍攻擊機在星期四日再度支持匈牙利戰鬥，德機轟炸道路、橋樑，並重創鐵路橋樑。此外，他們轟炸與以機槍掃射蘇聯供應運輸，特別是在斯圖爾維遜堡、斯波立薩各區域。據獲悉，毀敵汽車及馬車一百餘輛，坦克數輛（確數尚未證實）也被毀。在空戰中擊落蘇機十八架。加上在考爾蘭德擊落的五十六架，星期四日蘇軍共損失飛

報導機關，傳言德軍已將全部戰略預備軍投入此次倫斯特德的攻勢，但德軍的攻勢目標，究在何處，只有希特勒元首知道，實不容許軍事評論家輕下判斷。但打開地圖一看，其直接的戰術目標，是很清楚的。第一，德軍舉行反攻的地區，在反軸心軍魯爾攻勢與薩爾攻勢之間，只要反軸心軍把主力集結在這兩個攻勢上，德軍必然要把攻勢對着反軸心軍最薄弱的地方，因爲這些地方是突破反軸心軍陣綫最好的戰略地區。第二，德軍在上述地區突破，給在魯爾、薩爾兩地區展開攻勢的反軸心戰綫，以重大的側面威脅。關於這一攻勢立即發出來的效果，從元首行營公報中指出，美軍在亞琛、魯爾兩地區發動的攻勢，已逐漸無力看來，其效力是很大的。另外從攻勢開始後不幾天，反軸心便投入兩個預備師團，於蒙齋南方發動無力的攻勢觀之，反軸心軍是如何地狼狽，可想而知了。不過問題還在於德軍這攻勢，能夠打到那裏，據二十日巴黎合衆社電：艾森豪威爾司令部推斷倫斯特德的兵力，有十五個步兵師團，六個裝甲師團，六百輛戰車。自然這些兵力，僅是前綫上的兵力，還沒把預備兵力計算在內，而德方的情報，對此則僅列舉下面兩點：（一）德軍的兵站綫很多，（二）這次攻勢的方向與一九四〇年春進攻法國完全一樣，而直接指揮的，也同爲倫斯特德元帥。對於該方面的地理，德軍知之甚詳，因而今後的勝敗，已甚明顯了。不過也不應忽略還種可能，反軸心軍突破圖本（譯音）威脅倫斯特德的側背。

【同盟社里斯本廿一日電】德軍已切斷列日、巴斯吞、亞爾倫鐵路，該鐵路對於薩爾、魯爾兩戰綫的反軸心軍來說，是最重要的供應路，這事是艾森豪威爾的一個致命傷。美第一軍路透社隨軍記者，報導敗將荷吉斯的見解，荷氏說：在今後一週中，畢竟不能堵住德軍的進擊。自巴黎拍出的美聯社電，亦自餒地說：『從艾森豪威爾司令部鬱悶的空氣中可以看出：本週自不必說，而下週即付以全付精力，亦不能挽回大勢。』又據巴黎來電稱：艾森豪威爾司令部於二十日午夜，曾向記者說明戰爭概況稱：『德軍對美第一軍戰綫巨大的反擊，日益猛烈。德軍已獲得相當的進展，而必須覺悟到，德軍還能有更大的進展。美軍計劃在一個地方竭力阻止德軍前進，但最近數日的天氣非常惡劣，如二十日那天，反軸心軍的飛機一架也不能起飛，因此正努力採取對抗措置中。』

機七十四架。

【路透社倫敦廿二日電】德國海外通訊社今日稱：蘇步兵十師，由砲兵、飛機協助，由細倫加湖兩邊，向布達佩斯東南四十哩德軍堡壘塞克斯費西瓦爾前進。該通訊社續稱：紅軍造成若干局部性的裂口，「隨後即在反攻中封住」。

紐約時報記者
論英美蘇關係

【路透社倫敦廿二日電】紐約時報倫敦特派訪員稱：本週由於盟國政策的分歧，懸疑了三大列強在軍事與政治計劃中觀點的很大分歧，這大大動搖了人們對聯合國將來團結的信心。這種分歧的存在，是因對英國在希臘的措施，及蘇聯對波蘭的態度而引起的各方不滿的一個說明。下次三強會議的基本目的，似乎一定是消除這種分歧，或建立另一商議機構，這機構能夠維持世界安全，但人們預期在×××範圍內沒有這種×××機構。現人們認識到德黑蘭會議與魁北克會議的決定，是××性質××××。外相艾登本週在下院稱：美蘇事先已同意英國在希臘的作用，這意味着其他兩國同意英國應最後解放希臘，此外 處理國家底政治復興。顯然地關於英國在政治範圍中將施行何種方法或政策，未獲得詳細的協議。對波蘭的情況，顯然也採取同樣的手續，英美同意蘇聯在該處的控制作用。艾登本週在下院稱。如果英國人知道意見的分歧僅僅由於對希臘政治上的處置而引起的，美蘇軍隊將參加英國家底×××。顯然地盟軍不能在每個被解放的國家裏，實行這種政策（缺幾句）在政治的政策上的意見分歧，是由於對波蘭與比利時的處理而引起的，這是很有意義的。原因是（下缺）

同盟社評
西綫戰局

【同盟社柏林廿二日電】倫斯特德部下的德軍，出動戰鬥轟炸機及▽一號▽二號新式兵器，實行猛烈轟炸砲擊後，於十六日午前五時卅分，在從亞琛直南廿六公里德國領土，至盧森堡東廿公里德果爾長達一百公里的戰綫上，突然舉行攻勢。據德軍事當局公佈：最初廿四小時的戰鬥，該方面美第一軍陣地，迅速呈現四分五裂的混亂狀態，德軍司令部為了不把情報透露給美軍，已統制有關戰況的報導。又艾森豪威爾司令部，亦於十九日以後，統制消息。故在柏林不太了解前方戰況。但根據艾森豪威爾對記者透露出來的情況，大體上德軍已在四個地方，突破比利時、盧森堡國境。德軍的主力分為兩處：一處在比利時，有從列日直搗那慕爾之勢。其他在盧森堡，從盧森堡市南取麥次，深入西部戰綫的反軸心軍陣地，然後各個擊破之。反軸心

「戰爭與工人階級」斥「區域協定」
法奸否認戴高樂有權訂法蘇條約

「海通社柏林廿二日電」莫斯科訊，『戰爭與工人階級』批評『區域協定』一詞，而欲代之以『安全地帶』。該刊說：在政治文件中，『區域協定』經常被用作××強權的×××，勢力範圍以及類似的東西。另一方面，無疑的建立安全地帶的可能對維持普遍和平起重要作用。因此，蘇聯試圖與其各鄰邦建立友誼關係，是不必介意的。

【海通社柏林廿日電】法國情報專員——政府委員會的委員加恩•盧卡勒，由『法蘭西』無綫電電台發表關於戴高樂政府與莫斯科簽訂協定的聲明。他代表政府委員會說：『委員會認為協定無效。該協定是不值得各報摘錄的，因為戴高樂是不配在政治上約束法國的外交的。法國唯一的真正的當權人士，是經總選選出來的那些人，在一九四〇年七月已將國家主權與權力交給國家元首貝當元帥了。只有他才有資格簽訂國際協定。即是某政府承認戴高樂，這並不會改變貝當元帥的地位。貝當從未將這權力交給戴高樂與比道爾。目前，只有法國保衛民族利益的政府委員會及其委員長布利農才有這種權力。他結語時稱：戴高樂與比道爾在莫斯科簽訂的協定，是外交行動、沒有任何價值，在任何方面都不能夠約束法國。

敵同盟社報導
美在印勢力增加

【同盟社仰光十八日電】最近印度忽增加對日反攻據點的色彩，隨着美軍事勢力的積極活動，使印度已變成美英兩國五相傾軋的中心地帶，據最近到達此間的情報悉，美國自開戰以來迄今僅三年時間，已在空軍與軍需工場方面，相等於或超過英國在印度的既有勢力。即是說在航空方面，美國有六個基地，英國有兩個；飛機組織與修理工場，美國十個英國四個，美國有五個航空訓練所，英國有十個，說明美國是以絕對多的數字超過英國。其次在軍需工場方面（有關製鐵、砲彈、汽車、坦克等），美國有九個、英國有十個，彼此幾可匹敵，僅僅在海軍有關設施上，美國一個英國七個，好容易保持着印度支配者的招牌。但是在握着決定戰局勝負關鍵的航空勢力上，如上所述，美國是佔着絕對的優勢，結果將大大增加美國在印度的發言權。英國雖表面上企圖利用美國勢力的伸張，以便增強自己的戰力，如澳洲已任憑美國勢力擺佈。然而現在以至於後方的印度，亦為美國所壟斷，這到底是不能忍受的犧牲。圍繞着這一點，可以說兩國的傾軋與磨擦將益趨激化。

參考消息

（只供參考）
第七三七號
解放日報
新華社 編
今日出一大張
卅三年十二月廿四日
星期日

英新聞紀事報稱

蔣介石蠻橫拒絕
中共關於聯合政府的建議

【路透社倫敦廿三日電】新聞紀事報今日於首頁下邊刊載該報駐加爾各答訪員的貝爾格德發來的三行標題電訊一則內稱，中共由周恩來自延安帶至重慶的關於成立聯合政府及聯合統帥部的建議，已被拒絕。格爾德色彩鮮明的電訊說：『在周恩來到達時，華南的軍事形勢正極度嚴重，但蔣介石仍使他等了一個多禮拜才接見他。蔣委員長見周恩來談約半小時並採取極爲專橫的態度』。格爾德繼稱，周恩來現已返回延安，除非蔣委員長改變他的意志並提出共產黨參加政府而不是無權的外表參加（而這種便是迄今所提出的一切），他恐不會回至重慶。論及中國軍事形勢時格爾德說：『日軍在其最近推進中並未受過打擊。他們在氣候寒冷及缺乏食物下退去，中國軍隊很少抵抗，致使敵人有在裝備更好後回來以攻入[illegible]的危險。[illegible]共產黨方面關於共產黨在抗日戰爭中所做的[illegible]周恩來在回延安之前告訴他說：如果共產黨軍隊獲[illegible]補充以[illegible]武器與軍火時，他們能夠不僅在華北而且在[illegible]格[illegible]下列的話（一如周恩來告訴他的）說明共[illegible]中[illegible]位。『[illegible]們共產黨不僅在華北敵後作戰，而且在華中、華南[illegible]作戰。[illegible]我們現[illegible]解放了十五個[illegible]區，面積共卅二萬平方哩。我們從敵佔區[illegible]中[illegible]解放了九千餘萬人，我們有正規軍約六十萬，民兵約二百廿萬[illegible]九月[illegible]，我們仍然抗擊在華日軍百分之四十九，偽軍百分之九十。[illegible]一九四二年六月至今年五月，八路軍及新四軍共與敵人作戰

路因運輸的限制引起的困難，要努力開拓與許多公路平行的[illegible]，魏特邁將[illegible]主張大陸作戰與[illegible]已頗[illegible]緊密。美國所謀的大陸作戰是[illegible]的。但是在反面，中國希望[illegible]美國併吞的不安和猜忌性更加提高。史迪威的調遣，關於尼米茲登陸作戰地點的美蔣間的對立，亦是此種感情的表現。由這一點上說，外間會傳說蔣介石不願意美國地上部隊直接進出於中國。重慶對於世界戰局的估計，仍然安於美英的勝利，夢想依靠美英取得勝利。我們不能忽視這一點。蔣介石表示加強蔣共同戰綫，納爾遜就任經濟顧問，重慶設置戰時生產局以及宋子文在重慶政權中的出頭，都可以說明這一點。同樣重慶政權的改組是美國要求驅逐任何領導所引起的。不管改組是自主的，自重視重慶逐漸被美國併吞的事實以來，爲美國所支援的共產黨，其政治攻勢愈益猛烈，而其巧妙的民衆政策能夠總取民意。現在國共勢力的比重與以前相比，已發生變化。加之敗戰的深刻影響，以及在長期戰爭中，願望沒有戰爭的中國的人們愈益增加，這影響着蔣介石的統治力量。在廣西作戰中，最有趣的事情就是雜牌軍隊未必遵從蔣介石的命令。這種變化就是現在蔣介石所苦惱的事情。如果要強行挑戰，他就要將嫡系軍隊放在日軍正面，據說重慶軍中有蔣介石的嫡系軍隊一百萬，其中胡宗南部將近四十萬人，這些軍隊還未投入對日戰爭的正面戰場。以這樣的國內、國際的因素爲基礎，中國地面上正進行着兩種的戰爭，一種是充滿着憎惡的決定××命運的戰爭，另一種是爲日華親和而進行的戰爭。

路透社傳希臘解放軍
將接受斯科比無理要求

【路透社雅典廿二日電】解放陣綫中央委員會，對斯科比將軍上星期六的照會迄今尙未答覆。但據與解放陣綫接近的人士談，覆文將不會延遲很久，並將提出接受斯科比將軍關於雅典城內解放軍的擁護者所停止抵抗，並放下武器的要求。但解放陣綫將要求：解除武裝應由英希聯合管理委員會監督。斯科比將軍所提出的解放軍退出阿提略的要求，已爲解放陣綫接受。雅典以南及比里獨斯方面在英軍控制下的地區，現在已大爲擴張，經肅清地區的居民對英軍均表示極爲歡迎。比里獨斯市長及比里獨斯城郊卡斯特拉的公民已致電邱吉爾，感謝英軍把該區從解放軍手中解放出來。昨日十餘萬袋的飯食業已送還英國控制地區的平民。在比里獨斯登陸的坦克正前進攻入工業區，而在雅典城內，

五六二〇二次。我們斃傷日寇十二萬一千名，僞軍十四萬二千名。新四軍斃傷日寇及僞軍八萬九千九百八十六名。我們共繳獲步槍及盒子槍十五萬一千支，機槍一千八百十一挺。我們留守共產黨邊區的最多軍隊數目是五萬人。指定包圍我們的國民黨軍隊則約四十萬，一個時期有五十萬人。國民黨用以包圍我們和進攻我們部隊的全部軍隊，在全國說來，不下七十七萬人。過去四年中，我們沒有從國民黨政府方面得到任何武器、彈藥、津貼、藥品、食物或衣服。但現在只有正面戰場面臨着嚴重的危機。在敵後戰場，我們獲得了一連串的勝利，我們的軍隊正在擴大中」。格蘭德最後稱，如果他們政府×××合作，共產黨是願意與美國、英國及其他盟國合作的。如果蔣委員長同意，中國共產黨是能夠接受外國供應的武器的。中國一切黨派（包括國民黨在內）中的進步人士，現在都在極力要求延安政府所要求的團結。

同盟社論中國形勢

【同盟社東京廿日電】中國人也很關心菲島決戰的，因爲他們知道中國的命運，是與菲島聯結在一起的。這一戰鬥的演變，會使中國戰場發生重大變化，目前日美決戰的重心，雖然在菲島，可是他們依然在準備着在中國大陸上與日軍進行決戰。他們準備對中國大陸的作戰，是以尼米茲所說的接近中國海岸的作戰爲中心，一方面是與從緬甸方面進入中國內地的友軍取得聯系，以此作爲當前的目標，企圖奪取對戰後中國最有支配力量的長江地區的美國計謀，由利用共產黨轉爲主張在膠州灣連雲港登陸，但重慶不高興美國接近共產黨，主張在廈門登陸。不管怎樣，尼米茲的作戰仍然以中國當爲目標，所以重慶對此依然有期待，他們似乎希望把中國戰綫作爲歐洲的法國北部戰綫。但是日軍已把中國戰綫分成數段。尼米茲接近海岸的作戰，其前提是友軍由緬甸印度方面開到中國和加强重慶軍以及向日軍正面實行總出擊。他們接近沿岸的作戰已被阻止，重慶軍退至內地，他們亦不得不自供對日決戰延期一年半以上，不僅如此，而且使重慶的士氣沮喪，加深了蔣共同戰綫內在的對立。萊特島的決戰足以動搖尼米茲接近中國海岸的作戰基礎。美國拚命實行下列三點：即萊特島決戰，尼米茲接近中國海岸的作戰以及支配中國。但是他們所想的中國的西北戰綫似乎是要將其重點放在尼米茲的作戰，而不是放在由印度方面進出於中國的陸上作戰。其理由是目前急於建設的雷多公路，無論在地理、技術上爲，其運輸能力都不能超過一定的限度。歡[illegible]美軍公多

坦克與空襲均證明[illegible]而成功。自斯科比將軍星期三發表警告說如果解放軍大砲繼續開砲時，他將轟炸與砲擊工事中的大砲陣地以來，解放軍的大砲尚無被轟擊者，斯科比將軍迄今尚未採取此種行動。在雅典市中心，英坦克轟擊城北陸軍大學附近的解放軍結集所，此處爲解放軍的主要結集地區。

【路透社倫敦廿三日電】人民解放軍領袖的答覆今晚於八時交給斯科比將軍。答覆全文尚未正式公佈，但衆信包括下列四點：（一）接受斯科比將軍要人民解放軍從阿提喀撤退的要求。（二）接受斯科比將軍關於解除在雅典與比里猶斯的人民解放軍擁護者的武裝的要求。（三）接受關於解除武裝的工作應由英希聯合委員會來監督的要求。（四）要求建立全國團結的新政府。衆信人民解放軍方面遲遲才答覆，是由於人民解放軍總部已撤到雅典城外地區，×××××而斯科比將軍——希境英軍總指揮官不知道。

【海通社柏林廿三日電】倫敦訊，英國在希臘的極大財政利益，是因爲有大量希臘公債券已賣到英國市場上去而造成的。「財政新聞」摘引財政大臣安德遜的話稱，英國人士持有價值一萬七千八百萬金鎊的希臘債券。而且英國政府準備在目前戰鬥中，運價值四萬六千三百萬元的貨物到希臘去。

【路透社雅典廿二日電】希臘政府徵詢對攝政問題的意見的備忘錄，提呈希臘國王，現希臘國王的答覆已達送雅典，內容未悉。

【合衆社倫敦廿一日電】××於上院宣告稱：希境英軍的團結或將破裂，因爲他們不願意反對希臘的愛國者。上院今日否決了責難政府的動議。爲政府辯護的克蘭波恩說：英國在希臘所主要關切者是該國應驅逐[illegible]人。×××及恢復秩序。

【路透社倫敦廿三日電】路透社駐雅典特派訪員比吉奧星期六稱：英國坦克今天晝夜不停地繼續猛衝雅典[illegible]的人民解放軍陣地。夜間也可聽到機槍與追擊砲聲。今日雅典總部，英國駐國民主軍總司令茲韋瓦斯將軍總部的聯絡官。×××××據悉安尼那的形勢「很嚴重」。×××總數一萬二千人。有可能他將被迫退入安尼那東南的多山地區，星期五晨開始的戰鬥，經過星期五整夜，一直進行到今天。人民解放軍在總數一萬五千兩萬軍隊中（集中起來進攻國民民主軍地區用的）抽出兩個師（兩師爲六千人）在安尼那地區作戰。

日寇說美軍在西綫吃了大敗仗

【同盟社里斯本二十一日電】合衆社駐艾森豪威爾司令部記者格林西，二十一日報導反軸心軍在西部戰綫的敗戰情形。他說：「比利時、盧森堡戰綫的美軍，已吃了一大敗仗，這一敗仗恐怕是菲島失陷以來最糟糕的一次、德軍現仍在繼續前進中，但還未拿出全部的攻勢力量來艾森豪威爾也率直地承認事態的嚴重，如某高級將領曾悲鳴稱：『反軸心軍化費了三個月的時間，始得進入德國領土，但德軍僅在三天中即收復了其喪失的地方』。可以想像得到：德國企圖以二十二萬五千人的兵力與約六百輛的坦克，使其到達北海，若此舉得以成功，則反軸心軍六個月的辛苦所獲，亦將化爲泡影。」

德寇宣傳一週內俘美軍二萬五千

【海通社柏林廿二日電】德國西綫攻勢的第一週將過，柏林消息靈通人士於星期五中午對情況作了第一次的綜論。據說，第一週攻勢的特點是主動權爲德方所操縱，美第一軍在軍事方面無話可講。德軍向西方猛攻的方向尚未能清楚的認知。差不多有兩萬五千人被俘，美軍有些意見認爲要加强第一軍的戰鬥，因爲有些地方傷亡的美國人要比被俘的多許多倍。據消息靈通人士說：第一個七天得到以下的結果：第一、在德軍攻勢地區，美軍前綫崩潰。第二、減弱亞琛區及薩爾前綫的戰鬥。敵人所做的事情，已爲德統帥部所估計到，即是，將許多師團從這些地區撤出，而將他們投入向西前進的德軍兩翼。有些地方戰鬥特別劇烈。艾森豪威爾的陣地表示出他企圖以可利用的作戰師團阻止攻勢，很明顯的，不能由深入的內地輸送後備軍到××和德軍的師團平行。第三、德軍作戰速度表示新攻勢並不依隨老樣子，而各方面隱藏着類似大規模的德軍師團的稠密波浪。

【海通社柏林廿三日電】倫敦訊，據路透社華盛頓星期五晚來訊稱，羅斯福總統今天出席招待記者會議時，臉上沒有傳統的歡愉的笑容。詢以西綫的形勢時，總統拒絕發表任何意見。據羅斯福稱，因爲他的意見只是個人的意見而已。繼稱：關於西綫的形勢他知道的並不比報紙已發表的消息多，然而結論時總統呼籲美國人民儘他們最大的努力，繼續將川流不息的供應品運到前綫去。

同盟社總社與柏林分社作西綫德寇反攻的通話

【同盟社東京廿一日電】此次德國反攻究竟是以如何的準備與規模開始的？本社特通過

納粹的組織力量。（本社）反軸心國的作戰似乎發生了翻騰。（柏林分局）第一，西部天氣不佳。第二，艾森豪威爾屢次悲鳴供應的困難。第三，他們不容易展開兵力，它不能按預定計劃展開預備軍——英第廿一軍的兵力。第四，戰術拙劣。某報導指出艾森豪威爾作戰的最大錯誤就是不在西部戰綫最重要的地域集中充分的兵力，而將其兵力分散於全綫。這是代替英軍當局說出其對艾森豪威爾的不滿。蒙哥馬利亦說需要根據重點主義集中使用兵力。（本社）柏林情形如何？（柏林分局）很好，戰事的發展很有利，今日的德國人決不一則以喜，一則以懼，他們的情緒很高。聖誕節已迫在眉睫，城內的風景決不像從過聖誕節，人們都有貫澈戰爭的堅强信念。總而言之，攻勢才開始，對於前途不能做輕率的揣測，事態是很嚴重的，西部戰綫德軍最高司令官倫斯特德於此次大攻勢開始時，告誡全軍將士：「最嚴重的時機業已到來，全體將士爲了祖國元首，應該竭盡全力進行超人的行爲」。他說的話亦是德國全體人民的呼籲和覺悟。

【同盟社斯托哥爾姆二十二日電】據倫敦路透社電，被倫斯特德攻勢侵襲的反軸心軍第十二集團軍（包括美第一軍）司令布萊特雷，感到毫無辦法，終於向反軸心軍第二十一集團軍司令蒙哥馬利訴苦，蒙哥馬利於廿二日下午赴前綫基地，現正協商對策中。

路透社傳東綫紅軍將發動冬季攻勢

【路透社倫敦廿二日電】莫斯科仍未證實的柏林今日（星期五）戰爭報導顯示，整個七百四十哩的東綫，現已逐漸進入行動，且南北兩翼已在動作中。德方發言人今日毫不遲疑的總結蘇軍的新作戰爲「蘇軍的冬季攻勢」。以下爲根據柏林最近電訊而加以簡紀的片斷綜合報導：北部拉脫維亞，蘇軍廿七個師於波羅的海黎巴瓦港之東進行攻勢，此處德軍袋形（估計有卅個師）日益縮小。東普魯士附近：蘇軍進犯的信號今日已在重砲轟擊下照耀於天空。中綫波蘭方面，極爲强大的蘇軍現正待命進攻西里西亞。柏林稱，此處河已結冰，攻勢似應即將到來。捷克：此處紅軍仍在推進中，現已在多瑙河畔捷匈邊境的格蘭城突破德軍防綫。匈牙利：蘇軍現正顯著增加其壓力，結集待命中。

【路透社華盛頓廿二日電】關於蘇軍攻勢即將到來的消息，此間各軍事發言人今日表示不甚憑信，他們說，「蘇軍何時發展攻勢與如果蘇軍發動攻勢，只有盟國聯合參謀部知道，且將只由斯大林宣佈」。

國際電話，探詢本社柏林分局。（本社）德軍的發動大規模攻勢，實在是渴望已久的捷報。其後的戰況如何？（柏林分局）十九日正午德軍當局向記者團僅稱：「攻勢正按預定計劃順利進展中」，其詳細情形，尚不瞭明。發動攻勢以來，現已四日，德軍當局的態度，非常充滿自信。特別是令人感觸最深的，是不用「反擊」兩個字，而很久以來，即使用「攻擊」兩字。在德、比邊境方面，戰爭最爲激烈。據云，德軍已縱深四十哩楔入比利時領土，突破要衝馬爾美第與斯達維羅特。敵方報導說到該方面的戰況時，則說：「戰爭已變成西部戰場開闢以來最大一次的陸、空大立體戰，使反軸心軍首次碰到最大的危機」，恐慌狼狽的情形溢於言表。（本社）攻勢有無擴大到整個西歐部戰綫的形式？（柏林分社）這還無可奉告，馬爾美第、聖特維茨地區到北部亞森堡地區的作戰，現在進展的可能最大，其他戰綫還比較平靜。但是，不消說，這一攻勢對於整個戰綫，將直接給予莫大的影響。（本社）德軍在此次攻勢中的兵力與作戰如何？（柏林分社）這不是言明的範圍，但最值得注目的是：很久以來即行沉默的德國再建空軍，已開始大擧出動，連日以來，一千架或一千五百架的飛機，在配合地面作戰，展開很久以來即爲得意傑作的陸空立體作戰。更值得大書特書的，是德軍統帥部無論在戰略上或戰術上，完全能抓住反軸心軍的弱點與攻其虛。艾森豪威爾曾吹噓說：「德軍已無力發動攻勢」，這裏他有很大的疏忽與大意。由於他這一疏忽，即他自己也不能否認，他是過低估計當前存在的各種惡劣條件。即是說，他們已開始知道西部要塞的堅强，已知西格弗里防綫是如何鞏固、大自然的障礙物萊茵河之防禦是如何難攻，知道他們傾擧一切空軍力量，連續大擧空襲德國國內的交通綫與軍需工場，其效果是如何之少，從而知道德軍陸築邊境綫的新編坦克師團與國民擲彈兵團，其抵抗是如何的頑强，而他們對西部要塞綫反覆進行的總攻勢，是需要如何大的犧牲，擧例說，如反軸心軍前進一米達，需要傷亡六十三名有餘。德軍趁着反軸心軍遭此莫大的障礙之時，乃敢於轉而採取大規模的逆襲。（本社）當德軍在法蘭西戰綫總潰退時，一般人們會懷疑德軍的前途，但今日已完全重新整頓的姿態，反而證實德軍最高統帥部無可比擬的組織力量與統率力量。（柏林分局）德軍巧妙的贏得時間，現在德軍一直退至德國本土的邊境，採取守勢，並拚命再編成軍隊及編成新的軍隊，此外還努力加强軍需生產。這實是令人驚嘆的偉大事業。完成此項偉業是依靠德國人民强韌的精神力量，對元首的信賴及

敵稱匈境紅軍 牽制西綫德寇攻勢

「同盟社柏林廿一日電」德國通訊社前綫報導，匈牙利戰綫的紅軍，廿日在薩克斯裝克爾赫爾方的布拉頓、密茲米、多腦河中間，投入十個步兵師約廿萬人的兵力，再度展開進攻布達佩斯的作戰，以上作戰很明顯地是牽制倫斯特德在西綫展開的攻勢。

奧馬克北方展開白刃戰

「同盟社菲島前綫基地二十二日電」奧馬克方面的敵人，企圖突破該市北方我軍第一綫陣地左翼，從十六日進行猛烈反攻，經我軍一擊敵人即行潰退。其企圖亦告失敗。十八日，敵人復進攻我軍左翼，其一部終於侵入布蘭西亞（奧馬克北方十公里）。因此從十九日以來，萊特島展開了空前未有的悲壯的白刃戰，我精銳部隊正猛攻敵人，以期徹底的消滅。又布拉恩、三勃普朗的我軍，一方面加强陣地，同時確保飛機場，並以一部向杜拉吉方面活動，日夜向杜拉吉北方萊特東岸的要鎮特魯索方面推進。明多羅方面的敵人，在三寶南方萬加里灣，又有巨型艦四艘、驅逐艦或驅逐艇十艘、貨船或登陸艦艇十五艘迴航於海面，另一方面積極建築修理飛機場，地上戰鬥無多大變化。

「同盟社菲島前綫基地廿二日電」我特別攻擊機隊，於二十日黃昏，對萊特灣內的敵艦船實行拚死的猛攻。在杜拉吉海面，我機一架撞擊敵中型運輸艦一艘，當即引起大火，可斷定該艦已確實被我擊沉。接着，在塔克洛班海面，圍住配備有航空母艦的敵艦隊，冒着熾烈的防空砲火，實行猛烈的攻擊，會見艦種不明的敵艦一艘冒煙起火；但戰果未查明。

英方說波臨時政府 年底可產生

「合衆社倫敦廿二日電」外交界人士稱，盧布林委員會可能於年底以前在蘇聯贊成之下，宣佈本身爲波蘭臨時政府。此舉早已在一般預料之中，目前因美國務卿斯退丁紐斯發表聲明，闡明美國對於波蘭之態度，此舉必將於最近期間內實現。在莫斯科從事會商之盧布林領袖，已於數日前返盧布林。此一行動必將促成蘇波間之新危機。

海通社傳蘇擬開闢 蒙古——西伯利亞便道

「海通社上海十六日電」蘇聯科學院所派出的若干交通專家已到達蒙古，以便找尋外蒙與西伯利亞間的最短鐵路及公路交通。預料地質學家若干人不久亦將到達外蒙，以調查該國礦產。兩代表團的總部均設立於伊爾庫次克。

參攷消息

（只供參考）
第七三八號
解放日報 新華社 編
今日出一大張
卅三年十二月
廿五日
星期一

傳希解放軍 建議雙方均應解除武裝

【美新聞處舊金山廿二日電】人民解放軍答覆斯科比中將的和平條件，建議組織英希委員會，監督發生爭端的雙方解除武裝。

【合衆社雅典廿三日電】希臘總理斐邦德里歐會見記者時，竭力避免表示肯定的態度。據他說，無論何時如對國家有益，本人至願辭職，然對國家有害，則絕不辭職，如相信獨裁政制可挽救當前局勢，眞是幼稚，左派人士毋須恐懼，因吾人不欲以恐怖手段加諸極左派之人士，而僅欲鞏固人民之自由，本人對此聲明，敢保證負責。兩週之前，巴氏曾稱解放軍之領袖必須對其行爲負責，巴氏今稱彼新近組織之政治團體『希臘左翼』陣綫已獲得民族解放陣綫之農民黨員多人之擁護，『左翼』共包括六黨。

【海通社倫敦二十四日電】斯科比在其星期六（廿三日）每日公報中宣稱：人民解放軍業拉非斯將軍與國內民主軍司令塞爾瓦斯保證雙方停戰之『加塞爾塔』協定，由於人民解放軍襲擊薩利納（塞爾瓦斯將軍總部）而破裂。公報又稱：英軍在比里猶斯港又有新的登陸。另外消息又稱：人民解放軍進攻英軍防守之康勒特工廠。叛軍又同時佔領哈堡爾之冷貯室。雅典之政治形勢仍完全沒有澄清。英國對人民解放軍提議之答覆，將於星期六夜前宣佈。

希國民軍退守岩洞 只好向英干涉者求援

【合衆社雅典廿三日電】希臘西北一部英軍事觀察家報告說：解放軍數約一萬五千至兩萬，襲擊國民軍水上游擊隊，佔領二城市，一處並攻入以前爲國民軍據守的地區十五哩。國民軍約一萬二千名現正退入有岩洞、隧道、防禦陣地（德軍佔領時建築的）的山中。國民軍司令塞爾瓦斯緊急呼籲請求英國陸軍援助，但英方尚未決定。斯科比統帥正集會以擬訂對解放軍建議（昨夜（廿二日——收到的）的覆文，同時雅典的戰事繼續中，英陸海空軍均參加。

有力的紅軍坦克部隊配合機械化部隊，在愛沛路流域地帶突破德軍陣地，衝入古倫流域。另外，前鋒部隊已侵入斯洛伐克，到處展開火花飛迸的坦克戰。

合衆社傳 德寇從東綫抽兵赴西

【合衆社第九航空隊轟炸機前進基地廿三日電】自盟軍登陸西歐以來，有最長一段期間未參加作戰的第九航空隊，本日已準備對倫斯特德瘋狂的裝甲部隊發動歐洲前所未有的最大攻擊。預料其猛烈程度較聚×之役將有過之無不及。德軍北翼現擬衝至美軍後方，以擾亂交通，其中有自東綫調來之軍隊，此舉使吾人懷疑德人究能自波羅的海沿岸米美爾等地抽回若干軍隊，如調來西綫之軍隊數目有卅萬人，則將使吾人極感困難矣。

傳英法將締結互助條約

【合衆社倫敦廿三日電】據外交界可靠消息，英國政府已贊成締結一英法廿年互助條約，使英、法、蘇三角關係，最後之一邊，得告完成，其用意在使戰後德國永受控制，是項談判或在明年初即行開始。同時外交界甚注意英國政府已拒絕迅速與法國簽訂正式協約，故簽字日期，將在數月以後，此項協約之範圍，將不超過一九四二年所簽訂之英蘇互助條約，蘇聯現與英法訂有廿年互助條約，但英法方面則係根據口頭協定，法國現正努力促成此種關係，英國現時所採取之態度，異常××，×國深恐×美國國務卿（院）益形疏遠，因美國對歐洲互惠協定很不信任。英國對歐洲採取區域協定之政策，但缺乏避免與美國意見發生衝突之方策。外交觀察家預料英法條約簽定後，×美將聯合英法蘇訂簽安全條約，以應付將來三國之一，如遭受德國攻擊時，其餘兩國將與之共同作戰，此間某部份人士認爲，此項提議，很不聰明，且必爲世界其他各國所反對。

【路透社巴黎廿三日電】法國外交部正採取首先的步驟，以準備繼續進行英法友誼互助條約的談判。法駐英大使馬西格里已於昨日（廿二日）攜法方建議草案由巴黎返回倫敦。可靠方面說：法方贊成根據法蘇協定的方針和英國談判，並包括若干對兩國有重要性的其他問題的諒解。

美報論 英蘇美間需待解決的問題

【美國新聞處十九日紐約專電】紐約前鋒論壇報昨載李普曼的論文一篇，說到美國和外國都有人談到斯大林、邱吉爾和羅斯福有再會晤一次的必要，還有些

【路透社雅典廿四日電】英國傘兵於今日下午肅清阿克羅波里斯以西地區，並重新佔領城中自來水廠。解放軍仍據有中央電力廠。

【海通社柏林廿四日電】倫敦訊，據路透社雅典訊，有一萬五千至二萬的解放軍於星期日襲擊比里猶斯在塞爾瓦斯將軍指揮的國民軍據守下的地區。據最後的消息，塞爾瓦斯將軍已自雅南撤退，並隨同其殘餘部隊撤至格利維查半島之格利維查。據路透社訊，國民軍蒙受嚴重損失，且正不斷地遭受砲擊。英軍尚未派軍去解救塞爾瓦斯將軍。

【美國新聞處雅典二十一日電】斯科比中將向人民解放軍發出最後通牒，警告人民解放軍，如不交出武器，他將使用他可能有的一切武器努力的恢復秩序。在最後通牒發出之後，施放火箭的波式戰鬥機，今日繼續進攻人民解放軍陣地。而英軍坦克與傘兵，進攻城內的解放軍大砲陣地。英國廣播公司說：人民解放軍自示威以來，已死傷五千人，約兩萬人依然在雅典城內及週圍與英軍及『希臘正規軍』作戰。路透社二十一日電，斯科比依然在等候列舉實行休戰的條件他的備忘錄的回答。英國戰時內閣駐中東代表麥克米倫廿一日訪問意大利地中海盟軍總部後，返回雅典。麥克米倫在意大利會與亞歷山大元帥會商。

【海通社柏林二十四日電】倫敦訊：據新聞紀事報消息：已故總理維尼基洛斯的親密合作者尼古拉•普拉斯梯瓦將軍，被任命為希臘軍隊的總指揮。因為五位民族解放陣綫的部長，離開裴邦德里歐內閣，陸軍部長的職位，已成空額，現由普拉斯梯瓦之友人桑達維普洛斯所接管。另外一位普拉斯梯瓦的合作者卡米羅斯被任命為空軍部長，此官位直至現在，為司法部長阿夫雷莫暫時接管。

敵傳紅軍對匈京攻勢 已達最高點

【同盟社柏林二十三日電】德意志通訊社前綫報導，紅軍對布達佩斯的攻勢，現在已接近最高點。紅軍指揮部努力增強大鉗擊戰的兩個尖端，一端直撲巴拉東湖——多腦河畔的琪賽斯弗海路巴，另一端則指向多腦河灣曲部的西北方。愛路西的北方，特別是巴拉東湖與多腦河間的戰鬥，有擴大到其他地區的跡象，紅軍投入十八個步兵師團，三個機械化師團的大軍，增强對百林塞湖兩側的壓力，二十二日，戰鬥趨向異乎平常的激烈，德軍陣地被打入強韌的楔子；而在多腦河東北方向，强

未決定的大問題，惟有各國的元首才能够解決。但是斯大林和羅斯福也不能分別地或共同地解決歐洲的政治問題。

在德黑蘭會議，這三個國家一致議定的是軍事策略，現在他們都要和已解放的國家商議如何結束戰爭。

這三大强國不能商定處置德國的條件，第一個問題是關於德國凡屬於從德國西部邊界起，到任何佔領，或管制計劃為止的解決辦法，非經法國、比利時和荷蘭同意不可。但是，關於德國前途的協議，乃英、美兩國在巴爾幹和中東等地，一切爭執的原因。

第二個未解決的大問題，是地中海的前途，南斯拉夫、希臘、意大利和西班牙，都是大問題，邱吉爾在地中海區域的困難，起於他想在倫敦解決地中海的前途，英國在地中海有着重要的權益，但英國不能單獨造成耐久又為各方所接受的解決辦法。美國在地中海所有的重要權益，也不能居於決定的地位。所以凡屬地中海區的重要國家，即美、法、意、希及土耳其等國，必須參與其事。

要想解決這問題，第一是邀請法國以平等和主要國家的地位參與地中海的事務和法國有連帶關係的，就是應當設法解決意大利現在種種矛盾的現象，意大利是戰敗的敵國，同時又是共同作戰的國家。要中止這矛盾的局面，使是和意大利媾和，以代替停戰協定，明確規定意大利的疆界，意大利的殖民地，並由意大利向遭受法西斯侵略的國家償付賠款。

在解決地中海問題的談判中，可使希臘人預見他們所能獲得的合理的前途，因而渡過希臘的悲劇。在該談判中也可預見西班牙從佛朗哥的法西斯政府，變到較為自由的政府。

英國又放出三國會談空氣

【海通社柏林廿三日電】英外交部發言人星期六在招待記者席上稱：英美蘇三外長很可能於最近將來會談。三國之間，對於此次會談尚未達到諒解，詢以擬議中的會談是否會影響美國務卿斯退丁紐斯關於倫敦之行的計劃，發言人說：在華盛頓所流傳的關於這事情的謠言，他尚未得到證實。

敵翼政會舉行臨時議員會

【同盟社東京二十二日電】翼政會第八十六屆臨時議

會，將於二十四日舉行。乃於本日午後二時，在翼贊會本部，召開臨時議員會。到小林總裁，閣員幹部及議員等六百餘名。報告討論後，至三時始散會。席間小林總裁於闡述翼政會對議會的態度後，並特別強調此次議會對政治發言，猛烈非難敵方的戰爭目的，以及其對戰後的提案。繼之轉入國內問題，小林斷言只有將政府的政治，經濟機構，完全集中到戰爭方面來，一切通過機械的統制，才能把國力變爲戰力。

【同盟社東京廿二日電】軍需工場及其他重要工場，因時局緊迫，決定犧牲年末年始的休假。因而翼贊會政治生活部，決定在此期間，在全國展開犧牲年末年始休假及年末年始協助運輸運動。

【同盟社曼谷二十一日電】新駐泰公使水野伊太郎，廿一日上午乘機抵曼谷。

海通社傳：戴高樂願稱助消滅佛朗哥統治，對意將有領土要求

【海通社巴塞爾廿三日電】巴塞爾新聞獲悉：戴高樂在莫斯科會提出保證他願支持蘇聯、消滅西班牙長槍會政權的願望，但須不發生另一次內戰。戴高樂將歡迎西班牙回復民主形式的政府。戴高樂知道也必須提出對意大利的領土要求。據說，他期望修正西門特與立究力亞的邊境，割讓艾爾巴島及改進×××的邊境。

【海通社柏林廿三日電】華盛頓訊，美陸軍部星期五公佈，美空軍指揮部，將劃分爲國內與海外兩部。在托斯普林格斯與馬利蘭已建立大陸空軍總部，將負責本國防衛工作。

【美新聞處紐約廿一日電】法美俱樂部星期三日茶會上的講演者着重指出：法國臨時政府尋求與一切聯合國的友誼，並勸告美國給予法國以經濟與軍事恢復的援助。「法國永久」協會主席里查德說：「法國政府願望在盟國中間，在處理德國時的自由發言權。並且希望有軍事的與經濟的力量實現其在將來控制歐洲與遠東侵略國的作用。指出：××抵抗領袖們以讓位實行大部抵抗運動政策計劃，正××表示對抵抗的同情並且使他自己不與今日法國最強大與最進步的力量疏遠。

同盟社稱 重慶延安談判失敗

【同盟社里斯本廿二日電】關於重慶與延安兩個政權的和解問題，延安的代表周恩來曾前往重慶和蔣介石進

「掃蕩報」社論：對日戰局現階段（十二月一日）希望蘇聯開闢北方對日戰場，以阻止日寇抽兵增援各戰場。日寇在中國戰區深入，同盟特島增援，一部兵力來自東北，此時若能乘其空虛，開闢北方對日戰場，局勢將會全面改觀，不僅目前的緊張局勢成爲過去，對日之戰的時間，亦必大爲縮短。」

「朝日新聞」論述敵大陸縱斷路的建設

【同盟社東京二十二日電】關於建設大陸縱斷路鐵路問題，我國朝野正悉心研究具體實現辦法，一部份已着手實驗。二十一日「朝日新聞」論述大陸縱貫路的輪廓如下：此次作戰的結果，使連結釜山、奉天、北平、鄭州、漢口、衡陽、桂林、南寧、河內的大陸縱貫鐵路，已經打通了。這一陸上交通的打通，使由衡陽到桂林方面的湘桂鐵路的分歧點柳州，與中國越南境的鎮南關之間約四百五十公里長的路綫進行建設，以與越南鐵路相接合。同時如能恢復此次作戰中所荒廢的粵漢路及湘桂路，京漢路已經正在修復，因此縱斷中國大陸直到越南的鐵路即可開通。又關於越南與泰國的鐵路聯絡，最有希望的建設是從河內南方的塔那晉（譯音）附近，經過塔開克（譯音），到泰國鐵道北方綫的空勒彼（譯音）約四百公里，如能建設這條鐵路，即可直達昭南。越南與泰國的聯絡鐵路即使可以暫時擱置，但中國與越南的聯絡鐵路（雖然有一部份仍在作戰地區）及到達廣東的粵漢綫的建設，必須迅速恢復。這一計劃如果實現，則從西貢、河內、廣東等地，依靠鐵路使物資轉化爲戰力。要進行大陸縱貫鐵路的建設，首先要動員運輸材料、路軌及其他建設材料、鐵路建設人員。此次作戰中曾繳獲了相當數量的車輛與資材，而且「滿鐵」亦當然可以幫助。此外在大陸佔領區域的不急需的鐵道亦可轉用。漢口、武昌間的長江的聯絡，加強貨車航送設備非常重要。有了這一設備，從釜山到河內一禮拜即可運輸×萬噸貨物。到達廣東的粵漢路如能修復，大陸運輸將更加強，分斷了中國大陸。從北平到廣東間二千公里長距離以內的物資，即可流暢轉用。另外還可以想到的，是由上海經過杭州的浙贛綫與粵漢綫的聯絡，但這條路經常因作戰的關係，浙贛綫受到破壞，因此聯絡在目前尚談不到。此外就是水道，從廣東沿西江經過梧州，走一段陸路，沿湘江經過衡陽、長沙進入洞庭湖，由長江而下，經南京下流的揚州，再沿大運河到達天津北平，這一水路運輸，與建設大陸縱貫鐵路，均在考慮之列。

行直接交涉，然仍未能打開局面。先前重慶方面雖弄明白雙方已交換過新提案的事實，但又聲稱『和解的困難仍未解決』。周恩來也在離開之前，對美聯社記者發表談話稱：『延安方面關於組織聯合政府的提案，蔣介石已正式表示拒絕接受』。這說明在和解問題上，雙方的條件還存在着基本的分歧。據美聯社重慶電訊：毛澤東於廿二日在延安發表演說，首稱重慶與延安的和解談判毫無結果：繼則提出警告，認為日軍有進攻中國西北及西南的危險，最後宣稱：『全中國人民的任務，是配合同盟國擊敗日軍』。

大後方時論一束

『國民公報社論』：集中力量爭取勝利，（十一月二十二日）認為國共問題的解決，必須要有一個共同的政策。『從某些情形看來，國共兩黨的關係，比以前無寧更為不圓滿，如果國共兩黨不能同意於一個共同的政策，則不問中共所能保有的軍隊為多為少，其作用，其後果，是一樣的，而即使中共軍隊能如所謂隸屬於軍委會，即使邊區政府能取消，但其實際的動作，也會像過去一樣換湯不換藥的。所以，我們不但希望國共兩黨，能繼續談判，而且希望在今後的談判中，要使內容更走近中心點，這個中心點是什麼？就是當前的內政政策，外交政策，戰略以及其具體執行上的步驟等問題，兩黨應該從這個中心問題去覓致共同的見解，以形成共同的政策。……恐怕這也就是消除軍隊的黨派性之一個方法，也就是貫澈政令軍令統一之一個方法，假使不行，兩黨不能產生共同的政策，那末誰都可以將其所堅持的政策公諸於國民，訴諸於國民，以求國民的裁判。我們希望國共兩黨的合作，不是建築在各維現狀，互作些微讓步之上，而是建築在對於國事所共同認識的當於不當及是與非之上。

政黨要爭取政權是天經地義的，要維護政權是天經地義的，但是，其方式要出於政策，出於民衆的愛戴，而不要出於武力。』

『新蜀報』社論：一切從民主合作做起，（十二月五日）認為要挽救目前的危機，只有從充分發揚人民民主力量做起，一切才有辦法。『怎樣辦呢？我們認為一切應從人民民主力量的發揚做起。動員這些力量的唯一方法是必須讓廣大的民衆在打擊敵人的組織和工作中充份發揚自由創造的精神，然後敵人才有被殲滅、擊退的可能。因為今天的世紀是人民的世紀，今天的戰爭是人民的戰爭。除此之外，就再沒有什麼別的方法可以把人民的力量動員起來的。我們從當前戰局的需要來說，民主政治實已經成了解救大局的一付靈丹，我們必須充份變得現實一點。』

敵寇趕修南寧至越南汽路

【同盟社廣西省思樂二十日電】大東亞縱貫路打通後，由於我工兵隊不休停的活躍，南方運輸預料最近即可開始。敵人深懼我軍的進攻，在數年前即動員附近村落居民，強制的破壞交通，很多處遭受破壞。此即鎮南關至憑祥間二十公里中被破壞三十二處，憑祥、寧明間四十五公里中四十八處，寧明、思樂間四十五公里中六十二處，思樂、綏淥間五十公里中約四十處。所掘之破壞壕長約三十米達，寬約五米達，橋樑及其他重要地方，大約均實行破壞。我工兵部隊為了使步兵的追擊更加容易，先建築應急的步行路，第二階段修理汽車路，或削斷崖，或設新迂迴路，繼續進行各種困難工事。從越南國境到思樂一百二十四公里，在二十天內即完成了汽車路。這條道路寬約六米達五，再加以修補，即可成為很寬敞的汽車路。如再與南寧全部修理通車，南北運輸將更能加強。

【同盟社廣州二十三日電】華南派遣軍司令官與華南艦隊司令官，於二十二日發出共同佈告稱：『派遣軍決定開放西江（梧州、三水間），（一）予民船航行，物資移動與旅行以自由。（二）派遣軍不強制徵用民船。』

軍委會一週戰況 敵增援河池

【中央社渝廿二日電】據軍委會發表十六日至廿二日一週戰況。軍委會發言人談：本週戰局至感興奮，一為緬北八莫被我佔領；一為明多羅島美軍登陸。兩者所得勝利，同為本月十五日，堪稱相互輝映。八莫為水陸要衝，亦為兵家所必爭之地，我軍今已攻下，先就收復八莫而言，則敵再無險要可守，不但中印公路即時可以開通，龍陵以及密芝那通臘衝之公路，皆可暢通。至於美軍明島登陸，更使日寇崩潰加速。蓋美軍北上可取馬尼拉，東進可在中國沿海登陸，故明島戰事雖屬海洋，然與大陸頗有密切關係。此外如廣西戰事，日來我軍續猶攻擊前進，現已三面包圍河池，並已迫近金城江。

【中央社渝廿四日電】據軍委會廿四日上午十一時發表第一次戰訊，廣西方面，河池城郊戰鬥仍在繼續中。城內敵於增到援軍後，曾一度向我反撲，我軍當將其擊退。

【中央社柳縣廿日電】湘桂邊境敵，自本月十一日起北出龍虎關，侵擾湘省之永明、江華、道縣。我軍配合地方民衆武力，節節截擊，頗有斬獲。截至十七日拂曉，該敵不支。向零陵衡陽退卻，現永明、江華、道縣已恢復常態。

【中央社粵東前線某地廿二日電】我軍於廿二日收復揭陽縣城，殘敵向潮安方面敗退。

參考消息

（只供參考）

第七三九號

解放日報 新華社 編

今日出一大張

卅三年十二月廿六日

星期二

賽珍珠論中國形勢

【美國新聞處廿三日電】紐約時報十七日刊載賽珍珠一文，題爲「中國以不變應萬變」，這是蔣介石得意之語。中國雖然在它歷史上最黑暗的時期，仍設法做到這點。他們不信任我們以前的阿諛，他們對我們最近的斥責表示失望：他們知道他們在此次戰爭中已盡了他們力所能及的一切。中國人根據三個理由相信現在是他們歷史上最黑暗的時代。首先是他們對這次戰爭的沒有準備，這點首先是由於他們對軍事的疏忽和忽視其他國家軍事力量的增長。其次是由於缺乏美國租借法物資的援助……。他們科學上進步不足的事實，只是增加他們的災難。中國爲於最黑暗時代的第二個理由是中國內部的情況。中國內部有另外一個國家，具有獨立的政府，獨立的軍隊。這正是……美國在其內戰時代所面臨的情況。我們當時感覺這種分裂是不可忍受的，並訴諸武力來解決它。蔣介石於一九二七年作了同樣的決定，進行長期而猛烈的內戰。並爲外國資本所支持。當他快要勝利時日本侵略了中國。如果中國在此次戰爭中被予以適當的地位，和解或許發展爲眞正的團結。中國人民對國內形勢的不滿一如對國際形勢的不滿一樣。但是中國處於最黑暗時代的第三個同樣重要的理由是它的對外關係。中國人民渴望改善和蘇聯的關係，不是使用把中國讓給它國內共產黨的辦法，而是兩國間友好的互相諒解……中國問道：莫斯科在柏林失守後將做什麼。中國感覺它和英美的關係同樣是不能令人滿意的。……而且更重要的，中國精神上將永遠深引爲痛的便是中國未被邀請參加魁北克會議，只是邱吉爾與羅斯福決定反日戰爭的計劃。中國在長期單獨抗戰後而沒有參加這次會，對於整個亞洲是有影響的，它僅次於美國在克利浦斯赴印時所保持的沈默。在某些方面，中國人歡迎從我們與他們的關係中空想的唯心主義與善感的性情之消逝。我們對中國的行爲是由於我們對於在全世界所進行

進口起見，已決定取消所有的海關，以促復興工作之加速。某記者詢以法國內部團結如何達成？貝氏答稱：本人願舉一項事實作余之答覆。十一月十一日歐戰停戰紀念時，巴黎舉行大遊行，全國各黨各派不分男女貴賤階級，一律參加，數目之衆，精神之佳，爲前所未有。蓋彼等只有一目標，即「抗戰」是也。某記者詢問貝氏對法蘇協定之意見，貝氏略答：此固爲一快慰之舉，亦爲鞏固歐洲和平之一因素。

重慶戰時生產局 訂購兵工原料等

【中央社重慶廿三日電】戰時生產局，對於促進及協助資方的公司生產機構之戰時必須物品，問已採具體辦法，其促進方式，大致可分三類：第一類爲定購產品，由該局直接向廠家訂購，或由該局洽妥需要機關，向各廠家訂購。現正進行中者有工兵原料之訂購。此項器材將由中國興業公司、渝鑫鋼鐵廠、中國興業公司，及[illegible]渝鋼鐵廠分別承造。由該局直接向廠家訂購者，由該局給予定令，由該局洽妥需要機關選行訂購者，原則上應由需要機關自行付款，如因需要機關有正當理由，短期不能付款時，可商由該局斟酌需要緩急，其需要急迫者，可由該局墊借必需款項。俾生產可以即速進行，不因資金不繼而延擱。第二類爲添置設備，如生產機構爲執行該局規定之生產計劃，必須添置設備時，當由該局核定後，分別向國外或國內設法取得，將來或以租賃方式，或以加股，或以借款方式辦理。第三類爲憑購成品，如某種產品因季節性或其他關係，必須先爲預備者，即由該局直接購備，或通知主管機關購備，使生產機構之生產，因此得以持續。目前在進行中者，爲酒精之囤備。本年二三月間，酒精之製造曾因一時需要減少，生產被迫減退。但六月以後，需要大量增加，而生產則不易驟增。倘於春間預備相當數量，則夏秋之時，酒精之供應情況，必可大爲改善。

國民黨政府 加强淪陷區工作

【本報訊】據十一月十二日大公報息，政府近決定加强淪陷省政府工作，黨政一元化，各配以相當的武裝力量，並飭相機進入敵後省境，建立根據地，治理省政。東北各省政府除黑龍江省府已在綏西外，其餘吉林、遼寧等省府亦將進入戰地附近工作。

大公報說 要「愼防單獨失敗」

【本報訊】大公報十一月二十日社論「軍事與大局」一文中，提出四點：（一）「先要自己能打，而不可恃敵之不來」；

的鬥爭的裝備而來的。主要的鬥爭是共產主義與法西斯主義之間的鬥爭。當人們聽到『反法西斯主義』的名詞，人們便想到共產主義，而不是民主，這是今天令人不愉快的事情。當進行戰爭時人們便開始認識到只擊敗日本人與德國人是不够的。這個戰爭以後進行爲另一個戰爭。難道這個戰爭是不可避免的嗎？難道我們必須在共產主義與法西斯主義之間選擇一個嗎？我不相信這是必要的。舉例說吧，在中國在國民黨與政府中有自由主義者，反法西斯主義者，而在共產黨中也有自由主義者，甚至非共產黨人士。這些人不問其在參加什麼政治陣營，都是民主人士。他們都是知道他們有團結的可能性，而使雙方一致對敵人作戰的人士。這意味着：在戰後，也許甚至在戰爭未結束以前，這些人×××××。由於他們對××敵人的共同反抗，證明了民主是存在的。這些民主人士在中國如何活動？他們現在的活躍程度怎樣？他們的權力是增加或是削弱呢？這些便是美國人必須對我們的東方盟國所要詢問的眞正問題。（下缺。電文不清）

法大使貝志高談越南解放問題

【中央社渝廿三日電】法駐華大使貝志高將軍，廿三日下午四時招待渝新聞記者，某記者詢問法軍何時參加遠東戰爭，以及何時解放越南？貝氏答稱：法軍必將參加遠東戰爭，與中美盟友並肩作戰，惟何時參加及如何參加，乃戰略問題。至於越南解放問題，法國政府亦在考慮中。貝氏又謂：在遠東盟軍最近數次襲擊中，法軍亦曾參加。如就盟軍登陸塞班而言，即有法國母艦一艘參加。某記者對越南解放問題提出進一步之詢問，貝氏答稱：越南問題關係盟國全局，故越南之解放，自視盟國全部戰略而定。至於越南解放後其內部組織，法國政府已有聲明，越南將歸併於法國『聯邦』之內，惟政治機構須俟完全解放與全部殖民地商討後方能確定。貝氏續稱：越南未來問題，非僅政治問題而已。蓋敵人佔領越南四年之久，其經濟建設各方面均受摧殘，故越南解放後，一切均須從新建設也。某記者問關於中法新約問題，貝氏相信結果必能成功。蓋中法兩國友誼既深，邦交亦甚悠久。某記者詢以法國解放區內之復興情形，貝氏答謂：敵人佔領法國之時，擄掠甚鉅，舉例而言，境內橋樑被毀者達四千餘座，火車機頭及車輛僅餘原有十分之一。解放之後，恢復工作甚爲艱鉅，惟目前一切均照既定計劃進行。法國已與英美及南美各國訂立購買物資合同。同時法國政府爲便於物資

（二）應當修正以空間換時間的戰略。『蔣委員長早就判斷鐵路綫以東終須放棄，換言之，也就是鐵路綫以西的山岳地帶能夠堅守，現在戰事已到鐵路綫以西，我們的戰略也就要適時修正了。就是時間要爭取，空間也要保持。』（四）『中國抗戰之必勝，就決定於世界大局。蔣委員長的致於決定抗戰，且能握得勝券，就在於有世界政策，確知中國抗戰必能打出世界局面來。……到今天，我們儘可不忘當初單獨抗戰的艱辛，卻必須緊握同戰同勝的前途。面向這個前途，我們不可想像單獨取勝，卻必須愼防單獨失敗。我們本沒有失敗的前途，也可能勝利得很難看；所以不但要獲得勝利，而且要獲得光榮的勝利。怎樣獲得光榮的勝利？大勢已極明顯，就是：（一）必須與盟友密切合作，不能有絲毫意氣；（二）必須自己努力，打得像樣子，以善盡在共同作戰中我們自己的這分任務。』（三）要大家知恥，『戰陣不前，是軍人無恥；見義不爲，是人民無恥；假公濟私，敗壞國事，是官吏無恥；國家需要統一團結而偏分裂磨擦，是黨人無恥！』

敵報論盟國關係

【同盟社東京廿二日電】讀賣新聞頃揭載題爲『大西洋憲章與美國的戰爭目的』的社論內稱：十九日美國總統羅斯福接見記者團時，言明美英正式簽定的大西洋憲章並不存在。當歐洲戰爭進入這個階段時，突然公開地宣佈大西洋憲章沒有權威，他們所以暴露大西洋憲章的正體，是因爲調整蘇波邊境問題使他們爲難和失去體面。今秋紅軍的進擊，本來應該解決蘇波邊境問題，但最近德軍在西部戰綫展開的大反攻，使美英受極大的刺激，他們又不得不期待東部戰綫紅軍的活動。大西洋憲章在紅軍進駐後的巴爾幹，在實際上已成爲空文。英國在希臘內政問題上，行使武力的行爲，與大西洋憲章相抵觸。今日大西洋憲章等已成爲廢物。大西洋憲章企圖否認德國生活的權利，恢復包圍蘇聯的形勢，保存英國。大西洋憲章的目的是建設大美帝國和維持與其合作的英國。大西洋憲章自始至終都是爲了美英，而不是爲了其他任何國家。但是對於戰爭，跟美英的看法不同的蘇聯，在此次戰爭中增大其力量，蘇聯的行爲使上面這一點更加明顯。儘管這件事情將使反軸心國的與國發生動搖，但是羅斯福發表這樣的聲明，就可以看出他要放棄過去的一套，進行對蘇外交及其他的政略。

【同盟社東京廿二日電】昨日每日新聞揭載社論，題爲『敵國陣營聯像的

，內稱：波國陣營在軍火租借法及如何執行的問題上，不斷發生爭吵，首先是美國國內爭論這種投資能否收回這一點。其次在美國對英的租借與英國對美的反租借如何抵消這一點發生爭論。第三是重慶不滿的問題。第四是美國宣傳他給蘇聯極大的援助，但蘇聯認爲美國給予蘇聯的援助還不及百分之五。這要引起兩種結果，第一種是美國租借軍火給英國就引起支持英國帝國主義的結果，例如在希臘這樣的解放區，英國使用由美國租借來的武器對付希臘人民。美國參院非常懷疑此點。第二就是在美波蘭解放委員會的插嘴。該委員會以美國數百萬波蘭人爲後盾，它要求美國租借軍火給蘇聯要以蘇聯尊重大西洋憲章爲條件。倫敦波蘭流亡政府的動向是積極反蘇，欲在波蘭國內暗中展開國民運動。由此看來，它與美國的波蘭解放委員會亦有聯系，據說民主黨的老將們答應支持該委員會的要求。這樣將有新的論爭。當然租借軍火是美國用來制霸世界的一種手段，其動機是極不純粹的。在上次大戰時，美國以戰債的形式租借軍火給與國，但是與國遲遲不還戰債，因此由猶太人的頭子巴納•巴魯克告訴中立主義者將取由支付現金轉爲租借軍火的辦法，借此欺騙人民，美國支持英國帝國主義就是表示對自己不純的動機感到不安。

路透社傳說 法南納粹游擊隊活動

【路透社倫敦廿二日電】紐約時報特派員訊：斯托哥爾姆最近報導，法國南部納粹游擊隊的活動，大可證實不久前此間由柏林接獲這樣的私人情報：納粹延長戰爭的長期計劃，包括事先仔細策畫的戰役，即把精巧的特務留在後方與吉斯林結合，在盟軍解放的各國家進行游擊戰。納粹游擊隊的意圖是：當盟軍供應品延長到便於德軍反攻，或提供破壞敵人士氣與使其生產混亂的時候，突然襲擊其薄弱的地點。游擊隊運動沒有人民的協助是不會勝利的，而在有尊王主義思想的人，納粹估計他們將企望於絕大部分保守地區的居民之某種程度上的支持。在亞爾薩斯、洛林與比利時，他們較爲有利，因爲以上法國二省的方言與比利時一些地方所講的弗萊米斯話和德語是有關係的。況且，對於吉斯林份子，納粹都能依賴他們在有利的時候幫助激起麻煩。然而，這些罪犯與吉斯林份子的骨幹××。他們受到德國所不斷地控制着的下列法屬大西洋港口的援助：即從敦刻爾克到吉軋特河口的列維爾頓。這些港口成爲很有用的中心，由這裏指揮納粹游擊隊。據柏林方面稱：這些陷於包圍的駐軍，自從他們被包圍以來，不僅能夠自己抵抗，而且受到空軍的援助。×××然後破壞各大港

雲南遠征軍 逃亡嚴重

【同盟社緬甸北部前線廿二日電】由龍芒地區沿滇緬路南下的重慶遠征軍方面十二個部隊被我軍所阻止。該軍自十一月初再反攻到十一月下旬，損失一萬數千人，敵軍戰意與戰力頓形低下，現在遠征軍不斷發生逃跑的現象。他們到處掠奪民財，軍紀極端敗壞。據最近被俘的敵兵供稱：重慶當局強制徵募怒東地區的壯丁，彌補拉孟、騰越、龍陵地區損失的兵員。因爲名額未滿，所以有的部隊還有女人。因此實際的戰鬥員只有一半。他們一開始作戰，就陸續逃跑，現在逃跑的人數估補充的人數百分之二十。由於重慶軍損失兵員和戰意，使軍紀更加敗壞。龍芒地區至惠甬橋的滇緬路上的駐軍，一旦離開公路，就需要苦力運輸供應品，苦力運輸的糧秣被服，均被路上的部隊奪去。附近居民害怕抓丁和搶糧，所以相繼逃跑。怒東村民的姿態，說明重慶抗戰的末路。

華北偽將領集會

【同盟社北京廿二日電】華北政務委員會綏靖總署，爲了在激烈決戰的第四年頭製定華北軍事治安的方向，乃於十九、二十兩日在綏靖總署大禮堂舉行華北綏靖軍將領會議，由王委員長與華北綏靖軍總司令杜錫鈞上將訓話，並有中央方面的指示，中央地方各將領的陳述意見。會議於獲得巨大成果後閉幕。

【同盟社鄭州二十一日電】河南現地軍十一月份戰果如下：（括號內者爲延安軍）摧毀敵設施：兵營五處，兵器廠一處。被我方收容的敵屍體五百一十六具（二十三具），俘虜一千四百五十七人（二百七十一人）。繳獲輕重機槍七十挺（一挺），步槍一千零三十三枝（一百零一枝），手槍七十一枝（八枝），其他甚多。

傳法波將交換公使

【海通社蘇黎世廿三日電】據倫敦新蘇黎世日報稱：關於法國臨時政府與波蘭盧布林委員會急切交換公使的謠言已證實了，甚至還提到關於交換公使的名字。盧布林宣傳處處長赤哈夫斯基可能被派到巴黎去。

【海通社柏林廿二日電】外交部發言人宣稱：「我們並未將法外交部長比道爾的併呑計劃視爲嚴重。」「他們在柏林的人注意到最近比道爾在外交政治方面變成非常獨立。據德方的意見，這方面，他的理由並不充足」。威廉街發言人認爲法國最近由於莫斯科的鼓勵，他們現在正要求索取萊茵區及魯

爾區。

口以擾亂入侵軍隊的供應問題。仍在德軍手中的各港口，已由陶德工程隊染成能裝一年以上之需的物品的地下避彈室。分配給立足解放國家之納粹特務的主要任務是組織各種破壞。這在德軍撤退之前，已有大批炸藥與武器貯藏於適當地方，每一個德國與吉斯林的破壞者，都帶有所謂『朋友』的住址，在那裏他們能得到援助與住宿。納粹特務的用處，不會隨着德國的失敗而告終。他們要收聽各種訓令，並用各種辦法爲納粹主義的復活而工作。狂熱的納粹相信：納粹主義終將復活，並以計劃加速其復活來支持他們的信念，激起對各地方民主政體之穩定性的懷疑。謀害民主政府的領袖與官吏，將是這些秘密活動中的一些活動，其目的在於：不惜任何代價造成困難。德國特務被告以假裝共產黨員或其他適宜角色，以協助帝國宣揚其『敗後』的福音：納粹主義是唯一行得通的政體。

同盟社估計 英國航艦實力

【同盟社東京二十五日電】所謂英國的太平洋艦隊，不過是幫助美國海軍進行太平洋主要作戰的一種政略工具而已，其實是等待美海軍在太平洋上，大規模對日反攻作戰計劃失敗後，加重在太平洋作戰的比重，獲取英國在太平洋上的權利。英國在太平洋作爲主力的，是以航空母艦爲中心的『航空艦隊』，此在過去三年間日美戰爭過程中很明顯地表現出來。究竟英國有幾艘航空母艦漂浮在太平洋上？英國從大戰以來，合記了繼續的航空母艦全部是十三艘，其中阿爾加斯號（一萬四千四百[illegible]十噸）是訓練用的航空母艦、烈號（二萬二千四百五十噸）及鷹號（二萬二千六百噸），均是老朽的艦船，在激烈的太平洋決戰第一綫上，毫無作用。又哈默士號（一萬八百五十噸）被日軍擊沉。加勒西亞號、光榮號（均爲二萬二千五百噸），阿克・羅耶爾號（二萬二千噸）三艘被德軍擊沉，因此英國海軍現在有的航空母艦勢力，只剩伊拉斯特利亞斯號、維多利亞號、福米達布爾號、印度米特布爾號、印普拉加布爾號、印第伐提俄格爾號等六艘（均是二萬三千噸）。上述六艘之中，究竟有幾艘可以作爲『純粹在太平洋用』的艦船，這一老虎式的航空母艦，恐怕連與我特別攻擊隊交戰的勇氣亦沒有，英國太平洋艦隊由前任英國本國艦隊司令福萊塞担任指揮，僅是配合尼米茲作戰的工具而已，不管英國怎樣宣傳，英國艦隊決不是實際作戰的部隊，只是一『還存』的艦隊。

美軍事評論家 評緬甸戰況

【美國新聞處華盛頓二十一日電】華盛頓軍事分析家詹姆斯・里克遜少校二十一日評論緬甸戰綫的發展說：過去數月緬甸戰綫的戰鬥具有新的意義。中國各部隊佔領重要據點八莫之後，迂迴通曼德勒區域日軍的××。更南方，美軍在莽林中作戰，堅決的與有系統的打擊敵人交通綫。英第十四軍的西非部隊在馬玉山區沿緬甸西海岸獲得重要的戰略進展。英國巡邏部隊距吉大港與仰光之間最重要的供應海港阿卡布不及兩日行軍。緬甸戰事已發展成爲眞正的聯合國戰役，印度、中國、英國、西非、美國戰鬥部隊起了日益積極的作用。英、美、中飛機與駕駛員所參加的盟國空軍打擊曾予以支持。從菲律濱到安達曼羣島，盟國軍艦與飛機形成緬甸與××之間障礙。同時進攻的配合如美第二十及十四航空隊在漢口所表現的進攻，威脅通日本本國的供應的生命綫。緬甸日軍『堅持至死』的態度遇到盟軍所發動的同樣堅決的與更有效的攻勢。如果日軍想使盟軍不能達到中國的後門，他們必須守住緬甸，或者給予盟軍通泰國與法屬越南的大門。消除緬甸日敵便意味着日軍在東南亞第一個主要的陸上敗北。盟軍聯合戰役慢慢地與逐漸地使日軍緬甸陣地不能保守，數千日寇必將逃不出緬甸的莽林與山地，死在他們自造的陷阱中已是確定了。

「戰爭與工人階級」著文 世界應劃爲四地區

【美國新聞處莫斯科二十一日電】今日出版的『戰爭與工人階級』建議把世界劃分爲四個地區：歐洲，美洲，亞洲太平洋與非洲，作爲建立世界安全的方法。提議任何一定的區域以內各國之間所發生的衝突應受他們所在區域的法律制裁。提議關於兩個區域國家的事務提交相當區域的聯合會議。這一篇文章是由納馬利里寫的。對頓巴敦橡樹林關於區域公約的建議表示不滿，並說這種勢力範圍的區域集團勢力將互相制肘，並且最終導向衝突。考洛夫教授，蘇聯國際法的權威學者，同時在軍事報紙紅星報上寫道：頓巴敦橡樹林會議兩個問題未解決，達到安全理事會一致的××的方式與方法，以及德國及其衛星各國在戰後是否有權成爲安全理事會理事國。

參考消息
（只供參考）
第七四〇號
新華社 解放日報 編
今日出一大張
卅三年十二月廿七日
星期三

英方誣衊解放軍 謀殺邱吉爾

【合衆社雅典廿五日電】雅典所有商店，幾均歇業，人民解放軍及平民時而衝入店家，搬取貨物，人民解放軍人員，並進行勸募工作，請民間以錢幣食物及衛生用品贈該部隊。解放軍大多機智，恐遭意外，均避不露面。多數則外求食之平民，因遭殺傷，人民解放軍之死傷甚重。惟記者於市上亦見英兵屍體縱橫於途，有暴屍二三日而無人收殮者。蓋恐於救護時遭意外危險，紅十字會救亦失去保護作用。記者來此後，曾聞若干可靠報導稱：人民解放軍架走醫生，律師押往雅典以北之村落，以爲人質，人民解放軍均感飢寒交迫，物資缺乏之苦，然仍堅强頑鬥，其熱狂憤火有時幾不可想像。

【合衆社雅典廿六日電】邱吉爾今日預定召集希臘人民解放軍及希臘政府領袖舉行和平會議，數小時之前，希臘英軍總部所在地，大英旅社門口之陰溝內，發現爆炸藥一噸，英方人士相信該項炸藥，係希左翼解放軍企圖謀炸邱吉爾，艾登，希境英軍總司令斯科比及希臘政府官員而埋藏者。該炸藥藏置於木箱中，箱面並有德國製造字樣，計重一千六百八十磅，該炸藥係邱艾兩氏抵希消息宣佈後，始行埋藏者。

【路透社倫敦廿六日電】七十歲的英國首相溫斯頓•邱吉爾又到外國去了——這一次是在聖誕節日。今日（星期二）清晨路透社雅典電訊稱，他和外相安東尼•艾登偕行，艾登這次是數星期中第二次訪問希臘。他曾與摩恩勛爵在過聖誕節週期之前同在雅典。邱吉爾和艾登在聖誕節日抵雅典，在晤見英方領袖包括地中海盟軍統帥亞歷山大元帥後，接見斐邦德里歐總理。今天他們正在舉行會議，左翼運動民族解放陣綫戰鬥部隊人民解放軍方面的代表

借重美籍專家之協助，故除由俞飛鵬、龔學遂分任正副局長外，尚有一副局長由美方指派一高級軍官担任，日內即可發表。局內各重要處，及一部所屬單位，亦聘美專家工作。此一新的運輸機構，乃由運輸會議、公路總局、後勤部之運輸部份與物資督運會合併而成。其組織規程大致與前公路總局相同。驛運或將劃歸該局管轄。此外對空運、航運有指揮權，期彼此工作獲得配合。

【中央社渝廿六日電】中印公路積極趕修中。當局對未來該路之管理問題極爲注意。聞在原則上將實行計劃運輸，以供應軍事上之需要爲主。期此一新的國際路綫開通後，能運用合理化。又美方供應我國之車輛，已有大批抵達某地，俟中印公路開通後，即分批載運物資來華。

出席太平洋學會代表 蔣夢麟、張君勱等抵美

【中央社紐約廿五日專電】中國出席明年一月五日開幕之太平洋學會代表，爲蔣夢麟、張君勱、邵毓麟、錢端升、寧恩承、楊雲竹，及吳文藻等七人，本日聯袂抵此。

【中央社渝廿六日電】考試院副院長周鍾嶽，定二十七日晨飛昆明公幹。

辛文軒派參謀長到榆林

【中央社榆林十九日電】（遲到）伊盟鄂托克旗之領袖，伊南游擊司令辛文軒，頃派其副司令奇景成，參謀長奇景峯來榆林，晉謁鄧總司令寶珊，高警備司令雙成。鄂托克旗與陝北經濟連系極密，軍政感情亦甚融洽。奇等抵榆，謂鄂旗牧畜頗發達，皮毛出産亦豐，旗內所産鹽、鹼銷行甚廣。近年來墾殖亦甚發達，今年夠稱豐收。鄂旗教育現有小學校一所，學生數十，尤重漢文。旗內建設，年來增添民房不少，已迥非昔日蒙旗荒涼之景象矣。鄂旗扎薩克旺慶扎布逝世後，其子現僅七歲襲職。

青年黨建黨廿一週年 發表對時局宣言

【本報訊】據十二月三日華西日報載【自強社訊】：十二月二日爲中國青年黨建黨二十一週年紀念，該黨中央發表對時局宣言，說要全力協助政府保衛國家，團結意志及促進憲政，是日該黨留蓉黨員並開會慶祝，該消息謂：『該黨爲中國今日之一大政黨（原文如此）……擁有大量黨員』。

青年黨的宣言首稱：『中國青年黨自抗戰開始以來，就履行中國國民黨領

，會談邀請參加會議。希臘總教主達馬斯金諾斯將主持會議。昨天他向希臘人民呼籲停止流血。他說：「我們正處在喪失我們數年來站在我們盟軍一邊作戰的解釋力量的危險中。」「擲掉你們的武器。撕去希臘的罪衣。」邱吉爾和艾登抵雅典適在內戰三星期之後，解放陣綫部長辭職×星期之後。在裴邦德里歐政府中派有代表的希臘××民主黨發表聖誕節備忘錄，促請英美勞工組織代表，立即訪問希臘以證明那一邊是××民主自由的××××。這種發展，雖為內閣的一等機密，但卻與英國會及我國各地最近所作的許多要求相符合：英國政府的態度艾登已於四天前在下院說清楚了。他說英國願望在最早的可能日期看到包有廣泛的輿論代表的希臘政府。其第一個任務將是使救濟恢復進行。第二天組織××和××的選舉。在聖誕節晚上的公報發表以前關於形勢的最後消息說：雅典英軍當局已對至今尚未公佈的人民解放軍照會起草其答覆。

戴高樂將訪英國
國內情勢仍極混亂

「海通社柏林二十六日電」倫敦訊：「交換電訊社」巴黎來息：戴高樂將於一月底首途赴倫敦，與英國締訂條約。法國駐倫敦大使已奉外交命令返回那裏，為簽訂此種條約準備道路。

「同盟社馬德里廿五日電」現在根據由法國來西班牙的客人談話為基礎，研討法國的現狀。法國報館廿六家中，只有五家是戴高樂御用的報館。××××被殺或被捕，塞納河中每天都發現屍體數十具，每天都有美國兵五、六名被暗殺，或運輸糧食的卡車被襲擊。法國很少肉類，巴黎市每週需要食糧一萬五千噸，但是只保有四千噸。全國半毀的房屋為百萬棟，黑市仍然很厲害，工廠被封閉，今年麥子收成不佳，明年二月以後要發生飢饉。運輸船減少百分之幾十，機關車損失百分之六十六，貨車減少三分之二，被破壞的橋達二千以上。據共產黨領袖的談話看來，巴黎失業者達卅萬人，地方的失業者為六十萬人，他們都在飢餓綫上徬徨着，由此現狀觀之，戴高樂的名望等於零。這次的動員使法國人民陷入絕望的深淵。

國民黨將成立
戰時運輸管理局

「中央社重慶廿六日電」戰時運輸管理局組織規程業經中樞批准。即於來年元旦正式成立。該局對於運輸業務之改進，將

袖交換書信的諾言，實現政黨休戰，擁護國民政府抗戰建國，團結各黨派間的意志，為政府的後盾，替人民向政府建議，保障權利，解除困難；也替政府向人民解釋，在抗戰期間種種不得已的措施，減輕人民對政府的誤會。……現在，敵寇已經深入後方……舉國國民都希望着有一種斷然的改革，以挽危局，一新耳目。」接着該黨對時局提出四點主張：

第一、該黨主張建立「國家化的軍隊」。認為「目前一切須以爭取軍事勝利為前提」，要求政府改正「軍事上的種種錯誤」，「失機的將領必須懲罰，軍隊的待遇必須公平，軍民的情感必須融洽，官長的待遇必須提高，役政的弊端必需改善，軍風紀的敗壞必須制裁。而尤其要緊的，是發動全民武裝的力量，建設以智識青年為主幹，全體民眾為基礎的國家化的軍隊，以補現有軍隊之不足。現在後方各省尚有廣大的民眾武裝力量，但政府並沒有去發動它。要發動這種力量，不是靠過去強迫拉夫式的役政所能奏效的，必須賦予地方公正士紳以說服民眾領導民眾的權力，必須動員一切未從軍的智識青年到民間去。」

第二、政治上，主張政府立即宣佈結束黨治，實行擴大國參會職權，實行戰時約法。該宣言稱，軍風不良，端由於政風不良，因此，「只有澈底建立民主的政制以代替現在官僚的政制，實行[illegible]級官吏的民選制度，成立各級眞正民選的民意機關，發揚民主監察的力量，實行言論、出版、集會、結社、人身、財產的自由，承認省為地方自治的最高單位，然後民意才得舒暢。……我們要求實現蔣主席提前結束訓政，還政於民的主張，立即明令宣佈結束黨治，在憲法未能產生以前，或賦予國參會以正式民意機關的職權，或由國參會，各省市縣參會，各黨派，各人民法團推出代表，及政府聘請的法律專家若干人，合組戰時約法會議，制定並通過戰時約法，頒佈施行，依法成立民主的政府。」

第三、「今後國家的財政經濟政策必須以增進人民生產能力為前提」。必須以大部分財力扶助民營企業的發展；專賣、統制機關應吸收民營工商業代表參加；立即停發紙幣，而以累進征收非法的投機商人的大部份利得彌補之。

第四、外交上，主張推進與英美蘇的關係，認為過去「相互了解的程度似

會議召開。」該宣言文謂：「此外，如文化教育方面，應顧慮思想學術的自由，取消統制干涉政策；……關於國內各民族問題，應……保障其自治權利；」以及救濟難民，搶運物資，和須規劃戰後的復員。結語說：「時局危急。……本黨願以全部力量協助政府，保衛國家，團結意志，完成民主憲政的實施，並希望全國人士，共泯成見，一致努力，以爭取最後勝利。」

敵在天津強迫僑民儲蓄 遂捕中國商人壓低物價

「同盟社東京二十六日電」（決定天津工業會再編方針）：天津經濟會議署，爲了刷新「工聯」業務，已由各個部門選出與委任「再編側準備委員」，以期有機地調整天津日僑工業會，並確立策應戰局的增強戰力體制。最近會召開委員會，再編事務局起草的「工業體組織」，於研討並部份修改要綱後已獲承認。共分金屬、機械、化學、纖維、食糧與雜貨五工業部門，由各組合的理事長、組合與會社團體代表爲委員，到各部去推進業務。（物價暴落）：上週末各種物價即開始暴落，由於收買囤積物資金的流轉遲緩，及其他原因，每年當接近年關時，物價都要高漲。而今年僅在數天之內，即暴漲一倍多，表示未曾有的暴漲。但當監察當局一齊把投機份子逮捕起來時，米價便迅速降落，金塊、股票與一般商品俱依次迅速降落。在最近一週內，米價跌落百分之四十，股票跌落百分之三十，當局還滿足於一時的物價跌落（下跌）。（在留日僑儲蓄）：截至九月底止，已儲蓄九千億三千萬元，僅上半期即遠遠超過目標額，獲得良好的成績。因此，此次的儲蓄目標，一下由七十七億元提高至三百億元。最近當地日僑的決戰意識非常激烈。參加開發與增產戰時資源，增強重要物資等重點部門的人日見增加，都抱着不落後於內地（日本）的氣魄與精神。

敵寇飯島大佐評稱 美機還不能對日作戰略空襲

「同盟社東京二十五日電」陸軍航空本部飯島正義大佐，二十一日在「每日新聞」上發表論文，題名「B29式機的來襲現狀」，指出從敵航空基地的現狀看來，現在還不能大規模空襲國本土。該論文稱：「B29式機

會，由德川議長朗讀勅語奉答文，全體議員起立通過，十一時三十七分散會。

「同盟社東京廿六日電」廿六日的衆議院大會，於上午十時三十五分開會，由岡田議長指定勅語奉答文起草委員後，於十時三十七分略事休息。十一時十分勅語奉答文起草委員長山本厚三報告奉答文；全體議員起立通過。接着，全體議員決定原夫次郎爲全院委員長後，因選舉常任委員，於十一時四十五分再次休息。下午零時五分開始第三次開會，報告常任委員的選舉結果後，於零時十分散會。

「同盟社東京二十六日電」貴族院將於二十七日上午十時，召開本會議，衆議院於下午一時召開本會議，分別由杉山陸相，米內海相作戰況報告，嗣即全體一致通過『感謝皇軍』決議案，此外並向前任副議長佐佐木行忠贈致謝詞，衆議院則有表獎在職多年議員與追悼逝世議員的演說，並有追悼前任議員松岡秀夫的演說，年內的議事便告結束。兩院鑒於目前嚴重的時局，俱抱着無論何時都可召開本會議的精神，並將經過交歡的事前審查政府提案並研究如何運營等，以期對議會的方策臻於完善。

戈培爾的牛皮：「德國一定會勝利」

「海通社柏林二十四日電」部長戈培爾博士於星期日耶誕節前夕對德國人民演講中宣稱：「沒有別的國家，只有德國，面對着命運，能夠經得起考驗，所以德國一定會勝利的。」戈培爾比以前更甚的強調德國人民過去一年中所被迫做出的殘酷犧牲。「過去的一年是德國歷史上罕有的一年。德國人民從來沒有像這年一樣必得經受這樣多的痛苦」。部長強調說：「這一年德人民發揮了最高的精神抵抗力最，這種精神抵抗力量是將來勝利的保證」。部長轉到現代的危機說：「世界改變的時候已經到來了」，「敵人任意以一切方法向本世紀所升起的光明作戰，但是他們一定不能撲滅它的。由這次戰爭中，將出現一個新而美麗的世界。這個世界克服了我們時代的缺點和罪過，向我們人民及全人類打開了光明的未來的門。」戈培爾向前綫的士兵及在空中下的諸州中蹤重受到打擊的平民及居民，表示國家的謝切說：「我們不畏縮地，確切地向前邁進，且常常站得很穩，如果我們自暴自棄，那我們早就完蛋了。我們國家的抵抗力又變成這樣了，連我們敵人的營壘中都對之發生欽慕與讚美的情感」。戈培爾問：「是否還須要以什麼事件來證明德人民並不是注定淘汰，而是被召向

以塞班島為基地，空襲我國本土，經常是以十架左右的小編隊，進行波狀式的空襲。迄今為止，還沒有一次像歐洲戰場那樣的大規模空襲。其原因由於想盡量延長我國國民的防空時間，藉以降低我國的生產，和神經戰的效果。然而應該注意到的，從這裏也暴露了敵人的弱點，那就是塞班島敵空軍根據地太小了，不能起飛大隊飛機。飛機的編隊，是在飛機起飛後，在上空才編隊的，如果不能同時起飛三架四架的飛機，那麼空中的編隊，便要費很長的時間，因而要消費不小的燃料。根據敵方廣播：十三日空襲我國本土的敵B29式機，由於燃料不足，在歸途中有落在海上者，從這一事實看來，敵人是不顧為了編大隊飛機關係，而消耗很多汽油的，所以才進行一架二架的波狀襲擊，被迫進行神經戰。但是敵人設若徹底進行這種神經戰，那是會每隔半點鐘或一點鐘，以一架或二架，在一日內連續轟炸到二十四小時的。

敵國議會開會

【同盟社東京二十六日電】第八十六屆帝國議會開院式，廿六日天皇陛下親臨下在貴族院議場舉行，天皇陛下身着軍裝，佩帶大勳位及功一級各副章，藤田侍從長陪上、松平宮內大臣、蓮沼侍從武官長以下乘汽車於上午九時五十分由宮中出發，抵貴族院後陛下與先到之各皇族殿下會晤，並接見小磯首相以下各閣僚、鈴木、清水樞密院正副議長，岡田眾議院議長等。十時由德川議長先導、進入偏殿，稍事休息後，十時親臨參加在貴族院議場舉行的「開院式」、由小磯首相捧讀陛下詔語，至此第八十六屆議會之開院式遂告完了，陛下於十時十五分由議場出發，返抵宮中。

【同盟社東京廿六日電】天皇陛下在廿六日開院式下賜的勅語如下：朕在此舉行帝國議會之開院式，告貴族院、眾議院各位：朕深喜前線的陸海軍將士決死地進行勇敢的鬥爭，擊破勁敵。而國內一億臣民踴躍奮勵、生產與增強戰力，連年克服困難以至於今日，大東亞的建設日益進展，而我國與友邦的締盟亦日益鞏固。現在戰局愈益危急，真是億兆一心，傾注全力擊碎敵人之時，朕信賴汝等臣民之忠誠勇武，以期迅速貫徹征戰。朕命國務大臣將昭和廿年度及臨時軍事費之預算案與各種法律案一併提出於帝國議會，卿等應善體朕意，和衷審議，以盡協贊之責任。

【同盟社東京廿六日電】廿六日於貴族院大會，於上午十一時三十四分開

偉大的將來呢。」戈培爾將元首的祝賀轉致德人民時宣稱：「如果我們的敵人宣稱他是病人，他們是這樣願望的，故易信以為真。元首非常健康，頭腦與精神均甚佳。世界在適當的時間，便可得知他所要告與世界是什麼。他以不動搖的信念及意志的力量瞻望戰爭的發展。過去數星期，當我們的敵人不止一次的，妄圖分離元首與他的人民時，我從未見到元首如此精力旺盛，並對未來有許多計劃。他定會予他們以回答」。戈培爾結語說：「我軍的勝利，是根據元首不變的決定，不要疲倦和朝三暮四，不要向敵人屈服，要利用每一個機會予敵人以打擊，要盲目地相信那些[illegible]們，他們在此艱鉅而動搖的時代會一向是他（元首）的最好與最忠實的同盟者。」

魏菲爾在印演說
希望印人主動打破僵局

【中央社新德里十八日專電】印度總督魏菲爾爵士十五日於加爾各答聯合商會會議致詞稱：渠完全見及解決印度政治僵局之重要性，但印人本身必須表明彼等渴望此一解決。渠於檢討值此戰事即將結束之際，印度所面臨艱鉅任務後稱：印度如能解決其政治問題，且於危機蟄伏之世界中至少能保持數年之團結，戰後之機會實無窮焉。印度如仍激蕩政治××狂潮，則將經歷類如巴基斯坦之主要影響。印度亦將失其可獲之機會。渠繼稱：不信英印間有原則上基本之差異，自治問題雖不能解決，但亦非困難之問題，余不信吾人相互怨艾更提舊怨，可以解決問題，英國為解決此一僵局，曾作兩度努力，克利浦斯訪印失敗後，下一努力應由印度主動矣。

【路透社倫敦十八日電】伯明翰郵報社論稱：魏菲爾爵士在加爾各答的講演有很多內容。其中最顯著的一節也許是對於「大外科手術」如像巴基斯坦的警告」。但是×××。警告一定是對着印度教，特別是對着國民大會。整個演講在於：倘若印度要很快取得勝利，它今年必須強盛起來。倘使它利由它前所未有的最大機會，明年與今後許多年它一定會強盛起來。倘使它政治上仍是分裂的，它就不會強盛起來。所需要的顯然是：在印度傳佈使許多著名印度人進入現在「作優勢的印度政府」的那種精神，假使那種精神被征服，或將產生「印度國民政府」——首先，而且僅僅首先是在目前的憲法範圍中的國民政府。

參考消息

（只供參考）
第七四一號
解放日報
新華社
編
今日出一大張
卅三年十二月廿八日
星期四

王部長招待外國記者 談國[illegible]的任務

【中央社重慶廿七日電】外記者招待會，二十七日下午三時舉行。王部長世杰、吳次長國楨、張參事平羣出席主持。[illegible]一九四五年，王部長簡答如下：第一問題自為中國[illegible]年之戰事。中國戰場一九四四年之紀念中，有兩大特[illegible]新[illegible]時間，在中國戰場大舉進攻，以圖打通[illegible]至新[illegible]。敵人此一目標已大致實現。但其交通綫上多[illegible]點[illegible]另一方面，中國軍隊已在緬甸戰場上擊破日本之抵抗，其結果[illegible]已在緬印中國軍，與我[illegible]西之距離不過二十公里左右。吾人預料一九四五年之初，最重要者，為吾人切不可以為敵人將僅以大陸[illegible]，作為[illegible]於南洋及菲律賓為盟國克復後撤退其軍隊之用。反之，我[illegible]敵人將利用此一通路，加強在中國、越南及馬來一帶之戰鬥[illegible]此，即準備最大之陸上部隊，以對付敵人在亞洲大陸之殊死[illegible]鬥，乃中[illegible]應負之責任。我國軍事當局，正竭盡一切力量，改善我國官兵待遇，並[illegible]辦法成立之兵役部，正採取辦法，以保持我國軍隊之最大的實力。至於[illegible]部隊之質素，由於全國風行之知識青年從軍運動，當可相當提高。凡此[illegible]作與[illegible]，均在使中國戰場有充分之衣食無缺裝備[illegible]有未來之[illegible]戰。以中國軍隊在緬甸作戰之成績而言，此種[illegible]中國部隊[illegible]對於盟軍加速戰勝日本，當有更大之貢獻。其[illegible]一九四五年所將遭遇之經濟戰綫，其嚴重性決不次於軍事戰綫。我國[illegible]月底止，我國後方若干城市之物價指數，已超過戰前標準之四百倍。所可慶幸者，本年下半年內一般物價指數之上漲，已大和緩，並[illegible]。我國政府對於[illegible]穩定趨勢，現正採取加稅方法，以減少一九四五年預算中收支的差額。此外並展開熱烈之獻金、獻糧運動，使全國大地主及富有人士，能以其地租或收入百分之四十呈獻國家。同時我國戰時生產

此機會和二戰區的高級將領部隊接觸，加強了中央和二戰區的相互了解和認識。陳對閻及其部下，備極推崇。又[illegible]日[illegible]與陳毅及中原戰役和山東河北諸役失利的原因，陳稱：[illegible]都是因為將帥不能協同一致，彼此爭功退能，以致為敵人各個擊破。

又大公報九月廿八日載中央社興集電：『陝民政廳長彭昭賢廿二日離西安視察沿河各縣，廿四日抵宜川，廿五日赴晉謁閻長官。』按彭氏係與陳誠同行。

四川臨參會上的建立地方武力案

【本報訊】十二月一日到十六日在成都舉行的川省臨參會二屆四次大會，它的一大議題，就是『建立地方武力救亡圖存案』。國民黨軍委會機關報之一黨軍日報，在臨參會開幕之日，就著論反對，並施行恫嚇說：『希望議員先生本「國家至上，民族至上」的宗旨，存「愛鄉不誤國」（？）的赤忱，作一度公忠打算，免使武裝民衆這一[illegible]事件，在黑幕（？）中進行又生出一場無益紛爭。』黨軍日報又大事挑撥道：『客觀的說，四川的民衆已經武裝了不少，或在保甲，或在哥老，湊攏來不下百萬，「水可以載舟，亦可以覆舟」，民間武裝，平時能防匪禦盜，亦能為匪作盜，戰時能保國衛鄉，也能禍國誤鄉……議員先生多半來自民間，其中內幕，當更清楚……（應）使一般潛伏武力，脫離私人掌握，洗去封建觀念』。臨參會開幕的一天，川康軍事當局——綏署主任鄧錫侯氏在講話中，他提出了建立地方武裝的問題，並對此案『有副作用』之說，加以駁辯。他說：當前時局很嚴重，我們在川康，綏靖川康，安定後防，是我的責任。今天要趕快做的事有兩件，第一件加強軍隊訓練。他說兩三個禮拜前，他召開了一次高級將領會議，一個師長劉樹成在會上激昂地說：我們絕對擁護中央，擁護兩主任（指鄧錫侯、潘文華），服從命令，負起責任。鄧氏說：現在配備在川康的軍隊，西康共有×個師，四川共有×個師。不過要調到前綫作戰，還得補充裝備。他說：『我們四川人決不當順民，我們亦不當降將。』第二件，他說到建立民衆武力，謂『上次貴會開幕（按在六月間）日，我曾放了一炮，可是這件事到了今天，已不容許我們討論辦不辦，對不對，而需要立刻行動。[illegible]我上次喊出那個口號之後，有一個關切我的朋友問我：你主張建立民衆武力，有沒有副作用？』鄧氏說：現在情勢緊張，我也用不着再[illegible]，應當挺身負責，協同大家來辦。前兩天有個會議，討論建立

行），現已開始工作，期將戰爭急需之物資生產，增加至其現時生產量之二倍或三倍。凡此種種，雖未必能使物價停漲，然可望使其不致猛漲或大漲。第三。我國政府對於知識及技術訓練方面之困難與缺點，頗爲憂慮。在七年抗戰之後，所有學術研究及技術訓練機關，均感設備不足，師資缺少，此爲無可避免之事實。因之政府雖一再招募大批學生從軍。同時亦決定選擇若多之學生及技術人員，派至英、美及加拿大等國深造。此爲政府明年度之既定方針。英美兩國爲我國留學生特關獎學金，其數已超過一千三百名。同時我國政府亦決定自行撥款，於明年春間派送官費生，及技術人員六百名出國。此種措施，乃未來我國建設及復興工作中必須之準備之一部分。某記者詢以目前預料日方是否將有新的重要軍事行動。張參事答稱：據所得情報，預料近期內日方將有下列兩項軍事行動。一、日寇將在上海南北之中國海岸增强其防禦。二、現在湘、桂集結之敵軍，有準備進犯韶關模樣，以期打通粵漢路。又據報，日寇在滬之司令官，公開告知中日人士，日軍如自滬撤退時，將盡毀滅滬市，絕不遺留任何有價值之物，可知日寇被迫自上海或其他佔領區撤退時，必將大逞暴行。吾人所欲警告日寇者，暴行之責任，必專清算。同時深望淪陷區同胞，及早準備免遭慘刼。某記者詢以中國政府是否現將日本戰俘用於宣傳工作，鹿地亘現作何事。張參事答，日寇平素訓練士兵，教以如作戰失利，將被俘虜時，必須先行自殺，以免生俘，否則必將遭對方殘殺之虐害。此爲衆所週知者，此種言論之誣妄，可自我軍事當局對敵俘之優遇予以證實。敵俘均獲得適當之衣食，知識之修養及體格之鍛鍊，其中頗多自願從事反對日本軍閥之宣傳工作，如廣播、講話、攝製影片等事。我方從未强其爲所不欲爲之事。關於鹿地亘一節，當戰事初起，日本國內即有一部份人士反對其政府之侵略政策。鹿地亘爲其中一人。渠自日本逃奔來華，一方面爲覓取安全，一方面爲繼續其反對戰爭及對軍閥之宣傳工作。聞渠正專搜集有關日本軍閥侵略及罪行之材料。

陳誠曾訪閻錫山
稱雙方要密切配合

【本報訊】十月十八日山西國民日報載，晉省黨部主委韓振聲，在該黨部紀念週講話中，曾述及陳誠於九月二十四日抵達秋林，二十五日東渡赴克難坡訪晤閻錫山。據稱：第二天閻陳先後談話兩次，其主要內容是第一二兩戰區的軍事，甚至於整個華北的軍事怎樣能够得到密切的關系和良好的配合。又稱，因天雨，閻陳共聚會四天，因此對北方軍事政治切實合作及步驟的一致有新增進。隨陳誠同行諸人，亦藉

民衆武力問題，正向衛戍司令商討中，擬推但（懋辛）先生負責！但先生坦白表示：要我辦，必須有委員長明令指示辦法，叫我負責，完全明朗化，否則，人家說我們要民團那就不好了。鄧氏因此說道：可見的確，今天任何事都要不得副作用；又說，近來他曾與張群幾度公開討論此事。

評論說：不管武裝民衆的副作用爲何，我們不應該啓忌，一切都是廢話。

十二月五日，參議員李鐵夫等臨時動議：請政府縮短報告時間，各參議員扼要詢問，以節省時間，移作詳細討論救亡圖存方案之用，當經全體通過。同日保安處報告後，參議員對於組織民衆武力問題，質問與建議甚多，年老的蔡翼氏問得最詳細：「政府歷年集中民槍有多少？如何使用？損壞多少？現存多少？」他說：「還可作民衆武力的參考材料。」

關於組織地方武力的具體辦法，張瀾氏說：「應由人民自己辦，由地方上的公正士紳主持，軍政當局，只能從旁協助。」鄧錫侯氏在同上演說中則提出如下的草案請：我們不妨來一個官民合辦，在省聯合黨政軍民，設立一個省委員會，在縣市聯合黨政各機關和地方士紳設立縣委員會；在法令上，就現有的後備隊加以整理，全川共有三百六十一個後備隊，每隊有隊丁一百六十名（按：此名額共爲六萬四千九百六十名），一面就原額加以充實，一面多多成立新隊；在幹部、餉糈上，幹部可以就地選材，伙食可以就地籌辦，槍枝可以採用民槍公用辦法，就地編槍，就槍編人，人不離槍，槍不離鄉。萬一敵人逼近四川來，當然一切有志之士都可站出來，共同衞國保鄉，不限於這個後備隊。

結果，臨參會十四日上午通過了組織人民自衞武力案：「人民自衞武力以官民合辦爲原則，省縣分組人民自衞團務委員會，省委員二十五人，縣市設九人。」

海通社評雅典會談

【海通社柏林廿七日電】倫敦訊：邱吉爾在雅典會議中，因爲人民解放軍代表由於巷戰阻礙，故遲到一小時，遂不得不演說兩次。由於氣候很冷，且缺任何取暖的可能性，各代表都穿着大衣環坐在會議桌周圍，誰都不許攜帶武器。當人民解放軍代表入場的時候，曾受搜查有無武器。英國將領亞歷山大及斯科比進入會場時，也除去武器。星期三日晨，每日電訊報說：此間認爲希臘危機的解放是非常迫切的，因爲這是邱羅斯會議的前提條件。

【海通社柏林廿七日電】據威廉街發言人說：英國的威信將繫於希臘，因

僞英國在地中海及歐洲[illegible]有[illegible]的[illegible]。[illegible]人意見：如果英國喪失它在希臘的地位[illegible]，[illegible]對於[illegible]們人都是很清楚的，它在歐洲便沒有什麼更多的東西可說了。據指出，邱吉爾於雅典演說中稱：英國爲希臘絕對無利害關係的朋友，但事實上，希臘屬於英國的利益範圍。

【海通社柏林廿六日電】紐約訊：邱吉爾和艾登赴雅典之行，給美國報界一個機會以任意散佈倫敦方面關於那兒政界人士所傳的消息。該消息說：他們[illegible]問與雅，也許[illegible]期待已久的三大盟國[illegible]家在莫斯科或地中海其他地方舉行會議的第一個步驟。[illegible]通訊社[illegible]，政界人士並未證實這個情報，但也未加否認。通訊社又說：在雅典，由於英方政治家的抵達有一種活躍的外交活動，可是仍在[illegible]之[illegible]。星期二下午邱吉爾與希臘各黨派舉行會議的地點連英美記者都不知道。雅典主教達馬斯金諾斯於星期二上午與英國駐雅典大使作經常商討，在星期一黄昏後，邱吉爾及艾登抵雅典後不久，他就與邱吉爾及斐邦德里歐[illegible]晤。迄今所洩露的一切，乃是邀請人民解放軍代表參加星期二下午與邱吉爾[illegible]議的邀請書尚未爲人民解放軍方面及個人資格被邀請的個別人士所接受。

【海通社倫敦二十[illegible]電】據路透社報導：邱吉爾艾登與希臘各黨派領袖及政治家開之會談於星期二下午在一未宣佈之地方舉行。會上由雅典主教達馬斯金諾斯主席。會談開始之同一時間內，人民解放軍突然向英軍開大砲，英軍亦同擊之，[illegible]是解決希臘糾紛之會議就伴隨着尖銳的大砲決鬥而開始。會議開始前，邱[illegible]與會各黨主席達馬斯金諾斯主教作過長時間談話。按達馬斯金諾斯主教自一九三八年以前，即任教會高級之職位，他在最近數週中，即不斷努力企圖使希臘內戰達到諒解。人民解放軍代表從他們的司令部被載上英國軍事汽車（車上掛有白旗），送到秘密會議地方。據說，其他方面參與會議的尚有希總理斐邦德里歐，普拉斯蒂拉斯將軍，自由黨領袖索夫勒斯及進步黨領袖科文達利斯。

敵國議會上 米內報告戰況

【同盟社東京廿七日電】今日米內海相在貴族院大會上報告戰況的內容如下：我現在說明上次議會後帝國海軍的戰況概要，並披瀝我的信念。

自上次議會到現在的三個月中，彼我的作戰主要集中在菲島方面，敵人強硬地企圖奪回菲島，而我方要絕對確保之。正如你們所知道的，現在仍繼續激戰中。自七月至九月，奪取馬里亞納方面基地的尼米茲艦隊及由新幾內亞方面北上的麥克阿瑟部，暴露了要積極地配合進攻菲島的企圖，即自九月初旬

敵國議會上 杉山戰況報告

【同盟社東京廿七日電】今日杉山陸相在議會上，報告戰況的內容如下：（南太平洋方面）敵人佔領馬里亞納群島作爲攻日的前進基地後，復於九月十五日在彼勒留島及摩羅泰登陸，該處我陸海軍部隊即奮起迎擊，在摩羅泰島，展開了激烈的肉搏戰，還與我航空部隊連續猛襲敵陣相配合，予敵軍一個師團以很大的損失，飛機場八處，大半被破壞。又在彼勒留島方面，我以寡兵抵抗敵三個師團，長期堅忍不撓地反復向敵衝鋒，勇戰奮鬥，迄今斃傷敵軍達兩萬以上，此對菲島作戰貢獻很大，此種盡忠義烈的奮戰，亦使鬼神哭泣。（緬甸方面）怒江西岸拉孟、[illegible]我守備部隊，從五月中旬起在數個月中予數十倍於我的敵軍以重大打擊[illegible]九月[illegible]全體將士終於壯烈戰死，從其在此地區斃敵二萬五千的光輝[illegible]下旬[illegible]很容易想像到該部守軍英勇奮鬥的情況，另一方面，我軍[illegible]下旬在龍陵附近開始新的攻勢，在北部緬甸，制敵機先，激底擊潰[illegible]國[illegible]下的中美軍，整個戰場形勢逐漸改觀。在此期間——十月一日至十二月十五日，[illegible]共擊落或擊毀敵機一百八十八架。又在印度洋方面，[illegible]動[illegible]線。十月廿日有敵機動部隊襲擊卡爾尼科巴，經我空[illegible]官蒼[illegible]迎擊後倉惶逃走。（滿洲與北部方面）守衛滿洲及我國北部的我陸軍[illegible]完成職責，可以說邊防固若磐石。（關於防衛本國方面）[illegible]中國大陸和馬里亞納爲基地的美國空軍，不斷襲擊我本土，主要是襲擊帝都、北九州及名古屋方面，每當敵機來襲之時，我陸海空軍及陸上部隊均立即迎戰，截至現在已獲得相當大的戰果。同時更進而攻擊敵成都、馬里亞納基地，給敵方以重大損失。我一億國民均在充滿着必勝信心，誓意保衛皇國。我確信其對敵機轟炸的戰鬥意志，決非他國所能比擬。（中國方面）自本年四月開始河南作戰以來，至今已八個月，在此期時，我軍相繼佔領洛陽、衡陽、桂林、南寧各要地，前進一千六百公里，敵人在中國西南部花兩年的時間建設的主要空軍基地，幾全部爲我軍摧毀，並打通了大陸的縱斷道路。故在中國方面的優勢戰略體制，至此更爲堅強。在此期間，計斃敵及俘虜約二十五萬，獲大砲一千二百門。空戰亦非常激烈，從本年四月至十二月十日，約擊落敵機四百架，擊傷敵機超過一千四百架，所以這一作戰給重慶的打擊極大，蔣介石的周章狼狽和美英的焦慮是難於掩飾的。（菲島方面）十月十二日以後，美國機動部隊，雖在台灣及菲島海面海空戰中，遭受了很大的打擊，但依然以大運輸船隊，侵入菲島來特島，因而嗣後在菲島方面，便以爭奪制空權爲中心，展開激烈的陸戰和供給戰。戰況發展到現在，敵方重要據佔萊特島東岸，我方則據守蔓延於西部

表中，敵人在彼勒留、安高爾及摩羅泰各島登陸，安定其用來奪回菲島的基地，接着又攻擊我方對菲島方面的供應線——西南諸島及台灣，於是惹起台灣海面的空戰[illegible]準備完善的陸海軍航空部隊於十月十二日至十六日，日夜果敢地連續攻擊[illegible]動部隊，擊沉航空母艦十一艘，戰艦二艘、巡洋艦三艘，予以重大打擊後[illegible]敵人。繼上述機動部隊的行動之後，曾經集結新幾內亞方面的麥克阿瑟[illegible]於十月十七日侵入菲島萊特灣，十九日在萊特島登陸。不管敵人在[illegible]陸作戰[illegible]蒙受重大損失，它仍然擴大其地盤，並在殘存部隊掩護下，逐漸增强登陸的兵力。我聯合艦隊捕捉敵機動部隊，抱着全軍「衝撞」的精神，集中其航空兵力，水上部隊及潛水艇的全力澈底攻擊之。特別[illegible]月廿四日至廿六日，菲島海面的海戰中，擊沉敵航空母艦八艘、巡洋艦四艘[illegible]獲得戰果。我方在此期間的損失亦復不少，我們在台灣海面的空戰，菲島[illegible]面的海戰等一連串的攻擊中，獲得了擊滅敵人反攻作戰的主要兵力——航[illegible]母艦一大半的戰果。嗣後，圍繞着萊特島的菲島作戰漸趨激烈，與[illegible]如何就互爭左右戰局，此時，澈底了解盡忠護國的大義，而又燃燒着「必死必殺」的攻擊精神的「神風」特別攻擊隊，開始其壯烈無比的活動，完全顯示出皇軍的精華，越發鼓舞我第一線的士氣。跟上述第一線的空戰相關連，敵人攻擊和擾亂我後方供應線，而且更進一步加緊空襲我國本土飛機工業區。我在上次議會上曾强調我們在現代戰爭中獲取制空權是進行作戰所必須的重要條件，並希望依靠國民的幫助，充分供給第一線部隊以飛機。現在感到這是很迫切的要求和希望。最初握在我們手中的制空權，有時由彼我平分秋色，而至最近，甚至不得不常常交給敵人，從而使敵人進入蘇祿海，十二月十五日終使敵人在明多羅島登陸。這實是遺事。關於菲島在我們推行戰爭中所佔的地位，已是諸君所熟悉的，因此我們當然要死守之。突破這個戰局，創造轉爲攻勢的機會的辦法自是明白的。此時我們堅決把菲島方面作爲決戰的場所，利用該方面我戰略大勢的有利條件，攻擊敵人最苦痛的弱點，以獲得最後勝利。爲此，一億國民均應貫澈特別攻擊隊的精神，不屈不撓，克服一切困難，將一切國力迅速化爲戰力，並將其投入決戰的場所。我[illegible]的絕對要求，也是必勝的方策。現在帝國海軍以航空部隊爲先鋒，全體都成爲特別攻擊隊員，以赴國難。我們在強大的勢力下，以必死必殺的精神，擊滅美英，以期完成護國的大任。

的山脈，以少數兵力對抗約七個師團，隨地攻擊敵軍，形成一進一退的拉鋸戰。我「香」空運部隊，英勇地楔入敵後，高千岩降落傘部隊，在敵機場降落，與此相呼應，陸上部隊更突入敵陣地，我軍遂佔領南北布拉肯機場，及隆巴布雞機場，雖給該方面敵航空基地以重大打擊，但敵方仍堅決增强兵力。十五日更在明多羅島一角登陸，現在菲島的戰事擴大至比沙亞全部地區，陸我開展開了最激烈的戰鬥，特別是空戰的激烈，可以說是我皇軍有史以來未曾有的，其激烈的狀況，實難以用言語形容。特別是班達隊及我陸軍各特別攻擊隊的衝撞使敵膽寒，抱着必死必中的決心，到處衝撞敵艦船的都是二十三歲前後的青年，其盡忠報國的誠心不勝令人感激之至。

陸軍特攻隊從十一月十二日至十二月二十日獲得之戰果，僅證實者實際上即擊沉戰艦五艘、運輸艦三十二艘，連同其他共四十九艘，擊傷或燃燒巨型航空母艦一艘、運輸艦二十七艘，連同其他共三十八艘，總計八十七艘，予敵機動部隊及運輸艦隊以極大打擊。又在萊特灣內及其他菲島近海，我陸軍航空部隊所給予敵機動部隊的損失，亦即我航空部隊之戰果。除上述特別攻擊隊之戰果外，從十月十八日至十二月二十二日之間，計擊沉三十二艘、擊傷或燃燒九十一艘，共計一百廿三艘。又關於擊落敵機之數目，僅陸軍航空部隊即擊落敵機六百六十二架，以物量自詡的美國當局亦拚命呼喊：「如此作超人的努力則前綫供應將陷入困難」，督促國民奮起。跟戰況相關連，我還想談到的就是美國內心焦慮在此次大戰中，人的損失非常龐大。開戰以來美軍的損失僅與大東亞戰爭有關部分，即達五十萬三千人。敵人極力隱蔽此種損失，美軍當局關於此項損失的發表非常矛盾，這亦表示了敵人損失之大，但敵人的戰鬥意識仍不可輕視。戰局的前途雖極嚴重，但我陸軍決心擊潰來攻之敵，貫澈該方面的作戰，當此時機擊滅敵人摧毀其作戰意志的方法，我想就是「特攻隊」的撞擊精神，我們如用「撞擊」與敵人激鬥，一定會開闢必勝的大道；我「特攻隊」的撞擊正是三千年光輝國體的成果，是一億國民奮激的結晶品，使皇國軍隊成爲世界上唯一最强的軍隊。我陸軍在上下鋼鐵般的團結之下，與海軍混然一體，不問前方與後方，全部將士均體現「特攻隊」、「挺進隊」之精神，誓必消滅宿敵，以安陛下之心。

參考消息

（只供參考）
第七四二號
解放日報 新華社 編
今日出一大張
卅三年十二月廿九日
星期五

海通社稱

重慶特怕敵寇進攻昆明

【海通社上海廿八日電】此間獲悉：重慶方面竭力準備應付日軍對昆明的進攻，預期這是日軍在華攻勢的新階段。昆明是滇緬路的終點，且可能成爲從印度運輸物資到重慶去的最重要交通中心。重慶軍界人士相信日軍遲早會進攻該城的。在這種情況下，人們會×××日軍與在華美軍之間的第一次衝突。美國佛爾克·德拉將軍——魏特梅耶爾將軍的親密合作者，現正組織昆明區的防禦工作。

華西日報稱

注意敵人誘降陰謀

【本報訊】十一月二十日的華西日報，在引述同月十一日敵派遣軍司令的誘降聲明後，指出：『敵人發表這個聲明，那意思就是說，我打的是美軍，如果你『以自己力量協助日本』，換句話說，如果你投降，我就不打你，否則雖一戰，亦所不辭。』這是敵人的政治攻勢，其目的在於拆散我軍與美軍協同作戰的陣容。……我們決不可能如敵人所期望的『達觀』，以自己力量協助日本』，我們必然要『仍容許美軍留在大陸之上』，因此我們從敵人的聲明裏，應當充分認識敵人仍將『繼續進攻』的決心，我們如果不能立即拿出對付敵人的最後決策來，繼此而來的必然是更嚴重的局面。忽視目前局面的嚴重性——是無知；故意諱言目前局面的嚴重性——是罪惡。』

陝省二屆臨參會四次會 爭論頗多

【本報訊】陝西省二屆臨時參議會第四次『大會』，於十一月十一日開幕，二十三日閉幕；到會僅三十個參議員。國民黨當局召開這次會議，主要目的之一是爲着選舉下屆國參會參政員。可是在進行過程中，在陝西省府各廳處及各中央（渝）駐陝機關首要報告後，竟也有很熱烈的質詢，這是部分地反映了陝西人民的不滿，特別是反映了一般工商業以至於地主的不滿的。這首先表現在，這個臨

無從拾取作擴大宣傳？更不致『怨聲載道』！（十七日對西北文化日報社記者談話）。田熊飛等又提出，『今後須切實保障人權』；『保安處殺人太急，未得上峯批准即行槍決』，又詢：『國府有令大赦，刑減一半，烟犯爲何不減刑？』（金體仁）『部下迎合祝主席心理，將好人當作壞人濫殺邀功，有傷祝主席名譽！』（黃統）此外，有參議員提出：『請停止警察隨意打駡苦力的習慣。』對於徵兵，汝潔甫等謂，大半均係僱貧頂替，是由待遇不良及一甲一兵運動所促成的。

陝西地方報紙秦風、工商合報於十一月十九日論及質詢與答覆情形說道：『各參議員詢問雖娓娓不倦，但每一涉及問題的核心，報告者不曰「礙於中央法令」，即曰「限於財力」……大家常瞠目相視，莫知所措。』由此可見欲用些微改良手段和緩不滿，也是很難的。在同上社論中，該報提出了地方均權的問題，認爲『政治制度的缺點』係一切弊病的『主要因素』，『一爲中央集權問題，二爲戰時集中力量問題……若不徹底改弦更張，則縱然天天會議，議案山積，亦屬緩不濟急』。對於政治機關的種種腐爛現象，西北文化日報竟也大洩不滿（十一月十九日）說：今之人好大喜功，愛聽悅耳的一切，此乃誤盡蒼生，也許就是誤國殃民的最後沒落現象。參議會稍有此弊，就是『御用』的，而不是『民有』的了，如不標列當局的貪污、惡劣、昏庸、固執、失體、膚淺、非民主、官僚氣、不務實、官吏不守法、因循苟且、欺上壓下、妄爲忘民、倒行逆施、則必有所畏，有其隱衷、私顯！

陝臨參會於十一月廿四日閉幕前，選舉了下屆國參會參政員，選出張鳳歲等七人，其中有張鳳歲（六十歲，老同盟會員）、趙和亭（三十餘歲爲胡宗南政治部重要負責人之一，復興派）、李芝亭（四十四歲，曾爲西京平報社長，前爲CC，現爲胡宗南，康澤等所攏絡）三人係連任；高文源、楊大乾、王維之、張丹屏四人係新選。舊參政員中王普涵、張守約、韓兆鶚三人則落選。另外，被指定得參加競選的前黨史委員會委員向乃晨、及黃統等候選人，由於他們對當局指摘較多，亦不當選。在他們的指摘當中，例如向乃晨在十一月廿三日的『競選』演說中謂：『國際局面好轉下我們的形勢危急。……鄉鎮保甲長……作威作福，人民敢怒而不敢言。……徵兵……管制物價……專賣……出售黃金……事實上都成了轉嫁到人民身上一筆很大的負担。……一策一籌，頭痛醫頭的辦法，治不了現在的病。我們要大刀闊斧轉移政治方向：（一）發揚法治精神，（二）要徹底實行民主政治，……使民衆與

參會會接受了各縣參議會財委會及紳民的五十三個請願案，『其中縣長舞弊者三，傷提貪污者三，土地陳報錯誤者六，賣僧者三，「合作」社者三，燃料者二，教育者四，商民負担者二，請提高棉價者三，積穀者一，運送粮食工資差價者一，軍隊擾民者六及本市房捐者一』等等。（十一月十八日西北文化日報）

在質詢中，首先集中的一項，就是負担問題，特別是粮食負担問題。今年陝西省粮食負担額爲四百六十五萬市石，徵收時再加一成，共爲五百萬五千市石（已收三百七十萬市石），且限期徵收積穀三百萬市石，採購軍粮還不在內。雖然國民黨當局在陝西採取了一些和緩人民不滿的辦法，比如採購軍粮照市價給值；遠途輸送集中軍粮脚夫工資照市價給值；加强各縣粮鹽會職權；粮食集中倉庫增廿六處；向省企業公司定法碼六十套，以統一度量衡器；市縣得自辦土地陳報等。（十一月十五日陝粮賦處長劉愷鍾報告），但是參議員們仍然有許多不滿：（一）認爲徵實徵借，除正額外，另加一成，『這是損害政府的威信』（韓光琦）；（二）認爲積穀三百萬石一次徵足是不應該的，『一則，因今年本省收成不佳；二則因各項負担不輕』（同上）。（三）還穀的問題，汝潔甫等提出：『上次參議會提議抵扣二十萬元，希望切實執行』。除粮食負担外，國民黨當局對棉農的剝奪，引起了參議員再度的要求把棉價增加，因爲一方面陝棉每百斤成本六月時估計即在一萬五千元以上，嗣遇歉收，成本約合二萬一千元（十一月二十日秦風、工商合版）；另方面則政府雖曾以四萬萬元農貸給予棉農，但七個月取息達到百分之七十六（包括强迫農民按低價以棉花還農貸），無異於高利貸。在燃料徵購上，則既有軍委會徵運掌握的差價（即以低價强迫收買），又有五、六兩邊區司令部的燃料差價，後者各縣每月增加新的負担達到數十萬，這，也引起了汝潔甫等參議員們的質詢。第四，城壕工程建築五月之久，用費達二萬萬元，準備照去年數加收八倍營業稅，或十倍房捐，對此參議員李貽燕等亦加以質問。第五，關於陝南擬建五條新驛道一項新負担，參議員金禮仁請利用舊道，以節省民力。

關於種鴉片烟，金禮仁說：陝南禁種烟，效尤未曾『徹』，反而變本加厲了。

在政治方面，田熊飛等說道：地方士紳，只要正直不阿，就應加以重視。金禮仁說：『家醜不能外揚』，實在是大錯；自己錯了應當先承認，則仇者士兵的內心裏重新燃燒起來，人民才是我們的人民，士兵才是我們的士兵，否則，數量雖多，是沒有用的。』自然，他只有落選。

臨參會最末，通過了組織參議員的『各縣視察團』，以韓光琦（西安的大商家）爲團長。

雲南近訊

『本報訊』（一）關於本月十一日起召開的滇省臨參會，其討論的主要議題，據十一月廿五日雲南日報發表議長由龍雲的談話說：處此時局的嚴重關頭，對邊防諸端之討論當不可忽視；此外則關於縣務及鄉鎮儲蓄（按這兩項都是滇方與國民黨中央間爭論之點），將提改善意見；又謂，擴大省參議會職權之提案，已得到數省份贊成，國參會對此案亦已照准諮請行政院辦理，因此該案當局或可付諸施行。

（二）滇省戰局形勢。上月間桂柳敵寇西犯，『因之近來市面人心頗現不安，……而對大局有發生悲觀之感。』（雲南日報十一月廿三日社論）據該報說：敵人是會有侵犯企圖的，因爲，『川滇黔三省爲我國作戰的主要基地，當此盟軍正從海上及東南亞方面準備大規模攻勢之際，敵統帥部爲避免海陸兩方面腹背受敵，自有迅速先行瓦解我國戰鬥力的必要』，滇人應『在鎮靜中奮鬥。』十一月廿七日美國駐華軍隊訓練及作戰總司令官魏德邁將在昆明招待記者，亦謂：『敵人對滇南始終是一個大威脅，此種威脅，將隨時間推進，日趨嚴重，非短時日所能解除。』滇方對可能侵入的敵寇，據十一月二十二日龍雲氏在南菁學校的訓話說道：『目前時局確然嚴重，抗戰八年以來，敵人侵入西南此尚爲第一步，非其結束；將來戰爭中最有關係者爲滇黔兩省，目前成敗利鈍自不能計，但必不致貽人口實，遺人恥笑，今後無論何人，均應準備犧牲，以衛國家。』

（三）關於護國紀念日問題，十一月二十七日雲南日報社論謂：『本省爲昭明史信，曾由黨政各界一再呈請中央恢復（紀念日），未蒙示覆』，二十六日滇黨部復再度呈請。雲南日報（十一月二十八日）强調紀念日之存在，關係雲南及其『軍人』在革命史上之地位，認爲將其合併於肇和兵艦起義（按發生於雲南起義倒袁之役前，規模很小，旋失敗），謂『揆諸情理，豈得謂平？』

關於恢復雲南起義紀念（十二月二十五日），該報號召全省民衆起來，繼省參會、省政府、省黨部之後，作再一度的一致呼籲。

（四）財政方面：據十二月一日商務日報昆明訊，粮食的分配原經核准：

在今年徵糧總額三百六十萬市石稻穀中，除交軍米二百萬大包（按：上年交軍糧爲一百七十萬大包）外，其餘撥省級公糧稻穀四十萬市石，撥上年原借積穀利息八萬市石，又撥中央駐滇機關公糧三十萬市石，國立大學員生食穀六萬石。該項分配數，超過徵糧總數，奉命領糧的機關團體紛紛向賦糧處索領，而該處自十一月一日起一律予以拒絕。又十一月二十三日雲南日報載：下年度滇省各機關分配及增加數（按省預算，現係由中央統籌）未盡適合，省府決定各機關加以重編。

黨軍日報稱 成都學生不睬『從軍運動』

【本報訊】黨軍日報十二月六日社論『貢獻幾點救亡圖存的意見』中有謂：『談到智識青年從軍，據徵集委員會的統計，至昨（五）日止，全川已報告者達八千餘人。其中口（不清）學生只有三百五十餘人，有許多學校，是抱着觀望態度，甚至還有人作非議之說的，實深遺憾！』它『遺憾』大學生們，說他們對這一運動，不『怦然有動於中』，又『遺憾』川省教育當局，不『積極領導健全的青年踴躍從軍』。

閩省選出參政員八人

【中央社永安廿五日電】閩省臨參會最近舉行二屆三次大會，出席參議員卅二人，歷時半月，會議十二次，檢討省府施政，通過提案七十餘件。末次大會選舉四屆參政員，李黎洲、二十八票，康紹周、臧磊各二十七票，李鉞二十五票，黃哲眞二十一票，林學淵二十票，葉溫淵十九票，梁龍光十七票，共八人當選。次多票爲史家麟、葉啓節各十三票。江庸、鄭揆一各十二票。獲選之八人中，李黎洲、康紹周等三人爲連任，餘皆新出。

【中央社成都廿六日電】川公路局前擬定改善成渝、成樂兩路全綫工程計劃，經熊局長哲帆赴渝與交通部商定，全部經費共一億一千萬餘元，成渝、成樂兩綫改善工程處，明年元旦即可成立。

【中央社渝廿六日電】國家總動員會議，廿六日舉行常會，通過要案多起。內有調整工商團體管制地區及業類辦法，茲特探誌如次：（甲）關於管制地區調整者：（一）甘肅省除蘭州天水業經指定爲管制地區外，並指定酒泉、平涼、武威爲管制區。西康、河南、福建、湖北等省據報，係實施全面管制，茲爲集中力量期收實效起見，擬於西康指定雅安爲管制區。於河南指定南陽爲管制區，於湖北指定恩施、巴東、老河口爲管制區。於福建指定南平、永安爲管制區。（二）四川、貴州、雲南、廣西、廣東、江西、安徽、陝西、綏遠、湖南、浙江等省仍照原規定加強實施管制。（乙）關於業類調整

路透社評希臘和會 百分之五十可望成功

【路透社倫敦廿七日電】雅典圓桌會議的成功或失敗，今後四十個小時內或者即將揭曉，此會議已於昨日由英首相邱吉爾戲劇式的開始。雖然兩小時前從希臘來的最近消息，仍提及希臘各政黨尚未擬出任何決議，但斐邦德里歐政府與解放軍雙方間達到最後一分鐘的妥協，仍有百分之五十的可能性。英國輿論（如保守的及進步的社論所代表者）一致同意：於聖誕日偕外相艾登飛行一千七百哩至雅典的邱吉爾，已做了令人鼓舞的良好開端，並正盡其最大力量以解決希臘已歷三週的內戰。據悉，邱吉爾雅典之行，是在英王同意下與戰時內閣商討後的最後一分鐘決定的，並且此行的祕密保持如此嚴密，以致許多高級政府官員在讀了今日晨報時才知道邱吉爾已至希臘。政治觀察家相信，若干因素業已帶來順利解決希臘悲劇的新希望。第一，邱吉爾在圓桌會議中的領導作用得到美國及蘇聯的同意。希臘問題本可由艾登個人決定，但邱吉爾決定與艾登偕行的事實證明他切盼解決希臘爭端的深刻眞誠。第二，在邱吉爾說服下，會議是由雅典大主教達馬斯金諾斯主持的，後者爲人的純潔是獲得希臘各黨派大多數的信任的。第三、希臘各政黨及解放軍代表三人均參加了會議，會議並對於他們認爲應與之商討的人們寄去路費及請柬。此點使內戰開始來凡參加會議的人能首次平等的說話。英國首倡召開會議的目的，邱吉爾已在開幕詞中明白說出。邱吉爾說：英國並不希望從希臘方面獲取物質利益，希臘究竟成爲君主國或共和國是希臘人自己決定的事情。他呼籲接受斯科比的休戰條件，並希望建築在廣泛基礎上的希臘政府能夠建立起來，直至希臘能舉行自由選擧之時爲止。邱吉爾是否帶了任何議案到會議上以備討論，現尚不悉，但很明顯的，攝政問題將是圓桌會議議事日程上的一項。雅典大主教之被邀（他已接近接受攝政），令人有根據可以相信此問題無論如何將被決定。

【路透社雅典廿七日電】亞歷山大將軍繼邱吉爾演說之後發表演說，希望此會議將爲覓得圓滿解決之成功會議，並稱：『不要我把英軍開到雅典，相反的你們要把希臘旅團開到意大利去，與我的勝利軍隊並肩向共同敵人進軍』。於解放軍代表巴爾蒂薩利第斯演說（於講話中曾感謝邱吉爾之主動）後，英首相稱：『我們現在要走了。我們開始了工作——你們去完成它吧』。

海通社評 邱吉爾赴雅典

【海通社柏林廿六日電】邱吉爾與艾登雅典之行，威廉街解釋爲英國政策脆弱的明顯表示。據指出：很有意義的，英國目前沒有比希臘更重要

管制者：（一）增加鹽業、百貨業、木業、銀行業、錢業、銀樓業、糖業，承攬運送業、輪船業、民船業爲管制業類。（二）原規定管制業類，仍應加強管制。

希臘和平會議 內部分歧仍大

【合衆社雅典廿七日電】艾登外相與達馬斯金諾斯大主教秘密會商後，全希和平會議於今晨重開。大主教談稱：該會議討論「攝政問題」及對付目前危機之方法，本日之會議，自由黨領袖斯伏里斯亦參加，渠昨夜於會議中離席稱：渠「厭惡」共黨之爭論不休，據多方面消息，昨夜會議上，當外國人士甫行退出即起激辯。

【美國新聞處雅典二十七日電】人民黨黨員今日宣稱：左翼人民解放軍的代表所提出的和平建議係不能接受的，而邱吉爾首相召集的會議，已毫無協定的結束了其第二次會議。

【美國新聞處雅典二十七日電】英軍宣告：人民解放軍以大砲轟擊英軍軍艦，打破了會議的休戰。因此空中的攻勢將再度開始。據說雙方都同意在三刻鐘的時間內，當人民解放軍參加昨日的會議時，停止戰鬥。昨天的會議上邱吉爾號召進行戰鬥的各黨派停止鬥爭。據說：今天將佈置另一個四十五分鐘的休戰，保護人民解放軍代表參加各黨會議的第二次會議。

【美新聞處雅典廿七日電】希臘各大政黨代表會議在四個半小時內，聽取邱吉爾首相昨晚的個人呼籲，要求迅速停止使全國震動的戰事。

【海通社柏林廿八日電】倫敦訊：英國駐雅典的訪員們星期三晚報導：邱吉爾在希京竭力爲了有利於英國政策與他個人地位勝利地結束希臘內戰。由於邱吉爾施以壓力的緣故，這或者有可能，據英國廣播公司訪員約翰尼克遜稱：希臘各政治派別的會議，一致贊成在希臘建立攝政。關於建立攝政，在意見上雖有一些分歧，但大多數人是贊成立即建立攝政的。希臘各政黨領袖對於人民解放軍在星期三晚會議上提出的建議（作爲解決衝突底先決條件）的態度未確知。據英方消息稱：雅典的戰鬥星期三仍進行着，軍事上的邊得屬於××方面。人民解放軍部隊也進攻英皇家空軍使用的離雅典北郊市電力站五哩處的飛機場。茲魯斯將軍指揮的國民民主軍在×××沿他顯然意欲堅守的海岸進攻××××的人民解放軍。

的問題等待解決以恢復它在世界上的威信。英國政府未被要求即以軍事力量干涉希臘內政，在英國特使麥克米倫連續企圖解決戰爭及內戰狀態不遑，及英軍總司令斯科比對解放軍提出一再威脅與最後通牒後，倫敦的最高政治當局，現在被迫不得不將他們人格的重量放到天秤之上。威廉街復指出，整個問題在世界事變的舞台上僅是次要事件。無論如何，邱吉爾的第十四次戰時旅行，此間認爲是赴卡諾沙的旅行。柏林政界人士回憶，邱吉爾在十二月八日演說中將解放軍描寫爲亂民、暴徒及匪棍。現在他又到這些人中間去，而僅在最近他是絕不願與這些人談判的。威廉街認爲，邱吉爾是因下列原因而決定此行的：（一）形勢已變得如此紊亂以致邱吉爾認爲只有他自己才能建立秩序。（二）邱吉爾的國內反對者左翼激進派逼迫他出行。（三）邱吉爾被迫對莫斯科所採取的考慮，使此行對他說來更爲重要。（四）希臘之行，同時企圖用以驅除美國對邱氏希臘政策的批評與失望。

希臘和會側影

【路透社雅典廿六日電】當英希領袖們的會議於星期二下午開始之際，英國坦克在奧蒙尼亞廣場發砲。會採取審慎的預防措置，以保持會議地點的祕密。邱吉爾乘司令部裝甲車去參加今日午後的會議，各街道肅清行人，鄰近各街口均佈有裝甲車。然而平民均集結於鄰近房屋的陽台下，當邱吉爾下車時歡呼聲隨之而起。邱氏以搖幌手杖作答。官方宣佈會議已經開始。於致開會辭後，英方代表即退席，而其他代表則繼續討論。

【路透社倫敦廿七日電】路透社駐雅典特派訪員星期三報導：今晨經人民解放軍與英軍雙方同意後，停止開火四十五分鐘，同時並邀人民解放軍的代表們去會談。休戰僅是代表們去開會的路綫底狹窄地區。英國裝甲偵察車今晨掛上白旗，開同人民解放軍所在地，載人民解放軍的代表們去開會。在昨天的會上，三個人都是穿的英國軍服與英國軍裝大衣。

【美新聞處雅典二十六日電】雅典無綫電台今日宣佈：聖誕節日雅典及比里猶斯地區有兩萬五千人由英美救濟隊得到食物袋（此救濟隊設在附屬英指揮官斯科比中將總部之軍事連絡官處）。該無綫電台又說：自十二月一日以後，雅典及比里猶斯地區有十萬人由盟方來源獲得食物袋。

參考消息

（只供參考）
第七四三號

解放日報
新華社 編

今日出一大張
卅三年十二月卅日
星期六

傳斯羅邱會議 明年二月在美舉行

【海通社柏林廿七日電】倫敦訊：星期三晨『×××』報華盛頓消息：此間復得還有確信，邱羅斯會議將於二月在美國舉行。該消息來說，羅斯福已經着手在準備這次會議。這個會議後將繼開一切聯合國會議，羅斯福希望能在其中達到關於永久和平組織問題的協定。

【海通社柏林廿六日電】安哥拉訊，安哥拉無線電廣播華盛頓消息說，羅邱斯將舉行籌商已久的會議，日期在二月，地點爲斯大林也能易於抵達的某地。土耳其無線電報告，此外三月中在紐約附近的大西洋城或將舉行另一次的同盟國會議。

同盟社稱國民黨軍隊 在一年中損失達七十萬

【同盟社南京二十八日電】本年的大陸戰役，自京漢路打通作戰開始以來，在南北中國大陸，發動連續不斷的激烈作戰，其中如河南作戰、福建沿岸作戰、廣西作戰、緬北作戰等。與中國派遣軍與緬甸派遣軍交戰的重慶軍，共達一百幾十個師，內有中央嫡系軍與雜式重慶軍。根據各種材料來估計，皇軍予敵的損失：殲敵十五個師，減員一年的四十五個師，給予相當大的損失，需要整備的有二十三個師。殲敵、俘敵與投降我軍者（負傷、脫離戰線的逃亡者除外），共達七十萬人。其中河南作戰中二十萬人，湖南、廣西作戰三十萬，緬北作戰二十萬。昭和十六年敵共損失二十三萬，昭和十七年爲二十一萬，昭和十八年爲二十四萬，因此與往年比較，重慶軍在大陸決戰階段中遭受到巨大的人力損失。而且由於我軍佔領了廣大的地域，使其喪失了戰力供給源泉的徵募區。重慶軍的損失相當於十六個軍，即京漢路地方八個軍，湖南廣西地方八個軍。

發現作爲『政治原則和政治技術』的論文寫道：各個政黨，各有其主義及政治原則，不能苟同，亦不能強人以從同。『今有甲黨期其主義爲全國各黨所信奉，而國中便有乙黨騰言於衆曰：我已奉行甲黨之主義，而且眞正實行之，但甲黨並不相信，相視而笑。曰此政治之技術，故弄玄虛而已。故弄玄虛，假意苟同，此種技術尙於義無取，然而強人從同，但得形式的思想統一，於事也覺徒勞，於主義反覺有害，因強迫天下人以爲僞，終於徒見政治技術之巧施，而不見政治原則的實現了。』

又謂：『今日之世界潮流所趨是民主，民主空氣已經充滿，民主力量勢不可遏，而中國在朝黨所信奉的主義，又包含有民主的原則，則所謂應天順人。既然在朝，尤須當機立斷，率先力行，趕快的把自己的民主原則拿來實現。如果實現得快，而又得法，則雖在野的反對黨也無所施其技，而自己便立刻造成天與人歸的形勢了。至於在野黨派，既然都一致的要求民主，則爲尊重民主原則起見，只要在朝黨實現民主，則應棄嫌修好，棄舊謀新。在朝在野，固然要相競賽，也要相忍讓。在其間，仍須有注意之點，就是須求原則的解決，而不可以人爲對象。在野黨固不可以排斥政府中的某個人爲有補於事，而在朝黨也不可認爲拉攏某黨某派中的某人，便能將問題解決得了。這種作風，都是官僚的技巧辦法，在今日要談原則，都不適用了。』

常燕生作『開誠心，布公道：解決國事之本』，則謂：『天下事不是一個人可能做好的，這（指民主）是一個社會的問題，而不單純是一個政治的問題。』繼稱：『爲要剷除明清以還五百年來君主專制、官僚統治的惡政治，『怎樣把天下的、爲善的君子都團結起來，造成一個善黨，以消除一切腐惡的勢力集團，這乃是一切善類所都應該努力促成的。而握有大權的當道，如眞有轉移風氣，澄清世道的決心，則應該及早努力於此。……今天的中國，從政治的觀點看來，有許多黨，從社會的觀點看來，卻只有兩個黨，一黨是君子，一黨是小人，在任何黨派或無黨派的人民中間，都有君子，也都難免有小人。』又謂：『爲要結成善黨，就要開誠心，布公道；關於前者：『對於與我不同的意見，只可以就公的政策上去討論，而不可懷疑到別人的動機』；關於布公道，以『爲公』的立場去衡量君子，『動機深藏於內，於何考察，於其行爲之表現於外者察之。』』該文結語稱：『國家到了今天，一切黨派的意氣應該可以消除了，明末的黃得功和左良玉之爭，結果替滿洲人造成了統治三百年的機會，今天的中國人應該已經長進了，這幕舊戲不會演出了。』

因此使重慶軍補充其正面戰鬥的消耗大感困難。重慶軍事當局正拚命採取對策中，改革「軍師加強辦法」，修改兵役法，從殘存各師中抽出約四十萬的兵力，並成立兵役部，企圖動員十萬學生與召集卅萬的國民黨員。如此等等，都說明敵人力資源的缺乏。此外敵軍在本年作戰中的物力損失，僅武器彈藥一項，估計即達約三萬噸，相當於往年的一倍。它相當於現在重慶軍約四十個師的裝備。至於補充，差不多需要一年。而且由於喪失了桂林、柳州地方（武器彈藥的有力供給源泉）的兵器製造地帶，使其補充更加困難。如上所述，重慶軍在本年的損失非常大。加以如國共糾紛等，反映了國內的分裂。迄今為止，補充對策幾未收到成效。為了補充在昭和十九年度的戰力消耗，估計至少需要一年，在抗戰前途上深深地投一暗影。

國民黨軍委會一週戰況

【中央社渝廿九日電】據軍委會發表十二月廿三至廿九一週戰況：本週戰事最堪注目者，為滇緬交通之打開。在畹町東北等方面，我擊退數次反撲之敵，並攻擊黑猛龍及鐵[illegible]區域之敵。攻佔洪撒以南之據點。在緬甸方面，我軍切斷八莫南坎公路後，已距南坎僅[illegible]哩，解放面積達九千平方哩。同時予敵重大創傷，計二月內斃敵四千人。我軍進展神速，刻東西兩軍之會師，已在目前。廣西方面，我圍攻河池之敵，並擊退其反撲。迄今戰況無何變化。此外各地尚有小戰鬥。如我襲擊全縣以西之敵，擊退龍勝進犯之敵，突擊衡陽以北殿門前及寶慶以東之敵等，均有斬獲。

青年黨「國論」復刊
李璜等最近言論

【本報訊】中國國家主義青年黨機關雜誌「國論」半月刊於雙十節復刊。該期社論稱：現在的中日戰爭和世界大戰，又是（繼辛亥革命後）一個民主對獨裁的鬥爭，我們正需要由革命先烈來獲得寶貴的啟示，以先烈的犧牲精神和愛國思想，來洗滌我們的個人主義思想，家族主義思想，部落主義思想，官僚主義思想，黨派或階級的權利主義思想，……使民主主義重光於亞洲和全世界。……所以我們自九一八以來，便主張政黨休戰，神聖聯合，集中力量，一致對外，十年以來，對此諾言，信守不渝。……我們希望朝野上下，在此空前國難中，大家都徹底反省，開誠布公，披肝瀝胆，攜手同行，共赴國難，由黨派的立場，到國家的立場，認定民族至上，國家至上，犧牲個人和家族的利益，犧牲黨派和階級的利益，以堅強精誠團結，實現民主統一。」

同盟社評德國的新攻勢

【同盟社柏林廿八日電】倫斯特德的攻勢開始以來已有十日，德軍當局仍然避免發表詳細的戰況，由德軍當局連日發表的戰報中，亦可知道作戰的進展，繼續對德方有利。如綜合德國非正式的公報及中立國方面的報導，由××地區進擊的德軍，突破阿爾登森林地帶，而其先鋒部隊已到達繆斯河，另一部隊衝至法國邊境，進逼色當。在盧森堡戰線，德軍有席捲盧森堡全國之勢，在荷蘭戰線及薩爾、洛林戰線，德軍積極地進行活動，德軍大規模的機動戰，沒有止境。現在西部戰線的全部主動權，有被德軍完全奪回之感，但是這一二天德軍的先鋒部隊進攻在地域上說，其速度稍為遲緩一些，因此敵方、中立國方面及德國一部份人士，又發生了德軍開始攻勢時所抱的疑問，如「德軍在西部戰線進行大攻勢的目標和意義是什麼？」「德軍攻擊力量能繼續維持到什麼時候」等等。德軍當局對這些疑問沉默不言，反軸心國方面的揣測，到底還未超過揣測的範圍。中立國軍事評論中猜中德軍行徑者很少，如果介紹其中主要的內容，作為觀察此次攻勢如何發展的一個角度，那末大體有下列兩種完全不同的揣測。一種認為攻勢的目標很小，只恢復以列日為中心的繆斯河一綫，使安亨方面美軍最精銳部隊的進攻大勢趨於崩潰。另一種認為此次攻勢有積極的意圖，它不僅是挽救魯爾地區危機的攻勢防禦，至少要恢復列日、布魯塞爾，然後由反軸心軍最大的港口安特衛普進抵俄斯坦得方面的英法海峽，在該處圍殲敵左翼部隊，再出現敦克爾刻之役，使全部戰局發生大轉變。

【同盟社柏林廿八日電】第一種說法的根據，是今年八月希姆萊親任國內軍總司令，進行徹底動員以來，新編成的武裝兵力已超過一百萬。並用新武器裝備與進行訓練，但隨着大規模兵器資材的消耗，即使要進行大攻勢，軍需生產尚不充分。因此，斷定此次的攻勢目的，是為了阻止從亞琛之綫對萊茵、魯爾重工業心臟部的威脅，這是一種「攻勢防禦」性質。與此相反的第二種主張，認為英美軍為了準備即將到來的冬季與春季攻勢，正竭力貯藏壓倒的兵器資材，在德軍說來，拖延時日是不利的，何況在紅軍以及美英的西綫部隊正伺機而動的今日，德國不單是先發制人進行反擊，而且企圖進一步奪回比利時、荷蘭、法國北部的港灣，予敵人運輸供應以致命的打擊，殲滅敵人最有力部隊，使敵人的攻勢完全粉碎。上述兩種觀點究竟那一種正確，現尚避免斷定，有待於現實戰局的發展。但可以在這裏肯定的，有下列兩點

：（一）以威震的猛打，使當前作戰的第一階段很快的達到，此即予敵最精銳主力第一軍以致命打擊，使美第三軍形成大混亂，這不但除去萊茵的最大危機「堅強的威脅」，而且予敵人春季大攻勢計劃以大破壞。（二）粉碎了反軸心軍所抱的「歐戰短期完結」的幻想。即如敵評論家鮑爾溫所指摘者，業已擴充與加強的德國預備軍凌駕於西戰場反軸心軍的全部兵力。其使用的武器彈藥的數量，亦不劣於素以「物量」自誇的敵人。德方陸續出現精銳的坦克、火箭式飛機及其他新兵器，完全壓倒敵人。這證實德國軍需工廠及科學的完備，還粉碎了敵人所宣傳的此次攻勢等於一九一八年魯登道夫攻勢的論言。

「同盟社里斯本廿八日電」（西部戰綫）倫斯特德的攻勢仍然是猛烈地開展，而反軸心軍由於增援兵力，其抵抗亦更加頑強。比利時、盧森堡地區的戰鬥發展爲大規模的激戰，即在西北部戰綫，儘管反軸心軍頑強地抵抗，德軍仍然迅速前進。在南部戰綫，反軸心軍強壓德軍，美國第一〇一空運師團，第十坦克師團及第廿八步兵師團向北方反攻德軍。美軍在巴斯吞公路上被德軍包圍，因此兩軍展開諾曼第戰役以來最激烈的坦克戰，美軍受到嚴重的損失。廿七日德空軍擊落敵戰鬥機廿三架，德軍遠射程大砲轟擊列日及安特衛普。阿爾薩斯．洛林戰綫的德軍實行西部要塞綫全面的掃蕩戰。（匈牙利戰綫）紅軍由西、南、東、東北四方面圍攻布達佩斯，德匈兩軍在城內各防綫進行抵抗。紅軍砲隊猛烈轟擊該城，現在紅軍僅僅侵入多腦河西岸的該城郊外，德匈兩軍在該處與紅軍展開猛烈的白刃戰，德匈兩軍以手榴彈與刺刀對付紅軍。多腦河北方的德軍擊退紅軍的進攻，並撤至古蘭河西岸。布達佩斯以西的斯洛伐克南部戰綫及巴拉東湖××的戰況逐漸××××據莫斯科廣播，紅軍在廣泛的地區擴大戰綫。（意大利戰綫）：德意兩軍重於二十七日在加里卡諾附近轉爲猛烈的反攻，美第五軍繼續後退。

「同盟社柏林廿九日電」據德軍當局發表，截至二十二日之戰□，擊潰美軍十五萬至十八萬（按師團計爲八個至十個師團），至二十六日擊毀或繳獲美國坦克、裝甲車七百輛。（以下錯掉）。

「同盟社柏林廿八日電」同盟國方面的宣傳機關對於長時間保持沉默的希特勒總統，會紛紛妄加各種推測，進行虛構的宣傳。爲此，德國宣傳部長戈培爾博士，在帝國週刊上，著文陳述希特勒總統的近況稱：希特勒總統現在拋棄一切日常生活的歡愉，寢廢忘食，專心指導軍事作戰。同盟國的宣傳機

絕，經全體民意之唯一一項，乃成立新政府，由人民解放軍代表於閣員內，佔百分之四十至五十之比數改組，海軍肅清警衛隊及公務機關份子。散發兵隊，在國際監視下於明年二月之第一星期就王室問題舉行公民投票並延遲於四月間舉行普選。雅典來訊稱：達馬斯金諾斯大主教，願對其他項建議續加檢討，但自由及人民兩黨代表，認建議絕無接受之餘地。另柔會之希臘代表，將以凡此建議提交邱吉爾首相，邱氏之政策，乃非受選舉決不干涉此事，新聞紀事報雅典（缺十五字）倘遵英國軍事命令而解散，缺十字）解放軍及各右派代表，如欲會商成功，必須均作重大讓步，但宏雙方×爲×碎小事糾纏不已。倫敦泰晤士報駐雅典記者稱：開會時代表情均甚激昂，左右政敵自希變爆發以來，今雖首次集會，一切激昂情緒猶不減。會中大部份時間，均耗於彼此的激烈控訴。

鮑爾溫論西綫戰況

「美新聞處紐約二十六日電」紐約時報遜，鮑爾溫略稱：西綫德軍反攻不可免的將使盟軍的供應與換防複雜化，其中許多已很嚴重。最近的兩個發展在納粹反擊以前的傷亡及裝備需要增加了我軍的困難，加重了這些問題的迫性。英國正在調遣其陸軍空軍及海軍，並且徵召更多英國微小的人力後，以替換現時戰場上的部隊。美國徵兵一、二月內將行增加，並且可能×某些時候的高度。我軍供應、替換及今日其他困難的主要原因是對歐洲戰長度的錯誤估計，並且過低估計了這一戰爭所需要的某種類型裝備的數量彈藥及其他軍火的短缺——彈藥軍火——其潛在的而不是實在的——大部是由於這一錯誤，但亦主要是由於對於某種類型的武器未在更大更廣的條下去想一下。輪船、彈藥、重砲、卡車等等物質的需要幾乎將確然××；目前軍隊人員的困難，較供應困難更爲嚴重。基本上，人員問題是尋求充的步兵與裝甲部隊替換的問題，而且不致損害其他武裝與軍事服務，在歐戰鬥部隊的需要，亦清楚表現出來，首先由於我們不能解救我們前綫的各團，而現在則由於最近德軍的反攻。盟軍在西歐的戰鬥實力具有確定的但是很大的優勢，十二月的激戰，特別是德軍反攻，使我們遭受嚴重的損失我軍在突破萊茵西山陣地的將來××，定將使我們遭受更大的嚴重損失。守軍單在西歐戰鬥的傷亡率，在十二月份陣亡被俘及負傷者或達十萬人，而平均每月或達六萬至八萬。把意大利戰綫的傷亡及××太平洋戰場的傷

闊，對於五個月來保持沉默的希特勒總統，大都製造些荒唐無稽的理由散佈謠言。總統的保持沉默有相當的理由，這和同盟國方面的宣傳完全不同。

邱吉爾返英 雅典會談無結果

【路透社雅典廿八日電】官方本夜發表公報稱：邱吉爾及艾登已離此返英，上項公報乃英國駐希大使館發出。內稱，根據邱吉爾首相建議於廿六日召開之希臘會議，主席達馬斯金諾斯大主教，昨晚以主席資格，訪邱吉爾首相及艾登外相，述及大會最初兩日之會商經過，報告稱：到會多數人士，均主張立即設立攝政，爲解決會議多數問題之主要先決條件。邱吉爾首相，及艾登外相，已代表本國政府建議希臘國王，接受此一決定，達馬斯金諾斯大主教，目前宣佈休會：邱吉爾首相、艾登外相已首途返英。

【海通社柏林廿八日電】雅典訊，此間星期三晚獲悉，在邱吉爾主持下與希臘各政黨代表在某處所舉行的第二日會議，毫無結果而散。唯一可說的進展，是解放軍的代表們提出了若干建議，這些建議，被他們及合作的希臘左翼各黨派視之爲進一步談判的先決條件。其他不知名的方面也向會議提出了若干解決希臘衝突的建議。據稱，英首相與艾登於繼續開會之前，會與達馬斯金諾斯大主教舉行密談，內容未悉。達馬斯金諾斯爲希王二喬治在流亡中時，英國視爲可作希臘攝政的唯一人物。自雅典水的供給，面對極端困難以來，雅典英軍即在城中皇宮花園內有特鑿的水井。據稱，此井現在可相當滿意地把水供給英軍，使他們不依賴城中水的供給。

【路透社雅典廿八日電】希臘大主教達馬斯金諾斯本日要求各黨領袖，對人民解放陣線向會議所提之條件提出書面意見，以供參考，昨日會議時若干代表退出會議，藉爲對人民解放陣線所提條件之反對表示，故上項條件，未能及時討論，僉信攝政問題經昨日大會一致通過後，不久即可解決。此問題經解決後，政府改組即有可能，在希臘之英方人士稱，人民解放軍所提明年二月公民投票，四月繼以普選之要求，乃「不可能施行者」。蓋欲舉行自由及公正選舉之機構無着，如根據邱吉爾首相在會議中建議之祕密投票，則進行尤難。

【中央社倫敦廿八日專電】雅典舉行之圓桌會議，開會兩日，激辯九小時後，已暫時休會，迄未商得足以迅速解決困難之決議，希臘人民解放軍代表之[illegible]，共提出十項要求，其中九項[illegible]及其他[illegible]代表之[illegible]

，加上這一數目，以及一切戰場的××傷亡（疾病或死於疾病，偶然死亡）平均在最初九月×××其中大部將××

英美要求蘇聯解釋 取走羅國油田設備的原因

【路透社華盛頓廿八日電】今日據自此間消息靈通方面獲悉，美國與英國政府[illegible]求蘇聯解釋蘇聯從羅馬尼亞油田撤退某些裝備的原因。據悉，他們曾督促蘇聯政府保護英美在羅馬尼亞油田的財政利益。凡足以減低產量或損失油田[illegible]東南歐經濟重要性的一切措施，均應避免。咸信蘇聯回答說：大部從油田[illegible]走的裝備是德寇裝備，並且是爲蘇聯緊急需要以替換被毀的裝備。咸信，[illegible]蘇聯除此解釋外又提出保證，蘇聯將保護英美財政利益。並且發展一般戰爭努力的第一利益。據華盛頓稱，美國駐羅馬尼亞盟國檢查委員會代表，不准[illegible]往油田。殼牌與美孚兩油公司在羅馬尼亞有其利益。

【合衆社華盛頓廿八日電】英美已請蘇聯對羅馬尼亞油田若干數量設備（實際數量不悉）移入蘇聯一事，予以詳細聲明。蘇方答覆英美初步詢問時保證尊重英美在被其佔領油區內之權益。並稱且將在顧全共同作戰努力之前，發展油區。但對移往蘇聯之羅馬尼亞油田設備之數量及種類，則××詳[illegible]之解釋。最近盛傳蘇聯自羅國油田運回本國之設備共達二萬六千噸。

【海通社伊斯丹堡廿九日電】星期五土耳其各報發表克里姆林宮方面對羅馬尼亞採取若干措施，以貫行休戰條件的評論。據莫斯科無線電稱，蘇[illegible]一般滿意羅馬尼亞關於監禁戰爭罪犯的措施。但莫斯科方面嚴厲批評羅馬尼亞企圖藏匿戰利品，或宣佈戰利品是羅馬尼亞本國的東西。關於此事稱：盟國監察委員會在全國檢查火車、船隻與工廠，以便發現這種戰利品。已有[illegible]千輛車廂（包括這種所謂的戰利品在內）運到蘇聯去了。莫斯科消息繼稱，在今後三個月裏，從羅馬尼亞運了三十八萬六千噸油產品到蘇聯。

【海通社柏林二十九日電】倫敦訊：紐約訪員息，新的會議已成爲必須的，因爲本年八月八日簽字的英美石油協定批准的希望已歸烏有。訪員說：[illegible]協定將正式廢止，英美石油利益的專家將重新集會，考慮緊迫的問題。會議可能在英國召開，會議的目的在於擬定美國石油生產者能夠接受的新建議。

參攷消息

（只供參考）

第七四四號

解放日報 新華社 編

今日出一大張

卅三年十二月卅一日

星期日

國民黨自吹知識青年從軍已達十二萬人

【中央社重慶卅日電】自十月十一日中央召開全國知識青年志願從軍會議，決定征集辦法後，即於十一月廿四日成立全國知識青年志願從軍指導委員會。各省市及各專科以上學校征集委會，亦均於十月廿五日以後相繼成立，開始工作。全國知識青年志願從軍指導委會，為使志願從軍青年應征之後順利到達集中地點起見，復擬定征集集中預定路綫，交通運輸計劃，糧食補給計劃，醫藥衛生設備辦法，集中期間管理辦法，沿途招待站處設置辦法，通告各地區及各省有關機關，依照進度分別辦理。開始以來除廣西、湖南等地區因軍事關係稍受影響外，全國各地區、各學校青年志願從軍，均極踴躍。據各級征集委會報告，截至本月卅日止，登記從軍人數已達十二萬二千五百七十二人。因交通通信關係，各地從軍人數尚未報齊，故實際尚不止此數。現各省市從軍青年，均已於本月廿五日起，分別前往指定編練地點集中，開始征途生活。沿途歡送，均甚熱烈。在抗戰第八年代，交通阻塞，郵電滯積，種種困難情形之下，短短三月不足期間，竟能達成蔣主席十萬青年軍之偉大號召，實為抗戰勝利建國成功之有力保證。茲探得各地區、各學校應征人數表列如後：重慶市八、〇二七人。四川一六、一九六人。貴州一、八〇〇人。雲南二、三八九人。河南一〇、〇〇〇人。湖北七、四四〇人。廣東九、〇〇〇人。江西八、五〇〇人。福建一一、七五九人。三戰區二、八七二人。安徽一、〇四〇人。陝西一〇、一五〇人。甘肅九、〇三七人。青海一、五〇〇人。寧夏二七九人。綏遠七九三人。山西五〇二人。西康一五〇人。淪陷區一〇、四〇〇人。專科以上學校一〇、六四八人。總計一二二、五七二人。

法行使行政監督權外，對於公司業務、財務、及人事之管理權，應以股東地位行使之。（戊）政府所經營之事業，除中項獨營者外，無須單獨經營，或與民資外資合辦，其具有商業性質者，均與同類民營事業之權力義務同一待遇。（三）民營重要事業之創設，須依法經政府按照建設計劃予以審核。（注重設廠地點，生產能力、數量、種類、股票、債券發行等項。）民營工業合乎工業建設計劃之規定者，政府應特別獎勵資助之，並予技術上及運輸上之便利，使之依照計劃如期發展。（四）中外合資事業，其外人投資數額之比例，應不加固定拘束，除其組織董事長外，其總經理人選，亦不限定為華人。（五）經政府按照建設經計劃審核後，國營事業，得由主管機關向外國借款，或給由國外投資。民營事業亦得自行洽商呈請主管機關核准備案。（六）外人在中國直接投資，單獨經營之事業，應依照中國法令辦理。其特種事業，須特許方得經營者，應先呈經我國政府審核後特許之。（七）政府人員不得參加經營其主管或監督範圍以內之事業。我國現行有關法令，與上列原則互相抵觸之處事所難免，似應交由立法院整理修訂以求適應。

中央日報社論稱國民黨司法將有某種改革

【中央社重慶廿六日電】中央日報本月廿六日在論中國司法改革的社論中指出：國民政府已實行或正實行着下列改進：一、司法權力的統一。特別罪犯案件，從前由軍事法庭處理；而現在由普通法庭處理。因此，必須擴大普通法庭的組織，並增加其人員。二、實行人身保護法令，軍警或憲兵逮捕的人士，必須在規定時期內提交法庭。因此，法庭與軍警及憲兵之間應建立更密切的配合，並應加強司法警察。三、訴訟的審判，牽連及外國人時，在中國領土內的中國人與外國人現均由中國法庭審判。因此，法官應精通國際刑法與國際司法，並應訓練更多的翻譯官。四、成立更多的法庭。修築更多的監獄，改善犯人的生活，訓練司法警察，改善×××及訓練司法醫生。應根據這些方針作更大的努力。五、改進審判手續。中國效法歐洲制度的審判手續，發現太複雜了，現必須簡單化，使其適於在中國應用。

國參會召開駐會委員會俞鴻鈞報告財政金融問題

【中央社渝廿九日電】國民參政會駐會委員會，廿九日九時舉行第七次會議。出

【中央社重慶卅日電】中央黨部各單位志願從軍同志二百五十餘人，日內將入營受訓。廿九日晚該部舉行盛大歡送會，各部會處首長及中委吳鐵城、張灝泉、陳立夫、錢大鈞等均出席。首由吳祕書長致歡送詞，略謂，截至目前止，知識青年從軍報名參加者已有十一萬數千人。陳部長立夫致詞稱：此次大學學生從軍有七千餘人，佔總額百分之十。適齡的中學學生約六萬餘人，從軍的有三萬數千人，佔二分之一以上。

國民黨任何思源為山東省政府主席

【中央社重慶卅日電】國府卅日令（一）山東省政府委員兼主席。前山東省保安司令牛中珩，山東省政府委員兼民政廳廳長何思源，均免本兼各職此令。（二）任命何思源兼山東省政府委員此令。（三）任命何思源兼山東省政府主席此令。（四）任命何思源兼山東保安司令此令。

【中央社重慶卅一日電】國府卅日令：（一）軍政部政務次長錢大鈞另有任用，錢大鈞應免本職此令。（二）任命林蔚為軍政部政務次長此令。（三）任命俞大維為軍政部常務次長此令。

【中央社重慶廿九日電】教育部高等教育司司長，現由趙太侔氏出任。

國民黨國防委員會通過第一期經濟建設原則

【中央社渝廿八日電】我國第一期經濟建設原則，經國防最高委員會常會第一四八次會議通過，決議全文如下：我國經濟建設事業之經營，必須遵照總理遺教，為有計劃的實施，以有計劃的自由經濟發展，逐漸達到三民主義經濟制度之完成。對於經營方式，應在不違背節制資本之原則下，儘量鼓勵民營企業。對於外資利用，則依照平等互惠國防經濟合作之精神，在不妨礙主權，及計劃實施之前提下，以各種方式加以吸收。總期以企業自由，刺激經濟事業之發展，完成建設計劃之實施。茲擬具其重要原則如次：（一）中國實業之開發，應分兩路進行，一、民營企業，二、國家經營。（二）在經濟建設總計劃下，為便利分工合作起見，對經濟事業，應作下列規定：（甲）應由政府獨營之經濟事業，其種類不宜過多。此類事業包括一、郵政、電訊，二、兵工廠，三、鑄幣廠，四、主要鐵路，五、大規模水力發電廠等。（乙）未經指定政府獨營之事業，均可由人民經營。（丙）凡民力有所不勝或政府認為須特別重視之事業，如大規模石油礦、鋼鐵廠、及航運事業等，政府仍得單獨經營，或與民資外資合辦。（丁）政府與民資外資合辦之事業，應採公司制度。政府除依

席主席團張伯苓、莫德惠、王世杰、江庸，參政員王普涵、錢公來、孔庚、許德珩、李永新、黃炎培、胡霖、許孝炎、陳博生、左舜生、陳啟天、冷遹、江一平、王啟江、胡健中、王雲五、李中襄等，祕書長邵力子，副祕書長雷震等。由莫德惠主席，財政部俞鴻鈞部長出席，將今後施政方針，最近財政金融上重要措施，與本年度收支概況，及明年度收支預算，作坦率而詳盡之報告。俞首述今後施政方針謂：（一）舉凡財政金融之一切措施，務求與抗戰軍事密切聯合，以增強抗戰力量，爭取最後勝利，為第一要義。（二）財政金融政策，務與經濟政策相配合，不僅謀財政收入之充裕，及國家支出之合理，且於整頓稅制之時，應兼求國民負担之公平，及財富分配之改善。於儘量籌供戰費之餘，仍積極扶助農工礦業之生產，於管制金融穩定物價之計，並顧及國防與民生之需要。（三）使財政金融經濟三者互為體用，以財政措施健全金融，以金融力量發展經濟，以經濟建設充裕民生，培養稅源而鞏固財政基礎。（四）戰時支出龐大，不可避免，亦不應避免，但求支出合理嚴實，並隨時研求各種合理方法。如管理稅制，及利用物資，以增裕收入，使國家收支比較接近平衡。俞氏繼將最近兩月來財政金融之重要事項，作簡括之說明後，即報告本年度收支概況以及明年度收支預算情形。謂本年收入方面，至十一月止，報章數字已達到總預算內應收額百分之八十左右。年度結束，當可徵收足額。並謂除稅收外，因銀行備當，及黃金售價之收益。實際上依賴發行以彌補虧短者，為數尚非過鉅。至明年度之收支預算，俞氏謂政府已決定各機關主辦之事業費，以中心工作為主，其他不急之務，應予緩辦，或停辦，並不得增設機關，或員額。中央在各省市舉辦事業，已由省市舉辦，或性質適宜他省市舉辦者，應歸併省市政府辦理；中央及省市黨政機關臨時費，無繼續性者刪除，各機關生活補助費及公糧預算，最多不得超過三十三萬萬。報告達一小時以上，俞氏於結語時並稱：本人職責所在，自當於開源節流兩方，本既定計劃努力，以適應期達成使命。報告後，各參政員會提出詢問案多件，王參政員普涵當面詢問對各省徵實發給地方機關部份，最好不折合法幣，如果萬不得已，其折合之價格亦應與市場購買價格相當。對此俞氏會說明折合法幣之原因，並表示對王參政員所指出陝西省之例，將於調查後儘量提高。參政員啟江，當面詢問花紗布管制局收款手續問題。俞氏謂將立即查明，再予答覆。冷參政員遹，希望財政部對徵借人民外匯資產辦法，有一明確表示，俾與黨金條例同時辦理。對此俞氏曾在報告中，曾說明財政部處理之經過，並請此案業經行政院送由國防最高

議會通過，交立法院審議。錢參政員公來，提出中國實業、中國通商、四明三銀行官股退回案，激昂陳詞，對財政部過去之答覆，未能滿意，希望俞氏能將各案經過公開公諸輿論裁判。俞部長對此詢問之答覆謂，財政部必有一處理辦法，以滿足各參政員之希望。當時會獲得各參政員之掌聲。錢公來氏之詢問案，曾提及各國家銀行分開職員美金公債案，與中央信托局運輸科裁撤後，職員照支薪津而無所司事。俞氏答覆謂：關於中國農民銀行任意分配行員美金公債案，已限定朔開令其收回。中央信托局運輸私案，亦飭其從速結束。李參政員中襄，詢問法國在美黃金業已解凍，我國自可援例辦理。俞氏對此曾有所說明。許參政員德珩，曾於詢問時，論及國家總預算之收支，消滅黃金黑市，財政部裁撤駢枝機關，與計口售鹽等問題。陳參政員博生，促請限制商業銀行之成立。最好將過去准三家銀號合併另一銀行之法令廢止。俱經俞氏分別予以答覆謂：今後決將嚴格限制商業銀行之成立。在今日會議進行中，俞部長之報告與答覆詢問，態度俱極坦白而誠懇，各參政員咸感滿意。莫德惠主席於詢問結束後，會請今後尚希望俞部長更多以事實來答覆，以慰同人之熱望。最後復討論提案一件，至十二時半散會。

張厲生招待記者談
富戶獻糧獻金等問題

【中央社重慶廿八日電】國家總動員會議，於廿七日下午三時，在該會招待新聞記者，由張秘書長厲生出席主持。張氏稱：卅三年度行將結束，在此一年內，所有一切動員業務之實施，深願新聞界加以切實批評，並予以建議，藉謀今後之改進。某記者詢以改善士兵待遇之獻金獻糧辦法，明年元旦是否開始實行。張氏答稱：獻糧獻金，係採取自願方式而非強迫方式，故希望新聞界以輿論之力量，加以協助，俾社會上之大戶、大富多所貢獻。某記者詢以補貼政策是否將繼續實行。張氏答稱：假如補貼政策較諸其他調整價格辦法為有效，則此一政策仍將繼續實行。某記者詢以緊縮制度明年是否將予加強，張氏答稱，不僅加強緊縮制度，且將嚴格執行國庫法，規定一切貸款，只許國家銀行辦理。某記者詢以信用緊縮制度，對於一般生產事業是否適用。張氏答稱，此一制度僅係對付一般不合法之商業資金，但對於合法之商業資金，尤其是生產事業之資金，則不獨不予緊縮，且將以迅速手段貸款相助。某記者詢以來渝難民當局將如何處置。張氏答稱，將由政府勸其疏散，至重慶附近各大縣，以免集中重慶。某記者詢以中印公路行將通車，當局對此有何準備。張氏答稱，該路之交通工具，將由盟方大量相助，決無缺乏之虞。將來決由政府予以統籌管理，

林約束其希臘的共產黨員。威廉街發言人宣稱：人民解放軍已提出之異常巨大的要求，不可能未經過莫斯科之知曉，柏林諷刺地議笑謂：且看邱吉爾已經就何妙策，以圖挽救英在希臘已大受威脅的威望。發言人深信英國在希臘問題上，已不復可能獲得肯定的答案。共產黨的要求之規模，即可認為有力的證據。威廉街進而不相信希臘問題有迅速發展的可能。深信除非斯退丁紐斯再次宣佈美國對彼解放國家內政的不干涉意念後，羅斯福將不會干預此事。發言人結語謂：縱然美國人將不會為英國的利益而舉其微指相援，雖然這是為英國所極重視的。

希臘內戰略有轉機

【同盟社里斯本廿八日電】雅典來電，邱吉爾、艾登與雅典大主教達瑪斯金諾斯，及其他各代表的會議商議以迅速成立攝政政府作為解決內亂的前提條件。於是邱吉爾與艾登乃於廿七日夜間勸告希臘國王接受上述措置後，即離雅典回倫敦。在另一方面，希臘總理斐邦德里歐爲收拾時局，已向國王提出辭呈，並推薦自由黨領袖薩佛里斯爲後繼內閣的首腦；而雅典大主教達瑪斯金諾斯向國王建議，立即成立由三人組成的攝政政府。

【海通社柏林廿九日電】威廉街以某種滿意的心情指出邱吉爾雅典使命的失敗。發言人稱，邱吉爾遭受慘敗，協定既未達到，戰事亦於雅典進行中。他指出，當宣佈×××時，路透社外交訪員會說：『政治解決方案業已準備好，僅需在邱吉爾面前實行。』發言人指出××外交部已犯了××錯誤，並××正當邱吉爾現在前去會見希王時，解放軍將前去莫斯科以獲得新的指示。艾登、斯退丁紐斯及莫洛托夫會談×××。不然爲什麼要莫洛托夫到場呢。

【路透社雅典廿九日電】據今日自雅典獲悉：希總理斐邦德里歐實際上已辭去總理的職務。斐邦德里歐曾致電希王，說：『關於他辭職的行動，聽任希臘人士決定』。

親痛仇快雅典談判停頓後
英軍三路進攻解放軍

【合衆社雅典廿九日電】英軍及希軍，今日黎明對雅典西南的叛軍發動三路攻勢，四小時後，據稱進攻『正按照計劃』進行。攻勢展開了肅清雅典南郊各地解放軍戰鬥的第二階段。雅典西南部已被肅清，實際上已達奧摩諾亞廣場，英軍希望至黃昏時，控制整個京城的一半。英軍一路向雅典東南的競技場區域進攻，另一路攻入競技場以南的地區，希軍則自東面前進。希軍在頑強抵抗下推進了一千碼。追擊砲、大砲及坦克掩護進攻，噴火式機則以掠屋的高度，略

對於各種物資之進口先後，亦將由當局通盤計劃。談及渝市之水電問題，張氏希望[illegible]會人士，對於偷水偷電者多加檢舉，並望新聞界多予協助。

蔣介石無恥地說 未下令封閉生活書店

【本報訊】十月十五日出版的『國訊』雜誌揭載黃炎培對鄒韜奮先生的紀念文，在說及一九四一年二月八日至廿二日止，半月內成都、桂林、貴陽、昆明等處生活書店分店共五十餘家均被查封，迫得韜奮辭去參政員，出走香港一事，謂：『至三月九日，吾在參政會大會期間，面陳蔣委員長生活書店被封韜奮辭職事，委員長正式顧左右云：吾未嘗發此命令，速將書店啓封。電請韜奮回來。領袖之意，深可感也。』

同盟社報導 太平洋近日戰況

【同盟社東京廿九日電】（萊特島）——我軍繼續在各方面勇敢戰鬥中，現在在該島全境，在敵我激戰中，完全處於犬牙交錯的狀態。廿五日晨，阿倍拉附近一部敵人，以舟艇機動部隊在西部海岸巴倫鉢（譯音）登陸，我所在部隊正與航空部隊相配合，在進行攻擊中，佔領克薩選、薩巴布蘭飛機場的我軍，繼續向杜拉吉等敵陣衝擊，使敵人蒙之震駭。又在里門與奧馬克公路上要衝的里鉢高附近，正與南下敵展開激戰中。在奧馬克、阿倍拉附近，我軍仍然佔領東方高地，繼續進行激烈的戰鬥中。

（蘇羅蒙島）——我地上部隊與航空部隊繼續配合，撞擊或轟炸該島飛機場，獲得巨大戰果。

（明多羅島）——敵人在該島大概建設了兩條跑道，自本月廿二日起，小型機開始活動，我航空部隊連日猛擊該島，我水上部隊並於廿六日出動，猛擊該地之敵，獲得光輝戰果。根據廿七日的偵察，該地兩個飛機場由於我之攻擊，已呈現混亂狀態，使一百廿架至一百五十架的敵機，減少為八十架以內。我部隊於廿七、八兩日，並繼續攻擊該敵，特別是廿七日的夜間轟炸，炸毀與燃燒十五處，汽油貯藏所一處起大火。敵人企圖在明多羅島建設基地，以便推[illegible]陸上飛機，但我軍正不分晝夜，對敵人的企圖果敢地予以痛擊中。

傳[illegible]邱艾將訪蘇

【海通社柏林廿八日電】威廉街認為或者邱吉爾或者艾登將啓程赴莫斯科，以便要求斯大林聯合抗戰。

嗡於頭上，以偵察『敵人』的運動。希臘政府領袖與解放軍代表間的談判，在希王裔洽答覆關於建立攝政意見之前，將陷於停頓。雅典中部的[illegible]機關昨日散發食物三十四萬磅，其中有十五萬磅是英軍以軍用聯絡供應品散發的。

【海通社柏林廿九日電】倫敦訊：自邱吉爾離希後，斯科比將軍似乎決意以一切力量來清除叛軍出雅典。路透社特派記者報導：英軍在星期五清晨先以砲轟兩小時後，即向人民解放軍扼守的阿得海德斯山進攻，英軍進攻時有強大坦克掩護，作戰之進展如何尚無其他消息，雅典城星期四夜間又再次極不安靜，整個城市幾乎為不間斷的機槍與大砲砲火所震。

英報紛紛抨擊邱吉爾

【海通社斯托哥爾姆三十日電】英國關於邱吉爾雅典一行，失敗的沮喪情緒，迄今僅由報界予以發表。國會於一月十七日再度開會，國會的態度將部份的賴於希臘境內的發展，部份的賴於邱吉爾編擬關於他雅典之行報告的技巧。然而各報的態度不十分有把握。據『尼希特日報』倫敦訪員說：邱吉爾以前曾未如他自希臘返國時受到如此少熱誠的歡迎，一般社會何未得悉希臘危機的詳情，但是開槍射擊希臘人的英軍態度在每人思想中依然鮮明。值得注意的是，各報從右派到左派都批評邱吉爾作為保守黨喉舌的。『每日電訊報』及卑維布魯克勳爵的機關報『每日快報』現時保留態度，而新紀事報則坦率的說：邱吉爾此行成功如此之小，冒此危機是不值得的。自由的曼徹斯特衛報指出：希臘情勢部份地改變了。邱吉爾赴雅典與堅定的相信××與人民解放軍游擊隊×××。他在那裏所看到的顯然加強了他的信念。自由黨報紙的發言係反駁『泰晤士報』與『經濟學家』，是具有重要意義。後者說：民族解放陣線的敵人，集結了新的力量，因為邱吉爾說雅典與阿[illegible]必須肅清人民解放軍。『經濟學家』以及『泰晤士報』描述民族解放[illegible]條件為：在原則上不能接受的。後者繼說：希王與斐邦德組成政府，必須作最大的讓步。所以泰晤士報指出：邱吉爾似乎表示不同的意見。倫敦政界緊張的等待着邱吉爾對這一權威報紙的批評的回答。

國民黨全國收買 湘桂逃渝文化人

【中央社重慶廿八日電】湘桂內遷文化人，第三批[illegible]白[illegible]等廿五人。廿八日抵渝。總計先後抵渝者達二三四八人。文化界，廿八日下午在新運服務所[illegible]歡迎，市黨部[illegible]主席，[illegible]公展以將作人物會[illegible]詞，[illegible]充實軍中文化，繼文化[illegible]

參攷消息

（只供參考）
第七四五號
解放日報
新華社　編
今日出半大張
卅四年一月一日
星期一

海通社報導 雅典會談經過

【海通社柏林廿九日電】倫敦訊：倫敦無線電星期四公佈邱吉爾與艾登相信除了取得各黨領袖對攝政問題上的意見一致而外，不可能獲得更多的諒解以後，又離開雅典了。此外英國廣播公司訪員稱：邱吉爾與艾登回倫敦想影響流亡在倫敦的希臘王，使其同意在希臘建立攝政。同倫敦方面獲悉，總理斐邦德里歐打電報給希臘國王喬治提出辭職，並建議委託自由黨領袖索福利斯 組織新閣。據未經官方證實的合衆社雅典訊稱：斐時又建議邦德里歐王同意三人攝政，倫敦消息靈通的政界人士稱：邱吉爾的意圖提議達馬斯金諾斯大主教為唯一的攝政。並指出：達馬斯金諾斯也主了持希臘各政黨領袖的會議，他才是能博得雙方信任的唯一人物。關於星期三的會議，人們所知道的，仍是人民解放軍提出關於解決衝突的建議後，政府黨的幾個領袖便離開會場了，其中有自由黨領袖索福利斯，他對訪員說：在這種情況下，繼續談判是無用的，因為所謂民族解放陣綫與人民解放軍的提議，實際上是意味着他們要按照他們自己愛好來成立政府。因為談判已破裂了，於是達馬斯金諾斯大主教要求每個參加會議的人士，將他們對人民解放軍關於解決衝突的條件底態度，交給他本人。一致的意見是除非人民解放軍減輕他們的要求，不然是無希望獲得解決的，目前正努力對民族解放陣綫中央委員會書記巴爾蒂薩利第斯施以壓力。據倫敦最近所獲消息稱，這些努力是否成功，仍值得懷疑。

朝日新聞社論 『歐洲的戰局與政局』

【同盟社東京三十日電】朝日新聞頃揭載社論，題為『歐洲的戰局與政局』。原文如下：歐洲的戰局處在非常嚴重的形勢下，政局亦發生了很多糾紛。現在戰局的重點，是比利時戰綫的倫斯特德攻勢。現在尚不知道：德軍攻勢的銳鋒，是在安特衛普還是色當，不管怎樣，盟邦德國的攻勢將對反軸心軍的作戰發生很多齟齬，這事即敵方亦不能否認。加上太平洋戰局特別是萊特島美軍作戰的遭受挫折，要使其作戰計劃發生變化，至少要調整供應。敵人曾說過於聖誕節前或明春以前結束戰爭，但由於盟邦德國賢明的指導戰爭，令人有了事與望違之感，這實在令人笑死。德軍所以能發動攻勢的原因之一，在於使用兵力很經濟。即是說德軍統帥部於 全面觀察一切戰局後，能夠把最大限度的兵力集結與投在最重點的主要戰場上，而自已尋找會戰並在戰場上能獲得最大效果，表示了積極的戰略計劃。另方面紅軍的發動攻勢，還沒有犧牲巨大的兵力強行奪取華沙、布達佩斯及其他大城市的趨勢，這亦是兵力經濟的表現，它與德軍方面不同之處，如其說是考慮地理在戰局上的重要性，不如說是藉時間上的理由保存勢力，以備日後使用。總之，不管在西部戰綫與東部戰綫，在德蘇最高統帥部的使用兵力的方法上，大可看出今年年底的戰局。其次論到政局：波蘭邊境問題為反軸心各國的一個瘤，英美是非常感到頭痛的。蘇聯與美英對西班牙反共的法西斯的佛朗哥政權，發生政治上的暗鬥，這是留待明年的一個問題。而英國亦不能制止希臘共產黨系左翼份子的武裝反抗，而首相、外長與地中海方面盟軍總司令等都已紛赴雅典，因此乃扮演着這樣的醜態，即與解放軍繼續了三星期的抗戰，卻又不得不向解放軍申請訂立休戰協定。但希臘解放軍不但不接受妥協案，反而強硬地提出對案。而其結果，談判決裂了。最近犧牲波蘭，好容易地把百餘年來所控制的希臘拉入自已勢力範圍內的實例，有使英帝國在歐洲損失威力之感，何況它還能在東亞實現其野心？不管它怎樣要挽回大勢，而其結果是可以知道的。

史佛卓反對英國在西西里建立根據地

【海通社伯爾尼廿五日電】英國否決任命史佛卓伯爵為外長，係由於史佛卓對西西里的態度所引起。據稱，史佛卓極力反對英國在西西里建立根據地及把班泰雷利亞讓與英國。據稱，美國支持史佛卓這一態度，雖然其理由也並非不自私自利，因華盛頓堅持要把西西里變『為美國的馬爾他』之老計劃，所以它反對英國的野心。

威爾斯抨擊國務院對歐政策

【海通社柏林二十九日電】紐約訊，前副國務卿威爾斯在星期四無綫電廣播中，尖銳批評國務院的歐洲政策。宣稱，美國在許多歐洲問題如此失敗，是極悲慘的。要求更帶建設性的美國外交政策。美國在決定性的歐洲問題上，必須起更決定的作用。他提及波蘭問題，他的意見，波蘭問題對於美國將成為歐洲政策的學校標本。

【海通社柏林二十九日電】巴黎訊，星期四消息靈通方面訊，自一九四〇年以來，法國在美國已被凍結的存款現已由美政府明放，作為戴高樂法國臨時政府的新××。據稱，然而這一開放不包括在美國法國平民的私人存款，這些存款將繼續被凍結。

海通社傳 盟軍統帥部將改組

【海通社斯托哥爾姆十二日電】快報【倫敦訪員表示，西綫盟軍最高統帥部有改組之可能性。該訪員說，德軍聖誕節攻勢之勝利，不但引起英國社會人士之不滿，軍界人士亦如此，他們現在公開批評艾森豪威爾之戰略，著名之軍事問題作家弗勒將軍，在評論形勢中稱，下一次艾森豪威爾應該在他戰略中多滲些威忌斯酒，少放些水。他似乎要說英國人自很久以來即認為英國參與西綫戰略計劃太少了。蒙哥馬利將軍從全部陸軍總司令部退為一個軍團司令一事，英國人是不會忘掉的，現在公開說，蒙哥馬利已不合作。訪員又說：自然，倫敦方面是很熟知實行統帥部改組之困難的。以英國軍官替換美國將領，定會引起美國之批評，使華盛頓、倫敦間已經緊張的關係更加激烈起來。倫敦所希望的就是蒙哥馬利頂任陸上軍隊總司令。雖然如此，將美國所有軍隊置於英國元帥指揮之下，是不能以上述原因而實現的。或者企圖委任其他英軍將領担任此職。因此，候選人將為亞歷山大，他已經經常被提起担任此職了。但他又被委任為地中海總指揮，而目前又忙於希臘的叛亂及意大利戰爭。此外，英國目前尚無適合的將領可供用。此數日後，西綫戰爭的進行，似將決定是否最高統帥即需全體改組。

倫敦討論法郎與英鎊比價問題

【海通社倫敦廿五日電】在倫敦舉行之法國金融會議上，討論到法朗新的貶價及折合於英磅之問題。據泰晤士報星期列稱：法國財政部長特別談到關於法郎是否與英鎊結合的問題。如果決定在將來不以二百個法郎而以二百七十五到三百個法郎作為一英鎊付予時，則此將是法郎的又一貶價。該報稱：此種貶價被認為是保證穩定法國市場，和將來處理金融事務之先決件條。

【海通社柏林廿五日電】華盛頓訊：法國軍火供應部長莫尼特，現在華盛頓談判由美國輸送物資到法國。法國希望於八個月間輸入七百萬噸的貨物，包括煤炭，重建運輸工具之原料五十萬噸，糧食、棉花、鐵及其他東西六萬火車車廂。法國可能在美國以現金付款。

李門說蘇聯不讓盟國救濟波蘭 邱吉爾返英後召開重要會議

【海通社柏林卅日電】華盛頓訊：聯合國善後救濟總署長李門在對報界發表的聲明中，提及聯合國善後救濟總署與蘇聯之間缺乏合作是不能幫助歐洲盟軍佔領各國的理由之一。李門指出對蘇聯佔領下的波蘭的救濟計劃，很久以來即已準備。然尚迄今未能運輸糧食至波蘭，因為蘇聯尚未允許使用蘇聯港口與運輸工具。

【同盟社斯托哥爾姆廿九日電】倫敦來電，英國首相邱吉爾，二十九日夜由雅典返國，立即在官邸召開緊急閣議，根據現地形勢檢討對希臘政策。國王喬治六世亦於二十九日夜訪問邱吉爾，並致慰勞之意。

在華美空軍建立流動基地

【同盟社里斯本廿九日電】紐約時報重慶特派員，於廿六日由在華美空運部隊司令部報導稱：中國最近才使用可能移動的有自給能力的空軍基地，這個流動的空軍基地，在中國和印度可以急速地把兵員和器材，由一個地點運至另一個地點。這樣可以運輸龐大的供給品給中國西南部及其他作戰區域（這些區域的陸上運輸設備極差）。

【同盟社里斯本廿八日電】據路透社重慶電，在華美軍司令官魏特梅耶少將發表聲明，露出駐華美軍的支配野心，他指出中國軍隊的無力：在中國進行的戰爭就是美國進行的戰爭，中國為了自己有作戰的必要，美國把中國作為一個聯合國家而給與一切可能的援助，現在中國對戰爭的貢獻程度，尚不能言明，但中國軍正與美軍很好的合作。

叛國有賞國民黨當局獎 方先覺一千萬元

【中央社重慶三十一日電】陪都各界歡迎方軍長暨第十軍將領大會，於三十日下午四時五十分假臨江路合作大會堂舉行。到馬超俊及第十軍方軍長先覺，周師長慶祥，孫參謀長鳴玉及各界人士五百餘人。先由馬氏介紹各將領與到會人士相見，並即席致詞，申述方軍長及十軍將士堅守衡陽之豐功偉績，並宣布陪都各界慰勞捐款一千萬元，已由軍委會轉交方軍長分配，略表陪都人士對第十軍之敬意。繼請方軍長致詞。嗣即各界獻贈錦旗禮物多種以表敬意。

參攷消息
（只供參考）第七四六號
解放日報 新華社 編
今日出半大張
卅四年一月二日 星期二

蔣介石元旦廣播全文

【中央社渝一日電】蔣主席於民國卅四年元旦上午一時，對全國軍民廣播，其全文如下：全國軍民同胞：今天是民國卅四年的元旦，乃是我們國父創造中華民國在南京就任臨時大總統的紀念日。我們神聖抗戰到今天，已進入了第九年度。回溯這八年以來，要以去年這一年爲危險最大而憂患最深的一年。敵人侵擾犯湘竄擾桂柳，猖獗盲進，在最深入的時候，侵犯到了貴州境內的獨山。我們在這八個月來，國土喪失之廣，戰地同胞流離痛苦之深，國家所受的恥辱之重，實在是第二期抗戰史中最堪悲痛的一頁。我們在這樣飽受艱難痛苦挫敗恥辱之中度過了舊年迎接着新歲，我們同胞對於抗戰的意義與國家的前途，以及全國上下以往的錯誤和今後努力的方向，應有一種澈底的反省和一致的覺悟。我今日首先要明告我同胞的，就是去年一年之間，我們中國[illegible]的艱危，不僅是抗戰八年中所未有，亦是我們革命五十年以來未曾遭遇過的危境。我在前年，對民國卅三年的戰局早就聲言，如果盟邦海上攻勢不能與我國配合發動，中國所受的封鎖不能打開，則去年一年我們中國所遭受的危險是不可以想像的。現在幸而因全國軍民的努力，將國家這樣最大困難的一年得以渡過，我相信日寇妄想消滅我們中國的時機已成了過去。我們同胞應知敵寇自去年以來，已自知其決不能避免最後的失敗，他唯一的希望，就是不使我們中國以澈底勝利來結束戰爭。他以爲如果我們中國不能以獨立完整的國力來結束戰爭，那麼反侵略聯合國的勝利便不是完全的勝利，而日寇的侵略主義，也還存捲土重來的機會。他既懷抱了這種競爭的企圖，又當太平洋[illegible]對歐洲戰場全力進攻，而對東亞戰場不能兼顧的局勢之下，當然他要乘此時機，對我們中國冒險深入，企圖最後掙扎，作消滅我們抗戰力量，促使我們中國崩潰的妄想。我們到了今天，[illegible]華民族全體同胞所擁護。我們抗戰的決心絕沒有爲敵寇所動搖。這就是敵寇最顯著的失敗，也就是我們抗戰最後勝利必然實現的明證。我們大家當然要一致警覺，敵人困獸猶鬥的掙扎，在今後這一年仍將要嘗試，或許比去年還要兇猛，但是我們在去年這一年既然能堅忍的挺住，屹立不搖，克服從空前未有的艱難，此後只要我們全國軍民拿去年危疑震撼的教訓，和過去既得的經歷，百折不回，再接再厲，自然可使敵人的妄想完全歸於幻滅。所以今年這一年，眞是我們勵志雪恥，發奮圖强，轉危爲安，轉敗爲勝的唯一樞紐，也是我們配合盟邦發動反攻最後的時機，我們必需充實戰力，把握戰機，以無負抗戰的初衷與自身的責任。當此新歲之始，我們每一個官兵，每一個同胞必須認識新的任務，確立新的信心，來實現新的希望，獲得我們最後的勝利。我要趁此機會對我軍民同胞說明，我們今年一年的展望與我們全國一致共同努力的目標。

我全國同胞們首先要知道，我們國民革命軍實在是刻苦耐勞、不屈不撓而英勇善戰的軍隊。我們固然不可隱諱自身的缺點，但也不能埋沒我們本身的優點。去年一年之中，我們在平漢、粵漢、湘桂各路的戰鬥，雖然遭受了嚴重的挫折，但是衡陽守城之戰，堅苦卓絕，守城將士可說是發揚了我們革命軍人的天職，發揮了我們國民革命傳統的精神，尤其在緬北、滇西的我軍由胡康、孟拱而克復密芝那後進佔八莫，由松山、騰衝、龍陵而攻入解放這些國軍，無不是冒惡劣氣候，越峻絕的天險，向着敵人最新式的要塞工事，對着敵寇最堅强必死的頑抗而英勇殲擊，終於克奏膚功。可見我們國軍在一切戰鬥條件配合之下，不但是能戰，而且是善戰。我們國家只要發揚抗戰必勝的一貫信心，和攻無不克的勇敢精神，來作決定性的攻擊，凡是敵人所死守的名城、要塞，是沒有不可克復的。這種事實與本能，由於去年滇緬的戰役，已經確切證明了。我們國民如能統觀全局，正視這種種現實，就可於戒慎警惕之中，發生了新的信心，磨礪出新的力量，來爭取必然到來的勝利。

現在我要爲我軍民同胞說明今年這一年的瞻望。全國同胞們：我們去年一年最危險的難關雖已渡過，而最後勝利尚未獲得，尤其[illegible]强敵在境敵患益深，我們更不能不準備以後繼續而來的更多困難[illegible]更大的危險。我們必須確定必勝的信心，發揮無生的勇氣，隨時隨地準備與任何的困難和不測的危險相搏鬥，而予以克服。因此，我要將我們這一年的措施和努力，明白告訴大家。我要爲各位同胞特別提出，我們今年的努力方向，即必集中於「軍事第一」四個字。我們今年就是要一切爲了前綫，一切爲了戰鬥，一切財力使用於作戰，一切人力集中於作戰，一切爲了挽救失敗與爭取勝利而努力。更要督促政治、經濟、社會各方面的進步，能配合着軍事的要求。現在先就我們已經着手和決心進行的事項，作一個概述，而要求我們同胞共同努力。

第一、軍事方面，主要的是整軍和建軍。這一項包括軍事機關機構的調整，兵役行政的改革，運輸機構的加强，部隊待遇的提高，新兵接運的改善，軍紀風紀的整飭，總要使前方將士得到充實的給養，迅速的補給，以提高我們的戰鬥精神。尤其重要的，我們在今年這一年，要爲爭取抗戰最後勝利而澈底實施人力物力的動員。本來我們抗戰八年，而總動員還沒有澈底實施，實在是我們國家最大的恥辱，這是政府與人民所應共負的責任。現在經過去年這樣的危險艱難，我們一切缺點弱點都已經發現出來，使我們知所慚悔，知所振奮。我們全國上下以及前方後方的軍隊官兵，應該接受這次現實的教訓，利用這次挫折的經驗，澈底檢討了各部門缺點弱點和一切錯誤之所在，用最大的努力切實改革，務求充實，力求進步，使戰爭力量得以加强，戰鬥條件更趨健全，則去年的失敗，正是今後勝利的張本。過去這種弱點和錯誤的存在，政府與社會都有其責任。就政府來說，一方面是戰時行政不夠積極，不能澈底；另一方面是顧恤人民的困難，不願增加人民的負担，致使前方與後方苦樂倒置，軍隊與社會生活懸殊，因之部隊待遇無法提高，官兵苦痛不堪言狀。結果影響了戰鬥精神，影響了軍紀風紀，影響了軍事進展，這眞是我們中國特有的困難，也是政府特別當心之所在。就社會來說，則因爲我們同胞遭遇年來，多少存着僥倖勝利的心理，無形之中習於苟安，忘記了抗戰初期死中求生，有敵無我的心，鬆懈了破釜沉舟慷慨激烈的精神，既不能切實遵行總動員的法令，更不能做到密切的軍民合作，以致有如此重大之挫折。現在我們同胞從去年一年深刻的教訓中，應該知道成功非僥倖所能得，安全決非迴避所可致，而最後的勝利，更必須我們付出眞實而寶貴的代價。我們這一戰是爲了保障民族的生存和自由，更是謀國家長治久安和世代子孫的幸福。我們此時能多有一分努力多加一分犧牲，抗戰勝利就多一分把握，國家前途必多增一分光明，對於世代子孫亦多留一分餘蔭和光榮。所以我們定要覺悟，以我們一時至×之痛苦，來求取國家百世永久之安寧。今後這一年，是我們爲國家盡最大貢獻的一年。我們每一個有良心的同胞，切不可失去這一個爲國家貢獻的機會。我們更要全國一致，同心一德，無論政府、軍隊、社會團體以至於個人，都應該盡其所能，罄其所有，以貢獻於軍事，貢獻於抗戰。尤其是地主富戶，更要認識國民的天職，深明抗戰的大義，踴躍輸力，救國自救，以赴義恐後的精神，補社會過去的缺陷。我們要[illegible]員，要充實糧餉，要加强戰鬥力量，要提高將士待遇，要振奮戰鬥精神，以爭取我們最後的勝利。爲達成這一個崇高無比的目標，我們一切人力、物力、財力、勞力的犧牲，均非所計。有錢出錢，有力出力，都應該毫無保留的貢獻出來。男女老幼前方後方，都應該毫無例外的動員起來。我們自開戰以來，社會同胞毀家赴難，同仇敵愾的精神，本是十分熱烈，我們抗××的缺點，[illegible]象的[illegible]，所倚者就在於這種愛國觀念和民族精神。現於最近一般社會人心的覺悟，苟安僥倖心理的滌除，青年從軍報國的踴躍，[illegible]定的者很，以及各地踴躍捐獻勞軍服務各種運動的風起雲湧，可說已恢復抗戰初期的氣象。我們國民於創鉅痛深之餘，能夠知恥自強，實在是我們國家民族因禍得福的轉機。但是要說到眞正的動員，以符合求得最後勝利的要求，則我們國民的努力的程度，比之於聯合國戰時國民的貢獻，實在還距離甚遠。我們必須把握這個向上的契機，而繼續與擴大。○○全國同胞須知我們國家若要成爲現代的國家，我們民族若要成爲自由的民族，而使世代子孫不爲奴隸牛馬，就必須我們這一代國民能自求進步，人人自勉，爲現代的國民，自覺自動，負責盡職，爲國家的前途，爲抗戰的成功，而作更進一步的貢獻。我們眞正是爲抗戰而刻苦耐勞，爲前方[illegible]，實行[illegible]生活軍事化。要求洗雪過去若干人不出錢，或人怕出錢，不明抗戰大義，不盡國民責任，被人視爲落後民族的恥辱。這要希望我們社會各界領袖切實倡導的。

第二政治方面，我今日要明告我們同胞的，我們抗戰以來，一貫的主張就是要在抗戰之中完成我們建國的大業。我們深感我們憲政實施的稽延，是完全受了日寇侵略的阻撓。本來我們在民國二十年以前，早就定了結束訓政的時限爲民國廿四年。九一八事變，敵寇侵略，國難嚴重，舉國忙於備戰，不能專心於這一個根本的大計。然而我們中央仍在國家多難之秋，仍積極致力於憲法草案的議訂，與國民大會的籌備。

（未完）

參考消息

（只供參考）

第七四七號

解放日報 新華社 編

今日出半大張

卅四年一月三日

星期三

蔣介石元旦廣播全文（續完）

第五次代表大會授權於中央全會的決議，至遲要在民國廿五年十一月召開國民大會。但是日寇步步進逼，×××，七七事變時，我們爲捍衛民族生存，遂號召全國發動神聖的抗戰，自此以後，軍事緊張，國民大會的召集，事實上陷於困難。然而六中全會仍決議於二十九年十一月召開，終以戰事擴大，當時參政會許多同人均主張緩開，乃又因而延期。我們國父的五權憲法，遂乃至今猶不克頒佈實施，這是我從九一八國難以來迄今引爲最大遺憾的一件事。在此十五年之間，我對於憲法，對於民權，在事實上是沒有一時一刻不想促其早日實現的。我們革命建國的宗旨，是眞正要爲國爲民，所以要重在實行民權，而不在空言民主。我們革命者應對國家負責任，對人民盡義務，所以我們必求有利於國計民生，而實際從事於憲政的促成。我畢生革命的職責和目的，就在於實行三民主義的民主與民權憲法的憲政，這一個目的，一日不能達到，就是我們國父的遺志一日沒有完成，亦就是我對國家、對人民、對五十年來的革命先烈一日沒有盡到責任。現在我們經過長期抗戰，國家意識與民族觀念已深入人心，三民主義也已普遍爲國人所崇奉。爲了發揮國民共同負責建國的熱誠，爲了早日確定國家憲政基礎與百年大計，我覺得我們國民大會的召集，不必再待之戰爭結束以後。我在去年參政會開會時已說明此意。我現在準備建議中央，一俟我們軍事形勢穩定，反攻基礎確立，最後勝利更有把握的時候，就要及時召開國民大會，頒佈憲法，使我們中國國民黨在民國十年受國民會議委託行使之政權，得以歸政於全國的國民。我相信我們今後這一年，如果能以全國一致的力量擊敗了日寇，更能以全國一致的團結來完成三民主義的憲政，則不但我們民權主義得以實現，而且我們國父民生主義、經濟建設的十年計劃，也可以因而開始，使我們中國步入於富强康樂的大道。因之我們認爲今年這一年，我們全國同胞必須同心一德，竭盡全力，不只要掌握抗戰最後勝利的時機，而且要奠立建國永久的基礎。所以我在今天元旦令節，將這個決心敬告於全國軍民同胞。凡我同胞，均應知抗戰勝利之日，即是我們建國成功之時。更須知道我們抗戰如果遇到障礙，勝利失了保障，則國家民族且將不存，憲政與民權均將無所寄託。爲了洗雪日寇阻撓我們建國的仇恨，爲了實踐我們這一代的國民應盡的職責，我們必須排除萬難，將抗戰勝利與憲政實施畢其全成於一役。我相信我全國軍民同胞，必能認清國家的前途和國民應盡的責任，共同一致，竭盡全力，矢忠矢信，奮勉圖强，以求最後勝利之實現與建國大業之完成。

全國同胞們：我們在抗戰中過元旦令節，今年已是第八年了。我們抗戰初起時，有三句重要的誓言：（一）挽民族的生命，求國家之生存；（二）不僅爲自衛獨立生存而戰，也爲維護公理正義與世界和平而戰；（三）從抗戰中求進步，從抗戰中求建國，從抗戰勝利以求民族復興。這八年以來，我們將士的忠勇犧牲，民衆的冒死犯難，已經奠立了最後勝利的基礎。我們中國抗戰獨立的堅毅競明，也確已博得世界的重視，然而我們在犧牲慘重之餘，還沒有達到我們抗戰的初衷。而去年一年還要遭受這樣的嚴重挫折。日寇的失敗固居必然，而我們的勝利還沒有實現。想到敵寇鐵蹄還在蹂躪我們多少莊嚴的國土，敵寇淫威下還在奴辱我們多少親愛的同胞，我們如何能不引爲自身的恥辱，能不引爲自身的責任。我要求我們同胞人人知恥，惟知恥始能有勇。我更要求我們同胞人人負責，惟負責始能自强。我們必須認識我們所進行的乃是國父所說的公理與强權之戰，我們所担負的乃是空前絕後繼往開來的神聖使命。我身受國民付託之重，我必盡我天職，竭我全力，以報効國家，爲國民服務，爲將士負責。同時我希望全國軍民同胞當此最後勝利接近之一年，共同一致，爲國家各盡職責，爲抗戰貢獻一切，集中意志，集中力量，以達成我們驅逐敵寇，光復河山與排除建國障礙，慰我們殉國的先烈，答我們盟邦援助的高誼。祝我們全國同胞努力邁進，祝我們抗戰勝利與建國成功。

合衆社對蔣演說反響

【合衆社重慶一日專電】重慶政界人士對蔣主席今年年內召開國民大會、通過並頒佈憲法以便還政於民的新年諾言，反響頗佳。據指出，此新諾言頗爲重要，尤其當共產黨（它的勢力已達到了日軍在華防線的後方地區）在時時高聲要求民主，最近並以建立聯時政府、公開反抗中央政府相威脅之時，更是如此。蔣的新諾言目的在去掉破壞中國國內團結糾紛的根源。影響很大的獨立報紙大公報於評論蔣的新諾言時稱，「國家是屬於每個人和全體人民的，因此政治重建的根本在與擴大人民的權利並建立民主的政治。沒有那一個特殊的政黨能夠或者應當將國家變成它的私有財產。國民黨應儘早施行憲政以還政於民。同時共產黨或其他政黨亦不應侵犯權利，企圖以任何暴力奪取國民黨的政權。我們應在民主的基礎上形成新的力量以爭取勝利。」蔣的新諾言不僅解決了共產黨的不斷呼號，而且解決了中國今日一般的群衆意見。參政員六十餘名聯合發表新年聲明，提出對國事的主張。該聲明政治部份包括有：（一）國家屬於人民，我們內部必須精誠合作。政府應予各政黨以合法地位，並與各政黨及非黨學者、工業家合作以改進行政。（二）取消疊床架屋的組織並緊縮開支。（三）加強代表民意的機關並增加它的權力。（四）保證言論、出版及人身安全的自由。中國共產黨領袖毛澤東提出一九四五年任務時強調「聯合政府爲民族解放及取得抗戰勝利的唯一正確道路」。毛氏說：「我希望全國都起來要求政府改變現行政策，以便迅速的建立臨時政府。中國只有在它具有一個能實行民主綱領和動員、組織全國抗日力量的聯合中央政府時，我們的勝利和我國人民的解放才有保證」。作爲中國淪陷區既成事實的領袖（由於游擊隊的出現，他稱之爲「解放區」），毛澤東列舉了他一九四五年的十五條綱領。即：（一）擴大解放區；（二）擴大反「掃蕩」戰爭；（三）整訓那些地區的人民自衛軍；（四）整訓那些地區的正規軍與游擊隊；（五）擴大老區與新收復區之武裝部隊；（六）軍隊內部及軍民之間的團結；（七）保護解放區政權與人民；（八）解放區各黨派團結，以加強人民抗日統一戰綫；（九）減租；（十）進一步積極開展生産運動；（十一）開展文化運動；（十二）工農兵中之斯塔哈諾夫運動及選舉戰鬥英雄（勞動英雄）；（十三）建立中央參謀部，以實現政治與軍事綱領；（十四）在各解放區實行政治、經濟、軍事、文化綱領時要更加民主；（十五）進一步努力以加速聯合中央政府之建立。

「合衆社紐約一日電」紐約時報記者稱：蔣主席於元旦日向中國人民發表文告，預允人民在戰爭結束以前即可實現憲政，不必等待勝利之後，此在軍事與政治方面俱有意義。此項文告反映情勢改善，不論表面現象如何，中央與中共之商談似已進步。

波流亡政府安圖反對臨時政府

「路透社倫敦三十一日電」波蘭電訊社（波蘭流亡政府的宣傳機關）在蘇聯之爲奉命發表的聲明中稱：盧布林波蘭民族解放委員會僭稱臨時政府的稱號爲「目無法紀的行爲」。該聲明說實斥委員會取消在其管理下區域內的一切民主自由時，該聲明說「反對波蘭國家主權的企圖，它將永不承認，強調其領土上的任何政權或總統的「形式」」。「合衆社倫敦三十一日電」波蘭流亡政府總理今發表新年演說：「倫敦的波蘭政府之最高目標爲波蘭的自由獨立與國家主權，不容侵犯及內政之不可容忍的干涉」。關於蘇波關係一節，他又說：「吾人不能循外交途徑成立協定，然吾人在戰後仍將努力實現蘇波諒解」。

希魔新年廣播

「海通社柏林一日電」元首希特勒於廣播中，首先解釋他爲何這麼久保持緘默，他指出由於認爲集中他所有的時間與精力來進行戰爭是他的責任，因此沒有時間來發表演講。他着重指出小陰謀集團的叛變所形成的危機已被克服，並向決不投降的日耳曼民族英雄主義致謝。他諷刺地評論盟國不時發出的預言說帝國即將崩潰，並暴露敵人對世界的欺騙宣傳，這種宣傳想使世人相信英美與布爾塞維克的罪惡同盟使戰爭獲得了勝利。敵人過去斷然預言帝國即告崩潰的論調並未實現，而今月來又預言着盟軍可於一九四五年八月完全勝利。到一九四五年七月，盟軍不可能比今天更加接近勝利時，敵人又自會宣佈盟軍一定將於一九四九年冬完全獲勝。（缺）戰後和平的詳細計劃，完全基於假定的盟軍勝利。可見敵國陣營中領導人物們是否自己也相信這些宣傳是尚可的懷疑的。如果敵國中有些領導人物，真正相信了這些可笑的牛皮宣傳，日耳曼民族自會證明他們是藉最愚忖的幻想以自慰。日耳曼民族和過去數千年來一樣，担任歐洲領導角色。國社黨的德國有力量造出忍耐與英雄主義的奇蹟，而敵人之期望團結的強大德國會有一天像意、羅、保、芬、匈的叛逆集團一樣的提出投降，實超過於愚忖的程度。德國人民自會看到敵人永不會獲得實現其作戰目標——瓜分帝國的機會，及流放一千五百萬至二千萬的德國人與永遠奴役日耳曼民族。日耳曼民族在過程中可能遭受一些挫折及危機，但將會加強努力以克服一切危機。德國的人民，與敵國的人民相反，是清楚的知道爲什麼作戰，他知道是爲了民族的生存，爲了保存有兩千年歷史的日耳曼文化而戰。總會有一天，德國人民會獲得目前受難與犧牲的報答。被毁的德國城市將重起來，數百萬今天爲勝利而作最大犧牲的士兵與工人，將在帝國的每一角落建立更漂亮與更好的房屋作家庭。元首結束其廣播辭時，向數年來以加強偉大民族鬥爭的努力而克服了一切危機的日耳曼民族呼籲：非至日耳曼民族的勝利已確切的得到保證後，切勿鬆懈我們的努力。

參攷消息

（只供參考）

第七四八號

解放日報社 新華社 編

今日出半大張

卅四年一月四日 星期四

外籍記者招待會上 張平羣談國大代表問題

【中央社渝三日電】外記者招待會，三日下午三時舉行。蔣處長廷黻、吳次長國楨、張參事平羣出席主持。某記者詢問國民大會選舉之方法等等，蔣處長均作解答，某記者詢以聯合國救濟善後費用分配之計劃，蔣氏答稱：關與救濟計劃與估計，中國政府曾有詳細文書送聯合國救濟善後總署，但由於兩種關係，此並非為一最後文件，第一視敵人破壞之程度如何，第二視推動救濟工作時年成之豐歉情形。某記者問國民大會應有代表若干，如何分配，已選出者若干人。張參事答，依民國二十五年國民政府公佈之國民大會組織法，及代表選舉法，應有代表總額一千二百人，其中六百五十五人係由區域選舉產生，三百八十人由職業選舉產生，一百五十五人由特種選舉產生（包括東北四省、及蒙藏代表、僑民代表等）。戰前選出代表，共為九百五十人，其中區域選舉五百五十七人，職業選舉三百十一人，特種選舉八十二人。尚未依法產生之代表，計共二百五十人。又職業選舉之代表總額三百八十人中，農工商團體佔三百二十一名，自由職業團體佔五十八名。

小磯對各傀儡國發表演說

【同盟社東京一日電】小磯首相於今日下午七時二十分，向東亞各國發表廣播演說如下：在迎接大東亞戰爭第四年的新春時，我們一億同胞，一新氣魄，敬祝聖壽萬歲，敵人在萊特島登陸以來，已有兩個多月，現在菲律賓島全部地域，已成為決定勝敗的場所。發揚了防衛與保護皇國的皇軍將士，以特別攻擊隊為先導，完全發揮特別攻擊隊的精神，繼續戰鬥之時，歐洲盟邦——德國突然在西歐戰場上進行大攻勢，在數十公里的戰綫上擊潰敵軍，使歐洲的政戰略發生大轉變，我們對盟邦德國表示敬意。另一方面，大東亞各國在共同理想下，向着完成保衛東亞的征戰邁進。滿洲國的國運日益隆盛，它作為大東亞戰爭中重要的兵站基地，對於軍需生產與供應食糧有極大的作用。中華民國在失去偉大的指導者汪精衛主席，現在在代理主席陳公博之下更加鞏固團結，竭盡全力，向着粉碎美英勢力與國內建設的途上邁進，日華同盟條約所貫徹的精神逐漸實現。泰國於大東亞戰爭爆發以來，在日泰同盟條約下克服許多苦難以至於今日，現在在阿拜溫總理統率下，更決心為防衛大東亞和建設大東亞而奮鬥。緬甸國在國土上迎擊敵人，成為防衛東亞的第一綫。人民為了保護光榮的獨立和大東亞的建設，忍受一切苦難，不屈不撓地進行作戰。菲律賓一千六百萬人民在羅列爾總統統率下，堅決完成自主獨立，目下正協助皇軍迎擊敵人。我對於大東亞各國人民這樣的鬥爭，表示衷心的敬意，並且希望今後更努力奮鬥。這樣對外來說，我們配合盟邦德國的勝利，使大東亞團結一致，不顧生死進行戰爭，對內來說，一億同胞與前綫將士的英勇作戰相呼應，為增強戰力而戰鬥，因此我們的必勝體制牢固不動。今年應成為從東亞的天地擊退敵人，成為我們獲得勝利的一年。

希魔新年手令 極力掩飾德寇崩敗真象

【海通社柏林一日電】元首元旦發表致德武裝部隊手令如下：今天德國人民已了解到戰爭的決定重要性，此無情戰爭的焦點是要生存或不要生存。面臨着我們的猶太國際性的世界陰謀，是欲消滅我們的人民，一九三九年當我解釋此意思時，尚有人認為我是誇大其詞。今天已無人再懷疑了，這已由敵人的政治家及其作戰中所採取的方法與準備戰後的政治工作所證實了的。東方的猶太布爾塞維克主義的目的，是相同於西方猶太資本主義的目的，均在於摧殘德國人民。（缺一句）邱吉爾先生說，整個德國東部將割歸波蘭，亦即割歸蘇聯。另一方面在他卵翼下的戴高樂，則要求將德國西部置於法國主權之下。這個目的在消滅德國人民的計劃，與美國內閣閣員猶太人摩根索所擬好的計劃不謀而合。我們為我們的生存而戰已五年於茲。大戰在第六年中可能作更大的要求，但××已經過去了。直到今天，德國人民及其武裝部隊勝利地抵抗了敵人扼住我們的咽喉，在今後的一年我們也能夠阻擋敵人的攻勢，並最後在反擊中進攻他們。倘我們過去未能繼行進攻，這不是德國人民及其武裝部隊的錯誤，而是我們的歐洲同盟者的錯誤。先是羅意匈在頓河戰綫的崩潰，原因是意皇室破壞聯合作戰，對法西斯意大利實行叛亂，直接作背信棄義的勾當。接着是芬蘭政府悲慘的投降，羅王及其黨羽的不義行為，保加利亞的束手待續；及何撕破的可恥背叛。對於政治及軍事領導，這種形勢造成了嚴重的後果。此外，去年還有一系毫無信義的罪犯所造成的謀殺案，但他們在幾小時內就被打倒了，而且以參加以無情的消滅。雖然七月二十日在前綫引起特別嚴重的軍事後果，並減低了對德國武裝部隊抵抗力量的信念，但這個日子可以把它當作德國命運的轉捩點。因爲正當德國進行着最嚴重的戰鬥時，在國內用陰謀來粉碎德國人民的國家的企圖，以及把德國葬送給國際陰謀的他圖已因此永遠地失敗了。我可以保證這是這種企圖的最後一個。這證實了我一九三九年九月一日說的話，即在此戰爭中，德國人民絕不會被武器或時間所征服，絕不會發生第二次一九一八年十一月九日。『特別是自七月廿月以來，我專心致志於進行準備，以便能遲早由純粹防禦的時期轉到進攻』。『我們認識到要在過去的區域保衛歐洲堡壘，僅僅靠德國軍隊是不行的。因此由於我們同盟者的叛變，我們被迫把整個戰綫縮回來，並把其他戰綫縮短。但是我每退一步都是盡力抵抗了的。我們的敵人必須曉得，向德國前進每一公里，其血的代價將很大，同時他們不要打算德國會減弱或放棄抵抗。像我們的士兵們那樣會經得到那樣的勝利的人民，像我們國內人民那樣英勇地忍受困苦的人民，像我們的人民那樣勤辛的工作的人民，是注定了會生存而不會沉淪的。世界列强多年致力圖推翻德帝國，過去是同盟者，現在已被出賣的國家開始認識，這個大戰是生死的鬥爭，沒有一個國家能够避免最後的決定。但我們的敵人所提出的保證的空洞無物，在各個地方已露出來了。凡是他們佔領的領土，秩序就被粉碎，混亂接踵而來。民主國家連這個大陸上最小的任務都不能解決。一九四五年將要求我們在勇氣上及精力上竭盡一切，但它也將是歷史改變的一年。歐洲同盟各國政府的兵士們，以及與我們並肩前進的人民，應該努力復興這個大陸，這大陸是××××，我們的祖先生息於斯，曾爲其生存鬥爭數千年於斯，現在他們也正保衛這大陸至死不屈』。

希反動將軍出組新政府

〔路透社雅典三日電〕六十二歲的老將軍普拉斯蒂拉斯，已進行組織新政府。他於昨日傍晚連續與大主教達馬斯金諾斯攝政，開了數次會議，以後同意如此去作。普拉斯蒂拉斯純粹是一位黷武主義者，完全可以預測他將儘可能很快的組成裝備完善的强大希臘陸軍。十二月十六日，記者與他會晤時，他說：『對於現時的危機，除了以武力解決之外，他找不出其他的解決辦法』。普拉斯蒂拉斯將軍在流亡十一年後，於十二月十三日應前斐邦德里歐總理的邀請，回至希臘。他在一九××年於×××反對土耳其軍事失敗後，以整頓與保存希軍殘部著名，並爲一九二三年共和革命的領袖。十二月廿七日，當解放陣綫於圓桌會議上提出它們的條件時，他即離開會議室，以表示顯著的反對。據稱，普拉斯蒂拉斯××××，因他已開始了成立他內閣的商討。

〔合衆社雅典二日電〕一般預料雅典大主教將宣佈組織希臘新政府，俾爲恢復希臘內戰之和平談判清除障礙。

〔中央社重慶三日電〕據法新聞處巴黎二日電，雅典訊，希臘大主教達馬斯金諾斯頃發表告希臘人民書：停止同胞間之殘殺，致使國家破碎，希臘極需重建，刻不容遲，望全希人民從速參加復興希臘事宜。

〔路透社雅典三日電〕美軍進攻愛卡維托斯山西部，以肅淸人煙稠密的阿亞玻里斯地區。並向北擴張英軍的防綫。昨日在抵抗相當强烈下的勝利戰鬥中，俘獲了七十人。落於法里昂附近的砲彈炸死平民二人，另有十五人爲落在布湼塔尼大旅舍北的解放軍迫擊砲彈炸傷。英空軍投擲藥品、被毯、食物及紙烟給在雅典通往北部路上的英籍俘虜。

希王任命大主教組織攝政委員會

〔路透社倫敦卅日電〕希臘王已任命達馬斯金諾斯大主教爲希臘攝政，並命其採取一切步驟恢復希臘全國秩序與平靜。在倫敦發表的關於雅典宣言之原文稱：『我——希王喬治第二考慮到我希臘人民所陷入的可怕境遇之空前與不可控制及我們自己決定：除非有全國意志之友誼與公正表示絕不回希臘及充分相信你的忠誠。現在以這一宣言任命你達馬斯金諾斯大主教爲在這一緊急時期之攝政。因此我們授權並要求你採取一切必要步驟，以恢復我王國中之秩序與平靜。我們進一步宣示我們的願望：即當使我們心痛的我可愛的國家之不幸一旦渡過之後，這些應爲民主政府的××及希臘人民自由表現的眞誠願望所確定』。

〔路透社倫敦卅一日電〕此間官方宣佈：希境英軍總司令斯科比，已答覆希臘民族解放陣綫稱：如希臘民族解放陣綫及人民解放軍，能證實接受其所提條件，則關於休戰之協議，能立告成立。斯將軍在其備忘錄中所提之條件有二：（一）所有之希臘人民解放軍，必須離開雅典並放下所有之武器。（二）命令所有雅典及希臘人民解放軍之擁護者停止抵抗並交出武器。

參考消息

（只供參考）
第七四九號
解放日報
新華社 編
今日出半大張
卅四年一月五日
星期五

美各報刊載蔣介石元旦廣播

【中央社紐約一日專電】美國各報及廣播電台，均以顯著地位，傳佈蔣主席之元旦文告。其中允許在戰爭結束前成立立憲政府，此項消息適於美國人民慶祝除夕時到達。紐約時報及前鋒論壇報，均登載美聯社之重慶電所報導之內容。紐約時報於第一版以兩欄地位之標題刊出，謂『蔣主席保證在驅逐日寇時實現民主』。同時前鋒論壇報，於第二版記載『蔣主席保證於和平蒞臨前實現民主』，謂蔣主席將在勝利獲得保證之時，召開國民大會，制頒憲法。紐約時報及前鋒論壇報社論，對於此項消息，均作愼重贊揚之詞。蔣主席文告亦爲其他華盛頓各報紛紛轉載。

谷正之新年講話

【同盟社東京卅一日電】當迎接皇國光輝的兩千六百零五年元旦之際，首先祝賀聖壽無疆，皇國安泰；同時應正視空前的國難，誓以死而不休的勇猛精神完成聖業。前年日華兩國根據本來姿態，踏上堂堂的道義大道。現在二年的歲月是在激烈的戰局下過去，這一激烈的對美英決戰，必然的要求中國提供戰力物力。號稱對華新政策的道義的厚誼，有時跟要求戰力物資發生矛盾、相尅是很難避免的，歷史是依據矛盾的解決，對立的統一的一種創造的連續，展開爲發展思想所引導的新道義的歷史，使我們非常感激。已經大踏一步的皇國的前進，已逐漸將大東亞民族從過去美英的桎梏下解放出來。而且皇國使朝鮮、台灣同胞成爲全國的臣民。皇國一方面正己，另一方面又正人的道義態度，必然要先看自己，如果自己正確的話，雖千萬人亦有勇敢的前進精神瓦解之。戰局是激烈的，而且美英在執拗的反攻下，要實行其無差別的大規模轟炸各地。倫敦、漢堡，柏林，甚至莫斯科都能經得起轟炸，我們那有經不起轟炸的道理。當慶祝皇紀光榮的元旦之際，大東亞日華兩大民族澈底了解道義後的提攜，才真正是使戰爭勝利，打開戰後的貧困與混亂及建設大東亞不可缺少的基礎。同時故汪主席繼承國父孫總理未竟的事業，認識『如不犧牲即沒有自由獨立』。如果想起兩國國民甘苦共同生死的去年今日，那末兩國國民頑强地克服橫在路上的障礙，一定要完成兩國共同的使命，使其子孫在相互敬愛中，勸勉於自己特長的地方，期望無比的將來。我在此向奠定了完成聖業之基礎的兩國陣亡將士，致以無限的感謝，並祝各地捍鬥的皇軍將士武運長久。

敵廣播：以轟炸毀滅東京不是不可能的

【美新聞處舊金山卅一日電】東京英語廣播誇說：一方面「不只用轟炸就把東京毀滅」不是「不可能的」，另一方面此舉將確實須有極大消耗，並且敵人要這樣做，就需「十五年到二十年」時間。東京廣播說：『甚至在白晝轟炸中，敵人也只能出動××××架轟炸機護送，這並非特別，因爲日本空防很有效的緣故。一定數目民房的損害自然是不可避免的，但是照敵人空襲的比率說，它想從地上燬燒東京的思想，若以轟炸機隊每次出動七十架到八十架，每天繼續轟炸推斷起來，就需要十五年到二十年才成。』廣播也說到『日本飛機反空襲的效能』正在迅速增加中。

【路透社倫敦卅一日電】官方發表本夜英國以前所未有之强大蚊式機隊，襲擊柏林；英機本日並襲擊杜易斯堡以東與斯特發爾之調車場。

傳本月下旬斯、羅、邱將會談

【合衆社倫敦二日電】此間報載外交界訊，羅、邱計劃於一月下旬會晤，其地點或在英國。然後再赴另一方便之中心地帶會晤斯大林。預料三國領袖會晤之一切準備皆已完成。

【中央社華盛頓二日電】羅斯福總統今日在招待記者席上稱，國與國之間如有意見參差之處，在所難免。美國與英蘇二國隨時保持密切諮商。羅氏並暗示會間接作各種努力，以彌補此項歧見。記者又詢其何時可望會晤斯大林與邱吉爾，總統拒絕宣佈，但謂待三巨頭會晤後，記者當可獲得通知。又對斯退丁紐斯之是否隨渠同往會晤英蘇領袖，總統亦拒絕宣佈。

波臨時政府開除倫敦流亡政府份子國籍

【中央社重慶三日電】據柏林二日廣播倫敦訊，交換電訊社盧布林訊：新近成立之盧布林波蘭政府，已開除倫敦波蘭流亡政府若干重要人員之國籍，如波蘭總統拉基維茲，流亡政府總理米洛拉茲柯，及波蘭秘密特別代表團團員阿西斯齊歐斯基。

【合衆社倫敦二日電】波蘭內閣會議已延至明日下午。此間波蘭政府不致因盧布林委員會之聲明，而採取任何確切行動，仍將繼續採取其觀望政策。據悉，倫敦波蘭政府現未計劃向英美政府作任何呼籲，蓋英美兩國已明白表示，目前仍將繼續承認倫敦波蘭政府。波蘭電訊社本日發表意境波軍總司令安德斯將軍之新年文告，安氏於其手令中呼籲波人在東方作戰不懈，並於西北兩面積極作戰。波蘭現已渡過危潮。上月我處境尤危，不僅外禍頻連，且有內患爲害，但經我波蘭精神發奮爲雄，一切困難今已迎刃而解。渠未言明，所指者係何內患及其克服困難之經過。

【路透社倫敦三日電】波蘭新臨時政府願與蘇聯、英國及美國建立『最友好的關係』。盧布林廣播今夜說，此點是新總理摩拉夫斯基在盧布林波蘭民族議會中演說時所宣佈的。他說：『我們將以蘇聯的同樣方法，協同建立集體安全制度，如同賦巴敦橡樹林會議所計劃的那樣。』他又說，波蘭願與一切民主國家建立外交關係。總司令兼國防部長齊默爾斯基將軍說：『波蘭軍隊今天有軍官三萬名，（後補軍官）一萬五千名。我們在一九四五年將訓練新軍官五萬名左右。現在波蘭有兩個完整的軍隊在前綫作戰』。戰時動員已完全成功。

倫敦波流亡政府 批評盧布林的行動是『目無法紀』

【路透社倫敦二日電】去年七月在盧布林建立的莫斯科扶持下的波蘭國民議會，擅稱波蘭臨時政府的稱號，這一消息到達倫敦時，毫無驚異，但是使預料的危機尖銳地開始了。回憶自從薛科爾斯基悲慘的過去死去以來，波蘇關係每況愈下，以在戈培爾捏造，波蘭政府愚蠢地提出加丁屠殺案上，波蘇斷絕關係而達到頂點。直至今天以前，多次醫治這一裂痕的企圖皆歸失敗。去年七月，波蘭國民議會在莫斯科庇護下於盧布林成立，莫斯科承認其爲波蘭解放區實際的行政管理機關。華沙防禦悲劇所爆發的事件，迫使前波蘭總理米柯拉茲科飛往莫斯科，以妥協政策尋求解決。因爲他未獲得倫敦他的同僚對他的政策的支持，而××了。以後，他的後繼者，現在反蘇的總理阿萊茲維斯基未表示絲毫重開談判的願望。後來，邱吉爾在下院發表對波蘇危機接近的驚人的聲明。他已獲得信心，他宣稱：正是波蘭將來的利益，波蘭應與莫斯科關於東部邊界達到協定，在和平會議上英國會支持蘇聯對於寇松綫的主張，盧布林的宣言對聯合國提出了頭等的複雜與微妙的問題。現在的情況似乎是這樣的：波蘭現有兩個敵對的政府。華盛頓承認倫敦波蘭政府爲合法的政府，他們依然與這一政府維持外交關係。法國雖然承認倫敦波蘭政府爲合法的政府，而亦委派代表駐盧布林，因此暗示其默認盧布林波蘭政府爲實際上的行政機關。據巴黎指出：這樣作是因爲盧布林控制着波蘭解放區的廣大區域，在這些區域內可以找到法國戰爭俘虜。莫斯科已與倫敦波蘭政府破裂關係，對於與它進行友好已感失望，因此預料莫斯科亦會按照法律承認盧布林波蘭政府。同時倫敦波蘭政府即刻以批評的聲明××盧布林的行動，遣責盧林布的決議爲『目無法紀的行動』，據波蘭人士息：倫敦波蘭政府已正式地將其觀點通知其他盟國政府，以便阻撓後者任何將來的承認（下缺兩段不清）。

【路透社倫敦四日電】據希京所傳出的非官方消息，雅典於星期三晚宣佈，希臘已組成新政府，由布拉斯蒂拉斯任總理。布氏除任總理外，尚兼任下列數職：陸軍部長、海軍部長、航空部長、商船部長。此顯示××希軍之結束。新部長中最爲人們所熟悉者有：索非亞諾波羅斯及××××。（下缺）

【路透社倫敦三日電】外交方面人士本日宣佈，南斯拉夫彼得國王已決定同意南國設立攝政會，且有可能在本週週末以前簽署任攝政會參議官三人的命令。彼得國王與邱吉爾首相會商後，同意設立攝政會。據說，美國對南成立攝政也表同意。消息靈通的南國人士談，彼得國王不致即簽署設立攝政會的命令，但一二日內有此可能。官方對南國問題保持緘默，南國彼得國王與邱吉爾首相會晤一事，也未證實，彼得國王的決定宣佈後不久，南國政府即將有重大調動。一般人相信鐵托元帥將出任陸長，蘇伯西臨將任外長，攝政會將由代表南國三大民族克羅特、塞爾維亞、哥斯洛文的參議官三人組成。

巴多格里奧說 波諾米是過渡的政府

【合衆社羅馬二日電】巴多格里奧頃與合衆社記者接談卅分鐘。據稱，如安伯托太子請波諾米組織政府，渠將爲意大利新政府之領袖。巴氏相信波諾米政府將爲過渡性質，最近將烟消雲散。又謂，現政府對意國前途絕不關，諸閣員僅各注意其本黨之利益。

参攷消息

（只供參考）
第七五〇號
解放日報
新華社 編
今日出半大張
卅四年一月六日
星期六

敵酋小磯說
美軍可能在海南、越南登陸

〔同盟社東京四日電〕今日小磯首相在今年第一次閣議席上作重要的發言，披瀝其『使今年成爲決定勝利的一年』這樣堅定的信念，並要求各閣員予以幫助。首相發言內容如下：我們要使今年成爲戰勝的一年。戰爭的形勢非常嚴重。台灣海面，非島海面的海戰博得空前的大勝利。我海軍的損失亦復不少，嗣後陸海軍特別攻擊隊很活動，封鎖敵人的活動，萊特島的戰事是有結果的。現在萊特島的決戰有轉爲呂宋島決戰之勢。特別觀乎歐洲的戰事，敵人欲在太平洋彌補歐洲戰綫的不利，因此他們未必不會企圖在海南島、越南等地登陸。此時我們要在國內發揚特別攻擊隊的精神，增强戰力，以報前綫的英勇作戰。政府願以極大的決心，實現强有力的政治，以及用決戰的姿態運營行政。希望各位予以更大的幫助，以便善自處理事態。

敵稱美機動部隊
逼近台灣海面

〔同盟社東京四日電〕相當有力的敵機動部隊，三日晨起，逼近台灣、冲繩附近海面。以共約五百架的飛機，來襲台灣與冲繩縣。此次的敵機來襲是以艦載機爲主，而以B二九式機約四十架自大陸基地起飛，前來策應。以主力來襲台灣全島各地，以約五十架的艦載機來襲冲繩地方。在冲繩，我方毫無損失。在台灣的損失，亦是非常輕微。在以前的台灣海面航空戰中，第五十八機動部隊曾遭受到毀滅的悲劇，現敵機動部隊又在該海面强韌來襲，它無非是以此來牽制非島作戰，並欲切斷我機對非島的供應。爲要澈底粉碎敵人短期決戰的希望，非島戰爭有着逐漸複雜的長期消耗戰的情勢。與歐洲戰綫的新動向相關聯，更加深了敵人的焦慮，即由於連續不斷强韌的突進作戰，敵人始終想儘速解決非島戰爭。此次敵機動部隊的出擊，亦是敵作戰指導部短期決戰思想的一個標識。敵機動部隊繼三日來襲之後，似已遊弋於台灣近海，復於空襲台灣同時，把運輸艦隊投入蘇祿海，說明了敵機動部隊新的登陸企圖。非島戰爭有着非常微妙的發展。

前鋒論壇報稱
美即將以大量物資運華

〔合衆社紐約四日電〕紐約前鋒論壇報華盛頓訊：美對外經濟處官員稱，美即將以大量物資供應中國，協助中國之裝備，以便於對日之戰中，担任重要任務。工業設備所需之零件原料，數千輛載重卡車，設備完全之煉油廠一所，及大量發電廠，即將租借中國。若干物資現已抵印度轉運入華，卡車一俟雷多公路重開，即將起運。陸軍部及對外經濟處，將徵募工作人員數百名派往中國，協助運輸工作，發揮最高效率。近自華返國之美籍官員稱，中國戰時生產局成立以來，成績極佳。中國銀行界資助一百萬萬元，並當爲主要之動力。

日本讀賣新聞評
蔣介石元旦廣播

〔同盟社東京五日電〕讀賣新聞四日社論：重慶政權在前年年底十一中全會時，決議在戰爭結束後一年之內召開國民大會，製定憲法。去年五月的十二中全會，修正上述預定期間。蔣介石突於上月三十一日夜，宣佈本年中召開國民會議，製定憲法。中華民國的憲法製定，是民國辛亥革命以來的問題的問題，中華民國雖採取共和政體，但連一個稍具規模的憲法亦沒有，政治完全是所謂『國民黨的獨裁蔣介石的獨裁』的不可推測的畸形政治體制。中國事變爆發以來，延安政權及國內各界屢次希望實施憲政，例如毛澤東主張的新民主主義論，重慶政權……（掉三句）極力防止。但抗戰七年，同時就是敗戰七年，這不但是給予重慶以一大打擊，而且對在大東亞戰爭爆發以來，以大陸基地爲對日作戰據點的美國，在今後的進行作戰上將發生齟齬，因此美國，國內的延安政權及各界，要求重慶政權迅速實行民主。因此逼使國民黨不得不發出支票，說在戰爭結束後一年內實施憲政。由於我軍大陸作戰的成果，敵人非常狼狽，這就是美國及延安政權要求迅速加强重慶政權，終於爆發了史迪威問題，其結果又促成重慶政權的改組。但我們知道僅只這樣並不能使美國與延安合作，而且對改組發出痛烈的抨擊。重慶政權對於美國與延安提出的建立聯合政權，聯合統帥部的要求，去年年底已聲明拒絕，此次又突然聲明製定憲法，一方面緩和美國和延安要求民主的矛頭，另一方面爲了繼續抗戰，對其獨裁體制不得不進行某些程度的修改，這就是重慶政權在現在情況下被迫的結果。這一憲法能否和宣言一樣成爲現實，其製定的憲法的實質能否爲美國與延安所滿意尚是疑問，但問題如僅是宣言，尚不能結束。

重慶駐英軍事使團長 桂永清訪英軍各將領

【中央社倫敦四日專電】最近抵此之我國駐英軍事代表團團長桂永清，在正式就職之前，將拜會英方各將領，及官方人士。我國駐英陸海空軍武官，曾設宴為桂氏洗塵。桂氏並將兼任駐英陸軍武官。

【中央社迪化五日電】外部亞西司長卡道明，專員張劍飛，駐新特派員劉澤榮，五日上午九時由迪飛渝。

希臘新總理談 政府施政方針

【路透社倫敦四日電】希新外長索非亞諾實洛斯乃前農民黨領袖馬塔薩斯獨裁政府執政時，他曾兩度訪問蘇京。與蘇方頗屬相得。政界人士認為他與蘇方的友誼於其與蘇方商洽時當有助益，據本日新聞報導，蘇聯前駐雅典代辦綦契耶夫近被任駐希臘大使，該氏即將抵任。普拉斯蒂拉斯將軍本日在雅典發表聲明，新政府的目的如下：一、頒定合法命令以恢復國家意旨。二、號召一切公務人員盡忠職守。三、懲辦德軍佔領期中的通敵罪人。四、解決民間住食行三大需要。五、穩定幣制並協助工人階級。他又說：他希望盟邦能在他執行上述任務時，助他一臂之力。自由黨領袖蘇福利斯，進步黨領袖卡遜達里斯及前任總理裴邦德里歐均曾宣佈願給他協助。

敵國議會結束後 將舉行「戰場議會」

【同盟社東京四日電】第八十六屆帝國議會於去年二十四日召集，至二十七日年內的議事已告結束，以有事即應的姿態宣告休會。若無特別事故，將於二十一日再開，作為「戰場議會」，進入正規的討論。翼政會將以完成其使命與責任的態度與決心對付與處理之，以期貫澈「戰場議會」的重大意義，回答一億國民的希望與付託。但翼政會當根據高度的國家觀點，應詢問者詢問之，陳述意見，鞭策政府。（缺）討論的題目，亦將集中在下列諸點：即加強國內體制，外交、昂揚戰意，增產軍需食糧，加強勞務動員等。現在內定當任總務淸瀨一郎在大會上首先提出質問。又太田正孝在預算大會上以翼政代表的資格提出質問，（掉錯一句）提出各問題，要政府披瀝明確的信念。

【同盟社東京四日電】四日閣議決定，昭和廿年度特別會計預算案及政府對鐵道通信事業的投資等八個主要案件。特別會計預算案的內容如下：（一）朝鮮總督府：二、二一四百萬元。台灣總督府：六九五百萬元，樺太廳：一〇〇百萬元，東亞（？）局：二四〇百萬元。（二）政府投資特別會計：歲出：（甲）政府投資金額：二〇三百萬元，內計滿鐵：一二五百萬元，滿洲拓殖會社：八百萬元，帝國礦業開發會社：一二百萬元，日本石炭會社：六百萬元，帝國石油會社：三六百萬元，東北工業會社：（百萬元，中央機（缺）撥歸一般財源，一一七百萬元。（丙）撥歸國債整理基金特別會計：一一九百萬元。合計四一一百萬元。（三）帝國鐵道特別會計：歲出：七五二百萬元，內計建設費一五百萬元，改良費四七三百萬元，汽車路設備費四〇百萬元，撥作臨時軍事費的財源一五五百萬元，及其他六八百萬元。（四）通信事業特別會計：歲出三二九百萬元，內計各種設備費：一〇五百萬元，撥歸臨時軍事費特別會計二一二百萬元，及其他一一百萬元。

【同盟社東京四日電】年初的首次閣議，四日上午十時四十分起於首相官邸舉行，到小磯首相以下各閣僚。首由首相發言，邀請各閣僚的協力，旋由石渡藏相就（一）昭和二十年度特別會計預算案，（二）增稅案要綱，（三）軍需緊急等特別法綱要加以說明，全部通過後，於下午一時半散會。

日寇成立「征空義勇工作隊」

【同盟社東京四日電】軍需省在獲得「大日本產業報國會」的幫助後，從全國有力工作機械工廠的裝配工、打包工、牽引工、轉動工工人中，選拔思想堅固技術優良的中堅工人×××名，成立「征空義勇工作隊」，作為增援隊派遣至重要航空工廠，以增加航空增產。軍需省已決定將第一次「征空義勇工作隊」派遣至××飛機製造廠。五日上午十時，在軍需省舉行歡送會，將有吉田軍需大臣，遠藤航空兵器總局長官，鈴木產業報國會長等出席。

羅斯福將赴英

【同盟社里斯本二日電】羅斯福於二日聲明稱，他最近將與邱吉爾會晤。據交換通信社倫敦電訊，傳羅斯福在一月二十日總統就任儀式完了後，即立即訪英，與邱吉爾會見。就英美兩國間的懸案加以商討，同時並與斯大林委員長會見。另一種說法是與邱吉爾同道，赴英國國外某地與斯大林會晤。

【同盟社里斯本三日電】華盛頓來電，羅斯福總統在議會開會之前，於二日接見記者團，席間特就美、英、蘇三國關係答記者之質問稱：『各國之間發生意見分歧是難以避免的，各國對於大綱的見解是一致的，但對細目的解釋卻難免有所不同；目前三國間的意見分歧，有一部份屬於重要的問題，三國之間始終在進行機密的協商。』

參考消息

（只供參考）

第七五一號

解放日報 新華社 編

今日出一大張

卅四年一月七日

星期日

國民黨準備、召集全國代表大會

「合衆社重慶六日專電」允諾於今年年內召開國民大會的國民黨，正準備於今春召集其自己的（國民黨的）全國代表大會，以決定還政於民的步驟及詳細辦法。同時據悉，在國民大會召開之前，可能立即召開國民黨中央執行委員會全體會議。回憶國民黨於一九三五年召開過後一次正規的全國代表大會，選舉了現在的中央執行委員會委員。國民黨一九三八年於漢口舉行一次非常戰時全國代表大會，未選舉新委員會。據可靠方面消息，中央執行委員會準備於今年三月十二日召開「擴大××會議」。據譯，國民黨中央黨部已受命作準備工作。

大公報著文 促成立國民大會籌委會

「合衆社重慶四日電」影響很大的獨立報紙大公報在社論中力促政府立即設立國民大會籌備委員會。蔣介石在新年告全國同胞書中允許須諾該會於年內召開。大公報建議：第一，籌備會應網羅一切政黨的代表。第二，憲草應大量印發，以供公衆討論。第三，一九三六年所製定關於選舉代表的舊法規應予修正，俾適應新需要，而且應舉行完全新的選舉，而不要僅選舉那些在一九三六年已選出的人以外的缺額。按國民大會因戰爭而由一九三六年稽延下來。迄今尚未接到共產黨對於蔣介石新諾言的任何反應。

「海通社柏林五日電」重慶訊。重慶政府發言人於招待記者會上宣稱：原擬於一九四五年召開的第一屆國民大會，恐又須延至一九四六年。該發言人强調謂：召開國民大會乃是蔣介石之意，但因前線總的形勢，乃不得不予以延期。

欽縣廉江等地日寇撤退

「中央社粵南前綫某地六日電」上月中敵分由北海、合浦、廉江犯入粵南，陷欽縣、先後陷落。現經我軍多日之苦戰，猛烈反攻，已

日寇分析東南亞戰綫
盟軍海陸空的實力

「同盟社東京五日電」由於今春東南亞反軸心軍在印緬戰場遭受巨創，其後即在拚命重整陣容。以十月二十八日，中美軍司令官史迪威被召回國爲契機，使人感到其反攻態勢已有了變化。即是說，如駐印第十航空隊轉用於中國戰場，在華美空軍的出擊北部緬甸與馬來等，使印緬、緬北與中國大陸三戰場已經打成一片。西部緬甸大陸正在迅速形成半月形的單一戰綫。另方面，亞洲各地域的戰略負担，明確地劃分爲中國與印緬二戰場。這兩個特點，表示了即在東南亞戰場，決戰期亦在逼近。以下可以看到最近東南亞戰場美、英、重慶的決戰陣容，表示怎樣的態勢。（尋連陣容與地上兵力）

——現在東南亞反軸心軍最高統帥蒙巴頓的統率下，起用意大利戰場的英第八軍司令官李斯爲亞洲聯合地上部隊司令官，東南亞戰場的作戰責任，專門由英軍負担。參謀總長則由普朗寧中將担任，另方面美國於撤退史迪威後，把東南亞反軸心軍參謀次長魏德邁少將，調任中國戰區美軍司令官，而其遺缺，由福右拉少將繼任。蘇爾登中將任駐印美軍與駐印緬重慶軍司令官，這是明確區別了各自的作用，即與在華美軍的大陸作戰，聯成一氣，並增强在印緬美軍的對華供應。同時任命惠勒中將爲東南亞反軸心軍副司令官，作爲史迪威的後任人，完成東南亞美國公担戰域的「主任司令官」的作用。同時在東南亞各個地域行使美國軍火租借法所用的權限。這與史迪威扮演的單純的戰略指揮官，其性質是不同的，這顯然是轉向美國政略僞制的一個基石，這是值得注意的。其次，觀察東南亞反軸心軍配置於中印緬戰綫的兵力，由於今春我軍的攻擊，敵人所受的損失是這樣的，即蘇利姆中將統率的第十四軍四個師在曼尼坡平原潰滅，乃至受到致命的打擊。在阿拉干方面有三個師受到打擊，陣亡者和傷病者達卅萬人以上，因此爲了補充損失的兵力及保持蒙特巴頓的面子，從錫蘭調撥預備軍三個師，嗣後增强的突擊隊，東非部隊十一師，第二戰場預備軍及其他補充與增援的部隊，蘇爾頓指揮的被稱爲在印緬西軍的美軍三個師，以及受蘇爾頓統率的駐印重慶遠征軍十六個師，其兵力有三四十萬左右。這些部隊都配置於第一綫，此外，還配備有在印美、英混合成空運部隊四個師，怒江西岸一帶配備有由雲南地區增强的重慶軍卅個師，如果加上由錫勒克統率的用來防衛印度和維持治安的印軍數十個師，以及最近在北非訓練的法國士著部隊若干，那末東

將上列各地次第收復，殘敵始向廣州灣潰去。

美新聞處評
蔣介石新年廣播

〔美新聞處訊〕（前缺）一九四五年的開始，使中國得到堅定的希望和現實的決心的新精神的鼓勵。

新近蔣主席及其他中國領袖的言論，表現出用中國的一切力量進行戰爭，並至最後勝利的這種新的決心。他們承認過去和未來的困難，並且允諾以有力的（缺五）對日寇進行更有效的戰鬥。

蔣主席在他最近的演講中說到幾項主要的目的。在我們一九四五年的努力中，第一必須注重軍事，最重要的是我們必須使我們的政治經濟計劃，適應我們的軍事需要，我們必須改組我們現有的武力，建立新的武力。還需要改組軍事行政，改良役政，改良運輸，改善公務員待遇，厲行紀律，特別重要的是充份動員我們的人力物力。——這些措施，是容易辦到的。這些措施需要比中國過去所表現過的更艱苦的工作。犧牲強翊和堅定精明的現實主義的中國人民，能夠領導他們做出的任務，他們知道而且堅信爲了他們自己的自由，人民的生存，拿出過去多少年的工程和血也是值得的。中國的偉大的力量，是中國的蔣主席所說的，中國憲政的基礎，必須擴大和採取徹底實現憲政的步驟，不但意味着中國的團結和政治的生長，而且意味着中國的軍事效能將發揮到最高度。蔣主席更說：『關於政治方面，我們必須準備年內召開國民大會，頒佈憲法』。『這個步驟非但可以再度加強中國的力量，而且可以加強中國的朋友的信任。這個步驟，表示日本的侵略，沒有征服中國鬥爭的意志，和中國實現孫中山先生主義的意志。孫中山先生的主義，是打倒日本軍國主義和侵略的基礎。聯合國所奮鬥以求實現的共同理想，就包括着孫中山先生主義。

中國的軍隊在許多戰場上，表現了他們的勇敢和（下缺）。

葛羅士準將稱
中印公路不久可通車

〔中央社重慶六日電〕魏特梅耶之聯合參謀長葛羅士准將，六日招待中外記者。葛氏稱：自畹町至南坎一段交通，仍在日軍手中，預料約在三十日至三十五日之內，將日軍追擊至南坎以南，中印公路即可通車。葛氏又稱：現在中國已步上強有力之攻勢階段，深信在最近之將來，中國軍隊一定可以收復我所退出之地區。

南亞反軸心軍在中、印、緬戰場現有兵力在百萬人左右。

海軍力的現勢：英國遠東艦隊揚言反攻東亞，而最近非常活躍。今春該艦隊已供應艦六艘，即估英國戰艦勢力三分之一，自去年八月英國本部艦隊總司令福來澤上將，代替索馬維爾就任英國遠東艦隊總司令以來，即努力增強海軍力量。現在遠東艦隊的勢力由『喬治五』級三萬五千噸的戰艦三艘（包括將要服役的四萬噸的戰艦『獅子號』和『馬來亞』號兩艘），伊利沙伯級的戰艦二艘（三萬五千噸），伏艾利皇家級（二萬九千一百五十噸）四艘，『意大利』號（三萬五千噸），威尼斯號（三萬五千噸）之中的意大利戰艦一艘組成。在美國修理的法國戰艦立俎利號（三萬五千噸）或是『江巴爾』號（三萬五千噸）亦於最近參加美國遠東艦隊。因此該艦隊有主力艦十艘至十三艘。這個艦隊的勢力與太平洋方面作戰中的美國第三艦隊或第五艦隊相匹敵。它除了正式航空母艦四、五艘外，還有補助的航空母艦多艘，以及保護印度洋艦隊用的巡洋艦、驅逐艦等，總共數百艘。此外還擁有潛水艇將近百艘，以便達到破壞海上交通線的目的。去年十二月十日廢除遠東艦隊司令的名稱，而任命福萊塞爲太平洋艦隊司令，飽維爾中將的東印度艦隊司令。今後與尼米茲、麥克阿瑟取得聯系，企圖以『靈爾』號爲旗艦進行活動。空軍戰法的轉變：今年春天空軍兵力由八百架增至將近一千架，同後將命令充損失的空軍兵力，並增強其兵力。最近攻歐盟國空軍總司令李馬羅，將任東南亞盟國空軍司令，企圖進行集團的大轟炸，以配合陸海兩面的進攻戰。李馬羅於去年十一月十四日由英國出發赴任時，即在途中失蹤，於是由戰略轉變……實現……。觀乎最近轟炸仰光地區的情況，即可知道敵人努力用大批飛機……的空中攻勢。

日寇將以帝汶島
還給葡萄牙

〔合衆社倫敦四日電〕里斯本訊，葡萄牙與日本已成立協定，日本於撤退帝汶島時，即退出該島。協定規定日本於撤出帝汶島中葡萄牙屬荷蘭的帝汶島，由葡萄牙將島於荷蘭的部份交還荷蘭當局，日本同意此項協定，是以葡萄牙保持中立爲條件，葡萄牙對於這個條件已經接受。

〔合衆社倫敦四日電〕據盧森堡電台廣播未證實的消息，日駐德大使館已下令館內職員及鏡境日僑撤至瑞士。

孔祥熙
晤羅斯福

〔合衆社華盛頓四日電〕中國行政院孔副院長與羅斯福總統會談一小時，討論『國家經濟要』。孔氏曾向羅斯福總統提出，中國不僅將支持對日區域作戰之勝利

三〇三

，同時並將支持美國準備和平之工作。孔氏稱，此項保證雖無迫切之需要，但美方人士最近會提出關於四強合作之問題。孔氏並認為目前中國之情況已甚見好轉，將來更能進步。

日寇拚命收刮民力 決定「普通年度增稅十八億圓案」

【同盟社東京五日電】政府以慎重的態度，考慮明年度的租稅政策，現已決定於明年度增稅十七億圓，以後普通年度增稅約十八億圓的方針。四日舉行的新春初次閣議，決定了增稅案的綱要。上述增稅案的綱要，待整理條文後，將付議於十二日的閣議，正式作為法律案的綱要決定之，然後提交議會。這次增稅的對象，重點放在分類所得稅、法人稅、特別法人稅等直接稅，以及酒稅、通行稅、入場稅等間接稅上，而關於改正稅制也會就若干事項加以考慮。情報局所發表的增稅案綱要及改正稅制的主要事項為：

增稅案綱要：

（一）分類所得稅的稅率，原則上規定徵收百分之三，各種稅收總的徵稅額，增加到百分之二十。主要稅率如下：

A、勤勞所得的，徵收百分之十八。（現行稅率為百分之十五。）

B、經營事業所得，徵收百分之二十一。（現行稅率為百分之十八。）

C、紅利所得：國債的利息，徵收百分之十六；（現行稅率為百分之十三。）股票的分紅等等，徵收百分之廿二；（現行稅率為百分之十九。）其他紅利所得，徵收百分之廿三；（現行稅率為百分之二十。）

D、不勤產所得，徵收百分之廿三。（現行稅率為百分之廿一。）

註：起徵點：基礎扣除，補助家族費及生命保險費的扣除，仍遵照現行規定。

（二）法人稅，特別法人稅，及法人所得稅率的稅率提高百分之三，（現行稅率為百分之三十。）特別法人稅的稅率提高到百分之二，（現行稅率為百分之二十。）

（三）提高通行稅稅率，三等一公里五釐（現行二厘五毫），二等二錢（現行一錢二厘五毫），一等四錢（現行二錢五厘），在總稅額上增加百分之九十。

（四）關於酒稅製酒，按××酒為例，將現行一升的零售價格五元三十錢

行下列方法：（一）徵用四百萬青年從事軍需生產法案。（二）規定罷工工廠由政府接收，為了防止軍需生產的遲滯，應擴大戰時動員局的權限，並有權最後決定勞工爭議法案。

傳希解放軍 退出雅典城

【路透社雅典六日電】希臘人民解放軍已退出雅典，並傳正沿三條大路退到深山去。成千雅典人正擁擠城市街頭和市場上，明白表示他們對於該市戰爭的結束感覺慰藉。在某些場合中，希臘警察保護被俘的人民解放軍，免受憤怒的群衆危害，極為困難。

【路透社雅典六日電】雅典及比里猶斯，截至本夜止，已完全肅清了解放軍，僅少數狙擊兵據稱現仍堅守希京的北部。英軍據稱現已出城，向西進攻解放軍在艾里夫西斯的強固據點。自昨日清晨起，城內英軍即未遇抵抗，現已越過自雅典北向的三條公路。

【路透社倫敦五日電】據本晚雅典傳來之非官方消息，人民解放軍在雅典及比利猶斯一切有組織抵抗均已停止。

【海通社柏林六日電】英國廣播公司星期六晚報導：希臘的政治緊張繼續嚴重化，使英國專使麥克米倫與地中海英軍總司令亞歷山大將軍又赴雅典。英政府的代表們連同斯科比將軍，與攝政達馬斯金諾斯大主教，及總理普拉斯蒂拉斯商討形勢。

【海通社柏林六日電】安哥拉訊，「烏路斯」報於評論最近希臘之發展時，論及成立對立政府之可能性。這可由該報之聲明中看出，該聲明謂：如果該處戰事繼續下去，該國有成立兩個政府的可能性。希臘政治家們應消除現存困難，而不應以不合理的舉措，使形勢惡化。

【路透社雅典六日電】傳希臘人民解放軍已由雅典撤退，現正沿通翁尼因斯之三條大道上退卻，雅典市民因戰事終結，咸有欣快之感，希臘人民解放軍之抵抗於五日完全崩潰，並北向塞伯斯撤退，英空軍已肅清雅典及北城郊解放軍最後於該城所僅餘之立足點，據揣測，解放軍代表本夜可能至英軍總部接洽。

【海通社雅典四日電】據雅典消息靈通人士星期四稱：自從得知普拉斯蒂拉斯組織新閣後，人民解放軍即採取「觀望性的等待」政策。據指出在新閣中沒有一個人民解放軍的代表。但有些人也相信，新外交部長索菲亞諾寶梯斯，或者可能作為人民解放軍之聯絡人，索菲亞諾寶梯斯，乃左翼希臘農民

提高爲八元，在總稅額上增加了百分之七十。

（五）入場稅稅率，在第一種場合，一人一次未滿一元者爲百分之百（現行未滿五十錢爲百分之三十，未滿一元者百分之六十），一元以上者提高爲百分之二百，（現行一元以上百分之一百，三元以上百分之一百五十，五元以上百分之二百），總稅額增加百分之九十。（稅政修改主要綱目略）。

美方否認接到英方關於改組西綫統帥部的建議

【路透社華盛頓四日電】陸軍部高級官員於星期三告訴路透社記者：美國陸軍部沒有從英國方面或美國軍事組織內部，接到關於分裂或縮小艾森豪威爾統帥部的正式建議。陸軍部高級官員懷疑是否會發生此種場合，以致使美國陸軍部對這類建議表示「不悅」。（昨晚紐約時報的華盛頓消息說，由於德軍的推進，英國可能提出分裂或縮小艾森豪威爾統帥部的任何建議，美陸軍部將對之正式表示「不悅」。）陸軍部高級官員指出，前方指揮部（大致是沿布萊德雷將軍的戰綫）的任何變動，將是合理的，×××重編軍隊使之與指揮官的國籍一致，因爲對此問題的政策是盡可能將軍隊由他們本民族的指揮部指揮。陸軍部高級官員說，艾森豪威爾參謀人員中的諜報主任斯特朗少將是一個能幹的諜報指揮官，而且是一個全面的健全的軍人。

【合衆社倫敦三日電】艾森豪威爾在致蒙哥馬利的賀年電中說，相信一九四五年盟軍在歐洲將獲得勝利。惟中立國方面訊，蒙哥馬利已制定爲艾氏的副總司令，統率歐洲西綫盟國地面部隊。

【路透社華盛頓三日電】美國務卿斯退丁紐斯在他致記者的書面答覆中談，這時對英國報紙對美國政府的批評加以評論，並無好處。

美國要徵用四百萬青年從事軍需生產

【同盟社里斯本二日電】華盛頓來電，美還輸動員局長巴查，一日夜發表了一篇報告，表示美國的苦悶。要旨如下：

美國現在尚未獲得勝利實是一件非常遺憾的事情，國民所最關心的是軍需生產的再度轉換，以及其他的復員問題。爲了戰爭勝利，絕對需要必要的軍需生產。現在的形勢要求美國動員一切人力、物力從事於戰爭，特別是西部戰綫，德軍反攻的結果，這一需要更爲緊急，爲了健全美國的戰時動員，更須要有廣泛的權限，除在國會中成爲懸案的「國民徵用法」以外，並應迅速實

黨領袖，該黨代表人民解放陣綫中大集團之一，星期四斯科比將軍所發出之公報稱：戰爭仍繼續在雅典及比里猶斯進行。英國報載，在雅典下城區（商業街），在東西郊外，在比里猶斯，在雅典與比里猶斯間的公路交通的南部，英軍皆肅清房屋而有新的進展，人民解放軍忽於星期四晨，又向憲法廣場開火，死傷平民若干，此外人民又因突然爆發的驚慌恐怖，有所死傷。與所有希望相反，在攝政建立後，戰爭不但不停止，反而增漲，這一事實使得在雅典之外國記者非常驚異。有些訪員坦白地說：戰爭進行了四十八小時，較之在雅典城之以前的所有衝突尤烈。

【路透社倫敦六日電】紐約時報訊：去年最後一週的最後幾天，希臘政局的危機，集中在倫敦的克拉利基飯店兩個闊大的房間裏，在全週中，緊急的官方電報都送交這些房間。剛從雅典回國的邱吉爾首相的請帖，也送到那裏。翌日，任命達瑪斯金諾斯做希臘攝政的希王公告，全文就從那裏發出。那些房子的主人，自然是希臘王喬治一世（他是約摸一打左右，在戰時，某一時期，會以克拉利基飯店，做他們的家和指揮部的被佔領國家的帝王與首相之一）。對希王喬治和其他許多帝王說來，克拉利基飯店的兩間房子，和一間浴室，有一時期是皇宮或首相官邸。對於他們中的某些人（百分之五十左右可能決不會再被歡迎回國了），克拉利基飯店也許成爲永久的避難所。

波流亡政府抗議蘇聯承認臨時政府

【路透社倫敦六日電】倫敦波蘭電訊社今日（星期六）「本波蘭政府命令聲明稱：蘇聯的正式承認蘇聯扶植的盧布林臨時政府，是直接破壞波蘭民族具有一眞正獨立國家、免除外國干涉和侵害的基本權利，侵犯了波蘭人民組織其內部生存的自由權利」。

【海通社柏林五日電】華盛頓訊：國務院發言人在星期五夜宣稱：美國政府已於事前接得蘇方通知，說蘇聯將正式承認盧布林政府。該發言人謂：他對於國務卿斯退丁紐斯前此所發表的美國將繼續與倫敦波蘭政府保持關係的聲明，無所增補。因為羅斯福聲明，他不久將會晤邱吉爾和斯大林，美國報界乃看出同盟國間關係發生了重大危機的徵候，特別是因爲倫敦和華盛頓堅持與倫敦波蘭保持關係。在三國會議上，是否能解決此危險的波蘭問題，是令人懷疑的。

參考消息

（只供參考）
第七五二號
解放日報社 新華社 編
今日出一大張
卅四年一月八日
星期一

英外部不同意 蘇承認波臨時政府

【合衆社倫敦五日電】於英國通知克里姆林說，英國不將拋棄倫敦波蘭流亡政府後，蘇聯（在歐洲的重大政策上與其他同盟國家破裂）於今日承認盧布林波蘭解委會為波蘭臨時政府。英國外交部的聲明稱：關於承認波蘭的問題，英國同蘇聯曾經商討過，英國不同意蘇方的決定。蘇聯通知英國說：蘇方即將承認盧布林機構。莫斯科電台宣佈這一承認，毫沒有使官方人士感到驚異。英美兩國關於波蘭問題不用說是曾經密切商討過的，而英美在三強會議以前或將繼續採取共同行動。對於三強團結的打擊因這一巧合而加重，即蘇聯承認盧布林的公告與羅斯福總統報告他將於一月廿日以後與英蘇領袖會談同時傳來。美國於盟國政治的公開分裂中，於面對蘇聯承認盧布林委員會為波蘭臨時政府的正式通知之際，重申其對倫敦波蘭流亡政府之承認。英國務院披露：莫斯科曾於事先將其承認盧布林政權之意圖通知美國。蘇駐美大使葛羅米柯曾於昨日午後與國務卿斯退丁紐斯會談。在行將到來的羅、斯、邱三強會議中，波蘭問題無疑將予以討論。國務院發言人稱：美政府對一月一日斯退丁紐斯的聲明無所補充，在該聲明中斯氏說：美國將繼續與倫敦波蘭流亡政府維持正式外交關係。

英報說蘇聯承認波臨時政府 與大西洋憲章不合

【路透社曼徹斯特六日電】蘇聯政府承認盧布林委員會為波蘭臨時政府一事，今日（星期六）為自由黨的曼徹斯特衛報批評為『與大西洋憲章矛盾。』（缺一句）蘇聯已承認盧布林委員會，而英美則承認倫敦波蘭流亡政府。盧布林委員會必定勝利，是顯而易見的事。因為蘇聯人在波蘭，而我們卻不在波蘭。但是我們應該表示我們最誠實的意見，即蘇聯的短視政策是與它所同意的大西洋憲章矛盾的，而且沒有政治家風度。該報稱：可是，英國應該堅持：

駐柏林偽中央社記者 報導波蘭問題

【海通社柏林六日電】中央社駐柏林特派員K．C．吳報導。當英國於一九三九年，根據她對波蘭的保障，而被迫採取這一步驟的理由，向德國宣戰時，沒有任何英國政治××謂英國會有一天放棄這一波蘭而把她交與蘇聯。因為一九三九年時，英國藉口德國威脅波蘭的獨立而向德國宣戰。今天這一英國×××××。隨着莫斯科宣佈正式承認盧布林波蘭解放委員會為波蘭唯一合法政府，波蘭的戲劇已××了新階段。一向支持倫敦波蘭流亡政府的英國××着困難的決定。在莫斯科的步驟宣佈以後，倫敦的確立即宣告繼續承認倫敦波蘭流亡政府為唯一真正的波蘭流亡政府，但很可能：倫敦一如在此次戰爭中所常作的一樣，在這一事件中，亦將被迫取消其誓言。英方人士未料到莫斯科的承認，而××的英國政府××着新而困難的決定可以由英國報紙的評論中看出來。除共產黨報紙外，整個英國報紙都譴責莫斯科的步驟。各報用以責難莫斯科的話語是非常尖銳的。英國對莫斯科的承認之最苛刻駁斥為『曼徹斯特衛報』之評論，該評論稱莫斯科的政策為無遠見及有害於團結。然而該報完全知道莫斯科不會取消這一步驟，所以最後（但並非不重要）英美將承認莫斯科的決定，並同意波蘭的完全蘇維埃化。該報稱，英國將可能不久承認盧布林，因為如不危及盟國的團結，實無他途。這是令人驚異的，即華盛頓對於莫斯科的決定這一問題上英國站在一邊。羅斯福宣佈三強會議不久可望舉行，可能並不是很自願的，據推測是在盟國日益增長的團結壓力下所做的。羅斯福將想一切辦法儘速消除這一不團結或至少予以掩飾，可以認為是當然之事。

海通社評蒙哥馬利新任

【海通社柏林六日電】紐約訊：在西線德軍攻勢發動以後數小時，蒙哥馬利元帥被任命為亞登前線的美英軍隊總司令。這一消息係由克拉克盟國第二十一集團軍總部的合衆社記者所宣露。然而為什麼定決在德軍攻勢發動之後在西線盟軍指揮中進行這次及其他的變更，詳情迄今未悉，因為發表全部詳節會供給德軍以重要的軍事情報。

【海通社柏林六日電】華盛頓訊：蒙哥馬利元帥在就任美第九及第一兩軍指揮後，並未成為艾森豪威爾的西線盟軍副總司令。羅斯福在此間記者招待會上所發表的聲明中，清楚地說明此點。據艾森豪威爾總部正式的宣告，西登前線盟軍指揮交與蒙哥馬利，係由於戰術以及軍事的理由。前此指揮美第九、第一兩軍的布萊德雷將軍現僅指揮美軍第十二集團軍，布萊德雷將軍是當波蘭獲得解放時，波蘭人民應和希臘人民一樣被給予機會，以選擇他們自己的政府（只要這個政府不是法西斯性質的）和獲致真實的獨立。

【路透社倫敦六日電】蘇聯承認盧布林臨時政府的消息，像炸彈一樣落在倫敦的波蘭人中間。雖然很多×××並不感到驚異。波蘭政府人士的最初評論是，這種承認會使聯合國之間的諒解更加困難。

【海通社柏林五日電】倫敦訊，據英國官方通訊社報導：倫敦官方人士評論蘇聯承認盧布林委員會爲波蘭政府，宣稱此舉無論如何並未影響英國政府的政策，因爲英國政府將繼續承認倫敦波蘭流亡政府。同一官方人士宣稱，關於承認盧布林委員會問題，曾與蘇聯政府交換過照會，但未引向達到任何的諒解。因此，蘇聯方面決定的公佈在倫敦並未引起任何的驚異。

【海通社柏林六日電】倫敦訊，星期六晚波蘭流亡政府對蘇聯政府承認盧布林委員會事提出嚴重抗議。在波蘭通訊社所發表之聲明中稱，蘇聯之步驟係直接違反波蘭人民對真正獨立國家之基本權利，以及違反按照自己意志形成其國內生活的權利。『波蘭政府希望××波蘭與蘇聯間光榮與持久的諒解，對蘇聯這一舉措深爲遺憾。使諒解更加困難，而在對共同敵人作戰中聯合國團結的加強則毫無貢獻。』

傳蘇波將交換大使
美國仍承認流亡政府

【合衆社倫敦五日電】蘇聯承認盧布林的波蘭臨時政府後，雙方即將交換大使。此間波蘭政府發言人獲得合衆社關於蘇聯承認盧布林波蘭臨時政府消息後說，我們對於此事並不驚奇，因自盧布林宣佈成立臨時政府後，此爲自然之發展，但此並未改變我們所宣佈的態度。該發言人認盟國間之關係愈感困難。

【美新聞處華盛頓五日電】美國務院發言人答覆記者詢問，蘇聯政府正式承認盧布林之波蘭民族解放委員會，爲波蘭臨時政府，是否通知美政府一節『美國業已接蘇聯政府之事先通告』。該發言人答一記者詢問美政府對此事件所持立場時稱，除美國務卿新近發表之聲明外彼不擬另作發言。

【合衆社華盛頓六日電】美國務院發言人稱，關於國務卿斯退丁紐斯新年發表關於波蘭之聲明，美政府無補充意見。該聲明再度保證美承認波蘭之倫敦政府。該發言人稱，莫斯科當局事先曾將承認盧布林波蘭臨時政府之意圖通知美方。

否或何時再行指揮美國軍隊尚未獲悉。據推測此類於蒙哥馬利反攻的結果。

【海通社里斯本六日電】每日郵報紐約訊：英美報界數月來所討論的艾森豪威爾將軍與蒙哥馬利將軍間的緊張情形仍在繼續中。據該報息，甚至美方人士都承認：蒙哥馬利在過去數月被艾森豪威爾待之頗爲卑下。如果蒙哥馬利會接受了前綫的指揮，西綫定會有更好的進展。關於這一點，美國報界及社會人士問道：西綫有多少英國軍隊與美國軍隊。官方數字尚付缺如，但是據假設北部地區，英、加、波、荷、比等部隊共有二十二個師團，而美軍有四十四個師團，扼守前綫四分之三，南部地區法軍七個師團。

敵稱將展開外交攻勢
並向國民黨政府誘降

【同盟社東京六日電】在今決戰階段中，應當展開最重要的外交攻勢。首先要把我國的崇高戰爭目的使全世界認識：就是要打倒強敵、以互惠關係各民族各國家的五相親和的局面，確立永久的和平。作爲適應此次大戰的外交施策，是要對抗英美的陰謀，英美把負担與犧牲加在他國身上，而他們自己獲取果實，或對中立國施以種種壓迫，然後拉進他們的陣營。因此我們要穿破敵人的這一陰謀。即以重慶爲例，如能理解我國的戰爭目的，正確認識我國在中國實行的撤廢不平等條約等一連串政策，一定會停止對我國的反抗，轉而對美國作戰。要在對抗英美的外交攻勢中制勝，就是要在大東亞戰爭中獲得勝利，這樣的提法，說起來是很容易，但實際卻非常困難，我軍一方面要進行決戰搏鬥，同時推進外交攻勢，一定會得到效果。

德寇第特瑪說一九四五年
德國將繼續被磨難

【海通社柏林六日電】據德國無綫電[illegible]評論家第特瑪中將意見：一九四五年依然是對於德國考驗的一年，第特瑪在檢討一九四四年的軍事事變之後說：『我們深知磨難的時期及經受嚴格的考驗將繼續至一九四五年。一九四四年他稱之爲「困難年」，「雖然在年關交替時，標誌着更有利的發展。」擺在我們面前的一堆問題並未減少。在將來需要我們的一切能力，精神與道德的力量去克服他們。但是一件事在今天已確定了：我們已在較一年以前，情形完全不同的意義上，獲得了清楚的展望與信心。我們已通過了非凡殘酷的考驗。但是他們沒有壓倒我們，因爲德國人民的精神與道德力量的全部財富，而臨考驗。

從此事實，我們獲得了照德國的意志最後形成德國將來的備力，不受尚懷仇恨的敵人的恐怖」。第特瑪提及比利時、盧森堡區域的冬季戰鬥時說：德國攻勢的戰略目的是爲了一般社會依然爲黑暗所籠罩。但是偉大的勝利已不可勤務的自己形成了。美軍已被迫停止他們的進攻，他們到處放棄他們以前的在嚴重損失下所得到的進展。他們在人員與物資方面的損失，亦甚嚴重。但是第一，對於西綫敵人這一顯然失敗的精神同學還不能估價過高。

【海通社柏林十二月卅日電】帝國元帥戈林於致德國人民的新年賀電中稱，無論在進攻或防衛中，我們將保持德國人的精神來作戰」。繼謂：「最嚴重的犧牲與需要巨大努力的堅苦考驗年頭已在我們的後面。將過去的今年（一九四四年）已證明我們經得起考驗。我們的光榮的武裝部隊已在帝國的邊境擊退了敵人的總力進攻。今天在新舊年交替的時候，我們在西綫又再次舉行攻勢。敵人已在猛奪我們手中的寶劍，除非德國人的自由能得永遠的保證，我們決不放棄之。我們要堅定的相信上帝、及以百折不撓的勇氣來迎接新年。戰爭將會更加可怖，這是不會錯的。但也可以肯定在希特勒的領導下「「勝利及我們懇切地渴望着的和平將會屬於我們。」

【合衆社倫敦五日電】德國電台本日廣播國社黨領袖希姆萊、戈培爾、鮑爾曼（動員總署署長）芬克（經濟部長）之呼籲，要求民衆捐獻國民軍之被服及裝備，並謂德國必須編練新軍以爲前綫作戰之需。

德寇舉行元首行營會議

【同盟社柏林四日電】由權威方面獲悉，希特勒總統於一月一日在元首行營召集軍事、內政、外交、軍需各部最高負責人舉行元首行營會議，協議西部戰綫攻勢發展所必需的軍政最高方略。出席會議者，有空軍部長戈林元帥、內長希姆萊、海軍總司令鄧尼茲、幕僚長凱特爾、軍需部長斯皮爾、西綫德軍總司令倫斯特德、參謀總長兼東綫德軍總司令古德利安、外長里賓特洛甫，及納粹黨書記長波爾曼。宣傳部長戈培爾因有其他重要公務，未出席會議。據權威方面傳說此次元首行營會議的內容，是研討此次東西兩綫戰場作戰，聽取關於軍需生產力的報告、西部戰綫德軍攻勢所引起的新情勢，以及今後德國展開的最高戰略，並且獲得足使今後戰局發生大轉機的重要結論。據接近元首的人士稱，希特勒總統於去年七月廿日受傷後，現已完全復原，他在簡素的野戰稀舍內，抱着極大的熱情和信心，努力處理軍務和政務，他唯一的安慰就是抽出一些空閒的時間在森林內散步。

由運動的中樞。中國國民黨及國民政府如果失敗或挫折，則中國就不能以獨立自由的地位而勝利的結束戰爭。中國不能勝利的結束戰爭，則日寇的失敗不是全面的失敗。日寇期望中國失去獨立自由，而留下一個嚴重的國際矛盾，並期望這一國際矛盾演進而爲第三次世界大戰的禍根。如此則日寇尙有死灰復燃，捲土重來的希望。（二）中國如不能在中國國民黨及國民政府的領導之下，以獨立自由的地位勝利的結束戰爭，自亦不能構成戰後世界和平組織的中心。如此則亞洲大陸上沒有一個代表的國家與英美蘇各國平等共同的討論戰後問題並保證戰後和平的秩序，日寇就可以擴大他在亞洲各佔領區散佈的「人種差別論」的毒素。他可以繼續挑撥有色人種與白色人種的感情。他更可以指斥戰後世界和平組織是白人統治亞洲的工具。這種毒素足以促成亞洲大陸不安，增加第三次世界大戰導火綫的熾烈性。」

【本報訊】十一月廿四日中央日報社論「爭取大陸戰爭的勝利」說道：「越島戰爭是不能解決日本的，必須進而登陸作戰才能解決它」；又說道：「這戰爭無疑的將甚慘烈。然也必須日寇在大陸上全員玉碎，才能算東亞禍根的消除，才算他大陸政策的結束。」

小兵役犯倒霉

【中央社渝[illegible]電】運輸第廿九團第一營第四連連長馮卓，於去歲三月間由四川省管區接收新兵來渝，在資中强拉行人李吉成頂替周紹元充服兵役。又該團第二營第六連排長張品余，亦强拉行人沈玉山頂替陳仲泉充服兵役。馮卓並於去年五月間利用職務上之機會，詐取新兵秦貴華法幣五千元，張多書三千元。其所屬班長伍紹雲，詐取新兵鍾澤民二千元。又二營五連二排班長王金玉，於去年七月間隨隊開抵重慶朝天門，吊打新兵戴士萱腿部受傷。蔣委員長據報，派員查實，發交軍法執行總監部訊辦，經判決馮卓使人頂替兵役，處死刑，褫奪公權終身。連續利用職務上機會詐取財物，處無期徒刑，褫奪公權終身。執行死刑，褫奪公權終身。張品余使人頂替兵役，處無期徒刑，褫奪公權終身。伍紹雲利用職務上之機會詐取財物，處有期徒刑五年，褫奪公權五年。王金玉對於壯丁有凌虐之行爲，處有期徒刑七年，褫奪公權七年。於本月六日將馮卓執行槍決，餘犯均發監執行徒刑。

中航公司增闢漢中航綫

【中央社重慶川日電】據悉中國航空公司爲增進戰時西北交通，增闢漢中航綫，自三十四年一月九日起正式開航，將現行飛航重

同盟社稱紐約鏡報 暴露美英祕密外交文件

【同盟社里斯本四日電】在揭露新聞中有名的記者巴遜，於四日之紐約鏡報上，再度揭載美國外交的祕密文件，這不僅使負責當局—國務院愕然爲之失色，而且發展成爲美英兩國間的重大外交問題。此次巴遜所揭露的文件，是英國駐美大使哈里法克斯致美國國務卿斯退丁紐斯關於救援反軸心國佔領下的意大利問題的極祕密的文件，這暴露了在意大利問題上，美英兩國間存在着嚴重的意見分歧，他是反英色彩最濃厚的人物。他所暴露的文件，都與美英兩國外交政策的對立相關聯，且可作爲攻擊英國外交的材料。另一方面，在巴遜揭露的新聞發表的前一天（三日），紐約時報亦暴露了祕密文件，同樣的證實了美英兩國關係的緊張。

敵稱B二九式機近代裝置的弱點

【同盟社里斯本廿二日電】根據第廿航空隊當局的發表，用B29式機進行夜間偵察，未必安全，由塞班基地美聯社記者包格藍德的報導：B29式機一架，曾在名古屋上空進行夜間偵察，歸途中被追落入水中，機中人員兩名當時死去，其餘十人經過三小時的漂流後，始被海軍飛行艇救出。特別值得注意的是包格藍德通訊中所引用飛機駕駛員的話語：「當我們把炸彈投在像是工廠的地方時，突然感到飛機內發出電氣火花，機×及機內通訊裝置亦聽不到，方向盤及其他裝置亦完全無用，不久發動機亦發生故障，我們知道飛機的毀壞已經到來」，原因究竟是因高射砲抑是戰鬥機的攻擊？不大明瞭。因此一經擊中飛機中樞，就行喪失全部機能，完全暴露B29式機近代電氣裝置的悲哀。

中央日報藉日寇要打擊國民黨 來抬高國民黨的地位

【本報訊】上月二十三日，中央日報社論以「日寇的政治陰謀」爲題，大叫日寇要打擊中國國民黨及國民政府。該報說道：聯合國對日作戰的階段有三，即日寇攻略階段，聯合國反攻但以對德爲主的階段，及德國失敗後同盟國全力對日階段。現在則正在第二階段將要轉入第三階段之際。日寇對策一方面是拚命死戰，另外就是有兩個政治陰謀，一是發動和平攻勢，渙散聯合國對日作戰心理；日寇的另一個政治陰謀就是打擊中國國民黨及國民政府。這有兩種用意：「（一）中國國民黨及國民政府，是中國獨立自

慶—寶雞—蘭州—重慶每週一次之班機，暫先改爲每間十週輪次飛航渝—蘭—渝及渝—漢—寶—漢—渝各一次。此後陝南與重慶間之戰時交通將益形便利。

【中央社南鄭五日電】中航公司南鄭辦事處，由黃鳴爵負責籌備，業已就緒，四日起開始辦公，定於九日首次開航。

一批從軍消息

【中央社南鄭六日電】甘省從軍青年首批一〇〇〇人，官佐百人，由該省徵集會漢中辦事處長張文郁、第一大隊長李桂航率領，一日出發，沿途備受各機關及民衆熱烈招待。今抵此即轉入某地受訓。按該省原規定五千人，登記竟達八千人。青海一二〇〇人，亦將隨甘省青年繼續南下。

【中央社南鄭六日電】國立西北大學訓導長臨文×率從軍學生五十餘人，今抵此，即轉西安集中。

【中央社西安七日電】陝各縣從軍青年到達西安者逾六千人，體格檢查合格者約佔百分之九十以上。據悉他們將於本月中旬離陝飛往某地入營集訓。

【中央社南鄭六日電】本市東塔鎮第五保保長謝紹先，爲倡導民衆志願從軍，今入營。沿街商號燃放爆竹，學生列隊歡送，觀者塞途，情况至爲熱烈。

【中央社恩施六日電】偏豐縣志願從軍青年經檢查合格者二二〇名，已於五日開始集中。

【中央社重慶七日電】自由西報社技工劉曦、孫英、周政、李恕放等四名，自動報名從軍，已於七日晨入營。

【中央社成都七日電】蓉市青年從軍首批集中四百人，七日編隊，即可出發馳赴訓練地點。

【中央社桂陽六日電】黔知識青年從軍徵集委會，決議集中、接待、運輸、食米等要案多件。並通過黔省各縣市集中入營地點，規定×淸等三縣運送綦江，息×等十八縣送遵義。其餘貴陽、貴筑等五十八縣及雷山設治局，則均至貴陽集中。並定一月十五日起開始集中，至二月底截止。

參攷消息

（只供參考）

第七五三號

解放日報 新華社 編

今日出一大張

卅四年一月九日

星期二

國民黨定五月五日召開第六次代表大會

【中央社重慶八日電】中國國民黨第六次全國代表大會，前經十一中全會決議應於事實上可能時儘速召開。八日中央常會已議決，定本年五月五日為召集日期。並悉關於召開國民大會問題，將為此次代表大會重要議題之一。按第五次全國代表大會，係於民國廿四年十一月在南京召集，時際國難嚴重，抗戰準備未全，本黨乃以最大之忍耐與決心，保障我國家生存與民族復興之生路，在和平未至完全絕望之時，決不放棄和平，如國家已至非犧牲不可之時，自必決然犧牲。抱定最後犧牲之決心，對和平為最大之努力。大會宣言昭告同志同胞。中國國民革命之主旨，見之於總理孫中山先生之遺教者，曰求中國之自由平等。曰以建民國，以進大同。曰和平奮鬥救中國，曰吾人必須團結四萬萬人民為一大國，並建設三民主義的強固充實之國家。始是以生存於今日之世界。是知革命目的，唯在於救國與建國。而革命先烈之前仆後繼，冒萬死而不辭；本黨同志之遵奉主義，為革命而奮鬥，以及全國之志士仁人，願遵循總理遺教以共同致力者，厥唯期求救國建國二大使命之完成，使中國由阽危而鞏固、而發揚光大。更以自立立人之步驟，進求世界之大同。迨二十六年七七抗戰發生，本黨乃於二十七年四月在漢口舉行臨時全國代表大會，明確宣示中國現正從事於四十餘年歷史上未曾有的民族抗戰，此抗戰之目的，在於×××日本帝國主義之侵略，拯救國家民族於垂危。同時於抗戰之中加緊工作，以完成建國之任務。然後抗戰勝利之日，即建國大業告成之日，亦即中國自由平等之日也。世人××有所未察，以為建國大業有候於抗戰勝利之後，此不惟浪費中國之時間與精力，且不明抗戰與建國之關係。蓋非抗戰，則民族之生存獨立且不可保，××以遂建國大業之進行。而非建國，則自力不能充實，將何以捍禦外侮，以求得最後之勝利。吾人誠能×心三民主義之最高指導原理，則

戰鬥崗位。這樣，國民政府迎接決戰的新年之前，遭到新中國的領導者汪精衛主席逝世的慘事。四億民衆於愛惜之中，迎接新的最高指導者陳公博。這樣，國民政府沒有表示任何動搖，卻鞏固了政府內部的團結。代理主席、行政院長陳公博，行政院副院長周佛海，華北政務委員會委員長王克敏等承繼故主席的遺志，強有力地推進戰時各種方策，使日華兩國的關係更加密切。他們抱着這樣熱烈的鬥志，貫徹決戰第三年的戰爭。

軍政一體和兵農合一：我大陸派遣軍縱斷中國大陸的作戰所獲得的赫赫戰果，立即使中國軍（以保華興亞為旗幟）奮起，完成了改編和加強軍隊的任務，和軍政一體化，以期確立地方的治安。軍事委員會且使一部份軍隊務農，乘第一集團軍改組的機會，使第九集團軍務農，新設蘇北屯墾總署，使務農的兵士執行屯墾計劃，栽種棉花（戰時必須的物資），獲得很大的成果。此外國民政府的軍隊，在其駐屯地確立副食物的自給自足體制。國府又急於使軍隊精強，整備近代國防軍的威容。國府軍的陣容，除了各地區綏靖主任公署以外，還有警衛第一、第二、第三、第四、第五、第六各方面軍，暫編第十軍及華北綏靖軍，還有沿岸守備隊警備長江及中國沿岸。我們對於中國陸海軍作為大東亞戰爭的尖兵所進行的活動有很大的期待。

向重慶呼籲：重慶不斷失敗的結果，終於陷入不得不把軍政大權交給美國的場面。重慶對駐華美空軍的要求不僅不被接受，甚至到了最近毫無差別地轟炸主要都市，殺戮無辜的中國民衆，焚燬民家。而這件事情是重慶最討厭的。中國民衆對這樣殘暴行為的憤激已達到頂點，他們更加提高了對美英的敵愾心，這使重慶及南京統治區的民衆都認識國府對美英宣戰的意義，即美英使中國人殺戮中國人。美英的侵略和大東亞戰爭的日趨熾烈，使中國民衆深刻認識到這次戰爭是中國自由平等和東亞獨立解放的關鍵。南京所喊的『重慶，快停戰！』這種同志愛的呼籲，强烈地動搖重慶陣容。

左舜生說民主政治是一種沉着應付的政治

【本報訊】在民憲半月刊一卷九期（十一月十二日出版）上，關於參政會上的熱烈質詢，左舜生評論道：『真正觸到若干主要問題的觀點仍然不算太多，（參政會）還不能算一個真正代表民意的機關，可是，截至現在為止，至少已經是一個有力的輿論機關了。如果有了有力的輿論，而政府仍不能予以充分的注意，則政府在若干重要措施上，可能遭遇意外的困難。只有不違背人民的心理，不忽視人

知抗戰建國二者之××相輔以相底於成，有必然者。大會復決議抗戰建國綱領，請求全國人民捐棄成見，破除疆域，集中意志，統一行動於抗戰建國綱領下，努力使全國力量得以集中團結，而實現動員之效能。公佈實施，迄於今日，為抗戰建國之指針。自第五次全國代表大會迄今，第五屆中央執監委員會會分別召開全××會各十二次。

海通社報導
中國正面戰場沉寂
大量日軍調至沿海地區

【海通社上海八日電】在半年餘激戰後，中國各戰綫在新年第一週中首次完全沉寂。（缺）據美國工程處負責人稱，重慶特別建築了巨大的防衛陣地，以保衛貴州省省府貴陽及雲南省首府昆明。因此，一般希望，日軍在昆明、貴陽及重慶向對印——緬——中公路的進攻將更為困難，或者甚至是不可能的。另一方面，日軍的準備是××沉默的。重慶軍界人士相信，日軍正計劃封閉粵漢路的最後缺口，並將大量軍隊調至沿海地區以防止美軍的可能登陸。在整個中國戰場幾乎不發一彈之際，緬甸的戰爭則進入了新階段。在北面及西面，英第十四軍已脫出山岳及叢林地帶，進犯緬甸中部平原。在這裏，他們具有相當良好的公路網及其他交通綫可資利用，因此這一地區將有嚴重的戰鬥發展。在緬甸北，在美國指導下的中國軍隊，正在作戰以圖奪回滇緬路。從緬北向東及自雲南向西兩部隊之間，據稱相隔僅三十哩。戰事已更向南移，英軍已於緬甸中部的港口阿恰布登陸。自此次登陸後，英方即未發表此處戰事的消息。

南京偽逆呼籲
「重慶，快停戰！」

【同盟社南京八日電】國民政府向美英宣戰後已迄兩年，國府隨着我方積極實踐道義的外交，對於恢復主權的信賴和感謝日本的心情，提高了人民的戰意，使其拿起刀槍擊滅宿敵——美英。這使人民知道參戰第三年就是擊滅美英的一年，這樣提高了他們的鬥志。

整備決戰陣容：國民政府在參戰第一年完成了確立中央陣容的基礎工作，第二年開始肅清清鄉工作地區的貪官污吏，鞏固了中央、地方領導者階層的

民的要求，才能領導人民共同奮鬥；也只有隨時把人民抗戰情緒緊張起來，才可以希望不鬧出任何一種不必要的岔子。在這一點上，我們很盼望有責任的方面，應該時時留意。」左氏又在短論「冷靜！沉着！」裏寫道：「民主政治是講理的政治，不是講力的政治，是應該沉着應付的政治，決不是鬧意氣的政治，是一種比較中和的政治，決不是各走極端的政治。因此無論在朝在野，對若干重大問題的認識與處理，必須以冷靜沉着的態度出之，決不可流於意氣用事！中國今天需要若干有智慧的政治人物，其自身對於當前的利害，最好是能够站得遠一些，對若干重大問題的認識與處理，又確有其真知灼見；既不願為任何一方面的應聲蟲，也決不輕於有所左右袒，尤其要緊的是還要有一種比較高潔和超脫的懷抱，一種豁達而公正的胸襟，還要有一種大膽敢言的勇氣，則庶幾他們所提出的主張，可以得諸多數人民的共鳴，可以引起一部分有識量的責任者的考慮，而國事也才可以庶幾有希望不致敗壞於冥冥！時候真是時候了，可是我們這個多災多難的國家，到底有不有這樣的人呢？假如有的話，眞是「為之執鞭所欣慕焉」啊！」

民憲半月刊
論「國共調整的途徑」

【本報訊】一卷七、八兩期「民憲」半月刊（十一月出版）評論國共團結問題，說：「我們主張黨派地位合法化，政治民主化，軍隊國家化，三者同時實現。」並主張國共問題在戰爭未結束以前，必需求得徹底的解決。

「國訊」要求
半年內實施憲政

【本報訊】十一月十五日「國訊」發表的社論，主張要在半年以內實施憲政。目前危險的情勢，不容忽視，「我們要想種種方法，發揮種種力量，爭取自動的勝利，自我的勝利，特別要爭取最短時間內的勝利。這方法很簡單，這力量很偉大，就是要在半年以內實施憲政，實行民主。惟有與民以權，乃能用民之力。」

國民黨提高
公務員待遇

【本報訊】貴州日報十二月一日訊，公務員調整薪水，自十一月開始，薪津共為原來（戰前）底薪的十六倍。補助費則自一千五百元，增加一又三分之一倍。

【中央社宿章六日電】湘省政府五日舉行常會，決定本年度施政方針，首

要為加強基層政治，以應付當前局勢。一切設施與工作，均以軍事勝利為目標。為使可以達到此一目的，則提高各公務員待遇，刻不容緩。本省縣級公務員均將一律提高待遇。其次加強組訓地方自衛武力，使地方民衆均能自衛，粉碎敵寇企圖。

陳慶雲任國民黨海外部長

【中央社重慶八日電】中常會八日通過選任陳慶雲為海外部長，賴×為副部長。又選任魏宗懷（？）為國府委員。

蓉市人口六十萬

【中央社成都七日電】蓉區戶口統計已告完竣，總數共計六二〇三〇二人，較上月份增一五八九九人。

黔桂前綫慰勞團北返

【中央社陪都各界黔桂前綫戰士慰勞團隨團記者獨山七日電】於慰勞南丹守軍並與軍部將士舉行最前綫之晚會後，慰勞團一行已踏上歸途，七日下午五時返抵獨山，定明晨繼續北行。湯總司令此次赴河池前綫視察，現已過此返筑。

【中央社陪都各界黔桂前綫將士慰勞團隨團記者南丹六日電】今日傍晚，記者與梁團長寒操、湯司令恩伯、孫副司令天良、謝副師長滑華共乘吉普車沿公路前進，視察南丹、河池間之某收容陣地。該陣地形勢異常險要，前當敵軍由河池方面來犯時，我某團固守於此，阻敵前進，直至敵繞道南丹由後路包抄，始予放棄，我全團傷亡殆盡，附近一帶則更彈痕纍纍，樹木摧折。吾人進入戰區雖已百餘公里，而呈現戰鬥痕跡者，此尚為第一處，是時霧重天暗，前進困難，遂復折回，未得至最前綫視察。

敵覆北嶽區戰果

【同盟社石門六日電】我現地部隊對盤踞於河北省西部與中部山野的匪軍，繼續進行討伐戰。自去年三月到十二月底止，所獲戰果如下：覆滅敵設施五百七十三處，收容敵屍二千七百六十六具，俘敵一千九百一十名。鹵獲品：捷克式輕機關槍六挺，步槍八百五十七支，步槍子彈一萬一千八百一十發，自動步槍八支，手槍四百五十六支，子彈八百九十三發，輕重機槍七十六挺，手榴彈三千零九十四個，地雷三百七十三個，以及其他無算。

勁到黔南，在國際友人看來可算是造成了行軍的奇跡。不過他對於交通工具的缺乏，要弟兄們用兩隻腳來完成萬里長征，認為在人力上是一種不合理的耗費。他說：『中印公路通車，我們便可得到大批卡車，解決若干交通問題，而且士兵們待遇也將因此獲得改善。』我們從地上談到空中，他稱道空軍的配合作戰，大量投擲給養，如果數量增加，對戰局便更有幫助了。我們和湯將軍握別時，留下很滿意的印象和他的郝句壯語：『今年準備好好幹一下。』

泰晤士報論三國會議

【海通社柏林七日電】星期日泰晤士報華盛頓訪員報道，華府政界人士說，行將到來的盟國政治家會議將同答盟國戰後合作是否可能的問題。由於這一理由，美國較任何其他國家更加慌亂籌備這一會議。盟國在歐洲軍事上的失利，及英國報紙對美國與蘇聯對波蘭的救助之紛紛議論，使世人對這一會議的前途予以重視。（缺數句）美國對會議的態度已在羅斯福致國會諸文中闡明。星期日泰晤士報訪員稱，斯退丁紐斯可能伴羅斯福開會。這也是值得注意的，即美國的態度也將為不久在美國舉行的另外兩個會議（定於一九四五年二月十五日在墨西哥城舉行的美洲外長會議與×××所決定）。

傳南國國王反對蘇巴西區與鐵托的協定

【海通社倫敦訊】據路透社柏林七日電消息，此間政界人士息：南斯拉夫也會發出像波蘭人那樣的情勢。國王彼得尚未批准建立攝政會議，建立攝政會議是蘇巴西區與鐵托間所達到的協定的最重要一點。國王在羅邱斯會議之前似不採取決定。據通訊社息，國王態度的頑強表現在辭去他的宮庭大臣馬林考維區係蘇巴西區的密友。同時前宮庭大臣克涅索維區到達倫敦，引起許多揣測。倫敦相信他的返回在某些方面是與反對蘇巴西區與鐵托協定的塞爾維亞政客集團的活動底復活有關。這樣不同趨勢間的爭論似乎××。

法叛徒多利歐安圖組織『法解委會』

【海通社柏林六日電】著名的法國政治家多利歐在無綫電廣播演說中，宣佈成立『法國解放委員會』，並要求民族與革命運動的一切代表參加政治戰鬥團體。多利

中央社為湯恩伯吹噓

〔本報訊〕中央社發表了一篇原中敗將湯恩伯的訪問記，替他在黔南作戰吹噓，原文如下：勞軍過貴陽，第一位想拜訪的是湯恩伯將軍。他是我們這次慰勞對象的老師，也是民國卅四年時局的中心人物。元旦後一日，慰勞團四記者會和這位萬里馳援、轉捩戰局的名將談了一小時。從當前戰役、士兵生活、軍民合作談到國際局勢，更從黔南桂北談到中原。在隨便輕鬆的會談中，我們感到滿意，尤其在他態度的誠懇，談吐的乾脆，確是一位不平凡的軍人。首先我們談了他們關於黔桂戰役的敘述。『敵人這次乘虛而入，從桂柳攻達黔邊，雖經過南丹五六天的激戰，敵寇終於在荔波方面繞犯獨山，接着正面也被突破，一直竄到都勻附近。可是經我們發動了迎頭痛擊，敵人便一口氣退出貴州。在這次戰役裏，殲滅了敵人四五千。但我們自己也有相當的損失。』敵人是否再圖來犯？他說：『黔南山岳地帶，對我們是絕對有利的。來自中原的健兒們，看到這裏起伏的山巒，都很高興，認為是絕好的殲敵所在。萬一敵人再來，我們是準備歡迎的。』前方來的電話，幾次阻斷了我們的話題，他在很快的應付以後，還繼續和我們交談。湯將軍對整個戰事的看法很樂觀，認為只要穩住戰局，以待中印公路打通，軍隊有了應得的配備，自然可以配合盟軍的攻勢，把敵寇擊潰。他預測三四個月以後，局勢便有轉變。談鋒轉到士兵待遇上面，他很慨然的說：『物價高昂，士兵生活太苦，帶兵的將官不能看着兄弟受苦，不得不想辦法讓他們吃得飽，這樣又難免「與民爭利」，會牽涉到軍民間的問題。在河南的時候，因為木材太貴，我曾叫士兵開採存煤，卻引起了當地人民的反感，不容易行得通。但我為了士兵們的健康，還是儘力去做，不怕得罪人。』談到河南，我們順便問了關在他指揮下中原戰事的經過。他坦白回答中原之戰，我們是吃了虧，失敗的原因有三：第一，敵人在廣大的平原上，使用了大量的機械化部隊，還在武器懸殊的情形下，是難於取勝的。第二，對於敵情的判斷有錯誤，都認為敵人不會進犯洛陽以西的。第三，為了剛才所講『與民爭利』的關係，軍民合作沒有做好。他表示全體官兵們覺得去年的仗沒打好，今年都準備好好的幹一下。我們在慰勞大會上，會看到他的部下全都是面紅紅的健康的膚色，相信湯將軍對士兵的營養極注意。他以為『要叫士兵們奮勇殺敵，一定先要給他們吃飽穿暖。』其實這應當是不用說的，而我們若干部隊至今還不能做到。湯將軍這次沒有利用多少交通工具，而把一個巨大的兵團從中原調

歐說：戴高樂和多列士領導的法國，除了意味着奴役、悲痛和流血外，沒有其他意義。在盟國允許法國重獲『強國的××』之詭謀後面，卻有一個明顯的意圖，那就是爭取法國動員法人火事參戰。戴高樂這個政策，將作為任何國家所未經受過的罪大惡極的行為而載諸史冊。只有讓二百萬外國人進入我國，法蘭西才能從一九一四到一九一八年的可怕流血中恢復過來。繼續進行這次戰爭，將使法國又遭受好幾十萬人的死亡。這是對我國（它的生殖率正在減低）的致命打擊，而法國將決不能恢復了。多利歐於結語時宣稱：法國同胞們，為了使你們遭受新苦難，所以有人告訴你們說：盟國的勝利不久將把更好的光景帶來。有人告訴你們說，德國不久將屈服於盟軍壓力之下，這是謊話，德國仍舊是強大的，它不準備投降，而是準備瘋狂的抵抗和反攻。戰爭尚未到結束的時候。要是這個歐洲大國，德國會向財閥的、猶太的英美與猶太的布爾塞維克聯盟屈服，那得勝的就不是英美，而是布爾塞維克。因此，我們要求一切法國愛國者，工人、農民、知識份子和布爾塞維主義的受難者使團結在『法國解放委員會』中成為事實。在各處成立法國抵抗的細胞。當法國政府委員會正担負起合法法國政府的政務之時，該會要求政治戰鬥團體，團結一切法人去解放他們的國家。

德傳希臘戰況

〔海通社柏林七日電〕雅典訊，駐希英軍司令斯科比少將致書希臘攝政達馬斯金諾斯大主教，謂雅典與比里猶斯二城中的解放軍，除小股仍在作戰外，其餘已被肅清。所有有組織的解放軍部隊現均在『斯科比綫』以外，該綫為斯科比十二月十日所提休戰條件中規定解放軍撤退之綫。希臘攝政達馬斯金諾斯於致斯科比將軍之覆函中，認為希臘內部糾紛業已達到一新的『重要』階段。

日寇收回白金製造新武器

〔同盟社東京五日電〕在製造新兵器，擊滅接近日本本土的敵國軍艦的口號下，進行的收回白金運動，已收到良好的成績。十二月十五日收回的白金為目標量百分之一百六十，收回的白金在極短時間內成為戰力的源泉，和決戰的兵器，現在已待機送往前綫消滅敵人。早日將此白金變成兵器，運往戰場，乃是軍火業者所應服從的至上命令。兵工廠及一般軍需業者為了滿足人民和前綫將士的要求，即克服一切困難獲得預期的成果。擊滅敵人的新兵器已陸續運往前綫。軍需大臣吉茂今日表揚優秀的軍需業者——田中鄉金屬工業會社、日本工業會社、日達製綫所、石福輕金屬興業會社。

參攷消息

（只供參考）
第七五四號
解放日報 新華社 編
今日出一大張
卅四年一月十日
星期三

陳逆公博廣播
要求重慶同志猛省

【同盟社南京九日電】陳代理主席，於參戰二週年紀念日的九日下午五時，自南京廣播局向全世界廣播，敦促英美帝國主義者與重慶政權的猛省。廣播要旨如下：英國在平時以自由平等爲招牌，但實際上是與此絕不相容的搾取殖民地的思想。他們所說的殖民地政策，正是獨佔的金融統治與侵略異民族的具體表現。但是此種舊秩序，由於此次大戰而瀕於崩潰的危機。英國國民要很快掃除盎格魯薩克遜的優越感與蔑視其他種族的念頭，放棄獨佔的經濟政策，認識國際間互惠平等的崇高原則。最後的勝利，只能賜予自存自衛與共存共榮的人。美國亦是同樣。戰爭狂的指導者們，爲猶太資本家所騙，驅使美國國民作戰。請考慮一下！美國本土雖未遭受絲毫威脅，但抑心懷制霸世界的野心，斷絕幾千萬探求自由解放的被壓迫民族的生存基礎。這寧是如何的狂妄！至於說到重慶同志們，二十年來曾共同繼承國父遺志！爲了完成革命大業曾共分艱難，我們努力的目標是一樣的。只不過是在實行的過程中發生意見的分歧。幸而我們在汪主席的領導下，爲了完成中國的自由與平等，得一步步地繼續努力，今日恢復主權的基礎已經穩定，因此爲了支持這一基礎，必須很快的實現國內統一。現在不平等條約已經廢除，租界已經收復，盟邦日本援助中國的熱情，在在爲事實所證明。中國與大東亞各國現在正爲了正義、爲了民族的自存與人類的共存，與日德兩國共同作戰。今年在我們的前途上，照耀着光明。

日寇吹噓
其在華空軍半年戰果

【同盟社大陸基地八日電】包報導班員發，我航空部隊從去年後半季以來，進行殲滅駐華美空軍前進基地等的作戰，攻擊與襲擊據點，獲得極大之戰果。××航空部隊從去年六月至十二月所獲得之戰果如下：燒燬飛機，巨型機九十六架、小型機一百零五架，共

該局翁局長文灝兼任，副主任委員則由國府高等經濟顧問納爾遜氏担任，並聘定譚伯羽、錢昌照及該局美籍顧問孔萊、傑克遜爲委員。又戰時生產局，對於鋼鐵之增產，及銅元之收購，聞已商定具體辦法，並經向鋼鐵生產機構定購存貨，藉供兵工之用。

【合衆社芝加哥八日電】美國國際農業公司頃擬定協助中國於戰後時期，開始發展農業之計劃。該公司已設立獎學金，備學生二千人，在美國深造，接受農業工程師之訓練。據其副經理霍特稱，將派農業工程師四名赴華工作，其中兩名指派加入中國農業研究所工作，一名派往金陵大學，一名派往國立中央大學。

國民黨組織
台灣工作團

【中央社永安八日電】戰區當局鑒於盟邦在我沿海登陸及收復台灣之期日迫，呈准特組織台灣工作團由台灣革命領袖劉啟光任團長，張廷標任副團長，團員共二十餘人，已飛赴某地受訓，準備隨軍返台。

【中央社渝九日電】前新疆建設廳長林繼庸，已於本月七日攜眷由迪化抵成都，稍事躭擱，即將來渝。

獨山遍地瓦礫

【中央社獨山八日電】由都勻至獨山，沿途民居殘破不堪，民衆來歸者僅十之一二，廢車遺骸，亟待清理。獨山縣參議會八日晨開第二次會，出席參議員十八人，由議長張秉國主席，以復興獨山爲中心議題。將對中央提出請求：（一）豁免民役工役一年。（二）豁免三十三年度征實征借尾數。（三）撥發的款，購買耕牛，準備春耕。（四）撥款補助復建民房。據專員公署估計，被毀房屋共達一萬六千餘棟，全境多成瓦礫，只街道依稀可認。流落獨山之黔桂路員工眷，殊爲數甚多，均盼救濟。留獨難胞在過去未經集中收容，不易統計。

美蘇租借協定
尚未最後簽字

【海通社斯托哥爾姆八日電】美蘇關於一九四五年六月滿期之租借協定，尚未簽字。紐約時報認爲這一延遲簽字，乃由於蘇聯要求美國運輸爲復興建設而用之機器，而不是爲作戰用。但美國又否認同樣的物品曾於過去運給英國過，每日新聞自紐約報導說：有謠傳華盛頓希望從蘇聯得到關於他對日作戰態度的某種聲明。據說：華盛頓只有在蘇聯再留在戰爭中幾年時，才願意運輸貨物給蘇聯。雖然如此，遲緩簽訂協定，並非停止輸送。

計二百零一架。擊傷型巨機七十二架，小型機九十架（以上係在地上飛機），擊傷P38式機一架、B24式機二飛，P51式機三十四架、B25式機二架（以上是空戰中擊傷）。擊落P51式機六十二架（其中七架不確實），P40式機三架（其中二架不確）、B24式機三架（其中一架不確實），以上六十七架，擊落擊毀燃燒共四百七十架。同一期間我方自昨十九架，未歸還十一架，地上被擊毀者十七架，共計四十七架，從上述統計看來，敵我損失的比例是十對一，如再加其他的損失，則給予敵人的損失是如何之大，是很明白的。

「同盟社漢口八日電」六日下午，在華美空軍以P40、P47、P51等式機共四十架，再度兩次來襲武漢地區，我方以激烈的地上砲火迎擊敵機，擊毀敵機九架，將其擊退。

中央社報導 湘西匪患嚴重

「中央社貴陽九日電」湘西巨匪彭春榮（即彭叫驢子），盤據永順、順慈等縣，擁有匪衆三千餘人，上月經鄂湘川黔邊區總指揮部隊往剿，業將彭匪大股剿滅，俘匪千餘，匪參謀長黃澤濟被生擒，副指揮蔣月樵經我擊斃，支隊長侯斌全部繳械投誠，孔學武全部消滅，彭匪本人僅以身免。

「中央社西安八日電」陝省府今晨舉行國父紀念週，由第一區專員傳雲報告陝北各縣政情，語及陝北民衆生活困難情形時，全場頗爲感動。祝主席即席建議，由省府全體職員，捐薪二百萬元，捐助救濟，聊表慰藉之忱，當經全場鼓掌贊同。

「中央社渝九日電」海軍官兵若干人，即將赴英美接艦參戰，慰勞總會提出百餘萬元，作慰勞品代金，並定十二日赴某地舉行歡送會。

「中央社重慶九日電」行政院於九日開第×××次會議，決議各案擇錄如下：一、決議後方勤務部，改組爲後勤總司令部，直隸於軍政部。二、決議經濟部工礦調整處，劃隸戰時生產局管轄。三、兵役部呈請修正該部組織法第十八條條文，決議修正通過，送立法院審議。任免事項：任命孫超煊爲財政部直接稅署副署長。任命徐步辰爲財政部河南稅務管理局長。任命左治生爲甘肅田賦糧食管理處副處長。

重慶戰時生產局 成立中美聯合生產委員會

「中央社重慶八日電」戰時生產局中美聯合生產委員會，業經成立，主任委員由

自由論壇主張 國民黨承認各黨地位

「本報訊」「自由論壇」第三卷第三期載「展望中國民主」一文，要求國民黨正式承認他黨的地位。「我國之爲多黨乃是一歷史事實，所以各個政黨的存在根本不是合法與否的問題。當前的問題乃在當政的國民黨應該在主觀上與客觀上正式承認他黨的地位，他黨的存在乃基於權利關係而非出於我之寬大爲懷。」對於國共兩黨關係問題，主張「軍隊須眞正國家化，對國內政治活動它須超然化，使它超然於黨派鬥爭之外，如是民主政治才能獲得有效保證，軍隊也才能保證其對國家的絕對效忠性。」不然「這問題一日不解決，國家統一也就無法實現，黨政基礎也無由穩固，國家將永遠處於革命狀態中。」解決的辦法「對一個要求改革的政黨要永遠有效地保證給它在政治上開着改革的正當途徑，因爲這正當途徑如一旦被堵塞，這改革勢力勢必尋找其他途徑去求實現其目的，所以每一個當政的政黨要時時警覺於此。」「希望政治上的準備工作能立即開始，這就是說國民黨須迅速結束黨治，澈頭澈尾地實施民主憲政，否則時機一過，問題又會轉而棘手。」最後他認爲中國民主政治之眞正實現，「決不能單獨憑陰謀詭詐而獲得成功，我們也不能專門去憑利用他人的弱點而求得成功。」

「現代農民」雜誌 要求我黨正式修改土地綱領 並發還已沒收的土地

「本報訊」董時進主編、中國農業協進社發行的「現代農民」月刊，在十月十日出版的一期中，發表「社說」：「奉勸共產黨勿再沒收土地，並發還已經沒收者」。該文在引述了記者團的遊記，謂我黨早已停止沒收土地，但已沒收者不發還，逃亡地主重歸可發還必需的耕地之後，寫道：「至於以後共產黨的政策將是怎樣？據報載該黨某負責人會表示：『如果地主手持兩刀，天天殺人，則不沒收他的土地不行。如果地主與農民關係和緩，則絕不能沒收土地。』我們知道地主絕不會有（！）手持兩刀天天殺人的，因此我們相信他們的土地亦不至於被沒收。某記者因爲共產黨領袖毛澤東先生的「新民主主義（論）」，仍說要「採取某種必要的方法，沒收大地主的土地」，顯見他們的主義政綱，與目前實行的辦法，並不完全吻合，曾以此問題請求共產黨重要人員解釋，他們的答覆是：「在陝甘寧邊區，目前尚無眞正的大地主。」由於以上所記述的事實和共產黨重要人物的談話，可以知道，共產黨早已放棄沒收土地的政策

，他們以後也絕不至於再沒收人民（？）的土地。』『他們已經從經驗上知道，沒收土地的政策是行不通的，但是那些已沒收了的土地既然已經另外給了別的人，如今不好意思（！）去要回，所以只好將錯就錯（！）。他們不承認以前沒收土地的政策有甚麼錯誤，恐怕只是因爲面子（！）的關係。……他們現在的政策仍然保留着沒收土地的話（因爲這原是俄國共產黨革命的主要動機，取消了這條文，不啻是動搖了共產黨的基礎），……無非在政綱上空洞的提一句，聊備一格，實際上是決計不執行的。共產黨土地政策的改變，是該黨前途順利的一大轉機。我們敢斷言，假使他們繆執沒收土地的政策，一定步步遇障礙，使社會上最多數（？）的中堅份子（即中小地主——這般人數目極多，潛勢力極大）都成他們的仇敵，結果只有把社會弄得很紛亂（！），而且他們終於非失敗不可。這是甚麼緣故？』該文謂：原來中國共產黨是學俄國共產黨的樣，但中國與俄國『國情不同』，俄國大部土地在少數貴族大地主手中，沒收較易；中國土地自由買賣，土地相當『平均』分配於全國多數人民手中，只有很少數人（？）的土地是得之於剝削人民、貪汚或侵佔；『無故』沒收他們的土地，『當然是最不公允的事體』，沒收分給另外的人，則是『不勞而獲』，『奪取既不仁，給與又不義，不仁不義，所恃者惟有暴力，徒使天下大亂而已。』該文提出：第一、將沒收土地的政策，確定的明白的廢止，否則『終不能釋人民（？）的疑懼，因而該黨的前途必然黯淡』；第二、發還已沒收的土地，否則有的沒收，有的則否，是『不公平』的；發還土地，『不但挽救了以前的錯誤（！），而且無異是以事實昭告國人，共產黨的土地政策確實已經修改了……這一舉措是對於共產黨的本身也有莫大利益的。』

泰晤士報評希臘問題

【路透社倫敦九日電】泰晤士報今日（星期二）社論稱，雅典戰事雖然停止，但就政治上來說，希臘的形勢自雅典會議及任命達馬斯金諾斯大主教爲攝政以來似乎愈益惡化。泰晤士報說：普拉斯蒂拉斯將軍威脅說：如果解放軍和他的支持者不撤退並無條件的解散，則英國由反德戰場勉強省下的支持與供應將再度被動員作『延長戰爭』之用。這就是希臘當局的計劃，這對希臘糾紛未提供任何可想像的解決』。泰晤士報稱：『一個持久與公平解決的希望辭是：民族解放陣綫與希臘其他各政黨間之談判、妥協與協定』。（下缺）

院議席上提出非常令人驚奇的動議，要求從歐洲戰場撤回美國軍隊。他說：反軸心國間戰爭的目的如不能一致，則總統應將歐洲戰場撤回自己的軍隊，美國並應將戰爭目的向世界聲明下列四點：總統應經國會通過一戰爭目的政一切行動。（一）完全破壞一切侵略國家的武裝兵力及經濟資源國家的軍政首腦。（二）任何一國的國民，有權利自由地決定自己的政府。（三）一切反軸心國的國境，仍維持戰前之境界，戰爭終了及如變更，必須經過反軸心國四十個國家過半數的同意。（四）爲了防止未來的戰爭，須要確立擁有效發勢力及一切國家均參加的國際機構。

【同盟社里斯本八日電】據華盛頓來電，美國政界對於六日羅斯福發表國會的諮文，或則攻擊其秘密外交，或則攻擊其沒有辦法，都猛烈非難羅斯福。共和黨參院議員盧特向記者宣稱：『羅斯福的諮文表示政府無意修正以往的秘密外交政策。參院議員威利斯也說：「羅斯福的諮文暴露出沒有辦法糾正現在惡化的國際關係。」在民主黨方面，參院議員惠勒說：「政府與外國政府締結秘密條約，已是無可懷疑的事實。如不急速清算這樣的秘密主義，就要發生不可挽救的事態。」

敵稱呂宋決戰行將展開

【同盟社東京八日電】敵人想在仁牙因灣登陸的企圖，已處於想幹却又怕幹的狀態；六日早晨，敵艦侵入仁牙因灣並開砲射擊，但敵軍直到天黑還是不能靠岸上陸。敵人在兩年來的總反攻中不論在任何局面下，總是先經過幾小時的砲擊，然後開始蜂湧登陸。敵人這種登陸戰的老套，這次在仁牙因灣可沒有成功。由此可以想像我陸空雙方予敵人以驚人的阻擊，以及敵方所受打擊之重大。我軍在仁牙因灣附近到馬尼拉附近的兵力配備，事實上的確相當雄厚，我們不能在此作詳細的報導，但可以說我極強有力的精銳部隊，在這新戰場附近築有堅固的陣地。敵人即使敢於在仁牙因灣登陸，但是目前的敵方兵力只有大型登陸用船艇約七、八十艘，可載運約一個師的人員，拿它和二個月之前敵人在萊特島登陸時，一舉而上來四個師的情況相比，還次敵人的兵力約爲當時的四分之一，這可以說是擺在仁牙因灣附近敵人面前的大困難。更何況我主力有周密的佈置，磨拳擦掌枕戈以待，預見到敵人必將企圖接近海岸，而我則豁於仁牙因灣外圍予以阻擊。敵方駛向仁牙因的後繼運輸船隊的動向，是最需要警戒的。至於目前非島周圍敵艦船的兵力，那末第一批在仁牙因灣附近，第二批在明多羅島的南方，第三批在民答那峨海

【路透社雅典八日電】昨日造訪英軍司令部的不知名解放軍代表（可能爲地方領袖）今日（星期一）被要求回去取得全權及適當的委任。他說，解放軍委員會自上星期五（五日）以來，即企圖與斯科比將軍取得接觸。

【美國新聞處雅典七日電】英國坦克與步兵縱隊今日擾襲已被推向雅典西北十五到二十哩的人民解放軍，官方說戰鬥採取了「討伐」的形式。一切有組織的人民解放軍被催過所謂「斯科比防綫」，英軍總司令斯科比較初曾同意在此綫上休戰。可是人民解放軍拒絕自願地退至此綫。據悉，目前英國坦克與步兵係在窩吉拉．黎德拉及阿斯普拉皮戈的山地。

海通社說
英美作戰目的分歧

【海通社蘇黎世八日電】「巴塞爾國民日報」寫道：美國與英國關係中的最大困難，在於這樣的事實，即兩國關於戰爭的目的，無論在美國參戰以前或以後，均未獲得正面的一致意見。（下缺）

【海通社柏林六日電】柏林官方人士對於羅斯福一月七日的演說，將特別注意他避免談及目前政治問題中的那些問題——同時將極爲注意羅斯福對於英報攻擊美國對英態度的觀點。據發言人意見，英國已順利地利用美軍在西綫的挫敗，及他們在這方面的勝利，企圖擴大蒙哥馬利元帥的權力至亞登區。

•

【路透社華盛頓七日電】命運攸關的一九四五年之到來，同時使美國方面對英國政策的許多頭號重要批評家，認識到了英美關係的溫度已明白降低。在妨害英美合作的事件中，有布里頓森林貨幣會議，在那裏甚尼勳爵和美財長摩根索不能「協議一個實際的政策」，頓巴敦橡樹林會談關於和平組織及聯合國××××都未能達到協定，英美石油協定的分歧，芝加哥國際航空會議中英美觀點自始至終針鋒相對，以後斯退丁紐斯國務卿對英國在意大利及希臘的政策之正式責難。某些非常××的國會議員和報紙，自然「表現了××××」，但即令較好的××××也在嘲笑着「英國帝國主義」。

美孤立派
組織國民黨

【海通社斯托哥爾姆九日電】「快報」紐約記者悉：孤立派政黨已在美國成立，據悉民主黨參議員雷諾支持孤立派政黨。此名爲國民黨（民族主義黨）的新政黨已在美國各地許多城市內設有支部。

【同盟社里斯本八日電】華盛頓來電，共和黨衆議員歐孔斯基，在五日下

，主力似是第二批的兵力，擁有大、中、小運輸船約一百五十艘，估計敵有陸上部隊二至三個師團。這支大軍今後如開往仁牙因，或佯攻仁牙因後在別處有利地點登岸，就將展開呂宋島新的大決戰。我航空部隊對敵第二批、第三批的艦船，實行日以繼夜的攻擊情形，已經有所報導；我空軍力量的强弱，也將一如過去那樣影響到這個新戰場的局勢。從我方的觀點來看，敵冒這樣闖入菲島內海，即是說闖入我心臟地帶的深處，我將隨時獲悉其全部實力和它的行動，這樣對於我方今後指揮作戰非常有利。菲島決戰是決定戰局勝負的大戰，幕已經揭開，敵軍今後還將調遣新的機動部隊參戰，獲得制空權後，相繼實行登陸；迄今仍遊弋於台灣東方之敵第卅八機動部隊的主力，也有可能南下。我將士面臨這一局勢，敵愾心高沖雲霄，全軍洋溢着特別攻擊隊的精神，充滿把敵人推向海面的氣慨，現在是使敵人的攻勢成爲强弩之末的新時期。

同盟社傳
英國印度洋艦隊的實際力量

【同盟社印度洋某某基地八日電】菲島方面的美機動部隊，急於速戰速決，福萊塞指揮的英國太平洋艦隊，亦復開始行動，敵方會不斷宣傳，似乎兩者在太平洋戰綫給予了一大壓力，但根據情報悉，它是由各個戰域集合而倉促編制起來的。其實際的力量絕不像敵人宣傳那樣，說是很强大的陣容。即是說英國太平洋艦隊的勢力，以戰艦八艘爲基幹，該艦是由印度洋艦隊改編過來的，從英國本國及其他各地七拚八湊湊集起來的，共有航空母艦一艘、特設航空母艦七艘、甲級巡洋艦二艘、乙級巡洋艦三艘、驅逐艦九艘、潛水艇十八艘、科爾別特艦十艘。並宣傳說：預定最近由澳洲補充巡洋艦一艘、驅逐艦八艘、潛水艇九艘、科爾別特艦五艘。英國本國現有戰艦九艘至十一艘、航空母艦四艘至六艘、特設航空母艦三十艘（？）、巡洋艦三十五艘、驅逐艦一百七十五艘餘。雖然如此，但鑒於歐洲情勢的歸趨與印度洋的情勢，顯然絕對不能更多地分割他處，英國所以不能把主力艦船開到太平洋上，即是爲了這個緣故。此次英國艦隊的參加太平洋，可以預測它是根據美國多次的請求與魁北克會談的結果。但是事實是英國企圖奪取最高的發言權的一種手段。又因美國雖侵入菲島之一角，但必需迅速補充台灣海戰以來艦船的巨大消耗。因此想以英國的犧牲來多少彌補一些。

參攷消息
（只供參考）第七五五號
解放日報 新華社 編
今日出一大張
卅四年一月十一日 星期四

王世杰談今年財政收支

【中央社渝十日電】外國記者招待會，十日下午三時舉行。王部長世杰，吳次長國楨，張參事平群出席主持。某記者詢以美軍在呂宋登陸之觀感。王部長答稱，麥克阿瑟將軍率其所部健兒，在呂宋登陸，吾人聆悉此項消息，至爲興奮，此次登陸將爲麥克阿瑟將軍在菲律濱對敵進行之殲滅打擊，因此之故，吾人預料日寇之抵抗，定將頑强，倘日寇以爲德軍在歐陸之反攻，將予彼等以喘息機會，則此次登陸當可證明彼等幻想之錯誤。某記者詢問中國對於羅斯福總統向國會咨文之感想。王部長答謂，羅斯福總統向國會提出之咨文，讀之令人興奮，此一咨文不但增加吾人之希望，並且增加吾人之信心，咨文內容充分表示羅斯福總統對於爭取和平的勝利，具有不可動搖之決心。咨文中認爲同盟國間雖有爭議，但此種爭議不應阻礙國際和平組織在一九四五年開始工作。吾人對於此語，尤表同感。中國政府尤其蔣主席，素主世界和平機構必須在戰事結束前成立，如吾人以爲聯合國間之暫時的爭議，須在世界和平機構成立之前解決，是不啻先後倒置，如西諺所云，置馬車於馬前。某記者詢明中國如何籌措戰費，王部長答稱，於答覆此問題時，余當擧先擧出一項事實，即中國大後方既大部爲農產區，中國政府自須賴土地生產，以爲稅收之主要來源。徵實徵購已實行三年，此外自本年起，並將較富裕之地主，獻糧獻麥，預計此三項土地收入之總額，本年將達穀麥九千萬市石，以幣值計算，此項收入將佔政府稅收之大部，此即本年元旦國府蔣主席告全國人民書中所以特別鼓勵地主富戶多負戰時負担之理由，除田賦之外，其他重要稅收有：一、鹽稅，二、數×之所得稅——俸給所得稅及營業稅、遺產稅、過分利得稅等。三、貨物統稅。政府更從專賣事業中，獲得相當數額之收入，在去年預算中，政府支出百分之四五，係出自人民之稅收，本年吾人用稅收維持之支出，其百分率將高於去年。至於

倍以上。計：（一）甲種地區（如川、康、滇、陝、甘、黔等省），每人每月增爲四百元（原爲一百九十元）。（二）乙種地區（如粵、桂、鄂、豫、晉等省），每人每月增爲三百五十元（原爲一百七十元）。（三）兩種地區，每人每月增爲三百元（原爲一百五十元）此項副食費，由各地糧食委員會供應。副食定量，原規定爲每人每月蔬菜廿四斤，食油一市斤，豆類二市斤，燃料卅四斤，且自本年元旦起，並將副食定量中之豆類，改爲主食之一部，新兵行軍中及集訓營部隊，自元旦起除按地（缺三）加副食費外，每人每月另加發二百元，故行軍部隊及集訓營部隊，每人每月之副食費，最高可得六百元，最低亦有五百元。又訊：各部隊（缺六）今元旦起亦有增加，計：（一）甲種地區（如川、康、滇、陝、甘、黔等省），每人每月一千八百元。（二）乙種地區（如豫省）每月一千五百元。（三）丙種地區（如粵、桂、晉等省）每月一千三百元。（四）丁種地區（如湘鄂等省）每月一千二百元。（五）戊種地區（如閩、浙、皖、贛等省）每月一千元。（六）已種地區每月九百元。

俞飛鵬將任交通部長

【中央社渝十日電】據記者自可靠方面獲悉，中央已准交通部長曾養甫辭職，出國考察。部長一職已制定俞飛鵬繼任，日內即可正式任命。

【中央社韶關八日電】粵參議員決議，請中央修改參政員選舉法，規定各省參政員名額內百分之四十得由省參議會當選。又上屆大會猶餘最激烈擱置年餘未能解決之省金融實業機構設民選董監事案，再度提會討論，結果全體無異議通過，大會選舉參政員，當選者黃範一，陸宋琪，陳紹賢，何春帆，劉憲英（女），黃合，鄒志奮，韓漢藩，官禪，張璇修。

【中央社蘭州十日電】省臨參會今選舉本省第四屆國民參政員。結果，鍾永吉、柯與參、段琪、張作謀、陸錫×、馬之鳳等六人當選。

敵寇本間中將評呂宋登陸戰

【同盟社東京十日電】敵人美國爲滿足它驕橫的野心，終於在呂宋島要地仁牙因灣北面强襲實行登陸。敵人傲慢地在呂宋島進行登陸作戰，眞是皇軍充分發洩心頭忿恨，擊退敵人的絕好機會。前菲島方面最高指揮官本間雅晴中將，對强敵進攻呂宋之舉，發表談話稱：「敵人想在呂宋島登陸的企圖，完全是意料中的事情，我方已有最妥善的防備。仁牙因灣是皇軍發動大東亞戰爭時曾實行過登陸的地點，是呂宋島爭奪戰的必爭之地。敵人或許將企圖在仁牙因灣以外呂宋島的其他地點

不足之數，政府將用下列三項辦法彌補之：一、出售黃金。二、用信用借款及其他辦法所輸入之外資。三、公債。關於本年政府之支出軍費之比額，較前更增，因爲政府已決心竭盡可能，以謀官兵待遇之改善，財政部決意盡力避免通貨膨脹，而將運用以上所述籌款辦法，以平衡國庫之收支。如本年年成好，敵人封鎖能早日打破，則我財政當局，在本年度所遭遇之困難，應可較以前減輕。某記者詢以中國政府對於波蘭之態度，吳次長答稱，中國政府對波蘭外交關係不變。某記者詢以去年十二月物價情況如何，張參事答，十二月渝市物價零售指數爲二六年六月份之四百八十五倍，去年十一月已較戰前漲四百六十二倍，故十二月份約漲百分之五，其波動之主因，在煤炭等項燃料價格之上漲，此則爲天寒需增需要所致。菜油及建築材料，價格趨漲，但政府管制下之米麥鹽布價格，尙無上漲。年關物價例有波動，故目前漲勢，不足爲奇。吾人回顧去年全年之物價狀況，則去年下半年爲×××，定如一月份物價零售指數爲戰前之二百十倍，三月份增爲三百×四倍，六月份已增爲四百卅八倍，而自六月以至年終漲勢極緩，故至年底，僅較戰前增高四百八十五倍。漲勢趨緩之原因甚多，其主要者有二，一爲信用緊縮，一爲政府採行之黃金政策，蓋去年下半年因出售黃金因而回籠之法幣，達二百億元。

斯退丁紐斯拒絕答覆中國政府是否好轉

【合衆社華盛頓九日電】美國務卿斯退丁紐斯，今接見記者時，對於中國政府是否好轉之問題，拒絕發表意見。斯氏謂，美駐華大使赫爾利，已向蔣主席呈遞國書，並向國務院報告中國政府與美方之合作至佳云。

國民黨征調在美華僑服兵役

【中央社華盛頓十日電】據美新聞處華盛頓九日電，據大美晚報美國征兵當局宣佈，中美間對於美境適齡服役華僑之應征事宜，已成立協議，並已順利實施。該協議規定凡根據一九四〇年美國征兵法而登記之華僑，在其向美政府報到入營之前，可轉入中國軍隊服役。其業已在美軍服役者，亦可轉入中國軍隊服役。至詳細辦法，業由美國征兵處與中國政府商訂竣事。

【中央社重慶十日電】據兵役部負責人談稱：當局爲使士兵營養充分，特自卅四年元旦起全國部隊士兵（包括各部隊士兵及各管區新兵）副食費，增加一

登陸。敵人之所以覬覦呂宋島，是因爲它是菲島的神經中樞，就可以控制菲島其他各地。然而我們已下了決心要緊持戰鬥到最後一人，敵人美國必須牢記，日本國民已挺身奮起決心堅持戰鬥，打到最後一個人。拿破崙是在最得意時被俄羅斯打敗的。艾森豪威爾就是眼前的好例子，正當反軸心軍席捲西線、得意忘形時，碰上倫斯特德的攻勢，被打得四分五裂。敵人美國在太平洋趾高氣揚達於極點，以爲她的海軍無論何時也不會屈伏，因而就認爲可以旁若無人地隨時出動大運輸船隊。敵人一定將遭受無法恢復的大打擊。呂宋島不是太平洋上的小島，我精銳部隊將展開世界上所向無敵的陸上戰鬥，現在是該讓敵人知道厲害的時候。當敵人必須源源供應時，呂宋島的皇軍在供應上可沒有任何困難，皇軍能從右方向左保持供應。因而能縱橫馳騁英勇作戰。皇軍已周密地完成了迎擊的部署，行將到來的戰鬥切合我方求之不得的謀略，敵人的殺奔到我整陣以待的戰場的正面，皇軍將士將興高彩烈地殲滅它，殺它個片甲不留。」

海通社論呂宋之戰

【海通社東京十日電】爭奪美軍在仁牙因灣登陸地點的戰爭，可能成爲整個東亞戰爭中的最緊要戰爭。過去曾被認爲經常與極爲坦白地強調，美軍的在呂宋登陸，將是決戰開始的信號。美軍首次企圖的被擊退，表明日本已充分準備迎接敵人。雙方大部份登陸部隊的第二批大護航隊的捲入首次登陸戰，的確與美國的計劃不一致。不僅如此，可以假定，此護航隊希望發覺橋頭堡陣地已很好的建立起來。仁牙因灣的大量船舶結集（該處泊有運輸船約三百艘），對於美國說來，必然表示是很大的危險。波里諾角附近另一批航空母艦的結集，表示美國力圖以加強仁牙因灣空防的辦法，對極易遭受打擊的護航隊，予以更好的保護。（缺）

仁牙因灣介紹

【同盟社東京九日電】企圖在菲島進行新作戰之敵，已侵襲呂宋島的仁牙因灣，五日黃昏已抵近該灣以西。敵機動部隊掩護下的運輸艦隊，終於六日晨侵入該灣，開始以艦砲射擊東北岸聖佛南多正面，遭到我機的猛烈迎擊。仁牙因灣聖佛南多是怎樣的一個地方？該灣風平浪靜，因之各國的軍事專門家都認爲：欲在呂宋島登陸大部隊的敵前登陸地點，應該是聖佛南多與馬尼拉以南的巴坦加斯附近與仁牙因灣。三年前，以本間中將爲總指揮官的我軍，當時

進入仁牙因灣的「泊地」時，即殺至聖佛南多、左巴宛、聖查哥、阿林蓋、達摩狄爾等灣內一帶開始登陸。在聖佛南多南方十三公里的聖查哥村，其附近自海岸線淺砂地，即是椰子樹、芒果等叢林，穿過叢林，有一寬十餘米達的阿斯法爾——鐵路橫貫南方，鐵路兩旁完全是森林地帶，主要都市聖佛南多是該灣東端聖佛南多角最北部的一個港口，人口約三萬人，是顧合省省政府所在地，它是馬尼拉的鐵路終點。在仁牙因灣內具有唯一的海港設備，碼頭可停泊五千噸級的船舶。市街由海岸伸展到天然道路，南北細長，省府和大商店環抱着中心地帶的廣場。從仁牙因灣到馬尼拉的大道，敵人（美）當初是爲傾銷汽車而築的，以後則成爲阻擊假想敵登陸地點的兵力集結通路。開戰前敵人美國，年年所進行的登陸防禦演習，主力經常是集中於馬尼拉附近，而以一部配合置於仁牙因灣——巴坦加斯灣、戰門灣——當登陸作戰開始時，須制在馬尼拉附近中部呂宋平原的主力，立即用汽車移動，將登陸軍擊滅在水邊。因此用××、學校、醫院作爲減低行駛速度的標識，到馬尼拉的路上，每隔一公里就有公里數字的標識，卡車用的汽油站，供給飲水的設備，在開戰的第三日即十日拂曉，我先遣部隊奇襲呂宋島北端的阿帕里海岸，並强行登陸，主力到達了仁牙因灣，穿過聖佛南多繼續南下以待主力的登陸，在主力開始登陸的二十一日，正遇到東北風的季節，在仁牙因灣一帶起了兩米達三米達高的波浪，實在令人煩惱，但我舟艇部隊擁有在中國戰場敵前登陸的經驗，很巧妙地向波浪搐擊，卒使登陸成功。當時的敵最高司令是魏生羅特，他代替了諾次尼。麥克阿瑟成爲非島美軍的指揮官，他在聖佛南多至仁牙因灣一帶配置第十一師團，仁牙因灣西部是第二十一師團，聖巴勒斯附近是第三十一師團，戰門灣是第四十一師團，巴坦加斯南海岸是第五十一師團，馬尼拉周圍是美非師團，在我軍登陸之前，敵人又從比索亞群島以三個師團增援，配屬於第十一第二十一師團，因此與我登陸軍在仁牙因灣一帶作戰的部隊，是從比索亞島增援至第十一第二十一兩師團的第七十一第九十一兩師的部隊，登陸軍在海岸上與敵騎兵、坦克發生激戰，登陸地點附近的敵人陣地，是構築在道路兩側的森林地帶，敵人退走的路上，遺棄着很多的彈藥、食糧、軍服，在戰壕內堆放着打開的罐頭及煮熟的飯，狼狽達到極點，由達馬捷斯進入僑胞所開闢的堆銀特道路以及避暑地碧瑤，在其附近的山中，有在祖父時代以割頭爲職業，被歐洛特族，從仁牙因灣西端至聖巴勒斯州，有身高不及五尺的索格利特族，拿着弓箭過着原始的生活，這兩個民族都是反抗西班牙、美國的壓迫政治，是所謂決不屈服的「異教徒」，特別

機，就沒有辦法擺脫現在不利的情況。每日郵報稱：由英國政府方面獲得的情報稱：當蒙哥馬利被任命擔任現職的數日前，實際上已擔任指揮凡爾登以北的盟軍。由於西線戰事的失敗，美國方面應該承認擴大蒙哥馬利的指揮權，是當然的事情。艾森豪威爾掌握西部戰線的全部指揮權，他的負擔過重，這個非重要的問題，仍然留着沒有解決。英國新聞界的上述論調，引起美國輿論很大的反響。各報都爲艾森豪威爾辯護。『芝加哥論壇』報十日的社論哀鳴：如果英國政府能夠禁止和壓制國內的反美宣傳，站在平等的立場合作的話，那末應該可以輕易地阻止倫斯特德的攻勢。美國對於美軍歸蒙哥馬利指揮並沒有抱不平，因此英國報紙沒有向艾森豪威爾興師問罪的道理。

法報評波蘭問題
英美蘇間的分歧

【海通社柏林六日電】德國報紙詳細載波蘭問題的更爲惡化。英國報界承認盧布林委員會的評論亦爲德國報紙所刊載。威廉街認爲，（一）雖然像『曼徹斯特衛報』這類的報紙把波蘭事件稱爲頒賣大西洋憲章，但英國將吞下盧布林政府的丸藥。（二）英國政府鑒於太平洋的戰事，認爲只有一件事是重要的，即：與蘇聯保持同盟。這就是爲什麼出賣歐洲對他們說來無關重要的原因。

【海通社馬德里十日電】羅斯福與邱吉爾會要求斯大林現時延遲承認盧布林委員會爲合法的波蘭政府。據『阿里巴』紐約訊：斯大林毫不注意這一要求的事實，被看成是斯大林方面的新的挑釁。『紐約世界電訊』報寫道：承認盧布林委員會是對盟國團結的另一打擊——因爲華盛頓與倫敦通知莫斯科他們不能支持這一步驟，使這加倍的眞實。然而斯大林在行將到來的三巨頭會議面前，要自己的政治事務十分清楚，以便能夠以既成事實面示邱吉爾與羅斯福。

敵駐柏林軍事參贊稱
日軍將進攻貴陽、昆明、重慶、成都

【海通社柏林十日電】日本駐柏林軍事參贊小松將軍在廣播演說中說：爲了達到它的目的，日本武裝部隊將不僅進至貴陽及雲南，而且將深入至重慶及成都。將軍於敘述日本在華戰爭的過程，尤其是一九四四年四月十七日開始的大攻勢戰時說：敵人的企圖已可很清楚的看出。美軍將在太平洋發動進攻，而英軍必須越過緬甸向中國進攻，以便從東西夾擊日本。日本陸軍統帥部決定先下了手，去年四月在華北、蒙

是依歐洛特族，在豐臣秀吉時代，自稱爲到達仁牙因灣日本人的後代，以鎧甲、胄爲武器。但當我軍登陸時，到處歡迎我軍。聖佛南多附近，有很多査克可比與華僑的混血族，近年更有伊洛卡諾族活動，網羅了很複雜的人種。

希解放陣綫局部分化
英裝甲隊增援進攻

【路透社雅典十日電】解放陣綫中央委員會所派來的四代表，已有二人到達斯科比將軍的司令部。現正等待另兩位代表的到來。薩羅尼加最近消息顯示，由於社會主義聯盟退出的結果，解放陣綫已開始分裂。預料ELD（人民民主黨）不久亦將脫離解放陣綫。

【路透社雅典十日電】英裝甲縱隊剛抵雅典西北七十哩的洛瓦希亞地方，增援隊已入城。發現「叛軍」已離去。英軍第二路縱隊從底比斯向東北進擊，現已逼近距哈克里斯四哩之內。

【海通社斯托哥爾姆十日電】據悉：倫敦政界觀察家表示希臘政治情勢，再度令人困惱。據「快報」倫敦訪員息，下院工黨議員要求在預期的邱吉爾報告之後，即刻繼以新的辯論。工黨的批評主要是針對着法西斯獨裁的普拉斯蒂拉斯將軍。工黨激進派甚至企圖使工黨部長公開不承認邱吉爾的希臘政策。

【路透社雅典十日電】希臘內閣已派一代表團赴埃及，該代表團由行政官一人、警察一人及國軍代表一人構成，從調査雅典戰爭中，由希臘放逐的一切人們的案件，目的在於釋放沒有積極參加的那些人。官方數字雖不知道，但是放逐者的數目，據信共約數千。整個雅典及比里猶斯區周圍，現均完全爲鐵絲網所包圍。官方宣佈，前來會見斯科比將軍的解放陣綫代表，並未帶來任何提案，而是來接受斯科比的休戰條件的，並且如果他們認爲適合時，代表中央委員會接受這些條件。

英報非難艾森豪威爾

【同盟社里斯本十日電】由於倫斯特德的攻勢，受到重大打擊的反軸心陣營，特別是英國內部，非難疏忽和怠慢之聲日益高漲，特別是英國報紙「鏡報」，於十日露骨地攻擊艾森豪威爾的無能，略謂：倫斯特德攻勢使西部戰爭局勢爲之一變，反軸心軍被迫處於困難和不利局面的根本原因，是艾森豪威爾完全估計錯了德軍的實際兵力，這足够使人懷疑艾森豪威爾統帥的才幹。英國方面似乎認爲如果蒙哥馬利不代替艾森豪威爾掌握西部戰綫的末

中，華南發動了規模空前的大攻勢。小松將軍强調兩個卓越的結果，（一）數千公里長的陸上交通建立起來了，北起滿洲國經華北、華中、華南、越南、泰國、馬來而至新加坡。（二）日軍在河南、廣東、廣西等省佔領了戰略重要的地點，並且由於越過了貴州省邊境的山岳，建立了向中國內部進攻的先頭陣地。因此，日軍可於任何時候開始進攻貴陽、重慶或雲南。

美國以黃金及物資
增加援助國民黨

【本報訊】據中央社紐約上月二日合衆電紐約聯邦儲備銀行宣佈，美財部已將黃金與白銀租借與埃及、巴力斯坦、敘利亞、黎巴嫩、沙特阿拉伯、伊朗、伊拉克、印度及中國，俾防止各國通貨膨脹與供給各國以囤積媒介物。該行並宣稱，以黃金公開出售，已與英國取得合作。該行未宣佈黃金運出之總數，但稱數量適度。

又據雲南日報十二月八日載：新任美軍供應部主任傑夫斯七日於某基地招待新聞記者，謂目前中國局勢誠爲緊張，因此中美合作應加强，兩國人民方面亦應如此，以下爲與記者的答問：（問）中印油管敷設情形如何？（答）敷設情形甚感滿意，一切均依計劃順利進行；但何時放油，未便奉告。（問）空運物資噸數有否增加？（答）與日俱增。（問）如美國大軍源源開來，中印公路未開通前，供應有無問題？（答）即使大量開來亦無問題，惟是否大量開來，尚不得而知。（問）供應部是否將供應品運往貴州？（答）供應情形甚感滿意，供應部之籍新即在該地（指貴州）籌劃。（問）陸上運輸有何困難？（答）困難甚多，但必須克服之，例如卡車零件等之缺乏，目前中國正大量輸入卡車零件，以謀補救。（問）運來物資以何者爲多？（答）以汽油與軍火等爲多。（問）運輸主要將靠獸力、人力或機械力？（答）主要利用卡車及牲口。（問）中國東南各省未淪陷區，有無供應？（答）未便奉告。（問）中印公路，將由何方管理？（答）緬甸境內由英方管理；八莫至中國境界，因路基由美國修築，將由美國管理；自中國邊境至昆明，現時未正式發表，但計劃採用「軍事」管理，中美共同負責。（問）中印公路是否全用機械力修築？（答）怒江南岸用之，餘則缺之，近已有重機械運來。（問）美軍售物與中國人，貴國將作如何處置？（答）嚴禁，如發現將嚴重推處罰之，現正與中國方面共商有效辦法。

參考消息

（只供參考）

第七五六號

解放日報 新華社 編

今日出一大張

卅四年十一月十二日

星期五

敵同盟社報導呂宋戰況

【同盟社菲島基地十日電】敵人拚命地運輸後援部隊，以便在呂宋島登陸，目前忙於登陸的，爲以大型運輸艦八十艘爲中心的一百五十艘左右的第一梯隊。還有一百艘到一百五十艘左右的第二梯隊，還有後續的一百艘至一百五十艘的第三梯隊。因此根據這些艦隊的活動來推斷，可以認爲敵登陸兵力爲四個師到五個師之譜。

【同盟社里斯本十一日電】自太平洋戰綫發出的路透社電稱：呂宋島的登陸軍，是美第六軍所屬第十四兵團。

【同盟社東京十一日電】九日晨在仁牙因灣沿岸强行登陸之敵，其後繼續在聖佛比安、達古班，仁牙因灣的沿岸地區，漸次增强兵力，並使相當數量的坦克登陸。我精銳地上部隊迎擊敵人，英勇奮戰。我航空部隊都變成特別攻擊隊，連續猛擊灣內外之敵艦，使敵軍受巨創。敵軍在仁牙因灣內，遭到我機盡忠報國的轟炸，使戰艦、巡洋艦與滿載兵員的運輸艦隊，或被擊沉，或噴出火烟而被焚燬，呈現出一幅悲慘悽愴的情景。十日下午一時二十分前後，敵軍企圖在聖佛比安以北十五公里處的拉班附近作新的登陸，但我所在砲兵部隊已準備就緒，把敵登陸用舟艇緊誘至最近距離內，一齊開砲集中砲擊敵艦，予敵重創。至十一時五十分，完全將該敵擊退。在我軍數次的奮戰前，敵人在艦船與兵員上蒙受巨大損失。雖然如此，敵之進襲兵力逐漸增加，十日晨可以望見的敵艦船的數目，五百噸以上的約二百艘，五百噸以下的約一百艘，在遊弋於仁牙因灣內。但由於我機連日猛攻敵艦船的結果，自十日上午起，敵艦船的艦砲射擊與艦載機的轟炸，已漸趨沉寂。

敵寇相左種次少將談 美軍將在呂宋受重大犧牲

【同盟社東京十一日電】美國强硬地開始了呂宋作戰，現在擊滅躍進我堅固陣地呂宋的

普拉斯蒂拉斯宣佈反動政策

【路透社雅典十日電】希臘總理普拉斯蒂拉斯將軍在今日說明政府政策的聲明中宣稱：政府政策包括了擁軍所堅持與他們爲之而戰的各點。綱領强調國民軍必須在正規招募新兵的基礎上改編。憲兵與警察亦須改編，並要求英國派遣特別警察團。政府將嚴厲處置那些與德寇合作的人。論及以最大可能的就業條件復興國家經濟生活的計劃時，警告：這些條件開始時不會十分滿意，但將逐漸改善。關於在最早可能的時刻舉行自由而不受影響的選舉，普拉斯蒂拉斯說道：『我們不反對盟國觀察者參加，以確知人民真正表現的意志』。（缺一句）

【合衆社雅典十日電】希臘總理普拉斯蒂拉斯，籲請人民解放軍放下武器並允諾成立新國民軍，同時官方聲明稱：希臘人民解放陣綫代表已赴斯科比將軍總部，聽取後者提出之停戰條件，彼等受有如認適當即接受條件之權。

【路透社雅典十日電】希臘人民解放陣綫代表二人（共四人）已奉其中央軍委員會之命，前往希臘英陸軍司令斯科比將軍總部，現已抵達，其他二代表尚未到，官方宣佈：各代表未能代表中央如何建議，僅能代表中央委員會聽取斯科比將軍所提出之停戰條件。

【路透社雅典九日電】路透社訪員報導：此地估計人民解放軍部隊在爭奪雅典戰鬥中損失實力一半。官方估計在雅典的人民解放軍原來實力有二萬七千到三萬人。據英方估計一月一日，人民解放軍退出雅典之前，實力減至一萬三千人。英軍俘獲一萬二千人，其中八千人實際上參加戰鬥。

【海通社柏林十日電】倫敦訊，爲了檢查邱吉爾對希臘的政策，英工黨執行委員會星期三於會議中任命一小組委員會。小組委員會將壓迫首相，以便實現工黨的要求，即：在希臘儘速休戰，大赦解放陣綫信徒以及英國一般地不干涉希臘內政。由執行委員會明確地確定小組委員會任務的建議，爲工黨二部長阿特里及摩利遜所反對，並被否決。

紐約前鋒論壇報論德寇反攻

【美新聞處紐約八日專電】『紐約前鋒論壇報主筆密里斯撰述每週專文如次：倫斯特德在十二月十六日所發動的攻勢，毫無疑義地給了美國人民很大的震撼，羅斯福總統在其致國會的咨文中，認爲這次敵軍的攻勢，是『兇猛的』，是『我軍的一種挫折。』現在已經實行了下列的一些辦法，恢復多種肉類與罐頭食品配備，取消禁

敵人的良機業已到來。相左續次海軍少將談稱：美軍早晚要在呂宋登陸，這是當然的事情。特別是觀察最近敵國內部情況時，可以想到敵人急於進行此次作戰的各種理由，首先是國內動員人力的枯渴，勞資糾紛，物資不足，財政困難所引起的國內不安。倫斯特德的攻勢，使這個不安突然在內部開始發展起來，由於意外的事件，征服德國的夢想被粉碎而感到慌張的美國，沒有能力急遽增送物資至歐洲，打擊德國。最近美國在歐洲感到棘手，但他知道美國如能在東洋壓制日本，那末全部東亞將落入自己手中。此時敵人必需在東洋引起突然事件，振奮民心，而進行其戰爭指導。我推測呂宋作戰有着上述的政治背景。敵人亦知道我方的態度，當然乘我機疏忽的時候，前來襲擊。呂宋是我們花了兩年的時間建築起來的要塞，亦有寬闊的戰場展開山下將軍得意的機械化部隊的作戰。敵人在呂宋作戰將付出重大的犧牲。它送來的增援部隊愈多，就愈受我精銳部隊的打擊，看其犧牲的程度如何，或將完全判定美國在非島作戰的死命。正如羅斯福致國會咨文中所說的，敵人覺悟到要遭受龐大犧牲，我們要使敵人付出其預料以上的犧牲，使敵人不斷出血，作戰當然需要物資的數量，但是物資數量能夠局部地佔相對的優勢，也是很好的。首先要在呂宋用壓倒的優勢的兵力打擊敵人，然後陸續集中兵力於明多羅、萊特打擊敵人。

英德傳希解放陣綫分裂

【海通社柏林十一日電】倫敦訊：民族解放陣綫內，僅次於共產黨的第二個最大集團——人民民主聯盟，星期三（十日）宣佈退出民族解放陣綫，因爲它再不能容忍人民解放軍的行動了。社會主義聯盟退出民族解放陣綫以後，一般說來，現該組織裏只剩下共產黨的力量了。

【海通社柏林十一日電】倫敦訊：路透息：稱自己爲「社會主義者聯盟」的集團，已離開「民族解放陣綫」（EAM）中央委員會。預料所謂人民民主集團會發生同樣事情。同時，「民族解放陣綫」要派遣的四位代表的兩位已抵雅典，會見斯科比將軍。

【路透社雅典十日電】名爲ELD的人民民主黨聯盟（共產黨是解放陣綫中最大的政黨）今日××宣佈脫離××行動。此點使解放陣綫中已有×××退出，現在幾乎只剩下共產黨。預料中央×××代表今日將訪問英大使李晉鋼。

馬。此外並於六日發表凡屬適役年齡而離開在軍事上有重要性的工作的男子，應當回到軍隊方面去，國會在一月六日所提出的國民服務法案，依羅斯福總統的話「是將我們所有的人力資源以爲作戰之用」。

這次的進攻，對於美國似乎是一種嚴重而沉着的工作，這件事的本身，也最足證明美國能獲有可用以作戰的龐大資源，以及潛在的力量和能力，我們作戰的潛力依然非常雄厚，而其資源也有取之不盡用之不竭之勢。

美國人在去年夏季固屬過份樂觀，大西洋長城之崩潰，法比兩國之解放，以及殺戮和俘虜成百萬的敵軍，似爲戰爭將告結束的前奏，倫斯特德的奮然振作，毫無疑義的一部分是由於這種過分的樂觀，這次敵軍的振作，也像一九三九年以來，每次的挫折一樣，結果只足加深我們設法應付這種危機的決心，當時局的嚴重性逐漸加深之際，美國的反應也將隨之加深，正如其以往應付每次的危機於挫敗時一樣。

美國確實是太過份樂觀了，倫斯特德的攻勢對於美國的輿論，是一次嚴重的震撼，這種震撼對於德國卻極其危險，他們如果認爲只要以二三十師的兵力來奪回一兩個省，甚至奪回歐洲的一個國家，便可以使美國爭取這次戰爭最後的勝利，簡直是幻想。

戴高樂未被邀請參加三國會議

【海通社柏林九日電】巴黎訊：巴黎報表於戴高樂將軍的未被邀請參加三國會議，對示驚奇。維萊的米爾在「費加羅」報紙上質道：四十萬法國人民驚疑爲何戴高樂的名字尚未由此會議正式的提及。他抱怨爲何只有羅斯福、斯大林及邱吉爾的名字。而那裏四十萬法國人的意見，認爲在四大強國會議中。法國亦應佔一地位，一九四〇年當法國被佔領以後，法國的被排除於此會議，即不可理解，而現時法國必須要求改變這些情況。

法仍承認倫敦波蘭政府

【海通社柏林六日電】華盛頓訊：法駐美大使龐奈宣稱：法國臨時政府將與美國英國一樣繼續對盧布林波蘭委員會採取某些態度。他說：他的政府與英美政府一道視倫敦波蘭流亡政府爲波蘭人民合法的代表。

【海通社柏林十日電】紐約訊，據美國報載，波蘭駐美流亡大使齊哈諾夫斯基，遞交一照會給國務卿斯退丁紐斯。照會內容雙方均保持嚴格的沉默。斯退丁紐斯僅指出，照會中並無對莫斯科承認盧布林政府的抗議。

美記者說 蔣介石要徹底轉變才能挽救危機

【同盟社里斯本七日電】紐約來電，芝加哥『太陽』報特派員馬克‧安因，在五日出版的『枯里爾』週刊上，以『重慶悲劇的原因』爲題，報導如下：我以很悲傷的心情，爲了中國與美國，必須把眞象告訴大家，第一、蔣介石及他的政權的統治力，經過了過去十年現在已到了最低點；第二、重慶地區人民的戰鬥意識亦極爲低下；第三、重慶的不統一及重慶的同盟國沒有進行充分的援助供應。上述原因都對重慶的連續吃敗仗負有責任，要有效地控制這一不統一的唯一道路，與其讓延安代表一人進入行政院，不如進行民主主義的改革。蔣介石最近雖然進行的改革與更換了行政院及黨的首腦，但在很長時期內却猛烈反對民主主義的改革到那樣程度，要人們現在仍支配着政府與黨，軍隊的統帥沒有統一，黨政改革的障礙者，仍然把握着權力。現在唯一的希望，就是蔣介石要認識危局的嚴重及徹底改變的必要性，現在正是決斷的關頭。

中央社口中的 美報對蔣演說的反映

【中央社紐約九日專電】美國各部報紙頃又有數家著論批評蔣主席關於提前實施憲政之諾言，著名之亞爾特大憲報，希望此項諾言應在今年實現，並謂中國自可能爲一自由大國，此爲中國未來可能之成就，但此種成就，不能一蹴而成，如中國人民將達到其目的，則其他各國應準備耐心靜候，並寄予同情。在路易斯安納州首府巴頓露格出版之時報，認爲蔣主席之諾言至爲重要，吾人在期待此項宣言之實現時，不僅係爲中國人民着想，且爲增强此一大古國着想，蓋中國現爲吾人對日作戰之盟邦也。吾人認爲中國之團結一致，在有效抵抗敵人上，至爲重要，召開國民大會，以制定憲法，乃一大進步。

【美新聞處華盛頓九日電】美國務院今日公告，中國六位重要大學的教授可望於今春來美，以一年的時間充作國務院的賓客。每一位都被各該大學指定作爲駐美正式代表，訪問各大學，舉行公開學術演講，研究他自己專門一科並和美國學者和教育家會晤。國務院邀請中國教授赴美的計劃，現在已經是第三年了。在過去兩年中，共計有十二位中國教授在同樣情況下來美訪問各學院及大學。此次來美教授有：哲學教授燕京大學校長梅貽寶，社會科學研究所長陶孟和，重慶復旦大學政治學教授童奇林，昆明國立北平大學醫學院院長齊茲尼（譯音），衛生醫學教授蘭州西北師範大學監學湯姆斯‧陳。

，關於烟，說道：『一則以販還烟毒者，隱然有一種黑暗力量爲之撐持，我們但願這不是事實，否則我都還能成爲高唱民主的世界嗎？……成都禁政未能徹底執行，地方當局應當引以自勵，禁烟等於作戰，任何黑暗勢力必須剷除』。

黨軍日報謂 敵有發動次一攻勢企圖

【本報訊】十二月十二日成都黨軍日報社論於談及『敵人佯攻黔桂邊境，以爲準備次一攻勢的掩護』，今敵已退桂境後謂，這證明它斷言敵佔桂柳之後不會攻黔是『沒有錯誤』。該報說：『在現階段中，敵人打通內陸交通綫，準備抵抗盟軍進攻，遠較解決中國事件爲重要，除非美國改變了遠東政策，我們喪失了戰鬥意志以外，敵人決無長驅直入，首先擊潰中國的力量，這是我們對於國內戰局的演變，一種基本的觀念。最後，我們要向全國人士喚起嚴重的注意，黔桂邊境戰事，可由獨山克復暫趨穩定，然而國內戰局的緊張性，並不因黔省戰況轉穩而稍現其鬆弛，敵人將有發動次一攻勢的意向，西犯昆明，東攻浙贛，皆爲敵人準備決戰時必要的措施。總之，當美軍沒有在敵人本土或在中國海岸登陸以前，敵人決不致減輕對我們的壓力。』

該報十二月十四日社論，發表其『國事觀』謂：『近年以來，國家政治表現一種不甚正常的趨勢，就是政治過分統制，經濟過分放任。有人謂英國所以不發生革命流血的事件，其故在於英國人民對於政策有所不滿，可以在議會和報上盡量發洩，故不想到革命流血，我們對於此言，可以加以體會參考。今後政治措施，其得失利弊之處，不妨聽任朝野人士公開討論，公開檢查。我們不相信革命五十年的中國國民黨，領導抗戰建國的國民政府，公忠體國的蔣主席，以及淵博精深的國父遺教，還有甚麼不能承受批評的地方！……任何討論和批評，必需要以鞏固統一、爭取勝利、完成建國大業爲前提，切不能以割據、分裂爲民主，毀法亂紀爲自由。至於經濟統制，應當加强。』

一批從軍消息

【中央社西安十日電】截至九日止，已有六十五縣從軍青年到省，總數將近萬人。

【中央社貴陽九日電】（一）黔桂路特團部發動該路知識青年志願從軍，成立征委會，自三日起，在筑開始登記報名。參加者有五十三人。該路員工多駐龍里、貴定、都勻等處，該會已派員前往宣導。（二）黔桂路特黨部設第六位教授候後公告。

湘桂難胞送滇

【中央社昆明十一日電】湘桂難胞八百人，最近將自黔輸送來滇。

【中央社渝十一日電】戰時運輸管理局成立後，對調整各公路管理機構人事上已有初步決定，將於二十日前後全部發表，下月一日實行改組。對於各公路運輸機構，該局決定派遣監理官，長期駐在監理，使其他運輸合理化。中印公路開通後，將有大批車輛輸入。該局特準備訓練司機五千人，以供應將來需要。

黨軍日報繼續反對川省民衆武裝

【本報訊】川省臨參會決議建立民衆地方武力案後，於十五日選出了二十三個民衆自衛團務委員會委員，為成都市鍾體乾；自貢市曹任遠；第一區閻永樹；第二區林雲根；第三區陳紫興；第四區魏楚蕃；第五區王維綱；第六區蔡寬公；第七區李鐵夫；第八區劉明揚、張茂春；第九區向岱昌、邱翥雙；第十區蕭靜軒、江晴星、楊鵬升；第十一區趙巨旭、張瀾；第十二區李御；第十三區傅霖舟；第十四區鄧幼樵；第十五區顏德基；第十六區李四榮。

黨軍日報十二月十六日發表社論謂：『當此次黔桂邊境戰事緊張期中，我們看到四川省政的動態，深覺有待我們努力推進之處尚多。……中央與地方，只是行政系統的區分，不是對立的名稱，今後我們討論省政設施，須從此處設想。至於動員民衆武裝民衆一事，既經有所決定，無庸再有申論。現在我們願意提出討論的，就是動員民衆武裝民衆的推行，應有積極的意義，不要僅作消極的打算，我們辦理民團的辦法，決不能以昔日防匪的眼光，來看當前抵禦外寇的局面，那是莫大的錯誤！保境安民的辦法，可以用之於內戰，而不能用之於外患，我們不能當戰綫尚在數千里外，不去動員民衆，武裝民衆，去支持前綫的戰鬥，阻遏敵人不入川境，也不去擴大慰勞軍隊救濟難胞的工作，來激勵士氣，安定人心，却終日惶惶，來研討保家衛鄉的方法，這未免於輕重緩急之間，有所失平。國危省何能安?!省危家何能保?!』又該報於十五日社論中稱：成都在政治上是重慶的前方，然而我們若求實效，成都實已喪失了它的地位，社會問題的嚴重，實已內外俱張，有些人一言一語『莫非仁義道德，按其所行所為盡皆陽毒害物』。該報總即大事攻擊賭犯煙犯

時工作隊六日成立，即率隊赴都勻、獨山等地慰勞沿綫員工。

【中央社永安十日電】閩省府各廳處局會職員，頃各捐薪一月，慰勞志願從軍青年。

【中央社成都九日電】川省府各廳處從軍職員達八十五人，入營在即，省府九日開歡送大會，並各贈自由手冊一冊。

【中央社沅陵十日電】湘知識青年從軍征集委員會湘西分會，為便利各縣從軍青年入伍，頃擬大沅陵辰谿兩縣招待所，凡過境從軍青年，均可宿食，並由各該所負責交通工具事宜。

【中央社皖北某地十日電】江蘇省知識青年征集委會，自去年十一月成立以來，前往登記者已達五百餘名，現正檢驗體格，集中編組，以送後方入營。

【中央社重慶十日電】從軍青年第七大隊九百餘人，定十一日晨專車開赴某地編入二〇二師入營受訓。又在重慶市集會報名之從軍青年，經體格檢驗合格人數，截至八日止男青年五〇六三人，女青年六二六五人，×××××登記期間為最後一日。

【中央社南鄭八日電】天水從軍青年三四五人，由隊長袁世忠率領，八日抵此間，即轉某地集訓。

【中央社重慶十日電】女青年熱烈響應從軍，婦女界領袖對於女戰士之服裝悉心計劃，俟彼等入營後，即將發給。至於從軍女青年之編練辦法，即編練總監部已在通盤規劃中。

【中央社恩施九日電】鄂省志願從軍青年，自五日起在省幹訓團集中，截至八日止，已報到入隊者達五百八人，共編為一大隊，轄三中隊，各部分隊長則由從軍青年中擇優選拔。

【中央社屯溪十一日電】皖南從軍青年現入營者共三百餘人，編訓大隊十一日起正式開始訓練。各縣從軍青年亦先後首途來屯集中，即將陸續到達。

【中央社成都十日電】金陵、齊魯、華西、燕京四大學從軍青年共六十九人，及滬江來省之從軍青年，十日上午乘車開赴集訓地點。川大從軍青年，定十一日出發。

參考消息

（只供參考）

第七五七號

解放日報 新華社 編

今日出一大張

卅四年一月十三日

星期六

國民黨荒謬絕倫
要在邊區設置「民意機構」

【中央社西安十一日電】陝北綏德、清澗、吳堡、安塞、安定、保安、延長、延安、延川、鄜縣、甘泉等十一縣民意機構，陝省府決於短期內分別設置，正由主管方面詳擬辦法中，俟呈准中央後即可實施。

英傳解放軍與英軍
簽訂休戰協定

【路透社倫敦十二日電】倫敦今晨正式宣佈：陸軍部隊總司令，希臘軍事聯絡官斯科比中將與塞夫戈斯．巴沙立茲及代表人民解放軍中央委員會的二位少校馬克里第斯及阿塞奈里斯所簽訂的雅典停戰協定如下：（一）為了希臘政府與人民解放軍——民族解放陣綫的代表之間，可以舉行談判解決未了的問題起見，於一九四五年一月十五日零時一分停止戰鬥。（二）現在伊蒂阿——阿姆菲薩——拉米阿霧茲——納霍萬科斯——法爾薩拉總的公路綫以東和以南，並從那裏以東的阿姆貝利亞，從那裏沿公路或道路的索列斯蒂諾——卡納里亞——與爾——卡沃斯——孜佐姆波的人民解放軍將引退，保留在這一綫的以西和以北（這一綫已特別地繪於附件一的地圖中）以便容許這些道路暢行無阻。他們應撤出在此款中所提到的一切城市與鄉村，這種引退與撤退於一九四五年一月十八日零時一分完成。（三）現在薩羅尼加週圍區域（載在附件二及附件三的附圖中）以內的人民解放軍部隊將引退，並且保留在這一區域的兩翼，撤出薩羅尼加。這一引退與撤退，於一九四五年一月十七日零時一分完成。（四）（A）正常居住在比羅邦尼斯（希臘南部大半島）以外、而現在住在比羅邦尼斯的一切人民解放軍人員，將從那裏撤退，正常居住在比羅邦尼斯以內，而現在居住在其他地方的一切人民解放軍人員，將撤至比羅邦尼斯，並且以後遵守第五款的規定。簽字本協定的人民解放軍中央委員會代表在簽訂這一協定後，即刻通知總司令這些人員的實力與所在地，及撤退的方法與道路，並且這將

【海通社雅典十二日電】希臘總理普拉斯蒂拉斯星期三宣佈：若干義勇隊報名欲合併於希臘正規軍一事已被拒絕，總理稱：國家的軍隊應根據法律抽丁，和根據年齡在正常的基礎上抽丁。國軍之重新建立，已照此方向開始了。關於重新建立警察及憲兵團事，政府已邀請英國警察團到希臘來。普拉斯蒂拉斯說：懲罰合作主義者是他政府工作之一，另一件事是復興被內戰所完全摧殘的經濟生活。

【海通社倫敦十二日電】據『每日電訊報』說：有帶革命性質的傳單，散發在英國北部的陸海軍兵營裏，有若干兵士及水手受到正式審問，證明有某些左翼激烈份子，在兵營附近散發談到戰爭的傳單，此等傳單可能就在英國印刷的。

合眾社報導
蘇聯欠付救濟總署經費

【合眾社華盛頓十一日電】據悉：蘇聯對一九四四年聯合國救濟善後總署行政費，仍欠一百三十萬元。據說：因為蘇聯現正研究蘇聯所出款項之用途，故未付出。善後總署人員稱：蘇聯與善後總署代表對此事正在會商中，並表示相信此項經費即可撥付。商談經過雖未發表，但總署表示蘇聯是担任總署行政預算經費國家中唯一未交款者，蘇聯在一九四四年初會付出其應負担的一百五十萬行政費額之二十萬元，其後即未再繳納。蘇聯因係被侵略國家，最初即未被指定負担二十五億元之經常費，但所有參加各國，均已繳納一九四四年一千萬元之行政預算經費，蘇聯遲未交納此項經費之原因不詳，僉信此一問題或與蘇波邊界糾紛有關。總署在東歐之救濟工作，所以受阻礙者，蓋由於蘇聯所支持之盧布林波蘭政權之未能作最後一步之推進，及經蘇聯運輸供應物品頗為困難所致。

南王彼得聲明
企圖限制解委會權力

【路透社倫敦十一日電】南斯拉夫皇家法庭，今夜發表關於南國問題的公報說：彼得國王已詳細研討蘇巴西區及鐵托元帥所訂協定的草案，彼得國王對目前所提的協議表示兩點反對：一建議之攝政形式（即第二條第二款所載，民族解放委員會目前執有無限制之立法權），蓋此無異以一國大權置於一黨之掌握。彼得國王認為由各黨派組成聯合政府，反較得當。南國人民對偉大盟國目前進行之大戰，均寄以最深之同情，且對斯大林所率蘇軍之英勇戰績，尤表欽佩。南國人民對蘇聯素表友愛，彼得國王對斯大林備極敬重，斯大林於南國人民間聲望頗

由運輸當局監督。（B）住在桑泰島（比羅邦尼斯以西），愚貝島，錫克魯德島，斯波拉德島的一切人民解放軍部隊將撤退。代表們關於上述各點，在簽訂本協定後，即刻通知總司令這種部隊的實力與所在地及撤退的方法與路綫。（C）按照這一條款的規定，撤退的人員與部隊將引退，並保留在第二款中所描述的一綫以西與以北。（D）這一撤退於一九四五年一月二十四日零時一分完成。（五）正常居往在比羅邦尼斯以內，而現在居住在那裏的一切人民解放軍人員將撤退，並將保留在本協定附件四所特別闡明與給於附件五地圖中的從皮爾戈斯至阿爾戈斯總的一綫以南。這一撤退，將於一九四五年一月十九日零時一分完成。（六）關於俘虜的安置如下：（A）人民解放軍俘虜的一切服役人員，包括警察與憲兵在內，不問其國籍將放回，這將包括一切人民解放軍所俘虜的攜帶武器的希臘人員，然而這將不包括民族解放陣綫非軍事警察所扣留的市民。（B）英國當局將釋放同等數量的人民解放軍俘虜，作為交換。（C）在計算這一條款A、B兩項所規定的交換俘虜的數目，重傷的概不算數，並將送回。（D）一切被俘的英國平民將被送回，不問俘虜者為誰及他們在何處被俘。（E）前述的規定須按時並按照總司令將發表的指示履行。（七）人民解放軍方面未能遵守這一協定如條款或對希臘的任何部份，或任何英軍；自治領軍及印度軍部隊、或服役人員，或對任何希臘國軍、警察、憲兵舉行進攻時，將被視為休戰協定的破裂。這一協定分書兩份，一份英文，一份希臘文，一九四五年一月十一日二十二點（下午十點半）卅分鐘於雅典簽字。

【路透社倫敦十二日電】唐寧街十號首相官邸今夜（星期五）發表下列聲明：『英國與解放軍代表間簽訂的休戰條件，已為英國政府批准。但是，反對拘捕與拘留的人員。因此，英政府必須明白宣佈：除非解放軍所拘捕的人員已有效地被保護與釋放時，休戰絕不會持久或化為和平』。

德稱解放軍與英軍談判未決

【海通社柏林十二日電】倫敦訊：自星期三以來在雅典所舉行的談判，斯科比將軍與人民解放軍全權代表間尚未達到圓滿的協定。據斯科比所發表的公報：人民解放軍準備停止戰事，並在互惠的基礎上交換俘虜，但是關於人質問題尚未做出建議。因此談判必須在星期五繼續進行。

高。

【海通社紐約十二日電】美聯社倫敦訪員宣洩南斯拉夫國王彼得定於星期四上午召開的記者會議突然改期的理由，他從南斯拉夫有資格人士方面獲悉：國王已準備了備忘錄，拒絕關於南斯拉夫攝政的建議。在最後一刻，『最高方面人士』勸他撤回備忘錄並停止召開記者會議。雖然沒有官方證明，倫敦南斯拉夫大使館謠傳：邱吉爾親自干涉，制止國王發表上述的聲明。

敵大本營公報 呂宋戰役

【同盟社東京十二日電】在仁牙因灣南岸連接聖佛比安，杜格班，仁牙因地區強行登陸的美軍，冒犯我軍空中與陸地上的猛烈攻擊，九、十兩日繼續使兵員資材登陸，現在在該地登陸的敵兵力，步兵兩個師團，坦克一個師團（有坦克一百輛），現正企圖努力設置海岸一帶的橋頭堡壘。除聖佛比安正面以坦克為主的敵人的一個部隊進行若干活動外，全體來說，看不到什麼活動。特別是在仁牙因灣正面，敵人的登陸地點是惡劣的潮濕地帶，使敵人作戰行動有陷入膠着狀態模樣。敵人繼登陸部隊更企圖增加兵力，有一個乃至兩個師團的第三梯隊，正向仁牙因灣內前進。我地上精銳部隊向敵登陸軍展開激戰。又我航空部隊，富嶽神風以特別攻擊隊為首，全機均變成特攻隊出動，特別予仁牙因灣內的敵艦船以極大打擊，航空部隊的大多數均去而未返，因此戰果無法證明，敵人登陸的九日及十日兩日內，我航空部隊所獲戰果，正如十二日大本營之發表，計轟擊沉運輸船三艘，航空母艦一艘，巡洋艦三艘，巡洋艦或驅逐艦二艘，共計九艘。重創燃燒運輸船七艘，航空母艦一艘，航空母艦或戰艦二艘，戰艦二艘，巡洋艦二艘，共計十三艘，共損毀敵船二十二艘。再加上未確認之戰果，敵人在仁牙因所受之損失至為重大。

德報評呂宋登陸

【海通社柏林十二日電】星期三之德國晚報登載美軍星期二在菲律濱大島呂宋島登陸的消息，詳情是基於自東京來的消息描寫登陸的準備以及登陸情形。報紙在牠們的評論中指出：由於爭奪呂宋島，菲律濱及西南太平洋之戰乃進入決定階段。『怕林晚報』節錄本間上將之聲明。該聲明預料美軍只能在仁牙因灣。按本間上將乃一九四一年末至一九四二年初，征服整個菲律濱群島之日軍司令。該報着重指出：本間上將的卓絕知識，使而他能極為準確預言登陸之地。從通過軍能夠採取一切必要的措施來給美軍一個熱烈的迎擊。日軍在此地將得着並以愉快之態度將美軍擊退，從而證明了本間上將的見解。至是『晚報』又再度誇獎神風特別供給隊的漂亮動作，以及其他細節。目前開始的呂宋爭奪戰，將供給不怕死的日本神風供給隊以機會，例如他們在以前往來沒有像在此次決定性戰爭中供獻他們的力量。該報結語指出：在數天內無疑地神風供給隊將以擊沉敵艦船而得到新的收穫。『德意志環球日報』自東京訊稱：菲律賓群島全體日軍，皆在整裝待命中，『準備當敵一開始登陸時，就給他以致死的打擊』。德國評論的口吻較沉默，但是樂觀的。評論者當然認為日本軍隊及人民將在此考驗的時間中，表現他們傳統道德到最高度，以獲得勝利。

敵稱美畏懼重慶新產業政策

【同盟社里斯本十一日電】美國為了統制中國的經濟，不斷進行工業化的獨佔工作，紐約商業雜誌報導：這一工業化只有重慶自己參加，美國實業家是很畏懼的，暴露了美國對中國經濟獨佔的野心。關於上述，中央社駐紐約特派員作如下說明：紐約商業雜誌，對去年十一月三十日立法院長孫科在重慶扶輪社俱樂部所解釋的新產業政策表示疑慮。該報認為重慶政權的個人企業，可能發生無限制的競爭，因而產生了不安，在中國營業的外國實業家，感到這一不安是必然不可避免的。該報的批評反映了一部份工業家及銀行家的意見，故有相當的重要性。該報對孫科所說明的重慶的新經濟政策，在重慶管理的企業的實際範圍未明確之前，將對用國內或外國資本進行的戰後中國新經濟的發展，可能產生挫折。

海通社造謠 基輔廣播要求合併喀爾巴阡

【海通社斯托哥爾姆十日電】基輔烏克蘭蘇維埃廣播電台，在檢討斯洛伐克將來的東方邊界時，主張將喀爾巴阡併入烏克蘭蘇維埃共和國。這無線電台重申前外交人民委員長科爾內楚克的要求（科爾內楚克已被解職）：斯洛伐克與波蘭領土的大部讓給烏克蘭。那時莫斯科因為戰術理由，否認科爾內楚克的要求，為認是過激的要求。

德國誇稱潛艇活動增劇 盟方艦船損失很大

【海通社柏林八日電】柴信現時海上亦可能有煩擾人之意外事件，特別是關於潛水艇戰。在一九四四年末，

之特別任務，約分以下數種：（一）國內主要器材之籌辦，有審定之權。關於向美國租借法案裝訂器材，除軍械方面由軍事機關核定外，其餘器材均由本局核定。前運輸會議國際物資組織權，已奉命歸併本局。現成立生產優先委員會掌理審定需要與生產計劃以及主要器材之進口。（二）運輸優先權，本局依組織法之規定，對於軍用及主要民用物資之進出口以及國內與國際之運輸優先次序職權，亦移歸本局接辦，爰設有運輸優先委員會，內中國常委三人，由本人，軍政部長，戰時運輸局長担任，具有最後決定之權。（三）促進生產， 本局主要任務為促進與作戰有關物資之生產，進行方法分為：（甲）代籌需要。（乙）預定出品。（丙）撥借器材。（丁）協助技術。（戊）籌借資金及其他。足以減少生產事業困難之事項，吾人所注意者，為軍工器材，煤焦、非鐵金屬。×××，期限為一年，價格每三個月調整一次，煤焦最近一月各礦產量已達一萬三千九百五十六噸，為過去所未有之現象。惟以入口大量增加，需要量亦屬空前，致造成今日供不應求之現象。經與各礦代表會商，促進生產，預料本月內可增產五千噸，下月內亦可再增五千噸。吾人在美籍專家協助之下，對於煉焦之洗煤方法，已有所改善，現製成煉焦機一座，經試驗結果，每產煤一噸半，即成焦一噸，而過去非兩噸莫辦也。關於酒精之生產，將來中印公路開通，車輛大批輸入，需要液體燃料必增，除美方另籌辦法外，本局已擬美軍及我國各機關之需要，擬定數量着手推進，此外對非鐵金屬、電力、電訊器材，以及機器工具，花紗布之增多供應，亦在籌劃促進之中。翁氏報告財務方面謂，在該局成立之初，即與四聯總處商妥，透支一百億元，此項資金之運用，以扶助戰時生產為目標，凡有關戰士之公私生產，均應權衡輕重分別優先，貸助資金，使其得增加生產之效能。現分為短期貸款與長期資金兩項。關於經濟部工作，翁氏曾說明國防最高委員會通過之經濟建設原則，內中對於國營民營與中外合資經營之規定，並舉例解釋將與外人合資經營之辦法及外人公司須在我國政府註冊。旋對於收復淪陷區敵偽資產之處理，及收復區工礦接收整理辦法，均有詳盡之報告。翁氏於結語時認為，工礦業當前最大困難，為資金籌措問題，而工礦業負很高之利息一點，必須設法解除云云。翁氏報告後，參政員黃炎培、冷遹、江一平、錢公來、許德珩、李中襄等，分別提出詢問，計包括（一）當前煤荒現象及煤礦管理之改進，民營工廠請購煤炭之手續。（二）酒精增產後，對於原料之統籌問題。（三）工礦貸款手續問題。（四）湘省內

一般還認為危險已經克服了。去年十二月中，對於破壞英美的供應綫，在歐洲海面上，不只德國的潛水艇，而德國的新海軍航空編隊『Storm v ilsIngs』，均增加了相當大的成功。他們的英勇行動，能與日本的神風戰鬥機相比。十六萬三千噸和十六隻驅逐艦是盟國每月相當大的損失，雖然在英美的製造船塢裏，所建造的新船噸數，也許更多些。毫無疑義的，由於這些損失的結果，艾森豪威爾將軍一定會失去某些急需的作戰用品。這些損失怎樣的使他真正的感到了嚴重要待日後方知。供應問題是最重要的問題，而海戰由於其他因素所決定，並不一定對英美有利益：一、生長了新的力量的德國空軍，特別盡力去做擾亂敵供應綫的工作。二、V一和V二號飛機集中火力轟炸安特衛普、列日及其他供應中心，必須認為只是將來的復仇措置的先驅。三、除了和以前理論的估計相反的，已成為實際作戰的額外需要之外，尚有由於七萬五千個英美士兵脫離隊伍及大量物質損失所造成的額外要求。此事已由星期日所報告的不尋常的德潛水艇的勝利所證實，據說這次勝利於十日內敵人損失十九隻貴重的船隻。

翁文灝談戰時生產局現況

【中央社重慶十二日電】國參會駐會委員會十二日舉行第八次會議，經濟部長兼戰時生產局局長翁文灝，對今後戰時生產方針，有詳盡之報告。會議係於上午九時舉行，出席者主席團莫德惠、王世杰、江庸、參政員錢公來、胡霖、李永新、許德珩、冷遹、孔庚、黃炎培、左舜生、陳啓天、陳博生、許孝炎、李中襄、江一平，秘書長邵力子、副秘書長雷震等，由江庸主席，邵秘書長宣讀外交部書面報告後，即由翁文灝報告卅四年度工作計劃及戰時生產局成立以來工作情形。翁氏首稱，戰時生產局為戰時集中生產之最高機構，同時亦為中美兩國間經濟合作之一聯繫機構，去年十一月卅日，會成立中美聯合生產委員會，現正準備開始工作。該局除現有之美籍專家外，尚有電氣、紡織等專家，亦即將啓程來華，將來全部美籍顧問約二十人，純負技術方面工作，其他機構尚有審議委會，由外交軍政財政交通各部長為當然委員，另經最高當局指定錢昌照、俞飛鵬、彭學沛三人為委員，以加强各有關機關之聯繫。其次尚設有『鋼鐵』、『煤焦』（缺六）『器材』、『汽車配件』、『機械工業』各顧問委會，包括工業家實業界人士及政府有關事業人員，隨時集會，提供意見，以作參考。翁氏繼論及該局

還工廠之救濟。（五）經濟部長與戰時生產局職掌如何劃分。（六）綦江鐵路鋪路之迅予完成等。俱經翁氏即席分別予以答覆。旋討論：（一）根據陳參政員逸雲電告，赴前綫慰勞所目覩之難民流離失所情形，與士兵待遇問題，請促有關機關注意案，決議分函各有關機關注意。（二）本市輸出業豬　等四同業公會理事長，函請轉請政府廢除復興公司統銷及實行出進口貿易聯銷辦法案，決議此項意見，本會大會已有同樣之建議，擬請政府併案辦理。至十二時十五分散會。

國民黨要全國「獻糧」一千五百萬市石

【中央社重慶十二日電】為改善士兵待遇，發動大戶獻糧事項，已由政府通令實施，並規定自卅四年一月開始征集至三月底辦竣，全國獻糧數額以達到稻谷一千五百萬市石為目標，各省配額，亦經核定通飭知照，於即日起，開始發動。

【中央社貴陽十二日電】黔省參議會舉辦之黔籍第四屆國民參政員通訊選舉，現決定十五日開票，該會並電請中央增加本省參政員名額，及電請中央緊急救濟本省虫災、水災、霜雹災及此次黔南災情。

【中央社湘西某地十一日電】湯總司令恩伯，十一日午由筑來湘西某地，王集團軍王總司令耀武，當召集當地各界首長舉行座談會，會後王集團各主管分別提出報告，下午五時湯總司令召集王集團全體官佐訓話，檢討去年中原及衡桂柳各次戰役之得失，及太平洋戰局關係之影響，分析甚詳，旋對今後戰鬥意志之提高，軍民之合作，官兵待遇之改善，及今後作戰諸問題指示甚詳。

【中央社渝十二日電】川陝鄂邊區綏靖主任潘文華，於十一月來渝述職。

【中央社南鄭十一日電】陝西省廣播電台，自移駐此間後，以機件損毀，久未工作，最近新機器業已運到，週內即可正式播送，每日播時間為下午六時半至九時半。

【中央社重慶十二日電】慰勞總會及陪都各界，於十二日赴唐家河歡送即將出國接艦參戰之海軍官兵，當場致贈慰勞金慰勞品值百萬元。

偽寧人員調動

【同盟社南京十二日電】今日國民政府在中央政治委員會決定下列人員的調動：前上海市政府秘書長吳頌皋，特任為司法行政部部長，司法行政部部長陳[illegible]譽，特任為政府參贊，特派社會福利部部長丁默邨為中央政治委員會秘書長。

參攷消息

（只供參考）

第七五八號

解放日報
新華社 編

今日出一大張

卅四年一月十四日 星期日

國民黨軍事發言人稱
日軍預防美軍在華登陸

【路透社重慶十二日電】中國軍事發言人今日（星期五）稱：日軍正採取預防措施，以防盟軍在上海及上海以南中國海岸登陸。他說：日軍在上海建築防衛工事，並××內河船隻及民船，以準備城市附近河網及湖網中的戰爭。他們把軍隊從南京調至上海，並從上海調至上海南的杭州，以加強浙江防綫。日軍同時在福建省及廣東省加強其陣地。本週初，日軍於福建省登陸數百名，並佔領霞浦，後者後來爲中國軍隊奪回。過去數日中，中國戰場無重要變化。廣西北部繼續沉寂。據美軍高級當局稱，在中緬邊境，日軍奪回滇緬路上的畹町城，但仍爲日軍佔領的該路剩下一小段，預料將在『數小時或數日內』落入盟軍手中。大量日軍現結集於湖南省的重要鐵路聯結點衡陽城，但尚不能斷定他們是否企圖向南進攻，以封閉粵漢路的最後缺口，抑或開赴桂林，以加強通往越南的走廊。

英報說三國會談前夕
蘇方提出備忘錄

【海通社柏林十二日電】倫敦訊：據英國週刊『卡緋爾卡地』說：斯大林的政治顧問於過去五日中起草了一份備忘錄，這備忘錄能幫助解決即將到來的斯大林、邱吉爾、羅斯福會議所要討論的問題。該週刊似乎知道此備忘錄的詳細內容。據該週刊說：斯大林的政治計劃，基於形成勢力範圍，並將討論英國在希臘、地中海的利益，及美國在太平洋的利益。另一方面，斯大林要求英美承認親蘇的波蘭政府。該週刊繼續說：斯大林同時準備將許小國家置於大強國警務管制之下。該週刊又說：羅斯福及邱吉爾其時亦起草計劃，但羅斯福及邱吉爾不可能在三國會議之前會晤，因爲這會晤可能引起斯大林懷疑。

部門答覆方面。關於十二月十二日，把印度洋艦隊分爲太平洋艦隊與東印度艦隊，任命福萊瑟爲太平洋艦隊司令官、鮑威爾爲東印度艦隊司令官。太平洋艦隊與東印度艦隊的編成，是與魁北克會談以來的一個懸案，這樣使英的『反攻太平洋第一主義』進入實現的階段。

那麼，英國再編艦隊的戰力究竟如何？我們首先看一看太平洋艦隊的勢力。大體上有戰艦兩艘、襲式航空母艦一艘，甲級巡洋艦、乙級巡洋艦、驅逐艦若干艘。此外並有澳洲艦艇H級四艘、G級二艘。東印度艦隊有戰艦五艘至六艘、襲式航空母艦二艘至五艘、輔助航空母艦六艘至十艘、巡洋艦十艘、驅逐艦三十艘、潛水艇三十艘。顯然，英國是把主力放在太平洋艦隊上，在由歐洲海面駛來的艦船中，優秀的艦隊完全編入太平洋艦隊，但無一艘精銳的戰艦，而預定開來的甲級戰艦迄未到達。像他們所說的進行單獨作戰，暫時是不可能的，只不過能進行牽制性的作戰或與美國艦隊共同進行作戰而已。東印度艦隊自歐洲開來的艦船，大部份駛往澳洲，因此也不能希望能有怎樣的加強，因之在印度洋上進行猛烈的反攻作戰，亦是難於實現的。那麼，目前英國艦隊的動向將如何？綜合各種的外國電報，似乎英太平洋艦隊已作爲尼米茲指揮下的一個機動部隊，參加非島作戰。但自台灣空戰以來，由於我陸海軍連續不斷的強襲，美國艦隊已喪失其勢力之大半，因之可以預想到由於美國的強烈要求，英國太平洋艦隊遂積極地參加了非島作戰。特別是作爲進攻非島的兵站基地，正在把魔手伸向越南。由此當然也可以想像到在該方面將會有一些行動的。正規的單獨作戰與所謂大規模的作戰，暫時是不可能的，但是與非島作戰相呼應、以謀分散我軍的勢力，俟機自印度洋進行夾擊作戰的企圖，亦是可以預料得到的事情。

敵報評呂宋戰況

【同盟社非島前綫十二日電】吉田、佐藤兩報導班員（朝日）發：侵入呂宋島仁牙因灣的敵第一次、第二次船團，頑強地應付我軍的猛攻，終於在九日登陸，其後在航空母艦十艘保衛之下運輸船一百艘登陸用船隻一百數十艘的有力的第三次部隊，亦於十日黎明到達該灣，我航空部隊全部成爲特攻隊進行決死的攻擊。在非島的航空部隊，阻止敵人向北方前進，進行激烈的衝入，結果使敵人第一次船團在受到我軍打擊後，當六日到達仁牙因灣的時候，敵人船隻減少至巨型艦六艘，舟艇約六十艘，逼使敵人單獨放棄了登陸的企圖。當敵人由運輸艦五十餘艘舟艇二百數十艘編成的第二次船團，在八日夜到達

【海通社柏林十三日電】德國外交部新聞司及情報司長保羅・斯米特博士，在德國外交機關大廳講演時，論及英國這次戰爭概念的失敗，特別是關於英蘇條約，所謂『赤色同盟』。斯米特着重指出：英國在開始時把蘇聯看成是反對德國的一個碰巧的戰爭因素，但絕不是戰後的因素，英國祕密地希望德國與蘇聯會互相流血至死，英國穩坐歐洲強國的地位。斯米特宣稱：在斯大林格勒一役之後，紅軍已成為歐洲會戰的勝利者與最強大的大陸國家。英國現在被迫對蘇聯接二連三的讓步，而另一方面企圖在外交的基礎上破壞蘇聯在歐洲的政治目的。這一藉倫敦各流亡政府的幫助或以西歐集團，以『交通隔斷綫』包圍蘇聯的企圖，已在莫斯科的對抗下完全失敗了。

【海通社洛桑十三日電】巴黎不滿意於同盟國。原因是：羅、斯、邱要舉行他們即將到來的會議，×××××。『洛桑日報』巴黎訊稱，該處人士對戴高樂不參加三國會議表示率直的不滿。如果法國不參加，斯大林元帥在某些場合將遇到羅斯福與邱吉爾的反對意見。如果法國能參加會談，戴高樂將支持其偉大的莫斯科同盟。據推測關於波蘭與巴爾幹問題，他亦將與莫斯科完全一致。

一　同盟社論英國對太平洋戰爭的政策及實力

【同盟社東京十三日電】由於美軍在呂宋島的登陸，太平洋戰局頓然進入嚴重階段，決定勝負歸趨的正規的日美決戰，其時機是一刻一刻地成熟了。隨之，福萊塞指揮下的英國太平洋艦隊與鮑威爾指揮下的英國東印度艦隊的動向，亦逐漸令人注視起來。美國在推進太平洋戰場的基地上，有了進展，主戰場逼近菲島，另方面在歐洲戰場，反軸心軍的進攻有了進展，隨之，英國在大東亞的作戰方針已拋棄消去『保存艦隊主義』的消極政策，而逐漸走向積極化，其原因是：（一）對日戰爭若為美國獲勝，則英國對於分配太平洋島嶼，將不能獲得發言權，不僅這樣，而且甚至連戰前的英屬島嶼，亦將為美國奪去。（二）在目前的歐洲戰局的情況下，可以把艦隊從歐洲海域開到大東亞海域。（三）在太平洋作戰中，美國艦隊已喪失了龐大的艦船，因之強烈地要求英艦隊的參加。因此邱吉爾於去年七月，將英國本國艦隊司令官福萊塞委任為印度洋艦隊司令官，從歐洲海域開動了若干艦艇，以謀充實與加強南印度洋艦隊，同時邱吉爾又預告英艦隊將在大東亞戰場開始積極的作戰，但是在實際的行動上，一點也看不到，只是把機動部隊向異他海北部

該灣之前，受到了將近百分之四十的損失。最近敵人的特出戰術是用很多的小船以避免我特別攻擊隊的猛攻，但我特攻隊是進攻敵人的巨型船隻，而且特攻隊一但突入即能完全命中敵人，但由於敵人第三次、第四次不斷增加數量，使制空權不得不逐漸委諸敵人，戰鬥已逐漸進入陸戰，呂宋戰綫僅是在仁牙因灣一帶迎擊敵人，我呂宋全島的陸上戰力極為強大，因此今後敵人只要頑強前進，必然會遭受到我軍強力反擊。

【同盟社東京十二日電】讀賣新聞社論稱：現在萊特島、明多羅島展開了足以決定菲島戰局歸趨的一大決戰，自敵軍在萊特登陸以來，敵船艦遭我軍尤其是『神風』特別攻擊隊擊落、擊傷者不可勝數。敵人雖付出莫大的犧牲，但是還未屈服，它還是孤注一擲地向菲島的主島——呂宋島挑戰。小磯首相日前在閣議上曾經道破：『美軍為了彌補歐洲戰場不利的形式，必需在太平洋採取什麼焦點的戰法。』羅斯福致國會咨文中提到一九四四年（缺），國會的情勢使羅斯福非常焦慮，這是不可掩飾的事實。他欲依靠太平洋的積極攻勢來打開此種局勢。敵人依靠其物資數量進行的攻勢是不可輕視的，當菲島決戰達到頂點時，英國印度洋艦隊亦於五日來襲蘇門答臘，因此我軍的決戰場所以菲島為中心，包括由太平洋到印度洋數千浬的廣大地域，支配大東亞百年命運的有歷史意義的一戰將由仁牙因灣的一偶擴大起來。德國宣傳部長戈培爾說：德軍在西部戰綫的攻勢，是以德國全國人民一致旺盛的戰意為依據，且有相依為命的前綫與後方。必勝的要諦就是前綫與後方完全一致的堅固的結合和昂揚旺盛的決戰意識。在呂宋島有山下最高指揮官統率的精強的皇軍，國內人民應竭力生產，只有這樣，才能擊滅敵人，獲得勝利。

【同盟社東京十二日電】朝日新聞神風賦欄內揭載：『今日各方都要求強力政治』，倒底什麼是『強力政治』？每倡一件事情，必有很多的人起來響應。它是提高國家意識的表現，好像全國國民都走着一條路一樣。這是今日『強力政治』的本體。今日何日？今日是決定國家興亡之時。要求實現這樣的一種政治，以便能保衛國家，出現大東亞的真正姿態。今日我們所要求於內閣的『強力政治』，已經不講自明。它是要實踐真正的臣道。朝野一致奮起，不須命令來實行戰時諸施策。全國國民將會毅然前進。

每日新聞揭載：最後決定大東亞戰爭的，是否繫於菲島，這是不能輕予斷定的。菲島在四年之前，美國是防禦，日本是進攻，現在是日本守，美國攻

6）據說菲島是易攻難防，但日本卻能保衛之。與美國相比，日本更需保衛菲島。

同盟社傳說
英國反對在呂宋登陸

【同盟社斯托哥爾摩十一日電】美軍在呂宋島的登陸，展開了太平洋戰局的新的一頁，這一作戰在美英兩國軍事關係上又引起新的問題。此即隨着西部戰綫反軸心軍的遭受挫折，在對歐戰最關心的英國國內，要求對以太平洋爲重心的魁北克會談方針再行檢討，主張恢復以歐戰爲重點的德黑蘭會談方針。這一呼聲相當的高漲。特別是以此次美軍在呂宋島登陸，這一呼聲就更加尖銳，發展到支配輿論的程度，例如路透社軍事訪員約翰•基婦器，批評美國在呂宋登陸的戰略，十一日論述如下：「呂宋島的登陸作戰，是反軸心軍世界戰略的一個變化，爲什麼這樣說，因爲反軸心軍在太平洋戰場上投入了壓倒的比例數的預備兵力，其結果就全世界宣佈已沒有充分的預備兵力去配合其他戰場的要求，反軸心仍是置重點於太平洋戰場。呂宋登陸作戰的顯著特徵，是在四五個月前即已計劃完畢。當時美陸軍參謀總長馬歇爾，根據歐戰已接近結束的想定，開始了呂宋登陸計劃的擬定，但去年秋天歐戰結束的設想已經失敗，因此對太平洋重點主義有再檢討必要。英國不管部大臣的訪問華盛頓，其目的亦主要是爲此事。但美軍不顧戰局的發展，在呂宋實行登陸，其結果怎樣呢？呂宋作戰即使順利進行，仍要投入預備兵力，如被日軍打敗，就更要投入兵力，而且在歐洲戰區，要派遣一個師團需要五萬噸船舶及兩個禮拜工夫，但呂宋島的一個師，就要二十萬噸船舶及四個月乃至五個月的預備時間，要計劃太平洋戰區的攻勢，必須與歐洲戰局的發展相配合，四個月前所製定的作戰計劃已與今日的形勢不符合，美國必須改變目前的想法，歐戰結束後，可以在對日作戰中投入很多的兵力。

敵論美蘇關係

【同盟社東京十三日電】歐洲在美英蘇三國看來，已由戰略進入政略的階段，三國關係必然開始表現出新的樣相，這就是三國在波蘭問題，以及與歐洲全盤的政治問題相關連的對立關係更加明顯，德國乘着政治的間隙，突然在西部戰綫展開一大反擊，實是良機。他們的政治對立，對於今後他們共同戰略的影響是值得注意的。由從來的三國關係觀之，蘇聯雖然不客氣地反抗英國，但對美國卻持慎重的協調的態度。它儘量與美國協調，以對抗英國的主張和壓制英國。目前美國同樣地儘量接受蘇聯主張似乎也是事實。但是現在美蘇關係亦開始投有

趨向社會主義社會的傾向。在戰爭之後，這一傾向將在一切國家內以其一切力量突破，而它在那些領導鎮壓它最久的國家內將最強」。在敵人陣營內關於摧毀與消除什麼是一致的，但關於建立什麼以代替它便不一致。盟軍不能按計劃行動，因而給予他們戰爭的軍事行爲以緊急需要的政治背景。將來的和平將帶來制定政治態度與意志的巨大山崩，但是這首先將發生在財閥的國家內，這些國家的人民沒有清晰的政治意識形態（世界觀）。並且在這次巨大鬥爭中絲毫看不到任何的意義，「沒有人要相信在敵人佔領的西部區域及蘇軍所征服的東南歐各國內的政治事件竟沒有將來發展的機會。他們只是暫時的受阻，但是在這種情形下，遲延與放棄是不同的。在這些國家內，革命份子與保守份子之間的鬥爭未決勝負。但是這一決定是不能免的。」在結尾時，戈培爾博士在論文中宣稱：「德國人已經歷了其他人民依然高漲的革命。在五年的世界範圍的鬥爭過程中，我們曾無一刻被迫改變我們關於這次戰爭歷史意義的基本觀念，或者修正我們的一般的戰爭理論。我們的觀念便是我們的利益，它引導我們安心地與堅定地渡過這次戰爭的危機與複雜情形。我們把它掌握在手中，如像指南針一樣，一旦目的被清楚地承認，則事情已達到一半矣！」。

英報譴責法國私刑案件

【海通社柏林十一日電】倫敦訊：「每日先驅」報大大譴責法國私刑案件數目增加，並認爲共產黨的抵抗運動應負責，在一切案件中，正規法庭的判決都不同意抵抗運動人士的意思，而後者進行自己審判，並將被告槍斃。該報特別批評法國報紙與法國政府任何人員至今都不反對這些方法。

法與梵蒂岡恢復關係

【路透社倫敦十一日電】瑞士無綫電今日宣稱：法臨時政府與梵蒂岡間之誤解已冰消，戴高樂將軍授與前駐法國之梵蒂岡外交代表華勒利阿以法國最高大十字榮譽獎章。無綫電繼稱，華勒利阿乃前任駐維希政府外交代表，在他被告知戴高樂將軍信任他爲外交官之後，始於上月中返回羅馬。

路透社謠蠣解放軍
續捕人民

【路透社雅典十二日電】據稱，據馬斯金諾斯大主教認爲人質現已達一萬五千。據稱，解放軍在薩貝斯區迅速退卻中，僅釋放數百人。解放軍代表據稱未證明他們拒絕交出人質的理由，僅謂這些人質，是由非軍事警察逮捕的，而不是解放軍，因此不屬於解放軍中央委員會範圍之內。估計解放軍所拘平民人質的數目，是很困難知道的，因爲他

們在撤退中，似正繼續逮捕平民人質。

【同盟社里斯本十二日電】雅典來電，希臘解放軍與英軍間的休戰協定，十二日在英軍司令部正式簽字。

敵稱國民黨軍隊 大批接受美式訓練裝備

【同盟社廣西前綫十一日電】磯田兵團報導班員報導：由〞護北方的胡宗南部急速換上美國式裝備的事實，可以判斷重慶軍換上美國式裝備和美軍勢力的浸透，在地域上說來是相當廣泛的。由於我軍向內地展開進攻作戰，逐漸知道重慶軍美式化的內容。美國式的山砲是敵砲兵隊的主要的大砲，此次敵軍在滇緬公路上遺棄着用來攻擊火力點的火箭砲（福特一九四二年式）。距離作戰用的兵器都是美國製造的自動步槍、反坦克的兵器（用高熱融化坦克的裝甲）可以用作地雷的炸彈，甚至無綫電機以及其他資材都是美國製造的，同時重慶軍完全採取美國式的訓練，聽說雜牌軍隊第四十四軍駐紮湘黔時，有美國軍官及下士官數人常駐該部，農民們都表示驚異。還聽俘虜說第十軍駐紮衡山時，有美軍下士官數人被派至該軍進行美式大砲的教育。全國大學中選拔的學生六百八十五名受四星期的訓練後，有一百九十四人被派至雲南印度遠征軍，其餘分配至航空委員會、交通部、後方勤務部及各軍工作。與此前綫後方的美國式教育相輔而行的重慶軍幹部的美國式教育更加澈底。培養陸軍中堅幹部的中央軍官學校總校是在重慶，九個分校各有十餘名至數十名的美軍教官、助教和助手，他們主要者教授如何使用美式兵器以及短距離作戰中的美國戰術。欲使重慶軍代替美軍進行作戰還需要培養大批的幹部。因此去年春天在桂林附近設置中央幹部訓練所，把訓練所作爲美國式教育的最高學府。值得注意的是該教育的人員從校級軍官起到師長級的將官，大量地受到約八星期的短期訓練。

【同盟社里斯本十一日電】美國爲了使重慶工業化及進行投資，以便獨佔支配中國的經濟，已經在納爾遜指導之下，組成了戰時生產局，踏入了將來工業化的第一步。最近又爲了擴充改善工業設備，已決定擴大對蔣軍火租借法，據華盛頓來電，美國經濟院已決定戰後的中國工業化計劃，上述法案現正在調查研究中，但可以看出美國在戰後支配中國經濟的一端。

陰影，美蘇圍繞於伊朗石油問題的對立已經很久了，蘇聯報紙不但非難美國公司在伊朗進行經濟活動，而且還露骨地攻擊美國軍隊非法地進駐伊朗。此外，在蘇軍佔領下的羅馬尼亞、保加利亞，拒絕外國新聞記者及技師入國，以及使其出國的事實，已如衆所週知的。據最近的情報稱：蘇聯曾經歐洲戰綫的美國軍用飛機利用蘇聯境內的基地，而最近予以拒絕。在這樣的情形下，美國政府停止一部份機械類及重工業資材運往蘇聯，而其表面的理由是一九四五年美蘇軍火租借協定尚未簽字，但我們可以認爲這是美國反抗蘇聯和對蘇的政治意圖。這樣一連串的事實暗示美蘇間的暗流日益深刻，美國制霸世界的野心逐漸明顯，而蘇聯在政略上加以戒備，現在兩國的對立更明顯。

同盟社挑撥造謠 說紅軍採取靜坐罷工的戰術

【同盟社東京十一日電】美英盟國軍事專家，特別是紐約時報軍事訪員鮑爾溫等都指出：美英蘇三國關係的惡化，對於反軸心國聯合作戰有惡劣的影響。三國在波蘭問題及歐洲全盤的政治問題上，發生嚴重的對立，此時德軍乘隙在西部戰綫展開大攻勢，這使上述問題更加尖銳化。英國保守派的雜誌『觀察家』指出，當反軸心軍在西部戰綫受到倫斯特德元帥打擊時，東部戰綫的紅軍決不能停止在維斯杜拉河，因爲波蘭戰綫離柏林是很近的。甚至同情蘇聯的左翼機關報『新政治家與民族』亦評稱，英國最害怕的就是英國如果不承認盧布林政府，那末紅軍要繼續在東部戰綫進行『靜坐罷工』。外間謠傳美英兩國在德黑蘭會議席上，同意分割波蘭。蘇聯只要求把寇松綫以西的波蘭變成蘇聯的衛星國和正式承認盧布林政權。因此，羅斯福和邱吉爾如不收起大西洋憲章，不給倫敦流亡政府的治喪費，那末斯大林元帥將不向羅科索夫斯基發出進攻的命令。美英兩國爲了擺脫西部戰綫的困境，，必需聽蘇聯說的話。美英被斯大林捏住鼻尖子，只得唯命是聽的可憐相是可以想像而知的。

戈培爾危言聳聽 戰後全球將爲社會主義

【海通社柏林十二日電】戈培爾博士在『帝國』週刊撰文標題『作爲戰爭行爲的基礎的觀念』宣稱：『這次戰爭是社會主義革命』。銀行家與猶太〝不會戰勝，而人民將要勝利。以粉碎一個大陸的社會與經濟的生活標準，是不能達到勝利的。全世界有

參考消息

（只供參考）

第七五九號

解放日報 新華社 編

今日出一大張

卅四年一月十五日 星期一

德謂蘇軍發動冬季攻勢 東線又成主要戰場

【海通社柏林十二日電】自一九四五年一月十二日（是日爲早就料到的蘇聯發動冬季攻勢之始，前時蘇軍在匈牙（上）以來，東線又再度成爲首要戰場。上述觀點乃是星期六德軍代言人所論及。他說，目前莫斯科攻勢的目的，是要破壞整個德國東線戰場。莫斯科最高統帥部所發動的冬季攻勢的整個範圍，表明蘇聯不單是要而且意欲以綿的主要戰鬥得到強力決一勝負。據軍事代言人說：蘇聯此次新的冬季攻勢之集結，在巴拉科夫橋頭堡壘及東普魯士邊境區域。而同時在匈牙利，斯洛伐克前線之戰僅僅是牽制性質。軍事代言人着重指出：所有軍事戰鬥中，佔最重要位置之意外因素，在此次莫斯科所發動之冬季攻勢中，完全沒有。集中於敵後方大軍有幾次皆被德軍陸上及空中偵察所探見，而德軍最高統帥部即按此計劃行動。

美機飛襲台灣、名古屋等地

【同盟社台北十四日電】（缺一段）敵大型機約五十架，由中國方面侵入本島中部及南部，投下炸彈數枚，於下午一時許逐漸向北方逸去，我方損失甚微。

【同盟社東京十四日電】由馬里亞納基地起飛的敵B29式機約六十架，於十四日下午二時起，經一小時半之時間，由近畿地區侵入中部地區，以名古屋爲主要目標，投下燃燒彈和炸彈，投彈後即向南方逸去。我防空部隊極活躍，僅名古屋地區即已擊落敵機數架，戰果現正在調查中。在我迎擊部隊的猛攻下，敵機無法進行準確的投彈，因而重要的設施受損極微，市民住宅的損毀也減至最小限度。

敵稱呂宋平原 是殲滅美軍的最好決戰場

【同盟社東京十四日電】敵人終於以兩個步兵師團，一個坦克師團，在仁牙因、

戰兵團的大會戰。托侖布魯在九月的紐約時報上發表評論稱：麥克阿瑟軍在呂宋島的登陸，意味着美軍將在能充分地展開機動戰的廣大地域，與日軍的野戰兵團交戰。呂宋島的戰事，今後將延長到幾個月是難以預料的，但左右戰局勝負的，將是美國太平洋艦隊的力量。太平洋艦隊的任務是阻止日本陸空軍增援菲律賓？防止在雙方的力量對比上有利於日軍。另外從空軍觀點來說，侵入呂宋島也將展開太平洋上空前的大戰，由美國空軍已更接近日本本土，對於日軍來說，她今天所處的地區已使她能出動全部兵力來參加戰鬥，以保衛自己。說得過分一點的話，日軍的轟炸機可以從日本國內裝上炸彈，飛到呂宋來，雙引擎的戰鬥機可以從九州經台灣一下子就飛到呂宋，而從中國經台灣飛到呂宋也是可能的。

【海通社柏林十二日電】紐約訊，美國幾家報紙警告人們不要太早預期在菲律賓的勝利。紐約時報寫道：日本未抵抗美軍在仁牙因灣海岸的登陸，這並不證明獲得迅速而容易的勝利[illegible]的，因爲不是在島的海岸來防禦島的。最好的戰術包括發動反攻，[illegible]設防很好的陣地等待敵人。『華盛頓郵報』寫道：美軍的進展，[illegible]了在獲得戰爭勝利以前，仍存在的無限困難。太平洋上的戰鬥[illegible]很大重要性，它一定會用盡一切力量去獲得戰鬥的勝利的。

德傳英將 提前辯論時局

【海通社倫敦十三日電】英政府星期六宣佈：邱吉爾改變原來計劃，將於下週星期四星期五在下院舉行兩天戰局辯論，邱吉爾將於是日檢討世界形勢，並尖銳答辯工黨的批評。政府黨代言人稱：戰局辯論原定一月二十三日及二十四日舉行，現在之所以提前，乃由於時局關係，至於『時局』是不是指希臘之政治發展，抑或斯大林羅斯福邱吉爾之秘密晤期，現尚屬不知，一般意見認爲邱吉爾願在羅斯福發表就任誥文之前，發表演說。邱吉爾將於星期一接見工黨代表團——[illegible]代表團將請求邱吉爾認可，派遣正式工黨代表團到希臘調查目前形勢，特別關於人民解放軍人質問題，社會黨及職工會反對人民解放陣綫之宣言問題。預期邱吉爾亦將於星期二在下院發表希臘形勢之聲明，亦將回答工黨提出批評之若干問題，並將對獨立黨議員所提出之希臘全民投票問題表示意見。

希攝政向解放軍提議 釋放被捕政府人員

【海通社雅典十三日電】希臘攝政達馬斯金諾斯大主教在人民解放軍簽訂休戰協定後，當民族解放陣綫與人民解放軍代表們啓程回中央委員會總部以前，致電他們說，他聽到不釋放無數希

製比佛安一帶登陸，目下正拚命確保橋頭堡壘。呂宋島東岸一部是狹隘的平地，不能成爲決戰的作戰區域，形成了到呂宋南部中央平原的……（掉數字），但在大兵力的展開上，仍然極爲狹隘，呂宋島南部平原的戰略價值，仍然要次於呂宋中央平原的戰略價値，因此大規模的機動作戰仍然要在呂宋島中央平原。我軍在菲島作戰時，最後征服敵主力的地點亦是在呂宋一角巴坦半島及可里基多爾島。當我軍在呂宋中央平原擊潰敵人，把呂宋中央地盤掌握在我軍手裏的時候，呂宋島已被我統制了。呂宋島西岸一帶從五月到十月是雨季，而現在則是乾燥期，敵人此次的作戰，亦充分的考慮到這一條件。這一地區有阿格諾、巴姆潘加兩大河，並且有很多的河川縱橫穿插，雖說是平原，亦未必是平坦的平原。皇軍在菲島作戰當時，我攻擊部隊會因很多的河川受了不少的[illegible]，架設橋樑共二百五十個，進擊速度減低到根據架設橋樑的速度而定，因此呂宋平原的決戰，決不能忽略了這些河川的存在。敵人在登陸時冒着很大的困難使坦克師團登陸，其原因就是適應呂宋島的半大陸地形的要求，他的坦克主要是水陸兩用坦克，說明了敵人亦是爲了適應呂宋平原的地形。在皇軍進行呂宋島作戰當時，皇軍在呂宋島一個禮拜的工夫就一舉擊潰敵人，完全控制了呂宋平原，打出了進入馬尼拉市的號砲。這就是說作戰的條件與皇軍卓越的作戰能力，完全在我方掌握。此次皇軍是換一個地位，但一切仍在我方，這就是說大陸作戰地盤上的皇軍的作戰能力，就像敵人所畏懼的那樣，是非常優越的。美國從大東亞戰爭以來，是首次在大規模的陸上決戰中，將它的長遠供應留在後方，呂宋平原正是敵人將皇軍怒火引向自己身上的地方。根據山下將軍確固信念下的作戰體勢，（掉一段），首先在由聖佛比安隘路口直至中部平原一帶，應當是敵人遭受大打擊的一個關口。山下將軍會這樣表示他的決心說：『並不是一兩個島的問題，而要有收拾全部的本領那才算好』。山下將軍的自信，就是對呂宋平原戰略體勢及擊滅敵人地利上的自信。呂宋平原是長約二百公里，寬約七十公里的決戰場，從它周圍的地理條件來看，亦是發揮野戰軍新面目最好的地方。

紐約時報記者 預料呂宋將發生野戰兵團的大會戰

【同盟社里斯本十一日電】紐約時報軍事記者羅伯托·米倫布會，在評論呂宋島作戰的發展前途時，預料它將爲野

關人質的消息，感到很大的驚駭。拒絕放回這些人質，是不好。如果民族解放陣綫中央委員會願意幫助恢復像文明國家應有的法律與秩序，他將準備給希臘政府與民族解放陣綫及人民解放軍之間的會議一些方便。

【海通社雅典十三日電】斯科比將軍與人民解放軍簽訂的休戰，毫不影響希臘政府政策的態度，這政策仍與過去一樣，以政府宣言重建全國秩序的原則爲基礎。這是希臘政府星期六晚舉行內閣會議後正式公佈的，在這會議中，休戰條款會遭到右派各黨的嚴厲批評。

英報傳意共要求 游擊隊加入解放軍團

【海通社柏林十六日電】倫敦六日訊：英國記者羅伯特·勞德解釋爲什麼意大利共產黨突然開始支持君主軍隊的宣傳運動。名爲意大利解放軍團的君主部隊的大大加强，以及他們在盟國政府承認波諾米內閣時，參加盟方作戰，×××××在意大利共產黨的領袖，認爲這亦是誘導盟國給予國內政事更大的自由。然而，這一自由是徹底實行共產黨綱領的先決條件，共產黨的綱領在其他事情中間——包括將其游擊隊合併入意大利解放軍團，這種事情迄今遭受拒絕，最重要的行政機關的工作部門中，特別是省政府與市政府（按：此處恐有遺漏）。勞德宣稱：這一新戰術亦是由政府贊成共產黨領袖對阿基將軍的懲戒行動，因爲阿氏反對許多解放軍團流入君主制度。

英報要求 蒙哥馬利爲副統帥

【海通社倫敦十日電】新聞紀者要敏格在星期五的『新聞紀事報』中肯求蒙哥馬利將軍應成爲盟軍統帥——艾森豪威爾將軍的副統帥。並强調說：蒙哥馬利應該××戰爭計劃，並對一切決定意義的步驟負責。肯敏格又說：人們公開批評說：艾帥太多的時間被用於日常行政工作中。他强調指出：艾帥所有的時間太少，不能照顧廣大的計劃。

倫敦波蘭政府將改組

【海通社柏林十三日電】倫敦訊，據交換電訊報紙自政界人士方面獲悉：倫敦波蘭流亡政府不久將改組。農民黨將有代表參加新政府。基督教民主黨首先提出關於成立新政府的建議，該黨在給波蘭總統的信中要求召開四黨會議，以成立新政府。據說這會議將在本週末舉行。

一 同盟社歐牛「德國的潛在力量」

【同盟社柏林十日電】接近於毀滅的德國，於去年曾多突在西綫發動大攻勢，不但如此，新春以來在巴爾幹戰綫也一度轉入反攻，這不但使全世界爲之驚異，就連德國國民自已也沒料想到。這是融合德國人民對希特勒的絕對信賴，納粹發刺的政治力量、優越的組織力量，以及德國人民不屈不撓的戰鬥意志所造成的德國處在敵方空軍日夜的大空襲下，但德國軍需工廠照常繼續爲生產新武器，爲大量地生產武器與彈藥而鬥爭。德國軍需工廠的威力，眞是能說奇蹟的一個大秘訣，德國的軍事生產冒着難以經受的轟炸，而仍能照常進行生產絕不停工的原因，是由於克服了一切困難將全部工場斷然地實行疏散的結果。來自英國本土的空襲趨向激烈時，德國當局就將所有重要工廠的設備和工人，轉移到空襲較少的德國南部，西南部，東南部的偏僻村莊裏，並將它們分成爲許多小工廠，儘可能全改爲地下工廠。由此，德國原來的大工業城市和大工業地帶完全由德國地面上遷走，轉入理想的偏僻遙遠的地區、森林內、和山腳邊，就地將它分爲多數的軍需工廠，並實行徹底的分散。工廠分散的結果，工廠組織成爲新的游擊性的生產鬥爭組織，而德國南部新設的工廠則大部份轉入地下。因此，當嗣後敵空軍開始對德國作徹底的轟炸，以幾百架、幾千架的大編隊施行集中轟炸時，却沒法把這些工廠從頭至尾炸個稀爛；只是工人的住宅對策還不能說是完備，以致在敵人執拗的轟炸中，未能避免廣泛的損失。

【同盟社柏林十二日電】由於多年的戰爭，使一切交戰國由於軍需部門的縮減，因而在經濟生活方面備嘗痛苦，尤其在德國，由於敵方的壓迫中立國家，使德國與這些國家斷絕了通商關係，因此可說德國的條件趨於惡化，毫無疑問，由於敵國的如此措施而遭受痛苦的，如其說是德國，不如說中立國本身遭受的痛苦更大。

敵擬在武漢修築道長江隧道

【同盟社東京十四日電】亞洲大陸縱貫鐵道的最大障礙——長江，會準備以江底隧道克服之，現華中鐵道會社已完成初步調查。

同盟社報導 美國人力動員內情

【同盟社東京十三日電】美國的總人口約爲一億三千萬人，其中約一半爲軍隊、重要軍需產業及其他部門動員去了。現在且以數目字，來看一看動員人力資源的發展情形；（單位一百百五十萬人，又在就職部門中約一千四百一十萬人（一九四〇年爲一千萬人），在××部門爲二百四十萬人（一九四〇年爲四十萬人），這個數目說明還在全沒有動員婦女。在軍隊以外的產業界的勞動配備上，最主要的仍然是軍需工場。在一九四四年初，軍需工人爲九百九十萬人，比之一九四一年初之五百萬人有顯著增加。此外在動員上見到增加的，有交通公共事業的四百五十萬人（一九四一年初爲三百九十萬人），食糧加工業的一百五十萬人（一九四一年初爲一百二十萬人）。在人力的動員上最有趣的是官廳人員的激增，在一九四四年初實際上已從一九四一年二月的二十萬人，增至一百五十萬人的龐大數字。

對從軍青年大灌米湯 送物品請吃飯『勉勵有加』

【中央社恩施十三日電】鄂省第一批集中之從軍青年五百餘人，明晨即將出發，省會各界於今晨九時在省幹訓團大操場舉行盛大歡送會，到各機關學校代表及民衆共五千餘人，經王東原、黃培成、沈肇年諸氏相繼致詞後，即由婦女界代表向從軍青年獻贈慰勞物品及紀念章，會畢並在原地設宴。由各縣首長分桌陪同從軍青年進餐，席間互道惜別，預祝勝利，親切如一家人。餐後由省黨部主委致詞，對各從軍青年自動自治之精神，及守秩序守紀律之表現，備致慰勉。

【中央社西安十四日電】陝省從軍青年，乘機飛往雲南集訓在即，省垣各界萬餘人今午特在新城舉行歡送大會，到從軍青年八千餘人，行列整齊，精神煥發，由祝主席主持開會並致詞，勉以愛國家，愛百姓，不怕死，不貪財，繼由省黨部谷主委，臨參會王議長等致詞，對各從軍青年倍加讚勵，旋由從軍青年代表致答詞後，即由祝主席夫人頒發省府特製之青天白日銀質戒指，末恭讀青年守則，並呼口號後散會。

【中央社西安十三日電】陝回教協會分會，今舉行盛大歡送首批回教從軍青年，並分送獎品，攝影留念。青年今經體格最後檢查，參加二千人，僅廿人以血壓過高未能及格。據盟方醫師云，此批青年體格均極康健。祝主席女公子引環，現肄業交部扶輪中學高中部，以女從軍青年出發在即，特偕女同學廿餘，趕程來省參加，已向市征集會報名。

【中央社成都十三日電】成都行轅從軍職員十名，今日入營，行前全體長官開會歡送，張主任（羣）親臨致詞，慰勉有加。

萬人），一九四一年的動員總數爲五四；一九四二年的動員總數爲五五；一九四三年的動員總數爲五九；一九四四年的動員總數六一。即是說自一九四一年以來，在動員方面約增加了六百九十萬人。特別是在上述數字中，還包括一些失業者，不一定能正確地表示軍隊與在職工人的規模。但失業者正在激減中，因此可以說能够反映出美國人力動員上的概貌。然而我們再看一看正確的數字：（單位一百萬人），一九四一年軍隊一，工人五三（內失業者八）；一九四二年軍隊二，工人五三（內失業者四）；一九四三年軍隊七，工人五二（內失業者一）；一九四四年軍隊一〇，工人五一，（內失業者一）；詳細地檢討上述數字，美國人力資源動員的內情及演變情形，是相當明顯的。首先談到軍隊動員，一九四一年時僅一百萬人，到一九四二年即增加一倍，而到一九四三年就激增爲七百萬人，一九四四年爲一千零四十萬人。但在軍隊動員的反面，在職工人從一九四三年的五千一百萬人，到一九四四年減爲四千九百七十萬人。這一事實是值得注目的。何以言之？蓋爲了加强軍隊動員，說明自一九四三年起，必須把產業界當成犧牲品。開戰當初，美國產業界可以確保相當豐富的勞動力。而在農業部門發生了勞動力之不足。這是因爲自動地轉移到軍需產業之故。軍需工廠的勞動力，絕不是不足的。其後在軍需生產部門內，也聽到了勞動力不足的呼聲。這主要是因爲勞力的『退藏』及其他分配的不適當而產生的，在『絕對數』上未必不足，只要政府能按照規則，正確地配備勞動力，這一現象是可以得到某種程度的改正。在實際問題上，並沒有完成勞力的分配到完善的程度，這一狀態，甚至不久促進展到絕對數的不足，即是說自一九四三年起，隨着戰爭的日趨於激烈，使陸海軍需要更多的士兵，那時終於似乎亦自主要產業部門加緊徵兵。雖然產業界以生產低下爲理由，表示堅決反對，但『選拔徵兵局』却將其擱置不問，而加强徵集。而且不僅僅在數量上，並在質量上即在青年的吞棄上亦復加强。羅斯福於去年初提倡的國民徵用案含含糊糊地被擱置時，軍事當局却不管你喜歡不喜歡，甚至自其他重要產業部門中徵集人力。因此在軍事當局與產業界的人力資源上，可以明顯地看到美國戰時體制的最大弱點究竟在那裏。其次從性別上看一看動員情形究竟怎樣？關於這一點，婦女的動員是相當顯著的，是值得注目的。即是說婦女勞動者（女工），在一九四〇年四月有一千一百萬人，但在一九四四年四月，增加至一千六

【中央社昆明十三日電】滇從軍青年二批一五二八，今日下午入營。

加强對學生統治 國民黨頒佈導師制辦法

【本報訊】華西日報十二月十二日載，國民黨統治者爲了更緊制青年學生的行動，剝奪了他們的自由，近規定專科以上的學校，實行導師制。其實施辦法原文誌後；第一條，專科以上學校導師之實施，依本法之規定，第二條，各校（院）應將全校學生按其所屬院系（科）分爲若干組，每組設導師一人，由校（院）長聘請專任教師充任之，每組學生人數，由各校（院）酌定，但至多不得超過廿人，各校（院）專任教師，皆有充任導師之義務，各大學院院長系（科）主任，爲各該院系（科）主任導師，負責領導各該院系（科）導師實施訓導工作。第三條，各校院應於每學期之始，由訓導處擬定訓導計劃，並記載學生身體狀況及學行成績，分送各組導師，以作實施訓導之參考。第四條，各組導師，對於學生之思想行爲學業及身心攝衛，均應體察個性，依據訓育標準表之規定及各該校（院）訓導計劃，施以嚴密之訓導，使得正常發展養成健全人格，前項訓育標準表另定之。第五條，訓導方式，除個別訓導外，導師應分別利用課餘及例假時間，集合本組學生舉行談話會，討論會，遠足會，交誼會，以及其他有關團體生活之訓導。第六條，各組導師，對於學生之性行思想學業身體狀況各項，均應詳密記載，並應針對學生缺點提出改進意見，每學期由各該院系（科）主任導師彙集報告訓導處一次，並由訓導處根據考察結果及導師報告通知學生家長，如平時發現學生不良習性或其他特殊事項，應隨時通報。第七條，各組導師認爲學生不堪訓導時，可商請各該院系（科）主任導師轉請校（院）長准予退訓，由學校另行聘請導師訓導，如再經退訓時，即由學校核予懲處。第八條，各學院系（科）主任導師及各組導師，應每月出席訓導會議一次，會報各組訓導實施情形，並研究訓導之共同問題，訓導會議，由訓導處召集，校（院）長爲主席，校（院）長缺席時，以訓導長或主任爲主席，大學如因學生人數過多，附設有訓導分處者，分處每月舉行訓導會議，由訓導分處召集，該院院長爲主席，院長缺席時，以訓導分處主任爲主席，但全校訓導會議，每學期至少舉行一次，各學院按照導師人數比例，推舉代表參加。第九條，導師訓導成績優良者，由教育部訂定辦法，給予獎勵。

參攷消息

（只供參考）

第七〇六號

解放日報 新華社 編

今日出一大張

卅四年一月十六日

星期二

重慶發言人稱 國共談判仍在進行

【海通社重慶十四日電】國共談判正繼續進行中。（缺一句）上述聲明是蔣介石政府發言人在重慶記者招待會上發表的。發言人於被詢及他對盟國××共產黨一事可否見告時，他說毫無所知。可是，發言人這次着重指出：蔣介石政府仍承認倫敦波蘭流亡政府為唯一合法的波蘭政府。

去年九月以來 美運華物資增加四倍

【路透社華盛頓十二日電】×××今日（星期五）在報告中宣佈，自卅年九月來，美國運華供應品已增加了四倍。羅斯福私人代表納爾遜的報告中××對中國的態度說：幫助中國在此次戰爭中成為主要的工業國，是我們的利益，也是全世界的利益。（下缺很多）」

雷多公路將通車

【中央社密芝那十四日專電】自印境雷多公路開往中國之運輸車隊，已於本日下午抵密芝那，此係中國遭兩年零八月之陸上及海上封鎖後，通中國之陸路重行開放之前夕。該運輸車隊包括載運大砲軍火及其他重要作戰物資之大小車輛及救護車吉普車，此有歷史意義之運輸車隊於三日前駛離雷多，通過長一千英里之中印公路之首段二百六十英里，他在抵中國最大卸貨棧昆明之前，尚須駛行七百英里。美中國駐印軍總指揮索爾登將軍談及該護航隊之抵達稱，刻已有通中國之公路存在，運輸車隊駛往中國已屬可能，惟運輸車隊將由何路開行，刻尚未獲知，惟日軍之頑抗，仍阻礙衛立煌所率怒江前綫部隊與孫立人中將所率第一軍會師，該第一運輸車隊似將經密芝那循公路往中國

國民黨在綦江訓練青年遠征軍

【中央社重慶十五日電】綦江青年遠征軍師長[illegible]，政治部主任[illegible]，均已[illegible]綦江，刻正[illegible]訓工作，連日從軍學生，紛紛抵綦江，刻達四千餘人。

【中央社昆明十二日電】從軍知識青年八九三人，今年在此間入營，入營青年依其學歷志願，分別編爲砲兵、工兵及通訊兵。西南聯大、雲南大學、中法大學三校學生，以學期考試，將延至下週與陝省來滇青年同時入營。

國民黨空軍人員自衡陽敵手中「脫險」

【中央社陪都各界黔桂前綫將士慰問團隨團記者黔境某地十三日電】陪都慰勞團於十三日赴某基地慰勞盟國空軍人員時，自衡陽脫險之陳祥榮亦在座，年方二五，備極天真。

【中央社皖南某地十五日電】據先行潛來[illegible]護偽空軍人員駕機來歸降落該場之技械士陳華耀談稱，敵方對偽空軍監視[illegible]嚴，偽方所有飛機均集中於常州機場，但所謂偽空軍者，在昔亦僅有[illegible]式教練機十六架而已。去年十二月初，始由敵方再贈與九八式戰鬥機十二架，但機上並無武裝配備，連偽空軍人員自衛武器亦無，並限制汽油用量，以防止偽空軍中發生突變行爲，或有駕機脫逃等情事。近並在偽機場外圍，闢一大圓形擴大機場，對偽機場取包圍監視情勢，偽空軍人員出入並必須經由敵方機場，故此次我們在密謀駕機來歸時恐發生意外，相約萬一於不能駕機脫逃時，則決以一死報國。

粵省府還至龍川

【同盟社廣州十三日電】重慶第七戰區的根據地韶關，因遭受我軍在大陸的包圍所壓縮，似已繼續最後掙扎。據到達此間的情報稱，重慶廣東省政府主席李漢魂，最近已將省府各個機關從韶關移往東江上游的龍川。又第七戰區司令長官余漢謀，還留在韶關。

川省幹訓團十三期畢業

【中央社成都十四日電】省訓團十三期地方行政幹部訓練班，今舉行結業禮。張羣主席主持，勉各學員離團後，應充分發揮堅苦卓絕精神，以完成抗建大業中所負任務。本屆畢業學員共四三七人。

【中央社貴陽十五日電】第四屆國民參政員黔籍參政員，經黔省參議會今、

，該公路正在迅速完成中。滇緬公路之工程師已飛往密芝那，中國工人數千名步行經緬境以趕築該公路，此新密芝那路衝公路亦若舊滇緬路之由工人徒手築成，該路沿高達八千五百英尺叢林，屏蔽之山脈，蜿蜒而上，自兩端修築該路之中國工程人員，業可遙遙相望，美國皮可少將修築艱難之雷多公路貢獻至偉。為紀念其功績起見，特使其負責第一運輸車隊進入中國，該隊以摩托車兩輛為先導，其後繼以卡車，上繪巨旂，並書有『中國生命線雷多公路之第一次車隊』字樣。該隊沿雷多公路行進，宛若偉大之游行行列，在此叢林公路之上，旌士飛揚達數英里，是即表示經長期間之海陸封鎖後，第一次之陸路運輸隊，又已進入中國矣。各種卡車吉普車及其他攜有大砲之車輛，蜿蜒兩英里，司機者包括中國人、白人及黑人，此第一次之運輸車隊，因中國極端缺乏之車輛，將留在中國，以供使用，而此沿途運入中國之車輛，以及由車輛運入之器材，均將用於中印公路上。

【中央社密芝那十五日專電】我國陸上封鎖迄將打通，現有大批汽車隊停集於國境後門，等候進入國境。此間對於中印新公路對我國供應能力之意見，頗不一致，大多數人士相信，新公路僅能使長期抗戰之我國，於困難時期內繼續作戰，直至盟軍水陸部隊，在我國海岸登陸為止。即使將空運公路及油管運輸所供應之噸數合併計算，亦難使裝備不良之國軍，發動反攻。據估計，中印交通線由孟加拉之港埠加爾各答至昆明，共一千八百英里，較舊滇緬路約長數百英里，舊滇緬路每月運往中國之供應品最高從未超過三萬噸，某公路工程師稱，由雷多至密芝那之汽車隊，每月已可運供應品二萬噸，如認公路如能作有效之管理，其運輸量可大量增加。據消息靈通人士稱，印度方面車輛缺乏之原因，係因其他戰區需要急迫，因此由陸上運供應品至我國，亦必受有影響。對於艱苦中之我國民衆，中印新公路將予直接貢獻。索爾登將軍於該路通車前夕告記者稱，中印公路純為軍用公路，預料該公路將無商品運入我國以解決我國人民之貧困，其限制時間，至少為六個月至七個月，或至中國戰局大為好轉時為止。據樂觀派人士之意見，認汽車隊與經過駝峯之空運隊聯合運輸，可能使國軍在某特別地區，阻止日寇之進攻，或在某有限地區，實行反攻，能將供應品運往我國之路線，實際上不限於空運，將駛往我國之大批卡車，即可節省飛機之運量，作戰運其他重要貨物之需，或多裝運汽油。惟有陸空聯合運輸，始能將過去二年半國積於印度之五十萬噸供應品，於我國急迫需要時，運入我國。

日下午四時選出，計王照明、曹宇人、周素園、張苑華、尹述賢、商文立等六名，候補參政員黃國華、孫伯陶、吳道安、陳虎生等四名。

【中央社貴陽十五日電】社會部谷部長對記者說，黔桂沿綫各地難胞，以南丹、獨山、都勻三處較多，其餘馬場坪、龍里、貴定人數稍少，且多係過路性質。南丹之難胞多係粤湘桂黔三路未及撤退之員工，即將繼續西上，按照安置原則，前往指定之修文，畢節等縣居住。至在獨山都勻等地各約三千人，除年壯力強之難胞，將分往湘西及鄰近較為富庶縣份疏散外，所餘老弱婦孺數百人，仍當酌予收容，已撥款交由各該地方政府辦理。

【中央社渝十二日電】直接税務署合併為國税署一案，因困難尚多，聞暫緩實行。

蘭州介紹

——據十一月十七到十九日秦風、工商合報『蘭州之鳥瞰』稱

蘭州於民國三十年七月正式設立市政府，轄區包括黃河南岸及北岸，總面積一二八、五平方公里。人口：三十年為二一、七八〇戶，九九、〇六九人，至三十二年六月總查結果，激增為三六、六三八戶，一五〇、七二〇人。計為自小學校三十三年度現有一六三班，七、七九四人；專科學院共四所，均在城區移來居於十里店的西北師範學院，國立西北技專及國立西北醫專，均在西果園。由省立改組為國立的甘肅學院，在萃英門內。四校學生共一千餘人。報紙有兩家，一為省黨部辦的甘肅民國日報，一為新聞報改組而成的西北日報。

工業方面，自一八七九年左宗棠奏設織呢廠後，一九一四年甘省督軍張廣建設發電廠，廿九年止可數的數百啟羅瓦特，足供全市。蘭州現有工廠二四三家，其中電氣業二家，紡織業五一家，製革業一二家，機器業二九家，冶鍊業七家，玻璃業三家，製藥業三家，火柴業二家，造紙業一〇家，化學業（包括化學原料和油脂，）二二，印刷業九〇家，麵粉業二家（另有土麵房六二家）紙煙業六家（另有水菸三九家），建築材料業八七家（即燒磚瓦石灰）。論規模，以電廠，甘肅機器廠，化工材料廠及[illegible]公司各廠較大；另有西北洗毛廠一家，係復興公司（按：即孔祥熙系）與中國毛紡織特種公司所合辦經營，每年洗毛三千噸，於去年八月開工。在各廠中，以手工生產佔絕大多數。工業資本家的組織，為市有十二個工業同業公會，會員一四四

家。此外合作社有鑛社六、保社九，工業生產社二八家。

商業方面，市商會統計，共有各業商店二、二五六家，雜貨商最多，三七七家；糧食店一八三家，炭廠一七〇家，麵粉店一一八家，旅店一〇七家，教育用品九五家，服裝及布店各有八四家，百貨店七五家，錢莊僅六家，銀行未算，中西藥房寄賣店十五家，製烟作房五七家，運輸行八六（騾馬四四、駱駝一六、皮筏一九、木筏七）家。稅局統計，卅二年度進口值一一〇、四六〇、四〇六元，以棉紗爲最多，次爲磚茶、紛貢紙等。貨物皆自川豫陝來，陝西爲尤多。出口值爲四九、三九一、九四九元，絲茶最多，青烟條、羊毛等次之。商業資本家之組織，全市有六六個商業同業公會，會員一、〇九六家。

財政方面，市府設立的頭半年支出一、〇二〇、五五二元，卅一年二、九三二、七八七元，卅二年一一、六七六，六〇八元，卅三年增爲三三、九四〇、〇〇〇元。但以上僅爲公佈的預算數目。

從人口、工商業的增加來看，蘭州在大後方經濟上的地位比戰前是有了發展的；近來逐漸匯集許多專家於蘭州，同時資委會即在蘭州設有十餘生產單位，可見國民黨重視所謂的開發西北，以蘭州爲其一個重要據點。

敵同盟社評論 決戰場的呂宋平原

「同盟社東京十五日電」熱烈希望奪回菲島的麥克阿瑟，現正在率領其全部的陸海空軍，從北方窺伺呂宋大平原。他們想從仁牙因灣、達古盤至聖費比安長約廿公里一線上修築橋頭堡壘。顯而易見地其企圖是想從仁牙因灣，通過呂宋平原，進攻馬尼拉。故日美決戰，將在這一平原上展開。該平原南北長九十公里，東西最寬處一百一十公里，平原上縱橫着阿格諾河與巴潘婭加河的本流與支流，據說可以乘坐小汽船從馬尼拉直航至仁牙因灣，阿格諾河發源於中央山脈的達特山，南流入呂宋平原，繞一大灣，向西北流入仁牙因灣內，有很多支流與分流。巴潘婭加河匯集比斯加雅州方面的水而成，在馬尼拉北邊入海，這條河形成了菲島的「穀倉地帶」，僅巴潘婭加，塔爾拉加各州的產量即佔全產量的大半，現在正是米的收穫期。阿格諾河下流地區，即在仁牙因灣沿岸一帶，很多樹林。在敵人登陸地點仁牙因，聖法比安附近，由於沙灘關係，一千噸的船都無法靠岸，僅有小型登陸舟艇，及水陸兩用戰車駛近陸地，所以我山上奉文大將有充分信心，在此處擊潰登陸敵軍，無可懷疑的，敵機械兵力的活動，必然要遭受到

「合眾社倫敦十四日電」外交界人士今夜稱：邱吉爾首相下週出席下院質詢時，可能宣佈與南斯拉夫國王彼得有關詳情。倫敦南斯拉夫皇家政府及鐵托元帥所率之民族解放委員會，於週末分別討論南國國務之際，外交人士預料邱吉爾首相可能發表渝盟外交進展，而置彼得國王於危險地位。彼得國王反對鐵托與蘇巴西區協議，（英美蘇所支持者）之主要條款，亦即反對三大盟國。彼得國王曾考慮要求蘇巴西區辭去總理職，並由其親信者組新政府，但現聞已放棄此念，蓋邱吉爾斯大林及鐵托，均一致支持蘇巴西區也。蘇巴西區三週來未與彼得國王會晤，故信他無辭職之可能。

紐約時報造謠 蘇聯暗地干涉保國

「路透社伊斯坦堡十四日電」紐約時報專電：對於蘇聯人是否正在干涉保加利亞內政這一問題的答案是：「不，不加干涉，不論是直接的或不是公開的（干涉）」。可是，保國有蘇聯佔領軍一事，給當地共產黨政治家以一種激勵，使他們去做他們所喜歡的事而不受他人詰難。這也並不是說蘇聯人正式同意保加利亞共產黨的一切行動。同時，他們也不企圖阻止他們，這就引起大多數保加利亞人以爲當地共產黨人的活動具有蘇聯人的充分支持。担任政府高級職位的保國領導人士告訴記者：「只要我國能夠得到蘇軍不干涉的保證，則我們可以使國家至少在一週內免除民軍的恐怖；但是我們從何得到這種保證呢？我們怎樣會知道：假如我們去問蘇聯人，我們不會被作爲法西斯分子或反革命分子而遭逮捕呢？」蘇聯在保政策對保國人民和外國觀察家是一個極令人難解的謎。而一方面莫洛托夫卻在莫科告斯訴保國休戰代表們說：蘇聯不會干涉保國內政。另一方面呢，蘇佔領軍司令卻兩次干涉保國內政，雖然莫斯科可能沒有知道這點。休戰代表團員把莫洛托夫關於蘇聯對保政策的宣言大綱告訴過記者。莫洛托夫告訴保人說：「由我國年青黨員所協助的保國青年共產黨員的行動必須永遠停止。這些行動當然不是貴國共產黨或我國黨領袖的，而是年青黨員的。保國將仍爲民主國家：我們將不干涉它的內政。要是共產黨繼續現在的行動，我們將說服使他們停止行動。保國仍將與現存民主政府及現存秩序共處，而且將以它可能決定的方法統治國家。」

據說：關於停戰條件莫洛托夫曾說：「我相信停戰條件是可以忍受的，而且不致危害保國的前途。這些條件是可以和它共同生活下去的判決。不要太

模大的阻礙。至馬尼拉的多數橋樑，均被我軍炸毀。一定會陷敵人於苦戰狀態，挑選呂宋平原作為決戰場，實有些自取滅亡。

法國勢力強大

【海通社柏林十三日電】紐約訊：據巴黎合眾社消息：現時，法國共產黨在巴黎諮詢會議中，僅次於社會黨，為最強大的政治勢力。自多列士到巴黎後，獲得極大勢力的共產黨，企圖於第一次總選舉時在國內贏得決定性的勢力。有一個時期，共產黨會宣傳將與在諮詢會議中擁有廿四席的社會黨團結。並且，共產黨希望不經過政治上的合併，讓各種小的抵抗團體擁護他們。

意將徵兵百萬

【海通社羅馬十四日電】由於盟軍當局的命令，波諾米政府召集應服軍役的第十一級男子（包括廿歲至卅歲的）。新兵將由盟軍當局任意分配重要勞役工作。被徵的人有一百萬。

英國論壇報揭露英干涉希臘內情

【海通社柏林十二日電】倫敦訊：英國工黨過激派「論壇」週刊，現已公佈據英人們所說的希王喬治致其在雅典黨羽的電的原文。該原文係釋希王為何同意在希臘建立攝政制的原因。希王說他已獲得英國政府的保證，這保證即：攝政制只不過是屬於臨時性質，攝政者只是遵照皇帝的指示行動而已。人民解放軍和民族解放陣綫並不包括在新的政府之內。「論壇」週刊要求進行調查，該電是否實際已發出。

【海通社雅典十四日電】希臘據官方公佈：總理普拉斯蒂拉斯於星期日召開內閣特別會議。休戰協定簽訂後的軍政情況，將予以檢查。召開特別會議的另外的理由是：休戰協定簽訂後，薩羅尼加更加緊張，同時希臘諸省仍有許多部份繼續戰爭。

【海通社柏林十二日電】倫敦訊：過激工黨黨員貝文所辦的「論壇」週刊，在「愚弄你們的詭計」標題下，發表一文。猛烈批評英國政府對希臘的政策。該報稱：「希臘內戰已採取前途不能確定的趨勢，此即邱吉爾所謂至雅典和平使命的後果。」該報又稱英國政府將要在南斯拉夫重蹈此覆轍。當下院於下週開會時，「國會將不免面對着在其長途生涯中的最莊嚴職責之一。」「國會須要掃除一切造成希臘目前不幸境遇的陰謀詭計。英國政府已完全表示其無能覓得解決希臘問題的辦法，去為該國出力。」

樂觀了。保加利亞必須担負某種負担。我們並不孤立。我們有些同盟者，他們堅持有某種保證担負某種責任，主要是在貴國鄰邦的影響下。保加利亞在羅馬尼亞所要的是什麼？保加利亞在希臘所要的是什麼？我們的後面有我們的同盟者。可是，我們將試圖減少向貴國所要求的東西。這樣，保國的待遇就將不會較羅、芬所受者更壞了。貴國必須把政變以前的一切有價值的軍官保留下來。貴國必須把因各種原因被撤職的軍官復職」。保國人民正懷疑着莫洛托夫是真正表示蘇聯的真正政策呢，還是為了記錄下來才這樣說。

倫斯特德的介紹

【路透社倫敦十四日電】紐約時報專電：在柏林德國參謀本部的大門上面，現在有或過去有過一句拉丁話，這句話的大意譯出來是：「寧使人知勿使人見」。這句格言被軍事專家們經過挑選的團體採作行動規律，德國參謀部可能是六十一歲的倫斯特德本人挑選過的團體，倫斯特德被一般人認為是德軍對西綫盟軍聖誕攻勢之主腦。像他的參謀本部同事一樣，倫斯特德不出頭露面。他以容克世家傲慢的鄙視心情來看新聞界。如果俾斯麥參謀總長莫爾特克這個老鬼看起來像個教員，那麼倫斯特德就像個勤勞的大學教授。他過着斯巴達式的生活。他一點也不嫌幽默。他給人的初次印象是一個有病的不幸的人。和他談話的人很快就會有不同的發現。他是一個瘦削而精強力壯的人，能夠把注意力作特別的集中。對於他的隨員，他是一個艱苦工作的主宰者。他希冀從他們那裏得到超人的努力，對於訪問者，他恭而有禮，具有徹頭徹尾的容克世家的紳士觀念。他不尊重純粹軍官，認為他們是第三等人。他無疑不是納粹黨黨人，對威瑪共和國也不適合。作為一個保守的普魯士人，他對新奇的社會思想頗為懷疑。他渴望九十年代的安定。在那些日子裏，事情是處於靜止中，人們聽到他關於廿世紀動盪的嘆息。他堅信「秩序」。（缺二句）據他的隨員們和親近友人認為他是所謂希特勒斯大林格勒或戰略的反對者，據說，在侵蘇前很久，他曾宣講他的意見：集中強大部隊，準備進行緊急戰鬥，較之總綫防禦工事更為重要。在他防禦西格弗利防綫時，他曾把這種意見付諸實施。他的聖誕攻勢正是他的防禦計劃的一部分，他的想法決不是征服土地和在堅守佔領的土地中消耗實力。縱使從前不明白，而現在卻明白了：他的發動聖誕攻勢目的是在使盟國攻勢遭受頓挫，而他在這中間顯然是成功了的。

參考消息

（只供參考）

第七一六號

解放日報 新華社 編

今日出一大張

卅四年一月十七日 星期三

英『經濟學家』稱
盟軍在中國登陸時
國共之間將有內戰

『路透社倫敦十三日電』英經濟週刊『經濟學家』登載長文題為『分裂的中國』討論當盟軍在中國大陸登陸時，中國內部可能發生政治的紛亂。該雜誌憂慮中國會成為『潛在的遠東的希臘』。『經濟學家』說，菲律濱之後就是台灣，而台灣之後便是中國——這似乎已是美軍水陸兩棲前進的明顯路線，而且美軍以強力開始在中國大陸登陸可能是不久的事了。在這個解放中國的問題中注意到歐洲的經驗，這只是慎重從事而已。如果某些同樣的問題不會再發生，那末同盟國的領袖們在策劃他們解放中國的政治戰略時就會順利些。『經濟學家』又說，一旦由於盟軍佔領沿海關鍵中心點而開始了中國的解放的時候，目前國民黨與共產黨之間力量的分裂將起根本的變化。那時將是什麼樣的新的潛力的劃界，是幾乎不可能預測的。很明白的，這種形勢似乎已成為目前紛亂之一』。『經濟學家』強調說，在歐洲，佔領的經驗使大家轉到急進主義而不是積極對共產主義的精神。講到國民黨和共產黨在揚子江區域的間隙，『經濟學家』說，例如盟軍登陸了就會感到躊躇於中國兩種部隊的××，雖然一方面也就可以利用機會互相聯合以××機構。華南××××廣州×××。不僅華中而且華×，××××××，鑒於歐洲對付合作者及傀儡的經驗，××××××（大半句意義不連貫，約略四十字）論及美方將奉行何種政策時，『經濟學家』說盟國在中國遭到嚴重的不利，因為外國的干涉××一種不孚衆望的××干涉，如果壓迫太甚，就可能引起那些被干涉者之劇烈的不滿。任何意欲以壓力干涉的行動將×××××，最近××××改革××××中國的大國結××××，

的第二次考驗。德軍已經集中了五層六層的防禦設備，德軍兵士的士氣極其旺盛，亦可以說德軍在西部戰線已奪回了進攻的主動權。但原則上來說，德軍沒有逃出兩面作戰的不利形勢，特別是蘇聯軍帶着數千公里廣大的兵站線，同時把一百個師團以上的兵力抽至匈牙利戰線的布魯次克戰線。而兩翼的戰鬥，在未解決的尼查來西克中央部戰鬥仍在進行，這說明了蘇聯軍隊的戰力仍然是相當頑強的。從美英與蘇聯的政治關係看來……（缺）……意味殊深，現在推測新攻勢的規模與目標，為時尚早，不論其目標是牽制西部戰局，還是蘇聯獨立計劃的大規模行動，一俟西部戰線的大旋風告一段落，春天到來後不久，便會出現新的戰果。根據過去希特勒、戈培爾數次恐怖的佈告，又非常強調『蘇聯的冬天』，要求德國國民，有新的緊張。

海通社訪員說
英艦將攻新加坡

『海通社柏林十三日電』海通社訪員瓦爾瓦區海軍上將報導：大大加強的英國東亞艦隊，恐將進行大的作戰，以配合美國軍對呂宋島的作戰。這個英國東亞艦隊，或將指向新加坡、緬甸或荷屬東印度，因為日本艦隊現為美軍對呂宋的進攻所牽制。美國飛機對新加坡的空襲，或為這種動向的徵候，自美國關於在一九四四年結束歐洲戰事的期望破滅後，在東亞迅速獲得巨大成功的想頭是被打消了。敵人所以不得不以『先日本』代替『先德國』，是由於德國已被打擊這種同盟國假的勝利精神狀態作祟。在一九四四年秋季，敵人船隻被我襲擊者，幾及半數。目前需要這樣無限數量的船隻。因此，對於西戰場突然日益增加的需要，是不能滿足的。如此，歐洲和東亞的海戰，是互為影響的。我們也不必要驚異，新的船隻雖無限量的增加，但英美欲實踐甜蜜的諾言，運輸麵包和日用品給歐洲人民，是不會有的。作出諾言與實踐諾言的不相一致，將要其繼續發展下去，這不是預言而是鐵的事實。

十四日美機襲日時
敵皇宮落彈數枚

『同盟社東京十四日電』大本營於一月十四日十九時三十分發表：（一）一月十四日下午自馬里亞納群島飛來的敵B二九式機約六十架，主要是來襲名古屋附近。（二）敵機向豐受大神宮區域投下炸彈數枚。皇宮禮殿二棟，神樂舞殿五棟被毀。此外，我方損失輕微。（三）我方迎擊的戰果尚在調查中。

『同盟社東京十五日電』十四日下午，美國B二九式機一部，敢於盲炸一

迫使蔣介石從內部×××並從而新的××和堵強力當××共產黨××。（掉一句）共產黨對農民及游擊隊等問題上有較好的成績，但是他們在他們自已地區以及他們所能擴大的地區上維持政權則較重壓較為不利。『經濟學家』結論說，『在這些條件下要看到同盟國如何能夠避免落入英蘇在歐洲已經遭到的陷坑是很困難的。沒有一個人會否認，一個全國團結有各黨派代表參加並管理整個國家的政府，乃是外國列強所能安然作為交往對手的唯一的政府。很難看到的倒是這樣一個政府如何實現』。

同盟社評
紅軍冬季攻勢

『同盟社柏林十四日電』森山報導：蘇軍已在蘇聯東部戰線開始預期的冬季攻勢。據德軍當局公佈，東部戰線舊波蘭中央地區的蘇軍，自十二日拂曉起，終於發動攻勢。至十三日晨，並在東普魯士邊境德羅斯鎮。愛德卡溫、羅明丹方面發動攻勢。中部地區發動攻勢的地點在維斯杜拉河西岸。在蘇軍的巴拉諾夫橋頭堡壘，十二日拂曉以約五百門大砲與九百門高射砲一齊砲擊後，地上部隊已開始向西方前進，巴拉諾夫橋頭堡在華沙南方一百九十公里處。蘇軍指揮官科涅夫在橋頭堡附近，集中約二十五、六個狙擊兵團，三個坦克師，第二、第六蘇維埃空軍之大軍。蘇軍之有冬季攻勢的意圖，即德方亦早已察知。特別在近幾天，兩軍的砲擊戰與偵察戰趨於活躍以來，該方面的開始戰鬥×××××（缺）。德軍數月以來即以萬全之策，如構築陣地、研究防禦戰術等，對於蘇軍攻勢的準備已經完成。關於戰況，實際情形，現在尚不明瞭其詳細，根據德軍的聲明加以推測，第一次的蘇聯軍的突擊部隊，×××一經受到相當的損失，但蘇聯軍的後續部隊，頑強地進行攻擊。在德軍中央部陣地展開激烈戰鬥。又十三日從斯洛伐克東南卡斯雅綏方面，紅軍有七八個騎兵師開始攻勢，這一攻擊是要牽制巴拉諾夫戰線及斯洛伐克的德軍預備軍的出擊。東普魯士戰線，約在去年秋季……（掉）的德軍陣地，再度燃起戰火，德軍亦很早就預料到蘇軍的進攻。從歐洲整個戰局來看，蘇聯在……！（掉）中央戰線的新攻勢，在軍事上政治上均有很大意義。蘇軍的作戰目標，是僅在爭奪地區？還是帶着最後決戰性質的大攻勢的前奏？現尚不明瞭，從德軍在西部戰線的攻勢以來，至最近的西線戰局看來，正因為有一種政治觀察，認為：『蘇聯中央軍決不會容易移動。』所以東部戰線的再度活躍，又把歐洲人的耳目吸引到東方，再度認為蘇德戰爭是歐洲的第一戰場。在東普魯士戰場防衛成功的德軍，當然能戰勝東方

億國民所尊崇的伊勢神域，使一億國民的憤激達於頂點。小磯首相於十五日上午九時半參拜宮中，代表全體閣僚，進謁天皇，衷心地請求謝罪，於該日閣議結束後，發表談話如下：一月十四日，敵機自馬里亞納起飛來襲，侵犯伊勢神域，在豐受大神宮宮域蒙受若干損失，實在慘無人道，令人痛憤殊甚。不消說，損失是非常輕微的。正殿是完全平安無事。但如神域遭受到敵彈汚辱的事，實在是皇國從來未有的事情，對於祖宗的神靈，實在惶恐之至。今晨我會代表閣僚進謁陛下，謹請謝罪，慘無人道之敵，今後更加竭盡暴戾的能事。我趁此機會與國民諸君共同發誓：無論在怎樣的戰鬥中，堅決要消滅美英。

周逆佛海任上海偽市長

『同盟社上海十五日電』繼陳公博之後，兼任上海特別市市長的財政部長周佛海於十五日上午十時在上海市政府與代理市長吳頌皋辦理移交事宜。

『同盟社南京十五日電』武漢鹽政總局長李炎漢（卅七歲）及其他九人在過去三年貪汚民用食鹽十次，共三百廿四萬斤，合計一億五千八百五十餘萬元。去年十二月以後國府特別法庭正在審理此案，最近其罪狀明白，因此本月十日判決李炎漢處死刑，蔡課長判處無期徒刑。

路透社誇大戰爭形勢說
德寇逃脫了東西夾擊

『路透社倫敦十五日電』倫斯特德得以破壞了德黑蘭會議規定的同時併發計劃。德軍統帥部又一次逃掉了東西兩條戰線同時決戰的危險。我們現在可以看出倫斯特德攻勢的全盤規模，如果說由於攻克地區的再被征服，一切事情已回至其原來狀態的話，那是錯的。德軍最怕東西戰場的同時出擊。這種同時出擊曾一度實行過（去年七月與八月），結果是德國遭受了災難。德國計劃與希望，盟國將需十週以上的時間（東線冬季條件所允許的）才能轉入攻勢，而在他們迫使東線停止時，德軍將又在西線準備就緒。蘇軍統帥部面前約有十個禮拜的冬季，但是如果預料去年六月事件的立即重現，那是錯的。那時在十週之中，蘇軍自委特布斯克前進了三百餘哩，直抵維斯杜拉河。再來這樣的進展將使蘇軍達越過柏林。但是這裏的條件與白俄羅斯的條件是不同的。因此蘇軍推進的速度，將會慢些與更費勁些。現在首要的事情，是在西線恢復形勢至如此程度，俾使西線的攻勢不會被延遲至蘇軍攻勢被迫停止之時。

西班牙共和派內部發生鬥爭

『路透社墨西哥十一日電』五年多來，由西班牙國流亡國會主席巴利奧於星期三下午召開的西班牙國會第一次會議中『作用不明的人』，是德爾瓦約（奈格林駐西半球的代表）星期一晚由紐約到達墨西哥，自那時起便很活動，並與各集團的議員們進行秘密談話，同時對他的活動卻保持緘默。這引起一切有關人士的很多揣測；某些人相信他在這裏只作爲一個觀察員，而其他人卻斷言他是來組織反對重新召開奈格林再三反對的國會的。而德爾瓦約本人至今只說：他將及時公佈一些最重要的事情。因此，他的選動便引起人們密切的注視。同時，流亡議員們中間發夜很積極的活動，很多流亡議員是在墨西哥工、商業中工作的（他們五年來便以此爲生），現利用他們工餘的時間來參加國會，引起種種分歧意見的某些明朗化。名爲『共和統一集團』的大集團發表聲明稱：因爲國會是非法召開的，也由於沒有合法共和政府的代表，即奈格林的議員們參加，該集團將不參加國會。該聲明簽字者爲維拉奧——上屆共和黨工務部長。伊爾費錦奧·西洛爾哥，安吉爾·維拉，特拉巴加，加斯巴爾，德爾利阿，巴那德爾，朱德茲，維安那，特魯拉多，維伊特茲，巴斯諾爾茲。『獨立加塔蘭民族聯盟』宣稱：國會的召開，僅有關亞加塔倫尼的將來時，才引起聯盟的注意，因爲聯盟是關心建立加塔倫尼亞共和國的。聯盟繼稱：『西班牙人關心復與他們的共和，而我們只關心復興我們的共和國。如果西班牙民主黨人，社會黨人想推翻佛朗哥，我們並不拒絕合作，但這種合作僅以重建兩個共和國爲基礎。西班牙共產黨與加塔倫尼亞聯合社會黨組成爲少數民族聯合。共產黨——社會黨，也宣稱不參加沒奈格林參加的政府，堅稱他們『絕對不同意將對西班牙兩共和國人民發生嚴重效果的政治步驟』。該聲明簽字者爲維巡特·烏利貝，安托尼奧·米茲，列安德爾·加爾羅（代表共產黨）；約瑟·莫茲克，米古爾·維爾德斯（代表加塔倫尼亞聯合社會黨）。

『海通社墨西哥十二日電』奈格林在他拍到墨西哥城去的電中稱：巴爾利奧在墨西哥城召開的反長槍會國會底會議，是非法的。他說：這國會不應『背着他』便舉行。奈格林呼籲西班牙人們要團結。他警告人們，他（奈格林）很快就能建立西班牙的合法政府，不要在這時候，累積起能危害民主制度的若干障礙。但是國會對該電並不注意，要規定下次會議在一月十五日舉行，在下次會上意圖成立『×××委員會』，這委員會的目的尚未公佈。

是切斷這個資源地帶，現在總使敵人讓了一步，讓敵人以菲島爲中心建立空軍勢力圈，但是，我南方資源仍然可以沿馬來、越南、中國大陸沿岸運到日本本土，成爲敵國指導者（他們向人民約定大東亞戰爭可於年內結束）苦惱的因素。如果敵人要完全封鎖日本和南洋，那末敵人就要控制處於南方聯絡線中間的越南。其次，如果敵人在越南佔有據點，那末去年我在華部隊與越南我軍的作戰所打通的華北照南間的大陸交通線要受到妨礙。總之，越南對於海上運輸和陸上運輸都有重大的影響。第二，敵人根據外線作戰的原則，在數處獲得反攻的據點，以分散帝國的兵力，而帝國是依靠內線作戰，獲得在重要地點集結兵力的有利條件。第三，越南將成爲激戰的場所，由於雙方勢力的錯綜複雜，越南的民心非常微妙。敵人的戰爭指導亦帶有濃厚的政略的色彩，敵人希望反攻越南能夠有利的開展。如上面所說的，我們應用政略和戰略兩方面注視敵人反攻越南的企圖。此次出擊值得注意的，是此次來襲的，似是美國機動部隊，敵人幾乎將其保有的全部機動部隊集結於西太平洋，使用有力的航艦飛機隊反復攻擊台灣和菲島。美國海軍只需要二、三日的工夫，就能離開戰場，駛至越南方面進行作戰，這個事實說明近代戰的機動力，尤其是機動部隊的行動範圍是多麼寬闊。隨着戰事的演變，很難知道敵軍向何處反攻。我們決不能忽視敵人對越南的野心，這種野心是會更大的，我們必須知道這一本質。美英可與美軍[illegible]菲島[illegible]相平行，同時在巨大的大東亞戰略圖（這個戰略圖以印度洋至[illegible]斯麥[illegible]島[illegible]爲底邊）的任何地方進行反攻。我們不能忽視這種估計。

日寇誇稱蒙疆戰果

『同盟社張家口十四日電』昭和[illegible]九年蒙疆地區日軍及蒙疆軍、警察隊的綜合戰果如下：作戰七百五十次（共中與延安軍作戰五百二十二次），敵作戰兵力共八萬二千六百零六人（延安軍佔六萬四千三百四十二人），敵人所受的損失：我方掩埋敵屍體五千零八十四具（延安軍屍體一千八百[illegible]十一具），俘敵九百七十七人（延安軍五百七十七人），殲滅敵方各[illegible]備三百四十五處，繳獲輕機關槍、步槍及其他彈藥頗多。

吳鼎昌任文官長

『中央社重慶十[illegible]日電』國民政府文官長魏懷被任爲國府委員[illegible]其文官長一職，蔣主席已

戴高樂要求參加三國會談

【海通社柏林十五日電】倫敦訊，交換電訊社稱，戴高樂已正式要倫敦與華盛頓同意他參加即將到來的三國會議。據稱，要求是這樣提出的，即戴高樂通知英國及美國政府說，他很歡迎邀請並很高興的接受它。答覆尚未收到。

【海通社柏林十二日電】威廉街發言人認爲：德黑蘭現爲行將到來的新的斯羅邱會議許多開會地點中的所受人歡迎的地點。羅斯福是否將在倫敦與邱吉爾舉行預備會議，現尚未確定。至於會議日期亦未規定。據威廉街意見，所將討論議題中，有關於希臘、波蘭及近東石油問題等。美國務卿從參院撤回英美石油協定，據發言人意見，或係由於看着斯大林的情面，因斯大林是不管既定事實的。關於未來歐洲國家政府制度，莫斯科『戰爭與工人階級』雜誌用明白語氣所提出來的某些基本問題，據柏林方面意見，在未來會議上，仍佔較重要的地位。根據這個克里姆林宮機關報的意見，蘇聯實際上將不容忍在歐洲和被它佔領的國家內，存有任何戰前樣式的政府。莫斯科的公式是規定在歐洲不要有法西斯主義和反共產主義者存在。威廉街發言人用莫斯科的用語說道：這就是說清除每個反共產主義者。發言人叫人注意瑞士『塔特』報之倫『消息，該消息曾舉出南斯拉夫例子。據該報的倫敦消息，各種政治趨向的南斯拉夫人及英美政府，須自動承認鐵托的獨裁，不然，將在貝爾格萊德倣盧布林所爲，成立將爲莫斯科所承認的共產主義政府。

同盟社稱盟軍將攻越南

【同盟社東京十五日電】呂宋島展開戰鬥以來最激烈的攻防戰時，敵機動部隊突於十二日出擊越南方面。自皇軍進駐越南以來，美機首次空襲該地。在此之先，英國機動部隊空襲蘇門答臘北部，由印度加爾各答基地起飛的B29式機轟炸昭南，美軍轟炸緬甸西部阿恰布，這些作戰都跟『東方的反攻』分不開，還暗示『西方的反攻』更加激烈，借此補綴歐洲作戰的不利。敵美英此種野心現在已暴露其全貌。此次出擊越南的敵機動部隊想不到伴隨有運輸艦隊。他們說要在越南登陸還是過早，敵人選擇越南作爲新登陸目標的意義是非常大的。即第一，帝國戰力是以本土的工業力和南方的資源爲基礎。敵人在菲島作戰的戰略目的正如我們屢次指出的，

提請國防最高委員會特任吳鼎昌氏充任，業經十五日國防最高委員會常會通過任命。聞吳氏日內即將來渝就職。

【中央社重慶十六日電】福建省政府委員兼財政廳長嚴家另有任用，任命李黎洲爲福建省政府委員會委員，邱漢平兼財政廳長。任命鄭道儒爲善後救濟總署副處長。重慶市政府工務教育局長雷嘯岑，[illegible]應[illegible]，任命劉如松爲該市政府工務局長，任黨五爲教育局長。浙[illegible]行署警保處長裘時傑，應予免職，遺缺派范繼陶繼任。

【中央社迪化十五日電】交長俞飛鵬，財部司長戴銘禮，糧部司長楊銳靈，十五日下午二時連袂飛抵迪化。新任新省財廳長盧郁文同機到省履任。聞俞等此行，係視察新省交通、金融、糧食情形，借作今後改進張本。

（按：中央社另電請撤銷此稿）

國民黨擬控制從軍青年心理

【中央社重慶十四日電】全國知識青年志願從軍編練總監及幹部訓練團教育長羅卓英，爲健全青年遠征軍官兵心理，藉以涵養戰鬥性格，使具備旺盛之攻擊精神起見，特於幹訓團及編練總監部分別成立軍事心理學研究委員會，聘請國內心理專家監察監委吳南軒，中大心理學系主任蕭孝嶸，中大訓導長王書林，國立編譯館編纂高覺敷，中大教授潘菽，社會部設計室主任王徵葵，遠征軍政工人員訓練主任蔣經國，幹訓團教育處處長章鎮福，訓導處處長張明等爲委員，於十二日午後二時舉行第一次委員會，由羅氏主持，決定經常主辦幹訓團學員心理測驗，並於三個月內編纂軍事心理學叢書十種。關於遠征軍中心理測驗事宜，亦將積極推進，此種設施，在我國軍中尚屬創舉，預料將來對於建軍工作，必有重大貢獻。

【中央社重慶十四日電】軍政部教導第三團全體學兵，已於七日送綦江某師接收，其餘給資遣散，分別復學復職。教導第三團番號同時撤銷。（L）

參攷消息

（只供參考）
第七六二號
解放日報 新華社 編
今日出一大張
卅四年一月十八日
星期四

魏特梅耶稱 日軍有西進可能

【同盟社里斯本十六日電】重慶來電，中國戰區美軍司令官魏特梅耶，十二日聲明如下：中國戰場的日軍，儘管美軍進攻呂宋島，仍有深入中國西部之可能，設想日軍如有充分的時間，他將進攻昆明與貴州，日軍仍有強有力的進攻能力。

國民黨戰報 第三十師攻克南坎

【中央社重慶十六日電】據軍委會十六日發表第二次戰訊：緬甸方面，一月十五日，我軍第卅師渡過瑞麗江，攻入滇邊戰略要地南坎城。該城位於緬甸公路之八莫支路上，在八莫東南七十一哩，距緬甸公路之交叉點芒友廿八哩（芒友在畹町西南十三哩）。我軍沿瑞麗江前進，於十五日晨渡河成功，十五日分兩批由南坎南及西南方面，進迫該城，沿途所遇抵抗均經擊潰，我軍即於是日攻入城內，殲滅敵寇，敵守兵現僅在二處頑抗，已在我包圍掃蕩中。刻我軍前綫，在南坎之東，自北迄南，其北端恰在壘允之東。我第一軍一部，自壘允區域向東北前進，已與我攻達猛卯區之部隊相會合。瑞麗江北雖尚有少數倭寇斥堠，但中印交通綫上，中緬兩方我軍會師已告成功。芒亭、東化之南八哩附近之我軍，經數日之戰鬥，佔領村莊數處，並繼續南趨瑞麗江，正殲殘留敵軍中。

【中央社緬北戰區指揮部十五日專電】國軍攻克南坎後，本夜復聞自緬甸戰綫出動之×軍斥堠部隊，已與怒江×軍會師。某部亞北壘允向東出擊，已順利進抵怒江。國軍於瑞麗河谷北端所建之陣地。除怒江與緬北前綫目前在技術方面已混合一致外，此一會師迄今別無若何重要性。然國軍此一聯繫，敵軍即殊少有於北岸作任何有組織抵抗之可能。由是河谷地區之國軍，即可集力肅清自南坎通往畹町之主要公路。緬北美軍士兵稱頌國軍本日之攻克南坎，爲打回老家之一役。

于山脈的天險，使敵人流了很多血，使英印軍棘手爲難，並因而建立了特殊的功勳。嗣後因印緬國境全盤形勢的關係，於去年十一月下旬自動地由當地陸續撤退。伴隨着櫻井部隊的轉移，阿恰布方面的我軍，也在不受敵人任何妨礙下，完成了向克拉頓河左岸地區的轉移工作。我方修正了印緬國境南部戰綫之後，敵方未能判斷我方的意圖，[illegible]前：直到去年十二月三十一日，英印軍第二十五、二十六兩個師團，才侵入已無我軍駐防的阿恰布。自一月九日起，敵由海上增強對侵入阿恰布部隊的供應，我航空部隊，乃自九日起，連日痛擊阿恰布周圍海面的敵艦船羣，以及敵登陸地點的附近地區；至十三日爲止，僅就已查明的戰果計：炸沉炸傷運輸船九艘，炸沉巡洋艦二艘，陸上地點有七處起火，一處發生爆炸。現正繼續攻擊中。上述攻擊中我方付出了寶貴的代價，共損失自炸及未返防飛機六架，這六架飛機所樹立的戰果，未算在上述的統計數字內，因此敵人的實際損失，當較已查明者更大。另外在克拉頓河流域戰綫上，我軍在喀庫奎附近，正與敵西非軍第八十一師團交戰中，該方面敵人的行動，現在還不大活躍。

敵稱美空軍擴大西北基地

【同盟社北京十三日電】海野特派員報導：由於我軍縱斷大陸的作戰，駐華美空軍損失了西南基地，遂以昆明基地作爲最高的堡壘，向我挑戰。另一方面，欲以中國西北作爲[illegible]炸的據點，遂於去年底以來，拚命擴充和整編西北一帶的基地，以及增[illegible]兵力。而其供應量亦急速增加，這是值得注意的。現在敵空軍兵力，估計[illegible]重慶共有戰鬥機七八百架，其中駐紮在中國西北者有五百架左右。[illegible]在成都周圍（以成都爲中心）的，有周圍二百公里圓周的飛機場簡陽、新[illegible]、崇州等機場。在此以西，還有昭化、漢中、寶鷄、咸陽、安康等西安基地羣。還擁有梁山、萬縣、老河口、內鄉等前進基地。最近爲了避免我機轟炸，又在甘肅西北如天水、岷縣、榆中、蘭州等地擴大基地。變成了能在夜間昇降飛機的基地。這樣，美國使用懷柔與恫嚇重慶、延安的辦法，注[illegible]物資和建設恆久設備的技術，增大航空兵力，實行大規模的對日轟炸，從[illegible]而有利地展開太平洋決戰。美國控制中國西北的動向，必需嚴加戒備。

敵承認美航艦飛機 襲廣州、汕頭、澳門、香港

【同盟社廣州十六日電】出現於中國南海的敵機動部隊，[illegible]十五日使用艦戰機，攻擊廣州、汕頭、香港等華南各重要地點。十六日，敵方同樣使用艦載機，

中緬邊爭奪戰日趨激烈
敵稱擊退攻畹町雲南遠征軍

【同盟社緬甸基地十三日電】敵雲南遠征軍企圖奪取位於緬甸中國國境上的要地畹町，乃配備第十一集團軍五個師於東北方地區，佈置第五十三軍二個師於西北方地區，去年底即企圖從兩方面發動攻擊，入春以後，乃開始行動，但遭我精銳部隊的猛攻，現正向北方潰退中。戰爭的經過如下：注意敵軍行動，並嚴加監視的我當地駐軍，發覺敵第五十三軍主力第一百三十師，及第一百十六師，竟敢於四日企圖切斷我後方、渡過龍川江，乃在精銳部隊和坦克部隊的增援下，由野砲部隊掩護主力，於六日拂曉制敵機先，由克格益（譯音）發動猛攻，激戰結果，我軍將敵軍擊退至龍川河對岸。另一部我軍並渡河至對岸，向北猛追現正潰退中之敵軍。另外並擊退由畹町東北方向我進攻的敵第十一集團軍，予敵以重大的打擊，粉碎了敵軍的企圖。

【同盟社緬甸前綫十五日電】我軍在中緬國境要處畹町附近，猛烈截擊企圖沿緬甸公路，侵入緬甸的雲南遠征軍（七個師），敵損失很大。急於突破國境之敵，以五十三軍的一部份，在藍姆附近渡過龍川江，企圖攻擊我畹町守軍的側面，我軍乃向該敵猛烈反攻，將其擊退。另外以第十一集團軍主力，從畹町東方向該地進攻之敵，攜帶戰車，在飛機掩護下，進行猛烈的砲擊或轟炸，我精銳部隊乃組織敢死隊，深入敵陣地，將敵砲兵陣地搗毀。同時企圖突破我守軍陣地，向加姆西拉進攻之敵，經我軍攻擊，將其擊退，給敵以重大損失。自元旦以後至十二日，敵遺棄屍體七百六十四具。所以在畹町攻防戰中，敵雲南遠征軍至少損失二萬三千人。由於大出血關係，雲南遠征軍的士氣，日趨低落。

【同盟社緬甸北部前綫十七日電】欲使雷多公路與滇緬公路取得聯系，而由八莫南下的美式重慶軍，與雲南遠征軍相呼應，繼續推進至距離西方七十九公里的孟密特方面蠢動，以顯示其物質數量。我軍潛入敵戰陣地的深處，進行奮戰。在陣地前面迎擊頑敵，將其擊滅，使敵軍受到重大打擊。就中我突擊隊的活動更加利害。自一月一日至[illegible]一日的戰果，僅僅確認的敵軍遺屍有二百七十具。

英印軍攻入阿恰布

【[illegible]社[illegible]京十六日電】我[illegible]。在印緬國境南部[illegible]

攻擊中立地帶即葡屬澳門，猛炸港灣設備及城市，[illegible]失甚大。即敵克拉曼式戰鬥機六架，於九時卅分侵入澳門境內，十時四十五分又有十五架侵入澳門，轟炸停泊港內的船舶、無線電台、飛機庫、油庫、被炸起火，市民傷亡甚大，城內亦被破壞。美國飛機[illegible]完全露出其為了達到目的，不擇手段的野獸的原形。

【同盟社廣州十五日電】在華美空軍為策應十五日早晨美航艦飛機攻擊華南，乃於同日下午二時許，出動P46式機襲廣州。我防空部隊，在天空與地面的互相配合下迎擊敵機，擊落其二架。當天所獲的戰果包括敵艦載機在內，擊落其七架，擊傷三架，共計十架。

【同盟社檳榔嶼十五日電】十三日黃昏，B29式機十餘架，來襲南部緬甸之麥爾綫（不知是否普羅姆）。

【同盟社大陸基地十六日電】華南方面的敵機動部隊，復於十六日出動三百數十架艦上機，轟炸華南香港、廣州各地。午前午後並兩次襲擊香港，我制空部隊乃立即起飛迎戰，截至現在已判明擊落敵機八架。

【同盟社漢口十七日電】十四日下午在華美空軍戰鬥、轟炸聯合編隊約九十架，來襲武漢地區，盲炸市中，我戰鬥機隊與地上砲火，與敵機展開激烈的迎擊戰約四小時，創落敵機三十一架（內未證實者九架），我方亦自炸五架。軍事設施損失輕微。

王世杰在招待外記者會上顯露
依賴盟國勝利、中國坐享其成

【中央社重慶十七日電】外記者招待會十七日下午十五時舉行。王部長世杰、吳次長國楨、張參事平群，出席主持。某記者問以最近對日本之盟軍進展加速，中國方面對於此事之觀感如何。王部長答謂，在最近以前，若干人對於使用空軍以打擊日本土，及其重要根據地之戰略，是否充分有效，尚不免懷疑，今則事實已經昭示，此種戰略確可發生大效。美國用於對日之空軍，到現時止，其力量尚遠不及盟軍用於對德之空軍，但美國空軍[illegible]日寇，業已產生較為迅捷而且致有[illegible]生之戰果。事實[illegible]本土[illegible]要根據地受極大打擊，[illegible]吾人不能假定[illegible]

決定因素。在過去戰日中，[illegible]，[illegible]完全準備之多季攻勢，因此德軍對德戰事，亦加迅進展。此次吾人所引為十分快慰之事。從現在起，盟軍確有力量可使吾人[illegible]不能得任何喘息機會。惟有如此，吾人始能真正縮短戰事。某記者詢以對於在華依法登記之美國商號，須征收何種捐稅，其經營失利時，是否須繳資本稅，以代替所得稅。張參事答稱：在華外國商號，一若本國商號，須繳一、所得稅，二、過分利得稅，三、印花稅，及四、營業稅。其經營失利時，自無須繳付所得稅，及過分利得稅。營業稅額，係視營業收入而定。印花稅係用於法定賬冊單據。此兩稅與營業盈虧與否無關。我國目前尚未舉辦資本稅。某記者詢以鑒於美僑請准自組商會，不參加中國商會事，結果如何？張參事答稱：依現行之外僑組織商會等辦法外，商會應依法加入所在地商會為會員，視同業公會。至所請不參加中國商會一節，聞正在主管機關審議中。

傳三國會議 將在月底舉行

【同盟社斯托哥爾姆十五日電】據合衆社於十一夜間自倫敦發出由英國政府方面獲得的情報稱：美英蘇三國領袖會議，已定於一月二十日至二月十日之間，在地中海中部或東部某地舉行。傳在三國領袖會議之前，三國的外長將先舉行會議，但此舉尚未作最後決定。

【海通社柏林十五日電】巴黎訊：許多報紙——其中有「曙光」報，星期六日推想：迫近的三強會議可能以邀請戴高樂將軍而成為四強會議。布拉薩維爾電台關於此事息：法國無論如何，已確信她的願望，即是參加會議將得到蘇聯的支持。在這種情形下英國與美國必將同意蘇聯的建議。

【海通社柏林十五日】紐約訊：美聯社巴黎訪員約瑟・郊爾星期日晚引據「可靠方面」消息說：戴高樂訪問莫斯科時，曾親自要求蘇聯支持戴高樂參加迫近的「三巨頭會議」的要求。在報答斯大林介紹法國參加會議的諾許，戴高樂已担負起關於「東歐領土的解決」支持蘇聯的義務。

關於希臘問題 英下院紛紛質問邱吉爾

【路透社倫敦十六日電】邱吉爾今日向下院宣佈：自十二月三日至一月六日（現有的最後一天的數目字）英軍在希臘傷亡總數是二一〇一名，其中死者為二三七名。詢問這一情報的工黨議員波列斯會加以評論。邱吉爾說：我軍的參戰是為了防止大屠

[illegible]援助希臘恢復

備援助希臘恢復工作。一月十五日[illegible]普拉斯蒂拉[illegible]文中說：「希臘的流血事件，對於美國人民和我個人都感到深沉的煩憂，我確當希臘府的領導者：目前是面臨許多問題的危急時期，這些問題的解決，對於你們國家的前途和盟國反對共同敵人鬥爭的勝利結束，具有巨大的重要意義。因下最近聲明：戰事停止絕不繼以報復，而是關於造成內戰的投票問題，藉自由民主程序，早日決定。這一聲明使我安心。本國政府與我盟國合作，準備在恢復你們長久遭受苦難的國家的任何地方，予以幫助。」

【美新聞處華盛頓十六日電】希臘總理前曾致電美方，要求對希臘的戰後建設，予以協助。

【海通社雅典十七日電】總理普拉斯蒂拉斯不擬宣佈大赦，他對「伊米利西亞報」代表說：大赦很難使搗亂份子因此順從。可是，普拉斯蒂拉斯着重指出，願意與新政府合作，並效忠新政府的人，將得到政府的寬待。

【路透社雅典十七日電】亞力山大元帥和英公使麥克米倫今日（星期三）抵雅典。

德寇說蘇聯藉冬季攻勢 向英美提出政治要求

【海通社柏林十六日電】據德國副新聞部長遜德曼星期一午時在此間招待外國記者會上所說：布爾塞維克問題，由於蘇軍新攻勢的開始，已再度由政治的移向軍事的舞台。遜德曼說：蘇聯冬季攻勢顯然有遠大的目標，並且目的在征服東歐全部，只有在這些情形下，斯大林、羅斯福、邱吉爾之間預期的會議再度搬上前台是很自然的。因為利用軍事情勢的斯大林，是顯然急切地對他的同盟國提出他的政治要求。遜德曼說：蘇軍冬季攻勢之所以可能，是因德軍被牽制在西綫。英美這樣使莫斯科的任務很容易，但是德軍抵抗將阻止避免斯大林的野心得到實現。遜德曼指出東綫情勢依然不定，但是斯大林將發現在敵人接近德國邊界時，德軍兵士已變成多麼更加頑強，德軍抵抗是多麼更加酷烈，蘇軍巨大冬季攻勢的開始，已引起「人民衛鋒軍」精神在德國燃燒起來——進攻的蘇軍師團迅將以他們的損失認識這一事實。

殺。當進一步詢以希臘選舉及全民投票時，邱吉爾要求議員等待他即將在下次辯論中發表聲明。工黨議員申威爾問：由於有些緊急問題急待立即解決，我願問他是否注意到普拉斯蒂拉斯兩次所發表的聲明，即他的政府意圖肅清希臘的解放軍？英國政府是否支持普拉斯蒂拉斯將軍這一政策，並主張為此應使用英軍？一議員插言：「不要撥弄是非」。邱吉爾繼續說：「我剛才在回答其他問題中已經說過，我認為最好是××即將到來的討論，那時這些問題可以適當地加以處理。」獨立黨議員德利爾問：首相是否能給我們某些保證，即令天提出的各點，將包含在他聲明當中，不然的話，要求補充是必要的。邱吉爾說，當我回答說，我希望問題延期討論時，要求補充是極為困難的。因此，我不願說明它。申威爾說：由於不能保證邱吉爾首相將論及希臘問題所涉及的所有各點，是否可允許將此問題的各點提給他？他計劃在辯論中說及斯科比將軍關於希臘少數民族地位的聲明嗎？作為軍事將領的斯科比，是否有權處理政治問題？邱吉爾答稱：我認為他所做的深可贊佩。我已看過他的聲明。那是臨時演說而且似乎是，當回答通過他司令部門前大群人的歡呼時，這些話講得非常的好。申威爾說：他們高聲要求恢復帝制。（缺）邱吉爾反駁說：「加拉微對這些問題必需不要太激動了，不然他將陷入托洛茨基左傾的危險中」。（笑聲）當工黨議員杜德爾問，根據誰的命令，一切新聞記者奉令不要會見任何×××？（缺）他們仍在保護下直至他們回到他們自己的防綫，當戰鬥在進行時，越入解放軍地區；顯然是不能想像的，而且實際上，只有國際紅十字會的代表才被允許這麼做。杜德爾說：「難道首相不信任英國軍事訪員能完全地、坦白地並以充分的責任感來報導嗎？邱吉爾說：我不想一般地×××信任一切軍事訪員，不管他們在什麼地方，或來自什麼國家。我一貫懷疑記者穿過戰綫從一方跑到另一方去。獨立黨議員德利爾說：外相願見民主希臘的可佩感情，如何能與普拉斯蒂拉斯將軍的狰獰言論相調和呢？邱吉爾說：我不能每日××希臘政府首腦所發表的聲明。希臘的國家首腦是達馬斯金諾斯攝政，而且在閱讀報上時時發表的各種東西時，我的確不能具有準確地評論希臘總理這種聲明的情報。但我有一切理由可以相信，目前希臘政府，是極為民主的政府，事實上我相信它幾乎完全是由共和派組成的。申威爾：難道首相未以自己粗暴的觀察，稱他們為匪盜等來鼓勵普拉斯蒂拉斯將軍發表這些兇暴的言論嗎？邱吉爾：我承認，當我見到下院某些人的努力大大增加了我軍的困難時，我是激動了。（政府人士歡呼）

海通社傳波諾米不能解決問題
意將成立勞動階級聯合黨

【海通社柏林十六日電】羅馬訊，意大利社會黨發表的聲明說：波諾米政府不能解決當前的許多問題，包括西西里問題及消除通貨膨脹與黑市問題。社會黨進一步譴責政府沒有準備復興的計劃。這一聲明繼續說：一般的不滿已存在，並看到新法西斯騷亂的某些象徵。

【海通社柏林十五日電】南意大利共和派機關報「共和呼聲」，要求立即取消意大利專政政體——意大利復興的主要障礙。該報說，波諾米政府與專制政體的妥協，是把枷鎖放到了行政及立法之上，這種枷鎖無論如何必須予以消除。

【海通社羅馬十一日電】共產黨機關報「烏尼塔」，發表意大利共產黨執行委員會關於計劃成立勞動階級聯合黨的決定。這個聯合黨將包括一切共產黨人與社會黨人。

【海通社蘇黎世十日電】意大利境內的基督教左派黨，已與教皇庇烏斯十二分裂。基督教左派黨係導源於天主教共產黨。羅馬「[illegible]斯達特」報表示教皇庇烏斯的步驟，是由於基督教左派黨的綱領，與天[illegible]原則不符合。

海通社挑撥
說蒙古拒絕以牲畜供給蘇聯

【海通社上海十五日電】據消息靈通人士方面稱，莫斯科過高的要求，迄今阻礙了蘇聯與外蒙商業條約的締結。據上海所獲消息稱，莫斯科要求再交出羊五十萬頭、馬廿萬頭、牛十五萬頭、駱駝五萬頭及大量肉類、皮革、羊毛等。蒙古當局宣佈，不能支出這樣大量的貨物，因為牧畜者的利益必須加以考慮。關於此問題，中國人士方面稱，趕有很多牲畜的商旅隊現正向南，向重慶中國前進。中國人士方面相信，這些牲畜將售與在華美軍，以供駐華美軍的食用。

德寇說東西綫攻勢
未能同時發動，令人失望

【海通社柏林十五日電】倫敦訊，「泰晤士」報星期一宣稱，由於倫斯特德的反攻，盟國對蘇軍冬季攻勢的任何支持，已變成不可能了。該報繼稱，久已期望的大規模東綫攻勢未能與西綫大攻勢同時出動，[illegible]令人失望。倫斯特德在亞登的大胆攻勢，毫無疑問的，對於德軍有很大的好處。蘇軍前面可能有十個禮拜，這十個禮拜的氣候是利於冬季戰爭的。但這十個禮拜是不足以使盟國西綫準備好對萊茵河的大攻勢的，因為它們的戰綫剛被突破，必須重新開始她們的準備工作。

參攷消息
（只供參考）
第七三六號
新華日報社編
今日出一大張
卅四年一月十九日
星期五

同盟社評紅軍攻勢

【同盟社柏林十六日電】紅軍自兩三個月以來，即集結其大軍於波蘭戰綫，進行攻勢準備。自十二日沿着布達佩斯以東到東普魯士整個戰綫，發動强有力的冬季攻勢。從紅軍集結的兵力器材看來，這次攻勢是德蘇戰爭四年中稀有的大規模的攻勢。有一氣突入德國領土，尋求決戰之勢。但德軍最高統帥部早就察知紅軍在準備冬季大攻勢——因之自去年十一月初，即向德軍東部全綫發出警報，紅軍的冬季攻勢又經過了兩個月，才逐漸地轉向攻勢。其原因究竟在那裏？這是被各方面所關心的，消息靈通人士一致的見解是：因美英兩國表示不容忍蘇聯處理波蘭的態度，因之蘇聯不付出過高的犧牲，不採取幫助反軸心軍在西部戰綫的作戰，基於這一政治上的考慮，因而發動攻勢（按：此處恐有漏誤）。然而美英兩國所企圖的西部攻勢，已因德軍的大反擊而告失敗，而斯大林、羅斯福、邱吉爾的會談行將舉行，因此在此會談以前，為了使蘇聯的政治立場有利起見，於是到今日才突然發動攻勢。另方面從德軍的立場看來，紅軍若在今天以前發動攻勢，將是非常有利的。德軍最高統帥部自去年九月起，已建立以十二個軍在西部戰綫發動大攻勢的計劃，採取萬全的準備，因之在這以前反軸心軍若東西呼應發動大攻勢，則德軍的防衛未必很困難的。然而德軍抓住這一機會，突然在西部戰綫轉入大攻勢，把反軸心軍趕到西部防綫的還後方。因此將其攻勢準備粉碎無遺——陷入暫時不能採取攻勢的狀態。因此使德軍對紅軍的冬季攻勢，有足够的力量來應戰。

【同盟社柏林十七日電】德軍當局率直承認，紅軍新攻勢的嚴重，並自認德軍的命運將決定於東部戰綫。今日德寇大本營發表的戰報，首先說到東部戰綫的戰況，接着才說到意大利及西部戰綫的戰況。自去年六月六日盟軍在法國登陸以來，德軍即按照西部戰綫、意大利戰綫與東部戰綫之順序發表戰況，以至今日。

麥克魯警告說 對中印公路運輸勿存奢望

【中央社重慶十八日電】麥克魯將軍十八日上午十時中，招待中外記者，某記者詢以中印公路何時正式通車，麥氏答稱，通車確期現尚不悉，不過因為中美人民對於此路極為注意，特作簡單說明。中美人民均認為此路可以運輸大量物資，事實則不盡然，滇緬公路昔日每月最大運量係一萬五千噸至一萬八千噸，現在擬運進之物資，皆係直接用於作戰供應，若以之與空運相比，在效率方面，則還不及空運之迅速。舉例言之，如一卡車在一個月內於某距程內行駛一次，則同在一距離內一飛機可[illegible]百次，故此路所運輸者，全係飛機所不能運輸之物資，余希望中美人民對於中印公路之運輸，勿存奢望。某記者詢以美國最近會派專家來渝研究軍中營養問題，美國是否準備供應中國軍隊糧食，麥氏答稱，中國軍糧非常充足，並不需要美國供應，倘將來軍糧不足，美國或將以乾糧接應，以省運輸噸位。某記者詢以中印公路管理權決定否，麥氏答謂，余不能答覆此問題。某記者詢以有若干美人，參加戰時運輸管理局工作，麥氏答稱，計有三人，摩祿上校，係運輸專家，在管理局內任余之助手。某記者詢以目前中國戰局情形與魏特梅耶將軍就職時之情形相比如何，麥氏答稱，目前情形極為穩定，憶魏特梅耶將軍就職時，日軍進犯桂柳及貴州，局勢惡劣，現在華南敵軍並無何進犯企圖。某記者詢以蘭姆加之中國軍隊訓練營，是否將移中國，麥氏答稱，此後中國將在國內訓練部隊，俟學兵畢業後，即可結束。

美國注意昆明防禦 渝傳美調停國共關係

【本報訊】十二月廿八日華西日報載重慶通訊：「國軍仍原原經渝開赴黔桂，以防敵進窺昆明之企圖，美軍亦有一小部抵昆明、貴陽。陪都各界代表在南岸海棠溪一帶，慰勞過境國軍已歷半月」。又謂：「周恩來一時不返渝。但國共談判之焦點在軍事，當局堅持統一指揮中共部隊，中共則要求由國內各種軍事首腦（包括中央軍、地方軍、中共軍、美軍）組織聯合統帥部，而將全國軍隊調遣之權歸此聯合統帥部。聞魏特梅耶將軍從中斡旋。」又訊：「魏曾於日前偕軍政部俞次長赴昆明商討滇省防務，張治中氏亦曾至黔。」

國民黨亦承認 中茶公司等弊端重重

【中央社重慶十六日電】據監察院公佈消息，去年九月間國民參政會三屆三次大會決議，送請監察院

敵侵陷博羅

【中央社粤東前綫某地十六日電】增城及樟木頭敵，十四日分向博羅進犯，十五日下午一時侵至博羅縣城，另敵一股，十五日晚竄犯惠陽郊區附近，至十六日下午二時止，我與敵仍在激戰中。

【中央社安江十八日電】湘鄉敵寇六百餘名，於十六日晨向城西之下涉稿、湘家亭、大塘橋等地進擾，我正分途阻擊中。

【中央社渝十八日電】軍委會十八日發表戰訊，滇邊方面，我軍攻克畹町後，四日續將畹町西龍川江北岸迄猛卯區域殘敵加以掃蕩，但敵因畹町爲臘戍之門戶，乃調集兵力，由臘戍以北向畹町以南大肆增援，反撲畹町區域，其勢甚猛。惟敵軍此一攻勢，我軍原已料及，當予針對部署，經連日激戰後，敵人不但未能獲得倖進，且遭我重大打擊，損失慘重。敵逐步增援，無異予我軍以殲滅好機。畹町東北各面之山地，爲畹町區域之要點，我軍即於此處預置陣地，以待敵寇之投入，敵軍攻勢發動後，果經畹町於六日進至迴龍山（畹町東北），我軍即將其遏止，當斃敵四百餘，獲步槍百餘支，機槍十餘挺，並隨即開始反攻。我軍各路分由北東西三面併進，迄至十三日處處擊破頑抗之敵，北路已攻克迴龍，信結各山頭據點，東路已攻佔緬境蠻結，並追近畹町以南之蠻因，兩路並已渡過龍川江，攻入緬境之南算附近，現繼續以合圍態勢，猛烈攻殲畹町及郊區之頑敵。在此一戰役中，我軍所創戰績由六日至十三日止，據初步統計，共斃敵約一千五百名，鹵獲輕重機槍廿三挺，步槍二百廿六支，此外尚有軍用品極夥。廣東方面，粵東增城深圳等地敵，於十四日分三股向東進犯，十五日侵至博羅，續犯惠陽，我軍猛力阻擊，戰鬥甚烈，迄至十六日晨，仍在郊區附近激戰中。湘南方面：一、高隴（茶陵東北約五十里）區域戰鬥，我軍與敵現續在高隴東北附近之×里鋪進行，敵一股由茶陵向城東南進犯，我軍當將其阻止，現正戰鬥中。二、安仁敵於十一日向茶陵行進，被我軍一部於中途突擊，予敵創傷甚重，我並鹵獲軍用品共七種。三、我軍於十二日×耒陽以×通水舖附近之敵，×擊斃敵百餘，十七日我空軍第四大隊出擊懷遠鎮，宜山各地，轟炸×鎮內敵軍設施，投下炸彈，多中目標，當見大火數處，敵損失甚重。十六日我第四大隊並出動協助地面部隊作戰，對河池敵×實施轟炸，在該城內炸毀敵軍設施多處，我機達成任務後，均安返基地。

辦理各重要案件，業經分派委員赴有關機關澈查，茲已逐一查明，分別依法提出糾彈及建議：（一）中茶公司積弊案，經查明該公司經營無方，會計紊亂，營私舞弊，層見迭出，對主管人員董事長壽琛，總經理李泰和，協理××農，提出彈劾。（二）花紗布管制局霉損物資案，經查明損失巨大，分配不當，濫用人員，糜費公款等，對主管人員局長尹任先等，提出彈劾。（三）郵政儲金匯業局存放款項於商業銀行，及代購美金儲蓄券案，經查明機構規章未臻健全，分向財部交部建議合理調整，並請交通部繼續調查。（四）通商四明中國實業三銀行官股移轉案，經查明退還官股，僅照投資時票面額數，不依資產增值計算，建議行政院糾正。（五）渝市公用事業及交通情形案，經查明公路汽車管理處，冗員多，開支大，人事敗壞，向公路總局建議改善。此外尚有根據參政會詢問案交由監院辦理之件多起，正向主管部門分別查訊中。

【中央社筑十七日電】前黔省煙酒專賣局長唐敦武舞弊案，原在軍法總監察部西南執行監部審理，嗣移交筑地方法院，茲經判決，以敲詐財罪，處有期徒刑六年。

國民黨籌備復員工作

【中央社渝十八日電】兵役部與試辦陸軍常備現役士兵退伍，以爲復員之準備起見，特將陸軍常備現役軍士及兵籍規則，予以修正，並和本年度開始辦理，已請軍政軍令二部預先指定三個軍着手試辦。

【中央社重慶十八日電】兵役部徐次長思平，年前赴蓉主持川省兵役分區會議，十七日公畢返渝。

【中央社渝十八日電】兵役部以新兵調撥輸送之際，因長途步行，歷時甚久，往往行軍途中，或抵達終點時，季節已變，而服裝則未能按季節換發，以致冬着夏服，夏着冬服，爲期改正此一缺點，已決定先就兵源較多，交通便利各據點，建立被服倉庫十一所，控制現貨，以備抵各地新兵得隨時換季補充，同時並辦理被服之調整接運，及督促附近管區各單位辦運等事宜。

【中央社重慶十八日電】綦江十八日電話，十七日下午五時，由渝開來綦江之從軍青年所乘之專車一輛，途經一品場以南三公里處因路面較狹，司機不愼，以致傾覆，乘車青年十人受重傷其餘多受輕傷。該車失事消息傳至綦江後，二〇二師政治部副主任李錫勛，當派員偕同醫官數人，馳往失事地點考察說。

【中央社迪化十三日電】新省參議會，定六月一日成立，省府已指定各省委暨秘書長爲籌委，並以民廳鄧翔×兼主委。即日開始籌備。

【中央社陝壩十三日電】省府組織考察團，由各廳長率領，分六組赴各縣視考察三十三年度政績，刻已分別出發。

戰時生產局令重慶煤商
加緊生產煤炭

【中央社渝十八日電】戰時生產局對解決燃料問題，已商得具體辦法，連日正積極推動增產。該局佈告，嘉陵江各區鑛廠，應以國家戰時需要，爲重農歷年關，一律不得停工放假，更不得藉詞離工。

【中央社渝十八日電】外傳有中央銀行將縮小組織說，頃據四聯總處及中央銀行負責人談稱，該行在孔總裁出國期間，重要行務，均須電美請示，變更組織，事關重要，目前尚未議及之四聯總處亦未研討縮小組織辦法。

【中央社成都十八日電】華陽縣首屆民選參議會定廿四日舉行首屆一次會議，該會乃川省首先成立之民選參議會。

【中央社貴陽十八日電】筑市入境難胞，爲數日衆，各招待所已相繼結束，市郊龍洞堡招待總站亦於日昨撤銷。自上月初旬以來，計卅八日，經護送至各招待所之難胞，共三萬六千零四十六人，供應茶粥者共三萬六千二百五十人，施診者共五千二百○四人。

【陪都各界湘桂難胞慰問團記者都匀十三日電】慰勞團一行十三日晨八時離馬坊坪繼續南行，於下午一時抵都山。慰問難胞後，即返都匀工作。全團抵達獨山時，孫副總司令元良，特自某地趕來，與王團長會晤，表示歡迎，獨山城內現尚有難胞近千人，簡單房屋已於廢墟上陸續興造。王團長詳詢當地救濟情形後，得悉尚有老弱婦孺四百人急待振濟，當即率全團人員前往慰問，同時親發振款八萬九千元，王團長離獨，單撥款十萬元交孫副總司令請其會同當地機關發給赤貧難胞，藉表陪都人士關切流落黔南一帶難胞之意。都匀每日均有難胞到達，赤貧者無衣服棉被禦寒，厥狀至慘。

【中央社渝十四日電】據有關方面息，統購統銷之貿易政策，聞最近或將改善，其詳細辦法正由財部貿易委員會計議中。

青年遠征軍編練總監部
召集首腦人物座談

【中央社重慶十八日電】青年遠征軍編練總監部，十六日晚舉行第一次座談會，目的在聽取各部門辦理實況及檢討青年軍人入營後各種工作，出席者有青年軍指導委會代表，有

地總領事報告各該地收買物資的情況，各地產業開發的情形，民心的動向，日僑的經濟狀態等。

海通社挑撥
蘇英美關係

【海通社馬德里十七日電】長槍會機關報「亞利巴」軍事評論家寫道：當英美軍處於困境時，蘇聯不發動冬季攻勢，是値得注意的事。莫斯科方面命令其軍隊在三強會議前夕進軍，這具有極大重要性。無疑的，莫斯科利用其武器以支持其政策。

【海通社柏林十七日電】倫敦訊：路透社提到倫敦政界人士時稱：戴高樂不見得會參加邱、羅、斯會議，因爲三大盟國政治家們的討論，目的在於消除過去意見上的分歧與誤解。因此，沒有新人參加，這能進行得很好。該通訊社着重指出，自然這並不意味着法國不能參加將來的會議。

【海通社柏林十七日電】威廉街發言人稱：蘇聯之公開要求歸併喀爾巴阡烏克蘭，柏林方面在很久以前就知道的。威廉街發言人繼稱：「似乎只有貝奈斯先生不相信這件事。」發言人稱下面一事是値得一提的：蘇聯現顯然亦要求北外西爾瓦尼亞若干部份，及斯洛伐克以迄塔特拉山脈，以便在多腦河平原建立軍事橋頭堡壘。

傳土耳其
將開放韃靼尼爾海峽

【海通社伊斯坦堡十七日電】土耳其各報力圖將土政府讓盟國供應隊通過韃靼尼爾海峽的決定，當作是過去幾個月來政府外交政策底「自然結果」。例如「康布利耶特」報說：這個決定不會使任何人感到驚奇，因爲它符合現在安哥拉與盟國及蘇聯之間的友好關係。該報向讀者們保證：韃靼尼爾海峽的開放，決不損害土耳其的主權。「坦」報（素以與蘇聯大使館保持友好關係著稱）認爲讓蘇聯通過韃靼尼爾海峽的時機，是又一次提出關於蘇土公約問題的機會。該報認爲：加強對莫斯科的關係，能使土耳其更接近於它對製造新秩序有某些影響的目的。

蘇聯對波流亡政府態度
艾登表示遺憾

【路透社倫敦十七日電】艾登今日宣佈，英政府關於蘇維埃戰訊報對倫敦波蘭政府的誹謗，頗爲抱憾。在下院中提出此問題的保守黨議員阿夫萊．諾克斯說：此倫敦蘇大使館發行的報紙，於一月八日稱倫敦的波蘭政府爲希特勒德國的走狗。他問艾登是否將告訴蘇聯政府說，對於英美承認波蘭合法政府發表此種誹毀的言論，是不能予盟國以良好感覺的。艾登說：「英政府必須表示，對於它所承認的政府發表這種誹謗，它深爲抱憾」。

【路透社倫敦十七日電】艾登今日於下院否認美國戰爭罪行委員會與英政府間有任何基本的意見分歧。他說，英代表赫爾斯特爵士已遞呈辭職，繼

關機關主管人員，及該部高級職員四千餘，首由編練總監羅卓英領導參觀各種統計圖表數字，各種武器教材衛生等模型，尤令人注目者，即爲各官兵膳食標本，一個方台上陳設葷素菜各兩大滿碗，上米飯一大碗，此種菜飯較之戰時各大學膳食有過之無不及，足够每人合理之營養。七時許，座談會開始，主席報告開會意義後，參謀處等報告籌備及現況，根據各種統計圖表數字，及各部門報告，得悉籌備期間迫促，各部門雖晝夜匪懈，努力趕辦，但仍有未及規定標準者，指導委會代表賀耀祖、潘公弼等，提出意見與期望，最後由羅總監結論作答，大意謂：（一）此次發動征調青年從軍，最高統帥有準確之指示，主管部會有詳盡之方案，雖時間不甚充裕，及有戰時種種不可避免之困難，吾人絕不能持此理由，延誤工作進度。（二）一切善意之建議或批評，吾人應以極端誠摯之態度，全部接受，迅速改進。（三）青年入營後，應了解國家戰時之實況，以最大決心及毅力，貫澈志願從軍報國之初衷。座談會至九時始畢。

【中央社西安十七日電】教四國學生明日首途飛渝，體格已經檢查，大致均極健康。

司法行政部今年 擬積極推行公證人制度

【中央社重慶十四日電】司法行政部，以公證機構雖已設置，人員尚屬兼任，欲求公證效力之普及，應酌設專任人員，積極推行公證制度，擬於三四年度就全國地方法院之半數，設立專任公證人佐理員、錄事各一員，俾便推行。

【中央社贛縣十三日電】贛縣府爲發揚正氣，肅清壞人，特舉辦好人壞人調查，製發表格，令鄉鎮查報。所謂好人，係持躬嚴整，處世公正，能得一部份人之信仰，在平時能協助政府推行政令，在戰時不致爲敵僞所利用者。所謂壞人，即武斷鄉曲，阻撓政令，暗中圖謀不法，在平時足以妨害社會秩序與善良風氣，在戰時可能供敵僞所利用者。

敵在南京舉行 華中公館長會議

【同盟社上海十六日電】華中公館長會議，於十五日上午九時半，在大使館事務所舉行。首先土田公使說明去年十二月東京召開大陸的大使館事務所長會議時，重光大東亞大臣及谷正之大使指示的事項後，各

任者爲芬萊爵士。

美孤立份子惠勒 攻擊蘇聯與羅斯福

【海通社柏林十七日電】華盛頓訊：民主黨參議員惠勒在星期一參院會議時，嚴刻批評羅斯福的外交政策，及蘇聯的帝國主義意圖。這一位贊成迅速成立聯合國政治會議的前孤立派份子宣稱：歐洲由於現在的威力政策，最易落入蘇軍手中。必須發表一個坦率的聲明說：毫無企圖強制所謂歐洲已解放的人民實行一個斯大林型民主。傾巴敦橡樹林的決定，基本上與大西洋憲章的原則不同，並且把各國關於外交政治問題平等的原則推遲一邊。各國的眞正社會已變成可怕的軍事同盟。所以惠勒結語稱：傾巴敦橡樹林建議或多或少地代表担保暴政的計劃。

海通社所傳的 法共領導人物

【海通社伯爾尼十七日電】據頃自法國歸來的某些中立人士談稱，莫斯科在法國最有力量的代理人，不單是那三個以其旅行和演講的而爲衆人週知的共產黨人（這三個人是多列士、馬爾梯和杜克洛斯，而有另外三個在台後活動的人。這三個共產黨員是伯諾・佛拉涅洪、多列特和羅拉涅。佛拉涅洪是法總工會秘書之一，而法國總工會，現日益處於共產黨勢力之下。目前他正在訪問蘇聯中。他在抵抗運動中，亦有很多黨徒。多列特是已代替巴黎市議會的所謂巴黎解放委員會的領袖。因此他的權力比塞納省省長的權力還要大。比如，他太太地利用他有勢力的地位，接待各國外交官，使這些外交官頭昏眼花。最後是馬拉淳，他在巴黎警察中，有很大的勢力。雖然他與警察或內政部毫無聯系。他對拘捕和禁錮，有發言之權。觀察家又說：在這些人物中還有另外一個人，這個人善在幕後活動，但一切金錢都握在他手裏，他的命令，別人是一定要服從的，但這個神秘人物的姓名，則不知悉。

德稱英法經濟 談判將延期

【海通社柏林十七日電】倫敦訊：據半官方通訊社，巴黎來訊稱：被認爲即將舉行的英、法經濟談判，似將往後延一些時候。法國財政部長普列溫將赴倫敦進行這些談判。往後延的原因之一，似乎是某些英國人士不願××××，雖然法國政府最近頒佈了法令，命令法國人說出他們帶走的黃金總數。因爲對這命令的服從不够，政府認爲必須將登記的時期，延至三月二日。

參攷消息

（只供參考）

第七六四號

解放日報 新華社 編

今日出一大張

卅四年一月廿日 星期六

英泰晤士報說 國共兩黨都要讓步

【路透社倫敦十八日電】衆議員約西普．曼斯菲德向美國國會提出的聲明（他在其中宣佈，共產黨必須同樣勝利××）爲今日倫敦泰晤士報所擁護。泰晤士報於強調中國和解的必要中說；如果重慶與延安間的裂痕要予以消除的話，那麼延安與重慶都必須作某種讓步。社論稱：「延安政權在喚起地方熱情以進行抗日游擊戰爭和很有顯著成績地解決中國軍隊與農民間關係廢弛的老問題方面，似乎是成功的，但它仍是老地方主義者的顯著例子，威脅中國的團結」。泰晤士報強調說：由於中國戰事已移向南方，力量極爲地方化的延安，對於解除日軍的緊迫威脅，可能沒有什麼貢獻，但若延安在經過同意的條件下，接受最高軍事委員會的軍事指揮的話，那麼還可能達到兩件事情：（一）現被用於「封鎖」延安控制地區的重慶軍隊將可解放出來担任其他職務。（二）延安軍隊如果予以適當的供應及鼓勵的話，或將担任有價值的××事業。

美議員孟斯菲爾德在國會上報告 蔣介石統治機構腐敗情形

【海通社華盛頓十七日電】孟斯菲爾德於訪華歸國後，第一次向國會報告時宣稱：「中國共產黨和蔣介石的國民黨的心中只有保持各自政權的念頭。」孟斯菲爾德是特克薩斯州民主黨衆議員，奉羅斯福的命令游歷中國。他說：蔣介石現在的地位軟弱無力，但他卻是中國唯一有足夠威信的人。據說孟斯菲爾德會責備委員長把卅萬軍隊，用來封鎖共產黨控制的中國地區，而沒有把這些軍隊調到前綫去。他向國會報告說他曾忠告蔣介石與共產黨諒解。蔣介石嚴厲地答覆說：華盛頓顯然只期望光是他的政府讓步。蔣介石建議：美國應該利用他們在延安的影響，勸告那裏的共產黨方面讓步。孟斯菲爾德繼聲言委員長對重慶中國通貨膨脹、黑市及屯積居奇的擴大負責。中國農民的命運沒有改善亦應歸咎於他。在結束時，他嚴厲地批

宣佈將裁歸並保護外國投資之意謂，吾人相信中美兩國戰後之貿易，勢將大增，未來二三十年間中美兩國之貿易量，將成爲世界商業之一大洪流。魏氏並間接答覆美國方面對中國之批評稱，吾人胸中如專事記憶若干外國出版物對於中國及其情況之說法，則無法了解中國何以能單獨抗戰達八年之久，吾人應有容忍及雄量，以欣賞不同之文化，及促進風俗習慣物資標準不同之民族間之相互諒解。

【合衆社華盛頓十八日電】美財長摩根索，今赴華盛頓療養院探詢中國行政院副院長孔祥熙氏，因孔氏現在正在院中診視膽汁病，現經過良好。

【同盟社里斯本十七日電】據華盛頓來電，美國戰時情報局於十二日分發給有關方面一冊報告書，該書是由陸軍部海軍部國務院及對外貿易委員會根據資料編製而成，總統特使納爾遜在該書中會暴露了美國對中國的野心，他說：在此次大戰中，中國將代替日本成爲第一流工業國，這是美國的利益亦是世界的利益。其次該書對蔣援助報告如下：用中印空運的對華供應，至去年十一月每日運輸額已達三萬噸，一個月可以運一萬噸空運到終點昆明，但所分配的僅三千噸。

德報評東綫戰局

【海通社柏林十八日電】在批評蘇聯冬季攻勢的社論中，德國報界坦白的承認，蘇聯會獲得相當大的初步勝利。德國社論家及軍事評論家，並不否認情況嚴重，但他們指出說：蘇聯獲得領土的重要性，不應過高的估計。人們在適當的時間將會感到德國的對策。這種對策並不是半途而廢的對策，因爲這樣程度的危機，不能由半途而廢的對策來掌握。只有一件事情很要緊，就是蘇軍的進攻，終於被停止了。不論領土的損失如何的大，必須從這樣的角度來觀察。「人民觀察報」指出說：德國的作戰後備隊尚未投入戰鬥。調來這些後備軍自然須要一些時間。很顯明，蘇軍只能以許多強大的部隊才能阻止其進攻，而把這樣強大的部隊投入戰區自然不是一天兩天可以完成的事。「德國世界日報」強調說：此時蘇聯已拿出一切力量，他們希望毀壞德國陸軍，因爲德國陸軍是在蘇聯統治歐洲的障礙。從蘇聯力量的大小來看，蘇聯成功地突破數點德戰綫，並不是一件值得驚奇的事。而蘇軍的進攻無疑的最後將被德軍所停止。德軍最高統帥部在過去克服了許多的危機，同時亦將克服現在的危機。

【海通社柏林十九日電】軍事代言人於星期四中午第一次提到在東綫的南翼，德國投入新的後備力量。關於這事，代言人說：德國的抵抗很堅硬，蘇

評中國軍隊。（下缺一句）中國政府官吏的腐化，是下述事實的原因。（缺）

國民黨一週戰況

【中央社重慶十九日電】據軍委會發表一月十三日至十九日一週戰況稱：緬北我軍，於十九日攻克南坎城，該城位於瑞麗江南岸，爲緬甸公路八莫支路上敵之重要據點，我軍將該區域依山壘石憑險堅守之敵軍，完全摧毀後，繼續向南追殲潰敵。另部我軍自龍尾營區域向東北前進，已與我滇西遠征軍攻達猛卯區之部隊會合，中印交通綫上我駐印軍與遠征軍會師，已告成功。至反撲畹町之敵，已在我包圍猛攻中，當不難將其一鼓殲滅。在湖南我各部隊分別擊退先後由官仁及耒陽以東地區出援之敵，頗有斬獲。又我軍向祁陽之盧洪司，衡陽之九觀橋附近突擊，予敵以相當損傷。再我迎擊由茶陵向東北進犯之敵，刻戰於高隴附近。粵東我軍十四日分別阻擊由增城深壩等地分三股向東進犯之敵，××正在×××進行激烈戰鬥。又湘粵邊境我軍阻擊由道縣向東南分犯之敵，現激戰於連縣以北與臨武以東各地區。

【中央社湘南前綫十九日電】粵漢路南段之攻防戰，現已正式揭開。十九晨敵方自耒陽新田及坪北石南向該段進犯，均與我展開激戰。

【中央社湘南前綫十九日電】耒陽南白沙與耒水東岸敵，十九日晨在敵機四架掩護下，沿粵漢路與我展開激戰。

【中央社湘南前綫十八日電】援新田寧遠間橋下洞敵，十八日晨續向東南流竄，刻與我在桂陽西南仙人橋附近激戰。

【中央社湘前綫十八日電】本月十一日起，有敵輕裝鑽隙部隊兩股，由桂之恭城富川，竄擾湘粵邊境，經我大軍節節截擊圍剿，除在宜章坪石間之三公橋，將其擊斃百餘外，其他已化整爲零，到處逃竄，刻續爲我兜捕中。

【中央社湘南前綫十八日電】茶陵東援敵，十七日下午增援後侵入蓮花縣城。

【中央社湘南前綫十九日電】侵蓮花敵，十八日晚向寧岡之古城方面流竄

魏道明對美實業家演說
歡迎投資保證厚利

【中央社紐約十九日專電】魏道明大使當千餘芝加哥實業界領袖商討中美合作時，重述中國政府前所

聯在克拉科與捷斯托霍發開戰綫上的推進會被阻止是變得很顯然了。據代言人說：在德國現在所採取的對策下，德軍會繼續在這條綫的北面抵抗。代言人繼說：蘇軍在加斯托區（攻勢的極南部份）區的進攻，大部份已在德國控制下。激戰現在克拉科東郊進行。克拉科是德國在南部『阻擋戰綫』的基石。

【同盟社柏林十八日電】德國當局十八日正午聲稱：蘇聯政府宣傳機關，揚言此次紅軍攻勢，係向柏林進軍，但紅軍一旦到達國境綫，其攻勢自會改觀。

敵寇估計美國對日作戰中
最多只有二萬架飛機

【同盟社新加坡十七日專電】最近羅斯福照例宣傳『本年度造船目標，爲去年的四倍』這種魔術的數目字。美國建造船舶於去年三月達到頂點，嗣後的造船實數逐漸低下。現在綜合各種情報，分析美國的生產能力及根據他們的統計所宣傳的數目字，來觀察太平洋的戰局。飛機：前年三月月產九千一百廿架，嗣後逐漸減少，十二月生產六千六百九十六架。去年全年生產飛機九萬六千四百架，內計轟炸機三萬架，戰鬥機二萬八千九百架，運輸機七千七百架，練習機二萬三千二百架以及其他飛機。送到前綫的轟炸機和戰鬥機共六萬架，其中除去根據軍火租借法租借給反軸心國的飛機（估百分之十五）以外，只剩五萬一千架，這五萬一千架作爲補充第一、第四航空隊，第二、第三練習機隊等四個航空隊，以及英國、意大利對德戰略轟炸的歐洲四個航空隊，以及分散的太平洋、中國大陸、印度的第五（新幾內亞）、第七（夏威夷）、第十（印度）、第十一（阿留申）、第十三（南太平洋）、第十四（中國大陸）、第廿（總部設華盛頓）等八個航空隊共計十六個航空隊消耗之用。直接使用於太平洋及中國大陸者最多只有二萬架，但是這八個航空隊分散於北太平洋、中太平洋的新不列顛、吉爾貝特、印度及中國大陸，如果考慮到因其供應綫的漫長，在運輸途中遭我轟炸及因爲發生故障所引起的消耗，那末直接出現於我國正面的飛機，比敵人宣傳的數字更少。

船舶：前年造船總數爲一千八百六十艘（共一千零九萬噸），今年一月三日美海軍委員會公佈，去年度造船僅一千六百七十七艘（共一千六百卅四萬噸）縱使這個數字是眞實的數字，那末也減少一百九十艘（二百八十萬噸）。

同盟吹噓 日海軍待機出襲

「同盟社東京十九日電」「讀賣報知新聞」於一月十九日報端，以『帝國海軍等待良機』爲題，論述如下：美機動部隊於空襲台灣各地後，將其主力由巴士海峽投入南中國海，於十二日空襲越南，十五、十六兩日，再度攻擊台灣、香港、廣州、汕頭等南中國海沿岸與航行中的船舶，妨礙我軍的投入戰力，以便孤立菲島，帝國海軍對於美軍的這一企圖，不消說是在整備去秋十月台灣空戰與菲島海戰後的態勢，以航空兵力爲主力，在等待擊滅敵機動部隊主力的機會。我們以飛機生產爲中心的戰力生產，不顧敵機還說不斷的戰略轟炸，正在更加順利地推進中。一億國民的血汗增強斷個海軍的戰力，它將在敵機動部隊的頭上爆炸，猶如一個青天霹靂，這是整然不可懷疑的。

波臨時政府西遷華沙

「路透社莫斯科十八日電」盧布林波蘭臨時政府已於今日（星期四）進入華沙。

邱吉爾在下院演說 該院議員對政府投信任票

「路透社倫敦十九日電」下院於今日辯論希臘問題結束後，對政府投信任票。信任票爲三四〇票，反對票爲七票。

「合衆社倫敦十八日電」邱吉爾首相本日於下院舉行戰局辯論時首先發言，他說德日應即時無條件投降，以便於本年內免遭難言的痛苦。首相演說達兩小時之久，提出促敵即時投降一點，誠出人意料。他對下院議員說：美軍在西線作戰力量龐大無比，相當於英軍兩倍有餘，並告全世界最龐大的三國軍事同盟，現已達空前未有的極度強大，首相籲請盟國之間，及英國國內，在此戰爭高潮之際，團結一致，以便早早獲得全面和平。首相雖傷風未愈，但興致頗佳。論及希臘時，他對希臘左翼『托洛茨基派』猛烈抨擊，爲希臘攝政之×，從前希臘人民解放陣綫及政府間和協之希望成爲泡影。邱吉爾演詞首段稱，英國於地中海方面，負主要任務，尤其在東部負有重大責任，吾人於歐洲或其他各地並無任何政治聯合需要，以意大利爲夥伴者，吾人對意大利之需要無過於對西班牙之需要，蓋吾人並無企圖需要彼等之×援也。

「海通社柏林十八日電」邱吉爾星期四在下院的演說，柏林政界人士認爲是邱吉爾概述了他在行將到來的三國會議上的主張。邱吉爾犧牲了彼得王，對波蘭緘口不談，而只死死地堅持着英國在希臘——是斯大林遺留給英國利益範圍的東歐和東南歐最後一個國家，而這個國家也正是希臘共產黨人所力共產黨參加。

「海通社柏林十八日電」倫敦訊：希臘總理普拉斯蒂拉斯將軍，於接見英國廣播公司記者時說：他不信希臘的內戰不久將結束。但是他希望希臘不久將能以不用英軍來參戰。

「路透社倫敦十九日電」路透社雅典特派訪員報導：軍事聯絡參謀爲救濟希臘人民而運到希臘海港的兩萬噸糧食，於作戰中被人民解放軍毀壞或繳獲了。現在兩隻船共載運了×千噸糧食已開回去了。

「海通社柏林十九日電」倫敦訊：職工大會秘書長西特林將任赴希臘參觀的職工會代表團團長。該代表團將調查希臘的政治形勢，及職工會問題。

德國挑撥說貝奈斯將與波流亡政府同一命運

「海通社柏林十九日電」德外交部代言人星期四中午預言，貝奈斯將遭受與倫敦波蘭人一樣的命運。他說：雖然貝奈斯不致扮演米科拉茲柯的角色，但一當軍事形勢發展到有這樣的可能性，儘管貝奈斯是『英國政策的辯護者』，則他就會遭受米克拉茲柯的命運。代言人又預言說，貝奈斯不致到喀爾巴阡烏克蘭去旅行，因爲蘇聯當局不願他到那裏去。代言人繼續說：據說貝奈斯在數日前跳進蘇維埃營壘中去了，但莫斯科似乎發現貝奈斯所拿出來的一碗菜，非常不合味口。代言人又說：可能由於軍事發展的結果，莫斯科會考慮到不再需要貝奈斯，而去和純粹的共產黨合作。

「海通社柏林十七日電」德外交部相信：斯大林延遲三國會議與蘇聯目前所發動的大規模冬季攻勢有關係。外交部長里賓特洛甫代言人說，克里姆林宮一再延拖三國會議，一直到現在，是因爲斯大林想將波蘭問題造成既成事實，提到會議中去。外交部說：『斯大林要在與西方國家坐在一個桌子上之前，先製造一些事實，因爲那時他再不需要討論了。』

「海通社柏林十八日電」巴黎訊：在戴高樂將軍廣播之前，『巴黎晚報』登載關於法駐美代表兼盟國援法會會長傑茵·莫尼特的談話。莫尼特講到許多問題，其中提及現時能宜佈說：盟國對法援助的輪運將於三月底辦妥。對下列事件已獲得一致意見：原來加入盟國船隻中大家共同用的法國船隻，可爲法國運輸用。

「海通社柏林十八日電」巴黎訊：巴黎無綫電稱，共產黨財政部長馬利埃梯，被辨認出的棍徒盜去十五萬法郎。馬利埃梯是在馬賽工人區，被棍徒們打倒而被盜的。至今未查出棍徒們的蹤跡。詳情也尚未公佈。

爭的——政治統治和軍事統治。邱吉爾在被迫舉行的辯論中，對反對派的攻擊，心懷惡感，並表示很不耐煩。邱吉爾這次演講的特點，據柏林政界人士意見，亦如其最近所有的演講一樣，只是憤激、神經質之語。不用說，柏林政界人士對邱吉爾概述英國主張，以求潛探別人意旨的努力，只置之一笑。當邱吉爾（白種人的負担）發表統治地中海的主張（這在特拉法爾格時即已開始），探測別人的意旨時，被認爲頗以奇怪。當根據邱吉爾的話，英國無所願望，只願望希臘的友誼時，會場（數字不清）發出問題，是否開火的佔領軍隊，是否轟炸機與軍艦常用來獲得友誼或戰略基地？柏林看不到在邱吉爾演講中，除了證實威廉街已獲得的關於南斯拉夫與××的消息外，有什麼新東西。邱吉爾現在正公開地否認了南王彼得，因爲他斷然宣佈鐵托——蘇巴西區協定沒有彼得的同意亦能實行。更明白地講來，邱吉爾再一次尖銳地攻擊希臘的共產黨，稱他們爲匪盜，稱民族解放陣線約瑟夫。鐵托的弟兄卡鐵爾爲他的國家的「救星，統一者不可爭辯的主人。」邱吉爾重新證實這一事實，即英國關於南斯拉夫的將來未獲得克里姆林的任何認可，柏林對此事甚感興趣。柏林相信據適當的情報，××鐵托對於他們的目的的企圖，是完全排除英國的勢力。

美參議員賀威爾提出英蘇除外的歐洲聯盟案

【國際社華盛頓本十六日電】據華盛頓來電：作爲羅斯福和共外交反對派的休戰辦法，民主黨參議院議員賀威爾氏，於十六日發表戰後的歐洲組建案如下：如放任歐洲現在的狀態發展下去，戰後的歐洲必然是蘇聯的勢力範圍。爲防止這一趨勢，反軸心國各國實應成立反軸心國協調會這一類的組織，把歐洲從蘇聯控制下，解放出來，另外並且還組織戰後的英蘇除外的歐洲聯盟，這一組織的目的，應該放在加強歐洲各國經濟的提攜，與縮小軍備方面，沒有絲毫威脅英蘇兩國的地方。

希臘解放軍控制一半行政區

【海通社柏林十五日電】雅典訊。希臘一半以上行政區，仍握於人民解放軍手中。路透社特派員比吉奧星期一下午報導：叛亂者在撤到分界綫之後，仍控制全希臘三十七個行政區中的二十一個。希臘若干最重要海港和城市，是在雅典政府控制下。薩羅尼加社會主義黨和國民民主黨代表，及馬其頓、色雷斯兩地代表提出下面要求：在任何新的希臘政府和憲有，

楊森赴筑履新

【中央社重慶十九日電】新任貴州省主席楊森，新任省府秘書長李寰，民政廳長譚克敏，財政廳長楊公達等一行，十九日晨七時許乘車赴筑履新。

【中央社渝十九日電】審計部各地方審計機構人事，最近略有調動，新任各省審計處長如下：江西省審計處長王培驥，江×省審計處長李文×，安徽省審計處長湯志先，湖×省審計處長張承標，河南省審計處長何履亨。

【中央社昆明十八日電】大理訊，中航一二〇號機，本月七日上午九時，由昆飛印，飛臨縣境上空，空氣惡劣，冰雪交加，致機件發生障礙，墜落南門外山麓焚燬。

河南統一地方武力

【本報訊】十二月十二日大公報載豫陝近聞稱：豫省主席劉茂恩近頒施政綱要六則：（一）懲治貪污、廉潔政治；（二）平均負担、減輕民負；（三）改善軍糧運輸、試辦商運；（四）提高待遇、健全鄉鎮保甲組織；（五）詳求民隱、溝通上下情意；（六）統一地方武力、劃一編制。其具體辦法爲：實行統收統支，編游擊區各縣武力爲保安團，完整縣份於最短期內成立臨參愼用縣長，考選[illegible]長等。

又訊：新黃河在扶溝境內決口，汎區[illegible]民，災民紛經澠洛赴陝。

瑞典將與蘇聯商談經濟貿易問題

【海通社斯托哥爾姆十九日電】一批瑞典商界代表，於近數日中，啓程前往莫斯科，調查有否相互貿易的可能。蘇聯說過準備運輸皮貨及地毯至瑞典，故三個瑞典皮貨商人首先啓程由於考慮到客運困難，運輸這些貨物不能算多。但是即使瑞典××沿此而××的小規模的協定，也是作爲將來的通商×××。在瑞典這方面是將以不同種類的貨物給蘇聯以換回皮貨的。前此已報導過：政府供給部總監米格勒也到莫斯科去調查通商的可能。

【海通社斯托哥爾姆十九日電】最近在此間成立的共產黨影響下的「挪威愛國者聯盟」（將代表在瑞典的一切民主的挪威流亡者），通過具有極大重要意義的決議。並通知在瑞境成立的挪威警察隊底領袖們，不可能集體吸收這些警察隊員爲黨員，因爲這種行動，可能被解釋爲帶有強迫性的措施。但自願要求入黨的個別警察軍官，不應拒絕。可是，眞實的情況似乎是這警察隊（謂包括有罪犯們）的壞名聲，也許會損害了挪威愛國者聯盟在瑞典與在挪威的名聲。最近已證明：挪威警察員大多數人，（他們是作爲「被迫害的愛國者」，而抵達瑞典的），因犯有刑事罪而遭挪威警察開除。

參攷消息

（只供參考）
第七六五號
解放日報社
新華社 編
今日出半張
卅四年一月廿一日
星期日

敵稱盟軍在廣東登陸 突陷惠州企圖控制大亞灣

【同盟社華南前綫廿日電】我華南派遣軍的有力部隊，突於十四日由廣東省東江地區開始行動，完全攻略惠陽，目下擴大戰果中。

【同盟社華南前綫報導班員二十日電】我華南軍的精銳，以一部分強有力部隊，由廣東省東江地區出發，突然開始行動，十九日便攻佔要地惠州，同時從北全壓制大亞灣一帶地區，仍在擴大戰果中。即是說，十五日下午七時，我華南軍的有力部隊，北自增城南迄平湖，由東江出動，分為幾個縱隊，一齊開始行動；各隊之間互相呼應，繼續東進，正在各地從事全面地激戰，地圍困與殲滅重慶軍獨立第二十旅的第一、第二挺進縱隊。我軍一隊於十九日上午九時，完全佔領敵要地惠州（在廣州東方一百公里），並毫不停息地追敵，進抵橫瀝（在惠州東北約三十公里）活動。另一方面，攻佔惠州東面一部分部隊，突然將其鋒芒轉向東南方，於十八日佔領平山墟（在惠州東南三十五公里）；與此呼應的其他有力部隊，於十六日佔領淡水（在惠州南方四十公里）。又向大亞灣挺進的我水上機動部隊，也於十五日早晨在澳頭港登陸，現正為完全控制大亞灣一帶地區而奮戰中。這次華南軍的新行動，擊滅了東江一帶美國和蔣介石合作的勢力謀略基地，並使我大亞灣一帶海軍防衛戰場趨向強韌化，粉碎了敵人美國所誇耀的在大陸登陸的希望，整備並強化了我鐵壁陣地。當此敵我正在菲島決戰之際，隔着中國南海，我華南沿岸防衛陣綫的完璧化，構成了大陸要塞的一環，它的意義是非常重大的。

國民黨戰報 敵軍進展情形

【中央社渝廿日電】軍委會廿日發表戰訊：湘粵方面，湘粵兩方面敵，最近分向耒陽及廣州以北地區陸續增集兵力，於本月十五日起，分向粵漢路進犯，我軍分途各對來犯敵猛予堵擊，當將由耒陽南犯敵擊退。十九日晨敵於援軍增到後，在其飛機掩護下，復分股由耒陽東南，及西南附近南犯，其由東南地區南犯敵，我軍已將其遏止，於×神廟掉樹坪（距耒陽城約廿里至廿四里）之綫，正戰鬥中。由西南地區南犯敵，我軍已擊退其中二股，另一股則被我堵止於龍家坳（距耒陽約十里）。其由廣州以北地區北犯敵，至十八日經銀盞坳侵至清遠附近，我軍奮力阻擊，現戰鬥正殷。至由道縣侵至連縣以北，及臨武以東地區敵，其目的在繞襲粵漢路西側。我軍奮勇擊敵，現仍將其制壓於坪石西北十里至十四里之三拱橋、宜陽北、及蓮塘東北地區，並向其猛擊中。另敵一股，由零陵向東南擾亂，我軍予以阻擊，已與該敵在新田、寧遠間地區，發生接觸。粵東方面，我軍於惠陽城，以寡敵眾，堅苦作戰，予敵打擊後，於十六日晚，轉進至有利地區，該城於當晚被敵侵入，現我與敵續在城東南約二十里之馬鞍圩，迄城西約二十四里之水口圩之綫附近進行戰鬥。湘贛邊境方面：犯茶陵東北高隴敵增加，後續部隊甚眾，十七日晨續向浣花猛犯。是日午後三時，該城被敵侵陷。我軍曾於城內，與敵搏戰，雙方均傷亡甚大。十九日戰鬥移於城南梅花山（距城約三十六里），及東南瀏江（距城東約五十里）、沙市（距城約六十里）之綫進行。湖南方面：（一）我軍一部向岳麓山（長沙西）附近襲擊，予敵重創，並毀敵彈藥庫一所，鹵獲軍用品甚多，內包括砲彈等。（二）湘鄉方面，我軍於十八日堵擊由湘鄉西犯二股之敵，迄至十九日晨，仍在錦屏崖（距城三十里）、鄧氏渡（湘鄉西南四十里）各附近戰鬥。

【中央社韶關十九日電】（一）向坪石進犯敵被我阻擊於坪石西北地區。（二）四會敵自十七日起方由丁寮迳口向三坑山塘等地進犯。十八日至今午止，我仍阻敵於三坑附近地區，另敵一股向清遠附近竄進，我正阻擊中。

敵稱在華美空軍 向北方擴展基地

【同盟社里斯本十九日電】據重慶來電稱：美第十四航空部隊，於十九日公佈稱：該航空隊所屬『在北方擁有基地』的B五一式戰鬥機隊，於十八日轟炸華北的大同飛機場。說明該航空部隊，已向北方推進，擴張部份基地。

美議員稱 中國人民憎惡國民黨

【同盟社里斯本十七日電】華盛頓來電，以羅斯福總統的特使資格，於去年年底視察重慶經濟政治狀態返國的民主黨議員麥克·馬斯費爾德，十六日在衆院秘密會議報告如下：我在開始担負使命的時候，認爲重慶進行戰爭上的主要問題就是供應問題，但經調查研究後，，最重大的要素，是中國內部本身的團結問題，不論國民黨和延安政權，他們對自己黨的保存比指導對日作戰還關心，一般人士日益憎惡國民黨，原因是因軍××與×××態度。國民黨口頭上是民主主義，實際上的行動則是獨裁的，國民黨雖長懼人民的意見，但以蔣介石爲首的指導者，却擁有軍隊而且有美國的援助。另一方面延安政權在對外的事情，只有統治的知識，而且是獨裁的。而自己則稱爲是十字軍。蔣介石雖對重慶的問題努力進行解決，但如不能阻止糾紛發展成爲內亂，就必然意味着大國的干涉。

敵國議會今日續開

【同盟社東京廿日電】衆議院於二十日上午十一時半，在院內召開議員（衆議員）協議會，出席者有岡田、內崎正副議長及各協議員，決定二十一、二十二兩天的議事程序如下：代表的質問全部於二十一日進行，預算大會於二十二日開始。二十一日：下午一時半開會，總議長報告之後，有小磯首相的施政方針演說，重光外相的外交演說，石渡藏相的財政演說。接着便由三位代表進行質問，金光庸夫質問「一般國務、外交」，中島彌團次質問「軍需生產、勞動力、運送」，木村忠義質問「食糧增產、國民生活」。二十二日：上午十時半開會，提出由政府提出的十五件審議法案，說明提案的理由之後，即交給委員。接着舉行已故的川上種三、飯塚茂、福井甚三三氏的追悼演說。當天下午一時開預算大會，石渡藏相說明提案的理由後，即進入質疑。

【同盟社東京二十日電】衆議院於二十日的議員協議會上，就戰時法案十五件的審議方法，進行協議，結果決定成立五個特別委員會：（一）赤字委員會，（二）軍需金融特別措置法委員會，（三）增稅委員會，（四）船員保險法委員會，（五）地方鐵道委員會。

【同盟社東京二十日電】大日本產業報國會，爲了策應戰局，強有力地機動地進行產業報國運動，同時爲了加強鈴木會長的幕僚室，決定修改中央本部事務規定，並公佈人事調動。即是說合併與加強過去的計劃、調整、調查三室，新設統務室，並擴大生活部、配給部、相談部的機構，新設生活局，並設調查部，結果把過去的三室九部制改爲一室一局八部制。又統務室室長，由柏原兵太郎理事長自行担任。

【同盟社東京二十日電】軍需省鑑於生產防空的重要性，將總動員局第二部的防衛課擴充爲二個課，第一課担任工場防衛的情報與計劃，第二課則根據第一課計劃，將它付諸實施。本日起已立即開始實行。

海通社口中的三國關係種種

【海通社柏林十九日電】紐約訊，星期五的紐時報評論邱吉爾的演說時說：邱吉爾對希臘與南斯拉夫的政策，是玩的「兩面派的遊戲」。英國首相將人民解放陣綫看作是共產黨組織，却並不猶豫於稱讚鐵托元帥。雖然「從許多方面看來，鐵托游擊隊員與人民解放陣綫戰士都是爲同一目的而奮鬥」。該報說這個原因是邱吉爾在與斯大林的協定上關於南斯拉夫所玩弄的兩面派政策，其顯然的目的，是在避免公開的破裂。邱吉爾否認將歐洲按着利益劃分，但事實上英國的力量控制着希臘，而剩下的巴爾幹的其他部份則是屬於斯大林的。該報結語說：「邱吉爾不得不這樣做，因爲沒有一個共同的聯合國的機關來處理這種工作。」

【海通社斯托哥爾姆廿日電】著名士耳其新聞記者兼土國會議員塞遂克，最近在伊斯坦堡報紙「阿克夏姆」的社論中，強調盡可能最早恢復歐洲的均衡的必需，這篇社論遭到莫斯科星期五消息報社論的指摘。莫斯科無綫電節錄了這個指摘。消息報用極其強硬的語言批評塞遂克及其政治朋友的態度，說「如果他們不懂得這是以曖昧的政策挑撥同盟國的話，則他們會遭到教訓。」由於阿克夏姆報是人所共知的，和土耳其外交部有密切關係的報紙，消息報尖銳批評阿克夏姆的態度應該……（下缺）

【海通社柏林廿日電】倫敦訊，關於南斯拉夫攝政問題，尚未得到解決。據英國半官方通訊社說：解決此問題的路上的大困難，即彼得王有憲法的權力，按照他的意志解散政府。該通訊社指出：只要貝爾格萊德政府有一天仍處於彼得王壓力之下，則在南斯拉夫建立穩固的政治是不可能的。因此，成立攝政會議乃成爲必需。該通訊社繼續指出：該知鐵托是永遠不同意從彼得手中接任總理之職的。鐵托的威信還不够在這件事情上使他不受他的××大多數人的憤怒。（下缺）

【海通社紐約十八日電】此間正式宣佈：挪威王太子××已抵美國。據紐約無綫電台稱：他將與美國當局會談關於佔領挪威問題，正如人們所知道的挪威北國有些部分迄今爲蘇軍森嚴地佔領着。

參考消息
（只供參考）
第七六六號
解放日報 新華社 編
今日出一大張
卅四年一月廿二日
星期日

傳德寇在巴拉東湖以東開始反撲

【海通社柏林廿日電】德國軍事發言人宣佈，德軍自巴拉東湖以東至多瑙河之突破，於二十一日獲得四十多公里的進展，強大的德軍推進，業已在斯圖維森堡東南廣闊前綫上到達多瑙河。

【海通社柏林廿日電】在東綫猛烈進行中的戰事之緊張性已增加，據此間軍事發言人於星期六午間宣稱，蘇大軍正向上西里西亞邊境地區前進，在該處遇到德軍之頑强抵抗。敵人的楔子已進入凱姆班地區，德軍會自該處進行反攻。發言人認爲此處敵兵力不大。第二個××地點是在東普魯士南部，蘇軍已進抵皮爾根鎮與却爾??勒。據發言人談，整個說來，德軍之抵抗已進一步加強，然而繼稱，如果蘇軍發動大規模行動，反攻將立即成爲有效的。對策的效果之初步條件，是把軍隊集結在這樣的地方，這地方最適於作爲此種措置的基地。發言人稱，主要的事情是：德軍最高統帥部已經努力去發現（由時間與空間觀點出發）：開始確保勝利的反攻之有利時機。發言人對敵人幾十輛坦克，在西方的前進未予決定性之重視，因爲這些坦克僅是一種前衛。另一方面，發言人表示這樣的相信，即蘇方已將其較大部份的兵力投入鬥爭。

敵去年未結束的八十六屆議會重行召開

【中央社重慶廿一日電】據東京廿一日廣播：日本第八十六屆帝國議會本日重開，貴族院今晨十時舉行全院大會，小磯首相當發表施政報告，其演詞與在衆院發表者無何差別，其後，藏相石渡莊太郎報告財政政策，繼之金光庸夫、木村正義及中島彌團次等發表演說，呼籲國人全力赴戰。外相重光葵繼之發表演說，午後衆院召開全院大會，小磯重光發表演說，內容與在貴族院發表者同，其後石渡藏相闡述政府之財政政策，繼之金光庸夫、木村正義及中島彌團次就各項迫切之

並指出日本學生必須擔負之重要任務全力動員一切可用之人力實極重要，政府官員在此一方面已採取適當措施，使志願人員能作勞役之選擇，政府並在十一月十一日內閣會議所訂定之五點作戰計劃之範疇內採取內外措施。繼之論及德意兩國之防禦戰，尤其德國之奮鬥，誠值得最大之欽仰。德國已證明其較一般所想像者爲強大。目前彼等在西綫之攻勢中，即將摧毀美國一軍約十萬之衆。德日同盟已迫令敵人分散力量，且因軸心之強力抵抗而開始減弱。小磯於結論中要求議會，鑒於當前之嚴重情勢迅速通過各項法案。

波蘭流亡政府向蘇聯伸出「友誼之手」

【路透社倫敦十九日電】此間波蘭政府總理阿萊茲維斯基，本日向波蘭廣播，他向蘇聯伸出友誼的手，希望他能消解兩國間的猜疑。據稱，他所祈求的不僅是臨時的諒解，且求持久之協議。亦即持久而忠誠之合作是也。過去很多誤會，余信此一協議可能獲致地理及歷史需要，吾人不希有自蘇聯獲得何物，蘇聯亦不需要吾人何物，最優秀之波人爲波蘭及世界自由而奮鬥，建立波蘭民主自由及正義之波人，今日被稱爲禍國叛徒，可悲之誤會乃由此而生矣。

【路透社倫敦十九日電】波蘭總理阿萊茲維斯基，於接見倫敦標準晚報記者稱，波蘭政府現正準備對蘇波懸案，提出新備忘錄，此項文件，將於日內送交盟國政府領袖邱吉爾首相及羅斯福總統。

【合衆社莫斯科十九日電】蘇聯承認之盧布林波蘭臨時政府，業已移至華沙，但未經官方證實。

泰晤士報主張停戰後希臘應大赦

【路透社倫敦廿日電】泰晤士報今日（星期六）在社論中說：希臘內戰『僅被暫時地與不穩固地中止』，又說：『僅僅把鬥爭變成祕密的，是不能避免最後危害巴爾幹及希臘和平的。在取得休戰後，希臘走向和解的第一個，而且是基本的條件，便是眞正的大赦』。每日郵報說：在國會辯論戰局後，政府在投票中所佔多數的規模，對於少數批評家說來實爲一輕蔑的回答，這些少數批評家堅持喧噪而沒有根據的傳說，說英國對希臘有錯誤的信念。每日電訊報關於這個問題說道：在辯論以後，由於希臘糾紛而疏忽地或惡意地，發生的有毒空氣，已剩下很少了。密切干與希臘事件必須仍爲英國的責任，此種情況至少須延到『能舉行自由選舉的時候』。在評論外相說政府『並不完全滿意現存的國際政治計劃合作機構』時，每日郵報回憶英國首先提議，建立歐洲技術專家諮詢委員會，

戰爭問題向政府提出質問。衆院會議，於午後五時廿七分閉幕。日本衆院本日開會時，金光庸夫提出質問並稱：目前之戰局×與政府所設有利於日本一說，不無出入，然他相信日本目前的人力，物力還有餘，如能適時，把它充分使用在前綫，必能獲得最後的勝利，這件事的成功與否，要看政府執行的熱誠如何，政府應採取的基本步驟，就是促進翼贊天皇的政府、大本營和議會三者的合作。金光當詢問政府是否將採取策略，澄清國內情勢，執行檢舉時說道：目前日本內部機構和日益緊迫的戰局，未能完全協同一致，政府應採取斷然手段，廢除繁雜的機關，而建立簡單強有力的政治機構，自政府的行政權力擴張以後，政務亦隨之繁雜，政府是否有意改善其組織，聘用更爲優秀之人才，並改善低級公務員之待遇。

小磯稱：戰局不容樂觀
加強運輸應付緊急意外

【中央社渝廿一日電】據東京廿一日廣播：日首相小磯本日對議會的演說中，檢討現階段的戰局說：太平洋戰區的軍事發展，尚不容樂觀。然敵人在一切戰場之供應綫，過於延長，暴露於我方攻擊之下，我深信我們可在此一事實中，覓得一黃金機會，以爭取勝利。小磯繼稱：政府爲使海上貨物運輸轉爲陸上運輸之工作，更爲有效起見，已決定加強本土及朝鮮各重要幹綫之設備，以擴大日滿華間之陸上運輸能力，尤其是係以準備應付緊急意外。最後關於改善朝鮮台灣民衆之待遇方面，吾人在議會上屆會議已允加以考慮，政府亦已就旅行、轉移、登記、入學、就業、勞工處理，各方面採取適當措施，甚至政治待遇亦有改善。

【中央社渝廿一日電】據東京廣播：日本首相小磯國昭，本日在會軍中發表演說：自敵人以數軍團之兵力登陸菲律濱之呂宋島已造成極其嚴重之情勢，然敵人之供應綫遠長於昔，其因日方決死飛行員而受之損失亦極巨，吾人對於日軍在華南作戰之成就不能估價過低，然鑒於同盟國在物質方面之優勢，一般情勢尚不容樂觀，政府鑒於此種情勢而認爲必需之根本作戰措施，必須基於一項，唯一之目的即在生產與行政兩方面，盡量集中全國之作戰力量至於空前未有之程度，飛機生產將爲吾人之主要工作，蓋日本空軍人員決死隊此種可怕之武器，惟有在吾人能以適當數目同等優良之飛機對付敵機之情況下始能發生效力。小磯繼又提及政府繼續推進日本自給自足計劃之意圖，

以研究有關參加委員會各盟國的高度政策問題。社論又說，「但它沒有權力，它的委員們都無權決定問題」。社論要求道：如果我們不欲以答拉未獲解決意見的出現來繼續給敵人以安慰的話，那麼我們便應在更高的執行水平上成立某種經常合作形式。只有部長資格的盟國委員會，它能夠在共同同意的基礎上，決定盟國國際問題政策，並能實行它時，喧噪批評者的有害活動，才會終止。這種委員會將同時加速和平的到來，打破敵人的這種希望，即不團結將使他們能得到更好的條件來延長戰爭。

菲島美軍總數
將增至廿師左右

【同盟社東京十九日電】朝日新聞於一月十九日報端，就「菲島作戰中的美軍兵力及其損失」論述如下：敵人爲了進行菲島作戰，現已在萊特島登陸七個師，明多羅島一個師，仁牙因灣沿岸四個師，今後還將在呂宋島登陸數個師，共將被駐住二十個師左右。這將是開戰以來遭遇到的最大的敵陸上兵力。但在萊特島，由於我空軍特別攻擊隊與地上部隊的勇戰奮鬥，根據去年十二月二十五日麥克阿瑟司令部的公報，傷亡失踪合計，已達一萬一千二百十七名。而在其後又經過將近一個月的樣子，因而實際的損失當在數萬之譜。而且在呂宋島，將由於我軍之轉入大攻擊，必將使美軍屍體堆積如山。

【同盟社蘇黎世十八日特電】呂宋島的戰鬥，呈現了在日美主力決戰前的片刻沉靜，十×日之蘇黎世報華盛頓電訊：有美軍事專門家將呂宋登陸戰與法國北部諾曼第作戰作一比較，其大要如下：諸曼第登陸是對德國的統制歐洲的一個進攻，呂宋作戰則以與自然戰鬥的情形而不相同，呂宋作戰在對日作戰中是很重要的，這是因爲該島接近由婆羅洲、越南至中國沿海及日本的南中國海，對日本來說，是一最重要的地區。呂宋作戰必然要發展成爲太平洋作戰中最大的戰鬥。地上作戰一旦拖長，即將帶有將來在亞洲大陸最大戰鬥的性質。法國戰爭曾數次用地上戰鬥來決定，我們可以預料呂宋作戰將發展成爲大規模的海上戰爭。爲什麼這樣說，因爲呂宋島的防衞，對日本說來是意味着日本的海上交通與供應綫的命運的鬥爭，而且可以預料呂宋島的戰鬥中，空軍將是很重要的。麥克阿瑟在呂宋作戰中選擇了最好的時期，今後六個月內的天候將是很好的。直至今日作戰的進展甚爲順利，但日軍不久將在自然的防禦綫上，進行頑強抵抗，或在登陸地點實行反擊。

美軍損失總數
六十六萬三千

【同盟社里斯本十八日電】據華盛頓來電：美陸軍部長史汀生，十八日接見記者時，首次公佈在德軍反攻作戰中，美軍損失極大。在去年十二月份，僅西部戰綫上陸上部隊，即損失七萬四千七百人，而自去年六月諾曼第登陸以來，全部反軸心軍陸上部隊，總共損失三十三萬二千八百人。無可諱言的，十二月美陸軍損失的所以激增，是由於德實舉行反攻。在德軍反攻的中心地區，美軍損失達八千六百六十六人。但自開戰以來，美陸軍損失五十八萬四百九十五人，海軍損失八萬三千三百六十四人，總計六十六萬三千八百五十九人。自然，上面發表的僅不過是損失的一部份。

意西消息

【海通社墨西哥城十七日電】西班牙前總理馬烏拉（法境西班牙流亡人士領袖之一），電巴爾利奧主持下的在墨西哥城舉行的共和西班牙國會。祝福流亡在墨西哥的西班牙人。巴爾利奧拒絕闡明馬烏拉對於流亡西班牙政策的態度，但着重指出：他期望曾一度居高位的一切西班牙人，應參加會議。

【海通社柏林十七日電】倫敦訊，據路透社稱，波諾米政府徵召十五級適齡男子服役，是羅馬大學學生開會的原因。大會要求公佈休戰條件，及在大量徵兵計劃實現之前，承認意大利爲『同盟國』，以代替『共同交戰國』。當共產黨學生在『沒有抵抗的戰鬥』口號下舉行對抗會議時，各種學生集團間發生了衝突。

傳美國市民生活貧困
不會以物資援助歐人

【同盟社里斯本十六日電】由於太平洋的悍鬥及歐洲倫斯特德的攻勢，處於極大消耗戰中的美國，現在對生活物資的不足極爲苦惱，予美國人民以相當大的動搖，這是由第三國傳出的情報。第三國靈通人士，指出所謂『美國向歐洲佔領區運輸物資』，完全是紙上談兵。該報導如下，美國消耗的激烈增加，從下列兩點就可看出來：這就是華盛頓所叫喊的鞏頓軍需生產，也就是全面的開始停造民需品。在美國最缺乏的物資是衣類，許多市民叫喊着衣料的不足，但誰也說不出此種狀態應如何辦？在九月之前，織物與羅紗的全部成品被收買爲軍用。一般市民的衣料不足，從夏天到秋天逐漸利害，因而價格日益昂貴。據美國統計局的發表，開戰以來，生活費上升了百分之二十六，而衣類漲到百分之四十一。小孩子的皮鞋也非常缺乏。糧食的缺乏也是同樣情形，過去允許自

飛行路綫亦爲前此所未利用者。決定航綫之能力，亦需超乎常人。蓋即令其加裝無綫電發報機及其他輔助工具，仍有廣大距離無法利用無綫電也。各駕駛員需夜飛行，且需利用儀器穿過極厚雲層，進入北方機場所在地之山谷地帶，距離該山谷不及卅英里之地，即有一萬四千英尺以上之山峯存焉，在北方機場担任指揮工作，乃葛雷哥里少校，爲一富有經驗之飛行員與基地指揮官。其部下有經其親手挑選之修理人員以及其他必要人員。冰雪使修理人員之工作益感困難，蓋彼等須在室外於遠在凍結以下之溫度下修理引擎。不從事飛行之飛機，須自帶汽油，在回程之前，又須自油桶中將汽油吸入油箱。每一飛機均須裝最高載量，機內軍隊擁擠，裝備均置於艙面上。此一工作，不過爲中國境內空中運輸總隊飛機負有主要任務之數項工作之一而已。各機均組有流動機隊，每一隊均爲一完整之單位，可以在若干小時之內負一特殊任務，調往任何地面。彼等到達開始工作之地點時，其一切設備均極完全，舉凡飛機之修理零件，人員之用膳設備以及管理薪給之人員，均無所不備。彼等××從事，於若干小時內運輸軍隊至千英里外之工作。桂林、柳州、南寧等地之撤退中，此等飛機曾爲中美軍隊搶回有價值裝備。彼等曾直接運送軍火與大砲至前綫攻擊敵人。在戰備情勢必要時，此等飛機亦運送人員來往於中國各地。」

中南各省近情

【本報訊】十二月十八日大公報所載中南近情，轉錄如下：中南各省，除受戰事波及各地區外，今年都告豐收。關於調劑災區的民食，據一般觀察，只要暫免劇變，尚不至過成問題。

湘粵贛三省當局現同感動員民衆的工作須加緊進行，均在積極改進。湘省當局雖未標榜能發動多少民衆參加作戰，惟敵愾同仇的三湘民氣，却異常激昂。現由民間自動襲擊敵人的壯舉，已層出不窮，只須善與領導，力量相當可觀。

湘桂鐵路在抗戰烽火中應運而生，逐步完成了八百多公里。每月的收入，剛剛增到一萬萬元以上，勉強可以自給，便不幸陷敵。當初趕築這條路時，原只爲軍事上之用，沒有想到後來發展到這步田地。

粵漢鐵路原長一千二百餘公里，目前照舊維持行車的，僅有棲鳳渡到樂昌這一段，計一百四十餘公里。每天上下對開兩次，平均約可收入十三四萬元

由販賣的肉類、罐頭、菜蔬亦編入糧食類，牛油一磅的點數亦由二十點升至二十四點。美當局警告稱：肉、砂糖、食糧、油今後將更不足，民需的分配將更減少。此外煙草的缺乏也相當利害，去年度紙煙的生產額，是三千三百億根，但還達不到需要的四千三百億根，今年度將更不可避免的惡化。在這樣物資缺乏的時候，所謂能夠『運輸物資至歐洲佔領區』，僅是一般民衆的呼聲。美國決不會爲了歐洲人，而過極不自由的生活，美國輿論已透露了此種不滿。美國當局如不考慮美國人民生活的貧窮，而強行將物資運輸至歐洲，則美國國內將更動搖，無論如何，美國國內情形，決不會向歐洲佔領各國輸送物資進行救濟，這是可以確定的。

中國境內美空運總隊公佈運國民黨軍隊至貴州情形

【中央社渝廿一日電】據中國戰區美軍司令部訊，中國境內美國空中運輸總隊基地廿一日電，關於中國歷史中一次規模最大與最困難之空中調動部隊之消息，刻已可予宣佈。此一調動開始於去年十二月一日，當時日軍正向貴州省推進，威脅重慶或雲南境內中國空中供應綫之終點。中美將領經一度會議之後，乃決定若干中國軍隊由北部運至雲南境××多處機場，以便由該處再赴戰場應付日軍之威脅。欲調動此等部隊，如有卡車可用，尚需數星期，否則需數月，蓋公路缺乏，且經過巉岩之山地區域，於是美國空中運輸總隊印度中國分部之中國大隊，乃立即開始準備，以飛機運輸若干部隊及其裝備。印度中國分部司令藤納乃作試驗飛行，結果表明全部設備必需運往北方之機場，然後軍隊始可由該處起飛。駐在中國之空中運輸總部飛機乃立即行動，將營帳、燈光設備，無綫電及飛航設備以及必要之人員運往北方。是時天氣雖極嚴寒，但仍支設營帳，供人員辦公及住宿之用。機場周圍遍裝電話綫，跑道上佈設燈光，協助飛行之裝備，亦一一建立。運兵工作繼即開始。當時氣候極劣，雲層高至一萬八千英尺以上，且雲中皆有冰雪，飛機在前往北方基地之五小時飛行，駕駛員謂其困難過於飛越『駝峯』。最初因有種種問題，運兵工作進展極慢，其次逐日增快，達到最高峯時，每日運超出千人以上。中國大隊之大隊長藍尼少校，曾有數次親作十小時之往返飛行，並讚揚各駕駛說：此舉實需要利用儀器飛行與迅速轉向，避免危險之高度能力，以衝過紀員所遭遇之惡劣氣候。『此等飛行員所飛過之地面，乃全世界最險峻者，且

。不過旅客沒有以前那樣擠，抓手也沒有那麼多。

入秋以來，湖南的軍事中心始終在彬州。政治中心却由桂陽、寧遠、嘉禾、藍田等地集中到宜章，使宜章一躍而成爲臨時省會。經濟方面因爲失中去心，便由彬州，洪江，沅陵分任部分的樞紐。

湖南的僞省府已在長沙掛牌，由羅逆君強扮演主角。羅逆湘鄉人，曾任行政院祕書，同爲周逆佛海的爪牙。

當贛西吃緊時，江西的戰時省會曾一度人心惶惶，準備東遷雩都。終因敵人退出萍鄉蓮花，不久就恢復原狀。現在泰和、吉安一帶，由於湘東陷敵，反成走私買賣的轉口區，而日趨繁榮。

最近湖南境內的幾所國立院校，有的忙於遷移，有的在觀望，省立的三所專科學校無法復課。各公私立中學在籌組聯合中學。冷落了好久的粵北文化區，因爲多數教授學生星散，雖有一部分學校勉強維持，始終難復舊觀。江西的學校，在夏末秋初的時候，一度計劃着疏散，後因戰局穩定，乃未變動。

據官方非正式的估計，湖南在這次戰役中所遭的損失，如按現值計算，僅工礦兩方面，最少在一百億元以上。（彭信十二月五日於來渝途中）

川康綏署舉行治安會報

【本報訊】十月廿八日華西日報載：『今日社』綏署於廿七日舉行治安會報，到鄧潘兩主任、閻參謀長、嚴司令、陳市長、徐局長、憲兵團孫營長等十餘人，特別注重省垣治安，決定飭軍警憲聯合行動組辦理：（一）詳查市區內各部隊之駐地番號、兵力，列表呈報，其勿須住市區之部隊，決調離市區。（二）市區擅行開槍案，飭詳查嚴辦。（三）潰兵流氓又復活動，決一體捕拿。

【川康社】前（廿六）日蓉市北紗帽街書院，於十時許，發現少數不肖士兵鬥毆事件，並開槍射擊，傷斃平民，綏署鄧潘兩主任據報後，極爲震怒，決從嚴徹查，依法嚴辦，昨（廿七）日綏署治安會報決定，已飭令各該主管長官，迅將肇事官兵查明解署究辦，並飭由成都市警備司令部轉請法院指派法察，前往檢查擊斃及受傷平民槍彈傷口，與調查肇事眞象，以憑法辦，用[illegible]懲事而維治安。

參考消息

（只供參考）

第七六七號

解放日報 新華社 編

今日出一大張

卅四年一月廿三日 星期二

敵國議會席上 小磯演說全文

【同盟社東京二十一日電】小磯首相在議會上的演講全文：此次第八十六屆帝國議會，給了政府披露其信念的機會，個人深感欣快。在日前舉行開院式時，曾得到陛下的優渥勅語，實不勝恐惶感激之至，我希望能與諸君，共同遵照陛下的聖旨，集合一億同胞的總力量，向增強戰力邁進，克服所有困難，迅速完成作戰目的，以安聖慮。戰局的發展是很快的，現在皇國已處在大東亞戰爭爆發以來最重大的局面下，眞正到了興亡的關頭。在去年秋天，帝國陸海軍曾在台灣海面及菲島海戰，截擊敵人進攻，取得大勝，給敵人以重大損失，但敵人在豐富的物資掩護下，又在萊特島登陸，繼之侵犯明多羅，終於造成今日敵人數個兵團在呂宋島登陸的嚴重形勢。自敵人進攻菲島以來，燃燒起護國熱情的我皇軍將士，全體都成了特別攻擊隊員，有的『必死必中』的進攻敵艦船，有的強行進入敵人機場，有的衝入敵陣地，向敵肉搏。總之我皇軍將士強行壯烈無比的進攻。我對於特別攻擊隊勇士們，及皇軍將士們發揮這種護衛國體，忠心報國的精神，實不勝感激之至，同時亦願乘此機會，與諸君共同對於在大東亞各地勇戰奮鬥的皇軍將士，致深切的敬意。對於因保衛國家壯烈犧牲的忠靈，負傷患病的勇士，敬致哀弔慰問之意。對於戰死者的遺族，致衷心的同情。同時關於軍事援護事業，日前政府鑒於目前的戰局曾實行了徹底加強的方策，除國家負担起養育戰死者的遺兒外，更加強軍事扶助，擴充各項援護軍人的辦法，藉以安慰前綫將士。反觀現階段的戰況，在太平洋方面，存在着不容樂觀的局勢。但敵人漫長的供給綫，已全部暴露在我方的攻擊面前，所以深信我方尚有取得勝利的良好機會。不僅如此，自去年九月以來，在中國大陸展開的皇軍作戰，不僅佔領了敵人在華南方面的重要據點，使在華美空軍無法蠢動，而且還更進一步打通了華南越南間的陸上交通。在北部緬甸方面，皇軍在繼續勇戰奮鬪決心傾注一切力量，加強動員科學技術的力量，以期造成各種決戰兵器與提高其性能。又為了加強生產與防衛——現正在周到的新計劃迅速實行軍需工場的疏散與轉移地下，更擬促進企業的完備，以期徹底地把勞動資材等綜成戰力。而在實施之時，擬儘量使這些工業能夠地方性綜合性地自力更生。食糧的確保是安定國民生活，提高戰力的基礎。鑒於今後食糧需要的增大與運輸力的現狀，將克服一切困難，適應各地的實際情況，大大地增產甘藷等物，大米小麥自不必說，要飛躍地增強國內的自給。

另一方面所要說的加強和確保國家戰力的根本問題，是在於國民的勤勞力，只有全體國民完全動員起來，發揮勞動力至最高限度，才能達到上述目的。這就是說政府對於勞動力的動員與管理，應一貫地加強調整，以謀有效的改善和刷新，就中鑒於學生不僅在目前完成生產方面佔着很重要的地位，而且担負着皇國將來的重要使命，因此必須根本地舉工學一體之效果，開闢使學生安心服務的道路。關於各種必要的勞務，首先要在各地方進行人力總動員，以謀勞務的充足。特別要活躍地機動地運用勞動力 指導官民有組織地出勤勞動力，求得『國民皆勞』的實效。關於增強海上運輸力，政府克服一切困難力圖促進建造新船，同時至少也要保持現有船隻以及有效地運用之。在此向那些在敵機空襲下不顧許多的危險，日夜挺身捍鬥的船員，衷心表示謝意，而且對於船員諸君的待遇，定予以適當的改善。為了加強把海運貨物轉為陸運。今後將加強內（地）鮮（朝鮮）重要鐵道幹綫的設備，講求辦法增強日滿華間的大陸運輸力，為了防備非常事態，迅速實施陸上運輸的戰場體制。

最後關於在上次會議中答應考慮改善朝鮮、台灣同胞的待遇問題，政府已對渡航、移籍、就職、就學、勞務的處理等，採取適當的改善待遇的措置，取消內外地間的藩壁。關於居住兩地的同胞多年希望的政治待遇的改善，最近就要迅速解決之，完成內外一體的體制，這就承認在目前時局下國家要求一億國民團結的重要性。至於實行的方法與時間，為了慎重研討起見，設置調查會。現在正在草擬具體方案，希望各位協力，以期迅速的實現。

要強有力地實行上述的各種施策，我官民必須正視現戰局的嚴重性，政府應首先示範，努力刷新吏道，具體實現使同胞安心於他的職業的施策。一億同胞將保衛國體的勇氣，貫徹在日常實踐中，在社會上建立道義，提高士氣，振奮必勝的戰鬥精神，向完成職務前進。

鬥，阻止敵人實現其鞏固防衛的企圖。而警衛北方邊疆的皇軍將兵，殿然屹立，繼續使美英無機可乘。所以防衛大東亞的戰略體制，是非常堅固的。而現在正是我一億國民，更加奮起，踏着特別攻擊隊勇士們的足跡，鼓舞起必勝的戰鬥精神，增進生產而且傾其全力迅速執行必勝施策，官民一體，排除萬難，向增強戰力邁進，完成後方責任以報答前線將士的時候。我確信一億同胞在這時候毫不休息的努力成果，不僅可以擊退菲島週圍的敵人，並且可以配合着拉布爾、布肯維爾等地的皇軍，鞏固其轉變戰局的基礎，決定決戰的局勢。

為打開此重大時局，政府所採取的決戰施策，其根本基調在於迅速發現現有國力，以便飛躍地提高戰力，藉以確立貫徹戰爭的決戰體制。另方面有力的迅速的推進其他各項施策。至於策應當前決戰局勢，運營國政的根本態度，是不管戰局如何一緊一鬆，決不因此一則以喜，一則以憂，堅決向戰爭目標邁進，實現強有力的政治。政府為徹底地使運營行政合乎決戰要求，首先對於綜合的運營中央與地方的行政講求更加適當的措置，同時加強地方行政，協議會會長，與地方陸海軍當局的聯系，毫無遺憾地一致推行軍、政的施策。

敵機已不斷空襲帝都及其他重要地區，甚而轟炸伊勢神宮，侵犯神聖區域。因此一億同胞莫不至為痛憤，然而我方損失極微，國民士氣因此更加旺盛，積極為防空與生產而努力。此種情況殊令人興奮。預料今後敵機將繼續反覆執拗地進行空襲，因此要迅速地加強與整頓對於工場等的防護設施，現正講求必要的措置，以期在敵機空襲下加強生產，毫不受到障礙與遲滯。同時更要徹底疏散大都市的房屋與人員，整備防空防護設施。這樣，不管今後敵機之來襲如何激烈，軍、政、民總能團結一致，以期斷然不為所屈的防空體制臻於完善。我確信我們一億同胞堅定這樣的信心，則在我國本土已經變成防衛國土的戰場時，都要振起護持皇國的精神，即不管在何時何處，若遭到敵人的侵襲時，絕對能完成防衛國土的重大任務，應當通過與戰場相適應的日常生活，在生產、防空上面發揮英勇奮鬥的精神。其次說到軍需生產的增強，在前線捍鬥不息的將士們所熱望於後方的，是大大地增產優秀的航空兵器，只有航空兵器在大增產後， 特別攻擊隊才有可能以「必死必中」的精神擊滅敵艦船。政府除了航空兵器外，更增強鐵礦，輕金屬、液體燃料等的生產，以確立戰力的基礎。同時要支援與促進大陸方面的「增強生產」，

回想此次戰爭的本質，是一生死的激烈鬥爭，能否永久的保護皇國國體，要決定於今天官民總努力的成果能否使這一戰爭獲勝。敵人盲目地談論戰後的國際機構案，對於帝國屏棄一切妥協條件，高唱無條件投降企圖，取消皇國國的存在。但這完全是敵人白日做夢，我們只有置之一笑而已。保衛皇國國體的道路，就是官民斷然排除一切障礙，把物質與精神力量集中到完成聖戰目的之上，根據政府上述方針，強力實行配合作戰的各種決戰施策，確立為獲取勝利所需要的必勝的體制，強有力地機動地運營中央地方的行政，以期行政力量迅速浸透各地。掛着和平美名的美英，貪婪無厭地想支配世界，此種野心隨着戰爭的進展逐漸暴露出來，在他們佔領的區域，在贓物的分配目已發生了深刻矛盾，並逐漸激烈。對此我東亞各國，在復興東亞的共同上的下，在敵進攻面前更加團結，洋溢着保衛東亞的決心，集聚一切力量向完成戰爭邁進。大東亞宣言所標榜的共存共榮的道義理念，是不能與美英的陰暗至極的侵略戰爭目的相比。帝國政府對東亞各國各民族的捍鬥精神，表示謝意，並根據大東亞聯合宣言所表示的各國的共同理念與決心，為了復興解放大東亞，完成共同的戰爭，向實行五條原則所指示的共同理念邁進。另方面德意軸心各國，現正在自己的國土上追擊敵人，士氣益加旺盛，能夠很好地對付敵人殊死的猛攻，予敵以巨大損失。特別是德意志國民，雖然連日遭受大規模的空襲，日常生活又是非常困難，但是他們不受屈服，更加鞏固團結，而且正在努力防衛祖國，更在徹底地動員國力與重整軍需生產。自去年十二月中旬起，在西部戰線廣大的正面上轉入一大攻勢，目下正在痛擊十餘萬的美軍。我希望在希特勒元首的領導下，德國國民將更要發揮反抗力，痛擊敵人，使之不能立足之日已不在遠，並切望德國國民今後的英勇奮鬥，使敵人在東亞各國（為了共同防衛）的鐵石般的團結與盟邦德國雄偉的反擊前，不得不將其戰力分配於東西兩戰線，在供應上遭受深刻的威脅。而以物量自誇的美國，亦因人力的資源的枯竭，使其根本計劃破產，而深刻地體驗了軍需生產的不足。現在已明告其國民說：對於戰局未必能夠樂觀，若不大加增產，則欲於短期內結束戰爭是不可能的。同時重新製定國民徵用法。現在戰局已經到與敵我比賽精力的決戰階段，我相信今後不管有怎樣的苦戰，亦能忍受到底，不管遭遇到如何危險的局面亦決不退縮，堅持必勝的精神作戰到底，以期獲得最後勝利。因此一億同胞要與前線將士的奮戰相呼應，始終堅持護持國體的精神與氣魄，忍受着千辛萬苦，一心一意為增強戰力與防衛

國土而奮鬥，迅速完成聖戰的目的，以安聖心。

重光演說全文

【同盟社東京二十日電】重光外相演說全文如下：大東亞戰爭日益激烈，在交戰國都集中國家的全部力量，投入戰場。東西的戰爭，已進入決戰階段，敵國國內有許多弱點，它急於結束戰爭，於是倉惶往前衝。我們在軍事方面絕對信賴我陸海軍的善謀勇戰，我們對於戰局的勝利與挫折，不能一則以喜，一則以憂。皇軍在菲島繼續奮戰，特別攻擊隊是全軍的精神，亦是全國人民的精神，我們獲得最後勝利是毫無疑問的。

帝國與各同盟國的聯系，日益堅實。我們堅決跟同盟國一道貫徹這個戰爭。今日德國克服許多困難，繼續進行令人驚歎的戰鬥。去年七月廿日暗殺希特勒的事，是德國內臨最嚴重的危機。但是這個計劃歸於失敗，德國內外形勢完全復原，德國人民一致團結在希特勒總統的週圍，在不使敵人沾污一寸國土這樣鋼鐵般的意志下，進行戰鬥的姿態真是偉觀。德國突然在西部戰線轉爲攻勢，已粉碎美軍主要的部份。我們看到德軍不論處境如何困難，都泰然地鞏固自己的信心，抱着必勝信念勇往邁進的姿態，不勝令人感激之至。另一方面，墨索里尼的意大利亦着着整備國軍，爲了名譽，跟德國一道英勇作戰。我相信在自存自衛的戰爭中，跟東西的同盟國一道貫徹爲了國際正義、完成共同戰爭目的及打開將來前途的嚴重戰爭，是我們最神聖的使命。

德國的奮鬥，把美英的計謀暴露於光天化日之下。不消說，歐洲戰爭是英國干涉波蘭問題所引起的，而保證援助羅馬尼亞、希臘等小國也不過是暴露其勢力均衡的政策。現在，完全無視會被使用來作爲開戰口實的小國的利益，今日波蘭已被遺棄，開戰之初，名爲「大西洋憲章」，而被稱爲美英生命線的政策，而今日亦棄之如敝履，脫了道義的假面具，赤裸裸地暴露出權力的政策。他們自稱爲「愛好自由的國家」，但其戰爭目的亦不是擁護小國，同時也不是尊重自由，而其目的是建設以美英爲中心的獨裁的世界組織。他們在戰爭方酣之時，又製造「一次的戰爭」，而且正在進行準備工作。他們在其戰爭目的中，已暴露了嚴重的矛盾。敵人在政策方面已被打敗，其政策的破綻就是戰爭失敗的端倪。大東亞戰爭就是美英爲了剷除日本勢力而引起的，而日本實是其實現此種企圖的障礙物。他們奪取大東亞人的家鄉，永久將其作爲他們的殖民地，將其當做支配世界的基地使用。我們生死的戰爭，實是保衛東亞的戰爭，解放亞細亞、復興東亞的正義戰爭的目的至此更加鮮明。今日東亞業已覺醒，東亞已被解放。由美英勢力多年的侵略與榨取中解

入抗日戰線，俾使日華永久相爭。不僅如此，他們用犧牲中國的辦法，減輕自己在對日作戰中的負担，並趁日益加重的中國苦境，在中國大陸扶植不可動搖的獨佔，排斥他國的勢力，他的施策完全是破壞東亞的安定。敵人這種破壞政策，與我國的建設政策是不能相並存的，帝國對華政策的目的，就是新興中國的一種建設，使它自覺爲東亞的一員，站在與他國平等互惠關係上，帝國在口頭上已約定當中國一旦實現和平，帝國即從中國全面撤兵，大東亞戰爭可以說是以中國問題開始，亦以中國問題告終，中國如能明瞭大義，才能保持東亞的安定，現在帝國揮軍向中國南部前進的目標，是美國的軍隊美國的基地，是從中國驅逐美國的援亂勢力，將中國交還中國人之手，希望它與我們一致貢獻於復興東亞的大業，現在由於皇軍的進擊，已把中國南北打通，予美軍基地以極大打擊，獲得政戰兩略上完全一致的大戰果，實不勝祝賀之至。

帝國與各中立國的關係，實際上除美英勢力下的各國外，均排除戰時的困難，保持友好的關係，這與過去毫無變化。特別是瑞典、瑞士、西班牙三國，代表英國在敵國的利益，處理繁雜的事務，並在很長的時間保護我國僑民，我對此深表謝意。

我國與蘇聯的關係，是基於中立條約，日蘇兩國政府鑑於兩國在世界政局中所保有的地位，兩國政府經常保持密切接觸，關於去年三月成立和發表的「移讓利權協定」的事項，根據漁業條約的漁業權以及其他日蘇有關的許多案件，正順利進行交涉。

世界的永久和平，畢竟不能依靠美英的武力政策來達到的，世界和平的秩序，只有靠各國間的親近與合作才能獲得，大東亞宣言的精神就在這裏。前在帝國議會向世界闡明的帝國外交五原則，就是基於大東亞宣言的其體方策。在這裏重複加以敍述的就是：第一，在國際間以平等互惠爲宗旨，發展善隣友好關係，藉以開闢各民族國家的互相親和的天地，確立永久和平。第二：尊重民族主義政策，使各民族各國家各得其所。第三：根據不干涉內政的主義，不問國家的大小，相互尊重其主權與獨立，統治的形式與指導理念是各國的內政問題，他國不得干涉。第四：在經濟方面，以協力與××爲宗旨，根據互助原則實行通商交通的自由與相互開放市場。第五：促進國際間文化的交流，以貢獻於世界的和平與進步，一切施策均由此產生，用一句話，帝國的主張是要建設不威脅不侵略的世界，我們必須採取各種手段向世界

放出來的大東亞，對於敵人新的侵入，正在進行防衛國土的戰爭。如果在這個戰爭中被打敗，那末大東亞各民族將永遠被侵略和榨取，而各國的生存和東亞全體的復興，成爲一場幻夢，而東亞民族互相提攜，貫徹其防衛家鄉的征戰，其原因亦在於此。而其對於貫徹征戰湧出無限力量的原因亦在於此。

不言而喻，今日防衛菲島成爲保衛東亞的焦點。美國重新開始侵略時，菲律賓毅然決然地向美國宣戰，他們在雷列爾總統指揮下，跟皇軍一道進行嚴重的戰爭，這是全世界非常注意的事情。保衛東亞的另一中心是緬甸戰綫，這是勿容贅述的。緬甸於獨立以來的一年半中，始終站在激烈戰鬥的行列中，他們在巴茂國家代表卓越的指導下，站在解放亞細亞的最前綫，進行奮鬥。有識之士都認爲印度的解放，是亞細亞解放的關鍵，也是實現世界正義的重點。錢德拉·博斯主席親自統率自由印度軍，傾其全部力量解放印度，我們雖然預料到前途尚有不少的困難，但是我們堅信最終必能完成這個偉大的事業。最近帝國任命外交代表駐紮自由印度臨時政府，我相信今後該政府的活動是可以期待的。印度納西亞民族着着進行獨立的準備工作，並協助皇軍，以報答以前帝國披瀝的誠意。帝國政府希望印度納西亞實現獨立的日子，迅速到來。我同盟國——泰國新組阿拜溫內閣，與帝國的合作非常密切，並傾其全力共同實現復興東亞的大業。這實令人欣快。滿洲國是形成我國戰力的重要背景。滿洲國與帝國一心一德的盟約愈益堅固，直接處在戰爭中，它與我國保持在物質、精神兩方面完全合作的關係，它對於我國的戰力，有莫大的貢獻。在中華民國，偉大的東亞的先覺者汪精衛於實現全面和平的中途，已於日前逝世，這不僅是中國的損失，同時亦是東亞的一大損失。這是帝國政府非常痛惜的。汪氏的肉體雖已衰亡，但其神靈仍然存在。國民政府以陳公博爲新的首領。善體故汪主席的遺訓，承繼國父的傳統，團結一致，擔當國事多難時的國政，爲同生共死，日華合作而盡力。以前締結的日華同盟條約，規定了日華的關係。自實行所謂對華新政策以來，對華政策已確定不變，今後根據既定的方針，在政治、經濟方面克服一切困難，徹底運用施策。

現在乘此機會，一言以中國爲中心的國際問題。美國照樣繼承英國的政策，即使亞細亞人相爭，坐收漁人之利。這在中國表現得最明顯，他知道難使日本屈服，遂唆使中國以達成其非分之望，並使用花言巧語和威嚇把中國拉各國充分理解我國政策的意義。我國此種公正政策定會引起各國的共鳴，我深信不疑我們表現國際正義的戰爭目的，一定能爲世界所承認，正義的鬥爭一定會勝利，這實是我們亦燃燒着必勝信念的原因。

敵機轟炸始興 傳蔣介石在該地

【同盟社大陸前綫基地二十一日電】二十日黃昏，我轟炸廣東省北部始興（韶關東北四十五公里），炸毀軍事設施與重要建築物。該地是敵人第七戰區司令部×××。據情報悉，目下蔣介石正偕同軍政部長陳誠逗留該地，與第七戰區司令長官余漢謀會商中。此事極屬確實。

【同盟社華南前綫基地二十一日電】攻克桂州之部隊，於十六日窮追敗敵，至十九日，完全佔領橫歷（桂林東北三十公里），重慶軍獨立第廿旅主力，正向河源（桂州東北七十公里）潰退中。又在大亞灣東北岸方面，我部隊於十八日攻克平山墟後，於十九日下午三時，攻克大亞灣東北岸之要衝稔山（桂州東南五十公里）。

陳誠取消二千餘雜牌軍事機關 計劃裝備三十個師

【重慶訊】大公報十二月九日訊，軍政部新部長陳誠視事後，最近要政有數端：（一）切實改善作戰部隊之生活，尤以川滇黔部隊更爲切要。會費由一月一百五十到九十元，提高到五百到六百元。草鞋費較過去（按每月六十元）加倍。每人每月發米二十五兩，今後擬以三兩米錢爲士兵添油添豆，以增加營養。（二）對於守衞貴州部隊，陳誠已獲得最高當局允准，不受預算限制，無論金錢物資，悉將全力貫注。更盼社會方面發動慰勞。陳氏謂：生活與紀律不可分，部隊生活充足，始能嚴明紀律，勇敢作戰。（三）陳氏調查軍事機關卓位之多達二萬另三百九十四個，爲謀明年軍事預算之不過分超出，陳氏將減少十分之一單位，取消二千餘雜牌軍事機關。陳氏說：雜牌軍事機關之多，比雜牌軍隊之多尤爲要不得。（四）由於盟國幫忙，明年將整頓三十個師，予以新式武器，惟步槍不靠盟國。整頓何人率領之三十個師，將視其「肯打仗能打仗」的條件爲標準。美國方面亦認爲，如武裝不肯或不能打仗之部隊，則等於幫助敵人。（五）軍政部以上會議盡量減少。

參攷消息

（只供參考）

第七六八號

解放日報 新華社 編

今日出一大張

卅四年一月

廿四日

星期三

中央社報導 美國對華付款情形

【中央社華盛頓廿二日專電】美財長摩根索本日宣佈美國已撥交中國二億一千萬美元，以償付中國政府爲在華美軍支付之款額，付出之勞力，供應物資及代建之軍事建築所費之款項。美財長與中國行政院孔副院長於過去四月內曾進行協商，雙方對此決定均極表愉快。此批款項並不包括中國反租借，如該國所供給之食物、住屋等。摩根索稱，此筆款項可償付在華美軍之大部分經費，B廿九式超級空中堡壘各基地之一部份建築費用亦在其內。摩根索已以一億五千萬美元之支票一紙送交孔副院長，其餘之款項，美國政府在華存款，及美國前撥往中國供一部份上述費用之款項中撥出。此次付款係償還中國政府迄今爲止代美國政府所付出之款項。至此類費用之最後結算，則須待戰爭結束後始可清算。財長並稱：渠係代表陸軍部處理此次付款事宜，蓋此乃美國軍事方面之債務也。財長並稱：國會中民主黨領袖將於兩週內提出實施布里敦森林會議所通過成立世界銀行並撥出平準基金協議之議案。

何應欽視察畹町

【中央社畹町廿一日電】今晨何應欽偕衛長官、黃代總司令及各軍師長馳抵畹町視察，於此午舉行隆重之克復升旗典禮，參加之中美官兵四百餘人。於奏中美兩國國歌後，即於高聳之兩旗桿上升起中美兩國國旗。旋由何氏訓話，繼由衛長官致詞，略述滇緬作戰之艱苦及官兵忠勇以及與盟軍合作情形，並勉勵全體官兵繼續努力。後由美聯絡官塞爾斯上校致詞，略謂此次勝利，全賴指揮之適當與中美合作之密切，贊中國官兵之勇敢，希望今後更加發揮此種精神，以殲滅共同敵人。之後並高呼口號。參加官兵在中美國旗飛揚之下，極爲歡欣振奮。禮成後，何氏等離畹町回黑山門，途中敵軍曾向所經道路砲

國抗日游擊隊在敵人極大優勢下而能獲勝的原因大致有二：第一是游擊隊的堅持性，這些游擊隊多半是爲敵人包圍的小「孤島」。第二是城市中地下組織的頑強抵抗，比如青島。鄭氏說：「重慶只能以無線電與這些游擊隊保持聯絡，有時用信件，但後一種方法非常慢而且×。他們的軍火有些是由飛機投下去的，但由於不能常用這種方法運給他們軍火，所以游擊隊必須依靠他們從日本人手裏奪來的武器。至於抵抗運動，我們不斷聽到公然反抗日軍的新範例。在青島巨港及城市被佔領後，青島的中國地下組織即捐錢送給某些中國軍隊司令。中國人民看到他們自己的飛機轟炸城市時，非常高興，他們捐款送給中國司令來購買更多的飛機。該被佔海港中國人民能夠捐款的事實不但有力地表現了中國人民的精神，而且表現了日本無力維持絕對的統治。在其他被佔領區中，當地行政官員僞裝起來，以便組織地下運動和實行破壞。」鄭氏說，美國人與中國人合作的光輝範例表現在中美混合機隊上，這一機隊是在珍珠港事變後不久所組織起來的。他說：轟炸任務是由許多飛機進行的。有些飛行員是美國人，有些則是中國人。領隊的或者是中國人，也或者是美國人，這看任務的性質來決定。自該機隊成立以來，兩國飛行員間迄今未聞有一次嚴重分歧的事情發生。他說中國戰後主要問題之一便是金融問題。「日本以在佔領區發行新紙幣的辦法來故意破壞我們的貨幣，自一九三七年七月戰爭爆發以來，物價已增長了三百八十五倍」。鄭氏的夫人及兩個小孩（一個六歲，一個三歲）最近亦來美國與他聚會。他們已居於華盛頓，兩個小孩在附近馬里蘭的學校上學。

『國訊』雜誌主張 徹底刷新政府組織

【本報訊】十一月一日出版的三七九期『國訊』社論：「定人心，打硬仗」稱：「我們軍隊之裝備不全、器械不精，自係客觀條件不夠的事實，……惟從種種方面推究士氣的消沉，軍運之機動不靈，彼此配合之脫節，則亦爲事實，若非有心文過飾非，亦決不致諱疾忌醫。其他如疏散之少計劃，撤退之無秩序，難民載道，物資委棄，皆無辦法處理，亦是千眞萬確之事實，不能一手掩盡天下人之耳目，這種種都是人謀之不臧，不能諉過於客觀的物質條件。……在此風雨晨昏的時候，凡是國人應有同舟共濟之決心……尤其希望政府放開胸襟，接受讜言，應興應革，要不憚自動的，迅速的徹底的，建立憲政，調整機構，刷新政治，整飭風紀，把事實給人民看，也可以給國際朋友看。」

擧多發，敵彈雖均落於道路附近，但並無一人受傷。茲誌何總長訓話如次：畹町係民國卅一年五月三日淪陷，經過二年零八閱月又廿天，此次在我軍攻擊廿五天之後，終於完全克復了。畹町是敵人在我們滇西國境內的最後一個據點，克復了畹町，滇省國境內便無敵跡了。遠征軍自從强渡怒江開始反攻以來，從松山，騰衝、龍陵、芒市以至畹町，戰無不勝，攻無不克，這是由於衛長官及各級將領指揮有方，全體官兵英勇效命，而盟友美國官兵以及十四航空隊的熱忱協助，亦至足表彰。在各個戰役中，敵人抗禦非常頑强，每一個山頭乃至每一間房屋，都是我們忠勇的官兵拚命爭來。前日本人到第一綫時，曾親見我官兵奮勇殺敵的精神，眞可以驚天地而泣鬼神，所以卒能將滇境敵寇完全驅除。今天我們在畹町舉行勝利的升旗典禮，首先要對此役的陣亡將士以及滇西反攻以來爲國犧牲的戰士，表示着無上的崇敬和悼念。同時本人代表我們最高統帥蔣委員長，對全體將士表示感謝和嘉慰。對於參加此役的盟國官兵以及十四航空隊的盟友，也要表示誠懇的感謝。滇西各要地的收復，意義非常重大。騰衝克復後，由密支那至騰衝的公路已經通車，再經龍陵、保山，即可直達昆明。畹町克復後不久，即可與南坎東進的駐印軍會師，密支那的公路也可經畹町以達龍陵，這是陸路國際路綫的重開，對於我軍今後的反攻有絕大的關係。但是我們要注意滇西的勝利，不過是勝利的開始。滇境內的敵人，雖然已經肅清，而國境內和國境外其他各地的敵人還待驅除，今後的工作還異常艱巨，所以滇西一隅的勝利，我們不能認爲滿足，更不能稍存驕傲。我們應該積極注意充實戰鬥力，預備担任繼續完全打倒敵寇日本的任務。

方先覺到昆明

【中央社昆明廿二日電】省垣各界今晨在省黨部開會歡迎方師長先覺，方氏報告衡陽會戰及脫險經過，並講述青年軍訓練工作。

【中央社昆明廿二日電】中航公司九十三號機，十六日由渝飛昆，因氣候惡劣，在滇境失踪，經該公司派員搜查，二十一日在昆郊附近三十四華里高山上尋獲，司機工人殞命及所載生絲全毁。

重慶駐美大使館參事 吹噓國民黨敵後游擊隊

【美國新聞處華盛頓廿日電】留盛頓中國大使館參事鄭其邁（譯音）博士，今日於接見記者時說，中華

「國訊」三八二期（十二月十五日出版）社論題爲「送歲評言」指出：只須國內團結問題迅速獲一妥善解決之途徑，不難堵住敵人。其次必須加强政府組織，克服政府缺憾，「對於此一問題，不特國內人士極其重視，而友邦人士，亦莫不矚目。試觀上月政府之局部改組，雖然更動無多，……至少表示已承認此種必須更張之事實，……吾人惟有希望政府能繼續把握此機運，不斷刷新政府之組織，使全國趨於一致團結。」

敵國國會席上 大藏大臣演說

【同盟社東京廿一日電】石渡藏相廿一日在衆議院作財政演說，其要旨如下：昭和二十年度歲入、歲出的總預算，歲入與歲出同爲二百二十四億餘萬元。施策的重點，故在增强戰力和確保食糧上。對於貫澈戰爭特別緊要的各種款項，當努力劃入所需要的經費；同時適應着戰局的演變，爲確保預算的供給來源，劃定第一預備金二億元，第二預備金二十億元的國庫預備金，以求戰時預算的周密無隙。中國事變爆發以來，公債的總發行額爲八百四十九億七千餘萬元，其消化額爲七百六十七億三千餘萬元。去年一年中的公債發行額爲二百六十九億九千餘萬元，消化額爲二百五十億一千餘萬元；以公債爲財政來源，在調劑戰費、執行預算中沒發生任何障礙。爲使公債能順利地消化，必需增强國民儲蓄。昭和十九年度增加國民儲蓄的預期額會定爲四百一十億元，但其實際成績，有第三季第四季的銀行存款一百五十四億元，郵政儲蓄金七十九億元，如加上其他各種積蓄，合計約增加三百四十五億元。關於空襲緊急情況下的經濟對策，首先是樹立戰時金融的非常體制，其次是創設戰時特殊損失的保險制度，再次是採取減免租稅及其他各種措置，並逐漸予以充實和加强。這些制度日益普遍與澈底，在發生非常事態時它在確保和安定民心上，將獲得相當的效果。其次，對於大東亞共榮圈內各個國家和各個民族，我國會在財政上經濟上給了些援助，協助其經濟的發展。在×××，在緊急的戰爭形勢下，將排除萬難，不惜竭盡全力予以聲援和協助，以回答各國及各民族的×××和期待，使關係日趨密切，互相攜起手來，求得在大東亞的經濟發達上，作更進一步的努力。

希解放軍將與政府談判

【合衆社雅典廿一日電】希外長索非亞諸賓梯斯宣佈：希臘人民解放軍與希政府之和平談判，將於本月廿五日下午四時，在雅典舉行，渠稱希

政府規定此爲希臘人民解放軍於廿五日中夜一分鐘後，實行最後休戰條約，即希解放軍由雅典附近各島撤退。最早之談判時間，希解放軍已志願於政府所定任何時間，參與談判，英方計劃於希解放軍代表產生後，護送其代表出席會議，西氏稱渠將與希臘農業部長麥克羅波塔斯，內政部長拉利斯及其他政府代表若干人出席談判，希解放軍之代表將爲三人。

德國造謠說蘇捷關係緊張

【海通社柏林廿一日電】倫敦訊，倫敦『觀察家』報稱，克里姆林與貝奈斯及其倫敦集團間的緊張關係日益增長。這一緊張的原因據稱係出於貝奈斯拒絕與盧布林政府建立關係。第二個原因據稱係因他拒絕在蘇軍佔領的前捷克東地區內成立捷克政府。然而主要理由，據稱係由於蘇聯要求合併斯洛伐克（原文如此）重要部分於蘇維埃烏克蘭共和國的事實。

同盟社傳
羅馬尼亞油田與美、英、蘇矛盾

【同盟社東京二十日電】美、英、蘇三國圍繞着伊朗石油利權問題，其對立及相互間的爭奪極爲激烈，最近關於羅馬尼亞問題，美、英、蘇三國間的問題更加尖銳。以普洛業什特爲中心的羅馬尼亞油田一帶，由於蘇聯的佔領，實際上已歸蘇聯支配，蘇聯已將該油田的一部份運至本國領土。美英兩國對蘇聯的措置表示不滿，通過駐莫斯科大使提出共同照會，希望蘇聯加以說明，要求保護英、美在羅馬尼亞油田的利益，不要使油田的採油量減少，不要採取使該油田重要性喪失的措置。美英對羅國油店極爲關心，因爲該石油業爲美英資本所控制。一九三一年，對羅國普洛業什特附近的石油的全部投資一百三十二億羅幣。英國、加拿大兩國的投資爲四十七億七千元，佔百分之三十六，美國十三億八千九百萬元，佔百分之十，第一流第二流的公司完全是英美的資本。此即年產五百萬噸的羅國石油的一半，被美英外資所控制。因此去年秋天紅軍進入羅國時，美英爲了擁護本國資本，企圖首先以視察油田設備爲藉口，派遣石油技師至羅國。但蘇聯軍司令部，不但拒絕了這一要求，而且在羅馬尼亞的反軸心國管理委會美方代表，亦不能到油田附近。數名美英記者亦因批評蘇對羅馬尼亞的政策，而被逼離開羅京

，歷時共三十六年。森德曼詳細列出美蘇兩國用戰爭辦法所掠奪來的新領土，並舉出證據證明：在這同一時期中，德國只是被迫進行防禦性的戰爭。森德曼稱：『英、美、蘇三國好戰的企圖，有一共同點，即：它們唯一的目的是在政治上壓迫其他國家和征服別國的領土，布爾塞維克黨實在是在追求一個極其遠大的目的，他們對權力的野心是不知有止境的。他們並坦白要求建立世界範圍的蘇維埃國家。』敵人諸言的這個紙屋子，在最近幾年中，已完全倒塌了。關於德國和德國人民的扯謊烟霧，不久也就要烟消雲散的。所謂到永久和平的道路，是決不會經過德國廢墟之上的。

波流亡政府恬不知恥
竟想和蘇聯恢復『談判』

【路透社倫敦廿二日電】據路透外交訪員尼爾報導：倫敦波蘭官方人士稱，倫敦波蘭政府所擬就的關於蘇波關係的備忘錄，鑒於三大領袖的會議，已於星期一下午遞交英國及美國政府。遞交與美國的備忘錄將交與此間美國大使。

【路透社倫敦廿三日電】今日（星期日）觀察家報某訪員稱，宣佈倫敦波蘭政府願與蘇聯立即恢復談判的備忘錄，將於明日遞交給英國及美國政府。若干時來，波蘭地下運動發來的電報，即對目前蘭波政府在此問題上的被動與完全否定的態度，表示很大的關切與焦慮。他說，波蘭總理阿基塞夫斯基將××，『波蘭國內政權及保證波蘭獨立問題，應先加以討論，邊境解決辦法則後來商討。但是，他已表示，爲了交換蘇聯的承認，他的政府將準備作很大的（雖然尚未確定）「領土犧牲」。』該訪員稱，地下運動來電除其他問題外，包括有下列各點：解決辦法應爲互相妥協的結果：對於蘇聯的觀點應作讓步，較米科拉茲柯備忘錄（提議寇松綫以東的臨時邊界）所包括的更廣泛些，同時政府應獲得較寇松綫更有利的邊界，但在現在外交條件×××自由處理。訪員最後稱：『這些建議今天是來的太遲了。許多觀察家相信，這種姿態並不是沒有根據的希望而爲，即這種建議蘇聯將不予回答，它唯一的目的，在於避開波蘭以及盟國的批評』。

【海通社斯托哥爾姆二十二日電】倫敦波蘭流亡政府的命運，似乎已決定。『晨報』倫敦訪員說：阿基塞夫斯基政府的從事於妥協的最近一次努力，將不致成功。倫敦政界人士認爲按照南斯拉夫之例解決波蘭問題似有極大可能。即西歐國家將勸斯大林同意倫敦波蘭人參加盧布林政府。該人據說將是米科拉茲柯。此外最大的問題將是在這以前由倫敦流亡政府統轄的波蘭軍

。蘇聯一向不管美英的焦慮，卻已從巴庫××地方，派來很多採油技師，拚命修理與復興普洛業什特油田地帶。對於此次美英對蘇聯的共同要求亦不理睬，並且說蘇聯從羅馬尼亞油田搬走的採油設施——大部份是德國的——拿它來代替被德軍破壞了的高加索的採油設施，這在蘇聯國內是非常迫切需要的。但帝國主義者的美英兩國政府，自不能默不作聲，輕易地讓人蹂躪其既得利權，因此圍繞着羅馬尼亞油田，美、英、蘇三國的傾軋不睦，今後將更加增大。另方面圍繞着伊朗油田，美英對蘇聯的抗爭，依然未獲解決，在那裏擱置着。另方面據德黑蘭情報，去年十二月三日，伊朗國會會通過『禁止談判石油利權法案』，但據另說，則謂伊朗總理賽德難於抵抗蘇聯的壓迫，乃祕密地致函蘇聯大使館，要求舉行會談，以便再研究上述法令。據合衆社電悉，一般人揣測賽德採取逃避法令的辦法已以蘇聯的資本與機械爲基礎，在北部伊朗成立伊朗國籍的『煤油公司』，或將把一切採油權提供給蘇聯。這樣，美英蘇三國的石油爭奪戰已經表面化，這是擾亂三國間協調的一個大因素。在伊朗、羅馬尼亞的石油問題上，看起來好像美英共同對付蘇聯，但美英相互間——亦仍然存在矛盾與鬥爭，不僅如此，而且有深刻化的傾向。此事徵諸下列事實，那是顯而易見的，即去年夏天爲了避免美、英兩國間在近東方面的石油爭奪戰，因而在華盛頓締結美英石油協定，但美國務院卻不斷地企圖修改該協定，要求總統撤回目下向參院提出的石油協定。

德寇辯護其侵略行爲

【海通社柏林廿一日電】美國僅在一個半世紀中，擴充了領土十倍半，蘇聯在四百年中擴充了領土三十一倍以上，英國自一四〇〇年以來，擴充了領土一百八十二倍。但德國領土在五世紀中，卻縮小了近三分之一。帝國新聞局代局長森德曼在『人民觀察報』上所發表的社論中，特舉出上列事實，以駁斥英美的宣傳，這宣傳是斷言德國多世紀來因受『血腥的擴張政策』的指導，而是擾亂世界和平的唯一國家。森德曼並比較德國與美蘇英人口的密度來駁斥敵人的這種宣傳。森德曼引用英國東方學者悉萊的材料。悉萊在其『英國的擴張』一書中，描寫英國政策，表明英國在一六八〇——一八一五中間……四年是在作戰。在一八一五至一九一八年間，英國又進行了戰爭十三次

除問題。深信他們將以相當的××追隨盧布林政府。

美國商業週刊評論三國會議

【海通社柏林廿二日電】紐約訊，美國主要經濟雜誌『商業週刊』檢討關於行將來到的羅斯福、邱吉爾、斯大林會議的主旨。週刊說：羅斯福將在大規模範圍上授出美國全部經濟潛在力，以茲獲得斯大林、邱吉爾批准世界安全計劃的政治上的讓步。爲此原因，他將在『如此大的經濟範圍上』給斯大林、邱吉爾以寬大的經濟援助，『以至斯大林、邱吉爾將被迫讓步』。商業週刊所提到的五點中，有美國將出以無限制的經濟援助，而此事由輸出輸入銀行及布里森林銀行辦理。這其中包括有運輸商船及派遣技術專家到英國的廣泛的援助。商業週刊認爲最近國務院的改組已與此計劃有關，而執行此事的人將是副國務卿克萊頓。

塞爾維亞人民反對南王彼得

【海通社日內瓦二十日電】貝爾格萊德無綫電繼續報導關於鐵托游擊隊所佔領的全部塞爾維亞領土上所舉行的反南王的遊行示威。據鐵托無綫電報導：反法西斯婦女陣綫主席杜斯拉說：『在最艱苦的時期，南王棄其人民於危險之中，（缺一句）。當他自己安然無事時，而我們的鐵托元帥，正爲我們的自由而作戰。但是，彼得在國外結婚，那時我們人民正在極端困難的條件下掙扎。我們不要這樣的國王我們要我們的親愛的鐵托。』貝爾格萊德無綫電台的百分之八十的電訊，是反對彼得的。

英國的殖民政策

【路透社紐約十九日電】英殖民大臣斯坦萊在今夜向外交政策協會講演，提到英國殖民政策時說：目標是在儘早可能的時間內，達到在英帝國內最充分的自治措置。無論如何，目前在大部分殖民帝國內英國的在場，防止了災難的分裂，英國今日之退出，將意味着使數百萬民族血統的人，陷於混亂的好戰的宗派。於提及巴勒斯坦時他說：『××××可能造成一種爆發，這只將有害於聯合國的作戰努力。』

參考消息

（只供參考）
第七六九號
新華社 解放日報 編
今日出一大張
卅四年一月廿五日
星期四

邱吉爾下院演說全文

〔路透社倫敦廿八日電〕邱吉爾今日在下院關於希臘及一般戰爭情勢展開辯論時說：「英國將在地中海，特別是在東部地中海，担負起重要的作用，這是英國的艱苦重任。在意大利，亞歷山大元帥指揮部統率下的英軍，及英國控制下的師團（如果進一步把整個地中海區域包括在內），在數目上超過美軍師團三倍。意大利有許多經濟的與政治的困難。建築已被摧毀，我們必須確立臨時性質的政府來代替它。我們已××一個企圖××特別困難的政府×××。在今後數月，或者更快的時間內，德寇將被從意大利驅逐出去，或自行撤退。意大利北部具有各種政治觀點，包括大量激烈熱切的政治家（他們與在阿爾卑斯山堅持游擊戰的勇士保持接觸）的巨大貧窮的地區，將即刻依賴意大利政府脆弱的機構供養他們。××其結果不能確切地預見，自然不能加以衡量。讓我（只說一次不再說了），我們在歐洲或其他地方，沒有需要意大利作爲夥伴的政治聯合。我們需要意大利並不較需要西班牙更多，

因爲我們沒有什麼事情需要這類國家的支持。我們必須注意勿使許多錯了的事情的罪過，叫我們來負。現在我已在某種程度上防備此事。關於解放的國家及悔過的軸心衛星國家，我們有一個原則，這一原則是我們竭盡能力與資源以奮鬥求之的——根據以不記名投票及不受威脅的自由的、普遍的投票選擧，所建立的民有民治民享的政府。這不僅是我們的目的，而且是我們的旨趣與唯一的關心。信託人民。確實使他們有不受恐怖與××統制，決定他們命運的公平的機會，這是我們對於意大利、南斯拉夫及希臘的政策。除那以外我們沒有另外的興趣。

我們對於在南斯拉夫佔優勢的政治制度，沒有特別的興趣。然而由於南斯拉夫王室政府國王彼得在德寇侵入時避難於英國，我們就對亞得里亞海彼岸

當我們在國內瞥見某些久被尊崇和負責的（這兩個字也許難於用在它們身上）報紙及其他等等提供了悲慘的表現時，我們怎能對美國含有敵意或漠不關心的報紙之態度表示奇怪更不用埋怨呢。我們的任務是本來就很艱難，却曾經且仍然正被那放蕩的、胡亂的、放肆的黨派偏見精神弄得更加艱難，這種精神在希臘問題上肆無忌憚的出現過，而且接到那些在這種時期中担負政府責任的人頭上，自我與巨大的政策發生適關係以來，我再沒有比我們在希臘所做的事情更確信我們動機的純正，我國原則的明白和我國行動的勇敢、精確與成功。我們在戰時第二次到希臘去。我們是得到我兩大同盟者充分同意而去的。我們是循希臘政府（一切黨派甚至共產黨都有代表參加這一政府）的倡議而去的，而且是由於軍事會議（人民解放軍與國民民主軍的將領派有同等代表出席）的結果。我們帶着良好的禮物——對希臘一切黨派的政府之鄭重和協助而去，這個政府已經成立而且必須面臨德軍逃竄所遺下的混亂。我們隨帶力量微小的部隊而去，而且我們佔領陣地不是從軍事觀點出發的，並把我們的軍隊散佈到我們希望可以儘速把極多供應品運給極饑餓的人民的地方去。我們受到熱烈地歡迎。我們在破裂發生以前就使希臘××不受饑餓。同時，希臘政府在六個星期左右被內部分裂、街頭示威所擾亂，而且這整個時期共產黨所指揮的軍隊，不斷從北部南下並滲入他們具有強大地方組織的雅典城中。我們曾以大量武器供給這些人，希望他們對德軍作戰。當德軍一被肅清，他們×××。在這些希臘共產黨人中間，也發現有馬其頓及保加利亞份子，他們可能懷着各自的領土思想。他們都是很可怖的人民。他們都有以無情方法追求的綱領和政策，而在這一地區的其他人民却只有保全性命。他們正企圖打的不是德軍，而在巨大程度上，光只拿着我們的武器，按兵不動，等待他們可能在首都攫取政權以及使希臘共產黨專橫霸道地消滅一切敵手的時機。我被他們那時對付德軍的微末用處所迷誤。同時我當然過低估計他們是一個戰鬥部隊。正當英國忙於分配糧食和盡力使事務穩定進行時，實際上在斐邦德里歐內閣已增至七個的共產黨部長却在玩另外一套詭計。這種詭計徹頭徹尾是爭奪政權的鬥爭。他們正在玩人民解放軍及其共產黨指導者們的詭計。

他們當坐在斐邦德里歐內閣裏時，則與集合以摧毀內閣及斐邦德里歐的力量密切合作。民族解放戰綫與共產黨的許多部長，在每一時期都是阻撓政府。他們以激起罷工，竭力阻礙糧食裝卸工作。他們爭奪每一個軍官，對於國家，培養軍官是必須的。如果沒有某種國民軍，你便不能有國家。我是完全

的政府與人民有了某種義務。這一義務只能由正確的方式，例如，像由全民投票所提供的方式，予以實行。我誠懇希望鐵托元帥成為其國家的救星與統一者，因為他在現在已毫無懷疑地是南斯拉夫無可爭辯的領袖了。

最近，保加利亞，羅馬尼亞已處於蘇聯軍事當局管理之下。外相在莫斯科與斯大林元帥已達到諒解，我兩國藉此諒解在這些區域內奉行聯合的政策。這一協定沒有提出在戰後分割領土或勢力範圍的問題。它的目的僅是在於當這些緊要的日子裏，避免偉大盟國的摩擦。關於發生的困難及什麼，應該怎樣做法，我曾親自代表英國政府與斯大林元帥交換電報。我們也經常使羅斯福總統獲悉這些情形。

我們鼓勵鐵托政府與南斯拉夫皇室政府成立協定，南斯拉夫皇室政府設於倫敦，已為我們所承認，以及我相信為聯合國一切國家所承認。斯大林元帥與英政府認為協定從整個看來是聰明的。我們相信鐵托、蘇巴西區協定的處理，是對於南斯拉夫的將來最好的辦法。這一協定保存君主的形式與理論，如條件許可時，採取公正的自由的全民投票。南王彼得在原則上同意這一協定，但作某種保留。據我所知，這件事的性質和效果現在討論中。這是一個幾天時間的問題。這些問題必須在這一時期間中達到決定。如果我們竟很不幸，不能得到南王彼得的同意，這個協議即將不顧一切，強制執行。據我所知，南王彼得的意見是：他所介介于懷的，是他要對在全民投票決定南國是君主國或共和國前，可能在南國發生的激烈的行動負責，可是他又沒有實權。我們必須尊重這種猶疑不決的心情，但在這些時期中，這種猶疑必不可無止境地妨礙事情的進行』。

當轉而論及希臘問題時，邱吉爾又一次說：我的簡單政策以下述各項為準繩：戰勝德國，建立可以行得通的最團結和最固鞏的政府機構，輸送儘可能多的糧食、維持可以容忍的有法律和秩序的情況，並堅持實行公正的全民投票或選舉，然後就在最早的實際可行的時刻退出。我們正奮力地走過巨大的迷宮，但這並不是毫無計劃的。在我的戰時經驗中沒有過這種場合：即英國政府及其動機在國內被重要機關報和我國人民這樣地誹謗和中傷過。這種情形在現已達頂點的戰爭危難中發生，使我內心充滿驚異與悲傷。這×××，與其他國家比較來說，英國的生命與實力，將不但在戰時，而且在戰後遭受充分考驗。

反對私人軍隊。在過去一月或六週內我所獲悉的，加強了我最初的意見，就中一個無疑的結論，即是人民解放軍武裝部隊，無論如何在過去兩年對德戰爭中，起的作用很小。迄今盟國對於希臘發生的一切似乎非常滿意。但是現在，我們已到一新的階段，關於這一新階段不可能與我任何一盟國咨商，並且對於這一新階段必須即刻採取行動。十二月四、五日的夜裏，接到一連串的電報，顯示前進的人民解放軍部隊距離希臘政府中心及大不列顛旅館約千碼，距英國大使館亦同樣距離，我們機要部的婦女都聚集在那裏，侵入這一地方，或者無論如何侵入政府的所在地似乎將要發生。雅典及比里猶斯的幾乎一切警察所都被佔領，許多警察所內的警察皆遭殺戮，射擊普遍全城並日益增張。斯科比將軍發出信號，雅典已傳佈總罷工，除非秩序能夠恢復，政府情勢將極嚴重。當××我們將調走我軍的大部，曾下令斯科比將軍担任指揮，以一切必須的措施，恢復與維持秩序。如果那是錯了，我與我的同僚負全責，我的同僚最願分担這一責任。（歡呼）三四天來，這是為這樣一件事而鬥爭，即為避免雅典城中心的屠殺，避免在雅典城內政府的一切形式俱被掃除，而赤裸裸的勝利的托洛斯基主義設在那裏。我想托洛斯基主義較通常的字，是希臘共產黨及某些其他派別更好的定義。幸虧賴於少數英軍兵士的決心進攻被擊退。雅典及如我所堅信的希臘自由得以獲救，聖誕節日，我認為與外長赴雅典一行是必須的。在一切政黨的會議上，包括我要求大主教召集的民族解放陣綫及共產黨的代表在內，那時為生死仇恨所分開的人們圍桌而坐，發現他們自已已在攝政一議上團結起來。在他們的心目中只有一人能充攝政。在我們回來後，外長與我已獲得希臘國王的同意，十二月三十一日，大主教在攝政未決定以前，被賦予皇室權力，關於他的措施，我們不求其諮詢我們，我們亦不干與總理的人選，或政府組成成份的性質。大主教召集普拉斯蒂拉斯將軍組織政府，如我所描寫的，他組織了自由黨、社會黨、左翼黨、民主黨、共和黨等性質的政府。但是，無疑的，激烈地反對共產黨。甚至在這裏，在那些雖然為黨派所分開，而具有高尚目的，並且在其他許多方面有共同見解的人們中間，也難保持聯合。想像在為內戰所破壞的國家是何等困難，在這一國家內，各國小政黨的貪婪之徒，各有各的一套嗜慾罪，行與復仇。我們很願看到聯合政府建立起來，從那時以來，發生了較以前發生的更壞的事情。許多日子過去了，我們的援軍迅速地、逐漸地到達。這些援軍是無須改變意大利前綫的戰事而可找到。進行戰鬥，甚至較以前更專劣。進展遲緩下來，攻擊者已逃跑。××××人民解放軍可能沒有聽到。

現在戰鬥停止了，這些希臘人民能够××想一想，如他們選擇在達馬斯金諾斯大主教領導之下，達馬斯金諾斯邀請在政治機構中所留下的民族解放戰綫人員及人民解放軍與他會晤。我重復一句，我們只要希臘的友誼，別的什麼也不要，並且了解我們必須盡了我們的職責。直至在最嚴格的公正的監督之下，能够舉行自由投票或有了自由投票的保證以前，我們不能把我們自己與希臘分開，至於他們決定什麼，就我們說來，將是他們的法律。停止開火的信號響了，無論如何有一區域一百五十萬男女能够過日子，不受暗殺、搶劫或在街頭被殺的恐懼。同時，我獲悉各個集團公民從民族解放陣綫中分離出來，使共產黨陷於不愉快的孤立，死抓住人質不放。現在讓我來宣讀我們的大使李伯爾來電的節略，他在日前寫道：自從德寇離去，小而裝備優良的共產黨，在全國各地實行紅色恐佈。「沒有人能够估計在雅典叛變實際開始以前，被殺被捕的人數，但是當眞實情形能够述說時，將是一述說可怕的故事。

當雅典戰鬥開始時，殘暴迅速增加。男女老幼被殺者數目甚大。被捕的數千人在許多道路上拖曳而行，許多已奄奄待斃。從薩羅尼加傳來的消息，顯示發生了同樣的事情。

邱吉爾也引據了一位英國軍官的聲明，這位英國軍官曾盤問在前進××所遇到的大批人質。軍官描述人質是如何的被叛逆所虐待，許多人都被驅至××。邱吉爾也引證另一軍官的聲明，這位軍官告述大量人質被殺死在××下挖掘的十二個到十五個未乾的溝中，大多數是由斧子殺死的。××人質在窮早的日子被有系統地消滅了。首相在發表其他同樣的材料之後，繼續說：我對我必須稱爲這一國家的××發出警告，囚犯是××眞理行將到來。可怕的愚弄等着他們。這一××不會有大赦。我已將政府委諸以下的原則，任何人，無論是英國人或別國人，不應因其×××作用而加以逮捕，除非他被正當組成的法庭發現有個人侵害戰爭法或使普通人被懲罰的私人罪。這一原則，已爲希臘政府所接受。一切聲明××已成過去。無疑的，當我軍任何部隊在國內時，它將被遵守，但是在那以後，希臘人將完全自由，然而我不能告訴何等可怕的復仇鬥爭，將要繼續進行。任何大赦的約許或人權的剝奪，如我們所認爲的，依賴於人質的待遇與交出。在人質這件事情上深深地牽連到×

邱吉爾首相在默哀死於呂宋美艦上的闌姆斯丹中將時說道：福來塞海軍上將僅以身免，避開數秒鐘內敵人的炸彈。邱吉爾繼說：緬甸戰鬥是另一戰役，關於這一戰役，我們與印度已費了巨大努力，該地幸運已至——第十四軍被忘記了的軍隊——不，不是被忘記了——而是被謹愼注視其運動的軍隊正在前進。第十四軍的前進，與北邊的華軍協和，已將緬甸境內的對日戰鬥，帶至自伊姆法爾前進幾達二百哩的許多地點。現在是這些地方過去數年一班激烈戰鬥獲得報酬的時候了。戰鬥是××在可怕的鬥爭中。在這種可怕的鬥爭中，我們已受到嚴重損失，英、印及其他軍隊至少損失一萬四千人，而其中大部爲日軍所俘虜。但是現在正在獲得它的酬勞。我常恐懼由於穿越森林的嚴重疾病率（這種疾病不僅危害了英軍而且亦危害了在那裏勇敢作戰的印軍，西非及東非軍隊），今年緬甸境內這××。我因此理由而恐懼它，並且亦因爲從印度通過數百哩狹谷的供應的困難，在印度每一橋梁與溝道俱被河水急流冲毀，該地河流常在數小時內增至二十呎，而且供應品體經過原始的與不足的交通。我常恐懼這一新的戰役，爲了消滅緬甸的侵略者更大的部隊，將需要戰爭最後階段的××必須達到××。況且歐洲戰爭頑固的延長，必然地延遲了各種兵力的許多援軍，兵士、飛機、及各種我們在兩棲作戰中的設備運赴東方。雖然已使蒙特巴頓海軍上將估計到這點，一切均行延緩了。首先的事情必須首先來。但是，雖然這些失望，他與他的軍隊却作了較所需要爲在現在××期望於他們的更大的前進，我現在可以描寫爲至曼德勒的路上——雖然我想是從各個不同的方向。這是××第十四軍數週前攻克海岸上阿恰布及其機場的。（下句不清）

邱吉爾重申他的信念，任何東西不曾誘導我們放棄無條件投降的原則，不在任何假託下與德日進行談判，直至無條件投降正式執行以前，這種××××。美總統與我假你們的名義重複地宣佈，實行無條件投降，決不解除勝利的強國對人類所負的一切義務，或他們作爲文明的基督教國家的一切責任。我們現在可以說：「我們要求無條件降投，但是你們知道在我們行動加以限制的道德××是何等的嚴格，我們不是殲滅者或人民的屠夫。××與你們商議。我們按照你們，×××。「無條件地放棄你們的抵抗，我們依然受我們的習慣與我們的性質所束縛。」這便說爲什麼放棄無條件投降在現時是最無先見的理由。它決不與我剛才所說的相齟齬或矛盾。我們應討論敵人××，而他們依然手執武器及××一切痛苦的××，這些××，他們的不可描述英國的名字及國家的榮譽。我告訴下院，政府將履行其義務，不管如何痛苦。不管其爭衆望與否，我們將毫不猶豫地援救這些人質，或懲罰他們的被屠戮與虐待」。

談到一般的戰爭前綫時，邱吉爾說：在我們自十二月十六日以來，激烈進行的劇烈戰鬥中，美國軍隊幾乎進行了一切戰鬥，幾乎遭受了一切損失。英軍只有一個軍團參加戰鬥，其餘三十一個師團全係美國軍隊。美軍×××對於每一英人。進行戰爭與應被視爲非常著名勝利的是美軍。但是英軍在這一時機××××。——邱吉爾宣稱：「英軍過去與現在，以能夠避免主要災難的一切可能性的戰略態度，屹立於敵人與安特衛普之間的北部陣地」。「我軍是在艾森豪威爾將軍指揮之下，根據手中專家們建議的對馮·倫斯特德反擊所做的一切，是××而且在軍事上說來是正確的。以結果來判斷，蒙哥馬利與布萊德雷那樣處理他們支配下的非常大的部隊，我想我毫不誇大的說，可以成爲將來軍事學生的模範。一切部隊都打得很好。」首相在發表不列顛聯合國及帝國所起作用的數字時，說道：「除了海軍空軍以外，現在我們維持在戰場及守備軍的兵力，等於一百師團以上。許多是××的，六十七個師團是正在歐洲西北部，意大利及緬甸作戰。西綫美軍有英國聯合國軍隊的兩倍，實際上我們已喪失我美國盟軍所喪失之半。如果你只以陣亡者計算，德軍的反攻，與其說是延長戰爭，勿寧說是縮短戰爭。德軍已喪失他們最後軍隊的大部精華。在我的希望與信心，藉這次戰鬥，他們或者加倍給予德軍的損失，絕不會延遲或避免從西綫給予敵人的死亡命運。盟軍欲其在滿築碉堡的全部戰綫作戰，勿寧在開闊的原野盡可能的進行更多的戰鬥，德軍竭力使用他們不能替換的部隊對不僅彌補了他所給予的每一損失的敵人作戰。這些部隊現在不僅爲支持德軍西歐戰綫所需要，而且更需補充其爲巨大進攻所造成的東綫的損失。

全部蘇軍主力已用於從波羅的海至布達佩斯的整個戰綫。斯大林元帥是非常守時間的，他在與盟軍聯合中寧肯早不願晚。我能企圖對於超級與××事件加以限制，這一事件我們現在正親眼見到，我在每一戰場看到他們的反映。我只能說整個東綫與西綫，及以不多於敵人的兵力支持住德軍二十七個師團的意大利綿長戰綫上，將處在不斷的火焰中，直至最高峯達到以前，這是一定的。同時，亞登戰鬥是另一××，幾乎如美軍在菲律濱所進行的戰鬥一樣。當×××××戰爭物資到達時，我們驚異由××激起的美國勝利的軍事實力。

的罪行，對於將來歐洲與世界安全是必須的。我們已達到第六十五個月的戰爭，而其重量仍××。讓我們歡喜在西方與東方，壓倒的力量係在我們方面。軍事勝利可能尚遙遠，因爲他將必然犧牲很大，但它已不再是値得懷疑的了。但是冒生命危險的感覺從我們轉至我們殘酷敵人的方面，××獲得失望的刺激，我們似將喪失聯合自衛的關係——或者我們處在喪失這一關係的危險中。因此要求我們拿出一切道義的與智力的團結動機及聯合目的的清楚的概念與定義，足以勝過我們的敵人從其絕望情況中找出的臨時增援。我們能產生那一完全的團結與勸勵嗎？這對我似乎是一現在與將來的最重要的問題。因爲常常有巨大聯合幾已達到勝利，而那時將其丟棄。常常由軍隊的效驗與犧牲，他們×××僅僅是爲了丟棄已獲得的一切。鸚鵡的叫聲常常蓋過老鷹的叫聲。（未完）

敵稱呂宋美軍被殺六千
緬境伊洛瓦底江戰爭激烈

【同盟社東京廿二日電】呂宋訊：從敵人登陸以來，到十九日爲止的十來天之間，我軍在該處地面上所獲得的戰果中，據已查明的主要的東西，正如下面所發表的那樣眞是輝煌。尤其是殺傷敵方人員達六千名以上，予敵人以重大損失，這是我極其巧妙的出血作戰獲得偉大成功的鐵的明證。另外，從鹵獲和破壞的五十九門大砲中，有四十幾門是自動推進砲的事實看來，可以想像敵人所受的打擊是如何的重大。上述發表的戰果中，像在仁牙因灣內毀傷敵艦船一百五十艘等事實還沒計算在內，如果算在一起，那末不用說敵人所受的打擊是非常之大的。和這一相反，我方的損失到現在爲止，最多不過一千人，和敵人被我殺傷六千名比一下，可以看出果敢的奇襲戰術的成功。

【同盟社緬北前綫基地報導班員二十日電】圍繞着緬甸的大動脈——伊洛瓦底江，近來戰雲驟然密佈。伴臨着戰場由印緬國境移向東方，戰鬥的熾烈程度正日漸增加中。敵人目前由曼尼華北方經史威堡，與伊洛瓦底江的米瑤（譯音）相銜接，形成了長約一百八十公里的國境戰綫，在許多坦克和裝甲車的增援及由密芝那航空基地和別地方來的空軍的掩護下，動員運輸機、卡車、空運隊等一切機動部隊，進行攻勢的準備。爲對抗這兩個師的英印軍，我精銳部隊隨時隨地向敵展開果敢的迎擊戰，我空軍也隨時飛往戰場上空，協助地面部隊。這一期間，該方面的特別挺進隊，繼續進行使鬼神爲之一驚的活躍，使敵人遭受若干損失，其所恃的機動性亦無力量。另一方面中印國境舊滇緬公路上的攻勢戰，從一月中旬由於美軍戰鬥部隊的出擊，變爲激烈戰鬥。

參考消息

（只供參考）

第七七〇號

解放日報 新華社 編

今日出一大張

卅四年一月廿六日

星期五

（中央社報導）周恩來同志抵渝情形

【中央社重慶廿五日電】周恩來氏廿四日下午四時自延安飛抵重慶。美大使赫爾利、王部長世杰、雷副秘書長震到機場歡迎。

紐約先驅論壇報說中國形勢好轉

【美國新聞處舊金山廿一日電】紐約先驅論壇報廿日社論摘錄：在幾近一年中，從中國傳來的消息總是不好的。現有可能……………清楚地看到，形勢好轉，危險、災難的漫漫長夜，或正接近它的盡頭。在印度由美人訓練的強悍中國軍隊，正由四面八方包圍佐騰町——日寇在越過喜馬拉雅山的新的供應線上的最後一個強大據點。當緬甸一切都很順利的時候，我第十四航空隊……正援助中國淪陷區的各個地方，雖然我們在去年損失了若干前進空軍基地。中國境內日軍亦常受到美航艦飛機和超級空中堡壘的光顧，……而且這種活動正逐日加强中。日寇似有放棄其欲深入中國西部的一切努力的模樣。還有良好的消息，是納爾遜帶了一批人到中國，這使中國有了某些進步，因爲這批人到中國，目的在增加中國工業品的生產。蔣委員長仍繼續主張中共間的意見分歧，將用和平辦法解決。指出這一點，想也是令人滿意的。這些軍事上、經濟上、政治上的發展，總加起來，是比多月來中國勝負顯目上所會有的還要令人滿意得多的。

宋子文招待外記者

【中央社重慶廿四日電】外記者招待會廿四日下午三時舉行。宋代院長子文，吳次長國楨，張參事平群出席主持。某記者詢以調整稅制之重要

征收員專任征稅機關收款，使征收稽對劃分，而杜中飽，以裕稅收。又聞財政部對於本案已積極準備迅速實施。按本日決議取消之戰時消費稅及裁撤之緝私處，專賣事業機構，財務人員訓練所及合併之財政、金融兩委員會，其成立經過略述之如下：戰時消費稅，於三十一年四月十五日由海關開始征收，此爲裁撤轉口稅，廢除各省一切對貨物所征稅捐之一種新稅。征稅貨物係以未征統稅之國內產品，及已徵進口關稅具有奢侈消耗性質之洋貨爲範圍，而以從價徵收。最初課稅稅目頗衆，三十二年八月十六日，國貨部份改爲十九類，提高稅率及起徵額。三十二年五月十一日，再調整稅目，定爲三十四項。及至去年十二月，又加修改，課稅目減少至十二種，提高起稅徵收額。該稅歷年之收入不多，但手續頗爲麻煩，國人對此各表不滿，此次撤×，當便利商民不鮮。專賣事業機構設立不久，而名稱數次變動，於三十年五月二十六日，財政部成立國家專賣事業設計委員會，是年十月，各種專賣條例即公佈實施。川康區食糖專賣局，三十一年一月十八日正式成立。四月七日，火柴專賣公司及董事會成立。五月一日，烟類專賣局成立。七月一日，財政部並成立專賣事業司，專管上述三種專賣。去年五月專賣司取消，火柴與烟類專賣合併，而成立專賣事業管理局，食糖專賣歸併於稅務署辦理征實。此××爲一新×，歷二年而成績不甚令人滿意。財政部緝私署，卅一年下半年成立。先爲處，成立於三十一年一月十五日。在該署以××緝私機關成立，各自爲政，在鹽務方面，有鹽務稅警，稅務方面，有稅警隊，海關方面有巡緝隊。現該署有緝私稅警人員約一萬六千名左右，此次裁撤後，即全部歸併於軍政部。

楊森接事

【中央社貴陽廿一日電】新任黔省主席楊森，秘書長李寰，財政廳長楊公達，建設廳長歐明，十九日晨由渝啟程，今日下午二時抵筑，省府各機關首長均往郊外迎候。楊氏原蒞即接見中央社記者，據談：本人奉令接主黔政，當一秉蔣主席指示，貫澈中央政令。民食方面，離渝前曾與糧食部徐部長商定川糧濟黔辦法，在合江、綦江、×永、×陵購米十萬大包（每包二百市斤），×向四行貸款，交糧政機關向×縣購運，平價供應，俾物價亦可因而平抑。建設方面，以不浪費爲主，將特別注重清潔運動與衛生設備。至全省民衆組織，務求加强，嚴禁濫會組織，安定後方秩序。兵役辦理，亦須公允合理，藉符政令。總之今後

性。宋代院長答稱：此次改革目的，在簡化機構，減輕人民負担，支持作戰力量，及與戰時生產局共同努力增加戰時生產，俾得準備於本年內發動大規模軍事攻勢，驅逐敵人於國土之外。某記者詢以專賣機構裁撤之意義。宋氏答稱：因發現專賣業務費用浩大，同時政府政策在不妨礙個人主義產生剝削現象之情形下，鼓勵自由企業之發展。某記者詢以中印公路管理問題。宋氏答稱：麥克魯將軍已任戰時運輸局副局長。關於管理問題，戰時運輸管理局正在研究中。此一公路，係以犧牲血肉而得築成者，故其主要用途為軍事物資之運輸，其次將運輸可以平抑物價之物資，如棉織品等。宋代院長並鄭重表示此路絕不允許私人謀利及剝削情事之發生。某記者詢以是否有大地主逃避繳付實物之情形。宋氏答稱：據目前已收入四百七十萬噸穀物之數字而言，當無此事。

行政院會議通過調整稅制簡化機構案

【中央社渝廿三日電】行政院於廿三日上午舉行臨時會議，即通過「調整稅制簡化機構」一案，內容精審，辦法扼要，為我國戰時財政之重大改革。為明瞭此案之意義及可能發生之效果起見，中央社記者特走訪財政部負責人，承其發表談話，略謂：抗戰八年，財政方面艱苦支撐。往往為業務上之需要，增設機構，或為彌補龐大支出，舉辦新稅。積日累月，遂使機構繁雜，稅制瑣細。本部對此××密切注意，研究改善。此次宋代院長為適應戰時環境，厲行革新，切實調整稅制，徹底簡化機構，以求便利人民而收實效。交議本案，實為財政方面綜合而具體之改革。綜其大旨，約有三端：一曰調整稅制，袪除苛擾。如取消統稅中之茶葉、竹木、皮毛、磁陶、紙箔、麵粉、水泥、燒酒、飲料品等項目，及戰時消費品之全部。國庫雖不無損失，但為便利商民，促進生產，亦所不惜。他如停辦專賣事業，恢復鹽稅及捲煙、火柴統稅，皆可藉以簡化稽征，暢通運銷。二曰簡化機構，以增效能。如裁撤專賣事業機構，緝私署，海關監督及海關內地關卡，皆為適應戰時情況，簡化檢查程序，節省開支之重要措施。如裁撤公債勸募委員會，停辦財務人員訓練所及分所，與合併財政、金融兩研究委員會，皆為原有工作併入其他機關辦理，以免重疊，而資撙節。三曰征收劃分，杜絕中飽。自公庫法施行後，原則上已將稅務機關之經征責任與國庫收款責任劃分清楚，惟因各地分支庫及代理未能普遍設立，故稅務機關除不免於經征之外兼辦收款，遂易滋生弊竇，今後當普設代庫，

一切行政設施，以能配合軍事為先決條件。在「軍事第一」之原則下，求政治上之進步。

【中央社重慶廿三日電】行政院廿二日召開臨時會議，任免事項：一、交通部部長曾養甫呈請辭職，應予免職。特任命俞飛鵬為交通部部長。二、交通部政務次長徐恩曾、常務次長潘宜之呈請辭職照准，應予免職。任命沈怡為交通部政務次長，凌鴻勛為常務次長。

【中央社重慶廿二日電】國府廿二日令：（一）任命李靜軒兼西康省政府秘書長，此令。（二）任命李機恩為陝西省政府秘書長，此令。（三）特派郭仲隗為監察院河南、山東監察區監察使，此令。

【中央社黃陵廿一日電】此間咸（陽）榆（林）公路龍首坡改修工程，經縣長章復祥親督民工五百餘人，日夜趕修，於一月十六日冰天雪地中完成，今後軍民運輸，至感便利。

【中央社沅陵廿三日電】據某機關負責人談，湘省國稅收入為數甚鉅，惟各級稅務機關迄未悉數繳庫，其數龐大驚人，刻正在究督繳中。

【中央社渝廿四日電】交通部正架設自昆明至印境雷多之長途電話，現已架設至保山，並沿滇緬路續向前進行中。預計中印路通車後，兩月左右可完成。

傳鮑利斯將出組德國臨時軍政府

【合衆社安哥拉廿四日電】索非亞訊，現在蘇聯的德軍將領五十人，在鮑利斯將軍（前德第六軍長）領導之下舉行會議，決定組織德國臨時軍事政府，並決定於佔領普尼斯堡後即開始在該城工作。據該會議決定，新政府當首先與盟國作休戰談判，一旦德國自由黨民主黨及其他政黨能夠參與德國自由選舉，待鮑利斯將軍即行辭職，臨時政府成立後，自由區的德軍將與蘇軍共同對法西斯作戰。

掩飾敗績 德寇高唱擺脫運動

【海通社柏林廿四日電】德國軍事發言人星期三評論東綫形勢時，特別強調星期一與星期二蘇軍前進速度之遲緩。在於德軍奮力反攻過程中，在東綫兩北面的擺脫運動亦正按照計劃實行。在東普魯士東南角前綫彎曲處，德軍原已抵達奧古斯都沃，已在米蘇林湖地區以東××了陣地，這些陣地是預先準備好的，而新的德軍防綫在背後則有湖泊。在斯洛伐克東部，擺脫運動亦在進行中。因尚未完成，故新防綫之方向

詳情尚不能公佈。在布利格與科塞爾間向奧得河推進的蘇聯坦克隊越過該河的企圖到處被挫敗。發言人稱，外國消息謂波森巷戰，完全不確。

敵同盟社估計 美國現有的兵力

【同盟社東京廿日電】當現在戰爭確將進入決戰階段時，我們的主要敵人美國，究竟有多少兵力，這是不能不加以研討的，羅斯福曾稱：美國的陸海軍兵力共達一千一百萬，其中陸軍爲八百萬，其半數以上遣赴海外。截至現在爲止，美國已經動員的兵力，共爲一千一百三十五萬人，陸海軍當局已獲得動員的預定數目。關於美國的兵力，講到詳細的數目，則未必是一致的。偶然看起來是使人感到奇異的，但這都不是以直接公佈兵力的詳細數字爲目的，（缺）而是宣傳美國偉大戰爭時，講到兵力所引起的，羅斯福所說的兵力總數一千一百萬中，陸軍爲八百萬。一九四三年末徵兵局長稱，去年六月末以前的動員目標，陸海軍總共一千一百三十五萬人，其中七百……（缺），動員的兵力佔美國總人口（一億三千萬人）百分之十弱。除了日本以外，美國動員兵力的比率是各主要交戰國中最低的，但是不能認爲美國的動員力量是綽綽有餘的，軍需工業以及包括農業在內的民需工業需要的工人，要超過五千萬，因此兵力一千一百萬，可說是已經接近動員的極限。徵兵局提出在世界規模內進行反攻所必要的兵力，爲七百七十萬陸軍，去年三月底已達到預定的數目。此後陸軍當局每月都徵募補充兵，因爲傷亡及其他的原因，美軍陸軍每月要補充必要的兵員十萬人。這些兵員是這樣補充的，即每月將滿十八歲的壯丁十萬中適合於服兵役的六萬人徵召入伍，另外徵召十八歲以上，二十五歲、二十六歲至二十九歲的男子入伍。據本年五月陸軍部公佈的數字，今年一月一日陸軍兵力爲七百零六萬八千五百十五人，此後在三月底以前的三個月中，追加了六十三萬餘人。

另方面再看一看海軍。四月美軍作戰部長兼聯合艦隊司令官金氏，曾向當時的海軍部長諾克斯提出報告，以此報告爲基礎來檢討海軍兵力，則海軍的兵力如下：「爲了策應「造艦計劃」的進展，兵員亦需增加，現在的正規軍，只不過是整個兵員中的一部份。具體地來說，將校中百分之九十、下士水兵中百分之八十，都是開戰後新召集起來的，一九四一年十二月七日的海軍兵力，除了機關候補生、女看護外，共爲三十二萬五千零九十名，一九四三年十二月，增加二百二十五萬二千六百名。又在同一期間，海軍的兵力由七千四百二十五名，增至卅九萬一千六百二十名，沿岸警備隊由二萬五千零二月B29式機的每月產量爲一千架，又據現已開始大量生產B29式機，今後將廿轟炸機的戰力將迅速擴大，上述十五個航空隊中，最大的就是駐在英國本部而由德姆士．杜利特爾指揮的第八航空隊，擔任對德戰略轟炸的任務，（缺）去年二月以後，又派遣第九航空隊至英國本部，擔任戰術的轟炸。上述兩個航空隊的總兵力可與英國空軍總兵力相匹敵。美國陸軍航空隊可由第八航空隊象徵之。關於海軍航空隊的兵力，過去沒有公佈具體的數目字，他們豪語美海軍擁有制式十六艘，巡洋艦改裝的航空母艦九十五艘，（這裏恐碼有錯）其餘的航空母艦七十艘，第一線飛機×萬三千架。美國海軍總兵力三百六十五萬中，空軍兵力所佔的比例相當大。

德稱法國生活混亂

【海通社柏林廿日電】巴黎訊：報紙與無綫電廣播評論中，包含着法國大部份人民關於政府供給機構與配給失敗的情緒底有趣的詳情。例如巴黎無綫電評論家那耶爾（他屬於全國抵抗委員會）說：「强迫的糧票，不真實的地下評實，第五縱隊，黑市及假的美國人，都幾乎成爲談話的一切主題了。與共產黨有密切聯系的「全國陣綫」報猛厲責難政府減少煤與運輸工具，因而責備政府的疏忽及政府辦公廳的混亂。法國人民的饑餓，與法國軍火生產的窒息，只是其中的罪逆的一部份而已。「自由法國」報寫道：一切事情都與合起來毀滅我們。在巴黎堤道上擁擠着幾百企圖找到一些溫暖的人。而咖啡館，變館、戲院、電影院屋子裏都待不到火取暖。

邱吉爾下院演說全文（續完）

因此我考慮到在這最嚴重的時機向下院講話。所有政黨對我們的作戰努力都表信任。無論好壞我們是全力以赴了，我們大家將共同完成之。每一個政黨的職責，在於奮發最高意義的機會和義務，這一點當詳細重述起來，就很可能成爲較之無條件投降條款所包含的廣義一般化更大的對結束戰鬥的障礙。德國人完全知道這些問題的一般意義如何。若干國家已經無條件投降了。在那裏已經存在着爲了他們的希望而設置的差强人意的生活了。例如芬蘭。例如意大利。這些民族已不是在受着虐待或奴役了。而是恰恰相反。至少這一點我是可以代表聯合國家說話的，德國：如果你現在投降，他就將××到名，增至十七萬一千五百十八名」。而海軍部當局已公佈：四三年七月十六日到四四年六月底止，已獲得預定動員人數的三百六十五萬名，比之四四年底二百八十一萬五千七百四十四名，僅於六個多月的時間內，美國海軍即以集了八十三萬五千人，四四年初以來，海軍徵募的數目比之陸軍是顯著的多，這是值得注目的。

空軍兵力——在此次大陸戰中，空軍的作用是很大的，構成各交戰國戰力核心的是航空兵力，特別對美國來說是如此，在飛機方面，不像英德兩國那樣，空軍是不獨立的，美國保有的航空兵力，在量的方面遠遠超過英德兩國的獨立空軍，當檢討美軍的兵力時，不容忽視其航空兵力。在研討航空兵力前，須看一看作爲前提的美國飛機的生產力。自去年底至今年七月，維持了月產八千架的水準。美國的飛機生產力是最大的。八月以後，因爲改變飛機種類，生產量稍爲減少，每月的生產量總在七千架左右。這是因爲生產廿九式機及其他大型飛機，如果因而認爲敵人的生產力已到了盡頭，那是錯誤的。據十月廿四日戰時生產局發表的公報，美國自一九四〇年七月着手到現在所生產的各種飛機約達廿餘萬架、內計轟炸機七萬三千六百架，戰鬥機七萬三千六百架，運輸機一萬八千四百架，練習機五萬二千九百架，通訊機一萬零五百架，美國陸海軍作戰計劃的背景就是這樣龐大的生產力。美國地上部？及海上部隊所到之處，均有飛機掩護。那麼美國陸軍航空兵力到底有多少隊陸軍部於去年四月二日即陸軍航空隊改革機構的二週年紀念日，公佈美國現有兵力爲二百卅八萬五千，如與一九四二年三月相比，則美國擁有四倍的兵力，近來增加了多少還不知道，但陸軍全體的動員，已於三月底結束，因此推測，陸軍即使實行補充，亦沒有很大的增加。這二百卅八萬人，在現在陸軍兵力七百七十萬人中約佔百分之卅六，由於航空隊在美國陸軍中起極大的作用。現在美國陸軍航空隊總司令安諾德上將指揮的有十六個戰鬥航空隊，其中檀香山有五個航空隊，各個戰場共有十一個航空隊，如列舉出動至東亞的部隊，則有新幾內亞的第五航空隊，夏威夷的第七航空隊，印度的第十航空隊，阿拉斯加的第十一航空隊，南太平洋的第十三航空隊，重慶的第十四航空隊，派往海外的航空隊，大半用來對日戰爭，此外我們不能忘記美國還編成以轟炸日本本土爲目的而直屬於安諾德的第廿轟炸機隊的存在。關於該部隊的情形，除了說是由B29式機編成以外，其他詳細情形不明。去年五

戰後，不然的話可以和你將在一九四五年繼續受怎樣的苦一點對比一下。和平雖然以無條件投降爲基礎，可是仍將使德國和日本立即並大大減輕他們當前的苦難和煩惱。我們同盟國並不是魔鬼，而是忠實的人物，試圖促進世界的光明，試圖從現在人類所投入的血腥的混亂和紛紜中提出和平、自由、正義和法律的機構，這種制度將永遠成爲人類的庇護者。這就是今天我敢於向下院提出無條件投降的嚴重問題的情形」。

邱吉爾於是回到關於對被解放各國和德國的衛星國問題的指導原則，現在巳在國內這樣或那樣地做了一些。在這裏他只能說他說的是英國及其特別責任。近來某些方面在對我們的批評中用『權力政治』這句話。什麼是權力政治呢？我和大西洋彼岸我們某些朋友很熟，因此我經常能夠坦率說話而不致引起不高興。擁有海軍兩倍於世界上其他任何國家之海軍，就是權力政治嗎？擁有世界上最大的空軍，全世界到處都有根據地，就是權力政治嗎？擁有全世界所有黃金，就是權力政治嗎？如果是這樣，那末我很抱歉的說，我們當然沒有犯這個罪過，（笑聲）我們還沒有那麼大的福氣。

羅斯福總統在最近致國大咨文中說：『權力政治是濫用權力。我相信我可以代表下院一切黨派說：我們與總統的意見絕對一致而且我們還更進一步呢。我們更加精確地闡述我們的地位。我們在這次戰爭中犧牲了一切。這次戰爭結束後，我們將較其他戰勝國更貧窮。聯合王國、英聯邦不是圖謀任何野心或物資的××，而是爲了我們的義務才儘力助波蘭抵抗德國侵略。（缺半句）我們並未把我們投入與世界任何其他團體的強權競爭中。我們堅持我們自己的權利。我們堅持地防衛我們的權利，但我們並未爲了我們的利益而侵佔世界上任何一個友好國家（大國或小國）的權利。我們過去已貢獻而且將繼續貢獻出我們所有的一切。我們並未要求報償，只要求我們應得的考慮和尊敬。可是，我國及英國聯邦中或國外的××却誤稱或××我們的動機。我們的行動無疑難免有人類的錯誤，但是，我們的行動是無私心、××真誠。……關於有人毀謗的英國，說英國與英帝國是自私自利，爭權奪利，掠奪土地，陰險的國家，充滿着關於歐洲或擴大殖民地的陰謀，邱吉爾加以駁斥。他對行將到來的與羅斯福斯大林的會晤抱很大的希望。

參考消息
（只供參考）
第七一一號
解放日報社編印
卅四年一月廿七日
星期六
今日出一大張

同盟社發表 周恩來同志赴渝

【同盟社里斯本廿四日電】延安代表周恩來，於去年十月曾赴重慶與蔣介石進行會談，因交涉無進展，乃於十二月初返回延安，據傳當時曾帶回蔣介石的新提案。合眾社重慶廿四日電訊報導，謂周恩來業已從延安飛抵重慶。紐約大美晚報駐重慶特派記者先一日——即廿三日——對上述消息曾發出下列報導：周恩來預定於廿三日夜到達重慶，可能帶有關於蔣政權提案的覆文，但上述提案的內容，至今尚未獲悉。

傳三國會議延期 蘇駐英大使返國

【合衆社倫敦廿二日電】據有關方面暗示，三巨頭會議已因某種發展而可能延至三月中旬舉行。三巨頭會議的延期或與蘇軍之進入德境有關。但此非三國間的緊張情勢之增加的表示。各方相信會議在蘇聯境內舉行，如是羅斯福總統將首次踏入蘇土，而羅氏於歸途中或將訪英並訪戴高樂。巴黎軍事形勢雖有急速進展，然尚無相信德國即將接受無條件投降的理由。外傳巴本努力要求議和一節，官方亦不置信，蘇軍的大包圍東普魯士已使三巨頭面臨一完全新興之形勢。會議擬將東普魯士全部一萬五千方英里面積，悉將劃為蘇方所有，該國領土的管理問題亦將發生。

【美國新聞處倫敦廿四日電】華盛頓郵報社論摘要：由於事變正走向三大領袖的另一次會議，新的希望——要求和平的希望——必形產生，這種和平不僅符合於人類的本心，而且符合於現在強弱的世界的現實。羅斯福總統將在強大的輿論支持下前往參加這次會議。美國人民……現在不僅願意參加全世界的安全佈置工作，而且他們急於參加這種佈置工作……。我們聽到了各方的呼聲，要求政府在爭取勝利（這個勝利是任何時候都可在戰場上贏得的）方面，應加速行動。與上次大戰後的經驗相反，我們已不再被認為是沒有戰爭

已經重新闡明：我國處理事變方案的對策應該放在重慶抗戰力量的基礎上，這是非常適合時宜的。外相並在軍事上力說其重要性。（缺一句）中國事變已歷八年。一向被認為缺乏國家觀念的中國人，現在誰都不能預料到的全中國堅強的團結力量，是由全中國普遍發揚的民族意識產生的。有民族意識的民族主義即民族至上主義的理想，是在犧牲日本的基礎上，以謀加強與擴大本民族（此句是碼報缺模糊，只供參考），民族主義是想犧牲日本。激起中國事變的思想，首先是重慶抗戰在精神方面的原動力。所以希望集中力量於粉碎民族主義的道理，實在於此。

德國國內人心惶惶 紅軍坦克有衝入柏林之勢

【同盟社東京廿六日電】（上缺）由於蘇軍繼續，開始積極行動，紅軍的全面攻勢已擴大至東普魯士至匈牙利一綫。目下激戰中心在上西里西亞工業區的東邊，特別是在加力茲及俄伯浪布思斯勞京方地區，波森、布倫堡各要地，戰事猶烈，即在東普魯士東部及西部地區，紅軍也企圖使東普魯士完全孤立。同時欲使用主力突破全部國境，一直殺到奧得河畔。奧得河是德軍最後的防綫，亦是有決定意義的防綫。這種戰爭急轉直下的發展，使全德國非常緊張。波蘭紅軍坦克有衝入柏林市內之勢，聯繫國境都市的紅軍大砲的砲聲，亦有響遍柏林之勢，德國全體國民的痛苦是難於掩飾的。報紙和無綫電都廣播「紅的洪水」，神至本士，代理新聞部長末茲曼高喊：現在的事態非常嚴重，德國人民即處於這樣艱難的關頭，即在血腥的地獄中被滅亡，抑是在試煉中戰勝，並確保光明的將來。這些話打中德國人的心，當局率直地把事態告訴人民，人民也拋棄一切，起來奮鬥，東部各地的德國婦女和兒童結伍放棄地撤退，他們或坐卡車，或步行至內地，留下的人們都參加人民義勇隊進行作戰。

海通社報導多列士 號召法共為擴大國家工業管理而工作

【海通社巴黎廿四日電】巴黎無綫電台開始討論戴高樂參加未來三國會議的問題。廣播員說：關於法國參加會議的可能性的消息仍舊紛紜。可是，迄今似尚未作確切決定。法國社會人士對於遲遲不發表關於此事的消息，並不煩躁，也不認為它具有極大重要性。然而，衆信邀請法國參加，無疑地具有象徵意義的重要性。法國人士知道法國參加的重要性與效

，而是彼認爲須要完成的責任。

「合衆社倫敦廿五日電」蘇駐英大使古賽夫應本國政府之召已返莫斯科，俾與蘇方領袖諮商關於三巨頭會議事宜，蘇大使係數日前乘機離倫敦。

「海通社柏林廿六日電」倫敦訊：據路透社稱，蘇駐英大使與歐洲諮詢委員會委員古賽夫已返莫斯科，此事爲計劃舉行的三强會議的前兆。他在該處將參加預備會議。

「海通社柏林二十三日電」威廉街相信羅斯福、邱吉爾、斯大林間的會議將於最近將來舉行。英美報界關於這一會議的消息愈益增加，彼看做是迫近的象徵。威廉街發言人不相信戴高樂會被邀參加會議，雖然這一方面曾做了一切努力。發言人宣稱：柏林關於會議舉行的地址沒有確定的意見，但指出根據來自中立方面的消息，有三個地方是可能的，然而倫敦彼認做可能性很小，莫斯科因爲處於柏林××已到達那裏，而英國報紙指出斯大林在蘇軍冬季攻勢的現時不能離開蘇聯。德黑蘭可能是開會的最好的地方。威廉街發言人宣稱：德黑蘭方面，已作了某些準備工作，暗示會議將在那裏舉行。

日寇對華緩進行懷柔
主張擴大重慶政權 [illegible]反省

「同盟社東京廿六日電」朝日新聞社論：此次議會談及外交問題時，會以中國問題爲中心而展開討論。重光外相在外交方針演說中，會說過大東亞戰爭始於中國問題，亦將終於中國問題。若看廿[illegible]日的衆議院預算大會上，並重申此意，說對中國完全恢復到東亞時，才能確保東亞的安定。處理中國事變時，有兩個觀念，即是以[illegible]說服使抗日中國的民衆了解我國的戰爭目的，喪失其抗日意識，[illegible]使其挺身於建設新中國，完成大東亞共榮圈。從實地說，當前的目的是要[illegible]重慶政權放棄抗戰，使重慶政權屈服以至反省。眞正地解決中國事變，不消說[illegible]是前者。但由於大東亞戰爭的爆發，使帝國對華的方針亦不可能無變動，則令人感到已經採取後一步驟。重慶抗戰力的來源在於民衆，從而中國事變方策的對象，必須放在民衆身上。已經失掉民心的重慶政權，將不得不是同樣。必須集合放棄只偏重重慶政權一點，在國府統治下的民衆爲對象，而且也包括了抗日中國，以全中國爲對象，以謀力量的本來願望的方策，與國府協力而[illegible]展開的對華新政策，不是單單地以[illegible]地解決事變。我們將[illegible]的事態[illegible]的方策，將繼續强有力地展開。[illegible]的現實性，已經切實地令人認識到。外相

果，以時間因素爲轉移，即看是否早給法國時間去研究會上要討論的種種問題。對可能的邀請，作任何遲延都會使法國代表們發言感到更困難。

「海通社巴黎廿三日電」法國抵抗運動許多人員已參加警察部隊，並且接護重要的崗位。如在巴黎，絕大多數是共產黨員，共產黨對政府解散抵抗運動部隊的××反抗，據說是這一新任命的結果。

「海通社日內瓦廿五日電」據法國工業界可靠人士透露：多列士已訓令法國共產黨爲擴大國家對法國工業的管理而工作。從而，法國目前在生產與運輸方面，所經歷的種種困難，有助於(?)共產黨的破壞。並稱：在尚未受管理的工廠裏，共產黨宣傳進行罷工與破壞行動，以便減低生產，或阻止恢復。目前佔於從前的馬基游擊隊員當權，他們對工業的事情很少經驗，而專家們已遭逮捕與×××，結果使工業的情況特別困難。共產黨非難工業家進行怠工，而要求國家出來干涉，像干涉煤礦工業一樣。據說：這些事情引起專家的憤激，與發動反對政府的專家遊行示威，而這政府現又正被共產黨×××。

「海通社蘇黎支廿四日電」從巴黎解放委員會向政府所提關於巴黎臨時市政會，及塞納省總會的建議看來，這兩個團體將要現決定的左傾。「新蘇黎支報」巴黎訪員說：各個抵抗集團都有强大的代表團。戰前，市政會有五十五個右翼委員，而現在，該地解放委員會主張增加左翼委員到六十五人，而減少右翼委員至廿人，社會黨分子將從六人增至十一人，共產黨則由九人增至十八人，新急進黨將會把塞納省總會的右翼代表由六十五人減至廿二人。社會黨將由十二人增至十九人，共產黨人由四人，增至廿四人，抵抗集團將派出二個代表參加總會。

「海通社[illegible]三日電」波諾米政府中的共產黨部長托格里亞蒂計劃赴莫斯科一行以便要求改變休戰協定。然而意大利政府關於這方面最近的要求的回答，尚未公佈。

「海通社[illegible]十五日電」據比利時通訊社「因貝爾」報告：比國剛果政府，決定禁止輸入一切非重要物品，並且限制或減少輸入，被禁止輸入的貨物有下列數種：酒、酒精及珍珠。

青年黨發表
告全黨同志書

[illegible]年對時局宣言[illegible]已介紹，[illegible]十二月二日出

版之四卷四期的『國論』雜誌，將該黨『奮鬥的歷史，當前任務，黨所盼望於諸位同志的條件』，加以申述。該件稱：青年黨於民國十二年十二月二日在巴黎結黨後，其活動可分三個時期。『從十二年末到十六年，本黨爲外抗强權，反對一切受外國勢力豢養的國賊漢奸(?)而奮鬥，犧牲了若干同志，如趙登芾，馬致祥等』(按：該黨在這一時期，出版『醒獅』雜誌，竭力爲反對南方的革命勢力，反對孫中山，特別是反對共產黨而『奮鬥』)。第二時期，『從十六年到二十年，本黨爲擁護民主政治，爭取人民自由而奮鬥，又犧牲了若干同志，如盛中議、嚥翊忠等。這些詳細情形，因爲種種關係，目前還不到發表時機』。第三時期：『二十年以後，九一八事變發生，本黨鑒於敵寇野心無止境，國家危機的深重，才放棄以往的態度，在政黨休戰原則之下，與中國國民黨及在野各政黨求得相互的諒解。本黨同志發動英勇自發的抗日義勇戰爭，如東北義勇軍，如長城的抗戰，如南方的鐵血救國軍，中間犧牲了許多忠勇同志如苗可秀、胡鍾麟等。……本黨中央爲履行與中國國民黨領袖交換書信的諾言，以全力擁護政府，停止本黨單獨軍事行動，動員本黨軍事、政治、外交及工程技術人才的同志，在政府領導之下，參加抗戰建國的工作，同時爲促進民主政治起見，參加政府召集的國民參政會及各省市縣參議會，向政府建議種種有關民主憲政的具體主張，調整國共兩黨間的意見，促進全國各黨派間的精誠團結。』第二部份，青年黨中央對其黨員提出四點期望：『第一，應該深切了解本黨是一個信仰國家主義的政黨，在國家高於一切的信條之下，應當承認國家的利益高於黨派的利益。……對於執政的中國國民黨，及一切在野的黨派，我們應一視同仁，待如兄弟，調解他們中間的爭執……同時也應力爭本黨的合法地位，使我們在公開合法的保障下，得以組織民衆，公開政見，以糾正現時國事的缺點。第二，應該深切了解本黨；在左右兩極端反對民主的潮流中，本黨已經孤軍奮鬥了二十一年，到了今天，民主的潮流已經在勝利的途中邁進……，本黨同志應該不避任何壓迫，不避任何誤會，爲樹立民主憲政基礎，而不斷奮鬥。民主的力量，不是一味坐待所能生長起來的，本黨同志應該利用種種機會……組織民衆……表現民衆的願望，攻擊一切蹂躪民權，剝削民衆，强姦民意的蟊賊，從思想上和行動上糾正這些反民主的言論和行動。……第三，應該深切了解我們的黨，是青年黨，在思想上和行動上……一切保守、落伍、腐化、自私的社會習氣，必須盡量掃除，……所以必須充分接收青年分子，無論是知識青年或工悲也。』

美以人力物資加强援蔣

重慶修路準備歡迎羅斯福

『本報訊』十二月十四日西南日報載重慶通訊，謂美國加强援蔣，『傳有大批汽車將自新從開通後的中印公路開來。負責訓練我智識青年的美國教官二千名亦將××來華。其他軍事人員大概亦要來得很多。從一件事可以看出：重慶許多公司大建築如川鹽銀行、美豐銀行、勝利大廈、中美文化協會，孔祥熙公館等都在最近被徵用，以供美軍軍事人員居住。羅斯福總統明春亦將來華。』十二月十二日貴陽貴州日報及成都新新新聞，均載渝徵用新式洋房招待盟友消息。貴州日報並稱：美方決撥汽車數百輛協助成渝路運輸，由美國人員司機，自給燃料。各報載成渝路趕修路面。

十二月八日大公晚報載美五噸及七噸半卡車五千輛將沿滇緬路來華。又訊：重慶『兩路口至九龍坡一綫修路工作將提早開工，用水泥漿作路面，以備明春國賓之蒞臨』。

十二月廿四日商務日報載『本報訊』謂：克八莫後，『盛傳中印公路已開，(被刪一百二十七字)據負責方面談，此段路綫(按：據本月廿一日何應欽在碗町的演說，當係指自臘戍至龍陵、保山、昆明一段，此段迄今尙未修成。)在明(一九四五)年二月底即可正式通車，屆時美國租借法案中之卡車九千輛即可內運，而另一萬輛亦可能源源開來。至中印公路通車後之運輸量及管制問題，中美雙方意見尙有若干距離，現正磋商中(按：此點據本月十八日麥克魯談話中所表示，仍未解決)。』又訊：工商界人士觀察，明春中印公路通車，『物價就再也跳不起來』。(按：本月十八日麥克魯談話，已說明此路運量不多，且係供應作戰，警告勿存奢望。)

在財政上美英對蔣的支持：(一)美國方面，其一是支持重慶繼續出售黃金。出售方式，據十二月廿八日華西日報載重慶通訊：共有黃金售現，黃金存款及黃金公債三種，另有建議：以黃金人壽保險作爲售金第四種方式。商務日報十二月廿六日載稱，出售黃金一項，國民黨預計收入一千萬萬元；其次本月廿二日美財長摩根索宣佈以一萬五千萬美元支票一紙交給孔祥熙，償還在華建築空軍基地的費用。(二)英國方面，十二月廿八日商務日報訊，渝以英借款中的一千萬元爲發英鎊公債一千萬元基金，將送英國徵求同意，辦法是照黑市出售，按目前英鎊黑市每鎊合法幣千元，因此英鎊公債可收一百萬萬元，聞英國政府不會有異議。

商各界青年……只有青年分子不斷參加，才能使我們的黨永遠保持着活力……。第四，必須深切了解我們的黨，是一個有組織有紀律的黨……我們的同志必須掃除一切浪漫、頹廢、自私、放任的個人主義習氣，接受黨的訓練與指導，養成自我批評和相互批評的風氣』。該件結末提出：『一個具有二十一年光榮歷史的民主政黨——青年黨，起來：爲保衛祖國而奮鬥！爲爭取民主而奮鬥！發揚青年黨的青年精神！創造中華民國的新生命！』

同期，第四卷第四期『國訊』載常燕生『今天中國政黨應採的立場和應負的使命』一文稱：『我們不是法西斯國家，所以也不需要像德意那樣只許一黨包辦國事的政黨；我們不是社會革命國家，所以也不要像蘇聯那樣只代表一階級的政黨』。該文謂：中國式的特殊的政黨，應該：（一）促進世界和平人類合作；（二）以科學改造政治、社會、民族、國家及世界；（三）指導及樹立正確的國防及外交政策；（四）發揚光大中國文化歷史的傳統；（五）代表全體生產民衆的利益。該文說：軍閥、土劣、官僚、資本家是必然沒落的，流氓、土匪、濫兵、祕密會社是社會的寄生階級；但智識份子、勞工、農民（特別是自耕農和佃農）新興工商企業者、軍人公務人員等，『所有這些都是從事生產事業的，有益於國家的』，政黨應該代表這些生產民衆的共同利益，所謂全民，應該就是指這些生產民衆。至於另外那些人，是國家的寄生階級，是有害於民衆的民賊，政黨不能與之共命。』該文特別着重農民，認爲『需要有一個正確的土地政策』。但是這是指何等的土地政策，則毫未論及。

同期『國論』又載李璜『悼全面抗戰中死事同志』一文，謂：『七七全面抗戰以前，吾黨獨組鐵血軍，義勇軍，吾幹部同志不惜犧牲於吳淞長城者數百人。……至全面抗戰後，死事最烈者爲戴天人同志。天人於一二八事件時，即爲南京吾黨鐵血軍中之領導，任訓練事，而隨翁照垣同志血戰於蘊藻濱與吳淞砲台。七七戰後任江蘇保安團長，與敵連戰於涌茄間。靖江縣陷落，即奉命兼靖江縣縣長。……（後攻城）甫至縣衙，即腸裂出血不止而殉。……此外服務於國民革命軍中而戰死者，因吾國黨派尚未趨眞正團結之實，予嘗時不言。惟最可念者，於魯北任七縣河防司令之梁××同志，於抱犢崮任自衛軍司令之梁經古同志，於蘇北任泗水縣長兼游擊司令之梁純一同志，至今皆生死不明，或爲敵僞所戮，或因黨見不同而被害，皆不得而知，爲可

德寇傳石油問題美國對蘇聯讓步

【海通社柏林廿三日電】威廉街發言人宣稱，在華盛頓簽訂的英美石油協定，已爲國際石油委員會所代替。發言人描寫這種代替稱：對外來說，這是羅斯福在政治上對莫斯科的讓步，對內來說，這是在政治上對美國石油公司的讓步。威廉街發言人認爲在三國會議前夕，取消這協定，這在政治上具有很大的意義。英美在華盛頓簽訂的這個協定，規定有：共同開發世界石油資源，在生產和價格方面，採取合作行動，並在近東建立共同路綫。現已替代該協定的國際石油委員會，是屬於一般性質的。該委員會無權力，而只給予其會員以情報和支持。德國外交部已於一月二十日接獲確實情報；美國石油工業界呈送給國務院的關於修正華盛頓石油協定的新的建議，已爲羅斯福所接受。威廉街發言人回溯蘇聯政府對於華盛頓石油協定，會在外交方面表示激烈的反對，特別是關於蘇聯在伊朗石油利益。該協定之改爲國際石油委員會，據發言人意見，是給與莫斯科以參加協定的機會。

在華北和內蒙敵寇厲行增產

【同盟社東京廿二日電】華北蒙疆爲了完成其作爲大後方基地的使命，正在確立食糧自給體制。截至二十二日爲止，華北的收買食糧的成績已達到預定收買數量的百分之九十五，本月底即可完成收買的計劃。另一方面蒙疆食糧農產物的收成，截至本月十日已達到目標量百分之八十，舊曆正月確實可以完成目標。今年度增產食糧農產物的對策已逐漸開始執行。華北本年度農業增產對策，以增產小麥、雜糧、甘藷及棉花等爲對象，以圖確立華北食糧自給體制。對策的重點放在普遍使用優良種籽，以增加收成。在治安良好的地區，特別設立『增產重點圈』，以期徹底執行對策和計劃。蒙疆應拋棄向來的農業增產的方策，把今年增產的重點放在生產雜糧、×作物和菜蔬三方面。特別要克服一切困難，努力增產上述兩種作物，現在正開始實行有計劃的生產和集貨。

參攷消息

（只供參考）

第七二七號

解放日報
新華社 編

今日出一大張

卅四年一月廿八日

星期日

偽空軍飛行員九名駕機三架來渝

【中央社屯溪廿七日電】滬訊，常州敵偽於七日下午十二時，始發覺偽空軍九名，已於是晨十時駕敵機三架脫逃。並於事先將軍用民用電話綫及偽軍部汽車引擎等交通工具悉予破壞。當時因交通被阻斷，情勢極度混亂，敵偽驚慌萬狀，即下令將城緊閉，以防城中發生暴動。並大肆搜查，一面即將偽機場場長韓某某扣留。自此事件發生後，敵偽當局均惶惶不安。敵對偽軍之監視，亦更加嚴密。

【中央社屯溪廿七日電】駕敵機來歸之飛行將士鄭潤輝、郭志偉議等今晨抵屯。在此略事勾留，即將與傅浩璋、林文威、胡海天、陳華耀、牛發籌轉道赴渝。又各壯士駕來之敵機，已拆卸運往某地。

【中央社屯溪廿六日電】偽方駕機來歸軍人員傅浩璋、林文威、胡海天等，今日自浙西抵屯溪，各界均至車站歡迎。又訊，另尚在途中飛行員鄭潤輝、郭志偉二人，日內亦可抵此。

敵衆院質問透露日寇將向重慶加緊誘降

【同盟社東京廿三日電】廿三日，衆院預算大會於上午九時十七分開會，中谷武世問：大東亞宣言必須包括重慶政權，而不把它除外。現在是重慶實現全面和平，使其參加亞細亞復活的大業的好機會。而這個全面和平是作為亞細亞黎明前的黑暗留待解決的問題。你意如何？小磯首相答稱：對重慶的政策按你所說的這個方向來進行。中谷問：重光外相曾說，大東亞戰爭始於中國事變，終於中國事變。現在重慶將要成為美之帝國主義的泥潭，並且這要波及全中國大陸。不知外相的意見如何？重光外相答稱：目前以中國為中心的嚴重的世界關係，正在開展。隨着戰爭的進展，中國大陸在軍事、政治的重要性愈益

農產物，除了生產費以外，還要考慮廣義的經濟事情，以圖調節價格。因為擬從今年的米麥開始並施之，所以目下正在研究中。木幕問：我認為一般會計預算膨脹的原因，在於保障因價格的差別所受損失的金額增加了，現在可否再加檢討和反省？石渡藏相答稱：保障因價格的差別所受損失的資金，只是預算增加的原因之一，在戰爭期內，要繼續交付保障金，才算是適當的。木幕問：輕視通貨的風聲，必須予以糾正，不知你意如何？石渡藏相答稱：現在有輕視通貨的風氣，但由存款增加還一點看來，國民尚未喪失對貨幣的信賴。

至此，會議於下午零時四十五分休憩，午後一時四十一分繼續開會。藤本問：何時提出臨時軍事費及追加預算？國家資金預算怎樣？石渡藏相答稱：追加預算已審議完畢，因此明後天即可提出，嗣後一兩天即可提出臨時軍事費，該時即可明瞭國家資金計劃。藤本問：關於改善下級官吏的待遇是怎樣想的？石渡藏相答稱：這次政府只改善月薪一百五十元以下的官吏的待遇。支付津貼給長期工作的人員和疏散的人員，此外還增加「債與」。藤本問：是否需要根本修改稅制？石渡藏相答稱：不擬修改以分類所得稅為根幹的現行稅制。在戰爭時期使其簡便也是一個辦法。將來自有根本修改的時候。藤本問：此次實施的彩票，其具體內容如何？石渡藏相答稱：預定一年發行四次，總共發行一億五千萬圓，藉以吸收租稅和公債所不能吸收的資金。

船田中議員問：國民對現在的軍需生產情況，都不太放心，而認為不大妥當，政府對此持何見解？小磯首相答：現在某些軍需生產品的數量，趕不上打開當前時局所需要的分量，倒是事實。不過我相信今後的努力，是可以消除這個弱點的。船田問：現內閣已成立了六個月，但對於軍需生產，未決定任何一項妥當辦法，缺乏果斷，殊令人遺憾。即在最近的輿論上，也可看到國民對軍需生產的不安，政府對此是否已有根本對策？首相答：的確，有些地方還是舊態如故，希望對此能有根本的改善。船田問：在此空襲情況下，有何辦法提高生產能力？軍需相答：政府與企業家將齊心協力，迅速地適當地處理成為空襲目標的會社的效能，但集體地辦理企業，並不僅僅限於提高生產能力。關於生產飛機問題，船田與吉田軍需相及八木技術總裁院進行問答後，（見前電）田中三次議員問：可否在各產業部門，都設一位像軍司令官的人物，並賦予全權？首相答：中央採取何種法制的措置，實行官長責任制。田中問：對於集中生產，有何方針？軍需相答：誠然需要把資材、

增大。當中國人全體徹底了解大東亞宣言的精神，完全回到亞細亞的時候，亞細亞就復興了。當我們粉碎美國侵略的企圖，掃除比種企圖，使中國回到東亞的時候，才算達到我們的戰鬥目的和實現在大東亞宣言的宗旨。中谷問：現在我國只存在有向中國自由進行外交攻勢的餘地，不知外相的意見如何？外相稱：推行戰時外交不僅限於外交交涉，而且必須在思想方面進行攻勢，我對此亦抱同感。今日的外交，以全世界爲對象，由接壤國的關係來說，對華、對蘇外交的重要是不言而喻的。對於重慶必須使其恢復東亞的大義。中谷問：中國大陸的資源急速化爲戰力，是緊急的任務，在這一點是否有令人遺憾之處？外相答稱：日華關係是根據同盟條約決定一切，中國作爲參加戰爭的國家，漾溢着貫徹戰爭的熱情跟帝國合作。中國主要在物質方面協助帝國，它對於帝國推行戰爭有極大的貢獻，在這一點上是沒有矛盾的。我們決心根據對華新政策，推行施策，以期毫無缺陷。阿子島問：現在不是動員一切宣傳機關，化爲戰力的時候？小磯首相答稱：昂揚國民的戰意和提高國民的敵愾心，是目前的急務。最近希望實現强有力的政治，也是國民戰意提高的表現。並於作戰與宣傳的統一，現在情報局總裁緒方亦參加最高戰爭指導會議。阿子島問：是否有意統一情報、宣傳的機能？緒方國務大臣答稱：情報局與民間宣傳機關當然要很密切，特別是我自己直接與新聞保持接觸，以期毫無遺憾之處。阿子島問：戰時輿論的報導，就是政治的指導，可否使國民知道敵國的言論？宣傳實施五大決戰施策的輿論指導的方策怎樣？小磯首相答稱：如果公佈事實超過必要的限度，却使敵人有機可乘，我相信率直使人民知道事實，對於昂揚戰意將有很大的作用。實施五大決戰施策時，必須使國民了解需要這樣做，否則戰爭不會勝利，以期得到他們的協助。木暮武太雄問：物價是運營戰時經濟的基礎，現內閣對於國民政治的所信如何？小磯首相答稱：物價問題是維持經濟秩序和推行戰爭的基礎，政府整備了確立各種物價對策的機構，更要迅速樹立綜合的政策作爲根本的對策。木暮問：將規定價格的各種權限讓予地方長官，不是促進各府縣形成鎖國？島田農商相答稱：中央決定物價是一個原則，至於流通範圍不廣的地帶有地方性的產品或國家未統制的物資，則使地方長官，根據地方的實際情況，規定價格。所以將這種職權讓予地方。木暮詢問軍需生產與價格政策後，又詢問當局對於農產物物價問題的根本方針。島田農商相答稱：我想爲了增產勞力集中在有高度能力的企業，但也需根據產業部門，不同地方的實際情況，加以處理。例如必須動員勞動力到有高度能力的製鐵工廠，同樣地也要勸員其他勞動到效能低的工廠。田中問：利用大陸運輸生產物資如何？軍需相答：充分利用大陸運輸，尚有若干限制，其運輸不能超過一定的數量，因而需要日滿華各地獨自戰力化。根據目前情況，例如在確保鐵的原料上，還需要作相當的努力。前田運輸相答：根據目前的全部實際情況，華北、滿洲各地的運輸還需要盡量的利用鐵道。由於距離關係，經過朝鮮南部，較爲妥當。爲適應上述要求，朝鮮已於去年十二月末，完成了各地的雙軌設備。田中問：以何具體辦法收買華北物資，重光外相答：由於××關係，加之當地的通貨膨脹，物價騰貴，需要充分加以考慮。至於援助中國政府的施策，爲順利地推進日華兩國的經濟合作，正在研究收買物資的機構，收買方法等具體方案，至此田中議員質問完了，至午後五時五十五分散會。

敵國議會席上
廿四日的質問

【同盟社東京廿四日電】今日的衆議院預算大會，於上午九時十五分舉行，旋即進入質問。喜多壯一郎稱：「行政協議會與地方軍司令官連系的新機構，不僅應推進防衛，而且應推進軍需生產的增强」。小磯首相答稱：爲了實現「生產增强」，在實施各種施策上，軍事與一般行政結成一體而推進之，這是最重要的。地方行政協議會會長與地方陸海軍當局，需經常保持密切的連系，適合實際情形而推進之。因此由於雙方的互相協力，在「生產增强」上將發生良好的結果。喜多問：「工場疏散的現狀如何」？吉田軍需大臣答：「生產設施的分散與疏散，現正在不斷實行中。將儘可能不使生產受到影響，而且考慮到正因爲實行了這一條，他能夠提高生產。」接着三木武夫以增强軍需生產爲中心進行質問：（一）科學技術總動員的方法如何？（二）陸海軍的戰備計劃、軍需生產計劃與物質動員計劃之一體化不是根本的問題？小磯首相等對此有所答辯。三木又問：爲了實行日滿華三國間的綜合調整，並無一經常的機關，現在是否需要設置之？小磯首相答：關於綜合調整日滿華的物資，現在農商軍需兩省與大東亞省密切連絡，正在進行中。但是現在尚有不充分的地方，因之擬採取一種强有力的行政措置。嗣後，小柳牧氏圍繞着運輸問題，進行質問，關於經營國有鐵道？希望當局善自處理。下午零時三十六分一度休息。下午一時三十二分再開會。首先對首次應召的中谷武世議員致以送行詞，繼上午之後，小柳氏圍繞看運輸問題，就克服國有鐵道、地方鐵路與商船運輸等的困難進行質問稱：「請說明商船與船舶的現狀與對於今後的估計」，米內海相答：「現正在順利地進行造船」。繼之小山良問道：「加强船舶運營會的具體方策如何？」前田運輸通信大臣答：「擬吸收對於運營船舶有經驗的人參加運營會、海運局，以期在實施方面毫無遺憾，最理想的是，運營會應自行配給船隻與航行」。小山氏問：「爲了發揮運營船舶的效率，提高船員的士氣是否急務」？運輸通信大臣答：「擬從物資、精神兩方面講求對策，以求昂揚船員的士氣。船員和飛機駕駛員的死亡率是相同的，僅從這一點看來，對於優待他們，正寄以特別大的關心。吉田軍需大臣答：在物資動員的生活必需物資中，規定了海上勤務者的部分。小山氏問：在此次製定的「船員待遇官吏令」中，把「勅任者」限制爲二十五人，廢除此項限制，如何？小野海運總局長官答：把限制二十五人變成無限制，從全體的官吏制度看來是困難的。小山氏問：是否考慮到改善服務於徵用船的船員待遇？杉山陸員答：「現在正以軍屬待遇之。對於和第一線將士一樣奮鬥的船員們，擬與軍人一樣待遇之，目下正與有關方面商討中。小山氏就運輸軍的編成進行質問，小磯首相回答如另電。河野詢問在生產崗位上殉職的工人如何處置？杉山陸相與海軍當局另行解答。（中缺一段）重光葵外相說：思想攻勢問題，其目的是解放亞洲民族與復興大東亞，日本準備展開這樣一個攻勢。其後河野氏就國民動員計劃進行質問。本領信治郎問：勤勞者的强制使用最近已見低下，如何確保學生及一般勤勞者？小磯首相答：教育的基調是在於組織人力物力使之戰力化，對此必須集中努力，但現狀尙與此相差甚遠實非常遺憾。本領問：學生教育的本義，必須展開以勞動爲中心的工學一致的教育，這是爲了一方面講求接收學生的體制，並充分監督移動，即由廣瀨厚生省大臣，今井文部省次官進行各種答辯，下午六時五十分散會。

敵國議會上 廿五日的質問

——同盟社東京廿五日電——廿五日的衆院預算大會，於午前九時廿五分開會後，立即進入質問。三善信房議員問：根據目前戰況，我認爲使內地粮食自給，是個迫切的任務，政府意見如何？首相答：雖然還需要從外地輸入一定量的粮食，但仍然需要盡可能確立國內自給的體制，爲此，正設法增加芋類小麥的生產，並準備確切地供給以必要的勞力與肥料。三善問：是否堅決保持現在標準配給量——二合三勺，島田農商相答：絕對堅持這二合三勺標準量的方針，現在與將來都不變更。三善問：本年已提供

敵國議會席上 廿六日質問

——同盟社東京廿六日電——今日衆院預算大會於上午九時廿五分開會。川俣清音問稱：依靠勤勞體制與企業體制的一致，謀得飛躍地提高生產是緊要的。小磯首相答稱：國務當局希望生產推進戰爭，最近使勤勞與企業的國家性更加明顯，但是這個方法並不是劃一的。川俣問：是否需要由國家管理企業？首相答稱：全面的說還並不能說是壞，如果一律都是這樣，那末就有減少生產的危險性。因此應該愼重處理之。川俣問：政府採取何種行政的措置，使企業與勤勞趨於一致。首相答稱：政府認爲有此種必要，但是目下正在研究求得實現的行政措置。川俣問：如何完成廿年度的石炭增產？軍需大臣答：我們要結集軍需省及民間的總力，以圖完成目的。川俣問：國內石油的增產方針如何？軍需大臣答稱：關於國產石油的增產，現已樹立特別計劃，並已着手實行之。十時四十分一度休息。十一時二十二分再開。策田高太郎詢問政府關於公定價格更加適當的見解後，又於十一時五十八分休息。下午一時十七分起，繼續質問，策田首先就昂揚大東亞共榮圈內日本僑民的道義提出質問，由重光外相答辯（見另電）。策田問：指導輿論的方針不明確，樹立軍當局與情報紙一致的指導輿論的方針。國務大臣緒方答稱：決戰輿論的指導方針是表示指導的基準，只有信賴國民的忠誠心，才能使輿論整齊，傷害國體的尊嚴，擾亂國內秩序以及反戰思想必須嚴厲取締之。我們極力求得陸海軍當局與情報局的聯絡。　嗣後策田就整飭官紀，刷新指導提出質問後，要求陸海軍當局言明皇軍軍紀森嚴的現狀。杉山陸相稱：戰勝的最大條件是維持紀律的森嚴，並不能說絕對沒有極小部份的軍隊缺之嚴肅，但是全體來說，皇軍維持了嚴正的軍紀，這是可以斷言的。其具體表現就是軍隊內部的犯罪極少。米內海相答稱：海軍亦是一樣。濱田久供問：我們感到戰局的嚴重，與此相適應的新聞宣傳戰的方策如何，指導戰爭的基本原理如何？國務大臣緒方答稱：一方面提高必勝的信念，同時盡量使人民知道戰爭的眞象，無論在任何場合，都不會沒有準備，大東亞戰爭的目的正如宣戰詔書所明示者，軍官民所期望的就是體會和實踐宣戰詔書中的聖旨，貫徹戰爭目的，以便符合陛下的期待。這就是指導戰爭的原理，因此報導的政策和言論政策根據這個內容進行之。然後廣田與緒方國務大臣就非島戰局及外國的報導進行問答。下午四時廿分休息。四時五十分再開，並繼續進行質問。宮澤胤勇問：我們需要向國內外宣傳敵人的殘暴行爲和不人道的行爲，對內可以昂揚士氣，對外可以動搖世界輿論，不知你意如何？重光外相答稱：我

軍用地三萬町步以便在本年度增產廿七億貫的甘薯，關於開墾的勞力，是否也由軍隊供給，杉山陸相答：這一增產從必需確保食糧和燃料看來，無論如何非完成它不可。軍隊除撥出一部份佔用的土地外，本身也決心着手進行增產，以求能確保食糧和燃料。三善問：農工、勞務的分配，是否已在有計劃地實行？農商大臣：農村確保一定數量的農村子弟，是絕對必要的。有成島勇質問完畢後，於下午零時三十五分一度休息，下午一時三十分再開，繼續進行質問。西川貞一問：我認爲一切官吏皆需徹底認識食糧的重要與內地自給的絕對必要，不知你意如何？小磯首相答：從戰局的現階段看來，當然需要傾注一切力量飛躍地增產食糧，俾能完成內地的食糧。爲了完成這一目的，相信一切官吏俱有此種認識，同時官民互相呼應的增產施策，在現時是最重要的。石坂繁就確保農業勞務、確立皇國農村等問題進行質問，島田農商大臣答覆，然後一並提出（一）昭和十九年度歲入歲出總預算追加案，（二）昭和十九年度特別會計歲入歲出預算追加案，（三）昭和二十年度歲入歲出總預算追加案。（四）昭和二十年度特別會計歲入歲出預算追加案。（五（預算外由國庫負担的契約案。石渡藏相說明提案理由後，繼續進行質問，田中賀問：『疏散工場與不疏散工場的標準爲何』？吉田軍需大臣答：『最需緊急疏散的，是把從事軍需生產的工場向地方疏散，同時最重要的工場，過去已把設備移至地下、隧道及其他地方。至於不斷全部移至地下的工場，應當採取『分散工場』的形式。關於疏散工場的決定，選定疏散的地點，應疏散設施的標準，將在軍需省、陸海軍及其他有關方面製定疏散計劃後決定之。接着田中氏就防空的根本方針，與各種防空對策，分別進行質問。繼之有岸井壽郎的質問，由小磯首相與柴山陸軍次官答覆。接着竹內俊吉問：『決戰新兵器並不是由於一個人的天才而產生的——而是由於綜合科學的動員而產生的。過去日本的科學技術所以不能集中於戰力上的最大原因，究在何處？八木技術院總裁答：『日本的技術力存在於帝國陸海軍，民間會社，大學研究所，運輸通信，軍需，農商各省。技術院不是站在他們的上面考慮其技術，只不過是一個爲了爭取得連絡的行政機關，也不是自行研究的機關。製造新兵器，實際上委任給「研究動員會議」担任。戰時研究員是從民間的技術者中提拔的優秀人材，委託研究員定期地從事研究』。竹內氏又問及今後確保地下資源的方策，由小磯首相答覆，至下午六時三十分散會。

們已盡一切手段向國內外宣傳彼我正邪的區別，在敵人進行不人道行爲時，亦以嚴重的態度，通過利益代表國向敵國提出嚴重的抗議。緒方國務大臣答稱：國內宣傳是十分注意的。宮澤問：何時實現新兵器？技術院總裁八木答稱：簡單的新兵器已在戰場上收到成果，神風已經開始吹了，嗣後宮澤詢問首相關於貯存和運輸石炭的對策，接着佐佐井委員長質問生產體制問題，今井新造質問外交問題，下午九時散會。廿七日繼續舉行預算大會審議臨時軍事費追加預算。

西安將成立 民衆動員總指揮部

【中央社西安廿六日電】本省爲加強民衆組訓統一動員指揮，將於最近成立民衆動員總指揮部，由祝紹周兼總指揮官。並於各行政區設指揮部。

【中央社西安廿六日電】陝省榆林、安康、商南、潼關等三十九縣，自本年起一律開始實施戶籍法，並辦理人事登記。

【中央社獨山廿五日電】湘桂難民由戰區來此者日增，前日抵此者約二千餘人，在途中者尚有多人。難民經常時期之流離，患瘧疾、痢疾者甚多。籍貫以湘省爲最多，職業以湘桂、粵漢兩路員工佔多數。

【中央社貴陽廿六日電】新任黔省府楊森主席，對平抑物價具有決心，惟主張貨暢其流，不欲强制執行限價政策。頃聞楊主席在渝向糧部派購之食米十萬大包共二千萬斤，現已自綦江、敘永兩地分途啓運來筑，黔省既得川糧調劑，今後民食當可無虞，物價亦自必低落。此外並分令接近筑各縣鼓勵鄉民輸運物資來筑，俾供求可資平衡，物價亦可獲得合理解決。

【中央社重慶廿七日電】新任國府文官長吳鼎昌，定二月一日視事。原任黔省府財政廳長周詒春，則就任國府顧問，奉派文官處協辦要公。

【中央社重慶廿六日電】教部蒙藏教育司長一職，現有凌純聲担任。前任彭百川司長，調聘任督學。

【中央社渝廿六日電】財政部鹽政司及鹽務總局合併，改組爲鹽政局，局長人選已定爲張繡文氏。

【中央社渝廿七日電】新任交通部長俞飛鵬，政務次長沈怡，常務次長凌鴻勳，定二月一日到部視事。

參攷消息

（只供參考）

第七七三號

解放日報 新華社 編

今日出一大張

卅四年一月廿九日

星期一

蔣介石親自向美播講

【中央社重慶廿八日電】蔣委員長廿八日晚十時播講，係由此間國際廣播電台，播送至美，再由互通公司向全美以至全世界放送，重慶收聽互通公司之廣播情形極爲良好。

蔣委員長係於播講前一刻鐘蒞臨，赫爾利與魏特梅耶兩將軍亦隨之而至，先在客廳稍作休息，蔣委員長晲長袍馬褂，與赫爾利、魏特梅耶兩將軍相談至爲愉快。

十時正開始廣播，先由互通公司代表班貝作一介紹，蔣委員長即開始播講，時間佔十分鐘，由董顯光副部長譯成英語，旋由魏特梅耶將軍與赫爾利大使廣播，後班貝氏乃代表互通公司向蔣委員長及赫爾利將軍致謝意，並向美人介紹中印公路之歷史與其重要性，至十時半始廣播完畢。蔣委員長於離廣播大廈前，並與赫爾利大使、魏特梅耶將軍合攝一影。

合衆社報導

周恩來同志號召召開各黨派會議

【合衆社重慶廿七日電】共產黨機關報新華日報說：游擊隊已從華北進入滿洲，又說日寇大起恐慌，就燒光了熱河省境內許多鄉村，恐怕村中隱藏着游擊隊。

共產黨代表周恩來號召召開各黨各派會議，以解決任何爭端，並創立人民的聯合政府以代替目前的國民黨政府。（下面似缺一段）

【合衆社華盛頓廿七日電】格魯在招待記者會上說，關於重慶當局和共產黨之間成立協定的可能性問題，除了他在本週初所講的外，別無所聞。

愛金生斥責

林語堂爲國民黨宣傳

【合衆社×××廿八日電】（決頭）愛金生於稱讚林語堂對中國優點及其人民力量的觀察後說，『他

人民的情緒，並且鼓勵他們作持久和加緊的作戰努力。日益增長的對國家將來的信心將造成政府更大的有效性和團結，有如將在生產計劃中經受到去合作的技術之有利條件一般。（掉一句）同時，在戰時生產局統轄下的中國工業地位的提高將有儘力促起眞正影響的趨勢。在那種影響之下，似乎更可能是國民黨內溫和派分子將繼續獲得政權，給國民政府與共產黨之間普遍合作加添一些機會。這種合作如果能够獲得的話，則將在戰爭的加速進展以及和平基礎的加强上，均爲且有歷史的重要性的。中國在有計劃的戰時生產中冒險的成功（如果經過美國政府及商界媒介而恰當地貫澈下去的話）將使中美兩國戰後經濟關係更加密切。中國是有能力和願望以美國的幫助而發展其本身的工業的。如果這種幫助加以現實主義的計劃的話，又如果財政是被安放在健全的基礎上的話，則中國在戰後不久必將開始代替日本而成爲東方首要的工業國家。在那種場合，對美國出口工業應該開闢各種大大小小的市場。我也相信，由於美國的指導，中國的發展將轉入和平與民主的路綫，消除許多對戰爭的恐懼，那是久已在東方和南太平洋，形成了各種政治態度的。納爾遜又報告說：『中國經濟作戰努力現在已第一次統一了。對於中國戰時生產局與美國陸軍部兵工廠之間的密切聯絡，已作了優異的按排。美國技術使團已在中國開始工作了。六位美國生產專家——五位鋼鐵，一位酒精，爲了要增加產量、改進質量和減低損耗，將於中國官吏共同工作三個月。戰時生產所需要的資金已經籌妥，中國政府四行（中中交農）已與戰時生產局訂立百億元借款的合同，並協議爲戰爭之故，借款的利息應低於習慣利率的一半。『在中國政府中和在中國軍事供應制度中已作了重要的改變。中美兩國統帥部之間也有了更密切的合作』。

敵稱在伊洛瓦底江畔阻擊英印軍

【同盟社緬甸前綫基地廿七日電】伊洛瓦底江東岸地區我各精銳部隊，正在嚴密監視自該地北方逐漸南下的英印軍第三十六師與英印軍第十九師團，該敵與英印軍第三十六師相策應，自該江西岸地區强韌地南下進擊，企圖强行渡河，至二十二日未明，我軍突然開始擊滅敵人的行動，不斷地擴大戰果。即是說我所在部隊對沿着伊洛瓦底江東岸南下的英印軍三十六師團一部約六百名之敵，捕捉擊滅敵人的良機，自二十二日起開始總攻擊，已予敵人以莫大的損失，目下正向北方壓迫該敵。另方面在塔伯町、平米，我精銳部隊在迎擊强行渡過伊洛瓦底江的英印軍第十

的政治觀點並不深刻』，他一方面竭力辯護現在的政府，斥責對它的批評爲共產黨宣傳，另一方面，他重覆並接受許多同樣的批評』。愛金德說，林語堂對共產黨問題的處理毫未能消除美國人的假定，即中國除國民黨與共產黨二者外，不能有其他政府的選擇。愛金生認爲這與他的印象相反。中國大多數自由主義者並不希望共產黨政府……。他們願見一更進步的全國性政黨，在言論、××自由獲得保證下走向民主。約西普·巴恩斯於先鋒論壇報上稱，林語堂之行的這一報告（從中國歸來）參雜有大多數美國人所堅持的很多相同信念及懷疑，這些美國人，不斷以最大的力量注意中國發生些什麼事情。巴恩斯說，林語堂主張『中共問題應由蔣介石處理』。（下缺）

國民黨公佈戰後第一期經建原則

【中央社渝廿八日電】國防最高委員會最近通過之『我國戰後第一期經濟建設原則』公佈後，無論在國內及國外，均已造成最深刻之印象，並普遍的引起各方面積極研究之興趣。中國戰後工業應走的路徑，在該原則中曾有極縝密的闡（中央社發了半節便取銷了共九百多字）。

【中央社成都廿八日電】川省檢舉貪污案件，近來時有所聞，張羣主席對此極爲注意，除迭見各地代表垂詢一切外，聞將派大員嚴予查究。

【中央社成都廿八日電】川省黨部委員曹叔實遺體，今日下午二時大殮。

【中央社貴陽廿八日電】監院戰區第一巡察團主任委員俞瘖，委員何朝宗，廿八日晨由筑起程赴都勻獨山一帶巡察，並擬赴南丹河池前綫一行。

納爾遜說大後方經濟情形將好轉

【路透社華盛頓廿六日電】白宮今日發表羅斯福駐華特使納爾遜的聲明說：『除了軍事形勢有所改進外，由於去秋駐華期間所採取的行動的結果，我們還能期待經濟戰綫上的遠大收穫。中國戰時生產局一九四五年計劃主要項目，爲中國兵工署過去所準備的兩倍，而且生產率的增加將在其後數星期內在中國各戰區上感到之。到了一九四五年××××，我預計中國戰時生產總數的比率應至少爲十一月份的兩倍。』又說：『我預計二月中將開闢雷多緬甸公路，而加爾各答——昆明間油管的開闢將大大加强供應的情勢。不僅運輸的改進而且生產的增加和統一將整個的中國經濟中感到其本身力量的增加。中國經濟正在加强以及國家生產能力正在增長，這種感覺將較任何宣傳更能提高中國

九師團一部數百名之敵，將敵完全包圍，現正在壓縮包圍圈中，自二十二日起，我各部隊一齊開始猛攻，以集中砲火以求在江畔擊滅敵人。

軍委會一週戰況

【中央社重慶廿六日電】據軍委會發言人談廿月至廿六日一週戰況稱：滇西我軍，廿日再克畹町及九谷，當即與我緬北駐印軍會師於苗斯，進而夾擊芒友，刻與美軍協力掃蕩芒友區之殘敵。雷多公路與滇緬舊公路之聯絡，巳告成功。此爲我駐印軍自卅二年十月底由雷多進攻，與我卅三年五月中旬强渡怒江遠征軍堅苦卓絕之戰績；亦即我國軍配合盟軍總反攻戰略上一部份之成就。在湘粵邊境，於上週（十四日）以來，我軍分途迎擊先後由道縣、寧陵、耒陽向東南進犯及由廣州北犯之敵，連日激戰，互有傷亡，刻在耒陽、永興間與新田、寧遠、臨武、英德、樂昌等各地區，戰鬥仍激烈進行中。浙東永嘉敵南犯瑞安，被我擊退回竄，斃敵至少在五六百以上。又粵東之惠陽，贛西之蓮花、永新，我敵均在對戰。湘南方面我襲擊長沙之岳麓山，湘鄉之洞瑞橋，寶慶之水東江，均有相當斬獲。

同盟社估計B29式機損失很大

【同盟社東京廿四日電】廿二日每日新聞解部敵B29式機的正體，同時暴露我制空權部隊的活動使來襲的敵B29式機受到多大的損失，以及其供應是多麼困難。該報載稱：最近美國公佈每月出產B29式機一百卅五架，根據普通的航空常識來估計，B29式機由美國本部運至塞班的途中，每月平均損失卅架，加上其殘餘的飛機因我機轟炸馬里亞納基地也被破壞百分之十，那末實際有作用的只有一百十架左右——如果B29式機的編隊每隔五天來襲我國本土，那末一個月轟炸六次，如果每次來襲的敵機平均十五架，那末B29式機的生產力當等於零。由現在的戰果觀之，敵機的損失超過生產量。但是現在敵人貯存有B29式機，因此還可以繼續來襲，但是存貨已經不多了。其次是供給應問題。B92式機每小時消費汽油約八百公升，往返本土與塞班之間需要十小時，那末就消費八千公升，出動一百架就要消費八十萬公升，由美國本部運一百架飛機至塞班需要使用運輸船卅艘，B29式機的機身極大，要有五十個人才能裝配一架，裝配一百架，就要五千人裝配三天。它來襲日本也只是猛炸民衆，或將燃燒彈投入山內和海中。因此消費汽油和培養飛機師及裝配人員方面，所付出的犧牲更大。如果發動機損傷一個，就很難飛返基地，因此如何出擊，還是沒有意思的。

被敵機來襲的架數，截至本月十四日爲止，總共一千三百五十架，其中在本土上空被擊落四百廿四架，在滿洲被擊落卅一架，在昭南（新加坡）被擊落廿架，總共四百七十五架，如加上因發生事故及機關發生阻礙者五十架，以及在馬里亞納被擊毀一百八十一架，總共損失七百零六架。B29式機一架乘坐十一人，如果在馬里亞納被炸毀約一百八十一架沒有損失人員，那末五百廿四架的人員共計五千七百七十五人，這些人員包括美空軍的將校和下士官，因此還對敵人說來確是不可挽回的損失。

敵朝日新聞評論 三國會議的背景

【同盟社東京廿四日電】東京朝日新聞評稱：傳說美英蘇三國，將在本月末舉行會議，會議地點在伊朗。首先關於伊朗是怎樣一個情況呢？賽德內閣於十一月十日，因蘇聯的開採煤油權倒台了之後，經過十五天的混亂，成立了新內閣。聽說該國內親蘇反美英的空氣，甚是濃厚，例如國會竟於本月上旬，取消了美人財政顧問米爾薩波的獨裁權，按美國在伊朗設置財政顧問，遠在第一次世界大戰前，而米爾薩波於第一次世界大戰後即任該職，故美人顧問已有悠久的歷史。又伊朗國民由於受到蘇聯思想的影響，對英國駐軍都有很深的反感。據另一消息：比雅德政府已向蘇聯提出煤油妥協案，總之全盤情況是很複雜的。其次是很棘手的波蘭問題，據美方報導，羅斯福與邱吉爾會要求斯大林於最近暫緩承認波政府，但斯大林不顧此一申請，而獨自承認盧布林政府了。另外波蘭的黨派，是非常復雜的，有親蘇的盧布林政府、反蘇的倫敦流亡政府，以及想代替流亡政府的米柯拉茲科政權。第三是南斯拉夫問題，這個國家由英蘇分治，早已決定於德黑蘭會議，在國內擁有實力的鐵托軍，顯然是親蘇的，維持空局面的倫敦流亡政府，雖與鐵托簽訂協定，但由於該協定的基本精神，同希臘同樣地要求國王退位，而被彼得國王聲明否認了。邱吉爾會在下院聲言關於巴爾幹問題，已與斯大林成了預防將來戰爭的協定，誠然如此，南斯拉夫將只有被人犧牲一途。第四是希臘問題。（缺）第五是意大利問題，其實際情況很難想像，意人常因饑餓而大量死亡，關於其中原因，誠如美記者皮亞生所報導，全爲美英的方針不一致所致。（缺）此外還有作戰問題，軍火租借問題，以及其他很多問題，特別是由於德軍的勢，還要修正作戰計劃，總之第二次的三頭會議，是不太樂觀的。

太大地進行破壞工作。以及還些當然是法國人保有的關係，戴高樂政權認爲蘇聯跟以前戴高樂的民族解放委員會的關係，比英美更加密切。由於法蘇同盟條約的成立，其關係就要更密切。蘇聯決定投資十億美元在世界範圍內設立廣播網，另外投資十億美元撥選銷海外的法國電影片，並選定阿爾及爾、達喀爾、馬達加斯加、越南爲廣播的基地。根據這些事實，就可以了解法蘇兩國關係的進展是很快的。蘇聯可以單獨解決蘇彝士運河這樣的問題，美國前任副國務卿威爾斯最近著述和平手冊一書，內稱：『英國的命運無論在貿易、資本、投資及確保生活水準等的價值方面，或在英帝國的安全這點上說來，都不能像英國自己所希望那樣幸運』。情形確是這樣的：只就蘇彝士運河來說，這個問題也要發生局部的爭論。

【合衆社華盛頓廿六日電】聯合國救濟善後總署宣佈：蘇聯允許總署使用黑海港口設備，以便向波蘭、捷克運輸救濟物品。

波流亡政府備忘錄六意

【路透社倫敦二十五日電】路透社外交訪員尼爾報導：波蘭官方人士描述明晨（前通告爲今日午後）送交英美政府的波蘭備忘錄，另一份打字機所打的四頁到五頁的文件，將總理托馬茲．阿齊塞夫斯基最近廣播中所表示的主要觀點以外交辭令及更大的準確具體化了。阿齊塞夫斯基清楚說明，它永不承認盧布林臨時政府。另一方面，阿齊塞夫斯基政府亦不幻想莫斯科的承認。但是在現在與戰爭結束波蘭總選舉期間，必須有一行政當局處理波蘭的國內事務。阿齊塞夫斯基在他的備忘錄中建議什麼呢？星期日泰晤士報昨日寫道：『消息靈通方面相信：備忘錄既未建議倫敦波蘭政府亦未建議盧布林臨時政府去波蘭行使職權，但是建議直至大選能夠在盟國指導之下舉行以前，應建立國際委員會監督波蘭解放區的行政管理』。波蘭官方人士對於星期日泰晤士報這一報導，未加否認一點或有意義。無論如何，對於英美以及蘇聯保證的願望不是波蘭新的希望。

路透社評希臘問題

【路透社雅典二十七日電】希臘雙方人士中間所抱根深蒂固的信念是英蘇之間集中於希臘身上的主要衝突即將發生，這是現在希臘內閣中很少被承認的事實。如果這一信念能有效地加以消除，則希臘內閣最惡毒的××及猜疑不受調解的情形可以消除。無疑地，民族解放陣線的領導者與支持者在和希臘政府

德傳三國會議 因紅軍攻勢延期

【海通社斯托哥爾姆廿五日電】據倫敦最近來訊稱：羅、邱、斯會談將延期，現已不成問題了。『還根斯尼赫特報』倫敦訪員報導：倫敦方面人士現在絕不像從前一樣深信羅、邱、斯的會議就迫在眉睫。可是，曾提到會議的日期，可能在二月初。該訪員報導會議延遲的主要原因是：西歐列強必須首先關於他們對『若干問題』的態度，彼此取得一致意見。繼稱：當艾登與斯退丁紐斯×××時，將繼續進行對闡明這一態度的討論。訪員獲悉，美國在舉行三大列強會議以前，想×××蘇、意、法代表們的一些詳情。然而，瑞典訪員稱：蘇聯的攻勢是使會議延遲的主要原因。益很冷靜的指出，倫敦方面人士完全知道軍事形勢×××西歐列強作政治上的決定。關於此事，訪員將會議稱為『大政治××』，它主要決定於蘇聯在利用其現在東歐所握有的一切，××中是否適度。『斯托哥爾姆日報』訪員稱：華盛頓方面知道：東線最近的事件大大削弱了華盛頓的地位，因此，華府政界人士懷疑，羅斯福是否再能以同樣猛烈性反抗克里姆林宮方面對東歐的獨斷政策。

【合衆社倫敦廿六日電】據巴黎本日廣播，消息靈通方面訊，斯大林現並不急欲舉行三國領袖會議，渠願於攻下柏林後，在德國首都集會，以為和會之初步商談。

【海通社倫敦二十七日電】倫敦消息靈通方面人士，關於三巨頭會議日期的問題回答道：『快了很快了！』。交換電訊社息：據許多徵兆，會談將在蘇聯境內或距蘇聯不遠的地方舉行，現在倫敦的英駐蘇大使卡爾，預期伴隨邱吉爾參加會議。

敵稱蘇聯購買蘇伊士運河股票

【同盟社里斯本二十六日電】蘇聯向巴爾幹及近東方面擴張勢力，最近是更加顯著。據紐約時報開羅專電稱，蘇聯對於蘇伊士運河公司，亦在不斷扶植其勢力。據云，已獲得與英國同樣多的股票權。

【同盟社東京廿五日電】每日新聞頃揭載題為『蘇聯與蘇伊士運河』的社論，內稱：蘇伊士運河無疑的是英帝國的生命線。同時當今天蘇聯勢力進出於地中海時，它怎樣看蘇伊士運河是非常瞭然的。如果像英國勢力隆盛時期那樣，可由馬爾他海峽和蘇伊士運河完全控制地中海，那末蘇聯之進出於地中海，只是走出黑海這個袋，而進入地中海那個袋。蘇聯必須打破第二個袋。如外國電訊所傳者，如果蘇聯取得蘇伊士運河的公司股票，那末它就可以

最近的鬥爭中〃委實希望莫斯科如果不是進行實際的武裝干涉的話，至少會給以最強大的公開的支持，這一記載是根據在德寇佔領最後時期內服務於人民解放軍部隊中的希臘人的直接報告。如果可能及時使他們相信這種干涉是不會到來，則他們的政策會十分可能完全不同。縱然在外間世界看來，英蘇會因希臘而進行兩敗俱傷的鬥爭的想法是如何虛妄，這種想法在希臘本身增長的原因是不難發現的。希臘在地理上與政治上兩方面，發現它自己今天是處於勝利的西歐盟國與蘇軍從東方勝利的前進之間，希臘自然地尖銳地感覺到這一事實。自從德國歐洲新秩序的夢顯然失敗以來，戈培爾的宣傳則集中在關於主要盟國中間不團結的論題上，希臘毫無問題地易受這種形式的宣傳的攻擊，這一攻擊大部是由間接方法巧妙進行的，希臘境內，散布消息及證實消息的正常方法，較諸在歐洲大多數其他佔領區內崩潰的甚至更為完全，這弱點充分地被利用了。這一點再加上希臘各階級高度發展的政治興趣與想像，使國家成為散播謠言的理想的地方。佔領時期內抵抗集團日益增漲的不尊重法律，使許多希臘富戶成為『布爾塞維克』宣傳的犧牲者。而英國本質上不僅是保守的，而且在基本上反對左翼發展的一切形式。在雅典與多少受教育的希臘人的偶然談話中，很平常的發現，他們認為一切英人自然而然地反對人民解放陣線左翼，並準備在歐洲以一切方法進行鎮壓是當然的。（下面不清）

同盟社評 英國海運沒落

【同盟社斯托哥爾姆二十一日電】據消息靈通人士透露的消息稱：美英兩國，現在擁有的船舶噸數，總共為四千一百萬噸，其中美船為三千一百萬噸，英國船一千萬噸，此次大戰爆發前，美英兩國海運力的比率，英國為二、美國為一，因此現在比較起來，英國海運沒落的跡象歷然可見。

美重視鮑利斯等的組織 將發展為德國臨時政府

【合衆社華盛頓廿七日電】美國非官方之海陸軍雜誌稱：美國並不忽視由現在被俘於莫斯科之德方將領所組之委員會，發展成德國臨時政府之可能性，社論中暗示該委員會或能藉秘密方法，與德方高級陸軍人員成立協議，減弱德國之抵抗，以便蘇軍推進，而以保證被俘人員之安全為交換條件，盟方承認此一將領所組成之委員會，當有利於無條件投降之交涉，因一旦德方被擊敗，此一委員會當為德國之存在當局。

參考消息
（只供參考）
第七七四號
解放日報 新華社 編
今日出一大張
卅四年一月卅日
星期二

敵竄侵陷韶關、郴州、海陸豐
完全控制廣東沿海

【同盟社湖南前綫二十九日電】大久保（朝日）、磯田（每日）報導班員電，在粵漢綫南段，突然開始行動的我部隊，攻擊所在之敵，像怒濤似的進擊，一月十九日由道縣開始行動。我某某部隊在廿四日很快的向粵漢綫活動，先頭部隊已深入廣東省內，佔領距韶關六十公里的樂昌。又從耒陽開始新行動的我有力部隊，一月十九日沿粵漢路南下，廿五日十點時五十分，突入第九戰區司令部所在地郴縣，驅使敵全力向粵漢綫東方敗走。又在廣東地區開始行動的我北部之先遣隊，於二十五日上午七時四十七分，佔領敵第七戰區所在地韶關。另一方面我航空部隊與地上部隊協力，連日冒惡劣天候出擊，獲得極大戰果並正擴大中。此次作戰開始前，蔣介石命令第九戰區司令薛岳，第七戰區司令余漢謀，保衛粵漢綫南段。在耒陽以南元潭墟（英德西南六十公里）三百三十公里之間，配備暫編第二軍、第九十九軍、第六十五軍、六十三軍四個軍約十個師，而且往新田、桂陽、臨武等地（湖南省各部），配置有第二十六軍、第三十七軍、第三軍三個軍，約五個師，以便確保粵漢路。由於我至妙作戰，敵人企圖完全潰滅。作戰開始五日，即將粵漢路南段的要鎮全部落入我手中。

【同盟社華南前綫道谷報導班員——讀賣新聞——廿八日電】我華南軍精銳部隊，已在華南東海岸一帶，開始新的作戰，向海平公路進發，廿四、廿五兩日，終於完全地佔領了華南海岸的兩處要衝：海豐和陸豐。即是說，我華南軍精銳部隊，於廿二日奇襲大亞灣東岸赤沙附近，勇敢地實行敵前登陸，驅散敵國民軍團第二團的主力，向東方勇猛前進，於廿四日下午二時，突入海豐縣城，並加以佔領，同時我另一部分有力部隊，則冒冷雨寒風繼續東

【中央社昆明廿八日電】青年軍師長方先覺，政治部主任蕭贊時，昨招待昆市中外記者，發動昆市各界為該師士兵征集×十萬冊書，以充實軍中精神食糧。二月一日至十五日，為征集日期。

【中央社渝廿九日電】血戰衡陽之第十軍，經增補後，轉赴某地，途經渝郊，中國婦女慰勞總會特派員前往面致慰問，並分贈毛巾毛背心草鞋餉乾肥皂等慰勞品。

【中央社蘭州廿八日電】國府委員馬麟，廿六日下午五時在臨夏原籍逝世。馬氏字勳臣，甘肅臨夏人，現年七十一歲，幼習軍旅，歷甘肅甘州鎮守使，洮河鎮守使，民十八年任甘省府委員兼建廳長，旋任國民革命軍第二集團軍暫編騎軍第四混成旅旅長，甘肅騎兵第一師師長，後又任寧夏省主席兼民廳長。卅二年十月中央常會選任馬氏為國府委員。馬氏為甘肅穆教耆老，曾獲有一等景星勳章。去年，二月馬氏七十壽辰，蔣主席曾派大員前往致賀。

史迪威電賀
中印公路開放

【合衆社紐約廿八日電】史迪威將軍於打通滇緬路之際，發表廣播演說，對於打通該路之華軍及其他軍隊，備極讚揚。史氏略稱，索爾登將軍來電曾宣佈此一偉大工作之完成，中國所受包圍，已被打破，並重開橫貫緬甸之地面交通綫。中印公路已獲實現。余謹向該區戰士及建築公路之工人表示敬意，過去或現在仍在叢林惡劣氣候昆蟲病疫及泥濘各種情況下的工作人員，除非吾人親歷其境，其生活痛苦，實難令人置信。但渠等仍繼續工作，並深知此一公路，將運輸必要之供應品至中國，俾能擊潰日軍。盟國對於中國英國南非喀欽那加緬甸印度及美國參加此一艱苦工作之人員，應有榮焉。中國軍人已向世界證明，如彼等獲得適當之裝備訓練及領導，必不亞於世界任何之部隊，余謹向索爾登將軍表示賀意，中國之勝利又完成一環，吾美國已因以閣下之決心為榮，閣下過去及現在均從事偉大之工作，余希望作戰順利，並望該公路暢通無阻。

【美國新聞處底特律廿五日電】卡車的首批護送，已經開始，看來，蔣介石的華軍現在可以經新雷多路由盟國獲得日益增多的軍用品。在兩年艱苦工作與對日軍血戰之後，終於獲得了成功。雷多路起自印度，中經數百哩莽林山岳地帶。日寇拚死作戰以使此路綫受到阻礙。擊毀日本軍事力量的工作在進行中。

進，到處粉碎敵人的抵抗，於廿五日下午四時半佔領陸豐。至此，廣東省東部全部海岸綫，完全爲我所掌握，並毀滅了最近在該地漸趨活躍的美國和蔣介石合作的謀略工作的策源地。

英報說國共諒解 是加緊中國作戰努力的初步條件

【海通社柏林廿五日電】倫敦訊，『泰晤士』報，『曼徹斯特衛』報均於星期四晨評論說，蔣介石和中國共產黨之間的諒解乃是加緊中國的作戰努力之初步條件。（下原電掉去太多，不能譯，約二百餘字）

【美新聞處芝加哥廿八日電】芝加哥每日新聞報社論摘錄：中國不會被打出戰爭。它的打擊力量正在開始改進中。這就是納爾遜向羅斯福所作報告的大意，報告中與戰局無密切關係的一部份業已發表。納爾遜的報告中敘述關於進行若干工作的準備多於完成的工作。但他接引了許多確切的事實以支持其令人興奮的消息……。納爾遜預言中國將代替日本而爲遠東的重要的工業國家。使本日就範與保障和平，沒有比這更好的辦法。

巴爾的摩爾太陽報稱：克拉克機場又在我們手中了……。與菲律濱其他基地一起，克拉克機場將增進我們的空軍與陸軍、空軍與海軍間的合作。

宋子文在昆明 與龍雲晤談

【中央社重慶廿九日電】宋代院長日前赴昆明視察中印公路的通車情形，並在昆明與何總長暨龍主席晤談，頃已公畢，二十九日上午乘機返渝。

【中央社重慶廿九日電】兵役部鹿部長頃對提高新兵生活問題，發表談話，提高新兵生活，不僅與改進役政有密切關係，而對於士兵戰鬥精神之疾養，更有莫大之效力，政府對此極爲重視，副食衛生各費均有增加，然欲達到理想之標準，猶有待於各地人民與政府通力合作。過去中國戰時服務委員會在各地設隊爲新兵服務，去年本市工商金融各界又發起組織重慶市新兵服務社，由市民捐納社費，爲新兵服務，自本年一月起，已開始辦理補助營養醫藥衛生等服務工作。

【中央社重慶廿九日電】青年遠征軍練編總監羅卓英將軍，於二十五日由渝一度赴璧山各營地視察，對於士兵自治及勞動服務精神，甚爲嘉許，關於各營地飲水沐浴等問題，決加改良，充實設備。

甘乃光談 國民黨戰後第一期經建計劃

【中央社渝廿八日電】國防最高委員會最近通過之『我國戰後第一期經濟建設原則』公布後，無論在國內及國外，均已造成最深刻之印象，並普遍的引起各方面積極研究之興趣。中國戰後工業應走的路徑，在該原則中，會有極縝密的闡明，此項原則實爲我國新工業政策的最基本的思想。記者特往訪國防最高委員會副秘書長甘乃光氏，叩詢該原則之中心思想，及其他有關實施中之技術問題。甘氏首先說明，該項原則是民生主義的具體實施原則，起草人的意思，是想由於這種原則的實施，以逐步達到三民主義經濟制度之完成，其最中心的思想，爲『有計劃的自由經濟發展』，這種計劃的自由，可以說是本原則最基本的思想，這種思想的根源，就是總理所謂要用迎頭趕上的辦法，以謀中國之現代化。民生主義的工業發展，一方面允許民營企業，一方面提倡國營事業，同時運用這兩種制度，就是孫院長最近所謂混合的經濟制度，世界上以民營事業爲主的國家，可以英美爲代表，其基本制度的最高原理，是自由發展，以國營爲主的國家，可以蘇聯爲代表，其基本制度的要點，是計劃經濟，這一次世界大戰，證明了美英蘇三大同盟國的經濟制度，在戰爭酷烈的試驗中，獲得了偉大的成就，我們要用迎頭趕上的辦法，就要採取這兩種制度之所長，並拋棄它的短處，使之混合起來，成爲一種計劃的自由經濟，既不採取初期英美的放任主義，也不採取蘇聯一切生產工具國有化的原則，而係斟酌中國國家的需要，因時因地以制定，所以國防最高委員會，就定出了這個經濟建設的原則。甘氏繼謂，經濟發展，需要有偉大的計劃，在總理印行其實業計劃時，就明白指示中國經濟有計劃的建設，總裁在其所著之『中國之命運』一書，並且進一步規定了各部門的計劃數字，實在說起來，總理實業計劃的公佈，還在蘇聯第一次五年計劃之先，不過我們國家，因爲各種關係，未曾將實業計劃大規模的予以實施，以致建國工作，至今尚未完成。原來全國經濟建設，要有一個大計劃，這種思想並不是舶來品，這在我國民思想中實在是一種基本的常識。記者續詢以何不完全採用計劃經濟，而又要參加自由經濟的成份呢？甘氏謂，一談到自由經濟，人們很容易引起一大堆資本主義罪惡的聯想，其實英美這種經濟發展的過程，是一種最自由的過程，就說蘇聯吧，它在帝俄時代，亦經過了一段自由經濟發展的歷史，但是我們不想完全按步就班的走自由主義的老路，我們要用自由經濟發展的方法，來打破半封建殖民地的經濟現狀，以造成一個工業化的基礎。不過經濟發展雖屬採取自由的原則，然並不是盲目的自由，或純粹的放任主義，或者初期的自由主義，所以我們可以作有計劃的自由經濟政策。在工業發展過程中，我們的工業技術，可以採取迎頭趕上的辦法，用最新的藍圖，最新的機器，與最新的方法，但是管理方面所應付的，不單是物質，還有人爲的要素在內。由一種沒有現代工業陶冶出來的人物管理工廠礦場，我想他們在工廠和礦場上，一定還有很大部份的人員脫離不了封建思想宗法觀念和官僚習氣等等的缺點，譬方來講，現在我國各種由國外畢業回來的專家，他們所學的技術，都可說是迎頭趕上世界的最新的技術，但是每一部門中就很容易演成各種人的派系，這就是人的技術是現代化的，他的習氣却還是些半封建式的，新式的管理的人員，倘且如此，而被他管理的人，當然習氣更深更不易改變，但如採用自由競爭方式，對於打倒封建半封建制度及宗法社會的習氣與制度，是最好的利器，自由競爭是最無情的，那個工廠用親戚鄉里，而不用人才，則必辦理不善，因而倒閉。民營事業和國營事業，如果沒有現代化的管理，同樣的都會經營失敗，失敗當然要倒閉，如僅只有民營事業因失敗而倒閉，國營事業失敗了就不會倒閉，則國營事業永遠不能發展。如果更進一步，在初期中，把國營事業的範圍擴大，使之大過民營事業的範圍，則國家如要繼續維持這種失敗的龐大的國營事業，不是國家財政因此破產，就是國營事業永遠沒有進步和發展可言。但是如果採取自由發展的原則，就可應用自由競爭中適者生存的原理，避免上述的種種流弊。其過程是由最初染有舊習最深者之工廠礦場，先行倒閉，繼而稍爲改良者可以存在，更進而放棄舊習者必多獲利，如此演變，則適者自然生存，農業社會的習性，自然逐步淘汰，漸漸可以渡過到眞正的工業社會的習性，這是各國工業發展的過程。但是自從自由主義最初採取放任的形式以來，漸由資本之集中等原因，就發生不完全自由競爭的局面，所以我們要加上『計劃的自由』，以期避免盲目的自由的弊病，就是依照總理所定中國實業的開發，要分爲民營國營兩條路徑的意思，也就是同時採取美英蘇兩種經濟制度之特長之意義，這個原則實施的關鍵，就在總計劃的完成。記者續詢此種總計劃如何草擬與實施？甘氏告以中央設計局，現在正研究與草擬第一次五年計劃，這種計劃如依據第一期經濟建設原則的規定，應該包括全國在第一次五年中所需要建設的全部事項，無論其爲國家獨營，國家經營，人民經營，或與民資外資合辦的事業，均應包括在內。我以爲這種計劃，將來一定規定得

武裝護衛人員與護送之車隊，共同前進，美國第十抗空隊之飛機，亦在空中任掩護，此一通向中國之陸上路綫之告成，除應歸功於在最艱苦之地帶及情形下修築中印公路之美國工程師外，淸除緬北日軍之中美英三國之軍隊，樹功亦至偉也。

【中央社隨中印公路第一批運輸隊記者畹町廿八日專電】美方人士坦白承認，此乃紀念性質之運輸隊，其中僅有新車百輛，大砲數門，以及數量未經宣布之彈藥與汽油。車輛之中，有兩噸半之載重卡車，運輸武器之輕卡車，吉普車救護車及機器脚踏車等，均將留在中國。運輸隊運入中國之大砲，有榴彈砲，山砲，高射砲等。第一批運輸隊開入中國之後，並非以後供應品即立即源源運入中國之謂。運輸隊在相當期間內，可能係完全開入中國，而無回程者，蓋中國內部需要車輛也。車輛在公路上，能達到晝夜開行，亦需相當時日與努力，日後由中國回程之車輛，可能裝載返租借供應品，據專家估計，中印路之運量，不致低於滇緬路之每月一萬七千噸，如能有更佳之管理與組織，運量可能倍之。公路運輸適於飛機所不能載之重裝備，故中印路之開通，絕不致影響空運，當此第一批運輸隊進入中國之際，密芝那臘戍公路上亦有卡車三輛，進入國境，該路正在滇緬路局中國工程人員努力之下，迅速予以完成。

德傳三國會議上 英將對蘇讓步

【海通社柏林二十七日電】威廉街發言人從布拉肯授與英國報界的指示中，得出行將舉行的三國會議的結論。發言人認爲該指示叫報界必須注意，不要誇大盟國間所有分歧意見，另一方面，英國社會人士，必須準備對莫斯科作某種讓步。據發言人說：上述指示，已反映於英國廣播公司廣播員的話中，以及路透社和公告中，那公告說：特別困難的問題（如巴爾幹及意大利問題）將不在會中加以討論。

盟機猛襲日寇本土後、敵國惶恐將加强防空對策

【同盟社東京二十六日電】政府於十六日閣議，決定決戰緊急施策五大要綱，並迅速進行實踐，其中關於防空對策，以內務省爲中心，進行審議研究，現已獲得成案，十九日閣議上提出，正式決定『空襲對策緊急加强綱要』，這一綱要包括七項：都市疏散的加强，戰時緊要人員的暫留確保，建築物的利用[illegible]，防空消防力的加强，防空土木設備的追加整備，受災者對策的加强，四[illegible]

具體，以便國家或人民或外人承辦。舉一個實例，以紡織廠而言，在五年計劃中，規定之地點如重慶設廠五所，漢口六所，蘭州三所，每所規定其生產種類及數量，宣佈後人民可以報請經營。但在報請經營中，就有幾種可能的情況發生，重慶應設廠五所，報名者如果只有三所，如何補充不足的數額，或者報名者有八所，又如何抉擇有餘的數額，成者報名者剛足五所，一年之內，因經營不善而倒閉二所，尚有三所，這三所中有一所的能力可以出產全部份的產量，或者五所完全倒閉，是否可由他地的紡織廠兼銷，這些都是設計上和實行上值得研究的問題，但是其中有一個要素，就是政府的總計劃中，如擬定重慶設立五所紡織廠時，必定是根據各種考慮，如原料動力銷場等要素來決定的，並不是盲目的決定，而是各種數字上配合的決定；想辦企業的人，總可以在總計劃中，找到他所想辦的企業，這種計劃，至少在初期來講，不是純粹統制式的，而是偏向於指導式的，這個五年計劃，雖規定了設廠等數字，但是因為經營上仍受自由競爭原理，不善者就會自然淘汰，這就會使總計劃的理想的配合，發生變動，所以當每年度實施時，還要嚴格注意，隨時調整，以求達到合理的配合。所以說最低限度來講，第一次的五年總計劃，是偏於指導性的。總之在這種計劃的自由經濟原則之下，一旦實施起來，還會發生許多理論上與技術上的問題，我很希望各方面能夠共同加以研究。

中印公路舉行通車典禮

【中央社重慶廿八日電】中國戰區美軍司令部廿九日發表，第一批駛載美國供應品之護送隊，經新築之中印公路，廿八日午後二時駛至中國之畹町，華軍第卅八師已經肅清芒友以西山地中被困之殘敵，此一護送隊所載之物品，計有車輛重砲及救護車等，多為不能經由駝峯進至中國之物品，由此亦可知最近未來，將有何種物品運抵中國。目前美國之供應品，尚不能立時湧入中國，此一護送隊僅為一種代表的象徵而已。護送隊駛入中國邊境時，該地會舉行熱烈之歡迎典禮，到場之美國將領，計有索爾登上將、戴維遜中將、陳納德中將、及修築中印路之皮可少將等。到場之英國高級軍官為第卅二師師長費斯丁中將，中國方面外長兼代行政院長宋子文，領導中國民眾代表到場參加，此外出席典禮之中國軍官中有衛立煌將軍及孫立人將軍，擔任運輸之車輛與所載之供應品，均係交付中國者，每一汽車之上，均有中美國旗各一面，駕駛員除中國人外，尚有極富行車經驗之美國白人黑人，

空地區以外地方防空的加强。內務省正與陸海軍運輸省軍需省相互合作，以謀迅速的具體化。這些要綱中所包括的具體施策中，在人員疏散，××分散，建築物疏開，防空消防力的整備，防空土木設備的整備，受災者生活必需生活品的××，已從過去即開始實施。新立案者計有戰時緊急要員的都市暫留確保，堅固建築物的使用統制，四大防空地區（京濱、中國、阪神、北海道）以外地區的防空加强，是非常令人注目的，防空對策是鬥爭行為的一部份，政府對於上述這些緊要施策，應不顧『平和時的常規』，『太勉强了』等論調，而不失時機的決心付諸實施，（徹底動員）關於決戰緊急施策五大要項中的動員國民學校問題，在廿日國家總動員審議會決定：國民勤勞動員令勅令案後，由此便確立這一劃時代的把全部國民集結到一個方向的勤勞動員體制。所謂國民全勞，竝不是說國民各自勞動自己的，而必需是用適當方式，把每個人都分配到需要增强戰力的各部門去，這次頒佈這一勅令案的目的，便是徹底加强這一施策，這樣便可能實現所說的『徹底動員』。

敵堀肉（彈）攻（擊）突擊隊在彼勒留島登陸

【同盟社中太平洋基地二十八日電】彼勒留島皇軍在以不屈不撓的精神英勇奮鬥，與此相呼應，遠藤谷司海軍中佐指揮的『肉攻突擊隊』，於去年十月底，自帛琉本島衝入彼勒留島，予敵以巨大損失，本月十七日，堀重夫海軍中尉指揮的數十名突擊隊，又自帛琉本島出擊，衝入彼勒留島敵機場附近，予敵以相當的損失，使敵陣為之震撼。此次的攻擊隊自遠藤中佐壯烈犧牲後，即在加緊訓練，是經堀中尉之手選拔出來的，部下數十人。

【同盟社東京廿八日電】敵B29式機七十架，由馬里亞納起飛，於二十七日下午來襲帝都。在迎擊戰中，我制空部隊首先在濱名湖、富士山附近上空作第一次接戰，嗣後在帝都上空展開果敢攻擊戰，繼之又在千葉、茨城上空痛擊，敵隊形混亂，我機即向敵進行徹底的攻擊，在其航綫上進行擊敗的戰鬥；與此同時，我高射砲部隊以熾烈的對空砲火，阻擊敵機，確實擊落敵機二十二架。來襲的敵機，大都遭到慘痛的打擊，如果將被我擊落擊傷的數目加在一起，敵人遭到幾乎喪失全部飛機的大損失。被擊落的敵機中，包括有用壯烈的撞擊戰術所擊落的。在這次迎擊戰中，我機十二架自炸及未返防，敵機在激烈攻擊下，發生混戰，由雲層上猛投炸彈後，向南方海上逃走。

參攷消息

（只供參考）

第七五七號

解放日報社 新華社 編

今日出一大張

卅四年一月卅一日 星期三

緬北滇西戰役中國民黨軍隊損失八萬人

【中央社渝卅日電】軍委會三十日發表戰況：滇緬邊境方面：滇緬公路與南坎公路之聯絡站芒友，二十七日晨七時爲我軍攻佔。緬北我軍與怒江前綫部隊，即於是日在該站大規模會師，完全打通中印公路。自三十二年十月底以來，我緬北滇西先後發動攻勢，轉戰迄今，敵我傷亡僅依初步統計，（迄三十三年底止）數目如左：我傷亡共七九、一五四人（內計傷四五、七一三人，亡二九、三五四人，失蹤者四〇八七人）。擊斃敵共四八、八五八人，俘敵官兵六四七人。鹵獲步騎槍一一、六四四支，輕、機槍六〇一支，山野重砲一六〇門，戰車十二輛，飛機三架，汽車六〇六輛，馬一、四三〇匹。在此戰役中，我軍抱攻擊決心，及勇敢拚戰精神，共損傷七萬九千一百五十四人，足見我犧[illegible]，貢獻之多，所獲戰果亦至偉大。除斃敵四萬八千八百五十八人，及鹵獲[illegible]述外，打通封鎖數年之中印交通，掃清滇緬敵寇，殲滅敵精銳師團，如第十八、第五十六兩個師團全部殲滅。第五十三、第二、第四十七等師團，及第廿四混成旅團，被擊潰。此皆我滇西及駐印軍健兒之豐功偉業。

【中央社重慶廿九日電】滇緬邊境前綫航訊：南坎之敵，雖經我友軍兵步鬪甚久，但敵仍據險頑抗，企圖隔離我駐印軍及滇西國軍會師。十四日我駐印裝甲部隊指揮官布朗上校，及趙振宇上校鑒於全般狀況，決心作遠大之計劃，以出奇之行動，打破敵人之企圖，遂於十五日晨，先遣裝甲搜索隊向畹町方面搜索前進。該隊健兒之領隊黃德信、趙鑫兩中尉受命後，首先攻破彭坎附近敵之前進陣地，又在孟毛殲滅敵橋頭堡壘陣地之守軍，此時該隊健兒遙望畹町山河，士氣益振，獨斷決心，繼續向前攻擊前進，終於是日下午五時，攻抵畹町，與我滇西國軍第五十三軍周軍長福成所部會師。相見之時，互相握手，狂歡，並拍攝紀念照片，相互參觀不同之裝備與服裝。周軍

坎緬北三城，仍有荒涼之象，僅有少數當地人民自山區遷返城居，荒涼景象，觸目可見，令人憶及吾人最近經歷之艱苦戰爭，余等於途中曾見屋舍及敵軍建築工事之殘跡，敵軍遺棄之砲件及荒廢之農田，八莫畹町間僅有橋樑數座，日軍退却時，均未予以破壞，足證其抵抗力已不如密芝那、八莫之戰以前之有組織，余等所經過各區之當地居民，對盟軍均極友好，記者詢一擺族男孩渠對中美兵士印象如何，渠迅豎起大姆指連呼「好」。記者再提及日軍時，渠則伸出小指。擺族人民與中國人民酷似，亦穿吾人之服裝，其擺族女孩竟操純正之我國國語，且攜雞蛋出售，記者最初不能認出其爲中國人抑爲擺族人。緬北目前交易多相互換有無，日軍軍用鈔票，於日軍撤出前，亦不能按照票面價格使用。美軍士兵曾以其破內衣一件，換得四個雞蛋，大多數鄉童，均拾有一二件軍裝用品，記者見某孩藏中國軍帽，另有一孩並束有美軍之皮帶。

雷多公路改稱「史迪威公路」

【同盟社里斯本二十八日電】重慶來電，蔣介石、中國戰區美軍司令官魏特梅耶、美國駐重慶大使赫爾利，在二十八日的廣播中，正式發表將雷多公路改爲「史迪威公路」。

【同盟社里斯本廿九日電】敵人宣傳說雷多公路已打通，並已開始運輸供應品，但合衆社廿九日來自密芝那的電訊中，卻指出對重慶的供應仍舊還有困難。該電訊稱：紐約到昆明間的距離，足夠二萬一千一百二十四公里，它是世界上最長的供應綫。即是說，從紐約經蘇彝士到加爾各答間的距離爲一萬八千零八十六公里；從加爾各答到雷多，可利用盟軍使用的孟加拉—阿薩密鐵路，該路長達一千三百六十八公里；從雷多到昆明有新開闢的史迪威公路，全長一千二百七十公里經過。這樣遼長的供應綫，從紐約運供應品到昆明，即使在最良好的條件下，至少也需要九十天。

史迪威招待記者時拒絕談及中國問題

【中央社華盛頓廿九日電】史迪威將軍自就任美地面部隊司令後，於第一次記者招待會稱，如中國軍隊能獲得適當之訓練與裝備，則作戰素質必佳。但渠拒絕評論中國之內政，渠亦避免答覆關於美軍在中國登陸之問題。史氏並對期望早日擊敗日軍之人士提出警告。史氏面帶笑容，但答覆問題至爲小心。記者卅餘人群集向史氏提出問題約一小時許，但皆因史氏答覆無新穎處而感失望。惟渠對蔣委員長命名中印公路

長所部騎留宿該隊鍵兒一夜，次日返防復命。

【合衆社廿九日電】中國軍隊新一軍第三十八師，本日已消滅芒友以北約二哩之日軍殘餘陣地。此係敵人可以砲轟中印公路及滇緬公路之最後一處强固據點。芒友乃中印與滇緬兩公路之聯接點，修築中印路之皮可少將，在十二月十四日汽車隊逵密芝那時，會答覆關於汽車隊何時進入中國一事稱：「軍隊前進時，工程人員將隨同前進」。

【中央社隨中印路第一批運輸隊記者畹町廿八日電】第一批陸上運輸隊，道經距滇緬路連絡點七英里之繆村時，緬北及怒江前綫之國軍數千人，會集該處慶祝。即在該邊界之村中第一次「握手」。中美國旗飄揚天空，並放禮砲廿一響，慶祝此富有歷史意義之會師紀念。中美兩方之高級將領衛立煌將軍及其隨員，索爾登將軍、孫立人將軍等，皆集於此一小村。數千士兵穿着不同之軍服，三將領檢閱各士兵時，四週靜寂無聲。

中印公路沿綫情形

【中央社隨中印公路首批運輸隊記者廿八日電】記者本日乘吉普車隨自印出發之首批陸上運輸車隊，於數百車輪激起之漫天風塵中，越過中緬邊境，重返我國。運輸車隊，十二日自雷多出發，車行三日，抵密芝那，在密城勾留逾週後，續向國境進發。報社記者五十五人，於密芝那登車，廿三日清晨整隊前進，攝影記者於大隊出發前及行進時，均忙於拍照。若干攝影記者且乘小型聯絡機，於天空拍攝運輸隊靜止及行進之照片。運輸車隊於離密芝那前，美軍司令索爾登上將，美隨軍第十航空隊司令戴維遜中將，及雷多公路建築設計人皮可少將，會數度宴請各報記者。首次通車，官方極爲重視，故戒備極嚴，除有憲兵駕摩托車隨行警戒外，無綫電通訊車裝水車糧秣車及裝載中美英法印及黑人報紙廣播公司之戰地記者及廣播記者之大隊吉普車，均有武裝衛士同車護行。皮可少將親自率領大隊前進，其執行官莫勒特中校，並於每晨列隊出發前，召集司機訓話。軍方顧及記者之便利，特派聯絡員二人及檢查員二人隨行，每車司機二名，美籍華籍各一，全途輪流駕駛，我第六駕駛隊派出司機多名來隊服務，彼等完成任務後，仍將乘機返印回隊。大隊行進時，分爲若干段，兩輛相距約百碼，首車及最末車之距離，總長約六英里，密芝那至南坎一段，需時兩日。大隊於南坎停留三日，國軍是時致力於肅清芒友（雷多公路與滇緬公路會合處）附近最後敵軍據點。密芝那、八莫、南

爲史迪威公路，深感驚異，渠認爲應尋覓若干方法，×使該路建築工人或在該路作戰士兵之功績，得以顯揚。關於中國大陸是否需要強大美軍一問題，渠拒絕評論，但渠提及蔣委員長去年所發之言論，即中國必須負起在中國境內陸戰中擊敗日軍之充分責任。史氏承認日軍爲強敵，渠並對期望在日被軍擊敗前日本即崩潰之人士，提出警告。他認爲日軍能發動士兵四百萬人作戰，而此四百萬人，尚未受何損失，且日本之生殖率甚易補償日軍目前所遭遇之損失。關於蘇聯是否將參加對日作戰，史氏拒絕評論，史氏現僅指揮在美國之地面部隊，他對外間所傳他將指揮在中國登陸之美軍一事，拒加評論。關於緬甸方面，史氏稱，該處日軍必須肅清，日軍似亦不擬以重大代價，決心據守緬甸。惟日軍即使被迫退出其本土，亦將在大陸繼續作戰。渠承認日寇本土之重工業，已移至東三省，但遷移至何種程度，現尚不知。其記者問史氏戰後中國是否能代替日本爲亞洲最前進之工業國，史氏答曰「然」。

美報評納爾遜報告

【合衆社紐約廿九日電】先驅論壇報在社論中評論納爾遜關於他在中國的使命的報告說：這一報告，是特別有意義，因爲不僅觀察了整個的××，而且表示中國困難的原因，或者是最好的證明。納爾遜對中國問題的評論：加強中國工業將鼓勵××的國民黨份子。××重慶與共產黨之間眞正合作的前途。納爾遜說，不是一切官吏都做這件事，達到中國團結的一個最好的方法是建立中國工業，宜將國民黨轉向××日本，（掉一大段）如果不這樣做，將在內戰與即刻投降日本擇一××。

國民黨各公路局改組

【中央社渝卅日電】戰時運輸管理局，將所屬之各公路管理機構，重加調整，卅日已將負責人選發表。此次調整，係將原來各公路之運輸與工務兩局合併爲一管理局，以加強工作效能，惟其中滇緬公路工務局正在興修史迪威公路工程，故仍維持原來兩局組織。西南與西北兩局，因所轄範圍較大，故各設分局一處，其已改組之各局，即於二月一日起分別合併，茲錄各局負責人名單如下：（一）西南公路管理局長陳延炯，芷江分局長周鳳九。（二）西北公路管理局長何競武，漢中分局長[illegible]定。（三）滇緬公路運輸局長[illegible]，工務局長龔繼成。（四）川滇東路管理局長蘇從周。（五）川滇兩路管理局長薛宗陶。（六）川康公路管理局長時照黎。（七）川陝公路管理局長許行成。（八）川湘公路管理局長任顯羣。

……就新任。

【中央社筑廿九日電】省垣各界，今晨在民教館讚揚發行擴大紀念週，到七千餘人。由新任黔省府主席楊森主席，並對施政方針有所報告，指示全省民衆今後應有一切爲前綫之認識，革除醉生夢死之生活，養成蓬勃朝氣，並特別提示對根絕烟毒，肅清匪患，務於最短期內嚴厲施行。繼由民政廳長諱其敏報告卅四年民政中心工作後散會。

【中央社獨山廿九日電】由前綫地逃抵此間之難民日增。

【中央社重慶卅日電】巨匪袁劍臣（即袁老七），袁少昌（即袁林燏），迭經糾合大股匪徒兩百餘人，嘯聚長壽涪陵兩縣，時出搶劫，殺人越貨，迭經緝拿未獲，最近逃匿重慶市蕭家溪，經探得該袁劍臣袁少昌匿身所在，當即捕獲，經證明結合大股搶劫屬實，依法判處死刑，褫奪公權終身，卅日執行槍決。

【中央社渝卅日電】考試院辦理之公職候選人考試，頃公告續經檢覈及格人員一批，計縣參議員候選人汪步鐘等一千五百廿一人，鄉鎮民代表候選人張生貴等七八四〇人，及律師檢覈及格人員認定甲等公職候選人考試及格者計彭文凱等廿七人，工業技師檢覈及格人員認定甲種公職候選人考試及格者計劉文坤等廿三人，中醫檢覈及格人員認定甲種公職候選人考試及格資格者計李文彬等一五三人。

【中央社西安廿九日電】祝主席對陝北民間疾苦，極爲關懷，廿八日晨特派省府委員兼財政廳長李崇年，乘專機飛往榆林，代表慰問陝北民衆，並攷察地方政府。

國民黨頒製徵兵獎懲辦法
大肆宣傳青年軍待遇良好

【中央社重慶廿日電】兵役署爲配合抗戰需要，最短期內征集大量優秀兵員，頃將製訂獎懲辦法如下：（一）在本年三月十五日前軍額八成以上者，記功一次；征足九成以上者記大功一次；全數征齊者轉請記功並升，或給獎章；（二）在三月十五日前征不足軍額七成者，記過一次；征不足六成者，記大過一次；不足五成者，報請撤職。（三）師區未奉軍區部征令前，暫以卅六年配額爲準。此項辦法，已由該部通令所屬遵辦。又此項大量新兵所需冬服，現正籌劃。對各師管區現存冬服數量，現均分別派員徹底清查，藉謀配補。

【中央社成都廿七日電】省徵集會臨時接待各市縣過蓉青年遠征軍，分批

同盟社稱
德軍將在柏林頑抗

【同盟社柏林二十九日電】據前綫報導，朱可夫元帥指揮的第一白俄羅斯前綫軍，終於突破德國國境，侵已侵入波爾林西指揮……。德國勞動戰綫（直譯）指導者布爾德萊博士，鑑於上述事態，向柏林市民發出重大警告，表示下列悲壯的決心。在歷史上值得驕傲的德國首都柏林，也許要落到紅軍的手中，我們如從敵人的睽睽下保衛德國國都柏林，我們決在柏林的正面作戰，或者在柏林市內作戰。與上述布爾德萊博士的壯烈聲明相關聯，德軍當局亦發表聲明如下：戰爭已經到達波爾德布爾國境戰綫。這意味着柏林的運命就決定於這一作戰。德軍目下正秘密地構築對抗措置，但因軍事上的關係，暫時尚不能夠發表，但德軍的對抗措置正如一般所傳說的，不單純是防禦的設備，這是很可斷言的。

東綫紅軍攻近德寇本土
德新聞部長吹牛自慰

【海通社柏林廿三日電】新聞部長第特里氏向德國報界代表們說：目前我們正面臨着布爾塞維克攻勢的嚴重時間，但我們已採取措施，再度穩定東綫戰場。目前蘇聯在突入地區充分發展他的力量，而德國的對策也在發展中。他說：很難找到一個公式來說明目前局勢。於是第特里氏就以之與英美去年九月在西綫的進攻相比，他說英美去年曾深入德國，但被強有力地阻擋在德國邊境，現在東綫的戰爭也快接近德國本土而這正是考驗德國防禦的堅決意志，蘇聯也將親眼見到德國人民，是懂得爲他們的將來而戰的，我們打得更艱苦更有力，則我們更好的日子就會更快到來，第特里氏於是又檢討到目前所採取的擊退蘇軍與恢復德國領土將他們逐回的廣泛的對策。

海通社說
雅典談判明日舉行

【海通社柏林卅日電】雅典訊。普拉斯蒂拉斯政府與希臘人民解放陣綫間的和平談判，將於二月一日在此間舉行。據政建馬斯金諾斯大主教會致函人民解放軍格羅戈桑托斯、曼達斯將軍、哈德麥斐利斯將軍三領袖，在其中提起這個日期，並要求人民解放軍派遣三個代表參加這會議，這三個代表爲希臘共產黨總書記西安托（同時他亦爲人民解放軍執委會之一委員），民族解放陣綫執委會總書記巴沙立茲和希臘人民解放軍總司令薩拉非斯。

【海通社柏林卅日電】羅馬訊：波諾米政府爲了能履行其關於在軍事方面

派專車護送至集訓地入營。頃據護送領隊人員返蓉說，川南某集訓地區青年遠征軍生活情形稱：該區集訓營主管長官，均資深望重，對青年遠征軍備極愛護。伙食方面，每日三餐，規定每人每日食米廿五兩，蔬菜一斤半，豬肉數兩，每人每月豬油二斤，清油卅兩，其他設備亦極完善。故生活頗為愉快。而當地民衆對青年遠征軍尤有良好印象。

同盟社宣傳
因九十八軍解體美蔣發生矛盾

「同盟社廣西前綫基地二十六日電」據情報稱：去年十二月上旬，皇軍突入貴州省時，重慶第九十八軍四十二師，由於督戰的美空軍的誤炸，完全潰滅，由於這一事件第九十八軍亦至解體狀態，使美蔣間突然發生了問題。據最近投降我軍的重慶軍某參謀談，當我軍突入獨山之時，重慶方面令胡宗南的第九十八軍四十二師由陝西方面出動，阻止皇軍的[illegible]，但在皇軍銳利攻勢前，未及交戰即行向黔桂公路貴陽方面開始潰走，當時協助第四十二師的美空軍，獲悉重慶軍退卻，即在獨山附近猛烈轟炸，第四十二師在皇軍進攻和美空軍轟炸下完全潰滅，去年十二月底該師及所屬的第八十九軍，終於不得不解體。這一事件在重慶立即成為一個問題，過去衡陽的第十軍投降兵亦被美空軍轟炸，因此重慶方面的不滿極為深刻，在美蔣合作上投下了極大暗影。

敵報導在山東十二月份
敵我作戰一百五十八次

「同盟社濟南廿六日電」在山東的我皇軍各部隊，於十二月初旬展開討匪的大機動作戰，徹底擊毀盤踞在省內的匪團勢力，粉碎了敵人的衝動企圖。十二月中之綜合戰果如下：交戰回數一百五十八次，交戰敵兵力二萬七千六百八十人，摧毀敵設備三十八處，俘虜一百九十三人，繳獲兵器彈藥器材甚多。

「同盟社徐州廿七日電」在淮海、山東兩省境一帶，延安系軍繼續衝動，對此於某日突然開始行動的松村討伐隊，突破敵人的警戒綫，於十二日黃昏，到達敵軍區——淮海、山東省境，完全切斷敵人所憑恃的經濟動脈——濱海公道，與從北方某方面南下的友軍部隊密切聯絡，席捲省境一帶，十四日下午佔領濱海軍區唯一的經濟據點拓汪港。

協助盟國的義務，徵召各級入伍越來越兇了，至一九二六年級的所有步兵中上尉及工兵後備兵，均須報到入伍。

同盟社口中的
法蘭西困難重重

「同盟社東京三十日電」美英軍侵入歐洲大陸後，與作戰相平行，現在玩弄對歐洲各國的政治外交術策，在犧牲歐洲各國的基礎上，使其與德軍作戰。自德軍撤出這些歐洲各國以來，已經半年了，美英口稱給他們以「解放」，但美英的所謂「解放」，無非是「恐怖」的代名詞而已。那麼它的實際情況怎麼樣呢？法國也與其他被解放了的國家一樣，其所嘗到的痛苦絕於言語。簡言之，法國已變成一個混渾的世界，沒有政府，沒有職業，沒有家庭，也沒有法律。自己的家中卻住着外國人，這種心情的不愉快，是不難理解的。若想以外國人之手趕走外國人，而幸臨就到來，這種想法乃是大大的錯誤。接待進來的外國人，是不能與以前住着的外國人相比。一切都沉迷於「共同勝利」的美名下。麵包的配給量，比之德國佔領時幾減少一半，而且這只是名義上的權利，而實物是否能夠到手，是無法保證的。巴黎德國佔領時是沒有失業者的，現在則有四十萬的失業者，等於全人口的百分之十五。德國佔領時期內的治安能夠充分維持，國民好歹能保障自己的生命財產，但現在是完全不能了。合夥搶刧則採取被公認的形式，假藉抗戰之名的抗戰義勇軍，"到處割據，在到處以掠奪與殺人為職業。不即因為何罪被投入牢獄的，僅一年（包括巴黎在內）就有十五萬人之多。法國北部的嚴冬是非常寒冷的，有如北海道的井水一樣。而石炭則因沒有××，致醫院不能施行手術，國民燒燬家具與書籍，好容易才能取暖。這是德國佔領時代所見不到的現象。物質的貧困是關係於精神的自由的。政府的言論政策，只是「彈壓」兩個字，排外的報紙是絕對不容許存在的，與論界人士不斷地走上斷頭台，因此法國被捲入戰爭後，困難層出不窮。再看一看以「解放者」自居的英美在做何勾當？他們為了完成自己的戰爭目的，不惜犧牲法國。他們搶奪法國不多的食糧與不多的運輸器材，在軍事需要的名義下——蹂躪國民的自由，使美元、英鎊的黑市價格飛漲，促進國家財政的破產，最後為了擴大自己的土地，將要求法國人民的土地。這就是所謂「解放」，因此甚至政府的要人們還說：「德國佔領時的法國國民生活，倒還比現在好些，這話不是沒有道理的。」

參攷消息

（只供參考）

第七七六號

解放日報 新華社 編

今日出一大張

卅四年二月一日 星期四

斯坦因論毛主席
八千六百萬人民的領袖

【路透社倫敦卅日電】新聞紀事報今日以六欄大標題登載斯坦因一文，題爲「八千六百萬人民跟隨着他」。斯坦因自稱他曾在延安與毛澤東談話三十小時，並稱毛是「今日世界上受人愛戴的最偉大政治領袖之一」。（缺）斯坦因綴問：毛澤東憑着什麼權力在延安領導他自己的政府與軍隊，而後毛澤東於指出××時說：「憑着目前各個民主政府領導下的八千六百萬人民——敵後解放區（國民黨丟掉的）八千六百萬人民——的信託。這些政府是自由與平等地選出來的，而共產黨×××××××所有參議會。」（下面無法譯出）

王世杰談中國戰局

【中央社重慶卅一日電】外記者招待會，卅一日下午三時舉行，王世杰、吳國楨、張平群出席主持。某記者詢問中國戰區目前之整個形勢及粵漢路南段戰事，王部長答覆如下：關於中國戰區現狀，有三點值得我們特別重視，第一、現在盟國在緬甸軍事地位，已使敵人不復能從緬甸進攻雲南或昆明。諸君當知在兩三個月之前，我們尚須在中國的前門與中國的後門，同時抵抗敵人的進攻或威脅。現則我們的後門已經鞏固，今後我們只須在我們的前門與敵人作戰，無復後顧之憂。第二，最近一週來敵人在粵漢鐵路南段發動大攻勢，我們在數週以前，已經向諸君指出其可能性，現在敵人已佔領沿粵漢綫南路的若干城鎮，但是敵人雖已打通大陸交通綫，將中國分爲東西兩部，我最高統帥部仍以鐵路綫以東地帶爲基地，以鐵路綫以東之部隊爲主力進行對敵的陸軍戰爭。此一事實的重要性，諸君當能見及。第三、敵人現時正在此一地區猛攻，並企圖盡力加強其中國的海岸防禦，由此事實，足證日寇將在中國戰區進行大規模的強烈××，我們預料敵人縱在多處遭遇失敗，甚成（缺廿州、[illegible]州、吉安、新城各基地，是爲了空襲日本本土而建築的，當前次我軍控制衡陽、桂林、柳州地區後，曾一度放棄。敵人隨着太平洋作戰的進展，企圖重新建立，成爲以戰鬥機轟炸機部隊，向我南京上海漢口及華南沿岸地區擾亂轟炸的出發據點。由於此次我軍新作戰，這一基地羣即成爲最後的××，並被用作爲我空軍基地，對南中國海的我航空體勢愈益加強。總之此次粵漢綫及再建的諸基地皆被我控制，表示出了我軍應付將來敵人侵入大陸的決心。

張治中宴蘇聯駐渝人員

【中央社渝卅一日電】政治部部長張治中，爲招待蘇聯在渝之外交、軍事、商務、文化人，特於卅一晚七時在勝利大廈舉行聯歡晚會，到蘇聯代辦司高磋一等祕書費德林，代武官倫國恩上校，商務代辦巴爾林，塔斯社社長晉金柯等，及各位夫人，孫院長、邵祕書長，賀市長，及賀國光，劉瑤章，周恩來，郭沫若，何浩若諸氏。（缺八字）計共到中蘇賓友百餘人。席間張氏致詞，慶祝蘇軍在歐洲之偉大勝利，及中蘇邦交之永久敦睦。

陝西各縣預算廿四萬萬元
不敷十八萬萬元

【本報訊】秦風、工商日報五日載中央社訊，陝西省本年度縣地方預算核編標準，職員生活補助費，由二百元左右改增爲一千二百元，普通機關辦公費比照上年度增加六倍，各鄉鎮保經費重新調整，平均每月新公各費，鄉鎮以二萬元爲標準，綜列結果，除新興事業不計外，全省各縣共需款二十四萬萬元。收支相抵，不敷十八萬萬元，正呈請中央增撥稅款以資彌補云。

【中央社榆林三十日電】陝省財廳長李崇年，三十日偕榆林專員何雲乘機飛榆林，李氏係實際考察自治、財政、民衆訓練，收集資料，期明瞭陝北財富，並計劃協助農工業之增產。三十日午，李抵榆後，下午二時，各界即在榆林專員公署舉行盛大之歡迎會，席間由李氏報告視察任務畢，即由各界人士，盡量申述地方情形，供李氏參考。

【中央社迪化卅日電】新任新省財廳長盧郁文，頃語記者稱，整理新疆財政，爲當前重大問題之一，渠當一本第三次財政會議決議之『中央財政自治財政收支系統辦法』，漸納新省財政於正軌。關於新省幣制問題，盧氏謂已作詳細研究，必以最大努力，期於短期內使之超於合理化。盧氏對中央銀行無阻開放匯兌一事謂，此大有助於新疆與內地物資之交流。

）完全確定，當再奉告諸位。某記者詢，對於英國克蘭波爵士講演中國局勢之感想，王部長答稱，克蘭波恩之講演吾人至表歡迎。（下缺約一百字）

敵總完全侵陷韶關

【同盟社華南前線片島（同盟）報導班員廿八日電】我軍於二十四日拂曉，由東、西、南三方面開始猛攻韶關市街，與敵守軍六千人展開激烈的市街戰。我北江右岸的挺進隊，於二十六日黃昏，在砲兵部隊協同下，展開最後猛攻，終於完全佔領韶關。

【同盟社華南前線廿八日電】我華南派遣軍於佔領韶關後，繼續急追潰逃之敵，與沿粵漢路南下以韶關爲目標的華中南下部隊，二十七日下午在韶關地方握手，由此粵漢綫即完全打通，蔣介石的抗戰的唯一路綫×××（缺數字）的該鐵道，已成爲大東亞縱貫鐵路，擔負起大陸要塞兵站供應的重任，進行活躍。

【同盟社遂川三十一日電】我快速部隊，爲了配合湘贛路方面的作戰，於一月中旬突然開始行動——進攻在華美空軍東南部中國的中心基地——遂川。現已越過湖南江西省界，擊潰敵第五十八軍約兩個師。而萬洋山的險要與縱斷二百公里的山嶽，僅兩個星期的時間，即行通過。我挺進隊排除第六十五軍第四十師的頑強抵抗，二十八日下午一時衝入遂川飛機場西北方，十時佔領遂川飛機場，並繼續追擊敗敵，逼近縣城。

【同盟社東京卅一日電】去年十二月，大陸縱斷路完成後，我準備就緒的中國派遣軍，再度開始行動，電擊似地進攻，一舉打通粵漢綫南段，掌握了華中華南間的最短聯絡路，奪取了中國東部敵空軍最後據點遂（川）贛（州）航空基地羣的中樞基地——遂川飛機場，使大東亞西方的我防衛體制臻於鞏固。特別是在打通粵漢綫南段作戰中，以挺進隊在主力進攻前，奇襲鐵路上的隧道橋樑，敵人向不知道我軍破壞前即行佔領，毫不損壞的即落入我手，此種奇妙的行動，值得大書特書，由此過去北至耒陽南至英德的粵漢綫間隊已恢復聯絡，全長一千零九十五公里的全部粵漢綫完全歸入我手。在軍事上的意義：（一）華中華南的聯絡路，從過去的八百公里縮短到過去的半數四百公里。（二）由於完全佔領粵漢綫，完全除去了敵人對東側背的突出部。（三）由於這一結果，全大陸的我戰略體勢有了大大的改善，加強了我機動的迎擊體制，以對付敵人的進攻大陸。此次被我鐵錘打擊的遂（川）贛（

【中央社永安卅日電】行政院廿三日通過調整稅制簡化機構案。關稅務局奉令，自廿八日起停征指定類目之統稅，消費稅。專賣機關，奉令停止專賣業務，辦理結束，緝私機關及海關內地關卡，亦停止工作。海關監督署，僅月底撤銷，此項重大改革，爲社會詬病之苛擾，將一掃而空，人民稱便。一般咸認對戰時物資流通，物價之穩定，尤有極大裨益。

『青年軍』編制及人選已決定

【本報訊】一月六日西安秦風、工商日報載力行社訊：據悉：從軍知識青年，已決定編制青年軍×師，並決定戴之奇、羅澤闓、劉安祺、方先覺、楊斌等爲師長。茲據有關方面消息，青年軍政治部主任蔣經國，電請陝西省黨部書記長謝仁釗氏，出任陝南某地青年軍第××師政治部主任。

納粹軍事評論員供認波森以西的戰鬥規模最大

【海通社柏林卅日電】柏林軍事評論員星期二稱：在東綫所有作戰中心中，波森以西地區戰鬥，確是最大的。軍事評論員於答覆是否有任何象徵，顯示敵人有由格涅森地區以西向斯德丁推進的問題時，解釋道：敵人少數坦克之向該方向的探進，並不能認爲就是敵人有這意圖的象徵，因此欲在目前說到敵人向斯德丁推進，實在過早。柏林正以適當的疏離態度注視着東綫戲劇性的戰鬥。此間着重指出：雖然蘇軍佔着優勢，我方受了一切挫折，但尚未到達決定點，蘇軍統帥部已將其大部份兵力投入戰鬥中。

【海通社柏林一日電】德國軍事廣播評論員第特瑪於星期二晚檢討時局時，着重指出下面兩件事實，乃是蘇軍進攻已形遲緩的原因：一、德軍的增加；二、蘇方需要調動它們的部隊以便建立若干新的集結點，爲此它們的軍隊需要重新整編。（一句不清）只是時局的暫時鬆弛而已。

【海通社柏林卅一日電】幾十萬外國人——平民，工人與戰爭俘虜——也受東綫蘇軍攻勢的影響。他們的反應從獲得的很多消息可顯然看出來，這些消息糾正了各種推測。在西里西亞的美國軍官與後備軍官戰爭俘虜營，共有七千人，派代表見營指揮官，迫切要求把俘虜們移到更西的地區去。他們不願落在蘇軍手中。另一消息稱：英國飛行員也要求不要把他們放在蘇軍掌中。在東部莊園與工廠中工作的法國人，並不掩飾他們的疑慮。他們[illegible]居民疏散，並加入逃亡的德軍人羣中，好像是世界上極自然的事情一樣。這同樣也可說是從蘇聯來的工人——[illegible]斯人、烏克蘭人及其他人所採取的態度。他們也跟着德軍往西去。關於蘇聯人無論在那裏遇到關着東部工人們的營房，便立刻用機槍與××把工人們槍斃的消息，很快的在他們中間傳佈着。並據悉在瓦爾熱甘的營房裏，那些負傷的人都被坦克輾死了。

美傳德國和使抵斯托哥爾姆

【美新聞處倫敦廿八日電】代表德國和平運動的特使，已乘飛機秘密離開德國。顯然，上星期四到達斯托哥爾姆的德國武器專家賀爾曼教授，攜有『德國反對派的建議文件』。昨天，德國外交部發言人史來德不得不否認巴本卿有和平使命到達馬德里。卡爾斯．甯訪員自斯托哥爾姆報導：自剛從德國旅行抵該處的旅客說：『德國職業將領完全從納粹中分裂出來』。他們企圖會見蘇聯人，而且可能已經建立了聯系』。該報導說：將領們要求希特勒覓取和平而遭拒絕，於是參謀長古德林準上將乃辭職，遺職由親納粹份子倫多利克準上將繼任。在此之後，將領們自己乃決定覓取投降。華盛頓觀察家認為此和平消息值得懷疑，但指出許多有勢力的德國人，認識到納粹已將國家陷於無望的形勢，則沒有什麼懷疑的。盟國領袖們最近才再三申述卡薩布蘭卡決定：德國唯一和平之路，即無條件投降。

【路透社倫敦廿六日電】英國外交部今夜完全否認外交部任何發言人，曾在廣播消息中，說德國外交家巴本在馬德里進行和平談判，『此事屬實』。並宣稱這些消息（缺）。路透社按：日前美方謠傳英外部發言人曾說巴本在馬德里進行和平運動，並謂『此事屬實』。（編者按：據以上消息，英外部只是着重否認其發言人曾說過『此事屬實』四字而並未否認其它，殊堪注目。）

史諾說：四月以前紅軍可到柏林
蘇聯準備迅速參加對日作戰

【合衆社紐約廿九日電】剛自蘇聯戰綫返此之名記者史諾廣播稱：東綫德軍將趨崩潰，蘇軍目前攻勢如能再進行十日，蘇軍於四月前即可攻抵柏林。渠信蘇聯於最近階段，可能參加對日作戰，果爾戰事即可極速結束。並信一九四六年初即可結束。蘇聯於最後階段，必將參加遠東戰爭，蓋於彼時其本身之重要利益將直接與遠東戰事相牽涉也。蘇軍將協助盟軍解放中國東三省及朝鮮，吾人並信蘇聯對和平及未來東亞，亦有同樣之決定力。但蘇聯將待日本海軍艦隊及空軍被毀，其地面部隊亦與其本土隔絕後，始參加作戰。蘇聯參加作戰後，戰事即將極速結束。

文該報三、八兩日訊，徐中齊調成都任警察局長後的『新政』之一是『獎勵人民密報藩戶漏口』。七日，徐氏復就任四川省警察訓練所副所長，召集全所員警訓話，強調效忠國民黨與提高警察『素質』，加強訓練幹部，充實警察技術。

德傳戴高樂
解散共和人民軍

【海通社日內瓦廿六日電】法共領袖多萊士支持戴高樂臨時政府已有若干時日，特別在法國薩伏依——共產黨政府遭變轟××反動。殺人越貨既然繼續進行，因此摩托化國家警察遂不得不××。政府進而忽然解散共和人民警衛軍，緊急要恢復秩序，並使人民鎮定。多萊士也支持這一步驟，並要求解散一切武裝團體，及絕對尊重國家主權。可是，共產黨的各省報紙，都對解散共和人民警衛軍，表示遺憾，並說政府理解這一組織的有效工作（原文如此）。同時，黨報要求被解散的組織，參加國家補助警察，南法共產黨主要省報『原人』要求：須給游××以抵抗運動的精神。

【海通社巴黎廿五日電】在法國行將到來的郡、省選舉中，社會主義黨，共產黨，聯合投票的思想，只獲得那些確定有共產主義傾向的抵抗運動底報紙的支持。另一方面，大多數社會主義黨的報紙，如『戰門』或『法蘭西國民』報都反對聯合投票。『戰門』與『法蘭西國民』報社論着重指出：想從選舉期中兩黨合作佔便利的是共產黨人而不是社會主義黨人。

美國船舶百分之七十
使用於太平洋上

【同盟社東京二十五日電】自敵人在呂宋島登陸以來，已經半個月了。由於我特別攻擊隊的不斷攻擊與挺進隊的突擊，蒙受巨大損失。當考慮到太平洋到菲島這一世界最長的供應路綫時，敵人的痛苦實在是巨大而又痛烈。美軍在戰略上幾已到達窮途末路，其苦惱是更加增大了。就是說，當反軸心軍向歐洲戰場運輸兵力時，一個師需要五萬噸的船舶，需時兩個星期至三個星期，但運輸兵力到呂宋島，一個師則須使用二十萬噸船舶，需時兩個月以上。現在反軸心軍在太平洋戰綫與歐洲戰綫航駛船舶的比例，實為七與三之比。敵人不得不在太平洋動員其百分之七十即約三千萬噸的船舶。敵人對於呂宋島作戰的供應綫之長，在世界戰史上是空前未有的。因之敵人配置於供應綫上的兵力及其消耗，是非常之大的。這樣，美軍在呂宋島的登陸，似已喪失了反軸心軍遂行作戰的均衡，付出了莫大的犧牲，而美軍登陸的兵力不過五六個師而已。為了供應這幾個師的作戰，敵人必需更加增加其運輸力。但敵人在呂宋島的作戰毫無進展，而

英陸軍大臣培立廈倡言西北歐集團

【海通社柏林三十日電】倫敦訊：前英國陸軍大臣培立廈，於本日提出成立與英國聯盟的西北歐和西歐集團的主張。「成立這類集團，不僅有助於保衛歐洲諸國的安全，而且也有助於保衛世界上沿海上交通及空中交通綫諸國的安全。」培立廈繼稱：英國為了其自身利益，自然是贊成西歐諸國締結具有戰略和經濟性質的區域公約。

雅典會談可能延期
希臘政府不同意解放軍代表人選

【路透社倫敦卅一日電】路透社外交訪員尼爾報導：據倫敦英方人士收到的情報稱，希臘政府不同意解放陣綫中央委員會所選出的參加與希臘政府會議的代表。解放陣綫指定西安托斯、巴沙立茲及采利莫科斯為代表。希臘政府考慮到共產黨有効地控制解放陣綫——解放軍的事實，曾規定代表應只能是共產黨員。西安托斯與巴沙立茲是共產黨員，但采利莫科斯則是人民民主黨員。因此希臘政府要求解放陣綫中央委員會重新考慮它對代表的遴選。

【路透社雅典卅日電】據可靠消息：希臘民族解放陣綫已答覆希政府，表示接受所提在二月一日舉行會議之建議。據稱：他們已指定代表三人，其中包括軍事專家一人。

【海通社雅典廿七日電】據夫拉錆尼報星期六稱：三個極左翼的前任部長斯沃洛斯，亞斯科蒂斯，及費洛波洛斯，已退出共產黨，該黨在民族解放陣綫——人民解放軍的叛亂中，起過主要作用的。

【路透社雅典廿八日電】駐希英軍司令斯科比將軍在致空軍司令杜特爾電中稱，陸軍在阿提喀區擊退叛軍的勝利，大部份應歸功於英空軍各部份卓越與艱苦的工作。空中運輸挽救了開始的危險局勢。

四川新聞檢查處改組
徐中齊訓練警察幹部

【本報訊】據一月二日華西日報載，在成都的四川新聞檢查處已改組，由賀次君任處長，林家×（原文不清）任副處長，金國柱任總檢查；並已於一日視事。賀氏前曾供職川省府並兼新檢處長，此次係由總處調來；而改組後新檢處的所有內部檢查工作人員，也都是由渝調來的。

且成為我軍巧妙的挺進作戰的好餌，使敵人死傷纍纍。為此種形勢所焦慮的敵人，為了打開戰局，正在企圖更加增強兵力，以便與我軍主力決戰。但其結果是：我軍主力磐石不動的態勢，更加使敵人陷入不安與焦愁的境地。

日傳蘇聯向美借款六十億美元

【同盟社里斯本廿六日電】據紐約來訊，廿六日紐約時報報導美蘇兩國交涉龐大借款的消息如下：蘇聯政府為了戰後復興工作，要求美國貸予六十億美元，蘇聯要求的貸款是長期的而且利息很低，由此蘇聯可以購買大批重工業的機械，美國財政當局似乎善意地考慮蘇聯這個要求，這是需要國會承認的事項，因此這個借款不會立即實現。

英駐敘黎公使批評戴高樂

【路透社倫敦廿八日電】國會議員直到最近任英駐敘利亞和黎巴嫩公使斯比爾斯少將，在今日的「星期日特訊報」上批評戴高樂將軍關於法國對敘利亞、黎巴嫩的關係的報告。斯比爾斯寫道：用他的話來說，「法國在敘利亞和黎巴嫩的優越地位仍將保留」，這句話給別人的印象是：他不願討論英法同盟協定，除非我們給他以得到關於敘利亞、黎巴嫩要求的自由之手，而這又是被這兩國所堅決反對的，如果英國與論與法國人民被告以事實時，我不相信他們會承認這個學說——我們也這樣。與我選民討論此事，使我相信一般英國人不重視此聯盟——並且不會忘記在最近歷史中，某些國家的命運，我真正不相信這個國家的人民，會承認我們所給予黎巴嫩、敘利亞的莊嚴的獨立保證會破裂，即或是為了與法國聯盟。

芬社會民主黨反對派希望取消唐納候選

【海通社斯托哥爾姆廿六日電】由於社會民主黨反對派與人民民主黨底共產集團之間，關於聯合選舉的綱領，進行長期談判的結果，芬蘭社會民主黨的分裂，似已不可避免。社會民主黨只有一個地方集團公開與共產黨前任外長×××聯合。早期消息稱：簽訂這種聯合選舉綱領似乎太早。例如，「達根斯尼赫特報」訪員自赫爾辛基報導：社會民主黨反對派中大量人士仍希望在最後一分鐘把唐納從候選人名單取消，從而鋪平黨內團結的道路。就整個看來，蘇聯的威脅似乎已發生效果。政府決定解散退伍軍人協會以後，前任總理林科米斯便稱：在行將到來的國會選舉中不願當候選人。

參考消息

（只供參考）

第七七八號

解放日報 新華社 編

今日出一大張

卅四年二月二日

星期五

王世杰在招待記者席上稱
日本伸出和平觸角毫無所悉

【合衆社重慶卅一日電】宣傳部長王世杰在招待記者席上，評論合衆社伯爾尼消息，該消息謂行將到來的三强會議，將討論日本的和平觸角。王部長說：「我們對於日本正伸出任何和平觸角一事，毫無所悉。」並斷言日本將增援在中國本土的軍隊，力圖使中國成爲戰爭底最後決戰戰場。敵人在廣東發動新進攻的猛烈性，及盡力加强海岸防綫的事實，說明敵人決心在中國戰場進行大規模的決戰。我們相信除非日本在中國被擊敗，不然日本便不能被最後擊敗」。王氏並說：「盟軍在緬甸的軍事勝利，已消除敵人進犯雲南省昆明後方的供應基地的威脅。」「既然我們的後門已安全了，我們實際上只須在一條戰綫上作戰」。並說：另一個有利的因素是：「雖然敵人控制了所謂的大陸交通綫（這交通綫把中國切爲兩半），人們必須觀察到中國高級統帥部，仍在粵漢鐵路以東保持戰鬥。」

魏特梅耶稱：決不使日本失望
美軍將在中國沿海登陸

【中央社重慶一日電】魏特梅耶將軍，一日上午十時半，招待中外記者。魏氏首作表示稱：華東方面，敵軍企圖破壞我機地群，在吾人預料中。敵此種進犯企圖，深恐美軍在中國海岸登陸，余深信敵此種推測，吾將不致使其失望。魏氏繼稱：美國曾有數專家來渝，研究中國軍隊問題，研究結果，已呈報蔣委員長。吾希望此結果，可有助於作戰。魏氏稱：目前有兩專家將自美調本司令部工作，一位名艾莫斯德，負責租借法案，及戰時生產工作，艾氏係西點大學畢業名列第一。其弟亦係海軍大學第一名畢業生。一位名巴柏，亦係西點大學畢業，第一次歐戰曾建有功績。現本部調隨麥克魯將軍

路強抵抗，敵迄未獲得進展。其由耒陽沿粵漢路南犯之敵，於宗洞（郴州北約廿里）之敵一股，於八日午在該地附近爲我擊斃二百餘。（二）郴州附近我與敵戰鬥，現續在山岳地區進行。（三）曲江敵廿八日沿湞水南岸，向東北，我軍力予阻擊，現正於城東北約卅里至四十里之大橋附近，進行戰鬥。贛西方面，遂川附近戰鬥，轉移於鄰區進行，情況劇烈，敵我傷亡均重，現繼續激戰中。

同盟社報導
敵軍粵漢綫戰果

【同盟社華南前綫廿一日電】片島報導班員（同盟）發：韶關攻略戰中我北江右岸北上部隊的光輝戰果中，直至現在判明之戰果如下：敵遺棄死體一千零五百（其中有廣東省政府參議立丘龍德陸軍中將等幹部將校二十五具），俘虜二千五百四十八（其中尉官十二名），繳獲步槍二千挺，各種彈藥約四萬發，步槍彈藥三十萬發，其他甚夥。

【同盟社華南前綫一日電】片島報導班員（同盟）發，完全佔領韶關的我北江右岸北上部隊，二十七日佔領韶關北方十六公里的富國炭田，該炭田的全部設備，完全爲我方確保。

【同盟社東京卅一日電】我皇軍此次打通粵漢綫，可以說完成了建設大東亞陸上交通網的最後工作。對於大東亞戰局，殊有重大意義。被粵漢鐵路縱斷的湖南湖北，大量出產米穀、落花生。小麥、桐油、鎢、鉛、煤，可以說是重慶抗戰力量的重要供給地。這些人力物力的資源，必須經過粵漢鐵路供給各地。該鐵路在我空軍轟炸下，早失掉了運輸能力，現在僅有株州至曲江間一段，還在重慶手中通車，自大東亞戰爭爆發以來，該鐵道與其支綫衡桂綫，以及南寧、貴陽一綫、柳州、南寧、桂林兩大公路相結合，對於建設西南，起了很大作用。今由於長沙、衡陽、韶關等相繼被我軍佔領，因而直至廣州的粵漢綫，全在我軍手中，與京漢綫相結合成爲我方的戰略動脈。

【同盟社湖南前綫一日電】朝日新聞記者大久保報導：打通粵漢鐵路南段，摧毀美空軍基地群的這一作戰，在出敵不意開始奇襲進攻後不久，便佔領美空軍第一綫基地遂川飛機場。同時確保了大陸決戰場上的機動的戰略體制。其經過如下：從道縣方面開始行動的我精銳部隊，分爲數隊，向粵漢綫南段進攻，至一月二十四日，一舉佔領從柳縣南方的一段鐵路。一月十九日，便從耒陽附近開始行動，迅速向南推進。二十五日完全佔領柳縣。其他一精銳部隊，從樂昌沿該鐵路綫前進六十公里。從廣東方面開始行動北上之我軍

工作，深信巴氏必可協助麥克魯將軍，在昆明計劃予敵軍以有力之打擊。至是魏氏答覆謂，日本昨日廣播曾誣蔑本人在華爭權等語，在蔣委員長指揮之下，余與中國各長官，相處極深，彼此無不以誠相見。余總願早日結束戰爭返回鄉里，與家人共聚。蔣委員長日前駕臨司令部參觀，對各工作人員，慰勉有加。本司令部工作之效率，已較前大有增高；此堪告慰諸君者。某記者詢以史迪威公路開闢後，緬甸軍事佈置是否將有變動，魏氏答謂：如何佈置，不能奉告，惟軍隊不能滯於一地，必須注意如何打擊敵人之佈署。某記者詢以史迪威公路開闢後，昆明之威脅是否已解除。魏氏答：現在情形甚爲穩定，但威脅仍存在。某記者詢以第一批物資運抵昆明後，其分配如何。魏氏答謂，中美雙方將共同商量分配問題。今後該路運輸將酌量運輸與戰時有關之民用物資。最後魏將軍尚報以呼籲，對於輔助空軍建功之後勤訓練，及地面工作官員之勤苦與功績，希望多加宣揚，俾鼓勵士氣云。

同盟社評
周恩來同志抵渝問題

【同盟社廣州卅一日電】延安代表周恩來的再度訪問重慶，是特別值得注目的。因爲蔣介石在上次會談中，曾拒絕了延安方面的提案。據說此次會談，是蔣介石親自邀請的，並是基於這樣一個見地，因爲華南方面的軍事形勢非常緊迫，因此必需迅速地取得國共兩軍的連繫。即是說，根據華南方面延安機關報的『前進報』報稱：周恩來會堅決主張：因中國三十二萬平方英里的共產黨地區，與九千餘萬民衆，六十萬中共軍，二百廿萬民兵被內戰所牽引，是因爲重慶完全不顧及國家之故。因此若不即時撤退邊區週圍的胡宗南軍，不允許成立聯合統帥部與聯合政府時，則延安將與重慶決裂，採取與美國共同成立單獨的行動。這說明了其間的情勢。因之可以想像得到：這次國共的再度談判，是在相當慎重地進行着。但應當認爲重慶絕不會過高地重視延安的攻勢，但要馬上成立國共聯合政權與統一國共兩軍，畢竟是沒有希望的。

日寇佔粵漢路後
有向鐵路東進犯模樣

【中央社重慶一日電】據軍委會一日發表戰訊：廣東方面：（一）我軍於海豐東北約廿四里之公平圩堵擊敵寇，至廿九日，將其擊退，殘敵向海豐竄去。（二）陸豐敵於某日晨，向東美圩（距城約卅里），爲我於廿九日擊退。（三）我軍向揭陽攻擊前進，有進展。湘粵方面：（一）永興以北地區，我軍堵擊由汾陽來犯敵，我，於二十七日午後，與南下的部隊握手。又爲摧毀美第一線基地，於一月中旬開始進攻之我有力部隊，擊潰敵之抵抗，深入江西，於廿八日完全佔領遂川飛機場。

敵稱粵漢路正在修復中

【同盟社英德中澤報導班員三十一日電稱】由於南北兩進擊部隊的會師，使粵漢路南段已被完全打通，現在正在進行建設中。即是說，自廣東方面華南部隊中迅速開來的鐵道隊，因鐵軌被敵人卸下，因此在樂昌，銀盞之間約三百公里一段，正在晝夜不停地修理路面，架橋，打通隧道、敷設鐵軌，而展開了雄壯的建設戰。敵人一度拆下來的鐵軌，因皇軍的進擊過於迅速，以至沒有藏匿到遠處的時間，現正由於居民的協助，而不斷搬運，復軌工作正在迅速地進展着。

【同盟社大陸基地報導班員一日電】此次我打通粵漢綫，及控制華南航空基地作戰，從航空戰力方面來看，它的意義是很大的。此即南支敵沿岸基地之中，福建省的建甌，浙江省的麗水，已經瓦解，敵人所剩的只有遂川、贛州及廣東省的南雄。由於我南北相配合的地上軍的迅速進擊，很快的即將遂川佔領。現在看一下奪取敵沿岸基地後的我軍體勢，從已經成爲我軍有力基地的桂林、柳州、至東海岸綫，約一千公里的地區，包括了其他沿岸，即奪取了基地十五個以上，形成了我極爲強力的航空縱深陣地。這一貫通華中華南的廣泛地區，已完全被我控制，使敵空軍飛行不能中途着陸，我大陸航空轟炸的體勢，表示了非常鞏固。

美B二九式機九十架
轟炸新加坡

【同盟社某某基地一日電】以加爾各答爲基地的B二九式敵機約九十架，於本日十一時餘，分爲九個編隊侵入昭南島。以塞萊特爲中心，由九千米突高空，進行盲目投彈，歷時一小時半，在我熾烈的防空砲火的阻擊下，於十二時三十分餘，向西北方逸去。我航空部隊在庫爾安上空擊落敵機一架，追擊戰果正在擴大中。我方損失極輕微。在轟炸前，從去年臘月十一日以來，敵人便作過多次夜間偵察，並在非島海面佈雷，從這些情況看來，敵人的企圖在於破壞馬來亞我軍向非島戰綫運送增援部隊。

陳逆公博褚逆民誼
出任僞國民黨組織、宣傳部長

【同盟社南京一日電】國民黨中央黨部，三十一日召開中央長會，因組織部長陳濟開，宣傳部長林柏生轉任組織，任命陳公博任部長，褚民誼任宣傳部長。

高雙成病死

【中央社榆林三十一日電】陝北警備司令高雙成，於一月十一日起突染傷寒兩週後，溫度下降，血壓增高，雖經中西醫悉心診醫，迄未好轉。蔣委員長會特電慰問，盼早康復，胡副長官宗南，特派專機載冶傳染病專家姜渭倫醫師，卅一日由西安飛榆診治，神志已感不清，三十一日上午十時，姜醫師抵榆下機後，即趨高府診視，其時高已入彌留狀態，不及救治。直至下午一時，即留遺囑，下午三時逝世，享年六十二歲。高氏字立卿，陝西蒲城人，爲井勿幕先烈辛亥革命之幹部，其後隨井岳秀北來，駐守陝北，治軍三十餘年。戰前繼井爲八十六師師長，抗戰以後，擴編爲二十二軍，高任軍長，兼陝北警備司令，年前並兼晉陝綏邊區副總司令。抗戰軍興，鄧司令寶珊坐鎮榆林，高氏爲臂助，高爲人短小精幹，忠誠義氣，平生重師友，治軍嚴明，人民愛戴。高公子凌雲，現任團副，隨伺在側。

英大使夫人來華 攜有西北人民所患特症藥物

【中央社倫敦卅一日電】記者本日獲悉：英國聯合援華會即將以大批醫藥供應物品運華，接濟我國難童。供應品有魚肝油精丸九千五百顆，外科用具及關於兒童福利之書籍小冊，英國人民仍對聯合援華基金源源輸將，總數迄今已達一百四十三萬二千九百鎊。英駐華大使薛穆夫人最近離此返渝帶同醫治我國西北部人民所患特症之醫療藥品。據悉上述藥品將由渠親交孫夫人。

德寇評東綫戰局

【海通社柏林卅一日電】此間軍事評論家於中午宣稱：東綫戰事截至星期三仍很少變化。雖然如此，但有趣而值得强調的，即沿克拉科以南，加立茲、布累斯勞、索羅一帶綫上的穩定形勢有進展。但波森西帶地區運動戰仍繼續進行，該區的北面，即所謂浩波拉克米前綫的運動戰也在進行中。軍事代言人認爲出於朱可夫很快地推動，蘇聯巡邏部隊被委以担任保衛深入部隊的兩側翼。由於蒙蘇南北美第一軍的活動，西綫中部發生大的戰鬥，但軍事代言人認爲這不能算作是嚴重的攻勢，而是爲了幫助東綫蘇聯而對德軍進行的進攻。代言人也認爲美國進攻的目的，在得到一個爲將來作戰的基地。

戈培爾以赤化歐洲來恫嚇英美 希望德軍能從西綫抽出手來

【海通社柏林二十六日電】帝國宣傳部長戈培爾博士，在其

影響到工資，那麼通貨膨脹，將很容易地開始螺旋式上升。（二）失業問題——現在因戰爭而動用的人力，計陸海軍九百萬以上，軍需產業四百萬以上，運輸事業五十萬，政府諸機關一百萬以上，合計達一千四百五十萬，但戰後就業的情況大體如下：農業×百萬，商業二百萬到三百萬，家庭勞動最大限度三百萬，私人生產三百萬，其他二百萬，從上述情形看來，很難避免三百萬的失業者。如根據加斯頓所著『戰後市場』一書的估計，由於生產力的提高，勞動時間的延長等，設戰爭在一九三六年結束，美國至少有兩百萬人失業。（三）戰後經濟值得樂觀的地方——第一在戰爭中……（缺）第二海外需要美國的物資，第三戰後的建築事業，第四一個戰區的戰事結束後，其他另一戰區的戰爭還在繼續。（四）美國經濟的重大障礙；第一無法避免戰後的失業，第二要降低工資，第三與存廣大地區，發生不調和現象，第四勞動者的移動，第五對於歸還士兵及其家屬的待遇問題，第六勞資關係的惡化，第七勞動市場的衝突，及人種問題的激烈化。（五）那麼我的結論是對於美國的戰後經濟，不要存兩點幻想，第一美國在戰爭完了後，就能成功地安定經濟，第二美國和英國爲了他們自己或者全世界，能夠組織令人滿意的國際經濟組織。根據我的意見，所有的現象，都可導美國戰後經濟於混亂狀態，這一混亂狀態，又將迅速產生美國的經濟危機，及衆多的失業者，並使安定世界經濟的偉大計劃，流於空想。

英希職工會員會晤

【路透社雅典廿九日電】西特林爵士及其他四位英職工會人員經過希臘南部山地乘車一百五十哩，去和希臘勞工領袖之間『握手言好』。代表們在回程中同車偕返，民族解放陣綫的四位勞工領袖。他們是約翰·魯意斯（迄一九三五年爲止的參議員並爲希臘勞工總同盟多年的總書記），科斯塔。蒂奧斯（共產黨勞工領袖並一度爲勞工總同盟書記），狄姆特里·斯特拉梯斯（前勞工聯盟（?）指導委員會委員）及米×·馬利奧里斯（希臘鐵路工會多年領袖）。當西特林爵士一行抵達時，他們互相衷誠地致敬。卡洛米里斯叫西特林爵士爲『西特林同志』，而西特林爵士與他多年認識的一位民族解放陣綫勞工領袖握手時說，『這是我的老朋友，卡洛米里斯』。由於西特林爵士的提議，與希臘政府的談判×××希臘雙方勞工領袖間當面會議××。他希望這樣或能造成某種妥協的結果。

日寇空言增產

【同盟社東京一日電】那須兵務局長，在三十一日衆院兵役法委員會上，就加强軍隊糧食自給，發表下列聲明：軍方面認爲士兵的體力就是戰力，軍隊的指揮官應督促衛生，給與有關工作，以保持士兵的體力。軍隊不要

最近發表於『帝國週刊』的文章中問道：『如果突然東綫沒有德軍師團了，如果二百個蘇聯作戰師團在很短時間內與西綫八十個英美師團面對面，克里姆林宮便會突然想起——不是不可能的事情——將世界布爾塞維克化的老目標，斯大林在邱吉爾和羅斯福前撕毀大西洋憲章，世界上將會發生什麼樣子的變化呢？』他又繼續說：『問這個問題就是爲了回答這個問題』，『在我們的歐洲大陸上大概沒有人會動一個指頭保衛財閥。整個東歐，東南歐，和中歐將在數日內被布爾塞維克革命的火焰所吞併。人們也許可以這樣的設想：在這樣假設的情況下，西綫的英美師團將會非常迅速的將其師團送回他們原來出發的地方去。大規模的蘇俄攻勢又對我們的整個歐洲大陸洩露出其巨大的危險性，這巨大危險性就是布爾塞維克主義直接猛攻中歐及其間接猛攻西歐造成的。人們只須設想：德國的武裝力量不能招架這一次巨大的進攻，或至少抵擋住了它，就會看明白：這種缺之力量的結果倒底如何。這些結果自然不只關係帝國，而且關係整個歐洲，事實上關係整個的人類。自然德國今日以進行的戰爭是世界性的戰爭，其結果將直接或間接影響一切文明民族的命運。蘇聯將大批的人和物資整齊的排列起來，其規模之大，超過任何一件能以想像出的事情，人變成了物品。克里姆林宮以布爾塞維克化整個世界爲其目標，並將整個世界置於共產國際的野蠻統治之下。爲此目的，須要很多的人，甚至二萬萬蘇聯人民不够來完成此魔鬼的事業。如果這次戰爭成功了，現代的人類將面對着新的開始。如果這次戰爭失敗了，不幸事情的結果即將降臨』。戈培爾在結論中預言說：『雖然正當我們爲了拯救自己並也是爲了拯救整個文化世界而從事於建築河堤以阻止來自俄羅斯草原的激流的時候，我們西綫的敵人正束縛着我們的手，但從東方來的潮流一定要破滅的。』

同盟社報導瑞典人
論美國經濟界的將來

【同盟社東京三十一日電】中立國家的外國人士，瑞典的經濟學家米達爾教授，曾到美國旅行過三次，在他去年旅行美國歸來，着手寫成的一本名爲『美國的現在與將來』書中，也認爲目前的美國經濟，堆滿了問題，茲扼要摘其論點如下：（一）通貨膨脹的危機：南部民主黨員及一部份保守的共和黨員，有意識或者無意識地主張通貨膨脹政策，反對財政部新提出的增稅案。又議會方面，也反對食糧補助金政策的繼續。設若廢除了食糧補助金制度，其結果如使生活費上漲，生活費必然要

壓迫國民的食糧情形，軍隊自身爲了加强自給自足體勢，願意栽培菜蔬飼養家畜，軍要以最大努力不使國民麻煩，軍願意以嚐受草根樹皮的勇氣做去。（缺現在在緬甸方面不能從後方供給糧草，只有開闢新的確保食糧的道路，（缺一句）如果該方面的漁類非常豐富，即可捕捉以補償國民糧食情形的不足。

【同盟社東京一日電】軍事保護院決定大大提高『軍事扶助給與額』，此次提高的生活扶助給與額的限度，完全按照下列的標準，即在六個大都市裏，過去每人每天九十錢的，現在提高爲二圓三十五錢，一處五個人時，則爲三圓八十錢，從人口三十萬以上的城市到不滿五萬的市，都按照這個標準，在町村中，過去五十錢的，現在提高爲八十五錢，五人時則爲二圓四十錢，因之對於出征軍人的家族與徵用兵家族來說，實是一個大的恩典。

敵議會雜訊

【同盟社東京一日電】復會後的議會，日益接近了。一日衆院繼大會，僅舉行戰時民事、農林、中央金庫、船員保險，設備營團等小組委員會積極審查各法案。另外貴院方面，舉行預算大會，赤池濃諸氏對於加强決戰體制、糧食問題、國民生活、學徵勤勞動員等問題，相繼發出質問，小磯首相、島田農商相、廣瀨厚生相均一一給以答覆。

【同盟社東京一日電】今日的貴族院預算大會，於上午十時廿三分召開，旋即進入質問。由赤池濃就確保製茶業進行質問，十一時五十分一度休息，下午一時十分再開。出光××說，『爲了加强決戰體制，最要緊的要改正複雜煩瑣的官僚主義的毛病，而以『精銳主義指導國民』。小磯首相答：『你的意見很好，政府要××國民，糾正官僚政治的毛病，而應該按照少而精的原則，此種意見當然應該作爲一種方針。願意適這一方向，爲行政的決戰化而邁進』，接着仙石恆太郎（？）就加强農業團體、增産等類等，詢島田農商大臣——野村益三子爵問：『希望講一下國民的『食生活』』。島田農商相答：關於主要食糧×，是在堅持其基準量，而絕對不減低之』，關於增加一點，則正就『副食物』加以各方考慮中，關於野村子爵詢問動物蛋白質供給情形後，××子爵問：『被動員的學生與職員，在因公毀及其他事故而殉職時，將如何處理？』兒玉代理厚生相答：『除了法定的扶助費外，並給以保健金，戰時災害保險金與五百圓的慰問金，至於在精神方面，希望與有關方面協議，善自處理』，於是於四時四十分散會。

參考消息

（只供參考）

第七七八號

解放日報 新華社 編

今日出一大張

卅四年二月三日

星期六

關於三國會談的傳說

【合衆社紐約一日電】此間收得開羅廣播稱：「舉世期待中之三強會議，已於本日開始」。然未暗示在何地舉行。

【路透社華盛頓二日電】「三巨頭會議」咸信已迫近，德國國內的情勢已急迫，紅軍正向柏林前進。華盛頓認為此係戰時外交歷史中決定的時刻。華盛頓編輯人今日宣稱：他們有理由感覺到許多戰爭的戲劇性的事變，甚至現在尚在形成中。（一句不清）「三巨頭會議」的猜測，集中於處理德國無條件的投降。（擠許多）

【路透社倫敦二日電】德國海通社引里賓特洛甫發言人斯契米特博士今日於柏林告外國記者說：「根據斯大林的邀請，邱吉爾與羅斯福現正在羅馬尼亞某黑海港口和他會談」。

【同盟社東京三十一日電】每日新聞社論：邱吉爾在下院聲言只要斯大林決定會晤了，不論在任何時候，或者遙遠的地方，我都準備出席參加。繼之，羅斯福也聲明最近將要離開華府，參加三國會談。今天雖然還有不少報導，說三國會談行將舉行的，但在英美兩國，也流行着延期的說法。僅據我們所知道的，希望三國會談的雖然不是蘇聯，可是根據東部戰綫的目前情況，三國會談設若舉行，蘇聯的發言權，必然會因而提高。對此英國自無法應付，即是美國也是束手無策。上述延期一說蓋出於此。反軸心國家的基礎竟如此薄弱，實令人驚訝不置。從表面看來，似乎有很多問題，需要美英商談，取得一致意見，但由於美英兩國國民，最近對於此次戰爭的目的（為民主而戰）頗為疑惑，故此次會談，恐怕是羅斯福想要與邱吉爾商討打破上述國民疑慮的辦法。

中央日報贊成英殖民大臣克蘭波恩的聲明

【中央社英文廣播重慶三十一日電】中央日報社論，衷心贊成英殖民大臣克蘭波恩子爵，一月二十五日在回答國會辯論時所發表關於中國情勢的聲明。中央日報歡迎克蘭波恩所提「中國與英國之間友誼與同情的存在」。在外交上，該報指出一九四二年所簽訂基於互相平等的中英條約，是中英親密友誼的象徵。而在地理上新建立的中印公路，把兩個國家聯接起來。事實上，一九四二年重要的中英條約，促進了中英關係。該報評稱：日本當進行拖延時間的戰鬥，以避免其迫近的敗北時，發動了對中國政府的政治的與心理的攻勢，阻礙中國獲得完全的勝利，並成為獨立、自由、團結、繁榮的國家。為要擊敗日本的計劃必須充分實現中國的宣言。只有與盟國合作，獨立、自由、團結、繁榮的中國始能使戰爭勝利。

大公報、中央日報論召開國民大會

【本報訊】大公報一月一日社論「今年應為新生之年」，「要大家重新認識『國家至上』」，國民黨應還政於民，共產黨不得越軌爭奪。該文稱：「大家都要重新認識『國家至上』之義，國存俱存，國亡則全垮，誰也不能特別的幸災樂禍。國家是大家的，國家是屬於人民全體，所以政治建設的根本還得是：伸民權，行民主，任何黨派不得自私！國民黨應該早施憲政，還政於民，共產黨或其他黨派不得越軌爭奪！在民主的作風之下，奠定國基；目前更應在民主作風之下，創造新力量，以爭取軍事的勝利。」

一月四日該報社論「論定期召開國民大會」，則希望能於今年內定期召開國民大會，主張一切政黨應有權公開競選。並作如下具體建議：成立國民大會籌備委員會，修改國大組織法及代表選舉法，從前選出的代表無效，進行重選。「快慰之餘，我們不禁更希望國民大會能在今年內定期召開。在國民大會開會前，一切政黨如獲享公開競選的機會，有政見公訴於人民，有政爭表現於選舉，這一來，黨派問題也便有合理的歸宿。我們主張一切政黨應有權公開競選，應讓民意百分之百的自由選擇其代表，然後可以根絕流血的政爭，消滅封鎖式的暗鬥。如不能做到天下為公，真還政於民，國民大會的意義仍可能喪失。這一點是要警惕的。」

國民黨發表一週戰況

【中央社渝二日電】軍委會發表一週戰況：（一月廿七日至二月二日）軍委會發言人談：湘粵邊境之粵漢路沿綫，我敵分別在郴縣、坪石、樂昌、曲江等各地區戰鬥。自上週末迄本週間，益趨激烈，尤以郴縣、曲江兩地，我官兵之忠勇犧牲，艱苦奮鬥，予敵之損傷更大。該兩縣雖於廿七、廿八兩日先後陷敵，惟戰事仍在各該地附近賡續進行中。敵寇企圖打通粵漢路南段，已早在我軍意料中，至於該段鐵路，早經我徹底破壞，且地形崎嶇，一時修復不易。而敵寇更感受該地區我大部兵力之威脅，企圖乘盟軍在我國沿海未登陸以前，積極蠢動，妄想打擊我野戰軍，但我官兵決不放鬆殺敵之良機，咸奮死搏鬥。蓋此時爲盡量消耗敵人力量，則有利於盟軍之攻勢，誠非淺鮮。又竄犯粵東之海豐、陸豐等地，企圖打通沿海交通綫之敵，正遭受我軍甚大之打擊。贛西我攻擊永新，進迫城郊。遂川附近戰鬥，繼續仍殷。湖南我各部隊，仍不斷襲擊敵軍，頗多斬獲。滇緬邊境，我會攻芒友之駐印軍與遠征軍，於廿七日將該地完全佔領。查芒友爲滇緬公路與南坎公路之聯絡站，亦即敵對封鎖滇緬路上之最後抵抗與威脅之據點完全瓦解。就世界整個戰局而言，歐洲戰場各盟軍已攻迫納粹之巨穴柏林，擊敗德寇已屬最後階段。遠東戰場日寇制海制空權，已完全喪失。目前日寇在湘粵邊境與沿海等地竄動，不外企圖在我國大陸作最後之掙扎。吾人應一致警覺。史迪威路既已打通，亦即盟我陸上反攻勝利之奠基業已建立。太平洋盟軍亦已接近我國沿海，盟我之協同，更增緊密。日寇軍閥雖欲作困獸鬥，亦難挽回與納粹同樣之命運。

【中央社渝二日電】軍委會二日發表戰訊：湖南方面，我軍堅強堵擊由茶陵向東南進犯之敵。自上月廿一日起，在岩口、馬溪灘（均距茶陵城約四十里）一帶，展開戰鬥，敵迄未獲得進展。廿六日，我軍援隊增到，即向敵施行攻擊，至廿八日擊斃敵甚衆，敵不支被迫後退，我乘勢追擊，已攻至岩口東山三前嶺、官溪之綫，仍續向茶陵攻迫中。贛西方面：遂川我軍奮勇擊敵，迭予敵寇重創，惟敵援隨續增加，戰鬥益趨激烈，迄至卅日晨，仍有增無已。粵北方面：由曲江東犯敵，卅日續向始興進犯，我軍竭力堵擊，戰鬥進行正烈。

【中央社渝二日電】軍令部戰訊發佈組組長，兼軍事發言人張東泉辭職照准，遺缺由宮其光少將繼任。宮氏今下午二時，曾出席外記者招待會，說明戰局。

我們作如下建議：（一）現在就設立一個機構，容納各黨派參加，馬上開始籌備國民大會的工作。像民國二十九年十月成立的國民大會籌備委員會，此形式甚妥善，惟籌備委員人選，須擴大及國民黨以外的人士。……（二）憲草討論可定期作一結束，把各方意見歸納成章，全部公表，……再有修改意見，就限在國民大會開會前，若干時日寄交國大籌委會。（三）國民大會組織法及代表選舉法是民國二十五年公佈的，時過境遷，或有不合實用的條文，此時應即妥愼修改公佈。修改原則也要博採輿論，以最大雅量，容納黨外的意見，藉示大公無私。（四）代表可重選。原定代表一千四百四十名，也可酌量減少。

一月二日中央日報社論「提早召開國民大會」認爲民主的發展應在國家統一的前提下。同時也希望能够在今年內召開國民大會。「質言之，全國國民的一切意見和主張，在民族生存，國家統一的前提之下，循法定的軌轍，互相討論，達到最後的決定，化爲最高的國策，付諸實施，這才是政治民主主義的常道。我們希望國民大會能够在今年之內召開。」

一月十一日「西京日報」發表梁實秋文「我對於中共問題的一個看法」：強調一個國家內絕不容許兩個政府、兩個軍隊存在，誣稱我黨保持邊區和軍隊爲「叛國行爲」，以作將來國民黨發動內戰之藉口。「實施憲政之後，國民黨還政於民，所有軍隊一齊是國家軍隊。到那時候，共產黨沒有理由再繼續保持「陝甘寧邊區」和他的特殊的軍隊。……如果有任何一黨仍然擁有武力，割據地方，那便是叛國行爲，國有國法，政府自有敉平叛亂的義務與權利，那決不是黨爭，那更不是內戰。」

中央日報與大公報爭論
關於除權相戮敗將問題

【本報訊】十二月二十二日大公報社評，在「鼂錯與馬謖」這個歷史題目下，得出教訓，認爲『當國事機微，歷史關頭，除權相以解除反對者的精神武裝，戮敗將以服軍民之心，是大英斷，是甚必要。』該報說：『吳楚等七國連兵造反，明明是自文帝即位以來，二十幾年的悶氣一齊爆發，而爭天下，奪皇位。但以言之不順，遂藉口。鼂錯刻削諸侯的封邑，名爲『誅錯復故地』。倘奪諸侯以固皇室，實爲至忠。然七國旣以『誅錯』爲名而反，而景帝竟毅然斬錯，以謝諸侯。迨鼂錯已『衣朝衣，斬東市』，而七國之兵不解，乃證明七國確爲叛逆。景帝本不忍殺鼂錯，而竟殺錯以緩之，實在是景帝的高明處，鼂錯一斬東市，七國之兵先被解除了精神武裝，然後周亞夫將兵以討無名之師，乃一戰成功。』

『諸葛亮未嘗不懂「赦罪圖功」的辦法，但是馬謖的戰敗及他個人用人不明的罪都太大了，假使諸葛亮當時仍偏愛馬謖，而不殺他，必定軍心瓦解，不但魏延先反，連心心相印的趙雲也要忍不住。……諸葛亮揮淚馬謖，在當時是不得已，也是必要；不然，就怕要鬧大亂子。』

十二月三十一日中央日報專論『論鼂錯』作者曾資生，反對大公報所提出的『除權相以解除反對者的精神武裝』這一論點，認爲『鼂錯這個安定國家的社稷之臣既誅，內可杜忠臣之口，外可爲諸侯報仇，景帝是一舉而兩失。……但因爲當時蓄志叛逆的吳王 之流在有精神武裝之前老早有了物質的武裝，所以景帝終究在殺錯之後仍沒有達到兵不血刃的和平結果。……功臣大將的態度，他們認定吳王叛逆必須誅討，但兵權不給託他們，政務不信任他們，却堅持反對，結果自然要趁興師動衆的千鈞一髮之際，先拿鼂錯來殺掉祭旗了。…景帝的高明處決不是如論者之所謂：『就是他能够殺鼂錯』，而是當他在千鈞一髮之際，迫於萬不得已而殺他自己的忠臣的時候及既殺以後的時期，還能够容忍堅毅以推行他在爲太子時，就與他的忠臣心心相印的許多政策。……仍然堅決的削弱王國的割據勢力。……

大公報社論作者不論當時的事勢，只摘出一兩件事實就下判斷，並欲以此不健全的乃至錯誤的判斷引伸到兩千年以後今日的時事，這是很可惋惜的。還有一點，論者把鼂錯當做權臣，那就去題更遠了。』

日寇論雷多公路

【同盟社東京二日電】最近傳說被命名爲史迪威公路的雷多密芝那間四百二十公里的公路，已經打通了。雷多公路的打通，對於美蔣之間，武裝中國民衆，以進行對日短期決戰有重大的意義。此次打開的雷多至密芝那的一段路，僅是敵人企圖的一部分。現在中印國境的舊緬甸公路，現仍在皇軍手中，不能進行聯絡，所吹噓的運至重慶的物資，現仍在密芝那擱置着。但美蔣的希望是很大的，正如蔣介石在新年廣播中所稱：『戰時運輸管理局的成立，是要打開援華公路，是打開日本封鎖西部中國的先奏』，讚揚打通該公路。將來雷多公路即使打通，美國是否能按照他們所希望的運輸物資，還要決定於該公路的管理權。這將是美蔣間最有趣的問題。重慶軍副參謀長，兼戰時運輸管理局次長麥克魯，在一月六日第一次接見記者談話時，亦很明顯地看出。美國也不能忽視重慶熾烈的愛國主義，對於公務的管理權，從多方面照顧到重慶的面子。値得注意的是該公路的起點加爾各答和雷多，位於英領印度境內，運些什麼物資，送多少，美國都可任意決定，重慶的生死鎖鑰，都緊操在美國

開小差的數目，和開小差的處置的確切材料。

【海通社柏林廿四日電】倫敦訊，據『每日電訊』報說：比利時與法國政府，已與盟國軍事當局成立協定，比法工廠爲盟國軍隊生產武器與裝備，該報說：第一批運輸，在六個月前尙不致有。

【海通社伯爾尼廿五日電】據瑞士電訊社報導：意大利共產黨領袖愛爾科里的合併共產黨與社會黨的提議，遭到社會黨領袖南尼的拒絕。南尼在『阿芬梯』報上評論此建議說：合併計劃延遲直到意大利得到其國解放以後。

【海通社布魯塞爾廿四日電】據布魯塞爾無綫電報導：比內閣司法委員會討論比利時軍火工業國有化的議論，而在社會黨與共產黨壓力下，已經默認了此議案。

在英國策動下 阿拉伯將成立聯盟

【路透社倫敦卅一日電】路透社開羅特派訪員稱：埃及政府在一兩天內，將發出請帖，邀請阿拉伯國家參加將於二月中舉行的會議，以便提出擬議中的阿拉伯國家聯盟。此間官方人士對於這會議的成功的前途，表示樂觀。他們說：法魯克國王訪問沙特阿拉伯國王伊本。沙德已調解了種種困難，因此打開了成立聯盟委員會的道路。建議會議將在埃及舉行，且聯盟所在地將設在埃及。沙特阿拉伯與也門將派代表參加。預期巴勒斯登阿拉伯將派觀察員出席大會。自然，黎巴嫩與敍利亞將會參加，據說伊拉克與沙特阿拉伯之間的關係，現在比已往好。

【路透社巴黎卅日電】敍利亞的民族主義的示威遊行，很爲巴黎報紙所注意。『戰鬥』報說：『由於日前斯佩卡德將軍在英下院所採取之立場，這些事件的嚴重性被增加了，前英駐敍利亞公使，指責法國沒有履行她的義務，××××立刻把敍利亞國會鳴謝的信帶給他』。該報又說：『××外交部看到斯佩卡德將軍爲他××一個國家的宣傳中使用半官方消息，有時使用他當駐敍利亞公使時所獲得的祕密情報，頗爲不悅。××法國外交部指出，××問題將成爲英法間的××××。』

敵任命六軍管區司令

【同盟社東京一日電】陸軍省公佈（二月一日）：此次發佈命令如下：陸軍大將藤江惠輔任東部軍管區司令官，陸軍中將河邊正三任中部軍管區司令官，陸軍中將吉本貞一任東北軍管區司令官，陸軍中將橫山勇任西部軍管區司令官，陸軍中將樋口季一郎任北部軍管區司令官，岡田資任東海軍管區司令官，陸軍少將額田坦任陸軍省人事局長，陸軍中將小林淺三郎任中國派遣軍總參謀長，陸軍中將佐藤榮之助任防衛總參謀長、陸軍少將萩三郎任北部軍

手裏。不僅如此，還有在該公路終點的重慶，在新設的戰時運輸管理局裏，有副局長麥克魯等多數美人盤踞要津。美國企圖從中貫徹其軍事方面的要求。從這裏也可以看到美國對戰後政治經濟方面所抱的野心。

周逆佛海就任偽上海市長

【同盟社上海卅日電】周佛海繼陳公博之後，於十五日正式就任偽上海市長。卅日，周佛海氏在市政府初次接見記者團，對當前重要事件，發表下列談話：復興上海經濟，可以說是重建中國經濟的重大問題，這不是僅靠上海的力量所能完成的問題。為了重建上海經濟，必須考慮全華中以至於全中國的經濟施策。重光大東亞大臣在這次議會上，曾研究過對華新經濟政策問題，這個新經濟政策如能實現，我相信它將給上海經濟復興工作帶來很大的希望。增強都市生產，是抑制華中通貨膨脹的基本辦法，這個問題歸根結底又回到復興上海經濟問題。總之，目前的問題需要努力重建輕工業。將上海龐大人力疏散到鄉下，一向是個懸案，我希望能火速地樹立對策。

敵偽取消華北『剿共委員會』

【同盟社華北二日電】華北政務委員會，根據一月二十九日召開的第一百一十七次常務委員會的決議，取消『華北剿共委員會總會』及各省『剿共委員會』。同時組織大綱亦行廢除，一日由情報局加以發表，今後事務由綏靖總署及各省綏靖主任辦理。

法民族陣綫將舉行大會

【海通社巴黎廿九日電】『民族陣綫』代表大會將於本週在巴黎舉行，『民族陣綫』中集中着抵抗運動派的共產黨傾向者。『馬賽』報說：為了使法國一切力量都解放出來作戰，在抵抗派和各黨派間締結一個休戰協定是不够的。行動的絕對自由是必要的。

【海通社柏林卅日電】巴黎訊，據星期二『居民報』載：當時地方已發生反對吃飯吃不飽的示威遊行。大量群衆團集於工廠入口處，工會代表團已謁見該地地方長官，請求立即採取急救辦法。

【海通社渥太華廿七日電】據加拿大無綫電台稱：皇家騎兵警察專員烏德宣佈：在被征赴海外服役的一萬六千加拿大人中，有六千三百人開了小差，[illegible]同時答應下週發表關於開小差的詳細情形的報告。這個報告將包括關於

管區參謀長，陸軍少將石井正美任東北軍管區參謀長，陸軍中將辰巳榮一任東部軍管區參謀長，陸軍少將藤村益倉任東海軍管區總參謀長，陸軍中將國武三千雄任東部軍管區參謀長，陸軍中將芳中昭太郎任西部軍管區參謀長。

【同盟社東京一日電】運輸通信省命令：北京大使館一等書記官寺田新六任運輸通信省海務官與海運總局船員局厚生課長。

【同盟社東京一日電】君島朝鮮銀行副總裁此次任期已滿，因而辭職，現決定由該行理事星野喜代治補其遺缺。將於最近幾天發佈命令。

【同盟社東京一日電】運輸通訊省為了實行『船員待遇官吏制』，決定整備海運總局及地方海運局的機構，改正××規定，一日起實行。（海運總局）在總務局內設立特務課，使之干涉海運總局所管業務中的推進特別事務的有關事項，打開現在的困難。在該總局的船員局設立職員課，將服務課改為厚生課，在職員課管理以官吏待遇的船員的身體、身份、敍勳、服務、給與，厚生局掌管職務的××（地方海運局）（一）在過去有船員部的橫濱、大阪、門司，設立『整備』、『職員』兩課，（缺一句），此外在各局設立船員部，設置『整備』、『職員』兩課，但在神戶亦設厚生課，（二）從來有船舶部的地方，僅大阪門司兩局，今後設立×局從事於船舶檢查事務。

【同盟社東京一日電】那須兵務局長，在三十日下午衆議院兵役法委員會上，回答軍事動員有關的質問：根據最近的新聞報紙，曾××軍動員的計劃，美國是再行增加動員的時期，英國的總動員計劃是感到了困難，我國兵力動員狀況比這些交戰各國的狀況是很良好的，但在生產機械等關係，我國總動員的要員，在每個單位來說，人力還是有剩餘的，這一方面的狀況與敵人方面沒有多大差別，因此為了完成目前的戰爭，關於軍動員的兵力，正與有關各省聯絡，即使供出陸海軍所要的軍動員兵力，亦對總動員的要員沒有妨礙。

【同盟社東京一日電】橫須賀鎮守府公佈：出動海上第一綫勇敢奮鬥的故塚武男中將，最近在前綫光榮犧牲（原文為名譽的戰死）。

參攷消息

（只供參考）
第七九七號
解放日報 新華社 編
今日出一大張
卅四年二月四日
星期日

敵開始向南雄進攻
企圖摧毀美在遂贛基地羣

【同盟社粵漢前綫一日電】在粵漢綫東方，業已取得聯系的我南北縱貫部隊，突然轉變方向，向遂贛機場羣之一的南雄猛烈進攻，不久即可將該地佔領。與佔領遂州的我部隊相呼應，遂贛機場羣，亦將爲我軍摧毀。廣州地區的美蔣軍，對此極爲恐慌云。

【同盟社東京三日電】韶關約有十萬人口，自古以來，即爲廣東北部的要地。昭和十三年十月，皇軍在華南登陸，佔領廣州後，重慶廣東省府各機關，即移至該地。嗣後，該地即爲敵方的重要據點，在廣東省主席李漢魂領導下，成爲敵方攪亂華南的策源地。第七戰區司令長官部也設在這裏，配備有第三十五集團軍，此次佔領該地，在我軍打通粵漢路上，是有極重大的義意。

【同盟社大陸基地二日電】龍谷記者報導：在我皇軍猛烈進攻下，敵人殘存的唯一前進基地羣遂川，亦迅速爲我軍佔領。其他所說的遂、贛飛機場基地羣，目前亦處在我軍的重壓下，故敵人在大陸沿岸所佈置的航空陣勢，至此全被我軍摧毀。茲把在華美空軍在遂、贛地區佈置的基地羣情況，介紹如下：該基地羣以衡陽東南二百公里的遂川爲中心，與東南七十公里的贛州、南方一百公里的新城，北方一百公里的吉安，結成基地網。此外更在福建省的建甌、廣東省的南雄等地設置機動基地。企圖據此轟炸華南沿岸、台灣、以及攪亂我海上交通。但當我軍進攻廣西時，敵人因怕切斷了後方的聯系，會準備向後撤退，把正在進行中的新城、建甌等地的擴張工事，也破壞了，嗣後便幾乎看不到敵人的使用。然而遂川、贛州兩地，敵人靠着空中的供給，仍有猛烈活動。特別在敵人進攻菲島後，積極從該地運輸炸彈。敵人在該地停留的戰鬥機和轟炸機，約有一百架左右。當一月中旬敵機動部隊出現華

，那麼斯大林的邀請，表明：羅馬尼亞是蘇聯勢力範圍的一部份，如果羅馬尼亞合併於蘇維埃社會主義共和國聯邦時，莫斯科將不允許盟國方面的任何抗議。威廉街收到的情報同時說，英國及美國提議在會上××致德國人民的宣言。這是企圖以此來打擊德國人民意志的。發言人追溯三國會議已在英美國會中引起爭執，若干議員猛烈抨擊卡薩布蘭卡無條件投降的公式，並說這是政治上及策略上最大錯誤之一，因爲它加強德國人作戰的意志。里賓特洛甫發言人斯契米特博士宣稱，這個政治宣言如果眞正發出來的話，將證明是政治上的失敗，因爲德國人民淸楚了解邱吉爾、羅斯福及摩根索發表的聲明，而且沒有忘記一九一八年。這次戰爭完全是反對德國領袖們的××，已再次×××。（缺）據發言人意見，邱吉爾與羅斯福不知道斯大林的軍事意圖。他們在那裏也不會獲悉。（缺）據發言人意見，莫斯科企圖使歐洲或多或少的附屬於蘇聯。克里姆林正堅持地追逐這個目的。（下缺）

路透社說
謠傳德國已投降

【路透社開羅三日電】開羅今日謠傳德國業已投降並與盟國簽訂了停戰協定，結果引起各方紛紛以電話詢問報館。大堆羣衆竚立於收報機旁邊，希望有一個急電證實這一謠言。某些下午報紙曾延遲出版，以待謠言萬一證實。

英傳斯大林將
調解波蘭糾紛

【路透社倫敦一日電】據此間政界人士本晚消息：斯大林元帥，已採取步驟，設法打破波蘭之僵局，傳彼已邀請盧布林委員會以外之波蘭各政黨首領，來莫斯科開會。

【中央社倫敦一日專電】每日郵報本日刊載他們特派員所發消息說：英法兩國正就美國的作戰力量分散在歐洲和太平洋兩戰場一事，向美國統帥部提出強硬抗議，說美方以最大比例的船運噸位，接濟麥克阿瑟將軍在菲島的作戰，英國國務大臣最近前往華府也爲了這件事。

【路透社倫敦一日電】官方宣佈：英空軍今夜××××，以防止德軍調動大量部隊及裝備，前往東綫。（缺）柏林鐵路停車場亦被炸。

德寇評東綫戰局

【海通社柏林二日電】軍事發言人強調：整個東綫德軍抵抗逐漸日益頑強。當問及這是否由於可能的德軍展開，發言人答道：關於此點尚未達到結論，繼稱：無論如何，日益增強的德軍抵抗使布爾蔡什維克不可能在奧得河上的法蘭克福及庫埃斯特倫區域更向西面前進。現在敵人正停止在茲洛干與西維林之[illegible]

南海面時，從該地起飛，轟炸大陸各地的敵機，亦甚頻繁。

魏道明信口雌黃
說援華物資已有一部給共產黨

「美國新聞處華盛頓二日電」中國駐美大使魏道明今日於招待記者會上說：日本即使喪失了日本本土，它將仍在它佔領的滿洲進行猛烈的戰鬥，正是這一種遠景使中國（此句不清）。魏說：「日本人已擬定了許多計劃，準備它們本土的萬一被佔領。他們早已搬了許多工廠至滿洲並建立了許多新的軍火工廠，企圖××將來作戰的基地」。魏氏說：他希望中國共產黨與國民黨的連續談判，將得到結果，但他說，非至談判已告完成時，他不能發表關於進展情形的特殊宣告。他說，「在運交中央政府作抗戰用的××供應品中，相當大的一部份已分配給共產黨以便用於同一事業。」魏說：「國民政府已對共產黨作了好多讓步，希望後者也這樣做。我們曾一再設法以政治方法來解決我們的分歧，談判現正在進行中，非至談判已告結束時討論進展如何是不可能的。」魏說，中國未來的國民大會將於今年舉行，目的在於將更多的權力還給人民，此點在蔣委員長新年告國民書中已經說過。魏說：「這在完成我們成爲一個民主國家的計劃上，是前進了一步。我們一貫相信，立憲政體如果從上到下對它都有徹底準備的話，將能做出最好的工作。地方行政單位將在更廣泛的規模上行使職權，而根據自由選舉選出來的各種××將保證立憲政體的勝利。」

「合衆社華盛頓三日電」魏道明大使頃在此招待記者稱：在中國海岸開闢一港口之希望似甚大。因美軍已向中國海口前進（缺十餘字）尤其當中國東部有軍隊存在時，開闢港口將更容易××××供給對日作戰方面甚爲重要。因儘恃史迪威路尚嫌不足××××日本將在亞洲大陸上堅守使戰事能盡量延長。日本最近數月來以其在本國之工廠遷至滿洲，即爲此說之明證。中國軍隊將繼續在緬甸作戰，至少在獲致能適當保護史迪威路之區域。×××××。

德傳三國會議
已在羅馬尼亞舉行

「海通社柏林二日電」里賓特洛甫發言人，於今日招待記者會上說，斯大林邀請羅斯福和邱吉爾於羅馬尼亞舉行三國會議，且會議已在羅馬尼亞某港開幕。據發言人意見，如果這個情報是正確的話

前綫，但這一停止的理由尚不清楚知道，雖然它可能是由於供應困難所引起的。從克拉科以南至玆洛千以南戰鬥區域內，日益增加的德軍抵抗已造成消滅與縮小了蘇軍幾個橋頭堡壘。發言人宣稱：在所謂波默蘭尼亞前綫迄今證實僅有敵人偵察部隊。

「海通社柏林二日電」華盛頓訊，星期四副國務卿格魯公告，美國駐重慶的官方代表機關已有很大的增強。官方對此的解釋，講到中美關係的極大重要性，及美國公衆對中國之積極的關心。埃里斯·布里洽已受任爲美駐渝各種官方團體的統一領導人。

「海通社柏林二日電」帝國副新聞部長遜德曼在星期四日招待外國報界代表時說，柏林對蘇聯將成爲最殘酷的失望。藉這一聲明駁斥了外國報界所謂帝國首都已行疏散的消息。宣稱：柏林可能是蘇軍進攻的目的。這已由被俘的蘇軍兵士所證實。蘇軍士兵相信到達柏林後，對他們戰爭即算結束了。「柏林是蘇軍的希望，但是柏林將成爲最殘酷的失望——我們在柏林以前的許多地點曾經受最艱苦的轟炸戰爭的考驗，城市現在準備不是固守而是擊退敵人。」

「路透社倫敦一日電」德國新聞社本日引述德新聞處副處長遜德曼，否認柏林已開始疏散及政府官員已紛紛他遷之說，據該報社訊，遜德曼曾告德國記者稱：柏林顯爲敵軍進攻之次一目標，但柏林業已有備云。

戈培爾論「德國之命運」

「海通社柏林一日電」德國部長戈培爾博士最近在帝國週刊發表一文說，由於斯大林的軍隊進入了歐洲的心腹，全世界的政治家正面臨最困難的決定。「現在必須在時間的壓力下作出這一個重大的決定，而且擺在我們面前的，時間已經不多了。蘇聯正在全力行動，但它公然的與非公然的敵人則毫無指望。布爾塞維克妖魔愈形迫近歐洲心臟，事態對於那些應負責這一難以形容的不幸的人們的責難，將愈形嚴重。他們不應相信，他們可以逃出危險和洗淨他們的手。歐洲的政治家們（包括英國在內）已犯下了嚴重的歷史罪過。由於怕死，他們實行自殺，在對生活的純粹仇恨和懷疑中，和世界的革命國家聯合起來，這個國家只有得到他們的幫助才能獲得勝利，但這個國家在恰當的時機，將利用這些勝利來消滅它以前的幫助者。歐洲只有一個國家具有充分的力量：能在物質上及精神上反對這

紅色的禍亂，這個國家便[illegible]，及國家之[illegible]。如果歐洲不自救，它將落到它絞殺者的手裏。它（指歐洲）盼望異國，不，甚至是敵國爲同盟國，但是這些同盟在時機殘酷地、諷刺地到來時，將毫不費力地消滅歐洲。時鐘似乎只有五分鐘即到十二點。歷史時鐘之針，正懸而不決地擺來擺去，沒有確定它是否更逼近危險點，或再次退出這一點。兩種可能仍然存在，兩種可能仍然操在歐洲各國的手中。他們必須決定這條或那條道路的時機，已經不久了。這將是生與死的決定。這一決定一旦確立，即永遠不可挽回。德國人民將覓取各種方法，來保證它自己現在和將來的生活。我國人民物質和精神的力量，如果我們把它全部利用起來的話，是取之不盡，用之不竭的。

【海通社元首行營二日電】元首說：「雖但怯地或毫無廉恥的從後方進攻國家，在一切情況下將是可恥的」，××進攻德國邊界。進攻已被反攻擊退，進攻者被迫處於防守。新的後備已調至××戰鬥的焦點。所以鬥爭的嚴重化將被計及，迄今，羅科索夫斯基至少五個團已被消滅或驅散，元首說：「從一切時期內，最可怕的命運中挽救我國人民，不可避免地，忠實地服從國家安全的指揮，這是不可動搖的」。元首說：「在這一時刻，我願如一個無情的國社主義者，及爲我國奮鬥的戰士僅僅一次地說，以威爾遜式的辭句來影響國社主義德國的每一企圖，預定是×××，今日的德國是不曉得這些」。一切投降××相信盟國保證的××，係走向完全的毀滅。」

英國論壇週刊評蘇波問題

【路透社倫敦二日電】英國經濟家週刊評三國會議時說：英國論壇週刊及時與潮，在他們關於蘇聯外交政策的某些方面的評論中極爲爽直。論壇週刊討論建議改變波蘭疆界的問題時宣稱：「在我們看來，犧牲德國而行領土賠償的理由是在於需要給盧布林一些東西以支援其在波蘭人民中的威信。盧布林委員會是蘇聯所造成的，從一切顯明例證中看，它在波蘭人民中間是沒有群衆基礎的。眞理迫使我們說：從這一切當中所可以得出的唯一結論是：蘇聯想分割東部德國，以便在波蘭唯持他自己的吉斯林政府。當然，這是赤裸裸的强權政治，而且不因爲它是由蘇聯所實行而使得它不是那樣。相反的，它是更壞，因爲全世界數百萬人民期望蘇聯給予文明，並且不參加與資本家政權鬥爭的淵藪。更進一步，我們的共產黨朋友在擁護它時，剝奪了他們自己控告英國在希臘境內的行爲的權利。至於整個歐洲問題的解決，論壇週刊說：「在其他大部事例中，人民與領土應留在被選擇的國家內。這

近州設在蘭立第三根據地，在西安設立第二根據地，在寧夏省方面設置第三根據地，並繼進一步在河南、河北、山西省方面的中共地區，設立飛機場。與此種工作的積極進行相關聯，美國對重慶的壓迫將逐漸加重。

鮑逆文樾對重慶招降

【同盟社東京二日電】國民政府總參謀長鮑文樾，關於日軍打通粵漢線及佔領遂川飛機場，一日下午發表下列談話：由於打通粵漢線南段，完成了連接大東亞的縱貫鐵路，今後可望增強運輸。同時重慶軍的第七、第九兩戰區，喪失了抗戰據點，陷入不可收拾的地位。由於佔領遂川飛機場，意味着美空軍的零星出擊受到阻止，這是最重要的。對於美軍在中國登陸的企圖，已經建立了堅固的防衛陣地，如果美軍來攻，一定受到日軍的猛烈反擊，是必然的。重慶企圖挽回湖南敗戰以來中國西南部的形勢，宣傳準備反攻，在此次作戰慘敗後，重慶軍的企圖完全成爲泡影。重慶如不從抗戰迷夢中覺悟，日軍將更有力地進攻。現在大東亞戰局已經進入新局面，解放大東亞的戰鬥日益對我有利，重慶的同志應洞察事態，應在這一絕好的機會實現和平，打倒美英兩國。

芬總理宣佈：對戰爭有大影響的人，應在大選前引退。

【海通社斯托哥爾姆二月二日電】芬蘭總理巴錫基維在芬蘭國會上發表聲明，他說：所有戰爭期中在芬蘭政治事務上有大影響的人物，現在都應該引退。政府決定組織一個委員會，目的在調查一九三八(九)?年以來的事件。此聲明使赫爾辛基人士大爲震驚。瑞典日報消息靈通的訪員自芬蘭京城報導：這個委員會的組成遇到了困難。因爲有幾個適於此項工作的重要人物，拒絕與此委員會發生聯系。訪員指出：這個聲明最重要的一面，在於它想以實際取消若干候選人的名單來直接影響即將來到的國會選舉。目前特別有興趣的，就是唐納的地位問題，一般人不相信他會自動引退，是否採取這個步驟，則由星期五開會的黨領袖們去決定。他們會決定唐納和戰爭中他的合作者不參加國會選舉，他們將引退。但他們可能發表一個聲明說：他們是被政府强迫如此做的，於是選舉就再不受控制了。其餘政黨的那些人，是否會受到巴錫基維有彈性的聲明的影響，現在還不知道。一個社會民主黨員向瑞典訪員說：「爲什麼他們不完全將」國會議員完全從選舉中排擠出去呢？」

比利時的政治危機爆發

【同盟社里斯本日電】比利時國內，發生空前的混

次德該確實可能一方面避免犯同樣愚蠢的錯誤，另一方面不陷於強迫驅逐數百萬人的生靈離開本家鄉土的相反的、可怕的錯誤。時與潮週刊說：「如果沒有共同的觀念不能找到真正的解決，這次戰爭的政治歷史無疑地已證明這些觀念並不存在。據悉蘇聯對德國問題的政治處理是基於經莫斯科自由德國委員會的媒介與德國人的合作。這一委員會的宣言顯示出恢復德國泛帝國主義或無論如何恢復德國軍國主義的偽裝得並不厲害的希望。」（編者按：以上是解放日報今日刊登的英國經濟家週刊評三國會議的後半部）

英國反動日益露骨
不配合作戰還攻擊蘇聯

【路透社倫敦二日電】哥寧今天在新聞紀事報上發表一文稱：「每日快報軍事訪員莫利海德明白地說：蘇軍與英美兩軍間，仍無有效的聯絡。他說：我們的將軍們不知道蘇軍何時進攻何處，或者他們的目標是什麼。他並說，在戰場上的英美將軍們，對東綫所發生的事情不比局外人知道得更多些：『他們從無綫電與報紙上獲得消息』。這一坦白的聲明，將使英國公衆大吃一驚，雖然這對與西綫最高統帥有密切聯系的人們或許不足爲奇。任何人都難於相信，即斯大林並未把他的冬季大攻勢的日期、規模及目標，事先通知邱吉爾與羅斯福，更難於相信，即如果他們被通知，他們會不將其所知附以適當的指示，通知艾森豪威爾將軍。莫斯科在軍事方面固執的不相信的象徵之一，便是不允許任何盟國訪員（蘇聯的除外）到東綫任何戰場，並報導正在發生的事情。我從未得到任何蘇方官員，關於這一陳舊的態度之滿意的解釋。蘇方軍事檢查之嚴既然一如他處，故軍事祕密，絕無洩露的危險。另一方面，在我國與美國發表英美軍事訪員關於紅軍輝煌勝利的直接報導，只能對蘇聯與盟國事業有好處。在德軍侵蘇的最初日子裏，過度的官方謹慎，至少是可理解的。今天這是無意味的。如果在這些作戰年份之後，聯合國領袖們，仍然缺少在戰場上充分有效的共同戰略之要領，那末當組織和平的時候一旦到來時，我們怎敢希望共同的政略呢？」

同盟社報導
駐華美空軍基地的北移情形

【同盟社東京二十日電】美國的謀解國共合作，不待言是抱有某種政治野心的干涉內政行爲，而且在美軍對日作戰的必要上，亦須要這樣做。駐華美軍最近經常使基地北移，以代替從去年下半年喪失的華中、華南的航空基地，要實現這一工作，實現國共的妥協是最重要的條件。據北平得到報，最

食和燃料恐慌後，總理比埃洛與社會黨各閣員間，在國內政治與社會政策上，發生意見的紛歧。據布魯塞爾來電，社會黨閣員斯柏克外交部長，阿克爾勞工部長，羅爾沃運輸部長，福奧斯實業部長，德爾米萊糧食部長等五人，於一日夜向總理聯合提出辭呈，致使以比埃洛爲首的保守派天主教黨，與社會黨發生正面衝突。社會黨閣員退出內閣後，陷該政權於難以繼續的局面，故比埃洛總理乃於二日晨提出辭職。比利時攝政謝拉爾，鑒於比埃洛爲英國所親信，已懇請比埃洛留任。據路透社二日午後的報導，比埃洛是辭職還是留任，將在六日議會討論後決定態度，而消息靈通人士的觀察，認爲比埃洛或將仍繼任總理職務，僅更動在糧食燃料問題上受非難最多的閣員。但比埃洛總理失去比利時社會勢力最大的社會黨的支持，其命運也是很危險的，更不可能收拾國內的不安。

同盟社稱
美兵源缺乏

【同盟社里斯本三十一日電】伴隨着戰事趨向激烈，美國人力資源的枯竭也逐漸走向深刻化。紐約時報軍事記者鮑爾溫，於三十一日，在該報發表評論稱，長期性的戰爭，美軍損失的累積和增加，使人力資源問題逐漸走向嚴重。（缺一句）不要只爲解決後方勞動力缺乏而努力，把解決兵力不足問題也包括進去，以求相對地處理人力資源問題，是絕對必要的。今天，美軍的損失已趨向龐大，在最近，每星期平均損失數已增加到三、四萬人，照這樣消耗量發展下去，美軍的兵源將完全枯竭。

希臘消息

【海通社柏林卅一日電】倫敦訊：據自雅典來的最後消息稱：民族解放陣綫代表團之參加與普拉斯蒂拉斯政府舉行的會議（規定於星期四舉行），仍是令人懷疑的。據說政府方面反對民族解放陣綫和人民解放軍所擬定的代表團中某些團員。×××政府認爲：這些組織是爲共產黨所控制的，它只欲與共產黨代表進行談判。因此它要求民族解放陣綫和人民解放軍執委會派遣純粹共產黨代表團參加會議。

華北敵僑向日本匯款
日寇當局嚴加限制

【同盟社北平一日電】關於華北向日本匯款，從去年三月以來，在華北的日人匯款，銀行送金？需要當局承認，加以適當的限制。此次內地方面亦有此種希望，現地當局決定從二月一日強力實行，由華北向日匯兌的限制。由於此次的加強限制，同一受款人，每月限制在三百元以下（過去五百元以下）超過三百元的匯款，須由大使館匯，（一萬元以上的匯款須由內地當局許可）。又爲了防止同一匯款人與同一受款人的二重送金亦採取了特別措置。

參考消息

（只供參考）

第七八〇號

解放日報社 新華社 編

卅四年二月五日 星期一

每日出半張

東京廣播稱 盟軍將在中國登陸

【合衆社紐約四日電】本日東京廣播，首先警告××入，盟軍將在中國海岸登陸。又稱，上海市當局本週已準備疏散人口一百萬。

敵進逼贛州南雄

【同盟社粵漢前線四日電】磯田（每日）大久保（每日）報導班員電：穿過遂川的我機動部隊，不顧泥濘續向南攻擊，先遣部隊很快的向贛州附近推進，予保衛贛州之敵以極大動搖。又與此相配合由韶關東進中的我部隊，二日黃昏即佔領始興，並乘勢逼近南雄，南雄的佔領完全是一時間問題。

敵報稱世界戰爭已入後半期

——評蘇美英三國關係

【同盟社東京三日電】上月廿九日朝日新聞揭載社論稱：由於歐洲政情的糾紛——與倫斯特德攻勢的結果，使美國與論界的一部份人士，表示了孤立主義復活的傾向。蘇聯在東部戰綫發動大攻勢，始終堅持紅軍自力作戰的獨立性，因此使英國對於蘇聯的潛在力，與美國對歐洲政治情勢的冷淡甚爲憂慮。美、英、蘇三巨頭會談，即是以如此的歐洲情勢爲背景而召開，英外相艾登曾於下院聲稱：『關於現在在政治領域上的國際合作，英國政府絕對不能完全滿意。想三國會議將在這一點上，作爲一個問題』，作爲會談的內容，不消說要提出希臘、波蘭問題，更要提出保障世界安全機構的設立，所以舉行三國會談的原因，是由於德黑蘭方式的瓦解，與在最近期內三國的『戰略展開』。蘇聯已建立不許美英干涉的東歐圈，這是有目共睹的事。蘇聯在蘇波糾紛已經勝利，蘇聯的魔手以援助南國條約、同盟條約爲開端，更與捷克、法國締結了條約，並採取國際人民陣綫的形態，把魔手伸到整個歐洲，而英國之主張西歐軍事聯邦案，不難理解英國這一焦慮與熱情的態度，完全是在整備對蘇聯的戰略態勢。目前的歐洲政局，到處都在扮演着英蘇政府的衝突。英國之所以憂慮美國與論界孤立主義的抬頭，因而開始訴說美國對歐洲的責任與義務的原因，是由於在對蘇『戰略展開』上需要美國的援助。英蘇兩國的政治鬥爭，使徹底進行對德共同戰爭，與政治合作的德黑蘭方式趨於軟弱無力，兩國在對德戰爭中，已說明在於展開戰後的對歐戰略態勢。美國現在所以表明對歐干涉，是因對德作戰後要動用反軸心軍全力對日作戰，全面發動用武力干涉主義的世界政策。我們可以斷言德黑蘭會談前××的三國關係，已進入戰後的××準備階段。英國企圖用地中海是英國勢力，太平洋是美國勢力，東歐是蘇聯勢力的辦法，來調整三國的關係，要阻止三國間的這一戰略競爭是不可能的。我們不能忽視美英蘇三國一定要處理這具體糾紛，與戰勝德國，在政治上的努力。而他們也正製造機會，從對德國的最後作戰，轉入對日本的決戰，世界戰爭已進入後半期，（缺一句）我們一定要從事實出發，樹立我擊潰敵人總反攻的政戰兩略。

日寇焦慮『紅軍攻勢日趨重大』

【同盟社東京二日電】由東方威脅德國正面的戰局，表示將有激烈變化，此次紅軍的攻勢，具備了全面的大規模的模樣，蘇聯各報稱之爲『向柏林的進攻』，德國當局認爲：這一戰爭絕不是很容易的，一旦紅軍越過德國國境時，那時才是德軍及德國人民保衛祖國進行戰爭的時候，我們亦相信德國當局的這一聲明。紅軍攻勢開始後，德軍當局即承認此次攻勢有發展至決定德國命運的重大戰爭的可能性，並表示了起來捍衛的充分決心。新的戰場對紅軍來說，僅是一個道路，對德軍來說，則是一個具有力量的根據地，因爲在那裏有軍隊合作的人民，已經沒有像從前那樣對紅軍有利的別動隊的活動，德軍此次採這一攻勢，較過去的困難甚多，在去年夏季攻勢之前，德軍是在自由地進行擺脫作戰，直至現在已不能進行此種作戰，但爲了保持戰鬥力的『擺脫』仍將舉行，德國各報稱之爲遲延時間的作戰。德軍司令部會聲明在必要時進行反擊，但這是德軍司令部的事情，應當保守祕密，從容地等待好機會，德國工勞戰綫雷伊博士稱：雖說能突破一個戰綫，但不一定能突破德意志民族九千萬人，表示德國決不投降的決心。只有這一死鬥精神，與軍事當局的對抗措置，才能左右今後的戰局。

同盟社報導 解放後的歐洲（意大利之部）

【同盟社東京一日電】在意大利國內，通貨膨脹和黑市來日益緊的嚴重，其他各重要問題也不見有解決的徵象，其中特別是糧食和燃料問題非常嚴重。安拉（盟國戰後救濟總署）去年五月間所擬的五千萬美元的救濟計劃，直到現在還沒有兌現。美國答應贈送糧食和醫藥的口頭約定，也沒見諸實行。國內刻不容緩的情況正日趨緊迫，食糧缺乏已影響到市民的健康問題，政府很恐懼過去兩年間死亡記錄所引起的重大影響。據已發表的統計，去年一年間，在意蘭利亞發生瘧疾者三十萬名，出天花而送命者二千五百名。結核病患者的數目也相當大，伴隨着生活情況的變動，結核病有激增之勢。關於意大利通貨膨脹的情形，據瑞士通訊社去年十二月四日電訊稱：「今天羅馬已成了世界上生活程度最高的都市，中產階層僅是食糧一項每月就需要化費六萬里拉，而物價跟着運費的昂貴將逐漸上漲。」事情很明顯，波諾米內閣財政的虧空數，去年九月是四百三十億里拉，到十二月時，則增至六百二十億里拉，幾乎相當於國庫收入的四倍半。這種情勢，當然要引起人心的轉變，因此各種犯罪行為就猖狂起來。這就是美國所謂「解放」了的意大利的現狀。意大利南部的情形是政治鬥爭，盟國壓制、人民受荼毒，和這相反，意大利北部的人民卻奉戴墨索里尼統帥為唯一的指導者，而且非常信賴法西斯主義和德軍，這是值得注意的。北部意大利的意軍兵力正在步步增強，食糧問題，亦有肥沃的原野，與南部意大利有天淵之別，法西斯帶政府的國內治安，亦逐漸復興整備，意大利北部反軸心軍的游擊部隊差不多被消滅，表示了雄壯的健全範圍，在墨索里尼統帥之下，繼續做不懈的努力，法西斯黨共和國的國民，是有偉大的將來的。

同盟社歪曲報導
解放後羅保等國現狀

【同盟社東京二日電】羅馬尼亞國王米哈一世，於去年八月接受了美英蘇三國的休戰條約，從此巴爾幹軸心的陣營一角即告崩潰，不到兩個月在十月十一日保加利亞離開了軸心國，締結了和平協定，這兩個國家所得到的是政治上經濟上非常苦惱，而且最大的事情，是交出戰爭罪犯。在保加利亞逮捕了前攝政基利爾太子及費洛夫、前總理包斯羅夫，皇室顧問，下院議員，官吏新聞記者等數百名，正如基利爾太子，現在是等待「國民法庭」的判決，前外長帕普夫，在未出國民法庭之前即行自殺。在羅馬尼亞亦是如此，對前內閣親德份子實行血的清洗。另一方面兩國國內的情形，差不多都受着共同的痛苦，首先紅軍兵士的暴行，就是最大的痛苦之一，多年進行苦戰的紅軍，一但踏入巴爾幹他國的領土，發生××事態是不難想像的。其次是通貨膨脹的恐怖，在羅馬尼亞使用多量的廬布紙幣，（缺一句）在保加利亞紙幣流通額，較一九三四年增加了八十倍，生活費是一九三九年的二十倍乃至二十五倍，工資並不增加，工人的生活困難日益激烈，不滿亦日增。其他交通機關的被破壞與徵發，物資運輸的困難隨着紅軍部隊的增加而更激烈。由於此種經濟混亂所招來的政治不滿，使國民的苦痛更大，比羅馬尼亞、保加利亞兩國情況更重的就是希臘的內情，政治上的不安，是眾所週知的，從去年十二月至今年的內亂，最受痛苦的就是國民。由於糧食不足，餓死的人不斷發生，通貨膨脹的數字實在很大，在歷史上找不到同類的例子。英國雖然對巴爾幹各國進入蘇聯的勢力範圍一再忍耐，但終想把希臘據為己有，但英國終不能挽救希臘的形勢是很可驚的。不論羅馬尼亞或保加利亞，結果是一個被征服者，意大利、芬蘭亦將同樣。

希臘政府要求解放軍全部解除武裝

【海通社雅典三日電】希臘外長索非安諾波洛斯，當與人民解放軍及民族解放陣綫代表，和平談判時，將一和平綱領提交上述兩組織，這一和平綱領包括七點，規定：從一定的每年應徵年級徵募男子建立正規國軍，軍官與下士官由特別委員會在與英軍事使團合作中來選擇。憲兵與警察部隊的組織，將行擱置；直至在英國警察使團的建議加以研究之後。在這青黃不接的時期，僅有那些進行「罪惡行為或與敵人合作」的警察部隊人員將被撤職。頒佈規定審判與敵人合作者法庭程序法的律。開始內政權，一如在默塔克薩斯獨裁政權以前所存在的一樣。政府形式將由自由的毫無障礙的全民投票來決定。政府禁止懲罰一切在人民解放軍隊伍中對政府作戰的人們，而那些在對政府作戰時進行罪惡行為的人們則例外。實行這一綱領的先決條件是人民解放軍交出他們手中的一切武器。

【路透社倫敦三日電】又有三個青年解放軍辯護者（據稱為解放聯盟保安機關的工作人員）今晨為軍事法庭判處死刑，罪名是叛國和屠殺。叛國罪是根據他們攜帶武器反對希臘政府合法軍隊和希臘盟邦軍隊的事實。

【路透社雅典三日電】今夜此間對於希臘政府與民族解放陣綫代表之談判，大體均表示樂觀，惟此項談判俱無具體結果。某觀察家謂此種情形與邱吉爾訪問希臘時之緊張空氣，適成一對比。惟即使獲得協議，實際施行仍為一困難工作。

傳蘇向英要求長期借款

【路透社倫敦三日電】泰晤士報外交記者據某可靠權威方面訊：蘇政府向英財部要求長期之信用借款，俾向英定購大量工業上使用之物件，其數目約七億五千萬鎊，定購物件包括機器廠及電力設備，及其他恢復蘇聯因作戰被破壞之工業必需品。

參攷消息

（只供參考）

第七八一號

解放日報 新華社 編

今日出半張

卅四年二月六日 星期二

傳三國會議已在進行
羅斯福將探聽斯大林對日作戰意見

【中央社倫敦四日電】全世界人士期待已久的羅、邱、斯三領袖，在未宣佈地點舉行會議。此次會議以其一切意圖與目的而論，實可稱為歐洲戰爭的第一次和會，過去三日來，德國報紙亦如聯合國及中立國報紙紛紛猜測三領袖會晤之地點，『如謂係在羅馬尼亞之康士坦薩，或烏克蘭南部某地等』，然彼等會晤地點目前實非重要，重要者乃討論之重大問題耳。目前一般反響，均足以表現一項憂慮，即認為勝利雖在目前，和平則可能無法獲致，一般憶及上次大戰期間威爾遜克雷孟×××、羅喬治三頭會議之失敗者，刻均切望羅邱斯三氏有遠大目光，以訂立持久之方案，保證歐洲之永久和平，刻蘇軍已迫近柏林，緊迫之軍事情勢，必使三領袖會議之議程稍有修改，傳羅、邱、斯三氏正集中討論處理戰敗後之德國之原則，以及世界安全機構問題，許多認為不迫切之問題，則留待斯退丁紐斯、艾登、莫洛托夫三外長會議討論，此間盛傳除歐洲問題之外，遠東戰爭可亦略有討論，據稱，羅斯福將探察斯大林關於德國投降後蘇聯參加對日戰爭之見解。

【海通社柏林五日電】倫敦訊：『交換電訊』社星期一早晨宣稱：三巨頭會議已在進行中，被視為當然的事情。通訊社斷言，獲得會議在黑海的某城舉行的情報。然而最重要會議的一部份，將在軍艦上舉行，也斷言會議的三大領袖所帶的代表團較伴隨他們去德黑蘭會議的代表團更大，海通社解釋此係表示一切參加者願望解決一切重要的問題。宣稱：倫敦方面暗示邱吉爾要討論戰後財政問題，因此他要帶許多財政專家。通訊社宣稱，會議亦將討論對德國人民的宣言。

【中央社重慶五日電】據柏林五日廣播，據倫敦某電訊社五日晨消息：「三巨頭會議業已開始舉行。」據悉，會議係在黑海某城舉行，然最重要之交涉則將在軍艦上解決之。此次羅、邱、斯三人所帶隨員均較德黑蘭會議為多，可證明彼等至少亦欲解決所有之重要問題。倫敦方面會稱邱吉爾準備討論戰後之金融問題，因為金融專家亦偕行。

【海通社柏林五日電】美國通訊社星期一夜華盛頓消息稱，關於三巨頭會議的發展，現在還沒有什麼消息。同時美國輿論界的××已到達頂點，此點表現在各方紛紛推測三巨頭會議的地點及討論的項目。據指出，未來一週將是整個戰爭的決定性×××，不僅是東線事變，而且是美軍在呂宋的勝利及期待解決國務分歧的希望。羅甫金斯及國務卿斯退丁紐斯已離羅馬赴不明地點的事實，被解釋為×××二人前往參加三巨頭會議。

同盟社傳羅斯福將在
三國會議提出單獨外交政策

【同盟社蘇黎世四日電】三國會談的中心問題，無疑的是處理德國的問題，蘇聯對於這個問題持着沉默的態度，而美英突然表明強硬的態度。據巴塞爾日報倫敦專電，倫敦的評論家們都承認最近英政府向戰後德國提出苛刻條件的傾向更加濃厚。華盛頓當傳，羅斯福將在三國會議中提出美國獨立的外交政策，以對抗蘇聯，這個政策具體的包括九個項目，這似乎是與最近英國對德強硬的態度相呼應。英國最近遠遠喊德國無條件的投降，這出自什麼心意，確是有趣的問題。英美用這樣的舉動，是因為隨着紅軍對德攻勢意外地迅速進展，美英對於蘇聯是否秘密計劃其單獨處理德國問題開始抱着不安的心情。這就是說，英美指導者懷疑當美英在軍事上摧毀德國表示焦慮之時，蘇聯是否一方面在軍事上急速摧毀德國，而另一方面與此相平行，迅速開始進行關於處理德國的政治攻勢。美國最近一期的陸海軍雜誌登載蘇聯計劃在哥尼斯堡樹立蘇聯製造的德國政權，並準備組織德國警官軍團，而其數量超過現在的德軍。這個消息引起美國國內的注意。據美國各種消息，三國會談開幕之前，蘇聯支持的自由德國意志委員會的問題，逐漸成為中心的問題。關於蘇聯如何利用自由德國委員會問題，現在還沒有接到可靠的情報。但據各種情報說，蘇聯似乎要利用它作為與羅斯福邱吉爾進行神經戰的理想的武器。隨着紅軍攻勢的進展及三國會談的開幕，這個問題逐漸出現於國際政治問題的表面。

中央社論 東綫戰局

【中央社倫敦二日專電】東綫戰局的變化與日俱異，觀察家對德國抵抗何時崩潰一節，不願預言，惟最謹愼的人士也認爲今後四週內，有隨時發生重大事件的可能。各方對當前局勢的看法可分兩派，××外交家（缺五）納粹德方人士，認爲希特勒之作戰已至絕望階段，柏林之失陷更勢所難免，此項信念之根據，爲蘇軍攻勢事前有極縝密之計劃，而運輸供應等事宜更有優異之組織，故蘇軍在廿日之內能推進三百餘英里，今後蘇軍自能依此速度向柏林疾進。素諳德國內情之某親英美的德籍記者本日對中央社特派員談，希特勒之最大缺點在裝甲部隊之補充不足，故不能阻止東綫之數路攻勢，現蘇軍距離柏林最近者僅四十五英里。德統帥部今後似唯有自其他戰綫調軍至東綫增援，否則即須積極動員國民軍，德國尚可自意大利、挪威抽調兵力數師，或自西綫調移裝甲部隊若干師，惟自意、挪調兵勢必放棄挪威佔領區與北意大利之大部，自西綫調兵，西綫盟軍將更易深入德土。該德籍記者又稱：××陸軍之大規模叛變行動，當不致發生，惟高級軍官抗命事件已屢有所聞，預料一旦局勢演化至無可救藥時，當有一部軍官放棄抵抗。關於此點，此間一部軍事專家亦具同感。彼等指出德國將領中僅一小部份爲狂熱之納粹份子，大部均爲傳統性之精良軍人，決不願於絕望之際，犧牲軍力作戰。惟此須待納粹警察對陸軍控制力量衰退之時始能實現。以上爲第一派人士之觀念。第二派認爲：歐戰尚不能立時結束，理由有二：（一）蘇軍三週來已疾進三百英里，倘於兩翼未鞏固之際，遽向柏林採取正面攻勢，必甚危殆。（二）柏林即使指日可下，德軍乃將退至巴伐利亞與奧境之山地區作最後之抵抗，屆時戰事或將拖延至若干時日也。

英前外交部顧問 反對自由德意志委員會

【路透社倫敦四日電】英國外交部前任外交顧問范西塔特勳爵，今日在星期日電訊報上對成立於莫斯科的自由德國委員會發表警告。這是經常向德軍廣播，呼籲他們結束抵抗的委員會。范西塔特說，這些「自由」德國人都是「罪人」。爲他們將在他們自己的供狀上以反希特勒的形式繼續其根深蒂固的信仰。爲了這個目的，他們在表面上對於任何必要的公式均將進行口頭宣傳。我們蘇聯盟邦的眼睛是很亮的。他們可能比任何人更能識破德國人的眞正企圖，他們利用這些德國人來擔任諜報工作（雖然沒有成功），這些德國人現正希望最後利用其（指蘇聯）囚禁者。范西塔特說，美國方面最近消息稱，蘇聯將建立「自由」德國軍官××，作爲東普魯士及蘇聯佔領德國某部份的政權。他評論說，「蘇聯完全可以照管這些地區而不需要任何這種不必要的援助或打攪。以這種語調「××」德軍黷武主義者正是他們所希望的。這種意見可能是美國某些××鼓勵的——×××，我正很有興趣地注意他們的活動」。

希臘和平會議無結果

【路透社雅典四日電】在昨日和平談判會議上，民族解放陣綫和政府兩方代表間，關於大赦問題的意見，似未達到一致。據說民族解放陣綫代表，同意解除人民解放軍的武裝，但對政府處罰刑事罪的提議，却加以批評。民族解放陣綫代表團團長西安托斯說道：「我們明白而強調地宣佈：我們接受希臘人民解放軍非軍事化」。（[illegible]）

【同盟社里斯本四日電】雅典來電：希臘政府與民族解放陣綫，終於二日夜開始和平談判，但在判談伊始，即因大赦人民解放軍將士問題，雙方意見對立，因此使判談已告停頓。人民解放軍的代表雖同意政府軍的要求解除武裝，但反對當局關於處罰團員爲刑事犯的措置，因之本來擬於三日舉行的談判，至四日下午還不能舉行，雙方的糾紛仍然存在，這是很明顯的。

【路透社雅典四日電】希臘司法部長談，前在德國佔領下的希臘供職的部長九人，將加以審訊。此等部長，將由埃及用飛機載回雅典，分別由人民法庭審訊。預計本月五日或六日可達此間，這些將受審訊的人員中，尚有德國佔領下希臘的最後一任總理雷利斯及一九二二年希臘獨裁者潘加羅斯將軍，希臘人民解放軍佔領雅典監獄時，兩人均在獄中。

傳希魔將 逃往阿富汗

【合衆社倫敦三日電】中東來客今日稱，該處盛傳戈林手下人員，已備有特別遠程運輸機一隊，俾納粹要人得逃往阿富汗。據說若干技術專家，已增加德國飛機之遠程至三千英里，俾能到達阿富汗。蓋該地地位偏僻，且有山嶺阻隔，並可能爲將來在中東活動之跳板。納粹領袖可能逃往阿國，係因該國未作不收容納粹黨人之諾言。

參攷消息

（只供參考）
第七八二號
解放日報 新華社 編
今日出一大張
卅四年二月七日
星期三

東京恐懼三國會議 討論蘇聯參加對日作戰

（缺頭）於三巨頭會議上允以蘇軍參加對日戰爭一事，引起東京方面之驚恐。日方顯甚恐懼蘇聯因德境戰事之迅速勝利，而予邱吉爾及羅斯福以切實諾言，一俟德國投降，至少以一部份蘇軍調至東方。本日朝日新聞之社論反映一般情緒稱，日方及英美方面，顯然均關切蘇方於對日戰爭將採若何態度，預定三巨頭會議將檢討對日之全盤軍事形勢，此節日方亦知悉。在德國戰事結束前，日方將極少機會獲知蘇方之決定，尤當日方在德國之情報機關已因土國之與日本斷絕工作之時。朝日新聞稱，三巨頭在英美對日戰爭之最緊要關頭討論遠東之戰局，日人應密切注意，並留心觀察英美之『陰謀』。

【合衆社倫敦五日電】本日訊，一般人相信三國領袖已作會商，並考慮予歐洲顧問委員會以廣大權力，控制戰敗德國，並可能使該委員會成功為強國新國際顧問委員會的核心組織。但又傳邱吉爾首相、斯大林元帥及羅斯福總統已考慮授權該委員會在德國投降後的混亂期內，採取積極政策，並負有管制德國大權。歐洲顧問委員會本為有權建議但無權採取重要行動專供諮詢的機構，故成立以來職權有限。該委員會獲有行政職權後，法國於處置德國工作力量自亦加增。法國駐英大使馬悉格里乃該委員會委員之一，美國大使威南特，蘇聯大使古塞夫及英國外交家斯特朗爵士亦為該委員會委員，現有有力跡象，指陳三大國家準備予法國在佔領德國時獲有重要任務。馬悉格里已代表法國向該委員會各委員提出法國的要求與建議，戴高樂將軍自亦願馬悉格里執行建議，又因德國將趨崩潰的形勢可能使羅、邱、斯商討計劃，以保持德國秩序，並避免發生無政府狀態。三國領袖鑒諸未來可能發生之事件，而準備其他計劃，並授歐洲顧問委員會以臨機應變權宜行事之大權，同時三國領袖亦可能決定以歐洲顧問委員會為核心，而建立各大國家，就歐洲追蹤

暗的世界，敵海空軍增援八打雁的部隊，急進迫馬尼拉南方。我軍在各處阻止敵軍。

【同盟社民答那峨島四日電】菲島的陸、海、空的日美決戰迫在眼前，菲島警察隊供獻勞力，協同皇軍確保治安，並加强戰備，現民答那峨派遣隊隊長B·丁尼托達以下××名，共同寫一宣誓殉國至誠的書信，最近乃呈交菲島共和國當局，並進而表明貢獻一切共赴國難的信心。

【同盟社太平洋前綫基地四日電】布肯維爾島我陸軍部隊於數日來在各處出擊，該島的澳洲軍隊，約一個師，予以打擊。

日寇詭辯掩飾失敗論 『決定戰局的生產機動力』

【同盟社東京五日電】圍繞着菲島的戰局，由於敵人發動兇猛的物量（資）攻勢一刻一刻地激烈起來。可以看到，敵人在菲島的作戰，暫時獲得一些成效並有進展。然而敵人雖進入了菲島，可是戰局的歸趨，絕不能以此就被決定，這是不用說的。例如縱然假定我國與南方的供應綫完全被敵切斷，但是在國內，已在不斷整備飛機原料資材、燃料及一切軍需資材的增產體制。一旦我國確立了强韌的體制時，定能切斷敵人漫長的供應綫，而一舉把敵人的登陸新據點覆滅，這絕對不是困難的事。而且當飛機有足够的生產時，則地理條件，及其他一切條件，都將對我有利。關於這一事實，敵人亦深知道。因此，敵人不顧及巨大的消耗，而繼續兇猛强韌的『物量（資）進攻』，即是說，敵人想在日本還未確立生產體制之前，以龐大的生產力為後盾，想一氣擊滅日本，這是敵人的『物量攻勢』的本質。但是敵人的『物量攻勢』，是有一定的限度的，近代的物量，並非是『靜止的物量』，而必須是『動的物量』，物量的機動性，是近代戰具有的顯著的性格，可是物量要發揮其機動性時，必須在物量之中加上人的要素，而在這種場合的『人』，不是與『物』相對立的『人』，而是與『物』共同構成物量的要素。因此要發揮物量的機動性，自然伴隨而來的是要消耗大量的物量，而這一物量，亦包含着人的要素。美國一方面非常地恐懼人的消耗，但另一方面，却堅決地推行物量政策。這裏可以看到美國『物量戰略』中，所包含着的脆弱性。包含着這樣一種脆弱性，却又必須堅決進行强韌的『物量作戰』，這裏是有着敵人的苦惱。這一弱點，不久將與供應綫的漫長相一致，可是決定這一東西的，無論何時，都將繫於後方的生產力如何來決定的。

問題時時諮商，並採取決定之組織，英國尤欲三大國家於多事之秋時作諮商。艾登外相並會提出三國外長每季需會一次之建議。

「合衆社倫敦五日電」波蘭臨時政府主席貝魯特之要求分割德國東部大片領土，已在三巨頭會議時引起種種推測。先赴華沙之外國記者稱：波政府欲在蘇軍所解放之領土上擴展權威，遠達奥得及納図河此岸，勢將德國之波米拉尼亞及德重要煤產實業區西里西亞省全部割取。據貝魯特說，政府之代表已在德屬西里西亞之解放區內建立民權機構，三巨頭會議可望於本週內發表若干具有確定性之言論。

南部菲律濱美軍新登陸

「同盟社菲島前綫五日電」敵人爲了配合菲島作戰，在呂宋島中部及南部又進行侵入作戰，一月十八日以坦克十數輛，兵力三千人，在蘇祿羣島的主島佐羅島登陸，該島西南岸的我守備軍，連續果敢的襲擊，廿七日一齊突入敵陣地，予敵人以極大打擊，該守備軍直至二十七日予敵之損害達三百以上，破壞山砲一門、水陸兩用坦克、卡車二十七輛。又在菲島中部，敵人企圖切斷萊特島與宿務島的交通，並以魚雷艇向宿務島西岸轟擊。

日寇誇言將在菲島長期作戰

「同盟社菲島五日電」呂宋島我軍的迎擊體勢，隨着形勢的不斷發展而日益明瞭，我軍的作戰方針，是以堅固的既設陣地爲中心，徹底進行防禦，使敵人長期出血，五日之『每日新聞』報導最近的情況，認爲呂宋島的作戰，並不以馬尼拉的得失而成問題，該報稱：敵人誇大宣傳目下進攻馬尼拉作戰，說什麽佔領了馬尼拉，對菲島作戰的推移，有重大關係。敵人經我阻擊後，付出極大的損失，但仍加强向馬尼拉進攻，剛才到達馬尼拉近郊，即吹噓佔領馬尼拉，如果佔領了馬尼拉，那又怎麽辦呢，敵人到那時，亦許要說菲島作戰已經完結了吧，但對企圖持久出血作戰的我軍說來，馬尼拉即使喪失，在軍事上並無多大意義，我們的作戰目標，不是土地、不是時間，而是殲滅敵人的兵力，因此馬尼拉即使變爲戰場，但菲島，更明顯的說呂宋島的決戰尚在今後。

「同盟社菲島前綫四日電」馬尼拉於日軍在聖多瑪大學一帶，予敵軍重大的損失，敵軍的砲轟和敵機的轟炸，破壞了發電廠，因此三日來城內成爲黑

敵寇人力缺乏 動員農業學生及科學技術人才

「同盟社東京五日電」爲了增産食糧，去年動員了專門學校以上的農業系學生，今年亦由農商省、文部省、農業報國會三者共同辦理，由十五日實行，關於實行期間內的待遇，正由農業報國會準備中，動員的範圍，有大學專門學校、農家園藝科，農業拓殖科，農業××科、畜産科等學生，人數爲兩千數百名，動員期間，由二月十五日至明年一月，約一年，春夏各一期。

「同盟社東京五日電」政府爲了使科學技術迅速化爲戰力，根據去年七月一日內閣會議決定的『製定動員科學技術者計劃綱要』，力求具體實現，此次決定實行戰時技術動員及設置戰時技術法令，五日發表並即日實行。這一制度是爲了迅速增加兵器及軍需物資，在內閣任命優秀的科學技術者爲戰時技術指導員，或戰時技術員（仍然担任現有職位）、奉主管大臣之命充分指導工人的技術，以發揮科學技術者的能力。使我國科學技術與重要生産聯系起來，進行徹底動員，這一制度由內閣總理大臣等九大臣（內務、陸軍、海軍、厚生、軍需、農商、運輸通信、大藏）運用。關於聯絡及綜合調整由「科學技術人員動員協議會」担任。

敵在香港壓榨物資的工業計劃

「同盟社香港三日電」香港佔領地總督部民事部長於一日公佈：最近已決定生産額達三億圓的工業振興計劃，並說明其內容，同時要積極靈活地運用在港物資，用之爲工業原料品，至於製品，則由於充分地運用交易公社而選擇之，要獲得由於差額而産生的抵押物資的原料，以期循環地擴大生産，這就是振興工業計劃的目的。爲此，將配合着電力、原料等情形，暫時仍使用現有的設備與資材，以此爲對象，第一要集中生産酒精、××、特種橡皮，第二爲了要取得抵押物資——要集中生産上等紙烟、牙刷與肥皂等，它的生産費爲三億一千五百萬圓，以這些生産品作爲抵押品，以便獲得生活必需物資與工業原料，這不過是第一次計劃，一俟再度實現電力的供給時，再加上原料費，則將更加大規模地計劃與此相策應的第二次計劃。

日寇三大佐戰死

「同盟社東京五日電」據陸軍省公佈，陸軍大佐藤岡忠、鍋島英比古、花房當次升任少將，藤岡於昭和十九年十二月廿一日負傷後病死，鍋島部隊長於昭和十

年十二月戰死，花房於今年一月十七日因[illegible]病死。

【同盟社東京五日電】軍事保護院為了使陣亡將士的夫人學習醫學，現已與京都府立女子醫專、東京帝國女子醫專，及大阪女子醫專交涉收容，希望投考者九十四人，經考試的結果，有四十四人被錄取。

【同盟社東京五日電】軍事保護院，決定於二月起，提高軍專扶助費百分之六十以上，此次又決定給予軍人遺子育英資金的規則，五日由該院公佈其內容，過去這種補助只適用於『生活困難』者，此次規則規定本年一月戰死的軍人遺子，其育英資金，由國庫補助，直至其讀至大學，在這個場合，『戰歿』是指戰死、戰傷死、和戰病死而言，『子』是軍人『戰歿』時，還生存的兒子，已經分家的遺子，以及承繼人的義子。軍事保護院澈底加強援護工作，如供給未達學齡的遺子的榮養品，以便加強養育他們。

路透社妄想波流亡集團與盧布林政府合併

【路透社倫敦四日電】當『三強』開會時，他們可能討論將盧布林政府與波蘭某些其他集團合併，並在較盧布林政府或倫敦政府更廣泛的基礎上，成立新的波蘭臨時政府。『星期日觀察家』報特派記者於評論這一可能性時說，他相信邱吉爾和羅斯福支持此計劃，而斯大林的態度則仍不知道。『此計劃的被接受將表示各大盟國的讓步，此讓步與在南斯拉夫及希臘問題上所作的相同。重要的問題是：除了蘇聯同意之外，是波蘭政治思想界是否支持這一解決辦法。只有波蘭本身的政治運動的領袖才能作出對於這一問題的權威的回答。波蘭政治的重心不可避免地已從倫敦移向波蘭。然而非常確定的是如果關於這一問題的協定達到後，倫敦米柯拉茲科集團將在實行計劃中起顯著的作用。同時，關於波蘭境內政治領袖的態度，倫敦方面知道的很少。那裏的許多政黨尚未公開，大抵因為他們不滿意他們能在盧布林行政機關之下享受行動的自由。在目前的蘇軍攻勢之前，在波蘭解放區停留許久的外國觀察家描述大部波蘭人對盧布林行政機關的態度是保留的，甚至是懷疑的態度，但不是仇視的態度。人們很愉快地接受從德寇佔領轉變為盧布林政權的變更，並且這一變更是對盧布林有利。新行政機關×××無效地，但是解決了許多最緊急的工作：分配了物品，修復許多工廠（？），關閉已五年以上的大學也開學了（？）。（缺一句）但是大部波蘭人把它視為臨時的機構，應該讓位於某一更堅固的與代表的行政機關。當很少的波蘭人決定積極地或消極地反對盧布林「政府」時，具有政治思想的很少的波蘭人願意與盧布林政府合作』。

【中央社西安六日電】籌設陝西大學，為本年陝省教育行政中心工作之一。該校籌委會組織規程業經省府會議通過，至遲即於本月中旬成立。

【中央社西安四日電】據陝教廳統計，全省專科、高小、師範、職業等校共有一百八十單位，學生總計六、八〇七〇人。

【中央社獨山四日電】據賑委會第九救濟區息，由六甲經南丹由軍隊護送來獨難民，尚有一萬五千餘人在南獨途中。

【中央社西安三日電】西伯利亞又有寒流來襲，因之此間近日氣候轉寒，由一日午迄三日晨，大雪兩日，厚積三寸許。

【中央社內鄉三日電】宛西一帶，連日酷寒，二日既開始飛雪，三日中午放晴，平地積雪沒脛，為豫省入冬以來第二次大雪。

【中央社南鄭三日電】此間二日夜大雪，天明始止，積雪五寸，為陝南近年來所僅見。

行政院任免事項

【中央社渝六日電】行政院六日舉行第六八六次會議，通過任免事項：（一）司法行政部常務次長夏勤另有任用，應予免職，遺缺任命鄭天錫繼任。（二）浙江省政府委員兼浙東行署主任魯忠修另有任用，應免本兼各職，任命杜偉為浙江省政府委員兼浙東行署主任。（三）福建省政府委員兼建設廳廳長朱玖瑩請辭廳長兼職，應予照准，任命該省政府委員朱代杰兼任建設廳廳長。（四）任命陝西省政府秘書長林樹恩為該省政府委員。（五）任命姚尋源為新疆省衛生處處長。（六）貴州省衛生處處長姚克方另有任用，應予免職，任命施正信繼任。

【中央社渝五日電】財部直接稅署長高秉坊，因辦理不善，已由該部予以撤職，遺缺由前川康區專賣局長李銳代理。

【中央社榆林一日電】陝財廳長李崇年一行視察陝北事畢，一日由榆林飛寧夏轉西安。李氏此次視察陝北，即於榆林設立陝省銀行分行，扶植當地農工業。省府並撥專款興辦陝北水利。又電，李氏三日下午乘機返抵西安。

【中央社重慶四日電】國民參政員居勵今氏，於二月一日病逝重慶。

【本報訊】據報載：川陝鄂邊區綏靖主任潘文華於一月十日赴重慶，見蔣有所報告。

【中央社興集三日電】戰區軍風紀第五巡察團主任委員樊崧甫，委員劉貞，三日晨離此赴前方晉謁閻長官。

希政府代表團 提出處理刑事犯的說明

「美新聞處雅典四日電」參加全國和平會議的希臘政府代表團，今夜向民族解放陣綫參加會議代表，提出它們對刑事犯的詳細解釋和說明，此等刑事犯與政治犯是相反的。備忘錄是在與希臘攝政達馬斯金諾斯大主教商談和詳細討論政府大赦解放陣綫——解放軍人員之後擬定的。同時，總理普拉斯蒂拉斯將軍發表命令說，對解放軍人員××和屠殺的審判將展期至會議××以後，而已經通過的××在未得新通知前，將不予執行。今日上午，據悉解放陣綫參加會議的代表××（缺）。解放陣綫對於大赦的要求為解放陣綫代表共產黨總書記席安托斯所提出，他說，政府將不可能××××，區別刑事犯與政治犯。他又說，解放陣綫同意解散×××，但希望一切政見××自由的××。

海通社傳 法共抨擊戴高樂

「海通社蘇黎世三日電」瑞士報紙『塔特』稱，當法國共產黨剛剛開始保證他們擁護戴高樂政府之際，第一次有決定意義的與最尖銳的公開批評，又被首次提出以反對戴高樂最親密的擁護者。民族解放陣綫主要機關報『戰鬥』報斥責戴高樂××地使抵抗運動的希望落空。必要的清洗沒有一件澈底進行。抵抗運動的特別懷疑與德國曾有最密切合作的重工業仍然控制着工廠和資本。答應了的戰時利得的名單尚未開始。『戰鬥』報同時攻擊臨時政府的外交政策：他仍未能告訴法國人民關於他在莫斯科所××的義務。『沒有任何疑問的，他正在玩弄頑固的和神秘的把戲』。該報結語稱：『我們和政府間的鴻溝正經常增長着。』

青年軍編為七師 第二期再徵十萬

「本報訊」新民報一月十一日載：全國從軍知識青年，決編為七師，師長已派定為方先覺、劉安琪、羅澤闓、戴之奇、鍾彬、楊彬、覃益之。各師設一政治部，決定劉炳黎等為主任。又一月十二日國民公報訊：十萬知識青年從軍，現已徵集足額，最近報名即可截止。聞第二批知識青年從軍，又將開始徵集，數額仍為十萬名。

「中央社成都四日電」川省知識青年志願從軍，截至三日止，全川登記之男青年達二三、四四三人，女青年五、七一四人，共二九、一五七人。呈報登記之縣市局共一二〇單位，其中一百單位合格男青年達一二、三九六人，女青年三二一人，共一二、七一七人。

「中央社昆明四日電」桂主席黃旭初四日下午一時自渝抵昆，候機返百色。

美對外經濟處發表 對華租借物資運輸方案

「中央社重慶六日電」據美新聞處華盛頓五日電，美對外經濟處處長克羅萊，本晚發表一促進對華供應與租借物資運輸方案。此項方案之成立，由於雷多公路與滇緬公路貫通後，中印間已可直接陸運，故勢必在中國建立一集中之運輸制度，由總統命令在租借法案下指派一萬五千輛美製卡車在中國使用。完成由加爾各答經緬甸至華之油管；××美國技術專家在華協助組織運輸制度，並訓練留美之學運輸、農業、機械及其他科學之中國人士。美陸軍部與中國政府，現正合力推行此一方案，其行×項自己在實施中。第一批美國技術專家現已抵華，並已與其所將訓練之中國技工同住於公路旁之茅舍中。長達二千英里之油管，已在修建中。此一批中國受訓人員（若干技術工人與修路工人），不準備在美國開始學習。此項方案係在連貫雷多公路及滇緬公路之史迪威公路打通以前數月時即有所計劃者。對外經濟處計劃能使中國經此新公路向其內地運輸更多之租借物資。該處稱：前此每月經由駝峯由印運華之物資雖達三萬噸，較昔日滇緬公路上之一萬五千噸猶有過之，然吾人皆知中印之間如無一××之大陸運輸綫，則中國實際所需之數量當無法接近。此外以缺乏修理車輛和機械師、輪胎、零件及車輛之供應，亦使對華租借援助大受障礙，目前之計劃，係在新公路沿綫各地興修倉庫及供應站，以中國人負責此後車輛運輸工作。美國現在召募工程人員，以訓練中國人組任此項工作。（以下係言油管之修築，電文錯落）

「美國新聞處芝加哥四日電」前蔣介石委員長顧問拉鐵摩爾，今日於輪流廣播中強調美國在戰後了解中國的重要性。拉鐵摩爾現任霍甫金斯大學國際關係××長。拉鐵摩爾說，中國在今後廿五年中將是世界問題中的大問題，『×××，而這是蘇聯過去廿五年所××的。』他說問題將在於如何與中國團結一致並『了解它正在做什麼，使我們不要像此次大戰以前一樣，對蘇聯缺乏真正的了解和不知道它正在做什麼。』他說：『中國問題表明了美國很大的弱點，他舒適地坐在屋子裏邊考慮蘇聯問題，中國問題，而實際上全世界則認為這是美國的最大問題，和它是否能在戰後克盡它的責任。』

參攷消息

（只供參考）

第七八三號

解放日報
新華社　編

今日出一大張

卅四年二月八日

星期四

陳誠答記者目前要務一為補充兵員改進生活

【中央社渝七日電】外籍記者招待會七日下午三時舉行，陳部長誠、吳次長國楨、張參事平群出席主持。陳部長首發表談話謂：（一）馬尼拉之克復，足以證明美國已完全掌握了太平洋海空軍的優勢，此種戰果固然可以說是得力於美國物資方面的優越，但麥克阿瑟將軍戰略的高超，實為其主要因素。我們站在軍人的立場，對於麥克阿瑟在雷伊泰島及呂宋兩次的登陸，都是身先士卒，尤為欽佩。（二）對於目前中國的軍政工作，大家都十分關心，我可以告訴大家的，就是這一工作，現已由計劃階段，而進入實行的時期。我相信不久，便可以事實來答覆各位。即一定能够爭取時間，配合盟軍作戰。至於當前軍隊主要工作，有左列兩項：（一）補充兵員；（二）改進生活。記者詢以近來外傳日軍已將一切物資及設備，自華南、華中向華北撤退，眞相如何？陳部長答稱：尙無確實報告，本人認為敵在菲律濱失敗後，此種戒備甚為可能。同時盟機轟炸淪陷區大都市，敵必求設法疏散。某記者詢以士兵生活改善近況。陳部長答謂：第一、士兵薪餉加高；第二、士兵所需之必需品均發實物。以上辦法，本月份已開始實施。某記者詢以反攻問題。陳部長答稱：魏特梅耶將軍前曾有「將不致使敵軍失望」之表示，余相信軍事配合好以後，即可隨時反攻。某記者詢以傳聞中國政府對於美軍黑人在史迪威公路駕駛車輛或任其他工作，有拒絕之意，確否？張參事答稱：關於此項謠傳，吾人尙無所聞。如美方對此建議，中國政府將不以種色差別有所歧視。某記者詢以請說明渝市物價現狀，並一月份指數。張參事答稱：渝市物價，因去歲豐收，故平穩已久。去年下半年，戰局受挫，社會一般情形緊張不安，商人脫貨求現，反使物價穩定，甚至趨跌。現軍事情況順利，物價即隨之上漲，此乃一矛盾現象。據國家總動員會議統計，最近渝市零售物價指數，較去年×計增百分之卅五，米價現由三七〇元一市斗，調整為六三〇元；麵粉由一六〇〇元一袋，調

校偕軍官三人開始測量此一路綫。據渠等報告，英人業已停止其向赫爾次儂方面所修築之汽車路工作，當即決定將來盟國之公路修築工程，完全集中於雷多公路。原訂計劃係由中國工人修築由孟拱往北之一段，而由雷多往東往南者，則由英人任之。惟因日軍竄入緬北，令中國方面無法興工。一九四二年十月，史迪威將軍與魏菲爾元帥會商決定，雷多公路之修築工程，由美國負責。凡租借品中公路修築的材料之不能運入中國者，得暫用之於是。美國軍官在新德里開會草擬雷多公路之建築計劃，一九四二年十一月五日，將該計劃送至史迪威將軍核定，其路綫大體上係依一九四二年日軍未侵時緬甸難民逃入印度所經之小道，即所謂『難民路綫』是也。一九四二年十二月一日，美軍先頭部隊到達雷多，即與英國工程人員協同建築。至一九四二年十二月十日，雷多公路遂正式由美國負責修築矣。（乙）早期美國建築時期。一九四二年十二月，美國第一批黑色之工程人員到達雷多時，即將草園與密茂之叢林闢為宿營地，渠等濫用少數之開路機與英國若干殘破之卡車，着手開工，披荊斬棘，進至巴塔基山脈中，至一九四三年一月一日時，其領隊之開路機已進抵二十五英里處。一九四三年二月二十六日，領隊之開路機已越盤沙山隘，開入緬境。至是新路已築成三八・五〇英里。前方工程隊之供應問題，頗為麻煩，遂以土著挑夫以及中國驛運隊補卡車之不足。三月底，領先之開路機已進抵四七・五英里處，該公路修築工程為雨季所阻，以前共已築成四××英里，且在雨季以前已在鬼門××英里建立第一輔助倉庫。當雨季時，挑夫之供應既不一定，且屬危險，於是遂有空運接濟隊之組織，並將各種供應品以降落傘投擲於前方工程隊。（丙）完成時期。一九四三年十月十三日，皮克少將開始主持雷多公路之修築工程時，第一步即將築路工程處移至前方，其次即實行一『日夜不停』輪番之工作制。史迪威將軍第一次視察工程處時，皮克即已移至處中。皮克之叢林辦公處，設於一雨淒之帳幕中，渠與史迪威相晤於此。史迪威詢渠有無明細地圖與進度表，皮克答曰無。史氏又問何時可築一吉普車路，通至新平洋。皮氏答曰渠不能為史氏築一吉普車路，僅只能築一通行卡車之軍用公路。史又問是否可於一月一日完工。皮氏答曰可。兩氏之第一次會議，係在一九四三年十月三日。一九四三年十二月廿七日，其領先之開路機已抵緬甸胡康河谷之新平洋。工程人員竟在預定限期前四天越過巴塔基山。五十五輛卡車所合組之一運輸隊，載運中國作戰部隊與裝備，隨領先開路機之後開抵新平洋。盟軍之由車輛載至緬北者，自此始。（丁）中美工程。自巴塔基山中之公路通車以後，史

祭為三二〇〇元；食鹽亦每斤加稅十兩；凡此均影響指數之增高，目前政府管制物價，仍着重一面增加生產，緊縮×用。所望史迪威公路暢通，軍用物資大量輸入後，必需品之運輸順位，能趨增加。某記者詢以聞中國政府正擬裁減商業銀行，並限制新設，是否意在使所有銀行盡成國營？張參事答稱：財政部限制新商業銀行之設立，乃以我國商業銀行成立數量已多，例如重慶一市即有七十餘家，為停止其量的增加，××導其質的改進。今後商業銀行制度仍然存在，並非全改國營。

宋子文代理 四聯總處副主席

【中央社渝七日電】據息行政院宋代院長代理四聯總處副主席，業於上週間到處視事。

【中央社渝七日電】中國航空公司總經理職務，頃經交通部發表以前駐美大使館空軍武官沈德燮繼任。

【中央社貴陽五日電】黔主席楊森頃奉派兼任滇黔綏靖副主任。

【中央社迪化六日電】前任新疆督辦公署糧股處副處長何瑞紋，盜賣軍糧，貽誤軍運，證據確鑿。業經第八戰區司令部依照軍法判處死刑，已於今日驗明正身執行槍決。

雷多公路介紹

【本報訊】據中央社電介紹雷多公路。中印公路之稱雷多公路因其西端起於印度東部之雷多，故名。雷多區位於布拉馬普得拉河谷阿薩密之東北端，布里德因河即由巴塔甚山脈叢林密佈之山麓流經其地。因居住其間之原始野人而得名之那加山，拔海七千英尺，起於雷多（缺）南之底不魯加薩地雅鐵路終點處之丘陵地帶，以迄緬甸邊境以外之高峯。中美工程師即在世界上此一僻遠之角落中，奉命担任世人認為『不可能』之工作。雷多公路建築工程之歷史，可分為三期：英國建築時期，早期美國建築時期及完成時期。（甲）英國建築時期。一九四二年三月八日日軍佔領仰光，滇緬公路遂告封閉，而中國最後之陸上供應綫也隨之阻塞。美國誠欲執行其對中國之約言，勢非另闢一陸上新供應綫不可。一九四二年二月間，英人即已開始由雷多向赫爾次堡方面修築公路；另一路經自雷多起，越巴塔蓋山，南趨緬北之胡康及孟拱兩河谷。此綫在數年以前，即已着手測量。一九四二年時，此一路綫原僅擬築成一『吉普車路』，今則以雷多公路見知於世矣。一九四二年五月，阿×蒙上校與柯葉斯中

迪威將軍所率領之中美聯軍，乃得由此源源開入緬境。一九四四年一月，中國軍隊遂由印度調至前綫。二月間，密里爾少將之著名突擊隊，以在山岳地帶行軍十日而馳名於世。為促進盟軍之進攻，皮克將軍復抽調大批修築雷多公路之大批工程人員，在叢林中修築一通往前綫之作戰公路，俾軍隊供應坦克及裝備，可由該路通至前方。工程人員、×步兵而前進，在裝甲開路機上從事工作，卒在叢林中開闢軍路通往寧甘沙卡、太柏家、孟關、瓦拉本、丁卡沙卡、傑布山隘、夏都塞與烏拉塞等戰場。領先開路機每日平均推進一英里許，中國工程人員則在經過之若干河流上，以手劈之木料建築臨時橋樑，嗣乃以正式之鋼橋代之。惟一九四四年季雨使公路不能繼續修路，時路綫業已築至烏拉塞一八九．〇〇英里。且在季雨降臨以前，因戰局關係及抽調工程人員修築作戰公路及飛機場，以致領先開路機未克再由烏拉塞前進。在雨季，除偶有公路障礙物外，該路雖在雨季亦暢通無阻，××通行卡車，由美國運抵雷多之重要裝備，亦皆在雨季循此公路運往前進據點，俾雨季終了時，可以使用於此公路上。十月間雨季終了時，烏拉塞方面所堆積之開路機、起重機不計其數，領先之開路機雖為大雨所阻，測量隊則仍冒雨前進，走於叢林沼澤及伊洛瓦底與孟拱兩河界之間，測量皮×將軍所擬定之路綫，且復冒雨在叢林中以木料修築一長達二英里之棧道，此實為工兵史上空前之偉績。雨季方止，所有精銳之工程隊乃重新開工。中國工程人員並在烏拉塞以南長達十英里之沼澤地帶，排列木條，築一支路，運至山麓，然後循擬定之路綫以至南底，南底為瓦城與密支那間鐵路綫上之一車站，位於瓦城（缺四）中途。（四）最後一段，同時另批工程人員，則自烏拉塞修築一作戰公路直趨加邁，加邁有日人修築之公路通孟拱，由此可循鐵路以至南底與密芝那矣。在密芝那作戰之兩營工兵，已另加裝備，其中一隊奉派前往胡康河谷担任增強各橋樑之工作，另一隊則奉派担任修築密芝那南至八莫之一段公路。一九四四年十二月，八莫陷落後，工程人員遂向南來畹町區，推進改造彼窄狹簡陋之公路，俾使運輸隊可由此以入中國。總之在雷多公路建築工程之最初十月中，共計築成十二英里，後十五月內即自皮克接管全部工程後，竟在盤沙山隘與緬邊之間築成公路四三六英里及大飛機場三處，中美工程人員業已完成世人所認為『不可能』之工作，即雖在全世界最大之雨季中，猶能於叢林峻嶺沼澤稻田之間，由印度修築一通中國之四季可以通行之供應路綫

。今日之需多公路，全程四七八英里，實爲現代工程之結晶，且係支持中國抵抗極權主義者侵略之生命綫也。

又中央社關於中印公路報導一段。密支那至龍陵全長三百公里，自去年十二月十五日興工，以迄本月廿二日試車三輛抵達昆明，費時只四十八日。負責與修此段之滇緬公路工務局長龔繼成與所屬一千餘工程師，大部係過去服務於滇緬公路。在敵軍侵入緬境時，隨軍經野人山退入印度。其後始測量路綫，係當松山戰事激烈進行之際，李家驥隊長率爲冒險進入敵後，從事工作，曾遭遇敵軍百餘人，幸所攜帶儀器被敵人誤認爲重砲。故反將敵軍嚇退。至高工後，在高麗貢山之原始叢林間工作，進行不便，食糧接濟困難，全部四萬工人，每日需糧食四十噸，全賴空運接濟。中航機一架且因此失事，機師工人遇難。緬境之里族人亦參與工作。按龔繼成氏於民國十二年畢業於唐山交通大學後即服務於津浦、平綏等鐵路，抗戰後轉入公路工程界，曾修築康青公路工程。

同盟社稱英將派經濟家二人來華

【同盟社斯托哥爾姆五日電】美國美着着實現其支配中國經濟的野心而在列强中，在中國保有最大權益的英國，最近似乎逐漸採取對抗的方策。據倫敦路透社電稱，英國產業聯合會爲了援助中國產業聯合會的事業，而於數年前設立了中英開發協會，該協會此次決定於二月末以前派遣會員二人來中國。上述代表團由技術家蘇羅加特與工黨的喬治・烏茲斯二人組成。他們已進行準備，預定於二月中旬由英國啓程來華。他們來華的目的，在於與重慶取得緊密的接觸，促進中英兩國產業聯合會各團體間的貿易關係。

中央社傳美軍將在中國沿海登陸

【中央社華盛頓六月專電】華府方面認爲本週將爲戰事發生以來最爲多事之一週，美軍已攻陷馬尼拉，歐洲東西戰場均有迅速之進展，三巨頭會議之傳說亦盛，此間更認爲本週中政治軍事方面均將有重大之發展。白宮方面未曾正式宣佈三巨頭會議之消息，然世界各地對此事之揣測則紛××。美聯社認爲三巨頭會議結束後，將發表關於歐洲戰事停止及和平開始之軍事及外交決策之重大宣言。此間本日對麥克阿瑟克復馬尼拉之輝煌戰役，曾極感興奮，然已立即注意未來美軍登陸中國海岸之戰事。觀察家認爲美軍全部佔領菲島後，即將日本帝國分裂爲兩部，同時亦可準備再度向日本進攻。觀察家相信，美軍以後之主要活動將

呂宋島的美軍。當敵人侵入馬尼拉的一瞬時，已可知道山下兵團的戰法。現在的戰爭是持久的消耗戰，彼我雙方任何一分的主力沒有消滅時，就無法決定戰爭的勝敗，這是作戰的原理，此次日美戰爭尤其如此，彼我任何一方的野戰軍的主力沒有被消滅時，就不能決定最後的勝敗。我野戰軍分布於以中國爲中心的亞洲各地，菲島只是一翼。敵人可以動用各太平洋戰綫的兵力都集中到菲島了，它在萊特島駐有數個師團，明多羅島有一個師團，呂宋島有十至十一個師團，今後還要投入數個師團，因此菲島的敵軍兵力將有廿個師團。此次菲島作戰的特點就是我軍一翼對抗敵人絕對優勢的主力，因此我軍的作戰成敗不在於都市的得失，而在於使敵人一一受到嚴重的損失。因此敵人在呂宋登陸時，山下少將的戰法不是在海邊迎擊敵人，當敵人進入平原時亦不堅守在戰略上沒有價值的城市和地點，而是採取持久的消耗戰，我軍確保仁牙因灣至碧瑤的山地、克拉克西方的山地，馬尼拉周圍及其東方的山地，形成縱深的陣地，整備持久消耗戰的體制。自敵人登陸以來，我軍已殺傷敵軍一萬二千人以上，當敵人侵入馬尼拉時，我三大作戰據點將全面地開始進行作戰，使敵人受到嚴重的損失，使敵人陷入進退兩難的狀態。

山下奉文退守三角地妄圖夾擊呂宋美軍

【同盟社東京六日電】當美軍侵入呂宋島之時，世界均期待我山下將軍展開一大迎擊戰，一大海戰、直至今日尚推測保衛呂宋的山下戰術。我們認爲……（掉十數字）、而避免進行大海戰。在對抗優勢的敵兵力時候，爲了保存戰力長期的持久，此種徹底進行防禦的迎擊戰術，在戰術上是很正確的手段。……敵人在仁牙因灣登陸時，我決死特別攻擊隊，從海上、空中、陸地隨時隨地出擊敵人，予敵人以極大損失，這一戰術亦適用於馬尼拉攻防戰中。馬尼拉方面的五個部隊，與敵人五個師在馬尼拉近郊肉搏，爲了保存勢力向後方待機中，同時以一部兵力，在馬尼拉市內市外迎擊敵人，給予最大限度的損失，馬尼拉市的性質，已經被規定了。馬尼拉不是沒有防衛的都市，亦不是完全要塞的都市，而是介乎中間的戰術防衛都市。因此我軍在馬尼拉市內外的攻防戰，作爲一個轉變機會，我軍的戰術的焦點即很明顯，即使馬尼拉陷入敵手，我軍仍能在後方陣地保持持久，使敵人長期出血。爲了達到使敵人出血的柔軟戰法，呂宋島的我部隊，依據仁牙因灣岸的東北方高地——科皮爾德東西地區，馬尼拉東方三陣地，待機擊滅美軍。大東亞戰爭開始時在馬來向世界顯示了徹底攻勢底模範的山下將軍。此次在呂宋島將顯示徹底防禦的徹底攻勢之日，堅持到攻勢轉移

爲自數方面向日本及中國進擊，同時此間上週末盛傳歐洲戰事將有一空前未有之發展，官方至今仍拒絕評論德國經由中立國方面向盟方提出和平建議之說。然論及亞洲戰事時，則謂在日本崩潰之前，戰事必仍艱苦而悠長也。

呂宋美軍達十師
日寇詭稱採取持久消耗戰

【同盟社東京六日電】美軍在呂宋島的兵力，總共約有十個師。敵人以登陸軍的主力××軍三個師強，攻擊仁牙因灣沿岸地區；又以兩個師攻擊中央平原東側山地的我軍陣地，並以第十四軍兩個師，自中央平原地帶南下進擊。因此，當此南下部隊到達克拉克地區時，遭遇到克拉克西方山地設有堅陣的我軍的猛烈抵抗，但仍以新的兵力在納斯格布登陸。美軍復於三日——以約一個團的空艇部隊，降落於馬尼拉以南五十五公里附近。自中央平原南下進擊的部隊一部，自聖佛南多附近迂迴進攻我未事抵抗的地帶，三日夜，以坦克十餘輛構成的敵裝甲部隊之一部，經過安加特（馬尼拉北方三十公里），終於衝入馬尼拉市的一角。敵人急於攻入馬尼拉市，因此採取××的進攻戰術，但我山下兵團自敵人登陸以來，即以一部兵力，以皇軍特有的肉彈攻擊，使敵遭受巨創。我精銳的主力部隊，在仁牙因灣東岸到呂宋中央平原東側錯綜起伏的山地、克拉克以西山地，並在馬尼拉以東山地，都構存堅固的陣地，迎擊優勢的敵人，澈底打擊敵人。在大東亞戰初期的菲島作戰中，美菲軍於放棄馬尼拉後，企圖憑藉巴坦、柯里基多要塞抵抗我軍，但終不頂事。現在馬尼拉市在軍事上的戰略地位，毫無價值可言。然當由於馬尼拉市的失陷，將使美國收到一種宣傳的效果。美國自反攻瓜達康納爾島以來，即叫囂着攻略馬尼拉，因此現在可以滿足一些美國國民的願望，在目前戰局的階段中，我軍自無必要爲這樣的一種宣傳價值所担心，敵人急於攻入馬尼拉城，正是我山下兵團所企圖的，符合於持久的出血作戰。我精銳部隊的出血作戰，行將進入正規。敵人若達到其佔領馬尼拉的野心時，雖然能吐露其控制呂宋島的虛構宣傳，但我呂宋作戰軍的使命，要始終堅決地打擊敵人，我作戰軍在馬尼拉中央平原東側山地、克拉克西方山地、馬尼拉東方山地，形成三個巨大的縱深陣地，正在採取持久的出血作戰態勢，活躍非常，故今後我作戰軍的勇往奮鬥，當可期待。

【同盟社東京六日電】現在國內及全世界的人民都集中注意我軍如何對抗的最後勝利之日，國民的希望仍在我山下將軍的賢明兵法，而且這樣希望與日俱增。

【同盟社菲島前線六日電】敵人當前在太平洋上的目的是佔領馬尼拉，並竭盡一切力量集中在馬尼拉，在到達馬尼拉的太平洋途上，受到極大損失，使美國政府不敢向國民宣佈眞實的損失。在菲島作戰中，敵人的損失更是非常之大，在萊特島及呂宋島作戰中，敵人艦船及人的損失是極爲龐大，這一龐大數字在世界戰史上所罕有的，而且用這樣程度的犧牲要求國民，並且在歐洲反軸心軍的作戰的均衡未失去前即行進行，結果美軍在菲島所確保的，僅萊特島，明多羅島、呂宋島的馬尼拉周圍一部，相當大的三分之二完全爲日軍主力所控制，敵人僅在菲律濱羣島約九千個島嶼之中，控制着兩三個小島及呂宋島的一部，而且在未作戰的島嶼中，日軍均佔優勢並且待機出動，如菲島羣島中之大島，民答那峨島、宿務島，奈普督士島、帕拉孟島、班乃島等，完全在我手中控制。現在美軍應回想一八九九年佔領菲島當時的情形，此即美軍爲了要與只用大刀武裝起來的菲島雜牌軍作戰，出兵十二萬大軍，希望完全用武力征服菲島，實際上用了漫長的九個年頭，在這一期間對菲島人的游擊戰感到很苦惱。今日在呂宋島上有猛將山下將軍指揮的主力，將對準佔領馬尼拉後的美軍弱點，在呂宋中央部設立堅固陣地，在菲律濱羣島的許多島嶼上（按三萬）[illegible]機太消耗，以長期自給體勢，使以呂宋島爲中心的菲島戰爭，現在剛開始走上端緒。今後美軍付出多大的代價是很清楚的。

保加利亞承認波臨時政府

【海通社柏林六日電】紐約訊：合衆社索非亞訊：保加利亞效法倫敦捷克政府，現亦承認盧布林委員會爲波蘭政府。合衆社稱，南斯拉夫新羅馬尼亞政府恐亦將採取同樣步驟，因此，倫敦波蘭流亡政府一定是要被他們搞掉的。相信挪威政府亦將如法國臨時政府[illegible]派遣代表駐盧布林，並不正式承認盧布林政府。

美對外經濟局長說 蘇軍勝利美國有功

【據美新聞處華盛頓六日電】美對外經濟局長克羅萊稱，蘇軍攻擊德國本土及沿東之地區時，使用美軍裝備物資達數百萬噸，乃由美方根據租借法案供給者。蘇方表示彼等對此等供應物資於蘇軍反攻勝利中，佔有一部份之功績一點，甚表感佩。

參考消息
（只供參考）
第七八四號
解放日報 新華社 編
今日出一大張
卅四年二月九日
星期五

合衆社傳三國會議 擬就戰後管理德日計劃

【合衆社華盛頓八日電】據說羅、邱、斯在黑海的會議已就擊敗德國的軍事問題成立協議，刻已開始政治與經濟性的會商。羅斯福必已聲明美國等不參加最後對於德國的長期監督。據說這一工作將由英蘇兩國担任，可能以法國代替美國參加戰後的佔領工作，然僅以短期間爲限。會議中對於戰後德國的計劃據說如下：（一）摧毀德國作戰的潛在力量，（二）使德國生活水準的提高不致較其他國家爲速，（三）保證德國將協助歐洲經濟的重建工作，尤以供給物資及强迫勞役爲然。據說，羅斯福總統堅信德國須以某種形式獲得生存，他認爲普魯士必須與德國的其餘部份分離，因該邦乃德國黷武的源泉。然進一步分裂德國之工作則尚須經過討論。德國的飛機潛艇生產設備將受剝奪，其訓練民衆飛行之權利可能亦受剝奪。據說此一主張乃羅斯福總統提出者。

【合衆社華盛頓七日電】白宮宣佈三巨頭現於「黑海區」舉行會議，羅斯福總統斯大林元帥及邱吉爾首相正擬議計劃以期「完全擊敗彼等共同之敵人及奠立盟國間持久和平之基礎」，英美蘇同時如此宣佈。

【路透社倫敦五日電】今日此間世界職工會會議中英總工會秘書長西特林會說，英首相邱吉爾現正與羅斯二氏舉行會議中。西氏說該會準備由邱相致詞，但以後三巨頭決定開會，且係同時舉行，所以不能出席。

【中央社倫敦六日專電】坎特丹宙大主教費休今日在教會大會中舉行禱告時說：願上帝保佑，現在會商中的盟方領袖。這是三強會議已在舉行的一證明，惟開會地點，仍是一個秘密，而官方文告非等三領袖安全返國後，難望發表。

【合衆社華盛頓日六電】三巨頭會議之，對在歐戰結束後，是否把德國和日本交給公衆裁判一點，總必有所決定。中英美三國，已共同商定嚴重處罰日

那些發言，在三國會議上，正討論由紅軍對德國攻勢的結果，所引起的那些特別問題。里賓特羅甫發言人認爲「紐約時報」所收到的一些消息，是特別有趣味的，根據那些消息，英美不得不對蘇聯作重大的讓步，在這些讓步中有：將哥尼斯堡讓給蘇聯，將阜姆和的利雅斯德交給鐵托，如是，上述兩個地點，直接地成爲了蘇聯在地中海的港口；最後蘇聯將在達達尼爾獲得根據地。

【海通社柏林七日電】威廉街發言人說，美國報界關於三巨頭會議是神經質的，他進一步認爲美國關於蘇聯在歐洲的野心的焦慮比英國更大。發言人更進一步地說：只有戴高樂會發表關於三巨頭會議的正式聲明，戴高樂未被邀請，强調法國未參加會議的失望。發言人的意見，認爲戴高樂對正經受危機，因爲缺乏政治的成功，而社會的與經濟的緊張情形正在增長，法國的一般情勢愈益尖銳。

德寇新聞部長 論三國會議

【海通社柏林七日電】帝國新聞部長第特里區於星期二中午在駐柏林外國報界代表面前講演時，否認在黑海附近某地所舉行的三强會議的强國會議對於給予世界以和平有任何合法的資格。第特里區說：宣稱爲世界道德領袖的邱吉爾、羅斯福與斯大林在這次會議上，追求兩個主要的目標：一、他們要勸德國人民投降，二、允諾爲人類的世界和平奠立基礎。在過去他們未能勸德國人民投降，這樣引起他們自已的破壞，他們這次這樣作也不能成功。這次會議的第二個主要的目標（他們藉此宣言要組織世界和平）提出這三個人對於給予世界以和平上，擁有何種資格的問題。關於將來世界社會，集體安全及世界組織的一切講演都是關於難於控制的將來廉價的草案。這些都是美麗的誘人的，約許一切而遠不實現的目的。實際上，他們對於世界和平是極端危險的。他們不是服務於和平而是戰爭。世界和平之不可分性的話，僅足以引起第二次世界大戰的爆發，這是歷史的事實。最小的局部衝突必然影響並使整個世界燃燒，正是這一狂妄論題的標準說法，一切有理性的人當時警告這一危險的口號，今日當人類的前途在危急中時，較以前更需要同樣的謹愼。第特里區博士宣稱：刻在舉行三强會議的資本主義與布爾塞維主義的代表們，不能是持久和平的戰士，因爲他們是德國人民潛伏的敵人與戰鬥經常的製造中心。召集三强會議的人們爲之而戰的目的，不是如他們所說的爲世界和平，而是爲持久的戰爭。他們將給予人類的不是永久和平的際

本，但英美蘇三國對德國則未採取特別處罰的措置，但羅邱蔣在開羅會議時，會發表公報說：第一，日本須交出第一次世界大戰以後，所佔據的太平洋島嶼。第二，日本奪取的中國領土，都應歸還，其中包括東三省、台灣，及其他地方。第三，朝鮮應即恢復自由，日本人民應從用暴力佔領的一切地帶退出，其中並主張各國聯合對日作戰，直到獲到日寇「無條件投降」為止。

朝日新聞社論
三巨頭會議討論共同對日作戰

【同盟社東京六日電】朝日新聞揭載題為「複雜的三巨頭會談」的社論稱：第二次三巨頭會談已在開羅開始舉行，一般印象都認為此次紅軍大攻勢，表示共有威力使歐洲的軍事情勢發生重大轉變。這是迫使舉行會談的原因。至於會談的議題，由形成這次會談之背景的四週客觀情勢來判斷，此時正確地把握今後美英蘇三國政戰兩略的方向是最必要的。不消說，美英蘇間還無止境的矛盾，也需要舉行三巨頭會談。但是要想知道三巨頭會談的任務與使命，還不能忘記另外的一個觀點，那就是歐洲各種問題更加複雜多變。在對德作戰上，雖然說是對德作戰，但是美英軍與紅軍的行動之間，顯然地存在着很大的間隙。然而在對德作戰的現階段，能否使美、英、蘇、三國放棄共同作戰的根本立場？反軸心陣營提的各種具體問題，就是波蘭問題、希臘問題，甚至被解放各國的問題，以及戰後安全保障的問題，都是很難消除的問題。因此，在戰爭的現階段，美英蘇三國的意志和努力，不是朝向消失戰爭前途這個方面，毋寧說是傾其全力克服這個危險。由美國逐漸關心對日戰爭這一點說來，此次會談極有可能討論反軸心國對日共同作戰問題。在去年九月第二次魁北克會議討論美英兩國的對日戰略後，即高喊有舉行此次會談的必要，爾後美英無疑地提到蘇聯在對日作戰中的立場，當紅軍的攻勢，使對德作戰處於最後階段時，舉行的三巨頭會議，不僅是反軸心國對德作戰，而且是推行對日戰爭途上的里程碑石。美英的謀略，行動和意慾，是今天最要警惕的。

德傳三國會議
英美向蘇讓步

【海通社柏林六日電】威廉街發言人星期一午稱：現有種種象徵，顯示三國會議現正在黑海某港舉行，不然，那它就是遷移到黑海岸某港旗艦上舉行，關於此項消息，官方現尚未發出評論。官方只提到英美報紙的發言，根據

利，而是永久戰爭的痛苦！只有這個才能是他們保證世界和平與避免將來戰爭的組織的最後產物。一九三九年他們會談論不可分的和平如此久，直至他們引起全面的戰爭，他們今天關於世界和平的組織的談論也將談論這樣久，直至他們引起持久的世界戰爭。當然這些事實不會在三強會議上討論。如果他們真的要和平，邱吉爾、羅斯福與斯大林認識到他們對於一切人民的責任，必須確定世界和平只有在戰爭因素已被消除了的世界上才能達到。他們必須神聖地宣佈：『地球上的和平』僅在美國放棄戰爭挑撥，世界經濟的帝國主義並致力於使其自己的人民幸福的世界上始有可能。世界和平僅在英國歸還給大小被壓迫國家、印度、阿拉伯及世界其他各國以自由與主權的世界上，始有可能。永久和平僅當資本主義與其反對一切的戰爭，不停息地緊張與高度爆炸性的炸彈在世界上消失時，當資本主義剝削一如布爾塞維克運動及其毀滅一切的喝血本性成為不可能時，始可以想像。世界和平僅僅在財閥與經濟的特權消除的世界上，存在着為一切勞動人民與各國發展的同樣條件的世界上始有可能。他們必須在世界面前宣佈：當布爾塞維克恐怖的破壞各國的策略無論何時可以開始其征服世界的血腥的進軍時，和平協定只能是失望。第特里匯結語：只要世界不聽到從充滿不負責的和平計劃的人們中所說的這種聲明時，世界將不會有和平。

三國會議後
羅斯福邱吉爾須說服國內反動派

【合衆社倫敦七日電】外交觀察家本日預料，羅斯福總統及邱吉爾首相一俟三國領袖會談結束，即將返回華府、倫敦，以會談結果報告國人。根據此間情報，羅斯福總統面臨之一大嚴重問題，似為促使參院通過頓巴敦橡樹林會議建議成為具體的形式。美國人民如對三國領袖會議的結果感覺失望，即將對頓巴敦橡樹林會議建議表現其反響。邱吉爾首相返國後亦須致力說服其反對份子。英下院一部份議員均感蘇聯最近之行動過份[illegible]，[illegible]閉及三國領袖會議發表之公報，而知蘇聯已壓服英[illegible]。三國領袖會議如對波蘭問題未作決定或對干涉政策表示完全贊同，則上述[illegible]將[illegible]，當一部份下院議員仍對英國對希臘及其他

[illegible]國會之意義[illegible]深感遺憾也。[illegible]邀參加三國領袖會議之詢問，邱吉爾首相可能同意於發表聲明後舉行關於戰局之全盤辯論，或僅作聲明，而不繼之舉行辯論。邱吉爾首相若採取後一方式，多數議員於以後數週內將提出甚多問題，要求首相就經過情形洩露真相。

世界職工大會第二天
英國反對邀請芬、保、羅代表參加大會

【路透社倫敦八日電】邀請芬蘭、保加利亞、羅馬尼亞與意大利等國職工會參加倫敦世界職工大會討論的建議，在今日（星期三）世界職工會會議第二天結束時，引起危機。英職工會大會總書記華爾特・西特林爵士抗議常務委員會的這一建議。他問道：『他們將被邀請討論解決問題嗎？或者你沒有看到它將引起的困難嗎？現在，據稱三大列强正在考慮這些問題。常委會的意見是代替三個國家考慮這一系列的問題。這一切以前是敵人的國家邀來參與商議嗎？』華爾特・西特林爵士係代表英職工會大會會議召集人講話，發表他們已考慮的意見謂：邀請應限於他們奮鬥爭取的原則基本一致的各國。在說明英國的反對在常委會內部被絕大多數投票所廢棄時，他繼續說他們已告訴世界這一會議僅具諮詢的與顧問的性質，現在他們已正面臨由投票所達到的決定的可能性，這意味着各代表國在宣言中不再有平等的發言權。

同盟社驚呼
『柏林之戰』業已迫近

【同盟社斯托哥爾姆五日電】紅軍進攻的方向，已經明確了，它企圖直接進行『柏林之戰』，這已無疑問的餘地，四日此間收到許多來自柏林的情報，均強調德軍最高統帥部，決心犧牲一切，來防衛柏林的事實，並強調決定德國命運的正規的決戰已迫在眉睫。據斯托哥爾姆各報的柏林專電稱，柏林全市的所有建築物，都用機關槍武裝起來，重要道路的交叉點，都築有各種的防禦和堡壘，柏林全市已成為巨大的要塞，德國總動員統帥戈培爾博士頒佈命令，禁止柏林市民避難，武裝全體市民，不論其為老弱男女，同時使德國東部逃至柏林的難民，留在首都，擔任防衛首都的工作。當『柏林之戰』迫在眉睫時，全市似乎充滿着悽愴的空氣。據達根斯日報柏林電稱，柏林市民已可聽到從奧得河畔發射出的紅軍大砲的砲聲。德軍統帥部鑒於柏林擔任了對奧得河防

[illegible]……………傳由於德軍須在兩條戰線及第三戰線上作戰，任何防禦增施能否挽救柏林是大成問題的。今晨東線可以聽到紅軍的砲聲，米可夫尤許在庫斯特林與法蘭克福間發動強大進攻，（距柏林約四十哩）。柏林在空中的第二戰場由英美空軍所參加，自星期六以來即輪番不斷轟炸城內外之交通中心。柏林城中某瑞典訪員於星期六描述空襲稱：『自戰爭以來，柏林所受到的無比的與最大的苦難』。今日到達倫敦的另一消息稱，舒尼堡與坦珀爾霍夫停車場仍在火焰中，幾百輛載着開往東線的食品與彈藥的卡車，在猛烈焚燒。英美飛機對柏林及德國其他重要公路與鐵路中心空襲之猛烈，可以說是對蘇軍由東方的攻勢之直接幫助。在戰爭的這一階段，奧得河一線防禦的成敗繫於從柏林及其更西各地，關於供應品之××××。當艾森豪威爾及蒙哥馬利的軍隊顯示在最近將來××大攻勢之際，對德國××第三戰場潛在威脅更多於直接威脅。在西線上前進中的盟軍，已突入西格佛利防線，每日前進若干哩而不是若干碼。

敵挑撥駐華美軍與中國人民關係

【同盟社廣州三日電】現在美軍駐華有關機關，在重慶配置美人一千五百人，昆明五百人，成都一百五十人，延安七十人，而其中亦包括顧問和技術家，此外還配置重慶政府提供的中國人五千人，這些美國人時常對中國人採取優越的態度，因此中國人與美人的感情非常壞。這些美軍將士的行為亦刺激中國人的感情，加之，重慶政府的態度過於迎合美軍，因此人民埋怨政府，重慶軍委會於每週的星期二、五兩天晚上，在城內勝利大樓為美軍將士舉行跳舞會，強要中國女子義務招待。因此美軍將士與中國人不斷發生糾紛。

同盟社說
美情報局發表『中國近況』報告

【同盟社上海四日電】隨着戰局的激烈，美國在中國大陸的野心日益露骨，但由於重慶政權地區的內部情況，在政治軍事經濟各方面均呈混亂狀態，因而美國對重慶的野心亦受到阻礙。這從最近美國情報局在美國各報上所發表的『關於中國的正式報告』即可說明上述事實，表示了美國侵略中國的企圖，因中國內政混亂，國共摩擦，生產的崩潰等原因受到妨礙。上述報告是以羅斯福特使納爾遜的報告為中心，綜合了現在美國對重慶的見解。該報告從一月十三日至十五日（共三日）由舊金山特

綫供應的百分之五十的事實，亦需應付反軸心軍的空襲。同時鑒於西部戰綫艾森豪威爾部再度開始進行總攻勢的時機即將迫近的情形，要被迫進行三個正面的決戰。據來自德國的消息，德國人民更鞏固這樣的決心，即堅決保衛柏林、德國國土和希特勒總統，直至最後一人。

中央社稱
德寇將死守柏林

「中央社倫敦五日專電」蘇軍進軍柏林之戰，以其若干區順利進展而益趨得手之際，德國最高統帥部決心死守柏林之跡象亦趨顯著。據斯托哥爾姆各報所載柏林訊，柏林重要山區均架有機槍，城內各重要地區亦築有各種防禦工事，德方現竭力將柏林建為一强固堡壘，絕不浪費絲毫之人力。美空中堡壘三日白晝，猛炸柏林之主要鐵路車站，投彈二千五百噸，死傷極衆，但聞戈培爾已採取禁止疏散之强烈步驟，其意在阻止難民擾亂軍運。但德方搶救柏林之防禦計劃是否有效，鑒諸德軍兩面同時作戰之事實，誠屬極大疑問。東綫方面朱可夫元帥所部，今晨於距柏林四十英里之法蘭克福與庫斯特林之間發動猛攻，隆隆砲聲，柏林城中已可聞及。英美重轟炸機三日起更番猛炸柏林內外交通中心，迄未停止。瑞典報紙駐柏林記者稱，三日空襲乃「作戰以來德國所遭受之最猛烈襲擊」。此間本日接獲之其他來訊稱，雪恩斯伯格及鄧伯霍夫車場內數百輛滿載食糧及軍火接濟東綫德軍之車，都被炸起火，火勢極烈。英美空軍對柏林及德國其他重要鐵路及公路中心發動之猛烈襲擊，可謂蘇軍東綫攻勢之直接協助。目前德軍防守奧得河之成敗，至少有百分之五十決定於來自柏林及其他各處之供應，對德國之威脅不若對（缺）兩戰綫之大，但有其潛在之壓力者，乃西綫第三戰綫艾森豪威爾及蒙哥馬利元帥，已於該綫積極佈置，準備於最近發動主力攻勢，西綫盟軍現已不若亞登戰役以前逐碼推進，而以每日若干英里之速度攻入西格佛利防綫。

「路透社倫敦五日電」隨着蘇軍的前進，爭奪柏林的戰鬥漸趨一定的形式，××××××德軍最高統帥部決心進行對柏林的最後保守戰。據斯托哥爾柏林電訊稱，柏林城中所有戰略性的建築物，×××××城中一切重要部份均豎起各種各樣的障礙物。正不遺餘力地使柏林成為一强固堡壘。星期六雖因美國飛行堡壘襲擊柏林主要車站而引起相當大的傷亡，……阻

別廣播，分三部：第一中國的總力戰、第二統一戰綫、第三根據軍火租借法對重慶援助的情形及中國的經濟力量，其內容如下：中國抗戰已經八年……（掉）鐵路喪失了百分之八十，只能用空中航路通過……中國的情形值得我們充分考慮，但並不是絕望。根據……（掉），兩政府之間的對策（掉），必須改善內地運輸機關以轉運美國的供應品，在工業運輸部門派遣美國技師及在美國受過訓練的員工，設立軍器生產統制管理局。（掉數句），運進的卡車僅八千輛，十一月有三萬噸的物資到達昆明，問題是在如何處理的問題，到達昆明物資的百分之七十是向內地運輸……（掉）有時要放置數個月，同時這樣下去，中國的形勢將被物資及××所限制，美國為了要有效地作戰，對於必須依靠中國的形勢。（編者按：前後文不太接，中間恐有漏掉處）蔣介石强調過民族統一戰綫的重要性，並在第三次參政會上，與中共及其他有關黨派，進行談判。其他則是盤據地方的軍閥問題，在進行對日作戰中，重慶和這些軍閥間的合作，是非常困難的，成為妨礙重慶的統一戰綫的有力因素。這些軍閥約有八十萬軍隊，他們相互間都面對着共同的敵人——日本，築了一條逃路，這便是抗戰重慶的實況。（第三）美國最大的幫助，可以說是太平洋上的作戰，有三個配備輕戰車的中國軍隊，在印度加以訓練後，便調至緬甸前綫作戰。此外關於中國航空情況，（一）在設法把中國航空公司現在的雙引擎運輸機，代之以四引擎的飛機。（二）打通雷多公路後，實現每個月運輸物資一萬噸到一萬五千噸。（三）設立由五百架組成的陳納德第十四航空隊。（四）使中國空軍的裝備和訓練，有顯著地進步。根據軍火租借法案，對重慶雖有若干援助，但由於中國內地的複雜情況，也不得不受到很多限制。而國內運輸之不便，更助長了上述的困難。重慶的運輸機關，只能依靠勞力，加之道路多岩石，經常吹噓的新建九百公里公路，最近又為日軍切斷了（掉一大段）。因之，我們實應相信納爾遜在致參政會聲明書中發出的警告，即重慶設不能在生產戰綫上贏得勝利，重慶的現勢，是很暗淡的。而民衆的積極生產與否，又是決定重慶勝負的重大關頭。

參攷消息

（只供參考）
第七八五號
解放日報 新華社 編
今日出一大張
卅四年二月十日
星期六

國民黨成立陸軍總司令部
何應欽、龍雲分任正副司令

【中央社昆明九日電】我最高當局，為配合盟軍作戰起見，決定成立中國陸軍總司令部，並任命何參謀總長應欽兼任中國陸軍總司令，該總部已成立，何總司令已正式就職。二月三日，龍主席雲復奉蔣委員長令兼副總司令。龍氏奉命後，於九日赴該總部就職。當時除各界來賓及總部全體職員外，參加者尚有美軍之司令官麥克魯將軍，後勤司令官成夫斯將軍等。就職典禮由何兼總司令主席，行禮如儀後，由何兼總司令致詞，並由龍兼副總司令致答詞，其後復由何兼總司令介紹麥克魯將軍、成夫斯將軍，與各職員見面。禮成後，共同攝影，並由何兼總司令介紹總部重要官員與龍副司令會面。

【中央社重慶九日電】中國航空公司總經理職務，由航空委員會副主任委員沈德燮少將繼任，沈氏已於九日到公司接事。據對中央社記者稱：當前中航公司之主要任務，為配合軍事上之需要，如將來器材稍加充實，再發展國內航綫，以利戰時交通。

魏特梅耶稱 在華寇軍將採守勢

【中央社重慶八日電】中國戰區美軍總司令兼蔣委員長之參謀長魏特梅耶上將八日上午在招待記者會上聲稱：美軍在呂宋島上之成就，對於日軍在中國之部署有確切影響。其變更部署之工作，必將加緊進行。此後敵軍之部署調動與準備，將以守勢或有限之攻勢戰略考慮為基礎。記者詢以美軍佔領呂宋島機場是否將使對中國沿海日軍施行穿梭轟炸成為可能？魏將軍答稱：「至少日方預期及此。」魏氏評論第十四航空隊攻擊中國淪陷區敵方機車一事稱：此等行動效果極佳。日方交通網確已遭受重大打擊。關於中國軍隊之口糧問題，魏氏聲稱：渠所提每日予

有密切聯系的，因為游擊區可以供給盟軍的空軍基地，以轟炸敵人在華北、滿洲、高麗和日本本土之「內部地帶」。代表團出發之時，剛正是對德戰爭進入其最後階段的時候，這也不是偶然的。……我們在中國兩派都有代表，結果可以建立這兩方面之間的聯絡。」

關於美國何以一定要支持蔣介石，去年十月十九日芝加哥每日新聞載斯穆爾自新德里所拍的專電，從軍事的利益上加以分析，謂：「只要中國還留在我們這一邊，那麼即使他連一槍也不放，他對我們依然是一種寶貴的資產。」他說：如果美國突然失去了國民黨中國的合作，就會：（一）空軍基地後退一千哩，退到印緬邊界；（二）日本可能將在華的廿個師團以上的大部兵力他調；（三）日本將加強大陸基地，在中國大陸上作消耗戰；（四）失去了深入日本戰綫之後的竊聽站或視察站；（五）美軍登陸時會失去中國人民的援助。

美對外經濟處處長稱
卡車一萬五千輛將運華

【路透社華盛頓七日電】美對外經濟處處長克勞萊本日稱，大不列顛聯合王國予美國之返租借供應達廿五億元，其他盟國之返租借供應，未達此量。但中蘇兩國於需用美國供應物資以與侵入國土之敵人作戰外，尚需要其本國所可能生產之物品。長達兩千英里之油管，現正從事敷設，通往中國內部，以供應盟機擊日本所需之燃料。南太平洋美軍百分之九十糧食，係由澳洲及紐西蘭供應。美國將派車一萬五千輛取道雷多公路開往中國，協助中國之運輸工作，美籍技術人員一千人，已在中國服務，或在赴華途中。中國並將派員一千[illegible]來美受訓，協助本國處理即將運入之大量租借物資。

【中央社新德里八日電】此間盟方人士證實，華盛頓方面發出關於美國批准以大量租借物資運往中國戰區之報導。並稱，運輸官員，現準備接受自美運來之供應物資，並從事於以收到物資自印經陸路或空運運往中國之準備。中央社記者獲悉，華盛頓方面所宣佈運往中國之車輛一萬五千輛，並不包括史迪威公路一綫所用之車輛，蓋此戰區補充久斷之故，僅史迪威公路一綫所需之車輛數量即極驚人。雷多路運輸，於「驚人之短時期內」，即可達最高點。記者同時獲悉：史迪威公路所用之車輛，暫時將不開返，而留於中國服務，作為對中國境內武裝部隊供應之一部份。

【中央社渝八日電】美政府為積極協助我國運輸業務，特委託克萊茲樂公

每一士兵以一定量口糧之建議，已經蔣委員長完全接納，此一建議刻已開始實施。然需要適當期間始能解決有關之一切困難。魏氏又稱：中國供給軍隊之糧食極多豐富，目前之問題乃如何徵集與分配耳。此項口糧問題實為將來攻勢中最重要之問題。

國民黨軍委會一週戰況

【中央社渝九日電】據軍委會發表二月三日至九日一週戰況，本週在湘粵贛邊境方面之激烈戰鬥，仍有增無已，我軍由各方面發動反攻，均獲有進展。如攻擊遂川之我部隊，於五日已攻迫城郊附近，使由遂川竄犯贛州之敵，感受威脅。我另一有力部隊，五日攻克粵贛公路上之據點始興，已將被我阻止於南雄大庾間之敵後方補給綫切斷。我分途阻擊竄犯粵漢路南段之敵，連日於郴州、資興、永興，迄宜章、樂昌之間山岳地帶激戰，我官方忠勇奮發，予敵之打擊頗大。尤其在郴州、資興間，在二月三之一日內所殲更多，至少斃傷敵在四百人以上。粵漢沿綫我軍，三十日克坪石附近之九峯，二月二日克良田，三日克宜章，四日克白石渡，僅在此四日內，先後斃傷敵估計約達二千餘，不特將敵企圖由郴州南下與樂昌北上之聯絡計劃擊碎，且對該敵之打擊與威脅亦至大。

贛州機場失陷

【同盟社里斯本六日電】駐重慶的合衆社特派員稱：駐華美空軍繼放棄南雄基地之後，贛州基地亦將放棄。美軍第十四航空隊司令部發表，贛州西南的南雄飛機場，於廿九日下午放棄，贛州飛機場，因已將遂川、南雄兩基地的人員用飛機撤退，並曾盡可能的使用一個長期間，卅日放棄。

美雜誌論美軍事代表團來延

【本報訊】去年九月一日出版的美『外交政策消息』雜誌載Ｌ．Ｋ．羅辛格爾作『美國軍事代表團與中國共產黨商談』一文，謂美軍代表團至延是『富有意義的』，是打破了把美國軍隊與中國戰鬥的游擊隊分隔開來的障礙之一』，『人數很少，它是將來可能的行動的一個表徵。』該文引述了國民黨發言人於去年八月二日謂代表團目的有三：收集航空氣象材料救助被迫降落的航空員，及使中國陸軍與美空軍合作得更密切後。又說：團長包瑞德上校加上了第四個目的：『我們到這裏來，研究這些人如何能在七年來困住了華北的武裝優越的日軍。』該文稱：『美國老早就要與八路軍新四軍的司令部延安建立關係。這發展是與我們的B29式超級空中堡壘之進行轟炸

司，派技術專家四百餘人來華，協助我國運輸。當局在各公路幹綫，設立大規模修理廠十五處，並攜有大批器材及工具，足可維持一萬餘卡車之用。同時協助訓練大批技工，我運輸當局，現正積極籌備中。

國民黨當局限制商業銀行信用放款

【中央社重慶八日電】主管當局，為扶助生產有業之發展，並遏止囤積投機之頹風，對於銀行信用之管制，刻正繼續加強實施，茲將其管制辦法摘要探誌如次：（一）中國交通農民及中信郵儲各行局，將繼續做商業性質與消費性質之放款。除對於中央銀行存款外，商業銀行不得存款於同業，俾資金專注於農林工礦事業之發展。（二）國家銀行存款利率，將參酌國內經濟情況，隨時加以適宜之調整，藉以充實其資力，至××××辦理低利貸×所需之頭寸，則將由中央銀行儘量予以重貼現或轉抵押，為之補充。（三）商業銀行錢莊所有之資金，必須以一部份合組為生產貸款之基金，受四聯總處之指導，參加農林工礦之貸款。（四）商業銀行、錢莊一般業務之監督，須再加強，尤須注意於利用匯兌票據及發行本票藉以擴大信用之防範。（五）工礦事業借款之×××××務與業務之是否健全，亦將繼續為經常而慎密之考核，藉以促進事業之成效。

【中央社重慶七日電】萬縣訊，駐萬縣青年軍××師，近已陸續入營，該師士兵多為河南湖北應徵知識青年，刻已陸續到達。

【中央社渝八日電】青年團中央團部，為不斷供應青年遠征軍精神食糧，特發起『一人一書』運動，即將於二月十五日起至三月十五日止，在全國各地由各級團部普遍發動文化界人士，公教人員，學生及熱心從軍運動之社會人士響應參加，一月以內擬先後徵足十萬冊，冀使從軍青年能每人一書。所徵書刊內容，闇暫以國防科學、社會科學、文藝、劇本、歌集、圖畫及各項雜誌刊物與其他適合於大、中學生閱讀之書刊為主。

【中央社南鄭七日電】陝省本年度各區縣訓所，有新調整。專署已令飭各縣於新預算未頒佈前，各縣訓所均裁員三分之一。

國參會[illegible]會上 張家[illegible]措施

【中央社重慶九日電】國民參政會駐會委員會，九日上午九時舉行第十次會議，由教育部長[illegible]主席，出席者莫德惠、李璜、王世

杰，參政員錢公來、左舜生，李永新、孔庚、陳啓天，黃炎培、羅衡、江一平、許孝炎、陳博生、胡霖、許德珩、李中襄、王雲五，秘書長邵力子，副秘書長雷震等。由莫德惠主席。朱氏報告卅四年度教育計劃及最近設施，據謂，教育行政一切均本中央規定方針，努力進行，今年政府政策，均在緊縮，教育方面亦然，不求更大的發展，而在如何維持現狀下，以渡過難關，故各種機構，其未成立者一律從緩組織，並裁撤一部份機關。吾人決在安定中求進步，此種安定對於抗戰，實有必要，並在此種安定中，作準備工作，以謀將來之發展。朱氏繼分別說明若干問題：（一）質量問題，謂決算本彙施，在『重量之下也顧到質』。至於歸併院校問題，此非一言即行的事，吾人當前決先側重調整，凡不合理者，使其合理。（二）高等教育，謂決將大學與專科學校界限劃分清楚，大學使其專爲研究高深學問，培養學述與創造學述。專科學校，係爲社會造就各項高級幹部，對於師資的造就，亦將現行制度有所改進。關於課程，應力謀簡單，現在學生負担太重，應加以調整。此外圖書儀器之補充，亦正在設法增加。大學整理，千頭萬緒，爲求明瞭現狀（缺六字）組一視察團分三組出發考察，將整個所得，交換意見，再開一小組檢討會，詳研利弊得失，以圖改進。（三）中等教育，謂亦將有××××業，學校加以劃分，並提高標準，現有之國立中學，決充實其教學設備，以爲示範之用。亦照高等教育辦法，組一視察團，詳研一切。（四）國民教育義務教育，必鄉一保一校目的去做，注重和經費之增加，以及師資培養等問題。（五）社會教育，對於掃除文盲，社會教育與義務教育實乃向輔而成，此後並多建民教館。與實施電化教育，推行注音符號，尤爲切要之圖。（六）蒙藏教育，一方面充實設備，同時亦必做到邊疆教育經費用於邊疆之旨。（七）國民教育，亦爲一極端重要之事，吾人必認眞的推行。（八）訓育制度，朱氏主張訓教必須合一，過去訓導長制度的設立，固有事實上之必要，但今後決求某改進。軍訓制度，最近亦將改用新辦法。關於公費問題，朱氏謂，將作合理調整，私人辦學，決予獎勵。介紹職業與指導，亦繼續推行，至於應變工作，中山中正兩大學遷移，承粵贛兩省政府協助，進行順利。關於教職員生活問題，現正努力改善中。朱氏之報告歷一小時半，最後並謂，將來希望能召開一小規模教育會議，公開徵求意見，以策改進。朱氏報告後，孔參政員庚，李主席璜，李參政員永新，王參政員雲五，李參政員中襄，王主席世杰，黃參政員炎培等，提出各項詢問，計有：（一）湘桂等地學生

敵方高射砲[illegible]運輸機本身既無武裝，因是除在陰霾之日外，通常須[illegible]時或出發之際，陰雲四合，頗足憑倚，而行至中途，忽又轉爲晴朗，一望無際。飛向遂川及贛州之運輸機，如逢日[illegible]炸機空襲該地時，則候其離去後，始行降落。

美國會傳出英方對意停戰協定內容苛刻

【合衆社華盛頓八日電】國會方面訊：意大利之停戰協定中規定意國須以班泰雷利亞島予英國，並須放棄所有殖民地的里艾斯德或亦在內。官方對此既未證實亦未否認。傳意總理波諾米會以長達一百頁之信件向羅斯福總統提出交涉，陳盟方限制意國軍隊僅能有一萬一千人，而不顧德國軍隊之後方，現有多少意游擊隊作戰。傳巴多格里奧曾被迫簽定兩份條件，爲供給意境盟軍，英國過去之三個月中已向意徵取食糧廿五萬噸，此僅爲前奏而已。關於意方停戰條款之爭辯，自意人方面觀之條款未免過於苛刻，盟方以軍事爲理由從未公佈，雖然與芬蘭保加利亞羅馬尼亞及匈牙利所訂之和約不久皆將公佈。

【路透社華盛頓九日電】副國務卿格魯今日（星期四）宣稱意大利休戰協定，對於意大利邊界與殖民地問題並未解決。『投降協定不包括任何關於未來解決的條款』，他繼續說：『鑑於意大利已參戰，不需要適應原來最初擬定的條款。在目前戰爭情勢下的意大利的經濟，在某種意義上說來如其他對德作戰的國家的經濟一樣。盟國正竭力援助意大利克服目前的困難情勢』。

海通社傳
美軍呼籲德軍聯合英美反對布爾塞維克

【海通社柏林八日電】美軍在西綫使用新的宣傳方法，來動搖德國軍心。在薩爾勞特恩地區，美軍用無綫電播音機宣稱：『布爾塞維克主義是德國最大的敵人。過來吧！以便與英、美軍一道對布爾塞維克主義作戰』。在薩爾吉穆恩區里斯多爾佛附近，美國用播音機對德軍陣地稱：『親愛的德國士兵們，消滅德國是斯大林的幻想。德國現在還沒有失敗。我們在任何情況下，都不會把德國交給布爾塞維克主義的。我們與你們一道作戰的時候將到來了』。

德稱法報不滿盟軍統帥部

【海通社巴黎七日電】法國抵抗運動報派『戰鬥報』著文題爲『法國不要求憐憫』，抨擊盟軍最高指揮部，關於民衆情勢

升學。（二）大學訓導制度。（三）高等教育之目標。（四）國民教育一保一校制度之利弊。（五）軍訓制度新辦法之得失。（六）改正學風等問題。均經朱部長即席答覆。嗣討論提案，至十二時廿分始散會。

敵朝日新聞社論說 統一中國淪陷區掠奪機構

【同盟社東京八日電】中國經濟惡化的根本原因，在於半封建性、半殖民地的中國分裂爲和平與抗戰兩大地區，想要復興中國經濟，本來是非常困難的。前年一月對華新政策的目的，在政治上使中國獨立、解放，在經濟上使中國經濟復興，繁榮。當時，在經濟政策上，對抗觀念和權益思想還沒充分消除；新政策根據日華兩國人民各自特長，確定兩者活動的分野；因此，使兩國人民飛躍地進入基於共同的意見、熱忱、責任而獻身於貫徹戰爭，即所謂分工合作階段。嗣後，兩年間，雖經日本兩國官民努力，但今天卻竟陷入這樣窘迫的境況，其原因不在於自由主義經濟的統制困難——它已成爲過去，主要原因是囉唣的統制所形成的混亂。這一次的施策，打破了各機關割據主義的弊病，將經濟統一於具有參謀本部性質，一元化的機構，的確可以說觸到了問題的核心。統制由收買擴大並强化到生產，運輸方面，充實了過去的施策，較過去前進。就其飛躍性的進展來說，正如大東亞省所稱道的，甚至可以說是個新政策。提高戰力不能和安定民主背道而馳，提高戰力必需始終依靠於民生的安全。只有這樣，才能貫徹對華新政策的意義。對華新政策未能滲入中國民心，原因在於偶然地沒照顧其利益。這次的新施策給與了中國人民大衆以現實的利益，這可以說是新政策的一大進展。

十四航空隊公佈 運汽油至遂川贛州情形

【美國新聞處六日電】第十四航空隊對如何飛經日軍封鎖綫，將汽油供應運抵江西各前進基地一事，前以保持軍事秘密之故，一向未予宣露，今該基地等既已放棄，特發表如下：大部供應工作，皆由威立遜上校所部之C74式機負責，各機結隊飛往該地，每隊機數最多達十架左右。威立遜所部之駕駛員，每日自某前進基地兩次飛往遂川或贛州，每一駕駛員工作一週，休息一週，如此輪流担任此一穿梭式之工作，每日飛行十或十一小時之久，時或在非常惡劣之氣候下日夜飛行，美運輸機在抵達基地之前，須飛臨多處敵機場之上空。某次我裝運汽油之B二四式機一架，中途迷路，方欲在前次我方之桂林基地降落之際，[illegible]發現

的一切措施，法國運輸工具的失缺缺乏，既不是鐵路公司亦不是政府負責，而是使用百分之六十的車輛的盟軍最高指揮負其責任。「戰鬥報」對於法國的饑餓情形時強調：盟軍最高指揮部應××其車輛，法國人得不到燃料，較大多數工廠不能開工，美軍應負責任。

希臘談判再度停止

【海通社柏林八日電】倫敦訊：據路透社訪員羅柏特星期三晚，自雅典方面來訊稱：普拉斯蒂拉斯政府與民族解放陣綫及人民解放軍代表之間的談判，星期三再度停止。其原因是由於對實行解除人民解放軍的武裝，發生意見上的分歧。人民解放軍已原則上同意解除其羣衆的武裝。談判破裂後，普拉斯蒂拉斯將軍及政府代表們與希臘攝政達馬斯金諾斯大主教進行長時間討論。

世界職工大會開幕

【中央社倫敦六日專電】世界職工聯盟會議，今晨於此開幕，議程包括主要五點，其中每點對全世界勞工福利均有重大影響，大會議程所列五點如下：（一）促進盟國之作戰努力，（二）職工聯盟對賠款問題，及職工聯盟代表參加和會等期待中之和平解決所持之態度，（三）新世界職工聯盟同盟之基礎，（四）戰後職工聯盟之緊急需要，（五）戰後建設問題。此次會議係由英國職工聯盟大會召集，與會者有代表盟國三十八個機構，及中立國家七個團體之代表二百餘人，與會代表所代表之工人，合計約在五千萬人以上，此次會議極爲重要，不僅全世界職工聯盟會員均一律參加，各國政府鑒諸此係首次召開之勞工會議，亦均紛紛派遣代表出席，會議之重要性於此可見，中、美、英、蘇、法各國均有代表參加，事實上，每國均有代表與會，但最近所舉行之國際職工聯盟同盟會議，與國際勞工團體同盟會議，則無蘇聯代表，今晨大會中，英、美、蘇當選大會主席，中、法及墨西哥當選副主席，我國並被當選爲常務委員會九委員之一，由我出席代表劉選粹担任，我國首席代表乃朱學範氏。

波流亡政府益分裂

【海通社柏林六日電】倫敦波蘭訊：基督教民主黨（倫敦波蘭流亡政府阿萊茲維斯基的支持者）今已決定撤回他的代表——司法部長庫蘇特爾斯與建設部長索皮基。這事招致新的內閣危機，此後支持阿萊維茲斯基政府者，只有社會黨和右翼國家民主黨。米科拉茲柯的農民黨，已拒絕支持內閣，自去年十一月來，即無代表參加內閣。

参攷消息

（只供參考）
第七八六號
解放日報 新華社 編
今日出一大張
卅四年二月十一日
星期日

華西日報追念劉湘 該報連續失竊五次

【本報訊】華西日報於劉湘逝世七週年之日（一月二十日）著文紀念，謂劉氏在一九三七年二月出席南京三中全會時，曾提出『解放言論發揚民主案』，『可是到現在爲時已經八年了，改善新聞檢查制度的結果，造成了全世界最嚴厲的新聞檢查制度，和最繁密的新聞檢查標準，重讀劉故主席的提案，能不慨然！』該報又追述現在大後方最具規模的鋼鐵廠與兵工廠，及成渝路已成路基，皆爲劉氏所手創。該報稱：假使劉氏不死，『或者不死得如此匆促』，則『今天的川康，絕不致遭到今天這多的困難』。

【本報訊】華西日報於上月中旬至十六日止五日內，連續被盜竊五次，損失共達五十餘萬元。據該報稱，第一次被竊去電話機一架，以後皆爲衣物及現金，十六日曾連失竊兩次，文件箱籠，均被翻亂。華西日報說：『就此種情形觀察，絕非尋常之盜案可比。』

華西晚報披露 某『重要人物』由平抵渝

【本報訊】去年十二月二十八日華西日報副刊披露『某先生的演講』一文稱：自北平逃大後方的『某老先生』在華西壩（成都大學區）公開作了一次演講。『他很自謙地說自己沒有名譽、地位、和學問，日本人請客卻把他列在首席，高於漢奸湯爾和與王揖唐之上……他自己說，吳玉帥是他的摯友，回到大後方，蔣主席又要特別召見。……他說他曾招待坂垣，說明了他煮的清茶中並沒有北京、南京、或重慶的臭味，表白了他的「清高」。』『他曾目睹漢奸們……（八字原文不清）腐化，不料回到大後方月來所見到的情況仍是如此。就說……（五字不清）不講廉恥，不講名節，不講道德。……他就告訴我們，應該提倡廉恥、名節和舊道德。』該文作者發問道：那人說，敵人

國向盟國求和；第三，繼續頑抗，將亡國滅種。王氏主張：『第二條路，是毅然決然，縮短戰綫，撤退不能守與無效用的據點，不作無意義與不合算的犧牲，集中兵力，回救本國！頂多固守在保衛本國的內綫作戰上所必要的據點。企圖以苦戰向盟方求得有條件的議和，這固然是一種不可必得的途路，然而那結果，尚可求到止於軍閥們的亡國，還不至於使整個民族陷於滅種的慘禍。』該文又謂：『日本打通所謂陸上交通綫，準備增援南洋，並以接近菲島的日軍，增援菲島，企圖與英美盟軍在英美荷屬領土頑抗死戰……以冀向盟軍獲得有條件的議和，以避免無條件投降。這就是今日日本軍閥政戰兩略的最高目標。』

王纘緒任重慶衛戍司令

【中央社重慶十日電】重慶衛戍司令劉峙，調任前方軍職，遺缺由王纘緒繼任，兩氏定十一日交替。

【中央社西安十日電】西安市臨時參議會參議員名單，業經九日省府通過如下：議長李仲三，副議長李貽燕，參議員李仲三，李軍九，石遼岑，李紀才，張卜文，陸君稿，毛虞岑，石徐翔，于志純，王將安，王謙光，吳硯青，石孟玉，馬濁青，劉尊興，王恪敏，王私面，劉吐琛，白書元等十九人。

王逆蔭泰 任僞華北政務委員長

【同盟社南京八日電】國民政府已批准華北政務委員長王克敏的因病辭職，八日最高國防會議，特通過任命華北政務委員會委員兼總務長王蔭泰升任爲華北政務委員長。

中央社傳 斯大林對日作戰的可能性已消滅

【中央社紐約九日電】關於三巨頭會議討論日本問題一事，各方報導多相矛盾，紐約時報認爲美軍必須在中國大陸從事作戰，取得根據地，以爲進攻日本之第一步。據該報稱，美國若干海軍界人士，認爲進攻日本可自菲律賓或若干更接近之島嶼出動。然尼米茲將軍則堅言中國海岸爲其目標，其意見可能與若干美國陸軍將領一致，即認爲進攻日本惟有自附近之大陸根據地出發，始可能達到目的。此即表示吾人在進攻日本之前須將日軍逐出中國之大片區域，且或須將日軍驅出朝鮮或我東北。同時紐約前鋒論壇報軍事評論家伊里奧特亦指出：粵漢路以東之美空軍機場雖告失守，美軍登陸中國海岸似不致有何困難，蓋中國海岸綫極長，美軍可以選擇登陸之時間與地點，日本決不能處處設置強固之防禦也。伊里奧特認爲登

很「尊敬他，不肯殺害他」，難道「事情竟是這麼簡單，敵人竟是這麼善良，只是因爲某老先生肯講名節而不偏辱及殺害他？不會的！根據某老先生自已說，吳玉師是他的摯友，回到大後方後蔣主席又要特別召見，可見他並非「常人」，敵人的請他坐首席，也就一定有它的道理在。」

一月四日重慶大公報載十二月廿七日榆林專電：歲暮中，陝北（指國民黨區）一切安定。（一）成渝路今（一九四四）年漸可通行，遠來西安、榆林間商民往返，已不啻轉道甘寧兩省。（二）黃金及毛皮走私，由陝北流入包頭者仍未絕跡。地方當局正謀堵塞。（四）物價狂漲。雞蛋已成「奢侈品」。布疋及米尤上漲不已，若干物價較一月前，高漲不止倍蓰。（五）陝北各縣今（一九四四）年因雨水過甚，大部災歉。

梁實秋反共謬論

【本報訊】一月十二日貴州日報發表文化編譯社特稿——梁實秋所作「我對於中共問題的一個看法」一文稱：「『陝甘寧邊區』之存在，老實講，中央既未承認，共產黨亦未真心求其承認。高崗所說，『陝甘寧邊區』之建立乃『由於全國人民的要求』，吾不知共產黨何時何地詢問過『全國人民』的意見，何以知道全國人民有此要求？『全國人民』尚未做過此種要求，這是鐵一般的事實。『陝甘寧邊區』實際是不折不扣的割據局面，……絕對應該首先取消。」「十八集團軍，號稱受軍委會節制，實際完全是共產黨一黨私有的軍隊，……這一枝軍隊如果完全用在抗敵上，雖指揮權操在共黨，我們一般國民也不忍苛責，但事實並不如此。其與中央軍隊摩擦情形……事實表現，大體上是中央軍隊受害時爲多。……這一枝軍隊……不能容許他繼續做一黨的私有武力。十八集團軍必須絕對的收回國有。」

貴州黨政歸何應欽指導

【本報訊】一月十三日貴州日報載，吳鼎昌在黔省府委員會報告，奉行政院令，鑒於中國陸軍總司令部組織大綱第一條之規定，自即日起着貴州省黨政統歸何總司令應欽指導。另訊，貴州三青團支團部書記季天他調，以鄭代恩代之。

王芃生論日本的三條路

【本報訊】去年十二月卅一日重慶大公報星期專論王芃生作「日本的三條路」稱：這三條路是：第一、人民革命成立民主政府；第二、裴兵本

陸中國是否實行，須以一項戰略考慮爲依歸，即達到最後擊敗日本之目的，究竟以直接進攻日本爲迅速，且犧牲較小抑以自中國攻擊日本爲佳。外交政策會報則率直言：馬尼拉之佔領，已爲登陸中國打開途徑，目前已有顯著跡象，是示美陸軍預期與中國游擊隊及正規軍合作。關於三巨頭是否討論日本問題一事，有一消息稱：三巨頭會議中有美英兩國之戰時航運主管人員參加，足示蘇聯可能參加太平洋戰爭；另一消息稱：斯大林決定對日作戰之可能性業已消滅，因公報中僅提及歐洲戰場也。美國各報社論對於三巨頭會議公報之反響，仍持慎重態度，蓋詳情仍無所悉也。然紐約世界×報說：由美國人士輿論觀之，美國人民對於大西洋憲章聯合國宣言，及莫斯科宣言所作之保證，頗極重視，彼等不僅爲軍事上之全部勝利而戰，且爲民主國際組織下之××條款及戰×情況而戰，反之美國人實反對四強獨裁，以及勢力範圍互助衝突之制度，彼等認爲這正可以製造戰爭云。

【海通社柏林十日電】紐約訊：合衆社星期五晚稱：星期一開始舉行的斯、羅、邱會議，將可能是這三位政治家過去所舉行的會議時間最長的一次。一般人預期這次會議最早也要在下週才會結束。該通訊社續稱：會議一半是在海上，一半是在陸上舉行的。並提到會議地點是在黑海×岸蘇聯一小海水浴場。除了與邱、羅、斯尋常在一道的人員外，英美駐蘇大使及其他軍事助理人員均參加會議。

【海通社柏林十日電】紐約訊：合衆社開羅訪員報導：三巨頭會議於星期一最開始。他繼說：斯大林僅在星期日晨到達，而羅斯福與邱吉爾則到的更早些。會議地方的名稱依然未宣佈。然而訪員斷言會議地方係黑海「曾爲德軍一度佔領」過，該地白天暖和，夜間冷。訪員也說：該地區採取了廣泛的安全戒備。會議舉行的地方附近區域爲蘇軍封鎖，只准持有特別護照的人通過。

紐約時報論處理德國問題

【路透社紐約八日電】紐約時報專電：在德國經「無條件投降」實得和平之後，對德國應該怎樣辦？這是苦惱歐美兩洲的政治家與人民的問題，而且的確是這樣的。因爲歐洲人民是否將知道「免除恐懼的自由」，「免除貧乏的自由」依賴於用以解決問題的智慧。如果有一件事情是英蘇美三大盟國全體同意的，那就是必須不再容許德國進入施能再變成當

世界和平的地位。但是關於如何達到這件事，絕沒有任何這種一致性。有許多人認爲歐洲和平與繁榮的最好的保證，在於給予失敗的敵人以寬大的和平。其他許多人願分裂德國，剝奪德國強大有力的工業並且使德國人民處在[illegible]奴役狀態中。這兩種都是極端份子的觀點。第一派，少數人，採取近視的觀點。而第二派則疏忽了歐洲與世界經濟之互相連結及和平之不可分。在英國亦如在美國，有許多人贊成對德國溫和的和平。無疑的，其中許多人是由基督教的慈善動機所指揮，但具有類似思想的另外一些人，有更卑鄙的與有害的目的。還有另外一些人誠懇地贊成對失敗的寬大和平。主張世界和平與繁榮的最後的×××。這些人把德國人民與他們的統治者區別開，他們認爲犧牲六千萬人民的國家，是不公平的，因爲他們是陷於政治匪幫的控制中。他們進一步講論道，在戰場上的慘敗使德國人民覺醒，並強迫他們放棄他們統治世界的觀念。（第四段不能譯）一派認爲把德國政府，××帝國分割爲獨立的或聯邦的國家就夠了。在支持他們的理論，他們在德國南部，特別是巴伐利亞××完全獨立的各個國家應予恢復。如果沒有完成政治解決，×××強制的分裂僅會燃起民族主義及爲復仇目的的重行聯合。以分割××德國一部以削弱帝國在歐洲的權利並將所分割的部份讓與某犧牲者的計劃歸入政治——經濟的範圍中。其中有把東普魯士及德國本部在至奧得河××的各部併入波蘭，作爲對賠償慷慨讓與蘇聯的東部各省的建議。

德寇評盟軍西綫攻勢

【海通社柏林九日電】德國軍事發言人於評論西綫盟軍的新攻勢時說：敵人最大規模的新進攻是在尼梅根地區，進攻前曾進行以前幾乎從沒有的猛烈砲轟。加軍的進攻（與×××大大混合）又×入亞琛。加軍大大利用人造霧。發言人說：敵人在第一次猛攻中的進展，必須認爲是不大的。整個地面都被雨雪××了，×××遭遇極極困難情況。新攻勢的××（下缺）。

同盟社評敵內閣改組的意義

【同盟社東京十日電】這次小磯內閣部分改組的焦點，在於更選檢爲總力戰幕僚長的書記官長。田中前任書記長官，雖說曾經是一個小磯首相的心腹，但服務中樞歷史較短，而且各方面的意見都認爲作爲一個總力決戰所必需的。鑒於目前戰爭形勢下總力決戰內閣的書記長官，在能力上似嫌不很稱職。小磯首相鑒於這種情況，便英明地當機立斷更迭書記長官，起用在內政及各方面都有經驗，精通政界內情的廣瀨厚生大臣，担任新書

游擊隊之一。記者會在馬尼拉之黎薩爾街（黎薩爾乃菲島革命之父），訪問我國抗日游擊隊之總部，其副官爲一福建商人。據稱自日軍佔領菲島以來，菲島各地有中國游擊隊凡萬人，從事抗日活動，擊潰敵軍極衆，並從事多次破壞工作，慘殺與日本合作或親日之華僑敗類多人。然對於本身損失，則不願加以宣佈。據悉敵人進佔菲島不及一年，即有一中國百貨商人任菲島華僑總會會長，當爲中國志士刺斃，其繼任者爲一名醫，亦於三個月後被刺，第三任及現任會長，自美軍進入馬尼拉以來，即下落不明。忠於祖國之華僑領袖某某，現任華僑銀行副行長及其兄菲島華商總會會長，均以政治犯之資格爲日軍囚於馬尼拉以南某地，現已於數月前開釋，目前諒安然無恙。另一著名之愛國志士，爲木料業商人，於日軍佔領期間逝世，其子繼續經營其業。日軍昨晚將華僑所經營之中央飯店縱火焚燬，與全城之大火混爲一片，全城爲濃烟籠罩，幾至於咫尺之內，不能辨物。華僑經營之大東飯店，已於兩晚前焚毀，此乃被焚之最主要華僑產業之一。敵方發射舊砲彈多枚，落於記者晚間所宿之聖多瑪斯大學廣場，本日黃昏時，有十餘次巷戰，日本狙擊兵與美軍作戰激烈，槍聲連續不絕，美砲兵繼續猛轟日軍所據之區域迄旦。拘留營方面傳來之消息，證實日軍給與被拘僑民之飲食，以大豆爲主，被拘者多體重大減，然多數可能因食用大豆之故，得以保全生命。

阿剌伯會議即將開幕

【路透社開羅八日電】泛阿剌伯各國外長會議之時期將屆，埃及報界均紛紛撰文歡迎此次會議，並強調稱：不久之將來，阿剌伯各國將在埃及領導之下，共同工作。至對敘利亞及黎巴嫩情勢之評論，則受限制。

【路透社倫敦九日電】每日簡訊報訪員今日（星期五）說：巴勒斯坦在將來可能作爲一巨大的產油國家與伊拉克、美國、墨西哥、蘇聯相抗衡。專家相信在巴勒斯坦存在着巨大的未動的油藏量，初步報告已予證實。許多大煤油公司最近已進行新油田的廣泛的測量。雖然美國××巴勒斯坦的油權。訪員說：高級專員××××在協定中加入新的條款。

佛朗哥向邱吉爾招手 成立所謂西歐集團

【路透社馬德里六日電】法蘭克派（即長槍黨）支持下的刊物「西班牙」於本週社論中贊成英——西在地中海問題上更親密的合作，甚至結成同盟。該文主張：第一，地中海是大英帝國的重要交通綫；第二，西班牙在地中海戰略上是一個決定的因素；第三，英國雖有直布羅陀，但西班牙仍控制地中海的西部入口。第四、西班牙與非洲及地中海問題，有直接關係。第五、英國不能忽視蘇聯在地中海的帝國主義。

記長官。特別是新書記長官將以國務大臣的資格參予國政，實際上等於聘請了一位大書記長官，還將進一步地強化小磯內閣的核心。提升次官担任厚生大臣的遺缺，在人事上稱得起周到適宜美滿無缺。老練博學的玉兒國務大臣代替臥病在牀的文相出任文部大臣，將大有助於內閣的增强。當此第八十六屆議會開會之際，政界和輿論都期待出現強力政治和迅速實行決戰施策，政府認爲政府的抱負和國民的期待完全吻合一致，現在內閣已大爲增强，在强化與迅速實行決戰施策上，將確實而迅速地實現國民的希望。

世界職工大會 決定不邀請自由波蘭代表

【路透社倫敦十日電】今晚（星期五）獲悉：世界職工大會已決定不邀請已解放的波蘭派代表參加。據委員會發言人說：擬定規則的常務委員會關於是否邀請盧布林派代表出席的討論，不能「達到完全令人滿意的解決」。發言人說：「再討論這問題便會有害，而提議大會不再發出請帖。大會同意這提議。」

海通社傳 解放軍同意解除武裝

【海通社柏林十日電】倫敦訊：英國半官方通訊社星期日自雅典報導稱，解放陣綫同意解除解放軍的武裝。普拉斯蒂拉斯政府與解放陣綫間的協定將於星期六或最遲於星期日簽字。

希臘政府繼續審訊解放軍人員

【路透社雅典七日電】路透社特派訪員伊比吉奧報導：又有七個人民解放軍的支持者星期三（七日）受軍事法庭審問，其中數人據稱係人民解放軍保安組織（PLA）的委員，他們被告的罪名第一，國事犯，第二，參加叛軍謀以武力推翻政權，第三，參與以武力強迫登記公民，以增援反叛運動，第四，屠殺與搶劫。此外，另一被告被控以：曾將他的房子租給人民解放軍作爲軍火儲藏所和進攻點，曾從該處發動進攻雅典東北的阿維洛夫監獄。

中央社報導 非島中國「游擊隊」情形

【中央社馬尼拉九日專電】非律賓方面有我國游擊隊作戰，協助非島解放工作。彼等在數處島上與非[illegible]並肩作戰。本日上午[illegible]馬尼拉時，彼等亦爲首先出現之[illegible]

該文說，英國在互相防衛中，沒有其他道路，只有和對拉丁政策有興趣的國家（包括西班牙在內）達到友誼，甚至同盟才可以，而西班牙在現在則是具有統一力量的唯一國家，沒有它的參加，西歐集團或拉丁集團的企圖，是可笑的。該文宣稱，邱吉爾必須首先認識，西班牙人民將不允許新的內戰，佛朗哥的政權，是很强固的，只有軍事侵犯才能推翻它，而英國的任何敵對的活動，將引起爲了獨立的愛國反抗。該文最後稱，「如果英國和蘇聯雖有思想上的鴻溝，和矛盾的政治制度，還能合作的話，那麼爲什麼和西班牙的有效關係不建立起來（尤其是如果這樣並不會產生英帝國安全的障礙）呢？」

敍、黎等國政情不安

【路透社開羅六日電】此間政界人士仍密切注意法屬敍利亞及黎巴嫩間的局勢，某代表黎國意見[illegible]請埃及作[illegible]人，此間權威人士說：正密切注意該局勢，惟他們否認埃及曾勸黎國採取[illegible]政策，因此等國家，正力圖避免衝突。黎公使館發言人說：均認爲獨立之民族，吾人×國者乃吾人之獨立。本日此間公佈：敍利亞外長貝代之談話稱：阿剌伯同盟將不作任何國家之工具，吾人所欲者，爲吾人之獨立，吾人與其他國家之關係，必須以一國之願望及旨趣爲基礎。

同盟社傳 英法要求美國加强大西洋運輸

【同盟社東京六日電】美國現在用於太平洋的船舶，約佔爲美國所擁有的全部船舶的半數，估計美國現有船舶約爲三千五百萬噸，那末被動員至太平洋用於對日作戰的就有一千七百萬噸的龐大數目。美國行駛於呂宋島的船舶約有三百幾十艘，在它的後方基地馬紹爾、吉爾貝特、新幾內亞、澳洲、夏威夷、以及美國西岸配置的船舶，可推想爲金字塔的形式，它需要還許多的船舶，也是理所當然的。同時，還必需考慮到補充被我航空隊特別是特別攻擊隊所擊沉、擊傷的船舶，因此，可以預料太平洋海面船舶的需要量，今後將逐漸增大。開始在呂宋島進行强硬作戰時，盟國的船舶問題非常嚴重，因在在歐洲的海軍中遭受了很大的打擊，因此最近英法兩國政府抗議美國，將機械船舶集中於太平洋，要求健全大西洋的運輸，如英國關係方面所表現的，對於美國處置的非難，甚至發展成爲……（缺）的輿論，這是事實。東部戰綫已發展到嚴重階段，西部戰綫的美英軍亦將趁這一機會進行攻勢，向該方面的物資供給亦成爲緊急問題。而且瀕於飢餓的所謂解放各國人民，對他們的糧食及其他重要物資的供應，亦成一緊迫問題。美國對英法批評的態度如何，對太平洋及歐洲兩戰區的影響極大，值得注意。

參考消息
（只供參考）
第七八七號
解放日報 新華社 編
今日出一大張
卅四年二月十二日
星期一

鹿鍾麟發表談話 對役政表示樂觀

【中央社渝十日電】兵役部鹿部長鍾麟視察役政歸來，發表談話如次：此行之中心工作：（一）在於視察各師管區補充團隊、集訓營等直屬機關，對於本身工作是否努力進行，有無弊端，有何困難。關於此點，每至一師管區所在地，即由本人及各司處隨行人員分別檢查業務，並召集官兵講話，鄭重告以主席對彼等之期望，帶兵、待兵之方法，愛民之重要諸點。各師管區均能鼓舞精神，勃發朝氣，努力改進其本身之業務。（二）考察縣政人員對於征兵之進行，是否依照三平原則辦理，對於本年規定一次征足全年征額，是否可以減少，對於人民之困擾，優待征屬之新規定，是否切實執行。以上各點，經視察結果，均能逐漸施行。强拉頂替賣放逃避之風，已日漸減少。本年度一次征足兵額之辦法，確爲地方減少許多苦痛，此項征兵，可望如期如數圓滿完成。優待征屬以自貢市辦理爲最佳，除按期發放優待穀以外，又另贈每一抗屬春節禮品十三種，並舉行盛大聚餐。該市劉市長、張秘書長、國民兵團團副團長及各級工作人員，熱心爲抗屬服務，殊堪嘉尚。其餘各縣亦均趕發優待穀及贈送禮品。本人每次均代表主席致慰問之意，全體抗屬均歡躍鼓勵，並囑余代向主席致感激之忱。惟亦有十二縣忽視抗屬，敷衍塞責，（缺廿二字）本部卅四年度施政計劃，迅速成立抗屬工廠，抗屬子女教養院及征屬服務所，變消極之救濟爲積極之生產，並解除征屬一切困難。（三）徵詢各地人士對於兵役改進之利弊得失，每在一地，即約集黨團、參議會機關首長、士紳，開兵役座談會，各界人士頗能推誠佈公，爲役政貢獻寶貴之意見，本部當盡量採納施行。（四）檢閱國民兵團，以期健全兵役基礎。關於此點，以自貢、瀘縣爲例，均能於短時間集合國民兵數千人，動作整齊，體格亦多健好，將來更需加强國民兵組訓，使兵役有一穩固之基礎，以代替鄉村保甲，俾徵集實施容易完成。（五）考察新兵保育

實利用，並爲保重船民之生命財產起見，特警告東南各省船民，切實遵照下列兩點：（一）凡在淪陷地區船隻或在被敵人掠奪船隻上工作之同胞，無論船隻誰屬，如能自動擇要加以破壞或鑿沉，船民可以得到政府之救濟，將來倘可協助其恢復舊業。（二）如不自動破壞，甘爲敵寇利用者，屆時必遭我空軍之轟炸和掃射。政府已下令各省政府，設法收容救濟所有失業人員，凡自動破壞船隻者，望速向各省政府報到，聽由政府分發工作。

【中央社貴陽十一日電】難胞到筑者，約八千人，在來筑途中，尚近萬人，已向市府請求救濟者一千七百餘人。市長何輯五，向楊主席請示，楊主席已允撥一千萬元辦理救濟。

【中央社沅陵十一日電】湘西各縣連日大雪，川湘公路積雪凍冰，客貨班車無法行駛，須俟冰解後始可通車。

【中央社恩施十日電】昨夜此間大雪，深可沒脛，迄今午始稍止。據稱，似此大雪，乃鄂西十年來所未有。

【中央社內鄉九日電】（豫北敵後通訊）：敵近令暫留開封、新鄉、安陽各地之敵國僑民，撤至我東北一帶。安陽之敵僑已開始撤退。又訊：敵以棉花缺乏，決定將河南淪陷區以內三分之二的耕地面積，強迫農民種植棉花。

美人設計 長江水電廠計劃

【中央社重慶十日電】據美新聞處華盛頓八日電，美聯社訊，[illegible]長江峽谷一[illegible]係中最偉大之水電工程，現正由科羅拉多州丹佛之墾拓局工程設計中。由該處總設計師薩維吉加主持，擬控制流經中國中部各省之長江之水量，藉以發電。據該墾拓局駐此間負責人談，該項設計係新近繪至美國者，其中數項細則（與戰爭無關者），業經公佈如下：水電工程，將建於重慶下游，修築較高堤後，可灌溉田六千萬英畝，其中之大部地區，歷遭水患。該水電工程可發電一千萬零五十六萬瓩，較美國所有水電工程電力容量之總和大兩倍，比美國大苦力水電廠大五倍，該水電工程，將建於山洞裏面，不致受炸中彈。該工程所發電力，可以供應的地區，東達南京，西至成都，南至貴陽、桂林，北至天水、太原。以後應用水閘控制水量，則一萬噸之大船，可上溯直達重慶。薩氏乃美國大苦力水電工程師，他與該墾拓局其他若干工程設計者，現正於印度研究水力及水之資源。

同盟社說 值得注意的西北中國的動向

【同盟社廣東八日電】西北地區民軍巨頭寧夏省政府主席馬鴻逵（編者按，恐

及醫藥衛生，各方是否改善。關於此點，各師管區新兵已能吃飽穿暖，住有屋舍，瘦弱病死之情形，已不多見。其中尤以盧縣集訓營及×榮市區爲著，其×××醫院者均令急速設立。每次看視病兵，均代達主席慰問之意，及贈每一病兵國幣四百元。至本年所經各地，知識青年從軍異常踴躍，在盧縣時，會向二〇三師點兵訓話，雨雪紛飛中，全體官兵精神飽滿，紀律亦甚良好，再施以相當訓練，定能成爲勁旅。此次出行時間雖短促。而收獲至多，即由各司處整理彙編呈報主席，並詳加研究，作爲本部施政之參考。兵役之事，至可樂觀，只在能徹底除弊，認眞興利，不僅徵兵一項須辦理完善，舉凡與新兵有關之事，如提高新兵待遇，衣食住行，醫藥衛生之改善，出徵軍人家屬優待之切實辦理，陣亡將士之撫卹及其遺族之安慰，國民兵之組訓徵召實施程序之訓練，退伍制度之試辦，以及地方人士熱心幫助役政××弊端，凡××種，齊頭並進，則人民自然樂於從軍，役政前途當可納入正軌云。

國民黨希望美國
每日供給他十萬噸

【中央社紐約十一日電】此間各報，對何應欽龍雲二氏之新職，均甚重視。紐約時報強調我國政府之解釋謂，在昆明成立中國陸軍總司令部，表示中國準備策應盟軍在亞洲海岸登陸。同時該報記者竇丁由加爾各答來電謂，如中國經濟情況並非不能克服之困難，則吾人實無理由說中國軍隊不能在一年以內於擊敗日本上有偉大貢獻。竇氏稱，某權威人士謂，如每日輸入軍需品約十萬噸，即可配備訓練一支足以在將日本驅出中國境外之工作中居主要地位之中國陸軍。此十萬噸供應物品中，尚可有充分物資供陳納德將軍之空軍活動。根據此一原則，吾人即可估計中國軍隊在對日作戰中，將有若何貢獻，此項估計，並能使盟國戰略家在進行遠東戰爭最後階段戰爭方面，獲得重要新結論。

國民黨浙江省政府
組織浙東沿海地區視察團

【中央社浙西某地十日電】浙東敵後杭州灣以北各地，值此反攻前夕，地位益臻重要。敵現正趕修乍浦至金山衛沿海工事，重修廢棄已久之公路、駁船、飛機場。浙省各區專員公署，於去冬組織視察團，出發巡視縣政及檢閱部隊，會澉海鹽、海寧、嘉興、嘉善、平湖等縣，加強敵後我軍政力量，以作迎接盟軍殲滅敵寇之準備。

【中央社重慶十一日電】當局爲徹底打擊敵寇侵略行動，不使民間船隻爲

爲馬鱗之誤）死去後，可以想到重慶（企圖確保西北中國，爲唯一的抗戰地盤）、美國勢力（現正向華北發展），赤色勢力三者之間，今後在華北將發生新的波浪。所謂回民地區是佔陝西、寧夏、新疆等中國西北角，中國事變以來，掌握回民軍的馬鴻逵，爲了應付延安軍（當時出現在山西戰場的延安軍，因遭受皇軍的攻擊，有侵入陝西寧夏的企圖），回教遂叫喊堅決排斥共產軍侵入，表示了反共的立場。回教軍的勢力，極爲薄弱，馬鴻逵的主力僅四個旅與一個山砲團，但甘肅、新疆、青海、寧夏是漢回的根據地，馬鴻逵在這塊地方的存在，對延安來說等於眼睛上的一塊瘤，如用武力解決勢必引起民衆的動搖，這就是沒有用武力解決的最大主要原因。所謂以建設西北（作爲一個大後方而存在）作爲目前的急務的重慶來言，要越過民族、宗教、風俗而進行「西北中央化」的工作是很難辦到的，今後重慶如何下手實是一件有趣的問題。而根本的問題是對西北地區工作，姑不論美蘇勢力的勾結，即以民族感情對立與回民拒絕外部勢力潛入而論，對回民族的懷柔能否成功，實是一疑問。因此以馬鴻逵的死爲契機，西北工作將帶國際色彩，有發展到重慶死活問題的可能性。

敵政府要求在華敵軍現地自給
還要搶些東西送回國去

【同盟社東京十一日電】每日新聞頃揭載社論稱：中國問題對我們來說，再沒有像今天這樣迫切了。去年春天的大陸作戰已帶有在中國打擊美國的性格；這是很明顯的。以非島爲中心的戰局需要把中國一切可能動員的人力與物力化爲戰力，具體的說就是要徹底實行中國派遣軍的現地自給與確保對華期待的物資的回送（送往日本）。所謂對華新經濟政策，就是解決這一要求的施策。問題是在新經濟政策如何迅速而切實效的展開。問題的困難並不是主觀的條件，而是在對方——中國這個客觀的條件，中國經濟的現狀極爲複雜，而且是荒廢了，其原因之一就是敵人的經濟謀略。儘管中國國民經濟被破壞已久，但絕對不能否定中國經濟的存在。我方對於中國經濟主要是依據點與綫而其結果我方的經濟政策是傳統的通貨主義，結果不得不成爲消費經濟，這亦是很必然的。這一施策在中國事變當時是很當然的，我們在驅逐法幣的通貨戰中是戰勝了。但現在事態急變，敵人的反攻顯然是很廣泛的，美蔣一致地企圖破壞我們的所謂點與綫的佔領區經濟體制，而我們對付敵人的

唯一有効的手段就是把消費的、通貨主義的經濟放在生產的物的經濟基礎上。依發物的經濟[illegible]現地自給力主義取[illegible]的物資當然要依存於活用物資。現在希望日本輸出物資已變成舊觀念，因此現在要在現地生產物資，這樣可能性不久即可實現。即利用中國佔領區出產的石炭、棉紗、棉布、鹽、香煙、洋燭、火柴等一部份輕工業品，決不是不可能的。此等需要的數量亦將是雜於出產的。這樣，在現的條件又成爲問題，這就有理由要求統一我方在現地的指導機關，即現地自給，利用這間的物資和現地生產物資要三者成爲一體，才能實現。現在參戰中國爲了獲得勝利，必須使一切物資化爲戰力。如果在目前的決戰中不能獲得勝利，那末新政策也沒有這樣的意義，而中國的自由、獨立亦不能實現。

巴黎無綫電外交訪員 傳戴高樂被邀參加黑海會議

「路透社倫敦十一日電」巴黎無綫電台外交訪員今夜（星期六夜）稱：「今天最大的消息，是關於邀請法國參加三巨頭會議，從而會議將變成四巨頭會議。「這種措辭表示邀請一事，已經公佈了。但路透社至今仍未從任何方面得到證實牠的消息。訪員續謂：「戴高樂將軍的警告已經被聽取了，這個法國外交的勝利（同時也是普通常識的勝利）對於真正和平的事業只有好處。因此戴高樂將軍將參與討論會；該會已純粹檢討過軍事問題，現在將討論到政治問題。這些政治問題的解決，不但將長期影響到法國的安全，而且還會影響到她的生存問題。不用說，全法國人的希望，將伴隨着戴高樂的使命到黑海岸上去」。

「路透社倫敦十一日電」關於巴黎無綫電外交訪員堅稱：法國被邀請參加三巨頭會議一事，直至星期六深夜仍未得英外交部的證實，亦未得到倫敦法國大使館的證實，關於此事的報導，只有該訪員一個人。這個消息，只從法國電訊社來的，今天傍晚時，該電訊社摘引美國外交委員會主席的話，裏頭說他希望法國能被邀請參加會議。今夜他又摘引英國廣播公司的廣播，說官方曾宣佈法國被邀請參加會議。但英國廣播公司否認播會發出這樣的消息。

「路透社巴黎十一日電」法國通訊社星期六深夜稱：尚不能證實法國會被邀請參加三巨頭會議。

「合衆社巴黎十日電」據法國權威方面謂：彼等並不知戴高樂將軍被邀參

繼稱：千百萬人民的命運[illegible]的[illegible]。[illegible]的態度（顯然的掩蔽態度）將爲各國所接受，因此[illegible]的前進，將××和平的歐洲。這一[illegible]部一國之[illegible]路、[illegible]稱，只有歐洲國家對××與×××作戰的聯合行動，[illegible]方。

日暮途窮一籌莫展 日本法西斯向希墨呼籲

「[illegible]社東京八日電」日德親[illegible]小[illegible]中將，鑒於歐[illegible]時段，爲激勵盟邦德國，與法西斯意大利的領袖，定於大詔奉戴日的八日午前十一時，與[illegible]國大學教授聯盟會長北島直一博士，日本[illegible]會會長[illegible]一郎，××會長鈴木貞一中將，[illegible]政治會長總務科長金光庸夫，共同至德國大使館，將激勵文交給德國大使，要求用電報拍至本國，午後一時至意大利大使館，同樣要求意大使用電報把激勵文拍回本國。「[illegible]總統的激勵文」曰：「站立在大風暴中，捍衛祖國，拯救歐洲，[illegible]行猛烈戰鬥的希特勒總統閣下，我們大日本帝國國民，深信貴國國民貫注了最大的努力，必能最後克服來自東方的可怕危機，而像閣下的這樣偉大人物，必能粉碎敵人，捍衛住光榮的祖國，貫徹天命，同時與東亞同向完成共同的使命邁進，我們大日本帝國國民，衷心祈禱總統閣下，及貴國國民的勝利。」「致墨索里尼的激勵文」：意大利共和國統帥墨索里尼閣下，戰局已面對着重大危機，軸心國家非常希望貴國國民的奮起，配合德國打敗歐洲的強敵。」

英國主教抨擊蘇聯

「同盟社斯德哥爾摩九日電」倫敦來訊：格羅斯塔主教，九日在倫敦的英國教會大會上，抨擊蘇聯政府的侵略行動，並英國朝野大爲波動。該主教首及拉脫維亞與愛沙尼亞的情形，稱兩國國民因[illegible]非常痛苦，蘇聯政府企圖破壞兩國人民與教會的關係，破壞聯合國的名譽，慶塔特利大主教評論此演說爲「重要的發言」，鑒於美英蘇三國的關係，將不免發生裂痕的。

日寇稱呂宋之戰中美軍損失二萬多

「同盟社東京十日電」呂宋島戰況如下：（一）在蘇必格灣登陸之敵於奪取俄倫加坡港後，實行東進，佈防於巴坦半島叢林中之我軍，當即向敵展開激烈攻擊，予登陸之敵軍以極大損失，使敵軍之活動範圍限於俄倫加坡東方十公里之地區。（二）在巴坦加斯西岸拉蘇格布登陸之敵，曾進抵阿格東方活動，經我軍[illegible]後[illegible]主力停滯於阿格東方之高地。其中之一部約二百名敵軍，曾進至[illegible]尼拉[illegible]側活動，在尼加三巨頭會議，據高粱將軍之行蹤，彼等並無所知，但渠確非往參加三巨頭會議。倫敦方面對於巴黎斷播之可靠性表示懷疑。

同盟社評三國會議

【同盟社東京十日電】三巨頭會談的中間公報，於七日廣播，已承認會談在黑海某地區舉行，英美蘇三國在共同的戰爭中間，不斷發生利害的衝突，為了調整這一衝突，三國當事者間須要商談。從過去的經驗看來，每當反軸心國舉行會談時，都特別強調他們利益衝突和矛盾的方面，此次會談的必要性，是因為美英在外交上政治上比蘇聯處於不利的地位。紅軍的激烈進攻，使美英各國對波蘭問題，巴爾幹西歐各解放國家的政治、經濟政策完全失敗，並助長了蘇聯勢力的抬頭，在美英看來，當一這樣發展下去，紅軍獲得了優勢，他們將完全失掉了歐洲，它們各自為了自己的勢力關係，究竟為了什麼而戰是不知道的，因此，此次的會談，似將要建立一個與三國合作的名義符合的機制。羅斯福與邱吉爾將採取軟硬兩用的辦法：第一、不予德軍以美英軍不能攻破的口實；第二、對德休戰要尊重美英的無條件投降；第三、對戰後的德國不能蹈波蘭的覆轍；第四、關於解放後的各國問題須要三國共同負責處理，這樣美英是要建立一個對歐戰的三國協力體制。對太平洋戰爭上亦採取同樣的措施，蘇聯也不能接受這一計劃，要根據於蘇聯自身的利益，將不決定於美英的活動。而且關於這一問題，對德有什麼決定，只有日蘇保持中立關係，也不能公開宣佈。我們熟悉國際的情勢，我們非準備在任何場合迎擊美英的突然襲擊。

德傳英評三國會議

【海通社柏林十日電】倫敦訊，經爾諾：巴特里特於討論三國會議時寫道：我們曾到過歐洲大陸的大多數人，認為：如果我們不能很快供給各被解放國家及努力支持他們建立新制度，那末我們將遭受挫敗。巴特里特認為：如果盟國領袖各按其原則建立起不同的政策，則這些努力將被遲延，並受到危險。因此許多人對個別國家遂行其自己政策，把歐洲分成不同的勢力範圍的辦法，感到驚異。巴特里特強調稱：小國所希望似乎是知道了，但從少數以前的[illegible]就心：認為一大國政府都為其私的目的而利用歐洲，以代替[illegible]國際[illegible]努力。[illegible]細微[illegible]身就是：××不免要將成為今後的[illegible]，乃是今日的重要[illegible]，但歐洲是如何認識到這一點實現呢？歐洲與西方是否能認識到這一危險呢？『阿利巴』報[illegible]

吉拉斯飛機場附近，遭我陸海軍部隊猛攻，殘敵被殲約六百名，殘敵已越過該股敵軍逃向南方。在塔加台附近降落之敵空運部隊約三千名，自四日以來，攜帶迫擊砲及重火器向北進襲，曾到達馬尼拉南方八公里之拉斯比尼斯，經我阻擊後，幾已停止活動。（三）在呂宋北部地區，連日來敵曾反復攻擊聖尼古拉斯、娘尼奧斯、烏明根地區，但每次都被我擊退，敵現在整頓陣容企圖捲土重來。（四）在仁牙因灣東北方地區，敵企圖進至巴基奧附近，連日來反復進攻，企圖突破聖費南多的聖格南利羅港，我正阻擊敵人以粉碎敵之企圖。綜合起來，敵自登陸以來，到五日為止，已遭我殲斃二萬名以上，我軍今後將更強化殲殺敵有生力量的戰術。

芬共參加國會選舉

【海通社赫爾辛基八日電】芬蘭共產黨已為即將到來的國會選舉，提出六十名候選人，參加國會。在民主人民派（屬於這派的，有許多派別）所推薦的候選人中，有曾在前芬蘭政府時期中被判處監禁之罪的六個前過激派議員。貝加拉部長和森托亦為候選人。在提出的十一個共產黨員中，有烏爾塔・雄西寧（著名共產黨領袖之女）以及[illegible]和毛爾特・[illegible]部長。

日本在戰爭上的優點弱點

【同盟社里斯本七日電】紐約來電，[illegible]紐約時報記者[illegible]，在日介紹日本國內的情形，他的材料是由一個[illegible]，在日本進攻珍珠港時，曾逗留於滿洲台灣，其後返抵歐洲，據[illegible]稱：日本本土亦像英國一樣，為複雜的群島所組成，並[illegible]有利的[illegible]地位，此點必須認識。日本國民確信只用空軍力量，是不會被打倒的，他們認為東京不會完全被破壞，即使有完全被破壞的可能，但日本[illegible]組織，也不會動搖，日本人也沒有想到會餓死。日本現在變成『甘薯的農國』，甘薯普遍於全國，以填補大米的不足。日本的人力並不缺乏，每年增加人口一百萬，這也意味着每年產生一百萬的軍隊（！）反過來說，從一九四一年以來，最低限度日本徵兵三百萬名，新兵受到很好的訓練，具有與上級兵同樣的強固精神。以上是傳教士所強調的日本有利之點。同時亦說到日本的不利之點，這就是：（一）日本船舶的損失極大；（二）因美國潛水艇的活動，日本的沿岸航行受到妨礙；（三）日本本土現在是依靠本國所生產的軍需物資；（四）與滿洲其他地方的海上運輸，沒有充分的船隻。日本船舶的減少可以說是日本的一個弱點，但我們認為這並不是決定的因素。[illegible]